falstaff
WEIN GUIDE

DEUTSCHLAND

2022

550 Weingüter
4500 Weinempfehlungen
250 Gasthäuser in den Weinregionen

DER FALSTAFF WEINGUIDE DEUTSCHLAND 2022

DIE WEINBAUREGIONEN

LIEBE LESERINNEN UND LESER!

Wolfgang M. Rosam, Herausgeber Falstaff

Ulrich Sautter, Chefredakteur Falstaff Weinguide Deutschland

Der Weinguide, den Sie in Händen halten, erscheint im Falstaff-Verlag, der das größte Wein- und Gourmetmagazin im deutschsprachigen Raum herausgibt. Als wir vor neun Jahren den ersten Weinguide Deutschland produziert haben, war das Buch viel dünner und wir waren die »Neuen«. Kaum eine Dekade später besitzt der Guide mit dem charakteristischen schwarzen Umschlag nicht nur ein inhaltlich scharfes Profil, sondern auch eine gigantische Verbreitung: Alleine die Abonnentenzahl der deutschen Ausgabe des Falstaff-Magazins liegt, IVW-geprüft, bei 30.602. All diese Genussmenschen nützen diesen Guide. Und damit nicht genug: Dieser Weinguide wird auch dieses Jahr wieder in englischer Sprache erscheinen und dem deutschen Wein eine internationale Bühne von New York bis Tokyo erschließen.

Hinter uns liegen zwei aufreibende Jahre. Doch die Coronakrise hat auch manches zum Positiven verändert: Zum Beispiel scheinen unsere Landsleute in großer Zahl den hochwertigen Weingenuss für sich entdeckt zu haben. Weinhändler und Winzer berichten übereinstimmend, dass sich in der Zeit der Lockdowns vor allem gehobene Weinqualitäten verkauft haben wie geschnitten Brot. Von diesen Spitzenweinen gibt es in Deutschland heute mehr denn je, das haben auch die Verkostungen zu diesem Guide wieder gezeigt. Während eines Zeitraums von acht Wochen hat das Falstaff-Team jeden Tag um 9:30 Uhr zum Glas gegriffen und um 19 Uhr die Laptops zugeklappt. Wir haben in dieser Zeit rund 4500 Weine bewertet und beschrieben. Dabei konnten wir uns ein Bild von der stilistischen Entwicklung jedes einzelnen Weinguts machen, aber wir haben auch einen Überblick darüber gewonnen, was in der deutschen Weinszene als Ganzes los ist.

Foto: Florian Bolk, Ingo Pertramer, Shutterstock

Wunderschöner Panoramablick auf die größte Rheinschleife vom Bopparder Hamm

Und das ist viel: Bei den Weißweinen reagieren die Winzer auf Global Warming, indem sie an der Qualität der Phenole feilen. Das Biolager bekommt immer mehr Zulauf, wir stellen eine immens große Zahl von Betrieben fest, die gerade in Umstellung begriffen sind. Am meisten beeindruckt hat uns jedoch die Qualität des Rotweinjahrgangs 2019. Dem höchst bewerteten Spätburgunder dieses Jahres, dem Walporzheimer Kräuterberg des Weinguts Meyer-Näkel, verliehen wir 98 Punkte – ebenso viel wie der besten Trockenbeerenauslese des Jahrgangs 2020 aus dem Weingut Robert Weil. Das Weingut Meyer-Näkel ehren wir zudem für die »Kollektion des Jahres«. Der letzte Jahrgang, den die Familie abfüllen konnte, bevor das Hochwasser ihren Betrieb zerstört hat, ist eine Wucht.

Viel Spaß bei der Lektüre dieses Guides und beim Auffüllen der Vorräte!

WOLFGANG M. ROSAM
Herausgeber Falstaff Deutschland

ULRICH SAUTTER
Chefredakteur Falstaff Weinguide Deutschland

SO LESEN SIE DIESEN GUIDE

Der Falstaff Weinguide Deutschland erfüllt mehrere Funktionen: Zuallererst gibt er mit seinen Bewertungen einen Überblick über die besten Weine, die aus den aktuellen Preislisten der Winzer auf unserem Probentisch standen. Zum zweiten finden Sie die fünf interessantesten Weine jedes Betriebs beschrieben. Auf diese sensorischen Beschreibungen legt das Falstaff-Team großen Wert: Denn je nach Anlass und je nach kulinarischer Begleitung kann auch ein weniger hoch bewerteter Wein – etwa ein mit soliden 89 Punkten bewerteter, ideal ausgereifter Basiswein – besser schmecken als ein noch jugendlich-verschlossener 94-Punkte-Wein. Um sich hier zurechtzufinden, empfiehlt es sich, die Probennotiz zu Rate zu ziehen. Und ebenso zur Beantwortung der Frage: Könnte dieser Wein *mir persönlich* schmecken? Weine, für deren Notiz hier im gedruckten Guide kein Platz mehr war, finden Sie online auf www.falstaff.de, am einfachsten über die Volltext-Suchfunktion.

Bei manchen Weinen haben wir hinter die Bewertung ein Plus geschrieben: 91+ Punkte. Dieses Plus weist darauf hin, dass der Wein entweder je nach Kontext (beispielsweise bei Tisch) oder in Zukunft durch seine Reifeentwicklung über sich hinauswachsen wird. Die »91+« bedeuten also durchaus etwas anderes als etwa »91,5«. Sie sagen aus: 91 Punkte entsprechen der nüchternen sachlichen Sicht einer analytischen Verkostung, aber das Genusspotenzial dieses Weins ist deutlich größer.

Weiterhin zeichnen wir jeweils einen Wein pro Betrieb als »Falstaff-Tipp« aus. Sie finden diesen Falstaff-Tipp rechts unten auf den Betriebsseiten in einem beige unterlegten Feld. Für diese Weine sprechen wir eine besondere Empfehlung aus, weil sie entweder ein hervorragendes Preis-Genuss-Verhältnis besitzen oder es sich um eine Spezialität oder um eine Kuriosität des betreffenden Weinguts handelt.

Auch die Leistungskraft und das Prestige der Betriebe als ganzer erfahren eine Bewertung durch das Falstaff-Team, und zwar auf einer Skala von eins bis fünf Sternen.

Die Sterne haben folgende Bedeutung:

★ Betrieb, der regelmäßig Weine hervorbringt, die typisch für Sorte und Herkunftsregion sind.

★★ Betrieb, der für verlässliche Weinqualität bekannt ist und die Weine seiner Region auf hohem Niveau repräsentiert.

★★★ Betrieb, der für individuelle Weine von kontinuierlich hervorragender Qualität bekannt ist und bundesweit sowie auch auf einzelnen Exportmärkten hohes Ansehen genießt.

★★★★ Betrieb, der kontinuierlich für Spitzenleistungen bekannt ist und dessen stilistische Ausrichtung im In- und Ausland hohes Ansehen besitzt.

★★★★★ Betrieb, der seit langer Zeit kontinuierlich für Spitzenleistungen bekannt ist und im In- und Ausland für seine stilistische Eigenständigkeit höchstes Ansehen genießt.

Wir hoffen, dass Ihnen unser Guide durch diese Angaben beim Weineinkauf hilft. Auch als Reisebegleiter leistet er durch die Vielzahl an Kontaktinformationen und Adressen gute Dienste. Zu guter Letzt ist er so angelegt, dass man ihn auch nach Jahren nochmal aus dem Regal nehmen und wie in einem Jahrbuch nachlesen kann, was im betreffenden Zeitraum gerade aktuell war beim deutschen Wein. Am meisten freuen würde es uns, wenn dann der Moment gekommen ist, um einen gereiften Wein im Glas mit jener Probennotiz zu vergleichen, die das Falstaff-Team Jahre zuvor geschrieben hat.

WEINBAUREGIONEN. DEUTSCHLAND

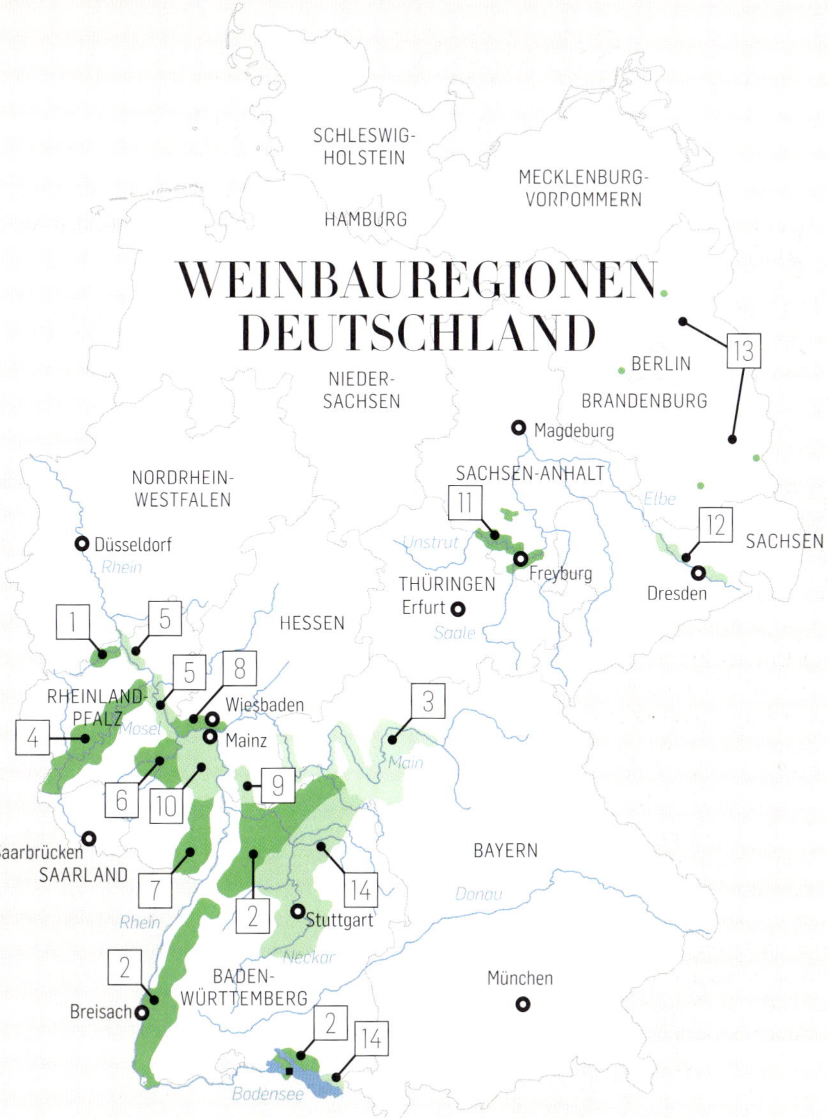

BEWERTUNGSÜBERSICHT UND VERZEICHNIS DER ABKÜRZUNGEN

LEGENDE WEINGÜTER

WEINBEWERTUNGEN

100	nicht zu übertreffen
95–99	absolute Weltklasse
90–94	ausgezeichneter Wein, unter den besten Weinen des Jahrgangs
85–89	gut bis sehr gut

PREISKATEGORIEN

€	bis 9,99 Euro
€€	10 bis 19,99 Euro
€€€	20 bis 49,99 Euro
€€€€	50 Euro oder mehr

ABKÜRZUNGEN

EG	Erstes Gewächs
GG	Großes Gewächs
NK	Naturkork
KK	Kunststoffstöpsel
VK	Kronkorken
VL	VinoLok (Glas)
DV	Drehverschluss
DIAM	Verschluss aus gepresstem Korkgranulat

WEISSWEINSORTEN

AFS	Alter Fränkischer Satz
AL5	Albariño
AU	Auxerrois
BC	Bacchus
BS	Blauer Silvaner
CB	Cabernet Blanc
CB2	Chenin Blanc
CH	Chardonnay
EH	Ehrenfelser
EL	Elbling
FR	Faber
GE	Gutedel
GM	Gelber Muskateller
GS	Silvaner
GV	Veltliner
HE	Heroldrebe
HL	Helios
HX	Huxelrebe
KR	Kerner
MB	Manzoni Bianco
MM	Morio Muskat
MO	Muskat-Ottonel
MT	Müller-Thurgau/Rivaner
PG	Grauburgunder
RL	Rieslaner
RR	Riesling
SB	Sauvignon Blanc
SBU	Schönberger
SC	Sauvignac
SG	Sauvignon Gris
SO	Solaris
SOG	Souvignier Gris
SÄ	Scheurebe
TR	Traminer/ Gewürztraminer
VI	Viognier
WB	Weißburgunder

ROTWEINSORTEN

AC	Acolon
BA	Barbera
BF	Blaufränkisch
BP	Portugieser
CA	Carmenére
CC	Cabernet Cortis
CD	Cabernet Dorsa
CF	Cabernet Franc
CI	Cabernet Mitos
CO	Domina
CS	Cabernet Sauvignon
CT	Cabertin
CU	Cabernet Cubin
DF	Dornfelder
DU	Dunkelfelder
FB	Frühburgunder
GN	Grenache
LG	Lagrein
LMB	Lemberger
MA	Malbec
ME	Merlot
MH	Muscat de Hambourg
MTR	Muskattrollinger
MV	Mourvédre
NE	Nebbiolo
NT	Neronet
PM	Pinot Meunier
PN	Spätburgunder
PV	Petit Verdot
RE	Regent
SAN	Satin Noir
SL	St. Laurent
SN	Sangiovese
SW	Schwarzriesling
SY	Syrah
TE	Tempranillo
TL	Trollinger
ZW	Blauer Zweigelt

LEGENDE GASTHÄUSER

SYMBOLIK

- Garten/Terrasse
- Übernachtungsmöglichkeit
- P Parkplätze vorhanden
- Kinderfreundlich
- Hunde nicht erwünscht
- Behindertengerecht
- Kreditkarte wird akzeptiert

PREISKATEGORIEN

- € Günstige Preiskategorie
- €€ Mittlere Preiskategorie
- €€€ Gehobene Preiskategorie

RHÖN SPRUDEL
SEIT 1781
Der Genuss reiner Natur
aus den Tiefen des Biosphärenreservats
Der ideale Begleiter für unverfälschten Weingenuss
Besonders leicht, weich und harmonisch im Geschmack
Ausgewogen mineralisiert und natriumarm
ÖKO-TEST
Produkt identisch mit RhönSprudel Naturell 0,75 l Glas-Mehrweg
sehr gut
ÖKO-TEST-Magazin 07/2020
RHÖN SPRUDEL
NATURELL
OHNE KOHLENSÄURE
Unternehmen und Produkte
Klimaneutral
ClimatePartner
www.rhoensprudel.de/wasser-wein

MIT HERZ & WEINVERSTAND

Diese Mitglieder der Falstaff-Verkostungsjury degustierten und diskutierten – mit der richtigen Mischung aus Begeisterungsfähigkeit und kritischer Distanz.

ULRICH SAUTTER
Wein-Chefredakteur
Falstaff Deutschland

Ulrich Sautter wuchs am Bodensee auf und legte bereits im Alter von zehn Jahren seine erste Weinsammlung an. Während des Studiums begann er, über Wein zu schreiben, nach seiner Promotion war er als Redakteur und Autor tätig. Sautter ist Mitautor des Weinatlas Deutschland und Chefredakteur für Wein bei Falstaff Deutschland.

RAINER SCHÄFER
Freischaffender Autor, Chef vom Dienst
Falstaff Weinguide Deutschland

Der renommierte deutsche Weinkenner Rainer Schäfer wuchs in Oberschwaben auf und lebt seit über 20 Jahren als Journalist in Hamburg. Schäfer schreibt über das, was er am meisten schätzt – Wein, Essen und Fußball – und war zuletzt Chefredakteur des Fußballmagazins RUND.

Fotos: Shutterstock, Peter Niepagenkemper, Christine Krawall, CurtiusWineConsulting beigestellt

THOMAS CURTIUS MW
Journalist, internationaler Medienprofi, Kommunikator, Korb

Thomas Curtius ist im Erstberuf Journalist und in dieser Funktion als Leiter für Projekte und digitale Kommunikation bei der Daimler AG tätig. 2019 bestand er die Prüfungen zum Master of Wine und erhielt zugleich den Outstanding Achievement Award des Institute of Master of Wine.

STEFANIE DÖRING
Multitalent und Netzwerkerin, Hamburg

Die ausgebildete Hotelfachfrau legte schon früh ihren Fokus auf Wein und startete als Commis Sommelier im Hamburger Luis C. Jacob, bevor sie mit mehreren Weingutspraktika im Gepäck nach London zog. Fünf Jahre lang war sie dort Gordon Ramsays Weinverantwortliche und eröffnete ganz nebenbei Dependancen in Prag, New York und Kapstadt. Seit 2009 zurück in Hamburg, baute sie Weinladen.de mit auf und lebt heute als Geschäftsführerin dieser Marke ihren Leitspruch: »Wein ohne Dresscode«.

ELISABETH FÜNGERS
Freischaffende Autorin und Kolumnistin, Inhaberin Restaurant Nil, Hamburg

Elisabeth Füngers stammt aus einer Familie von Fisch- und Feinkosthändlern, Metzgern und Gastronomen. Selbst liegt ihr die Gastronomie im Blut, seit 30 Jahren ist sie Inhaberin und gute Seele des weinaffinen Hamburger Restaurants Nil. Die wenige Zeit, die Füngers nicht im Restaurant bei der Fürsorge für Gäste und Personal verbringt, nützt sie als Kochbuchautorin, Verkosterin und Kolumnistin.

KLAUSPETER HACK
Weinhändler im Ruhestand, Berater und Philosoph, Meersburg

Sein Großvater war Kellermeister, sein Vater gründete eine Weinhandlung: Klauspeter Hack leitete mehr als 30 Jahre lang das Haus der Guten Weine Georg Hack in Meersburg und schuf aus dem Spezialisten für badische Weine ein Weinhaus mit internationaler Ausrichtung. Seit der Übergabe der Weinhandlung an die nächste Generation ist Hack nicht nur als Berater tätig, er kehrte auch zum Studienfach seiner Jugend zurück und nahm sein Philosophiestudium (wieder) auf.

MICHAEL KUTEJ
Geschäftsführender Gesellschafter der Hanse Lounge, Hamburg

Michael Kutej, geboren in Klagenfurt als Sohn einer Gastronomenfamilie, kam weit herum: Über Salzburg, Berlin, die USA und Jamaika gelangte er an den Neuen Wall nach Hamburg, wo er den privaten Wirtschaftsclub Hanse Lounge führt – und zu einer beliebten Location für Weinevents machte. Kutej ist überdies als Berater tätig und organisiert Weinreisen und Themenverkostungen.

MATTHIAS NESKE
Autor und Blogger, Betreiber des Blogs Chez Matze, Bamberg

Als gebürtigem Harzer wurde Matthias Neske die Weinliebe nicht gerade in die Wiege gelegt. Als er jedoch seine Diplomarbeit in Südfrankreich schrieb, überall von Weinorten und Weinwesen umgeben, war es auch um ihn geschehen. Seit elf Jahren betreibt der promovierte Geograf seinen Blog Chez Matze. Dort betätigt er sich gern als Dénicheur, erkundet also Nischen, starke Charaktere und die wunderbare Vielfalt der Weinwelt.

PETER PROEBSTL
Bereichsleiter Getränke Eigenmarke und Wein, Edeka Zentralhandelsgesellschaft, Hamburg

Peter Pröbstl studierte Volkswirtschaftslehre an der Universität Regensburg und ist seit seinem Studium im Lebensmitteleinzelhandel tätig. Nach einer Vertriebstätigkeit bei einem deutschen Discounter wechselte er 2011 in den Zentraleinkauf von Edeka und verantwortet dort als Bereichsleiter Getränke Eigenmarke und Wein den Einkauf – so kann er Beruf, Expertise und Genuss bestens vereinen.

GERO VON RANDOW
Journalist und Autor der Wochenzeitung DIE ZEIT, Hamburg

Gero von Randow war Redakteur der ZEIT, unter anderem als Korrespondent in Paris. Seit vielen Jahren schreibt er auch über Wein. So gestaltete er etwa für die ZEIT AKADEMIE ein multimediales Weinseminar. An diesem Falstaff Weinguide wirkte er als Verkoster mit – und schrieb die Einleitung für das Weinbaugebiet Franken.

Fotos: beigestellt, Anna Stöcher, Florian Bolk, Klaus Knuffmann/Michael Kutej

CLAUDIA RETTER

Patronne und Sommelière, Hotel und Restaurant zur Fischerklause, Lütjensee

Claudia Retters Wirken fand an einigen namhaften Stätten in der Gastronomie statt, nachdem sie 2004 in München die Ausbildung zur IHK-Sommelière absolvierte. Seit 2009 leitet sie den über 100 Jahre alten Traditionsbetrieb ihrer Familie, das Restaurant und Hotel Zur Fischerklause am Lütjensee in der Stormarnschen Schweiz unweit Hamburgs. Vom Busche-Verlag wurde Sie bereits mehrfach unter die 50 Top-Sommeliers Deutschlands gewählt.

JENNY RIED

Multitalent und Weindozentin, Hamburg

Die Quereinsteigerin mit Leidenschaft für Wein und gutes Essen ist auf dem Weg durch die Stufen des WSET-Diplomas und steht kurz vor dem Abschluss ihrer Sommelierausbildung. Praktika führten sie im Rahmen dieser Tätigkeiten bereits in die Sternegastronomie, so in Hamburgs Petit Amour und ebenso zu Winzern an der Mosel, in der Champagne und im Jura. Jenny Ried lebt mit ihrer Familie in Hamburg, wo sie auch Weinseminare in der Villa Verde abhält.

ELENA SCHEER

Gastronomischer Wirbelwind und geprüfte IHK-Sommelière, Geisenheim

Elena Scheer, geboren 1998, macht nach eigenem Bekunden »ziemlich viel«: Stationen ihrer gastronomischen Vita sind Burg Schwarzenstein, Essigbrätlein, Sosein und Kontraer Berlin sowie die Freiheit Vinothek Ulm und sie studiert internationale Weinwirtschaft in Geisenheim. Zudem absolviert sie Praktika – etwa im Noma in Kopenhagen oder in der Falstaff-Redaktion. Nur »hochdeutsch Sprechen« gehört nicht zu den Disziplinen, deren Beherrschung die Bayerin anstrebt.

THOMAS SCHWITALLA

Freischaffender Autor, Hamburg

Thomas Schwitalla beschäftigt sich seit mehr als drei Jahrzehnten intensiv mit Wein und freut sich, immer wieder neue, großartige Weiß- und Rotweine zu entdecken. Der in Freiburg geborene Journalist lebt mit seiner Familie in der Nähe von Hamburg.

HEIKO TAUDIEN
Pressesprecher, Dienstleiter im Bereich Sachwerte und Autor, Hamburg

Neben seiner Aktivität für WSET in Wines and Spirits, London, betreut Heiko-T. Taudien die Standorte Deutschland und Großbritannien für die CW Wine Group. Des Weiteren arbeitet er an einer Publikation zum Thema Wein als Wert und begleitet als Autor und Verkoster die Weinregionen Frankreich, USA und Deutschland.

RAKHSHAN ZHOULEH
Freischaffender Sommelier und Berater, München

Rakhshan Zhouleh, geboren in Teheran, begann seine Laufbahn als Fußballprofi. Dann packte ihn das Weinvirus – und führte ihn in die Top-Gastronomie: Zhouleh wirkte in Wiesbadens Ente im Lehel, im Haerlin in Hamburg, im Margaux in Berlin und im Münchner Tantris, ehe er sich 2009 als freischaffender Sommelier und Berater selbstständig machte.

Fotos: beigestellt, Anna Stöcher, Florian Bolk, Klaus Knuffmann/Michael Kutej

HB
HEINZ BAUER
MANUFAKT
HEINZBAUER.COM | +49-7121-620626

KOLLEKTION DES JAHRES

»Es wäre ja langweilig, wenn wir immer der gleichen Meinung wären. Wir einigen uns aber immer auf eine gemeinsame Lösung. Und die ist dann aus zwei unterschiedlichen Perspektiven durchdacht.«

MEIKE UND DÖRTE NÄKEL

So sahen die Barriquefässer des Betriebs vor der Flut aus – Nachschub ist glücklicherweise schon unterwegs

NICHT LEDIGLICH »MEHR VON ALLEM«, SONDERN STILVOLLES GLEICHGEWICHT

Mit ihren 2019er Spätburgundern sind Dörte und Meike Näkel in eine neue Dimension von Frische und Detailreichtum vorgestoßen.

TEXT ULRICH SAUTTER

Die Spätburgunder aus dem Haus Meyer-Näkel kennt man seit Jahren für ihren geschliffenen, saftigen Stil, für die strahlende Klarheit ihrer Frucht und für ihre Eleganz. Wenn Falstaff nun Dörte und Meike Näkel mit dem Titel »Kollektion des Jahres« ehrt, dann legt diese Auszeichnung nahe, dass der Jahrgang 2019 nochmal eine qualitative Steigerung im Vergleich zu allem ist, was früher schon gut war an den Spätburgundern der Familie.

Nun handelt es sich bei diesen Burgundern um Weine, deren Qualität sich nicht durch ein bloßes Mehr von Inhaltsstoffen steigern ließe: Wucht, Muskelkraft und Volumen sind nicht die Kategorien, nach denen sie streben oder entlang derer sie im Glas begeistern. Mehr Power und mehr Gerbstoff dürften frühere Jahrgänge schon gehabt haben, 2009 zum Beispiel, doch die 2019er ragen durch etwas anderes heraus: durch Detailreichtum, durch Proportion und eine stupende Frische.

Die detailgenaue Erinnerung an den Jahrgang 2019 kommt Meike Näkel auf unsere telefonische Nachfrage erst nach einem Moment des Nachdenkens – kein Wunder nach all dem, was seither geschehen ist. »Es war ein Jahr mit geringem Ertrag, schon aufgrund des Vorjahres war der Fruchtansatz geringer als üblich und durch

Fotos: beigestellt

Meike (li.) und Dörte Näkel

die Trockenheit hatten die Trauben sehr kleine Beeren. Das wichtigste Merkmal aber war wahrscheinlich, dass wir ganz früh gelesen haben. Früher dauerte die Lese ja manchmal sechs, sieben Wochen, weil wir einen Lesedurchgang nach dem anderen gemacht und zwischendrin immer wieder abgewartet haben, um nochmal etwas mehr Gerbstoffreife zu kriegen. Aber inzwischen schließen wir die Lese mit einem riesenhaften Team in drei Wochen ab, so gelingt es, auf natürliche Weise einen pH-Wert im richtigen Bereich zu bekommen. Und durch die alten Reben und die richtigen Klone haben wir auch bei früherer Lese die Gerbstoffreife, die wir brauchen.«

Als das Hochwasser Mitte Juli 2021 die Betriebshalle flutete, waren die 2019er bereits gefüllt. »Es war sowieso schon nicht viel«, resümiert Meike Näkel, »aber wenigstens blieb uns davon etwa die Hälfte erhalten, Flaschen sind erstaunlich viele stehen geblieben oder haben sich irgendwo verkeilt, während unsere Fässer mit den 2020ern fast alle weg sind.«

Zwei Monate nach der Flut hatten die Angestellten des Dernauer Weinguts mit der Unterstützung von Meike Näkels Ehemann Markus Klumpp und seinem Team aus dem Kraichgau die zerstörte Kelterhalle wieder fit für einen neuen Jahrgang gemacht. Der Schlamm war einen halben Meter hoch in dem Gebäude gestanden. Nachdem er weggeschafft war, blieben noch vier Bäume zu zersägen und ein Stahlträger wegzuflexen. Doch wer die 2019er verkostet, die letzten Zeugen aus der »alten« Zeit vor der Flut, wird sofort verstehen, dass kein Aufwand zu viel ist, um den Fortbestand solcher Delikatessen zu sichern.

Perfekte Symbiose:
Spätburgunder und Schiefer

Fotos: beigestellt

Christopher Full in den Weinbergen von Mölsheim im Zellertal

DIE ZUKUNFT BEGINNT JETZT

Junge Winzertalente gibt es viele im Land – Falstaff stellt drei ausgewählte Newcomer und ihre Weine vor und zeigt, was die Zukunft bereithält.

TEXTE RAINER SCHÄFER

NEUSTART AN DER NAHE

Die Brüder Achim und Lukas Bicking sollten das Familienweingut im Zellertal übernehmen. Inzwischen erzeugen sie im Gräfenbachtal an der Nahe vor allem beeindruckende Rieslinge von verschiedenen Bodenarten.

Das hatten sich die beiden ganz anders vorgestellt: 2014 legten sie zum ersten Mal im Weingut ihrer Familie in Gauersheim ihre eigene Weinlinie auf. »Alles lief darauf hinaus, dass wir das Weingut im Zellertal übernehmen«, erzählt Lukas Bicking. Aber dann kam es zu Streitigkeiten in der Familie und die beiden verließen Ende 2015 Gauersheim Knall auf Fall. »Wir sind am Generationenkonflikt gescheitert«, sagt der 28-Jährige, der Anfang 2016 mit seinem sechs Jahre älteren Bruder Achim nach Wallhausen an die Nahe zog, wo sie das Weingut ihres Stiefvaters übernehmen konnten: Alles war wieder auf null gestellt und sie mussten neu durchstarten.

Heute können sie dem ungewollten Ende auch etwas Gutes abgewinnen: Die Nahe bietet eine Vielfalt an Bodenformationen mit Grauwacke, Vulkangestein, Quarzit und verschiedenen Schieferarten. »Das Spektrum ist viel größer als im Zellertal«, sagt Achim Bicking, »nur den Kalkboden vermissen wir.« Die Nahe bietet ihnen die

Detailverliebt: das Weingut Bicking & Bicking

Fotos: Sebastian Greiner, Weingut Full, Weingut Bicking & Bicking

Elegante, fein geschliffene Weine, die ihre Herkunft widerspiegeln. Genau das ist es, was uns Spaß macht! Genau das trinken wir selbst gerne!

ACHIM UND LUKAS BICKING

Die verkosteten Weine und weitere Infos über dieses Weingut finden Sie auf Seite 294.

Möglichkeit, einen »filigranen und doch kraftvollen Weintyp zu erzeugen, ohne Schnickschnack und Fruchtexzentrik«. Inzwischen bewirtschaften sie elf Hektar Reben, die Hälfte davon ist mit Riesling bestockt, »unsere klare Nummer eins«, da sind sich die beiden Winzer einig, die auch Parzellen in bekannten Lagen wie dem Wallhäuser Pastorenberg und Felseneck besitzen. Der rote Schiefer im Pastorenberg verleiht den Rieslingen »Kraft und Wärme«, auf dem grünen Schiefer im Felseneck dagegen reifen die Trauben langsamer, die Weine fallen feiner und eleganter aus.
Schon kurz nach dem Umzug ins Gräfenbachtal, begann das Duo mit biologischem Weinbau zu experimentieren. »Wir wollten erst mal sehen, wie wir damit klar kommen«, sagt Lukas Bicking, zur selben Zeit sei das bekannte Weingut Prinz Salm aus dem ökologischen Weinbau ausgestiegen. »Aber das hat uns noch mehr angespornt«, sagt sein Bruder Achim, »heute sind wir glücklich mit dieser Entscheidung.« In die-

Lukas Bicking

Fotos: Weingut Bicking&Bicking

Wallhausen im Gräfenbachtal

sem Herbst wird die erste Ernte mit Biosiegel eingebracht. Die Umstellung sei auch eine Voraussetzung, um »herkunftsgeprägte, naturbelassene Weine zu erzeugen, in denen sich die Vielfalt der Böden spiegelt«. Beim Ausbau der Weine kommt Holz zum Einsatz, »es soll aber nur dezent untermalen«, sagt Achim Bicking. Ihre Weine sind langlebig, selbst die Ortsweine brauchen Zeit, um sich zu zeigen und kommen erst ein Jahr nach der Füllung in den Verkauf. Um ihre eigene Stilistik weiter zu verfeinern, sind sie offen für Inspirationen: »Wir sind gewillt, viel zu trinken und zu probieren«, sagt Lukas Bicking, dabei kommen Flaschen aus Burgund, von der Loire und aus allen deutschen Regionen auf den Tisch. Im Team bringt Achim Bicking mehr Erfahrung ein, er arbeitete schon als Kellermeister bei Markus Schneider und Axel Neiss in der Pfalz, inzwischen ist der dreifache Vater als Betriebsleiter und Kellermeister beim Weingut Dreissigacker in Bechtheim fest angestellt. Am Wochenende teilen sie sich die Arbeit in Wallhausen, unter der Woche trägt dort der jüngere Bruder die Verantwortung. Dieses Arrangement bringe auch Vorteile mit sich, weiß Lukas Bicking: »Freundschaft unter Brüdern ist leichter gesagt als getan. Wenn man sich nicht so oft sieht, kann man sich auch nicht streiten.« Er ist der Ungestümere der beiden, der »gern mit dem Kopf durch die Wand geht«, während sein Bruder schärfer auf Details achte. Dass es Reibungspunkte gäbe, bringe sie aber auch voran: »Wenn immer alles harmonisch ist, bleibt man auf der Stelle stehen.« Die Bickings haben die Chance zum Neustart an der Nahe genutzt. Vor ihnen liege aber noch ein weiter Weg, der an einem klaren Zielpunkt endet: »Unser Traum ist es, in der Gebietsspitze mitspielen zu können.«

Eisgekühlt: 2017 »Vom Schiefer« Riesling trocken

Christopher Full

MIT MUT UND RISIKO

Christopher Full aus Mölsheim im Zellertal ist einer der wagemutigsten jungen Winzer in der umtriebigen rheinhessischen Weinszene. Für ihn sind Regeln auch da, um mal gebrochen zu werden.

Das Zellertal, in dem Rheinhessen und die Pfalz aneinandergrenzen, ist eine der Regionen, die in den letzten Jahren in den Fokus gerückt ist. Lange Zeit galt die abgelegene Ecke als zu kalt für den Weinbau und wurde gerne als »Pfälzisch Sibirien« verspottet. Aber entlang des Zellertals erstreckt sich ein Südhang, der es in sich hat: Es ist eines der interessantesten Kalksteinterroirs im Land, zumal die gemäßigten Temperaturen den Winzern in Zeiten des Klimawandels in die Hände spielen. Der Wind pfeift trocken durchs Tal, das sich wie eine Badewanne ausbreitet. Im Süden des Zellertals, im eher beschaulichen Mölsheim, wo eine ganze Armada von Windrädern die Flügel rotieren lässt, sorgt Christopher Full mit seinen Weinen für Aufsehen: Er ist der wohl Experimentierfreudigste in der umtriebigen jungen Winzerszene. »Etwas zu wagen«, sagt Full, »zieht sich bei mir als Kerngedanke durch.« Christopher Full ist ein unkonventioneller Charakter, der nach dem Abitur »ziemlich planlos« gewesen sei und mit dem Gedanken spiel-

Kreativ und jung: So zeigen sich die Weine von Christopher Full

Fotos: Weingut am Schlipf-Schneider, Sebastian Greiner, Weingut Full

Der Blick vom Schwarzen Herrgott nach Mölsheim

te, Psychologie zu studieren. Dass er doch noch beim Wein landen könnte, hätte der Winzersohn »nie gedacht«. Im Weingut der Eltern, die eine »klassische Endverbraucher-Linie angeboten haben«, hat der 29-Jährige vieles verändert und auf den Kopf gestellt. Claudia und Thomas Full hätten erst mal verunsichert reagiert: »Ey, ey, ey, was gibt denn das?« Inzwischen baut Full, der in Geisenheim Weinbau studierte und drei Tage in der Woche in Hohen-Sülzen als Kellermeister für die Weingüter Battenfeld-Spanier und Kühling-Gillot arbeitet, alle Weine von den 13 Hektar Reben im familieneigenen Weingut aus: Die seiner Eltern seien konventioneller, seine eigenen »spezieller«. Dabei wird Christopher Full von einer Begeisterungsfähigkeit und Experimentierfreude getragen, die auch mal in kreatives Chaos übergehen kann: Regeln sind für ihn auch da, um gebrochen zu werden. Er habe sogar Freude daran, »mal Fehlversuche zu verkosten«.

Viele Stilmittel addieren sich in seinem Repertoire, das man im Hip-Hop Free-

»Jeder hat eine subjektive, einzigartige Wahrnehmung von Wein, genau wie jeder in einem Rorschachtest etwas völlig Eigenes sieht.«

CHRITOPHER FULL

Die verkosteten Weine und weitere Infos über dieses Weingut finden Sie auf Seite 538.

Durchgängig: Das Logo im Rorschach-Test-Look

style nennen würde: Full probiert viel aus, arbeitet mit Maischestandzeiten und Maischegärung, auch mit »dreckigen Vergärungen« – ohne jegliche Vorklärung – machte er Erfahrungen. Auch Naturwein kann Christopher Full inspirieren, wenn er »fehlerfrei gemacht ist«.

Seine Etiketten, die auf den ersten Blick wie Schmetterlinge wirken, orientieren sich am Rorschachtest und an Tintekleksbildern, die auch in der Psychoanalyse eingesetzt werden. Die Etiketten seien auch ein Symbol dafür, dass »jeder im Wein etwas anderes wahrnimmt«. Die grünen Farbkleckse auf dem Label seines »Wonderfull« sollen die weit aufgerissenen Augen des Winzers zeigen, als er zum ersten Mal eine Scheurebe aus dem Barrique probierte: »Da war ich völlig elektrisiert.« Inzwischen weiß Christopher Full die geologischen und klimatischen Besonderheiten des Zellertals zu schätzen: »Kalkstein ist der Boden meiner Wahl«, sagt der Winzer und schwärmt von der »Coolness« des Tales und meint damit vor allem die Temperaturen. Sein Riesling aus dem Mölsheimer Zellerweg am Schwarzen Herrgott mit griffiger Textur und einer beinahe klirrenden, kühlen Mineralik ist Fulls erwachsenster Wein. Gerade beim Riesling, sagt er, habe er in den letzten Jahren Fortschritte gemacht, aber es »gibt noch vieles, das ich verbessern kann«.

Vor Kurzem hat er die uralten Barriques und Holzfässer, die er »irgendwo für 50 Euro gekauft hatte, aus dem Keller geschmissen«. Neue Fässer sollen dabei helfen, dass seine Weine noch präziser werden: »Ich will alle Register ziehen und riskiere dafür auch mal eine Nullnummer.«

Abendliche Stimmung über den Rieslingreben vom Mölsheimer Zellerweg

Fotos: Sebastian Greiner, Weingut Full, Weingut am Schlipf – Schneider

Johannes Schneider

KONSEQUENTER KURSWECHSEL

Johannes und Christoph Schneider hatten zunächst nicht vor, das Weingut ihrer Eltern zu übernehmen. Jetzt überzeugen sie mit überraschenden Interpretationen von Gutedel und Pinotsorten.

Christoph Schneider kennt das Procedere schon ganz genau: Wenn der Postbote klingelt, dann sind jede Woche auch mehrere Pakete aus Antiquariaten dabei, die im Weingut am Schlipf – Schneider in Weil an Rhein abgeliefert werden. Darin befinden sich Bücher über Biodynamie und »alte französische Literatur über Weinbau«, erzählt der Winzer, 31, der das Weingut zusammen mit seinem vier Jahre älteren Bruder führt. »Vor allem Johannes beschäftigt sich intensiv damit«, sagt Christoph Schneider, es sind schließlich auch die Grundlagen für den konsequenten Kurswechsel, den sie im Weingut eingeschlagen haben.

Die beiden Brüder gestalten vieles anders als ihre Eltern, »wir gehen nicht den klassischen Weg«, sagt Christoph Schneider, dabei sieht er es durchaus als Vorteil an, dass sie erst über Umwege zum Wein gekommen sind: Er studierte Volkswirtschaft, Johannes Schneider Naturwissenschaften, bevor sie 2017 beschlossen, das Weingut

Christoph Schneider

»Unsere Weinbereitungsmethoden haben sich über die Zeit nur wenig verändert. Spontangärung, langes Hefelager, minimaler Schwefeleinsatz und unfiltrierte Weine sind für uns gelebte Familientradition.«

JOHANNES UND CHRISTOPH SCHNEIDER

Die verkosteten Weine und weitere Infos über dieses Weingut finden Sie auf Seite 121.

zu übernehmen. »Wir waren schon draußen und unabhängig«, sagt er, das mache es auch einfacher, Veränderungen anzugehen und umzusetzen. Die zeigen sich schon in der Stilistik der Jahrgänge 2018 und 2019: Da begannen ihre Experimente in ihrer Weinlinie, die sie »Haus Gupi« tauften, wobei Gupi für Gutedel und die Pinotsorten steht, die sie auf rund 15 Hektar anbauen. Was zunächst im Kleinen erprobt wurde, ist nun die Blaupause für die gesamte Weinbereitung: Sie arbeiten mit Maischegärung und auch »macération carbonique«, die Weine werden unfiltriert und möglichst ungeschwefelt abgefüllt, nur dem Pinot Noir schade ein wenig Schwefel nicht. Ihre ungewöhnlichen Gutedel tragen Namen wie »La Bohème« oder »El Fayoum«, auch wenn sie sich stilistisch am Jura orientieren, lehnen sie den Begriff Naturwein ab: »Uns ist der handwerkliche Aspekt unser Arbeit wichtiger«, sagt Schneider.

Nicht mal vor dem Namen des Weinguts machten die beiden halt: Das Weingut heißt nun offiziell Weingut am Schlipf – Schneider, davor stand der Familienname

Blick vom Tüllinger Berg

Fotos: Weingut am Schlipf – Schneider

Schafe im Weinberg: nicht nur nachhaltig, sondern auch nützlich

vorne. »Aber Schneider heißen viele«, erklärt der Jüngere des Duos, das sich die Arbeit teilt. Johannes, der ein Jahr die Weinbauschule in Beaune besuchte und bei Paul Fürst und Léon Boesch Erfahrungen sammelte, arbeitet mehr draußen, die Kellerarbeit verrichten sie gemeinsam. Die Weinberge, die alle im Umkreis von vier Kilometern um das Weingut liegen, zählen zum Tüllinger Berg. Sie sind seit 2020 biologisch zertifiziert und werden seit diesem Jahr biodynamisch kultiviert, was anspruchsvoll ist: Sie sind kleinparzelliert und steil. Der wichtigste Weinberg ist der Schlipf, in dem sich schwerer Lehm- und Tonboden mit Kalk mengt. »Wenn es regnet, bewegt sich der Boden, dann schlupft er, wie es im alemannischen Dialekt heißt«, erklärt Schneider. Der Schlipf ist mit dem Grenzacher Hornfelsen der südwestlichste Weinberg Deutschlands, die Schweiz und Frankreich grenzen direkt an, von hier aus sieht man das Jura, die Burgundische Pforte und die Vogesen.

»La Bohème« Gutedel

Die Brüder können sich »blind aufeinander verlassen«, auch wenn sie zwei ziemlich unterschiedliche Charaktere seien: Johannes Schneider ist der Ruhigere und Introvertiertere, »ich bin extrovertierter und habe immer viele Ideen im Kopf«, sagt Christoph Schneider, zuletzt eröffnete er eine Weinbar im Betrieb. »Wir haben unseren Weg gefunden«, sagt er, jetzt gelte es, alles zu verfestigen und zu verfeinern. Johannes und Christoph Schneider haben viel gewagt, sie seien dankbar, dass ihre Eltern diesen Weg mitgehen und sie dabei unterstützen. Auch von ihrer Stammkundschaft akzeptieren inzwischen die meisten die Veränderung der Weinstilistik. »Es gab bei vielen sogar einen Aha-Moment«, weiß Christoph Schneider: »So kann Wein also auch sein.«

AHR

BLICK IN DIE ZUKUNFT

Foto: WSNA

Mayschoßer Mönchsberg

AHR: EINE ZÄSUR FÜR GENERATIONEN

Die Jahrhundertflut vom 14./15. Juli 2021 kostete 141 Menschen das Leben und zerstörte mehr als 60 Weingüter. Trotzdem konnten die Winzer zehn Wochen nach der Flut einen 2021er Jahrgang keltern. Über das Schicksal und den Lebenswillen einer unbeugsamen Region.

TEXT ULRICH SAUTTER

Wer das Hochwasser überlebt hat, ist am 15. Juli aus dem Wasser gestiegen und hat angefangen aufzuräumen, und das tun wir jetzt immer noch«, fasste Meike Näkel die Situation an der Ahr Ende September 2021 zusammen, kurz vor der Lese der 2021er Trauben. Schon der erste Halbsatz beschreibt keine Selbstverständlichkeit, »jeder hier kannte jemanden, der im Wasser gestorben ist«, ist einer der meist gehörten Sätze, wenn man sich mit Ahrwinzern unterhält. Auch viele der Überlebenden fanden sich in lebensbedrohlichen Situationen wieder und erlebten nicht nur bange Momente, sondern Stunden der akuten Bedrohung und der Todesangst. So berichtet etwa Paul Schumacher, dessen Gutshaus in Marienthal 25 Meter vom normalen Flussbett der Ahr entfernt liegt: »Wir haben die ganze Nacht auf dem Dach gesessen, im Dunkeln, es roch nach Diesel, und im Zwei-Minuten-Takt hörte man die Einschläge, wenn irgendwo in der Nachbarschaft ein Auto oder ein anderer schwerer Gegenstand in eine Häuserwand gekracht ist.« Dass sein Haus noch stehe und er und seine Familie noch am Leben seien, sagt Schumacher, verdankten sie vermutlich einem alten Nussbaum vor dem Gebäude, der der Strömung standhielt und große Gegenstände vom Haus weglenkte.

WO DIE AHR VOR DER FLUT STAND

Blicken wir zurück auf das Ahrtal, wie wir es kannten: Nach dem Zweiten Weltkrieg wurde es zum Naherholungsgebiet der Bonner Republik, man darf davon ausgehen, dass noch in den 1980er-Jahren manch ein politischer Schachzug unter reichlicher Zufuhr von Ahr-Spätburgunder oder während eines Menüs in Steinheuers Alten Poststuben, über denen seit 1986 ein erster Michelin-Stern prangte, ausgeheckt wurde. Etwa zur gleichen Zeit machte sich eine junge Generation von Winzern daran, ihren Weinen eine neue Ernsthaftigkeit zu geben: Wolfgang Hehle vom Deutzerhof, Jean Stodden und Werner Näkel öffneten der deutschen Weinöffentlichkeit die Augen darüber, dass Spätburgunder von der Ahr viel mehr sein kann als jenes unbekümmert fruchtige Getränk blassrötlicher Farbe, als das er zuvor bekannt war.

Wenn man von heute zurückblickt, muss man sagen: Ja, es waren die Anfänge. Noch standen nicht überall die passenden Burgunderklone in den Weinbergen. Gerade beim Pinot Noir sind die Unterschiede der Spielarten enorm, ebenso die Auswirkungen auf die Weinqualität. Auch das Verständnis des Barriqueausbaus entwickelte sich erst nach und nach, die Generation der Pioniere

Außenbetriebsleiter Christoph Hoffmann vom Weingut Deutzerhof

musste praktisch bei null anfangen, um den Ahr-Spätburgunder auf den langen Weg zum lagerfähigen Terroirwein zu bringen.

NOCH EIN NEUBEGINN

Die heute aktive Winzergeneration muss nun nach der Flut in einem anderen Sinn von null anfangen. Sie wird neben den ökonomischen Folgen den Schock und das Trauma verdauen müssen – eine Aufgabe, deren Größe man nicht unterschätzen darf.

Familie Näkel, Weingut Meyer-Näkel

Fotos: beigestellt

Frank und Marc Adeneuer

Man kann aber Erstens auch festhalten: Die Weinberge – und diese stellen in jeder wirklich bedeutenden Weinbauregion das wichtigste Gut dar – sind weitgehend unbeschädigt geblieben. Etwa zehn Prozent der Rebflächen sind verwüstet, schlimm genug. Doch die wertvollsten und namhaftesten Weinberge blieben unberührt, sie befinden sich alle im Steilhang und lagen oberhalb des Wasserspiegels.

Zweitens, das Wissen ist nicht abhandengekommen. Die Erfahrungen der letzten Jahrzehnte, die gerade zuletzt dazu geführt hatten, dass an der Ahr zwei spektakulär gute Jahrgänge im Keller lagen, 2018 und 2019, sie sind noch in den Köpfen und werden auch in Zukunft abrufbar sein. Die Sensibilität, mit den Folgen der Erderwärmung so umzugehen, dass die Frische der Weine erhalten bleibt, wird die Winzerinnen und Winzer leiten, sobald sie wieder in geordneten Verhältnissen und mit wiederhergestellter Infrastruktur werden arbeiten können.

UND EINE NEUPOSITIONIERUNG?

Zu guter Letzt möchte man dem Ahrwein und seinen mit enorm viel Herzblut arbeitenden Akteuren wünschen, dass sie die Zäsur auch für eine Neupositionierung nützen können. Weltweit erleben Burgunder in den zurückliegenden 20 Jahren einen Boom wie wohl noch nie in der Geschichte. Die Hausse wird nicht zuletzt befeuert von der Erkenntnis, dass die Anzahl der wirklich guten Pinot-Noir-Herkünfte extrem klein ist. Aus Cabernet und Merlot lassen sich außer in Bordeaux auf buchstäblich jedem Kontinent Spitzenweine keltern. Beim Pinot Noir reduziert sich die

WEINBAUGEBIET AHR

Anbaufläche
ca. 540 Hektar
Aufteilung
1 Bereich, 1 Großlage, 40 Einzellagen
Böden
Löss, Vulkangestein, Schiefer
Wichtigste Rebsorten
Spätburgunder, Frühburgunder

Verbände
Ahrwein e. V., Hauptstraße 80
53474 Bad Neuenahr-Ahrweiler
www.ahrwein.de

Julia Baltes vom Weingut Bertram-Baltes

erste Liga auf ein paar wenige Regionen, die alle nur ein Dutzend Dörfer umfassen, wenn überhaupt.

Die Ahr ist mittendrin in dieser globalen Pinot-Elite. Bezahlen wir ihre Weine also auch entsprechend! Manche der Winzer haben ihre geretteten Flaschen nach der Flut mit einem Solidaraufschlag verkauft. Dieser monetäre Mehrerlös sollte kein einmaliger Effekt bleiben, diese Weine waren schon vor der Flut längst mehr wert, als sie koste(te)n.

Die Tatkraft der Ahrwinzer wird dem Neustart Dynamik verleihen, wie auch ihre Leidensfähigkeit und ihr Humor. Es sagt alles, dass sie es geschafft haben, nur zehn Wochen nach der Katastrophe wieder Wein zu keltern, so improvisiert das Arbeiten auch gewesen sein mag. Dass sich die Winzer nicht so leicht unterkriegen lassen, illustriert auch eine Anekdote, die Paul Schumacher von der ersten Begehung seines völlig zerstörten Weinguts mit einem Schadensgutachter erzählt hat. Das Bild der Verwüstung sei schrecklich gewesen, aber als sie in den Raum gelangt seien, der früher mal die Straußwirtschaft war, da hätten sie gesehen, wie der Kühlschrank an der Decke baumelte, an der Lampenbefestigung. Schumacher gesteht, er habe nicht an sich halten können, ein lautes Lachen sei aus ihm herausgeplatzt. Der Gutachter habe sehr irritiert geschaut, sicher habe der von fern angereiste Sachverständige gedacht: Mein Gott, wie ist der denn drauf? »Es tut mir leid«, habe Schumacher da gesagt, »wir sind Rheinländer.«

INFO

Nähere Infos über den Autor finden Sie im Kapitel »Verkostungsteam« auf S. 12.

Alexander Stodden

Fotos: beigestellt

Dernauer Pfarrwingert

GRANDS CRUS AHR

TOP-WEINE AUS PRIVILEGIERTEN WEINLAGEN DER REGION

RECH | HERRENBERG

Der Herrenberg hat Lagen mit südlicher bis Ostausrichtung auf 130 bis 260 Metern. Die klassische Kernlage von vier Hektar ist heute auf 17 Hektar gewachsen. Löss, Lösslehm und im Kerngebiet Grauwacke bemustern die Böden, in denen teils noch wurzelechter Spätburgunder wächst.

97 **2019 »Alte Reben« Spätburgunder**
95 **2019 Spätburgunder GG**
94+ **2019 Frühburgunder GG**
Jean Stodden - das Rotweingut, Info siehe Seite 53

92 **2018 Spätburgunder**
Maibachfarm, Info siehe Seite 48

ALTENAHR | ECK

Die Lage erstreckt sich von der Burgruine Are bis zum Ravenley bei Reimerzhoven. Sie ist die steilste Einzellage der Ahr mit Südsüdostausrichtung auf Höhen von 150 bis 260 Metern mit 40 bis 60 Prozent Steigung. Die rund acht Hektar Rebfläche haben nur eine sehr dünne Humusauflage und bestehen aus Grauwacke und Schieferverwitterungsgestein. Die steilen Terrassen verfügen über die erste Monorackbahn der Ahr.

95+ **2019 Im Eck Spätburgunder trocken**
92+ **2020 »Alte Reben 1939« Riesling trocken**
Weingut Sermann, Info siehe Seite 52

92 **2019 Spätburgunder GG**
Deutzerhof, Info siehe Seite 45

DERNAU | PFARRWINGERT

Der Name dieser Einzellage ist vom Wort Wingert (Weingarten) abgeleitet. Tatsächlich handelt es sich beim Pfarrwingert um einen ehemaligen Besitz der katholischen Pfarrkirche von Dernau. Die nach Süden ausgerichtete Steillage umfasst knapp zehn Hektar Rebfläche mit bis zu 60 Prozent Hangneigung auf 125 bis 220 Metern. Nur zehn Prozent dieser Fläche sind hängig, der Rest steil. Die Grauwacke- und Schieferwitterungsböden gehören zu den besten des gesamten Ahrtals.

96 2019 Spätburgunder GG
Weingut Meyer-Näkel, Info siehe Seite 50

94 2019 Spätburgunder trocken
Weingut Sermann, Info siehe Seite 52

MARIENTHAL | TROTZENBERG

Einer der steilsten Hänge des Ahrtals blickt in Form eines Hohlspiegels nach Westen bis Südwesten, durch das Fehlen rein südlicher Ausrichtungen gehört der Trotzenberg zu den im Zeichen von Global Warming immer gesuchteren Weinbergslagen mit moderater Wärmeeinstrahlung. Der Boden besteht aus Schiefer und Grauwacke. Von der namensgebenden Trutzburg, die einst auf dem Kamm des kleinen Bergrückens gestanden haben soll, ist nichts erhalten. Der Trotzenberg ist klein, er misst lediglich 3,35 Hektar.

94 2019 Spätburgunder trocken
Weingut Paul Schumacher, Info siehe Seite 51

93+ 2019 Spätburgunder trocken
Weingut Sermann, Info siehe Seite 52

Walporzheimer Kräuterberg

WALPORZHEIM | KRÄUTERBERG

Südlich exponierte Terassenlage in Walporzheim auf 110 bis 180 Metern. Der Name dieser Einzellage ist von den dort früher wachsenden Kräutern abgeleitet. Mit 15 bis 60 Prozent Steigung umfasst sie fünf Hektar Rebfläche, die zu 90 Prozent von Spätburgunder vereinnahmt wird. Die Böden bestehen aus Verwitterungsschiefer und Grau-

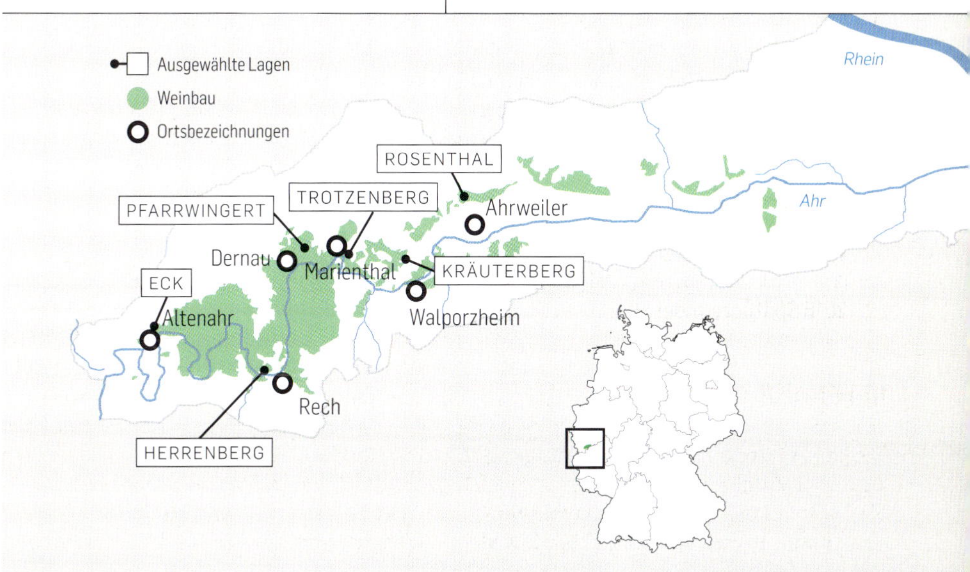

Fotos: beigestellt

Blick aus der Weinbergslage Altenahrer Eck auf die Ruine der Burg Are

wacke mit sandigem Lehm und teils sehr geringer Auflage.

98 **2019 Spätburgunder GG**
Weingut Meyer-Näkel, Info siehe Seite 50

95 **2019 Spätburgunder trocken**
Weingut Paul Schumacher, Info siehe Seite 51

95 **2019 Spätburgunder trocken**
Weingut Burggarten, Info siehe Seite 43

92 **2019 Spätburgunder trocken**
Weinmanufaktur Dagernova, Info siehe Seite 44

Marienthaler Jesuitengarten und Trotzenberg

91+ **2018 »Hommage GG« Spätburgunder**
Weingut Brogsitter, Info siehe Seite 42

91 **2019 Spätburgunder trocken**
WG Mayschoss-Altenahr, Info siehe Seite 49

95 **2019 Gärkammer Spätburgunder GG**
Weingut J.J. Adeneuer, Info siehe Seite 41

AHRWEILER | ROSENTHAL

Von den 50 eingetragenen Hektar dieser Lage vis-à-vis der Altstadt Ahrweilers stehen nur 21 Hektar unter Reben. Südwest- bis südöstliche Ausrichtung, entlang eines Viadukts einer nicht fertiggestellten Bahnlinie auf 110 bis 180 Metern. Sie ist unterteilt in einen östlichen (Grauwacke) und westlichen Teil (Lehm, Löss, Lösslehm).

95 **2019 »Magna Essentia« Spätburgunder trocken**
Weingut Paul Schumacher, Info siehe Seite 51

94+ **2019 Spätburgunder GG**
Weingut Jean Stodden, Info siehe Seite 53

93+ **2019 Spätburgunder trocken**
Weingut Paul Schumacher, Info siehe Seite 51

93+ **2019 Spätburgunder GG**
Weingut Adeneuer, Info siehe Seite 41

92+ **2019 Spätburgunder trocken**
Weingut Peter Kriechel, Info siehe Seite 47

★★★★

WEINGUT J.J. ADENEUER

Max-Planck-Straße 8, 53474 Bad Neuenahr-Ahrweiler
T: +49 2641 34473, jjadeneuer@t-online.de
adeneuer.de

Ab-Hof-Verkauf: Mo bis Fr 9–12 Uhr und 13.30–18 Uhr, Sa 10–15 Uhr
Kellermeister: Tim und Frank Adeneuer
Ansprechpartner: Marc Adeneuer
Flaschen/Hektar: 93.000 (10 % weiß, 70 % rot, 15 % Rosé, 5 % Schaumwein)/13 ha

Marc Adeneuer wurde in den Tagen nach der Flut, obwohl sein eigener Betrieb ebenfalls gravierend betroffen war, zu einem der wichtigsten Anstoßgeber und Koordinatoren für Hilfsmaßnahmen. Eine so große Kollegialität und Hilfsbereitschaft verdient unser aller Respekt und Dank. Die Weine des Familienbetriebs empfehlen wir hier jedoch aus anderen Gründen: weil sie exzellent sind, wie etwa der Wein aus der »Gärkammer«, einer besonders privilegierten Insel im Kräuterberg. Der Hausstil setzt auf einen saftigen, kompakten Bau mit ausgezeichneter Reifebeständigkeit.

95 2019 Walporzheim Gärkammer Pinot Noir GG

Eine strahlende Frischfrucht entströmt dem Glas, Preiselbeere, Rote und Schwarze Johannisbeere, Heidelbeere, Wacholder, Karamell. Deutliche Schiefernoten. Im Mund macht feinkörniger, saftig unterlegter Gerbstoff viel Druck, Säure und taktile Mineralität geben Spannung, 13 Vol.-%, NK, €€€€

94 2019 Walporzheim Alte Lay Pinot Noir GG

Äußerst subtil im Duft: Herzkirsche, floral, Kirschblüte, Himbeerblüte, Kirschkern. Ein Hauch von Karamell vom Holz. Im Mund mit stoffiger Dichte, eine fest gefügte Textur, griffig, zum Kauen, lebendige Säure, alles noch im Embryonalstadium, großes Potenzial. 13 Vol.-%, NK, €€€€

93+ 2018 Ahrweiler Rosenthal Pinot Noir GG

Ein duftiger Spätburgunder, nur sehr dezent holzbeeinflusst, es dominieren die Fruchtaromen wie Süßkirsche, Gariguette-Erdbeere, Mandel und florale Töne von Veilchen und Rose. Im Mund entfaltet sich sehr feines Tannin auf süßem, cremigem Fond. Tolle Länge. 13,5 Vol.-%, NK, €€€

91+ 2017 »J.J. Adeneuer N°1« Pinot Noir tr.

Rauchig im Duft, Süßmandel, Rote Johannisbeere, Kräuter. Im Mund weich, geschmeidig ansetzend in der Gaumenmitte, dann gut extraktdotiert, sehr feiner Gerbstoff in kräftiger Menge, reife Säure, saftiger, sehniger Abklang. Gutes weiteres Potenzial. 13,5 Vol.-%, NK, €€€

91+ 2018 »J.J. Adeneuer N°1« Pinot Noir tr.

92+ 2019 »Kleine Kammer« Walporzheim Gärkammer Pinot Noir trocken

Brenzlig-schieferwürzig im Duft, feingliedrige Frucht von kleinen roten Beeren. Auch im Mund ist Delikatesse das oberste Ziel: mit feinkörnigem, aber durchaus dichtem Gerbstoff, lebendigem Säurenerv, einer Schicht Cremigkeit, alles sehr proportioniert und pur im Ausdruck. 13 Vol.-%, NK, €€€

★★★

WEINGUT BROGSITTER

Max-Planck-Straße 1, 53501 Grafschaft-Gelsdorf
T: +49 2225 918111, verkauf@brogsitter.de
brogsitter.de

Ab-Hof-Verkauf: Vinothek, Mo bis Fr 8–20 Uhr, Sa 9–20 Uhr, So 13–19 Uhr
Kellermeister: Horst-Helmuth Quitsch, Markus Hallerbach
Ansprechpartner: Hans-Joachim Brogsitter
Flaschen/Hektar: 190.000 (5 % weiß, 95 % rot)/33 ha

Die Flut hat bei Hans-Joachim Brogsitter vor allem im Restaurant und Hotel Sanct Peter in Walporzheim Schäden angerichtet, der Kellerbetrieb liegt in Grafschaft-Gelsdorf und damit außerhalb der überfluteten Zone. Das erklärte Ziel des Weinguts, die Unterschiede der Lagen herauszuarbeiten, ist in der vorgestellten Kollektion hervorragend gelungen. Spät- und auch Frühburgunder aus den Steillagen sind eine Klasse für sich, mit Kraft, Ausdruck und packender Mineralität wie beim »Hommage Großes Gewächs« aus dem Silberberg. Auch die Weißweine überzeugen. Kompliment!

93+ 2019 »Hommage Großes Gewächs« Ahrweiler Silberberg Spätburgunder trocken
Kirschrot mit leicht ziegelroter Aufhellung am Rand, Veilchen, Salbei unnd Kirschfrucht mit würzigen und rauchigen Noten. Setzt am Gaumen mit guter Spannung an, die sich bis zum Finale durchzieht. Packende Mineralik, die den Gaumen mitreißt. 13,5 Vol.-%, NK, €€€

93 2019 »Hommage Großes Gewächs« Walporzheim Alte Lay Spätburgunder trocken
Schieferwürzig in der Nase mit schwarzer Kirsche, Roter Bete und rauchigen Noten. Auch am Gaumen geprägt von der Lage und starkem mineralischem Einschlag in einem wuchtigen Format. Zeigt die Lage und die Ahr im eindrucksvollen Format mit guter Länge. 13,5 Vol.-%, NK, €€€

91+ 2018 »Hommage Großes Gewächs« Walporzheim Kräuterberg Spätburgunder tr.
Viel Holz und ein Hauch von Magenbitter in der kräftigen Nase, Salbei und reife, dunkle Frucht. Im Mund mit viel Würze, Extrakt und Kraft in einer breit angelegten Struktur, cremig und süßlich unterlegt, tragendes Tannin, etwas Alkohol, auch Saft im Hintergrund. 14,5 Vol.-%, NK, €€€

91 2019 »Hommage Großes Gewächs« Walporzheim Pfaffenberg Frühburgunder tr.
In der Nase mischt sich Reifes mit Frischem, Kirsche und Hagebutte, viel Holzwürze und Rauch. Am Gaumen agiert eine aktive Säure in einer kräftig gebauten Struktur mit robusten und gut tragenden Gerbstoffen. Bringt mit seiner Substanz absolut kulinarische Neigung mit. 13,5 Vol.-%, NK, €€€

90 2019 »Hommage Großes Gewächs« Walporzheim Alte Lay Riesling trocken

90 2019 »Ad Aram« Blanc de Noir Spätburgunder trocken

89 2020 Ahrweiler Klosterberg Grauburgunder trocken

88+ 2020 »No. 1« Blanc de Noir Spätburgunder trocken

91 2017 »Ad Aram« Frühburgunder trocken

89 2019 »Edition B« Spätburgunder trocken

89 2018 »Schiefer« Pinot Noir trocken

90 2020 Ahrweiler Klosterberg Weißburgunder trocken
Birne und Apfel in der fruchtigen Nase mit gelben Blüten und würzigen Noten, auch Zitrusfrucht. Setzt am Gaumen ebenso mit zitrischen Noten an, auch Aprikose, mit einer saftigen Säure und würzigen Untermalung. Gut dosierte Stoffigkeit, gut balanciert. 12 Vol.-%, DV, €

★★★

WEINGUT BURGGARTEN

Landskroner Straße 61, 53474 Heppingen
T: +49 2641 21280, burggarten@t-online.de
weingut-burggarten.de

Ab-Hof-Verkauf: Mo bis Fr 10–12 Uhr und 13.30–18 Uhr, Sa und So 10–13 Uhr
Kellermeister: Paul-Michael Schäfer
Ansprechpartner: Gitta und Paul-Josef Schäfer
Flaschen/Hektar: 120.000 (20 % weiß, 80 % rot)/15 ha

Die Flut hat Paul Josef und Paul Michael Schäfer schwer zugesetzt – im Keller war vieles ganz neu und nach dem Hochwasser Totalschaden. Aber um den Blick nach vorn zu richten, lohnt es sich, ihn auch in die Vergangenheit zu richten: In den letzten Jahren haben die Weine erfreulich große Fortschritte gemacht: Sie haben an Frische und Bündelung gewonnen und zeigen ihre erstklassigen Herkünfte in potenzialreichem Stil. Die 2019er legen von dieser Entwicklung ein beredtes Zeugnis ab. Wir drücken die Daumen, dass das Weingut schon bald wieder daran anknüpfen kann.

95 2019 Walporzheim Kräuterberg Spätburgunder GG
Ein Potpourri von dunklen Waldbeeren erfüllt den Duft, auch Noten von Gesteinsmehl und Schiefer. Im Mund schwingt der Wein von der Saftigkeit zur Cremigkeit, bringt reife Säure, taktile Mineralität und Power unter einen Hut, bleibt dabei nuancenreich und fein und endet fruchtgetragen und lang. 13,5 Vol.-%, NK, €€€€

94 2019 Walporzheim Alte Lay Spätburgunder GG
Im Duft findet man das Aroma dunkler Beeren sowie von Holz und Pflaume. Im Mund setzt der Wein geschmeidig an und wirkt für einen Augenblick opulent, dann packt das feste Tanningerüst zu und taktilmineralische Festigkeit gibt dem Nachhall kompakte Festigkeit. Großes Potenzial. 13,5 Vol.-%, NK, €€€€

93+ 2019 Bad Neuenahr Sonnenberg Spätburgunder GG
Rauchiges Neuholz, Hefenoten, insgesamt wirkt der Duft noch sehr verschlossen. Sauerkirsche. Festes, gut absaftendes Tannin, cremiger Fond, weit im Körper, fest im Extrakt, beerig-saftig im Abklang mit deutlich taktilmineralischer Begleitung. 13,5 Vol.-%, NK, €€€

93 2019 Bad Neuenahr Schieferlay Spätburgunder GG
Intensiv schieferwürzig im Duft! Dazu rotbeerige Aromen und Noten wie von Tomatenmark. Dicht und körnig, ein auf gutmütige Weise breiter Extrakt, reife Säure, saftiger Abklang. Hat Kraft und dürfte durch den intensiv mineralischen Hintergrund auch sehr gut reifen. 13,5 Vol.-%, NK, €€€€

93 2019 Bad Neuenahr Sonnenberg Frühburgunder GG

93+ 2019 Heimersheim Burggarten Spätburgunder GG
Rauchiges Neuholz, Hefenoten, insgesamt wirkt der Duft noch sehr verschlossen. Sauerkirsche. Festes, gut absaftendes Tannin, cremiger Fond, weit im Körper, fest im Extrakt, beerig-saftig im Abklang mit deutlich taktilmineralischer Begleitung. 13,5 Vol.-%, NK, €€€

★★

WEINMANUFAKTUR DAGERNOVA

Heerstraße 91–93, 53474 Bad Neuenahr-Ahrweiler
T: +49 2641 9472-0, info@dagernova.de
dagernova.de

Ab-Hof-Verkauf: Mo bis Fr 8–18 Uhr, Sa 8–12 Uhr
Kellermeister: Günter Schüller
Ansprechpartner: Günter Schüller
Flaschen/Hektar: 1.400.000 (18 % weiß, 55 % rot, 25 % Rosé, 2 % Schaumwein)/150 ha

In der Genossenschaft Dagernova haben sich 600 Winzerfamilien zusammengeschlossen. Man kann sich vorstellen, wie viel Schaden die Flut vom 14. Juli 2021 in ihren Reihen angerichtet und wie viel Leid sie über die Winzerfamilien gebracht hat. Aber Zusammenhalt ist unter solchen Umständen wichtiger denn je. Er wird, davon sind wir überzeugt, die Genossenschaft schnell auf den Pfad des Erfolgs zurückbringen. Mit ihren 2019ern konnte die Kooperative eindrücklich unter Beweis stellen, zu welchen Spitzenleistungen die Winzer und das Kellerteam in der Lage sind.

93+ 2019 »Alte Rebe« Spätburgunder trocken
Im Duft zeigen sich pikant schieferwürzige Noten, kleine rote Beeren sowie dezentes, gekonnt eingesetztes Holz. Am Gaumen hat der Wein viel Saftigkeit, Druck, reife Säure, körniges, handwerklich anmutendes Tannin mit ausgezeichneter Dichte. Lang und potenzialreich. 13 Vol.-%, NK, €€€

92+ 2019 Heimersheim Kapellenberg Spätburgunder trocken
Dunkle Beeren, getrocknete Tomate, pfeffrige Schiefernoten. Im Mund mit großem Volumen, reifer Säure und einem straffen, leicht rappigen (aber nicht grünen) Gerbstoff. Ein noch sehr verschlossener Wein, dessen gute Bündelung ausgezeichnete Perspektiven eröffnet. 12,5 Vol.-%, NK, €€€

92 2019 Walporzheim Kräuterberg Spätburgunder trocken
Rauchig und röstig in der Nase, Mandel, Brombeere, Schwarzkirsche, ein leicht ätherischer Ton. Im Mund mit präsenter Säure, verbindet Reife und Frische, die Frucht ist nicht marmeladig, gute Substanz, das Tannin ist körnig und benötigt noch Reife. 13 Vol.-%, NK, €€€

91+ 2019 »Edition Dagernova« Spätburgunder trocken
Der Wein zeigt sich in der Frucht noch verschlossen (etwas Preiselbeere), die schieferwürzige Komponente ist bereits voll ausgeprägt. Im Mund hat der Wein eine makellose Balance: Der dichte Stoff passt zum Körper, reife Säure und Mineralität kontrastieren die Geschmeidigkeit. 13 Vol.-%, NK, €€

89 2020 »Inspiration GS« Spätburgunder Blanc de Noir trocken

92 2019 Dernau Spätburgunder trocken
Himbeere und Rote Johannisbeere, etwas Karamell, etwas Mandel, und ein Anflug von Schieferwürze. Im Mund hat der Wein eine unwiderstehliche Eleganz: Sandiges Tannin in mittlerer bis mittelhoher Menge strukturiert einen saftigen, im passenden Maß geschmeidigen Gaumen. 13 Vol.-%, NK, €€

★★★★

WEINGUT DEUTZERHOF

Deutzerwiese 2, 53508 Mayschoß
T: +49 2643 7264, info@deutzerhof.de
deutzerhof.de

Ab-Hof-Verkauf: Weinproben nach Vereinbarung
Kellermeister: Hans-Jörg Lüchau
Ansprechpartner: Hans-Jörg Lüchau
Flaschen/Hektar: 37.000 (10 % weiß, 75 % rot, 10 % Rosé, 5 % Schaumwein)/7 ha

Das Weingut Deutzerhof gehört zu den ganz wenigen Betrieben an der Ahr, die von der Flut weitgehend verschont geblieben sind. Ein Kilometer Luftlinie zum Fluss und 13 Höhenmeter Differenz – das hat ausgereicht, dem Betrieb trockene Füße zu bewahren. Einzig ein kleiner Bach in der Nachbarschaft hat etwas Wasser in die Vinothek gespült, aber mit geringen Schäden. Die 2019er Weine zeigen das Weingut in weiterhin blendender Verfassung, schon der Guts-Spätburgunder für 11 Euro hat Stil und unverkennbar mineralischen Ausdruck. Wir gratulieren dem Weingut zum vierten Stern.

95 2019 Mayschoß Mönchberg Spätburgunder GG
Schwarze Johannisbeere und Wildpflaume im Duft, Kräuterwürze, etwas Joghurt. Im Mund eröffnet der Wein druckvoll, mit Körperkraft und kräftigem Säurenerv, setzt mit einer hohen Menge mürbem, feinkörnigem Tannin fort und endet intensiv mineralisch. Außergewöhnliche Dichte! 13,5 Vol.-%, NK, €€€

93+ 2019 Mayschoß Mönchberg Frühburgunder GG
Ein vergleichsweise helles, transparentes Karmin. Walderdbeere, Rote Johannisbeere, ein klein wenig gekochte Aromen. Im Mund mit einer sehr feinen, geradezu lukullischen Integration von Cremigkeit und süßer Frucht, sehr feinem Gerbstoff und gut integrierter, lange anhaltender Säure. 13,5 Vol.-%, NK, €€€

93 2018 »Grand Duc Reserve« Spätburgunder tr.
Ein Duft von dunkelroter Frucht und Gewürznelke eines sonnenreichen Jahres. Perfekt in der Säure, welche die feinen Aromen von Sauerkirsche, Hibiskus und Veilchen sowie das junge und feinkörnige Tannin sehr gut begleitet. Ein Wein mit viel Potenzial. 13,5 Vol.-%, NK, €€€€

93 2019 Neuenahr Kirchtürmchen Spätburgunder GG
Eine intensiv rotbeerige, dezent von Ester beeinflusste Frucht. Im Mund eine immens hohe Dichte an mürbem, mehligem Gerbstoff, reife Säure, der Extraktkern bleibt lange haften, hintergündige Saftigkeit garantiert eine elegante Ausreifung. 13,5 Vol.-%, NK, €€€

91 2019 »Alte Reben« Chardonnay trocken

92+ 2019 Heimersheim Landskrone Spätburgunder GG

92+ 2008 »Melchior C.« Spätburgunder tr.

92 2019 Altenahr Eck Spätburgunder GG

91+ 2019 »Alpha & Omega« Frühburgunder tr.

91+ 2018 »Caspar Alte Reben« Spätburgunder tr.

90 2019 »Alfred Alte Reben« Portugieser tr.

90+ 2018 »Deutzerhof« Spätburgunder Gutswein trocken
Der Duft ist von Terroir geprägt. Aromen von kühler Schieferwürze, reifer Kirsche, junger Himbeere und Cranberry entwickeln sich am Gaumen und werden von lebendiger Säure in einem schlanken Körper sehr gut balanciert. Ein sehr guter Wein mit Saft und Trinkfluss. 12,5 Vol.-%, DV, €€

★★★★

WEINGUT H. J. KREUZBERG

Schmittmannstraße 30, 53507 Dernau
T: +49 2643 1691, info@weingut-kreuzberg.de
weingut-kreuzberg.de

Ab-Hof-Verkauf: Mo bis Fr 8–12 und 13–18 Uhr, Sa und So 10–18 Uhr
Kellermeister: Benno Wagner
Ansprechpartner: Ludwig Kreuzberg, Frank Josten
Flaschen/Hektar: 60.000 (5 % weiß, 95 % rot)/9 ha

Ludwig Kreuzberg und Frank Josten sind Qualitätsfanatiker im Weinberg. Ihr Perfektionismus gestattete es dem neuen Kellermeister Benno Wagner, gleich in seinem ersten Jahrgang 2019 Weine zu keltern, die aromatisch komplex sind, Dichte besitzen und dabei Ahr-typisch elegant. Von der Flut wurde das Weingut gravierend getroffen, zum Keltern der 2021er musste der Betrieb in eine gemietete Halle nach Meckenheim ausweichen und sich Gerätschaften zusammenleihen, teils auch neu kaufen. Wir haben nicht den geringsten Zweifel, dass sich die Erfolgsgeschichte fortsetzen wird!

95 2019 »Devonschiefer R« Spätburgunder trocken
Intensive Schieferwürze im Duft, sehr reife Beeren, Brombeere und Holunder, Kirsche sowie Preiselbeere, etwas »Wärme«, ein Anflug von Dattel. Holz. Im Mund zeigt sich ein bis zum Rand prall mit Stoff gefüllter Körper mit taktilmineralischer Frische als Gegengewicht. 13 Vol.-%, DIAM, €€€€

93+ 2019 Ahrweiler Silberberg Spätburgunder GG
Hagebutte, reife Kirschen, Veilchen, dezente Holzwürze in der Nase, Laub, Zartbitterschokolade. Am Gaumen kompakt, rund, mineralische Frische, feinwürzig, saftige Frucht, schönes samtiges Tannin, lebendige Säure, schöne Dichte. Gutes Reifepotenzial. 13 Vol.-%, NK, €€€

93+ 2019 Dernau Hardtberg Frühburgunder GG
Ein brenzliger, pfeffriger Schieferton und eine konzentrierte Waldbeerfrucht. Wildkirsche. Im Mund cremig eröffnend, aber nicht zu opulent, reife Säure, hochwertiges, feinkörniges Tannin, zum Kauen dicht, mit ausgezeichnetem Reifepotenzial. 13 Vol.-%, DIAM, €€€

93 2019 Neuenahr Sonnenberg Spätburgunder GG
Würzig in der Nase mit reifen Waldbeeren, reifen Kirschen, Zedernholz, frischen Kräutern und Schokolade. Am Gaumen geschmeidig, lebendige Säurestruktur, feine Würze, feinkörniges, gut integriertes reifes Tannin, mineralische Frische, schöne Dichte. 13 Vol.-%, NK, €€€

92+ 2019 Neuenahr Schieferlay Spätburgunder GG

92 2019 Walporzheim Frühburgunder trocken
Schieferwürze im Duft, Waldbeeren, etwas Tomatenkraut. Im Mund weich und cremig ansetzend, eine mollige Großzügigkeit, aber auch viel Saft und Eleganz, gut stützende Säure und komplexe Würze zuletzt. Burgundercharme, wie ihn nur Frühburgunder kann. 13 Vol.-%, DIAM, €€€

★★

WEINGUT PETER KRIECHEL

Walporzheimer Straße 83–85
53474 Bad Neuenahr-Ahrweiler
T: +49 2641 36193, info@weingut-kriechel.de
weingut-kriechel.de

Ab-Hof-Verkauf: Mo bis Fr 8–18 Uhr, Sa 10–18 Uhr, So Jan. bis März 12–17 Uhr, April bis Dez. 10–18 Uhr
Kellermeister: Michael Hewel
Ansprechpartner: Peter Kriechel
Flaschen/Hektar: 200.000 (15 % weiß, 85 % rot)/27 ha

Obwohl die Winzerfamilie Kriechel schon seit dem 17. Jahrhundert Weinbau an der Ahr betreibt, wurden eigene Weine zum ersten Mal 1952 gefüllt. Auf Spitzenlagen wie Ahrweiler Rosenthal, Bad Neuenahr Sonnenberg und Walporzheim Kräuterberg entstehen sinnliche Burgunder, die Charme mit Reifefähigkeit verbinden. Von den Flutschäden lässt sich die Familie nicht unterkriegen: »Ich bin ein positiver, optimistischer Mensch«, sagt Peter Kriechel. »Die Flut war schrecklich, aber wir können sie nicht ungeschehen machen. Machen wir jetzt das Beste aus der Situation!«

93 2019 »R« Bad Neuenahr Sonnenberg Spätburgunder trocken
Kompakter, würziger Duft mit Schwarzkirsche, Blaubeere, Schattenmorellen, Würze und Rauch. Sorgt am Gaumen für Betrieb mit Kraft und Würze in einer kraftvollen Struktur mit griffigen Gerbstoffen, die von präsenter Säure begleitet werden. Die Mineralität gewinnt. 13,5 Vol.-%, NK, €€€

92+ 2019 Ahrweiler Rosenthal Spätburgunder trocken
Blumige, florale Noten von getrockneten Rosenblättern, Veilchen, reifer Kirsche mit rauchigen, holzwürzigen Noten, etwas Neuholz. Stoffig und dicht am Gaumen mit viel Extrakt und präsenter, präziser Säure, mineralisch. Kompaktes Gerbstoffgerüst, das für lange Reifung steht. 13,5 Vol.-%, NK, €€€

92 2019 »Jubilus - Goldkapsel« Frühburgunder trocken
Die Frucht wird noch von Holzwürze bedeckt, Kirsche und reife Heidelbeere, balsamische Untermalung. Elaborierter Auftritt am Gaumen, auf weichem Fond entwickelt sich ein sanfter Druck mit weichem Gerbstoff, feiner Würze und mineralischem Hintergrund. 13,5 Vol.-%, NK, €€€

89+ 2019 »S« Spätburgunder trocken
Kräuterwürzige Noten in der Nase, getrockneter Thymian, Holzfass, Kirsche, Pflaume und auch Brombeere. Fließt am Gaumen in einer klar gefassten Struktur, mittlere Dichte, der Alkohol ist eingebunden, die Tannine sind reif, angenehme Herbe. Zum Essen. 13,5 Vol.-%, KK, €

89+ 2020 Blanc de Noir trocken

90+ 2019 »B« Spätburgunder trocken
Hibiskusblüte mit rauchigen Noten, Gewürznelke, Rosenblättern und reifer Kirsche, auch Pflaume. Im Mund kräftig gebaut mit Substanz und reifer, tragender Säureader sowie einem Gerüst von kompakten, noch leicht adstringierenden Gerbstoffen. Dazu braucht es ein Stück Fleisch. 13,5 Vol.-%, NK, €€

★★★

MAIBACHFARM

Im Maibachtal 100, 53474 Bad Neuenahr-Ahrweiler
T: +49 2641 36679, info@maibachfarm.de
maibachfarm.de
Ab-Hof-Verkauf: Mo bis Fr 10–16 Uhr, Sa und So 11–17 Uhr
Kellermeister: Alexander Weber
Ansprechpartner: Alexander Weber
Flaschen/Hektar: 33.000 (20 % weiß, 35 % rot, 40 % Rosé, 5 % Schaumwein)/9 ha
Anbauweise: Biologisch zertifiziert

Als zertifiziertes Bioweingut ist die Maibachfarm eine Ausnahmeerscheinung in den Steillagen des Ahrtals. In den letzten Jahren wurden die Weine immer besser – die 2019er reihen sich nahtlos ein in diesen Trend. Beim Hochwasser hatte die Maibachfarm einerseits Glück, denn das Betriebsgebäude liegt oberhalb des Tales und blieb verschont. Andererseits wurde die Vinothek in der Ahrweiler Altstadt vollständig zerstört. Wir hoffen und sind zuversichtlich, dass dieser feine Erzeuger trotz aller Unbilden seine so positive Entwicklung fortsetzen wird.

93 2018 »Terrassenlage« Walporzheim Alte Lay Spätburgunder trocken
Sehr mineralisch in der Nase, Zartbitterschokolade, Blaubeeren, Kräuterwürze sowie Aromen wie bei einem Waldspaziergang im Herbst. Am Gaumen ist der Wein würzig, saftig, mineralisch, hat kernigen Gerbstoff, zupackende Säure. Sehr gutes Reifepotenzial. 13 Vol.-%, NK, €€€

93 2018 Ahrweiler Silberberg Spätburgunder trocken
Komplex in der Nase, ätherisch, Walderdbeeren, Hagebutte, reife Kirschen, Nelke, Zimt, Zartbitterschokolade, Kräuter, mineralische Würze. Am Gaumen saftig, rund, mineralisch. Schöner, reifer Gerbstoff gut eingebunden, präsente Säurestruktur, noch dezente Fruchtaromatik, sehr gutes Reifepotenzial. 13,5 Vol.-%, NK, €€€

92 2018 Rech Herrenberg Spätburgunder trocken
In der Nase saftige Kirschen, Walderdbeere, Hagebutte, Kräuterwürze, Unterholz, nasses Laub, Schokolade. Am Gaumen saftige Frucht, schöne Säurestruktur, mürbes, reifes Tannin. Sehr gutes Reifepotenzial. 13 Vol.-%, NK, €€€

92 2018 Heimersheim Burggarten Spätburgunder trocken
Waldfrüchte, Rote Johannisbeere, würzig, Pfeffer, Nelke, Kräuter (Minze), Kaffee, Milchschokolade. Am Gaumen saftig, kühl, mineralisch, gut eingebundene Säure, spürbares, reifes Tannin. Ein Wein, der in ein paar Jahren viel Freude bringt. 12,5 Vol.-%, NK, €€€

90 2018 Ahrweiler Spätburgunder trocken

91+ 2020 »R« Blanc de Noir Spätburgunder trocken
Roségold im Glas. In der Nase reife Himbeeren, getrocknete Erdbeeren, Mirabellen, steinische Mineralität sowie dezente Holzwürze. Am Gaumen frisch, saftig ansetzend, reife Frucht mit schönem Schmelz in der Mitte, mineralischer Abgang, feiner Phenolik. 12,6 Vol.-%, NK, €€

★★

WINZERGENOSSENSCHAFT MAYSCHOSS-ALTENAHR

Ahrrotweinstraße 42, 53508 Mayschoß
T: +49 2643 93600, baltes@wg-mayschoss.de
wg-mayschoss.de

Ab-Hof-Verkauf: Mo bis Fr 9–18 Uhr, Sa und So 10–18 Uhr
Kellermeister: Rolf Münster
Ansprechpartner: Matthias Baltes
Flaschen/Hektar: 1.600.000 (25 % weiß, 50 % rot, 23 % Rosé, 2 % Schaumwein)/150 ha

Mehr Historie geht nicht: Der Winzerverein Mayschoß wurde 1862 gegründet und ist damit die älteste Winzergenossenschaft der Welt. Nach Fusionen ist sie heute an drei Standorten präsent, und alle wurden von der Flut schwer getroffen. »Da wir im Ahrtal nicht dafür bekannt sind, unsere Köpfe hängen zu lassen, sind wir uns alle einig, dass es weitergehen wird. Es wird nur viel Zeit, Geduld und Unterstützung brauchen«, so die Mitteilung der Genossen. Wir drücken die Daumen, dass uns Ahr-Liebhabern Weine wie der »Edition Ponsart« Spätburgunder oder der Pinot Noir »R« erhalten bleiben!

93 2018 »R« Pinot Noir* trocken**
Reduktiv in der Nase, mit etwas Luft feine Kirsche, Veilchen und etwas Gewürznelke, feiner Rauch. Aufgeräumt am Gaumen, undeutsch, mit präsenter Säure und griffigem, feinkörnigem Gerbstoff, gute Substanz und auch Kraft, mit mineralischem Timbre. So geht es auch. 14 Vol.-%, NK, €€€

92 2018 Mayschoß Laacherberg Spätburgunder* trocken**
Rauchige Noten mit Holzwürze, feine Wacholderbeeren, Kirsche, Waldbeeren, kräutrige Noten. Stoffig und intensiv am Gaumen mit großer Würze und einem mächtigen Tanningerüst. Mineralisch aufgeladen, gute Länge, ist längst noch nicht am Ende seiner Möglichkeiten. 14,5 Vol.-%, NK, €€€

92 2018 Walporzheim Alte Lay Spätburgunder* trocken**
Kräftige, vom Holzeinsatz geprägte Nase mit Gewürznelke, reifer Kirsche und auch Waldfrüchten, nasses Laub und Wacholderbeere. Voluminös und mit breitem Format am Gaumen, das mehr als stimmig mit einem reifen Tanningerüst ausgefüllt wird, viel Würze und Mineralität.
14 Vol.-%, NK, €€€

91 2019 Walporzheim Kräuterberg Spätburgunder trocken
Ziemlich florale Note, Hibiskus und Rosenblätter, auch Rauch und etwas Räucherspeck, viel Holz. Mächtig und auch wuchtig in seiner Ausformung, kräftige Tanninstruktur, die Gerbstoffe adstringieren leicht, mineralische Grundierung, Konsistenz und Länge. 14 Vol.-%, NK, €€€

90 2019 »Goldkapsel« Frühburgunder* tr.**

93 2018 »Edition Ponsart Nr. 29« Spätburgunder trocken
Gut dosierte Holzwürze in der Nase und Rauch. Macht am Gaumen weit auf mit einem schönen Spektrum an geschmolzenen Gerbstoffen und Kirschfrucht mit Würze. Transportiert die Wärme des Jahrgangs in seidige Eleganz und sinnliche Transparenz. Trotzdem kraftvoll, erdig, mineralisch. 14 Vol.-%, NK, €€

★★★★★

WEINGUT MEYER-NÄKEL

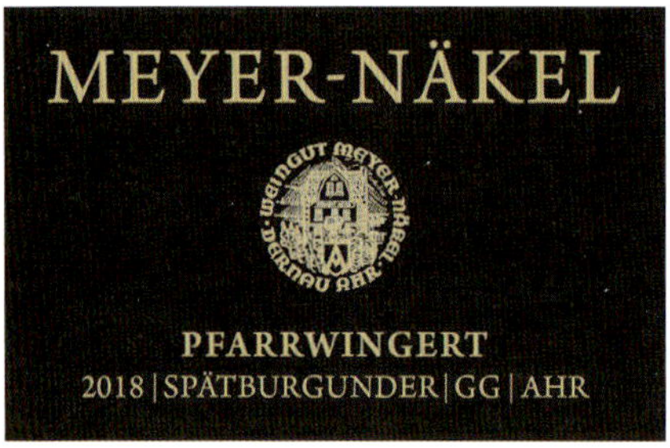

Friedenstraße 15, 53507 Dernau
T: +49 2643 1628, weingut@meyer-naekel.de
meyer-naekel.de

Ab-Hof-Verkauf: Mo bis Fr 9–12 Uhr und 14–17 Uhr, Sa 11–16 Uhr
Kellermeister: Meike, Dörte und Werner Näkel
Ansprechpartner: Meike, Dörte und Werner Näkel
Flaschen/Hektar: 140.000 (8 % weiß, 92 % rot)/23 ha

Dörte, Meike und Werner Näkel haben in der Flut fast alles verloren, doch nach einem unglaublichen Kraftakt konnten sie im Herbst 2021 in den Ruinen der alten Produktionshalle einen neuen Jahrgang keltern. Bei der Verkostung ihrer 2019er wurde deutlich, welches Ausnahmejahr das Hochwasser größtenteils weggespült hat. Zum Glück hat immerhin ein Teil der Flaschen die Flut überstanden. Die Präzision, die Frische und zugleich auch die mineralische Tiefe, die diese Pinots besitzen, sind unvergleichlich. Für uns die »Kollektion des Jahres« (siehe S.18)! Wir verneigen uns.

98 2019 Walporzheim Kräuterberg Spätburgunder GG
Ein Duft wie glühendes Eisen: brenzlig-mineralisch, dazu mit einer intensiven dunkelbeerigen Frucht aufwartend: Cassis, Brombeere, Rote Johannisbeere, Tomatengrün. Im Mund geschmeidig grundiert, darauf staffeln sich Schichten von mineralischem und phenolischem Extrakt. 13,5 Vol.-%, NK, €€€€

96 2019 Dernau Pfarrwingert Spätburgunder GG
Fruchtbetont, aber noch nicht offen: Himbeere, Holz, Mazerationsnoten, Grüntee, Minze. Am Gaumen zeigt sich ein äußerst raffiniert komponiertes Amalgam: Der weiche Ansatz geht im mehligen Gerbstoff auf, Saftigkeit und feiner Nerv leiten ins zunehmend mineralische Finale. 13,5 Vol.-%, NK, €€€€

94+ 2019 Ahrweiler Silberberg Spätburgunder GG
Im Duft noch eher verschlossen mit deutlicher Holzprägung, erdigen Noten (Rote Bete), dann aber auch mit einer »hellen« Frucht, die bis zu Steinobstaromen reicht. Viel Saft im Gaumen, dichtes körniges Tannin, lebendige Säure, kompakt abklingend, intensiv mineralisch. 13,5 Vol.-%, NK, €€€

93+ 2019 Neuenahr Sonnenberg Spätburgunder GG
Der Duft exponiert Kirscharomen in verschiedenen Reifestadien, Kirschkern, dunkle Himbeere, dezentes Neuholz. Die Gerbstoffe wirken in der Menge eher zurückgenommen, in der Qualität zeigt sich ein mürbes Korn, etwas Cremigkeit puffert die Mineralität. 13,5 Vol.-%, NK, €€€

93 2019 »S« Spätburgunder trocken

91+ 2020 »Illusion« Blanc de Noir trocken
Pfirsichfarben mit etwas Ziegelrot. Riecht nach Pinot Noir, traubig und unverstellt. Auch im Mund mit klar herausgestellter Frucht, Himbeere und Kirsche, mit einer frischen und vergnügten Säure, feine Würze und Salzigkeit grundieren den Gaumen, mit Ausdruck. 12,5 Vol.-%, DV, €€

★★★★

WEINGUT PAUL SCHUMACHER

Marienthaler Straße 6, 53474 Marienthal
T: +49 2641 4345, ps-info@weingut-ps.de
weingut-ps.de

Ab-Hof-Verkauf: Mo, Di, Do und Fr 9–12 Uhr, Sa und So 10–12 Uhr
Kellermeister: Paul Schumacher
Ansprechpartner: Paul Schumacher
Flaschen/Hektar: 25.000 (15 % weiß, 85 % rot)/4 ha

Auch Paul Schumacher stand nach der Flut des 14. Juli 2021 vor dem Nichts. Inzwischen ist er hoffnungsvoll, dass es irgendwie weitergeht im Vier-Hektar-Familienbetrieb. Es wäre ein großer Verlust, wenn es diese stilvollen Weine in Zukunft nicht mehr gäbe. Der 2019er Jahrgang zeigt exemplarisch (und in Bestform), wie fein gearbeitet sie sind: Unter Schumachers Händen wird der Trotzenberg zum Clos de la Roche, der Silberberg zum Échezeaux, die »Magna Essentia« zum Richebourg. Und der Kräuterberg ist Kräuterberg. Die ganze Größe des Ahr-Spätburgunders!

95 2019 »Magna Essentia« Ahrweiler Rosenthal Spätburgunder trocken
Präsentes Neuholz, Vanille und Karamell, Sauerkirsche und ein Anflug von Pflaume. Eine immense Gerbstoffdichte prägt den Gaumen, dabei besitzt das Tannin hohe Reife, die Säure ist lebendig, der Abgang verbindet Fülle und Saftigkeit mit guter Mineralität. 13 Vol.-%, NK, €€€€

95 2019 Walporzheim Kräuterberg Spätburgunder trocken
Reife Frucht im kräftigen Bukett, Kirsche, auch Brombeere und Thymian, etwas Brotrinde kommt dazu. Auch in der Struktur mit viel Kraft und kräutriger Würze, die Gerbstoffe in hoher Dotierung sind präsent und reif. Zeigt gute Substanz, Mineralität und Länge. 13 Vol.-%, NK, €€€

94 2019 Marienthal Trotzenberg Spätburgunder trocken
Im Duft liegt noch ein Hauch Hefe über der intensiven Schieferwürze. Dazu kommen Noten von Süßkirsche, Roter Johannisbeere und Tomatengrün. Der Gaumen beginnt einen kurzen Moment lang geschmeidig, dann greift eine mittlere Menge saftiger, frischer Gerbstoffe an, endet salzig, sehnig, lang. 13 Vol.-%, NK, €€€

93+ 2019 Ahrweiler Rosenthal Spätburgunder tr.
Ein komplexer Duft entströmt dem Glas: Schieferwürze, Milchschokolade, Sauerkirsche, dann aber auch Mazerationsnoten, Tabak. Im Mund baut der Wein aus extrem feinem Tannin viel Druck auf, die cremige Grundierung gibt Weite und Volumen, wird zu sinnlicher Fülle reifen. 13 Vol.-%, NK, €€€

93 2019 Ahrweiler Silberberg Spätburgunder trocken

92 2019 »Alegria« Frühburgunder trocken

90 2020 Leutesdorf Gartenlay Riesling Kabinett

91+ 2019 »Carpe Diem« Spätburgunder tr.
Riecht zuerst nach Schiefer und dann auch nach Burgunder. Ein sehr distinguiertes Duftbild! Am Gaumen entpuppt sich der Wein als fest gebauter Pinot der mittleren Gewichtsklasse, frisch und gut proportioniert, mit sehr gutem Reifepotenzial. 13 Vol.-%, NK, €€

★★★

WEINGUT SERMANN

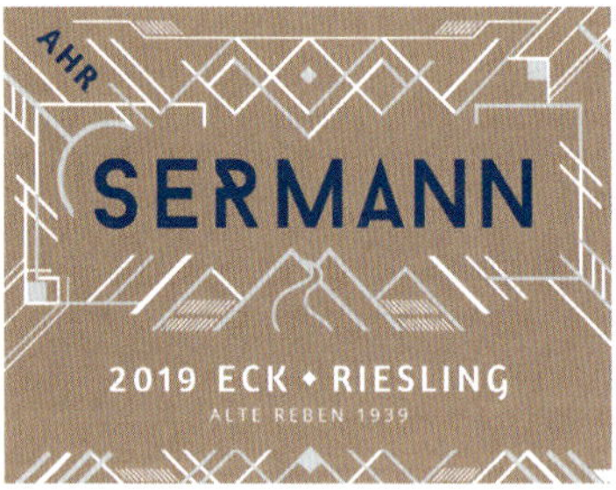

Seilbahnstraße 22, 53505 Altenahr
T: +49 2643 7105, info@sermann.de
sermann.de

Ab-Hof-Verkauf: Do bis Di 10–18 Uhr, sowie nach Voranmeldung
Kellermeister: Lukas Sermann
Ansprechpartner: Lukas Sermann
Flaschen/Hektar: 67.000 (35 % weiß, 60 % rot, 5 % Rosé)/8 ha

Das Altenahrer Weingut gehört zu jenen Betrieben, die am schlimmsten vom Hochwasser getroffen wurden. Doch was wir von den geretteten Flaschen – weiß 2020, rot 2019 – probieren konnten, hat uns begeistert: Lukas Sermann schafft es, den Weinen von Jahr zu Jahr noch mehr mineralische Tiefe und noch mehr Eleganz mitzugeben. So sehr ihm – und uns – das Herz bluten muss über die verlorenen 2020er Spätburgunder, so sehr freuen wir uns auch auf alles, was wir zukünftig von diesem Weingut hören, sehen und verkosten werden. Wir gratulieren sehr herzlich zum dritten Stern.

92+ 2020 »Alte Reben 1939« Altenahr Eck Riesling trocken
Ein betörender Duft von Amalfizitrone, Blutorange und krauser Minze. Im Mund geschmeidig ansetzend, vergleichsweise kräftige Süße gibt der Frucht Volumen, noch mehr als die lebendige Säure stellt eine intensive Schiefermineralität das Gegengewicht. Hat Tiefe! 12,5 Vol.-%, NK, €€

95+ 2019 Altenahr Im Eck Spätburgunder tr.
Brenzlig schieferwürzig in der Nase, Gewürznelke, getrocknete rote Früchte, schwarzer Pfeffer, Thymian und Rosmarinnadeln. Im Mund verschlossener als im Duft, feinkörniges Tannin und kultivierte Säure dominieren. Die sehr intensive taktile Mineralität belegt den Ausnahmerang.
13,5 Vol.-%, NK, €€€

94 2019 Dernau Pfarrwingert Spätburgunder tr.
Im Duft komplex: Wildpflaume und Minze, Thymian und Langpfeffer. Weich grundiert im Mund, nachgerade ölig, darauf eine satte Menge Gerbstoff, körnig und reif in der Qualität, gute mineralische Definition, lebendige Säure, ein stoffiger Burgunder mit ausgezeichnetem Potenzial.
13 Vol.-%, NK, €€€

93+ 2019 Marienthal Trotzenberg Spätburgunder trocken
Im Duft Mandel, Herzkirsche, Leder, Preiselbeere, dann auch Thymian und Salbei, ein Hauch von Neuholz. Im Mund besitzt der Wein einen straffen Extraktkern auf geschmeidigem Fond, sandiges, griffiges Tannin, lebendige Säure und intensive Mineralität belegen Reifepotenzial. 13,5 Vol.-%, NK, €€€

91+ 2020 Rech Herrenberg Riesling Kabinett

92 2019 Dernau Schieferlay Spätburgunder tr.
Dezentes Neuholz und eine nuancierte Frucht von kleinen roten Beeren, Hagebutte und Darjeeling. Feingliedrig im Mund, saftig mit lebendiger Säure, ein sehr eleganter, leichtfüßig wirkender und dennoch lange anhaltender Burgunder von deutlich mineralischer Färbung.
13 Vol.-%, NK, €€

★★★★★

JEAN STODDEN – DAS ROTWEINGUT

Rotweinstraße 7–9, 53506 Rech
T: +49 2643 3001, info@stodden.de
stodden.de

Ab-Hof-Verkauf: Mo, Di, Do und Fr 9–12 Uhr und 13.30–17.30 Uhr, Mi 9–12 Uhr, Sa 10–13 Uhr
Kellermeister: Alexander Stodden
Ansprechpartner: Alexander Stodden
Flaschen/Hektar: 45.000 (2 % weiß, 98 % rot)/9 ha

Es kennzeichnet den Perfektionismus von Britta und Alexander Stodden, wie sie im Herbst 2021 nach den verheerenden Wasserschäden im Weingut die Kelterung improvisiert haben: Sie verlegten die Traubenannahme ins Gebäudeinnere und stellten am Tor eine Beregnungsanlage auf, um den Staub zu binden, der auch drei Monate nach der Flut noch im Ahrtal herrschte. Der verkostete Jahrgang 2019 dürfte zu den größten gehören, die die Stoddens je gekeltert haben. Die »Alten Reben« besitzen eine stoffige Tiefe, die zugleich völlige Selbstverständlichkeit ausstrahlt. Das ist einfach nur groß.

97 2019 »Alte Reben« Rech Herrenberg Spätburgunder trocken
Im Duft Waldbeeren, Milchschokolade, mit Luftkontakt etwas kräuterwürzig, nach und nach auch brenzlig-mineralwürzig. Im Mund mit einem runden, seidigen Fluss, der von frischem, feinem Gerbstoff und von taktilmineralischen Noten getragen wird. Superb in Homogenität und Länge.
13,5 Vol.-%, NK, €€€€

95 2019 »Lange Goldkapsel« Spätburgunder tr.
Das Neuholz ist präsent, mit schokoladigen Aromen, dazu kommen schiefrig-pfeffrige Aromen. Im Mund entfaltet sich eine sehr hohe Gerbstoffmenge, die aber durch die feine Gerbstoffqualität komplett leichtfüßig wirkt, cremige Schichten und feine Säure runden das Ensemble ab.
13,5 Vol.-%, NK, €€€€

95 2019 Rech Herrenberg Spätburgunder GG
Dezentes Holz, etwas Wildpflaume, Unterholz, Mandel. Dann florale Töne und Noten vom Baumharz. Welch eine Komplexität! Im Mund greift mürbes, körniges Tannin fest an, der dominante Extraktkern erweckt den Eindruck großer Reifefähigkeit und großer Reifebedürftigkeit. 13 Vol.-%, NK, €€€€

94+ 2019 Ahrweiler Rosenthal Spätburgunder GG
Anfangs dezent, dann sehr komplex im Duft. Aromen von Gewürznelke, dunkler Johannisbeere, Brombeere, Kirsche und auch Garrique entwickeln sich im Glas. Begleitet von feinkörnigem Gerbstoff und ideal eingebundener Säure. Im Nachgang lang und mineralsch mit viel Potenzial.
13 Vol.-%, NK, €€€€

93+ 2019 Bad Neuenahr Sonnenberg Spätburgunder GG

94+ 2019 Rech Herrenberg Frühburgunder GG
Eine tiefgründige Waldbeerfrucht entströmt dem Glas, etwas Holz ist dabei, Schokoladenstreusel. Tabak. Am Gaumen zeigt sich griffiges, fast schon fleischiges Tannin, eine feste Säure, Dichte und Frische sind außergewöhnlich und ebenso ist die sehr lange Abgangsfrucht.
13 Vol.-%, NK, €€€

Kloster Kalvarienberg in Bad Neuenahr-Ahrweiler

GASTGEBER AUS LEIDENSCHAFT

Gemeinsam mit den Winzern der Region – als uneingeschränkten Experten, was das leibliche Wohl anbelangt – hat Falstaff die besten Genussadressen in Sachen Kulinarik sorgfältig ausgewählt und zusammengestellt.

53474 Bad Neuenahr-Ahrweiler

Hohenzollern

Hoch über dem Ahrtal, ist das renommierte Haus vom Hochwasser komplett verschont geblieben. Mittags wie abends wird im stilvollen Restaurant beste Landhausküche serviert, die Speisekarte richtet sich nach dem saisonalen Marktangebot. Sehr gute Weinkarte.

Am Silberberg 50
+49 2641 9730
hotelhohenzollern.com

P

Empfohlen von: **Jean Stodden – Das Rotweingut, Weingut J.J. Adeneuer**

Foto: ahrtal.de, beigestellt

53474 Bad Neuenahr-Ahrweiler

Steinheuers Zur Alten Post

Hans Stefan Steinheuer, der in seiner Küche auf die Harmonie der Aromen setzt, gehört seit Jahren zur deutschen Köche-Elite. Sein Gourmetrestaurant hat in der Region Akzente gesetzt, die Weinkarte ist ein vinologischer Spaziergang durch alle großen Anbaugebiete.

Landskroner Straße 110
+49 2641 94860
steinheuers.de

€€€

Empfohlen von: **Jean Stodden – Das Rotweingut, Weingut Deutzerhof**

53507 Dernau

Hofgarten

Das hübsche Fachwerkhaus mit teils überdachter Terrasse bietet ein heimeliges Setting. Die Gutsschenke wird für die geschmackvolle Landhausküche geschätzt, ein Markenzeichen ist der Ahrtaler Vesperteller. Das Haus ist vor allem für seine Rotweine bekannt.

Bachstraße 26
+49 2643 1540
hofgarten-dernau.de

€€

Empfohlen von: **Falstaff-Redaktion**

BADEN

IM ÜBERBLICK

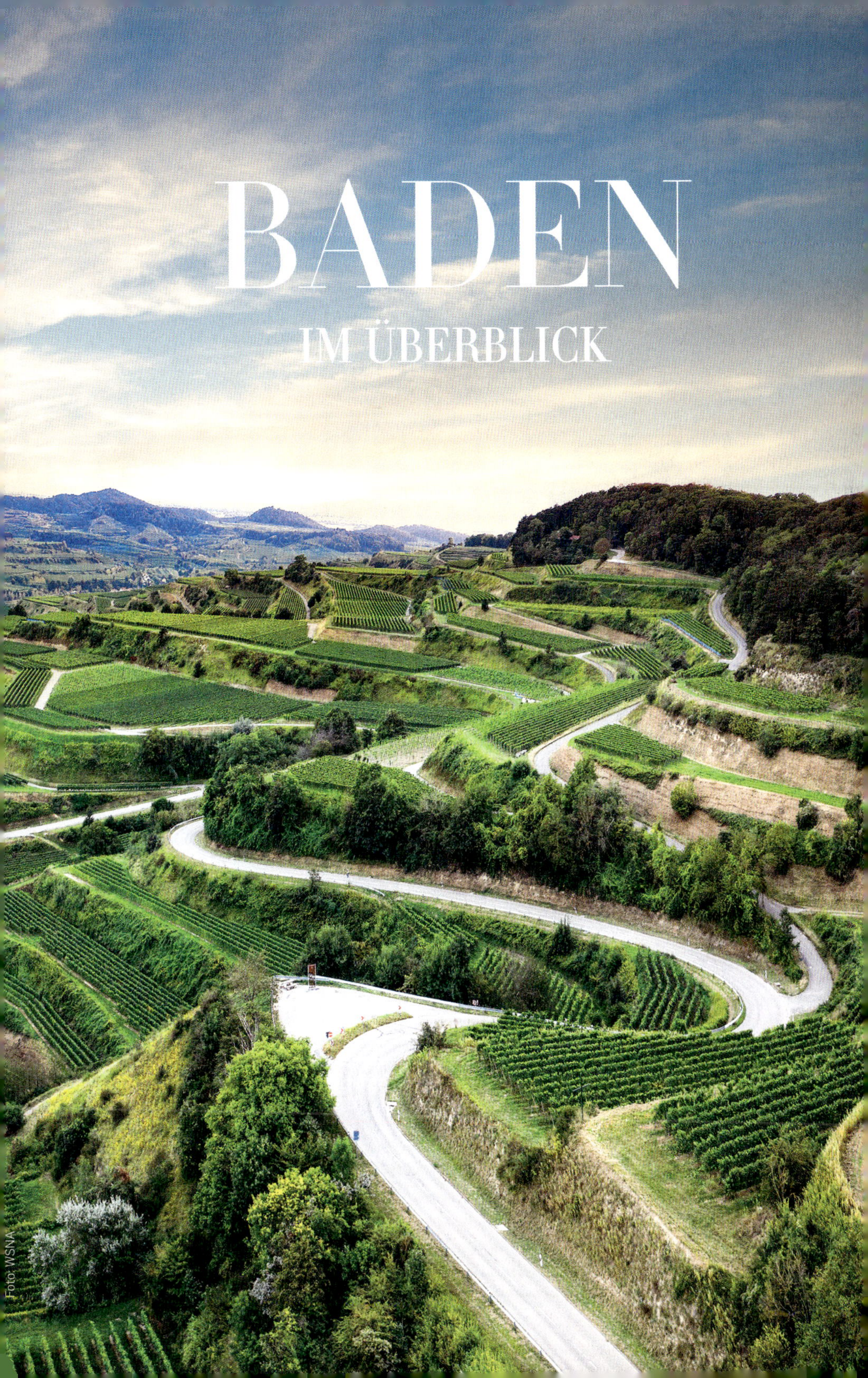

Foto WSNA

Staatsweingut Meersburg am Bodensee

VEREINT IN UNTERSCHIEDEN

Gibt es »den« badischen Wein? Administrativ natürlich ja, aber als Weintypus drängt sich diese pauschale Kennzeichnung nur bedingt auf. Denn das 15.000-Hektar-Gebiet, das sich über mehr als 300 Kilometer erstreckt, zerfällt geografisch in neun Teile. Ein ABC der badischen Weinregionen.

TEXT ULRICH SAUTTER

Im Namen der BADISCHEN BERGSTRASSE darf man die Bezeichnung »Berg« nicht allzu wörtlich nehmen. Mit Höhenlagen zwischen 200 und 250 Metern gehören die Weinberge der Bergstraße in Tat und Wahrheit mit zu den am tiefsten gelegenen Badens. Der »Berg« kommt ins Spiel, wenn man von der Rheinebene nach Osten blickt – und dort die Weinberge auf den Ausläufern des Odenwalds sieht. Die Urgesteinsböden dieses Mittelgebirges hinterlassen dann auch in den eleganten, feinen Bergsträßer Weinen ihre mineralischen Spuren, sei es in Rieslingen oder Burgundern.

Die wahren Alpinisten des badischen Weinbaus pflegen ihre Reben am BODENSEE. Der Spiegel des Sees liegt auf ziemlich genau 400 Metern, entsprechend weiter hoch geht es in den Weinbergen. Am Hohentwiel bei Singen wächst der höchste Rebstock sogar auf 560 Metern. Dem Seewein ist eine naturgegebene »Kühle« zueigen, die man jetzt in Zeiten des Klimawandels plötzlich mit neuen Augen sieht. Im Sommer gibt es kaum etwas Schöneres als einen Spaziergang am Seeufer, unterwegs ein Glas Müller-Thurgau und einen gebratenen Felchen. Das ist alpin und mediterran in einem.

Der BREISGAU ist ein weitläufiges, zerklüftetes Gebiet nördlich von Freiburg. In windgeschützten Schwarzwaldtälern wie dem Glottertal stehen die Reben an faszinierenden Steillagen auf hartem Gneisgestein, in den Vorgebirgszonen treiben die Stöcke ihre Wurzeln in Löss und Kalk. Das behagt vor allem den Burgundersorten gut, die hier besonders aromatisch ausfallen. Die Stadt Freiburg trägt zuweilen den Beinamen »im Breisgau«, allerdings gehören nicht alle Weinberge auf Freiburger Gemarkung zum Weinbaubereich Breisgau. Sehr wohl gilt dies aber für die Reben auf dem mitten in der Stadt gelegenen Freiburger Schlossberg.

Der KAISERSTUHL ist vielleicht die überregional bekannteste badische Weinbaugegend. Die aktive Zeit des ehemaligen Vulkans, der sich aus der Rheinebene erhoben hat, liegt etwa 15 Millionen Jahre zurück. Mancherorts sieht man noch, wie die Lava mitten in ihrer Bewegung erstarrt und zu Stein geworden ist. Oder man findet in den Weinbergen »Lapilli« und »Bomben« kleine Gesteine, die der Vulkan ausgeworfen hat. Vor allem im Südwesten und Westen des Miniatur-Mittelgebirges (Gipfel 557 m ü. d. M.) dominieren die Vulkanböden. Im Osten und Norden des Kaiserstuhls hat sich Löss abgesetzt, ein kalkreicher Sand, der während der letzten Eiszeiten aus dem Alpenraum angeweht wurde. Der Kaiserstuhl ist ein Burgunder-Dorado.

Die Weinberge des KRAICHGAUS erstrecken sich zwischen Bruchsal und Wiesloch, im Osten schließt sich direkt

Dirk Brenneisen aus dem Markgräflerland

eine der Lemberger-Hochburgen Württembergs an: das Zabergäu. Kein Wunder, dass also auch im Kraichgau der Lemberger eine gewisse Verbreitung besitzt. Berühmt ist die Gegend jedoch vor allem für ihre Weißweine aus der raren Burgunderspielart Auxerrois, die sich wunderbar zum weltberühmten Bruchsaler Spargel trinken lässt. Auf den vielfältigen Böden – man findet Keuper, Muschelkalk, Löss und Buntsandstein – gedeihen auch Riesling und

Andreas und Markus Klumpp vom Weingut Klumpp aus Bruchsal

Fotos: beigestellt

Markus Wöhrle aus Lahr im Breisgau

Spätburgunder. Und im Jahr 2021 kam sogar der Sieger der Falstaff Grauburgunder Trophy von hier: aus Bruchsal.

Das MARKGRÄFLERLAND umfasst die Region zwischen Freiburg und Basel. Markgraf Karl Friedrich von Baden (1728–1811) schaffte nicht nur die Folter und die Leibeigenschaft ab, sondern er brachte seinen Landeskindern auch die Chasselas- (also Gutedel-)Rebe aus der Schweiz mit. Das war um das Jahr 1780 herum. Seither und und bis zum heutigen Tag gehört der Gutedel zu den Spezialitäten der Region. Vor allem auf den zahlreichen Kalkstandorten am Schwarzwaldrand bringt dieser Wein stets leichte, aber auch raffinierte Weine hervor, die zudem im Ruf stehen, ausgesprochen gutmütig mit ihrer Trinkerin oder ihrem Trinker umzugehen. In den letzten Jahren gewinnen allerdings auch die Burgundersorten an Format, der Erderwärmung sei's gedankt.

Die ORTENAU bildet die nördliche Fortsetzung des Breisgaus mit den Orten Offenburg und Baden-Baden als Bezugspunkten. Die Steillagen, auf denen hier die Reben in den Quertälern des Schwarzwalds wachsen, können noch halsbrecherischer ausfallen als im Breisgau. Viel steiler als im Bühlertal, wo auf Granitböden kraftvolle Spätburgunder gedeihen, sind die Weinberge auch an der Mosel nicht. Dasselbe gilt für den Ort Durbach, wo der Granit vor allem Rieslingreben trägt und die Trauben so intensiv ausreifen lässt, dass sie außergewöhnlich fruchtbetonte, vollmundige Weine hervorbringen. Auch im Baden-Badener Rebland dominiert der Riesling, der auf den dortigen Porphyrböden elegant und mineralisch-salzig ausfällt.

Schambachtal

WEINBAUGEBIET BADEN

Anbaufläche
ca. 15.800 Hektar

Aufteilung
9 Bereiche, 16 Großlagen, 306 Einzellagen
Böden: Löss, Vulkangestein, Muschelkalk

Wichtigste Rebsorten
Spätburgunder, Weißburgunder, Grauburgunder, Riesling, Gutedel, Müller-Thurgau

Verbände
Badischer Wein GmbH, Basler Landstraße 28b, 79111 Freiburg, www.badischerwein.de
Badischer Weinbauverband, Merzhauser Straße 115, 79100 Freiburg
www.badischer-weinbauverband.de

Das Team vom Weingut Aufricht, Bodensee

TAUBERFRANKEN ist ein ganz besonderer Flecken Erde in der Reihe der badischen Weinbaubereiche. Entlang des Flüsschens Tauber gehören die Weinbauorte alle paar Kilometer zu einem anderen Anbaugebiet: Manche zählen zu Franken, andere zu Württemberg. Der badische Teil der Tauber erstreckt sich rund um den Ort Beckstein und dann nah der Mündung der Tauber in den Main um den Ort Reicholzheim. Auf den Muschelkalkböden und im eher frischen Klima des Tals entstehen Burgunder von größter Feinheit. Auch der Schwarzriesling, der ja bekanntlich gar kein Riesling, sondern ein Burgunder ist, hat hier eine Hochburg. Und hie und da kann man auch noch die Lokalsorte Tauberschwarz finden.

Die Kaiserstühler Winzer Friedrich (li.) und Fritz Keller vom Weingut Franz Keller

Der TUNIBERG ist der Hausberg Freiburgs und ein Naherholungsgebiet. Viele Winzer haben eine kleine »Straußi« und schenken ihre Weine an die erholungssuchenden Städter aus, begleitet von einfacher, aber schmackhafter Küche. Ein schönerer Kurzurlaub ist kaum vorstellbar! Die Reben stehen am Tuniberg vor allem auf Löss, häufig wachsen sie auf kunstvoll angelegten Terrassen und in aller Regel stammen sie aus der Burgunderfamilie. Die Tuniberg-Weine sind angenehme Speisenbegleiter. Da sie dem Sortentyp ohne größere Arabesken Ausdruck verleihen, drängen sie sich auch bei Tisch nicht in den Vordergrund. Sie sind echte Badener, nehmen es gemütlich und tragen das Herz am rechten Fleck.

INFO

Nähere Infos über den Autor finden Sie im Kapitel »Verkostungsteam« auf S. 12.

Durbacher Weinpanorama

GRANDS CRUS BADEN

TOP-WEINE AUS PRIVILEGIERTEN WEINLAGEN DER REGION

NEUWEIER | MAUERBERG

Porphyrverwitterung bestimmt die Böden in der heute 40 Hektar großen, fast ausschließlich mit Riesling bepflanzten Lage. Die ursprünglichen fünf Hektar Steillage weisen Querterrassen auf, die von Trockenmauern in Form gehalten werden. Mit einer Steilheit von 50 bis 75 Prozent sind sie nach Südwesten bis Süden orientiert. Die Parzellen der Erweiterung blicken überwiegend nach Südosten, einzelne Flurstücke auch nach Westen und sogar nach Nordwesten.

92 **2020 Riesling trocken**
Weingut Nägelsförst, Info siehe Seite 113

92 **2016 »Mauerwein« Riesling GG**
Weingut Schloss Neuweier
www.weingut-schloss-neuweier.de

91 **2020 »SpontanGut«Riesling trocken**
Weingut Holger Dütsch, www.weingut-duetsch.de

90+ **2019 »Reserve« Riesling trocken**
Baden-Badener Weinhaus am Mauerberg,
www.baden-badener-weinhaus.de

90 **2020 »Finesse« Riesling trocken**
Weingut Holger Dütsch, www.weingut-duetsch.de

DURBACH | PLAUELRAIN

Der Plauelrain liegt auf der Südseite des Durbachtals, das sich von Osten her 15 Kilometer lang in Richtung Rhein hinzieht. Bis 1971 umfasste die Lage 17 Hektar, seither ist sie auf 190 Hektar gewachsen. Bei der Erweiterung gelangten auch Ost- und Westlagen und weitgehend ebene Flächen zu dieser Spitzenlage, deren beste Teilstücke am nordwestlichen Ortsrand Durbachs bis zu 80 Prozent steil und nach Süden bis Südsüdosten geneigt sind. Ein durchgängiger Waldsaum schützt den Weinberg gegen kalte Winde. Der Boden ist grusige Granitverwitterung, an manchen Stellen ist man bereits nach 40 Zentimetern auf dem Fels. Höhe: 200 bis 320 Meter.

93 2019 »Am Bühl« Riesling GG
Weingut Andreas Laible, www.andreas-laible.com

91 2019 Klingelberger (Riesling) Spätlese trocken

89 2020 Klingelberger (Riesling) Kabinett
WG Durbach, www.durbacher.de

OBERROTWEIL | KIRCHBERG

Die beste Lage des inneren Kaiserstuhls ist nur 3,3 Hektar groß und mit Steigungen von zehn bis 30 Prozent auch nicht ausgesprochen steil. Einzigartig ist jedoch der Vulkanverwitterungsboden des Kirchbergs: Er ist mit zahlreichen nussgroßen Steinen übersät, die der Kaiserstuhlvulkan in seiner aktiven Periode ausgeworfen hat. Zudem weist das Vulkangestein – auch dies sehr ungewöhnlich – an vielen Stellen Kalkeinschlüsse auf. Höhe: 200 bis 260 Meter.

95+ 2019 Spätburgunder GG
Weingut Salwey, Info siehe Seite 120

94 2019 Spätburgunder GG
Weingut Franz Keller – Schwarzer Adler, Seite 96

94 2018 Chardonnay GG
Weingut Franz Keller – Schwarzer Adler, Seite 96

93+ 2018 Weißburgunder GG
Weingut Salwey, Info siehe Seite 120

ACHKARREN | SCHLOSSBERG

Eine Serie von vier spektakulären Amphitheatern, die sich mit insgesamt 79 Hektar auf Höhen von 190 bis 320 Metern von westlichen bis zu südlichen Richtungen ziehen, an den flachsten Stellen 20 Prozent, an den steilsten 80 Prozent geneigt. Der stellenweise extrem flachgründige Boden besteht aus verwittertem Vulkangestein, teils mit einer Lössauflage, die von Winzern herbeigeschafft wurde, um den mageren Boden zu verbessern. Der Schlossberg ist die Lage schlechthin für den Grauen Burgunder, dessen Fülle hier stets von einem festen mineralischen Kern in Balance gehalten wird.

94 2018 Grauburgunder GG
Weingut Dr. Heger, Info siehe Seite 85

93+ 2019 »GC« Grauburgunder Spätlese trocken
Weingut Martin Waßmer, Info siehe Seite 128

93 2019 Grauburgunder GG
Weingut Franz Keller – Schwarzer Adler, Seite 96

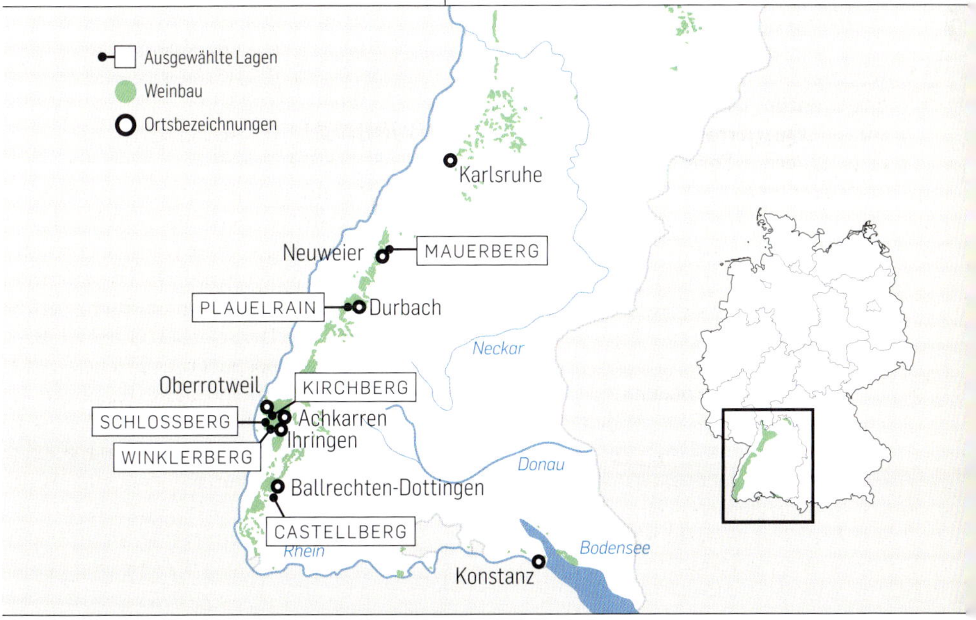

Fotos: beigestellt

Ihringer Winkelberg

93 **2020 Grauburgunder GG**
Weingut Michel, Info siehe Seite 110

92 **2019 »Réserve« Grauburgunder trocken**
Weingut St. Remigius, www.weingut-st-remigius.de

91 **2017 Grauburgunder trocken**
Weingut Fritz Waßmer, Info siehe Seite 127

91 **2020 »Bestes Fass« Grauer Burgunder**
90 **2019 »Edition A« Grauer Burgunder tr.**
WG Achkarren, Info siehe Seite 65

IHRINGEN | WINKLERBERG

Der ursprüngliche Winklerberg besteht aus Steilterrassen und aus steilen Amphitheatern mit schwarzen Böden aus verwittertem Vulkangestein. Die Steilterrassen erreichen Steigungen von bis zu 80 Prozent und sind überwiegend nach Südwesten ausgerichtet. Zum erweiterten Winklerberg zählen auch Lössterrassen und topfebene Tallagen mit Flusssedimentböden. Heutige Größe: 117 Hektar. Höhe: 190 bis 290 Meter.

96 **2018 »Häusleboden« Wanne Spätburgunder GG**
95 **2019 »Häusleboden« Wanne Spätburgunder GG**
94+ **2019 »Rappenecker« Winklen Spätburgunder GG**
94+ **2019 Vorderer Winklerberg Spätburgunder GG**
Weingut Dr. Heger, Info siehe Seite 85

93 **2017 »Backöfele« Vorderer Winklerberg Spätburgunder GG**
93 **2016 »Backöfele« Vorderer Winklerberg Spätburgunder GG**
Weingut Stigler, Info siehe Seite 126

90 **2019 »Alte Rebe« Spätburgunder trocken**
Weingut Gerhard Karle, Info siehe Seite 95

BALLRECHTEN-DOTTINGEN CASTELLBERG

Die von Südost nach West drehende Steilkuppe (mit Steigungen bis zu 70 Prozent) wird in ihren besten Partien von Trockenmauern gegliedert, die über 200 Jahre alt sind. Der Boden ist kalkhaltig, mit verwittertem Kalkmergel und Konglomeratgesteinen im Untergrund. Oben auf der Kuppe liegen die Reste eines römischen Kastells. Die beträchtliche Höhenlage (350 bis 420 Meter) wird – zumal unter den Bedingungen der Erderwärmung – durch den mild temperierten Rheingraben sowie durch die südlichen Expositionen und die Wärme speichernden Eigenschaften der Weinbergterrassen mehr als wettgemacht.

95 **2019 »GC« Chardonnay trocken**
94 **2019 Syrah trocken**
93+ **2018 »GC« Grauer Burgunder trocken**
93 **2019 »GC« Pinot Noir trocken**
92 **2019 »GC« Weisser Burgunder trocken**
Weingut Martin Waßmer, Info siehe Seite 128

91 **2019 Viognier trocken**
Weingut Zähringer, Info siehe Seite 133

91 **2020 Sauvignon blanc trocken**
Weingut Kiefer-Seufert, www.ksweingut.de

91 **2018 Spätburgunder Spätlese trocken**
Weingut H. Steinle, www.weingut-steinle.de

90 **2018 Spätburgunder Spätlese trocken im Eichenfass gereift**
Weingut Kiefer-Seufert, www.ksweingut.de

89+ **2020 Grauburgunder trocken**
Markgräfler Winzer, Info siehe Seite 108

★★

WINZERGENOSSENSCHAFT ACHKARREN IM KAISERSTUHL

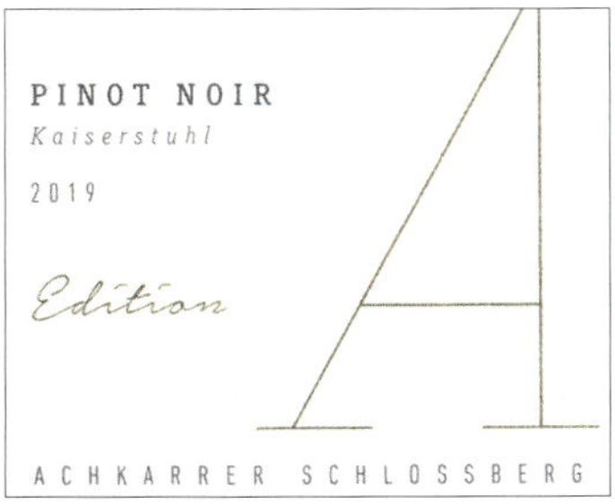

Schloßbergstraße 2, 79235 Vogtsburg-Achkarren
T: +49 7662 93040, info@weingut-achenbach.de
achkarrerwein.com

Ab-Hof-Verkauf: Jan. bis März Mo bis Fr 10–12.30 Uhr u. 13.30–17 Uhr, Apr. bis Dez. Mo bis Fr 9.30–17.30 Uhr, Sa 9–13 Uhr
Kellermeister: Christoph Rombach
Ansprechpartner: Denis Kirstein
Hektar: 186 ha

Am Achkarrer Schlossberg, einer der besten Lagen am Kaiserstuhl, sind natürlich auch die bekanntesten Winzer vertreten, die den Ruf dieses vom Vulkangestein geprägten Steilhangs weit über Baden hinaus verbreiten. Mittendrin in diesem illustren Kreis sind auch die Genossenschaftswinzer, die es trefflich verstehen, das Potenzial des Schlossbergs zu heben: mit dem gut balancierten Müller-Thurgau, den stoffigen und mineralisch definierten Grauen Burgundern oder dem würzigen, terroirgeprägten Pinot Noir. Auch den Gewürztraminer sollte man sich nicht entgehen lassen!

90+ 2020 »Bestes Fass« Achkarren Schlossberg Müller-Thurgau Barrique trocken
Wiesenkräuter, herber Apfel mit feiner Holzwürze, nicht zu laut. Mit guter Frische, lebendiger Säure am Gaumen in einer kräftigen und festen Struktur, ausgewogenen Säure, saftigem und leicht süßlichem Schmelz, gepflegter Phenolik und mineralischer Tönung. Aus einem Guss. 13 Vol.-%, DV, €€

90 2019 »Edition A« Achkarren Schlossberg Grauer Burgunder trocken
Reife Nase, etwas Calvados und Bratapfel, kräutrig und floral, Ingwer. Am Gaumen zeigt sich auf viskosem, beinahe öligem Hintergrund Kraft und Substanz. Der Alkohol ist eingebunden, Schmelz, Karamell und auch buttrig, erinnert an den good old Ruländer. 14,5 Vol.-%, DV, €€€

90 2020 Achkarren Grauer Burgunder Barrique trocken
Reife Nase, etwas Calvados und Bratapfel, kräutrig, ziemlich floral, Ingwer, Rauch und Holzwürze. Am Gaumen mit guter Substanz und fester Struktur, Schmelz, etwas viskos und mit buttrigen Noten, reife, ausgewogene Säure, der Alkohol ist eingebunden. Zu kräftigen Gerichten. 14 Vol.-%, DV, €€

91+ 2019 »Edition A« Pinot Noir trocken
Die Nase wird noch von Holzwürze geprägt, hinter der sich reife Kirscharomen zeigen, Wacholderbeere, etwas Zigarrenkiste und Unterholz. Zeigt sich am Gaumen präsent mit einer eng an der Textur verlaufenden Säure, die Kraft ist in einem mineralischen Kontext gut verpackt. 14 Vol.-%, DV, €€€

89+ 2017 Crémant Pinot Rosé brut

89+ 2020 »Bestes Fass« Achkarren Schlossberg Auxerrois trocken

89 2020 Achkarren Schlossberg Grauer Burgunder trocken

88+ 2020 Achkarren Sauvignon Blanc trocken

88 2020 »Bestes Fass« Achkarren Schlossberg Chardonnay trocken

89+ 2019 »Bestes Fass« Achkarren Schlossberg Spätburgunder Spätlese trocken

89 2018 »Edition Einzellage« Pinot Noir trocken

89+ 2020 »Bestes Fass« Achkarren Schlossberg Gewürztraminer
Duft nach Rosenwasser und Litschi, auch Steinfrucht, Kirschkern, etwas Rauch. Am Gaumen mit verhaltener Säure, Mirabelle, Rose, Pfirsich, gut balanciert, fein strukturiert, griffig. Spannender Begleiter zu einem scharfen Gericht. 12,5 Vol.-%, DV, €€

★

AFFENTALER WINZER

Betschgräblerplatz 1, 77815 Bühl
T: +49 7223 98980, info@affentaler.de
affentaler.de

Ab-Hof-Verkauf: Mo bis Fr 8–18 Uhr, Sa 9–13 Uhr
Kellermeister: Leo Klär
Ansprechpartner: Dr Ralf Schäfer
Flaschen/Hektar: 3.000.000 (54 % weiß, 30 % rot, 10 % Rosé, 1 % süß, 5 % Schaumwein)/340 ha

Der Weinbau hat in der Ortenau eine jahrhundertelange Tradition. Die Lage zwischen Rheintal und Schwarzwald bietet sehr gute Voraussetzungen für den Anbau von Reben. Die Genossen von der Affentaler Winzer eG zeigen mit ihrer Kollektion, dass unter anderem Burgundersorten hier prima gedeihen. Ein gutes Beispiel dafür ist der 2020er Chardonnay »Das besondere Fass«, der sich würzig und kräftig präsentiert. Der 2018er Pinot Noir »SLK« hat uns wiederum mit seinen feinen Gerbstoffen und seiner Dichte beeindruckt – ein kulinarisch erstklassig einsetzbarer Wein!

89+ 2020 »Das besondere Fass« Chardonnay trocken
Honigmelone, Birne, Apfel und auch Ananas in der kräftigen Nase, auch etwas Holzwürze und Rauch. Saftig und mit Schmelz und Würze am Gaumen in einem kräftigen Format, gut balancierende Frische, Noten von reifer Birne, gute Länge. Solo und bei Tisch. 14 Vol.-%, DV, €

89 2020 »Das besondere Fass« Grauer Burgunder Spätlese trocken
Riecht nach reifer Birne, Honigmelone und kandierten Apfelspalten. Am Gaumen kräftig gebaut mit Substanz und auch ansprechender Dichte, saftig, würzig und mit Schmelz, gut eingebundene und tragende Säure. Wie gemacht, um Speisen wie etwa Pilzrisotto zu begleiten. 13,5 Vol.-%, DV, €

90+ 2018 »SLK« Pinot Noir trocken
Rauch und Würze in der Nase, etwas Zedernholz und Gewürznelke, Kirsche und Pflaume kommen dazu. Großzügiger und opulenter Pinot Noir, der im warmen Jahr 2018 viel mitgenommen hat: Kraft, Dichte Wucht, reife Frucht und eine große Portion reifer Gerbstoffe. Viel Wein. 14,5 Vol.-%, NK, €€€

89 2019 »Affentaler Edition« Spätburgunder Spätlese trocken
Reife Frucht in Spätlesequalität in der Nase, Himbeere, Waldbeeren, Kirsche und auch würzige Holznoten, getrocknete Kräuter. Zeigt auch die Qualitäten einer Spätlese am Gaumen mit kräftiger Struktur, saftiger, reifer und süßlicher Frucht, Würze und markanten Gerbstoffen. 13,5 Vol.-%, DV, €

88+ 2019 »SLK« Bühlertal Engelsfelsen Gewürztraminer trocken

88 2020 »Das besondere Fass« Sauvignon Blanc trocken
Kräftiger und rebsortentypischer Duft nach Cassis, reifer Maracuja und Paprika mit Würze. Schlank gehaltener Sauvignon mit guter Frische und lebhafter Säure, Wein mit schöner Würze, lebt von der animierenden, lebhaften Art. 12,5 Vol.-%, DV, €

★★

WEINGUT AUFRICHT

Höhenweg 8, 88719 Stetten
T: +49 7532 2427, info@aufricht.de
aufricht.de

Ab-Hof-Verkauf: Mo bis Sa 10–12 Uhr und 14–18 Uhr
Kellermeister: Johannes Aufricht & Robert Markheiser
Ansprechpartner: Lukas Engelmann
Flaschen/Hektar: 347.000 (55 % weiß, 30 % rot, 10 % Rosé, 5 % Schaumwein)/43 ha

Johannes Aufricht, der Juniorchef des namhaften Meersburger Weinguts, schreibt uns, dass er in Zukunft »kraftvolle Weine durch Hefelager, nicht durch Alkohol« anstrebe. Daneben soll aus der bisherigen Weinlinie »Johannes Aufricht« ein eigenes Weingut entstehen. Es ist also eine Menge in Bewegung im idyllisch gelegenen Bodenseebetrieb. Einige der neuen Weine zeigen schon, in welche Richtung die Reise geht, etwa der Chardonnay »Kalkbrunnen«, der straff und »al dente« gehalten ist und sehr gut reifen dürfte. Wir sind gespannt, wie es hier weitergeht.

92+ 2020 »Kalkbrunnen« Meersburg Chardonnay trocken
Spontangärungsnoten und etwas röstiges Holz, im Mund straff, saftig, lebendige Säure, aber auch genug Substanz, um Harmonie und Potenzial zu schaffen. Dürfte mit seiner sehnigen Anlage eine sehr vorteilhafte Entwicklung nehmen. 12,5 Vol.-%, NK, €€€

92+ 2020 Meersburg Sommertal Weißburgunder trocken
Leicht buttrig im Duft, würzige Untertöne, Frühlingswiese, im Mund dicht strukturiert, extraktreich, mehlige Phenole, ein Sortentyp mit viel Frische, Markanz, Saftigkeit, kompakter Abklang. 12,5 Vol.-%, NK, €€€

92+ 2020 Meersburg Eichhölzle Grauburgunder trocken
Spontangärungswürze im Duft, etwas Hefe, im Mund gehaltvoll, diskret integriertes Holz, bleibt trotz Kraft und Fülle ein Grauburgunder (und ist kein Ruländer), hat einen dichten Abklang, der mit seiner Substanz die Fantasie guten Reifepotenzials erweckt. 12,5 Vol.-%, NK, €€

91+ 2018 »Mocken« Meersburg Trielberg Spätburgunder trocken
Vergleichsweise hell in der Farbe. Duftig, dezentes Holz, aber auch fruchtig: Hagebutte, Himbeere. Im Mund dominiert körniges Tannin, eine relativ lebendige Säure, dennoch ist das Ensemble auch charmant, endet mit süßer, warmer Frucht. 14,5 Vol.-%, NK, €€€

90 2020 Meersburg Pfattishag Sauvignon Blanc trocken

89+ 2020 »Von Alten Reben« Weißburgunder tr.

91 2018 »Sophia« Spätburgunder trocken

90+ 2018 »Von Alten Reben« Blaufränkisch tr.

91 2020 Auxerrois trocken
Im Duft Hefe und buttrige Noten. Etwas Wiesenkräuter. Im Mund extraktgetragen, trocken und geradlinig, kultivierter, feiner Säurenerv, ganz kompakt und in sich stimmig, kulinarisch vielseitig einsetzbar. 12,5 Vol.-%, NK, €€

WEINGUT AXEL BAUER

AXEL BAUER

MAISON BLANC | MEISTERSTÜCK 2019

Erlenstraße 38, 77815 Bühl
T: +49 7223 8301227, info@weingut-axel-bauer.de
weingut-axel-bauer.de

Ab-Hof-Verkauf: Mi bis Fr 13–17 Uhr und nach Vereinbarung
Kellermeister: Torsten Klein
Ansprechpartner: Axel Bauer
Flaschen/Hektar: 160.000 (55 % weiß, 39 % rot, 5 % Rosé, 1 % Schaumwein)/29 ha

Das Ortenauer Start-up wächst in rasantem Tempo: Nach 16 Hektar im vergangenen Jahr stehen jetzt schon 29 Hektar in den Büchern. Aber wir haben nicht den geringsten Zweifel, dass sich die Expansion mit dem stilistischen Ziel »noch mehr Eleganz und Feinheit« vereinbaren lässt. Zu gut sind die weinbaulichen Bedingungen in den Steillagen des Bühlertals, zu gut sind Motivation und Know-how von Axel Bauer und Kellermeister Torsten Klein. Die 2019er Rotweine sind stark – sie verdienen den zweiten Stern, und es würde uns nicht wundern, wenn auch dieser nur ein Zwischenhalt wäre.

94 2019 »Grand Vin« Pinot Noir trocken
Rauchig in der Nase mit leichter Reduktionsnote, Holzwürze, konzentrierte Frucht, Kirsche, Brombeere, etwas Tinte. Fasst am Gaumen Konzentration, Lebendigkeit und Finesse zusammen in trefflicher Balance und mit feinkörnigem, seidigem Gerbstoff, Granit, mineralisch. Sehr lang.
13,5 Vol.-%, NK, €€€€

93 2019 »Premiere Cuvée« trocken ME/CS
Kräutrige, holzwürzige Nase, reife, konzentrierte Frucht, Cassis, Brombeere und Schwarzkirsche, Wacholderbeere. Zeigt im Mund Dichte und Konzentration, getragen von einer präzisen Säure, etwas Holundermark, reifer, griffiger Gerbstoff, mineralisch, gutes Potenzial. 14 Vol.-%, NK, €€€

92+ 2019 »Premier Vin« Syrah trocken
Als badischer Landwein deklariert, würzig und balsamisch in der Nase mit ordentlich Holzwürze, dahinter auch reife Frucht, Cassis und Brombeere. Am Gaumen mit kräftiger Struktur, feiner und lebendiger Fruchtsäure und markant extrahiertem Gerbstoff, gute Dichte, auf Langlebigkeit vinifiziert. 13 Vol.-%, NK, €€€€

90+ 2019 »Maison Rouge« trocken MA/TE/ME/CS
Purpurfarben im Glas mit leichter Aufhellung am Rand. Würzige und florale Nase mit reifer dunkler Frucht. Am Gaumen mit schöner würziger Frucht und einer unternehmungslustigen Säure, mittelgewichtig im Extrakt (vermutlich junge Reben), griffiger Gerbstoff, zum Fleisch. 14 Vol.-%, NK, €€€

91 2020 »Meisterstück« Weißburgunder tr.

90 2020 »Maison Blanc« trocken WB/CH/SB
Zitronengeldb in der Farbgebung. Im Duft von reifer Frucht geprägt, mit Aromen von reifer Birne, Sternfrucht, gelbem Apfel, Mirabelle und süßem Pfirsich. Am Gaumen bei leichter Phenolik und etwas Stoffigkeit mit guter Säure versehen. Attraktiver Nachhall. 12,5 Vol.-%, NK, €€

★★

REINER BAUMANN WEINBAU

Kopernikusstraße 6, 68519 Viernheim
T: +49 6204 7086313, info@baumann-weinbau.de
baumann-weinbau.de

Ab-Hof-Verkauf: Nach Vereinbarung
Kellermeister: Kurt Ratgeber, Reiner Baumann
Ansprechpartner: Reiner Baumann
Hektar: 2 ha

Das Weingut hat zwei Standbeine: rechtsrheinisch an der badischen Bergstraße, linksrheinisch in der Pfalz. Ausgebaut werden die Weine im Weingut von Winning in Deidesheim. Den größten Reiz hatten für uns dieses Jahr die Spätburgunder: Die Version Deidesheimer Nonnenstück besticht mit entspannter Kraft, während im Wein des Schriesheimer Madonnenbergs vom granitgegründeten Rand des Odenwalds mineralische Finesse im Zentrum steht. Da es wohl in ein Minenfeld führen würde, eine Madonna mit einer Nonne zu vergleichen, resümieren wir: eine rundum gelungene Kollektion.

90+ 2020 Deidesheim Mäushöhle Riesling trocken
In der Nase noch vom Holzausbau geprägt, Rauch, Würze, dahinter mit etwas Luft Steinobst. Am Gaumen mit präsenter Säure und einer leichten Adstringenz, die vom Ausbau kommt. Saftig und mit mittelgewichtigem Extrakt und mineralischer Grundierung, wird zulegen. 12,4 Vol.-%, NK, €€

90+ 2020 Ruppertsberg Spiess Riesling trocken
Reife Nase mit Mango, Pfirsich und feiner Holzwürze, frisches Lorbeerblatt und Piment. Fest gebaut mit klar definierter Muskulatur, reifer, saftiger Säure und passendem Extrakt, etwas weißer Pfeffer, entfaltet sich geschmeidig mit gepflegter Phenolik. Charmant und jung. 12,5 Vol.-%, NK, €€

92+ 2019 Schriesheim Madonnenberg Pinot Noir trocken
Transparenter Farbrand. Mineralische Töne im Duft, Glimmer, Süßkirsche, Minze. Im Mund saftig und seidig, zartbesaitet, reife Säure, mit merklicher Holzprägung, die dem feingliedrigen Wein cremige Abrundung verleiht. Zuletzt dann aber auch kräftig mineralisch! 13,5 Vol.-%, NK, €€

92+ 2019 Deidesheim Nonnenstück Pinot Noir trocken
Ein würziger Duft: etwas Halbbitterschokolade, Lorbeer und Thymian. Im Mund mit viel Saftigkeit und feinem Säurenerv auf flauschig-weicher Grundierung und mit einem mürben, sehr feinen Gerbstoff. Wirkt sehr unforciert, ganz locker hingeworfen, toller Extrakt. 13,6 Vol.-%, NK, €€

89 NV Cuvée brut RR/SB

89 NV Rosé brut

90+ 2020 Schriesheim Madonnenberg Sauvignon Blanc trocken

89+ 2020 Ruppertsberg Linsenbusch Sauvignon Blanc trocken

91 2020 Ruppertsberg Reiterpfad Riesling trocken
Viel Rauch und Würze, als ehemaliger Ministrant fühlt man sich gleich wohl. Am Gaumen vielschichtig mit Substanz, Würze und angemessener Dichte, die lebhafte Säure reguliert die Verhältnisse in einem noch sehr jungen Konstrukt mit guten Anlagen, leicht pfeffrig im Ausklang. 12,5 Vol.-%, NK, €€

★★

BECKSTEINER WINZER

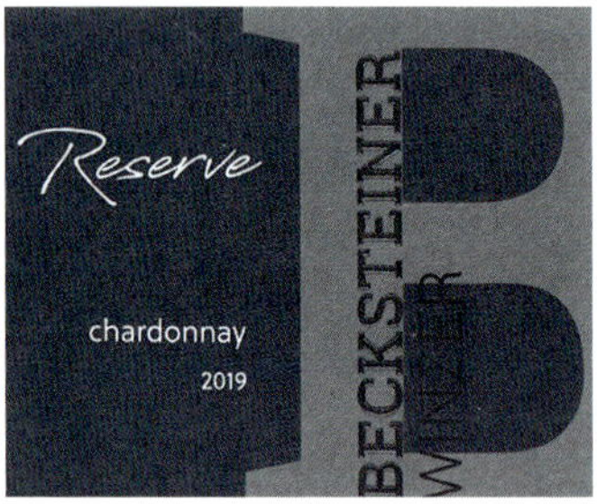

Weinstraße 30, 97922 Beckstein
T: +49 9343 5000, info@becksteiner-winzer.de
becksteiner-winzer.de

Ab-Hof-Verkauf: Mo bis Sa 9–18 Uhr, So 10–16 Uhr
Kellermeister: Florian Döller
Ansprechpartner: Michael Braun
Hektar: 230 ha

Über 350 Mitglieder haben sich zu den Becksteiner Winzern zusammengeschlossen, die gemeinsam rund 230 Hektar Reben im Taubertal bewirtschaften. Was uns immer wieder auffällt und auch Freude bereitet: Diese Genossenschaft lässt ihren Winzern genug Freiraum für individuelle Weine wie die »Reserve Muschelkalk« aus Riesling und Silvaner. Hier wird nichts über einen Kamm geschert, sondern die Eigenarten und Nuancen fein herausgearbeitet. Auch der Holzeinsatz bei den substanzreichen »Reserve«-Weinen ist gekonnt, wie etwa beim Schwarzriesling mit feinkörnigem Tannin. Kompliment!

92 2020 »Reserve Muschelkalk« Cuvée trocken RR/GS
Bringt aromatisch Riesling und Silvaner zusammen mit Apfel, Zitrusfrucht, Steinobst, kräutrigen Noten und Rauch. Raffinierte »Reserve« mit sehr gepflegtem Holzeinsatz, schlank gebaut, mit Saft, feiner Frucht, Eleganz und Mineralität, die fein ziselierte Säure trägt. Elaboriert. 12,5 Vol.-%, NK, €€€

92 2019 »Reserve« Gerlachsheim Herrenberg Chardonnay Spätlese trocken
Ananas, reife Birne und Kiwi in rauchigem Ambiente mit Vanille. Setzt auf weichem Fond saftig und mit feiner Würze an, kräftiger Bau mit klar definierter Muskulatur, elegante Säure, eng am Körper, Schmelz und mineralische Noten. Erwachsener und eleganter Wein. 14 Vol.-%, NK, €€€

92 2018 »Reserve« Gerlachsheim Herrenberg Schwarzriesling Spätlese trocken
Rauchig, mit feiner Holzwürze in der Nase, Waldfrüchte, Kirsche, kräutrige Noten. Zeigt am Gaumen schönes Gleichgewicht in einer kräftigen Struktur, die Säure ist reif und trägt gut, die Gerbstoffe sind feinkörnig, mineralisch. Burgunder mit Handschrift und von klarer Herkunft. 13,5 Vol.-%, NK, €€€

91 2018 »Alte Reben« Gerlachsheim Herrenberg Spätburgunder Spätlese tr.
Holzwürze mit kräutrigen Noten, Kirsche und auch Pflaume. Zeigt in der Struktur die Wärme des Jahres mit kräftiger und muskulärer Struktur, in der die präsente Säure für Gleichgewicht sorgt, reifer Gerbstoff, würzig und mineralisch mit guter Länge. 14 Vol.-%, NK, €€

90 2020 »Selektion« Gerlachsheim Herrenberg Weißer Burgunder Spätlese trocken
90 2020 »Selektion« Gerlachsheim Herrenberg Chardonnay Spätlese trocken
89+ 2020 »Selektion« Gerlachsheim Herrenberg Grauer Burgunder Spätlese trocken
89 2020 »Kilian« Gerlachsheim Herrenberg Weißer Burgunder Kabinett trocken
89 2020 »Freihand« Riesling feinherb
91 2018 »Reserve Muschelkalk« Schwarzriesling trocken
89+ 2019 »Selektion« Beckstein Kirchberg Schwarzriesling Barrique trocken

89+ 2020 »Kilian« Gerlachsheim Herrenberg Silvaner Kabinett trocken
Riecht nach Apfel, Wiesenkräutern und Stachelbeere. Am Gaumen schlank und bündig gebaut mit saftigem Apfel und wieder kräutrigen Noten, die von feiner Mineralik begleitet werden. Silvaner, der mit seiner frischen Art Spaß macht, aber auch Stoff und Würze mitbringt. 12 Vol.-%, DV, €

★★★★

WEINGUT BERCHER

Mittelstadt 13, 79235 Vogtsburg
T: +49 7662 212, info@weingutbercher.de
weingutbercher.de

Ab-Hof-Verkauf: Mo bis Sa 9–11.30 Uhr und 13.30–17 Uhr
Kellermeister: Arne Bercher, Werner Rehbein
Ansprechpartner: Arne und Martin Bercher
Flaschen/Hektar: 200.000 (55 % weiß, 45 % rot)/27 ha

Die alte Winzerfamilie Bercher zog nach dem Dreißigjährigen Krieg aus der Schweiz an den Kaiserstuhl. Ihr Haus aus dem Jahr 1756 dient noch heute als Sitz des Weinguts. Im Zwei-Familien-Betrieb herrscht Arbeitsteilung: Auf den mineralreichen Top-Lagen Burkheimer Schlossgarten, Feuerberg oder Sasbacher Limburg kümmert sich Martin Bercher um die Reben, Arne Bercher betreut Vinifikation und Keller. Das Zusammenspiel der Cousins ist ein Zusammenspiel von Meistern. Die Weine sind Kaiserstuhl-Klassiker und nicht zuletzt zeugt ihr Holzfassausbau von großer Sensibilität.

93 2020 Burkheim Feuerberg Haslen Grauburgunder GG
Röstiger Holzeinsatz, Honigmelone, nussige Aromen. Im Mund mit guter Konzentration, doch Nerv und Mineralität machen den Körper unbeschwerlich, die Substanz des Weins spricht für eine mittelhohe Lebenserwartung, und man darf sich Eleganz erhoffen. 13 Vol.-%, NK, €€€

92+ 2020 Burkheim Feuerberg Haslen Weißburgunder GG
Im Duft Heu und Frühlingswiese, recht »kühl«, ein Hauch von Holz, Tuffnoten. Im Mund wirkt der Wein druckvoll, der leicht viskose Fond ist von kraftvoller Stoffigkeit ausgefüllt, ein Hauch Rappigkeit integriert, feste Säure, kompakt und pointiert mit sehr guter Perspektive. 13 Vol.-%, NK, €€€

94 2019 Burkheim Feuerberg Kesselberg Spätburgunder GG
Würzige und florale Nase mit Gewürznelke, roter Kirsche und Blutorange, auch Pfeffer und Menthol kommen dazu. Saftig ansetzend mit feingliedriger Säure in einer kompakten Textur mit präzisem, feinkörnigem Gerbstoff. Elegant, mit guter Dichte und Länge. 13 Vol.-%, NK, €€€

92+ 2017 Sasbach Limburg Spätburgunder Erste Lage trocken
Duft nach reifer Sauerkirsche, Rosmarin, Gesteinsmehl, etwas Johannisbeere scheint durch. Am Gaumen feine Gerbstoffe, reif und prägnant, guter Säurenerv, Kirsche, mineralisch durchzogen, etwas Tabak schimmert durch, dicht gewoben, lang, Potenzial. 13,5 Vol.-%, NK, €€€

92+ 2019 »SE« Chardonnay trocken

92 2020 »1G« Burkheim Feuerberg Grauburgunder Erste Lage trocken

92 2020 »1G« Sasbach Limburg Weißburgunder Erste Lage trocken

90 2020 Burkheim Weißburgunder trocken

89 2020 Burkheim Grauburgunder trocken

91 2020 »1G« Burkheim Schlossgarten Spätburgunder Rosé Erste Lage trocken

90 2018 »1G« Jechtingen Eichert Spätburgunder Erste Lage trocken

92 2020 »1G« Burkheim Feuerberg Muskateller Erste Lage trocken
Knackiger Duft nach Muskatblüte, Holunderblüte und frisch gepresstem Traubensaft, animierend. Am Gaumen delikate Muskataromatik, feiner Säurefaden, griffige Phenole, Limonenzeste scheint durch, elegant, dabei dicht gewoben – beispielhaft. 13 Vol.-%, NK, €€

BICKENSOHLER WEINVOGTEI

Neunlindenstraße 25
79235 Vogtsburg-Bickensohl am Kaiserstuhl
T: +49 7662 93110, wein@bickensohler.de
bickensohler.de

Ab-Hof-Verkauf: Apr. bis Okt. Mo bis Fr 9–17.30 Uhr, Sa 9–14 Uhr, Nov. bis März Mo bis Fr 9–12 Uhr und 13–17 Uhr
Kellermeister: Michael Jäger
Ansprechpartner: Patrick Chelaifa
Flaschen/Hektar: 1.000.000 (67 % weiß, 33 % rot)/100 ha

Der Ort Bickensohl liegt zwischen Freiburg und Colmar im sonnigen Kaiserstuhlgebiet in der kühlen Höhe. Seit dem Mittelalter bauen seine Bewohner Wein an. 1924 taten sich 45 Winzerfamilien zu einer Genossenschaft zusammen, die heute rund 100 Hektar auf Löss und Vulkangestein bewirtschaftet. Das Spektrum umfasst die Burgunderfamilie, Roséweine, aber auch Muskateller und Scheurebe. Im Vorjahr erfreute uns besonders der Gewürztraminer. In diesem Jahr hatte die SK-Selektion Bickensohl Steinfelsen Grauburgunder Spätlese trocken die Nase vorn.

88 2018 »Mysterious« Blanc de Noir Pinot Noir extra brut
In der Nase rotschaliger Apfel, Erdbeer und Grapefruit. Sehr fruchtig und plakativ. Am Gaumen mit feiner Perlage und sehr schlankem Körper. Ein schöner Sekt, ohne viel dabei nachdenken zu müssen. 13 Vol.-%, NK, €€

90+ 2019 »SK-Selektion« Bickensohl Steinfelsen Grauburgunder Spätlese trocken
Blassgold in der Farbgebung. In der Nase entwickelt sich ein Duft von Quitte, weißem Pfirsich, Mandarinenschale und rohe Mandel. Am Gaumen saftig, mit guter Säure, mittelgewichtigem Körper und einer Note von süßem Pfirsich. Ein Wein zum direkten Genuss. 13,5 Vol.-%, DV, €

89 2018 Bickensohl Kühler Morgen Chardonnay trocken
Blass in der Farbe und intensiv im Duft mit Aromen von reifem Apfel, weißem Pfirsich und Vanille. Am Gaumen folgen Aromen und Zitronenzeste bei lebendiger Säure, Cremigkeit, Textur und attraktivem Nachhall. Ein Wein, der jetzt Freude bereitet. 13 Vol.-%, DV, €

90 2018 »SK-Selektion« Bickensohl Herrenstück Spätburgunder Barrique tr.
Opulent und reif im Duft. Die Nase zeigt Aromen von jungem Port mit reifer Frucht und Vanille. Am Gaumen mit viel Substanz und guter beziehungsweise lebendiger Säure, Kräuterwürze und Alkohol, der gut eingebunden ist. Ein Wein, an dem man sich wärmen kann. 15 Vol.-%, DV, €€

89 2018 Bickensohl Herrenstück Gewürztraminer Barrique Auslese tr.

90 2019 »SK-Selektion« Bickensohl Steinfelsen Weißer Burgunder Kabinett tr.
Konzentrierter Duft nach reifer Frucht und karamellisierten Nüssen, Apfel und auch gelbe Frucht, Honig. Zeigt am Gaumen für einen Kabinett ordentlich Kraft und auch Wucht, gehaltvoll, würzig und großzügig, eher Spätlesecharakter, viel Wein fürs Geld, für den Tisch prädestiniert. 14,5 Vol.-%, DV, €

★★

WEINGUT BIMMERLE

Kirchstraße 4, 77871 Renchen-Erlach
T: +49 7843 654, info@wein-bimmerle.de
wein-bimmerle.de

Ab-Hof-Verkauf: Mo bis Fr 9–12 Uhr und 13–18 Uhr, Sa 9–14 Uhr
Kellermeister: Philipp Milke
Ansprechpartner: Siegbert Bimmerle
Flaschen/Hektar: 1.000.000 (40 % weiß, 60 % rot)/130 ha

Das Familienweingut versteht es seit Jahren, Weine von gleichbleibend guter Qualität zu keltern – mittlerweile in einem durchaus beachtlichen Umfang. Das Ortenauer Gut bewirtschaftet 130 Hektar und zählt damit zu den Großen im Land. Siegbert Bimmerle leitet den Betrieb in dritter Generation, Sohn Benedikt ist mit an Bord. Gemeinsam keltern sie durchweg zugänglich-kräftige Weine, die viel Trinkfreude bereiten. Besonders stark sind dieses Mal der griffige »Reserve 500« Sauvignon Blanc und die kräftige 2016er »Gerold Cuvée Noir«, welche das Reifepotenzial der Weine zeigt.

91 2019 »Réserve 500« Sauvignon Blanc tr.
Der würzige und rauchige Duft ist noch vom Ausbau im 500-Liter-Holzfass geprägt, dazu kommen Noten von Cassis, Ananas und gelben Früchten. Am Gaumen mit fester, kräftiger Struktur, dicht und konsistent mit einer präzisen Säure. Zeigt seine Möglichkeiten, wird zulegen. 13 Vol.-%, NK, €€€

90 2019 »Réserve« Grauburgunder trocken
Holzwürze, Honigmelone und Birne mit etwas Quittenschale im Duft, noch vom Neuholz geprägt. Zeigt Kraft und auch Wucht, aber in guter Balance und Ausgewogenheit. Reife, tragende Säure, wieder Birne, Quitte und viel Würze. Großzügige und noch junge »Réserve«. 13,5 Vol.-%, NK, €€

91+ 2016 »Gerold Cuvée Noir« trocken ME/CS/PN
Intensiv im Duft mit Schwarzkirsche, Amarenakirsche, Cassis, Zedernholz, Wacholderbeere und Holzwürze. Am Gaumen mit stattlicher Statur und guter Balance mit ausgewogener Säure und reifen, griffigen Gerbstoffen. Würzig, mit guter Länge, eine erwachsene Cuvée. 14,5 Vol.-%, NK, €€

90+ 2018 Spätburgunder Spätlese trocken
Ziemlich reife Frucht in der Nase, gekochte Schwarzkirsche, Brombeere, erinnert aromatisch eher an Syrah von der Rhône. Fleischig am Gaumen mit reifen und markanten Gerbstoffen und feiner Säure. Eine stattliche Spätlese, die zu vielen Gelegenheiten passt. 13,5 Vol.-%, NK, €€

90 2019 »Porphyr« Riesling Spätlese trocken

90 2019 »Réserve« Chardonnay trocken

89+ 2020 Sauvignon Blanc Spätlese trocken

89 2019 »Réserve« Riesling Spätlese

89 2020 Weißer Burgunder Spätlese trocken

88+ 2020 Weißer Burgunder Kabinett trocken

88+ 2020 Grauer Burgunder Kabinett trocken

89 2018 Cuvée trocken PN/ME/CS
Cassis und Paprika in der Nase mit Kirsche. Saftig und gut ausbalanciert am Gaumen mit feiner fruchtiger Süße und geschmeidigem Gerbstoff. Nicht zu kompliziert, zugänglich und mit kulinarischer Eignung, am Grill und zu Fleischgerichten gut geeignet. 13,5 Vol.-%, NK, €

★★

WINZERGENOSSENSCHAFT BISCHOFFINGEN-ENDINGEN

Bacchusstraße 20, 79235 Vogtsburg-Bischoffingen
T: +49 7662 9301-0, info@wg-bischoffingen.de
wg-bischoffingen.de

Ab-Hof-Verkauf: Mo bis Fr 8.30–12 Uhr und 13.30–17 Uhr, Sa 9–13 Uhr
Kellermeister: Norbert Kuhn
Ansprechpartner: Thomas Weiler
Flaschen/Hektar: 1.900.000 (58 % weiß, 42 % rot)/256 ha

Diese Genossenschaft verfügt über ideale Bedingungen, liegen ihre Rebberge doch im wärmsten und sonnigsten Weinanbaugebiet Deutschlands, dem Kaiserstuhl mit seinen vulkanischen Böden. 1924 gründeten die Bischoffinger ihr Zweckbündnis, 2010 taten sie sich mit den Endingern zusammen. Heute produzieren 200 Winzer ein zuverlässiges Sortiment, zu dem auch Schaum- und Glühweine gehören. Das Pfund, mit dem die Genossen wuchern können, ist ihre »Réserve«-Reihe mit überwiegend Burgundern. Der neue Markenwein »Pino Magma« kann bei seinem Debüt sofort punkten.

90 2018 »Réserve« Bischoffingen Steinbuck Grauer Burgunder trocken
Reif in der Farbe sowie reif und reichhaltig im Duft. Anfangs vom Ausbau geprägt mit feinem Aromen aus der reifen Frucht von Birne, Mango, Litschi, ergänzt um eine leichte Honig- und Kräuternote. Die gute Säure balanciert eine leicht süße Komponente vor dem Nachhall. 13,5 Vol.-%, DV, €€

90 2019 »Réserve« Bischoffingen Steinbuck Grauer Burgunder trocken
Dezent und fein im ersten Duft. In der Nase entwickeln sich Aromen von reifer Mandel, Pfirsich und Honigmelone. Am Gaumen auch Apfelschale, Birne und Nektarine. Ausgestattet mit guter Säure bei minimaler Röstnote und spannendem Nachhall. 14 Vol.-%, DV, €€

90 2017 »Réserve« Bischoffingen Rosenkranz Merlot trocken
Präzise im Duft. In der Nase entwickeln sich Aromen von Brombeere, Sauerkirsche, Pflaume und getrockneten Kräutern. Am Gaumen hat der Wein eine reife Tanninstruktur und eine gut eingebundene Säure. Ebenfalls eine leichte Rauchnote, die in einen langen Abgang führt. 14 Vol.-%, DV, €€

90 2018 »Réserve« Bischoffingen Enselberg Spätburgunder trocken
Klassisch im Duft des Spätburgunders. Anfangs eine rauchige Note vom Ausbau, dann folgen reife Himbeere, Kirsche und Gewürznelke. Am Gaumen mit gutem Gerbstoff ausgestattet, bei lebendiger Säure, einer leichten Kräuternote und gutem Nachhall. 13 Vol.-%, DV, €€

90 2018 »Pino Magma Réserve« trocken PG/WB

89 2019 »BB Alte Reben« Bischoffingen Weißer Burgunder trocken

88 2020 Bischoffingen Enselberg Grauer Burgunder Kabinett trocken

88 2020 »BB Alte Reben« Bischoffingen Grauer Burgunder trocken

88 NV Bischoffingen Weißer Burgunder & Chardonnay trocken

89 2018 »BB Alte Reben« Bischoffingen Spätburgunder trocken

89 NV »20.000 BC« Cuvée trocken PN/ME/CS/CU

89 2019 »Pino Magma« trocken PG/WB
Attraktiv in der Rebsortenauswahl. In der Nase ein Duft von Birne, Quitte, am Gaumen ergänzt um Aromen von gelbem Apfel, reifem Pfirsich und Nektarine. Getragen von guter und lebendiger Säure. Ein Wein mit direktem Trinkfenster. 13 Vol.-%, DV, €

★★★

WEINGUT BLANKENHORN

Basler Straße 2, 79418 Schliengen
T: +49 7635 82000, info@gutedel.de
weingut-blankenhorn.de

Ab-Hof-Verkauf: Mo bis Fr 8–12 Uhr und 14–17 Uhr, Sa 10–16 Uhr
Kellermeister: Yvonne Männer
Ansprechpartner: Martin Männer
Flaschen/Hektar: 110.000 (55 % weiß, 45 % rot)/24 ha

Erneut durften wir eine sehr konstante Kollektion vom Schliengener Weingut Blankenhorn verkosten – und erneut möchten wir unseren Lesern die verschiedenen Gutedel ganz besonders ans Herz legen. Yvonne und Martin Männer (die beiden haben geheiratet, herzlichen Glückwunsch nachträglich!) verstehen es exzellent, die oft unterschätzte Rebsorte in ihrer eleganten Mineralität zu zeigen. Aber auch Chardonnay und Pinot Noir aus dem Sonnenstück überzeugen. Genau wie der Syrah und die Cuvée »Postillon« aus Cabernet Sauvignon und Merlot – das Markgräflerland ist das neue Südfrankreich.

92 2018 Schliengen Sonnenstück Chardonnay GG
Neuholz in der Nase, reife Birne, Rapsblüte, Mandel, Ananas und würzige Noten mit Rauch. Würzig und salzig am Gaumen mit guter Substanz und kalkmineralischer Prägung. Dicht in der Struktur, mit gut eingewobener Säure und langem Finale, noch nicht am Ende angelangt. 13 Vol.-%, NK, €€€

91+ 2018 »Courage« Schliengen Chasselas tr.
»Courage« steht für Mut, und den beweist dieser Gutedel: In der Nase Rauch, Apfel und etwas Birne, die Primärfrucht spielt nicht die große Rolle. Betont trocken am Gaumen mit feiner Phenolik und strukturierenden Gerbstoffen, mineralische Grundierung, feine Salzigkeit, spannend. 12 Vol.-%, NK, €€€

92+ 2018 »Bravoure« Schliengen Syrah tr.
Würzige Nase mit Röstaromen, schwarzer Pfeffer und Cassis mit Schwarzkirsche, noch etwas reduktiv, Schießpulver. Am Gaumen relativ weit gefasst, aber auch mit der nötigen Spannung und gutem Extrakt, sehr fein extrahierte Gerbstoffe, saftig, würzig, elegant und lang. 13 Vol.-%, NK, €€€

92+ 2018 »Postillon« Schliengen trocken CS/ME
Feinduftig mit Noten von Cassis, Kirsche und Brombeere, feiner Rauch, Gewürze wie Nelke, Tabak. Elegant und mit feiner Fruchtsäure am Gaumen bei guter Substanz und Kraft. Schöne Rotfrucht, fein extrahierter, geschmolzener Gerbstoff, sehr gelungen. 14 Vol.-%, NK, €€€

91 2019 Schliengen Ölacker Weißburgunder Erste Lage trocken

91 2019 »Le Clocher« Schliengen Chasselas trocken

90 2019 Schliengen Gutedel trocken

90 2020 Schliengen Chardonnay trocken

89 2020 »Markgräfler« Grauburgunder tr.

92 2017 Schliengen Sonnenstück Pinot Noir GG

90 2018 Schliengen Pinot Noir trocken

89+ 2020 »Markgräfler« Gutedel trocken
Grüner Apfel, Mirabelle und Limettenschale mit kräutrigen Noten. Zeigt am Gaumen den urtypischen Gutedel, der am Tisch getrunken wird, saftig, trocken, nicht zu kompliziert, aber perfekt in die Landschaft und zur heimischen Kulinarik passend. Einschenken. 12 Vol.-%, DV, €

★★★★

LANDWEINGUT BRENNEISEN

Am Weiler Weg 2, 79588 Egringen
T: +49 7628 800987, info@weingut-brenneisen.de
weingut-brenneisen.de

Ab-Hof-Verkauf: nach Vereinbarung
Kellermeister: Dirk Brenneisen
Ansprechpartner: Dirk Brenneisen
Flaschen/Hektar: 30.000 (70 % weiß, 30 % rot)/8 ha

Dirk Brenneisen eilt von Erfolg zu Erfolg und wir hängen ihm dieses Jahr den vierten Stern um. Zu seinem »Molassefels« Grauburgunder notierten wir, er sei »monströs fein«: Das ist ein gigantischer, kraftvoller Wein und zugleich komplett aus Finesse gewoben. Ähnlich sieht es bei den 2018er Pinot Noirs aus: Hier ist der »Molassefels« der fleischigste, mit Tannin für zwei Jahrzehnte. Ebenso lang und noch feiner ausreifen werden der terroirgetriebene »Juri« und der subtile »HerrReos«, Letzterer gekeltert von Brenneisens Lebensgefährtin Dr. Ronja Herr, einer Kinderchirurgin.

93 2016 Chardonnay zero dosage
Hellgolden. Apfelschalentee, dezenter Hefeeinfluss. Im Mund mit gutem, aber nicht übers Ziel hinausschießendem Volumen, mit Schmelz und Spannung in einem feinen Format. Sehr feines Mousseux, salzige Noten, trotz »zero dosage« wirkt der Sekt komplett harmonisch. 12 Vol.-%, NK, €€€

94 2018 »Molassefels« Grauer Burgunder tr.
Ein helles Goldgelb in der Farbe. Der Duft lässt zuerst würziges Holz erkennen, dann treten Aromen von Brotrinde und gerösteter Esskastanie hinzu. Im Mund spannt der Wein ein enormes Volumen auf, hat Schmelz, aber auch dichte Phenolik und einen festen Halt gebenden Säurenerv. Komplexe Abgangsfrucht. Wow! 14 Vol.-%, NK, €€

94 2018 »HerrReos« Pinot Noir trocken
Nuanciertes, nobles Neuholz. Im Duft Malz und Preiselbeere, kleine rote Beeren, ein Hauch von Karamell. Im Mund mit einer Dichte ohne Druck, makellos reifes Tannin, mineralisch gekoppelt, cremig grundiert, mit intensiver Gaumenfrucht und saftig-mineralisch ausleitend. Subtil!
12,5 Vol.-%, NK, €€€

94 2018 »Juri« Pinot Noir trocken
Leicht rauchiges Holz gibt den Hintergrund für eine dezente Frucht, Noten von Sauerkirsche und Bitterschokolade. Der Gaumen ist fest gebaut, der in mittelhoher Menge vorhandene Gerbstoff saftet gut ab, die Säure bleibt verhalten, eine Schicht Cremigkeit zeigt den Jahrgang. Sehr lang und mineralisch. 13 Vol.-%, NK, €€€€

90+ 2019 Pinot Rosé brut

93 2017 »Molassefels« Chardonnay trocken

92+ 2018 »Chätsch« Weißburgunder trocken

91+ 2018 »Chätsch« Gutedel trocken

91 2019 »Lädde« Gutedel trocken

89 2020 Gutedel trocken

91 2018 »Chätsch« Pinot Noir trocken

93+ 2018 »Molassefels« Pinot Noir trocken
Röstig-dunkelbeerig im Duft, fortgeschrittene Traubenreife ohne Botrytis, sehr reife Brombeere, Holundermark, pfeffrige Noten, Lakritze, Minze. Im Mund bildet reiche Viskosität den Hintergrund für eine immens dichte Tanninfracht. Reifes, handwerkliches, nobles Tannin.
13,5 Vol.-%, NK, €€

★

BÄRMANN

Kirchgasse 38, 79291 Merdingen
T: +49 7668 2570 160, info@weingut-baermann.com
weingut-baermann.com

Ab-Hof-Verkauf: nach Vereinbarung
Kellermeister: Frank Bärmann
Ansprechpartner: Frank Bärmann
Flaschen/Hektar: 14.667 (50 % weiß, 40 % rot, 10 % Rosé, 10 % Schaumwein)/1.5 ha

Schon in den eigenen Werbevideos auf der Website des Weinguts wird klar: Hier spricht ein Winzer mit eigenem Ton. »Nach vielen Jahren in der Ferne reifte in mir der Wunsch, zu meinen Wurzeln zurückzukehren«, sagt dort Frank Bärmann aus dem Off, während man ihn mit dem Traktor fahren sieht. Seit 2013 hat er auf dem alten Winzerhof der Familie ein kleines Weingut aufgebaut. Seine Rebstöcke stehen am Tuniberg und am Kaiserstuhl, Deutschlands wärmsten und sonnigsten Gebieten, auf gerade einmal eineinhalb Hektar. Die vorgestellten vier Weine überzeugen durch die Bank.

90 2019 Merdingen Bühl Pinot Noir trocken
Kirsche und Himbeere im rauchigen, würzigen Ambiente, mit etwas Gewürznelke und Wacholderbeere. Im Mund zeigt sich auf weichem Fond eine stabile Säure, schöne Kirschfrucht in kräftiger, leicht ausladender Textur, mittlere Extraktdichte, trocken, natürlich, mineralisch. 13,5 Vol.-%, NK, €€€

90 2019 »Reserve« Merdingen Bühl Pinot Noir trocken
Im Duft vom Holzausbau geprägt, Rauch, Holzwürze und frisch gestoßene Wacholderbeere, Hefe, Johannisbeere, Himbeere, Kirsche. Am Gaumen weit gefasst in seinem Format, zeigt Volumen und auch Kraft, mittelgewichtig im Extrakt, reife Säure, schöne Mineralität, Länge. 13,5 Vol.-%, NK, €€€

89+ 2019 Ihringen Fohrenberg Pinot Noir trocken
Himbeere, Kirsche mit etwas Veilchen und Hibiskus, etwas Orangenöl und frischer Salbei, viel Rauch. Stoffig am Gaumen und betont trocken mit einer würzig unterlegten, reifen Säure. Die Gerbstoffe sind geschmeidig, mittelgewichtig im Extrakt, sich aufbauende Mineralität in der Gaumenmitte. 13,5 Vol.-%, NK, €€

89+ 2019 Merdingen Bühl Weißburgunder tr.
Holzwürze mit floralen Noten, Mirabelle und Apfel, grüne Walnuss. Setzt am Gaumen würzig und stoffig an, kräftige und feste Struktur, leichte Salzigkeit, zeigt Dichte, ohne ins Extrem zu gehen, eher karge Gaumenfrucht. Kann seine Stärken bei Tisch zeigen. 13,5 Vol.-%, NK, €€

WINZERGENOSSENSCHAFT BÖTZINGEN

Hauptstraße 13, 79268 Bötzingen
T: +49 07663 9306-0, info@der-boetzinger.de
der-boetzinger.de

Ab-Hof-Verkauf: Mo bis Fr 8.30–12.30 Uhr und 14–17 Uhr, Sa 9–13 Uhr, Jan. bis Aug. 12–18 Uhr
Kellermeister: Heinrich Höfflin
Ansprechpartner: Hanspeter Johner
Hektar: 360 ha

Mit mehr als 360 Hektar ist die Winzergemeinschaft Bötzingen eine der großen – und modernsten – der badischen Region rund um den Kaiserstuhl. Zu dem 1935 gegründeten Betrieb gehören heute rund 300 Winzer, die insgesamt gut zehn Millionen Liter produzieren: ansprechende weiße und graue Burgunder, aber auch Silvaner, Riesling oder Muskateller, die einen reellen Gegenwert fürs Geld bieten. Eine Besonderheit ist die Prestige-Cuvée »Black Bär«: Die Flasche protzt mit wuchtigem Auftritt, dabei überzeugt sie ganz durch ihren dunkelroten Inhalt.

89 2019 Weißer Burgunder Kabinett trocken
Banane und Pfirsich im Duft, im Mund leichtgewichtig, eine Schicht Phenole mit einer Prise Grünlichkeit dabei, mild beginnende und sich dann langsam steigernde Säure, ein solider Sortentyp, in seiner zurückhaltenden Art wie gemacht zur Speisenbegleitung. 13 Vol.-%, DV, €

88+ 2020 Grauer Burgunder Kabinett trocken
Cremefarben. Im Duft traubig, intensiv pinotbeerig, nach Luftkontakt auch etwas nussig. Im Mund saftig und kabinetttypisch leichtfüßig, mittlere Extraktdichte, lebendige (und das Kabinett-Prädikat rechtfertigende) Säure. Frischer Grauburgunder. 12,5 Vol.-%, DV, €

88+ 2018 Pinot Blanc trocken
Betont würzig im Duft, trägt der Wein vor allem Kräutertöne in der Nase, etwas Kümmel, Salbei, aber auch leicht nussige und getreideartige Komponenten. Der Gaumeneindruck ist gehaltvoll, weit und füllig, mit fester Säure und nur einer Spur von Süße im Abklang. 13,5 Vol.-%, DV, €

90 2015 »Black Bär« trocken PN/CI
Eine wuchtige Nase, Schwarzkirschkonfitüre, Feige, Nougat, Cassis, dunkle Schokolade. Im Mund hoch konzentriert, dichtes Tannin, wuchtiger, aber gut eingebundener Alkohol, ölige Abgangsfrucht. Ein badischer Amarone. 15 Vol.-%, NK, €€€

87 2020 Spätburgunder Rosé trocken

89+ 2020 Chardonnay trocken
Zitrisch im Duft, etwas Hefe, eine eher neutrale und darin typische Sortenaromatik. Im Mund geschmeidig ansetzend, viel Saft, feinnervige Säure, gute Balance, klingt rund und seidig aus. 13,5 Vol.-%, DV, €

★★★

WEINGUT CLAUSS

Obere Dorfstraße 39, 79807 Nack
T: +49 7745 5492, info@weingutclauss.de
weingutclauss.de

Ab-Hof-Verkauf: Mo, Di, Do und Fr 10–12 Uhr und 14–18 Uhr, Sa 9–13 Uhr
Kellermeister: Berthold Clauß
Ansprechpartner: Susanne und Berthold Clauß
Flaschen/Hektar: 187.000 (40 % weiß, 45 % rot, 6 % Rosé, 1 % süß, 8 % Schaumwein)/19 ha

Das Weingut Clauß ist eine Bank in Deutschlands südlichster Ecke. Die neue Kollektion von Berthold Clauß bietet jedoch noch zusätzlichen Gewinn: wunderbare Quervergleiche. So sind die beiden »Urbanus«-Brüder denkbar unterschiedlich: straff und kernig der Pinot Blanc, elegant und holzwürzig der Pinot Gris. Nur die innere Spannung teilen beide. Die 30 Monate gereifte Sauvignon Blanc »Réserve« zeigt hingegen im Vergleich mit ihrem kürzer ausgebauten Pendant, wie Primärfrucht mit Struktur getauscht wird. Das ist gleichzeitig lehrreich und vergnüglich, sehr stark!

92 2019 »Réserve« Nack Sauvignon Blanc trocken
»30 Monate Reifezeit« verrät das Etikett und diese Reifezeit hat die sonst oft etwas aggressiven Sauvignon-Aromen in der Nase verscheucht. Leicht laktisch und sehr ruhig wirkt der Wein. Im Mund Holznoten, hohe Dichte und ein eleganter Ausklang. 13 Vol.-%, NK, €€

92 2020 »Urbanus« Pinot Gris trocken
Wesentlich stärker spürbares Holz als beim »Urbanus«-Weißburgunder, aber auch hier weniger süß als vielmehr rauchig. Fein, dicht und elegant am Gaumen, Birne, Mandel, Trockengebäck. Ein spannender Kontrapunkt zu seinem Bruder, sehr gelungen! 13,5 Vol.-%, NK, €€

91 2020 »Urbanus« Pinot Blanc trocken
Feine, gar leicht rauchige Holznoten in der Nase, dazu Mineralik bei sehr zurückhaltender Frucht. Im Mund bietet der Pinot Blanc eine herzhafte Säurestruktur, wirkt regelrecht knackig bei durchaus vorhandener Dichte. Wird sich positiv entwickeln. 13,5 Vol.-%, NK, €€

92 2018 »Belemnit Grand Réserve« Spätburgunder trocken
Analytisch gibt es hier 14,5 %, aber weder das dunkle Rubinrot noch die pflaumig-holundrige Nase deuten auf ein Zuviel hin. Am Gaumen zeigen sich präsente Tannine neben den aromatisch eher weichen Fruchtnoten nach Schwarzkirsche. Dicht, aber gut. 14,5 Vol.-%, NK, €€

91 2020 »Belemnit Wildfang Réserve« Müller-Thurgau trocken

90 2020 »Réserve« Nack Sauvignon Blanc Réserve trocken

90 2019 »Belemnit Grand Réserve« Frühburgunder trocken

91 2020 Nack Muskateller trocken
Typisch frischtraubige Muskatellernase, parfümiert, aber nicht überkandidelt. Am Gaumen ist dieser nominelle Ortswein kein Leichtgewicht, sondern kommt mit Druck, Dichte und Aromen von Orangenschalen daher. Sehr gelungener »Einstieg«! 13 Vol.-%, DV, €

★ ★ ★

STAATSWEINGUT FREIBURG

Merzhauser Straße 119, 79100 Freiburg
T: +49 761 40165-4320, staatsweingut@wbi.bwl.de
staatsweingut-freiburg.de

Ab-Hof-Verkauf: Vinothek Freiburg Mo bis Fr 10–19 Uhr, Sa 10–16 Uhr, Vinothek Ihringen Mo bis Fr 12–17 Uhr, Sommeröffnungszeiten weichen ab
Kellermeister: Werner Scheffelt und Benedikt Jehle
Ansprechpartner: Bernhard Huber
Hektar: 37 ha

Das Staatsweingut Freiburg hat es sich zum Ziel gemacht, Wissenschaft mit feinem Weingenuss zu kombinieren. Die Grundlage dafür bieten 24 Hektar Reben am Kaiserstuhl – darunter so exzellente Lagen wie der Blankenhornsberger Doktorgarten – und 13 Hektar in Freiburg und Ebringen. Herausragend gelungen ist das 2019er Doktorgarten Spätburgunder GG, das noch etwas über seinem 2017er Bruder steht – beide repräsentieren höchsten Pinotgenuss. Und sie zeigen, wie subtil sich diese großen Weine entwickeln. Weglegen lohnt sich. Aber sofort trinken macht ebenfalls Freude.

91 2013 »dosage zéro« Blankenhornsberg Doktorgarten Pinot Chardonnay
Deutlich goldgelb im Glas. Duft nach Zitronenzeste, Apfel, Mandarine und Mandel. Sehr reifes Extrakt am Gaumen, balanciert von lebendiger Säure. Das feine Mousseux begleitet den feinen Sekt in einen attraktiven Nachhall. 13 Vol.-%, NK, €€€

93 2019 Blankenhornsberg Doktorgarten Grauburgunder GG
Feiner Duft nach reifen hellen Früchten, etwas Rauch und Vanille, Birne, Mirabelle, Haselnuss. Am Gaumen mit lebendiger Säure, viel Zug und Druck, helle Früchte, zitrische Anklänge, kraftvoll und elegant, viel Potenzial. 13,5 Vol.-%, DV, €€€

94 2019 Blankenhornsberg Doktorgarten Spätburgunder GG
Wildkirsche und etwas Neuholz, sehr frisch und klar, Rote Johannisbeere, im Mund mit seidigem Gerbstoff, dicht und füllig, in der Gaumenmitte schokoladige Aromen, dann aber auch wieder beerig, mit viel Saftigkeit und mineralischem Drive ausklingend. 13,5 Vol.-%, DV, €€€

93 2017 Blankenhornsberg Doktorgarten Spätburgunder GG
Duft nach reifen roten Früchten, Laub, Unterholz, Weichselkirsche, Brombeere, Tabak und zarter Rauch, komplex. Am Gaumen mit feinkörnigem Gerbstoff, dunklen Früchten, Kräuterwürze, Kirsche scheint durch, elegant und saftig, weiteres Potenzial, gute Länge. 13,5 Vol.-%, DV, €€€

92 2019 Blankenhornsberg Doktorgarten Chardonnay GG

91+ 2019 Blankenhornsberg Doktorgarten Weißburgunder GG

90 2019 »Pino Magma Réserve« trocken WB/PG

89 2020 »Pino Magma« trocken WB/PG

89 2020 Blankenhornsberg Muskateller trocken

91 2019 Freiburg Jesuitenschloß Spätburgunder Erste Lage trocken

89+ 2018 Solaris Beerenauslese

88+ 2020 Freiburg Gutedel trocken
Klarer Duft nach hellen Früchten, Birne, roter Apfel, Holunder, sehr duftig. Am Gaumen mit verhaltener Säure, griffig, helle Früchte, Apfel, animierend, appetitlicher Gutedel. Schön zum Vesper. 11,5 Vol.-%, DV, €

★

STIFTUNGSWEINGUT FREIBURG

Jesuitenschloss, 79249 Merzhausen
T: +49 761 404714, info@stiftungsweingut-freiburg.de
stiftungsweingut-freiburg.de

Ab-Hof-Verkauf: Ja
Kellermeister: Kilian Hunn
Ansprechpartner: Stefan Steinheuer
Flaschen/Hektar: 93.000 (60 % weiß, 30 % rot, 5 % Rosé, 5 % Schaumwein)/16 ha

Das Stiftungsweingut Freiburg, zu Hause im schmucken Jesuitenschloss im Vorort Merzhausen, nützt die Einführung einer dreistufigen Qualitätspyramide, um uns erstmals seine Weine vorzustellen. Fangen wir in der Pyramide oben an, beim Lagenwein: Der Riesling vom Freiburger Schlossberg ist ein Terroirtyp von großer Originalität. Man muss sich vor Augen halten: Dieser Wein wächst mitten im Zentrum der 230.000-Einwohnerstadt – auf einem Hügel, der geologisch ein Vorposten des Schwarzwalds ist. Super! Orts- und Gutsweine sind solide. Kein schlechter Anfang!

89+ 2016 Grauer Burgunder Sekt brut
Im Duft etwas Joghurt, nussige Aromen und eine recht feine Hefewürze. Am Gaumen zeigt sich ein vergleichsweise körperreicher Sekt, das Mousseux hat Dynamik bei mittlerer Feinheit, die Säure trägt den Gaumen. Wirkt eher extra brut in der Dosage. Recht eigenständig und mit guter Länge. 12,5 Vol.-%, NK, €€

91+ 2020 Freiburg Schlossberg Riesling tr.
Orangenblüte, Blutorange, getrocknete Zitronenschale, etwas Lavendel, aber auch Rhabarber. Im Mund kündet die geschmeidige Grundierung von der Wärme der Region, die Stoffigkeit von der Sonne und das taktikmineralische Rückgrat vom Gneisboden. Distinkt terroirgetrieben, recht trocken abgestimmt, sehr gute Länge. 13 Vol.-%, DV, €€

90 2020 Niederrimsingen Grauburgunder tr.
Blassgolden mit einem Hauch von Kupfer in den Reflexen. Ein frischer Duft entströmt dem Glas, etwas Rhabarber, nussige Noten, sehr reife Charentaismelone. Am Gaumen verbindet der Wein Kraft mit spritziger Frische, der frische Säurebogen verleiht Eleganz. Im Abgang kommen kräuterwürzige Aromen hervor. 13,5 Vol.-%, DV, €€

89+ 2020 Spätburgunder Rosé trocken
Kräftiges Lachsrosa. Ein Duft von Quitte und roten Beeren entsteigt dem Glas. Leicht karamellisierte Aromen. Im Mund könnte man den Rosé für einen (gar nicht mal so) leichten Rotwein halten, so viel Stoff hat er. Der Hintergrund ist geschmeidig und körperreich, die Säure ist fest, ein Hauch Süße verstärkt die Abgangsfrucht. 13,5 Vol.-%, DV, €

89 2018 Niederrimsingen Spätburgunder tr.

89 2020 »900 Plus Eins« Weißweincuvée trocken MT/GE/GM/WB
Wirkt etwas rieslinghaft im Duft (obwohl kein Riesling in der Cuvée ist), Melisse, Zitronenschale. Ein Hauch Muskat, und hefige Aromen. Im Mund knackig in der Säure, straff in der stoffigen Komponente, im Alkohol eher moderat. Eine gut ausgewogene Cuvée als erfrischender Apéro. 12 Vol.-%, DV, €

★ ★ ★

WEINGUT OTTO UND MARTIN FREY

Im Brühl 1, 79211 Denzlingen
T: +49 07666 5253, info@frey-weine.de
frey-weine.de

Ab-Hof-Verkauf: Do und Fr 9–12 Uhr und 14–19 Uhr, Sa 9–16 Uhr
Kellermeister: Martin Frey
Ansprechpartner: Martin und Barbara Frey
Flaschen/Hektar: 100.000 (60 % weiß, 40 % rot)/18 ha

Im Glottertal, in Denzlingen, betreiben Martin und Barbara Frey ihr Weingut. Als der Winzer Reben im oberen Teil des Glottertäler Eichbergs in rund 340 Metern Höhe pflanzte, musste er sich anhören, dass es dort zu schattig sei. Inzwischen, sagt Martin Frey, sei das seine beste Lage: Cool Climate im sonnenverwöhnten Baden. Der Winzer baut seine Weine konsequent trocken aus, sie zeigen – wie der Grauburgunder aus dem Eichberg – Substanz und eine packende Mineralität. Hervorragend auch der burgundisch anmutende Spätburgunder aus derselben Lage!

93 2020 »Steil, sonnig, limitiert« Glottertal Eichberg Grauburgunder trocken
Kräftiger und würziger Duft mit reifer Birne und gelbem Steinobst mit leicht rauchigen Noten. Viel Wein und Substanz im Mund mit gutem Extrakt und einer eng am Körper agierenden, präsenten Säure. Packende Mineralität, die den Charakter des Weines prägt. Lang. 13 Vol.-%, NK, €€€

92+ 2020 »Steil, sonnig, limitiert« Glottertal Eichberg Chardonnay trocken
Würzige Noten in der kräftigen Nase, Birne und Aprikose, Nussaromen, auch frisches Lorbeerblatt. Entwickelt am Gaumen Spannung, Substanz und auch Komplexität, gute Dichte. Zeigt Würze, salzige Noten und deutliche Mineralität. Zeigt Charakter und Herkunft. 13 Vol.-%, NK, €€€

93 2019 »Steil, sonnig, limitiert« Glottertal Eichberg Spätburgunder trocken
Zeigt Konzentration und Würze mit Kirsche, frischem Lorbeerblatt, rauchigen Noten und Lakritze. Präsentiert sich am Gaumen komplex, mit guter Dichte, präziser, eng am kompakten Körper verlaufender Säure, die Gerbstoffe in guter Dosis sind präzise. Mineralisch, lang. 13 Vol.-%, NK, €€€

91+ 2019 »Gneis« Spätburgunder trocken**
Holzwürze im Duft und Rauch, leichte Reduktion, Kirsche und Blaubeere mit Himbeere, etwas Sternanis. Am Gaumen mit frischer, pointierter Säure, gute Spannung, zeigt sich sehnig im kompakten und kräftig gebauten Körper. Feinkörniges Tannin, kühle, mineralische Ader. 13 Vol.-%, NK, €€

89+ 2020 »Gneis« Grauburgunder trocken**

91 2018 »Alte Rebe« Spätburgunder trocken
Kräuterwürzig im Duft, mit einem Hauch Liebstöckel, Rauch, Kirsche und Waldhimbeere, auch Rhabarber. Entfaltet seine Qualitäten und mineralische Tiefgründigkeit am Gaumen auf unaufgeregte Art, feinkörniger Gerbstoff. Kein Show-Wein, handwerklich und aus einem Guss. 13,5 Vol.-%, NK, €€

★

GELDERMANN PRIVATSEKTKELLEREI

Am Schlossberg 1, 79206 Breisach am Rhein
T: +49 7667 834 – 0, info@geldermann.de
geldermann.de

Ab-Hof-Verkauf: Mo bis Fr 10–17 Uhr, Sa 10–14 Uhr, So 13–17 Uhr
Kellermeister: Marc Gauchey
Ansprechpartner: Marc Gauchey

Das neue Zauberwort der Sektwelt scheint »Crémant« zu sein, auch die 1838 gegründete Privatsektkellerei Geldermann hat sich jetzt dieser frankophonen, mittlerweile aber auch in Deutschland zulässigen Schaumweinbezeichnung verschrieben. In Sichtweite der französischen Grenze tut man dies mit besonderem Ethos, »vereint badische Trauben mit der französisch geprägten Kunst der Cuvée«, so schreibt uns Kellermeister Marc Gauchey, der die hohen Ansprüche an die Herstellung eines Crémant aus langjähriger Erfahrung in seiner Elsässer Heimat kennt.

90 2016 »Geldermann Jahrgangssekt« brut CH/PN/CB2
Etwas Haselnuss, Honig, im Mund weich ansetzend, kräftiger Körper, feines Mousseux, dezente Süße, reife, aber dennoch stützende Säure, ein durch die Reife harmonisch gerundeter, aber zugleich strukturierter und erfrischender Sekt.
12 Vol.-%, NK, €€

89+ NV »Geldermann Grand« brut CB2/PN/CH
Hefewürziger, etwas an Champagner erinnernder Duft, kleine rote Beeren. Im Mund saftig, feinnervig, lebendiges Mousseux, viel Saftigkeit und Eleganz, ein Sekt mit betontem Drive und viel Frische. Traubig-fruchtige Abgangsaromen.
12 Vol.-%, NK, €€

89+ 2016 »Geldermann Jahrgangssekt« Rosé brut CH/PN
Geradezu neonpink in der Farbe, lachsrosafarbene Reflexe. Reife beerige Aromen, Erdbeerkonfitüre, Mandel, karamellisierte Aromen. Vergleichbar dynamisches Mousseux, präsente Süße, ein Hauch Phenolik, ein sehr zugänglicher Stil.
12 Vol.-%, NK, €€

89+ NV »Geldermann Crémant« Baden Rosé brut CH/WB/PN/PM
Pastellfarbenes Lachsrosa. Zurückhaltender Duft, pinotbeerig, Hefe. Der Gaumen eröffnet mit Saftigkeit und setzt mit intensiver Süße in der beerigen Frucht fort. Das eher dynamische Mousseux trägt in einen kräftigen Körperbau, der fruchtgetragen endet. 13 Vol.-%, NK, €€

89 NV »Les Premiers« brut CB2/PN/CH

90 NV »Geldermann Crémant« Baden brut WB/PN/CH
Frisch geriebene Zitronenschale, Vanille, Heu, duftig und frisch. Im Mund mit lebendiger, bis in den Abgang hinein Spannung aufbauender Säure, mit dynamischem Mousseux und einem abermals zitrusfruchtigen Abklang. Ein guter Aperitif, aber auch zu Krustentieren einsetzbar.
13 Vol.-%, NK, €€

★★

WEINGUT GREINER

Bürgler Straße 48, 79418 Schliengen
T: +49 1763 2776202, info@weingut-greiner.com
weingut-greiner.com

Ab-Hof-Verkauf: nach Vereinbarung
Kellermeister: Maximilian Greiner
Ansprechpartner: Maximilian Greiner
Anbauweise: 1 ha

Der erste Jahrgang war 2017, den Maximilian Greiner als Rückkehrer ins Markgräflerland auf die Schiene setzte. Mittlerweile werden nicht nur der kleine Weinberg, sondern auch die Obstbauflächen des bisherigen Mischbetriebs biodynamisch bewirtschaftet. Was uns Maximilian Greiner dieses Jahr eingeschickt hat, ist schlichtweg eine ganz starke Kollektion. Die Roten – besonders der »Vulkan« – halten dem heißen Jahrgang 2018 gut stand. Noch etwas individueller zeigen sich die Weißen, die echte Weinfreaks begeistern können. Ein dritter Stern ist nicht mehr fern.

93 2019 Chardonnay Badischer Landwein tr.
Birne, Lindenblüte und ein Gefühl innerer Dichte bereits in der Nase. Am Gaumen präsentiert sich der Chardonnay offen, frisch und mit leichtem Grip, wirkt spontan zugänglicher als der Weißburgunder. Aber auch hier gilt: Wer wartet, gewinnt. 13 Vol.-%, NK, €€€

92 2019 Weißburgunder Badischer Landwein trocken
Leichter Holztouch in der Nase, Walnuss, Senfmehl und insgesamt ein Wein, dem man Zeit geben sollte. Entwickelt sich enorm im Glas. Am Gaumen mit beachtlicher Viskosität, Dichte und weißer Pfirsichfrucht. Klares Entwicklungspotenzial. 13 Vol.-%, NK, €€€

93 2018 »Vulkan« Feuerbach Steingässle Pinot Noir Landwein trocken
Ein heller und reifer Typus bereits in der Nase, ganz ähnlich dem »Steinkreuz«. Im Mund zeigt der Vulkan eine ebensolche Spannung, brilliert aber mit einer höheren Dichte. Jetzt bereits sehr vielversprechend, mit abgeschmolzenen Tanninen dann souverän. 13 Vol.-%, NK, €€€

91 2018 »Steinkreuz« Obereggenen Sonnenstück Spätburgunder Landwein tr.
Farblich mit seiner rostroten Farbe an den Herbst gemahnend. In der Nase ätherische Noten, reife Zwetschge, leicht Zimt. Im Mund baut der Spätburgunder eine große Spannung auf, die Säure bändigt die Materie. Stark im heißen Jahr. 13,5 Vol.-%, NK, €€€

90+ 2018 »Zero Dosage« Sekt brut nature CH/SW/PN

90 2020 »Chasselas« Badischer Landwein tr.
Leicht hefige Nase noch, die aber die Souveränität fehlender Primärfrucht zeigt. Am Gaumen gibt es einen spürbaren Grip, viel Mineralität, Mandel und Florales. Braucht Luft, um sich zu entfalten, ist dann aber ein exzellenter Speisenbegleiter. 11,5 Vol.-%, DV, €

★★★★★

WEINGUT DR. HEGER

Bachenstraße 19/21, 79241 Ihringen
T: +49 7668 995110, info@heger-weine.de
heger-weine.de

Ab-Hof-Verkauf: Mo bis Fr 9–12 Uhr und 13.30–17.30 Uhr, Sa 10–14 Uhr
Ab-Hof-Verkauf:
Kellermeister: Team Dr. Heger
Ansprechpartner: Joachim Heger
Flaschen/Hektar: 180.000 (70 % weiß, 30 % rot)/28 ha

Joachim Heger und Tochter Rebecca haben, nimmt man die vorgestellten Großen Gewächse zum Maßstab, eine brillante Kollektion im Keller. Bei den Weißweinen ragen Chardonnay und Grauburgunder aus dem Gewann Hinter Winklen heraus: Die hausinterne Bezeichnung »Gras im Ofen« trifft den Stil der Weine: Das Reben-Amphitheater ist ein Backofen, aber bei aller Hitze bleibt die mineralische Frische dennoch erhalten. Auch die 2018er Rotweine belegen, dass das Weingut bestens mit Sonnenschein umzugehen weiß. Wie könnte es anders sein in Deutschlands wärmstem Ort?

94 2019 Ihringen Winklerberg Hinter Winklen Gras im Ofen Grauburgunder GG

Dezent nussiges Boisée, hefige Spontangärungsnoten und eine eher würzige als fruchtige Sortenaromatik im Duft. Null plakativ. Im Mund salzig, phenolisch-trocken, dicht, mit sortentypisch seidiger Textur und lagentypischer Mineralität. Auf unscheinbare Weise sehr konzentriert.
13,5 Vol.-%, NK, €€€

94 2019 Ihringen Winklerberg Hinter Winklen Gras im Ofen Chardonnay GG

Am Gaumen saftig, stoffig und mit der Mineralität der Lage, die Nase ist noch verschlossen mit Holznoten und reifen Blüten. Deutlicher Lagenausdruck, der Großzügigkeit und Mineralik in einem großzügigen Volumen, das Spannung für viele Jahre verspricht, zusammenführt.
13 Vol.-%, NK, €€€

96 2018 Ihringen Winklerberg Wanne Häusleboden Spätburgunder GG

Im Duft Mandel, Süß- und Sauerkirsche, zurückhaltender Holzeinsatz. ein Gaumen aus einem Guss: handwerklich anmutendes Tannin mit Anlagen zur Seidigkeit, nahtlos eingefügt in einen von natürlicher Frucht getragenen Körper. Bleibt nach dem Öffnen zehn Tage stabil. Großes Potenzial.
13,5 Vol.-%, NK, €€€€

93+ 2018 Achkarren Schlossberg Spätburgunder GG

Präsentes Neuholz, Kirsche in verschiedenen Reifestadien, Baumharz. Im Mund mit weniger Wucht, als man aus Lage und Jahrgang erwarten würde, aber mit hohen Mengen feinkörnigen, festen Tannins auf schmelzigem Hintergrund, mit kultivierter Säure und kompaktem Abklang.
13,5 Vol.-%, NK, €€€€

92+ 2019 Ihringen Winklerberg Hinter Winklen Gras im Ofen Weißburgunder GG

91 2020 Ihringen Winklerberg Silvaner Erste Lage trocken

Noch etwas Eisbonbon im Duft, Birne, im Mund geschmeidig und getragen, mit guter Substanz, eine sehr zarte Schicht Phenole, feste Säure, dicht und druckvoll, schafft mit etwas mehr als 12 Prozent Alkohol einiges Volumen, im Abklang salzig-mineralisch. 12,5 Vol.-%, DV, €€

★★★

WEINGUT HEINEMANN

Mengener Straße 4, 79238 Scherzingen
T: +49 7664 6351, weingut-heinemann@t-online.de
weingut-heinemann.de

Ab-Hof-Verkauf: Mo bis Fr 10–18 Uhr, Sa 10–16 Uhr
Kellermeister: Lothar Heinemann
Ansprechpartner: Lothar Heinemann
Flaschen/Hektar: 120.000 (45 % weiß, 33 % rot, 10 % Rosé, 2 % süß, 10 % Schaumwein)/18 ha

Das Familienweingut baut seine Reben auf einigen der besten Steillagen am Batzenberg im Markgräflerland an, und Lothar Heinemann, der den Betrieb seit dem Jahr 2000 leitet, weiß diesen Vorteil zu nutzen. Wir haben in den vergangenen Jahren schon oft darauf hingewiesen, wie beständig hoch das Niveau ist. Über alle Rebsorten hinweg – und dies bei umfangreicher Palette! – zieht sich eine bemerkenswerte Kontinuität in Sachen Eleganz und Trinkfluss. Auch dieses Jahr haben die Weine Saft und Kraft und der Champion ist der 2018er Spätburgunder »SL Alte Reben«.

93 2020 »Selection SL Alte Reben« Grunern Altenberg Gutedel trocken
Goldgelb in der Farbgebung. Anfangs dezent im Duft. Dann folgen komplexe Aromen von Holunderblüte, Mandel, Apfel und Birne. Am Gaumen auch noch Koriander, bei wunderbarer Saftigkeit, lebendiger Säure und guter Textur. Ein Wein, der viele Freunde gewinnen kann. 11,5 Vol.-%, NK, €€€

93 2019 »Selection SL Alte Reben« Scherzingen Batzenberg Chardonnay tr.
Feiner mineralischer Duft, Apfel, etwas Quitte, Melisse, Mandel, dazu Gesteinsmehl und ein Hauch Vanille. Am Gaumen feine Säure, elegante Struktur, helle Früchte, Apfel, mineralischer Zug, unterlegt mit Limette, dicht gewoben.
12,5 Vol.-%, NK, €€€€

93+ 2018 »Selection SL Alte Reben« Scherzingen Batzenberg Blauer Spätburgunder
Ein mittleres Rubin in der Farbgebung. Im Duft anfangs verhalten, dann sehr attraktiv mit Aromen von Cranberry, Hibiskus, Kirsche, Himbeere und Holzwürze und jungem feinen Gerbstoff bei lebendiger Säure, mit viel Saft und Kraft. Ein hochattraktiver Wein. 13,5 Vol.-%, NK, €€€€

92+ 2018 »Selection SR Reserve« Scherzingen Batzenberg Blauer Spätburgunder trocken
Fein gewoben im Duft von Gewürznelke, Bourbonvanille, Rauch, Himbeere und dunkler Kirsche. Am Gaumen mit mittelgewichtigem Körper, im Gerbstoff noch jung wirkend, mit viel Potenzial durch die attraktive Säure bei sehr lange anhaltendem Nachhall. 13,5 Vol.-%, NK, €€€

90+ 2020 »Alte Reben« Scherzingen Batzenberg Chardonnay Kabinett trocken

91 2020 »Selection SR Reserve« Pfaffenweiler Oberdürrenberg Grauburgunder trocken
Klassisch im Duft. Es folgen Aromen von weißem Pfirsich, roher Mandel, reifer Melone und etwas Schotter. Am Gaumen präsentiert sich der Wein mit feiner Säure, mittelgewichtigem Körper und Saftigkeit, die den attraktiven und spannendem Trinkfluss sichert. 13,5 Vol.-%, DV, €€€

★★★

WEINGUT HEITLINGER

Am Mühlberg 3, 76684 Östringen-Tiefenbach
T: +49 7259 9112, info@weingut-heitlinger.de
weingut-heitlinger.de

Ab-Hof-Verkauf: nach Vereinbarung
Kellermeister: Daniel Rupp
Ansprechpartner: Claus Burmeister
Flaschen/Hektar: 580.000 (60 % weiß, 40 % rot)/80 ha

Das Weingut Heitlinger hat sich zusammen mit seinem Schwesterweingut Burg Ravensburg nicht nur flächenmäßig zu einem echten Giganten in Baden entwickelt. 80 Hektar stehen bei Heitlinger unter Reben, alle biologisch zertifiziert. Mit dem neuen Jahrgang ist Claus Burmeister dabei nochmals ein Sprung nach vorn gelungen. Die Weißen des Jahrgangs 2019 zeigen durchgängig Tiefe und Substanz, deuten viel Potenzial an. Und die ersten beiden Roten aus 2019 bieten enorm viel Frucht und Frische. So kann es weitergehen!

92+ 2019 Tiefenbach Heinberg Chardonnay GG
Stoffige Nase mit reifer Birne, Gelbfrucht, auch Ananas und schöner Würze sowie Rauch. Kräftig und ausladend am Gaumen mit guter Dichte und phenolischem Unterbau, elegant, mit feinem Saft und Mineralik. Hat genug Substanz, um sich patent zu entwickeln. 13 Vol.-%, NK, €€€

92+ 2019 Hilsbach Eichelberg Pinot Blanc GG
Nuanciert im Duft, traubig, hefig, Spontangärung, auch Kräuter, dezentes Holz, Strohblumen. Im Mund saftig und seidig, eine zarte Schicht Phenole, gut integrierte Säure, reich und ausgeglichen, in den Aromen noch verschlossen, aber mit guter Substanz und gutem Potenzial. 13 Vol.-%, DV, €€€

92+ 2019 Tiefenbach Spiegelberg Pinot Gris GG
Goldfarben, in der Nase dann aber gar nicht mit Hochreifearomatik oder Holzdominanz, sondern dezent dicht, elegant, mit Noten von Mandel und Knollensellerie. Am Gaumen zeigt der Spiegelberg eine enorme Präsenz, hochpikant, dicht, fruchtkonzentriert. 13 Vol.-%, DV, €€€

92 2019 »Reserve« Pinot Meunier trocken
Lebendiges Rubinrot im Glas, in der Nase pflanzlich dominiert von Holunder über Wacholder bis Leder. Am Gaumen zeigt der Pinot Meunier eine wunderbare Fruchtpikanz. Säure, Kirschfrucht, und das alles mit Spiel. Dürfte sogar noch besser werden. 12,5 Vol.-%, DV, €€

91+ 2019 Tiefenbach Hassapfel Auxerrois Große Lage trocken

91+ 2019 Tiefenbach Schellenbrunnen Riesling GG

91 2019 »Reserve« Pinot Blanc trocken

90+ 2019 »Reserve« Pinot Gris trocken

89 2019 »Reserve« Chardonnay trocken

92 2017 Odenheim Königsbecher Pinot Noir GG

91 2019 »Reserve« Pinot Noir trocken

89 2020 Pinot Blanc trocken
Saftige, reife gelbe Früchte in der Nase, weiße Blüten, leicht zitrische Noten. Am Gaumen frisch, fruchtig mit einer gut integrierten, lebendigen Säure. Ein unkomplizierter Wein, im Sommer herrlich zu gegrilltem Fisch auf Salat. 12 Vol.-%, DV, €€

WEINGUT HONOLD

Am Hummelberg 1, 76684 Östringen
T: +49 7253 278627, info@weingut-honold.de
weingut-honold.de

Ab-Hof-Verkauf: nach Vereinbarung
Kellermeister: Ludwig Honold
Ansprechpartner: Ludwig Honold
Flaschen/Hektar: 50.000 (70 % weiß, 30 % rot)/8 ha

Ludwig Honold ist ein Pionier. Seit 2003 experimentiert er mit pilzwiderstandsfähigen Rebzüchtungen (PiWis), die sich praktisch ohne Pestizideinsatz gegen Krankheiten wie Mehltau behaupten können. Bereits in der Vergangenheit überzeugte seine Cabernet-Blanc-Sauvignac-Cuvée mit üppiger Aromatik. Nun hat er sich noch einmal gesteigert: Die Weine haben mehr Struktur und weniger Süße, sein Sauvignac ist ein süffiger Wein für jeden Tag, sein »Louis Noir« ein guter Bordeaux-Blend, der in drei bis vier Jahren reif ist. Der zweite Stern ist in Reichweite!

90 2020 »Fumé« Östringen Rosenkranzweg Sauvignon Blanc trocken

Der Duft zeigt sich rauchig, wie es der Name verspricht, auch intensiv hefig, nach und nach kommt auch Frucht hervor: grüne Stachelbeere. Am Gaumen hat der Wein Weite und Schmelz, zeigt sich aber auch durchaus stoffig, mit gut eingebundener Säure. 13,5 Vol.-%, DV, €

90 2020 »Réserve« Östringen Hummelberg Riesling trocken

Nuancenreich im Duft: Zitronenschale, Passionsfrucht, dann auch blumig, Lavendelblüte. Am Gaumen geschmeidig, seidig texturiert, die Säure bleibt dezent und passt sich nahtlos in den runden, aber ohne Fettpölsterchen auskommenden Bau ein. 12 Vol.-%, DV, €

89 2020 Grauburgunder trocken

Esskastanie und gesüßte Beeren im Duft, Hefe, leichte Honignoten. Im Mund seidig, mit fein texturierten, milden Phenolen. Viel Saftigkeit, leichte Süße, reife Säure – ein runder, auf unmittelbare Harmonie hin gestalteter Gaumen. 13,5 Vol.-%, DV, €

91 2019 »Louis Noir« trocken ME/CF/CC

Rote und Schwarze Johannisbeere im Duft, Brombeere, fruchtige, sehr reife Tomate. Im Mund schnörkellos stoffig, leicht viskos im Hintergrund, kräftige Frucht, zukunftsorientierter Bau, langer Nachhall. 14 Vol.-%, DV, €€

89 2020 »Louis blanc« Östringen Hummelberg Weißburgunder Fumé tr.

89+ 2020 »Weitblick« Sauvignac trocken

Duftig und würzig, Stachelbeere, Geißblatt, pfeffrige Noten. Im Mund mit geschmeidigem Ansatz, zarter Süße, gut eingebundener Säure und einem Sauvignon-Blanc-artigen Abgang von grünem Paprika. Ein erfrischender Aperitif! 13,5 Vol.-%, DV, €

★★★★★

WEINGUT BERNHARD HUBER

Heimbacher Weg 19, 79364 Malterdingen
T: +49 7644 929722, info@weingut-huber.com
weingut-huber.com

Ab-Hof-Verkauf: Mo bis Fr 14–18 Uhr, Sa 10–12 Uhr
Kellermeister: Julian Huber
Ansprechpartner: Barbara und Julian Huber
Anbauweise: 145.000 (30 % Weiß, 65 % Rot, 5 % Schaumwein)/28 ha

Das Weingut aus dem Breisgau – die Gegend wurde von Kaiserstühler Winzern früher gern als »Heckenland« verspottet – bewegt sich weiter auf allerhöchstem Niveau. Das gilt nicht nur für Baden, das gilt auch für den internationalen Vergleich. Mit dem 2019er Malterdingen Bienenberg Spätburgunder GG ist Julian Huber ein exklusives Meisterstück geglückt, das alles hat, was ein ganz großer Pinot Noir braucht: Dichte, Spannung, Eleganz, Länge und weiteres Potenzial. Bravo! Sehr viel Freude bereitet aber auch der 2019er »Malterdinger«, der bereits hohen Trinkgenuss bietet.

94 2019 Malterdingen Bienenberg Spätburgunder GG
Vielschichtiger Duft nach Würze und Kräutern, steinig, etwas hefig. Setzt am Gaumen spannungsvoll und mit guter Energie an in einer klar konturierten Textur, in der alles am rechten Fleck sitzt. Präzise und druckvolle Säure, eng am Körper. Zeigt Format. 13 Vol.-%, NK, €€€€

94 2019 Köndringen Alte Burg Spätburgunder trocken
Ein feiner Duft aus fast dunkler Frucht, eine florale Note sowie leichte Holzwürze entwickeln sich in der Nase. Am Gaumen brilliert die elegante Säure, welche diese Aromen sehr gut trägt. Es folgen Gewürznelke und Kirsche, bei samtigem Tannin und sehr langem Nachhall. 13 Vol.-%, NK, €€€€

93+ 2019 »Alte Reben« Malterdingen Spätburgunder trocken
Ein Duft von Schwarzkirsche, Sauerkirsche, junger Himbeere, Holunderblüte und Geißblatt. Am Gaumen folgen Veilchen, Bourbonvanille und Schwarze Johannisbeere, balanciert von sehr guter Säure bei feinkörnigem Tannin und langem Abgang. Lagerpotenzial. 13 Vol.-%, NK, €€€

94 2019 »Alte Reben« Malterdingen Chardonnay trocken
Goldgelb in der Farbe. Reif und zugleich kühl, elegant im Duft. Komplexe Aromen von Zitronenzeste, Ananas, Karambola sowie einem Hauch von Vanille. Am Gaumen folgt eine leichte Phenolik bei sehr präziser Säure, feiner Mineralität und einem langen, attraktiven Nachhall. 12,5 Vol.-%, NK, €€€

92+ 2019 Malterdingen Spätburgunder tr.

92+ 2019 »Malterdinger« trocken CH/WB
Gelbfruchtig und kühl im Duft von junger Birne, Ananas, Weinbergpfirsich und etwas Minze. Am Gaumen balanciert eine feine Säure diese Aromen. Die Sortentypizität des Chardonnay tritt hier in den Vordergrund und kombiniert Kühle und Power. Ein sehr guter Wein mit hohen Trinkfluss. 12,5 Vol.-%, NK, €€€

★ ★ ★

WEIN- UND SEKTGUT HUMMEL INHABER DANIEL RHEIN

Oberer Mühlweg 5, 69254 Malsch
T: +49 7253 27148, info@weingut-hummel.de
weingut-hummel.de

Ab-Hof-Verkauf: Mo bis Fr 17–19 Uhr, Sa 10–14 Uhr
Kellermeister: Daniel Rhein
Ansprechpartner: Daniel Rhein
Flaschen/Hektar: 48.000 (40 % weiß, 50 % rot, 2 % Rosé, 8 % Schaumwein)/8 ha

Seitdem Daniel Rhein 2015 zuerst als Kellermeister begonnen hat, bevor er den Betrieb später ganz übernahm, arbeitet er unablässig an Verbesserungen. Weiteres Potenzial erkannte er in der Sektproduktion, die er nochmals erweitert hat und für die er mittlerweile zwölf Rebsorten seiner insgesamt 17 Varietäten verwendet. Im nächsten Schritt wird Daniel Rhein den Prestige-Sekt »Grande Cuvée« mit Reserveweinen bis 1994 lancieren. Wir freuen uns darauf und genießen bis dahin den großartigen, mineralisch gefärbten Pinot Meunier Rosé Brut – oder einen der sehr dichten Rotweine.

92+ 2015 Pinot Meunier Rosé brut
Lachsrosa mit orangetönigen Reflexen. Im Duft ein beeriger Duft mit dezent tertiären Untertönen, Honig. Am Gaumen leichtgewichtig, aber auch sehr fein gewoben, erfrischender Säurenerv, frisches, kultiviertes Mousseux, zart mineralisch gefärbt, ein sehr stilvoller Aperitif. 12,5 Vol.-%, NK, €€

91+ 2018 »Reserve« Malsch Ölbaum Chardonnay trocken
Beinahe mittleres Goldgelb im Glas, sehr reife und auch getrocknete Aprikose, rauchig, Holzwürze, kandierte Nüsse. Am Gaumen breit und kräftig angelegt mit leicht salzig unterlegter, reifer Säure, schöne Würze, ein großes Format mit gutem Extrakt, das die Grenzen auslotet. 14,5 Vol.-%, NK, €€€

93 2018 »RRR« Malsch Rotsteig Spätburgunder Auslese trocken
Konzentriert und balanciert am Gaumen mit feiner Säure, die sich in einem ziemlich mächtigen Konstrukt bewegt, mächtige und hochwertige Gerbstoffe, die Potenzial für Reife bieten, reizt die Grenzen aus, die der Jahrgang vorgibt, hat noch einiges vor sich. 15 Vol.-%, NK, €€€€

92 2018 »Reserve« Malsch Rotsteig Syrah tr.
Cassis in der Nase mit feiner Holzwürze, Brombeere und Schwarzkirsche. Vollmundig am Gaumen mit Kraft, Würze und fleischigen Gerbstoffen, die den Gaumen prägen und mit stabiler Säure auch sicheres Reifepotenzial garantieren. Syrah aus dem Kraichgau, spannend. 14,5 Vol.-%, NK, €€€

89 2017 »Muscat« Gelber Muskateller brut

90 2020 »S« Malsch Ölbaum Grauburgunder tr.

90 2020 »S« Malsch Ölbaum Chardonnay tr.

89 2020 Malsch Ölbaum Sauvignon Blanc tr.

89 2020 Pinot Meunier Rosé Kabinett trocken

92 2018 »Reserve« Malsch Rotsteig Cabernet Sauvignon trocken

91+ 2018 »R« Malsch Rotsteig Spätburgunder Auslese trocken

91+ NV »Auguste« Malsch Ölbaum Riesling brut
Dezent hefewürzig, auch etwas Vanille, Lebkuchen, Apfelkompott. Melisse und Kräutertöne. Dynamisches Mousseux, festes Säuregerüst, zurückhaltende Süße, stoffige, seidig texturierte Gaumenmitte. Ein charaktervoller, weiniger Sekt für die Speisenbegleitung. 13 Vol.-%, NK, €€

★★

WEINGUT KILIAN HUNN

Rathausstraße 2, 79288 Gottenheim
T: +49 7665 6207, mail@weingut-hunn.de
weingut-hunn.de

Ab-Hof-Verkauf: Mo bis Fr 9–12.30 und 14–19 Uhr, Sa 9–12.30 und 14–18 Uhr
Kellermeister: Kilian Hunn
Ansprechpartner: Martina und Kilian Hunn
Flaschen/Hektar: 190.000 (75 % weiß, 20 % rot, 2 % Rosé, 3 % Schaumwein)/24 ha

Das Gottenheimer Gut von Martina und Kilian Hund steht für Weine, die Kraft, Würze und Schmelz vereinen und die von einem gekonnten Holzeinsatz begleitet werden. Diese Stilistik zeigt sich beim exzellenten 2018er »Reserve Fumé Blanc« Sauvignon Blanc, der raffiniert mit Frucht und Spannung spielt. Interessant ist auch die »Reserve« vom Viognier. Die aromatische Rebsorte ist eigentlich an der Rhône zu Hause, gedeiht aber mittlerweile in Baden hervorragend. Im Weingut selbst greifen die beiden Junioren Jonas und Patrick immer mehr ein – wir freuen uns auf ihre zusätzlichen Impulse.

91 2018 »Reserve« Viognier trocken
Kräftiger und reifer Duft nach Birne, Pfirsich, etwas Haselnuss und Kardamom, auch schwarze Lakritze kommt dazu. Breit angelegt am Gaumen mit Substanz und Kraft, reife Mango zeigt sich mit reifer Säure. Viel Wein, stimmige Interpretation vom Viognier. 14 Vol.-%, DV, €€

89+ 2019 »Junge Wilde« Chardonnay trocken
Reife Zitrusfrucht, Apfel und Birne, mit Steinobst, Würze, etwas Hefe, rauchige Noten. Kräftig gebauter Chardonnay mit gutem Extrakt, reifer Säure, fein geschichteter Phenolik und auch etwas Restsüße am Gaumen, steht zwischen Klassik und Moderne. 13,5 Vol.-%, DV, €

90 2019 »Junge Wilde« Auxerrois trocken
In der Nase mit Dotterblume, Hefeextrakt, Apfelschale, etwas Cidre, Birne und Aprikose. Saftig und mit gut eingebundener Säure in der kräftig gebauten Struktur, Schmelz, Würze und fein herausgestellter Phenolik, trocken und mit feiner mineralischer Tönung. 13,5 Vol.-%, DV, €

90 2015 »Reserve« Spätburgunder trocken
Röstige und würzige Noten, Pflaume, reife Kirschen, auch ein wenig Vanille, Laub und Unterholz. Am Gaumen kräftig gebaut mit guter Konzentration, viel Würze und auch einer präsenten Säure, mittlere Fruchtdecke. Etwas Sauerkirsche spielt rein, gute Länge. 13,5 Vol.-%, DV, €€

89+ 2020 »Junge Wilde Alte Rebe« Weißburgunder trocken

91 2018 »Reserve Fumé Blanc« Sauvignon Blanc trocken
Zum rauchigen und würzigen Holz auch Noten von reifer Mango, Paprika und Schwarzer Johannisbeere mit etwas Anis und Piment. Raffinierter Sauvignon Blanc mit reifer Frucht, Würze, guter Frische und saftiger Geschmeidigkeit, mittelgewichtig im Extrakt, gute Balance. 13,5 Vol.-%, DV, €€

★ ★ ★ ★

WEINGUT HÖFFLIN SCHAMBACHHOF

Schambachhof, 79268 Bötzingen
T: +49 7663 1474, info@weingut-hoefflin.de
weingut-hoefflin.de

Ab-Hof-Verkauf: Mo 13–17 Uhr, Do und Fr 9–12 Uhr und 13–17 Uhr, Sa 10–16 Uhr
Kellermeister: Matthias Höfflin
Ansprechpartner: Matthias Höfflin
Flaschen/Hektar: 70.000 (75 % weiß, 25 % rot)/13 ha
Anbauweise: Biologisch zertifiziert

Glücklich sind wir, dass uns Matthias Höfflin jedes Jahr Weine aus seiner experimentellen »WeinWerkstatt« zukommen lässt. Für die Mutigen, die Aufgeschlossenen und die Neugierigen gibt es hier Farben und Aromen zu entdecken, die in der konventionellen Weinwelt unbekannt sind. Bei aller Individualität bleiben die Höfflin'schen Geschöpfe aber immer komplett sauber, handwerklich mit viel Können bereitet. Unser Falstaff-Tipp in diesem Jahr ist der »Natur Pur« Landwein: Maische-Grip, Frucht und Frische für vergleichsweine kleines Geld. Respekt.

92 2017 »Prestige« Sauvignon Blanc Landwein trocken
Ein ganz besonderer Wein, maischevergoren, vier Jahre Holzfass, unfiltriert. In der Nase Calvados, Reneklode, Jod, oxidativ, unglaublich komplex. Ganevat lässt grüßen. Im Mund eleganter als erwartet, gut eingebundene Säure, leicht Karamell. Solitär. 13,5 Vol.-%, NK, €€€

92 2019 »Prestige Orange« Souvignier Gris Landwein trocken
Leicht trübes Gelborange im Glas. Enorm kräuterwürzig in der Nase, leicht Blockmalz, Liebstöckel, Apfelschale, etwas getrockneter Hopfen. Am Gaumen bietet der Souvignier Gris einen angenehm feinkörnigen Grip und behält seine Kräuterwürze bei. 14 Vol.-%, NK, €€€

93+ 2019 »Prestige« Spätburgunder Landwein trocken
Noch junges Blaurot im Glas, in der Nase zarte Himbeernoten. Ansonsten dominieren pflanzliche Töne von Holundermark über feines Holz bis Wacholder. Erst am Gaumen kommt eine saftige Kirschfrucht, souverän, elegant, ohne jeden Kitsch. Ausgezeichnet! 13 Vol.-%, NK, €€€

93 2018 »Prestige Rotkehlchen« Spätburgunder Landwein trocken
Nur 12,5 % Alkohol im heißen Jahr 2018 für einen hochwertigen Roten, das ist mutig. Kräutrig-kirschkernige Nase, eher Erde als Feuer. Am Gaumen mit enorm pikanter Kirschfrucht und feinkörnigen Tanninen. Bei aller Leichtfüßigkeit intensiv und nachhaltig. 12,5 Vol.-%, NK, €€€

91 2019 »Prestige« Sauvignon Blanc Landwein trocken

91 2019 »Rosa Reprise Prestige« Grauburgunder

90 2019 »Löss/Lehm« Auxerrois Landwein tr.

90 2019 »Löss« Grauer Burgunder Landwein tr.

92 2018 »Rufus Cuvée Prestige« Landwein trocken ME/CS/CF

91 2018 »Prestige Schwarzkehlchen« Spätburgunder Landwein trocken

92 2020 »NApurTUR« Grauer Burgunder & Weißer Burgunder Landwein trocken
Lachsorange im Glas, würde farblich in manchen Gegenden gar als Rosé durchgehen. Extrem dezente Nase, nur leicht Wiesenkräuter. Am Gaumen zeigt der Natur-Orange einen feinen Grip, der nie aggressiv wirkt, Orangenschale und reife Mirabelle. Idealtyp! 13 Vol.-%, DV, €€

★

WINZERGENOSSENSCHAFT JECHTINGEN-AMOLTERN AM KAISERSTUHL

Winzerstraße 1, 79361 Sasbach-Jechtingen
T: +49 07662 9323-0, info@jechtinger-wein.de
jechtinger-wein.de

Ab-Hof-Verkauf: Mo bis Fr 8–17.30 Uhr, Sa 8.30 –12.30 Uhr
Kellermeister: Jochen Glyckherr
Ansprechpartner: Roland Leininger
Flaschen/Hektar: 2.500.000/240 ha

Im westlichen Kaiserstuhl liegen die sonnigen Terrassen und Weinberge der Winzergenossenschaft Jechtingen-Amoltern. Auf den Vulkanböden mit ihren Löss- und Lehmschichten pflegen 340 Winzer überwiegend rote und weiße Burgunderreben und ernten deren aromatische Trauben. Seit Neuestem ist das Angebot um Biowein erweitert. Das »badische Klima und die feurigen Böden sorgen für körperreiche Weine«, schreibt die WG. In diesem Jahr hat sie uns aber vor allem »Kabinett«stückchen präsentiert – auch am Kaiserstuhl sind Weine der leichteren Gewichtsklasse möglich!

89+ 2019 Jechtingen Muskateller Sekt tr.
Eine zitrisch geprägte Muskatellerfrucht, Orange und Zitrustrester. Feines Mousseux, knackiges Süße-Säure-Spiel, leichtgewichtig und erfrischend im Mund, dabei sehr aromatisch und belebend, eine echte Kaiserstühler Spezialität. 12 Vol.-%, NK, €€

90 2020 Grauer Burgunder Kabinett trocken
Honigbonbon und kandierte Zitronenschale im Duft, auch ein mineralischer, brenzliger Unterton. Im Mund mit vergleichsweise mildem, fruchtig-süßem Auftakt, mit einer festen Säure und mit mittelgewichtigem Extrakt. Endet kompakt, frisch und trocken – das ist viel Grauburgunder zu einem fairen Tarif. 13,5 Vol.-%, DV, €

89+ 2020 Jechtingen Chardonnay Kabinett tr.
Sehr fruchtbetont im Duft, Ananas, gelber Pfirsich, aber auch Mais aus der Dose, Flachs. Im Mund mit viel Geschmeidigkeit eröffnend, in der Fülle fast spätlesehaft, in der Eleganz und Leichtigkeit kabinetttypisch, ein harmonischer ungeholzter Chardonnay. 13 Vol.-%, DV, €

88 2020 Jechtingen Muskateller Kabinett
Duft nach feiner Muskatblüte, frisch gepresstem Traubensaft und Holunderblüte, reife Birne. Am Gaumen mit milder Säure, es dominieren helle Früchte, Aprikose, Pfirsich, wieder Muskat, mittlere Länge und Struktur. 11,5 Vol.-%, DV, €

88 2020 Weißer Burgunder Kabinett trocken

90+ 2019 Jechtingen Eichert Spätburgunder Rotwein Spätlese trocken
Süßkirsche und mineralische Noten, ein feinwürziger Duft. Auch ein Hauch von dunklen Beeren. Im Mund klassisch proportioniert, festes Tannin in mittelhoher Menge, viel Saftigkeit, reife Säure, dicht, aber nicht überkonzentriert, die Mineralität kehrt auch in taktilen Noten wieder. 13,5 Vol.-%, DV, €

KAISERSTÜHLER WINZERGENOSSENSCHAFT IHRINGEN

Winzerstraße 6, 79241 Ihringen
T: +49 7668 9036, info@weingut-achenbach.de
winzergenossenschaft-ihringen.de

Ab-Hof-Verkauf: Mo bis Fr 8–18 Uhr, Sa 9–13 Uhr (von Apr. bis Dez.)
Kellermeister: Werner Haßler
Ansprechpartner: Roland Jakob
Hektar: 300 ha

Ein historischer Bezug schadet im Weinbau nie, wenn er sich über mehr als 1000 Jahre erstreckt erst recht nicht. So nimmt der Name der »Uringa 962«-Serie Bezug auf die erste urkundliche Erwähnung des Weinorts am Kaiserstuhl – gleichzeitig steht die Serie für im Alkohol eher moderate und trocken ausgebaute Weine, die sich alle als hervorragende Speisenbegleiter anbieten. Überhaupt haben die Genossen aus dem wärmsten Ort Deutschlands eine harmonische Kollektion präsentiert, bei der uns unter anderem der würzige Gewürztraminer Kabinett gut gefallen hat.

90 2019 »Uringa 962« Ihringen Winklerberg Grauer Burgunder trocken
Duft nach reifer Mandel, Birne und zartem Rauch, unterlegt mit feiner Würze. Am Gaumen mit frischer Säure, hellen Früchten, auf Eleganz gekeltert, Nusstöne, Birne. Gute Struktur, endet frisch, guter Speisenbegleiter. 13 Vol.-%, NK, €€

89 2020 »Premium« Chardonnay trocken
Sattes Gelb. Duft nach reifen hellen Früchten, etwas Vanille ist dabei, reife Birne und Apfel. Am Gaumen mit lebendiger Säure und schönem Schmelz, animierend, mittlere Struktur und Länge, schöner Speisenbegleiter. 13,5 Vol.-%, NK, €

89 2019 »Uringa 962« Ihringen Winklerberg Sauvignon Blanc trocken
Duft nach reifer Schwarzer Johannisbeere, Melisse, Limonenschale, unterlegt mit zartem Rauch. Am Gaumen mit druckvoller Struktur, gut integrierte Säure, Zitrusfrucht und Johannisbeere dominieren. Saftige Art. 13 Vol.-%, NK, €€

89+ 2018 »Uringa 962« Ihringen Fohrenberg Merlot trocken
Kirsche, Cassis und Pflaume mit feinem Rauch und Würze, auch ein Hauch Pfefferminze und dunkle Schokolade. Stellt der Kraft und Substanz aus dem Jahr 2018 eine präsente Säure gegenüber, Noten von Schwarzkirsche und Holunder, griffiges Tannin und gute Länge. 14 Vol.-%, NK, €€

89 2020 Sauvignon Blanc trocken

89 2020 Gewürztraminer Kabinett
Duft nach Rosenblättern und etwas Litschi, dazu etwas kandierte Orangenschale. Am Gaumen mit verhaltener Säure, viel Rosenwürze, dazu getrocknete Zitrone, gut abgestimmte Süße, stimmig gebaut – prima zu scharf gewürztem Essen. 12 Vol.-%, DV, €

WEINGUT GERHARD KARLE

Seit 1899
GERHARD KARLE
WEIN- UND SEKTGUT
IHRINGEN AM KAISERSTUHL

Scherkhofenstraße 69, 79241 Ihringen
T: +49 7668 5252, info@weingut-gerhard-karle.de
weingut-gerhard-karle.de

Ab-Hof-Verkauf: Mo bis Fr 8–18 Uhr, Sa 9–16 Uhr und nach Vereinbarung
Kellermeister: Gerhard Karle
Ansprechpartner: Marita Karle-Schettler
Flaschen/Hektar: 120.000 (50 % weiß, 40 % rot, 5 % Rosé, 5 % Schaumwein)/14 ha

Müssten wir eine Auszeichnung für ausgezeichnetes Preis-Genuss-Verhältnis vergeben, dann wäre der Silvaner aus dem Ihringer Winklerberg ein heißer Kandidat dafür: Gerade mal 6,30 Euro berechnet das Weingut Karle für diesen saftigen und mineralischen Wein! Gerhard Karle, der Winzer hinter diesem Wurf, kultiviert in Ihringen 14 Hektar Reben in renommierten Lagen wie dem Winklerberg oder dem Fohrenberg. Er versteht es, Weine mit intensiver Aromatik und klarer Handschrift zu erzeugen. Sein Sohn Sebastian setzt auch schon Impulse. Vielversprechendes Debüt in diesem Guide!

90 2020 »Alte Rebe« Ihringen Winklerberg Grauer Burgunder trocken
Kräftiger Duft nach reifer Birne, getrockneten Kräutern und auch reifer Ananas, würzige Noten. Startet auch würzig und saftig am Gaumen mit Noten von Birne und einer gut eingewobenen Säure, leichte Salzigkeit, mittelgewichtig im Extrakt, mineralisch unterlegt. 13 Vol.-%, DV, €

89+ 2020 Ihringen Winklerberg Grauer Burgunder Kabinett trocken
Kräutriges Ambiente mit Birne im Duft, Apfel zeigt sich, etwas Thymian und Weinberg in der Sommerhitze. Zunächst unaufgeregt am Gaumen mit Saft und weicher Säure, in der Gaumenmitte kommen kräutrige und mineralische Komponenten dazu. Bietet was fürs Geld. 12,5 Vol.-%, DV, €

89 2020 Ihringen Fohrenberg Weisser Burgunder Kabinett trocken
Duftet nach reifem gelbem Apfel und auch gelben Blüten mit Mirabelle. Kompaktes Format, setzt stoffig am Gaumen an, die lebendige Säure transportiert die klare Frucht von Apfel und Mirabelle. Feine Würze, animiert zum nächsten Glas, bietet kulinarische Möglichkeiten. 12,5 Vol.-%, DV, €

90 2019 »Alte Rebe« Ihringen Winklerberg Spätburgunder trocken
Fruchtige Nase nach Himbeere, Kirsche und auch Brombeere mit etwas Rauch und Würze. Am Gaumen mit guter Frische und präsenter Säure in einem kräftig gebauten Körper mit mittelgewichtigem Extrakt und feinkörnigem Tannin. Klare Frucht und mineralische Anklänge. 13,5 Vol.-%, NK, €€

88+ 2019 Ihringen Fohrenberg Spätburgunder Rotwein trocken

90+ 2020 Ihringen Winklerberg Silvaner tr.
Reifer Apfel mit Kräutern, Birne und Reneklode. Saftig und stoffig im kompakten Körper ansetzend mit Noten von reifem Apfel, die stabile Säure trägt, feine Würze und Herbe mit Birnenschale. Gut balanciert, zeigt unaufgeregt das Format der Lage, mineralisches Finale. 12,5 Vol.-%, DV, €

★★★★

WEINGUT FRANZ KELLER

Badbergstraße 44, 79235 Vogtsburg-Oberbergen
T: +49 7662 93300, keller@franz-keller.de
franz-keller.de

Ab-Hof-Verkauf: Mo bis Fr 9–18 Uhr, Sa 10–18 Uhr, So 10–16 Uhr
Kellermeister: Uwe Barnickel
Ansprechpartner: Fritz Keller
Anbauweise: 200.000 (65 % Weiß, 35 % Rot)/35 ha

Das Weingut Franz Keller gehört seit Jahren zur Spitze. Zuletzt sind die Weine fast noch pikanter geworden, was auch mit den Möglichkeiten im vor einigen Jahren in Betrieb genommen neuen Keller zusammenhängen dürfte. Gleichzeitig leistet Friedrich Keller, Sohn des langjährigen SC-Freiburg-Präsidenten Fritz Keller, der auch dem DFB vorstand, zusammen mit seinem Team herausragende Arbeit. Besonders beeindruckt hat uns diesmal der Oberrotweiler Kirchberg Spätburgunder, der Eleganz und Mineralität besitzt. Sehr schön auch der Spätburgunder aus der altbekannten Lage Bassgeige – ein großartiger Speisenbegleiter!

93 2019 Achkarren Schlossberg Grauburgunder GG
Zu Beginn stark hefegeprägt im Duft, mit Luftkontakt auch Aromen von Vanillkipferl, »marron glacé«, Heidelbeere. Weich und rund ansetzend, geschmeidig, eine gut gesetzte Schicht Phenole, kraftvoller Bau mit kompaktem, potenzialreichem Abgang. 12,5 Vol.-%, NK, €€€

94 2019 Oberrotweil Kirchberg Spätburgunder GG
Würzig unterlegte rote Kirsche mit floralen und kräutrigen Noten, Blutorange und etwas Salbei. Trocken und fordernd zunächst am Gaumen mit merklicher Mineralität, baut in der Gaumenmitte mit präzisem und noch jungem Gerbstoff Druck auf. Hat es faustdick hinter den Ohren. 12,5 Vol.-%, NK, €€€

93+ 2019 Oberrotweil Eichberg Spätburgunder GG
Leichte Holzwürze zu roter Kirsche und Gewürzen, florale Noten, frisch gestoßene Wacholderbeere, Menthol. Zeigt am Gaumen Volumen und Druck mit gutem Extrakt und reifem Gerbstoff in guter Dotierung, saftig, geschmeidig und mit Lagenausdruck, bleibt lange im Mund. 12,5 Vol.-%, NK, €€€

93 2019 Jechtingen Enselberg Spätburgunder GG
Kirsche und Hagebutte im Duft mit floralen Noten, etwas Schwarztee und Miso. Entfaltet sich in einer relativ schlank gehaltenen Struktur mit guter Energie und ausgewogener Säure, aber auch mit geschmeidigen und saftigen Anteilen in der Gaumenmitte. Weicher Gerbstoff, gute Länge. 12,5 Vol.-%, NK, €€€

92 2018 »Pinot Rosé« brut PN/WB

92+ 2019 Oberbergen Leh Weißburgunder GG

92 2019 Oberbergen Kähner Grauburgunder GG

91 2019 Oberbergen Pulverbuck Weißburgunder Erste Lage trocken

91 2019 »Franz Anton« Chardonnay trocken

92+ 2019 Achkarren Spätburgunder trocken

92 2019 Oberbergen Bassgeige Spätburgunder Erste Lage trocken

89 2020 »vom Löss« Grauburgunder tr.
Duft nach Birne, etwas frisch gemähte Wiese und zarte Mandel. Am Gaumen sehr gut balanciert, lebendige Säure, helle Früchte, im Hintergrund Haselnuss, gut strukturiert, elegante Art, mittlere Länge. Sehr schön zum Essen. 13 Vol.-%, DV, €

★★

WEINGUT FRIEDRICH KIEFER

Bötzinger Straße 13, 79356 Eichstetten
T: +49 7663 1063, info@weingutkiefer.de
weingutkiefer.de

Ab-Hof-Verkauf: Mo bis Fr 8–17 Uhr, Sa 9–12 Uhr
Kellermeister: Anna Dießlin & Martin König
Ansprechpartner: Martin Schmidt
Hektar: 155 ha

Helen und Martin Schmidt haben das 1851 gegründete Weingut Kiefer in Eichstetten am Kaiserstuhl im Jahr 2008 übernommen und ebenso mutig wie erfolgreich umstrukturiert – und das bei einer Rebfläche von 155 Hektar. Das Gut gehört damit zu den Großen im Land. Uns hat in diesem Jahr der geschmeidige und sehr charmante 2018er »Pinot« brut Sekt überzeugt, der bei vielen Anlässen Freude bereitet. Stark auch die 2018er »Prachtstück« Auslese trocken vom Spätburgunder, die sehr viel Kraft und Wärme ausstrahlt und bei allem Druck sehr gut balanciert ist – toll zu einem kräftigen Essen!

90 2018 »Pinot« brut WB/CH
Buttrig und hefewürzig im Duft, auch etwas Nuss und Strohblumen. Mit Luftkontakt schließlich fruchtig: kandierte Orange, rote Beeren. Feines Mousseux, guter Säurenerv und präsente Süße, ein geschmeidiger und fruchtgetragener Abklang rundet den zugänglichen Sekt ab. 12 Vol.-%, NK, €€

90 2018 »Pino Magma Réserve« trocken WB/PG
Reife Frucht mit Rauch und Würze, Birne, Apfel, Honigmelone, Ahornsirup. Am Gaumen mit gutem, süßlichem Extrakt in einer breit angelegten und kräftig gebauten Struktur, die reife, aber präsente Säure regelt die Balance, grüne Walnuss, gute Anlagen zur Reife. 13,5 Vol.-%, NK, €€

90 2019 »Dreistern« Weißburgunder trocken
Würzige Noten, gegrillte Kastanien mit gelber Frucht, Apfel und Anisplätzchen. Zeigt am Gaumen Kraft und Stoffigkeit in einer festen, vom Holzausbau geprägten Struktur. Saft, Schmelz und auch Eleganz passen gut in das stimmige Bild, Wein mit Substanz und Potenzial. 13,5 Vol.-%, NK, €€

91 2018 »Prachtstück« Spätburgunder Auslese trocken
Riecht nach Amarenakirsche, Schattenmorelle, Rauch und Holzwürze, Zigarrenkiste und Lakritze. Jahrgangsbedingt mit Kraft, Substanz und auch Wucht am Gaumen mit reifer Kirschfrucht und einer guten Menge reifen, mürben Gerbstoffs. Zeigt Balance in großzügigen Proportionen. 14 Vol.-%, NK, €€

90 2019 »Dreistern« Grauburgunder trocken

90 2020 »Vulkanlöss« Cabernet Blanc tr.
Zitrusfrucht in der Nase mit grünem Apfel, weißen Blüten und Steinobst. Saftig und schwungvoll im Mund mit Noten von Grapefruit und etwas Limettensaft in einer schlank gehaltenen Struktur, lebendige Säure, beinahe quellklar im Ausdruck und mit feiner Mineralik. 12,5 Vol.-%, DV, €

★ ★ ★

WEINGUT KLUMPP

Heidelberger Straße 100, 76646 Bruchsal
T: +49 7251 16719, info@weingut-klumpp.com
weingut-klumpp.com

Ab-Hof-Verkauf: Mo bis Fr 9–12 Uhr und 14–18 Uhr, Sa 9–13 Uhr
Kellermeister: Markus Klumpp
Ansprechpartner: Andreas und Markus Klumpp
Flaschen/Hektar: 180.000 (75 % weiß, 25 % rot)/32 ha
Anbauweise: Biologisch zertifiziert

Ihre Heimat, den Kraichgau nennen die Brüder Andreas und Markus Klumpp eine der »unterschätztesten Weinbau-Regionen der Welt«. Die Winzer in der zweiten Generation haben hier schnell ein hohes Niveau erreicht – mit niedrigen Erträgen, alten Stöcken, selektiver Lese, ökologischer Bewirtschaftung. 2021 siegten sie mit ihrem 2019er Rothenberg bei der Grauburgunder-Trophy. Die anderen Weine überzeugen uns ebenfalls: ganz besonders der 2018 Bruchsal Weiherberg Pinot Noir, der in Badens Spitzengruppe mitsegelt. Der vierte Stern ist in Reichweite!

92 2019 Unteröwisheim Kirchberg Chardonnay trocken

In der Nase ein sortentypischer Duft von Ananas, gelbe Vanille und Zitronenschale. Am Gaumen dann komplex ergänzt um nussige und leicht vegetabile Aromen. Sehr guter Saft und Schmelz bei gut integrierter Säure. Guter Nachhall mit viel Trinkfluss. 13 Vol.-%, NK, €€€

91 2019 Unteröwisheim Kirchberg Weißburgunder trocken

Anfangs ein Duft aus floralen und nussigen Komponenten. Am Gaumen wird es konkreter: Es folgen Aromen von roher Mandel, Zitronenschale, süßem Pfirsich, nassem Stein und einer leichten Hefenote. Insgesamt weich und saftig bei guter Säure und attraktivem Nachhall. 13 Vol.-%, NK, €€

93+ 2018 Bruchsal Weiherberg Pinot Noir tr.

In der Nase entwickelt sich ein feiner Duft von schwarzer Kirsche, Johannisbeere und Gewürznelke. Am Gaumen folgt eine sehr präzise Säure, reifer Gerbstoff und weiteres Aroma der jungen Himbeere und ein Hauch Bourbonvanille. Sehr attraktiver Nachhall. 13 Vol.-%, NK, €€€

92 2018 Bruchsal Rothenberg Spätburgunder trocken

In der Nase anfangs intensiv. Es folgt ein komplexer Duft aus dunkler Kirsche, Brombeere, Hibiskus und Gewürznelke. Am Gaumen herrlich saftig, mit feinkörnigem Tannin, wiederum präziser dunkler Frucht und etwas Mineralik. Langer Nachhall mit viel Potenzial. 13,5 Vol.-%, NK, €€€

91 2020 »Muschelkalk« Bruchsal Chardonnay trocken

94+ 2019 Bruchsal Rothenberg Grauburgunder trocken

Im Duft rauchig, Gesteinsmehl, wenig plakativ in der Frucht. Im Mund eine Staffelung aus viskosen und phenolischen Extraktschichten, understated, im Abgang dann doch weit auffächernd, Geschmeidigkeit, voll und satt im Extrakt, der edel und ruhig wirkt. 13 Vol.-%, NK, €€

★★★

WEINGUT KNAB

Hennengärtle 1a, 79346 Endingen
T: +49 7642 6155, info@knabweingut.de
knabweingut.de

Ab-Hof-Verkauf: Mo bis Fr 17–18.30 Uhr, Sa 10–14 Uhr
Kellermeister: Johannes Rinker
Ansprechpartner: Johannes Rinker
Flaschen/Hektar: 150.000 (70 % weiß, 30 % rot)/23 ha

Das Weingut der präzise arbeitenden Familie Rinker – der Junior ist mittlerweile ebenfalls aktiv – gehört seit vielen Jahren zu den ganz sicheren Werten am Kaiserstuhl. Wer dort hinkommt, um guten Wein zu verkosten, wird nicht enttäuscht. Das zeigt sich bereits beim – immer wieder – sehr zuverlässigen und saftigen Weißburgunder aus dem Engelsberg und endet bei den Top-Weinen, die mit drei Sternen gekennzeichnet sind. Besonders angetan waren wir dieses Mal vom 2019er Spätburgunder*** aus dem Endinger Wihlbach, der Kraft und Spannung vortrefflich vereint.

92+ 2019 Endingen Wihlbach Weißer Burgunder* trocken**
Mittleres Zitronengelb. Sehr reifer und feiner Duft von Birne, weißem Pfirsich und Zitronenschale. Am Gaumen mit sehr feiner Säure ausgestattet bei herrlicher Saftigkeit, Mineralität, Aromen von frischen Kräutern und sehr attraktivem Nachhall. 13,5 Vol.-%, NK, €€

92 2019 Amoltern Steinhalde Grauer Burgunder* trocken**
Goldgelb. Ein feiner Duft von Walnuss, Veilchen, Holunderblüte, Pfirsich und Zitrone. Am Gaumen folgen Aromen von nassem Stein und junger Aprikose. Alles von sehr feiner Säure balanciert. Aus leichter Phenolik sowie Mineralik heraus entwickelt sich ein sehr langer Nachhall. 13,5 Vol.-%, NK, €€

93 2019 Endingen Wihlbach Spätburgunder* trocken**
Anfangs dezent im Duft. Dann folgen Tomatenblatt, Kirsche und Brombeeere. Am Gaumen mit feinem Gerbstoff ausgestattet, bei sehr lebendiger Säure sowie weiteren Aromen von Speck, Champignon und reifer Himbeere. Ein Wein mit sehr guter Struktur und langem Nachhall. 13 Vol.-%, NK, €€€

92 2019 »R« Amoltern Steinhalde Spätburgunder* trocken**
Zu Beginn leise und kühl in der Nase. Ein Duft von junger Kirsche, Roter Johannisbeere, Vanille und Zeder. Am Gaumen mit feiner Mineralik, guter Säure, auch Aromen von Gewürznelke und Kräutern sind bei gutem Holzeinsatz dabei, attraktiver Nachhall. 13 Vol.-%, NK, €€€

90 2020 Endingen Engelsberg Weißburgunder trocken

91 2020 »Alte Reben« Endingen Engelsberg Weißburgunder trocken
In der Nase entwickelt sich ein fast exotischer Duft von reifem weißen Pfirisch, Mango und Zitrone. Am Gaumen folgen Aromen von Tomatenblatt und ein Hauch Melone. Ein Wein mit sehr guter Säure, mittelgewichtigem Körper und attraktivem Nachhall. 13,5 Vol.-%, NK, €€

★★★★

WEINGUT KOPP

Ebenunger Straße 21, 76547 Sinzheim
T: +49 7221 803601, info@weingut-kopp.com
weingut-kopp.com

Ab-Hof-Verkauf: Mo bis Fr 14–18 Uhr, Sa 10–13 Uhr
Kellermeister: Johannes Kopp
Ansprechpartner: Johannes Kopp
Flaschen/Hektar: 150.000 (70 % weiß, 30 % rot)/32 ha

Ganz schön was los bei Johannes Kopp! Der Bau eines neuen Gebäudes, das die Kellerei und eine eigene Gastronomie beherbergen wird, schreitet voran, die Fertigstellung ist für September 2022 geplant. Gleichzeitig läuft die Umstellung auf biologisch-dynamische Bewirtschaftung und der Winzer plant, schottische Hochlandrinder zu züchten. Wie gut, dass der Wein nicht zu kurz kommt, im Gegenteil: Der 2018er Felsenstück Spätburgunder ist überragend, der einfache 2018er Spätburgunder besticht durch ein sensationelles Preis-Leistungs-Verhältnis. Glückwunsch zum vierten Stern!

91 2018 »Blanc de Blancs« extra brut
In der Nase ein Duft von Lemontarte, Orangenschale und Cassis. Am Gaumen mit attraktiver Säure, welche sowohl die primären als auch sekundären Aromen sehr gut balanciert. Aus dem mittelgewichtigen Körper entwickelt sich ein guter Nachhall, begleitet von feinem Mousse. 12,5 Vol.-%, NK, €€

90 2018 »Cuvée Blanc« brut RR/GM
Anfangs opulente Perlage. Zitrisch, floral sowie eine Note von Brioche in der Nase. Am Gaumen wiederum Zitrone, süßer Pfirsich, reife Kirsche und Veilchen, abgefedert von lebendiger Säure bei fast feinem Mousse und gutem Nachhall. 12 Vol.-%, NK, €€

95 2018 Varnhalt Klosterbergfelsen Felsenstück Spätburgunder trocken
Eindringlich intensiver, frischer Duft nach würziger Waldheidelbeere. Im Mund straff, aber nicht streng, reifes Tannin, festes Säurerückgrat, Dichte, Spannung, Nerv, hat Griffigkeit und Tiefe, ist völlig unverkitscht auf Reifevermögen hin vinifiziert. Eine burgunderhafte Struktur mit einer kühlen Schwarzwälder Frucht. 12 Vol.-%, NK, €€€

93+ 2018 Varnhalt Klosterbergfelsen Sommerhalde Spätburgunder trocken
Ein feiner Duft von mittlerer Intensität. Spannend in der Aromenvielfalt mit Noten von Pilzen, Sauerkirsche, Pflaume und Gewürznelke bei sehr feiner Säure, die sowohl die Frucht als auch das junge, feinkörnige Tannin balanciert. Im Nachhall mineralisch, saftig und mit ganz viel Substanz. 13 Vol.-%, NK, €€€

92 2019 Sinzheim Am Altenberg Chardonnay tr.

92 2019 Varnhalt Röderswald Weißburgunder trocken

91+ 2019 »Terrassenlage« Sinzheim Klostergut Fremersberg Feigenwäldchen Riesling tr.

91 2019 »Buntsandstein« Sinzheim Klostergut Fremersberg Feigenwäldchen Riesling

88 2020 Grauburgunder trocken

93 2018 Varnhalt Sonnenberg Spätburgunder tr.

92 2018 »Roter Porphyr« Spätburgunder tr.

90+ 2018 Spätburgunder trocken
In der Nase deutlich vom Würze und Frucht geprägt. Ein Duft von Tomantenblatt, Kirsche, junger Himbeere und ein Hauch von Cranberry. Am Gaumen eher klassisch mit feinkörnigem Gerbstoff, lebendiger Säure und guter Textur ausgestattet. Spannender Wein. Value for money. 13,5 Vol.-%, DV, €€

★★

WEINGUT KREBS

Birkenweg 48, 79589 Binzen
T: +49 7621 62141, info@weinkrebs.de
weinkrebs.de

Ab-Hof-Verkauf: Mo bis Do 12–19 Uhr, Fr 9–19 Uhr, Sa 9–14 Uhr
Kellermeister: Hans Krebs
Ansprechpartner: Hans Krebs
Flaschen/Hektar: 53.000 (65 % weiß, 35 % rot)/7 ha

Ihre Ahnen haben lange Zeit Fässer aus heimischer Eiche gefertigt. Nun betreibt die Familie Krebs bereits in der sechsten Generation ein Weingut. Im äußersten Südwesten Deutschlands, auf kalkgeprägten, mineralischen, tiefgründigen Lehm-Löss-Böden, gedeihen fruchtige, gehaltvolle Weine. Das Weingut Krebs pflegt vor allem Markgräfler Klassik, eine extravagante Ausnahme hin zu mutigeren Vinifikationen bringt die »JJ-Serie«. Ansonsten gilt: »Numme nüt huddle« – nur keine Eile. Mit fünf Generationen im Rücken kann man es wohl etwas ruhiger angehen lassen.

90 2018 »JJ« Weißburgunder trocken
Die Nase ist noch deutlich vom Holzausbau gepägt, Rauch, Würze und grüne Walnuss zeigen sich. Im Mund mit fester Struktur (ebenfalls vom Ausbau geprägt), präsente und gut eingewobene Säure, wieder grüne Walnuss, leicht adstringierender Gerbstoff, trocken und kompromisslos. 12,5 Vol.-%, NK, €€

89+ 2020 »Numme Nüt Huddle« Grauer Burgunder trocken
Etwas Hefe in der Nase mit Birne und Kräutern, auch nussige Aromen im Hintergrund. Am Gaumen saftig und mit kräutriger Herbe in einer kräftig geformten Statur ansetzend, leicht mehlige Phenole und präsente Säure. Ungeschminkter Grauburgunder, gerne am Tisch. 13,5 Vol.-%, DV, €

90 2017 »B Numme Nüt Huddle« Spätburgunder trocken
Gehetzt und gehudelt wird im Duft nicht, eher getragen mit würziger und holzgetragener Aromatik aus Kirsche, Pflaume und Blutorange. Am Gaumen mit Substanz und Kraft, auch mit Würze und Eleganz, getragen von einer feinen Säure. Festes Gerbstoffgerüst und Länge. 13,5 Vol.-%, NK, €€

89+ 2018 »Numme Nüt Huddle« Spätburgunder Kabinett trocken
Kirsche und Brombeere mit Rauch und Röstaromen in der Nase, Gewürznelke. Mit reifer und süßlicher Kirschfrucht am Gaumen, auch Pflaume. Kräftige Struktur mit ausgewogener Säure und reifen Gerbstoffen. Führt die Kategorie Kabinett auf eine gewichtige Stufe. 14 Vol.-%, DV, €

89 2019 »JJ« Gutedel trocken

89 2020 »Numme Nüt Huddle« Chardonnay tr.

88+ 2020 »Heimat« Gutedel trocken

88 2020 »Heimat« Weißburgunder trocken

88 2020 »Heimat« Spätburgunder Blanc de Noirs trocken

88 2020 »Heimat« Spätburgunder Rosé halbtr.

89 2017 »JJ« Spätburgunder trocken

90 2020 »Flüdenwein Numme Nüt Huddle« Gutedel trocken
Apfel und Birne in der traubigen Nase mit feinen Wiesenkräutern, Mandeln und geröstetem weißem Sesam, etwas Koriander. Schlank und straff gebaut mit guter Frische, aber auch mit einer angemessenen Stoffigkeit, Dichte und mit kräutriger Würze. »Flüdenwein« mit viel Lokalkolorit. 12 Vol.-%, DV, €

WINZERGENOSSENSCHAFT KÖNIGSCHAFFHAUSEN KIECHLINSBERGEN

Kiechlinsberger Straße 2–6
79346 Endingen-Königschaffhausen
T: +49 76429041, info@kiechlinsberger-wein.de
kiechlinsberger-wein.de

Ab-Hof-Verkauf: Jan. bis März Mo bis Fr 10–12 und 13–17 Uhr, Apr. bis Dez. Mo bis Fr 9–17.30 Uhr, Apr. bis Dez. Sa 9–14 Uhr
Kellermeister: Reiner Roßwog
Ansprechpartner: Günter Zimmermann
Flaschen/Hektar: 3.600.000 (60 % weiß, 30 % rot, 7 % Rosé, 1 % süß, 2 % Schaumwein)/370 ha

In den beiden Nachbargemeinden Königschaffhausen und Kiechlinsbergen am sonnenverwöhnten Kaiserstuhl arbeiten 150 Winzerfamilien harmonisch zusammen. Ihre Rebberge tragen so sprechende Namen wie Steingrüble, Hasenberg, Vulkanfelsen, Ölberg und Teufelsburg. Daher auch das Motto der Genossen: »Fünf Lagen, ein Genuss!« In der Breite bilden die vielfältigen Weine eine solide Basis. Daraus ragen gute hochwertige Spitzen wie die Grauburgunder »Selektion« aus dem Hasenberg – da lässt sich vermuten, dass unterm Löss ordentlich Vulkangestein liegt.

89+ 2019 Blanc de Noirs Pinot Noir extra trocken
Im Duft beerig, Rote Johannisbeere, Hefe, ganz pinottypische Aromen, im Mund mit Saftigkeit und einem ausgewogenen Süße-Säure-Spiel, die feinnervige Säure gibt dem Wein Eleganz und Frische, guter Aperitif-Sekt. 12 Vol.-%, NK, €

89+ 2016 »Pinot« brut WB/PN
Intensiv kräuterwürzig, Kräuterbitter, Hefe, buttrig. Im Mund saftig, gutes, nicht im Übermaß sprudeliges Mousseux, reife Säure, rund und dabei vergleichsweise zurückhaltend in der Süße, dezent in der Säure, nussige Abgangsaromen. 12,5 Vol.-%, NK, €€

91+ 2019 »Selection« Königschaffhausen Hasenberg Grauer Burgunder trocken
Eine sehr reife Grauburgunderfrucht, leichte Honiganklänge und geradezu rotbeerige Aromen. Im Mund voll und cremig, Geschmeidigkeit und Säure sind eng ineinandergewoben, intensive mineralische Töne geben Rückhalt, der Alkohol ist nahtlos von Extrakt abgedeckt. 14,5 Vol.-%, DV, €€

89+ 2020 Königschaffhausen Hasenberg Grauer Burgunder trocken
Ein reifer Beerenduft strömt aus dem Glas, etwas Hefe, Honigmelone, Blaubeere. Im Mund trocken und kraftvoll, ein festes Säurerückgrat durchzieht den korpulenten Bau, braucht eine Speisenbegleitung. 13,5 Vol.-%, DV, €

88+ 2020 »KB« Königschaffhausen Hasenberg Weißer Burgunder trocken

89 2020 Königschaffhausen Steingrüble Blanc de Noirs Pinot Noir trocken

88+ 2020 Kiechlinsbergen Ölberg Spätburgunder Rosé trocken

89+ 2018 Pinot Noir trocken

89 2017 »JB« Königschaffhausen Steingrüble Spätburgunder Barrique tr.

88 2018 Merlot trocken

89 2018 Königschaffhausen Vulkanfelsen Spätburgunder Weißherbst Beerenauslese

90 2020 Königschaffhausen Hasenberg Weißer Burgunder Spätlese trocken
Riecht nach feuchtem Sand und Löss, dazu nach Lindenblüte und Frühlingswiese. Im Mund geschmeidig und weit ausgreifend, fast schon ölig, aber auch mit guter, kultivierter Säure als Gegengewicht, ein Hauch von Holz gibt zusätzlich Fassung. Hält trotz seiner Wucht zusammen. 14,5 Vol.-%, DV, €

★★

WEINGUT LANDMANN

Umkircher Straße 29, 79112 Freiburg im Breisgau
T: +49 7665 6756, info@weingut-landmann.de
weingut-landmann.de

Ab-Hof-Verkauf: Mo bis Fr 8.30–18.30 Uhr, Sa 8–18 Uhr
Kellermeister: Jürgen Landmann
Ansprechpartner: Jürgen Landmann
Flaschen/Hektar: 150.000 (55 % weiß, 45 % rot)/29 ha
Anbauweise: Biologisch zertifiziert

Das Weingut Landmann befindet sich seit dem 18. Jahrhundert im Familienbesitz. Reben werden in der Gegend seit der Römerzeit angebaut, denn der Tuniberg bietet ideale Bedingungen: warme Tage, kühle Nächte und einen tiefgründigen, kalkigen Lössboden. Dennoch machte Jürgen Landmann nicht einfach weiter wie eh und je. Als er 1995 den Betrieb übernahm, stellte er bald auf biologische Bewirtschaftung um, experimentierte mit neuen Rebsorten und setzte konsequent auf hohe Qualität statt Quantität. Das ist Bioweinbau fernab der Ökonische!

89+ 2018 »Pinot & Chardonnay« brut WB/CH/PN
Kräutertöne, Basilikum, aber auch floral, Lavendel, rote Beeren. Ein offenes, attraktives Duftbild. Im Mund mit unmittelbar präsenter Würze eröffnend, Lakritze, Majoran, frisches, dynamisches Mousseux und weit aufgefächertes Süße-Säure-Spiel. Endet eher süß. 12,5 Vol.-%, NK, €€

91 2019 »LLL Barrique« Grauer Burgunder tr.
Recht klar im Duft. Es folgen feine Aromen von reifem Pfirsich, Walnuss, nassem Stein, Zitronenschale sowie eine leichte Vanillenote. Alles eingebettet von guter lebendiger Säure in einen gewichtigen Körper und mit sehr attraktivem Nachhall versehen. 13 Vol.-%, NK, €€€

90+ 2020 Sauvignon Blanc trocken
Herrlich fruchtig im Duft. Sortentypische Aromen von Stachelbeere, weißem Pfirsich, Grapefruit und etwas Honigmelone. Am Gaumen alles gut balanciert von straffer Säure bei viel Saftigkeit und Trinkfluss. Ein Wein, der viel Freude bereiten wird. 12,5 Vol.-%, NK, €€

91 2018 »LLL Barrique« Pinot Noir trocken
Balsamische Würze in der Nase mit reifer Kirsche, Pflaume und röstigen Aromen. Kräftig gebaut am Gaumen mit guter Substanz, viel Würze und reifer Frucht, markante und reife Gerbstoffe, der Alkohol ist gut eingebunden, gut balanciert mit stabiler Säure. Zeigt Länge. 14,5 Vol.-%, NK, €€€

89 2018 Pinot Noir trocken

90 2020 Pinot Noir Rosé trocken
Fast provenzalisch in der Farbgebung. Sowohl feine rotbeerige als auch florale Aromen entwickeln sich im Duft. Am Gaumen folgen ebenfalls Aromen vom Kernobst. Von sehr feiner und zugleich lebendiger Säure getragen. Reifer Gerbstoff und herrlich trocken. Ein hoch attraktiver Rosé. 12,5 Vol.-%, NK, €

★★

WEINGUT PHILIPP LANG

Alter Weg 52, 79112 Freiburg im Breisgau
T: +49 7664 59283, info@lang-weine.de
lang-weine.de

Ab-Hof-Verkauf: Mo bis Sa 8–12 Uhr und 14–18 Uhr
Kellermeister: Philipp Lang
Ansprechpartner: Philipp Lang
Hektar: 10 ha

Geduld ist eine Schlüsseltugend für Philipp Lang, beim Ausbau gibt er seinen Weinen alle Zeit, die sie benötigen. Das Weingut erbte er vom Großvater und Vater. Sein modernerer Stil ist angenehm unaufgeregt und solide. Unser Tipp ist dieses Jahr der 2020er Weißburgunder Kabinett, der mit seiner unaufdringlichen Art viele Speisenbegleitungen ermöglicht. Ausgezeichnet sind auch Langs Edelsüße, hier glänzte der Munzinger Winzer schon im Vorjahr. Nun präsentiert er den hervorragenden 2012 Spätburgunder Eiswein, und auch die Muskateller sind ein Vergnügen.

90 2019 Grauburgunder Spätlese trocken
Blass in der Farbe und ein reifer Duft in der Nase. Aromen von süßer Melone, weißem Pfirsich, roher Mandel, Honig und Zitrone. Die lebendige Säure federt die leichte Süße sehr gut ab und führt bei mittelgewichtigem Körper in einen attraktiven Abgang. 13,5 Vol.-%, DV, €

93+ 2012 Spätburgunder Eiswein
Bernsteinfarben. Duft nach getrockneten Früchten, Dattel und Feige, Waldhonig, Akazienblüte. Am Gaumen lebendige Säure, dichte, gewobene Aromatik, wieder Honig, Tabak, getrocknete Birne. Fest gewoben und lang, perfekt für Weihnachten. 11,5 Vol.-%, NK, €€€

91 2020 Muskateller Auslese
Sattes Gelb. Duft nach getrockneten Früchten, Aprikose und Hutzelbirne, Blütenhonig und Pfirsichchutney. Am Gaumen Muskatblüte, druckvolle Süße, eher verhaltene Säure, Rosenwasser, dicht gewoben, zur Apfeltarte, bitte etwas reifen lassen! 11,5 Vol.-%, DV, €

90+ 2020 Muskateller Spätlese
Duft nach Muskatblüte, Orangeat, reife Holunderblüte, reichhaltig. Am Gaumen mit schmelzender Süße, Muskatblüte, griffig, Orangensaft, gut austarierte Säure, der Wein hat Zug und eine schöne Länge. Noch weiteres Potenzial. 11,5 Vol.-%, DV, €

88 2020 »Zweiklang« Secco trocken PG/PN

89+ 2018 Chardonnay Spätlese trocken

89+ 2020 Riesling Spätlese feinherb

89 2020 Riesling Spätlese trocken

88 2020 Spätburgunder Rosé Kabinett tr.

88 2019 Spätburgunder Kabinett trocken

89+ 2020 Weißburgunder Kabinett trocken
Klassisch in der Farbgebung und auch in der Nase. Ein Duft von Birne, Zitronenschale, Pfirsich und Stein. Am Gaumen mit lebendiger Säure, guter Struktur, leichter Hefenote und gutem Nachhall. Ein kulinarischer Wein, der bereits jetzt Freude machen kann. 13,5 Vol.-%, DV, €

★★

MAIER BIO WEINGUT BADEN

Karlsruher Straße 8, 76532 Baden-Baden
T: +49 7221 64197, info@weingutmaier.de
weingutmaier.de
Ab-Hof-Verkauf: Di bis Fr 9–12 Uhr und 15–18 Uhr, Sa 9–13 Uhr
Kellermeister: Volker Maier
Ansprechpartner: Volker Maier
Flaschen/Hektar: 55.000 (60 % weiß, 20 % rot, 10 % Rosé, 10 % Schaumwein)/9 ha
Anbauweise: Biologisch zertifiziert

Der ehemalige Kugelstoßer Volker Maier hat bodenständige Vorstellungen von seinen Weinen: Ehrlich, unkompliziert und charakteristisch sollen sie sein und schmecken, ohne dass man sie »erst dreimal im Mund herumschlürfen muss«. Die Anbaufläche, die auf nun zehn Hektar gewachsen ist, bewirtschaftet er gemeinsam mit seiner Frau Iris biodynamisch. Und das schmeckt man. Alle zeigen einen natürlichen, ungekünstelten Charakter, besonders der tiefgründige Riesling »1976«. Die beiden Spätburgunder erscheinen wie aus einem Guss. Verdienter Lohn ist nun Stern Nummer zwei. Glückwunsch!

90 2019 »1976« Baden-Baden Eckberg Riesling trocken

Würzige, kräutrige Anklänge mit reifem Weinbergpfirsich und Apfel. Trocken im Mund ansetzend mit Apfelnoten und auch Zitrusfrucht, eingewobene Säureader, mit merklicher Mineralik im Hintergrund. Zeigt ungekünstelt die Tiefgründigkeit der alten Reben. 13 Vol.-%, DV, €€

89 2020 Scheurebe feinherb

Mango, Papaya und Cassis mit Holunderblüten in der fruchtattraktiven Nase. Die feine Restsüße wird am Gaumen von einer präsenten und zielstrebigen Säure eng begleitet, wirkt dadurch trockener, schlank gebaut, ohne Ballast unterwegs, auch mit feinen salzigen Noten. 11,5 Vol.-%, DV, €

91 2018 »7,257« Neuweier Mauerberg Spätburgunder trocken

Reife Kirsche und Gewürznelke mit etwas Veilchen im fruchtigen und würzigen Duft, auch etwas Pflaume kommt dazu, Rauch. Stoffig, würzig und mit reifer, tragender Säure im Mund, die kräftigen Gerbstoffe sind reif. Erwachsener Spätburgunder mit mineralischer Färbung. 14 Vol.-%, NK, €€

90+ 2018 »Alte Rebe« Neuweier Heiligenstein Spätburgunder trocken

Reife Kirsche, Holzwürze und Pflaume im kräftigen Bukett, etwas Blutorange und ein leicht äthetischer Ton. Kein Leichtgewicht am Gaumen, kräftige Struktur mit einer guten Dosis markanter Gerbstoffe und reifer Kirsche, die Säure ist reif und stabil, gute Länge. 13,5 Vol.-%, NK, €€

89 2021 »BB« Riesling Kabinett trocken

89 2020 Grauer Burgunder trocken

Feine Hefe im Duft mit Birne und Apfel, kräutrige Noten kommen dazu, auch nussige Aromen. Mittlere Struktur am Gaumen mit weicher Säure in einem geschmeidigen und saftigen Ambiente mit feiner Würze und Kräutrigkeit, gepflegte phenolische Untermalung, zum Essen. 12,5 Vol.-%, DV, €

★★★

WEINGUT MARKGRAF VON BADEN SCHLOSS STAUFENBERG

Schloss Staufenberg 1, 77770 Durbach
T: +49 781 42778, weingut@mbweinhaus.de
schloss-staufenberg.de

Ab-Hof-Verkauf: Di bis So 11–19 Uhr
Kellermeister: Frédéric Kirch
Ansprechpartner: Volker Faust
Hektar: 22 ha

Das markgräfliche Weingut hält seine Reiseflughöhe mühelos und mit festem Kurs – das zeigen neben den sechs Ortenauer Weinen, die wir verkostet haben, auch die Gewächse vom Bodensee (siehe nächste Seite). Die Weine – gleich, ob weiß oder rot – haben in den letzten Jahren an Dichte und Statur zugelegt, ihre Frucht besitzt eine schöne Klarheit und auch die mineralischen Töne aus dem Durbacher Granit fehlen nicht. Mag das Gebiet Baden von manch einem Kritikaster als behäbig gescholten werden: Das Haus Baden ist der Kronzeuge dafür, wie falsch dieses Vorurteil ist.

92 2019 Durbach Schloss Staufenberg Sauvignon Blanc Erste Lage trocken
Das fein nuancierte Duftbild mischt tropisch-fruchtige und kräutrig-grasige Sortenaromen ineinander, dabei hat der Wein nichts »Lautes« an sich, sondern wirkt auf natürliche Weise aromatisch. Im Mund geben dezente Phenolik und feste Säure Struktur, Balance und Länge sind ausgezeichnet. 13 Vol.-%, NK, €€

92 2019 »Klingelberger K« Durbach Schloss Staufenberg Riesling GG
Ein Duft von reifem Lesegut entwickelt sich im Glas. Danach Aromen von Birnenschale, gelbem Apfel, Zitrone, Pfirsich, eine Kräuternote sowie nasser Stein. Der mittelgewichtige Körper wird von guter Säure, leichter Phenolik und einem würzigen Nachhall begleitet. 13 Vol.-%, NK, €€€

90 2019 Durbach Schloss Staufenberg Grauburgunder Erste Lage trocken
Hinter dem zurückhaltenden Holzeinsatz kommt nach und nach eine feine Grauburgunderfrucht zutage: Maroni und Waldheidelbeere, süße reife Birne und schließlich sogar ein Anflug von Blütenhonig. Der Gaumen zeigt viel Saftigkeit und einen eher mittelgewichtigen Körper. 13,5 Vol.-%, NK, €€

92+ 2018 Durbach Schloss Staufenberg Sophienberg Spätburgunder GG
Rauchiges Holz, Schwarzkirsche und mit Luftkontakt immer stärker aufkommende Kräutertöne. Im Mund seidig und saftig, tolle Frucht, intensiv mineralisch gekoppeltes Tannin, ein Spätburgunder mit Fülle, aber auch mit einem kühlen mineralischen Kern und feiner Frucht. 13 Vol.-%, NK, €€€

90 NV Chardonnay extra brut

91 2020 Durbach Chardonnay trocken
Etwas buttrig, etwas Flachs und gebratene Polenta, reifer Apfel. Nur eine Ahnung von Holz. Im Mund saftig und feinnervig, gute Dichte, stoffige Gaumenmitte, noch jugendlich-kompakt, die Säurestruktur gibt Länge.
13,5 Vol.-%, DV, €€

★★

WEINGUT MARKGRAF VON BADEN SCHLOSS SALEM

Schloss Salem, 88682 Salem
T: +49 7553 81284, weingut@mbweinhaus.de
markgraf-von-baden.de

Ab-Hof-Verkauf: täglich 10–18 Uhr
Kellermeister: Manon Dague, Niklas Strobel, Stephan Höhne
Ansprechpartner: Volker Faust
Hektar: 90 ha

Das Weingut des Hauses Baden besteht aus zwei Einheiten, einer in der Ortenau und einer am Bodensee. Die Bodensee-Dependance ist für die Fachbereiche »Eleganz« und »Leichtigkeit« zuständig, die Reben wachsen hier auf 100 bis 150 Metern höher gelegenen Lagen als im Ortenauer Betrieb. Dabei macht es Freude zu sehen, welch gute Rieslinge mittlerweile am See gedeihen – die 2019er Chorherrnhalde ist ein Meilenstein: fein und »kühl«, aber mit wirklicher GG-Statur. Ebenso begeisternd sind die 2018er Spätburgunder aus Bermatingen: In diesem trockenen Jahr haben die Lehmböden geliefert – und wie!

92 2019 Meersburg Chorherrnhalde Riesling GG
Im Duft recht »kühl«, Bergamotte, geriebene Zitronenschale, am Gaumen straff, ein fester Extraktkern auf geschmeidiger Grundlage, kultivierte Säure und eine zurückhaltend dosierte Süße, Saftigkeit im Abklang. Ein kompletter Lagenriesling. 13 Vol.-%, NK, €€€

89+ 2020 Birnau Weißburgunder trocken
Im Duft zeigen sich Birne, Heu und ein Anflug von Honigbonbon. Am Gaumen wirkt der Wein leicht und elegant, flankiert seine Saftigkeit mit einem gut eingebundenen Säurenerv. Seefrische und -leichtigkeit. Ein zurückhaltender Begleiter zum Süßwasserfisch. 13 Vol.-%, DV, €€

93 2018 Bermatingen Leopoldsberg Buchberg Spätburgunder GG
Im Duft Süßkirsche, Kokos, röstige Noten, Preiselbeere, Schwarze Johannisbeere, getrocknete Tomate. Im Mund geschmeidig im Ansatz, defensives, mürbes Tannin, viel Saftigkeit und taktilmineralische, auch salzige Untertöne. Ein großzügiger Burgunder. Und lang. 13,5 Vol.-%, NK, €€€

91+ 2018 Bermatingen Leopoldsberg Spätburgunder Erste Lage trocken
Im Duft vereint sich ein röstiger Holzton mit leicht balsamisch unterlegten Kirscharomen, im Mund wirkt der Wein elegant und saftig im Extraktkern, ist im Alkohol kräftig, in der Säure unauffällig, hat ein mineralisches Fundament und eine schöne Frische im dichten Bau. 13,5 Vol.-%, NK, €€

89 2020 Birnau Müller-Thurgau trocken
Ein Bukett, das die Rieslinggene des Müller-Thurgau zeigt: mit deutlich mehr Pfirsich und Zitrus als Muskat. Im Mund schlank und saftig, mittelgewichtig in Alkohol und Extrakt, mit reifer, fester Säure und einem pointierten Abgang. 12 Vol.-%, DV, €€

★★

MARKGRÄFLER WINZER

Winzerstraße 2, 79588 Efringen-Kirchen
T: +49 7628 91140, h.ruedlin@markgraeflerwinzer.de
markgraeflerwinzer.de

Ab-Hof-Verkauf: Mo bis Fr 9–12.30 Uhr und 13.30–18 Uhr, Sa 9–13 Uhr
Kellermeister: Martin Leyh und Rainer Müller
Ansprechpartner: Hagen H. Rüdlin
Hektar: 940 ha

Was passiert, wenn ein junger und trotzdem schon erfahrener Geschäftsführer eine Genossenschaft umkrempelt, das sieht man an den Markgräfler Winzern: Die Basisweine legen an Format zu, ohne jene Kompromissfähigkeit zu verlieren, die das breite Publikum von ihnen erwartet. Gleichzeitig stoßen die Top-Weine in Regionen vor, die man sonst fast nur bei privaten Weingütern findet. »DER« Chardonnay und »DER« Spätburgunder tragen den großgeschriebenen Artikel zurecht: Zumal in den Landweinversionen sind das DIE Weine, die man auf keinen Fall verpassen darf!

92+ 2019 »DER« Chardonnay Landwein trocken
Würziger Duft, Quitte, Apfelschale, etwas Brioche, mit Minze unterlegt, geröstete Mandel. Am Gaumen fein tarierte Säure, Schmelz und helle Früchte, etwas Birne kommt durch, griffig, mineralisch unterlegt, etwas Salz. Gute Struktur und Länge, toll zum Essen. 13 Vol.-%, NK, €€

91+ 2019 »DER« Chardonnay trocken
Würziger Duft, Melisse, Minze, dazu etwas Rauch und Vanille, unterlegt mit heller weißer Frucht, aber auch etwas rote Grapefruit ist dabei, fein. Am Gaumen mit feiner Säure, roter Apfel, Birne, mineralisch unterlegt, gute Struktur, schöne Länge. 13 Vol.-%, NK, €€

92 2019 »DER« Spätburgunder Landwein trocken
Die Nase ist noch von reduktiven Noten und Spontangärung geprägt, Pfeffer, Rauch, Hefe, etwas Kaffeelikör, dahinter Kirsche. Im Mund mit einnehmendem, noch etwas pelzendem Tannin, druckvoll, würzig, pfeffrig und noch etwas wild, die reife Säure trägt, jung. 13,5 Vol.-%, NK, €€

92 2019 »DER« Spätburgunder trocken
Florale, holzwürzige Noten mit Himbeere, Kirsche und auch Hagebutte, Hibiskus, etwas Schwarztee. Zeigt sich mit kräftiger Struktur, trocken, ohne Anbiederung, reifer Gerbstoff in guter Dosis und mittlerer Körnung, ausgewogene Säure, am hinteren Gaumen zunehmend mineralisch. 13,5 Vol.-%, NK, €€

91 2019 »DER« Weißburgunder trocken

89+ 2020 »Kunstwerk« Ballrechten-Dottingen Castellberg Grauburgunder trocken

88 2020 »G'meinwerk« Gutedel trocken

88 2020 »G'meinwerk« Weißburgunder tr.

88 2020 »G'meinwerk« Grauburgunder tr.

88 2020 »G'meinwerk« Rosé Spätburgunder tr.

91+ 2018 »Kunstwerk« Feuerbach Steingässle Spätburgunder trocken

90 2020 »Kunstwerk« Istein Kirchberg Gutedel trocken
Würziger Duft nach hellen Früchten, Melisse und Minze scheinen durch, mineralischer Zug, etwas Feuerstein. Am Gaumen mit schönem Schmelz, Apfel, Kräuterwürze, griffig und mit gut austarierter Säure, endet auf mineralischen Aromen, gut gelungen. 12 Vol.-%, DV, €

★★

STAATSWEINGUT MEERSBURG

Seminarstraße 6, 88709 Meersburg
T: +49 7532 446744, info@staatsweingut-meersburg.de
staatsweingut-meersburg.de

Ab-Hof-Verkauf: Mo bis Fr 9–18 Uhr, Sa 9–16 Uhr, von April bis Okt. So 11–18 Uhr
Kellermeister: Johannes Brückner
Ansprechpartner: Marion Schäfer
Flaschen/Hektar: 400.000 (50 % weiß, 50 % rot)/63 ha

In gewisser Weise ist das Meersburger Staatsweingut der Rechtsnachfolger des Weinbaus der Konstanzer Fürstbischöfe, die ihr Lagenportfolio im Zuge der Säkularisierung an das Großherzogtum Baden verloren. Seit 1952 gehört der stattliche Besitz dem Land Baden-Württemberg. Die aktuelle Kollektion hat ihre Stärken – wie so oft – in den Lagenweinen aus dem Rieschen (gesprochen mit »sch« wie in »Rausch«). Superb in seiner präzisen Reife der Grauburgunder, und auch der Traminer hat Delikatesse. Der ruhige, ungekünstelte Stil dieser Weine ist vorbildlich!

92+ 2020 »GG« Meersburg Rieschen Grauburgunder trocken
Im Duft sehr präzise, ein perfekt reifer und gesunder, beeriger Grauburgunder und ein Ton von Marron Glacé. Gutes Volumen im Mund, geschmeidig, seidig, gut tragende reife Säure, ein stilvoller Grauburgunder, der Fülle und Seewein-Anmutung verbindet. 13 Vol.-%, DV, €€

90+ 2020 Meersburg Rieschen Traminer feinherb
Kandierte Ananas, Cassata, Rosenholz, bukettreich und klar im Duft. Im Mund mit pikanter Säure und spielender, relativ reich dimensionierter Süße, mittelgewichtig im Extrakt, saftig und zuletzt fast trocken abklingend. 11,5 Vol.-%, DV, €€

90 2020 Hohentwiel Olgaberg Riesling trocken
Im Duft recht nuanciert: etwas Hefe, dann aber vor allem fruchtig (Weinbergpfirsich) und floral (Rose). Auch würzig: Lakritze. Im Mund mit schönem Süße-Säure-Spiel, geschmeidig grundiert und frisch und leicht in der Anmutung. Die Höhenlage macht sich positiv bemerkbar! 12 Vol.-%, DV, €€

90+ 2018 »Großes Gewächs« Meersburg Lerchenberg Spätburgunder trocken
Rauchiges, röstiges Holz. Süßkirsche, Lorbeerblatt. Im Mund mit mürbem Gerbstoff in mittelhoher Menge, reife, gut integrierte Säure, mittelgewichtige Frucht, leicht schokoladige Anklänge. Ein recht kompletter Burgunder für die Speisenbegleitung. 14 Vol.-%, DV, €€€

90 2020 Meersburg Chorherrnhalde Weißburgunder & Chardonnay trocken
89+ 2020 Meersburg Jungfernstieg Weißburgunder trocken
89 2020 »GG« Meersburg Chorherrnhalde Weißburgunder
89 2020 Hohentwiel Olgaberg Müller-Thurgau trocken
88+ 2020 »Annette Cuvée blanc« trocken
89 2020 Meersburg Chorherrnhalde Spätburgunder Weißherbst feinherb
88 2019 Hohentwiel Olgaberg Spätburgunder trocken

90 2020 Meersburg Bengel Spätburgunder Weißherbst trocken
Lachsrosa mit orangetönigen Reflexen. Im Duft pinotbeerig, frisch, klar, Heidelbeere, Apfelschale. Im Mund geradeaus und saftig, lebendige Säure, die von fruchtunterstützender Süße balanciert wird, ein typischer Seewein, solo, zum Schwarzwälder Schinken oder zur Räucherforelle. 12,5 Vol.-%, DV, €

★★★

WEINGUT MICHEL

Winzerweg 24, 79235 Achkarren
T: +49 7662 429, info@weingutmichel.com
weingutmichel.com

Ab-Hof-Verkauf: Mo bis Fr 14–17 Uhr, Sa 10–13 Uhr
Kellermeister: Josef Michel
Ansprechpartner: Josef Michel
Flaschen/Hektar: 106.667 (70 % weiß, 25 % rot, 5 % Rosé)/14 ha

Josef Michel keltert seit vielen Jahren exzellente Burgunder, unter anderem in der Kaiserstühler Top-Lage Achkarrer Schlossberg. Mit der Ernte in diesem Jahr steigt nun Sohn Robin nach Studium an der Wein-Uni in Geisenheim in den Betrieb ein. Wir bilden uns indes ein, dass er seinen Vater vielleicht schon im Jahrgang 2020 unterstützt hat – die puristischen, eleganten Weine der »Tephrit«-Serie entsprechen einem delikaten Geschmacksbild, das junge Winzer oft mögen. Wie dem auch sei: Das Gut überzeugt erneut , wir freuen uns auf die künftigen Weine des Vater-Sohn-Gespanns.

93 2020 Achkarren Schlossberg Grauburgunder GG
Dezent röstiges Holz, Mandarine, Honigmelone. Im Mund lässt der Wein sehr reife Trauben anklingen, mit einer hohen Konzentration in Frucht und Säure, alles zusammengehalten durch einen geschmeidigen, leicht viskosen Fond. Holz-cremige Abgangsnoten. Rund und dabei stilvoll.
13,5 Vol.-%, NK, €€€

91 2020 »Tephrit« Achkarren Grauer Burgunder trocken
Duft nach Birne, Mirabelle und etwas Haselnuss, etwas nasser Stein. Am Gaumen lebendige Säure, schöne Stoffigkeit, helle Früchte, mineralisch unterlegt, gut strukturiert und lang, konsequent trocken, puristischer Grauburgunder.
13 Vol.-%, NK, €€

93 2019 Achkarren Schlossberg Spätburgunder trocken
Florale Noten im Duft, Veilchen, Kirsche und etwas Rote-Bete-Saft kommen dazu. Stoffig angelegt mit Saft und roter Kirschfrucht am Gaumen in einer kräftigen Textur, entspannt unterwegs mit belastbarem, reifem Gerbstoff, der eine gute Reife ermöglicht. 13 Vol.-%, NK, €€€

92 2019 »Tephrit« Achkarren Spätburgunder tr.
Duft nach würziger Sauerkirsche, Johannisbeere, etwas Brombeere und Rauch, fein. Am Gaumen frische rote Früchte, fein gebaute Gerbstoffe, griffig, gut strukturiert, schöne Länge. Elegant und mit Potenzial. 13 Vol.-%, NK, €€€

90 2020 »Tephrit« Achkarren Chardonnay tr.

92 2020 »Tephrit« Achkarren Weißburgunder trocken
Nur eine Prise Holz im insgesamt noch verschlossenen Duft. Leicht floral. Im Mund ziemlich frisch und straff, tolle Säure und eine taktile Mineralität, die das Versprechen des auf Achkarrens Vulkangestein anspielenden Weinnamens einlöst. Pointiert, und günstig! 13 Vol.-%, NK, €€

★★

WEINGUT MOOSMANN

Alte Dorfstraße 32, 79183 Waldkirch
T: +49 7681 7574, genuss@weingut-moosmann.de
weingut-moosmann.com

Ab-Hof-Verkauf: Mo bis Fr 8–18.30 Uhr, Sa 8–16 Uhr
Kellermeister: Georg Moosmann
Ansprechpartner: Michaela Moosmann
Flaschen/Hektar: 187.000 (45 % weiß, 45 % rot, 10 % Schaumwein)/25 ha

Die Buchholzer Sonnenhalde gehört zu den überregional weniger bekannten Lagen, dabei besitzt sie alle Kennzeichen eines Grand Cru: Die Reben wachsen in steilen Amphitheatern auf einem Untergrund, in dem hie und da schon das Grundgebirge des Schwarzwalds durch die Rebzeilen schimmert. Mehr Mineralität geht kaum, in Sachen Sonne und Wärme leidet die Lage ohnehin keinen Mangel. Die aktuelle Kollektion hält wieder einige Highlights bereit: den Muskateller aus Herbolzheim etwa, den »Riddele« Weißburgunder oder die »Alte Reben« vom Spätburgunder – alle trocken, versteht sich.

91+ 2019 »Riddele« Buchholz Sonnhalde Weißburgunder Spätlese trocken
Etwas Neuholz und buttrige, florale Aromen, Lindenblüte, Sonnenblumenöl, etwas Spargel. Fast ölig im Ansatz, die feste Säure bahnt sich ihren Weg aus Schmelz und einem molligen, voluminösen Körper heraus, stoffige Reserven verweisen auf ein gutes Reifepotenzial. 14 Vol.-%, NK, €€

91 2020 Buchholz Sonnhalde Grauburgunder Spätlese trocken
Ein sortentypischer Duft von Melone, Hefe, und auch pinotbeerigen Aromen. Im Mund zeigt sich der Wein gehaltvoll, leicht viskos, geradezu breit, aber auch stoffig, mit einem markanten Säurerückgrat und festen taktilmineralischen Komponenten. 14 Vol.-%, DV, €

93 2018 »Alte Rebe« Spätburgunder trocken
Waldbeeren und dezent brenzlig-mineralische Noten. Ein klein wenig Schokolade und schließlich auch Preiselbeere. Sehr gutes, seidiges Tannin, dichte Gaumenfrucht, feste, reife Säure. Der Gaumen hält die aromatische und stoffige Intensität lange aufrecht. Jung! 14 Vol.-%, NK, €

92 2019 »Opal*S«
Sattes Goldgelb. Intensiver Duft nach Muskatblüte, Holunderbeere, Blütenhonig und Rosinen. Am Gaumen schmelzende Süße, Holunder, süße Birne, wieder Honig, verhaltene Säure, sehr dicht gewoben, braucht noch Zeit, likörartig, gute Länge. 10,5 Vol.-%, DV, €€€

89+ 2018 »Pinot« brut PN/WB/PG

91 2019 »Reichenbächle« Buchholz Sonnhalde Chardonnay Spätlese trocken

90 2019 »Riddele« Buchholz Sonnhalde Grauburgunder Spätlese trocken

90 2020 Buchholz Sonnhalde Weißburgunder Spätlese trocken

89+ 2019 »Reichenbächle« Buchholz Sonnhalde Riesling Spätlese trocken

90+ 2017 Spätburgunder Barrique trocken

89 2018 Spätburgunder Kabinett trocken

91 2020 Herbolzheim Kaiserberg Gelber Muskateller trocken
Im Duft pfeffrig und intensiv muskatwürzig, sehr gut in der Klarheit mit traubigen Untertönen. Im Mund mit fester Säure eröffnend, brotige Gaumenaromen, gute stoffige Dichte, eine Spur von Süße gibt Volumen, ehe der Wein saftig und abermals mineralisch-pfeffrig ausklingt. 13,5 Vol.-%, DV, €

★★★

WEINGUT SVEN NIEGER

SVEN NIEGER

Gartenstraße 21, 76534 Baden-Baden
T: +49 7223 2837795, info@sven-nieger.de
sven-nieger.de

Ab-Hof-Verkauf: Fr 14–18 Uhr, Sa 10–17 Uhr
Kellermeister: Sven Nieger
Ansprechpartner: Sven Nieger
Flaschen/Hektar: 47.000 (80 % weiß, 20 % rot)/15 ha

Sven Niegers Weine tragen Namen wie »Underdog«, »ungezähmt« und »unbestechlich«, und in der Tat fehlt es ihnen nicht an Ecken und Kanten. An Feinheiten hat Nieger in den letzten Jahren dennoch gefeilt: Was wir aktuell verkosten konnten, steht bei aller Wildheit auch nuanciert im Glas – und erweckt den Eindruck, dass stets eine gewitzte Idee auf handwerkliches Können trifft. Für kontroverse Diskussion im Team sorgte einzig der (stille) NV Pinot Noir: reif und komplex im Duft, aber am Gaumen noch etwas rau. Alles in allem: wohltuend im zuweilen eher braven Baden!

93+ 2019 »Seven« Riesling trocken
Im Duft etwas Fuder, Apfel, Hagebutte, balsamische Würzaromen, im Mund mit sehr feiner Phenolik, seidig mit einer unterliegenden Geschmeidigkeit, leicht viskos und tief gestaffelt, nahtlos eingebundene feste Säure, pointiert und ganz auf die Zukunft gebaut. 13 Vol.-%, NK, €€€€

93 2017 »Seven« Riesling trocken
Dezente Holzwürze, aber auch würzige Sortenaromen, Anis, Kreuzkümmel, curryartige Aromen. Im Mund von straffer Säure durchzogen, Hefearomen, leichte Geschmeidigkeit, salzig-mineralische Komponenten, stoffig in der Gaumenmitte, endet eher schlank. 12 Vol.-%, NK, €€€€

93 2019 »ungezähmt« Riesling trocken
Einiges Holz im Duft, dazu Pfirsich und Pfirsichkern, noch eher verschlossen. Druckvoll am Gaumen, stoffig, gutes Volumen, vitale, elegante Säure, ein getragener, leicht viskos geschichteter Hintergrund, viel Extrakt, aber dennoch auch eine unbeschwerliche Ader, gute Länge. 13 Vol.-%, NK, €€€

92 2019 »unbestechlich« Riesling trocken
Kräftig in der Farbe, sattes Gelb. Im Duft Weinbergpfirsich, Hefe, Aprikose, auch Boskop-Apfel. Im Mund stoffig auf geschmeidigem Fond, viel Saft, reife, feste Säure, endet kompakt und frisch, unbestechlich naturbelassen mit guter, kräuterwürzig getönter Länge. 13 Vol.-%, NK, €€€

91+ 2017 »unbestechlich« Riesling trocken

91 2019 »Noah« Cuvée trocken RR/WB

91 2019 »Underdog« Riesling trocken

90+ 2017 »ungezähmt« Riesling trocken

90 2017 »Underdog« Riesling trocken

89 2019 »Sophia« Rosé trocken

91 NV Pinot Noir trocken

90+ 2019 »Underdog« Pinot Blanc trocken
Im Duft pfeffrig, aber auch fein floral, Kamille, Lindenblüte, im Mund saftig und sehnig, lebendige Säure, eine schlanke Verdichtung mit hefigem Hintergrund, stoffig abklingend, dürfte recht positiv reifen.
12 Vol.-%, NK, €€

★★★

WEINGUT NÄGELSFÖRST

Nägelsförst 1, 76534 Baden-Baden
T: +49 7221 35550, info@naegelsfoerst.de
naegelsfoerst.de

Ab-Hof-Verkauf: Mo bis Fr 9–16 Uhr, Sa 10–16 Uhr
Kellermeister: Annette Bähr
Ansprechpartner: Tanja Frietsch
Flaschen/Hektar: 190.000 (75 % weiß, 25 % rot)/33 ha

Das traditionsreiche Weingut – die Ursprünge reichen mehr als 750 Jahre zurück – bewirtschaftet zahlreiche hochwertige Steillagen wie den Neuweierer Mauerberg und den Varnhaltener Klosterbergfelsen. Ziel der Crew um Kellermeisterin Annette Bähr ist es, das Potenzial dieser Lagen in mineralisch definierten Rieslingen und spannungsreichen Spätburgundern zum Ausdruck zu bringen – genau das gelingt dem Weingut! Besonders überzeugte uns der Pinot Noir mit seiner komplexen Art, der extraktreiche und balancierte Riesling aus dem Mauerberg steht ihm aber kaum nach.

92 2020 Neuweier Mauerberg Riesling tr.

Fein und nicht alltäglich im Duft. Aromen von Jasmin, junger Aprikose, Limette sowie Ingwer, Geißblatt und Apfel. Am Gaumen balanciert die gute Säure das deutliche Extrakt, es folgt eine attraktive Mineralität, die in den langen Nachhall führt. 13 Vol.-%, NK, €€

91 2020 Varnhalt Klosterbergfelsen Riesling tr.

Klassisch in der Farbe und sortentypsich im Duft. Aromen von Zitronenzeste und Limette werden begleitet von einer Kräuterwürze sowie nassem Stein. Am Gaumen auch süßer Pfirsich und Jasmin, eingebunden von guter Säure. Leichte Mineralik führt in den Nachhall. 13 Vol.-%, NK, €€

91 2020 Steinbach Stich den Buben Weißburgunder trocken

Fein und durchaus sortentypisch im Duft. In der Nase entwickeln sich Aromen von roher Mandel. Birne, weißem Pfirsich und Aprikosenschale. Am Gaumen mit sehr guter Säure, leichter Phenolik und gut eingebundenem Alkohol. Attraktiver Nachhall. 14 Vol.-%, NK, €€

93 2019 Varnhalt Klosterbergfelsen Pinot Noir trocken

Komplex und fein im Duft. Aromen von dunkler Kirsche, Johannisbeere, Veilchen und Gewürznelke entwickeln sich in der Nase. Am Gaumen folgt eine Holzwürze, eingebunden von einer guten Säurestruktur sowie junger, aber feiner Gerbstoff bei sehr langem Nachhall. 13,5 Vol.-%, NK, €€€

90 2020 Grauburgunder trocken

89+ 2020 »Mein Glücksmoment« Scheurebe feinherb

Duft nach reifen Zitrusfrüchten, Papaya, reifer Stachelbeere, etwas Cassis. Am Gaumen mit schmelzender Süße, lebendige Säure, frische Zitrusfrüchte, griffig und anregend, gut strukturiert, sehr gut zu scharf gewürztem Essen. 11,5 Vol.-%, DV, €€

KAISERSTÜHLER WINZERVEREIN OBERROTWEIL

Bahnhofstraße 31, 79235 Oberrotweil
T: +49 7662 93200, info@winzerverein-oberrotweil.de
winzerverein-oberrotweil.de

Ab-Hof-Verkauf: Mo bis Fr 8–12.30 Uhr und 13.30–17.30 Uhr, Sa 8.30–12.30 Uhr
Kellermeister: Leopold Laible
Ansprechpartner: Roland Leininger
Hektar: 408 ha

Die Vulkanverwitterungsböden des Henkenberg, die Löss- und Lehmböden von Käsle- und Eichberg im südwestlichen Kaiserstuhl bieten beste Bedingungen für Spätburgunder und viele weiße Rebsorten. Hier produziert der Winzerverein Rotweil mit seinen 220 Winzerfamilien auf 408 Hektar diverse Qualitäten – eher konventionelle Weine, wie der mit Süße und Säure spielende Muskateller Sekt; aber auch Top-Lagen-Weine der Jungwinzer-Reihe, die den Fokus auf Frische, moderaten Alkohol und Saftigkeit legen – und erfreulich trocken gehalten sind.

89 2019 Oberrotweil Muskateller Sekt extra trocken
Zitronengeld mit feiner Perlage im Glas. In der Nase entwickelt sich ein intensiver Duft von Rose, Mandel und süßem Pfirsich. Am Gaumen trägt eine lebendige Säure weitere Aromen von Orangenschale, Zitrone und Toast. Der Nachhall wird von einer feinen Süße begleitet. 12,5 Vol.-%, NK, €€

90 2020 »Junge Winzer« Oberrotweil Weißburgunder trocken
Im Duft frisch geschnittene Hecke, weiße Blüten, ein Anklang von Kräutern und Kalk oder Löss. Im Mund vor allem mit Saftigkeit und Frische beeindruckend, sehr elegant fließend, in sich abgeschlossen und rund, erfreulich trocken und dadurch kulinarisch. 13,5 Vol.-%, DV, €

89+ 2019 »Pino Magma« Oberrotweil trocken PG/WB
Im Duft Kapstachelbeere und Mispel, etwas Haselnuss, und Hefe. Nicht im Übermaß gäraromatisch. Seidig im Mund ansetzend, weich, mit reifer Säure und mittelgewichtigem Extrakt, eine leichte Süßspitze hilft dem Volumen.
13 Vol.-%, DV, €

92 2018 Oberrotweil Käsleberg Müller-Thurgau Barrique Trockenbeerenauslese
Eine Spur von Holz, Aprikose, Blütenhonig. Ölig und viskos im Ansatz, betonte Süße, eine Schicht von Röstaromen im Mund, recht kräftige Botrytis, seidig, gute Länge.
9,5 Vol.-%, NK, €€€

88 2018 Oberrotweil Eichberg Spätburgunder trocken

90+ 2020 »Junge Winzer« Oberrotweil Grauburgunder trocken
Gezuckerte Beeren im Duft, Orangenkonfitüre, Charentaismelone. Im Mund mit Druck und Saft, eine Prise an feinen, zarten Phenolen gibt der Fülle Struktur. Ein guter Kompromiss aus sortentypischer Fülle und stilistischer Kühle.
13 Vol.-%, DV, €

★

WEINGUT SCHLOSS ORTENBERG

Weingut Schloss Ortenberg

Am St. Andreas 1, 77799 Ortenberg
T: +49 781 93430, info@wso-wein.de
wso-wein.de

Ab-Hof-Verkauf: Mo bis Fr 8–12 Uhr und 13–17 Uhr, Sa 9–12 Uhr
Kellermeister: Hanspeter Rieflin
Ansprechpartner: Matthias Wolf
Flaschen/Hektar: 334.000 (65 % weiß, 19 % rot, 10 % Rosé, 1 % süß, 5 % Schaumwein)/45 ha

Das traditionsreiche Weingut hat ein ereignisreiches Jahr hinter sich: Im Mai 2021 übernahm der renommierte Hotelier Thomas H. Althoff den Betrieb – als Abrundung seines hochwertigen und umfangreichen Genussportfolios. Wir freuen uns auf die vielfältigen Perspektiven, die sich aus den neuen Besitzverhältnissen ergeben und genießen bis dahin die aktuelle Kollektion, an deren Spitze der selbstbewusst-puristische Riesling »Meisterstück« steht. Überaus interessant ist die rote Cuvée »Meisterstück Furore«, die würzig und balanciert daherkommt und weiteres Reifepotenzial besitzt.

90 2020 »Meisterstück« Ortenberg Schlossberg Klingelberger trocken

Pfirsich und reifer Apfel mit Aprikose, feine kräutrige Würze. Am Gaumen mit einer selbstbewussten Säure, zitrische Anklänge, etwas Limettensaft, saftig, trocken, im Ansatz beinahe puristisch mit salzigen Noten, stimmiger Bau, geht mineralisch ins Finale. 12,5 Vol.-%, NK, €€

89+ 2019 »Meisterstück Réserve« Chardonnay trocken

Reife Birne und Quitte mit Honigmelone, Vanille und Holzwürze. Stoffig am Gaumen mit fester vom Holzausbau geprägter Struktur, salzige Grundierung in einem breit angelegten Volumen, in der Gaumenmitte mit entspannter Gelassenheit, endet mit Mineralität. 14 Vol.-%, NK, €€

90 2020 »Meisterstück Furore« Cuvée trocken CS/SY/PN

Reife Rotfrucht im Bukett mit Holzwürze, Noten von Cassis, Brombeere und Kirsche kommen dazu, etwas Unterholz und Lakritze. Zeigt sich am Gaumen saftig, würzig und mit guter Balance der Elemente: Die Säure trägt, die Gerbstoffe sind markant, gute Länge und Potenzial. 14 Vol.-%, NK, €€

89+ 2018 »Meisterstück« Ortenberg Schlossberg Spätburgunder trocken

Holzwürze und getrocknete Kräuter in der Nase mit reifer Kirsche und Brombeere, Lakritze, etwas Holzkohle. Saftig und würzig am Gaumen mit reifer Frucht und schöner Würze, kräftig gebaut mit Substanz, kein Leichtgewicht. Süßlicher Extrakt, mächtige, reife Gerbstoffe, gute Länge. 13,5 Vol.-%, NK, €€

89 2020 »Meisterstück« Sauvignon Blanc & Sauvignon Gris trocken

89+ 2020 »Granit« Weißburgunder trocken

Reife gelbe Frucht im Duft, Aprikose, auch Papaya, auch ein Ansatz von steinigen Noten. Zeigt in einer kompakten Struktur schöne Frucht von Steinobst und Apfel mit mineralischen Noten, verbindet Wärme mit mineralischer Kühle, trinkig. 13,5 Vol.-%, DV, €

PFAFFENWEILER WEINHAUS

Weinstraße 40, 79292 Pfaffenweiler
T: +49 07664 97960, info@weingut-achenbach.de
pfaffenweiler-wein.de

Ab-Hof-Verkauf: Mo bis Fr 8–12 Uhr und 13–17 Uhr, Sa 9–12 Uhr
Kellermeister: Roland Braun
Ansprechpartner: Stefan Männle
Flaschen/Hektar: 933.000 (71 % weiß, 8 % rot, 18 % Rosé, 2 % süß, 1 % Schaumwein)/92 ha

Das Pfaffenweiler Weinhaus ist eine kleine Erzeugergemeinschaft etwa zehn Kilometer südlich von Freiburg, die für ihre zuverlässig guten Qualitäten bekannt ist. Die in diesem Jahr vorrangig angestellten Weine der »Sancta Clara«-Linie wachsen ausschließlich auf Lehm-Löss-Böden mit einem sehr hohen Anteil an gelbem Kalkstein, die Reben stehen durchweg in Top-Lagen. Besonders gelungen ist der balancierte und charmante Gewürztraminer, der sich als toller Speisenbegleiter zu einem scharfen Gericht anbietet. Toll auch die saftige und dichte Auslese »Brillant« aus Sauvignon Blanc.

90 2020 »Sancta Clara« Gewürztraminer tr.
Duftet nach Rosenblättern, Litschi und Mango. Zeigt am Gaumen die Verbindung von Aromatik, reifer Frucht und Substanz, die einen Gewürztraminer zum idealen Speisenbegleiter macht. Gut balanciert und charmant. Für ein Solo, hält aber auch scharfe Speisen patent aus. 14,5 Vol.-%, DV, €

89 2020 »Sancta Clara« Chardonnay trocken
Im Duft nach reifer Birne und Ananas, dazu würzige Noten. Der Wein zeigt am Gaumen eine lebendige Säure auf saftigem, weichem Fond, der von feiner Würze unterlegt wird. Der Alkohol ist eingebunden, insgesamt balanciert, prima zum Essen. 14 Vol.-%, DV, €

89 2020 »Sancta Clara« Sauvignon Blanc tr.
Typische Sauvignon-Blanc-Nase mit Cassis, reifer Mango und Paprika mit Würze. Zeigt am Gaumen Substanz in einer kompakten Struktur, die feine Restsüße fügt sich gut ein und wird von der präsenten Säure getragen, mit gutem Trinkfluss. 13 Vol.-%, DV, €

89 2020 »Sancta Clara« Grauburgunder tr.
Birne und Honigmelone in der Nase, dazu karamellisierte Walnüsse. Am Gaumen gut gebaut mit Schmelz, Saft, reifer Birne und etwas Piment, hat genug Substanz, um kräftige und würzige Speisen zu begleiten, schön zu Huhn mit orientalischen Gewürzen. 14 Vol.-%, DV, €

88 2020 »Arenit« Chasselas trocken

90 2020 »Brillant« Sauvignon Blanc Auslese
Duft nach getrockneten Zitrusfrüchten, Orangenschale, Johannisbeergelee, Pfirsich, etwas Blütenhonig. Am Gaumen druckvolle Süße, milde Säure, Honig, Pfirsichnektar, schöne Struktur und Länge, prima zum Dessert, hat Potenzial. 10 Vol.-%, DV, €€

★★★

WEINGUT BURG RAVENSBURG

Am Mühlberg 3, 75056 Sulzfeld
T: +49 7259 91120, weingut@burg-ravensburg.de
weingut-burg-ravensburg.de

Ab-Hof-Verkauf: Vinothek in Tiefenbach
Kellermeister: Daniel Rupp
Ansprechpartner: Claus Burmeister
Flaschen/Hektar: 300.000 (60 % weiß, 40 % rot)/38 ha

Burg Ravensburg ist eines der wirklich alten Weingüter. Wahrscheinlich bauten die Römer hier Reben an, die erste schriftliche Erwähnung des Weinguts stammt von 1251. Seine Einzellagen über Sulzfeld am Hügel der Ravensburg sind Legende: Husarenkappe und Kapellenberg stehen für Riesling, Dicker Franz für Blaufränkisch. Das Löchle gilt als eine der besten Burgunderlagen Deutschlands. Auf mineralstoffreichem, kalkreichem Keuper entstehen kraftvolle Weine. Die jetzt verkosteten Jahrgänge 2019 (weiß) und 2017 (rot) haben der Kraft indes auch Eleganz zur Seite gestellt.

93 2019 Sulzfeld Löchle Weißburgunder GG
Klee und Frühlingswiese, ein feiner, vermutlich vom Keuperboden geprägter Duft. Am Gaumen hat der Wein Volumen, die konzentrierte Säure harmoniert gut mit dem leicht viskosen Fond, die phenolische Komponente hat Kraft. Zuletzt kompakt, salzig und lang. 13 Vol.-%, NK, €€€

92 2019 Sulzfeld Husarenkappe Riesling GG
Reife Gelbfrucht in der Nase mit kräutriger Begleitung, Aprikose, auch etwas Grapefruit und Rauch. Stoffig am Gaumen, saftig und mit Schmelz in einem kräftigen Körper, die feine Säure behauptet sich, leicht zitrisch, kräftig und elegant, klare Handschrift. 13 Vol.-%, NK, €€€

93 2017 Sulzfeld Dicker Franz Blaufränkisch GG
Schöne ätherische Nase, Latschenkiefer, balsamisch kräuterwürzig, Pfeffer, Brombeeren, Pflaumen, Schattenmorelle. Am Gaumen saftig, fein eingegliedertes Tannin, gut eingebundene Säure, saftige Frucht, schöne Dichte, langer Nachhall. 13,5 Vol.-%, NK, €€€

92 2017 Sulzfeld Löchle Pinot Noir GG
In der Nase Waldfrüchte, getrocknete Erdbeeren, Laub, Waldboden und Bitterschokolade. Am Gaumen druckvoll, schöne Würze, schöne Säurestruktur bei einem gut eingebundenen reifen, feinen Gerbstoff und schöner Säurestruktur. Saftig, lang im Nachhall. 13 Vol.-%, NK, €€€

92 2019 Eichelberg Kapellenberg Riesling GG

93 2019 Sulzfeld Löchle Grauburgunder GG
Strahlendes Kupfergold im Glas. Schöne Nussaromatik in der Nase, Kräuterwürze, Holznoten, Vanille, Karamell und rote Äpfel. Am Gaumen stoffig mit schönem seidigem Schmelz, tollem Extrakt, guter Phenolik und gut eingebundener Säure. Reifepotenzial, aber auch jetzt schon stark. 13,5 Vol.-%, NK, €€€

★★★

WEINGUT RIEGER

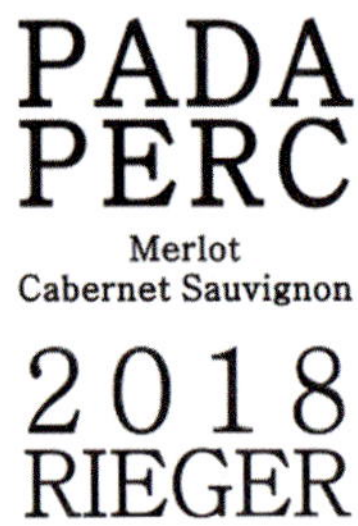

Noblingstraße 13b, 79426 Buggingen
T: +49 7634 2013, info@weingutrieger.de
weingutrieger.de

Ab-Hof-Verkauf: Mo bis Fr 9–12 Uhr und 14–18 Uhr, Sa 10–15 Uhr
Kellermeister: Markus Brauchle und Philipp Rieger
Ansprechpartner: Philipp Rieger
Flaschen/Hektar: 213.000 (65 % weiß, 20 % rot, 8 % Rosé, 7 % Schaumwein)/25 ha

Das Bioweingut Rieger aus dem badischen Buggingen hat sich mit seiner neuen Kollektion fest im Drei-Sterne-Bereich verankert. 25 Hektar stehen Philipp Rieger mittlerweile zur Verfügung, die gänzlich nach biodynamischen Prinzipien bewirtschaftet werden. Das Weingut ist Mitglied bei Demeter. Die angestellten Weißweine zeigen einen schönen Trinkfluss und eignen sich ideal für die Begleitung bei Tisch. Dies gilt sowohl für die Burgundersorten als auch für den Chasselas. Bei den Rotweinen ist die südliche Kraft des Jahrgangs 2018 spürbar.

91 2019 »SR Alte Rebe« Grauer Burgunder tr.
Ein blasses Rotgold in der Farbe. Im Duft eine reife, satte Beerenfrucht, Hagebutte, Hefe, dezentes Boisée. Im Mund setzt der Wein sehr geschmeidig an, dann blitzt Frischfrucht auf, in der Gaumenmitte zeigen sich Volumen und Alkoholkraft, ein Hauch Phenolik und reife Säure. 13 Vol.-%, NK, €€

90 2019 »SR Alte Rebe« Weißer Burgunder tr.
Blassgelb mit leicht grünlichen Reflexen im Glas. In der Nase noch ein wenig von der Hefe geprägt, angenehm dezent, kein primärfruchtiger Schreihals. Am Gaumen gibt es leicht spürbares Holz, eine schöne Dichte und einen guten Trinkfluss. Gehobener Tischwein. 13 Vol.-%, NK, €€

91 2018 »SR Alte Rebe« Spätburgunder tr.
Recht hellfarbig mit röstigem Rand fließt der Rote ins Glas. Süßkirsche, ein gewisser Biss und eine leichte Holzlaktik in der Nase. Am Gaumen überrascht die »Alte Rebe« dann mit einer erstaunlichen Präsenz. Dicht, pikant, würzig, Reifepotenzial. 14 Vol.-%, NK, €€

90 2018 »Padaperc« trocken ME/CS
65 Prozent Merlot und 35 Prozent Cabernet Sauvignon stecken in dieser Bordeauxcuvée. Am Gaumen gefällt besonders die seidige Textur mit dem gut ausgewogenen Gerbstoffgerüst, während die Frucht gerade noch die Kurve vor der Überreife bekommt. 14 Vol.-%, NK, €€

88 2020 Chardonnay trocken

90 2020 »Steinig« Chasselas trocken
12 % Alkohol, ganz trocken, unter zehn Euro – das sind die technischen Daten für diesen Chasselas aus Baden. Fein rauchige Reduktionsnote in der Nase, am Gaumen mit einem leichten, aber spürbaren Grip. Wird mit Luft immer cremiger – nicht unterschätzen! 12 Vol.-%, DV, €

★

WEINGUT ROSENHOF

Schriesheimer Straße 101, 68526 Ladenburg
T: +49 151 40524106, weingut.rosenhof@googlemail.com
weingut-rosenhof.eu

Ab-Hof-Verkauf: Fr 15–18 Uhr, Nov. und Dez. Sa 11–14 Uhr
Kellermeister: Matthias Schmidt
Ansprechpartner: Matthias Schmidt
Flaschen/Hektar: 33.000 (65 % weiß, 20 % rot, 10 % Rosé, 5 % Schaumwein)/4 ha

Schon als Kind stand Matthias Schmidt mit seinem Vater im Weinberg und lernte das Winzerhandwerk. Sein eigenes Weingut Rosenhof gründete er 2010 in einem alten Gutshof nördlich von Heidelberg. Was er hier erzeugt, hat uns bei seinem Debüt in diesem Weinführer gut gefallen. Ein besonderes Händchen scheint Schmidt für Sauvignon Blanc zu haben: Der 2020er »Black Label« verfolgt eine muskulöse Stilistik, der kleine Bruder, der Guts-Sauvignon-Blanc, ist unser besonderer Tipp: exotisch im Duft, saftig am Gaumen. Wir sind bereits gespannt auf nächstes Jahr.

91+ 2020 »Black Label« Sauvignon Blanc tr.
In der Nase Holzwürze und etwas Rauch, dahinter zeigt sich gelbe Frucht wie Aprikose und auch Maracuja. Am Gaumen kräftig und fest strukturiert mit klar definierter Muskulatur, dabei auch saftig und elegant mit einer reifen, tragenden Säure. Eigene Handschrift. 13 Vol.-%, DV, €€

90+ 2020 »Black Label« Weißburgunder tr.
Kräftiger Duft nach reifem Apfel, Birne und Aprikose, nussige Aromen, Würze und Rauch. Ein Weißburgunder, der mit einer kräftigen und festen Struktur aus dem Vollen schöpft, viel Saft, Schmelz und auch Süße, getragen von einer reifen und kompakten Säureader. Auch zum Essen. 13,5 Vol.-%, DV, €€

90 2020 »Black Label« Riesling trocken
Duftet nach rotem Apfel, reifer Reneklode und feinen Wiesenkräutern. Zeigt sich geschmeidig und saftig am Gaumen in einer mittleren Struktur und mit gut eingewobener Säure, Aprikose zeigt sich und wieder Apfel, mit feiner Phenolik. Im Einklang und konsistent. 12,5 Vol.-%, DV, €€

90 2020 »Charta« Cuvée trocken WB/PG/CH
Apfel, Zitrusfrucht und Birne in der Nase mit floralen und kräutrigen Noten. Setzt am Gaumen auf weichem Fond mit reifer, saftiger Frucht und reifer Säure stoffig an, die Süße sorgt für Abrundung. Die ausgewogene Balance schafft Zugänglichkeit, feine Würze im Ausklang. 13,5 Vol.-%, DV, €

89+ 2016 »MMXVI Black Label« trocken CS/ME

89+ 2020 Sauvignon Blanc trocken
Etwas Papaya und Mango mit Schwarzer Johannisbeere in der für die Rebsorte eher zurückhaltenden Nase. Im Mund saftig und mit schöner, ausgewogener Säure in einer klar gefassten Kontur, etwas süße Birne kommt dazu. Gut balancierter Wein mit klarem Ausdruck. 12,5 Vol.-%, DV, €

★★★★★

WEINGUT SALWEY

Kirchweg 11, 79235 Oberrotweil
T: +49 7662 384, weingut@salwey.de
salwey.de

Ab-Hof-Verkauf: Mo bis Fr 14–18 Uhr (Jan. und Febr. bis 17 Uhr), Sa 11–17 Uhr
Kellermeister: Konrad Salwey
Ansprechpartner: Philipp Hettich
Flaschen/Hektar: 150.000 (60 % weiß, 40 % rot)/23 ha

Konrad Salwey wurde vor etwas mehr als zehn Jahren zum Winkelried des Kaiserstühler Weins, als er den stilistischen Umschwung vom reifen, ausladenden Stil zur straffen Frische einleitete. Damals musste er Prügel einstecken, doch inzwischen hat sich zur Genüge erwiesen, wie Recht Salwey hatte und wie weit er seiner Zeit voraus war. Der Lohn für seine Hartnäckigkeit ist ein internationaler Markt, selbst im burgundaffinen Belgien gelten seine Pinots inzwischen als Rivalen für Chambertin & Co. Die 2019er, das ist gewiss, werden den Ruhm weiter mehren.

93+ 2018 Oberrotweil Kirchberg Weißburgunder GG
Die Würze kommt auch, aber nicht nur aus dem Holz: Anis, Heu und Fenchelsamen. Sesam. Zart phenolisch texturiert im Mund, etwas körniger als seidig, homogen druckvoll, eine lange Plateauphase, dicht, feste Säure. Noch komplett verschlossen. 13 Vol.-%, NK, €€€

95+ 2019 Oberrotweil Kirchberg Spätburgunder GG
Dunkle und würzige Noten, pfeffrig, Schwarztee, Safran, rote Kirsche. Entfaltet sich geschmeidig am Gaumen mit kräftigem Gerbstoffrückgrat und eingebundener Säure, monolithisch, aber in klarer Kontur, mit großem Potenzial. Bleibt nach dem Öffnen eine Woche stabil. 14 Vol.-%, NK, €€€€

95 2019 Oberrotweil Henkenberg Spätburgunder GG
Zeigt sich mit Holzwürze im Duft, Rauch, rote Kirsche, Pfeffer und etwas Menthol. Setzt am Gaumen saftig an mit noch wenig entwickelter Frucht, trocken in einem kräftig gebauten Konstrukt mit markantem Gerbstoff. Kein Schmeichler, seriös mit klarem Lagenausdruck. 14 Vol.-%, NK, €€€

95 2019 Oberrotweil Eichberg Spätburgunder GG
Würzig und pfeffrig in der Nase mit Assamtee und Schattenmorelle. Zieht am Gaumen entschlossen seine Bahn mit guter Spannung, vernachlässigt aber die elegante und saftige Seite nicht. Präzise Gerbstoffe, fein nuanciert und balanciert. Beste Anlagen zur Reifung. 14 Vol.-%, NK, €€€

93+ 2018 Oberrotweil Henkenberg Grauburgunder GG

95 2018 Oberrotweil Steingrubenberg Weißburgunder GG
Kräuterwürzig im Duft, sehr komplex, auch jodig, Austernschale. Edle Phenole, plastisch und frisch, ein Hauch Rappigkeit, geschmeidiger Hintergrund, aber ohne jede Breite mit deutlich mineralischer Tönung und abermals viel Würze im Abgang. 13 Vol.-%, NK, €€€

★★★★

WEINGUT AM SCHLIPF SCHNEIDER

Lörracher Straße 4, 79576 Weil am Rhein
T: +49 7621 72817, info@schneiderweingut.de
weingut-am-schlipf.de

Ab-Hof-Verkauf: Di bis Fr 9–12 Uhr und 14.30–18.30 Uhr, Sa 9–14 Uhr
Kellermeister: Johannes Schneider
Ansprechpartner: Christoph Schneider
Hektar: 15 ha

Johannes und Christoph Schneider haben wir als Falstaff Newcomer des Jahres nominiert (siehe S. 29) – mehr dazu weiter vorne im Buch. Was sich schon in den letzten Jahren angedeutet hat, fanden wir nun aufs Überzeugendste zugespitzt: Die Brüder verstehen es, die Burgunderklassik ihres Vaters Claus mit zusätzlichem Fokus auf Frische und Präzision fortzuführen, daneben schaffen sie Experimentelles, das seine Eigenständigkeit aus handwerklichem Können bezieht. Das ist moderner Fünfkampf Markgräfler Art: Gutedel, Burgunder weiß und rot, Orange und Vin Nature. Und das alles in Bioqualität!

93 2020 »Haus Gupi - Capharnaüm« trocken PN/PG/WB/GE
Hellgolden. Hefe und animalische Noten. Hinter der Spontangärungsaromatik Apfel, Pfirsich. Walnuss. Schwarztee. Geschmeidig ansetzend, dann eine hohe Menge sehr feinen Tannins, Salzig. Sehr eigenständig.
10,5 Vol.-%, NK, €€€

93 2019 Weil Schlipf Chardonnay trocken
Melone, Salzzitrone und Birne in der Nase, etwas Hefe kommt dazu, Kräuter, gebratene Polenta. Am Gaumen mit kräftiger und fester Struktur, geschmeidig und dabei klar definiert mit gutem Extrakt, präsente Säure, mineralisch grundiert, feine Salzigkeit, gute Länge. 13 Vol.-%, NK, €€€

94 2018 Weil Schlipf Spätburgunder trocken
Etwas Himbeere, Karamell. im Mund dicht, saftig, exzellent extrahiert, integrierte Säure, gut verarbeitetes Holz, leichte Salzigkeit, wird auf lange Sicht Fülle und Struktur auf höchstem Niveau vereinen. 13 Vol.-%, NK, €€€

93 2018 Weil Spätburgunder trocken
Kirsche, Tabak, dezentes Holz. Im Mund mit einem dichten, aber zugleich unanstrengenden Gerbstoffgerüst, fest, kalkgeprägt, in den Proportionen nahe der Perfektion. Burgundisch. 13,5 Vol.-%, NK, €€

90 2020 »Haus Gupi - La Bohème« Gutedel trocken

91 2019 »Le Blanc vom Kalkstein« trocken WB/CH
Etwas Hefe in der Nase, Apfel, Apfelschale, etwas gelbe Frucht, Aprikose, nasser Stein und Sesam. Am Gaumen kompakt gebaut mit feinem Saft und zurückhaltender Säure, trocken in seiner Anmutung mit deutlichem kalkmineralischem Timbre, unaufgeregt und spannend.
13 Vol.-%, DV, €€

★★★

WEINGUT KONRAD SCHLÖR

Martin-Schlör-Straße 22
97877 Wertheim-Reicholzheim
T: +49 9342 4976, info@weingut-schloer.de
weingut-schloer.de

Ab-Hof-Verkauf: nach Vereinbarung
Kellermeister: Konrad Schlör
Ansprechpartner: Konrad und Monika Schlör
Flaschen/Hektar: 32.000 (45 % weiß, 45 % rot, 10 % Schaumwein)/6 ha

Eine der wenigen althergebrachten Rebsorten, deren Prestige noch Steigerungsbedarf hat, ist Schwarzriesling. Andernorts lieber als »Pinot Meunier« vertrieben, hält Konrad Schlör eisern an der regional üblichen Bezeichnung fest. Wer seine Weine probiert, versteht schnell, weshalb Schlör als ungekrönter König dieser Rebsorte gilt. Am Ausgang des Taubertals, auf der windigen Höhe des Reicholzheimer Firsts, entstehen Weine von großer Eigenständigkeit. Dichte Gewächse, die aber auch fein und elegant sind. Wir nehmen das Weingut auf die Watchlist zum vierten Stern.

94 2018 »Fyerst 1476« Schwarzriesling tr.
Dunkelfarben wie kaum ein anderer Schwarzriesling. In der Nase intensive ätherische Noten, Wacholder, schwarzer Pfeffer. Süß anmutender Reifeextrakt an der Zungenspitze, erinnert ein bisschen an feinsten argentinischen Malbec, großes Reifepotenzial. 14,5 Vol.-%, NK, €€€€

94 2019 Reicholzheim Oberer First Spätburgunder GG
Interessanterweise weniger vom »süßeren« Holz in der Nase beeinflusst als der Spätburgunder »R«, viel mehr Rauch und Grafit. Am Gaumen zeigt sich eine gleichzeitig elegante und kernige Sauerkirschnote. Fein im Tannin, gute Struktur, sehr gelungen. 14 Vol.-%, NK, €€€

92 2019 »R« Reicholzheim First Schwarzriesling trocken
Schwarze Pflaume und Holzrauch in der Nase, eleganter und hochwertiger als der Ortswein. Auch wenn Tiefe und Nachhall gegenüber dem Spätburgunder-GG zurückbleiben, ist dies ein Schwarzriesling-Idealtyp, den man getrunken haben sollte. 13,5 Vol.-%, NK, €€€

91 2019 »R« Reicholzheim First Spätburgunder trocken
Zwei-Komponenten-Nase mit vanilligen Anklängen und einer herberen Spätburgundernote. Am Gaumen verschwindet das Schmeichelnde rasch und gibt einer dunkelfruchtigen, noch gut von Gerbstoffen getragenen Interpretation Raum. Pommard an der Tauber. 14 Vol.-%, NK, €€€

90 2020 Reicholzheimer First Weißburgunder trocken

90 2019 Reicholzheim Schwarzriesling tr.
Mittelfarben, leicht ätherischer Duft, Wacholder, Holundermark. Im Mund ist der Hausklassiker sofort da, sanfte Gerbstoffe, ganz trocken, keine »deutsche« Holzwürze, dafür eine sehr schöne Dichte. Der Speisenwein schlechthin. 13 Vol.-%, DV, €€

★★★

WEINGUT SCHNEIDER-PFEFFERLE

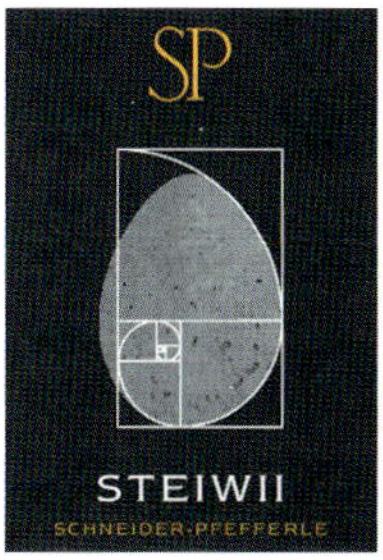

Kolpingstraße 7, 79423 Heitersheim
T: +49 7634 2836, info@weingut-schneider-pfefferle.de
weingut-schneider-pfefferle.de

Ab-Hof-Verkauf: nach Vereinbarung
Kellermeister: Katharina Pfefferle
Ansprechpartner: Katharina Pfefferle
Hektar: 8 ha

Das Heitersheimer Weingut, das Katharina Pfefferle gemeinsam mit ihrem Mann Mathias führt, bestätigt den sehr guten Eindruck der vergangenen Jahre. Herzlichen Glückwunsch zum dritten Stern! Besonders überzeugen die im Betonei ausgebauten Weine – »Steiwii« genannt – und der 2017er »Pur« Weißburgunder, der zeigt, welch Reifepotenzial Orangewein hat. Nach vier Jahren ist der Wein griffig und animiert zum nächsten Schluck. Unbedingt probierenswert ist auch der 2017er »Steiwii« Chasselas, der uns mit seinem mineralischen Timbre beeindruckt hat – Gutedel reloaded!

92 2017 »Pur« Weißburgunder trocken
Orange mit leichtem Möhrenrot, Orangenschale, mit Rauch und Noten vom Barriqueausbau. Setzt am Gaumen erst geschmeidig an, dann kommt schnell etwas herber Grip mit merklichem Tannin dazu, das sich in die kräftige Struktur gut einfügt. Animiert zum nächsten Schluck. 13,5 Vol.-%, DV, €€

91 2018 »Steiwii« Grauer Burgunder trocken
Leichtes Goldgelb, reife Birne und karamellisierte Walnüsse in der Nase, eingelegte Quitte und Würze. Der kräftig gebaute Körper wird von einer lebendigen Säure durchzogen, mit salzigen Noten und feiner Mineralität. Trocken, phenolisch, mit eigenem Charakter. 13,5 Vol.-%, DV, €€

91+ 2017 »Steiwii Chasselas« Gutedel trocken
Blüten, Wiesenkräuter, Mispel, Apfel, Anis und nasser Stein. Gutedel, der die Tradition mit seiner kräftigen Struktur, inneren Dichte und seinem mineralischen Timbre hinter sich lässt. Schmelz und feine Phenolik spielen auch mit, etwas Jod im unaufgeregten Finale. 13 Vol.-%, DV, €€

91 2020 »Fumé« Sauvignon Blanc trocken
Feiner Rauch und Würze in der Nase mit Cassis, reifer Maracuja und gelbem Paprika. Zeigt Kraft, Volumen und auch Dichte am Gaumen mit einer präsenten, würzig begleiteten Säure, betont trocken und auch klar im Ausdruck, mit feinen Gerbstoffen und etwas Zitrusfrucht. 13,5 Vol.-%, DV, €€

90+ 2018 »S« Blauer Spätburgunder trocken
Holzwürze, Rauch, Gewürznelke und Kirschnoten in der kräftigen Nase. Jahrgangsbedingt eine kräftige Burgunderinterpretation mit Volumen und guter Substanz, einer guten Dosis reifer, saftiger Gerbstoffe, die gut eingebundene Säure schafft Gleichgewicht, gute Länge. 14,5 Vol.-%, DV, €€

90 2018 »S« Grauer Burgunder trocken
Rauch und Holzwürze mit gelber Frucht und Birne am Gaumen, reife Honigmelone. Mit erwachsener und fester Statur im Mund und Muskulatur, die stabile Säure trägt, Würze und Saft, dabei betont trocken und unkitschig. Kulinarisch geeignet zu Reis mit hellem Fleisch. 13,5 Vol.-%, DV, €€

★★

WEINGUT LOTHAR SCHWÖRER

Waldstraße 6, 77971 Kippenheim
T: +49 7825 7411, mail@weingut-lothar-schwoerer.de
weingut-lothar-schwoerer.de

Ab-Hof-Verkauf: Mo bis Fr 16–19 Uhr, Sa 9–15 Uhr
Kellermeister: Lothar Schwörer
Ansprechpartner: Lothar Schwörer
Flaschen/Hektar: 73.000 (50 % weiß, 48 % rot, 2 % Rosé)/10 ha

Der umtriebige Lothar Schwörer bleibt seiner Linie treu und keltert weiterhin wunderbar unaufgeregte und entspannte Weine, die das Terroir abbilden – rund um seinen Heimatort Schmieheim dominieren Kalkböden. Besonders gut gelingt das beim extraktreichen, aber keinesfalls schweren Chardonnay »Kalksteinfels«, der jetzt bereits bei Tisch sehr viel Freude bereitet und über die Jahre noch deutlich zulegen wird. Sehr interessant ist der 2018er Merlot, betont würzig und dicht – ein Genuss zu Schmorgerichten. Und ein neuerlicher Beweis, dass Rebsorten aus südlichen Regionen mittlerweile in Baden perfekt reifen.

91+ 2019 »Kalksteinfels« Chardonnay* tr.**
Birne und Aprikose in der Nase mit feinem Rauch und nassem Stein, auch gelbe Blüten. Durch den Barriqueausbau in fest gebauter Struktur, fein ziselierte Säure, guter Extrakt, reife Phenole und griffige Tannine. Kommt ohne dienende Süße aus. Kulinarisch gedacht, jung. 13 Vol.-%, NK, €€

91 2019 »Kalksteinfels« Weißburgunder* tr.**
Holzwürze und Rauch vom Barriqueausbau mit Aprikose und Zitrusfrucht, auch etwas Holunderblüte. Setzt im Mund in einer kräftigen und festen Struktur saftig und trocken an, Apfel und leicht salzige Noten zeigen sich, feiner Tannineintrag. Gute Länge und auch Potenzial. 13,5 Vol.-%, NK, €€

90+ 2019 »Kalksteinfels« Grauburgunder* tr.**
Zunächst verhaltener Duft, Blüten, Rauch, etwas Holzwürze, Pannacotta mit Birne, auch Apfel und getrocknete Kräuter. Zeigt sich im Mund stoffig und würzig in einem voluminösen Format mit Dichte und auch Gerbstoffen, trocken und unkitschig, dezente Gaumenfrucht. 13,5 Vol.-%, NK, €€

89+ 2018 Merlot trocken
Die Frucht versteckt sich anfänglich noch hinter der Holzwürze, Kirsche, Schwarze Johannisbeere zeigen sich, etwas Menthol. Die aufgeweckte Säure gibt im Mund in einer kräftigen Struktur mit viel Würze und markantem Gerbstoff den Ton an. Perfekt zu Schmorgerichten. 14 Vol.-%, DV, €

89 2020 »Sünde« Grauburgunder Auslese

89 2018 »Fass Nr. 1« Spätburgunder trocken
Zunächst Holzwürze in der vom Ausbau geprägten Nase, Kirsche, etwas Pflaume, Wacholderbeere, nasses Unterholz. Setzt am Gaumen mit süßlichem Extrakt und reifer, tragender Säure in einem kräftigen Volumen geschmeidig an, Würze und reife Fruchtnoten tragen ins Finale. 13,5 Vol.-%, NK, €

★★★★

SHELTER WINERY

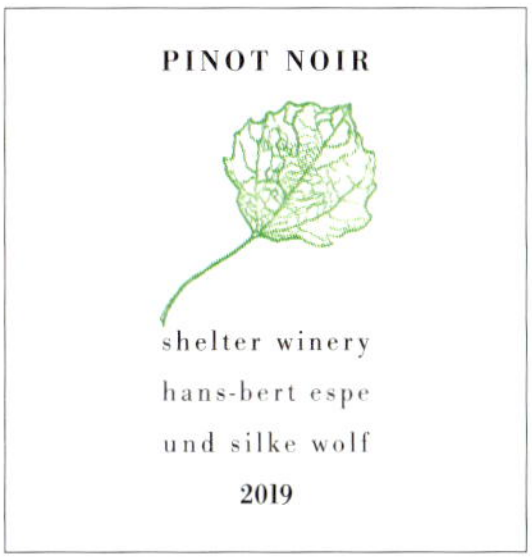

Salzmatten 1, 79341 Kenzingen
T: +49 7644 927663, espe@shelterwinery.de
shelterwinery.de

Ab-Hof-Verkauf: nach Vereinbarung
Kellermeister: Hans-Bert Espe und Silke Wolf
Ansprechpartner: Hans-Bert Espe und Silke Wolf
Flaschen/Hektar: 20.000 (5 % weiß, 95 % rot)/5 ha

N114, das ist der Name des Bunkers (= Shelter) auf dem ehemaligen Militärflughafen in Lahr, in dem Silke Wolf und Hans-Bert Espe begannen, ihre Weine auszubauen. »N114« ist aber auch der Name ihres Spitzen-Pinots, von dem, hélas!, nur ein einziges Barriquefass existiert. Im Jahrgang 2019 war es möglich, großartige Weine zu keltern, und genau das haben die beiden »Alt-Geisenheimer« getan. Bereits der kleinste Rote ist dabei so gut, dass man sich unwillkürlich fragt, wie viele Stufen darüber noch folgen können. Herzlichen Glückwunsch zum Aufstieg und zum vierten Stern!

92+ 2014 »Sparkling« brut nature
Sehr attraktiv im Duft von Geißblatt, Biskuit und Mango. Am Gaumen balanciert die sehr feine Säure die leicht exotische Frucht sowie das leichte Hefearoma, Zitrone und nassen Stein. Sehr feines Mousseux führt bei einem eher schlanken Körper in einen langen Nachhall. 12 Vol.-%, NK, €€

91+ 2019 Chardonnay trocken
Leichtes Goldgelb in der Farbe, reife Noten von Apfel und Aprikose in der Nase, auch etwas Ananas, Quitte, buttrige und rauchige Noten. Kräftig und fest gebauter Chardonnay mit viel Würze am Gaumen, trocken und einprägsam mit reifer Säure, salzig unterlegt. Gute Länge. 13 Vol.-%, KK, €€

96 2019 »N114« Pinot Noir trocken
In der Nase ähneln sich die drei Shelter-Pinots: dezent, fein, herbal, keine Primärfrucht. Am Gaumen ist der »N114« dann schlichtweg einer der großen deutschen Rotweine. Enorme Eleganz, samtige Fruchtdichte wie ein Chambolle-Musigny. Erhaben. 13 Vol.-%, DV, €€€€

94 2019 Pinot Noir trocken
In der Nase gibt es nicht nur Pinot-Noir-Typisches, sondern sogar »weiße« Noten: Hopfen, Zitrisches, ungemein viel Frische. Am Gaumen ist der Pinot ein hocheleganter Vertreter seiner Zunft. Mehr Tiefe als beim Spätburgunder, spannungsgeladen, superb. 13 Vol.-%, DV, €€€

91 2019 Spätburgunder trocken
Erstaunlicher Touch von frischem Hopfen in der Nase bei zurückhaltender Frucht. Dicht ist der Wein im Mund, ein wunderbarer Fruchtkern bietet das Zentrum für Säure und Stoff. Bei schlappen zehn Euro das größtmögliche Schnäppchen schlechthin! 13 Vol.-%, DV, €€

★★★

WEINGUT STIGLER

Bachenstraße 29, 79241 Ihringen
T: +49 7668 297, info@weingut-stigler.de
weingut-stigler.de

Ab-Hof-Verkauf: Mo bis Sa 10–12 Uhr und 15–18 Uhr
Kellermeister: Andreas Stigler
Ansprechpartner: Regina Stigler
Flaschen/Hektar: 80.000 (50 % weiß, 25 % rot, 10 % Rosé, 5 % süß, 10 % Schaumwein)/15 ha

Das traditionsreiche Ihringer Weingut pflegt einen Stil, den man mit »badische Klassik« umschreiben könnte – wohl wissend, dass diese Tradition heute nicht mehr sehr verbreitet ist. Die Spätburgunder weisen kraftvolle Gerbstoffgehalte auf, bleiben in Frucht und Würze aber zartbesaitet, und sie belohnen Geduld, wie der fair bepreiste 2014er Ortswein zeigt. Bei den Weißweinen steht ein wuchtiger Chenin Blanc (14 Volumenprozent!) neben Burgundern, die den Brückenschlag von Baden nach Burgund schaffen und nach kongenialer Küche verlangen.

92+ 2019 Ihringen Winklerberg Pagode Weißburgunder GG
Der Duft spielt mit balsamisch-kräuterwürzigen Hochreifearomen, erinnert etwas an Auslese trocken. Im Mund hat der Wein Statur und Volumen, fügt eine reife Säure mit seidiger Phenolik, Schmelz und taktilmineralischen Komponenten zusammen. Gute Länge. 13 Vol.-%, NK, €€€

92+ 2019 Ihringen Winklerberg Pagode Chardonnay GG
Rauchiges Ambiente zu Birne und Melone, auch etwas Ananas. Weich und saftig ansetzend mit Würze in einem kräftigen Körper. Zeigt badische und burgundische Noten, Tiefe, Würze und Mineralik. 13,5 Vol.-%, NK, €€€

92 2018 »F 36« Ihringen Winklerberg Herrgottswinkel Riesling GG
Petrol und Weihrauch, Leder, eine sehr würzige Nase, Bergamotte. Im Mund straff und streng, knackige Säure, auch noch etwas Gärungskohlensäure, präsente Phenolik, schmeckt fast wie ein traditioneller, ganz trockener Elsässer. Hat viel Substanz. 12,5 Vol.-%, NK, €€€

92+ 2017 Freiburg Schlossberg Spätburgunder GG
Floral in der Nase und würzig mit etwas Holz, reife Kirsche, Hagebutte, Salbei. Kräftig gebaut am Gaumen mit kompakter und tragender Tanninstruktur sowie präziser und gut führender Säure, trocken, fordernd, leicht grünliche Anklänge. Ist noch nicht am Ende angekommen. 13,5 Vol.-%, NK, €€€

91 2019 Ihringen Chenin Blanc trocken

91 2014 »F 5« Ihringen Spätburgunder tr.
Transparenter und reifer Farbrand. Eine feine Burgunderwürze im Duft. Gewürzkiste, Berglorbeer, Herzkirsche, glasklar im Duft, mit cremigem Hintergrund und einem noch immer straffen, in Resten sogar noch rappigen Gerbstoffkern. Jetzt schön zu trinken, hat aber noch Reserven. 13,5 Vol.-%, NK, €€€

★★★★

WEINGUT FRITZ WASSMER

Lazariterstraße 2, 79189 Bad Krozingen-Schlatt
T: +49 7633 3965, mail@weingutfritzwassmer.de
weingutfritzwassmer.de

Kellermeister: Fritz Waßmer
Ansprechpartner: Fritz Waßmer
Hektar: 38 ha

Fritz Waßmer ist für einen Weinstil bekannt, der in die Vollen geht: Die Weine haben Schmelz und Druck, die Roten reizen die Fleischigkeit des Gerbstoffs aus und erwecken den Eindruck, für einen Reifehorizont von Jahrzehnten gemacht zu sein. Auch die neuen Weine bleiben dieser Stilistik treu, wenngleich uns scheint, dass die Weißweine mit etwas kräftiger dosierten Phenolen aufwarten als in der Vergangenheit. Das tut ihrer Fülle keinen Abbruch, und dem Reifevermögen schon gar nicht. Wir sind gespannt auf die weitere stilistische Entwicklung.

93+ 2019 Herbolzheim Kaiserberg Chardonnay trocken
Im Duft noch verschlossen. Andeutungen von Toastwürze, kandierter Orangenschale, etwas feuchtem Stein. Im Mund mit mürbem Phenoldruck, mit festem Säurerückgrat, einer im Gaumenverlauf sich steigernden Adstringenz und mit kompaktem, sehr stoffigem Abklang. 12,5 Vol.-%, NK, €€€€

93 2019 Herbolzheim Kaiserberg Spätburgunder trocken
Die vielschichtige Nase verspricht schon einiges: Würze, präzise Frucht und Mineralik mit feinem Rauch. Elaboriert am Gaumen, in der kräftigen Struktur treffen die fein ziselierte Säure und feinmaschiges Tannin aufeinander, komplex und mineralisch, lang. 13,5 Vol.-%, NK, €€€€

92+ 2019 Bombach Sommerhalde Spätburgunder trocken
Eng verwobener und schöner Duft mit Kirschfrucht, Holzpatina und Gewürznelke, etwas erdige Noten wie Rote Bete. Zeigt sich am Gaumen als großes und breit angelegtes Format, auf weichem Fond mit Würze und kultiviertem Gerbstoff auf mineralischem Hintergrund. 13,5 Vol.-%, NK, €€€€

92+ 2019 »CCL« Spätburgunder trocken
Gut gebauter Spätburgunder mit Extrakt und guter Dichte, der Finesse, viel Würze und auch Komplexität mitbringt. Feingliedrige Säure im kräftig gebauten Körper, auf weichem Fond eng verwoben und mineralisch unterlegt, die Gerbstoffe sind fein extrahiert, gute Länge. 13,5 Vol.-%, NK, €€€€

92 2019 Bombach Sommerhalde Grauer Burgunder trocken

92 2019 Kenzingen Roter Berg Chardonnay trocken

91+ 2019 Staufen Schlossberg Chardonnay tr.

91 2019 Staufen Schlossberg Weißer Burgunder trocken

90 2019 »Réserve« Weißer Burgunder trocken

92+ 2019 »XXL« Spätburgunder trocken

91 2019 »Alte Reben« Spätburgunder tr.

89+ 2019 Spätburgunder trocken
Gut getunte Nase mit Kirschfrucht, Heidelbeere und würzigem Holz, etwas Mandelkern und auch Hagebutte. Stoffiger, würziger und auch animierender Spätburgunder, der vom ersten Schluck an Freude macht und zum nächsten Glas verleitet. Solo und zum Essen. Einfach einschenken! 13 Vol.-%, DV, €

★★★★

WEINGUT MARTIN WASSMER

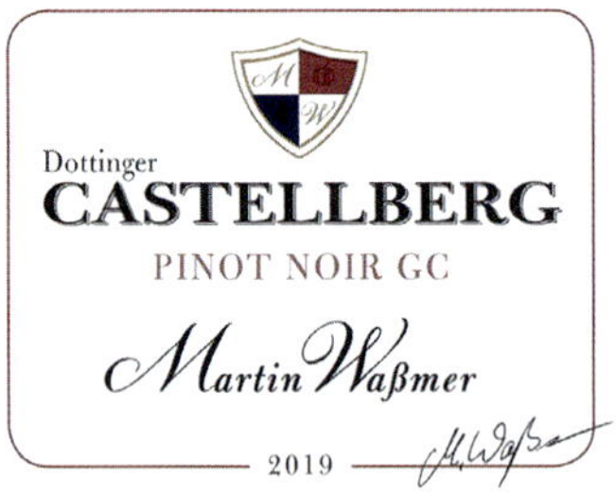

Am Sportplatz 3, 79189 Bad Krozingen-Schlatt
T: +49 7633 15292, info@weingut-wassmer.com
weingut-wassmer.de

Ab-Hof-Verkauf: Mo bis Sa 9–18 Uhr
Kellermeister: Martin Waßmer, Stefan Beck
Ansprechpartner: Martin Waßmer
Flaschen/Hektar: 190.000 (40 % weiß, 60 % rot)/38 ha

Grand-Cru-Weine aus Lagen wie dem Ehrenstettener Ölberg, dem Glottertaler Roten Bur und vor allem dem Dottinger Castellberg – nach Alleinstellungsmerkmalen muss man bei Martin Waßmer nicht lange suchen. Im Jahrgang 2019, der gleichzeitig für Reife und für Tiefe sorgte, sind es vor allem die französischen Rebsorten, die die Spitzen im Markgräflerland stellten. Der Chardonnay aus dem Castellberg zeigt eine Dichte und Eleganz, wie wir sie noch nie erlebt haben. Und der Syrah aus derselben Lage hat alles, was ein toller Roter braucht.

95 2019 »GC« Dottingen Castellberg Chardonnay trocken
Ein dezent rauchiges Holz in der Nase, minimale Gäraromatik noch. Am Gaumen ist der Castellberg ausschließlich Dichte und Tiefe, alle Spitzen werden vermieden. Ein erhabener Hochkaräter, der noch weiteres Entwicklungspotenzial besitzt. Exzellent! 13 Vol.-%, NK, €€€€

93+ 2019 »GC« Achkarren Schlossberg Grauer Burgunder trocken
Etwas Neuholz. Buttrige Aromen, floral, Lindenblüte, Sesam. Am Gaumen eine seidige, fein phenolische Textur, trotz der dominanten Geschmeidigkeit ganz nuanciert, viskose Extraktschichten, kräftiger, aber integrierter Alkohol, konzentrierte, noch verschlossene Frucht. 13,5 Vol.-%, NK, €€€

94 2019 Dottingen Castellberg Syrah trocken
Tiefdunkel in der Farbe, blauschwarz. In der Nase mit abweisender Herbe, Leder, Gewürznelke. Sehr jung im Mund, aber mit viel Entwicklungspotenzial. Zwar dicht, aber insgesamt von einer kühlen Note getragen, Eukalyptus, Kaffee – in zehn Jahren groß. 13,5 Vol.-%, NK, €€€€

93 2019 »GC« Dottingen Castellberg Pinot Noir trocken
Dezente, sehr elegante Nase, die keinerlei Vordringlichkeit zeigt. Noch sehr jung am Gaumen, minimales Perlen, Pflaume und Sauerkirsche. Braucht noch eine Weile, um sich zu finden, besitzt aber bereits alle Anlagen. Pinot zum Einlagern. 13,5 Vol.-%, NK, €€€€

93 2019 »GC« Auggen Letten Grauer Burgunder trocken

92 2019 »GC« Dottingen Castellberg Weißer Burgunder trocken

90 2019 Staufen Schlossberg Weißer Burgunder trocken

93 2019 »GC« Schlatt Maltesergarten Pinot Noir trocken

92 2019 »GC« Ehrenstetten Ölberg Spätburgunder trocken

91 2019 »GC« Glottertal Roter Bur Spätburgunder trocken

90 2018 »SW« Schlatt Spätburgunder tr.

92 2019 »SW« Chardonnay trocken
Gelber Apfel in der Nase und tatsächlich noch leicht hefegeprägt. Im Mund kommt das Holz stärker zum Tragen. Dichte und Pikanz sind hoch, und wenn das erst der Einstieg ist (bei 19,50 Euro zugegeben), »droht« dieses Jahr eine ganz starke Kollektion. 13 Vol.-%, NK, €€

★★★★

WEINGUT WÖHRLE

Weinbergstraße 3, 77933 Lahr
T: +49 7821 25332, info@woehrle-wein.de
woehrle-wein.de

Ab-Hof-Verkauf: Mo bis Fr 17–19 Uhr, Sa 10–14 Uhr
Kellermeister: Markus Wöhrle
Ansprechpartner: Tanja und Markus Wöhrle
Flaschen/Hektar: 100.000 (75 % weiß, 25 % rot)/15 ha
Anbauweise: Biologisch zertifiziert

Das von Tanja und Markus Wöhrle biologisch bewirtschaftete Weingut hat uns dieses Jahr nur Weißweine zur Probe geschickt, eine interessante Fokussierung. Mit besonders viel Neugierde haben wir den Chardonnay Teufelslochgasse eingeschenkt, einen neuen Wein, der uns auf Anhieb absolut überzeugt hat. Mit Würze, feiner Phenolik und einer dichten, seidigen Struktur ist das ein Chardonnay, der ganz vorne mitspielt – und dabei wunderbar unangestrengt ist. Glückwunsch! Hinweisen möchten wir noch auf den saftigen, balancierten Auxerrois, der viel gut zugänglichen Trinkspaß bietet.

94 2019 Lahr Teufelslochgasse Chardonnay trocken
Sehr würziger Duft, helle Früchte, sehr gut integriertes Holz, Rauch, nasser Stein. Am Gaumen sehr fein strukturiert, griffig, feine Phenolik, großzügig und seidig, sehr dicht gewoben, unangestrengt und elegant, hat weiteres Potenzial. 13 Vol.-%, NK, €€€

92+ 2019 Lahr Herrentisch Weißburgunder GG
Würziger Duft nach Akazie, Vanille, zartem Rauch, Quitte ist dabei, reife Birne, vielschichtig angelegt. Am Gaumen mit lebendiger Säure, griffig, fest, helle Früchte und Kräuter dominieren, dicht gewoben, zarte Mineralik, lang, hat Potenzial. 13 Vol.-%, NK, €€€

92+ 2019 Lahr Kirchgasse Grauburgunder GG
Satte gelbe Farbe. Würziger Duft, Quitte, Kräuterbeet, kernige helle Früchte, geröstete Haselnuss im Hintergrund genauso wie feine Mineralik. Am Gaumen mit fein abgestimmter Säure, dichtes Aromengerüst, gute Struktur und Länge. Hat Potenzial. 13 Vol.-%, NK, €€€

91+ 2020 Lahr Kronenbühl Weißburgunder Erste Lage trocken
Duft nach hellem, zartem Rauch, etwas Vanille, Pfirsich, reifer Cox-Orange-Apfel, sehr appetitlich, etwas Melisse im Hintergrund. Am Gaumen mit viel Schmelz und Saft, helle Früchte und Kräuterwürze, Nuss, Rauch, feine Säure, gute Struktur und Länge. 13,5 Vol.-%, NK, €€

91 2020 Lahr Kronenbühl Grauburgunder Erste Lage trocken

90 2020 Lahr Auxerrois trocken
Würziger Duft nach Kräutern, Limettenschale und Quitte, etwas Haselnuss ist auch dabei. Am Gaumen mit lebendiger, reifer Säure, helle Früchte, griffige Textur, unterlegt mit feiner Würze, sehr balanciert, gut strukturiert, schöne Länge. 12 Vol.-%, DV, €€

★★★★★

WEINGUT HANSPETER ZIEREISEN

Markgrafenstraße 17, 79588 Efringen-Kirchen
T: +49 7628 2848, kontakt@ziereisen.de
ziereisen.de

Ab-Hof-Verkauf: Do bis Fr 8–12.30 und 14–18.30 Uhr, Sa 8–12.30 und 14–16 Uhr
Kellermeister: Hanspeter Ziereisen
Ansprechpartner: Edeltraud Ziereisen
Flaschen/Hektar: 100.000 (50 % weiß, 50 % rot)/17 ha

Ein kurzes Durchschnaufen sei dem Verkostungsteam gestattet. In diesem Jahr haben die Ziereisens nämlich alles aufgefahren, was Rang und Namen hat. Auch neue Namen, denn den »Zipsin« sahen wir zum ersten Mal. Eine ungeheure Lagerfähigkeit zeichnet dabei die großen Roten aus, viel Tannin, aber fein gewirkt. Die Weißen zeigen, wie man im heißen Jahrgang 2018 unterschiedliche Wege gehen konnte. Puristisch die Gutedel, offenherzig die Grauburgunder. Und zum Talrain sagen wir gar nichts. Selbst probieren. Hochklassiger kann eine Kollektion kaum sein.

96 2018 »Jaspis 10hoch4« Efringen-Krichen Gutedel
10.000 Stöcke pro Hektar und 125 Euro pro Flasche. In der Nase leicht oxidative Noten und ein edelst möglicher Ausbauton. Keine Frucht, kein Rebsortenstil, dunkles Holz, reife Mineralik. Am Gaumen hochelegant, burgundisch, einzigartig in Deutschland. 12 Vol.-%, NK, €€€€

94 2018 »Jaspis Würmlin« Efringen-Kirchen Grauer Burgunder
Das gleiche Lachsorange wie beim kleineren Musbrugger. In der Nase Blockmalz, deutlich oxidativ, getrocknete Aprikose. Viel Reife im Mund, aber mit Phenolik und Rebsortencharakter im heißen Jahr, gelbe Trockenfrüchte. Extraktmonster für Fans und Geeks. 14 Vol.-%, NK, €€€€

97 2016 »Jaspis 10hoch4« Efringen-Kirchen Spätburgunder
Immer noch jung wirkendes Blaurot im Glas. In der Nase Reduktionston, Holzrauch, erfordert Zeit. Am Gaumen schlichtweg majestätisch. Deutlich präsentes, aber extrem feinkörniges Tannin, ideale Balance zwischen Dichte und Frische. Die Krönung. 13 Vol.-%, NK, €€€€

95+ 2018 »Jaspis Zipsin« Efringen-Kirchen Spätburgunder
Hohes Pikanzgefühl bereits in der Nase. Recht dunkel, Schwarze Johannisbeere, Holundermark, dicht gewirkt. Am Gaumen noch dichter als gedacht. Mächtiges Tanningerüst, das eine jahrelange Reifezeit garantiert. Großer dunkler Burgunder, konsequent. 13,5 Vol.-%, NK, €€€

92 2018 »Steinkrügle« Efringen-Kirchen Gutedel

91 2018 »Viviser« Efringen-Krichen Gutedel

91 2018 »Musbrugger« Efringen-Kirchen Grauer Burgunder

90 2019 »Heugumber« Efringen-Kirchen Gutedel

89 2019 Efringen-Kirchen Grauer Burgunder

94 2018 »Rhini« Efringen-Kirchen Spätburgunder

92 2018 »Schulen« Efringen-Kirchen Spätburgunder

94 2018 »Talrain« Efringen-Kirchen Spätburgunder
Dunkle Noten zeigt der Talrain in der Nase, Schwarzkirsche, Holundermark, aber fein und samtig. Am Gaumen ist der Wein sehr lebendig in der Säure, schwarzkirschig, setzt weniger auf Extrakt und Dichte, von Frische geprägt, enorm mineralisch, raffiniert. 13,5 Vol.-%, NK, €€

★

WEINGUT ZIMMERMANN

Bürgelnblick 1, 79418 Schliengen
T: +49 7635 665, info@zimmermann-wein.de
zimmermann-wein.de

Ab-Hof-Verkauf: Ja
Kellermeister: Karl-Ernst Zimmermann
Ansprechpartner: Karl-Ernst Zimmermann
Flaschen/Hektar: 125.000 (75 % weiß, 25 % rot)/15 ha

Karl-Ernst und Susan Zimmermann führen ihr Weingut in zweiter Generation »im Einklang mit der Natur«, wie sie betonen. Ihr feinwürziger 2020er Grauburgunder »Rhine Hill« hat uns nicht zuletzt mit seinem exzellentem Preis-Leistungs-Verhältnis überzeugt. Die Weißweine zeigen sich fruchtig und frisch, oft mit wohldosierter Restsüße. Auch die Roten können wir uns gut als kulinarische Begleitung vorstellen, wie den trockenen 2018er Merlot »Angel Hill«. Und tatsächlich: In der hauseigenen Weinschenke kommt zu diesen Weinen Markgräfler Hausmannskost auf den Tisch.

89 2020 »Rhine Hill« Weißburgunder trocken
Typischer Weißburgunderduft mit Aromen von reifen Birnen, Aprikosen, weißen Blüten und etwas Mandel. Am Gaumen frisch durch gut integrierte Säure, die der Restsüße gekonnt entgegensetzt. Fruchtig, saftig ein unkomplizierter Vertreter. 13 Vol.-%, DV, €

88+ 2020 »Rhine Hill« Roter Gutedel Ölacker tr.
Roségold im Glas. In der Nase Wiesenkräuter wie Brennnessel, Löwenzahn sowie Gartenkräuter (Thymian). Saftiger roter Apfel, Rote Johannisbeere, saftige Birnen. Am Gaumen schlank und fruchtig, frisch durch eine animierende Säure. 11 Vol.-%, DV, €€

90+ 2018 »Angel Hill« Merlot trocken
Duft von süßen Zwetschgen, Kirschen, Cassis, Mandel, Kräuter und ein wenig Rauch. Am Gaumen saftig, rote Früchte, gut eingebundene, reife Gerbstoffe bei erfrischender, vitaler Säure. Ein guter Speisenbegleiter. 14 Vol.-%, DV, €€

90 2016 »Reserve« Syrah trocken
In der Nase schöne Pfeffrigkeit, Sauerkirsche, Bitterschokolade, ätherische Noten. Am Gaumen zu Beginn weich, geschmeidig bei samtigen Gerbstoffen, gefolgt von einer vitalen Säure. 14 Vol.-%, NK, €€€

88 2020 »Rhine Hill« Chardonnay trocken

91 2020 »Rhine Hill« Grauburgunder trocken
Kupfergoldene Farbe im Glas. Reife Birne in der Nase, Honigmelone, Orangenzeste, kandierte Nüsse, Mandeln und Karamell. Am Gaumen feine Würze und Schmelz. Saftige Frucht mit gut integrierter, reifer Säure und schönem Extrakt. Viel Wein für diesen Preis. 13 Vol.-%, DV, €

★★

WEINGUT JULIUS ZOTZ

Staufener Straße 3, 79423 Heitersheim
T: +49 7634 508220, info@weingut-zotz.de
weingut-zotz.de

Ab-Hof-Verkauf: Mo bis Fr 8–12.30 Uhr und 13.30–18 Uhr, Sa 9–16 Uhr
Kellermeister: Dennis Meindl
Ansprechpartner: Martin, Michael und Julian Zotz
Flaschen/Hektar: 650.000 (56 % weiß, 36 % rot, 3 % Rosé, 5 % Schaumwein)/95 ha

Im Markgräflerland am Schwarzwaldrand, wo einst Römer, dann Malteser Reben anbauten, ist das Weingut Zotz zu Hause. Dem großen Familienbetrieb mit 80 Hektar Weinbergen gelingen seit Jahren starke Weine. Wunderbar die extraktreichen Weiß- und Grauburgunder oder der mineralisch-cremige »Chasselas« (also Gutedel). Die Burgunder werden immer besser – möglicherweise bereits eine Auswirkung der Erderwärmung, die Heitersheimer und Badenweiler Lagen zur Wohlfühlzone der Pinots macht. Inzwischen wird hier sogar auch Syrah reif, eine Sorte aus dem Rhônetal!

92 2019 »Terrassen« Badenweiler Römerberg Chardonnay trocken
Leicht Vanille in der Nase, schöne Zitrusnoten, roter Apfel, leicht kalkige mineralische Noten. Am Gaumen geschmeidig mit einer schön straffen, durchdringenden Säure. Satte Frucht, Holzsüße, leicht mineralischer salziger Abgang. Stoffig, guter Extrakt. 13,5 Vol.-%, NK, €€€

92 2019 »Hohlgässle« Weißburgunder trocken
Strahlendes Goldgelb im Glas. In der Nase reife tropische Früchte, Pfirsich, florale Noten von weißen Blüten sowie nussige Noten. Am Gaumen ausgewogen. Cremiger Körper bei einer gut integrierten lebendigen Säure. Saftig, leicht kreidige Mineralität, guter Extrakt. 13,5 Vol.-%, NK, €€€

92+ 2018 »Hohlgässle« Pinot Noir trocken
Schöne dunkelbeerige Frucht in der Nase, Blaubeeren satt, leichte Unterholz und Vanille sowie erdige Noten. Am Gaumen konzentrierte Dichte, erfrischende reife Säure, samtiges reifes Tannin, kräftig mineralisch, fleischig, saftig, packend. Gutes Reifepotenzial. 13,5 Vol.-%, NK, €€€

91+ 2019 Badenweiler Römerberg Syrah trocken
In der Nase Aromen von roter Pflaume, saftigen Kirschen, dazu auch florale Noten von Veilchen, Pfeffer, Tomatenblättern. Am Gaumen reifes Tannin, ein schönes Säurespiel, in der Anmutung »kühl«, aber reif, mineralisch, würzig bei einer mittleren Dichte. 14 Vol.-%, NK, €€€

89 NV Pinot & Chardonnay brut CH/WB

90+ 2020 Badenweiler Römerberg Grauburgunder trocken

89 2020 »Uff de Hefe« Gutedel trocken

91+ 2018 »Bammerthäusle« Cuvée trocken ME/CS/CF

91 2018 »Terrassen« Badenweiler Römerberg Pinot Noir trocken

90+ 2019 Heitersheim Maltesergarten Merlot trocken

90 2018 »Hohlgässle« Heitersheim Maltesergarten Pinot Noir trocken

91+ 2020 Heitersheim Maltesergarten Chasselas trocken
In der Nase reife gelbe Früchte, roter Apfel, eine mineralische Steinnote, Würze wie Muskat und Pfeffer sowie Heu. Am Gaumen saftig, cremig, fruchtig, mineralisch, leicht herb, guter Extrakt. Viel Wein für diesen Preis. 12,5 Vol.-%, NK, €€

★★★

WEINGUT ZÄHRINGER

Johanniterstraße 61, 79423 Heitersheim
T: +49 7634 504890, info@weingut-zaehringer.de
weingut-zaehringer.de

Ab-Hof-Verkauf: Mo bis Fr 9–12 Uhr und 14–18 Uhr, Sa 10–13 Uhr
Kellermeister: Maximilian Greiner
Ansprechpartner: Fabian Zähringer
Hektar: 50 ha

Es ist ein großes Rad, das im 1844 gegründeten Weingut Zähringer bewegt wird: Im milden Markgräflerland kultiviert die Familie seit 1987 stattliche 50 Hektar Reben ökologisch. 2010 stellte der Betrieb sogar auf Biodynamik nach Demeter-Regeln um. Im selben Jahr stieg mit Fabian Zähringer die sechste Generation in den Betrieb ein, er führt heute das Weingut. Die Kollektion, die er uns schickte, überzeugt durch und durch. Angeführt wird sie von den in alten badischen Fässern ausgebauten, ausdrucksvollen und individuellen »Vierligen«.

92 2020 »Vierlig« Grauburgunder trocken
Fein nuancierter Duft mit Birne, geröstetem Sesam und Walnüssen, feiner Rauch, auch Apfel. Sehr präzise am Gaumen mit feingliedriger Säure in einer schlanken Struktur, reife Phenole, elegant und mit feiner Würzigkeit. Ein Plädoyer für die feinen Seiten des Grauburgunders. 12,5 Vol.-%, DIAM, €€

92 2019 Heitersheim Sonnhohle Weißburgunder trocken
Aprikose und etwas Anis in der Nase mit gelben Blüten, reifem gelbem Apfel, etwas Rauch. Mit kräftiger und fester Struktur am Gaumen und feinem Tannineintrag, saftig, mit Schmelz und mit anklingender Mineralität, elegant und standortorientiert, gute Länge. 13 Vol.-%, NK, €€

91+ 2019 »Orange« Weißburgunder trocken
Apfelschale und getrockneter Salbei in der Nase mit Tabak und getrockneter Aprikose sowie etwas getrocknetem Salbei. Mischt den Gaumen auf mit einer herben Phenolik und auch merklichem Gerbstoff, kräftige Säure, kräftige Struktur, mittlere Spannung, gute Länge. 13 Vol.-%, NK, €€€

92 2018 »Edition Zähringer Löwe« Merlot & Cabernet Sauvignon & Cabernet Franc tr.
Fruchtige und würzige Nase mit Cassis, Kirsche, Rauch und Tabak, auch Kakaopulver. Zeigt am Gaumen, dass Cabernetreben in warmen Jahren sehr gut ausreifen können. Geschmeidige Gerbstoffe in guter Dosis, viel Würze, in guter Balance und mit guter Länge. 14 Vol.-%, NK, €€€

89+ 2018 Crémant extra brut CH/PN

91+ 2019 »SZ« Chardonnay trocken

91 2019 Dottingen Castellberg Viognier trocken

89 2020 Weißburgunder trocken

91 2018 »Vierlig« Spätburgunder trocken

91 2018 »Edition Zähringer Löwe« Spätburgunder trocken

91 2018 »SZ« Spätburgunder trocken

92 2020 »Vierlig« Chasselas trocken
Kräutrige und würzige Nase, etwas Rauch und Apfel, Hefe, ein Hauch Kümmel. Trocken und beinahe fordernd am Gaumen, schlank gehalten im Format, geradlinig mit einer präsenten Säure und unterfüttert von griffigen Phenolen. Eigener Stil, der aus Gutedel Chasselas macht. 12 Vol.-%, DIAM, €€

Heidelbergs malerische Altstadt,
vorne die Alte Brücke,
im Hintergrund die Schlossruine

GASTGEBER AUS LEIDENSCHAFT

Gemeinsam mit den Winzern der Region – als uneingeschränkten Experten, was das leibliche Wohl anbelangt – hat Falstaff die besten Genussadressen in Sachen Kulinarik sorgfältig ausgewählt und zusammengestellt.

76530 Baden-Baden

Le Jardin de France

Helligkeit und Weite entsteht durch die hohe Glasüberdachung und die Empore. Auf die Teller kommen Klassiker, aber auch durchaus Revolutionäres – jung, frech, französisch. Ein Beispiel: Wachtel, gebratene Foie gras und Zwetschgen. Dazu gibt es beste Weinbegleitung.

Lichtentalerstraße 13
+49 7221 3007860
lejardindefrance.de

Empfohlen von: **Weingut Axel Bauer**

76530 Baden-Baden

Der Kleine Prinz

Im verträumten Hotel ist ein schickes französisches Restaurant untergebracht. Beliebter Treffpunkt: »Afternoon Hightea« am offenen Kamin. Edler Geschmack zeigt sich bei Hummerterrine an Forellenkaviarcreme oder Entenbrust in Cassis-Sauce und Apfel-Kartoffel-Gratin. Tolle Weine.

Lichtentaler Straße 36
+49 7221 346600
derkleineprinz.de

Empfohlen von: **Weingut Axel Bauer**

76534 Baden-Baden

Heiligenstein

In den zwei Restaurants dreht sich alles um Weingenuss. Auf der Karte stehen an die 400 Positionen, wie es sich für ein Hotel in einer Weinregion gehört. Die Küche steuert traditionelle Gerichte bei: Schwarzwaldforelle, Maultaschen, Pfifferlingsuppe, geschmorte Ochsenbäckchen.

Heiligensteinstraße 19a
+49 7223 96140
hotel-heiligenstein.de

Empfohlen von: **Weingut Kopp**

76530 Baden-Baden

Maltes Hidden Kitchen

Entzückend ist nicht nur die Location, auch die gehobenen Gerichte werden optisch besonders ansprechend präsentiert. Kreative Kombinationen überraschen: Lachs kann zum Beispiel richtig gut mit Haselnuss, Spitzkohl und Aprikose. Sehr umfassend ist die Wein- und Champagnerkarte.

Gernsbacher Straße 24
+49 7221 7025020
kaffeehausinbadenbaden.com

Empfohlen von: **Weingut Kopp**

76530 Baden-Baden

Leo's

Im Sitzgarten und im netten Lokal mit warmen Brauntönen und Steinwänden geht es recht leger zu. Die Karte bietet alles – vom Frühstück über Burger und Flammkuchen bis hin zu asiatischer Hühnersuppe oder Pasta mit Garnelen. Top-Auswahl bei Weinen, Champagnern und Spirituosen.

Luisenstraße 8
+49 7221 38081
leos-baden-baden.de

Empfohlen von: **Weingut Axel Bauer**

Das Schwabentor in Freiburg

79589 Binzen

Ochsen

In der gemütlichen Stube mit Holzvertäfelung und Kamin erlebt man unverfälschte Gastlichkeit und traditionelle Gerichte, aber auch Kreatives gelingt hervorragend. Beispiel? In Sesam gebratenes Lachsmousse mit mariniertem Ingwer oder Velouté von Zitronengras, Kokosnuss und Curry.

Hauptstraße 42
+49 7621 4220888
ochsen-binzen.de

Empfohlen von: **Weingut Krebs**

76530 Baden-Baden

Rizzi The Restaurant

Lifestylige Location mit großer Sonnenterrasse in einem Park. Mediterran mit asiatischem Einfluss und ein bisschen Luxus ist das Konzept. Besonders zu empfehlen ist die umfangreiche Steakkarte. Die große Weinkarte listet über 100 internationale Weine, Champagner und Cocktails.

Augustaplatz 1
+49 7221 25838
rizzi-baden-baden.de

Empfohlen von: **Weingut Kopp**

77815 Bühl

Jägersteig

Das Hotel mit Restaurant punktet mit idyllischer Lage inmitten von Weinbergen, der Blick fällt über die Rheinebene bis zu den Vogesen. Klassiker der Fleisch- und Fischküche, vegetarische und vegane Gerichte genießt man im Sommer auf der großen Terrasse. Top-Weinkultur.

Kappelwindeckstraße 95a
+49 7223 98590
jaegersteig.de

P

Empfohlen von: **Weingut Axel Bauer**

79589 Binzen

Mühle

Das familiengeführte Hotel und Restaurant liegt in einer malerischen Landschaft. Die Küche fokussiert auf italienisches Essen wie bei der Nonna: Pasta aus der eigenen Manufaktur mit Sughi, lauwarmer Polpo mit Orangen-Fenchel-Salat oder Zanderfilet auf Risotto.

Mühlenstraße 26
+49 7621 6072
muehle-binzen.de

Empfohlen von: **Weingut Krebs**

77815 Bühl

Schwanen

Uriges Lokal mit karierten Tischdecken, Kachelofen und Biergarten. Gelungen ist der Einstieg mit Avocadocreme auf Holzofenbrot und Rote-Bete-Carpaccio mit gebratenem Ziegenkäse. Französisch wird es bei zartem Coq au vin, ein Traum der Flammkuchen. Kleine, feine Weinkarte.

Schwanenstraße 4
+49 7223 9791530
schwanen-buehl.de

Empfohlen von: **Weingut Axel Bauer**

77815 Bühl-Oberbruch

Pospisil's Krone

Im 180 Jahre alten Gasthof sorgt Pavel Pospisil für kreative Hochgenüsse, die nicht nur bekannte Persönlichkeiten zu schätzen wissen. Die Produkte bezieht er aus der Region, Tschechien, dem Elsass und sogar Mallorca. Seine Frau Lenka sorgt für die ansprechende Weinbegleitung.

Seestraße 6
+49 7223 93600
pospisilskrone.de

Empfohlen von: **Weingut Axel Bauer**

79211 Denzlingen

Delcanto

Die große Terrasse am Wasser ist im Sommer ideal für Sonntagsbrunch und Livemusik-Events. Regionale Küche mit mediterranen Akzenten wird geboten, herrlich sind Riesenburger mit Kartoffel-Wedges oder hausgemachtes Eis mit Waffeln. Besondere Auswahl an Tee- und Kaffeespezialitäten.

Stuttgarter Straße 30
+49 7666 881020
kultur-und-buergerhaus.de

Empfohlen von: **Weingut Otto und Martin Frey**

79802 Dettighofen

Hofgut Albführen

Im Herzen des südlichen Schwarzwaldes gelegen, kommen im idyllischen Hofgut Albführen nur regionale und saisonale Köstlichkeiten auf den Tisch. Von der Wildbratwurst aus eigener Jagd bis zum Gemüse aus Eigenanbau: Für die passende Weinbegleitung ist im erlesenen Weinkeller gesorgt.

Albführen
+49 7742 92960
albfuehren.de

Empfohlen von: **Falstaff-Redaktion**

79211 Denzlingen

Rebstock-Stube

Stilvolles Vintage-Flair und ein schöner Garten bilden den Rahmen für den Kreativmix aus gehobener französischer Küche und badischen Gerichten. Zartweiches Steak trifft auf Steinpilze, Hechtknödel fühlen sich an Hummersauce wohl. Familie Frey sorgt auch für beste Weinbegleitung.

Hauptstraße 74
+49 7666 900990
rebstock-stube.de

€€

Empfohlen von: **Weingut Moosmann, Weingut Otto und Martin Frey**

79238 Ehrenkirchen

Rebstock

Herzliche Gastfreundschaft und nettes Service, wie man es sich wünscht. Paniertes Schnitzel oder Cordon bleu mit gerösteten Kartoffeln und Speck und die Fleischpflanzerln sind Highlights auf der Karte. Ausgefallener wird es bei Thai-Gemüsesuppe und kreolischem Geflügelragout.

Lindenstraße 11
+49 7664 60598
riehles-rebstock.jimdo.com

Empfohlen von: **Weingut Heinemann**

79588 Efringen-Kirchen

Rebstock Egringen

Toll ist die Lage des Weinhotels inmitten von Obstbäumen und Weingärten. Die saisonale, leichte Küche spannt einen Bogen von Spargel über Pilze, knackigem Gemüse und Kürbis bis hin zu Wildgerichten. Im historischen Weinkeller lagern beste Tropfen, teils auch eigene Weine.

Kanderner Straße 21
+49 7628 90370
rebstock-egringen.de

Empfohlen von: **Weingut Blankenhorn**

79588 Efringen-Kirchen

Walsers

Schönes, familiäres Landhotel mit Kastaniengarten und sonnigem Wintergarten. Vater und Sohn haben sich in der Küche auf Gerichte aus dem Dreiländereck spezialisiert. Highlights sind Cremesuppen, hausgemachte Ravioli, geschmorte Kalbsbackerln mit Spätzle oder Zwiebelrostbraten.

Bahnhofstraße 34
+49 7628 8055244
walsers-hotel.de

Empfohlen von: **Weingut Blankenhorn, Weingut Heinemann**

79346 Endingen

Merkles Restaurant

Das helle, moderne Interieur im gehobenen Restaurant am Kaiserstuhl ist einladend. Serviert werden deutsche Spezialitäten, aber auch kreative internationale Gerichte, die nicht nur durch Konzentration auf den puren Geschmack bestechen, sondern auch durch ihre bunte Komposition.

Hauptstraße 2
+49 7642 7900
merkles-restaurant.de
€€€

Empfohlen von: **Weingut Friedrich Kiefer**

69117 Heidelberg

Zum Nepomuk

Im typischen Wirtshaus mit schönem Gastgarten freut man sich über regionale und traditionelle Gerichte. Unbedingt probieren sollte man die hausgemachten Maultaschen. Zu Rinderrouladen oder Schweinsbraten aus dem Ofen werden Spätzle, Kartoffelstampf oder Schupfnudeln serviert.

Obere Neckarstraße 2
+49 6221 739130
altebruecke.com
€€

Empfohlen von: **Falstaff-Redaktion**

79241 Ihringen

Landgasthof Karle's Weinkrügle

Badisch-bodenständig mit mediterranen Ausflügen wird im gemütlichen Landgasthof gekocht. Egal, ob Wildgerichte, Hechtklößchen, Tafelspitz, Spargelklassiker oder Tagliatelle mit Garnelen: Dietmar und Luminita Karle haben immer einen passenden Wein aus dem familieneigenen Weingut.

Eisenbahnstraße 24
+49 7668 7499
karles-weinkruegle.de

Empfohlen von: **Weingut Gerhard Karle**

76135 Karlsruhe

Das Scheibenhardt

Sehr schöne Lage in der Stadtmitte inmitten von Grün. Das Signature Dish ist der Zwiebelrostbraten, wahlweise auch in Dry-aged Qualität. Globale Aromen bieten das Sashimi vom Thunfisch oder die Tatar- und Steak-Variationen. Regionale Winzer spielen als Begleitung die Hauptrolle.

Scheibenhardt 1
+49 721 95296420
das-scheibenhardt.de

Empfohlen von: **Weingut Friedrich Becker**

88090 Immenstaad am Bodensee

Heinzler am See

Ein gehobenes Hotel mit Restraunt und Seeterrasse. So stylish wie die Einrichtung gibt sich auch die Küche, die meisten Produkte dafür stammen aus der Bodenseeregion. Herrlich sind Currysuppe mit Scampi oder auf den Punkt gebratener Fisch mit Linsenragout. Top-Weinbegleitung.

Strandbadstraße 3
+49 7545 93190
heinzleramsee.de

Empfohlen von: **Weingut Aufricht**

79341 Kenzingen

Scheidels Restaurant zum Kranz

Das stilvolle Restaurant wird bereits in siebenter Generation geführt. Einladend ist der Biergarten mit alten Kastanienbäumen, auf der Karte stehen Gerichte der badischen Küche: frische Fische, leichte Fleischgerichte, Vegetarisches. Tolle Weine, die meisten kommen aus der Region.

Offenburger Straße 18
+49 7644 6855
scheidels-kranz.de

P €€

Empfohlen von: **Shelter Winery**

79400 Kandern

Alte Krone

Der Chef und sein Serviceteam sind besonders sympathisch, auf den Tisch kommt Markgräfler Küche mit modernem Twist. Räucherlachs-Rösti und Wiener Schnitzel überzeugen genauso wie Cremesuppe vom Pfifferling oder das Roastbeef mit Tomate-Mango-Chili und krossen Kartoffelwürfeln.

Nebenauer Straße 23
+49 7626 315
altekrone-wollbach.de

Empfohlen von: **Weingut Krebs**

97922 Lauda-Königshofen

Rebgut

Feine Tropfen aus der Region Tauberfranken und internationale Weine begleiten saisonale Gerichte aus wertvollen regionalen Produkten. Das hat Kraft und schmeckt köstlich: marinierter Sellerie, Riesengarnelen mit Wildkräutersalat oder geschmorte Gans mit Kürbis und Birne.

Rebgutstraße 80
+49 9343 614700
rebgut.de

Empfohlen von: **Becksteiner Winzer**

79807 Lottstetten

Zum Kranz

Helle Räume mit schöner Holzdecke, Tradition trifft auf Moderne. Fisch und Fleisch sind auf den Punkt gegart und überzeugen mit feinen Röstaromen. Gelungen ist auch das Oktopus-Carpaccio mit Limettenvinaigrette auf Kräutersalat. Auf gepflegte Weinkultur wird viel Wert gelegt.

Dorfstraße 23
+49 7745 7302
gasthof-zum-kranz.de

Empfohlen von: **Weingut Clauß**

79235 Vogtsburg

Köpfers Steinbuck

In den Weinbergen, die man von der Sonnenterrasse mit Loungebereich im Blick hat, liegt der Familienbetrieb mit Herz. Besonders attraktiv: Feiern im Weinfass. Im Keller lagern feinste Tropfen, dazu gibt es saisonale Gerichte und Klassiker wie Beef Tatar und zart Gebratenes.

Steinbuckstraße 20
+49 7662 9494650
koepfers-steinbuck.de

€€

Empfohlen von: **Weingut Michel**

79235 Vogtsburg im Kaiserstuhl

Hotel-Restaurant Rebstock

Im eleganten Bürgerhaus inmitten von Weinbergen bereitet Inhaber Stéphane Mergen Bodenständiges genauso zu wie gehobenen Cuisine, die gekonnt deutsche, französische und mediterrane Einflüsse verbindet. Ein Beispiel? Die Entenbrust mit Vanillespinat und Zitruskompott.

Neunlindenstraße 23
+49 7662 5999930
rebstock-bickensohl.com

Empfohlen von: **Bickensohler Weinvogtei**

FRANKEN

ALTMODISCH WAR FRÜHER

Foto: WSNA

Castell Schloßberg, privilegierte Silvanerlage und Herzstück des Fürstlich Castell'schen Domänenamts

»BEI MÄSSIGEM GENUSS SEHR GESUND UND STÄRKEND«

Der Franken-Silvaner drängt sich nicht in den Vordergrund, stattdessen besticht er mit inneren Werten. Und passt zu so viel mehr als nur zum Spargel.

TEXT GERO VON RANDOW

Gewiss, es wachsen großartige Rieslinge im Weinbaugebiet Franken, außerdem bemerkenswerte Spätburgunder, aber die Leitsorte bleibt der Silvaner (auch wenn ihn der Müller-Thurgau flächenmäßig auf den zweiten Platz verweist). Der Anbau des Silvaners in dieser Region lässt sich urkundlich vom Jahr 1659 an nachweisen. Heutzutage ist er zumeist »fränkisch trocken« mit maximal vier Gramm Restzucker pro Liter. Dennoch sticht die Säure in einem stilechten Silvaner nicht so hervor wie im Riesling. Das macht den fränkischen Charakterwein zum kongenialen Begleiter von Speisen mit sanften Aromen, besonders in der Gemüseküche. Er lässt sich dermaßen vielseitig einsetzen, dass sein Ruf als »Spargelwein« fast schon Geringschätzung ist. Zwar passt er bestens zum weißen Lieblingsgemüse der Deutschen, aber Silvaner nur im Mai zu genießen wäre doch eine arge Selbstbeschränkung.

Die sortentypischen Aromen des Silvaners drängen sich nicht in den Vordergrund. Er gibt seinen Wachstumsbedingungen daher viel Raum, sich auszudrücken, namentlich dem Boden. Die unterschiedlichen Böden Frankens, Buntsandstein, Muschelkalk und vielerlei Keuperböden, erlauben eine Vielfalt der Stile.

Die Region zwischen Bamberg und Aschaffenburg ist seit mindestens 1200 Jahren Weinbaugebiet. Im legendären Weinbuch von Wilhelm Hamm aus dem Jahr 1865 heißt es, fränkische Weine seien »bei mäßigem Genuss sehr gesund und stärkend«, außerdem hielten sie sich »Jahrhunderte

Fotos: beigestellt, Bernhard Huber

hindurch«. Ihren guten Ruf verdankten sie vor allem der Lage »Würzburger Stein«. In einem Brief vom Juni 1806 schrieb Goethe an seine Frau Christine: »Schicke mir Würzburger, denn kein anderer Wein will mir schmecken und ich bin verdrießlich, wenn mir mein gewohnter Lieblingstrank abgeht.«

»Steinwein«, sowohl als Silvaner wie als Riesling, erzielte früher Traumpreise, was immer wieder Fälscher anlockte. Um ihnen ihr Handwerk zu erschweren, führte das Würzburger Bürgerspital 1728 die Bocksbeutelflasche ein. Heute gilt sie Marketingleuten als altmodisch, außerdem ist sie schwer zu stapeln. Der hoch angesehene Designer Peter Schmidt, ein Liebhaber des Frankenweins, hat daher für den fränkischen Weinbauverband einen flacheren Bocksbeutel mit angedeuteten Ecken entworfen. Elegant sieht die Flaschenform aus, dennoch könnte es sich um eine vorübergehende Mode handeln. Klassik setzt sich ja doch in den meisten Fällen durch.

Die Spitze der Weinbaubetriebe teilt sich überwiegend in zwei Gruppen: eine Handvoll größerer, seit Jahrhunderten auf höchstem Niveau produzierender Firmen sowie eine unübersehbare Vielfalt kleiner

Horst Kolesch,
Weingutsleiter Juliusspital, Würzburg

Familienbetriebe, von denen es einige ebenfalls in die Spitze geschafft haben. Auf eine lange Geschichte blickt namentlich das Haus Castell zurück, ein Top-Erzeuger. Am 6. April 1659 pflanzten die Castells ihre ersten, aus Österreich eingeführten Silvanerreben. Die beiden aus dem Hochadel stammenden Familienzweige besitzen auch eine Bank mit wechselvoller Geschichte und Gegenwart. Wer das sehens-

Ferdinand Fürst zu Castell-Castell
und Weingutsleiter Peter Geil

Weingutsdirektor Robert Haller (3. v.l.) und das Team des Würzburger Bürgerspitals

werte Archiv des Castell'schen Domänenamts besucht, wird auch auf eine Untersuchung über die üble Rolle der Bank im Nationalsozialismus hingewiesen. Das ist vorbildlich.

Die Region ist in Bewegung. Sie profitiert nicht zuletzt von der Arbeit der experimentierfreudigen Bayerischen Landesanstalt für Weinbau und Gartenbau in Veitshöchheim, auf deren Versuchsflächen der ökologisch bewusste Weinbau untersucht wird; da trifft es sich gut, dass die Landesanstalt zugleich das wichtigste Bienenforschungszentrum des Bundeslands ist. Der Generationenwechsel in Franken tut ein Übriges, dass allenthalben neue Ideen umgehen. Altmodisch war früher.

INFO

Nähere Infos über den Autor finden Sie im Kapitel »Verkostungsteam« auf S. 14.

Festung Marienberg, Würzburg

WEINBAUGEBIET FRANKEN

Anbaufläche
ca. 6100 Hektar
Aufteilung
3 Bereiche, 23 Großlagen, 216 Einzellagen
Böden
Muschelkalk, Keuper, Buntsandstein
Wichtigste Rebsorten
Silvaner, Riesling, Müller-Thurgau, Spätburgunder

Verband
Frankenland GmbH, Hertzstraße 12
97076 Würzburg
www.frankenwein-aktuell.de

Fotos: beigestellt

GRANDS CRUS FRANKEN

TOP-WEINE AUS PRIVILEGIERTEN WEINLAGEN DER REGION

CASTELL | SCHLOSSBERG

Der 4,5 Hektar große Alleinbesitz des Fürstlich Castell'schen Domänenamts liegt auf Höhen von 300 bis 390 Metern. Der Wärme speichernde Untergrund aus graublauem, grusigem Tonstein und Gipskeuper sorgt für ein mildes Mikroklima. Im Boden findet man zudem auch Adern aus Alabaster. Der Schlossberg erreicht Steigungen von 40 bis 60 Prozent.

93 **2016 Silvaner GG**
95 **2015 Silvaner GG**
94+ **2012 Silvaner GG**
92 **2008 Silvaner GG**
Fürstlich Castell'sches Domänenamt, Seite 157

IPHOFEN | JULIUS-ECHTER-BERG

Der sich an der Südflanke des Schwanbergs von 270 bis auf 370 Meter hochziehende Julius-Echter-Berg ist von einem graubraunen Keuperboden mit fossilen Anreicherungen geprägt. Die nahezu 47 Hektar große Lage teilt sich in einen flacheren Hangfuß in ausgeprägter Kessellage und in gesteinsreiche Steillagen mit Steigungen bis zu 65 Prozent.

93+ **2019 Silvaner GG**
Weingut Hans Wirsching, Info siehe Seite 186

93 **2019 Silvaner GG**
Weingut Juliusspital, Info siehe Seite 165

93 **2019 Silvaner GG**
Weingut Johann Ruck, www.ruckwein.de

91+ **2019 Silvaner Spätlese trocken**
Weingut Zehntkeller, Info siehe Seite 189

91+ **2020 »Granitfass« Silvaner Erste Lage trocken**
Weingut Johann Arnold, Info siehe Seite 151

91 **2020 Silvaner Erste Lage trocken**
Staatlicher Hofkeller Würzburg, Info siehe Seite 187

91 **2020 Silvaner Kabinett trocken**
Weingut Zehntkeller, Info siehe Seite 189

Iphofen, Julius-Echter-Berg

ESCHERNDORF | LUMP

Der Name des sichelförmig an den Main geschmiegten Steilhangs geht auf die extrem kleinen Flurstücke zurück, die im Laufe der Zeit durch dauernde Erbteilungen entstanden sind. Trotz seiner 37 Hektar großen Fläche ist der Lump in fast allen Eigenschaften recht homogen, die Steigung beträgt 60 bis 70 Prozent, die Höhenlage 190 bis 270 Meter.

95 **2019 »Am Lumpen 1655« Riesling GG**
Weingut Rainer Sauer, Info siehe Seite 176
94+ **2019 »Am Lumpen 1655« Riesling GG**
94 **2019 »Am Lumpen 1655« Silvaner GG**
Weingut Egon Schäffer, www.weingut-schaeffer.de
94 **2016 »Am Lumpen 1655« Silvaner GG**
93+ **2020 »Am Lumpen 1655« Silvaner GG**
Weingut Rainer Sauer, Info siehe Seite 176
93 **2019 Riesling Erste Lage trocken**
92+ **2019 Riesling Erste Lage trocken**
Weingut Egon Schäffer, www.weingut-schaeffer.de
92+ **2020 »Am Lumpen 1655« Riesling GG**
Weingut Rainer Sauer, Info siehe Seite 176
92+ **2020 »Am Lumpen 1655« Silvaner GG**
Weingut Horst Sauer, Info siehe Seite 175
92+ **2019 »Steillage Grosses Gewächs« Silvaner trocken**
Weingut Meier-Schmidt, Info siehe Seite 169
92+ **2019 »Am Lumpen 1655« Silvaner GG**
92+ **2018 »Am Lumpen 1655« Silvaner GG**
92+ **2019 »Am Lumpen 1655« Riesling GG**
Michael Fröhlich, www.weingut-michael-froehlich.de
92 **2020 Riesling Erste Lage trocken**
92 **2020 Silvaner Erste Lage trocken**
Weingut Rainer Sauer, Info siehe Seite 176
92 **2020 »Am Lumpen 1655« Riesling GG**
92 **2020 »S« Silvaner Erste Lage trocken**
Weingut Horst Sauer, Info siehe Seite 175
92 **2017 »Himmelsleiter Grosses Gewächs« Riesling trocken**
Weingut Brennfleck, Info siehe Seite 154
92 **2018 »Am Lumpen 1655« Riesling GG**
Michael Fröhlich, www.weingut-michael-froehlich.de
92 **2019 »Am Lumpen 1655« Silvaner GG**
Weingut Zur Schwane, www.schwane.de
91+ **2020 »S« Riesling Erste Lage trocken**
Weingut Horst Sauer, Info siehe Seite 175
91+ **2020 »JHB S« Riesling trocken**
Weingut Brennfleck, Info siehe Seite 154
91+ **2020 Sylvaner trocken**
Weingut Römmert, Info siehe Seite 173
91 **2017 »Am Lumpen 1655« Riesling GG**
Michael Fröhlich, www.weingut-michael-froehlich.de
91 **2019 »Am Lumpen 1655« Riesling GG**
Weingut Zur Schwane, www.schwane.de

KLINGENBERG | SCHLOSSBERG

Der 27 Hektar umfassende, fast durchgehend terrassierte Steilhang ist Churfrankens emblematischer Weinberg und mit seiner vergleichsweise tiefen Lage (120 bis 230 Meter Höhe), der südsüdwestlichen bis südwestlichen Ausrichtung und der extremen, bis zu 85 Prozent betragenden Steilheit eine der wärmsten in ganz Franken.

95 2018 Spätburgunder GG
94+ 2019 Spätburgunder GG
Weingut Rudolf Fürst, Info siehe Seite 161
94 2018 Spätburgunder GG
93+ 2019 Spätburgunder GG
Weingut Steintal, Info siehe Seite 182
93+ 2018 Spätburgunder trocken AP 05/20
Anja Stritzinger, www.weinbau-stritzinger.de
93+ 2018 Spätburgunder trocken
Bastian Hamdorf, weingut-bastian-hamdorf.de
92 2019 »Fass 01« Spätburgunder trocken
91 2019 Spätburgunder trocken
Philipp Bernhard, www.weinbau-bernard.de

Klingenberg Schlossberg

WÜRZBURG STEIN / STEIN-BERG/ STEIN-HARFE

Die Weinlage Stein, nördlich von Würzburg gelegen, umfasst 76 Hektar, davon sind die besten 39 Hektar seit Ende 2020 von der EU unter der Bezeichnung »Stein-Berg« als ein »geschützter Ursprung« (gU) anerkannt. Dazu kommen noch die 8,3 Hektar der ebenfalls exzellent gelegenen Stein-Harfe im Alleinbesitz des Bürgerspitals. Der gute, klassische Teil des Steins ist bis zu 75 Prozent steil, die Harfe erreicht Steigungen von 50 bis 60 Prozent. Der Boden ist aus

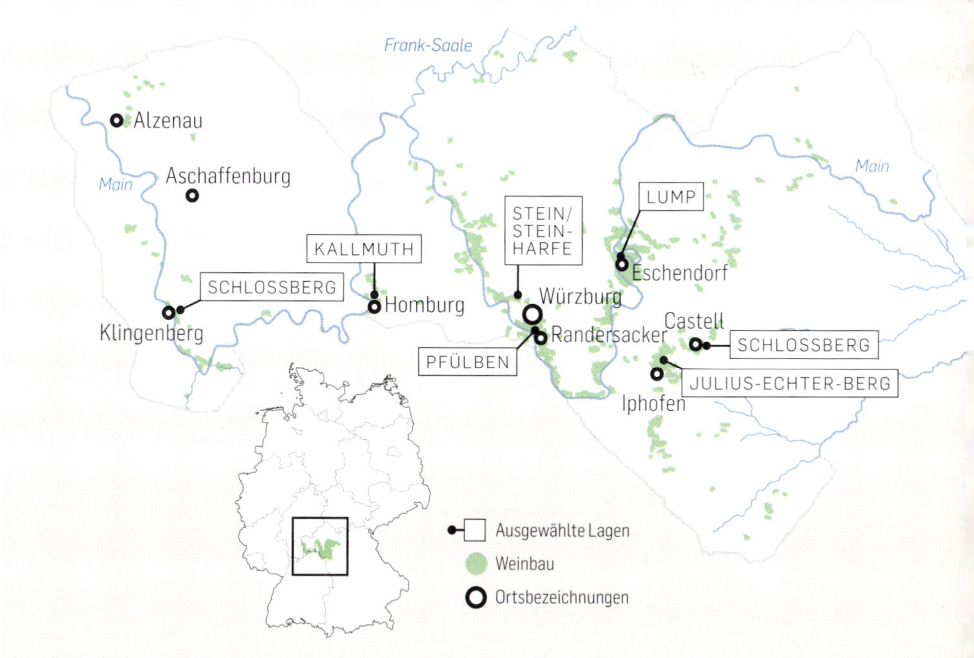

Würzburg, Stein-Harfe

dem Unteren Muschelkalk verwittert und weist einen hohen Gesteinsanteil auf.

95 **2020 Stein-Harfe Silvaner GG**
Bürgerspital zum Hl. Geist, Info siehe Seite 156

94 **2019 »R« Stein Silvaner**
Weingut Reiss, weingut-reiss.com

93+ **2019 Stein-Berg Silvaner GG**
Weingut Juliusspital, Info siehe Seite 165

93 **2020 Stein-Berg Silvaner GG**
Staatlicher Hofkeller Würzburg, Info siehe Seite 187

92+ **2020 »R« Stein Silvaner**
Weingut Reiss, weingut-reiss.com

92 **2019 Silvaner Erste Lage trocken**
Weingut am Stein, weingut-am-stein.de

92 **2020 Stein Silvaner Erste Lage trocken**
Weingut Juliusspital, Info siehe Seite 165

91+ **2020 Stein Silvaner Erste Lage trocken**
Bürgerspital zum Hl. Geist, Info siehe Seite 156

90+ **2020 Stein Silvaner Erste Lage trocken**
Staatlicher Hofkeller Würzburg, Info siehe Seite 187

RANDERSACKER | PFÜLBEN

Das »Pfülben«, ergo Kopfkissen, schmiegt sich als klassischer Prallhang an den Main, vor allem die Südwestlagen profitieren von ihm als Lichtspiegel und Wärmespeicher. Der Hang dreht nach Süden und Südsüdosten in ein Seitental, entfernt sich dabei jedoch nicht weiter als etwa 400 Meter vom Fluss. Die Lage umfasst 19 Hektar, weist Hangneigungen von 30 bis 70 Prozent auf und liegt auf Höhen von 185 bis 270 Metern.

94+ **2020 Riesling GG**
Bürgerspital zum Hl. Geist, Info siehe Seite 156

94 **2020 Riesling GG**

93 **2018 Silvaner GG**
Weingut Schmitt's Kinder, Info siehe Seite 177

92+ **2019 »Roots« Riesling trocken**
Weingut Göbel, weingutgoebel.de

91+ **2020 Riesling GG**
Staatlicher Hofkeller Würzburg, Info siehe Seite 187

HOMBURG | KALLMUTH

Insgesamt umfasst diese Lage heute 43 Hektar mit Steigungen bis zu 75 Prozent. Der historische Hang, im Besitz des Fürsten von Löwenstein, weist unzählige, insgesamt zwölf Kilometer lange Weinbergmauern auf und ist eine geologische Kuriosität: Quer durch den Weinberg verläuft die Grenze zwischen Buntsandstein und Unterem Muschelkalk.

92+ **2019 Fürstlicher Kallmuth Silvaner GG**

92 **2019 Fürstlicher Kallmuth Riesling GG**
Weingut Fürst Löwenstein, loewenstein.de

90+ **2020 »Luna« Silvaner trocken**

90 **2019 »Alte Reben« Silvaner trocken**

90 **2019 Blauer Silvaner trocken**
Weingut Huller, Info siehe Seite 164

Fotos: beigestellt

★★

WEINGUT JOHANN ARNOLD

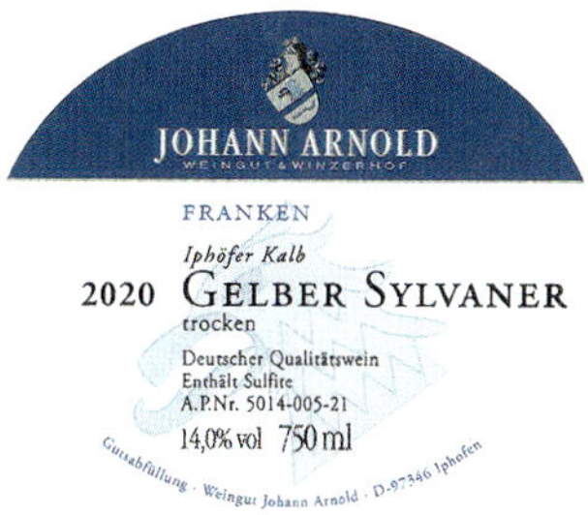

Lange Gasse 26–28, 97346 Iphofen
T: +49 9323 89833, mail@weingut-arnold.de
weingut-arnold.de

Ab-Hof-Verkauf: Mo bis Sa 8–18 Uhr
Kellermeister: Johannes Arnold
Ansprechpartner: Johannes Arnold
Flaschen/Hektar: 67.000 (84 % weiß, 16 % rot)/10 ha

Das gefällt uns gut: Der Gutswein vom Silvaner aus dem Weingut Johann Arnold in Iphofen ist beinahe durchgegoren und schnarrt puristisch am Gaumen entlang und doch mit vollem Akkord wie Neil Young auf seiner Akustikgitarre. Sehr respektabel ist auch der Silvaner aus der Literflasche, wie gemacht für den Vespertisch. Aber Johannes Arnold experimentiert auch gerne, wie sein Sylvaner »Granitfass« beweist, der den Gaumen fordert und mit Sicherheit Emotionen auslöst. Das Pendant aus dem Iphöfer Kalb zeigt viel Substanz und geballte Mineralik. Spannende Kollektion!

91+ 2020 »Granitfass« Iphofen Julius-Echter-Berg Sylvaner Erste Lage tr.

Mittleres Goldgelb, am Gaumen mit den Aromen eines Orangeweines, getrocknete Aprikose, Malz, Wermutkraut, eine ätherische Note. Der Gaumen macht weit auf mit weichem Fond und ausgewogener Säure, würzig, trocken und fordernd. Experimentell und polarisierend. 14 Vol.-%, DV, €€€

91 2020 Iphofen Kalb Gelber Sylvaner Erste Lage trocken

Reife Birne und roter Apfel in der Nase, florale Noten, auch ein leicht ätherischer Ton. Schöpft am Gaumen aus dem Vollen mit viel Substanz und Extrakt, auch beim Alkohol ist er nicht schlecht weggekommen. Hält zusammen und punktet mit seiner Mineralik. 14 Vol.-%, DV, €€

89 2020 Riesling trocken

Grüner Apfel in der Nase mit Zitrusfrucht, Mirabelle und feinwürzigen Noten. Auch am Gaumen mit zitrischen Noten und betont trocken, puristische Ausrichtung, auch mineralischer Schliff. Konsequent in seiner Art, und das ist gut so. 12,5 Vol.-%, DV, €

89 2020 Weißburgunder trocken

Reife Frucht, Mirabelle, gelber Apfel und Aprikose mit blumigen und floralen Noten. Stoffig und würzig am Gaumen mit – für einen Gutswein – gutem Extrakt und griffigen Phenolen. Trocken ausgebaut und dadurch den würzigen Eindruck noch verstärkend. Zum Essen. 13 Vol.-%, DV, €

88+ 2020 Silvaner trocken (Liter)

89+ 2020 Silvaner trocken

Apfel in der Nase, Aprikose und Kräuter kommen dazu. Ein saftiger und griffiger Silvaner in einer schlank gehaltenen Struktur, mit feiner phenolischer Herbe und fränkisch trocken, beinahe durchgegoren. Ohne Kitsch, zeigt den Charakter der Rebsorte. Zur Brotzeit. 12,5 Vol.-%, DV, €

★★

WEINGUT BALDAUF

Hauptstraße 42, 97729 Ramsthal
T: +49 9704 1595, info@baldaufwein.de
baldaufwein.de

Ab-Hof-Verkauf: Mo bis Fr 9–18 Uhr, Sa 9–16 Uhr
Kellermeister: Gerald Baldauf
Ansprechpartner: Gerald Baldauf
Hektar: 16 ha

Ramsthal und Hammelburg sind nicht die typischen Bocksbeutel-Destinationen, zumindest nicht für denjenigen Tourismus, der den Wein nur am Rande wahrnimmt. Mit ihren Steillagen auf Muschelkalk hat Frankens nördlichste Weinbauecke aber ein stattliches Pfund in der Hand, wenn es um Authentizität und Eigenständigkeit geht. Das Weingut Baldauf steht da in vorderster Linie – und mit seinem 2020er Jahrgang stellt Gerald Baldauf einmal mehr unter Beweis, welch ausgeprägte Fruchtaromen an der fränkischen Saale möglich sind. Das ist eine runde Sache!

91 2019 »Saalestück« Ramsthal Silvaner tr.
Blass in der Farbgebung und kühl im Duft. Aromen von Limettenschale, Zitrone, junge Mandarine und Orangenblüte. Am Gaumen herrlich frisch durch eine salzige Note und präzise Säure, die diese Aromen begleitet. Der Nachhall wird von einer mineralischen Note begleitet. 12,5 Vol.-%, DV, €

90 2019 »clees« Stetten Stein Silvaner tr.
Attraktiv und fein im Duft. In der Nase entwickeln sich sortentypische Aromen von Weinbergpfirsich, Orangenblüte und nassem Stein. Am Gaumen hat der Wein eine deutliche Kräuternote, erkennbare Mineralik und ein klein wenig zitrische Frucht. 13 Vol.-%, DV, €€

90 2020 »clees« Blanc de Noir trocken
In der Farbe klar im Bereich der weißen Rebsorten. In der Nase entwickelt sich ein Duft von reifem Pfirsich, Limettensorbet und Orange. Am Gaumen präsentiert sich der Wein mit durchaus mittelgewichtigem Körper bei sauberer Aromatik, feine Säure und gutem Trinkfluss. 12,5 Vol.-%, DV, €€

91 2020 »clees« Riesling Spätlese
Pfirsich und Mandarine im Duft, dazu auch pfeffrig-kalkwürzige Töne. Im Mund besitzt der Wein hohe Intensität, mischt neben reicher Süße auch geschmeidige, leicht viskose Komponenten unter ein festes Säuregerüst. Gute Länge und gutes Potenzial. 8 Vol.-%, DV, €€

89 2019 »clees« Grauer Burgunder trocken

90 2019 »clees« Hammelburg Trautlestal Weißburgunder trocken
In der Nase entwickelt sich ein Duft von Birne, Mirabelle, Mandel, und schließlich auch kalkigen Aromen. Am Gaumen präsentiert sich dieser Wein saftig bei leichter Phenolik und gut abgestimmter Säure. Der Nachhall wird wieder von leichter Mineralik begleitet. 13 Vol.-%, DV, €€

★★

WEINHAUS BOESSNECK

Boessneck

Lange Gasse 26/28, 97346 Iphofen
T: +49 49 8225394, info@weingut-achenbach.de
boessneck.com

Ab-Hof-Verkauf: nach Vereinbarung
Kellermeister: Mathias Meimberg
Ansprechpartner: Mathias Meimberg und Johannes Arnold
Flaschen/Hektar: 4.000/1 ha

Mathias Meimberg und Johannes Arnold führen dieses rekordverdächtig kleine Sekthaus mit Hingabe und Perfektionismus, das schmeckt man in ihren Weinen. Allesamt gehen die vier vorgestellten Cuvées stilistisch eigenständige Wege. »Black« etwa ist eine versektete trockene Auslese – komplett gegen den Zeitgeist gebürstet, aber mit hoher Präzision umgesetzt und ein spannender Sparringspartner für passende Kulinarik. Unser Tipp ist der wunderbar »resolute« brut nature. Das Weinhaus erzeugt nur 4000 Flaschen pro Jahr – wer etwas abhaben möchte, muss sich also sputen.

92 NV »Black« brut nature PN/CH
Hellgolden in der Farbe. Strahlend fruchtig im Duft, Aprikose, Mirabelle, sehr klar und frischfruchtig. Feines, aber dynamisches Mousseux, sehr kräftiger Körper, nachgerade wuchtig, reife, feste Säure, ein ungewöhnlicher Sekt, weinig, auf Fülle zielend. 13 Vol.-%, NK, €€€€

91 NV »resolut« Rosé brut PN/CH
Eine Spur dunkler als Lachsrosa: In der Farbe wie ein traditioneller Weißherbst. Im Duft Quittengelee, Erdbeere. Im Mund voll durch ein Mousseux, das Volumen gibt, und voll in der Frucht und im Körper. Dezent süß abgerundet, aber nicht zu süß. 13 Vol.-%, NK, €€€

90+ NV »resolut« brut PN/CH
Hellgolden. Etwas Birne im Duft. Reife Gelbfrucht, zitrisch-terpenige und nussige Untertöne. Im Mund voll und weich im Auftakt, reichliche Süße, cremig-mildes Mousseux, ein kultivierter Säurenerv erfrischt die an sich eher rundliche Struktur. 12,5 Vol.-%, NK, €€€

92+ NV »resolut« brut nature PN/CH
Helles Goldgelb mit grünlichen Reflexen. Duft nach gelbem Apfel, Hefe, eine Ahnung von Holzfasseinfluss. Im Mund geschmeidig im Ansatz, dann stoffig, ein lebendiger Säurenerv gibt Länge, das sehr feine Mousseux schafft Volumen. Elaborierter Sekt. Zuletzt Keuperwürze im Abklang. 12,5 Vol.-%, NK, €€€

★★

WEINGUT BRENNFLECK

Papiusgasse 7, 97320 Sulzfeld am Main
T: +49 9321 4347, info@weingut-brennfleck.de
weingut-brennfleck.de

Ab-Hof-Verkauf: Mo bis Fr 8–17 Uhr, Sa 10–16 Uhr
Kellermeister: Hugo Brennfleck
Ansprechpartner: Susanne und Hugo Brennfleck
Flaschen/Hektar: 334.000/31 ha

Im mittelalterlichen Kern von Sulzfeld steht das Weingut Brennfleck, das schon in 13. Generation von Susanne und Hugo Brennfleck geleitet wird. 31 Hektar Reben werden angebaut, darunter auch der rare Blaue Silvaner, der bundesweit nur auf 26 Hektar kultiviert wird. Mit Johann Hugo Brennfleck ist auch schon die 14. Generation am Wirken, er steuert mit der Weinlinie »JHB S« eine spannende Facette bei: Auf den Etiketten steht »Spontanvergärung, wild & überraschend«: Der Sylvaner Maustal ist phenolisch und mineralisch aufgeladen und bereichert ein Sortiment mit Stil.

92 2020 »JHB S« Sulzfeld Maustal Sylvaner trocken
Kräutrig in der Nase, mit etwas Rauch und Holzwürze, Quittenschale und Birne, Apfel. Kräftig und fest strukturiert am Gaumen mit guter Dichte, viel Würze, reifer Apfel, merkliche, gepflegte Phenole, mineralisch. Im Ausdruck noch vom Holzausbau geprägt, mit gutem Potenzial. 13 Vol.-%, DV, €€

92 2017 »Himmelsleiter GG« Escherndorf Lump Riesling trocken GG
Intensives Gelb, kräftiger Duft nach reifer Aprikose und Pfirsich, Würze und auch einem Hauch Petrol. Setzt am Gaumen mit dem feinen Saft von Aprikose cremig an, entwickelt Substanz und Dichte, reife Säure, terpenwürzig, nussige Noten und mit mineralischer Tönung. Viel Wein. 14 Vol.-%, DV, €€€

91+ 2020 »JHB S« Escherndorf Lump Riesling trocken
In der Nase Noten von Spontangärung, Kräutern, Malz, Hopfenblüte und Brotteig, auch reifer Pfirsich. Saftig am Gaumen mit klaren Noten von Steinobst, die Säure verläuft präzise, feine Phenolik und Mineralität der Lage schärfen das Profil, Riesling mit Stil. 13,5 Vol.-%, DV, €€

90+ 2018 »Mönchshöflein GG« Sulzfeld Maustal Sylvaner trocken
Kräftiges Gelb, geht aromatisch ins Volle mit Dotterblume, sehr reifen Fruchtnoten, Birne, Papaya, Anis und Gewürzbrot, etwas Weihrauch. Zeigt die Großzügigkeit des Jahres 2018 am Gaumen, viel Substanz und Wucht, der Alkohol ist eingebunden, schöne Mineralität. Will es wissen. 14 Vol.-%, DV, €€€

90 2020 »Muschelkalk S« Sulzfeld Maustal Silvaner trocken

92 2020 »Keuper S« Iphofen Kronsberg Silvaner trocken
Apfel, Birne und Birnenschale mit gelber Frucht, Würze, Kräutern und Gesteinsmehl. Zeigt sich am Gaumen zunächst unaufgeregt, mit Schmelz und Saft. Nach und nach zeigt sich die Mineralität der Lage, leicht rauchige Würze, auch phenolischer Eintrag. Hat es faustdick hinter den Ohren. 13 Vol.-%, DV, €€

★

WEINGUT BRÖNNER & HEILMANN

BRÖNNER & HEILMANN
PREMIUMWEIN

Am Sportplatz 9, 63791 Karlstein am Main
T: +49 6188 9595204, vera.marchese@gis-ag.de
wein-broenner-heilmann.de

Ab-Hof-Verkauf: Mo bis Fr 8–17 Uhr
Kellermeister: Team Brönner und Heilmann
Ansprechpartner: Vera Marchese
Flaschen/Hektar: 49.000 (85 % weiß, 13 % rot, 1 % Rosé, 1 % süß)/9 ha

Im Angebot des erst Anfang 2018 fusionierten Weinguts Brönner & Heilmann finden sich zwei sehr unterschiedliche Weinlinien: Da sind zum einen die recht zugänglichen und harmonisch abgerundeten Alltagstropfen, die Namen tragen wie »Fresh« und »Ice« und sich an ein breit gedachtes Publikum richten. Als Kontrast präsentieren sich die Lagenweine, die wie die beiden Rieslinge »Herzstück« und »Prime« Ambitionen zeigen und sich durchaus in der Zweisternekategorie bewegen. Dass es noch einen dritten Weg gibt, belegt der charmante »Best of Bacchus«.

91 2020 »Herzstück« Riesling trocken
Gelbe Blüten in der Nase mit reifem Steinobst (vor allem Pfirsich) und floralen Anklängen. Kompakt gebauter Riesling mit gutem Extrakt, der eine gute Balance zeigt. Die reife Frucht, die animierende Säure und die anklingende Mineralität finden gut zusammen. 13 Vol.-%, DV, €€

90 2020 »Prime« Riesling trocken
Zitrusnoten zeigen sich in der Nase, Grapefruit, auch gelbe Fruchtnoten, reife Aprikose und Papaya. Vollmundig am Gaumen mit reifen Fruchtnoten und würzigen Beinoten, kompakt gebaut, balanciert von der leicht salzig unterlegten und lebendigen Säure. 12,5 Vol.-%, DV, €€

89+ 2020 Sauvignon Blanc trocken
Sortentypisches Aromenspiel in der Nase mit reifer Mango, Schwarzer Johannisbeere und würzigen Noten. Kräftig gebaut am Gaumen mit Saft und Schmelz, zeigt sich vielschichtig mit gutem Extrakt. Geschmeidige und großzügige Entfaltung mit klarer Frucht und Würze. 13 Vol.-%, DV, €€

89 2020 »Heilmännchen« Riesling trocken
In der fruchigen Nase Aromen von Zitrusfrucht und Mirabelle, auch etwas Maracuja. Eleganter und schlank gebauter Riesling mit straffer Säure sowie klarer, süßer Pfirsichfrucht und feiner Würze am Gaumen. Animiert, zeigt im Ausklang mineralische Noten. 11,5 Vol.-%, DV, €

89 2020 Gewürztraminer trocken

88+ 2020 Pinot Grigio trocken

88+ 2020 »Fresh« trocken SB/RR

88 2020 Bacchus halbtrocken

88 2020 »Summertime« trocken BC/MT/KR

88 2020 »Ice« Rosé MT/DF/SW/RE

88 2018 »Schlossburgunder« Alzenau Spätburgunder trocken

90 2020 »Best of Bacchus« halbtrocken
Stachelbeere mit reifer Mirabelle und etwas Holunderblüte im fruchtigen und blumigen Duft. Schlank gebaut am Gaumen mit schöner, süßer Frucht (Aprikose) und Charme. Besticht mit seiner Aromatik und saftigen Fülle. Passt sehr gut zu Käse, Chicken Nuggets und zur Currywurst. 11,5 Vol.-%, DV, €

★★★★

BÜRGERSPITAL ZUM HL. GEIST

Theaterstraße 19, 97070 Würzburg
T: +49 931 3503441, weingut@buergerspital.de
buergerspital.de

Ab-Hof-Verkauf: Mo 9–18 Uhr, Di bis Sa 9–22 Uhr, So 11–18 Uhr
Kellermeister: Robert Haller, Karl Brand, Elmar Nun
Ansprechpartner: Robert Haller
Flaschen/Hektar: 820.000 (85 % weiß, 10 % rot, 5 % süß)/120 ha

Bürgerspital-Steuermann Robert Haller war die treibende Kraft hinter der Herauslösung der besten Partien des Würzburger Steins als »Stein-Berg«. Gleichzeitig wird es im eigenen Betrieb ein Silvaner GG künftig nur noch aus der Stein-Harfe geben, dem bekannten Filetstück in Alleinbesitz. Das frühere Hagemann Riesling GG heißt jetzt Stein-Berg GG. An der Qualität der Weine ändert dies nichts, das gesamte Sortiment erstrahlt in einer geerdeten Klassik, die gleichwohl frisch und modern wirkt. In dieser Form nimmt das Weingut Kurs auf den fünften Stern.

95 2020 Würzburg Stein-Harfe Silvaner GG
Saftiger Apfel und feiner Rauch im ersten Duft, Mirabelle und Kräuter kommen dazu, wilder Thymian, Gesteinsmehl. Intensiv und dicht am Gaumen mit viel Extrakt, der sich geschmeidig entfaltet. Mit markanter Mineralität, klarem Lagenausdruck und guter Länge. Wird sich weiter entwickeln. 13,5 Vol.-%, DV, €€€

94+ 2020 Randersacker Pfülben Riesling GG
Im Duft Wachs, reife Nektarine, balsamisch-kalkwürzige Untertöne, Weinbergpfirsich. Im Mund mit feistem Druck, straffer Säure, viel Körper und einer markant mineralischen Prägung, fester Nerv und packender Extrakt geben Länge. Großes Potenzial. 12,5 Vol.-%, DV, €€€

93+ 2020 Würzburg Stein-Berg Riesling GG
Komplexe Kräuter: Rosmarin und Majoran, getrocknete Zitronenschale und Iris. Im Mund mit viel Druck, seidig-kreidig, kultivierte Säure, viel Saftigkeit, ganz trocken abgestimmt und dennoch nicht karg wirkend, hat eine durch Mineralität gezügelte Fülle. 13 Vol.-%, DV, €€€

92 2020 Würzburg Stein Chardonnay Erste Lage trocken
Der Chardonnay aus dem Stein startet dezent zitronig in der Nase. Am Gaumen ist der Wein schlichtweg enorm wohlproportioniert, sehr schön ausgewogen zwischen Fruchtsäure und Stoffigkeit. Zitrone, Lindenblüte, feinmineralisch – Frankens neue Top-Rebsorte? 13 Vol.-%, DV, €€

91 2020 »RR« Randersacker Marsberg Riesling Erste Lage trocken

90+ 2020 Würzburg Innere Leiste Silvaner Erste Lage trocken

90+ 2020 Würzburg Stein Riesling Erste Lage tr.

90+ 2020 Würzburg Abtsleite Riesling Erste Lage trocken

90+ 2020 Würzburg Stein Weißer Burgunder Erste Lage trocken

90 2020 Würzburg Silvaner trocken

91 2019 »R« Würzburg Stein Blaufränkisch Erste Lage trocken

91+ 2020 Würzburg Stein Silvaner Erste Lage trocken
Sehr ansprechende Nase, feine Birnenfrucht, spürbare Mineralität und ein individueller Extratouch würzige Kräuternoten. Im Mund ohne vorpreschende Frucht, mittelgewichtig, sehr ausgewogen. Empfiehlt sich als Wein mit größter Verwendungsbreite bei Tisch. 13 Vol.-%, DV, €€

★★★★

FÜRSTLICH CASTELL'SCHES DOMÄNENAMT

Schlossplatz 5, 97355 Castell
T: +49 9325 60160, weingut@castell.de
castell.de

Ab-Hof-Verkauf: Mo bis Fr 8–18 Uhr, Sa 10–16 Uhr
Kellermeister: Christian Frieß
Ansprechpartner: Peter Geil
Flaschen/Hektar: 450.000 (86 % weiß, 14 % rot)/70 ha

Fürst Castell, dessen Etiketten ein Wappen aus dem Jahr 1224 ziert, steht einem Adelshaus vor, das auf 800 Jahre Weinbau zurückblickt. Die Perspektive der Langfristigkeit nahm der Fürst auch in den Blick, als er vor zwei Jahren beschloss, das Silvaner GG jeweils erst nach fünf (!) Jahren in den Verkauf zu bringen. Der hier vorgestellte 2016er ist also der aktuelle Jahrgang. Der zusätzlich probierte 2012er zeigt, dass es auch nach zehn Jahren mit dem Austrinken dieser Weine noch keine Eile hat. Ein seriöses Haus mit einer grundguten Kollektion.

94+ 2012 Castell Schlossberg Silvaner GG
Für ein GG sehr hell in der Farbe. Komplexe Nase, Lindenblütenhonig, reifer Pfirsich, kandierte Zitrone , mineralisch, Kräuterkiste. Am Gaumen frisch, stoffig, schöne Phenolik, mineralischer Extrakt, tolle Dichte, der Alkohol ist gut eingebunden. Ein toller Silvaner, der auch noch in einigen Jahren gut steht. 14 Vol.-%, DV, €€€

93 2017 »6. Apriles anno 1659« Silvaner trocken
Strahlendes Goldgelb im Glas. In der Nase Heu, Quitte, Birne, Orangenblüte und dezente Holzwürze. Am Gaumen geschmeidig, stoffig, straffe Säurestruktur, tolle Würze, pfeffrige Noten, gute Phenolik. Sehr gelungener Holzeinsatz, schöner Spannungsbogen. 13 Vol.-%, DV, €€€

93 2016 Castell Schlossberg Silvaner GG
Angenehme Nase von reifen gelben Früchten, Quitte, Birne, Holunderblüte, Kräuter, mineralische Würze, leichte Hefenoten. Am Gaumen saftig, toller Schmelz, schön integrierte Säure, angenehme Phenolik, mineralischer Extrakt. Ein Wein, bei dem sich Geduld lohnt. 13 Vol.-%, DV, €€€

92 2017 »Granit Gemischter Satz« trocken
Goldgelb im Glas. In der Nase Feuerstein, Grapefruit, leicht Pfirsich, Wiesenkräuter. Am Gaumen saftig, cremig bei lebendiger, gut integrierter Säure. Spürbare Phenolik, mineralisch, auf eine höchst angenehme Weise herb. Sehr spannendes Experiment. 12,5 Vol.-%, DV, €€€

90+ 2020 Castell Kirchberg Weißburgunder Erste Lage trocken

90+ 2020 Castell Hohnart Silvaner Erste Lage trocken

90 2020 Castell Kugelspiel Silvaner Erste Lage trocken

90 2020 Schloss Castell Scheurebe trocken

89 2020 Schloss Castell Weißburgunder tr.

91 2019 Castell Reitsteig Spätburgunder Erste Lage trocken PN

90 2018 »Cuveé C« trocken ME/CS

89+ 2020 Schloss Castell Silvaner trocken
In der Nase sortentypisch duftig, gelber Apfel, Birne, auch Stachelbeere, Orange, Holunder, leicht Heu. Am Gaumen frisch, saftig, eine animierende Säure belebt, zuletzt kommen feine Frucht- und Blütenaromen. Ein schöner Speisenbegleiter. 12 Vol.-%, DV, €

WEINGUT DAHMS

August-Borsig-Straße 8, 97526 Sennfeld
T: +49 9721 69123, info@weingut-dahms.de
weingut-dahms.de
Ab-Hof-Verkauf: Weinladen – der Winzer Dahms, Brückenstraße 23, 97421 Schweinfurt
Do und Fr 12–18 Uhr, Sa 11–15 Uhr
Kellermeister: Jürgen Dahms
Ansprechpartner: Alexander und Jürgen Dahms
Flaschen/Hektar: 150.000 (84 % weiß, 14 % rot, 1 % süß, 1 % Schaumwein)/10 ha

Das Weingut Dahms mit beinahe zehn Hektar Rebfläche wird von den Brüdern Alexander und Jürgen Dahms im Schweinfurter Vorort Sennfeld geleitet. Die meisten Weine, die das Weingut vorlegt, stammen aus dem Jahr 2019. Es scheinen perfekt ausgereifte Trauben gewesen zu sein, die Weine zeigen reife Fruchtnoten und sind am Gaumen meist harmonisch abgestimmt. Struktur, Würze und Mineralität zeigt der Silvaner »Steillage«, der kräftige, pfeffrige Rondo ist unsere Empfehlung. Aus dem Jahrgang 2020 kommt der famose Traminer Eiswein, den man sich nicht entgehen lassen sollte.

90 2019 »Steillage« Mainberg Schlossberg Silvaner Spätlese trocken
Zeigt schon im kräftigen Duft Spätlesecharakter mit reifer Birne und Aprikose und auch kräutrige Noten von der Spontangärung. Kompakt gebaut am Gaumen in klarer Kontur, saftige Frucht mit ausgewogener Säure, schöne Würze und auch mineralische Noten, zeigt Substanz. 12,5 Vol.-%, DV, €€

88+ 2019 Silvaner trocken
Würzige Nase mit Aromen von Birne und Apfel, auch etwas Banane kommt dazu, frische Wiesenkräuter. Am Gaumen mit weichem Mundgefühl und einer ausgewogenen, gut eingebetteten Säureader, etwas reife Aprikose und Birne, feine Fruchtsüße, zieht würzig ins Finale. 12,5 Vol.-%, DV, €

88+ 2020 Scheurebe feinherb
Reife Stachelbeere in der fruchtigen und reifen Nase, auch gelbe Pflaume und florale Noten, etwas Blattwerk. Schlank in der Struktur, aber reich an Inhalt mit Noten von reifer Stachelbeere, Saft, Süße und feiner Würze, die Säure ist weich und verstärkt den ausgewogenen Eindruck. 11 Vol.-%, DV, €

91 2020 Schweinfurt Peterstirn Traminer Eiswein
Sattes Goldgelb, Duft nach getrockneten Früchten und Blütenhonig, Akazie, etwas Rosenblatt. Am Gaumen sehr dicht, viel Schmelz, reife exotische Frucht, wieder Blütenhonig, Rosenholz, lebendige Säure, Schmelz und Länge, gutes Potenzial. 8 Vol.-%, DV, €€€

88 2019 Weißburgunder trocken

89+ 2019 Rondo trocken
Holunder, schwarze Oliventapenade und Schwarzkirsche in der kräftigen, würzigen und tieffruchtigen Nase, im Hintergrund frisch gekochte Rote Bete. Überträgt die Reichhaltigkeit des Duftes auf den Gaumen mit reifer Frucht, viel Würze und kräftigem, reifem Tannin. Pfeffrig. 13 Vol.-%, DV, €

★★

DIVINO NORDHEIM

Langgasse 33, 97334 Nordheim
T: +49 9381 80990, info@divino-wein.de
divino-wein.de

Ab-Hof-Verkauf: täglich 10–18 Uhr
Kellermeister: Felix Reich
Ansprechpartner: Wendelin Grass
Flaschen/Hektar: 3.900.000 (86 % weiß, 14 % rot)/ 360 ha

Die ambitionierte Winzergenossenschaft aus Nordheim hat ganz bewusst eine Reihe ihrer Top-Cuvées angestellt – und diese zeigen, auf welch hohem Niveau hier in Franken Wein gemacht wird. Besonders beeindruckend zeigt sich die dichte und konzentrierte rote »Primo-Cuvée«, die wunderbar schmelzenden Gerbstoff und saftige Frucht bietet. Aber klar, wir sind in Franken und deshalb darf der Silvaner nicht zu kurz kommen. Unser Tipp ist die trockene Spätlese aus dem Thüngersheimer Johannisberg, der balanciert und dezent daherkommt – der perfekte Understatement-Wein!

90 2016 »Primo« Cuvée brut nature PN/PM/CH
Lange Perlage im Glas. Ein Duft von mittler Intensität mit Veilchen, gelbem Apfel und Gebäck. Am Gaumen folgen Aromen von Zitrone und Orangenschale. Balanciert von lebendiger Säure, bei gutem Mousseux, die in einen guten Nachhall führt. 12,5 Vol.-%,NK, €€€

91 2016 »Primo« Cuvée Weiß trocken WB/CH/RR
Mittleres bis tiefes Goldgelb, Ananas, Apfel und Birne, feine Würze und Rauch, auch reife Sonnenblumen im Hochsommer, Jasmin und Salbei. Getragen am Gaumen in einem großen Volumen, das patent ausgefüllt wird. Der Extrakt löst sich geschmeidig auf, Tiefe, gute Länge. 13,5 Vol.-%,NK, €€€

92+ 2016 »Primo« Cuvée Rot trocken PN/CO/CD
Dichte und konzentrierte Nase mit Cassis, Brombeere, Schwarzkirsche und Holunder mit Holzwürze, Tabak und Zigarrenkiste. Elaborierte Cuvée mit samtenem und geschmolzenem Gerbstoff und feiner Würze in einem breit angelegten Format. So schmeckt es, wenn Substanz flüssig und nobel wird. 13,5 Vol.-%,NK, €€€

91 2016 »Großes Gewächs« Frühburgunder tr.
Kirsche mit etwas Holzfirne in der Nase, auch Pflaume und Rauch. Versteht es, am Gaumen Fülle und die notwendige Frische zu einem stimmigen Gesamtbild zu verbinden, in dem sich auch Würze, Saft und reife Gerbstoffe finden. Präsent und noch nicht am Ende seiner Möglichkeiten angelangt. 13,5 Vol.-%,NK, €€€

90+ 2019 »Charakter F. Alte Reben« Thüngersheim Johannisberg Riesling Spätlese trocken
90 2018 »Großes Gewächs« Weißer Burgunder trocken
89+ 2018 »Großes Gewächs« Chardonnay tr.
89+ 2019 »Großes Gewächs Fumé« Sauvignon Blanc trocken
89+ 2019 »Franconia« Nordheim Vögelein Riesling Spätlese feinherb
93+ 2018 »Charakter F. Edel & Süß« Nordheim Vögelein Silvaner Eiswein
90 2016 »Großes Gewächs« Pinot Noir tr.

90 2018 »Charakter F. Alte Reben« Thüngersheim Johannisberg Silvaner Spätlese trocken
Birne im kräftigen Duft mit Gelbfrucht und reifem gelbem Apfel. Kräftige, aber klar gefasste Struktur am Gaumen mit weicher und präsenter Säure, eine merkliche Schicht feiner Phenole und einer Mineralik, die sich im Hintergrund aufbaut. Nicht laut, aber überzeugend. 13 Vol.-%, DV, €€

★★

SCHLOSS FRANKENBERG

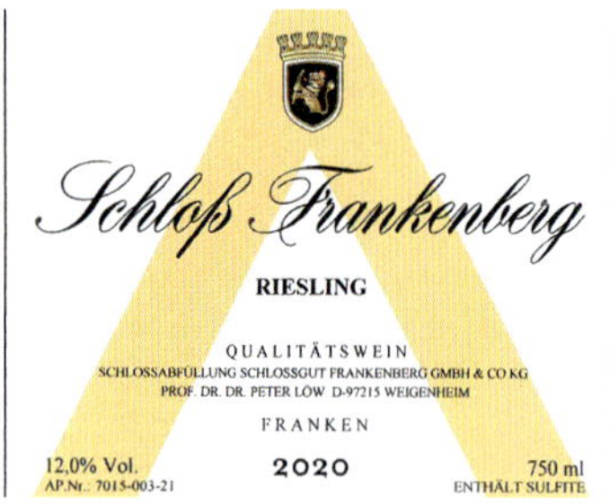

Schloss Frankenberg 1, 97215 Weigenheim
T: +49 9339 97140, info@schloss-frankenberg.com
schloss-frankenberg.de

Ab-Hof-Verkauf: Mo bis Mi 9–17 Uhr, Do und Fr 9–20 Uhr, Sa und So 11–20 Uhr
Kellermeister: Maximilian Czeppel
Ansprechpartner: Remo Letrari, Maximilian Czeppel
Hektar: 20 ha

Nachdem sich dieses Kleinod der fränkischen Geschichte viele Jahre lang in einem Dornröschenschlaf befand, wurde es durch private Investitionen 2014 wieder wach geküsst. Inzwischen ist in den alten Mauern neuer Glanz entstanden – die Restaurierungsarbeiten waren umfangreich und kostspielig. Und sie haben sich gelohnt! In den historischen Lagen entstehen dichte, kulinarisch gedachte Weine, die Kraft und Charakter haben. Ganz stark auch die edelsüße Fraktion mit einer wunderbar trinkigen Traminerauslese, die gekonnt Dichte und Eleganz vereint.

91+ 2020 »Selection Lara Löw« Weißburgunder trocken
Dicht und warm in der Nase angelegt, Mandel, Birne, das Holz ist sehr dezent eingebunden. Am Gaumen dicht, gewisse Viskosität, knochentrocken, aber mit viel Schmelz, pikante Ingwerwürze im Abgang als Kontrapunkt. Hält sich. 13,5 Vol.-%, NK, €€

91 2020 »Selection Florian Löw« Riesling trocken
Sehr dezent in der Nase präsentiert sich der »Selection«-Riesling. Kaum Primärfrucht, fein pflanzliche Noten, Sellerie, etwas Kümmel. Am Gaumen mit einer sehr ruhigen, gleitenden Materie, trocken, Walnussaromen, schöne Dichte, ein sehr gastronomischer Riesling. 13 Vol.-%, NK, €€

93 2020 »Selection Livia Löw« Roter Traminer Auslese
Eine opulente Würze im Duft, Rose, Lavendel, Jasmin, fast sogar Kümmel. Im Mund mit viel Schmelz und Abrundung, aber auch mit einer gut tragenden Säure, durchaus gehaltvoll, aber auch nicht zu viskos und zu süß, um einen guten Trinkfluss zu bewahren. Eleganter Traminer! 10 Vol.-%, NK, €€€

91+ 2020 Schloß Frankenberg Hölle Riesling Spätlese
Ein würziger Duft entsteigt dem Glas, Melisse, Pfeffer, zitrische Aromen. Im Mund wird das Spätleseprädikat vergleichsweise schlank und nicht im Übermaß süß interpretiert, dafür hat der Wein saftige Eleganz und eine unbekümmerte Frische. 9 Vol.-%, NK, €€

90+ 2020 Schloß Frankenberg Louisenberg Weißburgunder trocken

90 2020 Schloss Frankenberg Louisenberg Blauer Sylvaner trocken

90 2019 »Reserve« Sylvaner trocken

88 2020 »Louise« Cuvée Weiß trocken RR/SÄ/GS/BC

87+ 2020 »Secco Amalie Löw« trocken RR/WB/SÄ/BC/GS

89 2020 Riesling trocken
Der Guts-, pardon, Schlossriesling gibt sich elegant und feinfruchtig in der Nase. Zitronenschale, Walnuss, ein bisschen Pfirsich. Am Gaumen präsente Säure, gut eingebunden, grüner Apfel, Zitrone, sehr sortentypisch, trocken gehalten, gelungen. 12 Vol.-%, DV, €

★★★★★

WEINGUT RUDOLF FÜRST

Hohenlindenweg 46, 63927 Bürgstadt
T: +49 9371 8642, info@weingut-rudolf-fuerst.de
weingut-rudolf-fuerst.de

Ab-Hof-Verkauf: Mo bis Fr 9–12 Uhr und 14–18 Uhr, Sa 10–15 Uhr
Kellermeister: Sebastian Fürst
Ansprechpartner: Paul und Sebastian Fürst
Flaschen/Hektar: 120.000 (40 % weiß, 60 % rot)/21 ha

Bei den Weinen von Paul und Sebastian Fürst gehen uns die Vokabeln aus: Auch die neue Kollektion ist wiederum grandios, und das auf verlässliche Weise quer durchs Sortiment – Riesling, Spätburgunder und die weißen Burgundersorten besitzen allesamt herausragendes Niveau. Unsere Verkoster schrieben: »famos«, »kultiviert« »archetypisch dicht und subtil«, »komplex«, »höchste Eleganz«. Völlig zu Recht fallen diese Begriffe und doch wird einem mit dem Glas in der Hand auch bewusst, dass Sprache nur einen Abklatsch davon geben kann, was in diesen Flaschen schlummert.

94 2020 Bürgstadt Centgrafenberg Riesling GG
Ein Anflug von Fuder und dazu ein vielschichtig fruchtiges, florales und würziges Bukett unter Führung zitrischer Töne. Strammer Extrakt am Gaumen, dicht, aber nicht forciert, in der Säure kultiviert, sehr komplett und auf Reifepotenzial gebaut. 12 Vol.-%,NK, €€€

96 2019 Bürgstadt Hundsrück Spätburgunder GG
Etwas rauchig, aber auch Hefe, dunkle Kirsche, warmer Ziegelstein, Salbei. Im Mund mit der Andeutung von weichem Volumen, dann greift ein fester, trockener Tanninkern an, Saftigkeit und taktile Mineralität leiten in einen kompakten, aber langen Abgang. 13 Vol.-%,NK, €€€€

94+ 2019 Klingenberg Schlossberg Spätburgunder GG
Etwas rauchig, aber auch balsamisch, Hefe. Dann langsam auch süße Kirsche. Tolle Frische in den Aromen. Im Mund zeigt sich die warme Großzügigkeit der Lage durch Cremigkeit, die Gerbstoffe verbinden Saftigkeit mit Korn, sie trocknen nicht und sorgen für höchste Eleganz.
13 Vol.-%,NK, €€€€

94 2019 Bürgstadt Centgrafenberg Spätburgunder GG
Mandel, Lorbeer, erdige Töne, zurückhaltender Holzeinsatz. Im Mund archetypisch dicht und subtil, wie man es von Lage und Weingut kennt, unbeschwerlich und doch mit innerem Reichtum, kultivierter feiner Gerbstoff, saftig-elegant abklingend, mineralisch gefärbt. 13 Vol.-%,NK, €€€€

93+ 2019 »R« Chardonnay trocken

92 2019 »R« Weißer Burgunder trocken

92 2019 Astheim Chardonnay trocken

93+ 2019 Bürgstadt Berg Spätburgunder Erste Lage trocken

93+ 2019 Klingenberg Spätburgunder trocken

92+ 2019 Bürgstadt Berg Frühburgunder Erste Lage trocken

92 2019 Bürgstadt Spätburgunder trocken

91 2020 »pur mineral« Riesling trocken
Würzige, steinige Nase, Funkenschlag, Mirabelle und Pfirsich treten auf, etwas Blattgrün. Macht seinem Namen alle Ehre, ist nicht auf die Frucht fokussiert, sondern auf das Mineral. Die phenolische Schichtung sorgt für Profil, patent eingewobene Säure. Passt. 11,5 Vol.-%, NK, €€

★★

WEINGUT GEIGER & SÖHNE

Veitshöchheimer Straße 1, 97291 Thüngersheim
T: +49 9364 9605, info@geigerundsoehne.com
geigerundsoehne.com

Ab-Hof-Verkauf: Mo bis Fr 9–12 Uhr und 14–18 Uhr, Sa 10–13 Uhr
Kellermeister: Florian Schär, Sebastian Klüpfel
Ansprechpartner: Gunter Geiger
Flaschen/Hektar: 400.000 (83 % weiß, 17 % rot)/42 ha

Seit dem Gründungsjahr 1850 ist das Weingut im Familienbesitz. Die heute aktive Generation ist bestens qualifiziert: Gunter Geiger lernte bei Wilhelm Weil im Rheingau und absolvierte ein Studium in Geisenheim, Julia Geiger ist ausgebildete Sommelière. In der aktuellen Kollektion haben uns unter anderem die Weißweine der preislichen Mittelklasse imponiert, wie Weißburgunder oder Silvaner aus der »Erste Geige«-Serie, die den Muschelkalkboden mit Frische und Klarheit sinnlich erlebbar machen. Und geradezu baff waren wir angesichts der roten Bordeaux-Blend!

91+ 2019 »Big G.« Thüngersheim Johannisberg Chardonnay Spätlese tr.
Im Duft zeigen sich rauchige, röstige Spuren vom Holzausbau, Bâtonnage-Aromen, dann aber auch gelbfruchtige Noten. Am Gaumen ist der Wein dicht, konzentrierte reife Frucht und Cremigkeit schaffen Intensität, feste Säure trägt den Gaumen. Wird sehr gut reifen. 14 Vol.-%, DV, €€

91 2019 »Big G.« Thüngersheim Scharlachberg Silvaner Spätlese trocken
Reduktiv im Duft, buttrig, eine erste Sortenwürze mit einem Anflug von Holzeinfluss. Am Gaumen saftig, druckvoll mit leicht phenolischen Untertönen, gut eingebundene Säure, ein stattlicher und stämmiger, nachgerade korpulenter Lagensilvaner. 14 Vol.-%, DV, €€

91 2020 »Doppelstück« Thüngersheim Scharlachberg Silvaner Kabinett trocken
Ein zurückhaltender Holzeintrag im Duft wird von pfeffrigen Terroirtönen begleitet. Im Mund dicht, mit fester extraktgetragener Struktur und mineralischer Tiefe, dabei gebündelt, aber nicht wirklich schlank, auch als Kabinett hat der Wein Dichte und Kraft. 13 Vol.-%, DV, €

92 2019 »Big G.« Thüngersheim Johannisberg Merlot Cabernet Sauvignon trocken
Eine opulente Würze: Menthol, Brombeere, Holundermark, dazu dezent rauchiges Holz. Weich und mollig ansetzend am Gaumen, sehr feines Tannin, geschmeidig und dabei druckvoll fortsetzend, reife Säure, die Cremigkeit reicht bis in den Abgang zur Begleitung der intensiven Frucht. 14 Vol.-%, DV, €€

90+ 2019 »Erste Geige« Thüngersheim Scharlachberg Vögelswäldle Silvaner Spätlese trocken
90+ 2019 »Big G.« Thüngersheim Johannisberg Pinot Blanc Spätlese tr.
90+ 2019 »Big G.« Thüngersheim Scharlachberg Scheurebe Spätlese tr.
90 2019 »Big G.« Thüngersheim Johannisberg Riesling Spätlese trocken
89+ 2020 »Erste Geige« Thüngersheim Johannisberg Riesling Spätlese trocken
91 2019 »Big G.« Thüngersheim Johannisberg Carbernet Dorsa trocken
90 2018 »Big G. Reserve« Thüngersheim Johannisberg Pinot Noir trocken

91 2020 »Erste Geige« Thüngersheim Johannisberg Weißburgunder Spätlese tr.
Im Duft Noten von Heu und Löwenzahnblüte, ein auf nuancierte Weise floraler Sortentyp. Im Mund saftig, deutlich mineralisch geprägt, eine Schicht Phenolik, gut eingebundene Säure, ein eleganter Speisenbegleiter. 13,5 Vol.-%, NK, €€

★★

WEINBAU HOFMANN

Schulgasse 2, 97355 Wiesenbronn
T: +49 9325 6871, info@weinbau-hofmann.de
weinbau-hofmann.de

Ab-Hof-Verkauf: Mo bis Sa 8–19 Uhr, So 9–12 Uhr
Kellermeister: Mario Hofmann
Ansprechpartner: Familie Hofmann
Flaschen/Hektar: 47.000 (70 % weiß, 20 % rot, 10 % Rosé)/6 ha

Dass Mario Hofmann das Winzerhandwerk versteht, zeigt er auch in diesem Jahr wieder mit Weinen, die unaufgeregt ihre Qualitäten entfalten, wie dem kräftigen und fränkisch trockenen Silvaner »Weinart« aus dem Jahr 2018 oder der stoffigen und dabei eleganten Spätlese vom Riesling aus 2020. Wer das Wiesengut in Wiesenbronn besucht und die Weine verkostet hat, kann auch im wohl kleinsten Vinotel Deutschlands Rast machen. Im 200 Jahre alten Kelterhaus, schräg gegenüber vom Weingut, kann man zwei Zimmer buchen: das Weißwein- und das Rotweinzimmer.

90 2018 »Weinart« Wiesenbronn Wachhügel Silvaner trocken
Leichtes Goldgelb, würzige und rauchige Noten vom Holzausbau, reife Birne, Aprikose und auch Mango kommen dazu. Kraftvoller und würziger Silvaner mit gutem Extrakt, der den Alkohol gut verpackt, fränkisch trocken, dabei nie karg. Schöpft aus dem Vollen. 13,5 Vol.-%, DV, €€

89+ 2018 »Weinart« Pinot Blanc trocken
Leichtes Goldgelb in der Farbe, riecht nach reifer Aprikose und gelber Pflaume, dazu kommen Holzwürze und rauchige Noten. Auch am Gaumen auf weichem Fond würzig ansetzend, saftig und mit reifer Gelbfrucht. Pinot Blanc mit Substanz und kräftiger Struktur. Zum Essen. 13,5 Vol.-%, DV, €€

89 2020 Wiesenbronn Wachhügel Weißer Burgunder Spätlese trocken
Intensiver Duft nach reifem Apfel, gelber Frucht und gelben Blüten, würzige Nebentöne. Großzügige Spätlese im klassischen Stil mit Schmelz, Saft und Kraft, harmonisch abgerundet. Kleiner Wonneproppen, der auch Charme entwickelt und zu kräftigen Gerichten seine Qualitäten zeigt.
13,5 Vol.-%, DV, €

89+ 2017 Wiesenbronn Wachhügel Blauburger trocken
Kräftige Holzwürze in der Nase, etwas Kümmel, angeröstete schwarzer Sesam, ausgezehrte Frucht, in Andeutung Kirsche und Blaubeere. Geschmeidig am Gaumen mit Saft und reifer, verspielter Säure, mineralischer Hintergrund. Zeigt seine Qualität in Nuancen. 13 Vol.-%, DV, €

88+ 2017 Castell Kirchberg Spätburgunder tr.

89+ 2020 Wiesenbronn Wachhügel Riesling Spätlese trocken
Riecht nach Zitrusfrucht, Apfel und auch etwas Birne mit hellen Blüten im Schlepptau. Saftiger und fruchtiger Riesling mit lebendiger, gut eingewobener Säure. Hat die Substanz einer Spätlese, ohne dabei an Frische und Eleganz einzubüßen. 12,5 Vol.-%, DV, €

WEINGUT HULLER

Maintalstraße 11, 97855 Homburg am Main
T: +49 9395 780 95 20, info@weingut-huller.de
weingut-huller.de

Ab-Hof-Verkauf: nach Vereinbarung
Kellermeister: Michael Huller
Ansprechpartner: Isabella und Michael Huller
Hektar: 8 ha

Michael Huller begann 2010 mit dem Weinbau, nachdem er in Kalifornien, in der Toskana, auf Schloss Sommerhausen und bei Paul Fürst Erfahrungen gesammelt hatte. »Ich hole mir gerne das Beste aus beiden Welten und verbinde spannende Aromen mit fränkischem Qualitätsdenken«, sagt der gelernte Schreiner, der das Weingut mit seiner Frau Isabella führt und acht Hektar in renommierten Lagen wie dem Kallmuth bewirtschaftet. Mit den vorgelegten Weinen ist Michael Huller ein Sprung nach vorne gelungen, der Rieslaner ist dicht und stoffig, die Silvaner zeigen Format und Mineralität.

91 2019 Homburg Kallmuth Rieslaner Spätlese trocken
Pfirsich und Apfel im fruchtigen und würzigen Duft, auch nussige Aromen, etwas Karamell. Zeigt sich am Gaumen in guter Form und mit schöner Balance: Dicht, stoffig, saftig, mineralisch und auch charmant mit feiner Fruchtsüße, eng verwoben in der Struktur. 13 Vol.-%, DV, €€

90+ 2018 »Luna« Homburg Kallmuth Silvaner Spätlese trocken
Leichtes Goldgelb. Feine Holzwürze in der Nase mit reifer Birne und Apfel, auch ein Hauch Calvados, Kamille und gelbe Blüten. »Luna« nimmt den Gaumen mit kräftiger, fester und vielschichtiger Struktur in Anspruch. Vollmundig und mit mineralischem Hintergrund, Potenzial. 13,5 Vol.-%, DV, €€

90 2019 »Alte Reben« Homburg Kallmuth Silvaner trocken
Kräutrig in der Nase, Kräuterbonbon, etwas Kamille, Würze, Apfel und auch etwas helles Malz. Zeigt sich am Gaumen vielschichtig mit schöner Würze und feiner Herbe, trocken, die Phenole sind kultiviert. Zeigt die Güte und Mineralität der Lage in guter Länge. 13,5 Vol.-%, DV, €

88+ 2018 Homburg Kallmuth Cabernet Dorsa trocken
Ordentlich Schwarzkirsche, Brombeere und Cassis in der kräftigen und fruchtgetragenen Nase, rauchige Noten, Holzwürze. Stoffig und saftig am Gaumen mit viel Würze und auch Süße, die Gerbstoffe sind mächtig und leicht adstringierend. Zu Fleisch mit Soße. 13 Vol.-%, DV, €€

88+ 2020 Homburg Kallmuth Weißer Burgunder Kabinett trocken

90 2019 Homburg Kallmuth Blauer Silvaner Spätlese trocken
Reifer gelber Apfel und Birne mit gelbfruchtiger Unterstützung in der intensiven Nase, ein Hauch Ahornsirup. Am Gaumen eher getragen mit geschmeidiger Aura, reifer, zurückgenommener Säure. Für Profil sorgt die ausgeprägte Mineralität der Lage, die den Wein prägt. 13,5 Vol.-%, DV, €

★★★★

WEINGUT JULIUSSPITAL

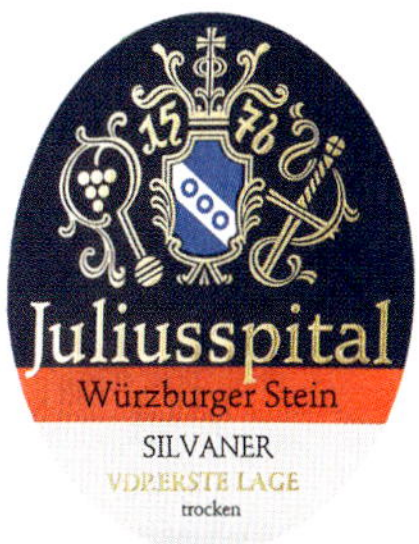

Klinikstraße 1, 97070 Würzburg
T: +49 931 3931400, weingut@juliusspital.de
juliusspital-weingut.de

Ab-Hof-Verkauf: Mo bis Fr 9.30–18.30 Uhr, Sa 9–16 Uhr
Kellermeister: Nicolas Frauer
Ansprechpartner: Kordula Geier
Flaschen/Hektar: 1.300.000 (86 % weiß, 14 % rot)/ 180 ha

Das Weingut ist bald 450 Jahre alt und mit 180 Hektar Rebfläche das zweitgrößte Deutschlands. Als Stiftung unterstützt es mit seinen Erträgen soziale, vornehmlich medizinische Aufgaben. Die jahrhundertealte Tradition strahlt heute mehr denn je in jugendlichem Glanz mit Weinen voller Saft und Kraft, die aus einigen der besten Einzellagen Frankens stammen, etwa Würzburger Stein und Iphöfer Julius-Echter-Berg. Großartig ist die Stein Trockenbeerenauslese von 2015. Unser Preis-Tipp ist der Silvaner Erste Lage aus dem Stein, »der« Klassiker im Sortiment.

93+ 2019 Würzburg Stein-Berg Silvaner GG
Riecht nach Gelbfrucht und Apfel, etwas rosafarbene Grapefruit, Kräuter und Gesteinsmehl. Präsent am Gaumen mit kräutrigen Noten, baut Druck auf, guter Extrakt, die Säure ist ausgewogen, merkliche Mineralität sorgt für Profil wie auch eine Schicht feiner Phenole. Aus einem Guss.
13,5 Vol.-%, DV, €€€

93+ 2019 Würzburg Stein-Berg Riesling GG
Kräftig zitrisch im Duft. Grapefruit, Zitrustrester, und dazu ein blumiger Unterton, und auch eine Anflug von Feuerstein und Kalk. Dicht am Gaumen, saftig, mit feinen, aber druckvollen Phenolen, reifer Säure, ein recht erwachsener Riesling mit ausgezeichneter Länge. 13 Vol.-%, DV, €€€

93 2019 Iphofen Julius-Echter-Berg Silvaner GG
Reife Aprikose und gelber Apfel mit etwas Minze und Maracuja, auch Würze, Rauch, etwas Hopfen. Würzig und intensiv im Mund mit reifer, eng anliegender Säure, guter Extrakt und mit Bündelung in der Gaumenmitte. Würzig bis in das lange Finale, konsistent, mit Charakter. 13,5 Vol.-%, DV, €€€

97 2015 Würzburg Stein Riesling Trockenbeerenauslese
Helles Goldgelb mit grünlichen Reflexen. Etwas Ingwer im Duft, Curry, Safran, Liebstöckel, im Mund knackig, dicht, kompakt, immens taktilmineralisch, markanter Säurebogen, Spannung. Muskulös und facettenreich, ausgezeichnete Länge. 9 Vol.-%, NK, €€€€

93 2019 Volkach Karthäuser Weißer Burgunder GG

91+ 2020 Würzburg Stein Riesling Erste Lage trocken

91 2020 Iphofen Kronsberg Riesling Erste Lage trocken

90+ 2020 Würzburg Abtsleite Silvaner Erste Lage trocken

90 2020 Würzburg Stein Weißer Burgunder Erste Lage trocken

89 2020 Iphofen Silvaner trocken

90+ 2018 Würzburg Pfaffenberg Spätburgunder Erste Lage trocken

92 2020 Würzburg Stein Silvaner Erste Lage trocken
Im Glas entwickelt sich ein vielschichtiger Duft aus Aromen von Tomatenblatt, gelben Äpfeln und reifen Birnen. Am Gaumen angenehm sortentypisch in den Aromen bei feiner Mineralität, angenehmer Säure sowie Grip und Saftigkeit. Ein Wein mit Potenzial. 13 Vol.-%, DV, €€

★★

BIO-WEINGUT LAUDENS BACH

Segnitzer Straße 35, 97252 Frickenhausen am Main
T: +49 9331 3286, wein@laudensbach.de
laudensbach.de

Ab-Hof-Verkauf: nach Vereinbarung
Kellermeister: Stefanie Fröhlich, Valentin Reinhard
Ansprechpartner: Reiner und Rolf Laudenbach
Hektar: 7 ha
Anbauweise: Biologisch zertifiziert

Das Weingut Laudens Bach ist benannt nach einem Fabelwesen mit dem Kopf eines Schafbocks, das mit einem Dudelsack auf dem Rücken in eiskalten Winternächten durch die Weinberge zieht und nach heruntergefallenen Trauben sucht. Findet es süße Trauben, dann erklingt sein alter Dudelsack besonders »laud«. Im Bioweingut, das sechseinhalb Hektar Reben bewirtschaftet, kümmert sich Stefanie Fröhlich um den Keller und Valentin Reinhard um die Weinberge. Hier findet man geerdete, entspannte und tiefgründige Weine, die immer auch kulinarisch gedacht sind.

91 2020 »Flurstück Alte Reben« Silvaner tr.

Noten von Spontangärung, kräutrig, dunkle Aromen, Malz, Hopfenblüte, Birne und Apfelschale. Kräftige und vielschichtige Struktur mit Substanz, guter Dichte und schöner Würze mit mineralischer Tönung. Tiefgründig und intensiv, stellt den Silvaner patent in Szene. 13 Vol.-%, DV, €€

90 2020 »Flurstück« Riesling trocken

Kräutrige Noten in der Nase, Apfel findet sich ein, Apfelschale, feine Herbe. Das »Flurstück« ist keiner der Rieslinge, die mit Frucht und Zucker wuchern, eher zurückhaltend im Wesen mit inneren Werten, saftig, phenolisch, etwas herb und mineralisch. 12 Vol.-%, DV, €€

89 2020 »Flurwerk« Scheurebe trocken

Reife Stachel- und Johannisbeere in der Nase mit floralen und würzigen Anklängen. Eine ziemlich trocken ausgebaute Scheurebe, die nicht auf expressive Frucht setzt, sondern mit ihrer bodenständigen und geerdeten Art gefällt. Kulinarisch geeignet. 11,5 Vol.-%, DV, €

89 2020 »Flurwerk« Silvaner trocken

Apfel und Mirabelle mit etwas Birne in der Nase, kräutrige Noten kommen dazu. Stoffig und würzig am Gaumen, ein eher gemütlicher Silvanertyp, der sich nicht stressen lässt und aus seiner Ruhe auch Kraft zieht. Unaufgeregter Charakter mit feiner Phenolik und Würze. 12,5 Vol.-%, DV, €

89 2020 »Flurwerk« Riesling trocken

87 2020 »Flurstück« Weißburgunder trocken

90 2020 »Flurstück« Blauer Silvaner trocken

Keine überbordende Aromatik, Birne und Apfel in der Nase, etwas Quitte und Würze. Entspannter Silvaner mit zurückgenommener Säure, saftig und würzig, mit Noten von Apfel, die mittelkörnigen Phenole geben Grip, feine Herbe. Eigenständig in seinem Naturell. 12,5 Vol.-%, DV, €€

★

WEINGUT LEININGER

Theilheimer Weg 3, 97246 Eibelstadt
T: +49 9303 2209, info@weingut-achenbach.de
weingut-leininger.de

Ab-Hof-Verkauf: Do bis So 8–18 Uhr
Kellermeister: Florian Engelmann
Ansprechpartner: Monika, Dirk und Florian Engelmann
Flaschen/Hektar: 53.000/9 ha

Jungwinzer Florian Engelmann stieg 2016 in das Weingut der Eltern in Eibelstadt ein und hat in kurzer Zeit schon einiges bewegt. Beinahe neun Hektar Rebfläche bewirtschaftet das Gut, darunter auch die Steillage Eibelstädter Mönchsleite, die in Zukunft noch pointierter herausgestellt werden soll. Florian Engelmann arbeitet mit langen Maischestandzeiten und Spontangärungen, er versteht es, mit Holz umzugehen. Seine Weine zeigen Struktur und Substanz wie die beiden Silvaner, aber auch Rot und Süß gelingen ihm trefflich. Ein Name, den man sich merken sollte.

90+ 2019 »Unikat Altenberg 1172« Eibelstadt Mönchsleite Silvaner trocken
Kaffeebohnen, ein Hauch Mokka und Kokosnuss vom Holzausbau, dahinter auch reife Birne und Quitte. Fränkisch trocken am Gaumen, mit leichter Extraktsüße, etwas reife Aprikose, etwas Sanddorn und viel Würze. Ist noch etwas vom Holzausbau geprägt, wirkt noch jung. 13,5 Vol.-%, DV, €€€

90 2018 »Unikat Reserve« Eibelstadt Mönchsleite Grauburgunder trocken
Würze und auch Süße im getragenen Duft vom Ausbau im Barrique, Birne, Quitte und karamellisierte Walnüsse. Zeigt am Gaumen einen gelungenen und gut dosierten Holzeinsatz, die Balance stimmt zwischen Kraft, Substanz, Frucht und Frische. Kann weiter zulegen. 13,5 Vol.-%, DV, €€

91+ 2018 »Altenberg 1172« Eibelstadt Mönchsleite Spätburgunder trocken
Kirsche und Holunder in der Nase, feine Kräuter und auch etwas Pfeffer kommen dazu. Spätburgunder, der die Sonne von 2018 genossen und in Substanz und Würze umgewandelt hat, vielschichtig, tiefgründig, mit mineralischer Definition, gute Länge, Potenzial. 13,5 Vol.-%, DV, €€€

91+ 2018 Eibelstadt Mönchsleite Traminer Auslese
Honigwabe mit Rosenblättern, Litschi und Mango im Ausleseduft. Viskos und leicht ölig am Gaumen, die süße Opulenz wird von einer feinen und zielgeraden Säure gelenkt, schöner Fluss, bei dem die Süße doch die Oberhand gewinnt. Kulinarisch eine gute Wahl. 9 Vol.-%, DV, €€

89+ 2020 »Meisterwerk Alte Reben« Eibelstadt Kapellenberg Scheurebe trocken

90 2019 »Meisterwerk Alte Reben« Eibelstadt Mönchsleite Silvaner trocken
Holzwürze verbindet sich in der kräftigen Nase mit reifer Birne und gelber Frucht. Zeigt am Gaumen eine feste Struktur, Substanz und eine gut ausgebildete Muskulatur, behält dabei die Frische und Gegenwärtigkeit, saftig, würzig und mit präsenter Säure. 13,5 Vol.-%, DV, €€

★★★★

WEINGUT RUDOLF MAY

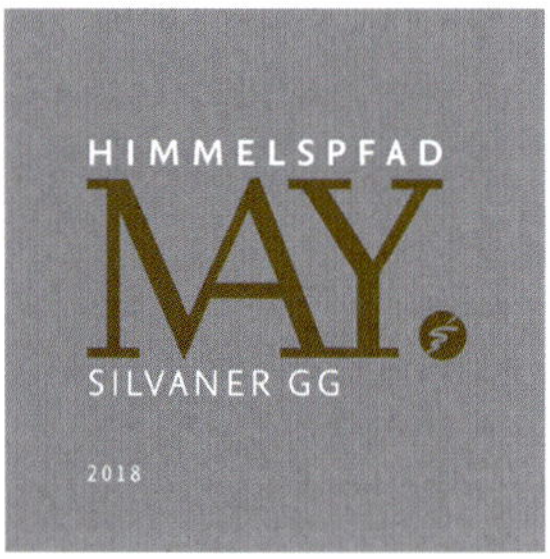

Im Eberstal 1, 97282 Retzstadt
T: +49 9364 5760, info@weingut-may.de
weingut-may.de

Ab-Hof-Verkauf: Mo bis Fr 10–18 Uhr
Kellermeister: Rudolf May
Ansprechpartner: Petra May
Flaschen/Hektar: 104.000 (88 % weiß, 12 % rot)/17 ha
Anbauweise: Biologisch zertifiziert

Rudolf »Rudi« May war als Falstaff Winzer des Jahres 2021 nominiert, und der bescheidene, nie nach vorn drängende Retzstadter hätte den Titel nur allzu verdient gehabt. Das zeigen auch die neuen Weine, bei denen May uns eine Auswahl mit minimalistischem Touch geschickt hat: Silvaner und Spätburgunder. Mehr braucht man auch wirklich nicht, um glücklich zu sein – zumal wenn eine Kollektion so hochwertig und geschlossen ist. Herauszuheben wären die Erste Lage Langenberg – unser Preis-Genuss-Tipp – und das Rothlauf GG, ein »role model« für Silvaner mit Stil.

94 2020 Thüngersheim Rothlauf Silvaner GG
Noch etwas verschlossen und reduktiv in der Nase, Apfel und Aprikose zeigen sich, feine Rauchigkeit. Dicht, mit gutem Extrakt und eng verwoben am Gaumen, ansatzlos integrierte Säure, mit Saft, Kräutrigkeit und mineralischer Tönung, dabei mit geschmeidiger Eleganz. 13 Vol.-%, DV, €€€

93+ 2020 Retzstadt Himmelspfad Silvaner GG
Zeigt in der Nase noch reduktive Noten, braucht Luft, um sich zu öffnen. Etwas Kümmel, Malz und Apfelschale. Eher breit angelegt am Gaumen mit gutem Volumen, das patent ausgefüllt wird mit Extrakt und fein geschichteten reifen Phenolen. Lang und jung. 13 Vol.-%, DV, €€€

93 2020 Retzstadt Der Schäfer Silvaner Erste Lage trocken
In der Nase entwickelt sich ein komplexer Duft aus Mineralik, gelber Frucht sowie einer Kräuternote. Am Gaumen zeigt sich reife gelbe Frucht, feines Extrakt, leichte Cremigkeit, ideale Säure und etwas Rauchig-Mineralisches. Viel Trinkfluss und langer Nachhall. 13 Vol.-%, DV, €€€

93 2020 Stetten Rossthalberg Silvaner Erste Lage trocken
Anfangs rauchig und eher pflanzlich im Duft, dann folgen feine Aromen von gelbem Apfel und Zitrone. Am Gaumen auch reife Mandarine, Walnuss und Veilchen bei sehr guter Säure, Struktur, und herrlicher Saftigkeit. Sehr attraktiver, von Mineralik unterlegter Nachhall. 12,5 Vol.-%, DV, €€€

91 2018 Retzbach Benediktusberg Spätburgunder Erste Lage trocken

92 2020 Retzstadt Langenberg Silvaner Erste Lage trocken
Anfangs rauchig und eher pflanzlich im Duft, dann folgen feine Aromen von gelbem Apfel und Zitrone. Am Gaumen auch Walnuss, reifer Extrakt und Veilchen bei sehr guter Säure, Struktur, Grip und herrliche Saftigkeit. Sehr attraktiver, von Mineralik unterlegter Nachhall.
12,5 Vol.-%, DV, €€

★★★

WEINGUT MEIER SCHMIDT

Ulsenheim 114, 91478 Ulsenheim
T: +49 9842 2479, weingut@meier-schmidt.de
meier-schmidt.de

Ab-Hof-Verkauf: Mo bis Fr 13–19 Uhr, Sa 10–18 Uhr
Kellermeister: Markus Meier und Oliver Six
Ansprechpartner: Markus Meier und Lukas Schmidt
Flaschen/Hektar: 320.000 (90 % weiß, 10 % rot)/45 ha

Die Winzer Meier aus Ulsenheim und Schmidt aus Bullenheim haben ihre Lagen schon biologisch bewirtschaftet, bevor sie 2019 zu einem Weingut fusionierten. Kurze Wege haben sie allerdings nicht: Von den Weinbergen in Sommerhausen und Randersacker nach Escherndorf sind es rund 30 Kilometer und vom Betriebsstandort Ulsenheim nach Escherndorf sogar 40. Das zeigt deutlich, wie wichtig es dem Weingut ist, Trauben in diesen einmaligen Top-Lagen erzeugen zu können. Das Ergebnis sind Weine, die neben der Sorte stets auch das Terroir sprechen lassen.

92+ 2019 »Steillage Großes Gewächs« Escherndorf Lump Silvaner trocken
In der Nase gelbe Früchte, Orangenzeste, feine Würze, Kräuternoten wie Lorbeer. Am Gaumen vibrierend, straffe zupackende Säure mit Zug, kräftige Würze bei feiner Fruchtaromatik von reifem Steinobst, Orangen, mineralisch, mittelkräftiger Körper, langer Nachhall. 13,5 Vol.-%, DV, €€€

92 2019 »Steillage Großes Gewächs« Sommerhausen Steinbach Riesling tr.
Kreidige Noten in der Nase, reifes Steinobst wie Pfirsich, Zitronenabrieb, nasse Steine, leichte Kräuterwürze. Am Gaumen saftig mit guter Säurestruktur, Schmelz, mittelgewichtigem Körper. Feine Fruchtaromatik, knackige Mineralität, feine Phenolik, schöner Spannungsbogen, Reifepotenzial. 13 Vol.-%, DV, €€€

91+ 2019 »Steillage Großes Gewächs« Randersacker Sonnenstuhl Weißburgunder tr.
Strahlendes Goldgelb im Glas. In der Nase reifer Pfirsich, reifer Apfel, Apfelschale, Walnuss, Karamell, Holznoten, Vanille. Am Gaumen vollmundig, stoffig, dicht, mit gut integrierter reifer Säurestruktur, saftig, cremiger Schmelz, Würze, feine Phenolik, lange am Gaumen. 13,5 Vol.-%, DV, €€€

91 2020 Sommerhausen Steinbach Riesling Spätlese
In der Nase kandierte Zitrone und kandierte Ananas, reife Aprikosen, Pfirsich, Sommerblüten. Am Gaumen deutliche Süße, Blütenhonig, gepaart mit ordentlich Frucht und gut ausbalanciert von einer lebendigen Säurestruktur. Leichte mineralische Anklänge im Nachhall, bleibt lange am Gaumen. 12,5 Vol.-%, DV, €€

90 2020 Marktbreit Sonnenberg Silvaner tr.

89+ 2020 Sommerhausen Reifenstein Weissburgunder trocken

89 2020 »Aus dem Paradies« Weißburgunder tr.

89 2020 »S. Blanc« trocken SB/CB

89 2020 Frankenberg Schlossstück Altfränkischer Gemischter Satz

89 2020 Bullenheim Paradies Scheurebe tr.

90 2017 »Steillage Großes Gewächs« Sommerhausen Steinbach Spätburgunder trocken

90 2020 Sommerhausen Steinbach Riesling tr.
Reife Aprikosen sowie reife Zitronen in der Nase, ein wenig Kräuternoten sowie Jasminblüte, nasser Steinen. Am Gaumen schlank mit gutem Säurezug, saftig, leichte Fruchtaromatik, Würze sowie mineralische Anklänge, leicht salziger Nachhall. 12,5 Vol.-%, DV, €€

MEIMBERG WEINKELLEREI

Ahlintel 51, 48282 Emsdetten
T: +49 175 8225394, info@weinkellerei-meimberg.de
weinkellerei-meimberg.de

Ab-Hof-Verkauf: nach Vereinbarung
Kellermeister: Mathias Meimberg
Ansprechpartner: Mathias Meimberg
Hektar: 3 ha

Mit seinem Premium-Sektprojekt Boessneck, dem Restaurant im heimatlichen Emsdetten und den Reben in Wiesenbronn hat Mathias Meimberg vermutlich alle Hände voll zu tun. Nur fünf Weine stellte der vielseitige Winzer diesmal an. Die drei 2020er zeigten sich dabei frisch, zart und zugänglich, vielseitig einzusetzen und einfach schmackhaft. 2019 hingegen ließ Meimberg die Trauben für seine Silvaner richtig reifen. Der »Spontanvergoren« ist schlichtweg wunderbar feistes Barock, gekonnt gemacht und eine spannende Herausforderung für die Küche.

91 2019 »Spontanvergoren« Silvaner

Bereits die reifgoldene Farbe zeigt die Richtung an. Dezent in der Nase, nur etwas malzig-mineralisch. Am Gaumen ist das Barock im Quadrat. Hochreife, Feuer, Dichte, Mango und Aprikose, der ganze lange Sommer im Glas! Verlangt nach Kreativität in der Küche. 15 Vol.-%, DV, €€€€

90 2019 »Aus der Perle« Wiesenbronn Wachhügel Silvaner trocken

Aus der Wachhügel-Perle stammt dieser Silvaner, der in der Nase weniger Frucht als vielmehr eine kräutrige Phenolik zeigt. Am Gaumen wird die beachtlich viskose Materie von einem gewissen Holzgerüst gehalten. Feurig und ingwerwürzig im Abgang, viel Power! 14,5 Vol.-%, DV, €€

89+ 2020 Müller Thurgau trocken

Dezent rauchige Noten zeigt der Müller-Thurgau in der Nase, dazu Brennnessel und Holunderblüte. Am Gaumen dominiert Apfelschale, bevor ein feiner Grip anzeigt, dass dieser Wein am liebsten im Speisenkontext agiert. Schlank, aber nachhaltig. 11 Vol.-%, DV, €

89 2020 Wiesenbronn Wachhügel Silvaner trocken

Dezent präsentiert sich der Silvaner vom Wiesenbronner Wachhügel in der Nase. Etwas Apfel, leicht Kümmel, kühl gehalten. Am Gaumen setzt sich dieser Ansatz fort: sehr frisch, lebendig, feine Phenolik, Noten von grünem Apfel und etwas grünen Blättern. 11 Vol.-%, DV, €

89+ 2020 Rotling trocken GS/BP

Mit einer feinen, sehr samtigen Erdbeernote und etwas Minze besticht der Rotling in der Nase. Am Gaumen zeigt sich der Wein frisch und animierend, weiter getrocknete Kräuter, viel Spiel bei wenig Alkohol und Restzucker. Ein enorm vielseitiger Wein. 12 Vol.-%, DV, €

★★

WEINGUT NEDER

Urbanusweg 9, 97729 Ramsthal
T: +49 9704 5692, wein@weingut-neder.de
weingut-neder.de

Ab-Hof-Verkauf: Mo bis Fr 14–18 Uhr, Sa 9–16 Uhr
Kellermeister: Lorenz Neder
Ansprechpartner: Ewald Neder
Flaschen/Hektar: 50.000 (85 % weiß, 15 % rot)/11 ha

Das Weingut Neder hat seinen Sitz an der Fränkischen Saale, die bei Gemünden in den Main fließt. Die Region am Rand der Rhön besitzt eine große Weinbaugeschichte, wie die oft zitierte Schenkungsurkunde von Karl dem Großen aus dem Jahr 777 beweist. Steillagenweinbau an Gunsthängen ist hier angesagt, und das praktiziert Familie Neder seit 2021 sogar mit zwei Hektar begrünten Querterrassen. Die trockenen Lagenweine sind dabei richtig trocken, aber nie spitz. Solo oft »ä weng« unterschätzt, zeigen sie als Kontextweine bei Tisch, was ihre wahre Bestimmung ist.

90+ 2018 Wirmsthal Scheinberg Silvaner trocken
Zwei Jahre länger gereift als der Benediktusberg, präsentiert sich der Scheinberg-Silvaner mit leichten Tertiärnoten an der Nase. Feuerstein, Akazienhonig, Orangenschale. Am Gaumen vollkommen trocken, Kräuter statt Frucht, dichte Materie. 12,5 Vol.-%, DV, €

90+ 2020 Ramsthal St. Klausen Grauer Burgunder trocken
Ganz aus dem fränkischen Norden stammt der trockene Grauburgunder, der sich zurückhaltend in der Nase zeigt. Etwas Mandel und Ingwer, sehr dezent. Am Gaumen dann knalltrocken, aber nicht zu harsch in der Säure, die Cremigkeit kommt mit mehr Luft. Speisenwein! 12,5 Vol.-%, DV, €

89 2020 »Ä Weng weiß« trocken MT/GS/BC/KR/WB/SÄ
Eine schöne Nase mit Apfel- und Walnussnoten zeigt der kleine Weiße in der Nase, dazu etwas Senfmehl. Am Gaumen weiter Apfel, ausgewogen abgestimmt in Süße und Säure, dabei mit ruhig gleitendem Fluss. Ein sehr angenehmer Start ins Neder'sche Programm! 11,5 Vol.-%, DV, €

89 2020 »Ä Weng rosa« trocken DF/MT/BC/CO/GS/RE/RR
Der in Franken heiß geliebte Rotling-Typus zeigt in der Nase ganz klassische Noten von leicht bitterer Erdbeere mit Wiesenkräutern. Am Gaumen glatt, ruhig und schmelzig gehalten, gute Süße-Säure-Balance. Ein Wein, der die Sommervorfreude schürt. 11,5 Vol.-%, DV, €

88 2020 Erlabrunn Weinsteig Bacchus feinherb

90 2020 Retzbach Benediktusberg Silvaner trocken
Vom Main und nicht von der Fränkischen Saale stammt der Silvaner aus dem Benediktusberg. Sehr zart in der Nase, Walnuss, etwas Birne, feine Mineralik. Leicht und wirklich fränkisch trocken am Gaumen, keineswegs hart, sondern schmelzig. Konsequent und gut. 12,5 Vol.-%, DV, €

★★

WEINGUT AM ÖLSPIEL

Schleifweg 13, 97286 Sommerhausen
T: +49 9333 221, info@weingut-am-oelspiel.de
weingut-am-ölspiel.de

Ab-Hof-Verkauf: ja
Kellermeister: Christian Schwarz
Ansprechpartner: Reinhold Schwarz
Flaschen/Hektar: 67.000 (80 % weiß, 20 % rot)/10 ha

Die neuen Weine des Familienbetriebs haben uns gut gefallen. Sie zeigen allesamt, dass es die drei Generationen, die am Fuß der Weinbergslage Ölspiel zusammenleben und -arbeiten, ernst meinen mit der Aussage, ihre Trauben »mit größter handwerklicher Sorgfalt und Respekt vor der Natur« anzubauen. Die Weine erstrahlen in glockenklaren Aromen und sie verfügen über ein harmonisches Verhältnis von Extrakt, Geschmeidigkeit und Säure. Dabei kosten sie nicht die Welt. Vorbeischauen kann man übrigens auch ohne Voranmeldung: »Bei uns ist immer jemand da.«

91 2019 »Großes Gewächs« Sommerhausen Schönleite Silvaner trocken
Der Wein ist im Duft noch verschlossen, aber er zeigt neben leichtem Holzeinfluss auch bereits etwas Muschelkalk: rauchige Noten. Die Gaumenstruktur wirkt sehr ausgeglichen: Ein Hauch Phenole trifft auf eine geschmeidige Grundierung, reife Säure trägt. Unscheinbar, aber potenzialreich. 13 Vol.-%, DV, €€

90+ 2020 Sommerhausen Ölspiel Gelber Muskateller trocken
Eine sehr pure, klar ausgeprägte Muskatwürze mit leicht zitrischen Untertönen. Der Wein fließt stoffig an den Gaumen, geschmeidig grundiert, mit fester Säure, viel Saftigkeit und gutem Körper. Mit etwas Flaschenreife zu Pasteten und Terrinen. 12,5 Vol.-%, DV, €€

90 2020 Sommerhausen Ölspiel Scheurebe Kabinett trocken
Man findet viel Grapefruit im Duft, sehr typisch für die Rebsorte, dazu leicht pfeffrige, terroirwürzig anmutende Aromen. Am Gaumen entfaltet der Wein Druck, eine Schicht mehliger Phenole gibt zusammen mit dem feinen Säurenerv Struktur, eine Spur Süße rundet ab. 12,5 Vol.-%, DV, €

90 2018 »Großes Gewächs« Sommerhausen Kapplberg Spätburgunder trocken
Zunächst nussig, schokoladig im Duft, dann auch kräuterwürzig. Im Mund mit sandigem Gerbstoff, bei eher milder Säure saftig und geschmeidig grundiert, fließt bereits recht rund und mild über den Gaumen, ein charmanter Spätburgunder. 13 Vol.-%, DV, €€€

89+ 2019 Sommerhausen Ölspiel Riesling Spätlese trocken

90 2020 Silvaner trocken
Ein Duft von Wiesenkräutern entsteigt dem Glas, eine feine Silvanerwürze, frisch und dennoch ausgeprägt. Im Mund hat der Wein ausgesprochen viel Gehalt für diese Preisklasse, feine Phenole, reife Säure und eine aparte extraktbedingte Herbe im Abklang. 12,5 Vol.-%, DV, €

★★

WEINGUT RÖMMERT

Erlachhof 1, 97332 Volkach
T: +49 9381 2366, info@weingut-roemmert.de
weingut-roemmert.de

Ab-Hof-Verkauf: Vinothek Mo bis Fr 10–18 Uhr, Sa und So 9–16 Uhr
Kellermeister: Christoph Ruck
Ansprechpartner: Christoph Ruck
Flaschen/Hektar: 200.000 (60 % weiß, 20 % rot, 10 % Rosé, 2 % süß, 8 % Schaumwein)/25 ha

Erst seit Sommer 2020 ist Christoph Ruck als Betriebsleiter und Kellermeister im Weingut Römmert in Volkach tätig, aber seine Philosophie und Handschrift sind schon deutlich zu erkennen: Die Weine zeigen eine klare und mitunter sogar superbe Frucht, so einen eleganten Riesling aus dem warmen Escherndorfer Lumpen wie der aus dem Jahr 2020 muss man erst einmal hinkriegen. Der Sylvaner aus dem Lump zeigt sich mit festem Kern und deutlicher Mineralität, der Weißburgunder punktet mit Finesse. Da dürfte noch einiges zu erwarten sein aus Volkach.

91+ 2020 Escherndorf Lump Sylvaner trocken
Holzwürze und rauchige Akzente in der Nase, dazu kommen Birne und Kräuter, geräucherte Maronen. Zeigt Statur am Gaumen, kräftig und fest gebaut, süßlicher Extrakt mit reifen Fruchtnoten, gute Dichte und mit festem Kern. Vernachlässigt die Mineralität der Lage nicht. Lang, jung.
13,5 Vol.-%, DV, €€

90 2020 Escherndorf Lump Riesling trocken
Reifer Weinbergpfirsich und Aprikose, Mandelnoten, kräutrig und steinige Noten in der Nase. Mit klarer und präziser Frucht in der Nase (Steinobst), die Säure hat Spaß daran, voranzukommen. Mittelgewichtig im Extrakt, mit dem Ausdruck der Lage und elegant dabei. 12 Vol.-%, DV, €€

89 2020 Volkach Riesling trocken
Reifer und saftiger Pfirsich in der fruchtigen Nase, die mit etwas Blattgrün auch Aprikose und Maracuja zeigt. Schöne klare Gelbfrucht am Gaumen, relativ viel Süße, die gut balanciert wird von einer lebendigen Säure. Schlank und geradlinig in seinem Fluss. Stimmig. 12 Vol.-%, DV, €

90 2019 »XX« Spätburgunder trocken
Kirsche und Johannisbeere mit rauchigem Flair und würzigen Holznoten im Duft, etwas frisch gestoßene Wacholderbeere. Eher breit angelegter Spätburgunder auf weichem und würzig gefärbtem Fond, reife und weiche Gerbstoffe, milde Säure, getragen und kultiviert.
13,5 Vol.-%, DV, €€€

88+ 2020 Volkach Silvaner trocken

90 2020 Volkach Weißburgunder trocken
Mandarine, Mirabelle und Apfel in der feinfruchtigen Nase, die auch noch feine würzige Noten zeigt. Schlank gebaut am Gaumen mit klarer Frucht und einer präzisen Säure, Mirabelle kommt auf. Eleganter und fein gearbeiteter Weißburgunder, punktet mit Nuancen. 11,5 Vol.-%, DV, €

★★★

WEINGUT ROTH

Büttnergasse 11, 97355 Wiesenbronn
T: +49 9325 902004, info@weingut-roth.de
weingut-roth.de

Ab-Hof-Verkauf: Mo bis Fr 9–17 Uhr und Sa 10–16 Uhr
Kellermeister: Andreas Hopfengart, Nicole Roth
Ansprechpartner: Nicole Roth
Flaschen/Hektar: 150.000 (55 % weiß, 45 % rot)/24 ha
Anbauweise: Biologisch zertifiziert

Manche Winzer werfen einen langen Schatten, aus dem herauszutreten gar nicht so einfach ist. Gerhard Roth gehört zu dieser Spezies, er begann schon als Vorreiter 1974 mit dem ökologischen Weinbau. Seine Tochter Nicole Roth, die das Weingut mittlerweile führt, hat sich längst zu einer anerkannten Persönlichkeit in der fränkischen Weinszene entwickelt. Wir können uns nicht daran erinnern, dass wir schon einmal eine so stimmige Kollektion auf hohem Niveau verkostet haben: mit würzig-mineralischen Silvanern und einer ganzen Reihe hervorragender Rotweine. Chapeau!

91+ 2019 »G« Wiesenbronn Heller Berg Silvaner trocken
Rauchige Noten, Würze vom Holzausbau, reife Birne und auch gelbfruchtige Noten mit Kräutern. Setzt am Gaumen mit gutem Volumen, fester Struktur und reifen Fruchtnoten breit an, die weiche Säure ist salzig unterlegt, betont trocken und mineralisch. 13,5 Vol.-%, DV, €€

92 2016 »G« Wiesenbronn Heller Berg Spätburgunder trocken
Etwas Hibiskusblüte in der Nase, mit Kirsche, Himbeere und Waldbeeren mit Holzwürze, Rauch, Tabak, pfeffrig. Zeigt am Gaumen sich in guter Form mit guter Balance und reifen Gerbstoffen, wieder pfeffrig, mit mineralischem Hintergrund und guter Länge. 13,5 Vol.-%, NK, €€€

92 2018 »G« Cuvée trocken CI/CS/CD
Eine ordentliche Portion Cassis im kräftigen Duft mit Würze und Rauch, Lakritze und schwarzem Pfeffer. Kräftige Struktur am Gaumen, dicht und eng verwoben mit gutem Extrakt und einer großen Menge feinkörnigem und geschliffenem Gerbstoff. Cabernet kann es auch in Franken.
14 Vol.-%, NK, €€€

92 2017 Rödelsee Küchenmeister Rieslaner Beerenauslese
Weihrauch, reife Aprikose, etwas Lorbeerblatt, Mispel, Kapstachelbeere, Trockenfrucht wie Aprikose, etwas Dattel, auch ein leicht ätherischer Ton. Konzentriert am Gaumen mit Noten von Wabenhonig und Korinthen, die Säure ist frisch und steht nicht ganz eng am Körper. 8 Vol.-%, DV, €€€

91+ 2019 »Alte Reben« Silvaner trocken

90 2020 Wiesenbronn Geißberg Grauer Burgunder trocken

91 2018 »G« Wiesenbronn Heller Berg Blaufränkisch trocken

91 2018 »Purpur« Cuvée trocken BF/CO/PN

90 2018 Wiesenbronn Wachhügel Pinot Noir tr.

90 2018 Acolon trocken

90+ 2019 Rödelsee Küchenmeister Silvaner trocken
Würzige Noten mit Birne, etwas Wacholderbeere und Quitte, dazu auch kräutrige Noten, etwas Pfeffer. Vollmundig, saftig und mit feiner Würze am Gaumen, kräftiger Bau und auch gute Spannung sowie Extrakt, die Phenole sind reif, die Mineralität nimmt zu, gute Länge. 13,5 Vol.-%, DV, €€

★★★★★

WEINGUT HORST SAUER

Bocksbeutelstraße 14, 97332 Escherndorf
T: +49 9381 4364, mail@weingut-horst-sauer.de
weingut-horst-sauer.de

Ab-Hof-Verkauf: Mo bis Fr 9–12 Uhr und 13–18 Uhr, Sa 11–17 Uhr
Kellermeister: Sandra Sauer
Ansprechpartner: Sandra Sauer
Flaschen/Hektar: 180.000/20 ha

Sandra Sauer hat von ihrem Vater Horst das Händchen für die Edelsüßen vermittelt bekommen, das zeigt sich auch bei den 2020ern mit einer wie jedes Jahr furiosen Silvaner TBA an der Spitze. Die Großen Gewächse scheinen uns in 2020 etwas prosaischer ausgefallen zu sein als sonst. Dafür hat uns dieses Jahr die Mittelklasse umso mehr beeindruckt, die »S«-Versionen von Riesling und Silvaner haben bei moderatem Preis wirklich Format, und der »S«-Müller-Thurgau ist sogar unser Falstaff-Tipp: So ernsthaft und gleichzeitig dennoch heiter findet man diese Sorte selten.

92+ 2020 »Sehnsucht« Silvaner trocken
Ein Hauch von Spontangärung im Duft mit balsamischem Unterton, ein Anflug von Holz, leichte Kräuternoten, Apfel. Im Mund getragen in der Tonalität, gute Stoffigkeit, feste Säure, ein dezent mineralisch unterlegter Bau mit Kraft und Länge. 13 Vol.-%, DV, €€€

97 2020 Escherndorf Lump Silvaner Trockenbeerenauslese
Im Duft frisch gekochtes Apfelmus, Quitte, Karamell, Dattel, auch im Mund mit kräftigem Parfüm, durchdringende Säure, noch kräftiger Schwefel, tolle Frische, öliger Hintergrund, ein Extraktpaket. 6,5 Vol.-%, DV, €€€€

94 2020 Escherndorf Lump Riesling Beerenauslese
Goldgelb in der Farbe. Kandierter Pfirsich, deutliche Botrytis. Im Mund enorm im Druck, sehr viskos, etwas Kohlensäure, salzige Noten, immenser Extrakt, Trockenaprikose, im Abgang merkliche Botrytisnoten. 7 Vol.-%, DV, €€€

93 2020 Escherndorf Lump Silvaner Beerenauslese
Im Duft kandierte Ananas, etwas vegetale Noten, kompakt im Mund, kernig, eine fast schon defensiv wirkende Süße, extrem hohe Intensität, aber dennoch im Abklang mittelgewichtig, in den Abgangsaromen leicht belegt. 7 Vol.-%, DV, €€€

92+ 2020 Escherndorf am Lumpen 1655 Silvaner GG

92 2020 »S.« Escherndorf Lump Silvaner trocken

92 2020 Escherndorf am Lumpen 1655 Riesling GG

92 2020 Escherndorf Lump Scheurebe Spätlese

91+ 2020 »S.« Escherndorf Lump Riesling trocken

90 2020 Escherndorf Müller-Thurgau tr.

90 2020 Escherndorf Riesling trocken

91+ 2020 »S.« Escherndorf Fürstenberg Müller-Thurgau trocken
Im Duft stärker vom Boden als von der Sorte geprägt: Die Muschelkalk-Rauchigkeit und flintige Noten erfahren einen nur leichten Akzent durch Muskatwürze. Im Mund dicht, stoffig, fest, aber reife Säure, ein Müller-Thurgau mit Statur und Länge. 13 Vol.-%, DV, €€

★★★★

WEINGUT RAINER SAUER

Bocksbeutelstraße 15, 97332 Escherndorf
T: +49 9381 2527, info@weingut-rainer-sauer.de
weingut-rainer-sauer.de

Ab-Hof-Verkauf: Mo bis Fr 9–12 Uhr und 13–18 Uhr, Sa 10–17 Uhr
Kellermeister: Rainer und Daniel Sauer
Ansprechpartner: Rainer, Helga und Daniel Sauer
Flaschen/Hektar: 124.000 (98 % weiß, 2 % rot)/15 ha

Alle Achtung, was Rainer und Daniel Sauer Jahr für Jahr an großartigen Weinen abliefern, verdient unseren tiefen Respekt. Man kann sich das Anbaugebiet Franken kaum noch vorstellen ohne diese Charakterköpfe von Silvanern und auch Rieslingen, die in der Verkostungsrunde für meditative Kontemplation sorgten – so sehr beschäftigten sie die Gaumen. Gerade das Silvaner GG aus dem Lumpen zeigt idealtypisch die Lage mit Volumen, Substanz und geballter Mineralik. Die Erste Lage vom Riesling dagegen punktet mit superber Frucht und Eleganz. Beide Extreme ziehen mit.

93+ 2020 Escherndorf am Lumpen 1655 Silvaner GG
Würzige und leicht rauchige Aromatik, reife Birne und Mirabelle, Wildkräuter, auch getrocknet. Kräftig gebaut am Gaumen mit Volumen und Substanz, der dichte Extrakt entfaltet sich auf geschmeidige Art, saftig und mit reifem Apfel, gepflegte Phenolik, mineralisch. 13 Vol.-%, DV, €€€

93+ 2020 »Rainer Sauer L« Silvaner trocken
Verschlossen im Duft mit anklingender Komplexität, kräutrig, Apfel und Birnenschale, warmer Weinberg, Gesteinsmehl. Am Gaumen mit gutem Extrakt, der sich geschmeidig entfaltet, extrem fein gepixelte Phenole, Würze und prägnante Mineralität. Hat noch was vor sich. 13 Vol.-%, DV, €€

92+ 2020 Escherndorf am Lumpen 1655 Riesling GG
Verschlossen im Duft, hefig, Blattgrün, Zitrus. Im Mund folgt auf einen leicht terpen-viskosen Ansatz eine straffe Ladung feiner Phenole, die feste Säure gibt Länge, die Aromenbegleitung wirkt noch verschlossen. Gute Substanz. 12,5 Vol.-%, DV, €€€

92 2020 Escherndorf Lump Silvaner Erste Lage trocken
Silvaner wie gemalt mit Birne und Apfelnoten, balsamischer Würze, kräutriger Begleitung und anklingenden mineralischen Noten. Stoffig und würzig ansetzend mit phenolischer Schichtung, reifer Säurezug und klar herausgestellter Mineralik der Lage. Terroirwein mit Animation. 13 Vol.-%, DV, €€

89+ 2020 »Muschelkalk« Escherndorf Silvaner trocken

92 2020 Escherndorf Lump Riesling Erste Lage trocken
Pfirsich in der würzigen Nase, etwas Jasmintee, kräutrig, warmer Weinberg und warme Steine. Nimmt einem beim ersten Schluck gleich mit, frisch, saftig und mineralisch geprägt mit trefflicher Balance und superber Frucht, die Säure sitzt in diesem eleganten Wein perfekt. 12,5 Vol.-%, DV, €€

★★★★

WEINGUT SCHMITT'S KINDER

Am Sonnenstuhl 45, 97236 Randersacker
T: +49 931 7059197, info@schmitts-kinder.de
schmitts-kinder.de

Ab-Hof-Verkauf: Mo bis Fr 8–18 Uhr, Sa 9–17 Uhr
Kellermeister: Martin Schmitt
Ansprechpartner: Martin, Karl und Renate Schmitt
Flaschen/Hektar: 100.000 (83 % weiß, 10 % rot, 4 % Rosé, 1 % süß, 2 % Schaumwein)/14 ha

Chapeau! Die Weine, die Martin Schmitt gemeinsam mit seinem Vater Karl erzeugt, scheinen uns in den letzten Jahren nochmals einen Schritt nach vorn gemacht zu haben, sie haben an Dichte und Kompaktheit gewonnen, und der Fokus auf die herausragenden Muschelkalk-Terroirs, die Randersacker zu bieten hat, hat nochmals an Schärfe zugelegt. Gleichzeitig haben sich die Weine einen ungemein kulinarischen Appeal bewahrt, sie wirken niemals schroff oder verkopft. Dazu kommt die Preisgestaltung: Unseren Falstaff-Tipp gibt es für zwölf Euro – und er hat 93 Punkte!

94 2020 Randersacker Pfülben Riesling GG
Im Duft Kräuter und Karamell, Oregano, fast ein mediterraner Anflug. Am Gaumen früh einen Intensitätspeak erreichend und dann lange homogen auf diesem Niveau bleibend, Nerv, Phenole und eine Schicht Cremigkeit sind eng ineinandergewoben, tolle Substanz. 13 Vol.-%, DV, €€€

93 2020 Randersacker Pfülben Silvaner GG
Birnenschale und Apfel in der Nase, flankiert von Kräutern und gelbfruchtigen Anklängen. Startet im Mund saftig (wieder Apfel) und mit Würze, etwas phenolische Herbe, nicht mit letzter Komplexität, aber konsistent und ausgewogen in den Proportionen, mit Lagenausdruck. 13,5 Vol.-%, DV, €€€

93 2019 Randersacker Marsberg Weißer Burgunder Erste Lage trocken
Eine tolle Meeresbrise entströmt dem Glas, kühle würzige Noten nach Jod und Rauch, salzig, im Mund dann frisch und saftig, trotzdem auch fein cremig, blondes Karamell, ungemeiner Trinkfluss mit eleganten herben Noten, zart kräutrig. 13,5 Vol.-%, DV, €€

93+ 2019 Randersacker Sonnenstuhl Hohenroth Spätburgunder GG
Würzig im Duft, Pflaume, animalisch, ein ganzer Kräutergarten. Balsamisch-ölig im Ansatz, immens feiner Gerbstoff in mittelhoher Menge, vitale Säure, aromatischer Reichtum und Fülle auf der einen Seite, verbunden mit Bündelung auf der anderen. Lang! Und mineralisch. 13,5 Vol.-%, NK, €€€

92+ 2019 »Große Reserve« Randersacker Marsberg Spielberg Riesling trocken

93 2020 Randersacker Sonnenstuhl Silvaner Erste Lage trocken
Zuerst zeigt sich der Wein mit den grüngelben Reflexen sehr verschlossen, aber dann: ein duftiges Bukett von Weißen Johannis- und Stachelbeeren, Flieder und Lindenblüten. Im Mund saftig mit kerniger Säure, dicht gewoben, animierend und mit ungemeinem Trinkfluss. 13,5 Vol.-%, DV, €€

★★

WEINGUT TROCKENE SCHMITTS

Maingasse 14a/Flecken 1, 97236 Randersacker
T: +49 931 700490, info@naturreine-weine.de
durchgegorene-weine.de

Ab-Hof-Verkauf: Mo bis Fr 8–18 Uhr, Sa 9.30–16 Uhr
Kellermeister: Bruno und Lothar Schmitt
Ansprechpartner: Bruno Schmitt
Flaschen/Hektar: 125.000 (90 % weiß, 10 % rot)/17 ha

Wir mussten schmunzeln: Ausgerechnet die »trockenen Schmitts« räumen bei uns mit einer edelsüßen Albalonga ab! Aber wenn man genau hinschaut, hat das ja durchaus seine Logik: Das Weingut trägt seinen Namen, weil die Schmitts keinen verkitschten Silvaner mit sechs Gramm Restsüße mögen. Dazu passt die konsequente Fortsetzung: Wenn schon süß, dann bitte richtig! Albalonga, 1951 aus Rieslaner × Müller-Thurgau in Veitshöchheim gezüchtet, ist heute eine Rarität und wie geschaffen für Edelsüßes. Aber zurück zu den Trockenen: Das macht alles richtig Spaß!

92+ 2019 »R Großes Gewächs« Randersacker Sonnenstuhl Silvaner trocken

Fein im Duft der Aromen von reifem Pfirsich, Passionsfrucht, Orangenblüte und nassem Stein. Am Gaumen getragen von prägnanter Säure, klar erkennbarer Mineralik, einer Prise Meersalz und einen sehr attraktiven Nachhall mit Kräuternote. Potenzial. 13,5 Vol.-%,DV, €€€

91 2020 Randersacker Lämmerberg Gewürztraminer Spätlese trocken

Herrlich sortentypisch in Duft der Aromen von Litschi, Rosenblatt, Grapefruit, Mandarine und eine Prise Ingwer. Diese Aromatik wird am Gaumen bei guter Würze und Saftigkeit sowie trockenem Ausbau von passender Säure begleitet. 13,5 Vol.-%,DV, €€

93 2018 »R Großes Gewächs« Randersacker Sonnenstuhl Spätburgunder trocken

In der Nase präsentieren sich Aromen von Sauerkirsche, Himbeere, geräuchertem Speck, Cranberry und Gewürznelke. Am Gaumen folgen helle rote Frucht, Tomatenblatt bei feiner Säure, feinkörnigem Tannin, leichter Mineralik und langem Nachhall. 14 Vol.-%,NK, €€€

95 2018 Randersacker Marsberg Albalonga Trockenbeerenauslese

Hellgolden. Kardamom im Duft, Ingwerstäbchen und kandierte Zitronenschale. Sehr klar. Packende Säure im Mund, sehr extraktreich, die Süße ist von der Substanz abgedeckt, sehr potenzialreich, terpenige Abgangsnoten. 8,5 Vol.-%,DV, €€€

90 2020 Randersacker Sonnenstuhl Silvaner Spätlese trocken

91 2019 »Alte Reben« Randersacker Sonnenstuhl Sylvaner Spätlese trocken

Intensiv im Duft von Aromen wie reife Passionsfrucht, Birne, Weinbergpfirsich, Veilchen sowie etwas Mineralik. Am Gaumen präsentiert sich dieser Wein mit guter Dichte, Saft und lebendiger Säure. Der lange Nachhall ist ein wenig von Holz geprägt. 13,5 Vol.-%, DV, €€

★★

WEINGUT NICO SCHOLTENS

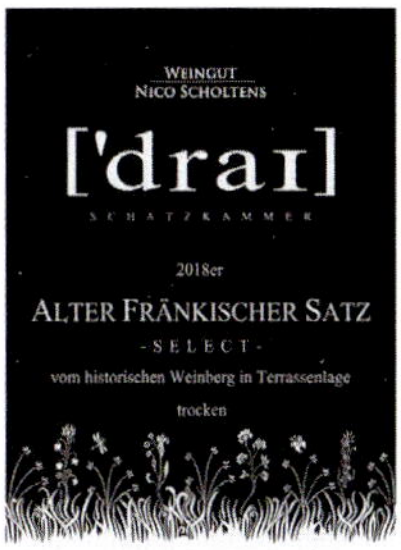

Rieneckstraße 6, 97514 Oberaurach
T: +49 9529 326, info@weingut-scholtens.com
weingut-scholtens.com

Ab-Hof-Verkauf: ja
Kellermeister: Nico Scholtens
Ansprechpartner: Nico Scholtens
Flaschen/Hektar: 30.000 (70 % weiß, 30 % rot)/5 ha

And now for something completely different: Wer die Weine von Noel Scholtens verstehen möchte, sollte einmal selbst nach Zell am Ebersberg fahren, sich die Flora in und um die Weinberge zeigen lassen, die steilen Hänge, die kleinen, eng bepflanzten Parzellen mit ihren wurzelechten Rebstöcken. In dieser wenig bekannten Weinbauecke, dem fränkischen Abt-Degen-Tal, werden hier vollkommen eigenständige Weine aus refugiumartigen Weinbergen bereitet. Schmeichelnden Zucker gibt es nie, »['drai]« = dry ist Programm. Unbedingt entdecken!

92 2018 »['drai] Select« Alter Fränkischer Satz trocken AFS
Aus einem einmaligen Schatz an Weinberg mit 120 Jahre alten wurzelechten Rebstöcken. Feinblütig in der Nase, leicht Holz, grüner Touch, leicht Sellerie. Am Gaumen mit hoher innerer Dichte und Reife, etwas Ananas, grüne Banane, Dill, starke Version! 13,5 Vol.-%, NK, €€€

91+ 2019 »['drai] Select« Riesling trocken
Der »Select«-Riesling aus dem Zeller Schlossberg startet mit sehr interessanten Noten in der Nase: indische Räuchergewürzmischung, Kurkuma, kaum Primärfrucht. Am Gaumen karg, Säure eher mild, Ingwer, Zimt, faszinierend, eine ganz eigene Welt. 13,5 Vol.-%, NK, €€€

91 2019 »['drai] Select« Alter Fränkischer Satz trocken AFS
Heller Honig in der Nase, leicht Botrytis, Walnussschale, Zimt, tatsächlich noch etwas unfertig wirkend. Am Gaumen karger als der Vorgängerjahrgang, Säure präsent, aber nicht bissig, sehr mineralisch, phenolisch, extrem trocken, Zimt, Muskatnuss. 12,5 Vol.-%, NK, €€€

90 2018 »['drai]« Schwarzriesling trocken
Rebsortentypisches in der Nase, ätherische Noten, Holunder, Wacholder, Baumrinde, etwas Dörrpflaume. Am Gaumen ist der Schwarzriesling würzig, Leder, Holzrauch, präsente Tannine. Wenig primärfruchtige Offenheit, mehr Struktur und Lagerpotenzial. 14 Vol.-%, NK, €€

90 2018 »['drai]« Riesling trocken

90 2018 »['drai]« Regent trocken
Ganz dichtes Blauschwarz im Glas. In der Nase sehr reife Brombeernoten, tiefergelegt, dicht. Am Gaumen bietet der Regent einen extrem fruchtdichten Kern ohne Würze, Brombeere, Holunderbeere, eingetrocknete wilde Schwarzkirsche. Herbst am Waldrand. 13,5 Vol.-%, NK, €€

WINZER SOMMERACH DIE GENOSSENSCHAFT

Zum Katzenkopf 1, 97334 Sommerach
T: +49 9381 80610, info@winzer-sommerach.de
winzer-sommerach.de

Ab-Hof-Verkauf: Mo bis Fr 9–18 Uhr, Sa und So 10–18 Uhr
Kellermeister: Stefan Gerhard
Ansprechpartner: Stefan Gerhard
Flaschen/Hektar: 1.200.000 (80 % weiß, 20 % rot)/ 195 ha

Laut Selbstbeschreibung sind die Winzer Sommerach die »andersdenkende Genossenschaft seit 1901«. Zumindest für die Gegenwart können wir diese Aussage bestätigen: Die Weine haben keine Mühe, mit den Abfüllungen privater Güter mitzuhalten, dazuhin tragen sie ein Fair'n-Green-Label, und auf der gesamten Fläche ist der Einsatz des Unkrautvertilgers Glyphosat verboten. Dieser Verzicht schützt die Winzer, aber auch den Weinen bekommt er ausgesprochen gut: Sie spielen in ihrer Aromatik frei auf, etwa bei den Lagenweinen vom Katzenkopf. Eine sympathische Vorstellung.

93 2020 Sommerach Katzenkopf Wilm Silvaner trocken
Gewinnt mit jeder Minute im Glas an Vielschichtigkeit: Zuerst kommen Terroirtöne hervor, dann würzige Sortenaromen, Sesam und Safran, helle Misopaste. Am Gaumen versteckt der Wein seine Kraft sehr gut unter Mineralität und lebendiger Säure. Dicht, tief, lang! 13,5 Vol.-%, DV, €€€

92+ 2020 Sommerach Katzenkopf Wilm Traminer trocken
Intensiv würzig, rauchig, Litschi, Rosenblatt und Brotrinde. Ein recht opulenter, aber auch klarer Gewürztraminer. Im Mund webt der Wein Wucht, Würze, und intensive Mineralik ineinander. Ein Brocken von Traminer! Zu einem Curry, zum Munsterkäse. Oder solo. 13 Vol.-%, DV, €€€

91 2020 Sommerach Katzenkopf Riesling tr.
Ein in seiner Intensität noch zurückhaltender, zitrischer bis blumiger Duft kündet von reifen, aber zugleich mit Frische gelesenen Rieslingtrauben. Der Gaumen zeigt sich dicht, leicht phenolisch, mittelgewichtig im Alkohol, gut im Extrakt. Geradlinig gebaut und harmonisch. 12 Vol.-%, DV, €€

90+ 2020 Sommerach Katzenkopf Silvaner tr.
Aus dem Glas steigt ein Kräuterduft, als habe man eine Frühlingswiese nach Regen vor sich. Im Mund zeigt sich der Silvaner mineralisch-salzig, feinnervig, durchaus auch kraftvoll, aber Frische und Spannung behalten die Oberhand und geben Appeal. 13 Vol.-%, DV, €€

90+ 2020 Sommerach Katzenkopf Sauvignon Blanc trocken

90+ 2020 »Familiengewächs« Riesling feinherb

90+ 2020 Sommerach Katzenkopf Gewürztraminer halbtrocken

90 2020 Sommerach Riesling trocken

89+ 2020 Escherndorf Silvaner trocken

89 2020 Sommerach Silvaner trocken

89+ 2018 Sommerach Katzenkopf Spätburgunder trocken

92+ 2020 »Alter Satz« Sommerach Katzenkopf trocken GS/BS/RR/TR/GE/EL
Der Duft fokussiert eher aufs Gestein als auf Sortentypen, auch der Traminer ist kaum isoliert zu greifen. Im Mund hat der Wein eine tolle Geschmeidigkeit, seidige Phenole geben Struktur. Der Wein ruht ganz in sich – und wirkt, als stünde ihm eine sehr gute Zukunft bevor. 12,5 Vol.-%, DV, €€

★★★

WEINGUT SCHLOSS SOMMERHAUSEN MARTIN STEINMANN

Hauptstraße 25, 97286 Sommerhausen
T: +49 9333 260, mst@sommerhausen.com
sommerhausen.com

Ab-Hof-Verkauf: Mo bis Fr 10–18 Uhr, Sa 10–16 Uhr, So 10–14 Uhr
Kellermeister: Martin Steinmann
Ansprechpartner: Martin Steinmann
Flaschen/Hektar: 100.000 (90 % weiß, 10 % rot)/19 ha
Anbauweise: Biologisch zertifiziert

Bei der diesjährigen Verkostung von Martin Steinmanns Weinen sind zwei Weintypen vorne gelandet, denen der Winzer seit Langem besonderes Augenmerk widmet: Riesling und Sekt. Im sprudelnden Teil des Sortiments kann Steinmann auf Weine zurückgreifen, die nach der Flaschengärung jahrelang unberührt geblieben sind und erst jetzt vom Hefepfropf befreit und für den Verkauf bereit gemacht wurden. Das ist Sekt für Fortgeschrittene – und solche, die es werden wollen. Aus den Socken gehauen hat uns das Riesling GG: So flintig und salzig kann Frankenriesling sein!

93+ 2012 »avec pläsier Le Grand Riesling« brut
Tertiäre Aromen bestimmen den Duft, angebissener Apfel und Hefe, aber auch Bergamotte. Im Mund begeistert das ungemein kultivierte, cremige Mousseux, das mit dem saftig-frischen Rieslingkörper eine wunderbare Liaison eingeht. Für Kenner und Liebhaber stilistisch à point. 12,5 Vol.-%, DIAM, €€€

92+ 2015 »avec pläsier Le Grand Blanc« brut nature
Im Duft halten sich Hefearomen und eine zitrische Frucht mit dezent tropischen Anklängen die Waage. Im Mund zeigt sich der Sekt großzügig im Körper, dabei aber auch frisch und saftig-nervig mit cremigem Mousseux. Seine Extraktsüße gibt »brut nature« ein harmonisches Aussehen. 12,5 Vol.-%, DIAM, €€€

92 NV »avec pläsier Riesling Pur« brut
Ein sehr feiner Rieslingduft, kräuterwürzig, dezente Hefe. Im Mund verbindet der Sekt Frische mit süßer Frucht und mineralischen Noten, das Mousseux ist zart und dennoch substanziell, es gibt dem Wein Schliff und Leichtigkeit, während die Würze ihm Länge verleiht. 12,5 Vol.-%, DIAM, €€

94 2019 Sommerhausen Steinbach-Alttenberg 1172 Riesling GG
Etwas Grapefruit und Schwarze Johannisbeere, rauchige Hefenoten und flintige Gesteinswürze verschwimmen ineinander. Eine sehr intensive mineralische Komponente im Duft! Im Mund geschmeidig bis viskos ansetzend, dann phenolisch, trocken, salzig. Potenzial! 13,5 Vol.-%, DV, €€€

90 NV »avec pläsier Rosé de Saignée« brut

91 2020 »Alte Reben« Sommerhausen Reifenstein Silvaner Erste Lage trocken

90+ 2020 Sommerhausen Steinbach Scheurebe Erste Lage trocken

90+ 2020 Sommerhausen Steinbach Riesling Erste Lage trocken

90 2020 Sommerhausen Steinbach Silvaner Erste Lage trocken

90 2020 Sommerhausen Reifenstein Riesling Kabinett

89 2020 »vom Quaderkalk« Sommerhausen Riesling trocken

90 2020 Muskatsilvaner trocken
Der Sauvignon Blanc, denn kein anderer verbirgt sich hinter dem Muskatsilvaner, präsentiert eine individuelle Nase von Grapefruit und viel frischem Hopfen. Am Gaumen ist der Wein konsequent trocken, weiter Grapefruit mit pikanter Säure, spannungsvoll. 12,5 Vol.-%, DV, €

★★★★

WEINGUT STEINTAL

Wilhelmstraße 107, 63911 Klingenberg
T: +49 9372 2438, info@weingut-steintal.de
weingut-steintal.de

Ab-Hof-Verkauf: Ja
Kellermeister: Philipp Aufderheide
Ansprechpartner: Jonas Hirn
Flaschen/Hektar: 27.000 (10 % weiß, 90 % rot)/11 ha
Anbauweise: Biologisch zertifiziert

Ups – ein Cabernet Franc aus Klingenberg? Und dann auch noch so gut? Das Weingut Steintal, ehemals Weingut der Stadt Klingenberg, ehemals Benedikt Baltes, hat uns dieses Jahr überrascht. Aber geschmäcklerische Einwände sind völlig unangebracht, denn Bordeaux-Sorten findet man in den Klingenberger Steilterrassen auch in manch sehr alter Anlage, offenbar hatten unsere Ahnen schon die Ahnung, dass sie dort reif werden. Daneben sind die Spätburgunder von bekannter Finesse, die neue Mannschaft um Philipp Aufderheide und Jonas Hirn kommt gut in Tritt.

93+ 2019 Klingenberg Schlossberg Spätburgunder GG trocken
Rauchige Nase zunächst, ätherische Noten, eine halbe Stunde Luft hilft viel. Federleicht und zart am Gaumen bei gleichzeitig hoher Intensität, ausgesprochen kühler und finessenreicher Stil, dezenter sogar als der Ortswein. Für Eleganztrinker schlichtweg großartig. 12,5 Vol.-%,NK, €€€€

92+ 2018 Klingenberg Cabernet Franc trocken
Dunkle Frucht in der Nase, Schwarze Johannisbeere, schwarzer Pfeffer, Unterholz, Baumrinde. Am Gaumen absolut reif, sogar etwas Maulbeere, dicht, fein, Kräutertouch, präsentes, aber elegant gehaltenes Tannin. Sortentypische Aromen im Stil eines reifen Loireweins. 13 Vol.-%,NK, €€€

92+ 2019 »Alte Reben« Klingenberg Spätburgunder trocken
Frisch geöffnet rauchige Nase mit leichtem Reduktionston, braucht ein wenig Zeit. Am Gaumen hat der nominelle Ortswein eine wunderbar präsente Frucht zu bieten, fast expressive Kirsche, Himbeere, ganz samtiges Tannin, fein eingebunden, ausgesprochen elegant. 12,5 Vol.-%,NK, €€€

90+ 2019 »Buntsandstein« Spätburgunder tr.
Ausbaunoten in der Nase, noch sehr jung wirkend. Dahinter hat der Gutsrote vom Spätburgunder eine dunkelfruchtige, etwas verschlossene Ader zu bieten. Schöne Präsenz am Gaumen, deutlich heller, offener, reife Himbeerfrucht, Wildkirsche, erfreulich, samtiges Tannin. 12,5 Vol.-%,DV, €€

91 2019 Blanc de Noir trocken SW/PN
Ganz zarte Roséreflexe im einzigen Weißen des Weinguts. Spannende Nase, die fast an einen Schaumwein mit Hefeautolyse denken lässt. Walnuss, Apfelschale, Streuselkuchen. Am Gaumen mit salziger Mineralität, hoher Dichte in der Mitte, sehr präsent und individuell. 12 Vol.-%, NK, €€

★★★

WEINGUT STÖRRLEIN KRENIG

Schulstraße 14, 97236 Randersacker
T: +49 931 708281, info@stoerrlein.de
stoerrlein.de

Ab-Hof-Verkauf: Mo bis Fr 9–18 Uhr, Sa 9–16 Uhr
Kellermeister: Armin Störrlein, Martin Krenig
Ansprechpartner: Armin Störrlein
Flaschen/Hektar: 80.000 (80 % weiß, 20 % rot)/12 ha

Bei Altmeister Armin Störrlein und Schwiegersohn Martin Krenig weiß man, was man bekommt: klassische Frankenweine ohne Schnörkel. Dafür stets mit kulinarischem Drall. So bei unserem Tipp, dem Marsberg Weißburgunder, bei dessen Genuss man sofort an Geflügel oder Flusskrebse denkt, an eine Gemüsetarte oder an ein selbst angesetztes Fondue. Einen »geerdeten« Stil bescheinigte unsere Jury diesem Wein, und das gilt für die anderen ebenso, nicht von ungefähr zählt das Weingut zur »Trias«-Gruppe, die sich das Terroirtönige am Wein auf die Fahnen schreibt.

93+ 2019 Randersacker Hohenroth Silvaner GG
Leichte Reduktion in der Nase, Rauch, Kräuter, Hopfenblüte, Apfel, etwas Menthol. Setzt am Gaumen saftig, würzig und auch druckvoll an mit guter Balance und Bündelung in der Gaumenmitte, gepflegte Phenolik, verbindet Geschmeidigkeit mit Ausdruck und Würze. 14 Vol.-%,DV, €€€

93+ 2019 Randersacker Hohenroth Riesling GG
Floral im Duft, Lavendel, Rosmarinblüte, Melisse, ein Hauch Feuerstein, Minze. Markanter Stoff, hoch verdichtet, mollig-geschmeidig im Hintergrund, mit fester Säure und trockenen Phenolen als Füllung. Hat Power und Differenzierung – und wird ausgezeichnet reifen. 13 Vol.-%,DV, €€€

90 2020 »Alte Reben« Randersacker Marsberg Sylvaner trocken
Im Duft anfangs kräutrig und leicht vegatabil, es folgt eine eher zarte Frucht von jungem Pfirsich, grünem Apfel und Zitrone. Am Gaumen dann klassisch mit weiteren Aromen von Passionsfrucht bei lebendiger Säure, Schmelz, mineralischer Würze und gutem Nachhall. 13 Vol.-%,DV, €€

91 2019 Randersacker Hohenroth Spätburgunder GG
Ein Duft aus reifer, dunkler Frucht entwickelt sich im Glas. Am Gaumen ebenfalls eher dunkle Aromen von Schwarzkirsche, blauer Pflaume und Amarenakirsche, gefolgt von Gewürznelke und Tomatenblatt. Die reife Säure führt über einen mittelgewichtigen Körper in einen guten Nachhall. 13,5 Vol.-%,DV, €€€

89 2020 Randersacker Sauvignon Blanc tr.

92 2019 »Trias« Randersacker Marsberg Weißer Burgunder trocken
Ein Duft von Lindenblüte, mit leicht buttrigen Noten, etwas Apfel und mit zurückhaltendem Holz. Im Mund kreidig, feste Säure, kulinarisch trocken, mineralisch geprägt, salzig, sehr geerdet im Stil. Toller Speisenbegleiter. 13 Vol.-%, DV, €€

WEINGUT VON DER TANN

Birklinger Straße 1, 97346 Iphofen
T: +49 9323 89970, info@weingut-vondertann.de
weingut-vondertann.de

Ab-Hof-Verkauf: Do und Fr 8–18 Uhr, Sa 9–18 Uhr und nach Vereinbarung
Kellermeister: Steffen von der Tann
Ansprechpartner: Maggie Schauner und Steffen von der Tann
Hektar: 3 ha

Wenn ein Wein »e'fach« bereits in seinem Namen trägt und auch noch ein Müller-Thurgau ist, weiß man normalerweise, wo man die Verkostung beginnt. Allerdings besitzen Steffen von der Tann und Maggie Schauner eine besondere Liebe zur fränkischen Brot-und-Butter-Rebsorte und kreieren deshalb auch ganz außergewöhnliche Gewächse aus ihr. Den einen stecken sie ins Barrique, den anderen lassen sie auf der Maische vergären (OMG, it's an Orange Wine!). Was sich durch das ganze Programm zieht, das ist die enorm saftige Pikanz. Macht alles viel Spaß!

90+ 2019 »OMG« Müller-Thurgau trocken
Wenn es einen Preis für gelungene Abkürzungen geben würde, der Müller aus der O-ffenen M-aische-G-ärung hätte ihn verdient. Eigen in der Nase, Sellerie, Engelwurz, etwas Roggenbrot. Im Mund dicht, leichter Grip, Schilfgras, ein Kontextwein für den Tisch. 12 Vol.-%, DV, €

90 2020 »Blondschopf« Müller-Thurgau tr.
Müller aus dem Barrique, und die vanilligen Holznoten sind in der Nase dann entsprechend präsent. Dazu aber auch traubeneigene Gewürze, Kümmel, Anis, etwas Curry. Am Gaumen ist das ein enorm cremiger Wein, etwas Holzpikanz noch, weich in der Süße abgestimmt. 13,5 Vol.-%, NK, €€

90 2020 »e'fach Müller« Müller-Thurgau tr.
Dezente Nase, etwas Apfel, etwas Kümmel, einfach Müller halt. Am Gaumen besitzt der Wein eine sehr schöne Frische, ist lebendig, aber auch nachhaltig. Zitronenschale, etwas Pfirsich, sehr saftig, schön trocken und mit feiner Pikanz. Sehr gut gemacht! 12 Vol.-%, DV, €

89 2019 »Sommer in Pink« Dornfelder tr.
In der Nase zeigt der trockene Rosé eine feine Himbeerfrucht, dahinter zart kräutrige Nuancen. Am Gaumen mit herzhafter, gar knackiger Säure, die ganze Pikanz aber in eine weiche Textur verpackt. Ideal geeignet für eine kalte Vesperplatte! 12 Vol.-%, DV, €

89 2020 Bacchus trocken

90 2020 »Silvaner halt!« Silvaner trocken
Gar nicht simpel in der Nase kommt der Silvaner daher. Nicht nur gelber Apfel und feine Birne, sondern auch Kräuternote, Heu und Hanfblatt. Am Gaumen enorm ansprechend, sehr saftig, vorn animierend frisch und pikant, in der Mitte mit schöner Dichte. 12 Vol.-%, DV, €

★★

WEINMANUFAKTUR 3 ZEILEN

Heinrich-Wiegand-Straße 2, 97348 Rödelsee
T: +49 9323 876454, 3zeilen@web.de
3-zeilen.de

Ab-Hof-Verkauf: nach Vereinbarung
Kellermeister: Christian Ehrlich
Ansprechpartner: Alexandra und Christian Ehrlich
Flaschen/Hektar: 15.000/4 ha
Anbauweise: Biologisch zertifiziert

Alexandra und Christian Ehrlich waren nominiert als Falstaff Newcomer des Jahres 2021, nicht zuletzt der eigenständigen und genussreichen Art und Weise wegen, wie sie in Weinen wie »Onkel Heiner seiner« die minimalistische Weinbereitung einer fast verloren geglaubten bäuerlichen Tradition wieder aufleben lassen. Dieses Jahr hat uns »Onkel Heiner seiner 2.0« sogar noch besser gefallen. Und auch wenn wir bis zu Redaktionsschluss nicht herausfinden konnten, worin genau das »update« besteht: Der Wein hat eine noch feinere Phenolik und wird in den Aromen noch ziselierter.

91+ 2018 »Reserve« Landwein trocken SB/WB
Es braucht einige Zeit, um die Gäraromatik im Duft zu verlieren. Am Gaumen entwickelt sich dann ein Wein mit nicht alltäglicher Komplexität, sehr reifer Aromatik, dennoch präziser Frucht, guter Dichte, attrakiver Balance und gutem Nachhall. 13 Vol.-%,DIAM, €€€

91 2019 »Blanc« Rödelsee Küchenmeister Sauvignon Blanc trocken
Leicht hefig, mineralisch und gelbfruchtig in der Nase. Am Gaumen präsentiert sich dieser Wein mit sehr feiner Säure, die den Gerbstoff und die gelbe Frucht gut balanciert. Der attraktive, leicht herbe Nachhall wird von einer leicht süßen Kräuternote begleitet. 13 Vol.-%,DIAM, €€€

93 2019 »Onkel Heiner Seiner 2.0« Silvaner Landwein trocken
Bereits die Farbgebgung lässt reife Aromatik vermuten. Komplexe Aromen von Orangenzeste, gelbem Apfel, Zitrone, schwarzem Johannisbeerblatt und Walnuss entwickeln sich an Gaumen und Nase. Bei feiner Phenolik, erkennbarem Extrakt und gut eingebundener Säure. Toller Wein.
13 Vol.-%,DIAM, €€€

92 2019 »Onkel Heiner Seiner« Silvaner Landwein trocken
Leicht trübes Goldgelb. In der Nase entwickelt sich ein leicht herber, hefiger und nussiger Duft. Es folgen gelbe Frucht und etwas Kurkuma. Am Gaumen werden diese Aromen von guter Säure getragen. Grip und eine florale Note begleiten den sehr guten Nachhall. 13 Vol.-%,DIAM, €€€

89+ 2019 Rödelsee Küchenmeister Silvaner trocken

90 2019 »Fränkischer Satz« Gemischter Satz trocken
Anfangs leicht robust im Duft. Danach folgen vielschichtige Aromen, die sich sowohl floral, kräutrig als auch fein fruchtbetont präsentieren. Am Gaumen folgen eine spannende Mineralik, deuliche Phenolik und ein fruchtbetonter Nachhall. Viel Trinkfluss. 13 Vol.-%, DV, €€

★★★★

WEINGUT HANS WIRSCHING

Ludwigstraße 16, 97346 Iphofen
T: +49 9323 87330, info@wirsching.de
wirsching.de

Ab-Hof-Verkauf: Mo bis Fr 8–18 Uhr, Sa 9–18 Uhr, So 10–12.30 Uhr
Kellermeister: Dr. Klaus-Peter Heigel
Ansprechpartner: Andrea Wirsching
Flaschen/Hektar: 650.000 (85 % weiß, 15 % rot)/90 ha

Wenn es beim Weingut Wirsching etwas Aktuelles zu vermelden gibt, dann ist es die außerordentliche Qualität der Rieslinge in 2019. Nun ist der Iphöfer Traditionsbetrieb ohnehin eine Rieslinghochburg, das relativiert den Neuigkeitenwert. Ebenso bemerkenswert, wenngleich ebenso wenig erstaunlich, ist die Qualität der Rieslaner Trockenbeerenauslese, die vor Extrakt schier birst und das Spiel mit der Botrytis in Perfektion darbietet. Und sonst? Silvaner und Scheurebe bereiten großes Vergnügen. Wenig Neues. Und alles bestens so.

93+ 2019 Iphofen Julius-Echter-Berg Silvaner GG
Riecht nach Kräuterwürze, Blumenwiese, Birne und Apfel, Aprikose und auch Apfelschale. Entfaltet sich am Gaumen mit Saft und kräutriger Würze, guter Extrakt, die ausgewogene Säure fügt sich gut ein, wie auch die merklichen und reifen Phenole, druckvoll bis ins lange Finale. 13,5 Vol.-%, NK, €€€

93 2019 Iphofen Julius-Echter-Berg Riesling GG
Ein Bukett am Beginn der Entfaltung: Keuper-Kräuterwürze, Hafer, Maracuja, weißer Pfirsich und kandierte Zitronenschale. Gehaltvoll am Gaumen, gut aromatisch dotiert, reife Säure, dezente Süße rundet die Frucht ab, ohne das mineralische Fundament zu verstellen. 13 Vol.-%, NK, €€€

92+ 2019 »Sister.Act« Silvaner trocken
Gelbe Früchte in der Nase, Dill, Apfelschale, Brioche, Gewürznelke. Am Gaumen opulent, saftig, tropische Früchte, Zitrusfrüchte, cremiger Schmelz, kräftig im Körper, lebendige Säure bis ins Finale, Kräuterwürze, pfeffrig im Nachhall, lang am Gaumen. 13,5 Vol.-%, NK, €€

97 2020 Iphofen Julius-Echter-Berg Rieslaner Trockenbeerenauslese
Grapefruit und Nektarine, hefewürzig, kräftige Botrytis, im Mund ein Klotz von Wein, Viskosität ist von Säure und intensiver taktiler Mineralität gekontert, kandierte Ananas im Abgang, lang, ein feister und zugleich komplexer Wein. 6 Vol.-%, NK, €€€€

92 2020 Iphofen Julius-Echter-Berg Riesling Erste Lage trocken

91 2020 »Alte Reben« Iphofen Kronsberg Scheurebe Erste Lage trocken

90+ 2020 Iphofen Julius-Echter-Berg Silvaner Erste Lage trocken

90 2020 »Alte Reben« Iphofen Kronsberg Riesling Erste Lage trocken

89+ 2020 »Alte Reben« Iphofen Kronsberg Chardonnay Erste Lage trocken

89 2020 Iphofen Silvaner trocken

90 2019 Iphofen Spätburgunder trocken

92 2020 »Alte Reben« Iphofen Kronsberg Silvaner Erste Lage trocken
In der Nase Birne, Quitte, mineralische Noten von Gips und Gestein. Am Gaumen gehaltvoll bei mittlerem Körper, mineralisch-würzig mit feinem Fruchtextrakt, einem Hauch von Süße, mit lebendiger Säurestruktur, integriertem Alkohol, schönem Spannungsbogen. Lang. 13,5 Vol.-%, DV, €€

★★★

STAATLICHER HOFKELLER WÜRZBURG

Residenzplatz 3, 97070 Würzburg
T: +49 931 3050923, hofkeller@hofkeller.de
hofkeller.de

Ab-Hof-Verkauf: Mo bis Fr 9–18 Uhr, Sa 10–14 Uhr
Kellermeister: Stefan Schäfer, Klaus Kuhn, Norbert Winkler
Ansprechpartner: Thilo Heuft
Flaschen/Hektar: 800.000 (87 % weiß, 13 % rot)/120 ha

Ausgesprochen erfreulich! Der Hofkeller, der nach einer unsteten Zeit drohte, den Anschluss an die beiden anderen großen Würzburger Güter zu verlieren, schließt mehr und mehr auf. Die Großen Gewächse des Jahrgangs 2020 sind die besten, die wir hier seit Langem probieren konnten. Aber auch die anderen Weine belegen die Aufwärtstendenz. Und sie bieten eine – wie einer unserer Verkoster schrieb – »edukative« Reise durch ganz Franken: Als Staatsbetrieb besitzt der Hofkeller Weinberge in allen Schichten der Trias plus die Urgesteinslagen in Hörstein.

93 2020 Würzburg Stein-Berg Riesling GG
Pfirsich und etwas Eisbonbon, Blütenhonig, leicht florale Noten. Im Mund sehr trocken abgestimmt mit kräftiger Phenolik und kerniger Säure. Die Gaumenaromen zeigen viel Kalkwürze, Feuerstein, was dem Wein Eigenständigkeit und Besonderheit verleiht. 13 Vol.-%,DV, €€€

93 2020 Würzburg Stein-Berg Silvaner GG
Rauchiges Entree, kräuterig und würzig, Apfel, Aprikose und auch etwas Kümmel, Fenchelkraut. Auch am Gaumen mit Würze und schöner Kräutigkeit, setzt saftig an mit mittelgewichtigem Extrakt, Apfel und Zitrus, auch feine Herbe. Gute Substanz, zeigt Format und Länge. 13 Vol.-%,DV, €€€

91+ 2020 Randersacker Pfülben Riesling GG
Zitronengras und Rosmarinblüte, fast auch Lavendel, ein komplexes, frisches Duftbild. Im Mund mit gutem Gewicht, mehlige Phenole, lebendige Säure, saftig und eher mittelgewichtig im Körper, gute stilistische Anlage. 13 Vol.-%,DV, €€€

91 2020 Iphofen Julius-Echter-Berg Silvaner Erste Lage trocken
Der Silvaner aus dem Julius-Echter-Berg besticht mit einer würzigen Kräuternote in der Nase, Birne, etwas Ingwer, ein leicht pikanter Hauch. Reif im Mund, Banane, Quitte, Kurkuma, viel Würze, viel Keuperterroir, Dichte. Die Spannung ergibt sich aus der Struktur. 13,5 Vol.-%,DV, €€

91 2020 Würzburg Stein Riesling Erste Lage trocken

90+ 2020 Würzburg Stein Silvaner Erste Lage tr.

90+ 2020 Würzburg Stein Weißer Burgunder Erste Lage trocken

90 2020 Randersacker Marsberg Silvaner Erste Lage trocken

90 2020 Würzburg Innere Leiste Riesling Erste Lage trocken

90 2019 Würzburg Stein Spätburgunder Erste Lage trocken

91 2020 Würzburg Stein Rieslaner Auslese

90 2020 Hörstein Abtsberg Riesling Erste Lage trocken
Der Hörsteiner Abtsberg befindet sich ganz im Nordwesten Frankens auf Urgestein. In der Nase zeigt sich der Wein ganz terroirtypisch wenig fruchtig mit einem kühl-mineralischen Ton. Am Gaumen frisch und lebendig, apfelige Pikanz, Orangenschale, nachhaltig. 12,5 Vol.-%, DV, €€

★★★

WEINGUT ZEHNTHOF FAMILIE WEICKERT

Hauptstraße 17, 97334 Sommerach
T: +49 9381 2830, info@zehnthof-weickert.de
zehnthof-weickert.de

Ab-Hof-Verkauf: täglich 8–20 Uhr
Kellermeister: Tobias Weickert
Ansprechpartner: Gertrud Weickert
Flaschen/Hektar: 50.000 (90 % weiß, 5 % rot, 5 % Rosé)/7 ha

An den »Zehnthof« lieferten einst die umliegenden Bauern ihre Abgaben ab – den zehnten Teil. Die Winzerfamilie Weickert wohnt in einem Haus aus dem 17. Jahrhundert, spezialisiert ist sie auf die Vinifizierung duftiger Bukettsorten wie Scheurebe, Gewürztraminer, Muskateller und Müller-Thurgau. Und als fränkisches Weingut versteht sich Weickert natürlich auch auf Silvaner. Die neuen Weine bewegen sich auf gewohnt hohem Niveau und bieten dabei durchweg ein exzellentes Preis-Leistungs-Verhältnis – allen voran die fünf (!) verschiedenen Scheureben.

93 2020 Astheim Karthäuser Scheurebe Spätlese trocken
Dieser Wein braucht Zeit, zeigt er sich doch zu Beginn verschlossen. Die sehr zarte Nase lässt nicht auf die stimulierend tolle Säure schließen, die würzig dichten Noten, das beerige Mundgefühl, den enormen mineralischen und markant rauchigen Nachhall. 12,5 Vol.-%, DV, €€

92 2020 Sommerach Katzenkopf Traminer Spätlese trocken
Wunderbar typische Nase nach Rosenblättern und Orangenblüten, auch zarte Bitternoten sind auszumachen, im Mund dann cremige Fülle, ungemein opulent. Zu den duftigen Noten gesellt sich eine Adstringenz, die zusammen mit der Säure sehr anregend wirkt. 13,5 Vol.-%, DV, €€

92 2020 Sommerach Katzenkopf Scheurebe Spätlese trocken
Duftige Nase von eher weißen Blüten, anmutige Jasminnoten, auch getrocknete Heuwiese, die sich im Mund fortsetzt. Ein fein cremiges Mundgefühl paart sich mit zarter Säure, dichte Mineralität lässt den Wein kühl und elegant wirken mit vornehmer Zurückhaltung. 12,5 Vol.-%, DV, €€

92 2020 Sommerach Katzenkopf Scheurebe Spätlese feinherb
Auch die feinherbe Scheurebe überzeugt mit duftiger Nase, frisch und dabei kühl wirkend, zarte Zitrusnoten paaren sich mit luftigen Anklängen von weißen Blüten. Im Mund dann schön druckvoll, die saftige Süße hat eine animierende Bittermandelnote und Zitrusschale. 12 Vol.-%, DV, €€

91 2020 »Alte Rebe« Sommerach Katzenkopf Silvaner Spätlese trocken

91 2020 »Stettenburg« Obervolkach Landsknecht Scheurebe Spätlese trocken

91 2020 Obervolkach Landsknecht Blauer Silvaner Spätlese trocken

91 2020 Sommerach Katzenkopf Traminer Spätlese feinherb

93 2020 Volkach Kirchberg Scheurebe Spätlese trocken
Sehr saftige und animierende Nase, spannend rauchig mit süßen Noten nach Zuckerstange und zugleich frischer Brise. Im Mund zart und weich, fast verspielt, um dann mit kerniger Säure elegant um die Ecke zu kommen. Außerordentlich guter Speisenbegleiter. 12,5 Vol.-%, DV, €€

★★★

ZEHNTKELLER IPHOFEN HOTEL & WEINGUT

Bahnhofstraße 12, 97346 Iphofen
T: +49 09323 8440, info@zehntkeller.de
zehntkeller.de

Ab-Hof-Verkauf: Ja
Kellermeister: Johannes Weickert
Ansprechpartner: Johannes Weickert
Flaschen/Hektar: 180.000 (84 % weiß, 14 % rot, 1 % Rosé, 1 % süß)/27 ha
Anbauweise: Biologisch zertifiziert

Der Zehntkeller Iphofen ist nicht nur ein Weingut, sondern auch Hotel und Restaurant. Zu seinen Rebbergen gehört der Iphöfer Julius-Echter-Berg, eine der berühmtesten Lagen Frankens. Im Jahr 2009 stellte der Betrieb auf ökologischen Weinbau um, 2012 war der erste Bioland-Jahrgang. Der Stil der Weine ist uns sehr sympathisch, er ist frei von Allüren und immer im kulinarischen Kontext gedacht. Dabei fallen die Weine stets fränkisch trocken aus – bis auf die wirklich süßen. Hier hat uns der ausgesprochen pure, mit Verstand produzierte Eiswein begeistert.

92 2017 »SZ« Iphofen Kronsberg Silvaner tr.
Hellgelb mit grünlichen Reflexen. Eine opulente, reife Würze im Duft: Kresse und Currypulver, leicht buttrig. Im Mund mit viel Saft und Spannung, noch sehr frisch, aber auch mit einem gehaltvollen Spätlesekörper, intensiv mineralisch begleitet. 12,5 Vol.-%, DV, €€

91+ 2019 Iphofen Julius-Echter-Berg Silvaner Spätlese trocken
Der Duft fängt gerade an, sich zu öffnen: mit gelbfruchtigen Aromen, Noten von Wiesenkräutern, etwas Safran und Haselnuss. Im Mund druckvoll, feine Phenole kleiden den Gaumen aus, die Säure trägt gut, mineralische Komponenten balancieren den Alkohol. 13,5 Vol.-%, DV, €€

91 2020 Iphofen Julius-Echter-Berg Silvaner Kabinett trocken
Im Duft nuanciert, Kräuter und Zitrus, Blüten. Im Mund seidig, mit gutem Extrakt bei moderatem Alkohol, stabile, lange anhaltende, aber auch sehr gut integrierte Säure, viel Saftigkeit, gehaltvoll und elegant. 12 Vol.-%, DV, €

95 2018 Iphofen Julius-Echter-Berg Riesling Eiswein
Das Duftbild hat eine ausgesprochen gute Klarheit. Strahlende, konzentrierte Zitrusaromen dominieren, etwas Honig. Im Mund zeigt der Wein neben der erwartbar durchdringenden Säure eine unmittelbar präsente Salzigkeit. Die Süße spielt und ist nicht überakzentuiert. 8,5 Vol.-%, DV, €€€€

90 2020 »SZ« Iphofen Kalb Chardonnay tr.

90 2020 Rödelsee Küchenmeister Silvaner Kabinett trocken

90 2020 Iphofen Kalb Riesling Kabinett tr.

89+ 2020 Iphofen Scheurebe trocken

89+ 2020 Iphofen Julius-Echter-Berg Riesling Spätlese

90 2018 Iphofen Kalb Spätburgunder trocken

89 2016 Iphofen Kronsberg Cabernet Sauvignon trocken

90 2020 Iphofen Kalb Silvaner Kabinett tr.
Heu, Klee, frische Gartenkräuter. Ein Silvaner-Archetyp im Duft. Und dieser Eindruck setzt sich am Gaumen fort: mineralisch, schlank, schnörkellos, mit guter Proportion, nahtlos integrierter Säure. Stilvoll und kulinarisch vielseitig einsetzbar. 12 Vol.-%, DV, €

Würzburg, Blick auf die Festung Marienberg

GASTGEBER AUS LEIDENSCHAFT

Gemeinsam mit den Winzern der Region – als uneingeschränkten Experten, was das leibliche Wohl anbelangt – hat Falstaff die besten Genussadressen in Sachen Kulinarik sorgfältig ausgewählt und zusammengestellt.

97215 Auernhofen

Stahl Winzerhof

Sympathische Gastgeber, romantische Terrasse, Top-Service – alles perfekt. Fränkisches Fine Dining zelebriert man hier. Manche Klassiker werden neu interpretiert, aber auch für geschmackliche Überraschungen ist gesorgt. Harmonisch dazu sind die klar strukturierten, eigenen Weine.

Lange Dorfstraße 21
+49 9848 96896
winzerhof-stahl.de

P | ♿ | €€

Empfohlen von: **Falstaff-Redaktion**

Foto: beigestellt

97708 Bad Bocklet

Kunzmann's

Das Traditionshotel im zeitgeistigen Look hat sich auf Ayurveda spezialisiert. In der Küche geht es herzhaft zu, Wild kommt aus dem Revier, die Rhönforelle und Bioobst aus eigenem Anbau. Der Bogen spannt sich vom Hochlandrindgulasch bis zum ayurvedischen Kichererbseneintopf.

An der Promenade 6
+49 9708 780
kunzmanns.de

Empfohlen von: **Weingut Neder**

97705 Burkardroth-Stralsbach

Landgasthof Zum Weißen Rössl

Eines der ältesten, durchgehend bewirtschafteten Gasthäuser der Region. Familie Hergenröder hat sich auf moderne Rhöner Regionalküche spezialisiert. Einer der Favoriten ist das geschmorte Schaufelstück vom Rhöner Rind. Die guten Obstbrände kommen aus der eigenen Brennerei.

Von-Henneberg Straße 15
+49 09734 201
weisses-roessl-rhoen.de

Empfohlen von: **Weingut Neder**

97332 Fahr am Main

Brauner Bär & Weiße Taube

In der traditionellen Weinstube mit schöner Weinlaube werden auf rustikalen Tischen fränkische Klassiker genossen. Der Start mit Spanferkelsülzchen ist gelungen, es gibt sehr viele Fischgerichte, dazu Sauerbraten und hausgemachtes Eis. Gute hausweigene Weine.

Blütenstraße 22
+49 9381 80730
weingut-braun.de

Empfohlen von: **Falstaff-Redaktion**

97355 Castell

Weinstall Castell

Der frisch herausgeputzte ehemalige Pferdestall und das junge Betreiberpaar Anuschka und Martin Schulz passen perfekt zusammen. Die Küche präsentiert unverfälschte moderne und fränkische Speisen in raffinierten Interpretationen, abends werden Menüs serviert.

Schloßplatz 3
+49 9325 9809949
weinstall-castell.de

Empfohlen von: **Fürstlich Castell'sches Domänenamt**

97346 Iphofen

99er Kulinarium

Im Herzen der mittelalterlichen Stadt macht man es sich auf einer der zwei Terrassen oder in den gemütlichen Stuben gemütlich. In der Küche geht es herzhaft fränkisch zu. Geschmorte Rinderbäckchen mit Portweinsauce oder Forellenfilet im Bierteig gebacken sind Klassiker.

Pfarrgasse 18
+49 9323 804488
99er-kulinarium.de

Empfohlen von: **Weingut von der Tann, Weingut Hans Wirsching**

97346 Iphofen

Blumencafé Holzeimer

Im denkmalgeschützten Fachwerkhaus treffen sich ein liebevoll gestaltetes Café und der Blumenladen. Mit einem kleinen feinen Angebot aus regionalen Produkten und Biokaffee beginnt der Tag. Zum Lunch gibt es kleine Gerichte, danach ein wechselndes Angebot an hausgemachten Kuchen.

Ludwigstraße 15
+49 9323 3374
blumen-holzheimer.de

Empfohlen von: **Weingut Hans Wirsching**

97346 Iphofen

Deutscher Hof

Im gemütlichen Fachwerkhaus mit Biergarten bauen Franz und Kreszentia Steinruck auf eine intensive Beziehung zu den regionalen Bauern. Die Küche steht für leichte, bodenständige, mediterran beeinflusste Genüsse. Gerne bestellt wird die ofenfrische Bauernente.

Ludwigstraße 10
+49 9323 3348
deutscher-hof-iphofen.de

Empfohlen von: **Weingut Hans Wirsching**

97346 Iphofen

Gasthof Goldene Krone

Ob in der fränkischen Gaststube oder auf dem mittelalterlichen Rathausplatz – Wohlfühlen ist garantiert. Spezialitäten sind die Fischgerichte aus Süß- und Salzwasser und Wildgerichte von Hase, Reh, Wildschwein, Hirsch und Wildgeflügel. Der Frankenwein kommt aus eigenem Anbau.

Marktplatz 2
+49 09323 8724 0
gasthof-krone-iphofen.de

Empfohlen von: **Weingut Hans Wirsching**

97346 Iphofen

Iphöfer Kammer

Im historischen weinlaubumrankten Gasthaus am mittelalterlichen Marktplatz wird anspruchsvoll regional mit mediterraner Note gekocht, typisch ist das Rehragout mit Steinpilzgnocchi und Pfifferlinge. Ins Glas kommen sehr schöne Weine vom Weingut Wirsching.

Marktplatz 24
+49 9323 8772677
kammer-iphofen.com

€€

Empfohlen von: **Weingut Hans Wirsching**

97346 Iphofen

Weinstube Bausenwein

Weingut, Weinstube und Hotel unter einem Dach. Holztäfelung und Kaminofen erzeugen sofort eine wohlige Gemütlichkeit, da passt die typisch fränkische Hausfrauenküche ganz genau. Bratwürste in verschiedenen Variationen, traditionelle Gerichte wie Kraut-, Blut-und Leberwurst .

Breite Gasse 1
+49 09323 5210
biobausewein.de

Empfohlen von: **Weingut von der Tann**

97346 Iphofen

Weißes Roß

Das gut erhaltene Fachwerkhaus wurde innen zeitgemäß aufgefrischt. Fränkische Küche passt zum Ambiente, aber auch trendig-moderner Bistrostil wird geboten: Burger, Pfifferlingsquiche oder gebratene Kräutergarnelen mit Chili-Knoblauch-Mayo, aber auch Veganes wird serviert.

Maxstraße 26
+49 09323 877 41 55
weisses-ross-iphofen.de

Empfohlen von: **Weingut Hans Wirsching**

97346 Iphofen

Zehntkeller

Antiquitäten und liebevoll gestaltete Deko sorgen für gemütliche Atmosphäre. Die Karte ist regional, aber auch gehobene Gänge wie Doradenfilet auf Krustentierrahm kommen auf den Teller. Dazu werden die eigenen Bioweine eingeschenkt, der Silvaner Alte Reben sticht dabei heraus.

Bahnhofstraße 12
+49 9323 8440
zehntkeller.de

€€

Empfohlen von: **Weingut Hans Wirsching**

97236 Randersacker

Bären

Das hübsche barocke Haus hat sich den Charme einer traditionell fränkischen Gastwirtschaft mit malerischem Innenhof bewahrt. In der Küche geht es regional zu, gebackenes Kalbsbries, Rumpsteak mit Senfkruste und Tafelspitz sind die Favoriten. Dazu passen die Weine aus der Umgebung.

Würzburger Straße 6
+49 931 70510
baeren-randersacker.de

Empfohlen von: **Weingut Schmitt's Kinder**

97340 Marktbreit

Michels Stern

Das Gasthaus, das seit 1920 in Besitz der Familie Michel ist, wärmt mit seiner Küche die Seele. Fränkische Klassiker sind beliebt, genauso wie nicht Alltägliches, etwa Kotelette vom Iberico-Schwein mit Ratatouille. Im Gewölbekeller lagern 200 Weine aus ganz Franken.

Bahnhofstraße 9
+49 9332 1316
michelsstern.de

P €

Empfohlen von: **Schloss Frankenberg, Bürgerspital zum Hl. Geist**

97359 Schwarzach am Main

Schwab's Landgasthof

Gemütliches Wirtshaus mit Holzvertäfelung und Kachelofen. Joachim Schwab beherrscht fränkische Küche mit Raffinesse. Immer wieder gut sind Wallerfilet im Wurzelsud oder das Kalbsherz in Spätburgunder. Klasse ist auch das selbst erlegte Wild. Ins Glas kommt der eigene Silvaner.

Bamberger Straße 4
+49 9324 1251
landgasthof-schwab.de

P €€

Empfohlen von: **Weingut Rainer Sauer**

97656 Oberelsbach

Fischerhütte Edwin

Das Gasthaus schwebt auf Stelzen über den Fischteichen mit Ausblick auf das Naturschutzgebiet der Langen Rhön. Christopher und Vanessa Herbert haben sich auf herrliche Fischgerichte spezialisiert, die ganz frisch aus dem Wasser kommen. Auch Scampi und Fleisch gibt es.

Herbertsweg 1
+49 9774 858338
fischerhuette-edwin.de

Empfohlen von: **Weingut Neder**

97286 Sommerhausen

Philipp

Im Renaissancepalais mit hellgrauen Holzbalken und honigfarbenem Eichenboden kocht Michael Philipp französisch mit internationalen Anleihen. Klassik wird frisch interpretiert. Heike Philipp hat einen reichen Fundus an renommierten fränkischen Winzern und internationalen Tropfen.

Hauptstraße 12
+49 9333 1406
restaurant-philipp.de

€€€

Empfohlen von: **Schloss Frankenberg Weingut Schmitt's Kinder**

97877 Wertheim

Orangerie Kloster Bronnbach

Von der Terrasse und dem Biergarten hat man das Kloster im Blick und genießt authentische Gerichte in ungezwungener Atmosphäre. Sehr fein sind hausgeräucherter Lachs mit Quinoa und Erdnuss oder Rostbraten mit Spätzle, es gibt auch vegetarische und vegane Variationen.

Bronnbach 10
+49 9342 935210
hotel-kloster-bronnbach.de

Empfohlen von: **Weingut Konrad Schlör**

97080 Würzburg

Reisers am Stein

Erhebend ist der Blick über Würzburg von der trendigen Weinbar und dem eleganten Restaurant im Weingut Knoll. Der kreative Wirbelwind Bernhard Reiser kocht fein, klassisch und ebenso modern. Bei seinen Menüs ist ihm die Harmonie zwischen Gericht und Frankenwein wichtig.

Mittlerer Steinbergweg 5
+49 931 286901
der-reiser.de

€€€

Empfohlen von: **Weingut Rainer Sauer**

97070 Würzburg

Bürgerspital Weinstuben

Fränkische Tradition wird mit viel handwerklichem Können zelebriert. Alexander Wiesenegg bereitet ein Ripple vom Schwein, Blaue Zipfel oder Schlachtplatte mit dem gewissen Etwas zu, aber auch auf kreative Ideen mit Einflüssen von Italien bis Shanghai versteht er sich.

Theaterstraße 19
+49 931 352880
buergerspital-weinstuben.de

€€

Empfohlen von: **Bürgerspital zum Hl. Geist**

97070 Würzburg

Stachel

600 Jahre hat das Haus im Rückspiegel und gilt als ältester Gasthof Würzburgs. Das Team um Rolf Schulz pflegt bodenständige fränkische Küche. Die Stammgäste freuen sich über Sauerbraten, Schweinebraten und geschmorte Lammhaxe. Schöne Weinkarte mit einigen fränkischen Schätzen.

Gressengasse 1
+49 0931 52770
weinhaus-stachel.de

Empfohlen von: **Weingut Rainer Sauer**

Foto: Poby, USA, beigestellt

MITTELRHEIN

KLEIN, ABER FEIN

Foto: Shutterstock

»WIR HABEN RICHTIG WAS VOR«

Der Mittelrhein hat schwere Zeiten hinter sich, in den vergangenen Dekaden fielen viele Weinberge brach. Doch inzwischen herrscht Aufbruchstimmung zwischen Bacharach und Königswinter.

TEXT ULRICH SAUTTER

»Alle, die jetzt hier am Start sind im Mittelrhein, haben richtig was vor.« Für Anne Kauer, die das sagt, sind die eigenen Pläne klar: Nachdem sie gerade ihr Studium der internationalen Weinwirtschaft abgeschlossen hat, steht die 30-Jährige bereit, um auf dem elterlichen Weingut in Bacharach einzusteigen. Vier Hektar im Steilhang, und das in Biobewirtschaftung: Muss man nicht etwas verrückt sein, um sich das als junger Mensch anzutun? »Jein«, kommt Anne Kauers Antwort nach kurzem Nachdenken. »Ich wohne hier und bin sehr heimatverbunden. Wenn ich es leichter haben wollte, müsste ich wegziehen. Am Mittelrhein gibt es ja nun mal keine flachen Weinbergslagen. Aber ich bin gern in Bacharach, also habe ich keine Wahl.« Dann schiebt sie nach: »Aber ja, ein bisschen verrückt muss man vielleicht doch sein.«

ZUSAMMENHALT DER JUNGEN

Den Entschluss erleichtert habe ihr aber, so Kauer weiter, dass es in der Region heute zahlreiche Gleichgesinnte gebe. »Man sieht einen super positiven Wandel. Die Weinqualitäten waren schon früher da, aber jetzt tut sich auch beim Auftritt des Mittelrheins was.« Nach Jahrzehnten der sozialen Erosion im Weinbau dieses aktuell 468 Hektar kleinen Gebiets scheinen heute nur noch diejenigen Betriebe übrig geblieben zu sein, die den Weinbau unter diesen Bedingungen komplett und mit allen Konsequenzen angenommen haben.

Und mit ihm eine Perspektive verknüpfen. Wie auch Cecilia Jost vom Weingut Toni Jost, ebenfalls in Bacharach. »Der Mittelrhein ist kein riesiges Anbaugebiet«, sagt die 36-Jährige. »Im Rheingau sitzt man mit 60 anderen Winzern zusammen, wenn es was zu besprechen gibt, bei uns am Mittelrhein mit zehn oder 20.«
Jost kennt beide Welten, denn außer der Bacharacher Monopollage Hahn besitzt die Familie auch Weinberge in Walluf in der Nachbarregion. Den Spirit »klein, aber fein«, den Zusammenhalt am Mittelrhein, den schätzt Jost indes ganz besonders. »Gerade wir Jungen sind sehr vernetzt, auch über die sozialen Medien. Wir tauschen uns aus, wir unterstützen uns auf dem kurzen Dienstweg. Wenn beispielsweise beim Abfüllen plötzlich ein paar Hundert Flaschen Leergut fehlen, gibt es bestimmt jemanden, der kurzfristig aushelfen kann. Es gibt immer wen, der Rat weiß, wenn man eine Frage hat. Wir haben Probengruppen und verkosten gegenseitig unsere Jungweine. Und vergangenes Jahr haben wir sogar mal einen Bus gechartert, um gemeinsam vom südlichen Mittelrhein die 120 Kilometer zu Felix Pieper nach Königswinter in Nordrhein-Westfalen zu fahren, zu unserem nördlichsten Mittelrhein-Kollegen. Da haben unsere Eltern alle gestaunt: Mensch, das haben wir nie zustande gebracht!«

Anne und ihr Vater Randolf Kauer

Florian Weingart

Fotos: Shutterstock, beigestellt

QUEREINSTEIGER

Etwa auf halbem Weg zwischen Bacharach und Königswinter, wo Felix Pieper – Falstaff-Leser erinnern ihn als Newcomer-Kandidaten des Jahres 2020 – höchst beachtliche Weiße und brillanten Spätburgunder erzeugt, liegt der Ort Leutesdorf. Leutesdorf dürfte einer der unbekanntesten Weinbauorte des Mittelrheins sein, noch unbekannter sind eigentlich nur die Weinbergslagen entlang der Lahn, die ebenfalls zum Mittelrhein zählen. Am ehesten taucht der Name Leutesdorf auf Etiketten von Ahr-Weingütern auf, die dort ein paar Rieslingreben bewirtschaften, von der Ahr aus ist es ein Katzensprung. Aber ansonsten hört und sieht man überregional wenig aus dieser Gemeinde mit ihren 45 Hektar Reben. »Ich würde mich freuen, wenn ich Belebungstendenzen wahrnehmen könnte, aber die sehe ich in Leutesdorf nicht«, gibt Martin Sturm zu Protokoll, der hier im Jahr 2011 ein Weingut gegründet hat. Auf vielen Betrieben im Ort, so Sturm weiter, fehle die Nachfolgelösung.

Martin Sturm

Doch immerhin ist sein eigenes Weingut in den vergangenen zehn Jahren von anderthalb auf vier Hektar gewachsen. Sturm gehört zu den Quereinsteigern, die das Potenzial der Weinberge am Mittelrhein erkannt haben – und überzeugt sind, diesen Schatz à la longue heben zu können. Als ehemaliger Wirtschaftsjournalist ist sich Sturm natürlich genau bewusst, dass es lohnend sein kann, dorthin zu gehen, wo gerade niemand sein möchte. Und die Weine, die der 52-Jährige erzeugt, sind ihre – vom Niveau des Mittelrheins aus gesehen – etwas höheren Preise mehr als nur wert, zeigen sie doch alles, was das Mittelrheintal besonders macht: Die Mineralität der Schieferböden lässt die Weine auch bei höchster Konzentration stets filigran erscheinen.

»Die Infrastruktur ist gut, die Möglichkeiten sind da«, so Sturms Fazit nach zehn Jahren in Leutesdorf. »Man muss das mit dem Steillagenweinbau nur wollen.« Sturm selbst will es, daran kann kein Zweifel bestehen. Inzwischen hat er sogar Syrah gepflanzt. Und auch schon den ersten Ertrag im Keller. »Ich hätte selbst nicht geglaubt, dass das so gut klappt.« Die Trauben seien reif gewesen. Jetzt reizt es ihn, ein paar Hundert Flaschen im Stil der Nordrhône zu produzieren. Die Bodenschätze des Mittelrheintals sind noch längst nicht alle gehoben.

INFO

Nähere Infos über den Autor finden Sie im Kapitel »Verkostungsteam« auf S. 12.

Burg Gutenfels

WEINBAUGEBIET MITTELRHEIN

Anbaufläche
ca. 460 Hektar

Aufteilung
2 Bereiche, 10 Großlagen, 111 Einzellagen

Böden
Schiefer, Grauwacke

Wichtigste Rebsorte
Riesling

Verband
Mittelrhein-Wein e. V.
Am Hafen 2, 56329 Sankt Goar
www.mittelrhein-wein.com

Ölsberg bei Oberwesel

GRANDS CRUS MITTELRHEIN

TOP-WEINE AUS PRIVILEGIERTEN WEINLAGEN DER REGION

BACHARACH | HAHN

Der von Devonschiefer geprägte, knapp sechs Hektar große Alleinbesitz des Weinguts Toni Jost erstreckt sich kuppenförmig vom Rhein aus in ein kleines Seitental. Die direkt zum Rhein schauenden Parzellen haben eine Ausrichtung nach Ostsüdosten, der größte Teil des Hanges blickt nach Süden und Südsüdosten. Die Höhe des Berges reicht von 80 bis 210 Metern, die Steigungsraten am Hang liegen zwischen 55 und 70 Prozent.

93 **2020 »Im Hahn« Riesling GG**
91+ **2018 »Im Hahn« Spätburgunder GG**
91+ **2020 Riesling Kabinett**
90+ **2020 Riesling Erste Lage trocken**
Weingut Toni Jost, Info siehe Seite 203

BOPPARD HAMM | FEUERLAY

Es gehört zu den Kuriositäten des 1971er Weinrechts, dass die ursprünglich als »Feuerlay« bekannte Parzelle heute Teil der Nachbarlage Hamm Mandelstein ist. Die heutige Lage Feuerlay umfasst 16,4 Hektar im zentralen Bereich des Bopparder Hamm. Auf Steilhängen mit Gradienten zwischen 40 und 65 Prozent wachsen die Rieslingtrauben auf einem Grauschiefer mit blau-schwarzen Einschlüssen, die flache Bodenauflage besteht vor allem aus verwittertem Schiefer.

93 **2020 Riesling GG**
93 **2020 Riesling Spätlese**
92+ **2020 Riesling feinherb**
Weingut Matthias Müller, www.weingut-matthiasmueller.de
92 **2019 Riesling Spätlese* trocken**
Weingut Weingart, www.weingut-weingart.de

Fotos: beigestellt

92 **2020 Riesling Spätlese halbtrocken**
Weingut Walter Perll, weingut-walter-perll.de

92 **2020 Riesling Spätlese* trocken**
Weinhaus Heilig Grab, www.heiliggrab.de

91 **2020 Riesling Spätlese feinherb**
Weingut Volk, www.weingutvolk.de

91 **2019 Riesling Spätlese**
Weingut Walter Perll, weingut-walter-perll.de

90+ **2020 Riesling Spätlese trocken**
Weinhaus Heilig Grab, www.heiliggrab.de

90 **2020 Riesling Kabinett trocken**
Weingut August Perll, Info siehe Seite 208

OBERWESEL | OELSBERG

Der Oelsberg liegt nördlich von Oberwesel in einer Biegung des Rheins. Die 5,8 Hektar große Lage hat reiche Böden: Durch eine geologische Verwerfung gelangt hier Buntsandstein an die Oberfläche, der mit verwittertem Schiefer und Löss vermengt ist. Die nach Südosten orientierte Lage hat eine homogene Steilheit von 60 bis 70 Prozent. Sie profitiert klimatisch von der Nähe zum an dieser Stelle besonders breiten Fluss.

93+ **2020 Riesling GG**
93+ **2020 Riesling Spätlese**
93 **2019 Riesling GG**
Weingut Lanius-Knab, Info siehe Seite 206

93 **2019 »Alte Reben« Riesling Spätlese trocken**
92+ **2019 Riesling Spätlese feinherb**
92 **2020 »Alte Reben« Riesling Spätlese trocken**
92 **2018 »Alte Reben« Riesling Spätlese trocken**
91+ **2013 »Alte Reben« Riesling Spätlese trocken**
91+ **2020 Riesling Spätlese feinherb**
Weingut Dr. Kauer, Info siehe Seite 204

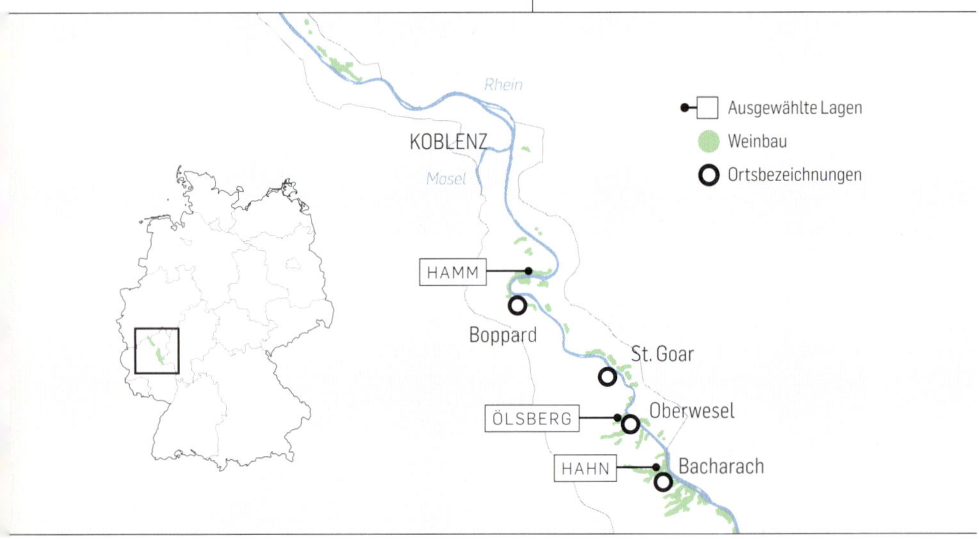

★★★★

WEINGUT TONI JOST – HAHNENHOF

Oberstraße 14, 55422 Bacharach
T: +49 6743 1216, weingut@tonijost.de
tonijost.de

Ab-Hof-Verkauf: Sa 14–17 Uhr und nach Vereinbarung
Kellermeister: Cecilia Jost
Ansprechpartner: Cecilia und Peter Jost
Flaschen/Hektar: 100.000 (80 % weiß, 20 % rot)/15 ha

Der Betrieb, dem Cecilia Jost und ihr Vater Peter vorstehen, gehört zu den qualitativ konstantesten im Weinbau des Mittelrheintals, da macht auch der neue Jahrgang keine Ausnahme. Wir können uns also darauf beschränken, »business as usual« zu vermelden. Dazu gehört auch die Feststellung, dass diese Weine ungewöhnlich preiswürdig sind, bedenkt man die Arbeit, die in ihnen steckt: An den Steillagen bekommen die Winzer kein Träubchen geschenkt. Doch wir Weinkenner können uns beschenkt fühlen angesichts der Preise für Kabinett, Ortsriesling, »Jodocus« und »Devon S«.

93+ 2020 Bacharach Im Hahn Riesling GG
Zunächst vor allem schieferwürzig im Duft. Im Hintergrund zeichnen sich komplexe Fruchtaromen ab: Ananas und Mandarine, weißer Pfirsich und Cocktailkirsche. Weich ansetzend, feiner Fluss, zurückhaltende Phenole, saftig und geschmeidig in der Gaumenmitte, feinwürziger Abklang.
13 Vol.-%, DV, €€€

92 2020 »Devon S« Riesling trocken
Anfangs verhalten im Duft, dann jedoch mineralisch bei einer Aromenexplosion aus Steinfrucht, grüner Frucht und Zitrusfrucht. Am Gaumen ebenfalls komplex bei attraktiver Phenolik, die Fruchtsüße balancierender Säure und sehr attraktivem Nachhall. 12 Vol.-%, DV, €€

92 2018 Bacharach Im Hahn Spätburgunder GG
In der Nase entwickelt sich vorab die Holzwürze, es folgen reife Kirschfrucht, Himbeere und Waldboden. Am Gaumen bei mittelgewichtigem Körper mit lebendiger Säure ausgestattet, die die nunmehr eher dunkle, süße Frucht gut balanciert, mineralisch getönt. Feinkörniges Tannin.
13 Vol.-%, DV, €€€

92 2019 Walluf Walkenberg Riesling Auslese
Ansprechend in der Nase, kandierter Pfirsich, kandierte Zitrone, kandierte Limette, Mandarine, Kräuter wie Melisse und Salbei, dazu Schieferwürze. Am Gaumen kompakt, gehaltvoll, saftige Frucht, fein integrierte reife Säure, schöne Schieferwürze, Länge. 9 Vol.-%, DV, €€€

91 2020 »Jodocus« Riesling trocken

90+ 2020 Bacharach Hahn Riesling Erste Lage trocken

90+ 2020 Steeg St. Jost Riesling Erste Lage tr.

90 2020 »Toni Jost« Riesling trocken

89+ 2020 Bacharach Riesling trocken

90 2018 Walluf Spätburgunder trocken

91+ 2020 Bacharach Hahn Riesling Kabinett

91+ 2020 Bacharach Riesling Kabinett feinherb
Brenzlig schieferwürzig im Duft, dazu kommen Aromen von getrockneter Zitronenschale. Im Mund spannen Süße und Säure einen großen Bogen auf, trotz eines intensiven Spiels bleibt der Körperbau schlank und gebündelt, saftig, mit pointierter Frische und Mineralik im Abklang. 11 Vol.-%, DV, €

★★★

WEINGUT DR. KAUER

Mainzer Straße 21, 55422 Bacharach
T: +49 6743 2272, info@weingut-dr-kauer.de
weingut-dr-kauer.de
Ab-Hof-Verkauf: nach Anmeldung Do bis Sa 11–17 Uhr und nach Vereinbarung
Kellermeister: Dr. Randolf Kauer
Ansprechpartner: Anne Kauer
Flaschen/Hektar: 24.000 (88 % weiß, 2 % rot, 8 % Rosé, 2 % Schaumwein)/4 ha
Anbauweise: Biologisch zertifiziert

Als Martina und Randolf Kauer ihr Weingut gründeten, war »öko« in manchen Kreisen noch ein Schimpfwort. Das war 1982. Viel hat sich geändert seither, nicht zuletzt, weil Randolf Kauer als Geisenheimer Professor für Bioweinbau sein Wissen mit einer ganzen Generation von Studierenden geteilt hat. Jetzt deutet sich im eigenen Betrieb der Generationenwechsel an: Anne Kauer hat internationale Weinwirtschaft studiert und krempelt die Ärmel hoch. Die neuen Weine wirken wunderbar nuanciert, die Kabinette sind konsequent schlank und der Oelsberg ist ein echter Vin de Garde.

92 2020 »Alte Reben« Oberwesel Oelsberg Riesling Spätlese trocken
Feine reife Nase, aber eingefasster, dichter, mineralischer wirkend als das Fürstental-Pendant. Am Gaumen reif, Orange, weiterhin mit festem Körper, dicht gewirkt, noch etwas verschlossen, hochmineralisch, richtig trocken, deutliches Reifepotenzial. 13 Vol.-%, DV, €€

91+ 2020 Oberwesel Oelsberg Riesling Spätlese feinherb
Hohe Pikanz bereits in der Nase, Apfel, weißer Pfirsich, Anis, nasser Stein. Am Gaumen enorm saftig, schön zugänglich, spürbare Fruchtsüße plus packende Säure, absolut ausgewogen, Orangenschale, Pfirsich, leichte Phenolik, die die Spannung aufrechterhält. 11,5 Vol.-%, DV, €€

91 2020 »Alte Reben« Bacharach Kloster Fürstental Riesling Spätlese trocken
In der Nase zeigt die trockene Spätlese leicht grünliche Kräuternoten, Brennnessel, Hanfblatt, dazu etwas Pfirsich. Am Gaumen ist die höhere Reife gegenüber dem Kabinett spürbar, weißer Pfirsich, etwas Zitronenmelisse, sehr ruhig gehalten, vergleichsweise zugänglich. 12,5 Vol.-%, DV, €€

90+ 2020 Oberdiebach Fürstenberg Riesling Kabinett
Dem Glas entströmt ein Duft wie ein Korb voller frischer Granny-Smith-Äpfel. Im Mund zeigt sich der Wein fein texturiert, kultivierte Säure, präsente Süße und eine Prise feiner Phenole geben dem Gaumeneindruck Intensität. Gute Länge, sehr gutes Potenzial. 10 Vol.-%, DV, €

90 2020 Bacharach Kloster Fürstental Riesling Kabinett trocken

90+ 2020 Bacharach Wolfshöhle Riesling Kabinett trocken
Dezent floral an der Nase, wenig Primärfrucht, im Hintergrund eine würzige, fast erdig zu nennende Note nach Engelwurz, Kümmel und einer schiefrigen Mineralik. Am Gaumen zeigt sich der Wein sehr ausgewogen, reife Säure, sehr lagerfähig! 11 Vol.-%, DV, €€

★★

WEIN- UND SEKTGUT GOSWIN LAMBRICH

Auf der Kripp 3, 55430 Oberwesel-Dellhofen
T: +49 6744 8066, info@weingut-lambrich.de
weingut-lambrich.de
Ab-Hof-Verkauf: Mo bis Fr 8.30–12.30 Uhr und 14–18 Uhr, Sa 9–12.30 Uhr
Kellermeister: Christiane Lambrich-Henrich
Ansprechpartner: Matthias Lambrich und Christiane Lambrich-Henrich
Flaschen/Hektar: 93.000 (80 % weiß, 3 % rot, 10 % Rosé, 1 % süß, 6 % Schaumwein)/16 ha

Auch wenn die Geschwister Christiane Lambrich-Henrich und Matthias Lambrich im trockenen Bereich keine Lagenweine vorstellten, fiel es nicht schwer, sich an einer blitzsauberen und nuancenreichen Kollektion zu erfreuen: Der Riesling »Blauschiefer« imponiert mit schiefriger Mineralität, der feinherbe Kabinett-Kollege mit einem vergnüglichen Süße-Säure-Spiel, der Spätburgunder verbindet Kraft mit Mineralität und die beiden Edelsüßen zeigen Schmelz und Charme. In dieser Form ist das Wein- und Sektgut Goswin Lambrich eine sichere Bank am Mittelrhein!

90 2020 »Blauschiefer« Oberwesel Riesling trocken
Zitrusfrucht in der Nase mit Apfel, Limettenabrieb, auch Grapefruit und Aprikose. Gut gebaut am Gaumen mit ordentlicher Dichte und Zug, vollmundig, würzig, klar im Ausdruck mit einer präzisen Säure und schiefriger Mineralität, die sich bis ins Finale zieht. 13 Vol.-%, DV, €

90 2018 Oberwesel Spätburgunder Barrique trocken
Die Nase wird noch von rauchigen und holzwürzigen Noten geprägt, eine ordentliche Portion Neuholz, dahinter Waldfrüchte, Kirsche und etwas Pflaume mit Wacholderbeere. Am Gaumen ist das Holz in einer kräftigen Struktur mit mineralischer Unterfütterung schon besser verarbeitet. 13,5 Vol.-%, DV, €€

91 2020 Oberwesel Oelsberg Riesling Auslese
Schieferwürzig im Duft, etwas Zitrusfrucht, Melisse. Im Mund geschmeidig ansetzend, dann mit lebendiger Säure und reicher Süße in der Gaumenmitte, im Extrakt mittelgewichtig, rund und harmonisch im Abklang. Eine Trinkauslese für die mittlere Reifedauer. 8,5 Vol.-%, DV, €€

90 2020 Oberwesel St. Martinsberg Riesling Spätlese
Eine feine Schieferwürze liegt unter einer Frucht, die mit dezenten Honigtönen Hochreife anklingen lässt. Dazu Noten von Ananas und Apfel. Im Mund trifft eine vergleichsweise reiche Süße auf mittleren Extrakt, der Abgang endet pikant und säurefrisch. 8 Vol.-%, DV, €€

89+ 2020 Oberwesel Roter Riesling trocken

89 2020 Oberwesel Sauvignon Blanc trocken

89 2020 »Vollsteil« Oberwesel Riesling feinherb

88+ 2020 Riesling trocken

88+ 2020 Weißburgunder trocken

88 2020 Riesling halbtrocken

89+ 2019 Oberwesel Spätburgunder trocken

90 2020 Dellhofen St. Wernerberg Riesling Kabinett feinherb
Gelbe Blüten, Pfirsich und karamellisierte Aprikose in der Nase, etwas Maracuja. Das genüssliche Zusammenspiel von Säure und fruchtiger Süße wird an der Gaumenmitte komplettiert durch mineralischen Ausdruck und Schieferwürze. Schlanker Bau, animierender Inhalt. 10,5 Vol.-%, DV, €€

★★★

WEINGUT LANIUS-KNAB

Mainzer Straße 38, 55430 Oberwesel
T: +49 6744 8104, weingut@lanius-knab.de
lanius-knab.de

Ab-Hof-Verkauf: täglich 9–18 Uhr
Kellermeister: Jörg Lanius
Ansprechpartner: Jörg Lanius
Flaschen/Hektar: 55.000 (90 % weiß, 10 % rot)/11 ha

Die Weine, die Jörg Lanius aus Oberweseler und Engehöller Lagen erzeugt, zählen zu den Klassikern des Mittelrheins. Sie sind bekannt für ihre Balance und ihre naturbelassenene Ausdrucksstärke. Bei den Großen Gewächsen des Jahrgangs 2019 hat der erfahrene Winzer etwas mehr Vollgas zugelassen, die Weine haben gut Speck auf den Rippen und werden etwas Zeit benötigen, um ihre Körperkraft und den satten Extrakt in Einklang zu bringen. Zum Glück verkürzt einem die ausgezeichnete Mittelklasse (wie die Erste Lage Bernstein oder die »Rheinschiefer«-Rieslinge) das Warten.

93 2019 Engehöll Bernstein Am Lauerbaum Riesling GG
Im Duft zeigt sich erste Entfaltung, ein Hauch Petrol. Dazu kommt eine reife, auch leicht überreife Frucht, eine Spur Rosine. Im Mund zeigt der Wein ein enormes Volumen, Alkohol und Öligkeit sind sehr gut balanciert von festem Stoff, von Nerv und von mineralischer Spannung. 14,5 Vol.-%, DV, €€€

93 2019 Oberwesel Oelsberg Riesling GG
Rauchige Schiefernoten und eine opulente Frucht (Orangenkonfitüre, Rosine) bestimmen den Duft. Druckvoll am Gaumen, weich und weit gefasst, eine zarte Schicht Phenole gibt ebenso Halt wie die kultivierte Säure. Ein wuchtiger Riesling mit ausgezeichnetem Potenzial. 14,5 Vol.-%, DV, €€€

92 2020 Engehöll Bernstein Riesling trocken
Der Duft betont die mineralischen Komponenten: feuchtes Gestein, schiefrig-brenzlige Töne, aber auch kräuterwürzige und zitrische Aromen. Am Gaumen zeigt sich ein ausgewachsener, gut proportionierter Lagenwein: mit Geschmeidigkeit, reifer Säure und unaufdringlichem Extrakt. 13 Vol.-%, DV, €€

93+ 2020 Oberwesel Oelsberg Riesling Spätlese
Reduktiv im Duft, eine typische Anmutung wie aus dem Fuderfass. Zitrisch, kräuterwürzig. Im Mund mit sehr feinem Spiel und unmittelbar am Gaumen mit präsenter Würze, eine Säure mit Strahlkraft trifft auf eine nicht überakzentuierte Süße, große Frische, Potenzial für 15 Jahre+. 8,5 Vol.-%, DV, €€

90+ 2020 »S« Engehöll Bernstein Riesling feinherb

90 2020 »Rheingold« Riesling feinherb

89+ 2020 Riesling trocken

89 2020 Riesling feinherb

89 2020 Oberwesel Grauburgunder trocken

90+ 2018 Engehöll Bernstein Spätburgunder trocken

91 2020 Engehöll Bernstein Riesling Spätlese

90+ 2020 »Rheinschiefer« Riesling trocken
Das Duftbild ist floral getönt, zeigt aber auch eine Frucht, die an Süßkirschen erinnert. Im Mund erscheint ein ausgeglichener Wein, geschmeidig und weich grundiert, mit reifer Säure, leicht salzigen Untertönen und einem lange homogen bleibenden Abgang mittlerer Intensität. 13 Vol.-%, DV, €

★★

WEINGUT LITHOS

Am Weinberg 78, 55430 Oberwesel-Weilerboppard
T: +49 6744 9491031, info@weingutlithos.de
weingutlithos.de

Ab-Hof-Verkauf: nach Vereinbarung
Kellermeister: Christos Christian Theodoropoulos
Ansprechpartner: Christos Christian Theodoropoulos
Flaschen/Hektar: 10.000 (80 % weiß, 20 % rot)/3 ha

Seit Christos Christian Theodoropoulos im Jahr 2015 ein 350 Jahre altes Weingut erwarb, hat er den Betrieb umgekrempelt. Seine 2,5 Hektar Steilhänge bewirtschaftet er nachhaltig, die Weine sollten geradlinig werden und dürfen auch Kante zeigen. Schon in den vergangenen Jahren war uns aufgefallen, wie sich der Deutsch-Grieche aus dem Ruhrgebiet steigert und seine Weine immer mehr an Kontur und Präzision gewinnen. Auch dieses Jahr geht es so weiter. Der Riesling »Alte Reben« ist eine Glanzleistung und ebenso bemerkenswert ist der Fortschritt beim Spätburgunder!

92 2020 »Alte Reben« Riesling trocken
In der Nase saftige gelbe Früchte, Zitronenzeste, eine schöne Würze Pfeffer, getrocknete Kräuter, nasser, heißer Stein. Am Gaumen mittlerer Körper, saftige Früchte, guter Extrakt, zupackende Säure, pfeffrige Würze, salzig, mineralisch, schöner Spannungsbogen, langer Nachhall.
12 Vol.-%, DV, €€

91+ 2020 Engehöll Bernstein Riesling trocken
In der Nase reifer gelber Apfel, Mirabellen, Pfirsich, Zitronenzeste, Kräuter, Rauch, Gestein. Am Gaumen saftige Früchte, leichte Fruchtsüße, getragen von lebendiger zupackender Säure. Mineralisch, salzig, frisch, saftig. Schöner Spannungsbogen, lange am Gaumen. 12,5 Vol.-%, DV, €€

92+ 2018 Engehöll Bernstein Spätburgunder Barrique trocken
Balsamisch in der Nase. Waldbeeren, Amarenakirschen, Pflaumen, Oliven, Fichtennadel, Schieferwürze. Am Gaumen dicht, stoffig, saftig, fleischig. Reife Früchte, lebendige Säure, reifes Tannin, guter Holzeinsatz, kräftiger Körper, leichte Extraktsüße. Lang. 12,5 Vol.-%, DV, €€€

90+ 2019 Engehöll Bernstein Spätburgunder Barrique trocken
Hagebutte, Johannisbeeren, Waldbeeren, Amarenakirschen, Zwetschgen in der Nase. Tomatenblätter, pfeffrige Würze. Am Gaumen schöne Frucht, gute Taninnqualität, gut integrierte Säure, saftig, rund. 12,5 Vol.-%, DV, €€

87+ 2020 »Schieferhauch« Secco Blanc feinherb

87 2020 »Felsenkuss« Secco Rosé feinherb PN/SW

89+ 2020 Riesling feinherb

89 2020 Riesling trocken

90 2020 »Der Rosé« feinherb

90 2020 Engehöll Goldemund Riesling Kabinett

90 2020 Engehöll Goldemund Kerner Spätlese

91 2020 Riesling halbtrocken
Rauch in der Nase, weiße Blüten, Pfirsich, gelber Apfel, saftige reife Zitronen. Am Gaumen schöne Fruchtsüße bei gut integrierter lebendiger Säurestruktur. Mineralische Salzigkeit, Extrakt, lange am Gaumen. Gutes Reifepotenzial.
12 Vol.-%, DV, €

WEINGUT AUGUST PERLL

Oberstraße 77–81, 56154 Boppard
T: +49 6742 3906, post@perll.de
perll.de

Ab-Hof-Verkauf: nach Vereinbarung
Kellermeister: Thomas August Perll
Ansprechpartner: Thomas August Perll
Hektar: 10 ha

In den Teillagen des sich majestätisch an die Rheinschleife schmiegenden Bopparder Hamm wachsen die Trauben, die Thomas August Perll zu Hause im Weingut zu typischen Mittelrhein-Gewächsen keltert: Am meisten angetan waren wir vom trockenen Feuerlay Kabinett, der die schlanke Kabinettart mit schöner Würze flankiert. Nicht minder überzeugend fanden wir die fruchtsüßen Weine aus dem Mandelstein, die bei allem aromatischem Reichtum und aller Süße nicht brachial daherkommen: Die feine Kontur des niemals hitzigen Klimas am Mittelrhein findet hier den schönsten Ausdruck.

90 2020 Boppard Hamm Feuerlay Riesling Kabinett trocken
Anfangs mit einer Kräuternote versehen im Duft. Dann folgen Aromen von gelbem Apfel, Mandarinenschale, Marille und nasser Stein. Am Gaumen zeigt der kabinettschlanke Wein eine gute Säure, im Abgang folgt wieder Kräutrigkeit bei gutem Extrakt und attraktivem Nachhall. 12,5 Vol.-%, KK, €

89 2020 Boppard Hamm Feuerlay Riesling Spätlese halbtrocken
Etwas Überreife im Duft, Honignoten, Kleehonig, Schiefernoten, gelbfruchtig, etwas Bergamotte. Im Mund mit präsenter Süße, elegante, aber im Vergleich zur intensiven Süße doch eher zurückhaltend wirkende Säure, wird viel Zeit benötigen. 12,5 Vol.-%, KK, €€

89 2020 Boppard Hamm Mandelstein Riesling Kabinett halbtrocken
Frisch und fruchtig im Duft. Dieser Wein präsentiert sich mit Aromen von Zitronenschale, jungem Pfirsich und Gesteinsmehl. Am Gaumen ergibt sich ein interessantes Süße-Säure-Spiel. Auch im Nachhall mit sortentypischer Frucht ausgestattet. 12 Vol.-%, KK, €

92 2020 Boppard Hamm Mandelstein Riesling Auslese
Im Duft mit deutlicher Überreifebeteiligung, dazu eine »winterlich« anmutende Frucht, kandierte Orangenrinde, Bratapfel. Im Mund leichtgewichtig, feingliedrig in der Säure und zart in der viskosen Komponente, auch die Süße ist nicht überakzentuiert. 7,5 Vol.-%, KK, €€

88+ 2020 Boppard Hamm Ohlenberg Riesling Spätlese trocken

92 2020 Boppard Hamm Mandelstein Riesling Spätlese
Im Duft mischt sich eine brenzlige Mineralwürze in eine Spätlesefrucht von Mandarine, kandierter Zitronenschale und reifem gelbem Pfirsich. Am Gaumen fließt der Wein rund und fein, hat dezenten Schmelz, aber auch eine Halt gebende, delikate Säurespur. 9,5 Vol.-%, KK, €€

★★★

WEINGUT PIEPER

Hauptstraße 458, 53639 Königswinter
T: +49 2223 22650, info@weingut-pieper.de
weingut-pieper.de

Ab-Hof-Verkauf: Di bis Sa ab 16.30 Uhr, So ab 12 Uhr
Kellermeister: Felix Pieper
Ansprechpartner: Felix Pieper
Flaschen/Hektar: 75.000 (90 % weiß, 10 % rot)/9 ha

Felix Pieper beweist seit vielen Jahren, dass auch in den nördlichen Rheinlagen großartige Weine gekeltert werden können – und zwar in enormer Vielfalt. Im Jahrgang 2020 hat er uns besonders mit seinen spielerischen, fruchtsüßen Prädikatsweinen begeistert, die sehr gut balanciert, aromenreich und voller Spannung sind. Gerade die Spätlese aus dem Königswinterer Drachenfels hat noch gehöriges Potenzial in sich. Aber auch sein trockener Spitzenriesling »Septimontium« aus der gleichen Lage ist mit seiner Dichte und seiner griffigen Mineralität absolut eine Wucht.

93 2020 »Alia Via« Grüner Veltliner trocken
Goldgelb. Poiré. Blütenhonig. Im Mund mit milden Phenolen, reife, lange anhaltende Säure, geschmeidig grundiert, eine Gaumenstruktur mit Balance und Verfeinerung. Gute homogene Länge, spannendes und gelungenes Orange-Experiment. 13 Vol.-%, DV, €€

93 2020 »Septimontium« Königswinter Drachenfels Riesling trocken
Weißer Pfirsich, Mandarine, etwas Hefe, Blutorange. Im Mund mit weichem, geschmeidigem Auftakt und dann einer immer mehr Relief gewinnenden, extraktreich-terpengeprägten Schichtung. Sehr kultivierte Säure, kräftige taktile Mineralität. Lang, dicht und dennoch unforciert. 13 Vol.-%, DV, €€

92 2020 »Fumé« Leutesdorf Gartenlay Sauvignon Blanc trocken
Ein Duft von reifer Nektarine und Mirabelle. Im Mund geschmeidig, seidig, mit gutem Volumen und reifer Säure, die deutliche Abrundung aus dem Holzfass gibt zusätzlich Schmelz. Hat aber auch Substanz und Stoff – ein erkennbar sorgfältig gearbeiteter Wein. 13 Vol.-%, DV, €€

91+ 2020 Königswinter Drachenfels Gewürztraminer trocken
Sortentypisch in der Nase, Litschi, Mango, Pfirsich, Rosenwasser und Lavendel. Am Gaumen saftig, cremiger Schmelz, gut ausbalanciert durch eine frische Säurestruktur bis ins Finale. Feine Frucht, mineralische Würze, leichte Süße, toller Speisenbegleiter. 13 Vol.-%, DV, €€

89+ 2019 Crémant brut CH/PN/PM
90+ 2020 Königswinter Drachenfels Chardonnay trocken
90+ 2020 »Rüdenet« Königswinter Drachenfels Riesling trocken
92 2020 Königswinter Drachenfels Riesling Spätlese
91 2020 »Steingasse« Königswinter Drachenfels Riesling Kabinett
90 2020 »Drachenlay« Königswinter Drachenfels Riesling Kabinett
90 2020 Rhöndorf Drachenfels Ehrenfelser Spätlese

91+ 2020 »Domkaule« Rhöndorf Riesling trocken
Dezente feine Nase von mineralischen Noten, nassem Stein, Rauch, frischen Zitronen, knackigen Aprikosen und Kräuterwürze. Am Gaumen frisch, saftig, zupackende Säure, mineralisch kühl. Schöner Riesling zu einem tollen Preis, der sicherlich auch noch in ein paar Jahren Freude bringt. 12,5 Vol.-%, DV, €

★★★★

WEINGUT RATZENBERGER

Blücherstraße 167, 55422 Bacharach
T: +49 6743 1337, weingut-ratzenberger@t-online.de
weingut-ratzenberger.de

Ab-Hof-Verkauf: nach Vereinbarung
Kellermeister: Jochen Ratzenberger
Ansprechpartner: Jochen Ratzenberger
Hektar: 20 ha

In Abwesenheit des 2020er Wolfshöhle GGs, das wir außer Konkurrenz als Fassprobe noch etwas höher bewertet haben als das Pendant aus der Lage St. Jost, zeigt das Weingut eine ausgezeichnete Vorstellung. Mit Freude sehen wir, dass der beherzte Kauf von zehn Hektar Steillagen, den Jochen Ratzenberger im Jahr 2017 wagte, erste genussreiche Früchte trägt: Der Schloss Fürstenberg Riesling aus eben dieser Lage verbindet Frucht, Mineralität und »Trinkfluss«, wie eine unserer Verkosterinnen feststellte. Auch angesichts seines fairen Preises ist der Wein unser Falstaff-Tipp!

93 2019 Steeg St. Jost Riesling GG
Reifer Apfel, Kräuterwürze, Gesteinsmehl in der Nase. Am Gaumen aromatisch, vollmundig mit Aromen von Pfirsich und Honigwabe, mineralischer Grip, feine Phenole, dezente Extraktsüße, schön integrierte Säure, tolle Würze, schöne Dichte. 12,5 Vol.-%, NK, €€€

92 2020 Steeg St. Jost Riesling Erste Lage tr.
Ein Hauch von Honig bereichert den gelbfruchtigen Duft, gelber Pfirsich und Mango. Im Mund mit weichem Auftakt, feingliedriger Säure und mehligen Phenolen. Ganz auf Finesse angelegt, hat der Wein eine mittlere bis mittelhohe Dichte, endet geschmeidig und rund. 12,5 Vol.-%, NK, €€

91 2020 Bacharach Riesling trocken
Feine Zitrusnoten, reifer Apfel, Weinbergpfirsich, Jasminblüten in der Nase. Am Gaumen beginnt der Wein saftig, zeigt am Gaumen eine mineralische Würze, dann eine schöne frische Säure, er wirkt trinkanimierend und macht einfach viel Spaß. 12 Vol.-%, NK, €

90 2020 Bacharach Riesling Kabinett feinherb
In der Nase reife Aprikosen, Waldhonig, Wiesenkräuter sowie leicht Schieferwürze. Am Gaumen schönes Süße-Säure-Spiel mit Aromen von Zitrusfrucht sowie Steinobst, dezente Süße, schlanker Körper. 11,5 Vol.-%, NK, €

89+ 2015 Bacharach Riesling brut

91+ 2020 Schloss Fürstenberg Riesling Erste Lage trocken
In der Nase reifer Pfirsich, gelbe Früchte, Kräuter- sowie Schieferwürze. Am Gaumen saftig, feine zupackende Säurestruktur, Fruchtaromen saftiger roter Apfel, fleischiger Pfirsich. Feine Phenolik, feine Würze, schöner Trinkfluss. 12 Vol.-%, NK, €€

★★★

WEINGUT STURM

Im Rosenberg 3, 56599 Leutesdorf
T: +49 26 31 9 47 60 26, info@sturm-weingut.de
sturm-weingut.de

Ab-Hof-Verkauf: nach Vereinbarung
Kellermeister: Martin Sturm
Ansprechpartner: Martin Sturm
Flaschen/Hektar: 27.000 (75 % weiß, 20 % rot, 5 % süß, 5 % Schaumwein)/4 ha
Anbauweise: Biologisch zertifiziert

Martin Sturm ist ein Kronzeuge dafür, dass der Mittelrhein in der letzten Dekade Intelligenz und Tatkraft angezogen hat. Der gelernte Wirtschaftsjournalist gründete sein Weingut 2011. Die nun erstmals vorgestellten Weine – Eckpfeiler: bio und Steillage – haben uns mit ihrer reflektierten stilistischen Ernsthaftigkeit auf Anhieb überzeugt. Weine wie der an Extrakt und Würze reiche Riesling »Ohm Johann«, wie der mineralisch-stoffige Sauvignon Blanc oder wie die mit Bedacht ausgelesene Auslese setzen Leutesdorf mit Nachdruck auf die Weinlandkarte der Kenner.

93 2020 »Ohm Johann« Riesling Spätlese feinherb
Hat eine schöne Tiefe im Duft, floral, riecht »wurzelecht«, frische Aprikose und schieferwürzige Töne. Im Mund gehaltvoll, reich in Körper und Stoff, Süße und Säure spannen einen weiten Bogen, endet pointiert-frisch und sich im Extrakt verdichtend. Sehr mineralisch. 11,5 Vol.-%, DV, €€

92+ 2020 Sauvignon Blanc trocken
Balsamisch im Duft, hefig, Kiwi, knapp reife, aber nicht mehr grüne Stachelbeere. Kein »lauter« Typus Sauvignon. Im Mund zeigt der Wein kräftigen Körper, sehr intensive taktile Mineralität, feste Säure und einen betont stoffigen Abklang. Ein ernsthafter Wein. 12,5 Vol.-%, DV, €€

92 2018 »Steinbruch Reserve« Riesling trocken
Eine erste Reife im Duft. Grapefruit, Holz und Hefe, ein Hauch Petrol. Geschmeidig ansetzend am Gaumen, fast schon cremig, dann auch unmittelbar in taktilmineralische Komponenten überleitend, gehaltvoller Wein mit Charme und Substanz. 13 Vol.-%, DV, €€€

93 2018 Riesling Auslese
Kümmel und Curry im Duft, eine Spur Botrytis, aber nicht zuviel davon. Im Mund mit einer frischen, straffen Struktur, leichtgewichtig geradezu, übertriebene Süße ist sorgsam vermieden, Säure Phenolik, und taktil-mineralische Motive schaffen Spannung – und Länge. 7,5 Vol.-%, DV, €€

92 2020 Riesling Spätlese trocken

91 2020 »Hinterm Haus« Riesling Kabinett halbtrocken

91 2019 »Remember Tbilisi« Riesling trocken

90 2020 »vom Schiefer« Riesling trocken

91+ 2019 »Reserve (für H.)« Pinot Noir trocken

89+ 2019 Pinot Noir trocken

91+ 2020 »Kurve« Riesling Spätlese

91 2020 Riesling Kabinett trocken
»Steinig« im Duft sowie Aromen von Melisse und reifem Apfel. Im Mund ist der Wein schlank, wie es sich für einen Kabinett gehört, aber auch saftig und ausdrucksstark, mit einer zarten Schicht Geschmeidigkeit und kultivierten Säure. 11,5 Vol.-%, DV, €€

Schloss Schönburg, Oberwesel

GASTGEBER AUS LEIDENSCHAFT

Gemeinsam mit den Winzern der Region – als uneingeschränkten Experten, was das leibliche Wohl anbelangt – hat Falstaff die besten Genussadressen in Sachen Kulinarik sorgfältig ausgewählt und zusammengestellt.

56626 Andernach

Weinhaus Merowingerhof

In gediegener Atmosphäre fühlen sich die Gäste wohl und genießen das Angebot an Weinen, das rund 90 Positionen aus unterschiedlichen Regionen umfasst. Aus der Küche kommen begleitend gut gemachte Gerichte, etwa Bauernsülze, gebratene Lammhüfte oder Salatvariationen.

Hochstraße 30
+49 02632 44848
merowingerhof.de

Empfohlen von: **Weingut Sturm**

55422 Bacharach

Altkölnischer Hof

Das prachtvolle Fachwerkhaus wird herzlich geführt, in den Zimmern fühlt man sich wohl. Die Küche ist gutbürgerlich mit vielen Klassikern – von Wild über Fisch bis hin zu Fleischgerichten. Herrlich sind die hausgemachten Rinderrouladen mit Salzkartoffeln und Rotkraut.

Blücherstraße 2
+49 6743 94778
altkoelnischer-hof.de

Empfohlen von: **Falstaff Redaktion**

55413 Oberheimbach

Weinberg-Schlösschen

Das romantische Mittelrheintal lohnt immer einen Abstecher, im freundlichen Familienhotel von Marc und Florian Lambrich kann man bestens übernachten. Auch das Restaurant ist mit seiner regional und saisonal ausgerichteten Frischeküche eine Empfehlung wert.

Hauptstraße 2
+49 6743 9471840
weinberg-schloesschen.de

P €€

Empfohlen von: **Weingut Weber**

53604 Bad Honnef

Chamai

Clemens Chamai hat ein Ziel: Altbewährtes neu definieren. Typisch ist ein Stilmix aus klassischer französischer und deutscher Küche mit modernen Einflüssen, der Schwerpunkt liegt auf Meeresküche. Steinbeißer, Dorade, bretonische Austern: Hier findet jeder Fischliebhaber etwas.

Löwenburgstraße 35
+49 2224 978674
restaurant-chamai.de

Empfohlen von: **Weingut Pieper**

56068 Koblenz

Verbene

Etwas versteckt in der Altstadt liegt das kleine Restaurant von David Weigang. Seine besonders aromatische Küche konzentriert sich gekonnt auf das Wesentliche und kommt mit wenigen Produkten auf dem Teller aus. Gute Weinauswahl und tolle hausgemachte alkoholfreie Getränke.

Brunnenhof/Königspfalz 1
+49 261 10046221
restaurant-verbene.de

Empfohlen von: **Weingut Sturm**

55430 Oberwesel

Auf Schönburg

Wer einen Platz auf einer der Terassen ergattert, hat einen grandiosen Blick ins Rheintal. Auch im Inneren der Burg sind die Aussichten gut, denn im stilvollen Burgambiente wird eine fein gemachte bodenständige Küche serviert. Immer gut: Rheinischer Sauerbraten.

Auf Schönburg 1
+49 6744 93930
hotel-schoenburg.com

€€

Empfohlen von:
Wein- und Sektgut Goswin Lambrich

Foto: Shutterstock, guido-werner.com

55430 Oberwesel

Zum Kronprinzen

Das Landhotel liegt im romantischen Mittelrheintal, nur wenige Kilometer von der berühmten Loreley entfernt. In stilvoller Atmosphäre des Restaurants werden bodenständige Klassiker aufgetischt, Spezialität sind die Kronprinzen-Pfanne und das saftige Rumpsteak.

Rheinhöhenstraße 45
+49 6744 94319
hotel-kronprinzen.de

€€

Empfohlen von: **Wein- und Sektgut Goswin Lambrich**

53424 Remagen

Interieur No. 253

Im klassizistischen, umfassend renovierten ehemaligen Bahnhofsgebäude trifft man sich heute zum Kaffee, auf ein Glas Wein oder zu einem guten Essen aus der jungen Küche, die ihre regional und internationalen Kreationen immer einfallsreich auf die Teller bringt.

Hans-Arp-Allee 1
+49 2228 911111
interieur-no253.de

P

Empfohlen von: **Weingut Nikolaus Köwerich**

55413 Trechtingshausen

Puricelli

Auf einer der schönsten Burgen im Mittelrheintal kann man nicht nur in angenehmen Zimmern übernachten, sondern im modern gestalteten Restaurant auch vorzüglich essen. Dafür sorgt die Küche mit herzhaften, bodenständigen Gerichten. Dazu trinkt man Rieslinge vom Mittelrhein.

Burgweg 24
+49 6721 6117
burg-reichenstein.com

P €€

Empfohlen von: **Weingut Hemmes**

MOSEL
»ALONG THE RIVER«

Foto: WSNA

KOMPOST-KOSIE BIS KLASSIK-KABI DOCH NICHT SO ENG, DAS TAL DER MOSEL

Die Mosel gehört zu Deutschlands prestigereichsten Regionen. Sie steht für Riesling von Weltruhm, trocken und fruchtig. Und neuerdings auch für unkonventionelle Initiativen.

TEXT MATTHIAS NESKE

Über die Mosel als Weinbaugebiet ist bereits alles gesagt und alles geschrieben worden. Und doch gibt es Menschen im moselanischen Riesling-Schiefer-Kontinuum, auf die dieser Standardkanon nicht zutrifft. Nicht *mehr* in diesem Fall, denn Jan Klein vom Weingut Staffelter Hof in Kröv hatte ursprünglich von seinen Eltern einen ganz typischen Moselbetrieb übernommen. Die Hälfte der Produktion machen immer noch die Rieslingklassiker des Hauses aus. Die andere Hälfte hingegen, mit stetig steigenden Anteilen und Mengen, gehört einer anderen Spezies an. Wilde Weine mit ebenso wilden Etiketten im Comic-Style, sprudelnd, trüb, ungeschwefelt, aus ungewöhnlichen Rebsorten. Konsequenterweise widmen sich auch Kleins Angestellte im Weingut in ihrer Teil- oder Freizeit sehr individuellen Projekten. Die peruanische Önologin Yamile Abad kreiert Kombuchas und andere Fermentationsprodukte. Der südafrikanische Außenbetriebsleiter Kosie van der Merwe ist Kompostspezialist und hat den Umgang mit Bodenfruchtbarkeit und Sommerhitze bereits in seiner Heimat intensiv gelernt. Und schließlich gründete der aus dem weinfernen Westfalen stammende Jan-Philipp Bleeke vor zwei Jahren die erste Wein-Solawi Deutschlands – Solawi wie Solidarische Landwirtschaft. Relativ bescheiden

und im Grassroots-Modus im ersten Jahr gestartet, ist der Zulauf auch dank einer Dokumentation auf ARTE mittlerweile so groß, dass sich die Anzahl der Mitmachenden ebenso verdoppelte wie die bewirtschaftete Rebfläche.
Der Staffelter Hof steht mit diesen für den klassischen Moseltrinker doch eher exotisch anmutenden Projektvorhaben übrigens nicht allein. Der Ex-Berliner Jakob Tennstedt, der studierte Dramaturg Julien Renard, die von einem Sternerestaurant aus Island zurückgekehrte Jasmin Swan, der Obermoselaner Jonas Dostert – sie alle bilden ein loses Konglomerat »along the river Mosel«, das sich durch ganz persönliche Visionen vom Moselwein auszeichnet. Das englischsprachige »Trink Magazine« sprach in diesem Zusammenhang vor einiger Zeit von der »Alt Mosel«. »Alt« nicht etwa für altbacken, sondern für »alternative«, versteht sich.
Szenenwechsel. Es tritt auf Thomas Haag vom Weingut Schloss Lieser, seines Zeichens aktueller Falstaff Winzer des Jahres. »Was wir im letzten Jahr Neues gemacht haben?«, reflektiert Haag und muss darüber gar nicht lange nachdenken, »och, nichts Revolutionäres.« Also doch alles beim Alten an der Mosel? Nun, die vermeintliche Ereignislosigkeit darf nicht täuschen. Einerseits würde es verwundern, wenn Thomas Haag ausgerechnet jetzt, da er in allen Weinguides mit der Höchstkategorie geadelt wurde, eine revolutionäre Kehrtwende vollziehen würde. Andererseits bedeutet »nichts Neues« bei jemandem, der mit der Natur arbeitet, dass sich eigentlich ständig etwas ändert. Nur eben von außen hereingetragen, manchmal sogar mehr als gewollt.

Jan Klein

Weingut Schloss Lieser

Fotos: Weingut Staffelter Hof, Weingut Schloss Lieser (c) Uli Müller

Familie Haag vom Weingut Schloss Lieser

»Die letzten Jahre waren schon extrem unterschiedlich«, stellt Thomas Haag fest, »und wir mussten immer darauf reagieren.« Bis auf 2021 seien die drei Jahre davor viel zu trocken gewesen. Selbst 2020 zeigte die Brauneberger Wetterstation mitten im Weinberg lediglich 540 Millimeter für das gesamte Jahr an. »Und auch das kam zumindest im Sommer primär als Starkregen runter, sodass der Boden nur wenig aufnehmen konnte«, resümiert Haag. »Zum Glück hatten wir im September vor der Ernte eine kühlere und regnerischere Periode, das hat den Boden durchfeuchtet und die Blockade gelöst.«
Wie der Jahrgang 2020 letztlich weintechnisch ausgefallen ist, darüber sind sich Thomas Haag und Jan Klein absolut einig. »Ich habe in diesem Jahr die Gelegenheit gehabt, ziemlich viel von Kollegen zu probieren,« sagt Haag. »Und der Jahrgangscharakter zieht sich eigentlich überall durch, von der Terrassenmosel bis zur Saar.« Fein und zart seien die 2020er Weine geworden. »Verspielt und filigran, das ist ganz klassisch Mosel für mich.« Kollege Klein stößt ins selbe Horn, wenn er dem Jahrgang attestiert, leichtere Weine mit einer schönen Säurestruktur hervorgebracht zu haben. »Persönlich«, meint Klein, »gefällt mir das sogar besser als die beiden Jahre davor.« Gute Aussichten also für Weinliebhaber, so scheint es – egal, ob Klassik oder Wildstyle.

INFO

Nähere Infos über den Autor finden Sie im Kapitel »Verkostungsteam« auf S. 14.

Marienburg bei Pünderich

WEINBAUGEBIET MOSEL

Anbaufläche
ca. 8.800 Hektar

Aufteilung
6 Bereiche, 18 Großlagen, 524 Einzellagen

Böden
Muschelkalk, Schiefer

Wichtigste Rebsorten
Riesling, Weißburgunder, Spätburgunder

Verbände
Mosel-Wein e. V., Gartenfeldstraße 12a
54295 Trier, www.weinland-mosel.de
Bernkasteler Ring e. V., Auf der Trift 29, 54470
Bernkastel-Kues, www.bernkasteler-ring.de

GRANDS CRUS MOSEL

TOP-WEINE AUS PRIVILEGIERTEN WEINLAGEN DER REGION

ERDEN | PRÄLAT

Verwitterter roter Tonschiefer prägt diese 65 Prozent steile, geradewegs südlich exponierte Lage. Das warme Mikroklima in diesem ohnehin warmen Flussabschnitt bringt einige der opulentesten Moselweine hervor. Der nur 1,5 Hektar große Prälat ist das gewissermaßen ehrenhalber hervorgehobene Herzstück der größeren Erdener Lage Treppchen – ganz so, wie ein verdienter Priester zum Prälaten ernannt und dadurch mit weitreichenden repräsentativen Befugnissen ausgestattet werden kann.

97 **2020 Riesling Auslese lange Goldkapsel**
Weingut Dr. Loosen, Info siehe Seite 252

96 **2015 »Reserve« Riesling GG**
Weingut Dr. Loosen, Info siehe Seite 252

96+ **2015 Riesling Auslese***

95+ **2018 Riesling Auslese**
Weingut Karl Erbes, www.weingut-karlerbes.de

94+ **2018 Riesling Auslese**
Mönchhof Eymael, www.moenchhof.de

94+ **2020 Riesling Auslese**

94 **2019 Riesling Auslese**
Weingut Karl Erbes, www.weingut-karlerbes.de

ÜRZIG | WÜRZGARTEN

Der Lagennamen könnte sich auf die Würze der hiesigen Rieslinge, auf einen alten Brauch, Weine mit Kräutern zu würzen, oder auf einen einstigen Gewürzgarten an selber Stelle beziehen. Die Lage umfasst 53 Hektar und ist bis zu 65 Prozent steil, wobei sie vom Moselufer aus bis zu 180 Höhenmeter überwindet. Charakteristisch sind die Felsvorsprünge im Weinberg sowie ein hoher Bestand an alten, noch in Einzelpfahlerziehung gepflanzten Reben. Der rote Vulkan- und Schieferboden (auch Rotlie-

Würzgarten, Goldwingert und Prälat bei Erden

gendes genannt) macht den Ürziger Würzgarten einmalig an der Mosel.

95 **2020 »Goldene Kapsel« Riesling Spätlese**
Markus Molitor, Info siehe Seite 255

94 **2020 Riesling GG Alte Reben**

93 **2020 Riesling Spätlese**
Dr. Loosen, Info siehe Seite 252

93 **2019 Riesling Spätlese**
Markus Molitor, Info siehe Seite 255

92+ **2019 Riesling Spätlese**
J.J. Christoffel Erben, Info siehe Seite 232

92+ **2017 »von den Felsen« Riesling Spätlese feinherb**
Rebenhof Johannes Schmitz, Info siehe Seite 261

92 **2020 Riesling Spätlese**

92 **2019 »Grosses Gewächs« Riesling trocken**
J. J. Christoffel Erben, Info siehe Seite 232

92 **2019 »Urglück« Riesling Spätlese**

91+ **2020 »Von alten Reben« Riesling Spätlese trocken**
Rebenhof Johannes Schmitz, Info siehe Seite 261

91+ **2020 Riesling Spätlese**
Mönchhof Eymael, www.moenchhof.de

91+ **2020 »In der Kranklei« Riesling Spätlese Alte Reben**
Weingut Benedikt Loosen Erben, www.ble-mosel.de

WEHLEN | SONNENUHR

Der Name Wehlener Sonnenuhr findet sich im Jahr 1868 erstmals in einer offiziellen Lagenkarte. Doch schon 1842 errichtete Jodocus Prüm an den steilen Hängen inmitten der besten Wehlener Weinberge eine Sonnenuhr. Die bis zu 70 Prozent steile Südlage erstreckt sich über 44 Hektar, der Untergrund besteht aus grauem Devonschiefer, dessen Verwitterungsmaterial und Stein-

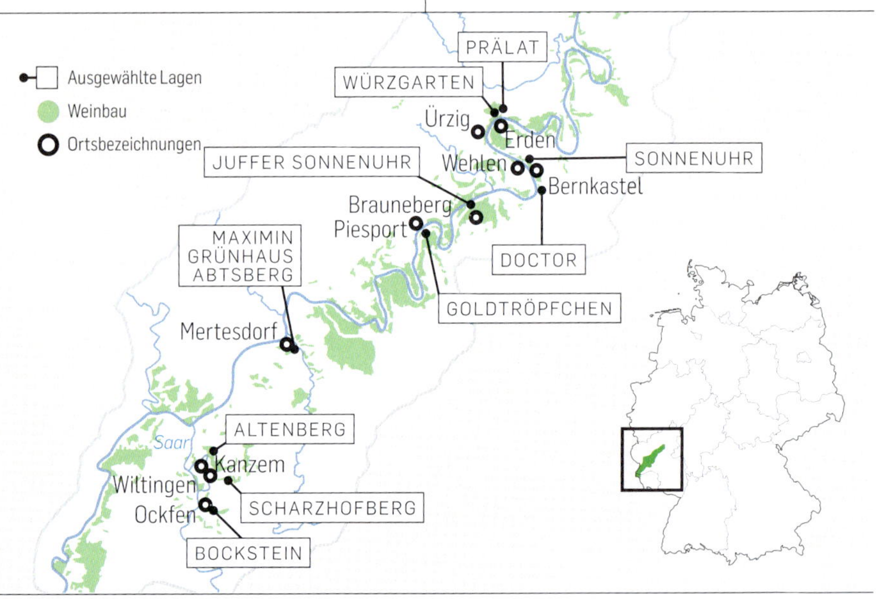

geröll eine weder zu flache noch zu tiefgründige Auflage bilden. Der Weinberg steigt vom Moselufer aus etwa 100 Höhenmeter an. Er ist bekannt dafür, fruchtige und edelsüße Prädikate in idealtypischen Facetten hervorzubringen.

96+ **2019 Riesling Auslese****
Weingut Kerpen, www.weingut-kerpen.de

96 **2018 Riesling Auslese*****
Weingut Markus Molitor, Info siehe Seite 255

96 **2020 »Goldkapsel« Riesling Auslese**
Weingut Joh. Jos. Prüm, www.jjpruem.com

95+ **2020 »Goldkapsel« Riesling Auslese**
Weingut Schloss Lieser, Info siehe Seite 249

94+ **2019 Riesling Auslese****
Weingut Selbach-Oster, www.selbach-oster.de

94+ **2019 Riesling Auslese**
Weingüter Wegeler, Info siehe Seite 274

94 **2020 Riesling Auslese,**
Weingut Joh. Jos. Prüm, www.jjpruem.com

93+ **2020 »Fass 5« Riesling Auslese**
93+ **2020 Riesling Auslese**
Weingut S.A. Prüm, Info siehe Seite 260

93 **2020 Riesling Auslese**
Weingut Dr. Loosen, Info siehe Seite 252

92 **2020 Riesling Kabinett**
Weingut S.A. Prüm, Info siehe Seite 260

91+ **2020 Riesling Kabinett**
Weingut Kerpen, www.weingut-kerpen.de

91+ **2020 Riesling Kabinett**
Weingut Selbach-Oster, www.selbach-oster.de

91+ **2020 Riesling Kabinett**
Reichsgraf von Kesselstatt, Info siehe Seite 247

91+ **2020 Riesling Kabinett**
Weingut Schloss Lieser, Info siehe Seite 249

90+ **2020 Riesling Kabinett**
Weingüter Wegeler, Info siehe Seite 274

BERNKASTEL | DOCTOR

Seit Jahrhunderten gilt die Mosellage Bernkasteler Doctor als Riesling-Berühmtheit. Angeblich hat der hier erzeugte Wein schon Könige geheilt und politische Wunder vollbracht. Der Weinberg umfasst eine Fläche von 3,2 Hektar, profitiert vom Kleinklima

Das Wingerthäuschen im Bernkasteler Doctor

der nahen Stadt, ist aber auch durch seinen steinigen Schieferverwitterungsboden und den ausgeglichenen Wasserhaushalt besonders. Wundersame Heilkräfte, wie es die Legende will, sind den strahlend aromatischen und langlebigen Weinen durchaus zuzutrauen.

95 **2020 Riesling Spätlese (Versteigerung)**
Weingut Schloss Lieser, Info siehe Seite 249

94+ **2020 Riesling Spätlese (Versteigerung)**
Weingut Dr. Thanisch, Erben Thanisch www.thanisch-vdp.de

94+ **2019 Riesling Auslese**
94+ **2020 Riesling Auslese**
94+ **2001 »Vintage Collection« Riesling Spätlese**
Weingüter Wegeler, Info siehe Seite 274

94 **2018 Riesling Auslese**
Weingut Dr. H. Thanisch Erben Müller-Burggraef Info siehe Seite 271

93+ **2020 Riesling Spätlese**
Weingüter Wegeler, Info siehe Seite 274

93+ **2020 Riesling Spätlese**
93+ **2020 Riesling Auslese**
Weingut Dr. H. Thanisch, Erben Thanisch

92 **2016 Riesling Spätlese**
92 **2010 Riesling Spätlese**
Weingut Dr. H. Thanisch Erben Müller-Burggraef Info siehe Seite 271

Foto: beigestellt

Juffer-Sonnenuhr

BRAUNEBERG | JUFFER-SONNENUHR

Das beste und bis zu 70 Prozent steile und nach Süden bis Südwesten ausgerichtete Teilstück der Brauneberger Lage Juffer trägt den Zusatz Sonnenuhr – mit 10,5 Hektar genau ein Viertel des insgesamt 42 Hektar großen Hangs. Den Boden prägt Schieferverwitterung mit einem besonders hohen Gesteinsanteil. Steht man an der Sonnenuhr, genießt man den imposanten Blick über die umliegenden Weinberge dieser Steilstlage.

95 **2020 Riesling Spätlese Nr. 14 (Versteigerung)**
Weingut Fritz Haag, www. weingut-fritz-haag.de

95 **2019 Riesling Auslese**
Weingut Schloss Lieser, Info siehe Seite 249

93+ **2020 Riesling Auslese**

93 **2020 Riesling Spätlese**
Weingut Max Ferd. Richter, www.maxferdrichter.de

93 **2020 Riesling Spätlese**

93 **2020 Riesling Auslese**
Weingut Schloss Lieser, Info siehe Seite 249

93 **2020 Riesling Spätlese**
Weingut Fritz Haag, www. weingut-fritz-haag.de

93 **2020 »Goldkapsel« Riesling Auslese**
Weingüter Martin Conrad, Info siehe Seite 235

92+ **2017 Riesling Auslese**
Weingut Dr. H. Thanisch Erben Müller Burggraef, Info siehe Seite 271

92+ **2020 Riesling Spätlese**
Reichsgraf von Kesselstatt, Info siehe Seite 247

PIESPORT | GOLDTRÖPFCHEN

Die nahezu 70 Hektar große Lage schmiegt sich als Amphitheater an die Mosel, wobei die Orientierung des Hangs von geradewegs Süd über Südwest bis West dreht. Einige extrem steile Parzellen erreichen eine Steigung von 90 Prozent, verbreitet kommen jedoch Gradienten von 40 bis 60 Prozent vor. Der stellenweise tiefgründige Boden besteht aus stark verwittertem Devonschiefer – eine Kombination, die in den Weinen intensive mineralische Komponenten hervorbingt.

94 **2020 Riesling Spätlese**
Weingut Haart, www.haart.de

94 **2005 Riesling Spätlese**
Weingut Grans-Fassian, Info siehe Seite 240

94 **2019 »Felsterrasse« Riesling Spätlese**
Weingut Hain, Info siehe Seite 241

93 **2019 Riesling GG**
Reichsgraf von Kesselstatt, Info siehe Seite 247

93 **2002 Riesling Spätlese**

93 **2020 Riesling GG**
Weingut Grans-Fassian, Info siehe Seite 240

93 **2020 Riesling Spätlese**
Weingut Hain, Info siehe Seite 241

92+ **2020 Riesling GG**
Nik Weis - St. Urbans-Hof, Info siehe Seite 275

92+ **2018 Riesling GG**
Weingut Haart, www.haart.de

92+ **2008 Riesling Spätlese**
Weingut Lehnert-Veit, www.lehnert-veit.de

92+ **2016 Riesling Spätlese**

92+ **2019 Riesling Spätlese**
Vereinigte Hospitien, weingut.vereinigtehospitien.de

92 **2020 »Felsterrasse« Riesling Spätlese**
Weingut Hain, Info siehe Seite 241.

92 **2020 Riesling Spätlese**
Weingut Lehnert-Veit, www.lehnert-veit.de

92 **2020 Riesling Spätlese**
Nik Weis - St. Urbans-Hof, Info siehe Seite 275

92 **2020 Riesling Spätlese**
Vereinigte Hospitien, weingut.vereinigtehospitien.de

91+ **2020 Riesling Spätlese**
Reichsgraf von Kesselstatt, Info siehe Seite 247

92 **2020 Riesling GG**
Schloss Lieser, Info siehe Seite 249

91+ **2020 Riesling trocken**
Weingut Geierslay, Info siehe Seite 239

91 **2018 »Grosses Gewächs« Hohlweid Riesling**

90+ **2019 Riesling Wehr trocken**

90+ **2017 »Grosses Gewächs« Gruft Riesling**
Weingut Lehnert-Veit, www.lehnert-veit.de

MAXIMIN GRÜNHÄUSER | ABTSBERG

Familie von Schubert pflegt die 13,9 Hektar Reben des Abtsbergs (sowie die rund 20 Hektar der beiden Nachbarlagen) an einem Ort, an dem vermutlich seit dem 4. Jahrhundert Weinbau betrieben wird. Die Bedingungen auf dem kuppenartig gewölbten, bis zu 70 Prozent steilen Hang sind gut, der Schieferverwitterungsboden ist nicht zu flachgründig, sodass die Wasserversorgung der Reben auch in trockenen Sommern gesichert ist. Die von Süd bis Südost reichende Exposition sorgt für ausreichend Sonne.

94 **2020 Riesling Superior**

94 **2019 Riesling Auslese**

93+ **2020 Riesling GG**

93+ **2020 Riesling Spätlese**

92+ **2018 Riesling Spätlese**
Maximin Grünhaus, Info siehe Seite 254

KANZEM | ALTENBERG

Der atemberaubend steile Altenberg (bis 80 Prozent Steigung) hat einen Boden aus grünlichem Schiefer, teils auch aus verwittertem Rotliegendem. In seiner Südsüdostlage direkt an der Saar sammelt der Hang ausreichend Licht und Wärme, um kraftvolle und langlebige Weine hervorzubringen, die oft im Prädikat Spätlese ihren prägnantesten Ausdruck finden. Glücklicherweise konnten im Altenberg noch zahlreiche Parzellen mit alten, wurzelechten Reben erhalten werden. Die Kanzemer Lage Hörecker ist eine Enklave im Altenberg.

93+ **2020 Hörecker Riesling GG (Versteigerung)**

93+ **2020 Hörecker Riesling Spätlese (Versteigerung)**
Weingut von Hövel, Info siehe Seite 244

93 **2018 Riesling GG**

93 **2019 Riesling Spätlese**
Weingut von Othegraven,
Info siehe Seite 257

Blick vom Abtsberg auf Maximin Grünhaus, Weingut der Familie von Schubert

Foto: beigestellt

WILTINGEN | SCHARZHOFBERG

Die Ursprünge des Scharzhofberges gehen auf eine Schenkung an das Kloster St. Marien im Jahr 700 zurück. Das Besondere am Mikroklima der Lage sind die enormen Temperaturschwankungen. Der 28-Hektar-Hang ist eine Legende: Gelegen abseits des Flusses in einem windoffenen Seitental und in 190 bis 310 Metern Höhe, ist das Kleinklima keinesfalls überdurchschnittlich warm. Doch die bis zu 60 Prozent steilen Hänge in Süd- bis Südsüdostlage schaffen ideale Bedingnungen für ein langsames Ausreifen der Trauben. Zudem sorgt der stark verwitterte Grauschiefer für Weine mit markanten mineralischen Aromen.

93+ **2020 Riesling Alte Reben Kabinett (Versteigerung)**
Weingut Egon Müller, www.scharzhof.de

93+ **2020 »Pergentsknopp« Riesling GG**
Weingut Van Volxem, Info siehe Seite 272

93+ **2018 Riesling Auslese**
93 **2018 Riesling**
93 **2020 Riesling GG**
92+ **2020 Riesling Kabinett (Versteigerung)**
Weingut von Hövel, Info siehe Seite 244

92+ **2020 Riesling GG**
Reichsgraf von Kesselstatt, Info siehe Seite 247

91+ **2020 Riesling Kabinett**
91+ **2020 Riesling Kabinett**
Weingut von Hövel, Info siehe Seite 244

90 **2018 Riesling Kabinett feinherb**
Reichsgraf von Kesselstatt, Info siehe Seite 247

OCKFEN | BOCKSTEIN

Die annähernd 60 Hektar große Lage bringt die kraftvollsten Weine des Saartals hervor. Der gesteinsreiche, aber auch lehmig gebundene Boden aus Grauwacke und Schiefer dient als Wärmespeicher und reguliert den Wasserhaushalt gut, zudem sorgt die Topografie der Lage für ein warmes Mikroklima. Die steilsten Teile des Hangs weisen eine Steigung von 80 Prozent auf, zudem besitzt der zentrale Hang die Form eines Wärme speichernden Amphitheaters. In seiner Gänze umfängt der Bockstein den Ort Ockfen halbkreisförmig mit südwestlichen bis südöstlichen Ausrichtungen.

93+ **2020 Riesling Spätlese trocken (weiße Kapsel)**
Weingut Markus Molitor, Info siehe Seite 255

93+ **2020 Riesling GG**
Weingut Nik Weis – St. Urbans-Hof, Info siehe Seite 275

93 **2019 Riesling GG**
Weingut von Othegraven, Info siehe Seite 257

93 **2020 Riesling Spätlese**
Weingut Dr. Heinz Wagner, Info siehe Seite 273

93 **2020 Riesling Spätlese**
Weingut Nik Weis – St. Urbans-Hof, Info siehe Seite 275

92+ **2020 Riesling Kabinett**
Reichsgraf von Kesselstatt, Info siehe Seite 247

92 **2020 Riesling Kabinett**
Van Volxem, Info siehe Seite 272

91 **2020 Riesling Kabinett**
Weingut von Othegraven, Info siehe Seite 257

91 **2020 Riesling Kabinett**
Forstmeister Geltz-Zilliken, Info siehe Seite 238

91 **2020 Riesling Kabinett feinherb**
Weingut Würtzberg, Info siehe Seite 277

89+ **2020 Riesling Kabinett**
Reichsgraf von Kesselstatt, Info siehe Seite 247

★★★

ERBEN VON BEULWITZ

Eitelsbacher Weg 4, 54318 Mertesdorf
T: +49 651 95610, info@von-beulwitz.de
von-beulwitz.de

Ab-Hof-Verkauf: Mo bis So 8–20 Uhr
Kellermeister: Herbert Weis
Ansprechpartner: Herbert Weis
Flaschen/Hektar: 50.000 (80 % weiß, 10 % rot, 5 % süß, 5 % Schaumwein)/8 ha

Den »Erben« gelingt ein klassischer Auftritt eines traditionellen Ruwer-Weinguts. Erbe kann man dabei wörtlich nehmen, im »Kaseler Nies'chen«, einem Steilhang auf Schiefer, werden bis zu 100 Jahre alte Reben kultiviert. Dementsprechend gering und gehaltvoll ist der Ertrag. Die Weine haben im trockenen Ausbau, aber vor allem auch fruchtsüß überzeugt: Die fein gereifte 2007er Auslese aus dem »Nies'chen« lässt erahnen, wie die aktuellen Spät- und Auslesen in 15 Jahren duften und schmecken werden. Diese Weine sind einfach für die Flaschenreife gemacht.

92+ 2020 Kasel Nies'chen Im Taubenberg Riesling trocken
Gelbe Früchte in der Nase, Pfirsich, grüner Apfel, reife Birne, Schieferwürze, Heu, Kräuter. Am Gaumen saftig und würzig bei guter Säurestruktur sowie feinem Extrakt, herb zur feingliedrigen Süße. 12,5 Vol.-%, NK, €€

92 2020 Kasel Nies'chen Auf den Mauern Riesling trocken
Dezente Fruchtnoten von Pfirsich, Birne, rotem Apfel und Zitronenzeste in der Nase. Viel Mineralität im Glas, Schiefergestein, leichter Rauch, leichte Salzigkeit. Am Gaumen klar, mineralisch, herb bei schön eingebundener Süße im Nachhall. Lebendige Säurestruktur, gut eingebunden. Feiner Extrakt. 13,5 Vol.-%, NK, €€€

93 2007 »Alte Reben« Kasel Nies'chen Riesling Auslese
Goldgelb in der Farbe. Sehr würzig im Duft, leicht medizinal angehaucht, kandierte Ananas, getrocknete Birne. Im Mund zeigt sich eine entzückende Cremigkeit, feingliedrige Säure durchzieht den Schmelz, die intensive Frucht hallt lange nach. 7 Vol.-%, NK, €€€

92+ 2020 »Faß Nr. 4 Alte Reben« Kasel Nies'chen Riesling Auslese***
Der Wein zeigt viel Kräuterwürze im Duft, dazu kommen rauchige Noten vom Schiefer. Im Mund hat der Wein viel Zug, Stoffigkeit, Nerv und taktile Mineralität behalten die Oberhand über Süße und Öligkeit, das wird sehr elegant ausreifen. 8 Vol.-%, NK, €€€

89+ 2020 Kasel Nies'chen Im Steingarten Riesling trocken

89 2020 »Faß Nr. 11« Mertesdorf Herrenberg Riesling feinherb

88 2020 Kasel Nies'chen Riesling Kabinett feinherb

92 2020 »Faß Nr. 6 Alte Reben« Kasel Nies'chen Riesling Spätlese

91 2020 »Faß Nr. 7 Alte Reben« Kasel Nies'chen Riesling Spätlese

91 2020 »Alte Reben« Kasel Nies'chen Riesling Kabinett

90 2020 »Faß Nr. 8« Kasel Nies'chen Riesling Kabinett

90+ 2020 Kasel Kehrnagel Riesling trocken
In der Nase gelbe Früchte, Pfirsich, aber auch Zitrone, Schieferwürze. Am Gaumen klar, mineralisch. Leicht salzig, abermals gelbe Früchte sowie Wiesenkräuter, Extrakt, gut integrierte Säure, sehr harmonisch und dabei mit einer trinkanimierenden Ader. 12,5 Vol.-%, DV, €€

★★

WEINGUT BLESIUS

Hauptstraße 75, 54470 Graach
T: +49 6531 2227, weingut@blesius.com
weingut.blesius.com

Ab-Hof-Verkauf: Mo bis Sa 10–18 Uhr und nach Vereinbarung
Kellermeister: Florian Blesius
Ansprechpartner: Florian Blesius
Flaschen/Hektar: 40.000 (90 % weiß, 3 % rot, 5 % Rosé, 2 % Schaumwein)/5 ha

Das Weingut von Florian Blesius ist nicht sonderlich groß, fünf Hektar nur. Aber wer die Lagennamen auf den Etiketten sieht, Himmelreich und Domprobst in Graach, Badstube in Bernkastel, der weiß um die natürlichen Privilegien. Der Jahrgang 2020, der insgesamt etwas feiner und leichter ausgefallen ist als seine beiden Vorgänger, erlaubte die Erzeugung ganz klassischer Moselrieslinge. Unser Tipp ist diesmal der trockene Riesling aus dem Domprobst, bei unter zehn Euro und zwölf Volumenprozent genau das, was man gern (all)täglich im Glas hätte.

91 2020 »BB« Graach Domprobst Riesling feinherb
Mit lediglich zehn Gramm Restzucker gehört der 2020er »BB« fast noch in die trockene Kategorie. Sehr ansprechende Nase, die eine größere Tiefe andeutet. Am Gaumen ganz ruhiger Fluss, gelber Apfel, Orangenschale, ein erwachsener Wein. 12 Vol.-%, NK, €€

90 2020 »Tacheles« Graach Riesling feinherb
Individuelles Etikett, das die Stürmung der Steuerbehörde im Jahr 1926 zum Thema hat. Fast ein Jahrhundert später zeigt der »Tacheles« in der Nase seine sanftere Seite. Fein floral im Mund mit weißem Pfirsich und Senfsaat. Animierender Apéro-Wein. 11 Vol.-%, DV, €

92+ 2020 »Heiligenhäuschen« Graach Domprobst Riesling Auslese
Stammt aus der Parzelle Heiligenhäuschen des Domprobsts. Mit anderen Worten: exzellente Herkunft. Aprikosenfrucht mit Spannung in der Nase, dichte Materie am Gaumen, weiter Aprikose und Engelwurz als Kontrapunkt. Kann lange reifen – wenn man möchte. 7,5 Vol.-%, NK, €€

91+ 2020 Graach Domprobst Riesling Spätlese
Die Nase zeigt ein wenig grünapfelige Frische, hält aber auch reifere, aprikosige Noten und Pflanzliches wie Senfmehl bereit. Spürbare Viskosität im Mund, extrem floral in dieser Phase, Holunderblüte, sichere Reifegarantie! 7 Vol.-%, NK, €

90 2020 Bernkastel Badstube Riesling Kabinett

90 2020 Graach Domprobst Riesling trocken
Schöne Rieslingnase nach Zitronenschale, Brennnessel und nassem Stein. Am Gaumen mittelkräftig mit ausgewogenem Säure-Süße-Verhältnis, Zitrusfrüchte wie Mandarine, saftig, zugänglich, der klassische harmonisch trockene Moselriesling. 12 Vol.-%, NK, €

★★★★★

WEINGUT CLEMENS BUSCH

Kirchstraße 37, 56862 Pünderich
T: +49 06542 1814023, weingut@clemens-busch.de
clemens-busch.de

Ab-Hof-Verkauf: nach Vereinbarung
Kellermeister: Johannes und Clemens Busch
Ansprechpartner: Clemens Busch
Flaschen/Hektar: 120.000 (100 % weiß)/18 ha

Wenn wir in diesem Guide einen sechsten Stern einführen würden, wären Rita, Johannes und Clemens Busch die Ersten, die ihn bekämen. Wenn es schon an sich eine Herkulesleistung ist, einen nicht flurbereinigten Steilhang wie die Pündericher Marienburg nach Bioprinzipen zu bewirtschaften – schließlich ist alles Handarbeit –, dann toppt das Familienteam diesen Kraftakt noch mit der feinfühlig umgesetzten Qualität der Weine, die allesamt Ausdrucksstärke mit Eleganz verbinden und ihre lokal eng umgrenzte Herkunft mit weltläufiger Grandezza zeigen.

97 2019 »GL« Pünderich Marienburg Felsterrasse Riesling trocken
Ein Rekordwert an Mineralität, Steinigkeit, getrockneten Bergkräutern in der Nase – die Felsterrasse macht ihrem Namen alle Ehre. Am Gaumen dann enorm konzentriert, Süße, Säure und Fruchtaromen kondensiert, für kleine Schlucke gedacht, monumental. 12,5 Vol.-%, NK, €€€€

96 2019 Pünderich Marienburg Fahrlay-Terrassen Riesling GG
Komplex in der Nase, ätherisch, Fichte, Lavendel, kräutrig, würzig, Minze, reife Aprikosen, mineralisch, Gestein. Am Gaumen frisch, feingliedrige Säure, toller Extrakt, kompakt, schöner Spannungsbogen, tolle saftige Mineralik, dahinter reife Frucht. 13 Vol.-%, NK, €€€

96 2019 »GL« Pünderich Marienburg Raffes Riesling GL
Bereits in der Nase zeigt sich der Raffes etwas fruchtbetonter als sein Bruder aus der Felsterrasse. Am Gaumen mit derselben konzentrierten Intensität, aber etwas milder abgestimmt im Süße-Säure-Spiel. Langlebige Phenolik, zartsüß, meisterhaft. 13 Vol.-%, NK, €€€€

97 2018 »Goldkapsel« Pünderich Marienburg Riesling Trockenbeerenauslese
Würzig im Duft, aromatische Monoterpene zuhauf, Rosmarin und Dattel, mit Luft dann immer zitrischer werdend. Am Gaumen pfeffrig, mineralisch, eine Stoffigkeit mit Tiefe, Gesteinsmehl, die Öligkeit steht nie alleine, dabei sehr klar. Homogen, lang. Superb! 6 Vol.-%, NK,

96 2018 »Reserve« Pünderich Marienburg Rothenpfad Riesling trocken

95+ 2019 Pünderich Marienburg Fahrlay Riesling GG

95 2020 »Goldkapsel« Pünderich Marienburg Riesling Spätlese

93 2020 »Fass 2034« Pünderich Marienburg Riesling Kabinett

92+ 2020 Pünderich Marienburg Riesling Kabinett

97 2019 Pünderich Marienburg Rothenpfad Riesling GG
In der Nase reifer roter Apfel, Aprikosen, weiße Blüten, Gesteinsmehl. Am Gaumen straff, saftige Frucht, frisch, tolle Dichte, schöne lebendige zupackende Säurestruktur, tolle mineralische Schieferwürze, tiefer Extrakt. Tolle Länge. Wow! 12,5 Vol.-%, NK, €€€

★★

WEINGUT RICHARD BÖCKING

Schottstraße 12-14, 56841 Traben-Trarbach
T: +49 6541 9385, riesling@weingut-boecking.de
weingut-boecking.de

Ab-Hof-Verkauf: Mo bis Fr 8.30–12.30 Uhr und nach Vereinbarung
Kellermeister: Philipp Buchkremer
Ansprechpartner: Sandra Weber-Westphal
Hektar: 5 ha

Die Böckings waren einmal »die« Weinhändler der Mosel. Das ist lange her und ihre Top-Lagen bei Trarbach fielen allmählich der Vernachlässigung anheim. Erst vor zehn Jahren begannen Nachfahren, Steillagen wie Ungsberg, Burgberg und Schlossberg naturnah zu rekultivieren – mühevoll, aber lohnend, da es sich um uralte wurzelechte Rieslingstöcke handelt. Nach Jahren des Aufbaus kann man den Qualitäten, die Kellermeister Philipp Buchkremer abfüllt, heute vollauf vertrauen. Seine Weine zeigen durch die Bank Herkunft, Mineralität und Schieferwürze.

91 2019 Traben-Trarbach Burgberg Riesling trocken
Aprikose und Blaubeeren in der Nase mit getrockneten Kräutern, Waldhonig und etwas Tannengrün, leicht ätherisch. Kräftig gebaut am Gaumen mit Substanz und ordentlichem Extrakt, saftig, würzig, mit reifem Steinobst, mineralisch, die präsente Säure führt locker ins Finale. 14 Vol.-%, NK, €€

90+ 2019 Traben-Trarbach Schlossberg Riesling halbtrocken
Reifer Apfel im Duft mit Papaya und gelben Blüten mit Noten von sommerlichem Weinberg, warmer Schiefer, getrocknete Kräuter. Saftig und großzügig am Gaumen mit merklicher Restsüße, reifes Steinobst, wieder Papaya und Pfirsich, unterlegt von feiner Mineralität. 12,5 Vol.-%, NK, €€

89 2019 Riesling feinherb
Limettenschale mit Kräutern, Apfel und Pfirsich in der Nase. Saftig am Gaumen mit ordentlicher Restsüße, kompetent gelenkt von der frischen und animierenden Säure, unterlegt von der schiefrigen Würze der Trabacher Steillagen. Aus einem Guss, leicht zitrisch im Finale. 11,5 Vol.-%, DV, €

90+ 2019 Traben-Trarbach Ungsberg Riesling Spätlese
Pfirsich und Aprikose im Duft, eine Spur Karamell und Blütenhonig. Im Mund mit lebendigem Säurerückgrat, mit seidiger Textur, feiner Süße und lebendigem, lange anhaltendem Säurenerv, saftig und spielerisch mit mittlerer Dichte und Länge. 8,5 Vol.-%, NK, €€€

88 2019 Rosé trocken

89+ 2019 »Devon« Riesling trocken
Kräutrig im ersten Duft, auch mit etwas Hefe und mineralischen Anklängen, Johannisbeere, Grapefruit und Pfirsich. Zeigt sich saftig, mineralisch und elegant am Gaumen mit gelbfruchtigen Noten und einer ausgewogenen Säure. Feine Nuancen, kein lauter Wein, feinkörnige Phenole. 12,5 Vol.-%, DV, €

★★

WEINGUT CASPARI-KAPPEL

Am Steffenberg 29, 56850 Enkirch
T: +49 6541 6348, info@caspariwein.de
caspariwein.de

Ab-Hof-Verkauf: Mo bis Fr 8–12.30 Uhr und 14–18 Uhr
Kellermeister: Uwe Jostock
Ansprechpartner: Nico Caspari und Uwe Jostock
Flaschen/Hektar: 85.000 (90 % weiß, 10 % rot)/12 ha
Anbauweise: Biologisch zertifiziert

Nico Caspari und Uwe Jostock schreiben uns: »Wir könnten es einfacher haben – aber sicher nicht schöner!« Sicher beschenken die Steilhänge des Moseltals Biowinzer nicht mit einem bequemen Arbeitsalltag. Doch die harte Arbeit trägt Früchte – und wie! Vor allem die Weine der »von alten Reben«-Serie haben uns sehr beeindruckt: Eine intensive Schiefermineralik zieht sich wie ein roter Faden durch den trockenen Riesling Ellergrub, den feinherben Zeppwingert und die fruchtige Gaispfad Spätlese. Gratulation zum wohlverdienten zweiten Stern!

91 2020 »von alten Reben« Enkirch Ellergrub Riesling Spätlese trocken
Schieferwürzig in der Nase mit kräutrigen Noten, Steinobst, auch etwas Hopfenblüte und Malz. Mit guter Substanz und Dichte am Gaumen, die lebendige Säure sorgt für Schwung und Balance, abgerundet durch feine Süße, schöne mineralische Grundierung und gute Länge. 12,5 Vol.-%, NK, €€

90 2020 »von alten Reben« Enkirch Zeppwingert Riesling Spätlese feinherb
Entspannte Nase mit reifem, süßem Pfirsich und Mirabelle, auch etwas Honigsüße mischt mit. Eine Spätlese, die Moseltradition und auch Moderne verbindet, würzig, mineralisch, aber auch klar im Ausdruck ohne allzu große Folklore. Schöner Fluss, aber auch tief. 11 Vol.-%, NK, €€

93 2020 »von alten Reben« Traben Gaispfad Riesling Spätlese
Im Duft finden sich Aromen wie Pflaumenkompott, Mirabelle, Aprikosenstein. Auch im Mund bleibt der Wein gänzlich unkitschig: mit seidigen Phenolen hinter der Süße, mit einem vitalen, aber nicht isoliert stehenden Säurenerv und mit intensiver taktiler Mineralität. 8 Vol.-%, NK, €€

91+ 2020 »100« Traben Gaispfad Riesling Spätlese feinherb
Selektion aus 100 Jahre alten Reben, intensiv in der Nase mit reifem Pfirsich und auch Mango. Am Gaumen großzügig und mit schöner, kontrastierender Schieferwürze, die von einer ausgewogenen Säure befördert wird. Zeigt Format und auch Tiefgründigkeit. 11,5 Vol.-%, NK, €€€

89 2020 Sauvignon Blanc trocken

89+ 2020 Riesling Kabinett trocken
Apfel, Steinobst und Schieferwürze in der Nase, auch kräutrige Noten, etwas wilder Thymian. Am Gaumen mit selbstbewusster Säure, die den Wein trockener erscheinen lässt, als er ist. Die formelle Restsüße fügt sich patent ein. Mineralisch, schlank und feingliedrig. 11,5 Vol.-%, DV, €€

★★★

WEINGUT JOH. JOS. CHRISTOFFEL ERBEN

Mönchhof, 54539 Ürzig
T: +49 6532 93164, info@moenchhof.de
moenchhof.de

Ab-Hof-Verkauf: nach Vereinbarung
Kellermeister: Philippe Conzen
Ansprechpartner: Philippe Conzen
Hektar: 4 ha

Das Ürziger Weingut ist in den besten Lagen des »roten« Teils der Mittelmosel begütert: in Erden und Ürzig, wo roter Schiefer und rote Gesteine vulkanischen Ursprungs unter den Weinbergen liegen. Hans-Leo Christoffel und Betriebsleiter Philippe Conzen setzen dabei vor allem auf den klassischen Moselstil mit fruchtiger Süße. Was uns das Team von Kabinett bis Auslese vorgestellt hat, sind Meisterwerke, die es verdienen, auch hierzulande endlich mehr Wertschätzung zu erfahren: Leichtigkeit und mineralische Eleganz, Frische und Langlebigkeit. Das ist einzigartig.

92 2019 Ürzig Würzgarten Riesling GG

Das Große Gewächs aus dem Würzgarten zeigt sich sehr kräuterbetont in der Nase. Zwar gibt es etwas Klarapfel und Zitrone, bestimmend sind aber würzige (sic!) Noten von Senfmehl, Anis und Lindenblüte. Am Gaumen dicht, weiter Anis, gut präsente Säure. 13 Vol.-%, DV, €€

95 2019 Ürzig Würzgarten Riesling Auslese***

Im Duft bereichert eine delikate Botrytis die lagentypische Würzigkeit: Gewürzkiste, Zitrus, Pfeffer, getrockneter Steinpilz. Im Mund klingen die Komponenten gut zusammen, Süße und Schmelz werden von Nerv und Mineralik balanciert, die ausgeprägte Stoffigkeit garantiert Jahrzehnte der Reife.
8 Vol.-%, DV, €€€

93 2017 Erden Treppchen Riesling Spätlese

Im Duft zeigt sich erste Reife, mit brenzlig-mineralischen Tönen und würzigen Currynoten sowie einem Anflug von getrocknetem Steinpilz. Die Gaumenstruktur macht Druck mit zurückhaltender Süße, lebendiger Säure und durchdringender taktiler Mineralität. Voll, lang, großes Potenzial.
8,5 Vol.-%, DV, €€

92 2020 Ürzig Würzgarten Riesling Spätlese

Frische Zitrusfrucht dominiert den Duft: geriebene Zitronenschale, Orangeat, Blutorange, dazu kommen leichte Gesteinsnoten. Im Mund saftig und dicht zupackend, im Körper mittelgewichtig, in der taktilmineralischen Komponente intensiv, mustergültige Frische und Leichtigkeit.
8 Vol.-%, DV, €€

91 2020 Ürzig Würzgarten Riesling Kabinett

91+ 2020 Ürzig Würzgarten Riesling Kabinett feinherb

Etwas tropische Frucht, auch würzige Noten, Lakritze und Basilikum. Im Mund mit geradlinigem Bau, viel Saftigkeit, feste Säure, spielende Süße, intensiv taktilmineralische Ausleitung in ein langes Finale. Substanzreicher und doch typischer Kabinett. Wird sehr gut reifen! 10,5 Vol.-%, DV, €€

★★★★

WEINGUT ANSGAR CLÜSSERATH

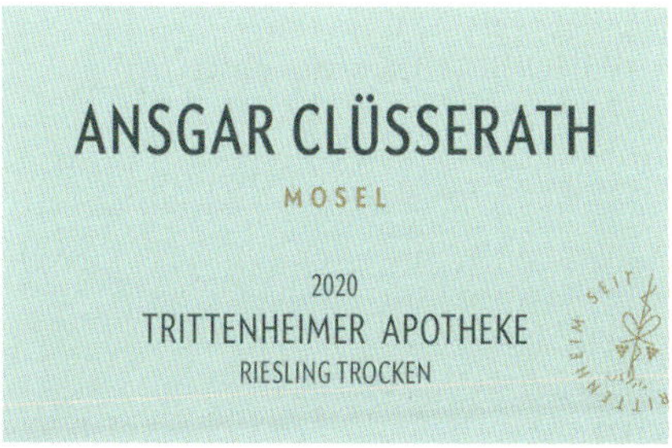

Spielesstraße 4, 54349 Trittenheim
T: +49 6507 2290, weingut@ansgar-cluesserath.de
ansgar-cluesserath.de

Ab-Hof-Verkauf: nach Vereinbarung
Kellermeister: Eva Clüsserath-Wittmann
Ansprechpartner: Eva Clüsserath-Wittmann
Hektar: 5 ha

Wer Moselweine sucht, die Finesse und Spiel besitzen, die auch im fruchtsüßen Bereich ein wenig kerniger ausgerichtet sind als bei vielen anderen – hier sind sie. Wer hingegen nach trockenen Rieslingen sucht, gleichzeitig traditionsgebunden und individuell, perfekte Tischbegleiter – ist hier ebenfalls richtig. Was uns Eva Clüsserath-Wittmann in diesem Jahr präsentiert, macht vom ersten bis zum letzen Wein einfach Spaß. Die ganze Kollektion zeigt Anspruch und viel handwerkliches Können. Nicht glattgebügelt, sondern stilvoll begleitet. Stark!

93 2020 Trittenheim Apotheke Riesling tr.
Der große trockene Riesling aus der Apotheke hält sich in der Nase merklich zurück. Nur leicht zitrische Noten, nasser Stein, Kräuter. Am Gaumen jünger wirkend als der »Steinreich«, mit mehr süß scheinendem Extrakt, noch unfertiger. Viel Potenzial! NK, €€€

92 2020 Trittenheim Apotheke Riesling Kabinett
Gleich in der Nase weiß man, woran man ist: Feine Reduktionsnoten, Schieferwürze, nichts Seichtes oder Gelbes. Auch am Gaumen gehört der Clüsserath-Wittmann'sche Kabinett zu den besten im Lande. Pikant, differenziert, sehr frisch. Großartig! NK, €€

94 2020 Trittenheim Apotheke Riesling Auslese
Sehr hell im Duft, Konditorei, Hefegebäck, Zitronentarte. Im Mund zeigt sich die Auslese noch sehr jung, weiterhin mit hellen Fruchtnoten, Klarapfel, weißer Pfirsich, Blütenhonig. Bleibt durch die feine Säure lebendig, sehr elegant und langlebig. NK, €€€

92 2020 Trittenheim Apotheke Riesling Spätlese
In der Nase schließt sich die Spätlese dem Kabinett nahtlos an: leicht Zündplättchen, helle Mineralik, charakterstark. Am Gaumen brilliert die Spätlese mit einem feinen Fluss, zeigt sich eher schlank und finessenreich. Lebendig und jahrgangstypisch. NK, €€

90 2020 »Vom Schiefer« Riesling trocken

93 2020 »Steinreich« Trittenheim Riesling trocken
Der »Steinreich« präsentiert in der Nase Noten von Gesteinsmehl, von Apfelschale und fast süß anmutender Hefe. Wesentlich dichter am Gaumen als der kleine »Schiefer« mit einer feinen phenolischen Note, hoch elegant, großartig für den Preis. NK, €€

★★

WEINGUT CLÜSSERATH-WEILER

Brückenstraße 9, 54349 Trittenheim
T: +49 6507 5011, info@cluesserath-weiler.de
cluesserath-weiler.de

Ab-Hof-Verkauf: Mai bis Okt. täglich 10–12 Uhr, Mo bis Fr 14–18 Uhr
Kellermeister: Helmut und Verena Clüsserath
Ansprechpartner: Familie Clüsserath
Flaschen/Hektar: 50.000 (90 % weiß, 10 % Schaumwein)/6 ha

Das Weingut Clüsserath-Weiler kultiviert sechs Hektar Riesling in den besten Lagen von Trittenheim und Mehring wie dem Mehringer Zellerberg, Trittenheimer Altärchen oder Apotheke. Die Geisenheim-Absolventin Verena Clüsserath übernahm 2015 den Betrieb von ihren Eltern Helmut und Hilde und zeigt seitdem, dass sie zu den talentiertesten Winzerinnen an der Mosel zählt: Ihre Rieslinge zeigen feine und klare Frucht, sind bestens ausbalanciert und punkten mit der schiefrigen Mineralität der Steillagen wie der »Primus GG« oder die noblen edelsüßen Weine. Bitte mehr davon!

92+ 2019 »Primus GG« Trittenheim Apotheke Riesling trocken

Viel Apotheke in der Nase mit reifem Steinobst, viel Würze und Mineralität, Pfirsich und auch Mango. Vielschichtig am Gaumen mit gutem Extrakt, Dichte und Mineralität, die feine Süße, die kompetent von der ausgewogenen Säure begleitet wird, gibt es obendrauf. 12,5 Vol.-%, NK, €€€

91 2020 »Terra Rossa« Mehring Zellerberg Riesling trocken

Schöne Schieferwürze in der Nase, auch Kräuter, Hagebutte und Hopfenblüte. Individueller Riesling, der sich auch am Gaumen mit ausgeprägter Würze und Mineralität zeigt, der aber auch geschmeidige Elemente zeigt und etwas Restsüße. Endet würzig, phenolisch und mineralisch.
12 Vol.-%, NK, €€

93+ 2020 Mehring Zellerberg Riesling Auslese

Eröffnet im Duft mit Schieferwürze, reifem Pfirsich, Mango, Ahornsirup und gebrannten Mandeln, auch Weinbergkräuter kommen dazu. Saftig und mit feiner Viskosität am Gaumen, getragen von einer feingliedrigen Säure, unterlegt von schieferwürziger Mineralität. Nobel. 8 Vol.-%, NK, €€

93 2020 Neumagen Rosengärtchen Riesling Beerenauslese

Golden mit grünlichen Reflexen. Blumig-duftig, Blütenhonig, süße reife Gelbfrucht, im Mund mittlere Viskosität, lebendige Säure in der Gaumenmitte, konzentrierte Gaumenfrucht, auch mineralische Noten, gute Länge. 7,5 Vol.-%, NK, €€€€

91 2020 Trittenheim Apotheke Riesling feinherb

91+ 2020 Trittenheim Apotheke Riesling tr.

Sehr würzige und auch noch hefige Nase, die etwas Zeit und Luft braucht, anklingende Mineralität mit reifem Steinobst. Reife Gaumenstruktur mit üppigem Saft und Schmelz, Aprikose und auch eine recht lebendige Säure zeigen sich, mittlere Dichte, schöne Mineralität.
12 Vol.-%, NK, €€

★★★

WEINGUT MARTIN CONRAD

Moselweinstraße 133, 54472 Brauneberg
T: +49 6534 93980, info@martinconrad.de
martinconrad.de

Ab-Hof-Verkauf: nach Vereinbarung
Kellermeister: Martin Conrad
Ansprechpartner: Martin Conrad
Flaschen/Hektar: 36.000 (93 % weiß, 2 % süß, 5 % Schaumwein)/6 ha

Die Familie Conrad gehört zu den Pionieren des Rieslinganbaus, 1558 pflanzte sie die ersten Reben in die Schiefersteillagen rund um Brauneberg. Spitzenlagen wie Juffer und Juffer-Sonnenuhr bewirtschaftet das Weingut noch heute. Mit einigem Stolz verkündet es, dass seine Weine von Königen getrunken wurden. Ein Mülheimer Sonnenlay wurde im »Graf Zeppelin« über dem Atlantik ausgeschenkt. Die aktuellen Rieslinge wenden sich nicht an Liebhaber oberflächlicher Primärfrucht, vielmehr sind sie wunderbar gleitend, elegant, die trockenen zuweilen fast burgunderhaft.

92+ 2020 »Goldkapsel« Brauneberg Juffer Riesling trocken
Wie bei allen Conrad-Weinen dezente Frucht in der Nase, diesmal mit leichter Pfirsichreife und einer würzigen Mineralik. Am Gaumen brilliert die »Goldkapsel« mit einer komplett unaufgeregten Finesse. Trocken, ausgewogen, nachhaltig. Nobel zu Tisch. 12,5 Vol.-%, NK, €€€

92 2020 Brauneberg Juffer Riesling trocken
Die Juffer glänzt mit einer intensiven Anisnote ohne vordrängelnde Primärfrucht in der Nase. Am Gaumen gefällt die ruhige Eleganz im richtig trockenen Erscheinungsbild. Struktur und Haltbarkeit stehen im Vordergrund. Riesling mit Anspruch und Niveau. 12,5 Vol.-%, NK, €€

93 2020 »Goldkapsel« Brauneberg Juffer-Sonnenuhr Riesling Auslese
Einige Botrytis im Duft. Noten von Leder, getrocknetem Apfelring, Curry. Weich und opulent ansetzend, rund fließend im Mund, cremig, zurückhaltende, feine Säure, unbeschwerliche Süße, ein Amalgam, das lange Zeit reifen kann. 7 Vol.-%, NK, €€€

92 2020 Brauneberg Juffer Riesling Spätlese
Zartes Weißgelb mit grünlichen Reflexen zeigt die Spätlese im Glas. Recht dezent in der Nase, leicht Zitrone und Anis. Am Gaumen zeigt die Juffer eine beachtlich viskose Reife, dicht, saftig, aber mit einem sehr präsenten Säure-Kontrapunkt. 8 Vol.-%, NK, €€

91+ 2019 »Gavius« Weißburgunder trocken

91 2020 »Goldkapsel« Brauneberg Juffer Riesling feinherb

91 2020 Brauneberg Juffer Riesling feinherb

90+ 2020 »Conradus« Riesling trocken

90+ 2020 »Conradus MSR« Riesling feinherb

89 2020 Riesling trocken

90+ 2020 Mülheim Sonnenlay Riesling Kabinett

91+ 2020 Brauneberg Juffer Riesling Kabinett
Verhaltene, leicht verschlossene Nase, etwas Brennnessel, etwas Senfmehl. Am Gaumen sollte man sich nicht von der weich anmutenden Textur blenden lassen, denn die Säure packt im zweiten Anlauf ordentlich zu. Gutes Potenzial! 9 Vol.-%, NK, €€

★

WEINGUT KLOSTER EBERNACH

Sehler Anlagen 36, 56812 Cochem
T: +49 2671 2324256, info@weingut-ebernach.de
weingut-ebernach.de

Ab-Hof-Verkauf: März bis Okt. Mo, Mi und Fr 9–17 Uhr, Di 13–17 Uhr, Do 9–14.30 Uhr, Sa 11–17 Uhr
Kellermeister: Christian Kruft
Ansprechpartner: Christian Kruft
Flaschen/Hektar: 53.000 (87 % weiß, 4 % rot, 5 % Rosé, 4 % Schaumwein)/8 ha

Das seit 1673 existierende Weingut ist seit 2019 unter neuer Führung. Betriebsleiter Christian Kruft arbeitete einige Zeit im leicht zu verwechselnden Kloster Eberbach, bevor er im Weingut Kloster Ebernach mit »n« an Bord ging. In unmittelbarer Nähe des Franziskanerklosters – aber wirtschaftlich unabhängig – entstehen hier Moselrieslinge, die eher milde Töne anschlagen und großen Wert auf die typische Leichtigkeit legen, für welche der Moselwein berühmt ist. Selbst die Auslesen wuchern nicht mit Süße, sondern bleiben unbeschwert und trinkfreudig.

90+ 2020 »Alte Reben« Pommern Goldberg Riesling halbtrocken
Gelbe Blüten, Pfirsich, etwas Honigsüße und auch Zitrusfrucht mit Schieferwürze. Vollmundig am Gaumen mit süßem Pfirsich, Saft und Schmelz mit einer reifen Säure und geprägt von merklicher Mineralik. Reife Phenole und kräutrige Noten ergänzen das stimmige Bild. 12,5 Vol.-%, DV, €€

91+ 2019 Cochem Nikolausberg Riesling Auslese
Im Duft tummeln sich Aromen von Apfel, Fuderwürze, Hefe, hochreifen Beeren und getrockneter Orangenschale. Im Mund hat der Wein eine eindringliche Frische, Mineralität und Säurenerv geben Spannung, der gute Extrakt garantiert ein intaktes Reifepotenzial. 10 Vol.-%, DV, €€

90 2020 Cochem Bischofsstuhl Riesling Auslese
Ananas und Dörraprikose im Duft, am Gaumen feine Süße, lebendige Säure und eine mittelstarke Ausprägung von Frucht und Mineralität. Keine Auslese der extrem viskosen und vollen Machart, bleibt eher feingliedrig und leicht. 8 Vol.-%, DV, €€

89+ 2020 Cochem Bischofsstuhl Riesling Spätlese
Im Duft Kandiszucker, Hefe und getrocknete Zitronenschale. Der Wein beginnt im Mund schlank, die vergleichsweise zurückhaltende Süße trifft auf eine saftige Säure, gute Frische und mittlere Länge. Kann man sich zu vielen Gelegenheiten vorstellen. 10,5 Vol.-%, DV, €€

89 2020 Cochem Klostergarten Weißburgunder feinherb

89 2020 Pommern Sonnenuhr Riesling Kabinett feinherb
Reife Mirabelle und Aprikose im feinfruchtigen Duft, schiefrige Würze, auch kräutrig. Ebenso gelbfruchtig am schlank gefassten Gaumen, wo die lebhafte Säure auf Süße stößt und eine gelungene Liaison eingehen. Zeigt Eleganz und Stil und geht unbeschwert seinen Weg. 11 Vol.-%, DV, €€

★★

WEINGUT ERNST EIFEL

Johannes-Tithemius-Straße
21, 54349 Trittenheim
T: +49 6507 2632, info@weinguteifel.de
weinguteifel.de

Ab-Hof-Verkauf: nach Vereinbarung
Kellermeister: Christoph Eifel
Ansprechpartner: Christoph Eifel
Hektar: 7 ha

Seine Winzerausbildung absolvierte der Geisenheim-Absolvent Christoph Eifel im St. Urbans-Hof bei Nik Weis, auch bei Thomas Haag in Schloss Lieser und bei Philipp Wittmann sammelte er Erfahrungen. Am 1. Juli 2021 übernahm er das Weingut in Trittenheim mit sieben Hektar in besten Lagen von seinem Vater Ernst Eifel und legte in diesem Guide gleich mal einen fulminanten Start hin: Der einzige trockene Riesling zeigt Elan und Mineralität, die edelsüßen Rieslinge sind sehr sauber gearbeitet, elegant und schieferwürzig. Es liegt auf der Hand: Christoph Eifel will es wissen.

94+ 2020 Trittenheim Apotheke Riesling Trockenbeerenauslese
Hellgolden. Kandierte Früchte, Nektarine, Aprikose, im Mund sehr ölig, guter mineralischer Extrakt, intensive Süße, eher milde Säure, bleibt trotz seiner Fülle und Viskosität recht elegant. Sehr sauber. 6 Vol.-%, NK, €€€€

94 2020 »Juwel« Trittenheim Altärchen Riesling Eiswein
In der Nase ein Konzentrat aus Pfirsich, Aprikose, Säure und Schiefermineralität. Auch am Gaumen viel Konzentration, die sich auf sehr elegante und elaborierte Art in feinen Nuancen auflöst. Zarte Kraft, die den Gaumen belegt und beschäftigt. Darf sich »Juwel« nennen. 7 Vol.-%, NK, €€€

93 2020 »Clara« Trittenheim Apotheke Riesling Auslese
»Clara« duftet nach Honigwaffel und Ahornsirup mit Essenz von Steinobst auf schiefrigem Hintergrund. Auf einem feingliedrigen und doch stabilen Säurerückgrat entfalten sich charmante Frucht und Schmelz, viskos, reichhaltig, mit zitrischen Noten und mineralischem Hintergrund.
9 Vol.-%, NK, €€

93 2020 »Alte Reben« Trittenheim Apotheke Riesling Spätlese
Honigsüße in der Nase, kandierter Pfirsich, feine kräutrige Noten und die Schiefrigkeit der Lage. Stoffig und dicht am Gaumen mit einer delikaten und gut balancierenden Säure, baut in der Gaumenmitte eine spannungsreiche Mineralität auf, die sich lange am Gaumen hält. 8,5 Vol.-%, NK, €€

90 2020 Trittenheim Apotheke Riesling Kabinett

91 2020 Dhron Hofberg Riesling trocken
Pfirsich mit Schieferwürze und Fuder in der Nase, kräutrige Noten. Zeigt am Gaumen Elan und Schwung mit einer reifen, aktiven Säure und einem Schuss Limettensaft, Würze und Mineralität unterlegen den Gaumen, feine Salzigkeit, gute Länge. Zeigt Herkunft. 12,5 Vol.-%, NK, €€

★★★★

WEINGUT FORSTMEISTER GELTZ-ZILLIKEN

Heckingstraße 20, 54439 Saarburg
T: +49 6581 2456, info@zilliken-vdp.de
zilliken-vdp.de

Ab-Hof-Verkauf: nach Vereinbarung
Kellermeister: Hans-Joachim und Philipp Zilliken
Ansprechpartner: Dorothee Zilliken
Flaschen/Hektar: 100.000 (100 % weiß)/13 ha

An der Saar geht der Trend zum Zweit-Kabinett, und zwar zu einem, der den etatmäßigen nochmals zuspitzt. Die 2020er Versteigerungsversion aus der Rausch, die uns Familie Zilliken vorgestellt hat, belegt die Sinnhaftigkeit solchen Tuns: So viel Würze, Mineralik und Feinnervigkeit bei federleichten acht Volumen Alkohol, das ist selbst zum Versteigerungstarif noch ein von Natur und Winzern dargebrachtes Geschenk. Auch die anderen Weine lassen es – selbst in Abwesenheit des 2020 nicht erzeugten Rausch GG – an nichts fehlen, die 2009er Spätlese beweist, wie gut diese Weine reifen.

92 2020 »Alte Reben« Saarburg Riesling tr.
Noch etwas verschlossen, in der Nase gelber Apfel, Mirabellen, Schieferwürze, Feuerstein. Am Gaumen Zug, knackige, packende Säure, schöne Mineralität, Extrakt, kompakt, geschmeidig im Nachhall. Gutes Reifepotenzial.
11,5 Vol.-%, NK, €€€

94 2009 Saarburg Rausch Riesling Spätlese
Hellgelb mit grünlichen Reflexen. Im Duft Grapefruit, Passionsfrucht und Quitte. Im Mund säurefrisch und lebendig, mit einem Spätlesereichtum, der Frische und Eleganz unangetastet lässt. Lang, tief mineralisch und letztlich noch immer auf dem aufsteigenden Ast. 7,5 Vol.-%, NK, €€€

93+ 2020 Saarburg Rausch Riesling Kabinett Versteigerung AP 3-21
In der Nase Orangenzeste, Kräutergarten, Blütenhonig, Mirabellen, Pfirsich, Gesteinsmehl, Schieferwürze, Pfeffer. Am Gaumen saftig mit gutem Säurezug, mineralisch packend, schöne Würze bei balancierter Süße. Stoffig, dicht, dennoch leicht und sehr elegant. Reifepotenzial.
8 Vol.-%, NK, €€€€

93+ 2020 Saarburg Rausch Riesling Spätlese
Ein sehr frischer Duft entströmt dem Glas: frisch geriebene Zitronenschale, Rosmarin, aber auch ein klein wenig Hochreife. Im Mund hat der Wein ein gewisses Volumen und seidige Phenole, aber Säurenerv und Mineralität sind die vorherrschenden Komponenten. Feine Länge. 7,5 Vol.-%, NK, €€€

91+ 2020 Saarburg Riesling trocken

90+ 2020 »Butterfly« Riesling feinherb

89+ 2020 »Zilliken« Riesling

89 2020 Saarburg Riesling feinherb

92 2020 Saarburg Rausch Riesling Kabinett AP 2-21

91 2020 Saarburg Riesling Kabinett

91 2020 Ockfen Bockstein Riesling Kabinett

91 2020 »Zilliken« Riesling trocken
Der Wein zeigt sich steinig-mineralisch in der Nase, dazu kommen dezente Fruchtnoten von grünem Apfel, Limetten, Zitronenzeste, Pfirsich. Am Gaumen ist er klar, mit lebendiger, knackiger Säure, einer sehr dezenten Süße im Nachhall, mineralisch, saftig, frisch. 12 Vol.-%, DV, €€

★★

WEINGUT GEIERSLAY

Moselweinstraße 1, 54487 Wintrich
T: +49 6534 18211, weingut-geierslay@t-online.de
geierslay.de

Ab-Hof-Verkauf: täglich 9–18 Uhr
Kellermeister: Max Kilburg
Ansprechpartner: Max Kilburg
Flaschen/Hektar: 80.000 (85 % weiß, 15 % rot)/15 ha

Max Kilburg, der im Weingut Geierslay für den Ausbau der Weine zuständig ist, zählt zu den jungen Winzern an der Mosel, die wir neugierig beobachten. Kilburg, der bei Julian Haart gelernt, in Geisenheim studiert hat und auch schon Erfahrungen in Südafrika, den USA und in Australien sammeln konnte, legt wieder eine ambitionierte Kollektion vor mit einem eleganten Sekt und terroirgeprägten Rieslingen, die im Jahrgang 2020 mit einer vergleichsweise milden Säure auftreten. Gerade der Riesling aus dem Ohligsberg bestätigt, warum wir Max Kilburg noch einiges zutrauen.

90 2019 »Blanc de Blanc« Chardonnay brut
Brotrinde in der Nase mit reifer Aprikose und etwas Ananas, gelbe Blüten und feine Würze. Entfaltet sich am Gaumen auf einem weichen Fond mit feinem Mousseux und einer ausgewogenen Säure. Gut balancierter und eleganter Schaumwein, der sich auch in ein Menü integrieren lässt.
12,5 Vol.-%, NK, €€

93 2020 Wintrich Ohligsberg Riesling tr.
Die Nase riecht nach heißem Sommertag in der Steillage, balsamische Würze, brenzlig und schiefrig, Weinbergpfirsich. Betont trocken am Gaumen ohne Zuckerpuffer, die Säure ist für Moselverhältnisse eher mild, phenolische Schichtung. Die Mineralität sorgt für Profil und Größe. 12,5 Vol.-%, NK, €€

91+ 2020 Piesport Goldtröpfchen Riesling tr.
Neben typischen Fruchtaromen von Weinbergpfirsich und Aprikose auch balsamische Würze, Rauch und merkliche Schiefernoten. Fest gebaut am Gaumen mit milder Säure und phenolischer Schichtung, feine Tannine. Setzt nicht auf Frische, sondern auf Struktur und Mineralität.
12,5 Vol.-%, NK, €€

91+ 2020 Wintrich Ohligsberg Riesling Spätlese
Leicht Petrol in der Nase, Limette, Zitronenmelisse, Minze, Salbei, Schieferwürze. Am Gaumen saftige Frucht, Pfirsich, Mango, Mandarine, feine Würze, durch die Säure gut ausbalanciert, elegant, schöne Spannung. 8 Vol.-%, NK, €€

89 2020 Riesling trocken

90 2020 Piesport Goldtröpfchen Riesling Kabinett
In der Nase frische Zitronen, roter Apfel, Aprikosen, weiße Blüten, feine Schieferwürze. Am Gaumen saftige Frucht, gute Balance zwischen Süße und einer lebhaften, filigranen Säure. Feine Phenole, mineralische Würze, schöne Dichte, schöne Länge. 8,5 Vol.-%, NK, €€

★★★★

WEINGUT GRANS-FASSIAN

Römerstraße 28, 54340 Leiwen
T: +49 6507 3170, weingut@grans-fassian.de
grans-fassian.de

Ab-Hof-Verkauf: nach Vereinbarung
Kellermeister: Catherina Grans
Ansprechpartner: Catherina Grans
Hektar: 13 ha

Es ist allgemein bekannt, dass die Mosel ein Talent für die süßen Prädikate hat. Viel zu wenig bekannt ist jedoch, welche Komplexität Spät- und Auslesen nach einigen Jahren der Flaschenreife erlangen. Mit den Spätlesen der Jahrgänge 2005 und 2002 hat uns Catherina Grans dieses Jahr Anschauungsunterricht gegeben: Der 2005er besticht mit trüffligen Aromen, der 2002er besitzt eine blumige Frische und höchste Eleganz. Wenn das keine Motivation ist, auch aus dem aktuellen Sortiment einiges in den Keller zu legen! Die Genuss-Rendite wird höher sein als bei jedem Aktienfonds.

93+ 2020 Trittenheim Apotheke Riesling GG
Noch nicht sehr offen, aber mit Andeutungen üppiger Frucht im Bukett: Feige, getrocknete Orangenschale, leicht schieferwürzige Untertöne. Im Mund inhaltsreich in Szene gesetzt mit lebendigem Säurerückgrat und einer dichten, seidigen Phenolik. Feine Präsenz und sehr gute Länge. 12,5 Vol.-%, NK, €€€

93 2020 Dhron Hofberg Riesling GG
Startet im Glas recht reduktiv, mit etwas Mandel im Duft. Im Mund sehr ausgeglichen und homogen im Gaumenfluss, seidige Phenole, feingliedrige, aber dennoch Halt und Länge gebende Säure, Pikanz und Liebreiz sind stilvoll unter einen Hut gebracht. 12,5 Vol.-%, NK, €€€

94 2005 Piesport Goldtröpfchen Riesling Spätlese
Trüffelig im Duft, ein Hauch Überreife, kandierte Gelbfrucht, reifer, in sich ganz kompakter Gaumen, knackige Säure und eine runde, seidige Süße, die aber zu keinem Zeitpunkt behäbig wird, Nerv und mineralische Frische leiten aus, die mineralische Komponente bleibt sehr lange. 8 Vol.-%, NK, €€€

94 2020 Trittenheim Apotheke Riesling Auslese
Im Duft findet man Schiefernoten, frische Zitrusfrucht und sehr feine Botrytis. Auch im Mund setzt sich das Stilmittel der Finesse fort: Die Säure hat Strahlkraft, ohne grob zu wirken, die Süße bleibt vornehm dezent, der Abgang steht im Zeichen der Mineralität. Subtil! 7,5 Vol.-%, NK, €€€

93 2020 Piesport Goldtröpfchen Riesling GG

92+ 2020 Leiwen Laurentiuslay Riesling GG

91+ 2020 »Alte Reben« Leiwen Riesling tr.

90+ 2020 Trittenheim Riesling Kabinett

89 2020 »Flussterrassen« Riesling

93 2002 Piesport Goldtröpfchen Riesling Spätlese

92+ 2020 Trittenheim Apotheke Riesling Spätlese

89+ 2020 »Mineralschiefer« Riesling trocken
Johannisbeere, Aprikose und kräutrige Noten mit steinigen Nuancen. Zeigt in einem straffen und schlanken Format die Vorzüge der Mosel mit Frische, Saft und Mineralität, elegant und animierend, salzig unterlegt, klar definiert und ohne Ballast unterwegs. 12 Vol.-%, DV, €

★★★

WEINGUT HAIN

Am Domhof 5, 54498 Piesport
T: +49 6507 2442, info@weingut-hain.de
weingut-hain.de

Ab-Hof-Verkauf: Mo bis Fr 9–18 Uhr
Kellermeister: Gernot Hain
Ansprechpartner: Gernot und Susanne Hain
Flaschen/Hektar: 107.000 (87 % weiß, 3 % rot, 5 % Rosé, 5 % Schaumwein)/12 ha

Das Weingut Hain ist »der« Spezialist für die Piesporter Lage Goldtröpfchen. Gernot Hain kümmert sich um die Abläufe draußen im Weinberg und beim Ausbau im Keller. Dabei kann er aus einer Familientradition schöpfen, die bis ins 17. Jahrhundert zurückreicht. In diesem Jahr beeindruckten uns aufs Neue sowohl die trockenen Rieslinge wie auch die aromatischen restsüßen – sie zeigen die Bandbreite des Terroirs. Das Weingut dekliniert die lagentypisch intensive Mineralwürze durch alle Geschmacksrichtungen und Prädikate, dass es eine Freude ist!

92 2020 »Alte Reben« Piesport Goldtröpfchen Riesling feinherb
Auffallende zitrusbetonte Nase, blonder Tabak, aber auch meerig nach Jod duftend, dann weiße Blüten und Kühle. Im Mund weinig und rauchig, zarte Süße mit feinen Bittermandelnoten geben dem Wein Tiefe. Ein langer saftiger Nachhall rundet positiv ab. 11,5 Vol.-%, NK, €€

94 2019 »Felsterrassen« Piesport Goldtröpfchen Riesling Spätlese
Im Glas zuerst eine feine und elegante Petrolnote, dann Rauch und Speck, Wacholder und zart Eukalyptus. Im Mund ergänzen sich die Aromen mit dem köstlichen Süße-Säure-Spiel, herrlich elegantes Mundgefühl mit großer Tiefe, langer saftiger und kraftvoller Nachhall! 8 Vol.-%, DV, €€

93 2020 Piesport Goldtröpfchen Riesling Auslese
Auffallend hellgrüne Refexe im Glas, in der Nase zarte Kräuternoten, auch rauchig, sogar zarter Veilchenduft. Im Mund zeigt sich eine saftige feine Süße, hocharomatisch und ausbalanciert, sehr Appetit anregend mit ungemein köstlichem und elegantem Trinkfluss. 7,5 Vol.-%, NK, €€€

93 2020 Piesport Goldtröpfchen Riesling Spätlese
Am Anfang eher duftarm, dann zarter Duft nach Butterscotch und Kräutern, kühl anmutend, auch weiße Beeren und leichter blonder Tabak. Im Mund saftig frisch, elegante Süße mit enormen Nachhall, stoffig ohne dick zu wirken, positiver Druck, der jedem passenden Essen gut begegnen kann! 7,5 Vol.-%, NK,

91 2020 Piesport Goldtröpfchen Riesling Kabinett feinherb

90 2020 Piesport Goldtröpfchen Riesling trocken

89 2020 Piesport Riesling trocken

89 2020 Piesport Goldtröpfchen Riesling Kabinett trocken

92 2019 Piesport Falkenberg Pinot Noir tr.

92 2020 »Felsterrassen« Piesport Goldtröpfchen Riesling Spätlese

93 2020 Piesport Goldtröpfchen Riesling Kabinett
Sehr markante Nase nach Flintstein und Knallplätzchen! Mit Luftkontakt zeigen sich dann feine florale Noten, auch Rauch und Jod. Im Mund dann herrlich saftig und frisch, die köstliche Süße paart sich perfekt mit der animierenden Säure, toller Trinkfluss. 8,5 Vol.-%, NK, €

★★

WEINGUT HEINRICHSHOF

Chur-Kölner-Straße 23, 54492 Zeltingen-Rachtig
T: +49 6532 3151, Mosel@Weingut-Heinrichshof.de
weingut-heinrichshof.de

Ab-Hof-Verkauf: Di bis Sa 14–19 Uhr
Kellermeister: Peter und Ulrich Griebeler
Ansprechpartner: Peter Griebeler
Flaschen/Hektar: 80.000 (95 % weiß, 5 % rot)/8 ha

In Zeltingen, diesem weinbaulichen Oberzentrum der Mittelmosel, liegen die Weinberge des Heinrichshofs. Auf den Lagen Sonnenuhr, Schlossberg und Himmelreich dominiert der Riesling mit vier Fünfteln der Fläche. Neben dem regionalen Klassiker gönnen sich die Gebrüder Peter und Ulrich Griebeler aber auch Besonderheiten: Sauvignon Blanc etwa, Spätburgunder – und sogar einen Riesling aus dem 500-Liter-Eichenfass (Tonneau) von burgundischen Küfern. Die Experimente sind alle gelungen und dem »einfachen« Spätburgunder gelingt es sogar, unser Tipp zu werden.

92 2020 »Tonneau« Riesling trocken
Riesling aus dem Tonneau ist auch an der Mosel kein absoluter Exot mehr. Sehr dezenter Holztouch nur in der Nase. Am Gaumen ist das Tonneau zwar spürbarer, unterstützt aber eher die Struktur. Trocken, fein, richtig gut. Gereift sicher spannend. 12,5 Vol.-%, NK, €€

91 2019 »Réserve« Spätburgunder trocken
Kirsche, Heidelbeere und etwas Pflaume mit Mandelkern und würzigen Noten in der Nase, kräutrig und auch Rauch. Zeigt sich mit gut dosierter Kraft am Gaumen, auf weichem Fond kommt die präsente Säure ins Spiel. Geschmeidiger Gerbstoff, schöne Würze und Mineralität. 13 Vol.-%, NK, €€

92 2020 Zeltingen Sonnenuhr Riesling Auslese
Dezent in der Nase, feinpuderig, zitronig. Am Gaumen zeigt die normale Auslese aus der Sonnenuhr eine sehr schöne Säurepikanz, ist dicht, viskos und auch hier aromatisch im zitronig-birnigen Bereich. Schönes Spiel, klassische Moselauslese. 8 Vol.-%, NK, €€

91 2020 Zeltingen Schlossberg Riesling Spätlese
Fruchtbetonter Duft: Zitrone, Pfirsich. Im Mund viel Saftigkeit und auch einiger Schmelz, die eher reife Säure passt sehr gut zur weichen, runden Süße. Eine gut balancierte, elegante Spätlese mit gutem Lagerpotenzial. 9 Vol.-%, DV, €

90+ 2020 Zeltingen Sonnenuhr Rotlay Riesling trocken

90 2020 »Réserve« Weißburgunder trocken

89 2020 Zeltingen Schlossberg Riesling tr.

89 2020 Sauvignon Blanc trocken

88 2020 »Römische Kapelle« Riesling tr.

90 2020 Zeltingen Himmelreich Riesling Kabinett

90 2020 »Minus 110°« Himmelreich Riesling Auslese

89+ 2020 Spätburgunder trocken
Kirsche in der Nase mit feinen Kräuternoten, auch Blaubeere. Zeigt die schöne und klare Frucht auch direkt am Gaumen, schlank gebaut und überhaupt nicht an zu viel Komplexität und Brimborium interessiert. Saftig, elegant, leicht gekühlt eine feine Sache. 12,5 Vol.-%, DV, €

★★

CLASSISCHES WEINGUT HOFFRANZEN

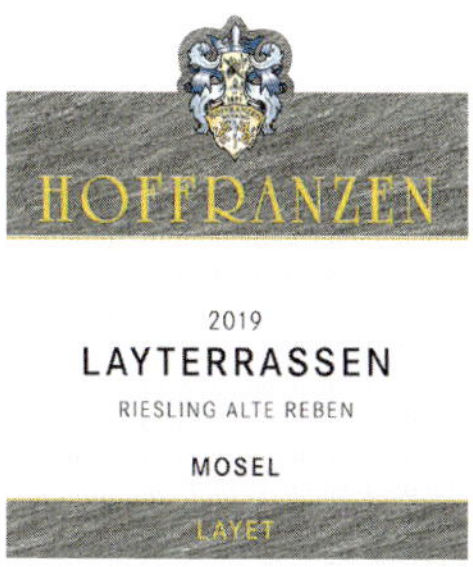

Schulstraße 22, 54346 Mehring
T: +49 6502 8441, www.weingut-hoffranzen.com
weingut-hoffranzen.com

Ab-Hof-Verkauf: nach Vereinbarung
Kellermeister: Carolin Hoffranzen, Martin Schu-Hoffranzen, Hans Hoffranzen
Ansprechpartner: Carolin Hoffranzen
Hektar: 10 ha

Zwei Merkmale ziehen sich durch die gesamte Kollektion von Carolin Hoffranzen – zumindest soweit sie die diesmal angestellten Weine betreffen. Da gibt es zum einen den Verzicht auf Primärfrucht. Kein frisches Obst springt einen aus dem Glas an. Diese feine Zurückhaltung bestimmt auch das zweite Merkmal, den extrem ruhigen Trinkfluss. Bezeichnend dafür ist unser diesjähriger Favorit, das (Mehringer) »Urgestein«. Reife und Dichte brachten bereits die Trauben mit, das Holzfass sorgte dann für die zusätzliche Eleganz. Ein eigener Stil!

92 2019 »Urgestein« Mehring Blattenberg Riesling feinherb
Kräftiges Gelb mit grünlichen Reflexen. In der Nase leichter Holzeinfluss, kräutrige Noten, wenig Primärfrucht. Am Gaumen ist dies tatsächlich der deutlich reifste, dichteste und eleganteste Riesling der Kollektion. Honig und Schmelz, Potenzial. 12 Vol.-%, NK, €€€

91 2013 Mehring Blattenberg Riesling Spätlese trocken
Nicht nur acht Jahre gereift, sondern auch analytisch deutlich trockener als die restliche Kollektion zeigt sich der Riesling aus dem schwierigen Jahrgang 2013. Klassisch mit Petrol in der Nase, am Gaumen weiter mit straffer Säure, aber gutem Schmelz. 12 Vol.-%, NK, €€

91 2020 »Layterrassen« Mehring Blattenberg Layet Riesling trocken
Die »Layterrassen« besitzen die floralen Noten in der Nase, die sich durch die ganze Kollektion ziehen. Am Gaumen besticht der Wein mit viel Eleganz und einer überzeugenden Dichte. Der Phenolik im Abgang verlangt es allerdings nach weiterer Lagerzeit. 12 Vol.-%, NK, €€

90 2019 »Alte Reben« Mehring Blattenberg Riesling trocken
Sehr pikant wirken die »Alten Reben« bereits in der Nase: Apfelnoten und zerstoßene Korianderkörner in hoher Intensität. Die Säure trägt auch den Gaumeneindruck, fordert die Geschmacksnerven durchaus. Trotz des herben Anklangs viel Dichte und Tiefe. 11,5 Vol.-%, DV, €

89 2020 Detzem St. Maximiner Klosterlay Riesling feinherb

90 2020 »Contur« Mehring Blattenberg Riesling feinherb
Die »Contur« zeigt sich apfelfruchtig in der Nase mit deutlich spürbarer Holunderblüte. Am Gaumen prägt der ruhig gleitende Trinkfluss den Wein. Ausgewogene Süße und Säure, allerdings noch sehr jung. Eher auf der trockenen Seite des Feinherben. 11 Vol.-%, NK, €€

★★★★

WEINGUT VON HÖVEL

Agritiusstraße 5–6, 54329 Konz-Oberemmel
T: +49 6501 15384, info@weingut-vonhoevel.de
weingut-vonhoevel.de

Ab-Hof-Verkauf: Mo bis Sa nach Vereinbarung
Kellermeister: Maximilian von Kunow
Ansprechpartner: Maximilian von Kunow
Flaschen/Hektar: 160.000 (100 % weiß)/20 ha

Max von Kunow, Inhaber und Kellermeister des Weinguts von Hövel, bezeichnet sich selbst als »absoluten Weinfreak. Mein ganzes Leben dreht sich um Wein«. Diese Leidenschaft ist auch in seinen Weinen zu schmecken, die stilistisch noch einmal an Feinheit und Delikatesse gewonnen haben. Er sei »immer auf der Suche nach mehr Finesse und Eleganz«, gibt Max von Kunow die weitere Richtung vor. Die beiden 2020er Großen Gewächse Scharzhofberg und Hütte hatten übrigens bei Redaktionsschluss noch nicht zu Ende gegoren. Wir bleiben dran und berichten im nächsten Jahr.

93+ 2020 Kanzem Hörecker Riesling GG
Im Duft englische Orangenkonfitüre und schieferwürzige Aromen. Im Mund subtil und sehr ausgeglichen, seidige Phenole, feiner Säurefaden, wirkt nachgerade fragil und hat dennoch kein Manko an Ausdruck oder Länge. Wirklich delikat! Und mineralisch. 12,5 Vol.-%, NK

93 2019 Wiltingen Scharzhofberg Riesling GG
In der verschlossenen Nase Aromen von Blüten und Apfel, Zitronenschale und feiner Rauch, auch warmer Stein. Am Gaumen straff und bündig gebaut, Zug und Spannung, klar definierte Muskulatur, auch Schmelz und Saftigkeit, feine Mineralität, zeigt die Größe der Lage. 12,5 Vol.-%, NK, €€€

93+ 2020 Kanzem Hörecker Riesling Spätlese
Äußerst würzig im Duft, Pulverdampf, dann aber auch fruchtige Serien: roter Apfel, Herzkirsche. Im Mund nahtlos rund und füllig, mit gutem Extrakt in schmelzigem Körper, eher mild in der Säure, bleibt dennoch lange homogen am Gaumen. Großes Potenzial! 8 Vol.-%, NK

93 2020 Oberemmel Hütte Riesling Spätlese
Eine intensive Schieferwürze entströmt dem Glas, balsamisch unterlegt, pfeffrig. Im Mund getragen und rund, feine Phenolik, weder Süße noch Säure werden laut und auffällig, das Spätleseprädikat erfüllt sich durch aromatischen Reichtum und die Intensität der Mineralität. 8 Vol.-%, NK, €€€

93 2019 Oberemmel Hütte Riesling GG

92+ 2020 Wiltingen Scharzhofberg Riesling Kabinett (Goldkapsel)

89+ 2020 »Saar« Riesling feinherb

92 2020 »S Saar« Riesling Kabinett

91+ 2020 Wiltingen Scharzhofberg Riesling Kabinett

91+ 2020 Oberemmel Hütte Riesling Kabinett

90 2020 »Saar« Riesling Kabinett

91+ 2020 Krettnach Riesling trocken
Reife gelbe Frucht in der Nase, Mango und Papaya, steht aromatisch auf der fruchtigen Seite. Saftig und geschmeidig auf weichem Hintergrund am Gaumen, aber auch mit würzigen und mineralischen Komponenten, etwas pfeffrig, von Limettensaft ergänzt. Aus einem Guss. 12 Vol.-%, NK, €€

★★

WEINGUT HÜLS

Moselweinstraße 44, 54536 Kröv
T: +49 6541 8189369, kontakt@weinguthuels.de
weinguthuels.de

Ab-Hof-Verkauf: Mo bis Sa 10–17 Uhr
Ab-Hof-Verkauf:
Kellermeister: Markus Hüls
Ansprechpartner: Markus Hüls
Hektar: 5 ha

Markus Hüls, Jahrgang 1984, will »Steillagen-Charakterweine« erzeugen, das setzt er auf fünf Hektar Weinbergen und Lagen wie Kröver Letterlay oder Zeltinger Sonnenuhr absolut überzeugend um. Begeistert durch das Potenzial gereifter Moselrieslinge und inspiriert durch den Weinausbau nach traditionellen Methoden, war für den Schüler von Markus Molitor schnell klar, dass »die Vergärung mit natürlichen Hefen und mit langem Hefelager im großen Holzfass der Schlüssel zu einem komplexen Weinstil ist«. Der Winzer kann auch Weiß- und Spätburgunder. Stark!

92 2019 Kröv Letterlay Riesling trocken
In der Nase anklingende Mineralität und auch feiner Rauch zum Steinobst (Aprikose). Zeigt sich am Gaumen mit guter Komplexität, Dichte und Balance, die Säure ist nahtlos eingewoben, reife Frucht, Saft, Phenolik und würzige Mineralik komplettieren das Bild. Jung. 12,5 Vol.-%, NK, €€€

92 2020 »Alte Reben« Riesling feinherb
Riecht nach traditioneller Mosel mit Pfirsich, Schieferwürze und Fuder. Am Gaumen mit schöner Schiefermineralität und Würze, die Süße wird von der präsenten Säure gut begleitet. Zeigt Charakter, Tiefgründigkeit und die Weinkultur der Mosel auf genussvolle Art. 10,5 Vol.-%, NK, €€

91+ 2019 Zeltingen Sonnenuhr Riesling tr.
Leichtes Goldgelb, reife Noten im üppig ausgestatteten Duft, Pfirsich, Aprikose, Honigwabe, warmer Weinberg im Hochsommer. Zeigt sich auch großzügig am Gaumen mit Süße und reifer Frucht, hat Dichte und Tiefe, die Mineralität der Sonnenuhr macht den Unterschied. 12 Vol.-%, NK, €€€

94 2019 Kröv Letterlay Riesling Beerenauslese
Reife Nase, dunkelfruchtig, nussig. Schöne Säure am Gaumen, reif, aber gut tragend, reife gelbe Pflaumen, Marillen, Bratapfel, Butter, geschmorter Boskop-Apfel. Reif, aber auch präsente Frucht, Rhabarber. Auch kulinarisch attraktiv, weil er eher an eine Auslese erinnert. 7 Vol.-%, NK, €€€

91 2019 Kröv Steffensberg Riesling trocken

90 2020 »Goldstück« Weißburgunder tr.

89+ 2020 »Schieferspiel« Riesling trocken

89 2020 Riesling feinherb

88+ 2020 Weißburgunder trocken

91 2018 Kröv Letterlay Spätburgunder tr.

90+ 2020 Kröv Letterlay Riesling Kabinett

89 2020 Riesling trocken
Riecht nach Apfel und Steinobst mit etwas Schieferwürze und kräutrigen Noten, auch Zitrus. Saftig (mit Apfelnoten) und würzig im Mund mit schönem Fluss und einer gut eingewobenen Säure, die von etwas Fruchtsüße und Schieferwürze begleitet wird. Macht Lust auf mehr.
11,5 Vol.-%, DV, €

★★★★

WEINGUT KARTHÄUSERHOF

Karthäuserhof 1, 54292 Trier
T: +49 651 5121, mail@karthaeuserhof.com
karthaeuserhof.com

Ab-Hof-Verkauf: Mo bis Fr 8.30–17 Uhr
Kellermeister: Christian Vogt und Tobias Busch
Ansprechpartner: Julia Lübcke
Flaschen/Hektar: 153.000 (100 % weiß)/26 ha

Als Mathieu Kauffmann und Richard Grosche, die über Jahre hinweg den Stil im Weingut von Buhl geprägt haben, im Frühjahr 2020 an die Ruwer zum Karthäuserhof wechselten, war das schlichtweg eine Sensation. Geschäftsführer Grosche hat das traditonelle Gut schon wieder verlassen, der technische Direktor Mathieu Kauffmann dagegen drückt den Weinen immer stärker seinen Stempel auf: Besonders deutlich wird das beim »Schieferkristall«, zu dem ein Verkoster notierte: »Kann mit seiner stahligen Säure auch Stoiker in Bewegung bringen.« Weiter im Aufschwung!

92+ 2019 Eitelsbach Karthäuserhofberg Riesling GG
Im Duft mit recht opulentem Parfüm, eine Spur von Rosine und Botrytisfrucht in zitrisch-kräuterwürziger Umgebung. Am Gaumen hat der Wein zwei Pole: eine hintergründige Cremigkeit und eine dichte, etwas trocken wirkende Phenolik. Sehr gute Substanz, taktilmineralisch abklingend.
13 Vol.-%, NK, €€€

90+ 2020 »Alte Reben« Eitelsbach Riesling tr.
Leichte Spontinase mit Hefe, Malz und Kräutern, Apfel, Steinobst und Gesteinsmehl. Zeigt am Gaumen Schwung mit einer lebhaften Säure, schlank gebaut mit mittlerem Extrakt. Schieferwürzig, salzig, nicht zu komplex, ist auf eher leichtem Fuß unterwegs. 11 Vol.-%, NK, €€

92 2020 Eitelsbach Karthäuserhofberg Riesling Spätlese
Kräutrig und schieferwürzig in der Nase, Hefe, auch dunkle Aromen, Blaubeere, etwas Malz und reifes Steinobst, Mango. Am Gaumen getragen mit Saft, feiner Phenolik und mineralischer Würze und Tiefe. Die Säure ist eher zurückhaltend und weich, gelassener Typ. 9 Vol.-%, NK, €€€

90 2020 Eitelsbach Karthäuserhofberg Riesling Kabinett
Schieferwürze in der Nase, Noten von Spontangärung, kräutrig, Aprikose, etwas Hopfenblüte. Zeigt sich am Gaumen geschmeidig und mit eher milder Säure, Aprikose und etwas Kamille kommen dazu. Kein draufgängerischer Typ, eher gesetzt und nobel mit feiner Mineralität. 9 Vol.-%, NK, €€

91 2020 »Schieferkristall« Riesling trocken
Noten von Spontangärung, Kräutern, Hefe, dahinter auch Apfel und Steinobst. Im Mund mit einer stahligen Säure, die auch Stoiker in Bewegung bringen kann. Klar definiert mit schlanker, straffer Struktur, feine Salzigkeit schmirgelt den Gaumen, deutlich mineralisch geprägt.
10,5 Vol.-%, NK, €€

★★★

REICHSGRAF VON KESSELSTATT

Schlossgut Marienlay, 54317 Morscheid
T: +49 6500 91690, info@kesselstatt.de
kesselstatt.com

Ab-Hof-Verkauf: Mo bis Do 8–16.45 Uhr, Fr 8–13 Uhr
Kellermeister: Dr. Karsten Weyand
Ansprechpartner: Dr. Karsten Weyand
Flaschen/Hektar: 300.000 (100 % weiß)/46 ha

Als die unvergessene Annegret Reh-Gartner 1978 die Geschicke des Weinguts mit seiner bis ins 14. Jahrhundert zurückreichenden Tradition übernahm, leitete sie eine neue Ära ein. Sie reduzierte die Anbaufläche auf die Spitzenlagen und setzte auf nichts als Qualität. Dieser visionären Leistung fühlt sich auch das heutige Team verpflichtet. So stehen zwei Weine aus Grand Crus von Saar und Mosel an der Spitze der 2020er: ein balsamisch duftendes Scharzhofberg-GG, und eine Juffer-Sonnenuhr-Spätlese – unser Rat: ein Jahrzehnt lang im Keller lagern.

92+ 2020 Wiltingen Scharzhofberger Riesling GG

Dezent balsamisch-lagentypisch im Duft, nuancenreich auch in der Frucht, Orange und Rote Johannisbeere. Im Mund mit einer zarten Schicht Phenole, feiner Säurespur und mineralischem Hintergrund. Mittelgewichtig in Extrakt und Länge, aber mit komplettem Lagencharakter.
12 Vol.-%, NK, €€€

92 2020 Kasel Nies'chen Riesling GG

Verschlossen im Duft. Frisch geriebene Zitronenschale, pfeffrige Untertöne, ein Anflug von Dattel und Honig. Im Mund ausgeprägt geschmeidig ansetzend, dann setzen milde Phenole und reife Säure den runden Eindruck fort, zuletzt bleibt eine mittlere Länge. 12 Vol.-%, NK, €€€

91 2020 »Alte Reben« Riesling trocken

Mosel, Saar und Ruwer vereinen sich mit ihren Lagen in diesem Wein. Sehr zurückhaltend und leicht hefegerägt in der Nase. Dazu nasser Stein und etwas bittere Kräuter. Am Gaumen sind die »Alten Reben« viel zugänglicher, sehr saftig mit pikanter Säure. 11,5 Vol.-%, DV, €€

92+ 2020 Brauneberg Juffer-Sonnenuhr Riesling Spätlese

Reife Gelbfrucht, Mirabelle, Weinbergpfirsich, auch etwas Zitrusfrucht, klar und vielschichtig. Im Mund mit Spätleserundheit und einer Schicht Cremigkeit, aber auch mit fester Säure und intensiv taktilmineralischem Fundament. Sehr gute Länge. 8 Vol.-%, NK, €€€

89+ 2020 Piesport Goldtröpfchen Riesling Kabinett

90 2020 Kasel Kehrnagel Riesling Kabinett feinherb

Weißer Pfirsich und viel Engelwurz in der Nase, sogar frisch aufgeschnittener milder Daikon (Winterrettich). Sehr saftig zeigt sich der Kehrnagel im Mund, geprägt von der weißpfirsichhaften Fruchtsüße. Braucht noch ein wenig Zeit zwecks Harmonisierung. 10,5 Vol.-%, NK, €€

★★★

WEINGUT NIKOLAUS KÖWERICH

Maximinstraße 11, 54340 Leiwen
T: +49 6507 4282, info@weingutkoewerich.de
weingutkoewerich.de

Ab-Hof-Verkauf: nach Vereinbarung
Kellermeister: Nick Köwerich
Ansprechpartner: Nick und Annette Köwerich
Flaschen/Hektar: 90.000 (100 % weiß)/10 ha

Annette und Nick Köwerich sind eine verlässliche Größe in Leiwens Weinbau: Die trockenen Weine bestechen mit mineralischer Zuspitzung, die fruchtsüßen paaren Fülle mit Eleganz, und dieses Jahr durften wir sogar eine präzis ausgelesene TBA verkosten. Wie gut die Weine der Köwerichs reifen, belegt wieder ein Dekadensprung: Die Laurentiuslay-Spätlese mit dem schönen Namen »Für Träumer und Helden« webt Würze und Frische, Mineralität und Cremigkeit ineinander – eine Wonne! Helden sind sie, die Winzer in den Steillagen, und ihre Weine lassen uns träumen.

92+ 2020 »Große Lage« Leiwen Laurentiuslay Riesling trocken
Der Duft zeigt sich zu Beginn recht zugeknöpft, öffnet dann aber in Noten von Blutorange, rosafarbener Grapefruit und Rosine und in brenzlige Schieferwürze. Der Gaumen ist druckvoll und prall mit Extrakt gefüllt, verbindet Fülle mit Bündelung, mit seidig-geschmeidigem Abgang. 12,5 Vol.-%, DV, €€€

95 2020 Leiwen Laurentiuslay Riesling Trockenbeerenauslese
Im Duft zunächst hefewürzig, Mirabelle, Zimt, feine Botrytis, im Mund zeigt sich der Wein cremig, kräuterwürzig, viskos, druckvoll, wirkt sehr reif und rund, mit sich im Abgang leicht konzentrierender Säure. Diese Trockenbeeren entfalten geradezu Wucht. 7 Vol.-%, DV, €€€€

92+ 2020 »Für Träumer und Helden« Leiwen Laurentiuslay Riesling Spätlese
Kandierte Gelbfrucht, Mango und Ananas, ein sehr klarer Ausdruck der Spätlesefrucht. Im Mund balancieren sich eine leicht cremig unterlegte Süße und das feste Säurerückgrat sehr gut, es ist eine Abrundung mit Tiefgang und Frische, die ins lange Finale führt. 8,5 Vol.-%, DV, €€

92+ 2010 »Für Träumer und Helden« Leiwen Laurentiuslay Riesling Spätlese
Ein Hellgelb mit deutlich grünen Reflexen in der Farbe. Im Duft Banane, Aprikose und Ananas. Dazu eine Prise »Five Spice«. Im Mund einerseits von knackiger Säure bestimmt, andererseits von einer molligen, mit Botrytis-Öligkeit verstärkten Süße. Eindringlich mineralisch und lang. 8,5 Vol.-%, NK, €€€

91 2020 »Herr Mosel« Köwerich Laurentiuslay Riesling trocken

90 2020 »Fräulein Mosel« Köwerich Laurentiuslay Riesling Kabinett
Beginnt reif gelbfruchtig im Duft, öffnet sich dann in schieferwürzige Aromen. Im Mund hat der Wein reichlich Süße, die aber auch gut balanciert ist. Viel Frucht und viel Saft im Abklang, fast etwas spätlesehaft. Sehr gute Länge. 8,5 Vol.-%, DV, €€

★★★★★

WEINGUT SCHLOSS LIESER

Am Markt 1, 54470 Lieser
T: +49 6531 6431, info@weingut-schloss-lieser.de
weingut-schloss-lieser.de

Ab-Hof-Verkauf: Mo bis Fr 10–17 Uhr, Sa 10–15 Uhr
Kellermeister: Thomas Haag
Ansprechpartner: Thomas Haag
Flaschen/Hektar: 130.000 (100 % weiß)/23 ha

Bezeichnend, wie der Falstaff Winzer des Jahres 2021 bei der Online-Preisverleihung Anfang Juni die Auszeichnung aufnahm: »Heute Abend freuen wir uns, und morgen früh geben wir wieder Gas im Weinberg, denn da wächst schon der 2021er.« Thomas Haag und seine Familie haben es sicher auch während der Vegetationsperiode 2020 nicht anders gehalten bei der Arbeit im Weinberg, die aktuellen Weine zeigen den Betriebsstil in Bestform: Dichte ohne Schwere, Mineralität ohne Strenge, Saftigkeit ohne plakative Noten. Ihre Konzentration aufs Wesentliche macht sie groß.

95+ 2020 Brauneberg Juffer Sonnenuhr Riesling GG
Kräuterwürig, schiefermineralisch in der Nase mit Gelbfrucht wie Aprikose und Pfirsich, mit floralen Noten. Elegant mit klarer Ausrichtung, mineralischer Grundierung und perfekt anschmiegender Säure. Da wird Größe und auch Substanz auf filigrane Weine umgesetzt, groß. 12,5 Vol.-%, NK, €€€

95+ 2020 Lieser Niederberg Helden Riesling GG
Kräutrige und würzige Noten von Spontangärung, leicht malzig, mit Luft Perspektive: klar gefasst am Gaumen mit einer ziemlich präzise agierenden Säure, ausladende Mineralität, perfekt umgesetzter Gehalt an Eleganz und Würze. Geschmeidig und fordernd. 12,5 Vol.-%, NK, €€€

95+ 2020 »Goldkapsel« Wehlen Sonnenuhr Riesling Auslese Versteigerung
Hochfeine, sehr gut ausgelesene Botrytis, brenzlig-würzige und leicht reduktive Aromen. Am Gaumen straff gebaut, salzig und komplett unverkitscht, Säure, Extrakt und Mineralität stellen die Süße in den Hintergrund, eine Delikatesse für Jahrzehnte der Flaschenreife. 7 Vol.-%, NK,

95 2020 Bernkastel Doctor Riesling Spätlese Versteigerung
Der opulente Duft vereint balsamische Würze und Schiefernoten, reife Fruchtaromen bleiben (noch) im Hintergrund. Am Gaumen zeigt sich der Wein seidig und cremig, süß und druckvoll, aber auch mineralisch fest, aus einem Guss. Ausgezeichnete Länge. 7 Vol.-%, NK,

91+ 2020 Wehlen Sonnenuhr Riesling Kabinett

91+ 2020 »Heldenstück« Riesling trocken
In der Nase durchaus anspruchsvoll, leichte Reduktion, viel Schieferwürze, Engelwurz, Liguster – da ist viel los! Am Gaumen ist das »Heldenstück« noch leicht hefig, zeigt Grip und ist eher auf der zitrisch-hellfruchtigen Seite gehalten. Mosel-Lehrbuch. 12 Vol.-%, NK, €€

★★★

WEINGUT LOERSCH

Tannenweg 11, 54340 Leiwen-Zummethöhe
T: +49 6507 3229, info@weingut-loersch.de
weingut-loersch.de

Ab-Hof-Verkauf: nach Vereinbarung
Kellermeister: Alexander Loersch
Ansprechpartner: Alexander Loersch
Flaschen/Hektar: 100.000 (65 % weiß, 2 % rot, 4 % Rosé, 25 % süß, 4 % Schaumwein)/8 ha

Im Frühjahr 2021 gewann Alexander Loersch die Falstaff Kabinett-Trophy mit seinem 2020er Goldtröpfchen Kabinett. Und dieser Triumph war keine Eintagsfliege: Auch die anderen Weine aus dem aktuellen Sortiment, meist aus Trittenheimer Apotheke und Dhroner Hofberg, spielen in der Spitzenklasse des Moselweins. Besonders spannend fanden wir den Vergleich der Apotheke-Auslesen von 2019 und 2020: Was der 2019er mehr an Intensität hat, hat der 2020er mehr an Zwischentönen. Am Ende stand dieselbe Bewertung – hier geht es um die stilistischen Nuancen!

93 2019 »GG« Trittenheim Apotheke Jungheld Riesling trocken
Der Jungheld beginnt mit einem kräftigen Gelb im Glas und einer Nase, die Schiefermineralik und einen feinen Holztouch vereint. Am Gaumen liefern die wurzelechten Reben einen erwachsenen Wein, feinmaschig, langlebig mit Orangenschale und Feuerstein. 12,5 Vol.-%, NK, €€€

96+ 2020 Trittenheim Apotheke Riesling Trockenbeerenauslese
Helles Goldgelb. Im Duft Noten von Apfelring und Honigaromen, auch Takak, eine sehr feine Botrytis. Am Gaumen zeigt sich der Wein sehr ölig, eindringlich süß, hoch konzentriert in der Säure und in den Aromen ausgesprochen schiefermineralisch. Superbes Potenzial. 6 Vol.-%, NK, €€€€

93+ 2020 Trittenheim Apotheke Riesling Auslese
Deutlich weniger expressiv in der Nase als die 2019er Auslese, leicht nach Zitronat und Senfmehl. Am Gaumen zeigt der Wein aromatischen weißen Pfirsich und etwas Blütenhonig. Schönes Spiel zwischen Süße und Säure, lebendig und vielversprechend. 8 Vol.-%, NK, €€€

93+ 2019 Trittenheim Apotheke Riesling Auslese
Deutliche Schiefermineralik in der Nase, leicht rauchige Reduktion, beginnende Reife. Dieselbe Intensität zeigt sich am Gaumen. Dichte, Tiefe, pikante Säure und ein Touch grüne Aprikose an der Seite. Präsenter und expressiver als der feinere 2020er. 8,5 Vol.-%, NK, €€€

92 2020 »GG« Dhron Hofberg Sängerei Riesling trocken

92 2019 »Fels-Terrassen« Trittenheim Apotheke Riesling feinherb

91 2020 Dhron Hofberg Riesling Kabinett feinherb

90 2020 »Blauschiefer« Riesling trocken

93 2020 Trittenheim Apotheke Laurentiusberg Riesling Spätlese

92+ 2020 »Alte Reben« Trittenheim Apotheke Riesling Auslese

93 2020 Piesport Goldtröpfchen Riesling Kabinett
Leichter Reduktionston in der Nase, feinmineralisch, vielversprechend. Am Gaumen pikant und spannungsreich gehalten, ein fester, knackiger, animierender Typ. Das ist ein im besten Sinne traditioneller Stil, wie er die Mosel einst – zu Recht! – weltberühmt machte. 8,5 Vol.-%, DV, €€

★★★★

WEINGUT CARL LOEWEN

Matthiasstraße 30, 54340 Leiwen
T: +49 6507 3094, mail@weingut-loewen.de
weingut-loewen.de

Ab-Hof-Verkauf: nach Vereinbarung
Kellermeister: Karl Josef und Christopher Loewen
Ansprechpartner: Karl Josef und Christopher Loewen
Flaschen/Hektar: 167.000 (100 % weiß)/16 ha

Konstant, konstanter, Loewen. Eine so homogen hochwertige Kollektion wie die diesjährige aus dem namhaften Leiwener Weingut probieren wir nur selten. Und auch wenn die Basisetiketten à la »Varidor« dieses Jahr auf dem Probentisch fehlten, haben wir wenig Sorge, dass sie sich vor den hier verkosteten Weinen verstecken müssten. Zu leidenschaftlich und positiv weinverrückt sind Karl Josef Loewen und sein Sohn Christopher. Unsere Entdeckung dieses Jahr ist das Große Gewächs aus der Lage Ritsch, das am Thron der »Alten Reben« aus Longuich rüttelt.

93+ 2020 »1896« Longuich Maximin Herrenberg Riesling
Die 125 Jahre alten wurzelechten Reben liefern einen animierend floralen Wein in der Nase. Am Gaumen zieht sich die intensive Säure durchs Programm, hier aber von zehn Gramm Restsüße abgemildert. Dicht gewirkt, dennoch zugänglicher als die GGs. Ein Solitär. 12,5 Vol.-%, NK, €€€

93 2020 Thörnich Ritsch Riesling GG
Viel dezenter in der Nase als das Große Gewächs von der Ritsch kann ein Riesling kaum sein. Am Gaumen dann ein Kontrastprogramm: kraftvolle Säure, expressiv zitrisch, gewisse Phenolik, erst langsam ins Cremige übergehend. Intensiv und langlebig. 12,5 Vol.-%, NK, €€€

94+ 2020 Thörnich Ritsch Riesling Beerenauslese
Feine Botrytis, zitrusfruchtig, Rosinenbrötchen, frisch und sehr klar, schönes Süße-Säure-Spiel, hoch elegant und in seiner Anlage transparent, klar, eine ausgesprochen feingliedrige Beerenauslese. 12,5 Vol.-%, NK, €€€

93+ 2020 »Goldkapsel« Longuich Maximin Herrenberg Riesling Auslese
In der Nase wartet die Goldkapselauslese mit dezent herbalen Noten von Anis, Brennnessel und Zitrone auf. Am Gaumen gibt es eine hohe Dichte, ein enorm viskoses Mundgefühl für diese Kategorie. Cassis, heller Honig, leicht Terpene, braucht noch lange. 8 Vol.-%, NK, €€€

93 2020 Longuich Maximin Herrenberg Riesling GG

92 2020 »Alte Reben« Leiwen Laurentiuslay Riesling trocken
Dicht und sehr kräutrig im Mund, Engelwurz, Anis, kaum Primärfrucht. Am Gaumen zeigen die alten Reben aus der Laurentiuslay eine enorme Aromenkonzentration. Ananas, kräftige Säure, spürbarer phenolischer Grip. Noch etwas unruhig, viel Potenzial. 12,5 Vol.-%, DIAM, €€

★★★★★

WEINGUT DR. LOOSEN

St. Johannishof, 54470 Bernkastel-Kues
T: +49 6531 3426, info@drloosen.de
drloosen.de

Ab-Hof-Verkauf: nach Vereinbarung
Kellermeister: Bernhard Schug
Ansprechpartner: Ernst F. Loosen
Flaschen/Hektar: 400.000 (100 % weiß)/55 ha

Bei dieser Betriebsbeurteilung lauert die Wiederholungsfalle: Eigentlich könnten wir den Text aus dem Vorjahr stehen lassen, so konstant sind Ernst »Erni« Loosens Weine. Der »Blauschiefer« bietet für knapp mehr als zehn Euro eine Moseltypizität, die einem das Wasser im Mund zusammenlaufen lässt. Die Großen Gewächse tragen diese Bezeichnung zu Recht und von Kabinett bis Auslese ist stilistisch alles so präzise auf den Punkt gesetzt, dass man die Weine als Lehrexempel ins Museum stellen könnte. On top dann noch die Legenden aus dem Erdener Prälat. Superb!

96 2015 »Réserve« Erden Prälat Riesling GG
Trotz des noch sehr verschlossenen Zustands des Duftes sind bereits komplexe mineralische Komponenten erkennbar. Dahinter dominieren kräuterwürzige Aromen die (zitrische) Frucht. Im Mund fließt der Wein seidenweich und gehaltvoll, auf einzigartige Weise zugleich straff und voluminös. Immenser Extrakt, extrem fein eingekleidet. 12,5 Vol.-%, NK, €€€€

94+ 2020 »Alte Reben« Ürzig Würzgarten Riesling GG
Blutorange und rosafarbene Grapefruit, ausgeprägt duftig. Im Mund mit enorm viel mineralischem Extrakt, geschliffene Säure, die Süße bleibt defensiv, im Abgang zeigen sich Aromen von Steinstaub und Gewürzkiste, Kreuzkümmel und Piment, aber in einem jugendlich-verschlossenen Stadium. 12,5 Vol.-%, NK, €€€

97 2020 Erden Prälat Riesling Auslese
Differenziert würziger Duft, getrocknete Limone, Kräuterwürze, etwas Salbei, dicht und komplex. Am Gaumen fein ziselierte Frucht, exotische Frucht, Mandarine, Papaya, lebendige Säure, perfekt balanciert und sehr dicht gewoben, großes Potenzial. 9 Vol.-%, NK, €€€€

94 2020 Ürzig Würzgarten Riesling Auslese
Würziger Duft nach südlichen Kräutern, dazu getrocknete Limone, Papaya, Mango. Am Gaumen lebendige Säure, Spannung und Saft, Zitrusfrucht, mineralisch unterlegt, vibrierend und dicht gewoben, dabei elegant, tolle Länge, viel Potenzial. 8 Vol.-%, NK, €€€

94 2020 »Alte Reben« Wehlen Sonnenuhr Riesling GG

93+ 2020 »Alte Reben« Erden Treppchen Riesling GG

93 2020 »Alte Reben« Graach Himmelreich Riesling GG

93 2020 Wehlen Sonnenuhr Riesling Spätlese

93 2020 Ürzig Würzgarten Riesling Spätlese

93 2020 Wehlen Sonnenuhr Riesling Auslese

91+ 2020 Ürzig Würzgarten Riesling Kabinett

91+ 2020 »Blauschiefer« Riesling trocken
Intensiver Duft aus Limettenschale, rosafarbenem Pfirsich, grünem Apfel und Zitrone. Am Gaumen folgen die Aromen der Schieferwürze sowie ein Hauch von Bienenwachs bei herrlicher Mineralik, Salzigkeit und einer prägnanten moseltypischen Säure. Ein Wein mit enorm viel Trinkspaß. 12 Vol.-%, DV, €€

★★

WEINGUT LORENZ

Neustraße 6, 54340 Detzem
T: +49 6507 3802, info@lorenz-weine.com
lorenz-weine.com

Ab-Hof-Verkauf: Mo bis Sa 11–18 Uhr
Kellermeister: Tobias Lorenz
Ansprechpartner: Tobias Lorenz
Hektar: 10 ha

»Handwerklicher Mosel-Stil« bemerkte eine unserer Verkosterinnen zu den Weinen von Tobias Lorenz, der seine zehn Hektar Steillagen um Detzem, Pölich und Trittenheim mit viel Handarbeit und Passion bearbeitet und Weine mit unverkennbarer Handschrift erzeugt, die den Geruch von Schieferwürze und Mosel-Fuder transportieren. Der Winzer beherrscht dabei alle Kategorien von trocken bis edelsüß. Die Riesling-Spätlese aus dem Thörnicher Ritsch löste in der Runde sogar poetische Anwandlungen aus: »Sie zeigt ein Lächeln am Gaumen.« Ein insgesamt starker Auftritt.

91 2020 Trittenheim Apotheke Riesling tr.
Zitrusfrucht in der Nase. Limettenabrieb, Passionsfrucht, etwas Mango, reife Aprikose, auch Feuerstein, reife Mispeln, heißer Schiefer. Schiefrig und würzig auch im Mund mit selbstbewusster Säure und gut korrespondierender Restsüße, ausgewogen, regionaltypisch. 12,5 Vol.-%, DV, €€

91 2020 »Alte Reben« Detzem Maximiner Klosterlay Riesling feinherb
Riecht nach Fuder und Mosel, schieferwürzig, Steinobst, Apfel. Lakritze. Beginnt mit Frische und präsenter Säure, cremig am Gaumen mit guter Substanz, entwickelt Tiefgründigkeit. Noch jung, etwas wild und noch nicht da, wo er hin kommen kann. Handwerklicher Mosel-Stil. 11,5 Vol.-%, DV, €€

88+ 2020 »Zusammensein« Riesling feinherb
Brennnessel in der Nase und etwas reduktiv, Ahornsirup, reifer Apfel, grüner Tee und Schieferwürze. Am Gaumen eher sättigend als animierend, wieder mit Schieferwürze, Honigmelone. Mit seiner Restsüße harmonisch abgerundet und nominiert für die Kategorie »Everybody's Darling«.
12 Vol.-%, DV, €

93 2020 »Alte Reben« Thörnich Ritsch Riesling Spätlese
Klassischer Spätlesestil, für den man etwas Zeit braucht. Intensiver Duft, Würze, Schiefer, reife Zitrusfrucht. »Zeigt ein Lächeln am Gaumen«, notierte ein Verkoster, zeigt die Mosel in einer ursprünglichen Art, die Süße wird von einer aktiven Säure balanciert. 8 Vol.-%, NK, €€

88 2020 Weißburgunder trocken

90 2020 »Blauschiefer« Riesling Kabinett feinherb
Boskoop in der Nase, Sternfrucht, weiße Aprikose, Kiwi und Schieferwürze, etwas Heu. Ein geschmeidiger Kabi-Typ mit feiner Struktur, sauber und klar in der Aromatik, die vibrierende Säure sorgt für Frische, am Sonntag nach dem Gottesdienst. Oder zu Wasabi, Ingwer und Sushi.
10,5 Vol.-%, DV, €

★★★★★

MAXIMIN GRÜNHAUS WEINGUT DER FAMILIE VON SCHUBERT

Maximin Grünhaus 1, 54318 Mertesdorf
T: +49 651 5111, info@maximingruenhaus.de
maximingruenhaus.de

Ab-Hof-Verkauf: Mai bis Okt. Mo bis Fr 8–17 Uhr, Sa 10–16 Uhr
Kellermeister: Stefan Kraml
Ansprechpartner: Maximin von Schubert
Flaschen/Hektar: 150.000 (96 % weiß, 4 % rot)/34 ha

Amelie und Maximin von Schubert beginnen in Grünhaus Akzente zu verschieben, das wird an den neuen Weinen überdeutlich. Und sie tun es mit Verstand: Ein Beispiel ist der Bruderberg Kabinett, der in 2020 aus dem Schatten der höher angesehenen, weil wärmeren Nachbarlagen herauszutreten und mit breiter Brust zu verkünden scheint: Aber Kabinett kann ICH besser! Im (quasi) trockenen Bereich war uns der »Superior« noch einen halben Punkt mehr wert als das außer Konkurrenz verkostete Abtsberg GG. 14 Gramm Restsüße passen wunderbar zu solch strammem Extrakt.

94 2020 »Superior« Maximin Grünhaus Abtsberg Riesling
Eine klassische Fudernase, dazu Hefe und kandierte Zitronenschale, im Mund extrakgetragen, sehr dicht, hintergründig terpenig-ölige Schichten, aber auch Saftigkeit, ein festes Säurerückgrat, intensive Mineralität. 11 Vol.-%, NK, €€€

93+ 2020 Maximin Grünhaus Abtsberg Riesling Spätlese
Im ersten Eindruck hefegeprägt, aber dann kommen recht rasch intensive schieferwürzige und kräuterwürzige Komponenten hervor. Im Mund zeigt der Wein eine hohe Dichte, baut bei pikanter Säure und zurückhaltender Süße große Spannung auf, getragen von mineralischer Frische. Lang.
7,5 Vol.-%, NK, €€€

93 2020 Maximin Grünhaus Abtsberg Riesling Kabinett
Fudergeprägt, Zitronenmelisse, Pfeffer, balsamische Noten. Im Mund mit eindringlicher Saftigkeit, tolles Süße-Säure-Spiel, Spannung und mineralische Frische, salzig, ein Mineraliencocktail aus Rieslingtrauben. Gute Länge.
7,5 Vol.-%, NK, €€

92+ 2020 Maximin Grünhaus Bruderberg Riesling Spätlese
Fudergeprägt und zugleich spätlesefruchtig. Auch Schieferwürze. Am Gaumen ein wahrer Mineraliencocktail, zusätzlich unter Spannung gesetzt von lebendiger Säure und zurückhaltend eingesetzter Süße, eine Spätlese mit Schliff und Frische für die mittlere Lagerdauer. 7,5 Vol.-%, NK, €€€

91 2020 »Grünhäuser« Riesling trocken

90+ 2019 »Réserve« Maximin Grünhaus Pinot Blanc trocken

90 2020 »Schloss« Riesling trocken

88+ 2020 »Maximin« Riesling

92 2019 Maximin Grünhaus Pinot Noir tr.

91+ 2020 Maximin Grünhaus Herrenberg Riesling Kabinett

91+ 2020 Maximin Grünhaus Herrenberg Riesling Spätlese

93 2020 Maximin Grünhaus Bruderberg Riesling Kabinett
Schieferreduktiv und kräuterwürzig im Duft, archetypisch Grünhaus, im Mund straff, dicht, substanziell, dennoch auch mit einem kabinetttypischen Säurezug. Die Süße wird von Säure und Mineralität komplett abgedeckt und tritt nicht isoliert in Erscheinung. Zukunft!
7,5 Vol.-%, NK, €€

★★★★★

WEINGUT MARKUS MOLITOR

Haus Klosterberg, 54470 Bernkastel-Wehlen
T: +49 6532 954000, info@markusmolitor.com
markusmolitor.com

Ab-Hof-Verkauf: Mo bis Fr 10–17 Uhr, sonst nach Vereinbarung
Kellermeister: Markus Molitor
Ansprechpartner: Markus Molitor
Flaschen/Hektar: 450.000 (97 % weiß, 3 % rot)/120 ha

Markus Molitors Lagenkatalog hat enzyklopädischen Umfang, so ist die Verkostung seiner Weine stets auch eine Lehrstunde in Sachen Weingeografie. Im Jahrgang 2020 haben uns der trockene Kabinett und die fruchtige Spätlese aus dem Ürziger Würzgarten zutiefst beeindruckt: Beide Weine vibrieren vor mineralischer Spannung, und selbst in ihrem jugendlichen Zustand deuten sie das zukünftige Aromafeuerwerk an. Kaum zurück stehen die Weine aus Bernkasteler Badstube und Erdener Treppchen. Und das alles ist nur gerade mal ein erster Ausschnitt aus dem 2020er Sortiment!

94+ 2020 »Grüne Kapsel« Bernkastel Badstube Riesling Auslese***
Eine delikat balsamische Würze im Duft mit kräftigen Gesteinsnoten. Die Frucht ist leicht tropisch, leicht zitrisch. Am Gaumen entfaltet der Wein Druck, webt Stoffigkeit und kultivierte Säure in einen vollen, aber nicht breiten Körper. Viel Extrakt, ganz fein in Szene gesetzt. 12 Vol.-%, NK, €€€€

94 2020 »Weiße Kapsel« Erden Treppchen Riesling Auslese**
Apfelkompott und eisenmineralische Aromen, warmer Sandstein, Passionsfrucht und Mango. Am Gaumen druckvoll, feist, reife Säure, kräftiger mineralischer und auch phenolischer Extrakt, Terpenherbe und leichte Süße treffen aufeinander, der noch verschlossene Abgang deutet kommende Großzügigkeit an. 12 Vol.-%, NK, €€€€

93+ 2020 »Weiße Kapsel« Zeltingen Schlossberg Riesling Auslese**
Intensiv balsamisch würzig im Duft, deutlich mehr Schiefer als Frucht. Etwas Blutorange. Am Gaumen weich und weit, geschmeidig mit höchst feiner, seidiger Textur, nahtlos integrierte Säure, mittelgewichtige Frucht. Voll und lang abklingend. 12,5 Vol.-%, NK, €€€

95 2020 »Goldene Kapsel« Ürzig Würzgarten Riesling Spätlese
Der Duft ist intensiv mineralwürzig, nach Luftkontakt auch floral. Im Mund besitzt der Wein eine packende mineralisch geprägte Frische, einen kraftvollen Extrakt, der die Süße komplett dominiert und die Säure unterstreicht. Ein schlafender Gigant. 7,5 Vol.-%, NK, €€

93 2020 »Grüne Kapsel« Bernkastel Badstube Riesling Spätlese Grüne Kapsel
92 2020 »Grüne Kapsel« Zeltingen Himmelreich Riesling Kabinett
92 2020 »Weiße Kapsel« Saarburg Rausch Riesling Spätlese
91+ 2020 »Weiße Kapsel« Zeltingen Sonnenuhr Riesling Spätlese
90+ 2020 »Schiefersteil Weiße Kapsel« Riesling
92 2020 »Goldene Kapsel« Zeltingen Sonnenuhr Riesling Spätlese
91+ 2020 »Goldene Kapsel« Wehlen Sonnenuhr Riesling Kabinett

93 2020 »Weiße Kapsel« Ürzig Würzgarten Riesling Kabinett
Intensiv balsamisch-würzig im Duft, eine rauchige und zitrische Rieslingfrucht trfft auf Schieferwürze und florale Noten. Am Gaumen fließt der Wein schlank und elegant, dabei fest gebündelt mit durchdringender Säure, mit guter mineralischer Definition, Anlagen zu aromatischer Komplexität und ausgezeichneter Länge. 10,5 Vol.-%, NK, €€

WEIN+GUT OSTER

Bachstraße 11, 56814 Ediger-Eller
T: +49 2675 220, info@weingut-oster.de
weingut-oster.de

Ab-Hof-Verkauf: Termin nach Vereinbarung
Kellermeister: Daniel Oster
Ansprechpartner: Daniel Oster
Hektar: 5 ha

Wer sich an dunklen Winterabenden den Sommer zurückwünscht, wird bei Daniel Oster fündig. Durch die gesamte Kollektion zieht sich eine gelbfruchtige Traubenreife, die von den nach Süden ausgerichteten Lagen kündet. Die 2019er Rieslinge aus Calmont und Feuerberg befinden sich derzeit ein wenig in einer Entwicklungsdelle, wie sie etliche Weine dieses potenziell großartigen Jahrgangs momentan ereilt. Hier braucht man einfach ein wenig Geduld. Unmittelbar Spaß machen hingegen die feinherben Rieslinge »Paul« und »Fine« im Laid-Back-Stil.

90 2019 Eller Calmont Riesling trocken
Auch Eller hat seinen Anteil am Calmont, dem steilsten Weinberg der Welt. Der 2019er Riesling zeigt sich gelbfruchtig in der Nase mit leicht laktischen Tönen. Viel Reife am Gaumen, ein bisschen spannungsarm derzeit, aber von tragender Mineralik.
12,5 Vol.-%, KK, €

90 2020 »Paul« Riesling feinherb
Der nur knapp feinherbe »Paul« bietet ein würzige Nase nach getrockneten Kräutern bei feiner Gelbfruchtigkeit. Am Gaumen zeigt sich mehr Spiel und Grip als bei den trockenen 2019ern. Daniel Oster bleibt aber dem kräuterwürzig-reifen Stil treu. 12 Vol.-%, KK, €

89+ 2019 Ediger Feuerberg Riesling trocken
Kräftiges Gelb im Glas. In der Nase hat der Feuerberg reife gelbe Fruchtnoten fast in die Mangorichtung. Sehr cremig und gelbfruchtig auch am Gaumen, Ingwer, Kurkuma, Rosmarin. Wirkt derzeit schon sehr weit gereift, kann sich aber wieder fangen. 12,5 Vol.-%, KK, €

89 2020 »V - Vereinte Vielfalt« feinherb RR/MT/WB
Riesling, Weißburgunder und Müller-Thurgau gemeinsam ausgebaut – das bedeutet zunächst einmal eine schöne Walnussnote in der Nase. Am Gaumen deutet sich der hellpflaumig-elegante Fluss der »Vielfalt« an, die Spannung bleibt aber nicht ganz erhalten. 12 Vol.-%, DV, €

90+ 2020 »Fine« Riesling feinherb
Frischere zitrische Noten hat der Riesling »Fine« in der Nase anzubieten. Am Gaumen ist dies der schönste Wein des Weinguts. Weißer Pfirsich, sehr glatter, lässiger Fluss, harmonisch mit einer spürbaren Süße. Nicht tief, aber cremig und schmeichelnd. 10,5 Vol.-%, KK, €

★★★★

WEINGUT VON OTHEGRAVEN

Weinstraße 1, 54441 Kanzem
T: +49 6501 150042, info@von-othegraven.de
von-othegraven.de

Ab-Hof-Verkauf: Mo bis Fr 8–16.30 Uhr
Kellermeister: Andreas Barth
Ansprechpartner: Andreas Barth
Flaschen/Hektar: 100.000 (100 % weiß)/16 ha

Es ist spannend, die beiden GGs aus Bockstein und Altenberg zu vergleichen: Der majestätische Altenberg zeigt sich mit seiner Schieferwärme jovial, der von Grauwacke geprägte Bockstein hingegen so reserviert und kühl, dass einem unserer Verkoster gleich die Nordic Cuisine einfiel. Beide Weine werden in den kommenden Jahren großen Genuss bringen, und ihr Vergleich obendrein. Auch bei den drei Kabinettweinen sind die Lagencharaktere klar und konturenreich herausgearbeitet, wobei für unseren Geschmack der würzig-pikante Herrenberg aus Wawern den meisten Pfiff hat.

93 2019 Kanzem Altenberg Riesling GG
Zart reduktiv in der Nase, von Primärfrucht keine Spur. Am Gaumen erscheint der Altenberg dichter und offener als sein Pendant aus dem Bockstein, aromatisch fortgeschrittener. Dennoch so straff gehalten, wie es eine warme Lage hergibt, vor allem aber mit markantem mineralischem Rückgrat. 13 Vol.-%, NK, €€€

93 2019 Ockfen Bockstein Riesling GG
Das Bockstein GG präsentiert sich extrem zurückhaltend in der Nase, lediglich zart florale Noten sind wahrnehmbar. Am Gaumen wirkt der Wein komplett trocken, sehr phenolisch, konsequent ohne Schmeicheln. Ein Großes Gewächs für die Nordic Cuisine! 12,5 Vol.-%, NK, €€€

92 2020 Kanzem Altenberg Riesling Spätlese
Neben einer deutlichen Fuderkomponente entfaltet der Wein auch Würzenoten von Chili und Piment, Curry, balsamische Töne, dann auch von rotem Apfel und schließlich rauchig-schieferwürzige Töne. Seidige Süße und reife Säure überlassen im Mund dem mineralischen Extrakt die Bühne. 7,5 Vol.-%, NK, €€€

91+ 2020 Kanzem Altenberg Riesling Kabinett
Der Wein ist im Duft noch verschlossen, deutet aber die Richtung an: balsamische Schiefernoten, roter Apfel. Der Gaumen eröffnet mit einer gewissen Weite, die Wärme der Lage ist präsent, dominiert aber nicht: Saft und Nerv und Mineralik geben Finesse und Bündelung. 7,5 Vol.-%, NK, €€

91 2020 Ockfen Bockstein Riesling Kabinett

92 2020 Wawern Herrenberg Riesling Kabinett
Im Duft geben Fudernoten hefigen, kräutrigen und leicht an den Gewürzschrank erinnernden Tönen (Kardamom) Fassung. Am Gaumen zeigt sich ein straff gebauter, saftiger Kabinett, nicht zu süß in der Abstimmung, mit makelloser Frische und Leichtigkeit. Lang und dabei mineralisch. 7,5 Vol.-%, NK, €€

★★

WEINGUT AXEL PAULY

Hochstraße 80, 54470 Lieser
T: +49 6531 6143, info@wein-pauly.de
wein-pauly.de

Ab-Hof-Verkauf: nach Vereinbarung
Kellermeister: Axel Pauly
Ansprechpartner: Axel Pauly
Flaschen/Hektar: 107.000 (70 % weiß, 15 % rot, 4 % Rosé, 10 % süß, 1 % Schaumwein)/10 ha

Er kombiniere die Erfahrungen seiner Vorfahren mit moderner Wissenschaft, sagt Axel Pauly über sich selbst. Dabei sei er ein echter »Steillagenwinzer«. Ein solcher war schon sein Großvater. Der nannte diese Weinbauern ob ihrer mühevollen Arbeit im Hang »Helden«. Diesen Namen trägt nun einer der Rieslinge aus der entsprechenden Lage. Erstmals im Guide, trifft Axel Pauly mit seiner Kollektion gleich ins Schwarze. »Ich will den Menschen Weine mit Identität bieten«, formuliert der Winzer seinen Anspruch. Das gelingt – ein starker Auftritt!

93 2019 »GG« Lieser Niederberg-Helden Riesling trocken
Zitrusfrucht und reifes Steinobst im kräftigen Duft, Aprikose, Grapefruit, auch Mango zeigen sich, warmer Schiefer. Mit guter Substanz und Dichte am Gaumen, mineralisch, salzig, druckvoll, elegant und auch verspielt mit guter Länge. Wird sich weiterentwickeln. 12,5 Vol.-%, DV, €€€

92 2020 »Helden« Lieser Niederberg-Helden Riesling trocken
Leichtes Goldgelb. Aprikose, Holunderblüte und Apfel in der Nase, Schiefer in der Mittagssonne, Kräuter. Zeigt Saft, gelbe Frucht und Kraft am Gaumen in einem klar definierten Format. Fein ziselierte, am Körper fließende Säure, mineralisch getönt, noch jung, wird zulegen. 12,5 Vol.-%, DV, €€

90 2020 »Tres Naris« Riesling trocken
Reife gelbe Frucht im Duft, Maracuja und Aprikose, auch etwas Honigwaffel, steinige Noten. Zeigt sich in einem schlank gehaltenen Format großzügig mit reifem und süßem Steinobst, die animierende Säure gibt den Takt vor, feine Salzigkeit, Zitrus, elegant, mineralisch. 11,5 Vol.-%, DV, €

91 2018 »Reserve« Spätburgunder trocken
Amarenakirsche mit Walderdbeere, etwas Marzipan und auch Kokosnuss mit Rauch. Betont trocken am Gaumen mit reifem, mehligem Gerbstoff in einer kräftig gebauten Struktur mit guter Substanz. Die feingliedrige Säure sorgt für Pinotgefühl, was im warmen 2018 gar nicht so einfach war. 13,5 Vol.-%, NK, €€€

89 2020 »Generations« Riesling feinherb

91+ 2020 »Steinerd« Bernkastel-Kues Kardinalsberg Riesling feinherb
Würziges und kräutriges Entree, kultivierte Spontinoten, reifes Steinobst, mineralische Anklänge. Zeigt am Gaumen süße reife Frucht, Maracuja, Mango und Aprikose, die konterkariert wird von einer markanten Mineralität und daraus auch seine Spannung bezieht. 11 Vol.-%, DV, €€

★★★

WEINGUT DR. PAULY-BERGWEILER

Gestade 15, 54470 Bernkastel-Kues
T: +49 6531 3002, info@pauly-bergweiler.com
pauly-bergweiler.com

Ab-Hof-Verkauf: Mo bis Sa 14–18 Uhr
Kellermeister: Carl Debus
Ansprechpartner: Stefan Pauly
Flaschen/Hektar: 130.000 (99 % weiß, 1 % rot)/16 ha

Steile Lagen mit Schieferböden und gemäßigte Temperaturen – das alte Weingut profitiert von seinen exzellenten Rebbergen bei Bernkastel und der mittleren Mosel. Dazu kommen niedrige Erträge und Handlese. Pauly-Bergweiler punktet mit mineralischen Weinen, die Trinkfreude bereiten. Wer klassische Moselrieslinge sucht, ist hier gut aufgehoben und die Kollektion des Weinguts ist breit gefächert. Dabei liegen die Spitzen des Sortiments eindeutig im edelsüßen Bereich bei den großartigen Auslesen von der Lage Alte Badstube am Doctorberg.

92+ 2020 »GG« Bernkastel Alte Badstube am Doctorberg Riesling trocken
Reifes Steinobst wie Weinbergpfirsich und Reneklode mit Honigwabe, auch kräutrige und würzige Noten, gelbe Blüten. Bringt am Gaumen Format und Volumen mit, das trefflich gefüllt wird, reife Säure, reife Frucht und die Mineralität der Lage fügen sich patent zusammen. 13,5 Vol.-%, DV, €€€

92 2020 »GG« Ürzig Goldwingert Riesling tr.
Zum reifen Steinobst zeigt sich schon im ersten Duft deutliche Mineralität und Schieferwürze, auch kräutrig, komplex. Dicht und fest gebaut am Gaumen, intensiv mit reifer Aprikose und Pfirsich, klassisches Süße-Säure-Spiel, nuanciert vom mineralischen Eintrag. Gute Länge. 12,5 Vol.-%, DV, €€€

93+ 2020 Bernkastel Alte Badstube am Doctorberg Riesling Auslese AP 21/21
Helles Karamell und weißer Nougat in der Nase mit Pfirsich und Blütenhonig, weiße Blüten. Am Gaumen reife Frucht, die auf weichem Hintergrund elegant mit einer lebhaften Säure transportiert wird, feine Zitrusnoten, Mineralität, eine vielschichtige Auslese. 8 Vol.-%, DV, €€€

93 2020 Bernkastel Alte Badstube am Doctorberg Riesling Auslese AP 22/21
Helle Blüten, kandierte Zitrusfrucht, Orangenschale und Pfirsich, anklingende Mineralität. Saftig und viskos ansetzend am Gaumen, leichte Öligkeit, großzügig, unterlegt von einer reifen, klaren Säureader und mineralischen Noten auf geschmeidigem Fond. Mit Finesse. 8,5 Vol.-%, DV, €€€

90 2020 Bernkastel Alte Badstube am Doctorberg Riesling feinherb

89 2020 »Alte Reben« Ürzig Würzgarten Riesling trocken

89 2020 »Alte Reben« Bernkastel Alte Badstube am Doctorberg Riesling trocken

92 2020 Bernkastel Alte Badstube am Doctorberg Riesling Spätlese

91+ 2020 Graach Himmelreich Riesling Spätlese

90 2020 Bernkastel Alte Badstube am Doctorberg Riesling Kabinett

89+ 2020 Wehlen Sonnenuhr Riesling Kabinett

90 2020 Erden Treppchen Riesling feinherb
Aprikose und Weinbergpfirsich in einem feinwürzigen Ambiente und feiner Schieferwürze. Die straffe und lebendige Säure zieht ihre Bahn in einer schlanken Form, klassisches Süße-Säure-Spiel mit der Mineralität der Lage ergibt ein stimmiges Gesamtbild. 10,5 Vol.-%, DV, €€

★ ★ ★

WEINGUT S. A. PRÜM

Uferallee 25–26, 54470 Bernkastel-Wehlen
T: +49 6531 3110, info@sapruem.com
sapruem.com

Ab-Hof-Verkauf: Mo bis Fr 8–12 Uhr und 13–17 Uhr, Sa 10–16 Uhr
Kellermeister: Eryk Franzen
Ansprechpartner: Saskia A. Prüm
Flaschen/Hektar: 100.000 (100 % weiß)/13 ha

Saskia Andrea (also »S.A.«) Prüm steht in der Nachfolge von Ahnen, die in mehreren Generationen Sebastian Alois hießen. Das zeigt, dass man im Hause Prüm Traditionen zu achten, sie aber auch mit einem guten Schuss Humor zu variieren weiß. Seitdem die junge Frau das Weingut übernommen hat, setzt sie alles dran, dem hochwertigen Lagenportfolio neuen Glanz zu verleihen. Auch mit den 2020ern ist ihr das hervorragend gelungen, wobei uns GG und fruchtsüße Weine gleichermaßen überzeugt haben. Und der Wehlener Ortsriesling ist geradezu ein Musterbeispiel seiner Kategorie!

92+ 2020 Wehlen Sonnenuhr Riesling GG
Gesteinsmehl, etwas Blattgrün, Pfefferminze und Piment, auch Aprikose. Entspannter Auftritt am Gaumen mit klarer Frucht und ausgeruhter Säure, getragen im Stil mit eleganter Entfaltung der Elemente, saftig, mineralisch, jahrgangsgemäß mit mittlerem Druck. 12,5 Vol.-%, NK, €€€

93+ 2020 »Fass 5« Wehlen Sonnenuhr Riesling Auslese
Nuanciert in der Frucht: kandierte Birne, Aprikose, Rosine, schöne Klarheit. Im Mund saftig, nicht im Übermaß viskos, knackige Säure, reiche Süße, präsente taktile Mineralität. Alles ist bereit für Jahre und Jahrzehnte der Flaschenreife. 7,5 Vol.-%, NK, €€

93 2020 »Fass 38« Graach Domprobst Riesling Auslese
Intensiv schieferwürzig im Duft, dazu Noten von Kandiszucker und kandierter Zitronenschale. Im Mund gut balanciert, eher mittelgewichtig in Süße und Schmelz, aber mit einem guten Lagenausdruck, der die Eleganz betont. Guter mineralischer Extrakt. 7,5 Vol.-%, NK, €€

93 2020 Wehlen Sonnenuhr Riesling Spätlese
Der Duft zeigt eine komplexe Zusammenstellung von pfeffriger Schieferwürze und frischen Kräuteraromen (Zitronenmyrte, Melisse). Seidig und rund ansetzend, vereint die Gaumenstruktur-Fülle mit kristalliner Eleganz. Sehr feiner Stil! 7,5 Vol.-%, DV, €€

89 2020 Erden Riesling Kabinett feinherb

91+ 2020 Wehlen Riesling trocken
Anklänge von Spontangärung mit kräutrigen Noten: Aprikose, Melisse und Apfel. Am Gaumen gibt die präsente Säure in einem schlanken, fest gebauten Format den Ton an, salzige Noten, Mineralik, mit feinen Phenolen. Riesling mit Ausdruck und Charakter. 12 Vol.-%, NK, €€

★★★

REBENHOF, JOHANNES SCHMITZ

REBENHOF
JOHANNES SCHMITZ RIESLING

VON WURZELECHTEN REBEN
TROCKEN

Hüwel 2–3, 54539 Ürzig
T: +49 6532 4546, info@rebenhof.de
rebenhof-schmitz.de

Ab-Hof-Verkauf: Mo 10–18 Uhr, Fr und Sa 10–18 Uhr, So 10–13 Uhr, individuelle Termine nach Absprache
Kellermeister: Johannes Schmitz
Ansprechpartner: Johannes Schmitz
Flaschen/Hektar: 50.000 (100 % weiß)/6 ha

Johannes Schmitz ist eine Ausnahmeerscheinung: Auf seinem Ürziger Würzgarten baut er ausschließlich Riesling an, zu drei Vierteln sind es noch wurzelechte Stöcke, von denen manche hier ein Jahrhundert stehen. Der Winzer scheut keine Mühen, um seiner nur mit viel Aufwand und Handarbeit zu bewirtschaftenden Steillage charakterstarke Weine abzuringen. Einer davon ist der Riesling »Von Alten Reben«. Und das ist bei diesem Weingut wörtlich zu nehmen: Die Bezeichnung erhalten Weine hier nur, wenn sie von mindestens 60 Jahre alten Rebstöcken stammen.

91+ 2020 »Von Alten Reben« Ürzig Würzgarten Riesling Spätlese trocken
Helle Frucht in der Nase, Aprikose und Mirabelle mit Apfel, auch kräutrig und schieferwürzig. Zeigt auch am Gaumen Schieferwürze und Phenolik mit feiner Pikanz. Reife Säure, Saft und reife Aprikose. Eine Spätlese mit Stil, Charakter und auch Tiefe. 12,5 Vol.-%, DV, €€

91 2020 Erden Treppchen Riesling Spätlese trocken
Apfel und Mirabelle in der feinfruchtigen Nase, Kräuter und steinige, schiefrige Noten. Elegante und schlank gehaltene Spätlese mit mineralischer Definition und guter Balance von Frische und etwas Süße, feine Phenolik und Herbe. Schöner Fluss mit leicht salzigem Grip. 12 Vol.-%, DV, €€

90 2020 »Von Wurzelechten Reben« Ürzig Würzgarten Riesling Kabinett trocken
Kräutrig in der Nase, etwas Feinhefe, Apfel und Mirabelle. Saftig am Gaumen mit Noten von reifem rotem Apfel und etwas Limettensaft. Die ausgewogene Säure führt geschmeidig durch die schlanke Struktur. Unaufgeregter Kabinett mit feiner Mineralität. 11,5 Vol.-%, DV, €€

89+ 2020 »Vom Grauen Schiefer« Riesling Kabinett
Apfel, Zitrusfrucht und Steinobst (Pfirsich und Mirabelle) in der Nase, mit steiniger Würze. Saftig und mit schöner Würze und Mineralität am Gaumen, etwas Limettensaft kommt zur präsenten Säure, geschmeidig und zugänglich im Charakter. 8 Vol.-%, DV, €€

89+ 2020 »Vom Roten Schiefer« Ürzig Würzgarten Riesling Kabinett feinherb

90 2020 »Zero« Riesling Kabinett trocken
Apfel, Zitrusfrucht, Grapefruit in der Nase mit Aprikose. »Zero« meint den betont trockenen Ausdruck am Gaumen, beinahe durchgegoren, schlank gebaut, zieht seinen Reiz aus der puristischen und belebenden Art, mit präsenter Säure und würziger Mineralität. 12 Vol.-%, DV, €€

★★★

WEINGUT F. J. REGNERY

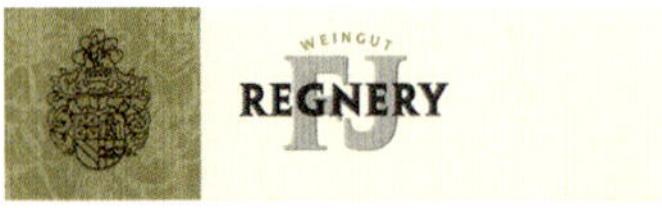

Mittelstraße 39, 54340 Klüsserath
T: +49 6507 4636, mail@weingut-regnery.de
weingut-regnery.de

Ab-Hof-Verkauf: Sa 10–18 Uhr und nach Vereinbarung
Kellermeister: Peter Regnery
Ansprechpartner: Peter Regnery
Flaschen/Hektar: 53.000 (58 % weiß, 38 % rot, 2 % Rosé, 2 % Schaumwein)/9 ha

Man reibt sich die Augen: Peter Regeny hat den Anteil roter Reben noch einmal gesteigert – auf 40 Prozent! Jetzt arbeitet er außer mit Spätburgunder auch mit Cabernet Sauvignon und Syrah. In einem »natürlichen Amphitheater des Moseltales«, acht Hektar in der Schieferlage Klüsserather Bruderschaft mit bis zu 83 Prozent Hangneigung, entsteht eine abwechslungsreiche Kollektion, in der auch der Riesling zu überzeugen mag: Spannend ist der Vergleich der dichten Jahrgänge 2020 und 2019, unser Preistipp indes ist ein Typus von spielerischer Leichtigkeit.

93 2019 »Großes Gewächs« Klüsserath Bruderschaft Riesling trocken
Das »Große Gewächs« hängt immer ein Jahr hinterher und stammt von 2019. In der Nase sehr mineralisch, kräuterbetont und mit einem Touch Petrol. Im Mund sehr elegant, hohe Reifeanmutung und moselüblich harmonische Restsüße, aber wunderbar eingebunden. 12,5 Vol.-%, NK, €€€

92 2020 »Alte Reben« Klüsserath Bruderschaft Riesling trocken
Nominell eine trockene Auslese aus 99 Jahre alten Reben. In der Nase zeigen die alten Reben einen würzigen und dichten Stoff, zarte Pfirsichnoten und viel Mineralik. Am Gaumen mit ausgewogenem Süße-Säure-Spiel, dabei weiterhin dicht und feinmaschig. 12 Vol.-%, NK, €€

92 2010 »Großes Gewächs« Klüsserath Bruderschaft Riesling trocken
Intensives Gelb im Glas bei diesem lang gereiften Riesling. Deutliche Tertiärnoten in der Nase, Firn, Laktik, dahinter kräutrige Gelbfrucht. Im Mund ist der 2010er extrem weich, ein seidiges Mango-Sofa, aber keinesfalls matt. Ein Laid-Back-Wein. 13 Vol.-%, NK, €€€

91 2018 Klüsserath Bruderschaft Pinot Noir Auslese trocken
Recht dunkel für einen Pinot mit ins reife Granat gehenden Tönen am Rand. Hohe Reife auch in der Nase, ätherisch, getrocknete Feige, Holundermark, Gewürznelke. Am Gaumen prägen die präsenten Tannine den Wein, Unterholz, wenig Frucht, sehr ernsthaft. 13,5 Vol.-%, NK, €€€

90+ 2019 Klüsserath Bruderschaft Riesling Auslese

91+ 2020 »Edition Michelskirch« Riesling feinherb
Der Feinherbe bietet reife Pfirsichnoten in der Nase, lässt aber Spannung erahnen. Feine Schieferwürze mischt sich mit dem Pfirsich am Gaumen, sehr spielerisch aufgelegt, lebendig, die Fruchtsüße von einer feinen Säure gekontert. Macht Spaß! 11 Vol.-%, DV, €€

★

WEINGUT REH

Weierbachstraße 12, 54340 Schleich
T: +49 6507 99110, weingut-reh@t-online.de
weingut-reh.de

Ab-Hof-Verkauf: nach Vereinbarung
Kellermeister: Winfried und Lukas Reh
Ansprechpartner: Winfried und Lukas Reh
Hektar: 10 ha

Das Weingut Reh steht für klassische, stimmige Moselstilistik. Auf neun Hektar Weinbergen von Schleich bis Mehring an der Moselschlaufe baut die Familie überwiegend Riesling an, zur Hälfte auf Steilhängen und Terrassenlagen. Von hier kommt eine Layet Riesling Spätlese trocken, die so gut ist, dass sie sich mit manchem Großen Gewächs messen kann. Auch die süße Spätlese vom Zellerberg kann punkten. Eine historische Besonderheit: Zum Weingut gehört ein Hektar im Blattenberg, auf dem wurzelechte Rieslingreben aus dem Jahr 1900 stehen.

89+ 2020 »Alte Reben« Mehring Zellerberg Riesling Spätlese feinherb
Würziger Duft mit reifem Steinobst, Weinbergpfirsich und Maracuja, auch ein leicht ätherischer Ton. Saftige und reife Aprikose zeigt sich am geschmeidigen Gaumen mit weicher Säure und gemütlicher Süße. In sich stimmig, ein Wein, der einem über einen langweiligen Sonntagnachmittag verhilft.
12,5 Vol.-%, NK, €

89 2020 »Schieferterrassen« Riesling halbtrocken
Reife Aprikose, Pfirsich und Honigsüße im reichhaltigen Duft, etwas Ahornsirup und kräutrige Anklänge, etwas frischer Thymian. Stimmig und ausgewogen am Gaumen, die Elemente und Proportionen passen gut zueinander mit schöner Frucht, Würze, Frische und Süße. 11,5 Vol.-%, DV, €

89 2020 »Schieferterrassen« Riesling tr.
Im Duft zunächst noch verschlossen, Apfel und auch Steinobst mit kräutrigen Anklängen und nassem Stein. Fruchtig und saftig am Gaumen mit Aprikose und Apfel in einer schlanken Struktur, klassischer Stil mit frischer Säure und etwas Süße, mineralisch und würzig unterlegt.
12 Vol.-%, DV, €

92 2020 Mehring Zellerberg Riesling Spätlese
Aprikose, Pfirsich, Ahornsirup und Honigsüße im getragenen Duftbild, auch etwas Datteln und gebrannte Mandeln. Spätlese mit guter Balance von Frische, Reife und Süße, großzügig und mit einer gewissen Viskosität, aber auch gut geleitet von der vitalen Säure. Gutes Spannungsverhältnis.
8,5 Vol.-%, NK, €

88 2020 Weißburgunder trocken

92 2020 Mehring Blattenberg Layet Riesling Spätlese trocken
Fruchtige und präzise Nase, Mango und Aprikose zeigen sich, würzige und steinige Anklänge. Am Gaumen kräftig und stabil strukturiert mit guter Dichte, saftig, engmaschig verwoben mit feingliedriger Säure auf mineralischem Hintergrund. Gute Länge. Schöne Moselklassik.
13 Vol.-%, NK, €

★★

REIS – FEINE WEINE!

Hauptstraße 225, 56867 Briedel
T: +49 6542 41188, info@reisfeineweine.de
reisfeineweine.de

Ab-Hof-Verkauf: nach Vereinbarung
Kellermeister: Achim Reis
Ansprechpartner: Achim Reis
Flaschen/Hektar: 60.000 (60 % weiß, 10 % rot, 10 % Rosé, 10 % süß, 10 % Schaumwein)/8 ha

Alle drei geschmacklich trockenen Rieslinge kommen in der Halbliter-Schlegelflasche auf den Tisch. Man muss sich also etwas zurückhalten bei der Trinkgeschwindigkeit – aber leichte und »süffige« Kost ist dies ohnehin nicht, die Weine zeigen sich eher geschmeidig gleitend. Die Mineralität aus Spitzenlagen wie Winninger Uhlen, Bremmer Calmont und Ürziger Würzgarten schwingt mit, steht aber nicht im Vordergrund. Ein Händchen hat Achim Reis auch für die edelsüßen Weine: Die höchste Bewertung zückten wir für die umwerfend charmante Beerenauslese.

91+ 2019 Winningen Uhlen Riesling trocken
Dichte, vollreife Pfirsichfrucht in der Nase, dazu etwas Angelika und weißer Pfeffer. Wenn es am Winninger Uhlen nicht reif wird, dann wird es das nirgends sonst an der Mosel! Auch im Mund getragen von einer dichten, weichen und geschmeidigen Pfirsichfrucht.
13,5 Vol.-%, NK, €€

91 2020 Bremm Calmont Riesling feinherb
Sattes Gelb im Glas und eine intensiv feinfruchtige Nase nach weißem Pfirsich und etwas Lindenblütenhonig. Im Mund bietet der Feinherbe aus der spektakulären Lage eine beachtliche Viskosität bei viel gelbfruchtigem Saft, gleitet dann elegant aus. 11,5 Vol.-%, NK, €€

95 2015 »Von Alten Reben« Riesling Beerenauslese
Bernsteinfarben, kandierte Frucht, kräutrig, auch buttrig. Sehr cremig am Gaumen, viskos, beinahe ölig, die tiefe Säure sorgt für Balance, dunkelwürzig, getrocknete Datteln und Feigen. Ist auf dem Punkt, braucht nicht weiter gelagert zu werden. 8 Vol.-%, NK, €€€

93 2018 Ürzig Würzgarten Riesling Trockenbeerenauslese
Petrolig im Duft, aber auch roter Apfel, Kräuter, im Mund hoch konzentriert, kernige Säure, präsente, aber nicht überwältigende Süße, Thymian und Salbei, saftige Auflösung, mineralische Noten, gute Länge. 7,5 Vol.-%, NK, €€€

89+ 2018 »Cuvée Barrique« trocken PN/DU

90+ 2020 »Furztrocken!« Ürzig Würzgarten Riesling trocken
Auch den Tipp gibt es leider nur in der Halbliterflasche. In der Nase nimmt man reifen Apfel und zerstoßene Korianderkörner wahr. Im Mund wird die zu Beginn tatsächlich knochentrockene Art ergänzt von einer gelbfruchtigen Cremigkeit. Richtig geschmeidig diesmal! 13 Vol.-%, NK, €€

★★

WEINGUT REVERCHON

WEINGUT
REVERCHON
FILZENER KABINETT
2020 · RIESLING

Saartalstraße 2–3, 54329 Konz
T: +49 6501 923500, kontakt@weingut-reverchon.de
weingut-reverchon.de

Ab-Hof-Verkauf: Mo bis Fr 8.30–16.30 Uhr
Kellermeister: Ralph Herke
Ansprechpartner: Hans Maret
Flaschen/Hektar: 105.000 (94 % weiß, 6 % rot)/19 ha

Das für Saar-Verhältnisse recht große Weingut, seit einiger Zeit Mitglied bei Fair'n Green, hat uns in diesem Jahr ein eher überschauberes Sortiment ohne fruchtsüße Spitzen zugeschickt. Das bedeutet andererseits, dass sich auch preislich alles im Bereich von weniger als 15 Euro ab Hof bewegt. Den besten Eindruck der grundsoliden und regionstypischen Kollektion machte dabei der feinherbe Ortskabinett aus Filzen. Hier zeigt sich eine geschmeidige Saftigkeit und Dichte, die bereits gut ahnen lässt, wozu die Lagenweine imstande sind.

91 2020 Filzener Kabinett Riesling feinherb
Die steinigste, mineralischste Nase aller trockenen und feinherben Rieslinge des Weinguts. Etwas weniger blütig dafür. Geschmeidig und seidig im Mund gleich beim ersten Schluck. Apfelaromen bleiben präsent, eingebunden in eine elegante Materie. 10 Vol.-%, DV, €€

90 2020 »Alte Reben« Filzen Herrenberg Riesling halbtrocken
Eine noble Zurückhaltung kennzeichnet den Herrenberg in der Nase. Im Mund tauschen die Apfelnoten gegenüber dem Saar-Riesling die Farbe, werden gelb mit leichtem Honigabgang. Steht sensorisch mit einem Fuß im trockenen Bereich. Entwicklungspotenzial! 12 Vol.-%, DV, €€

89 2020 »Saar« Riesling trocken
Helle Nase, weißblütig, aber mit dunkleren Mineraliktönen im Hintergrund. Im Mund zeigt sich der Saar-Riesling aromatisch eher auf der grünen Seite mit Apfel und Brennnessel. Die analytischen 8,8 Gramm Restsüße werden vom Säuregerüst komplett absorbiert. 11,5 Vol.-%, DV, €€

89 2019 Spätburgunder trocken
Spätburgunder ist an der Saar immer noch eine Ausnahme. Einen guten Hektar hat das Weingut allerdings auch in Rot bepflanzt. Kräutrige Nase mit Holunderholz und Lorbeer. Am Gaumen scheint Pflaume leicht durch, aber es bleibt primär herbal. 12 Vol.-%, KK, €€

89 2020 »Saar« Weißburgunder trocken

90 2020 »Saar Mineral« Riesling feinherb
Florale Nase mit mineralischen Anklängen, sogar leicht in die aprikosige Richtung gehend. Am Gaumen mit einer schönen Saftigkeit, unmittelbar antrinkbar, der ideale Terrassenwein, gut balanciert. Macht Spaß!
11 Vol.-%, DV, €€

DR. MARION UND ALEXANDER RINKE

Hauptstraße 4, 54318 Mertesdorf
T: +49 151 011-1181457 oder +49 0151 18305335,
info@rinke-weine.com, weingut-rinke.de

Ab-Hof-Verkauf: nach Vereinbarung
Kellermeister: Dr. Marion Rinke, Alexander Rinke, önologische Beratung Alexander Strohschneider
Ansprechpartner: Alexander Rinke
Flaschen/Hektar: 29.000 (75 % weiß, 6 % rot, 4 % Rosé, 15 % Schaumwein)/5 ha

Zum ersten Mal angetreten ist das Weingut Rinke, das von Dr. Marion und Alexander Rinke in Mertesdorf betrieben wird. Die beiden rekultivierten 2006 im Langsurer Brüderberg eine brachgefallene Steillage und pflanzten dort auf Muschelkalk überwiegend Chardonnay mit alter burgundischer Genetik an. Später kamen noch Reben an der Saar dazu, die dort auf Schiefer stehen. Wir verkosteten sehr individuelle Weine wie den betont trockenen und charakterstarken Riesling aus dem Wiltinger Klosterberg, die alle von deutlicher Mineralik geprägt sind. Gutes Debüt!

89 2017 »Passion Saar« Riesling extra brut

Im Glas eine feine Perlage. In der Nase ein Duft von reifem Apfel, Haselnuss-Brioche und gelbem Pfirsich. Am Gaumen mit Körper ausgestattet mit nicht alltäglicher Aromatik von Birnenschale, Bittermandel und Süßholz. Von ausreichender Säure getragen bei erkennbarem Mousseux.
12,5 Vol.-%, NK, €€€

91 2019 »Alte Reben Limited Edition 1996« Wiltingen Klosterberg Riesling unfiltriert trocken

In der kräftigen Nase viel Hefe, reifer Pfirsich, auch Gewürze, etwas Safran und Kreuzkümmel. Betont trocken am Gaumen mit starker Mineralität, phenolische Schichtung, salzig, die Säure sitzt da, wo sie sitzen muss. Eigenwillig, tiefgründig und charakterstark. 11,5 Vol.-%, DV, €€

90 2018 »Muschelkalk patience« Langsur Brüderberg trocken CH/WB/PG/VI

Ein Hauch von Rosenblättern in der Nase mit Aprikose und Apfel, reife Zitrusfrucht, feiner Rauch. Im Mund cremig, mit gut eingewobener Restsüße, die Säure ist reif. In der Gaumenmitte mineralische Würze, die nachhallt. Nicht so einfach gestrickt, wie man beim ersten Schluck denken könnte.
13 Vol.-%, DV, €€

89+ 2019 Langsur Brüderberg Gemischter Satz trocken CH/WB/PG/VI

Zurückhaltende Primärfrucht in der Nase, steinige Noten, Limettenschale, Weinbergkräuter, Aprikose, Apfelschale und etwas Birne. Am Gaumen mit schöner Mineralität, die sich auf einem weichen Fond entfaltet. Unaufgeregt mit einer leicht salzig konnotierten Säure, innere Werte.
12 Vol.-%, DV, €€

89 2018 »S Réserve« Langsur Brüderberg tr. CH/PG/WB/VI

89 2019 »Wild auf Schiefer« Oberemmel Altenberg Riesling Kabinett trocken

Etwas Hefe und Zitrusfrucht in der Nase, Apfel und Steinobst mit kräutrigen Noten. Schlank gebaut am Gaumen mit einer straffen Struktur, die auf alles Unnötige verzichtet. Klar im Ausdruck, die Säure ist gebirgsquellartig, etwas Grapefruit, mineralisch grundiert. 10,5 Vol.-%, DV, €€

★★

WEINGUT RÖMERHOF

Burgstraße 2, 54340 Riol
T: +49 6502 2189, mail@weingut-roemerhof.de
weingut-roemerhof.de

Ab-Hof-Verkauf: nach Vereinbarung
Kellermeister: Franz-Peter und Daniel Schmitz
Ansprechpartner: Franz-Peter und Daniel Schmitz
Flaschen/Hektar: 100.000 (80 % weiß, 20 % rot)/11 ha

Eine schöne Überraschung hat uns Familie Schmitz mit ihrer diesjährigen Kollektion bereitet. Schon im letzten Jahr konnten wir die im besten Sinne preiswerten Weine des Hauses umfassend loben. Im Jahrgang 2020 standen die Weinzeichen an der Mosel nun eher auf filigraner Finesse anstatt dichter Würze. Unter diesen Umständen freut es uns umso mehr, dass mit dem »Constantin« der trockene Spitzenwein des Hauses wiederum performen konnte. Weniger eigenwillig, aber ganz dem ruhigen Weingutsstil verschrieben: unser Tipp, der saftige Feinherbe.

92 2020 »Constantin« Mehring Zellerberg Riesling trocken

Der »Constantin« besticht mit viel Eleganz bereits in der Nase. Der Holzfassausbau ist spürbar und lässt auch keine Frucht vorscheinen, dominiert aber nicht. Ruhig am Gaumen, Dichte mit beginnender Tiefe, ein kleiner phenolischer Kick. Individuell. 12,5 Vol.-%, NK, €€

91 2020 »Alte Reben« Riesling trocken

Der Diam 10 als Verschluss zeigt: Auch Familie Schmitz glaubt nicht, dass man die »Alten Reben« im ersten Jahr trinken muss. Elegante und dichte Nase, mehr Kräuter als Frucht. Am Gaumen mit einem schönen Grip, Mandel, Anis, Mineralität. Konsequent! 12,5 Vol.-%, DIAM, €€

92 2020 »No. 1« Longuich Maximiner Herrenberg Riesling

»No. 1« prangt vorn auf dem Etikett und zeigt unmissverständlich die beste Spätlese des Weinguts an. In der Nase leicht Aprikose. Am Gaumen gibt es viel Saft und eine komfortable Süße, die aber moselpikant von der Säure im Zaum gehalten wird. 8 Vol.-%, DIAM, €€

91 2020 Mehring Zellerberg Riesling Spätlese

Die Spätlese aus dem Mehringer Zellerberg präsentiert zartfruchtige Aromen in der Nase von gelbem Apfel und Aprikose. Am Gaumen ist der Wein recht viskos und dicht, zeigt eher apfelige Noten und klingt trockener als erwartet aus. 9 Vol.-%, DIAM, €

90 2020 »vom grauen Tonschiefer« Riesling feinherb

91 2020 »Felsenterrasse« Mehring Zellerberg Riesling feinherb

Kaum Frucht in der Nase, leicht Apfel, Anis und Engelwurz. Am Gaumen ist dies der saftigste, dichteste, derzeit zugänglichste Wein der Römerhof-Kollektion. Etwas Pfirsich und Orangenschale, Nougat von Montélimar, klingt ruhig und elegant aus. 11,5 Vol.-%, DIAM, €€

★★★

WEINGUT SCHLOSS SAARSTEIN

54455 Serrig
T: +49 6581 2324, weingut@saarstein.de
saarstein.de

Ab-Hof-Verkauf: nach Vereinbarung
Kellermeister: Christian Ebert
Ansprechpartner: Christian Ebert
Hektar: 10 ha

Auf Christian Ebert, der das hoch über der Saar thronende Weingut Schloss Saarstein in zweiter Generation leitet, ist Verlass: Sein Großes Gewächs vom Riesling wirkt wie aus einem Guss und ist für ein langes Leben bestimmt. Damit spielt der Winzer an der Mosel wieder im Konzert der Besten mit! Charmant und herkunftsbezogen zeigt sich der Riesling »Grauschiefer« mit mineralischer Würze. Auch die edelsüße Aus- und Spätlese vermitteln das mineralische Timbre der Monopollage Schloss Saarstein, die für Christian Ebert »der beste Platz der Welt ist«.

93+ 2020 Serrig Schloss Saarsteiner Riesling GG
Im Duft trifft ein Schuss Schieferwürze auf eine Frucht, die an geriebene Zitronenschale, frische Trauben und eine klein wenig an Rosine erinnert. Im Mund wirkt der Wein aus einem Guss: Cremiger Fond, Nerv und feinkörnige Phenole bleiben lange kompakt vereint. Potenzial! 13 Vol.-%, NK, €€€

91+ 2020 »Alte Reben« Serrig Schloss Saarsteiner Riesling
Würzig und mit eher dunkler Aromatik, Mineralik und Kräutern in der Nase. Saftig am Gaumen mit präsenter Aprikose und einem schönen Zusammenspiel von Frische und nicht zu hoch dosierter Süße. Bezieht seine Spannung aus der Mineralität, feine Phenole, bleibt am Gaumen. 12 Vol.-%, NK, €€

92 2020 Serrig Schloss Saarsteiner Riesling Auslese
Aprikose mit Honigsüße und Mandelgebäck in der Nase, auch helle Blüten und etwas Melisse kommen dazu. Die lebhafte Säure übernimmt am Gaumen die Regie und balanciert die fruchtige Süße, ein genussvolles Duett, das sich bis ins Finale zieht, mineralisch getönt. 7,5 Vol.-%, DV, €€€

92 2020 Serrig Schloss Saarsteiner Riesling Spätlese
Etwas Orangeat mit Schieferwürze und reifem Steinobst in der Nase. Schöne, klassische Spätlese mit Saft, Schmelz und trefflicher Balance von Säure und Süße. Reifer Pfirsich und auch reife Mango treffen auf Mineralität. Gute Länge, sicheres Reifepotenzial 7,5 Vol.-%, DV, €€

89+ 2020 Schloss Saarsteiner Riesling Kabinett feinherb

89+ 2020 Serrig Saarstein Pinot Blanc trocken

89 2020 Serrig Schloss Saarsteiner Riesling trocken

89+ 2020 Serrig Schloss Saarsteiner Riesling Kabinett

90 2020 »Grauschiefer« Serrig Schloss Saarsteiner Riesling trocken
Im Duft zunächst Schieferwürze, Kräuter und zitrische Noten, eher dunkle Mineralik, dazu kommt Aprikose. Leicht in der Struktur, reichhaltig und saftig im Inhalt mit einer präsenten Säure, salzig und mineralisch unterlegt. Charmant und herkunftsbezogen. 11,5 Vol.-%, DV, €€

★★

WEINGUT VON SCHLEINITZ

Kirchstraße 15–17, 56330 Kobern-Gondorf
T: +49 2607 972020, info@vonschleinitz.de
vonschleinitz.de

Ab-Hof-Verkauf: nach Vereinbarung
Kellermeister: Martin Gerlach
Ansprechpartner: Martin Gerlach
Flaschen/Hektar: 130.000 (80 % weiß, 20 % rot)/22 ha

Das Weingut von Schleinitz geht auf die Mitte des 17. Jahrhunderts zurück, den Namen trägt es seit 1956. Auf seinen exzellenten Parzellen – steilen Terrassenlagen wie Koberner Uhlen und Koberner Weißenberg – werden überwiegend traditionelle Rebsorten wie Riesling, Spät- und Weißburgunder angebaut. Aus diesen günstigen Bedingungen kann seit 2017 Martin Gerlach schöpfen. Der Weinküfermeister versteht es besonders mit seinen Rieslingen, das schieferwürzige Terroir herauszuarbeiten. Unser Tip »Nitor« vereinigt Zugänglichkeit mit hohem Anspruch.

91 2020 »R« Kobern Uhlen Riesling
Weinbergpfirsich mit Aprikose in der reifen Nase, mit Schieferwürze. Mit guter Komplexität am Gaumen, verbindet Dichte, Mineralität und reife Frucht, die merkliche Restsüße wird von der reifen Säure begleitet. Zeigt den Uhlen und die Terrassenmosel, viel Wein. 12,5 Vol.-%, DV, €€

90 2020 Kobern Uhlen Riesling
Kräutrige Noten in der Nase, Apfel, Apfelschale, Pfirsich und ein wenig Kümmelsaat. Zeigt am Gaumen schöne Frucht, Würze und Schiefermineralik, auch Schmelz und Süße, aber deutlich vom Terroir geprägt. Schlank gebaut, harmonisch abgerundet durch die merkliche Süße. 12 Vol.-%, DV, €€

89+ 2020 Pinot Noir trocken
Viel Kirschfrucht in der Nase, auch Blaubeere und etwas Schlehensaft. Auch am Gaumen mit frischer und klarer Frucht, präzise im Ausdruck mit einer feingliedrigen Säure in einem schlank gefassten Körper, saftig und mineralisch unterlegt, mittlere Dichte, elegant. 12 Vol.-%, DV, €

90+ 2020 Kobern Weißenberg Riesling
Kräutrig in der Nase mit Apfel und auch Apfelschale, dazu kommt reifes Steinobst wie Pfirsich. Ein differenziertes und vielschichtiges Spektrum am Gaumen mit Süße, Mineralität und phenolischen Einträgen. Die feingliedrige Säure hält das Gleichgewicht. 11 Vol.-%, DV, €

89 2020 »Dangerous« Riesling

89 2020 Kattenes Fahrberg Riesling

89 2020 Riesling feinherb

88+ 2020 Grauburgunder trocken

88+ 2020 Riesling trocken

88 2020 Weißburgunder

89 2020 »Nitor« Riesling trocken
Zitrusfrucht und Steinobst in der Nase mit würzigen Noten, Gesteinsmehl. Zeigt am Gaumen Frucht, Würze und Mineralität in einer schlanken und bündigen Form, die lebendige Säure verläuft eng am Körper, feine Phenole zeigen sich. Verbindet Zugänglichkeit mit Anspruch. 12 Vol.-%, DV, €

WEINGUT SCHNEIDERS-MORITZ

Zehnthofstraße 8, 56829 Pommern
T: +49 2672 93660, info@schneiders-moritz.de
schneiders-moritz-wein.de

Ab-Hof-Verkauf: Mo bis Fr 8–18 Uhr
Kellermeister: Kilian Moritz
Ansprechpartner: Kilian Moritz
Flaschen/Hektar: 93.000 (80 % weiß, 5 % rot, 5 % Rosé, 5 % süß, 5 % Schaumwein)/10 ha

Der älteste Weinberg des Weinguts Schneiders-Moritz, der Pommerner Rosenberg, wurde zwischen 1850 und 1860 gepflanzt, dort stehen noch wurzelechte Reben. Er ist damit einer der ältesten wurzelechten Rieslingweinberge in Deutschland und immer noch intakt. »Dieser historische Schatz wird von uns sorgsam behütet und gepflegt«, sagt Kilian Moritz, Jahrgang 1984, der für den Weinanbau und -ausbau verantwortlich ist und beinahe zehn Hektar Rebfläche bewirtschaftet. In einer stimmigen Kollektion hat uns der tiefgründige Riesling aus dem Rosenberg am besten gefallen. Chapeau!

91+ 2019 Pommern Rosenberg Riesling tr.
Noten von Spontangärung, kräutrig, hefig, malzig, mit Apfel und Apfelschale, Brotrinde und mineralische Anklänge. Zeigt am Gaumen die Mineralität und den Charakter der beinahe 120 Jahre alten Rebstöcke, saftig, würzig mit feingliedriger Säure, mittelgewichtig im Extrakt. Tiefgründig. 12 Vol.-%, NK, €€

90 2020 Pommern Sonnenuhr Gewürztraminer Auslese feinherb
Zeigt das Bukett der Rebsorte in schöner Ausformung mit Reife und Würze, Litschi, Cassis und Mango. Zeigt sich am Gaumen für eine Auslese verspielt mit präsenter Säure, Schmelz und süßer Frucht, auch viel Würze. Ein Gläschen zur Andacht oder immer zum Käse. 12,5 Vol.-%, NK, €€

88+ 2019 »Eine gute Zeit« Cuvée feinherb RR/SB/WB/TR
Dass diese Cuvée vom Riesling dominiert wird, zeigt sich auch in der fruchtigen Nase mit reifem Steinobst, gelben Blüten und Rosenblättern. Fruchtig und süßlich auch am Gaumen mit animierender Säure, wuchert nicht mit Substanz, aber zeigt sich unbeschwert und beschwingt. 12 Vol.-%, DV, €

91 2019 Klotten Brauneberg Riesling Auslese
Aprikose und etwas Ahornsirup in der Nase mit Tannenhonig und etwas Trockenfrucht. Zeigt sich am Gaumen beweglich mit einer präsenten Säure, eher im Stil einer Spätlese mit schönem Fluss und mittlerer Konzentration. Kann man sich gut zum Käseteller vorstellen. 8,5 Vol.-%, NK, €€

88 2020 Riesling

89+ 2020 »Mons Martis« Riesling trocken
Grapefruit und Pfirsich in der Nase mit Maracuja und feiner Würze. Kräftig gebaut am Gaumen, betont trocken, beinahe durchgegoren, präsente Säure, salzige Noten, puristisch, kaum Gaumenfrucht, mittelgewichtig im Extrakt. Betont die mineralische Seite. 13 Vol.-%, DV, €

★★★★

WEINGUT WWE. DR. H. THANISCH ERBEN MÜLLER-BURGGRAEF

Junkerland 14, 54470 Bernkastel-Kues / Andel
T: +49 6531 9179010, office@dr-thanisch.de
dr-thanisch.de

Ab-Hof-Verkauf: nach Vereinbarung
Kellermeister: Maximilian Ferger, Edgar Schneider
Ansprechpartner: Maximilian Ferger
Flaschen/Hektar: 90.000 (95 % weiß, 5 % rot)/16 ha

Waren wir in der letzten Ausgabe noch voll des Lobes über die Weine aus dem Bernkasteler Doctor, sind wir uns diesmal gar nicht so sicher. Da hatte das Team um Kellermeister Maximilian Ferger uns zwei Weine aus der Nachbarlage Graben geschickt – und beide schlugen sich über alle Maßen erfreulich. Die gutsinterne Konkurrenz soll uns aber nur recht sein, denn profitieren dürften davon alle, die an gutem Moselriesling interessiert sind. Ein bisschen ungewohnt, aber vielversprechend: der spürbare Holzeinsatz bei den Großen Gewächsen.

93 2019 »GG« Bernkastel Graben Riesling tr.
Leicht Vanille und eine aprikosenwürzige Reife in der Nase. Am Gaumen fein gewirkt, ein wenig Holzeinfluss, pikantere Würze als bei der Lay, dunkler ausgerichtet. Braucht noch Zeit, bis zur Harmonie, ist aber sehr vielversprechend. 12,5 Vol.-%, NK, €€€

92 2019 »GG« Bernkastel Lay Riesling tr.
Intensives Gelb bringt das Große Gewächs aus der Lay ins Glas. Sehr spannende Nase mit Elementen von Koriander, Liguster und Vanille, die zitrische Frucht folgt erst dahinter. Am Gaumen mit reifer und weicher Säure, spürbar Holzeinfluss, individuell. 12,5 Vol.-%, NK, €€€

92 2020 Berncastel Doctor Riesling Spätlese
Eine pikante Weiße Johannisbeernote kennzeichnet die Doctor Spätlese in der Nase. Jene bleibt auch am Gaumen bestimmend, ergänzt von Schiefermineralik und Kräuterton. Noch leichtes Nebeneinander von Süße, Säure und Phenolik – aber sichere Zukunft! 8 Vol.-%, NK, €€€

91 2020 Berncastel Doctor Riesling Kabinett
Der Kabinett aus der Klassiker-Lage zeigt sich in der Nase sehr floral, animierend und fast verspielt. Am Gaumen wirkt der Wein extrem jung. Aromen von Limette und grüner Pflaume bei einer für einen Kabinett beachtlich hohen Süßeanmutung. Abwarten. 8 Vol.-%, NK, €€€

90 2018 Riesling Sekt brut

90+ 2020 Bernkastel Riesling Kabinett feinherb

90 2020 »Dr. Thanisch« Riesling feinherb

89+ 2020 Bernkastel Riesling Kabinett tr.

88 2020 Pinot Noir Rosé feinherb

90 2018 Pinot Noir trocken

91 2020 Bernkastel Badstube Riesling Kabinett

93 2020 Bernkastel Graben Riesling Spätlese
Ausgesprochen vielversprechend in der Nase mit eher dunkler Mineralik und viel kräutriger Würze. Im Mund wirkt die Graben-Spätlese beschwingter als die Kabinette. Noten von Weißer Johannisbeere, von Holunderblüte. Sehr gelungen! 8 Vol.-%, NK, €€

★★★★★

VAN VOLXEM

Zum Schlossberg 347, 54459 Wiltingen
T: +49 6501 9477800, office@vanvolxem.com
vanvolxem.com

Ab-Hof-Verkauf: Vinothek Di bis So 11–18 Uhr
Kellermeister: Dominik Völk
Ansprechpartner: Roman Niewodniczanski
Flaschen/Hektar: 450.000 (100 % weiß)/80 ha

Das Weingut Van Volxem ist nicht nur flächenmäßig ein Gigant an der Saar. Es hat sich im In- und Ausland unschätzbare Verdienste dafür erwoben, die Weine und Lagen der Region in der Wahrnehmung der Weinwelt zu verankern. Nachdem die 2019er im letzten Jahr mit Kern und straffer Textur brilliert hatten, zeigen sich die 2020er eher von der leichten und verspielten Seite. So werden sie zu idealtypischen Saarweinen wie anno dazumal vor global warming. Auch unser Falstaff Tipp, der herrlich frische Bockstein Kabinett, liegt ganz auf dieser Linie.

93 2020 Kanzem Altenberg Riesling GG
Intensiv terpenwürzig im Duft, auch warme Steine, Schiefer. Im Mund dicht, feste Säure, kraftvoll und substanzreich, markant in der Säure, präsent in der mineralischen Komponente, dezente Phenolik, mittlere Länge, mit gutem Potenzial. 12 Vol.-%, NK, €€€

93 2020 Wiltingen Scharzhofberg Riesling GG
Zunächst sehr hefig im Duft, dazu Noten von Gesteinsmehl, Apfel und Majoran. Terpenwürze. Im Mund geschmeidig ansetzend, weich grundierte Süße, zarte Phenole, der Alkohol ist eingebunden, die Säure bleibt zurückhaltend, mittlere Länge. 12,5 Vol.-%, NK, €€€€

92+ 2020 Ayl Schonfels Riesling GG
Ananas und weißfleischiger Pfirsich im Duft, im Mund ein intensiver Bau, in dem reiche Süße auf feste Säure trifft, der geschmeidige, füllige Hintergrund lässt einen eher an die Mittelmosel denken als an die Saar, im Abklang findet man eine reiche, süße Frucht. 12,5 Vol.-%, NK, €€€

94 2018 Wiltingen Scharzhofberg Riesling Trockenbeerenauslese
Helles Goldgelb. Apfelring und Bratapfel, Rosine. Im Mund mit immenser Öligkeit, feinem mineralischem Extrakt, etwas Schiefer, Honigsüße im Mund, sehr lang, sehr süß. 5,5 Vol.-%, NK, €€€€

91+ 2020 Kanzem Riesling trocken

91+ 2020 Wiltingen Riesling trocken

91+ 2020 »Alte Reben« Riesling trocken

90+ 2020 »Schiefer« Riesling trocken

90 2018 »Virtuos« Riesling trocken

89 2020 »VV« Riesling feinherb

89 2020 Weißburgunder trocken

92 2020 Ockfen Bockstein Riesling Kabinett
Blassgelb mit grünlichen Reflexen fließt der Kabinett ins Glas. In der Nase eine feine und animierende Schieferwürze, die Lebendigkeit andeutet. Am Gaumen stiehlt der Kabi den großen Trockenen derzeit etwas die Schau: Spiel, Pikanz – ein Idealtyp! 8,5 Vol.-%, NK, €€

★★★★

WEINGUT DR. HEINZ WAGNER

Bahnhofstraße 3, 54439 Saarburg
T: +49 6581 2457, info@weingutdrwagner.de
weingutdrwagner.de

Ab-Hof-Verkauf: Mo bis Fr 9.30–12 Uhr und 13.30–17 Uhr, Sa 9.30–13 Uhr
Kellermeister: Christiane Wagner
Ansprechpartner: Christiane Wagner
Flaschen/Hektar: 67.000 (95 % weiß, 5 % Schaumwein)/7 ha

Der Jahrgang 2020 hat es gut gemeint. Vor allem mit denjenigen, die ein Faible für die klassischen Saar-Rieslinge haben, die eine kühle Saftigkeit bei viel Finesse ausstrahlen. Genau solche Weine hat uns Christiane Wagner mit ihrer diesjährigen Kollektion vorgestellt. Wer an üppiger Gelbfrucht interessiert ist, wird hier eher nicht auf seine Kosten kommen. Unreife ist jedoch ebenfalls kein Thema. Bei unserem Tipp, dem Saarburger Kabinett mit Namen »Laurentius«, tanzen Frucht und Säure leichtfüßig und in hoher Eleganz über die Zunge. Wunderbar!

93 2019 Saarburg Kupp Riesling GG

Das Große Gewächs aus der Kupp zeigt sich in der Nase eher auf der würzigen Seite, sehr mineralisch. Am Gaumen besticht die souveräne Eleganz, ein Touch heller Akazienhonig kommt dazu, viel Tiefe, leichter Grip. Schlank gebaut, aber großes Potenzial. 11,5 Vol.-%, NK, €€€

91+ 2020 Saarburg Kupp Riesling Kabinett feinherb

Würzige Nase mit floralen Elementen: Schieferton, Lindenblüte, feinduftiger grüner Apfel. Am Gaumen zeigt die Kupp an der Zungenspitze sofort eine hohe aromatische Expressivität. Orange mit pikanter Säure, kompakt gehalten, endet harmonisch. 10 Vol.-%, DV, €€

93 2020 Ockfen Bockstein Riesling Spätlese

Einen recht verschlossenen Eindruck macht die Spätlese in der Nase. Zart grüner Apfel, Zitronenmelisse, nasser Stein. Im Mund bleibt der Wein auf der hellen, leicht grünlichen Fruchtseite. Schöne Balance, sehr filigran – Saar aus dem Lehrbuch! 7 Vol.-%, NK, €€

92 2020 »Josef Heinrich« Saarburg Rausch Riesling

Die Spätlese »Josef Heinrich« zeigt in der Nase viel Eleganz, feines Zitronat und etwas Lindenblüte. Am Gaumen kommen südliche Aromen zum Tragen. Viel Marille, eine schöne Saftigkeit, ein finessenreiches Spiel. Zwischen feinherb und mild. 8,5 Vol.-%, NK, €€

89 2020 »Saar« Riesling trocken

92 2020 »Laurentius« Saarburg Riesling Kabinett

Zart zeigt sich der Laurentiusberg in der Nase, von hellen Birnennoten, etwas Zitrus, aber vor allem floralen Elementen geprägt. Am Gaumen kommt zu der Finesse noch eine ideal ausgewogene Süße-Säure-Balance hinzu. Viel eleganter geht Kabinett nicht. 8 Vol.-%, NK, €€

★★★★

WEINGÜTER WEGELER GUTSHAUS MOSEL

Martertal 2, 54470 Bernkastel-Kues
T: +49 6531 2493, info@wegeler.com
wegeler.com

Ab-Hof-Verkauf: Mo bis Fr 8–17 Uhr, Sa und So 11–16 Uhr
Kellermeister: Norbert Breit
Ansprechpartner: Tom Drieseberg
Flaschen/Hektar: 80.000 (100 % weiß)/13 ha

Es ist immer wieder eine spannende Angelegenheit, sich mit den Weinen aus dem Hause Wegeler in Bernkastel zu beschäftigen: Zum einen hat Norbert Breit über die Jahre seine eigene Handschrift entwickelt, wie er die Geschmäcker der famosen Lagen in Bernkastel, Wehlen oder Graach in die Flaschen transportieren kann. Zum anderen schafft es der Kellermeister immer auf präzise Art, die Charakteristik des Jahrgangs einzufangen. Es wäre ungerecht, einzelne Etiketten hervorzuheben. Aber wie stets gilt: Wer klug ist, legt sich von diesen famosen Weinen einen Vorrat an!

94+ 2020 Wehlen Sonnenuhr Riesling GG
Würzig und kräutrig unterlegte Gelbfrucht, etwas Hefe. Mit Zug und Charme, aber auch Spannung und Extraktiefe am Gaumen. Klassische Sonnenuhr mit aromatischer Finesse und der mineralischen Erhabenheit und Verspieltheit, lang und konsistent, mit Jahrgangsausdruck. 13 Vol.-%, NK, €€€

94+ 2020 Bernkastel Doctor Riesling Auslese
Feinwürzige Botrytis, etwas Blütenhonig, getrocknete Feige, im Mund dann sehr frisch, feines Säurespiel, deliakte Analgen, die Süße bleibt zurückhaltend, Nerv und Mineralität halten das Heft in der Hand, die stoffigen Reserven garantieren eine gute weitere Entwicklung. 8 Vol.-%, NK, €€€

94 2019 Wehlen Sonnenuhr Riesling Spätlese
Etwas Rosine im Duft, Currypulver, erste Öffnung im Duft, eher hin zu Frucht und Würze denn zu Mineralik. Am Gaumen besitzt der Weine große Dichte, ohne extrem süß oder extrem kernig zu sein, seine Stoffigkeit bindet alle Komponenten ein, und lässt ein ausgezeichnetes Potenzial erwarten. 8 Vol.-%, NK, €€€

93+ 2020 Bernkastel Doctor Riesling Spätlese
Blumig im Duft, Schwarze Johannisbeere, Kumquat, balsamisch-schiefrige Noten. Im Mund reich und geschmeidig ansetzend, zeigt die Fülle der Lage, die Opulenz ist mit feinem Säurenerv und straffer Säure gekontert. Endet mineralisch. Großes Potenzial. 8 Vol.-%, NK, €€€€

92+ 2020 Bernkastel Lay Riesling feinherb

91 2020 Graach Riesling feinherb

89 2020 Bernkastel Riesling trocken

89 2020 Riesling Mosel feinherb

91 2020 Bernkastel Badstube Riesling Kabinett

89 2020 Riesling Mosel trocken
Etwas Spontangärung scheint in der Nase anzuklingen mit kräutrigen Noten, Apfel. Eine adrette Visitenkarten im Riesling-Einstiegsbereich mit Saft, Würze, Frische und Mineralität, da deutet sich in der Grundform an, was im Lagenbereich herausgearbeitet wird. Schön. 12,5 Vol.-%, DV, €€

★★★★

WEINGUT NIK WEIS ST. URBANS-HOF

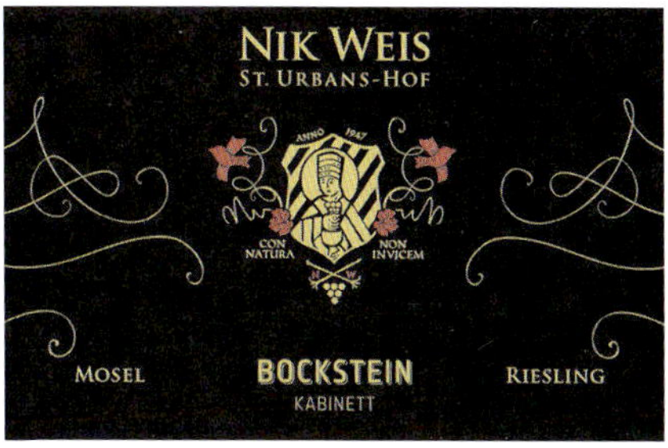

Urbanusstraße 16, 54340 Leiwen
T: +49 06507 93770, info@nikweis.com
nikweis.com

Ab-Hof-Verkauf: Mo bis Fr 8–12 Uhr und 13–17 Uhr, Sa nach Vereinbarung
Kellermeister: Kai Hausen
Ansprechpartner: Nik Weis
Flaschen/Hektar: 333.000 (100 % weiß)/40 ha

Nik Weis gehört zu jener Sorte von Winzern, die immer dabei sind, etwas Neues auszuhecken: nicht um der Neuigkeit willen, sondern um das qualitative Feintuning zu verbessern. Mit dem 2020er Jahrgang führt er nun so etwas wie Erste Lagen ein, ohne dass es diese Kategorie offiziell im VDP Mosel gäbe. Aber nun hat Weis Ortsweine aus Leiwen, Piesport und Ockfen abgefüllt, die aus speziellen Parzellen von Laurentiuslay, Goldtröpfchen und Bockstein stammen. Uns hat diese neue Kategorie bei der Verkostung vollauf überzeugt – ebenso wie der Rest des Sortiments.

93+ 2020 Ockfen Bockstein Riesling GG
Im Duft Weiße Johannisbeere, Feuerstein, Funkenschlag, auch etwas Apfel. Im Mund gehaltvoll und fast schon breit, mit viskosen und mineralischen Extraktschichten, vergleichsweise präsenter Alkohol, feste Säure. Wirkt noch unscheinbar, hat aber großes Potenzial. 12 Vol.-%, NK, €€€

93+ 2020 Mehring Layet Riesling GG
Fast schon opulent in der Nase, mit reifer Gelbfrucht, begleitet von Würze und etwas Schiefermineralik. Auch am Gaumen vollmundig und großzügig, mit präziser Frucht und etwas mentholischer Frische, saftig, mit reifer, aber auch präzise agierender Säure, lang und charmant. 12 Vol.-%, NK, €€€

93+ 2020 Leiwen Laurentiuslay Riesling GG
Traubig im Duft und blumig, Maiglöckchen, etwas Eisbonbon und Pomelo. Am Gaumen mit mürben Phenolen, von reifer Säure und mineralischem Extrakt begleitet, zum Kauen einladend, terpengeprägt im Übergang zum Abgang, der recht trocken wirkt. Hintergründiger Wein, sehr gute Substanz. 12 Vol.-%, NK, €€€

93 2020 Piesport Goldtröpfchen Riesling Auslese
Komplex im Duft: blumige Noten, Hefe, Schiefer, Traubenzucker und Beerenaromen. Sehr fein ausgelesen! Im Mund beginnt der Reigen frisch und saftig, ein geringes Maß an Botrytis-Cremigkeit lässt Platz für mineralische Frische. Eine animierende feine Auslese. 7,5 Vol.-%, NK, €€€

92+ 2020 Piesport Goldtröpfchen Riesling GG

92 2020 Ockfen Auf der Mauer Riesling

91+ 2020 Leiwen An der Kehr Riesling trocken

91 2020 »Mutter Gottes« Riesling feinherb

91 2020 »Alte Reben« Wiltingen Riesling feinherb

90 2020 »Alte Reben« Mehring Riesling trocken

89+ 2020 »Saar« Riesling

90 2020 »Schiefer« Riesling feinherb
Der Wein riecht, wie es sein Name nahelegt: nach Schiefer. Der Gaumen besitzt eine mittlere Dichte, zeigt aber alles, was man von Saar- oder Moselriesling erwartet: erfrischende Säure, mineralische Töne, einen Hauch von Fudereinfluss und eine schlanke, unbeschwerliche Art. 10,5 Vol.-%, NK, €€

★★★

WEINGUT WILLEMS-WILLEMS

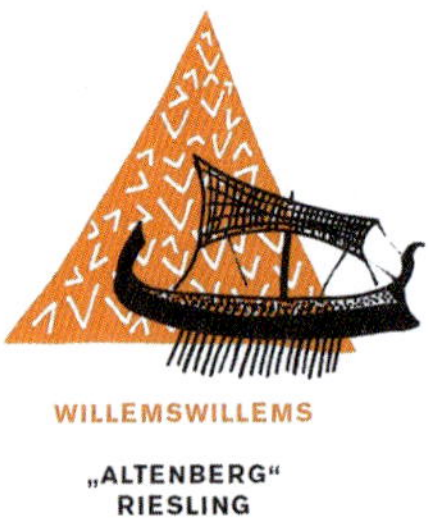

Mühlenstraße 13, 54329 Konz-Oberemmel
T: +49 6501 15816, info@schiefer-trifft-muschelkalk.de
schiefer-trifft-muschelkalk.de

Ab-Hof-Verkauf: Mo bis Sa 9–17 Uhr
Kellermeister: Miguel Louro
Ansprechpartner: Carolin Hofmann
Flaschen/Hektar: 73.000 (90 % weiß, 10 % rot)/7 ha

Kellermeister Peter Thelen hat das Weingut Willems-Willems verlassen, statt ihm ist nun Miguel Louro für den Ausbau der Weine zuständig. An der Qualität der Weine hat sich freilich nichts geändert, der neue Mann im Keller ist mit dem Jahrgang 2020 gut zurechtgekommen. Die Weine zeigen sich mit betörender Frische und Knackigkeit, immer unterlegt von der typischen schieferwürzigen Note. Am höchsten hinaus ging dabei der Kabinett aus dem Niedermenniger Herrenberg: Es kommt nicht so häufig vor, dass wir einen feinherben Kabi mit 93 Punkten nach Hause geleiten!

92 2020 Niedermennig Herrenberg Riesling trocken
Zitrusfrucht, Steinobst und Apfel in der Nase mit anklingender Schieferwürze, etwas Hefe. Schlank gebauter und straffer Riesling mit reifer und präziser Säure, wieder Zitrusfrucht, wirkt trockener als er ist, mittlere Komplexität, starke Mineralität. 11,5 Vol.-%, DV, €€€

92 2020 Oberemmel Altenberg Riesling feinherb
Sehr würziger Duft, Schiefergestein, heißer Stein, Limonenzeste, Orangenschale, sehr animierend, Kräuter. Am Gaumen frische Säure, animierend, pikant, helle Früchte, Zitrusfrüchte, gute Balance, gute Struktur und Länge, macht viel Spaß. 10 Vol.-%, DV, €€€

91 2020 Riesling Kabinett feinherb
Limonenzeste, Papaya, rauchig unterlegt, Schieferwürze. Am Gaumen mit griffiger Phenolik, reife Zitrusfrucht, Mango, balanciertes Süße-Säure-Spiel, gut strukturiert und delikat, ideal für den Sommerabend auf der Terrasse, lebendiger Trinkspaß. 9 Vol.-%, DV, €

93 2020 Krettnach Euchariusberg Riesling Spätlese
Reife Zitrusfrüchte, Papaya, Mango, Schieferwürze, etwas Orangeat, heißer Stein. Am Gaumen reife exotische Frucht, Pfirsichsaft, Aprikose, würziger Unterton, balanciert und elegant, viel Struktur und Druck, Potenzial, macht viel Spaß. 7,5 Vol.-%, DV, €€

90+ 2020 Oberemmel Altenberg Riesling Kabinett feinherb

93 2020 Niedermennig Herrenberg Riesling Kabinett feinherb
Im Duft pikante Schieferwürze, Limonenabrieb, rauchig, Kräuter, sehr animierend. Am Gaumen viel Schmelz, Limette, Mango, Papaya, vielschichtige Frucht, griffig und saftig, tolle Balance, gute Struktur und Länge, weiteres Potenzial. 9 Vol.-%, DV, €€

★★

WEINGUT WÜRTZBERG

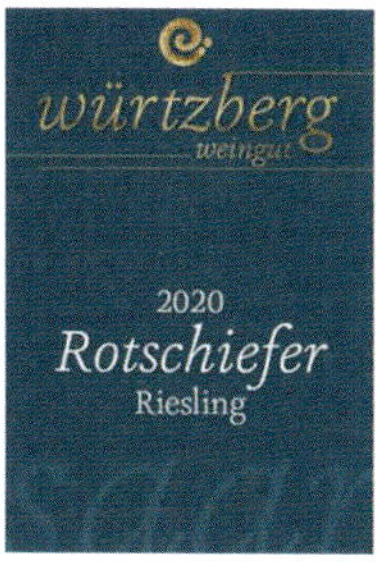

Würtzberg 1, 54455 Serrig
T: +49 6581 9200992, office@weingut-wuertzberg.de
weingut-wuertzberg.de

Ab-Hof-Verkauf: Mo bis Fr 13–17 Uhr, Sa 11–17 Uhr
Kellermeister: Felix Heimes
Ansprechpartner: Felix Heimes
Flaschen/Hektar: 80.000 (95 % weiß, 4 % rot, 1 % Schaumwein)/17 ha

Als Quereinsteiger übernahm die Familie Heimes 2016 das Weingut Dr. Siemens und gab ihm seinen alten Namen aus dem 18. Jahrhundert zurück. Seither geht es kontinuierlich bergauf. Sohn Felix hat inzwischen sein Studium der Önologie und Weinbautechnik in Geisenheim abgeschlossen, 2018 übernahm er die Verantwortung für Weinausbau und Keller. Seit 2020 teilt er sich die Leitung des Weinguts mit seiner Schwester Annalena. Die trockenen Rieslinge überzeugen durch die Bank wie auch die eleganten edelsüßen. Hier könnte es bald einen dritten Stern geben.

92 2020 »Alte Reben« Riesling Kabinett feinherb
Der Naturkorkverschluss deutet es an: Hier kommt die Oberklasse. Pikantere Nase als bei den anderen Feinherben, Apfel und zerstoßene Korianderkörner. Am Gaumen mit einer guten Säurestruktur, viel lässige Eleganz. Ein finessenreicher Saar-Vertreter! 9,5 Vol.-%, NK, €€

91 2020 »Rotschiefer« Riesling trocken
Blasses Weißgelb mit leicht grünlichen Reflexen im Glas. Die Nase verrät dann allerdings mehr Reife, leicht Aprikose, etwas Orange. Am Gaumen ist der »Rotschiefer« saftig und enorm ausgewogen. Schön zugänglich, bereit für die Tischbegleitung. 12 Vol.-%, DV, €€

91+ 2020 Serrig Herrenberg Riesling Spätlese
Schieferwürzig mit intensiv zitrischer Fruchtbegleitung. Im Mund knackig, schlank, lebendige Säure, mittelgewichtig im Extrakt, zurückgenommen in der Süße, intensiv in der mineralischen Prägung. Puristisch im Stil, elegant. 9 Vol.-%, NK, €€

91 2020 Serrig Würtzberg Riesling Kabinett
Der fruchtsüße Kabinett lässt in der Nase keinerlei Süße erahnen. Leicht Ananas, Korianderkörner, aber alles sehr zart im Duft. Recht viskos am Gaumen in der Textur, birnig und fein. Die Dichte sorgt dafür, dass die Restsüße nicht vorsticht. Elegant. 10 Vol.-%, DV, €€

91 2020 Ockfen Bockstein Riesling Kabinett feinherb

91 2020 »Großes Gewächs« Serrig Würtzberg Riesling trocken

90 2020 »Blauschiefer« Riesling feinherb

90 2020 »Scivaro« Riesling feinherb

89 2020 »Terra Saar« Riesling trocken

90 2019 Pinot Noir trocken

91 2016 Serrig Herrenberg Riesling Spätlese

90 2020 »Goldstück« Riesling Kabinett feinherb
Mineralische Nase beim »Goldstück«, nasser Stein, die feine Frucht kommt erst im zweiten Anlauf. Am Gaumen zeigt der Feinherbe eine verblüffende Viskosität, süße Apfel- und Pfirsichnoten. Gegenüber dem »Blauschiefer« die üppiger wirkende Variante. 10 Vol.-%, DV, €€

Die Reichsburg trohnt majestätisch auf dem Burgberg mitten in der Stadt Cochem

GASTGEBER AUS LEIDENSCHAFT

Gemeinsam mit den Winzern der Region – als uneingeschränkten Experten, was das leibliche Wohl anbelangt – hat Falstaff die besten Genussadressen in Sachen Kulinarik sorgfältig ausgewählt und zusammengestellt.

56332 Alken

Burg Thurant

Mit Blick auf die Moselpromenade sitzen die Gäste im liebevoll gestalteten Gastraum, genießen die schmackhafte Landhausküche und die dazu passenden Weine aus den nahen Weinbergen. Immer empfehlenswert sind das Rumpsteak und die Spitzen vom Eifler Schweinefilet.

Moselstraße 15
+49 2605 8498580
turmgasthaus.de

Empfohlen von: **Weingut Schneiders-Moritz**

54441 Ayl

Linden

Im gemütlich ausstaffierten Restaurant wird eine regional ausgerichtete Frischeküche angeboten. Zu den Hausklassikern gehören neben dem Rehschnitzel in Kräuterpanade auch das zarte Rinderfilet mit getrüffeltem Kartoffelstampf. Die Weinkarte bietet viele Mosel-Gewächse.

Neustraße 2
+49 6581 4105
pension-linden.de

€€

Empfohlen von: **Weingut Würtzberg**

Foto: Astrid Karger

54470 Bernkastel

Burg Landshut

Das gemütliche Burgrestaurant ist über zwei Ebenen verteilt, allein der Blick in die Mosellandschaft lohnt einen Besuch. Auch kulinarisch werden hier die Gaste verwöhnt, die Küche setzt auf bodenständige Gerichte. Dazu werden natürlich Weine von der Mosel ausgeschenkt.

Burg Landshut
+49 6531 5005900

Empfohlen von: **Weingut F. J. Regnery**

54470 Bernkastel-Kues

Ochs

Im Schlachthaus einer ehemaligen Metzgerei wird eine herzhafte Landhausküche aufgetischt. Das Ambiente ist rustikal gemütlich, der freundliche Service empfiehlt Ochsenbäckchen, Geschnetzeltes oder gebratenen Zander. Die Weinkarte hält klassische Mosel-Gewächse bereit.

Goethestraße 29
+49 6531 9722770
burgblickhotel.de

Empfohlen von: **Weingut Heinrichshof**

54470 Bernkastel-Kues

Graacher Tor - Leckerbissen Restaurant

Unter »Suppenkultur« findet sich auf der Speisekarte der gemütlichen Gastwirtschaft eine Bouillabaisse, wie der Chef sie mag. Dazu gibt es eine gute Auswahl an Vorspeisen, Fleisch- und Fischgerichten. Auf der Weinkarte haben die Gewächse der Mittelmosel die Nase vorn.

Graacher Straße 3
+49 6531 4659
graacher-tor.de

Empfohlen von: **Weingut Richard Böcking, Weingut F. J. Regnery**

54413 Bescheid

Zur Malerklause

Mit seiner klassischen, teil französisch angehauchten Küche hat sich das heimelige Restaurant der Familie Lorscheider einen guten Namen gemacht. Gekocht wird unprätentiös mit besten saisonalen Produkten, die vielen Stammgäste schätzen die bodenständigen Gerichte.

Im Hofecken 2
+49 6509 558
malerklause.de

P €€€

Empfohlen von: **Weingut Lorenz, Weingut Loersch**

56332 Brodenbach

Mühle Vogelsang

In einem romantischen Seitental der Mosel gelegen, kann man hier in aller Ruhe übernachten, oder einfach gut essen und trinken. Dafür bietet das kleine Gasthaus eine ambitionierte Küche an, schmackhaft und würzig verfeinert mit Kräutern aus dem eigenen Mühlengarten.

Rhein-Mosel Straße 63
+49 2605 1437
muehle-vogelsang.de

Empfohlen von: **Weingut Schneiders-Moritz**

56812 Cochem

NEOS

Mit viel Holz schick und modern eingerichtet, hat sich das Restaurant auf Köstlichkeiten spezialisiert, die aus regionalen und saisonalen Produkten frisch zubereitet werden. Immer eine gute Wahl sind die Menüs. Die Weinkarte kapriziert sich auf Gewächse von der Mosel.

Liniusstraße 4
+49 2671 9153370
neos-restaurant.com

Empfohlen von: **Weingut Schneiders-Moritz**

Schwarzes Tor, Trier

56812 Cochem

Noss

Direkt an der Promenade gelegen, ist das Restaurant Wintergarten im Hotel Noss eine gute Adresse für feine Genüsse. Im eleganten Ambiente werden nicht nur regionale Spezialitäten aufgetischt, auch Gerichte aus der französischen Küche gehören hier zum Repertoire.

Moselpromenade 17
+49 2671 3612
hotel-noss.de

Empfohlen von: **Weingut Schneiders-Moritz**

56812 Cochem-Sehl

Restaurant Cochem

Frische regionale Produkte liegen der Küche am Herzen, in Zusammenarbeit mit lokalen Händlern und Bauernhöfen kommt die Moselregion auf den Teller. Das Plus ist der Blick auf die Mosel von der Sonnenterrasse. Dazu passen die regionalen Weine mit Fokus auf Rieslingen.

Am Reilsbach 10–14
+49 2671 97880
hotel-kessler-meyer.de

Empfohlen von: **Weingut Schneiders-Moritz**

54647 Dudeldorf

Torschänke

Simon Berhard und Kilian Rau heißen die sympathischen Gastgeber des geschichtsträchtigen Hauses. Seit gut einem Jahr führen die beiden das Restaurant, das eine gute Auswahl an schmackhaften Gerichten bietet. Die Weinauswahl konzentriert sich Gewächse von der Mosel.

Philippsheimer Straße 1
+49 6565 2024
torschaenke-dudeldorf.de

Empfohlen von: **Weingut Nikolaus Köwerich**

56332 Dieblich

Halferschenke

Christoph Schmah führt mit Passion sein Landhaus, zu dem neben einigen Hotelbetten auch ein ausgezeichnetes Restaurant gehört. Aromastark sind die Gerichte aus seiner Küche, beste Wahl sind die wechselnden Menüs. Die Weinkarte ist sehr gut sortiert und moderat kalkuliert.

Hauptstraße 63
+49 2607 7499154
halferschenke-dieblich.de

Empfohlen von: **Falstaff-Redaktion**

56814 Ediger-Eller

Wein+Raum

Für Kathrin und Daniel Oster ist die Mosel mehr als nur ein Fluss, sondern auch Heimat ihrer naturnah produzierten Weine. Im Wein+Raum kann man ihre Moselgewächse von Mai bis August jeweils Donnerstag bis Samstag bei hausgemachten Leckereien verkosten.

Bachstraße 11
+49 2675 220
weingut-oster.de

Empfohlen von: **Falstaff-Redaktion**

54340 Leiwen

Lex

Was im modern eingerichteten Restaurant auf die Tische kommt, ist eine junge, frische Küche aus besten Produkten zu moderaten Preisen. Auch wenn die Speisekarte überschaubar ist, findet sich für jeden Geschmack das passende Gericht. Das gilt auch für das Weinangebot.

Euchariusstraße 15
+49 6507 939055
restaurant-lex.de

Empfohlen von: **Weingut Scholtes, Weingut Clüsserath-Weiler**

56253 Treis-Karden

Ostermann

Ruhig liegt das Hotel mit Blick auf Weingärten, bewaldete Berge und die Mosel. Gutbürgerliche Küche wird nach dem Motto »Immer frisch auf den Tisch« serviert. Frischer als die Fische aus dem eigenen Teich geht es nicht, beliebt sind auch die herzhaften Wildspezialitäten.

Lützbach 1
+49 2672 1238
mosel-hotel-ostermann.de

Empfohlen von: **Weingut Schneiders-Moritz**

54486 Mülheim an der Mosel

Richtershof 1809

Im stilvollen Restaurant des Romantikhotels wird eine breite Palette guter Gerichte angeboten. Für den kleinen Hunger empfehlen sich Sülze vom Tafelspitz oder Rotgarnelen aus Wildfang. Zu Coq au Riesling oder Wildragout aus heimischer Jagd werden Moselweine eingeschenkt.

Hauptstraße 81
+49 6534 9480
weinromantikhotel.com

Empfohlen von: **Weingut Nikolaus Köwerich**

56253 Treis-Karden

Petry

Wer sich eine kleine Auszeit gönnen möchte, ist hier genau richtig. Familie Bell sorgt sich mit viel Leidenschaft um ihre Gäste, die im Hotel nicht nur gut schlafen, sondern im Restaurant auch gut essen können. Zur leckeren Küche von Oliver Bell gibt es passende Moselweine.

St.-Castor-Straße 80
+49 2672 9340
schloss-hotel-petry.de

P

Empfohlen von: **Weingut von Schleinitz, Weingut Scholtes**

54290 Trier

Das Weinhaus

Das renommierte Weinhaus ist bekannt für seine umfangreiche und gute Auswahl an Weinen, Sekten und Champagnern. Auch die Küche ist hier empfehlenswert, neben leckeren hausgemachten Flammkuchen gibt es eine ganze Reihe an schmackhaften Fisch- und Fleischgerichten.

Brückenstraße 7
+49 651 1704924
weinhaus-trier.de

€

Empfohlen von: **Weingut Schloss Lieser, Weingut Römerhof**

54295 Trier

Gastraum

Die weiße Jugendstilvilla ist nicht nur ein beliebtes Hotel, auch das schicke Restaurant hat seine Fangemeinde. Denn die Küche schöpft aus dem Vollen der internationalen Gourmetklassik. Hier gibt es Austern, Hummer, Rinderfilet, Wolfsbarsch und natürlich erstklassige Weine.

Bernhardstraße 14
+49 651 937100
hotel-villa-huegel.de

Empfohlen von: **Weingut Römerhof**

54487 Wintrich

Altes Kelterhaus

Seit rund 20 Jahren betreibt Markus Plein sein Restaurant, der leidenschaftliche Koch und Musiker bietet seinen Gästen beste Unterhaltung in jeder Beziehung. Brot, Butter, Käse und Wurst stellt er selbst her, zu seinen Gerichten empfiehlt er Weine aus der näheren Umgebung.

Am Martinergarten 13
+49 6534 949667
altes-kelterhaus.de

Empfohlen von: **Weingut Reh, Weingut F. J. Regnery**

54487 Wintrich

Straußwirtschaft Matthiashof

Im schmucken Familienweingut kann man nicht nur gut übernachten und exquisite Weine verkosten. Auch die Straußenwirtschaft sorgt an vier Monaten im Jahr für Herzhaftes. Gerne bestellt wird der Flammkuchen mit Lachs oder Speck, aber auch Gegrilltes mit Röstkartoffeln schmeckt.

Bergstraße 12-13
+49 6534 93250
matthiashof.de

Empfohlen von: **Falstaff-Redaktion**

NAHE

TAL DER VIELEN TALENTE

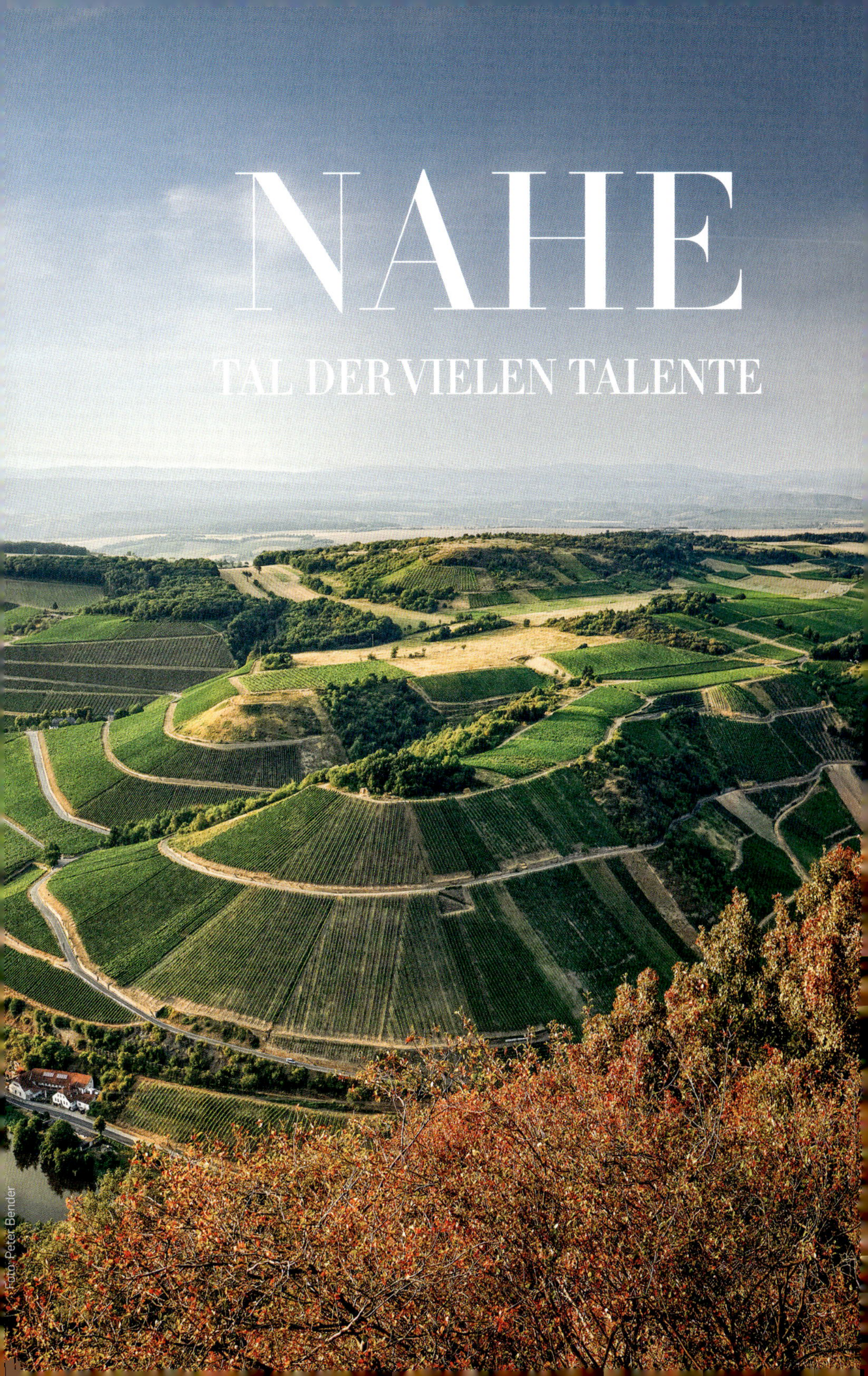

Foto: Peter Bender

Blick von Oberhausen auf Kupfergrube und Steinberg

DIE NAHE – DAS UNBEKANNTE WESEN

An der Nahe sind einige Weingüter von Weltruhm zu Hause – doch das Gebiet als Ganzes ist den meisten Weinkennern viel weniger vertraut als etwa Mosel oder Rheingau. Ein Blick auf die Nischen und weniger bekannten Weintypen.

TEXT ULRICH SAUTTER

Um es vorweg zu sagen und um es gleich mit einem Appell zu verbinden: Die Naheregion gehört zu den attraktivsten und zu den dynamischsten Weinbaugebieten Deutschlands, doch in Sachen Gastronomie und Hotellerie hat die Region einen gewaltigen Nachholbedarf. Gewiss, auf Gut Hermannsberg ist ein Gästehaus entstanden, das höchstem Standard entspricht. Und ja, es gibt auch sie, die Köche wie den unermüdlichen Wigbert Weck, der am Fuß der Hermannshöhle die Glut im Ofen schürt, wo ringsherum manche Küche kalt bleibt.

Doch für eine Region, die Weingüter von Weltruhm ihr Eigen nennt, Betriebe wie Dönnhoff und Diel, wie Schäfer-Fröhlich, Gut Hermannsberg und Emrich-Schönleber, für eine solche Region ist das touristische Angebot viel zu schwach entwickelt, um eine genussorientierte Klientel anzuziehen. Einen hochwertigen Weintourismus aber bräuchte es, um die Botschaft von der Breite des weinbaulichen Aufschwungs im Nahetal überallhin auf den Planeten zu tragen. Wo sind also die Köche und Gastgeber, die Wirte und Sommeliers, die zwischen Bad Kreuznach und Monzingen für eine umfassende Aufbruchstimmung sorgen?

GENERATIONENPAKT Aber zurück zu den Weinbaubetrieben mit internationaler Ausstrahlung. Einer von ihnen hat uns bei den Arbeiten am diesjährigen Weinguide wirklich geflasht: War es in den letzten Jahren etwas still ums Weingut Dr. Crusius aus

Traisen geworden, so rieben wir uns dieses Jahr bereits bei den GG-Proben in Wiesbaden die Augen: Welch einen Felsenberg hatten Dr. Peter Crusius und Tochter Rebecca da vorgestellt: packend mineralisch und zugleich fein nuanciert, geradezu subtil und schwebend. An einem Finalprobentag in Lütjensee bei Hamburg unterzogen wir dieses GG vor einem größeren Panel nochmals einer Blindprobe, mit identischem Resultat: 97 Punkte, bester trockener Riesling des Jahres. »Seit Anfang 2019 bin ich Vollzeit im Betrieb«, erzählt Rebecca Crusius, 27, gefragt nach der Entstehungsgeschichte dieses Weins und nach der Zukunft im Weingut. »Vorher habe ich schon neben dem Studium mitgearbeitet, jetzt arbeiten mein Vater und ich Hand in Hand, es wird ein fließender Übergang.« Sind die neuen GGs schon von ihrer Handschrift geprägt? »Ich hab es gern etwas knackiger, mein Vater mag es etwas kraftvoller, vielleicht ist es das Zusammenwirken von meinem Vater und mir, das den Wein so besonders gemacht hat.«

Rebecca Crusius

DIE ROTE NAHE

Für eine ganz andere Facette des Naheweinbaus steht Sascha Montigny in Laubenheim an der unteren Nahe. Montigny muss erstmal herzlich lachen, als er nach Ruf und Ruhm des Nahe-Rotweins gefragt wird: »Natürlich ist die Nahe ein Weißweinanbaugebiet, wie unsere Nachbarn am Mittelrhein und in Rheinhessen auch«. Bei ihm selbst im Betrieb machen die roten Sorten aber bereits die Hälfte der bestockten Fläche aus und mit einem Bordeaux-Blend, mit St. Laurent sowie Früh- und Spätburgunder hat Montigny in diesem Weinguide ein stolzes und überaus erfolgreiches Quartett vorgestellt. »Meine Eltern hatten neben dem Weinbau auch noch eine Rebveredelung und daher schon in den Siebzigerjahren Spätburgunder gepflanzt. Nach der Betriebsübernahme habe ich die Rebveredelung eingestellt, war aber um die alten Spätburgunderstöcke dankbar«, erklärt Montigny. »Mir hat es schon immer großen Spaß gemacht, Spätburgunder zu produzieren.« Und das, obwohl die Arbeit am anspruchsvollen Pinot im Weinberg nicht immer schön sei: »Da braucht man Leidensfähigkeit«. Auch jetzt, gerade im Herbst 2021 habe das wieder gegolten: Bei keiner anderen Sorte sei der Selektionsaufwand so hoch gewesen. Aber die Finesse der Weine entschädigt für alle Mühen. Und Montigny ist überzeugt, dass auf den kalkreichen Lössböden der unteren Nahe die Bedingungen

Ein weiterer Kämpfer für den Nahe-Rotwein: Christian Bamberger

Fotos: Peter Bender, beigestellt

Heiko und Ute Bamberger

ideal sind für Rotweine, die Körper und Eleganz verbinden: »Wir gehen im Betrieb diesen Rotweinweg auch weiter und haben uns jetzt sogar ans Pflanzen von Syrah gewagt.«

BUBBLES MIT AUSNAHMERANG

Ein weiterer (scheinbarer) Seitenaspekt des Nahetals ist die Erzeugung von Schaumwein. Die wenigen Hundert Flaschen Blanc de Noirs, die Cornelius Dönnhoff momentan erzeugt, gelangen kaum an eine breitere Öffentlichkeit, aber der Lagensekt aus der Kupfergrube von Gut Hermannsberg oder die »Cuvée Mo« von Armin und Carolin Diel besitzen Kultstatus.

Ein weiterer Ausnahmesekt stammt von Heiko Bamberger aus Meddersheim, sein Rieslingsekt aus dem Jahr 2010 wurde erst Anfang 2021 degorgiert und ohne Dosage als Brut Nature in den Verkehr gebracht. Mit seinem feinen Mousseux und seiner vielschichtigen Würze ist dieser Sekt einer der fünf höchstbewerteten in diesem Guide. »Ein Riesling, der bei uns an der oberen Nahe kühl gewachsen ist, stellt ein perfektes Ausgangsprodukt für hochwertigen Sekt dar«, ist Bamberger überzeugt. Bei einem Teil der besonders säurefrischen 2010er Grundweine führte der Routinier einen biologischen Säureabbau durch, »aber breit wird das deswegen bei uns an der Nahe nie und auch die Rieslingfrucht bleibt erhalten.«

Es hat viele Talente, das Nahetal, und wir sollten alle öfters hinfahren, um es weiter zu erkunden.

INFO

Nähere Infos über den Autor finden Sie im Kapitel »Verkostungsteam« auf S. 12.

Rotenfels

WEINBAUGEBIET NAHE

Anbaufläche
ca. 4150 Hektar

Aufteilung
1 Bereich, 6 Großlagen, 310 Einzellagen

Böden
Porphyr, Melaphyr, Schiefer, Löss, Rotliegend

Wichtigste Rebsorten
Riesling, Weißburgunder, Spätburgunder

Verband
Weinland Nahe e. V.
Burgenlandstraße 7
55543 Bad Kreuznach
www.weinland-nahe.de

GRANDS CRUS NAHE

TOP-WEINE AUS PRIVILEGIERTEN WEINLAGEN DER REGION

DORSHEIM | BURGBERG

Die nur knapp vier Hektar große Spitzenlage ist ein bis zu 60 Prozent steiler Hohlspiegel in südlicher bis südöstlicher Exposition. Die Höhenlage beträgt 190 bis 290 Meter. Der Boden ist gesteinsreich mit Schiefergeröll, Taunusquarzit und Kieseln, besitzt aber auch einen hohen Lehmanteil und garantiert daher eine ausgeglichene Wasserversorgung. Der Name der Lage bezieht sich auf die Burg Layen.

94+ **2013 Riesling trocken**
93+ **2019 Riesling GG**
Schlossgut Diel, Info siehe Seite 296
93 **2020 Riesling GG**
Weingut Kruger-Rumpf
www.kruger-rumpf.com

NORHEIM | DELLCHEN

Die Schieferböden der nur 2,6 Hektar umfassenden, teils terrassierten Lage enthalten auch verwittertes Material der angrenzenden Vulkanfelsen – der Boden mit seinem hohen Gesteinsanteil, die reine Südlage, die Steilheit von 50 bis 70 Prozent machen das Dellchen zu einem qualitativ herausragenden, aber auch besonders schwer zu bewirtschaftenden Weinberg. Der Name rührt daher, dass die Reben in Mulden (»Dellchen«) zwischen steil aufragenden Felsen wachsen.

93+ **2020 Riesling GG**
Weingut Dönnhoff, Info siehe Seite 298
92+ **2020 Riesling trocken**
Weingut Mathern, Info siehe Seite 304

NIEDERHAUSEN | HERMANNSHÖHLE

Diese acht Hektar große Lage wird wegen ihrer delikat würzigen Weine weltweit als

Synonym für großen Riesling angesehen. Zu diesem Ruf haben die gesteinsreichen Schieferböden, die stellenweise auch Kalk enthalten, ebenso beigetragen wie die kuppelförmige Südost-, Süd- und Südwestlage sowie der bis zu 60 Prozent steile Hang. Mit einer Höhe von 130 bis 175 Metern wachsen die Reben in ihrer Wohlfühlzone. Die Bezeichnung »Höhle« ist auf einen kleinen Bergwerksstollen zurückzuführen, der Name »Hermann« erweist dem Götterboten Hermes die Referenz, dem in spätrömischer Zeit ein Schrein auf dem direkt gegenüber dem Weinberg gelegenen Lemberg gewidmet war.

95 2020 Riesling GG
Weingut Dönnhoff, Info siehe Seite 298

92 2020 Riesling trocken
Weingut Mathern, Info siehe Seite 304

92 2020 Riesling Spätlese trocken
Weingut Wilhelm Sitzius, Info siehe Seite 317

SCHLOSSBÖCKELHEIM | FELSENBERG

Ein Boden vulkanischen Ursprungs prägt diese Lage und ihre Weine: Im bis zu 60 Prozent steilen Hang liegt das Geröll der Felsen, die den Weinberg überblicken und die Reben gegen Norden schützen, der Untergrund besteht aus dunkel gefärbtem, leicht grusigem Lehm. Die Süd- bis Südwestlage zieht sich vom Ufer der Nahe auf eine Höhe von 125 bis 200 Meter.

97 2020 Riesling GG
Weingut Dr. Crusius, Info siehe Seite 295

94+ 2020 Riesling GG
Weingut Schäfer-Fröhlich, Info siehe Seite 316

94 2020 »Felsentürmchen« Riesling GG
Weingut Dönnhoff, Info siehe Seite 298

93 2020 Riesling GG
Gut Hermannsberg, Info siehe Seite 300

92+ 2020 Riesling trocken
Weingut Mathern, Info siehe Seite 304

91+ 2020 Riesling trocken
Weingut K.H. Schneider, Info siehe Seite 314

SCHLOSSBÖCKELHEIM | KUPFERGRUBE

Die Lage liegt auf Höhen von 140 bis 265 Metern. Die Steilheit des Hangs erreicht 60 Prozent, die Exposition reicht von Süd bis Südwest, der Boden ist ausgesprochen mager. Der ganze, nahezu 13 Hektar große Weinberg wurde erst Anfang des 20. Jahrhunderts angelegt, als eine stillgelegte Kupfergrube – teils mit Sprengungen – um-

Niederhausen, Hermannshöhle

gestaltet wurde. Oberhalb des Weinbergs kann man an den Felsen grünliche Stellen bemerken: Grünspan.

93 **2020 Riesling GG**
Weingut Dr. Crusius, Info siehe Seite 295

93 **2020 Riesling GG**
Weingut Schäfer-Fröhlich,
Info siehe Seite 316

MONZINGEN | HALENBERG

Ein vielschichtiger, der Tendenz nach trockener Boden kennzeichnet die 7,7 Hektar große Lage an der oberen Nahe: Einzig am Hangfuß weist der Boden nennenswerte Lehmgehalte auf, im Steilhang (der bis zu 60 Prozent Neigung aufweist) findet man Rotliegendes, grauen Schiefer, Quarzit und Kies. Die Höhenlage von 160 bis 240 Metern, die Süd- bis Südwestausrichtung der Reben und die sich im Sommer regelmäßig einstellende warme Thermik erlauben den Trauben, lange auszureifen und dabei gesund zu bleiben, Botrytis entwickelt sich erst sehr spät.

93 **2020 Riesling trocken GG**
Weingut Emrich Schönleber,
www.emrich-schoenleber.de

Schlossböckelheim Felsenberg

93 **2020 Riesling trocken**
93 **2019 Riesling trocken**
Weingut Hees, www.heeswein.de
92+ **2020 Riesling trocken GG**
Weingut Schäfer-Fröhlich , Info siehe Seite 316
91 **2015 »Primus Omnium« Riesling trocken**
90 **2019 Riesling Spätlese trocken**
89 **2020 »Primus Omnium« Riesling trocken**
Weingut Schauß , www.weingut-schauss.de

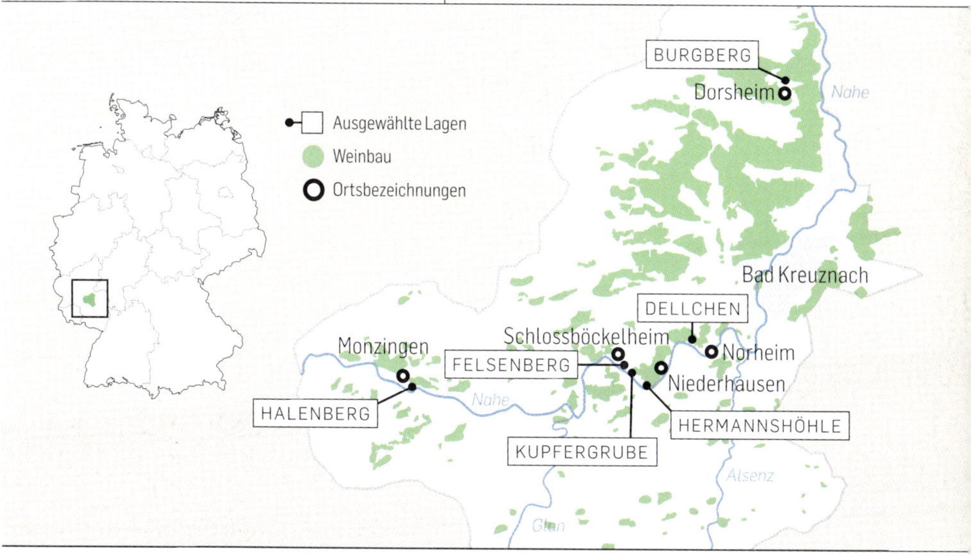

Fotos: beigestellt

★★★

WEINGUT CHRISTIAN BAMBERGER STEINHARDTER HOF

Kreuznacher Straße 2
55566 Bad Sobernheim-Steinhardt
T: +49 6751 6048, info@cb-wein.de
cb-wein.de

Ab-Hof-Verkauf: Mo bis Fr 8–12 Uhr und 14–18 Uhr, Sa 8–14 Uhr
Kellermeister: Christian Bamberger
Ansprechpartner: Christian Bamberger
Flaschen/Hektar: 200.000 (50 % weiß, 50 % rot)/21 ha

Seine Familie bewirtschaftet seit 1658 Rebberge an der Nahe. Christian Bamberger hatte bereits weit über die Heimat hinausgeschaut und in Kalifornien studiert, als er 2007 das Weingut übernahm. Vieles machte er anders – und richtig. In einem vorwiegend weißen Anbaugebiet experimentierte er mit roten Reben. Er glaubt an den oft vernachlässigten Silvaner, jüngst erwarb er alte, hochgelegene Weinberge für seine Ü30-Kollektion. In diesem Jahr überzeugt Christian Bamberger nicht zuletzt mit seinen Roten: einer Cuvée »R« Réserve und den 2019er Spätburgundern.

90 2019 »Fumé« Sauvignon Blanc trocken
In der Nase nimmt man deutlich Kiwi, Passionsfrucht und gelbe Früchte sowie einen Anflug von Honig wahr. Viel Schmelz am Gaumen, kompakt. Lebendige, gut integrierte Säure mit einer Restsüße im Abgang, ein runder Wein. 13,5 Vol.-%, NK, €€

92+ 2019 »Cuvée R Réserve« trocken CS/CC/CD
Dunkle Farbe, dunkler Duft, Kräuter, Brombeerkonfitüre, Schwarze Johannisbeere, geschmeidiger Fond, feine Gerbstoffe, sandig in der Qualität, reif, gute Fruchtdichte im Abgang, unauffällig Halt gebende Säure, ausgewogen und zugänglich, aber auch mit Komplexität. 14 Vol.-%, NK, €€€

91+ 2019 »QX« Spätburgunder trocken
Kräftiges Neuholz, Schokolade, erdige Töne, Kakao, Leder, Schwarzkirsche, eine erste Reifepatina. Im Mund geschmeidig im Ansatz, mit festem, feinkörnigem Tannin, das von lebendiger Säure begleitet wird, der kräftige Alkohol ist von Extrakt abgedeckt, aromatisches Finale. 13,5 Vol.-%, NK, €€€

91+ 2019 »Vulkangestein« Spätburgunder tr.
Leicht rauchiges Holz, Bitterschokolade, Kräuter, dunkle Beeren, im Mund mit präsentem Säurenerv und feinkörnigem Tannin in vorsichtig extrahierter Menge, viel Saftigkeit und eine deutlich mineralische Tönung. Ein sehr eleganter Spätburgunder. 13,5 Vol.-%, NK, €€€

90 2020 »Ü30« Silvaner trocken

89+ 2020 »Sorgenfrei« trocken RR/WB

89 2020 »Don't be shy« Scheurebe trocken

88 2020 Sauvignon Blanc trocken

89 2020 »Lichtblick« Rosé trocken CD/CS/CC

90 2019 Spätburgunder trocken

89+ 2019 »Machtlust« trocken CD/ME/CC

90+ 2019 »Vulkangestein« Grauburgunder tr.
Vielschichtig in der Nase. Würzige Noten, Birne, reifer gelber Apfel, feine Rauchigkeit sowie Stein, Efeu und Haselnuss. Am Gaumen eine schöne Mineralik, leichte Salzigkeit, feine Phenolik, feiner Säurezug sowie saftige Frucht von Birne, Apfel. 13,5 Vol.-%, NK, €€

★★★

WEIN- UND SEKTGUT BAMBERGER

Römerstraße 10, 55566 Meddersheim
T: +49 6751 2624, kontakt@weingut-bamberger.de
weingut-bamberger.de

Ab-Hof-Verkauf: Mo bis Fr 8–12 Uhr und 14–18 Uhr, Sa 9–16 Uhr
Kellermeister: Heiko Bamberger
Ansprechpartner: Familie Bamberger
Flaschen/Hektar: 133.000 (58 % weiß, 10 % rot, 10 % Rosé, 2 % süß, 20 % Schaumwein)/15 ha

Heiko Bamberger gehört zu den Pionieren des deutschen Sektwunders, und das nicht erst seit gestern. Kein Wunder also, dass – abgesehen vom furiosen 2004er Eiswein – zwei Schaumweine an der Spitze unserer Verkostung stehen. Einfach superb in seiner subtilen Reife ist der 2010er Rieslingsekt: ein Dekadensprung, der mit jedem Schluck verdeutlicht, welche Kulturleistung in Sekten aus handwerklich produzierter Flaschengärung steckt. In den letzten Jahren haben übrigens auch Bambergers Stillweine an Kontur und Präzision gewonnen. Es läuft rund in Meddersheim!

94 2010 »Grande Réserve Decade« Riesling brut nature
Degorgiert Februar 21. Komplex im Duft, Boskoop, jodig, Bergamotte, tertiäre Noten. Im Mund mit einem Fond aus reifer Geschmeidigkeit, mit zurückhaltendem, sehr feinem Mousseux, mit für den Jahrgang recht reifer Säure und einer Abgangswürze, aus welcher der Wein Milde bezieht. 12,5 Vol.-%, NK, €€€€

93 2015 »Prestige« Riesling brut nature
Ein feiner Schnittpunkt aus würziger, aber auch noch frischer Rieslingfrucht und ersten tertiären Aromen. Im Mund imponiert ein cremiges, sehr feines Mousseux, lebendige, aber feine Säure, subtile Gaumenaromen, mineralisch unterlegt, feiner Stil. 12,5 Vol.-%, NK, €€

92+ 2010 »S« Monzingen Frühlingsplätzchen Riesling trocken
Helles Goldgelb in der Farbe. Der Duft zeigte ine schöne Reife, leichte Honignoten, Noten von kandierten Früchten, Bitterorange, aber auch Kräutertöne. Der Gaumen beginnt seidig und mit feinem Fluss, die lebendige Säure ist komplett integriert in den nuancierten Körper. 12,5 Vol.-%, NK, €€

96 2004 Meddesheim Rheingrafenberg Riesling Eiswein
Eine Farbe wie Schwarztee, mit mahagonifarbenen Reflexen. Dattel und Dörrbirne im sehr klaren Duft. Im Mund cremig-viskos, prägnant süß, aber auch mit einer Eiswein-Säure, die einem einen kleinen Schauer über den Rücken jagt. Komplexe Würze im Abklang. Superb! 6,5 Vol.-%, DV, €€€

90+ 2019 »Tradition« Blanc de Blanc extra brut WB/RR

90 2016 »Prestige« Pinot Rosé brut nature PN/WB

92 2020 »Réserve« Meddersheim Altenberg Riesling trocken

91 2020 Meddersheim Rheingrafenberg Grauburgunder trocken

91 2020 Monzingen Frühlingsplätzchen Riesling trocken

89 2020 »Plaisir« Riesling

89 2020 Blanc de Noir trocken

92 2020 Meddersheim Rheingrafenberg Weißburgunder trocken
Reife Birne, roter Apfel, zitrische Noten in der Nase. Vom langen Hefelager leicht frische Brotnoten. Feine mineralische Noten, kaltes Gestein. Am Gaumen kompakte Dichte, schöner Schmelz, frisch ,saftig, feine Phenolik, feine Mineralität. Leicht herber Abgang, langer Nachhall. 12,5 Vol.-%, NK, €€

★★

WEINGUT BICKING & BICKING

Hauptstraße 33, 55595 Wallhausen
T: +49 6706 279, weingut@bickingundbicking.de
bickingundbicking.com

Ab-Hof-Verkauf: Mo bis Fr 9–11 Uhr und 13–17 Uhr, Sa 11–17 Uhr
Kellermeister: Lukas Bicking
Ansprechpartner: Achim und Lukas Bicking
Hektar: 10 ha

Die Brüder Achim und Lukas Bicking aus dem pfälzischen Zellertal siedelten erst vor wenigen Jahren an die Nahe über, wo sie für reichlich Aufsehen sorgen. Selbst zum vermeintlich einfachsten Wein, dem Rosé, schrieb einer der Verkoster: »Kann man fast immer trinken.« Gibt es ein schöneres Kompliment? Für Begeisterung sorgte der Riesling aus dem Pastorenberg, der als »junges Genie und Wunderkind« gefeiert und als einer der besten trockenen Rieslinge des Jahrs bewertet wurde. Wir gratulieren zur Nominierung als Newcomer des Jahres (siehe S. 23)!

96 2019 Wallhausen Pastorenberg Riesling trocken
Reifer Apfel, Bienenwachs, leichter Petrolton, feine Holzwürze, Pinien, eingelegte schwarze Walnüsse. Mit einer fein austarierten Säure am Gaumen, getrockenete Aprikose, Herbstlaub, feinmaschig und komplex, »ein junges Genie und Wunderkind«, heißt es am Verkostungstisch. 12,5 Vol.-%, NK, €€

93 2020 Sauvignon Blanc trocken
Würzige Nase mit etwas Cassis, Safran, Stachelbeere und gelbem Paprika. Eleganter, reichhaltiger Sauvignon mit schöner Aromatik (Minze, Stachelbeere und Litschi), filigrane Säure, aus einem Guss. Ausgeschlafene Stilistik, erdverbunden, trotzdem weitsichtig. 11,5 Vol.-%, DV, €

93 2020 Weißburgunder trocken
Blüten, Linden- und Akazienblüte, saftige Sommerbirne, leicht rauchig, aber nicht vom Holz. Fein balancierter Weißburgunder mit gutem Zuschnitt, feinnervig und auch etwas wild. Attraktive, feine Pikanz, leichte aparte Herbe, aber auch die Cremigkeit von Butterschokolade. 12,5 Vol.-%, DV, €

92+ 2019 »Vom Schiefer« Riesling trocken
Papaya und Mango in der Nase, etwas Parfum und Gewürzmeile, etwas Paprika, auch schiefrige Noten, etwas Feuerstein, Fuder und Bleistiftmine. Hat am Gaumen Druck, bleibt haften, mit guter Substanz und auch Dichte, vielschichtig und mit guter Länge, Potenzial. 13 Vol.-%, DV, €€

91 2020 Riesling trocken

90 2020 Grauburgunder trocken

90 2019 »Blanc de Blanc« trocken SB/PG/WB

89+ 2020 »Brüderchen« Cuvée trocken SÄ/MT/RR/BC

89+ 2020 »Bruderherz« Rosé trocken PN/DF

90 2020 Riesling Kabinett

93+ 2019 »Alte Reben« Riesling trocken
Sonnenblumenkerne und Melisse im Duft, auch Limette und Zitronenabrieb, maritime Töne, Lakritze, etwas Seeluft. Fest und dicht gebaut am Gaumen mit feiner Säure, viel Muskeln, etwas Ahornsirup als Hintergrund, seriös, souverän und anhaltend, bleibt haften. Zeitgemäße Interpretation. 12,5 Vol.-%, DV, €€

★★★★

WEINGUT DR. CRUSIUS

Hauptstraße 2, 55595 Traisen
T: +49 671 33953, info@weingut-crusius.de
weingut-crusius.de

Ab-Hof-Verkauf: nach Vereinbarung Mo bis Sa 9–12 Uhr und 13.30–17 Uhr
Kellermeister: Peter Crusius und Rebecca Crusius
Ansprechpartner: Peter und Birgitta Crusius, Rebecca Crusius
Flaschen/Hektar: 120.000 (95 % weiß, 5 % rot)/22 ha

Diese Kollektion hat uns überrascht, fasziniert und beeindruckt: Was Rebecca Crusius gemeinsam mit ihren Eltern vorgestellt hat, ist nichts mehr und nichts weniger als eine der besten Kollektionen des Nahetals. Exemplarisch steht das Große Gewächs vom Felsenberg: Wie dieser Wein die Brücke von der eisenharten Mineralität des Terroirs zu feinstem Nuancenreichtum und zu einem geradezu sublimen aromatischen Ausdruck schlägt, das ist wirklich atemberaubend. Wenn es auf diesem Niveau weitergeht, Ehrenwort, gibt es in nicht allzu ferner Zukunft den fünften Stern.

97 2020 Schlossböckelheim Felsenberg Riesling GG
Flieder und Weiße Johannisbeere im Duft, am Gaumen mit einem sehr stattlichen Extraktkern, der trotz seiner Intensität eine feine und nachgerade subtile Anmutung behält. Weicher Hintergund, dezent bleibende Süße. Tief mineralisch, ein Meisterwerk. 13 Vol.-%, NK, €€€

94 2020 »Untitled V« Riesling trocken
Earl Grey, schwarzer Tee, leicht fermentiert, auch Orangenschale, Piment, Pfeffer, etwas Asche. Zeigt am Gaumen viel Energie und auch Kraft, die sich aber geschmeidig und in Nuancen zeigt, öffnet sich in der Gaumenmitte, hat burgundische Elemente, trotzdem straight. 13 Vol.-%, NK, €€€

93+ 2020 Traisen Bastei Riesling GG
Im Duft etwas Schieferwürze, weiße Blüten, Lindenblüte und Karamell. Im Mund weich ansetzend, großzügig, mit seidigem, phenolischem Extrakt, delikat eingewobene Säure, ein Lagenriesling voller Liebreiz, aber auch mit mineralischer Tiefe. 13 Vol.-%, NK, €€€

94+ 2020 Traisen Steinberg Riesling Eiswein
Differenzierter Duft nach reifen Zitrus- und exotischen Früchten, Limette, Ananas, dazu heißer Stein. Am Gaumen lebendige Säure, animierende Zitrusfrucht, Stachelbeere, elegante, dichte Struktur, große Länge, großes Potenzial. 7,5 Vol.-%, NK, €€€€

93 2020 Schlossböckelheim Kupfergrube Riesling GG

93 2020 »Top Of The Rock« Riesling trocken

93 2020 »RC« Chardonnay trocken

92 2020 »Kaffel« Traisen Weißburgunder tr.

92 2020 Traisen Mühlberg Riesling GG

91 2020 Traisen Rotenfels Riesling Erste Lage trocken

91 2020 »Von Bergen, Schlössern und Burgen« Schlossböckelheim Riesling tr.

93 2020 Norheim in der Kirschheck Riesling Erste Lage trocken
Noch etwas verschlossen, gelber Apfel, Koriandersamen, Zitruszesten, Tannenzapfen, leicht ätherisch, Gang durch den Pinienhain, Austernschale, Nordsee im Oktober. Sehr stabile Säure am Gaumen, hat die Konsistenz eines Marathonläufers, Bergkräuter, dabei aber charmant. 13 Vol.-%, NK, €€

★★★★★

SCHLOSSGUT DIEL

DIEL

GG
2018 RIESLING
BURGBERG

Burg Layen 16, 55452 Rümmelsheim
T: +49 6721 96950, info@diel.eu
diel.eu

Ab-Hof-Verkauf: Mo bis Do 8–17 Uhr, Fr 8–14 Uhr
Kellermeister: Caroline Diel und Christoph Friedrich
Ansprechpartner: Familie Diel
Flaschen/Hektar: 180.000 (90 % weiß, 10 % rot)/25 ha

Die Falstaff Winzerin des Jahres 2020 ist weiterhin mit Stilgefühl bei der Sache, daran lassen die neuen Weine nicht den geringsten Zweifel. Ein Überflieger im Sortiment ist der Spätburgunder aus 2018, dessen Würzigkeit bei Pinot-Afficionados Suchtpotenzial auslöst. Der Jahrgang 2020 wiederum begünstigte vor allem die fruchtigen Riesling-Prädikate. Carolin Diel hat die Steilvorlage genützt, um Kabinettweine zu erzeugen, die konsequent in ihrer Leichtigkeit sind, und für straffe Spätlesen, die ihren Reichtum erst nach Jahren der Flaschenreife offenbaren werden.

93+ 2018 »Caroline« Spätburgunder trocken
Im Duft zunächst schokoladig, aber auch burgunderwürzig, Baumharz, Unterholz, Mandel und Wacholder. Mit Luftkontakt immer beeriger: Walderdbeere, Himbeere. Eine kräftige Dosis mürben Tannins auf weichem, weitem Grund. Dezente Säure. Viel Saft im Abklang. Sehr gutes Potenzial. 12,5 Vol.-%, NK, €€€€

93+ 2020 Dorsheim Goldloch Riesling Spätlese
Noch verschlossen im Duft, doch erkennbarerweise geht eine feine Schieferwürze Hand in Hand mit subtiler Hochreifefrucht. Am Gaumen entfachen Süße und Säure ein intensives Spiel, die Intensität geht jedoch auch einher mit aromatischem Nuancenreichtum. 7,5 Vol.-%, NK, €€€

93 2020 Dorsheim Pittermännchen Riesling Spätlese
Fuder und Schiefer, Spontangärung. Melisse, balsamische und zitrische Untertöne. Im Mund mit knackiger Säure, fast schon bissig, mit kühler Anmutung und markanter Mineralität. Streng gebaut, mit sehr guter Substanz und bestem Potenzial. 8 Vol.-%, NK, €€€

92 2020 Dorsheim Goldloch Riesling Kabinett
Geriebene Zitronenschale, Schieferwürze. Im Mund umspielen sich eine humorlos knackige Säure und eine defensive Süße, das Geschmacksbild ist nahezu trocken. Der Wein hat Länge und Intensität, ist dabei aber von erheiternder Leichtigkeit und Frische. 8,5 Vol.-%, NK, €€

91 2019 Burg Layen Hölle Riesling trocken

92 2020 Burg Layen Johannisberg Riesling Kabinett
Balsamisch im Duft, schieferreduktiv, kräuterwürzig. Am Gaumen zeigt sich der Wein ziemlich auf Zack, knackig und saftig, straffe Säure und passende, eher zurückhaltende Süße, ein eleganter, ganz typischer, leichter Kabinett. Super elegant! 8,5 Vol.-%, NK, €€

★★

WEINGUT DISIBODENBERG

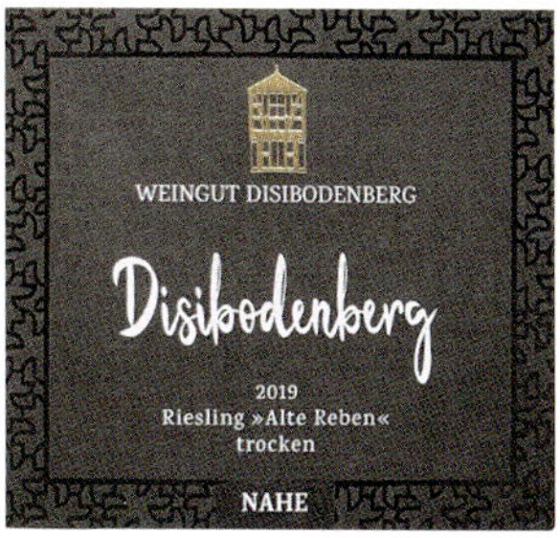

Am Disibodenberg 1, 55571 Odernheim
T: +49 170 8150150
mail@klostermuehle-odernheim.de
weingut-disibodenberg.de

Ab-Hof-Verkauf: Do bis So 10–16 Uhr und nach Vereinbarung
Kellermeister: Thomas Zenz
Ansprechpartner: Uta Armbruster-Held
Flaschen/Hektar: 147.000 (75 % weiß, 25 % rot)/21 ha

Das nennt man eine durchweg gelungene Kollektion. Das Team um Kellermeister Thomas Zenz leistet sich kaum eine Schwäche und besticht durch einen würzigen 2018er Odernheim Langenberg Spätburgunder, der noch viel Potenzial hat. Auch bei den Rieslingen zeigt sich die exzellente Qualität ihrer Lagen. Das Gut, dessen Ursprünge bis in das frühe Mittelalter zurückgehen und auf dessen Gelände einst ein Kloster lag, in dem Hildegard von Bingen über 30 Jahre lebte, ist zweifelsohne gut für die Zukunft gerüstet – auch dank der stattlichen eigenen Sekterzeugung, der Brennerei und des schmucken Weinhotels »Meisenheimer Hof«.

90 2018 »Monopol Held« Pinot brut
In der Nase entwickelt sich ein Duft von Veilchen, Brot, Nüssen und Orangenzesten. Am Gaumen mit sehr lebendiger Säure ausgestattet, welche die Aromatik der Nase sowie eine Note von Apfel- und Birnenschale gut trägt. Feines Mousseux und guter Abgang. 13 Vol.-%, NK, €€

90+ 2019 »Alte Reben« Odernheim Kloster Disibodenberg Riesling trocken
Bereits gereift in der Farbgebung. Ein Duft von reifer Mandel, Limette und Zitronenzeste. Ebenfalls am Gaumen mit komplexer Aromatik. Es folgen reife Zitrone und reifer Apfel bei guter und lebendiger Säure in einem mittelgewichtigen Körper. 13,5 Vol.-%, NK, €€

92 2018 Odernheim Langenberg Spätburgunder trocken
Eine interessante Komponente im Duft bei Aromen von Pilzen, Cranberry, Brombeere, Hibiskus, Garrique und Gewürznelke. Am Gaumen mit präsenter Säure, jungem, aber feinem Tannin und gutem Nachhall. Mit Lagerung wird sich der Wein weiterentwickeln. 13 Vol.-%, NK, €€

91+ 2019 Odernheim Montfort Spätburgunder trocken
Intensiv und reif im Duft. Es entwickelt sich ein komplexes Bukett aus Aromen von reifer Kirsche, Himbeere, Vanille und Zeder. Am Gaumen folgen Aromen von Veilchen und Gewürznelke bei feiner Säure, guten Gerbstoffen, einer angenehmen Kühle und langem Nachhall. 13,5 Vol.-%, NK, €€

88 2015 »Monopol Held« Pinot Noir brut

90 2020 Odernheim Kloster Disibodenberg Riesling trocken

90 2019 Odernheim Kapellenberg Grauburgunder trocken

90 2019 »L.v.R.« Odernheim Kloster Disibodenberg Riesling trocken

90 2019 Odernheim Montfort Chardonnay Weißburgunder trocken

88+ 2020 »W'20« Weißburgunder trocken

89 2020 »Dizzy Beau« Riesling Kabinett

89+ 2020 »R'20« Riesling trocken
In der Nase entwickelt sich ein Duft von Zitrone, süßem Pfirsich und Veilchen. Am Gaumen folgt Limettenschale, von guter Säure in einem eher schlanken Körper getragen. Im Nachhall auch eine feine Mineralik. Ein Wein zum direkten Trinkgenuss. 11,5 Vol.-%, DV, €

★★★★★

WEINGUT DÖNNHOFF

Bahnhofstraße 11, 55585 Oberhausen an der Nahe
T: +49 6755 263, weingut@doennhoff.com
doennhoff.com

Ab-Hof-Verkauf: Mo bis Fr 8.30–12 Uhr und 13.30–17 Uhr, Sa nach Vereinbarung
Kellermeister: Cornelius Dönnhoff
Ansprechpartner: Cornelius Dönnhoff
Hektar: 28 ha

Im vergangenen Jahr durften wir Cornelius Dönnhoffs Weine mit dem Titel »Kollektion des Jahres« auszeichnen, und wenn seine 2020er vielleicht ein Quäntchen unter den 2019ern bleiben, dann wohl nur, weil der Jahrgang ein Quäntchen weniger günstig war. Aber welch stramme und gleichzeitig auch ziselierte Großen Gewächse hat Dönnhoff gekeltert, welch pikante und präzise Prädikatsweine von frucht- bis edelsüß hat er aus Weinbergen wie Brücke und Hermannshöhle hervorgezaubert. Und wie komplett und erwachsen sind die Basisweine à la »Tonschiefer«!

95 2020 Niederhausen Hermannshöhle Riesling GG
Ist im Duft gleichermaßen balsamisch, fruchtig und mineralisch. Am Gaumen setzt sich die Komplexität fort: mit einer Säure, die durchdringend ist und dennoch Raum lässt für Geschmeidigkeit, mit einer reifen Frucht und dichtem, intensiv mineralisch geprägtem Extrakt. 13,5 Vol.-%, NK, €€€€

94 2020 Schloßböckelheim Felsenberg Felsentürmchen Riesling GG
Pfirsich im Duft und brenzlig-mineralische Töne, leicht balsamisch unterlegt. Am Gaumen folgt auf einen kurzen Weichteil ein humorlos stoffiger Extrakt, die Säure ist vergleichsweise reif, aber die Phenole und der mineralische Gehalt geben Struktur und Länge. 13 Vol.-%, NK, €€€

95 2020 »Monopol« Oberhausen Brücke Riesling Eiswein
Sehr fein nuanciert im Duft, Weinbergpfirsich, Heidelbeere, etwas Schiefer, eine sehr intensive Säure trifft auf gut gesetzte, nicht überakzentuierte Süße, im Übergang zum Abgang extraktreich, schön konzentrierte Frucht, gute Länge. 7,5 Vol.-%, NK, €€€€

94+ 2020 Niederhausen Hermannshöhle Riesling Spätlese
Noch verschlossen in der mineralisch geprägten Nase. Zitrische und balsamische Noten, süß-herbe, würzige Aprikosenkonfitüre. Am Gaumen schön ausbalanciert, Süße und Säure geben Spannung, leichte Mineralik, sehr guter Extrakt. Gutes Reifepotenzial. 8,5 Vol.-%, NK, €€€

93+ 2020 Norheim Dellchen Riesling GG

91+ 2020 Roxheim Höllenpfad Riesling Erste Lage trocken

91+ 2020 »Tonschiefer« Riesling trocken

91 2020 Niederhausen Riesling trocken

94 2020 »Monopol« Oberhausen Brücke Riesling Auslese

93+ 2020 »Monopol« Oberhausen Brücke Riesling Spätlese

93 2020 Niederhausen Klamm Riesling Kabinett

92+ 2020 Bad Kreuznach Kahlenberg Riesling Erste Lage trocken
Reifer Weinbergpfirsich, Aprikosen sowie eine feine Mineralwürze, etwas Schießpulver in der Nase. Am Gaumen saftig, schöne straffe Säure bei guter Dichte von Frucht, Extrakt und dezenter Restsüße. Spannungsreich, gutes Alterungspotenzial. 12,5 Vol.-%, NK, €€€

★★

WEINGUT FORSTER

Burg-Layer-Straße 20, 55452 Rümmelsheim
T: +49 6721 45123, mail@weingutforster.de
weingutforster.de

Ab-Hof-Verkauf: Do und Fr 14–18 Uhr, Sa 10–15 Uhr
Kellermeister: Johannes Forster
Ansprechpartner: Georg, Margit und Johannes Forster
Hektar: 25 ha
Anbauweise: Biologisch zertifiziert

Mit dieser ausgezeichneten Kollektion ist der Winzerfamilie Forster aus Rümmelsheim abermals ein guter Wurf gelungen. Schon beim Gutsriesling kam die Verkostungsrunde ins Schwärmen: »Aus dem ABC des unkomplizierten Genusses« lautete eine der Anmerkungen. Kellermeister Johannes Forster hat eine Reihe beeindruckender Rieslinge vorgelegt, die schlank und fokussiert die unterschiedlichen Terroirs zeigen. Der »Bergsteiger« geht dabei voran mit Stil und mineralischer Tiefe, gefolgt vom saftigen und filigranen »Wüstenwanderer«. In dieser Form rückt der dritte Stern näher.

92 2019 »Bergsteiger« Riesling trocken
Leichtes Goldgelb, reifes Steinobst wie Pfirsich, ein Hauch Petrol und mineralische Würzigkeit. Kräftige Struktur am Gaumen mit saftiger Gelbfrucht und reifer, pointierter Säure, im Gefolge einer klassischen Spätlese mit Stil, mineralischer Tiefe und Charakter. 13 Vol.-%, NK, €€

91 2019 »Wüstenwanderer« Riesling trocken
Leichtes Goldgelb, in der Nase reife Frucht mit Spätlesecharakter, Pfirsich und etwas Stachelbeere mit heißem Stein. Saftig am Gaumen mit filigraner Säure auf einem weichen und beinahe seidenen Fond. Viel Inhalt in einer schlanken Textur, mineralisch, zartfühlig. 11,5 Vol.-%, NK, €€

90 2019 »vom Quarzit« Frühburgunder tr.
Rauchige Nase, ein Hauch Räucherschinken, Blaubeere und Kirsche sind mit dabei. Verknüpft am Gaumen Geschmeidigkeit, elegante Frucht mit einer festen und linerar verlaufenden Struktur. Mineralische Anklänge, griffiges, noch leicht pelzendes Tannin, noch jung. 13,5 Vol.-%, NK, €€

91 2020 Riesling Spätlese
Duft nach exotischen und kandierten Früchten, Zitronat, etwas Melisse und Minze. Am Gaumen sehr griffig, satte helle Frucht, lebendige Säure, Wein mit viel Spannung und Zug. Gute Struktur und Länge. Hat gutes Potenzial.
9,5 Vol.-%, NK, €

90 2019 »Réserve« Grauburgunder trocken

90 2019 »vom Kies« Riesling trocken

89+ 2019 »vom roten Schiefer« Riesling tr.

89+ 2020 Weißburgunder trocken

89+ 2020 Riesling feinherb

89 2020 Riesling trocken

89 2019 »Himmelsstürmer« Blanc de Noir Spätburgunder trocken

90 2020 »[so'n Kabi wär nett]« Riesling Kabinett
Feiner Duft nach hellen Früchten, dazu kommen Papaya und Limonenzeste. Am Gaumen mit einem schönen Süße-Säure-Spiel, Limone, Mango und reife Birne, griffig und gut strukturiert. Macht viel Freude, sehr appetitlich.
9 Vol.-%, DV, €

★★★★

GUT HERMANNSBERG

Ehemalige Weinbaudomäne, 55585 Niederhausen
T: +49 6758 92500, info@gut-hermannsberg.de
gut-hermannsberg.de

Ab-Hof-Verkauf: März bis Okt. Di bis Fr 10–18 Uhr, Sa und So 12–18 Uhr, Nov. bis Feb. Di bis Sa 10–18 Uhr
Kellermeister: Karsten Peter
Ansprechpartner: Achim Kirchner
Flaschen/Hektar: 150.000 (85 % weiß, 5 % süß, 10 % Schaumwein)/30 ha

Das Potenzial großer Weine zeigt sich erst über die Jahre – der Kellermeister von Gut Hermannsberg, Karsten Peter, weiß das natürlich genau und hat dieses Jahr einige »Reserve«-Weine mit angestellt. Und, wenig überraschend: Die beiden 2016er Rieslinge aus dem Niederhausener Hermannsberg und der Schlossböckelheimer Kupfergrube brillieren nach fünfjähriger Reife und zeigen, welch großes Potenzial in diesen Weinen schlummert – Balance und Saftigkeit überzeugen. Überzeugt hat uns aber auch der 2020er »Vom Schiefer«, der sehr viel Wein zu einem moderaten Preis bietet.

94+ 2016 »Reserve« Niederhausen Hermannsberg Riesling GG
Wunderbare Reife im Duft von Aromen wie Quitte, Steinobst, reife Zitrone, Limettenschale und nasser Stein. Eine feine Säure, sehr gute Balance, Saftigkeit und Textur begleiten diesen Wein in den langen Abgang. Ein Wein mit Potenzial. 12,5 Vol.-%, NK, €€€

94 2016 »Reserve« Schlossböckelheim Kupfergrube Riesling GG
Goldgelb in der Farbgebung und gereift im Duft. Ein komplexes Bukett aus exotischer Frucht wie Mango und Passionsfrucht sowie Zitronenzeste. Am Gaumen folgen Mandarine, Orangenschale und Veilchen bei reifer Säure, sehr guter Stuktur und Saftigkeit bei hoch attraktivem Nachhall. 12,5 Vol.-%, NK, €€€€

93+ 2020 Niederhausen Steinberg Riesling GG
Verschlossen, mineralisch-brenzlig im Duft, leicht zitrisch in der Frucht. Etwas Holz. Im Mund getragen, reife Phenole geben Rückhalt, die Säure beginnt mild und gewinnt im Gaumenverlauf an Festigkeit. Ein kompakter, inhaltsreicher Wein mit bester Perspektive. 12,5 Vol.-%, NK, €€€

93 2019 Traisen Bastei Riesling GG
Ein schieferwürzig geprägter Duft mit einer Spur von Holz. Orangenschale. Im Mund mit einer leicht viskosen, auch etwas Überreife anzeigenden Grundierung, reife Säure und weitmaschig strukturierte Phenole geben Struktur. Geradezu opulent. 12,5 Vol.-%, NK, €€€€

93 2020 Schlossböckelheim Felsenberg Riesling GG

92 2020 »Vom Vulkan« Schlossböckelheim Riesling trocken

92 2020 Altenbamberg Rotenberg Riesling GG

92 2020 »Steinterrassen« Riesling trocken

91 2020 »7 Terroirs« Riesling trocken

93 2020 »Vom Schiefer« Niederhausen Riesling trocken
Blass in der Farbe und kühl im Duft. Es entwickeln sich Aromen von Veilchen, Zitronenzeste und Geißblatt in der Nase. Am Gaumen folgen reifer Pfirsich, Limette und ein Hauch von reifer Birne, bei herrlicher Mineralität, feiner Säure, Konzentration und sehr langem Nachhall. 13 Vol.-%, NK, €€

★

WEINGUT HAACK

Burg Layen 3, 55452 Burg Layen
T: +49 6721 497 80 16, info@weingut-haack.de
weingut-haack.de

Ab-Hof-Verkauf: nach Vereinbarung
Kellermeister: Lasse Haack
Ansprechpartner: Lasse Haack
Hektar: 10 ha

Erst 2015 hat die Familie Haack in Burg Layen ein altes Barockhaus nebst Weingut übernommen. Zu den Rebbergen gehören Spitzenlagen wie Dorsheimer Pittermännchen oder Burg Layer Schlossberg. Naturnaher Anbau soll die Typizität der Terroirs zur Geltung bringen. Generell pflegt das Weingut eine Stilistik, die den menschlichen Einfluss zurücknimmt, die Weine sind in Nuancen gearbeitet. Ein vielversprechender Neuzugang in unserem Weinguide. Bald wird Sohn Lasse Haack den Keller übernehmen, wir sind bereits gespannt darauf, welche weitergehenden Impulse er setzt.

91 NV »Quinquennium«

Würzige Nase, Kräuter, Orangenschale, kandierte Limette, zarter Rauch. Am Gaumen delikate Würze, Melone, etwas Honig ist unterlegt von feiner Süße und lebendiger Säure, Wein mit viel Zug und Charakter, toll zu pikant gewürzten Speisen. 12 Vol.-%, NK, €€€

91 2019 Burg Layen Schlossberg Riesling

Würzige und auch steinige Noten, reifer Pfirsich, Papaya und etwas Honigwabe, ein Hauch Pfefferminze. Elegant am Gaumen mit einer fein ziselierten Säureader, die von Aprikose und Bergamotte begleitet wird. Feine Mineralik. In Nuancen gearbeiteter Riesling. 12,5 Vol.-%, NK, €€€

90 2019 »Halbstück« Weißburgunder trocken

Weiße und gelbe Blüten, Gänseblümchen, Fenchelkraut, Aprikose und Reneklode in der Nase mit Rauch. Vornehmer Weißburgunder mit moderater Säure, saftigem Schmelz und feiner Würze in einem kompakten Körper. Walnussschale, leicht grünlich und mit gepflegter Phenolik. 13 Vol.-%, DV, €€

89+ 2020 Grauer Burgunder trocken

Reife Frucht in der Nase, Birne und Apfel, dazu Wiesenkräuter und Honigmelone. Setzt am Gaumen mit Schmelz, weicher Säure und leichter Würze eher breit und geschmeidig an. Feine Phenolik auch in der Gaumenmitte. Ein eher feinfühliger, kulinarischer Typ. 13,5 Vol.-%, DV, €€

89 2020 Riesling trocken

89+ 2019 Dornfelder trocken

Holunder in der Nase mit reifer Blutorange und Schwarzer Johannisbeere. Kompakt gebaut am Gaumen mit guter Balance von feiner Säure, saftiger, reifer Holunderbeere und feinkörnigem, eher zurückgenommenem Tannin. Elegant, mit Trinkfluss. Plädoyer für Dornfelder. 13 Vol.-%, DV, €

★ ★ ★

KORRELL

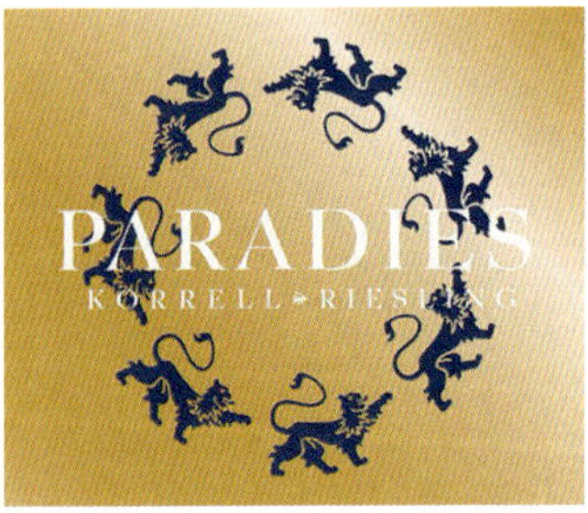

Görzstraße 7, 55545 Bad Kreuznach-Bosenheim
T: +49 671 63630, weingut@korrell.com
korrell.com

Ab-Hof-Verkauf: Mo bis Fr 14–18 Uhr, Sa 10–15 Uhr
Kellermeister: Martin Korrell
Ansprechpartner: Martin Korrell
Flaschen/Hektar: 180.000 (80 % weiß, 20 % rot)/29 ha

Martin Korrell steht für gut strukturierte, perfekt balancierte Weine – seine Rieslinge und Burgunder sind aus einem Guss. Diese Konstanz und Ausgeglichenheit zieht sich durch die ganze Kollektion und unterstreicht, dass das Weingut zu den sicheren Werten an der Nahe gehört. Traditionell steht der Riesling aus dem Bad Kreuznacher Paradies mit seiner eleganten Frucht und Würze mit oben an der Spitze der Kollektion. Auf genauso hohem Niveau rangiert der Riesling aus dem Norheimer Kirschheck, der ältesten urkundlich erwähnten Lage der Nahe, der uns mit seiner Mineralität beeindruckt hat.

92 2020 Bad Kreuznach Paradies Riesling tr.

Würzige Duft, es dominieren reife helle Früchte, Aprikose, Mirabelle, auch etwas Minze ist dabei. Am Gaumen fließende Säure, reif und belebend, feine Frucht, Papaya, Mandarine, Kräuterwürze, feine Phenole, dicht gewoben und lang, zum Weglegen, macht aber auch jetzt schon viel Freude!
12,5 Vol.-%, NK, €€€

92 2020 Norheim Kirschheck Riesling tr.

Noch eher verschlossene Nase, kühle Zitrusfrucht, mineralisch unterlegt, Melisse, Kräuterwürze. Am Gaumen reife, lebendige Säure, Limone, Minze, mineralisch durchwoben, griffig, feine Phenole, dicht und lang. Hat viel Potenzial, balanciert. 13 Vol.-%, NK, €€€

91 2020 »Von den Großen Lagen« Riesling tr.

In der Nase dominieren reife Zitrusfrüchte, Würze, Papaya und Aprikose ist mit dabei. Am Gaumen mit viel Zug, lebendige Säure, griffig, Zitrusfrüchte, Limettensaft, Grapefruit, dicht strukturiert, gute Länge, hat weiteres Potenzial.
12,5 Vol.-%, DV, €€

90+ 2020 »Steinmauer Burgundercuvée« trocken PG/WB/CH

Duft nach reifer Birne, Apfel, etwas geröstete Haselnuss ist mit dabei. Am Gaumen mit lebendiger Säure und reifer, heller Frucht, saftig und griffig, Mirabelle, Mandel und etwas Rauch scheinen durch, gute Struktur und Länge. Wein für die Gastronomie! 13,5 Vol.-%, DV, €€

89 2020 Riesling trocken

92 2020 Bad Kreuznach Paradies Riesling Auslese

Klares, sattes Gelb. Feiner Duft nach getrockneten Früchten, Aprikose, Honig, süße Papaya. Am Gaumen mit lebendiger Säure, reife helle Früchte, Limette, etwas Honig scheint durch, pikant bei aller Süße, viel Potenzial.
7 Vol.-%, DV, €€

★★

WEINGUT MARX

Im Setzling 6, 55452 Windesheim
T: +49 6707 316, info@weingutmarx.com
weingutmarx.com

Ab-Hof-Verkauf: nach Vereinbarung
Kellermeister: Rainer Marx
Ansprechpartner: Rainer Marx
Flaschen/Hektar: 93.000 (62 % weiß, 20 % rot, 10 % Rosé, 5 % süß, 3 % Schaumwein)/10 ha

Das Weingut Marx gibt es seit 1691. In unseren Tagen ist es über die Nahe hinaus für seine Weine aus weißen Burgundersorten bekannt. Rainer Marx' Weiß- und Grauburgunder haben eine so gute Substanz, dass sie den Holzausbau nicht nur wegstecken, sondern geradezu einfordern. Mit ihren appetitlichen Proportionen und ihrer unaufdringlichen Würzigkeit sind diese Weine auch gern gesehene Begleiter an Tisch und Tafel. Nicht zuletzt haben aber auch die Rieslinge Format und können – wie der Windesheim Fels – vor dem Genuss noch ein paar Jahre gelagert werden.

91+ 2019 »R« Windesheim Römerberg Grauer Burgunder trocken
Rauchige Noten vom Neuholz und Würze mit Birne und Honigmelone, auch Maronenpüree, frisches Lorbeerblatt und grüne Walnuss. Strukturgeprägt am Gaumen mit guter Substanz, die noch Zeit braucht, um sich ganz zu entfalten. In der Anlage vielversprechend. 13,5 Vol.-%, NK, €€

91 2019 »R« Windesheim Rosenberg Weißer Burgunder trocken
Rauchige Noten im Duft, Haselnuss, Akazienhonig und etwas Hopfenblüte zur gelben Frucht, noch aromatisch vom Holzausbau geprägt. Stoffig am Gaumen mit guter Substanz und auch Dichte, etwas grüne Walnuss, leichte Adstringenz. Wird sich weiter verfeinern. 13 Vol.-%, NK, €€

91 2019 »R« Windesheim Fels Riesling tr.
Vielschichtig im Duft mit reifem Steinobst, Zitrusfrucht, kräutrig und würzig. Kompakt gebauter Riesling mit Spannung und auch Komplexität, getragen von einer stabilen Säure, wieder Zitrusfrucht, etwas Limettensaft, mineralisch fundiert, mit Perspektive. 13 Vol.-%, NK, €€

89+ 2020 »S« Windesheim Sonnenmorgen Riesling trocken
Im Duft Aprikose, Pfirsich, auch Grapefruit und Kräuter sowie mit etwas Gesteinsmehl. Am Gaumen mit gutem Zug, Würze, einer präsenten, leicht stahligen und gut eingewobenen Säure, die mineralisch hinterlegt ist und die feine Süße gut ab kann. 12 Vol.-%, DV, €

89 2020 Weißer Burgunder trocken

90+ 2020 »S« Windesheim Rosenberg Grauer Burgunder trocken
Gelbe Frucht mit reifer Birne in der aromatischen Nase, auch Mandeln kommen dazu und gelbe Blüten. Gut balancierter Burgunder mit Statur, Würze und auch Eleganz mit stimmigen Proportionen, feiner Phenolik und ausgewogener Säure. Zeigt Charakter und Stil. 13,5 Vol.-%, DV, €

★★

WEINGUT MATHERN

Winzerstraße 5-7, 55585 Niederhausen
T: +49 6758 6714, info@weingut-mathern.de
weingut-mathern.de

Ab-Hof-Verkauf: nach Vereinbarung
Kellermeister: Henning Mathern
Ansprechpartner: Gloria Mathern
Flaschen/Hektar: 70.000 (80 % weiß, 10 % rot, 10 % Rosé)/12 ha

Das Mutter-Sohn-Team Gloria und Henning Mathern ist in einigen der besten Lagen des Nahetals begütert, und dem Prestige von Hermannshöhle, Dellchen und Felsenberg werden die Weine bestens gerecht. »Ob spontane Vergärung im großen Holzfass oder Reinzuchthefezugabe im Edelstahltank – bei uns werden die Weine so individuell vinifiziert wie die Weinbergslage, aus der die Trauben stammen, selbst ist«, schreibt uns Henning Mathern. Dabei sind die Weine immer auch erfreulich fair bepreist. Ein Tipp ist auch das zugehörige Gästehaus in der ehemaligen Dorfschule.

92+ 2020 Schlossböckelheim Felsenberg Riesling trocken
Leiser Duft nach Blüten und Mirabelle, Aprikose und Weinbergkräutern, auch mineralische Noten. Zeigt am Gaumen Fülle, Saft und Geschmeidigkeit, aber auch die Mineralität der Lage in einem trefflichen Gleichgewicht. Riesling mit Stil, Charme und Ausdruck. 13 Vol.-%, NK, €€

92+ 2020 Norheim Dellchen Riesling trocken
Pfirsich, Pfirsichkern, mineralwürzige Nebentöne, alles frisch und sehr klar. Im Mund geradlinig gebaut, eine Schicht Geschmeidigkeit, viel Saft und eine feste, aber nicht aggressive Säure. Zarte Süße im Abklang. Zuletzt pointiert taktile Mineralität das Finale. 13 Vol.-%, NK, €€

92 2020 Niederhausen Hermannshöhle Riesling trocken
Roter Apfel, Birne, etwas Schiefer. Geschmeidig und getragen im Mund, seidig und mit zarter Süße grundiert, in Maßen mineralisch, vor allem aber durch saftige Eleganz und Abrundung überzeugend. Eine sehr charmante Hermannshöhle. 12 Vol.-%, NK, €€

92+ 2020 »Neujahr« Niederhausen Klamm Riesling Auslese
Duft nach reifer Zitrusfrucht, etwas Honig, kandierte Orange, Würze. Am Gaumen sehr gelungene Spannung zwischen Säure und Süße, Papaya, Limone, Birnennektar, Honig, druckvoll, hat viel Zug und Länge. Hat Potenzial. 7,5 Vol.-%, NK, €€€

89+ 2020 Niederhausen Rosenheck Riesling Kabinett

89+ 2020 »vom Rotliegenden« Niederhausen Riesling trocken
Neben rotem Apfel und reifer Aprikose auch etwas Hagebutte im Duft, würzige und kräutrige Nebentöne. Am Gaumen mit Zug und einer selbstbewussten Säure, die von feiner Süße begleitet wird, würzig und mineralisch. Kein Riesling, der ins Schema F passt. 12,5 Vol.-%, DV, €

★

WEINGUT MEES

Hackenheimer Straße 21, 55545 Bad Kreuznach
T: +49 671 73244, info@weingut-mees.de
weingut-mees.de

Ab-Hof-Verkauf: nach Vereinbarung
Kellermeister: Roland und Lukas Mees
Ansprechpartner: Dagmar Mees
Hektar: 15 ha

Das Weingut im Nahetal bei Bad Kreuznach besteht seit 1828. Roland und Dagmar Mees übernahmen 2003 die Leitung in siebter Generation. Seit Kurzem arbeitet Sohn Lukas als frischgebackener Winzermeister mit im Familienbetrieb. Auf dessen vielfältigen Lagen und Böden entstehen körperreiche, aromatische Weine. Dabei ist die Bandbreite enorm, sie reicht von Riesling über Scheurebe bis hin zu Seltenheiten wie Muskat-Ottonel. Uns hat besonders der Bad Kreuznach Paradies Spätburgunder 2019 gefallen, ein Roter mit großartigem Preis-Leistungs-Verhältnis.

90 2020 Bad Kreuznach Paradies Riesling tr.
Etwas gedämpfte Nase zunächst, dann Aprikose, Apfelschnitze und auch Minze. Würzig und auch kräutrig am Gaumen, flankiert von Steinobst, präsenter Säure und Phenolik, auch feine salzige Noten kommen dazu. Zeigt seine Herkunft auf ungekünstelte Art. 13 Vol.-%, DV, €

89 2020 Bad Kreuznach Rosenberg Grauer Burgunder trocken
Duftet nach getrockneten Rosen, reifer Birne und Reneklode mit nussigen und kräutrigen Aromen. Im Mund mit guter Substanz auf geschmeidigem Fond mit gepflegter Phenolik und ausgewogener Säure. Klar im Ausdruck, mit feiner Würze und kulinarischer Eignung. 12,5 Vol.-%, DV, €

89 2020 »Alte Reben« Silvaner trocken
Gerösteter weißer Sesam mit Wiesenkräutern, Birne und Apfel in der Nase, auch etwas Lakritze und Kümmel. Saftig und würzig am unaufgeregten Gaumen in einer bündigen Struktur, zeigt Charakter mit leicht phenolischer Herbe, die sich gut am gedeckten Tisch macht. 12,5 Vol.-%, DV, €

89 2020 Bad Kreuznach Rosenberg Chardonnay trocken
Birne und reife Mango mit getrockneten Rosenblättern in der intensiven Nase, auch Koriandersamen. Auch am Gaumen kräftig und intensiv mit viel Würze und reifer Birnenfrucht, zeigt Saft und Schmelz, auch mineralische Anklänge. Immer bereit ein Gericht zu begleiten. 13 Vol.-%, DV, €

89 2020 Bad Kreuznach Paradies Riesling feinherb

90 2019 Bad Kreuznach Paradies Spätburgunder trocken
Mandel und Kräutertöne, Kirsche, Kirschkern, Salbei. Im Mund mittelgewichtig im Extrakt, mürbes Gerbstoffkorn, gute Dichte und dennoch auch viel Saftigkeit, mineralische Noten, reife, eingebundene Säure. Gute Länge, wird in zwei, drei Jahren große Freude machen. 13 Vol.-%, NK, €

★★

WEINGUT MEINHARD

Kirchstraße 13, 55545 Bad Kreuznach
T: +49 671 43030, info@weingut-meinhard.de
weingut-meinhard.de

Ab-Hof-Verkauf: Mo bis Fr 8–17 Uhr, Sa 10–13 Uhr
Kellermeister: Steffen Meinhard und Matthias Schabler
Ansprechpartner: Steffen Meinhard
Flaschen/Hektar: 160.000/16 ha

Das Familienweingut bei Bad Kreuznach existiert seit 1885. Gut 100 Jahre später übernahmen Steffen und Angela Meinhard die Verantwortung und modernisierten den Betrieb. Mittlerweile steht mit Neffe Matthias Schabler die nächste Generation bereit. Gemeinsames Ideal sind Weine mit deutlicher Rebsorten-Charakteristik. Einige der Weißen weckten bei uns kulinarische Fantasien. Tatsächlich gehört zum Weingut eine Straußwirtschaft, die zu einer modernen, regional gefärbten Küche die eigenen Weine serviert. Wir gratulieren zum zweiten Stern!

91 2013 »TripleX« brut CH/WB/PG
Hefe und Zitrusfrucht im noch nachgerade jugendlich wirkenden Duft. Eine Spur von Akazienhonig. Im Mund saftig ansetzend, feines und zugleich dynamisches Mousseux, lebendige Säure und recht präsente Süße, alles auf gehaltvollem Hintergrund mit leichtem Schmelz. 12 Vol.-%, €€

91 2020 »R« Bad Kreuznach St. Martin Grauburgunder trocken
Reife Birne wird in der Nase von Rauch begleitet, auch Quittenschale kommt dazu, gegrillte Maronen. Substanzreicher und reichhaltiger Grauburgunder mit kräftiger, vom Holzausbau geprägter Struktur und auch Wucht, gute Dichte. Dabei fein gearbeitet und elegant. 14 Vol.-%, NK, €€

90 2020 »S« Winzenheim Berg Weißburgunder trocken
Apfel, Mirabelle und Birne mit Haselnüssen und etwas Krokant. Eleganter Weißburgunder mit schönem Zusammenspiel von Frische, Cremigkeit und Saft, klar im Ausdruck. Kräftige Struktur, ohne in die Breite zu gehen, Substanz und auch Länge. Solo und zu Fisch. 13,5 Vol.-%, DV, €

92 2016 »R« Bretzenheim Pastorei Spätburgunder trocken
Würzige Nase mit reifer Kirsche und Kräutern, Wacholderbeere, etwas Blutorange und Salbei. In der kräftig gebauten Struktur führt die stabile Säure, die Gerbstoffe sind reif und auf dem Punkt, etwas Sauerkirsche und kräutrige Nuancen, im Hintergrund Mineralik. 13,5 Vol.-%, NK, €€

89+ 2018 »Pinot« brut WB/PN

90 2020 »S« Winzenheim Honigberg Chardonnay trocken

90 2020 »S« Winzenheim Berg Grauburgunder trocken

90 2020 »S« Bretzenheim Pastorei Riesling trocken

88 2020 Grauburgunder trocken

89+ 2017 »S« Bad Kreuznach Mönchberg Spätburgunder trocken

90+ 2020 »S Beste Lagen« Riesling trocken
Apfel, reifes Steinobst und Zitrusfrucht in der Nase mit floralen Nebentönen. Beginnt mit Saft und süßlicher Frucht, die beinahe stahlige Säure nimmt Fahrt auf in einem straff gehaltenen Körper, etwas grüner Apfel und Limettenschale, mineralisch unterlegt. 12,5 Vol.-%, DV, €

★

WEINGUT MICHEL

Kreuznacher Straße 28-32, 55566 Bad Sobernheim
T: +49 6751 991399, info@weingut-michel-nahe.de
weingut-michel-nahe.de

Ab-Hof-Verkauf: nach Vereinbarung
Kellermeister: Thomas und Peter Michel
Ansprechpartner: Peter Michel
Flaschen/Hektar: 333.000(85 % weiß, 10 % rot, 5 % Rosé)/30 ha

Seit 1685 bewirtschaftet Familie Michel ihr Weingut im Bad Sobernheim. Als Peter Michel im Jahr 2015 die Leitung übernahm, waren 21 Hektar Anbaufläche zu bearbeiten, heute sind es 30 Hektar. Darauf wachsen die traditionellen Sorten wie Grau-, Weiß- und Spätburgunder, aber auch Cabernet Franc und Sauvignon Blanc. In der ausgeglichenen Kollektion konnten dieses Jahr die Rieslinge Akzente setzen, allen voran der Lagenriesling Liebelen. Auch der Grauburgunder hat mit seiner großzügigen Anlage vollauf überzeugt. Den sehr schönen Rosé empfehlen wir als Speisenbegleiter.

91 2019 »S« Steinhardt Liebelen Riesling tr.
Riecht nach feinen Weinbergkräutern, Mirabellen, roten Äpfeln, Birne und floralen Noten. Straffer Bau am Gaumen, saftig, wieder roter Apfel als Fruchteintrag, trocken im Ausdruck und mit mineralischer Grundierung, gute Balance und Länge, Riesling mit Stil. 12,5 Vol.-%, NK, €€

90 2019 »S« Bad Sobernheim Domberg Grauburgunder trocken
Leichtes Goldgelb, reife Birne, Quitte, karamellisierte Walnüsse, Honigmelone und auch Birnenkompott mit feiner Würze. Saftig, mit süßlicher Frucht und wieder mit Würze im Mund, großzügig in allen Proportionen in einem kräftig gebauten Körper. Viel Wein, zum Essen. 13,5 Vol.-%, NK, €€

89 2020 »vom Vulkangestein« Niederhausen Pfaffenstein Riesling feinherb
Duft nach reifen Zitrusfrüchten, Limone, roter Grapefruit, Mandarine. Am Gaumen mit lebendiger Säure und aromatischem Schmelz, griffig, helle Früchte, Pfirsich, Limette. Schön erfrischend, als Aperitif eine Freude.
11,5 Vol.-%, DV, €€

89 2020 Steinhardt Liebelen Riesling
Duft nach Mandarine, etwas Papaya und Mango. Am Gaumen mit gut eingebauter Säure, spürbare Süße, exotische Frucht dominiert, Papaya, aber auch Williams Christbirne, mittlere Struktur und Länge, toller Ausklang eines Abends.
9 Vol.-%, DV, €€

88+ 2020 Waldböckelheim Marienpforter Klosterberg Sauvignon Blanc trocken

89+ 2020 Bad Sobernheim Domberg Merlot & Cabernet Franc Rosé trocken
Lachsrosa, rote Waldfrüchte im fruchtigen Duft mit Kirsche, Erdbeere und auch etwas Gelbfrucht sowie getrockneten Rosenblättern. Verbindet klare und reife Frucht mit einer frischen Säure, wieder süße Erd- und auch Himbeere, feine Gerbstoffpixel, auch zum Essen. 12,5 Vol.-%, DV, €€

★★★

WEINGUT SASCHA MONTIGNY

Weidenpfad 46, 55452 Laubenheim
T: +49 6704 1468, sascha.montigny@montigny.de
montigny.de

Ab-Hof-Verkauf: Mo bis Fr 14–18 Uhr, Sa 10–14 Uhr
Kellermeister: Frank Knoth
Ansprechpartner: Sascha Montigny
Flaschen/Hektar: 55.000 (50 % weiß, 30 % rot, 10 % Rosé, 10 % Schaumwein)/8 ha

Sascha Montigny hat ein Händchen für die Gerbstoffextraktion – der Rotweinjahrgang 2019 zeigt das im exemplarischer Weise: Man kann sich kaum entscheiden, welchen der Weine man zuerst nennen soll, alle haben sie Dichte und Frucht, Proportion und Potenzial. Vielleicht verdient es der Frühburgunder, als Primus inter Pares behandelt zu werden, denn aus dieser fragilen Sorte so viel Dichte und Struktur herauszuholen, und das mit so klarer Frucht, das beherrschen hierzulande nur sehr wenige. Auch die Weißweine sind übrigens mehr als eine Fußnote.

92 2020 Laubenheim Krone Riesling trocken
Ein zitrischer und leicht kräuterwürziger Rieslingduft. Am Gaumen gebündelt, feste Säure und spielerische Süße, viel Saftigkeit und Nerv, der Bau zielt eher auf Eleganz denn auf Konzentration um jeden Preis. Schöne Harmonie. 12,5 Vol.-%, NK, €€

91 2020 »Saignée« Laubenheim Rosé trocken PN/SL/FB/ME
Pastellfarben. Im Duft sehr klar und präzise: Traubenzucker, Zwetschge, etwas Kräuter und kleine rote Beeren. Im Mund rund und leicht ölig ansetzend, gehaltvoll, aber ohne Botrytisbeteiligung, reife Säure, eine pur und leicht süße Beerenfrucht, kraftvoller Abklang. 13,5 Vol.-%, DV, €

93 2019 »Cuvée Mariage« Laubenheim Krone trocken PN/SL/DU
Deutliches Holz, Karamell, dann Herz- und Sauerkirsche, Rote und Schwarze Johannisbeere. Im Mund dicht und feinkörnig im Gerbstoff, im Hintergrund eine fruchtgetragene, elegante Saftigkeit. Ganz makellos in Balance und dabei sehr natürlich wirkend. 13,5 Vol.-%, NK, €€

92+ 2019 Laubenheim Krone Spätburgunder trocken
Reifer Farbrand. Im Duft Lorbeer und malzige Noten, präsentes Holz, Rote Johannisbeere, florale Nebentöne. Im Mund mit einer molligen, mürben Gaumenstruktur, die initiale Festigkeit des Tannins beginnt sich zu mildern, dazu ein feinnervig-saftiger, sehniger Hintergrund. Lang. 13 Vol.-%, NK, €€€

90 2018 Riesling brut

91 2020 Laubenheim Karthäuser Riesling tr.

90+ 2020 Laubenheim Karthäuser Grauburgunder trocken

89+ 2020 Laubenheim Weißburgunder tr.

91+ 2019 »R« Laubenheim Krone St. Laurent trocken

91 2019 Laubenheim Merlot trocken

93 2019 Laubenheim Krone Frühburgunder trocken
Eine konzentrierte rote Beerenfrucht im Duft, dazu dezentes Boisée, etwas Karamell. Im Mund mit mehligem, weichem Gerbstoffdruck, kraftvolle Statur, aber zugleich auch delikate würzige Zwischentöne und ein festes mineralisches Rückgrat. Dichte und Eleganz! 13,5 Vol.-%, NK, €€

★★

REICHSGRAF VON PLETTENBERG

Im Wingert 2, 55545 Bad Kreuznach
T: +49 671 2251, falk@weingutplettenberg.de
weingutplettenberg.de

Ab-Hof-Verkauf: nach Vereinbarung
Kellermeister: Falk Albrecht Graf von Plettenberg
Ansprechpartner: Falk Albrecht Reichsgraf von Plettenberg
Hektar: 20 ha

Ahnherr des Weinguts ist der »Jäger aus Kurpfalz«: Dem Erbförster Utsch gehörten die Weinberge von Bretzenheim im Nahetal im 18. Jahrhundert. Heute führt Falk Albrecht Reichsgraf von Plettenberg das Bad Kreuznacher Weingut in vierter Generation. Hier entstehen verschiedene Rosé- und Rotweine von einem breiten Sortenspiegel. Doch am besten gefallen uns die Rieslinge, zuvörderst die mineralisch gefärbte Kreuznacher Narrenkappe. Der interessante Grüne Veltliner zeigt die Eigenschaften der Rebsorte deutlich. Ein vielfältiges, überzeugendes Sortiment.

90+ 2020 Bad Kreuznach Narrenkappe Riesling Spätlese trocken

Fruchtige Nase mit Steinobst wie Weinbergpfirsich und Aprikose, auch Zitrusfrucht und mineralische Töne. Schlank und straff gebaut am Gaumen mit lebendiger und etwas forscher Säure, die den Wein trocken erscheinen lässt. Bekommt seinen Kick durch die ansprechende Mineralität. 12 Vol.-%, DV, €

89 2020 Bad Kreuznach Kapellenpfad Grüner Veltliner trocken

Grüner Apfel, Steinobst und Orangenschale im Duft. Am Gaumen würzig, frisch, weißer Pfeffer, mit etwas Restsüße harmonisch ausbalanciert. Eine interessante Interpretation des Grünen Veltiners an der Nahe, zeigt die Eigenschaften der Rebsorte und die heimischen Gegebenheiten. 12 Vol.-%, DV, €

88 2020 Weißburgunder trocken

Mandarinen und Aprikose mit Blüten in der Nase, auch Apfel und etwas Birne kommen dazu. Weißburgunder mit ausgewogenem Charakter, der Sortentypizität mit Zugänglichkeit verbindet. Fruchtig, mit Schmelz und mit etwas Restüße abgerundet. Patenter Speisenbegleiter. 12,5 Vol.-%, DV, €

88 2018 Bad Kreuznach Hinkelstein Chardonnay Spätlese trocken

Riecht nach reifer Birne und Ananas, auch etwas laktische Noten, Mango-Lassi, dazu eine leichte Bitterkeit mit Noten von Lorbeerblatt. Am Gaumen wieder mit reifer Frucht in einer kräftigen und festen Struktur, etwas grüne Walnuss. Zu korrespondierenden Gerichten. 12,5 Vol.-%, DV, €

88 2020 Grauburgunder trocken

89 2018 »Quarzit« Riesling trocken

Eher verhaltener Duft nach Mirabelle und Aprikose, dazu kommen Blüten. Ausgewogen am Gaumen mit saftiger Frucht und einer gepflegten Säure mit mineralischem Hintergrund. Nicht zu komplex, aber mit stimmiger Balance und animierender Trinkfreude. 12,5 Vol.-%, DV, €

★★★

POSS

Goldgrube 20–22, 55452 Windesheim
T: +49 6707 342, info@weingut-poss.de
weingut-poss.de

Ab-Hof-Verkauf: Mo bis Sa 10–17 Uhr und nach Vereinbarung
Kellermeister: Karl-Hans Poss
Ansprechpartner: Karl-Hans und Harald Poss
Flaschen/Hektar: 70.000 (90 % weiß, 10 % rot)/13 ha

Im Rieslingland Nahe hat sich das Weingut mit seinen Weißen und Grauen Burgundern einen Namen gemacht. Harald Poss ist für die 9,5 Hektar Weinberge zuständig, sein Bruder Karl-Hans für den Keller verantwortlich. Vermisst haben wir in diesem Jahr die unkonventionellen Landweine aus der »vogelfrei«-Linie. Aber auch die konventionellen sind gut: Schon der Name Windesheim lässt erahnen, dass hier luftige, kühlere Lagen vorherrschen. Und die sind bestens geeignet für weiße Burgundersorten, die Weine mit Eleganz statt Wucht entstehen lassen.

92 2017 »Euphoros« Chardonnay trocken

Saftige gelbe Früchte in der Nase sowie zitrische Frische. Nussbutter, etwas Popcorn sowie Karamell. Am Gaumen saftiger Schmelz, lebendige, gut integrierte Säure. Frische gelbe Frucht, leichte Süße spürbar, gut integrierte Holzaromatik. Schöne Phenolik, angenehm, leicht herb im Nachhall. Lange am Gaumen, gutes Reifepotenzial.
13,5 Vol.-%, NK, €€€

91+ 2018 Windesheim Fels Grauer Burgunder Barrique trocken

Strahlendes Goldgelb im Glas. In der Nase reife, saftige gelbe Früchte, tropische Früchte, Nuss- Sahne-Torte mit Rumcreme. Am Gaumen kraftvoll, burgundischer Schmelz, erfrischende, gut integrierte Säure, schöne Phenolik, feine Holznoten, schöne Länge. 14 Vol.-%, NK, €€€

91 2019 Windesheim Römerberg Weißer Burgunder trocken

In der Nase reife gelbe Früchte, knackige grüne Birne, zitrische Noten. Am Gaumen schöne lebendige Säure bei seidig zartem Schmelz und schönem Extrakt, leicht salzig, tolle Länge. 13 Vol.-%, NK, €€

89+ 2020 Grauburgunder trocken

Fruchtige Nase von reifer gelber Birne, rotem saftigem Apfel, Honigmelone, leicht nussige Noten. Am Gaumen fruchtig, frisch, saftig, mit einer nach hinten raus feinen, lebendigen Säure. 13 Vol.-%, DV, €

89 2019 »S« Weißer Burgunder trocken

88 2020 Weißburgunder trocken

89+ 2020 »S« Grauer Burgunder trocken

Getrocknete Aprikosen in der Nase, gemahlene Mandeln. Am Gaumen vollmundig, cremig mit einer gut integrierten Säure und einer deutlichen Restsüße in der Mitte, im Abgang eine leicht bittere angenehme Note, gute Phenolik. Ein guter Speisenbegleiter. 13,5 Vol.-%, NK, €€

★

SM SEKTMANUFAKTUR

Große Heide 2, 55444 Waldlaubersheim
T: +49 6707 9141820, info@sm-sektmanufaktur.de
sm-sektmanufaktur.de

Ab-Hof-Verkauf: Mo bis Fr 6.30–12 Uhr und 12.30–15 Uhr
Kellermeister: Kai Maschtschenko und Matthias Schreml
Ansprechpartner: Kai Maschtschenko und Matthias Schreml

Kai Maschtschenko und Matthias Schreml von der SM Sektmanufaktur in Waldlaubersheim macht niemand etwas vor, wenn es um Schaumweine geht. Die beiden sind schon etliche Jahre in der Prickelbranche unterwegs, arbeiten als Lohnversekter und betreiben das einzige Sekthaus an der Nahe, das ausschließlich Sekt nach traditioneller Flaschengärung erzeugt. Wir verkosteten eine vielfältige und stimmige Kollektion mit der stilvollen »Grande Cuvée Reserve« an der Spitze und der puristisch-eleganten »Cuvée Dosage Zero«. Schaumweine mit klarer Handschrift!

91+ 2016 »Grande Cuvée Reserve« brut nature PN/SW/CH
Im Duft mit fruchtigen und leicht rauchigen Noten, Aprikose, etwas Kirsche und Orangenzeste, auch steinige, staubige Anklänge. Am Gaumen mit Schmelz, Präsenz, Tiefe, feiner Würze, gepflegtem Mousseux und mineralischem Hintergrund. Schaumwein mit Stil.
12,5 Vol.-%, DIAM, €€€

90+ 2016 Blanc de Noirs brut nature
Weiße Blüten, gelbe Frucht wie Aprikose, auch Mandarine, Himbeere und etwas Steinstaub. Am Gaumen mit gutem Zug und straffer Struktur, die Säure wirkt durch die niedrige Dosage präsent und führend, feine Würze kommt zu feiner Cremigkeit. Sekt mit Profil. 12,5 Vol.-%, DIAM, €€

89+ 2015 Pinot Blanc brut
Leichtes Goldgelb in der Farbe, in der Nase etwas Aprikose, kandierte Haselnüsse, Himbeere und feines Karamell, auch helle Blüten. Präsente Säure im Mund und feines, eher zurückhaltendes Mousseux, cremig, saftig und mit Würze. Geschmeidig und mit Profil. 12,5 Vol.-%, DIAM, €€

89 2018 Pinot Meunier brut
Leichtes Goldgelb in der Farbe, Himbeere und feine Kirschnoten im Duft, auch etwas Steinstaub und Brioche. Mit Schmelz und reifer, süßlicher Frucht am Gaumen, die ausgewogene Säure ist gut integriert, feine Mineralität im Hintergrund. 12,5 Vol.-%, DIAM, €€

88+ 2018 »Fructikus(s)« Rosé brut BP/DF/PN/RE

91 2016 »Cuvée Dosage Zero« brut nature WB/WB
Der Duft von Lakritze, rotem Apfel, einem Hauch Vanille und Pfeffer steigt in die Nase. Am Gaumen puristisch und mit leicht herber Note, die den Schaumwein angenehm elegant hervorhebt. Die Perlage ist markant und dabei doch sehr harmonisch. 12,5 Vol.-%, DIAM, €€

WEINGUT SCHILD

Klosterstraße 7, 55595 Sankt Katharinen
T: +49 6706 447, info@weingut-achenbach.de
schild-weingut.de

Ab-Hof-Verkauf: Mo bis Sa 9–20 Uhr nach Voranmeldung
Kellermeister: Johannes und Thomas Schild
Ansprechpartner: Johannes Schild
Flaschen/Hektar: 93.000(40 % weiß, 25 % rot, 15 % Rosé, 10 % süß, 10 % Schaumwein)/12 ha

Kurt Schild wagte 1969 die Umstellung vom gemischten Agrarbetrieb auf reinen Weinbau. Dass dies der richtige Schritt war, beweisen heutzutage Thomas Schild und sein Sohn Johannes. Beim Ausbau arbeiten sie naturnah, düngen ihre zwölf Hektar Riesling, Dornfelder, Portugieser und Cabernet Dorsa nur organisch. Die Weinlese ist überwiegend Handarbeit. Im Keller gehe es dagegen um Kunst. Im Ergebnis bekommt man beim Weingut Schild viel Wein fürs Geld, so beim Lagenriesling Hofgarten oder dem Rieslingsekt. Ein gutes Debüt in diesem Weinguide.

90 2019 Riesling brut
Im Duft Pfirsich und roter Apfel, ein Anflug von Hefe. Im Mund schlank und frisch, die gute Süße-Säure-Balance und ein präsentes, aber nicht zu forsches Mousseux ergeben einen Gaumeneindruck von Frische und Harmonie. Ein sehr feiner Rieslingsekt zu fairem Tarif. 12,5 Vol.-%, DIAM, €

88 2020 »Drei Morgen« Grauburgunder tr.
Birne, etwas Quittenschale und Honigmelone mit Würze in der Nase. Geschmeidig und saftig am Gaumen mit guter Substanz und harmonischem Charakter, auch wieder Birne und Würze, feine Bitterkeit kommt dazu. Ein Wein, der seine Stärken gerne bei Tisch zeigt. 13,2 Vol.-%, DV, €

89+ 2018 Cabernet Dorsa & Spätburgunder tr.
Kräftige, holzwürzige Nase mit Cassis, Schwarzkirsche und Waldfrüchten, auch Wacholderbeeren. Saftig und würzig am Gaumen mit markantem Gerbstoff, eine stimmige und gehaltvolle Cuvée mit Substanz und guter Länge, die sich bestens zu Wildgerichten macht. 14 Vol.-%, NK, €€

89 2020 Bad Kreuznach Hofgarten Riesling Spätlese
Duft nach reifen Zitrusfrüchten, Melone, kandierter Orange. Am Gaumen milde Säure, gut abgestimmte Säure, Papaya und Mango zeigen sich, etwas Haselnuss im Abgang, griffig, mittlere Länge, bereitet Trinkfreude. 7,5 Vol. %, DV, €

88 2020 Sauvignon Blanc trocken

89+ 2020 Bad Kreuznach Hofgarten Riesling trocken
Kräftiger Duft mit reifem Pfirsich und Aprikose, auch etwas Blattgrün, Limette und grüner Apfel mengen sich bei. Gut gebaut am Gaumen mit Substanz und einer tragenden Säure, saftig und würzig auf mineralischem Hintergrund. Viel Riesling fürs Geld. 12,5 Vol.-%, DV, €

★

WEINGUT SCHLOSSMÜHLE DR. HÖFER

Naheweinstraße 2, 55452 Rümmelsheim
T: +49 6721 45000, jana.muench@weingut-hoefer.de
weingut-hoefer.de

Ab-Hof-Verkauf: Mo bis Fr 9–16 Uhr
Kellermeister: Dr. Thomas Höfer
Ansprechpartner: Dr. Thomas Höfer, Jana Münch
Hektar: 13 ha

Das Weingut des Präsidenten des Weinbauverbands Nahe, Dr. Thomas Höfer, hat uns außer einem schön balancierten trockenen Riesling vor allem Weine mit markanter Restsüße vorgestellt. Sie richten sich an Genießer, die diesen harmonisch-milden Stil schätzen. Vor allem die Rotweine wirken mit ihrem festem Gerbstoff und schmelzender Süße sehr eigenständig. Aber auch die Riesling-Auslese überzeugt mit Dichte und vielfältiger Aromatik. Das Weingut – seit 1775 in Familienbesitz – bietet auch Begehungen alter Weinkeller und diverse Weinproben-Formate an.

89+ 2020 Bretzenheim Pastorei Weißer Riesling Spätlese trocken
Noten von reifer, süßer Birne in der Nase mit hellen Blüten, Renekloden und Aprikosenkompott. Gut balancierte und saftige Spätlese vom Weißen Riesling mit feiner Säure und etwas Restsüße. Geschmeidig, klar im Ausdruck mit Noten von Steinobst und feiner Würze.
12,5 Vol.-%, DV, €€

88+ 2020 »Troll-Rouge« SL/DF
Dunkle Farbe mit violettem Farbrand. Im Duft Pflaumenkompott und Kirschen aus dem Glas. Der Gaumeneindruck eröffnet mit opulenter Süße, zeigt intensive Viskosität, mehlige, in der Menge zurückgenommene Tannine, ein präsentes Säurerückgrat sorgt für Balance. 8 Vol.-%, DV, €€

88+ 2020 »Villa von Layen« Cuvée RE/DF/SL
Sauerkirsche, fruchtsaftartig, auch etwas Honig und Grafschafter Goldsaft, Wachs. Im Mund dominiert ein süßsaures Spiel auf dem Hintergrund eines körnigen, etwas trockenen Gerbstoffs. Straffer Extrakt, mittlere Länge der Fruchtbegleitung. 10 Vol.-%, DV, €€

89 2020 »Trollmännchen« Cuvée SBU/MM/MT
Duft nach reifer heller Frucht, Nektarine, Pfirsich, Mandelmus, Bittermandel. Am Gaumen angenehme Süße, balancierende Süße, wieder Mandel, Birne, Nektarinennektar, interessante Cuvée mit schöner Länge. 8,5 Vol.-%, DV, €€

87 2020 »Epos No. II« Optima

90+ 2020 »Edition S« Weißer Riesling Auslese
Duft nach getrockneten Früchten, Mirabelle, Orangenzeste, Zitronat, etwas Blütenhonig. Am Gaumen lebendiges Süße-Säure-Spiel, reife Zitrusfrucht, Papaya, griffig und geschmeidig. Gute Struktur und Länge. 8,5 Vol.-%, DV, €€

★★

WEINGUT K.H. SCHNEIDER

Meddersheimer Straße 29, 55566 Bad Sobernheim
T: +49 6751 2505, info@weingut-schneider.com
weingut-schneider.com

Ab-Hof-Verkauf: Mo bis Fr 10–12 Uhr und 13–18 Uhr, Sa 10–16 Uhr
Kellermeister: Andi Schneider
Ansprechpartner: Andi Schneider
Flaschen/Hektar: 70.000 (90 % weiß, 10 % rot)/15 ha

In der dritten Generation gehört dieses Weingut zu den renommiertesten Betrieben der Nahe. Marion und Bernd Schneider bewirtschaften gemeinsam mit ihren Söhnen insgesamt 15 Hektar: In Meddersheim stehen die Reben auf Sandsteinboden, in Schlössböckelheim auf Porphyr. Die Winzerfamilie scheint Kontraste zu schätzen und heißt auch die Fährnisse des Wetters willkommen: »Jedes Jahr ist anders, jedes Jahr hat seine Besonderheiten, und die soll man auch schmecken.« Auch die Lagenunterschiede sind in den Weinen klar zu schmecken – und das mit Harmonie!

92 2020 Schlossböckelheim Königsfels Riesling trocken
Roter Apfel, saftige Mirabellen in der Nase, leicht Gesteinsmehl, etwas Kräuter in der Nase. Ein Hauch Banane schwingt mit. Am Gaumen saftig, cremig zu Beginn, bevor die gut integrierte Säure eine schöne Balance schafft. Mineralisch, leicht rauchig, gutes Reifepotenzial.
12,5 Vol.-%, NK, €€

91+ 2020 Schlossböckelheim Felsenberg Riesling trocken
Saftige Zitronen in der Nase, dazu Aprikose, Kräuterwürze sowie Feuerstein. Am Gaumen zeigt sich der Wein frisch, eine lebendige Säure hält ihn unter Spannung, leicht salzige Noten künden vom Terroir, endet phenolisch und mineralisch mit viel Zug. 12,5 Vol.-%, NK, €€

91+ 2020 Bad Sobernheim Marbach Riesling trocken
Schießpulver in der Nase. Nach ein paar Minuten, die er braucht, kommen reife Limetten, Mirabellen, saftiger Weinbergpfirsich, Jasminblüten sowie eine Kräuterwürze (Estragon) sowie mineralische Noten (Gestein). Am Gaumen schöne, prägnante Säure, mineralisch, cremig, mit gutem Extrakt und schöner Spannung. 13 Vol.-%, NK, €€

90 2020 Bad Sobernheim Marbach Riesling Spätlese
In der Nase reife exotische Früchte wie Mango und Maracuja. Leicht rauchige Noten, Orangenzeste, Melisse, Kamille. Am Gaumen saftig, schöne Säurestruktur bei spürbarer Süße. Pfirsichsaft mit einem Hauch Zitrone. 8,5 Vol.-%, NK, €€

90 2020 »Roter Tonschiefer« Bad Sobernheim Riesling trocken

90 2020 »Vulkanstein« Schlossböckelheim Riesling trocken
Gelbe Früchte wie Mirabelle, Zitronenzeste, etwas rauchige Nase, gemahlene Steine, ein wenig Würze. Am Gaumen schlank, straffe geradlinige Säure, mineralisch mit leicht fruchtiger Note von Zitrone und Pfirsich sowie Apfel.
12,5 Vol.-%, NK, €€

★★★★

WEINGUT JOH. BAPT. SCHÄFER

Burg Layen 8, 55452 Rümmelsheim
T: +49 6721 43552, schaefer@jbs-wein.de
jbs-wein.de

Ab-Hof-Verkauf: nach Vereinbarung
Kellermeister: Sebastian Schäfer
Ansprechpartner: Sebastian Schäfer
Flaschen/Hektar: 60.000 (95 % weiß, 5 % Rosé)/8 ha

Dieser feine Erzeuger setzt auch mit dem Jahrgang 2020 seinen geerdeten Betriebsstil fort: Die Weine besitzen Frische und Spannkraft – und eine Aura von bestem Handwerk, das mit dem Fuder umzugehen weiß und sich von Pülverchen aller Art fernhält. Als Falstaff-Tipp, der immer auch ein außergewöhnliches Preis-Genuss-Verhältnis würdigt, haben wir diesmal den kulinarischen Weißburgunder herausgepickt, doch auch die Ortsrieslinge und der Kabinett bieten einen mehr als nur soliden Gegenwert. Zu den Lagenrieslingen schließlich muss man nicht viel sagen, sie sprechen für sich.

93+ 2020 Dorsheim Goldloch Riesling GG
Reduktiv im Duft, Spontangärung, Blattgrün, Zitronenmelisse, pfeffrig-schieferwürzige Noten. Im Mund hoch konzentriert, auch ein Hauch von Grüntönen ist mit verdichtet, Saftigkeit und taktile Mineralität leiten ins kompakte, zitrusfruchtige, noch sehr verschlossen wirkende Finale.
13 Vol.-%, NK, €€€

92+ 2020 Dorsheim Pittermännchen Riesling GG
Blumig im Duft, aber auch eine recht klare Frucht: Ananas, Passionsfrucht und Mango, Rote Johannisbeere. Im Mund geschmeidig und terpenviskos ansetzend, mit dichtem Stoff und reifer Säure, mineralisch grundiert, verbindet eine gewisse Weite mit Struktur. 13 Vol.-%, NK, €€€

92+ 2020 Dorsheim Pittermännchen Riesling Spätlese
Duft nach reifen Zitrusfrüchten, Papaya, Mango, Limettenchutney, würzig. Am Gaumen mit lebendiger Säure und klarer Frucht, bei der die Zitrusfrüchte dominieren, würzig-mineralisch unterlegt, sehr fließend und animierend, schöne Länge. 8 Vol.-%, NK, €€

92 2020 Dorsheim Pittermännchen Riesling Kabinett
Würziger Duft nach hellen Früchten, Limette, Feuerstein, Grapefruit, Pfirsich und Minze, animierend. Am Gaumen wunderbar griffig, lebendige Säure, frische Zitrusfrucht, Zug und Struktur, anspruchsvoller Kabinett mit Potenzial.
8,5 Vol.-%, NK, €€

91+ 2020 Burg Layen Schlossberg Riesling tr.

90 2020 »Kieselstein« Rümmelsheim Riesling trocken

90 2020 Dorsheim Riesling trocken

89 2020 Riesling trocken

90+ 2020 »S« Laubenheim Weißer Burgunder trocken
In der Nase weiße Blüten, reife Honigmelone, Aprikosen, Heu, Wiesenkräuter, Mandeln. Am Gaumen cremiger Schmelz, dicht, kompakt, frisch bei einer lebendigen Säure mit Zug und sehr gutem Extrakt sowie leicht salzigem Finale. Langer Nachhall. 13 Vol.-%, DV, €€

★★★★★

WEINGUT SCHÄFER-FRÖHLICH

Schulstraße 6, 55595 Bockenau
T: +49 6758 6521, info@weingut-schaefer-froehlich.de
weingut-schaefer-froehlich.de

Ab-Hof-Verkauf: nach Vereinbarung
Kellermeister: Tim Fröhlich
Ansprechpartner: Familie Fröhlich
Flaschen/Hektar: 120.000 (99 % weiß, 1 % rot)/21 ha

Es ist wieder eine Kollektion wie aus einem Guss, die uns Tim Fröhlich vorgestellt hat. Gewiss, mal etwas mehr Reduktion hier, ein Hauch von Streichholz dort, das muss man in Kauf nehmen. Aber diese Weine sind ohnehin nicht dafür gemacht, am Tag nach dem Kauf aufgerissen zu werden. Erst die notwendige Geduld entlockt den Flaschen ihre (Terroir-)Geheimnisse. Dabei stößt auch die Reihe unterhalb der Großen Gewächse schon in Punkteregionen vor, die sonst eher GGs vorbehalten sind. Und unsere Verkostung des Kabinetts gipfelte in der Aussage: »Was ein Spaß!«

95 2020 Bockenau Felseneck Riesling GG
Im Duft komplex: sehr viel Mineralik, intensive balsamische Würze, verhaltene Spontangärungsnoten und eine Frucht, die von Zitrus bis weißem Pfirsich reicht. Im Mund mit einem sehr fein differenzierten Druck, Süße und Säure sind beide prägnant und stimmig. Lang! 12,5 Vol.-%, NK, €€€€

94+ 2020 Schlossböckelheim Felsenberg Riesling GG
Pfeffrig im Duft und reduktiv, aber auch mit reiffruchtigen Noten, kandierte Orangenschale. Im Mund sind eine mollige Geschmeidigkeit und satte phenolische Komponenten dicht ineinandergefügt, keines der Elemente wirkt forciert und alle haben dennoch Kraft. 12,5 Vol.-%, NK, €€€

93 2020 Schlossböckelheim Kupfergrube Riesling GG
Eine ausgeprägte Reduktion im Duft, Schwefel und Schießpulver. Im Mund knackig in der Säure, intensiv stoffig, die Süße reicht nur gerade so weit, dass der Eindruck der Kernigkeit nicht zu karg wird. Pointierter Abklang. Sehr jung. 12,5 Vol.-%, NK, €€€€

94 2020 »Goldkapsel« Bockenau Felseneck Riesling Spätlese
Fein ziselierter Duft nach Gesteinsmehl, Zitronenzeste, im Hintergrund Papaya. Am Gaumen druckvoll und elegant, lebendige Säure, griffig und dicht, Zitrusaromen, kernige Mineralität, kandierte Orange scheint durch, lang und groß, Potenzial. 7,5 Vol.-%, NK, €€€

93 2020 Monzingen Frühlingsplätzchen Riesling GG

92+ 2020 Monzingen Halenberg Riesling GG

92+ 2020 »Schiefergestein« Bockenau Riesling trocken

92 2020 Bockenau Stromberg Riesling GG

91+ 2020 »Vulkangestein« Riesling trocken

90 2020 »S« Bockenau Weißburgunder tr.

92+ 2020 Bockenau Felseneck Riesling Spätlese

92 2020 Bockenau Felseneck Riesling Kabinett
Duft nach Feuerstein, Limonenschale, Holunderblüte, süßer Traubensaft, vielschichtig. Am Gaumen mit feiner Süße-Säure-Balance, etwas Maracuja, Orange, griffige Phenole, mineralischer Unterton, elegant und druckvoll, viel Zug, Potenzial. Was ein Spaß! 8 Vol.-%, NK, €€

★★

WEINGUT SITZIUS

Naheweinstraße 87, 55450 Langenlonsheim
T: +49 6704 1309, weingut@sitzius.de
sitzius.de

Ab-Hof-Verkauf: Mo bis Fr 10–17 Uhr
Kellermeister: Wilhelm Sitzius
Ansprechpartner: Sonja und Wilhelm Sitzius
Flaschen/Hektar: 100.000 (80 % weiß, 20 % rot)/15 ha

Das Nahegebiet ist für die Vielfalt seiner Böden bekannt. Wilhelm und Sonja Sitzius bewirtschaften einige der besten Lagen der Region. Dabei schöpfen sie aus 460 Jahren Weinbautradition der Familie. Ihr Rezept: naturnaher Ausbau, geringe Erträge auf dem jeweils idealen Boden, selektive Handlese, schonende Vinifikation. Ihre Weine – Riesling, Weiß-, Grau- und Spätburgunder – zeigen die Mannigfaltigkeit der Naturgegebenheiten deutlich. Besonders die eleganten, mineralischen Rieslinge aus der Hermannshöhle und dem Rothenberg erfreuen. Sehr gelungener Auftritt!

92 2020 »S-Klasse« Niederhausen Hermannshöhle Riesling trocken
Sehr hefegeprägt im Duft, anfangs lauchig, belüftet sich aber, im Mund cremig einerseits und leicht phenolisch andererseits, Aromen von Brotrinde, festes Säurerückgrat und eine Spur von Mineralik. Spannungsreicher Wein, der Zeit benötigt. Oder eine Karaffe. 12 Vol.-%, NK, €€

89 2020 Langenlonsheim Löhrer Berg Riesling
Duft nach reifen Zitrusfrüchten, Limette, dazu etwas Papaya. Am Gaumen mit lebendiger Säure und saftiger, heller Frucht, dazu Orange und Mango, griffig. Sehr appetitanregend, schön zum Aperitif. 10,5 Vol.-%, NK, €

89 2020 Langenlonsheim Riesling feinherb
Apfel und reifer Weinbergpfirsich mit kräutrigen Noten im Duft, Bergamotte, auch reife Mirabelle. Ausgewogen am Gaumen mit feiner Frucht, Saft, weicher und patent eingewobener Säure, flankiert von kräutrigen Noten und feiner Phenolik, die auch für Profil sorgt. 11,5 Vol.-%, NK, €

89 2020 Guldenthal Weißburgunder trocken
Reife Aprikose in der Nase mit gelben Blüten und Mandarinenschale, weiße Mandel. Trocken und lebhaft ansetzend am Gaumen mit frischer Säure, mit gut korrespondierendem Schmelz und Saft. Ein eher puristischer Weißburgunder, endet mit würzigen Noten. 13 Vol.-%, NK, €

88 2020 Spätburgunder Rosé trocken

91 2020 »Goldkapsel« Langenlonsheim Rothenberg Riesling trocken
Vielschichtiger Duft mit Steinobst, Apfel und kräutrigen Noten, auch blumige Anklänge wie Veilchen. Im Mund mit präsenter und aufgeweckter Säure, die locker durch die mittelgewichtige Textur führt. Deutliche mineralische Prägung, Noten von grünem Apfel, gute Länge. 12,5 Vol.-%, NK, €€

★★★

WEINGUT IN DEN ZEHN MORGEN

In den Zehn Morgen 41, 55559 Bretzenheim
T: +49 671 48313040, info@indenzehnmorgen.de
indenzehnmorgen.de

Ab-Hof-Verkauf: Mo bis Fr 8–17 und nach Vereinbarung
Kellermeister: Stefan Schmidt
Ansprechpartner: Steffen Montigny, Stephan Pompejus
Hektar: 40 ha

Bei »In den zehn Morgen« lässt sich beobachten, wie man ein Weingut zielstrebig aufbaut. Da mit der Bartels-Langness-Gruppe ein finanzstarker Akteur hinter der Unternehmung steht, kann Betriebsleiter Steffen Montigny aus dem Vollen schöpfen. 2013 erwarb er Spitzenlagen rund um Bad Kreuznach mit altem Riesling-Rebbestand. Den ergänzte er um Neupflanzungen mit Chardonnay und Pinot Noir. Die Umstellung auf ökologisch zertifizierte Bewirtschaftung steht bevor. Großartiges Debüt im vergangenen Jahr – 2021 setzt sich die Erfolgsgeschichte fort.

93+ 2019 Bad Kreuznach Aufm Schlossberg Riesling trocken
In der Nase saftiges Steinobst, eine kühle mineralische Note, Bergkräuter, leicht Anis. Am Gaumen saftig, mit einer schönen, lebendigen Säure. 13 Vol.-%, NK, €€€

92+ 2019 Bad Kreuznach Narrenkappe Riesling trocken
In der Nase reife Aprikosen, Kräuterwürze, Fenchel, leichte Petrolnoten. Am Gaumen mineralisch, Extrakt, cremig, gute Stoffigkeit, gut integrierte Säure. 13 Vol.-%, NK, €€€

92 2020 Bad Kreuznach Kahlenberg Riesling trocken
In der Nase frisch geriebene Zitronenschale, fast schon erfrischendes Zitronencreme-Eis. Am Gaumen eine schöne klare Säurestruktur, trocken, leichte Mineralität, ausgewogen, bei mittlerem Körper und mittlerer Stoffigkeit. Ein leicht salziger, schöner, langer Abklang. 12,5 Vol.-%, NK, €€

91+ 2019 Bad Kreuznach Hofgarten Pinot Noir trocken
In der Nase Kirsche und feine Würze. Am Gaumen schöne Balance von Tannin und Säure. Feine Frucht sowie Würze. 13 Vol.-%, NK, €€€

91 2020 Bad Kreuznach Narrenkappe Riesling trocken

91 2020 Bad Kreuznach Rosenheck Riesling Kabinett

90 2020 Bad Kreuznach Riesling trocken

89+ 2020 »Sand & Kalkstein« trocken CH/WB

89+ 2020 Bad Kreuznach Grauer Burgunder tr.

88 2020 Bretzenheim Chardonnay trocken

90 2019 Bad Kreuznach Pinot Noir trocken

92 2020 »Monopol« Bad Kreuznach Steinberg Riesling trocken
Schöne kühle Nase, erinnert an einen Wintermorgen mit Sonnenschein und Schneeflocken. Schöne Zitrusnoten, leicht Weinbergpfirsich, schöne mineralische Noten. Am Gaumen etwas mineralisch, leichte Phenolik, trocken mit gut integrierter Säure. Gutes Reifepotenzial. 12 Vol.-%, NK, €€

Die Alte Nahebrücke in Bad Kreuznach, eine der letzten bestehenden Brücken in Deutschland, die mit Häusern bebaut sind

GASTGEBER AUS LEIDENSCHAFT

Gemeinsam mit den Winzern der Region – als uneingeschränkten Experten, was das leibliche Wohl anbelangt – hat Falstaff die besten Genussadressen in Sachen Kulinarik sorgfältig ausgewählt und zusammengestellt.

55545 Bad Kreuznach

Im Gütchen

Seit vielen Jahren ist das hübsch eingerichtete Restaurant ein lohnendes Ziel für Feinschmecker. Denn Jan Treutle bleibt seiner klassischen Küche treu, die er gekonnt mit modernen Akzenten spickt. Die gut sortierte Weinkarte lässt in Sachen Nahe-Weine kaum Wünsche offen.

Hüffelsheimer Straße 1
+49 671 42626
im-guetchen.com

P €€€

Empfohlen von: **Weingut Mees, Wein- und Sektgut Bamberger**

55545 Bad Kreuznach

Im Kittchen

Christel und Roy Unger betreiben ihre Weinstube mitten in der Altstadt. Was die Küche offeriert, steht auf der Wandtafel oder ist beim freundlichen Servie zu erfahren. Auf Wunsch gibt es dazu die passende Weinbegleitung, ansonsten wir man in der gut sortierten Karte fündig.

Alte Poststraße 2
+49 671 9200811
imkittchen.de

€€

Empfohlen von: **Weingut Lindenhof – Martin Reimann, Korrell, Weingut Karl Stein**

Foto: Shutterstock

55543 Bad Kreuznach

Mühlentor

Im familiengeführten Hotel ist Frank Hilgert für das leibliche Wohl der Gäste zuständig. Genuss und Heimat heißt dabei seine Devise, aus regionalen Produkten kreiert Hilgert schmackhafte Gerichte. Immer bestens sind seine Burger und saftigen Steakspezialitäten vom Grill.

Mühlenstraße 10
+49 671 838200
hotel-muehlentor.de

€€

Empfohlen von: **Weingut Mees, Weingut Forster**

55566 Bad Sobernheim

Jungborn

Im schönen Gewölbekeller des Spa- und Wellnesshotels tischt Küchenchef Philipp Helzle seine finessenreichen und aromastarken Gerichte auf, die immer einen Besuch lohnen. Die Weinkarte bietet dazu die passenden nationalen und internationalen Gewächse.

Felkestraße 100
+49 6751 9339
bollants.de

Empfohlen von: **Weingut Christian Bamberger - Steinhardter Hof**

55583 Bad Münster am Stein-Ebernburg

Schneider

Das Familiengeführte Hotel von Jasmin und Viola Schneider hat Flair und ist mit seinen neun Zimmern seit Jahren eine gute Adresse an der Nahe. Zum Haus gehört neben dem wildromantischen Weingarten auch ein Restaurant, dessen Küche regionale Spezialitäten anbietet.

Gartenweg 2
+49 6708 2043
weinhotel-schneider.jimdosite.com

Empfohlen von: **Weingut Schild**

55743 Idar-Oberstein

Manzi's

Seit Jahren ist Renato Manzi ein Garant für eine innovative Küche, gespickt mit feinen aromatischen Elementen. Sein Restaurant im Parkhotel ist denn auch ein Ort des guten Geschmacks, Manzis Angebot reicht vom bodenständigen Klassiker bis zum kreativen Arrangement.

Hauptstraße 185
+49 6781 5090
parkhotel-idaroberstein.de

Empfohlen von: **Wein- und Sektgut Bamberger**

55566 Bad Sobernheim

Hermannshof

Das alte Kellergewölbe im Hermannshof ist heute ein Ort für ungeteilten Genuss. Denn Küchenchef Philipp Helzle kocht schnörkellose Gerichte mit regionalem Einschlag, die er aus besten Produkten und Zutaten zusammenstellt. Die Weinkarte hält viele Nahe-Gewächse bereit.

Felkestraße 100
+49 6751 93390
bollants.de

P

Empfohlen von: **Weingut Christian Bamberger - Steinhardter Hof**

55606 Kirn

Kyrburg

Die Burg aus dem 12. Jahrhundert beherbergt neben der Gastronomie auch ein Whiskey-Museum. Zünftig essen kann man im urigem Burgrestaurant im alten Wachthaus, auf der Speisekarte stehen bewährte Klassiker wie Lachsfilet, Rumpsteak und Wiener Schnitzel mit Pommes.

Auf der Kyrburg 1
+49 6752 91190
kyrburg.de

P

Empfohlen von: **Wein- und Sektgut Bamberger**

55566 Meddersheim

Zur Traube

Herbert Langendorf kann auf eine lange und erfolgreiche Karriere als Koch zurückschauen, in seinem Landgasthof können die Gäste seine ausgezeichnete Küche im schick gemütlichen Ambiente genießen. Ein empfehlenswerter Ort des guten Geschmacks, der immer einen Umweg lohnt.

Sobernheimer Straße 2
+49 6751 950382
langendorfstraube.de

€€

Empfohlen von: **Wein- und Sektgut Bamberger**

55585 Niederhausen

Hermannshöhle

Wigbert Weck und Sylvin Bararttini-Weck sind Gastgeber aus Leidenschaft, in ihrem Restaurant steht denn auch das Wohl der Gäste ganz oben. Alles, was auf die Teller kommt, wird frisch zubereitet, Wigbert Weck verwendet dafür nur beste Produkte. Gute Weinauswahl zu fairen Preisen.

Hermannshöhle 1
+49 6758 6486
hermannshoehle-weck.de

P €€

Empfohlen von: **Weingut Sascha Montigny, Wein- und Sektgut Bamberger**

55444 Waldlaubersheim

Quartier Linde

Das kleine Erholungsrefugium bietet drei kuschelige Zimmer und eine gemütliche Ferienwohnung zum Übernachten. Das kleine Restaurant eignet sich hervorragend für Familienfeiern oder ein gemütliches Beisammensein und kann auf Wunsch exklusiv gemietet werden.

Genheimer Straße 7
+49 6707 9683137
quartier-linde.de

Empfohlen von: **Weingut Forster**

55590 Meisenheim

Meisenheimer Hof

Markus Pape ist ein leidenschaftlicher Koch und das merkt man seiner Küche an. Die aus besten saisonalen Produkten kreierten Gerichte sind handwerklich perfekt gemacht, aromastark, weltoffen, aber immer bodenständig. Eine gute Adresse für Feinschmecker.

Obergasse 33
+49 6753 1237780
meisenheimer-hof.de

P €€€

Empfohlen von: **Weingut Disibodenberg, Weingut Dr. Crusius**

55452 Windesheim

Stempel

Von außen eher unscheinbar, verbirgt sich hinter der schlichten Fassade ein Restaurant, das Jens Stempel zu einer empfehlenswerten kulinarischen Adresse gemacht hat. Seine aromenstarken Kreationen sind beeindruckend schmackhaft, die Weinauswahl erfreulich durchdacht.

Hauptstraße 32-33
+49 6707 91310
stempel-windesheim.de

P €€

Empfohlen von: **Weingut Lindenhof – Martin Reimann**

PFALZ

DIE JUNGEN SITZEN IN DEN STARTLÖCHERN

Foto: VSNA

Die Wachtenburg bei Forst an der Weinstraße

SELBST IST DIE FRAU

In der traditionsbewussten Pfalz haben sich junge Winzerinnen wie Yvonne Libelli, Carolin Bergdolt, Regine Minges oder Victoria Lergenmüller als feste Größen etabliert – auch wenn sie dabei einige Widerstände überwinden mussten.

TEXT RAINER SCHÄFER

Am Ortsrand von Forst liegt der Margarethenhof, der seit Sommer 2019 von Yvonne Libelli und ihrem Bruder Martin Lucas geführt wird. »Jetzt bin ich so richtig Chefin«, sagt die quirlige Pfälzerin, Jahrgang 1986, die mit dem italienischen Winzer Nicola Libelli, Kellermeister im Wachenheimer Weingut Bürklin-Wolf, verheiratet ist. Ihr zweieinhalb Jahre jüngerer Bruder Martin ist vor allem für die Weinberge zuständig, während sie im Keller arbeitet. Yvonne Libelli kann aber auch draußen einspringen, die Männer im Dorf staunen nicht schlecht, wenn sie kurzerhand am Traktor das Fräsmesser wechselt. Selbst ist die Frau, das ist ihre Devise, sie habe sich schon viel Blödsinn anhören müssen von Männern, die meinen, dass »die Mädels Büro und Marketing machen sollen«. Yvonne Libelli engagiert sich bei Vinissima, dem Netzwerk für Frauen in der Weinbranche. Sie ist außerdem Mitglied von Winechanges, einem Zusammenschluss von 13 Betrieben aus Deidesheim und Umgebung, dem unter anderem die Weingüter Fußer, Winterling, Andres, Spindler und Mehling angehören. Gewöhnlich lädt die Gruppe einmal im Jahr in die Pfalz zum »Sundowner« ein, im August kamen in Forst über 100 Weininteressierte zusammen. Das ganze Jahr über tauschen sich die Winzerinnen und Winzer aus, man verkostet zusammen, »auch Problemweine stellt man den anderen vor«, das sei vor wenigen Jahren noch undenkbar gewesen.

Victoria Lergenmüller

Forst ist für seine Rieslinge bekannt, Yvonne Libelli kann auf 17 Hektar Weinberge in einigen der besten Lagen der Mittelhaardt zurückgreifen: Ungeheuer, Pechstein, Jesuitengarten und Musenhang. Es sei ein »großartiges Terroir«, in dem Buntsandstein, Basalt, Muschelkalk, Löss und Ton zu finden sind. Die Unterschiede der einzelnen Lagen will sie im Wein »noch stärker hervorheben« als ihre Eltern. Deshalb haben die Geschwister auf biologischen Weinbau umgestellt, 2024 soll der erste zertifizierte Jahrgang gefüllt werden. »Wir wollen noch bessere und aromatischere Trauben«, sagt die Winzerin. Sie will künftig mutiger werden in ihrer Weinstilistik, aber dabei nicht in Richtung Naturwein gehen, »Amphoren habe ich auch noch keine bestellt«. Es ist eine Erneuerung mit Augenmaß, die sich auf dem Margarethenhof vollzieht.

»Die Pfalz ist sehr dynamisch«, sagt Yvonne Libelli, »die ältere Generation lässt früher los, die Jungen sitzen in den Startlöchern. Und vor allem sind wir Frauen auf dem Vormarsch.« Es sind Winzerinnen wie sie, Kathrin Otte vom Weingut Mehling, Victoria Lergenmüller, Regine Minges oder Carolin Bergdolt, die sich als feste Größen etabliert haben und dabei einige Widerstände überwinden mussten. Als Carolin Bergdolt nach dem Weinbaustudium in Geisenheim 2007 ins väterliche Weingut zurückkehrte, da hatte sie vorher schon einen weiten Bogen um die »konservative Weinbranche« geschlagen: Sie ließ sich zunächst zur Groß- und Außenhandelskauffrau ausbilden, reiste mit dem Rucksack durch Neuseeland und Australien und lebte ein Jahr in Berlin, wo sie als Regieassistentin bei einer Theater-

Carolin und Rainer Bergdolt mit Kellermeister David Golitko (li.)

Fotos: Shutterstock, beigestellt

produktion arbeitete. In der Pfalz ließ man sie öfter spüren, »dass ein Betrieb nur mit einem Mann richtig funktionieren kann und dass man Frauen weniger zutraut«. Beirren ließ sie sich dadurch nicht, sie führte im Keller die Spontangärung ein und stellte das Weingut 2009 auf ökologischen Weinbau um. Ihr Vater Rainer, 73, der immer noch mit vollem Engagement im Weingut mitarbeitet, habe dabei »mitgezogen«.

Die Bergdolts gehörten zu den ersten Winzern in der Pfalz, die schon in den 1950er-Jahren Weißburgunder anpflanzten, mit dem sie sich einen Namen gemacht haben. Inzwischen sind sie auch für Riesling, Spätburgunder und Schaumweine bekannt: Gerade die hervorragenden Sekte sind gefragt, Carolin Bergdolt fährt immer mal wieder in die Champagne, um sich inspirieren zu lassen, auch ihr Vater sei da »sehr innovativ und belesen«. Ihre eigenen Ideen habe sie nicht mit einem »abrupten Stilwechsel«, sondern nach und nach in einer kontinuierlichen Entwicklung umgesetzt: Die Moste werden weniger filtriert, die Winzerin akzeptiert mehr Trub und auch der – gut dosierte – Holzeinsatz nehme zu: »Wer bei uns Wein kauft, hat keinen Allrounder-Geschmack, der mag es auch ein wenig wilder.« Die Pfalz verändert sich und Carolin Bergdolt sowie Yvonne Libelli sind mittendrin. »Es hat sich herumgesprochen, dass wir Frauen richtig gut Wein machen können«, da sind sich die beiden Winzerinnen einig.

INFO

Nähere Infos über den Autor finden Sie im Kapitel »Verkostungsteam« auf S. 12.

WEINBAUGEBIET PFALZ

Anbaufläche
ca. 23.400 Hektar
Aufteilung
2 Bereiche, 25 Großlagen, 323 Einzellagen
Böden
Granit, Buntsandstein, Muschelkalk
Wichtigste Rebsorten
Riesling, Weißburgunder, Spätburgunder

Verband
Pfalzwein e. V., Martin-Luther-Straße 69
67433 Neustadt an der Weinstraße
www.pfalz.de

Burrweiler Altenforst

GRANDS CRUS PFALZ

TOP-WEINE AUS PRIVILEGIERTEN WEINLAGEN DER REGION

ZELL | SCHWARZER HERRGOTT

Die elf Hektar große Lage liegt für Pfälzer Verhältnisse hoch: auf 170 bis 250 Metern. Das namensgebende Kreuz im Weinberg wurde von den Mönchen des Zeller Klosters errichtet, durch Verwitterung nahm es eine schwarze Farbe an. Um das Jahr 1900 gehörten die Weine der Lage zu den angesehensten der Pfalz, in der letzten Dekade führte nicht zuletzt der Klimawandel zu ihrer qualitativen Wiederentdeckung. Der Weinberg liegt geradewegs nach Süden, sein bestimmendes Merkmal ist der poröse Kalkstein im Untergrund mit einer flachen Bodenauflage aus schwarzem Kalkmergel. Dank wasserführender Schichten im Berg leidet die Lage praktisch niemals Trockenstress.

93+ **2020 Riesling GG**
Philipp Kuhn, Info siehe Seite 380

93+ **2014 Riesling trocken**
93 **2020 Riesling trocken**
Weingut Bremer, Info siehe Seite 344

92 **2019 »unterm Kreuz« Riesling trocken**
Weingut Janson Bernhard, jansonbernhard.de

91+ **2020 Riesling trocken**
Weingut Schwedhelm, Info siehe Seite 415

90 **2019 Riesling trocken**
Weingut Wick, www.weingut-wick.de

KALLSTADT | SAUMAGEN

Die Römer haben hier Kalkstein abgebaut – Kalk dominiert auch den opulenten und dennoch stets frischen Weintyp. Die besten Parzellen der sanft nach Süden bis Südosten abfallenden Lage besitzen einen kräftig mit verwittertem Kalk angereicherten Kalkmergelboden. Die weniger guten Teilstücke der insgesamt 40 Hektar sind stärker von Lösslehm bestimmt. Der Saumagen liegt am westlichen Ortsrand und gilt als die beste Lage von Kallstadt.

97 **2004 »R« Riesling Auslese trocken**
Weingut Koehler-Ruprecht, koehler-ruprecht.com

96 **2017 »R« Riesling Spätlese trocken**

Fotos: beigestellt

95 **2019 »R« Riesling Auslese trocken**
Saumagen Riesling GbR (Knipser/Philippi)

95 **2020 Riesling GG**

94+ **2019 Spätburgunder GG**
Weingut Rings, www.weingut-rings.de

94 **2007 »RR« Riesling Spätlese trocken**
Weingut Koehler-Ruprecht, koehler-ruprecht.com

93+ **2020 Riesling GG**
Philipp Kuhn, Info siehe Seite 380

92+ **2019 Riesling trocken**
Weingut am Nil, Info siehe Seite 401

91+ **2020 Riesling Kabinett trocken**
WG Brenneis-Koch, Info siehe Seite 345

91+ **2018 Riesling trocken**
Weingut Kirchner, www.weingut-kirchner.de

91 **2018 Riesling trocken**
Benderhof, www.weingut-benderhof.de

91 **2018 »Herzstück« Riesling trocken**
Weingut Bühler, www.buehler-pfalz.de

91 **2020 Riesling Horn trocken**
Weingut Petri, Info siehe Seite 404

90+ **2019 Riesling trocken**
Benderhof, www.weingut-benderhof.de

90 **2019 Riesling trocken**
Weingut Kirchner, www.weingut-kirchner.de

90 **2020 Riesling Spätlese trocken**
Weingut Petri, Info siehe Seite 404

89+ **2020 Riesling Kabinett trocken**
WG Kallstadt, Info siehe Seite 371

FORST | PECHSTEIN

Die Böden sind ein Gemisch aus Buntsandsteinverwitterung, Sand und Ton, dazu kommen die namensgebenden schwarzen Basalttrümmer, die aus dem unweit der Lage befindlichen Pechsteinkopf, einem vulkanischem Schlot in der Höhe des Pfälzer Waldes, stammen. Vor Urzeiten verteilte dieser große Mengen von vulkanischem Gestein.

96+ **2017 Riesling GG**
Weingut Reichsrat von Buhl, Info siehe Seite 346

95+ **2019 Riesling GG**
Acham-Magin, www.acham-magin.de

95 **2020 Riesling GG**
Geh. Rat Dr. von Bassermann-Jordan
www.bassermann-jordan.de

95 **2020 Riesling GG**
Weingut Bürklin-Wolf, www.buerklin-wolf.de

95 **2019 »Grosse Lage« Riesling trocken**
Margarethenhof, Info siehe Seite 388

95 **2019 »Grosse Lage« Riesling trocken**
Heinrich Spindler, www.weingutheinrichspindler.de

94 **2014 »Pax Veritas« Riesling trocken**
Weingut Biffar, www.josef-biffar.de

94 **2018 Riesling GG**

94 **2019 Riesling GG**
Weingut Karl Schäfer, www.karl-schaefer.com

94 **2020 Riesling trocken**
Spindler Lindenhof, www.spindler-lindenhof.de

93+ **2019 Riesling GG**
Reichsrat von Buhl, Info siehe Seite 346

93+ **2020 Riesling GG**
Georg Mosbacher, Info siehe Seite 394

93 **2018 »500« Riesling trocken**
Spindler Lindenhof, www.spindler-lindenhof.de

93 **2019 Riesling GG**
Weingut von Winning, Info siehe Seite 431

92+ **2019 Riesling Spätlese trocken**
Weingut Eugen Müller, Info siehe Seite 396

FORST | JESUITENGARTEN

Ein Mix an Bodenbestandteilen: Buntsandstein, Basalt, Kalkmergel, Ton. Die nur sieben Hektar große, schwach in östliche Richtung hängige Lage wurde bereits Anfang des 19. Jahrhunderts von der bayeri-

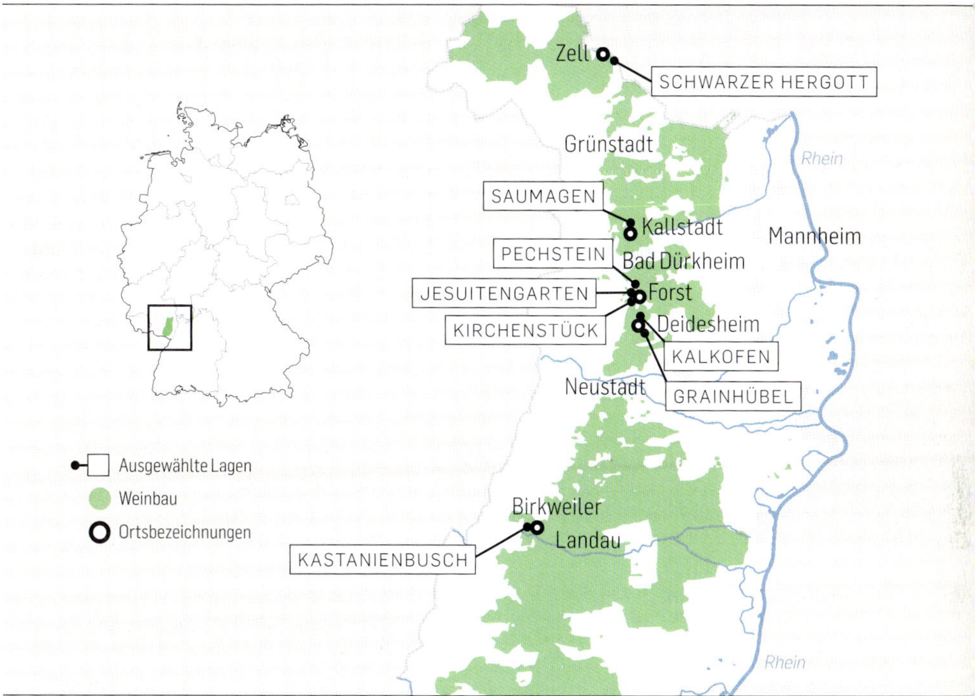

schen Steuerverwaltung als zweitbeste Lage der Pfalz eingestuft.

96 2019 Riesling GG
Acham-Magin, www.acham-magin.de

94 2020 Riesling GG
Georg Mosbacher, nfo siehe Seite 394

94 2020 »GL« Riesling Spätlese trocken
93 2019 »GL« Riesling Spätlese trocken
Weingut Eugen Müller, Info siehe Seite 396

93 2020 Riesling GG
Geh. Rat Dr. von Bassermann-Jordan
www.bassermann-jordan.de

93 2019 Riesling trocken
Margarethenhof, Info siehe Seite 388

92+ 2019 »Grosse Lage« Riesling trocken,
Heinrich Spindler, www.weingutheinrichspindler.de

92+ 2020 Riesling Spätlese trocken
Weingut Eugen Müller, Info siehe Seite 396

92+ 2020 Riesling GG
Acham-Magin, www.acham-magin.de

92+ 2020 Riesling trocken,
Spindler Lindenhof, www.spindler-lindenhof.de

92 2019 Riesling GG
Weingut Reichsrat von Buhl, Info siehe Seite 346

90+ 2020 Riesling Kabinett trocken
Forster Winzerverein, www.forster-winzer.de

FORST | KIRCHENSTÜCK

Auf den 3,7 Hektar besteht der Boden aus Buntsandsteinverwitterung, Kalk, Basalt und Ton, in zwei Metern Tiefe stehen Kalkbänke an. Auch wenn die Buntsandsteinmauern um das Kirchenstück weit weniger hoch sind als etwa die Mauer um den Clos de Vougeot, so bieten sie doch etwas Windschutz nach Norden – und verleihen dem nicht zuletzt auch durch menschliche Bearbeitung verdelten Boden Fassung.

96 2019 Riesling GG
Acham-Magin, www.acham-magin.de

95 2019 »Grosse Lage« Riesling trocken
Heinrich Spindler, www.weingutheinrichspindler.de

95 2019 Riesling GG
Weingut von Winning, Info siehe Seite 431

94 2020 Riesling Spätlese trocken
94 2019 Riesling Spätlese trocken
Weingut Eugen Müller, Info siehe Seite 396

Foto: beigestellt

93+ **2020 Riesling GG**
Geh. Rat Dr. von Bassermann-Jordan
www.bassermann-jordan.de

93+ **2019 Riesling GG**
Weingut Reichsrat von Buhl, Info siehe Seite 346

93+ **2019 Riesling GG**
Weingut von Winning, Info siehe Seite 431

93 **2018 Riesling Spätlese trocken**
Weingut Eugen Müller, Info siehe Seite 396

90 **2020 Riesling Kabinett trocken**
Forster Winzerverein, www.forster-winzer.de

DEIDESHEIM | GRAINHÜBEL

In den Augen Johann Philipp Bronners, des wichtigsten Weinbau-Chronisten des 19. Jhd., war der »Grain« die beste Lage Deidesheims. In der Tat besitzt der vom Plateau des benachbarten Kalkofen aus nach Süden und Südosten abkippende Hang starke Eigenständigkeit unter Deidesheims Weinbergslagen. Der Boden der nur 5,4 Hektar großen Lage besteht aus Buntsandsteingeröll und krümeligem, schluffigem Lehm sowie Kalk- und Basaltanteile im Erdreich.

92+ **2020 Riesling GG**
Geh. Rat Dr. von Bassermann-Jordan
www.bassermann-jordan.de

90+ **2020 Riesling Spätlese trocken**
Weingut Kimich, www.weingut-kimich.de

DEIDESHEIM | KALKOFEN

An dieser Stelle wurde früher einmal Kalk gebrannt, Kalkmergel und Kalksteingeröll prägen auch den Boden der fünf Hektar großen Lage. Durch seine Position im mittleren, warmen Hangbereich, durch seine – wenngleich flache – Südexposition sowie aufgrund mehrerer Sandsteinmauern an seiner Nordseite genießt der Kalkofen ein besonders mildes Kleinklima. Hier entsteht aromatisch vielschichtiger und dabei ausgeprägt mineralischer Riesling.

93+ **2019 Riesling GG**
Weingut von Winning, Info siehe Seite 431

93 **2020 Riesling GG**
Geh. Rat Dr. von Bassermann-Jordan
www.bassermann-jordan.de

93 **2020 Riesling GG**
Weingut Georg Siben Erben, Info siehe Seite 417

90+ **2020 Riesling Spätlese trocken**
Weingut Kimich, www.weingut-kimich.de

BIRKWEILER | KASTANIENBUSCH

Eine Insel mit rotem Tonschiefer inmitten der von Buntsandstein und Kalk geprägten Pfälzer Terroirlandschaft. Vor allem der Buntsandstein kommt auch im Kastanienbusch vor – hauptsächlich in einigen höher gelegenen Parzellen der bis auf 300 Meter Höhe ansteigenden Lage. Die 63 Hektar haben eine Hangneigung von 15 bis 30 Prozent und schauen nach Süden bis Südosten. Durch die Kessellage des Weinbergs verfügt der Kastanienbusch über ein besonders mildes Mikroklima. Namensgebend sind die Edelkastanienbäume (»Keschte«), die am Rand des Rebbergs wachsen.

95+ **2020 »Köppel« Riesling GG**
Dr. Wehrheim, www.weingut-wehrheim.de

94+ **2020 Riesling GG**
Ökonomierat Rebholz, oekonomierat-rebholz.de

92+ **2020 Riesling GG**
Dr. Wehrheim, www.weingut-wehrheim.de

91+ **2020 Riesling trocken**
Weingut Emil Bauer und Söhne, Info siehe Seite 336

91 **2019 Riesling trocken**
Weingut Villa Hochdörffer, Info siehe Seite 422

Foto: Shutterstock

★

WEINGUT ALTES SCHLÖSSCHEN

Maikammerer Straße 7, 67487 Sankt Martin
T: +49 6323 94300, info@altes-schloesschen.com
altes-schloesschen.com

Ab-Hof-Verkauf: Mo bis Fr 10–18 Uhr, Sa 10–17 Uhr, So 10–12 Uhr
Kellermeister: Markus Schneider
Ansprechpartner: Ralf Schneider
Flaschen/Hektar: 1.333.000 (50 % weiß, 30 % rot, 15 % Rosé, 5 % Schaumwein)/ 80 ha

Im Weingut Altes Schlösschen halten die Generationen zusammen, um ihr Ziel zu erreichen: »Wir wollen authentische Pfälzer Weine mit familiärem Flair erzeugen, die geprägt sind durch die Kombination von klassischem Weinbau und modernster Kellertechnik«, sagen die Brüder Markus und Ralf Schneider, die das Weingut in Sankt Martin in dritter Generation leiten. Im denkmalgeschützten Renaissance-Fachwerkhaus lassen sich auch die Weine wie die geschmeidige und elegante rote Cuvée verkosten, von denen uns die Linie »König« am besten gefallen hat. Gut gelungen!

90 2019 »Alte Reben« Edenkoben Kastaniengarten Riesling trocken
Leichtes Goldgelb, ziemlich reife Nase mit Ananas, Dörrobst und leichter Holzwürze, Honigwabe und etwas Salbei. Erinnert im Mund an eine klassische Spätlese mit kräftiger Textur und reifer Frucht. Die Tiefgründigkeit der alten Reben sorgt für zusätzliches Profil. 13 Vol.-%, NK, €€

88+ 2020 »Elegance« Riesling trocken
Zunächst zeigt sich Apfel in der fruchtigen und leicht würzigen Nase, auch Zitrusfrucht, Mandarinenschale. Frischer und eleganter Riesling, der auf das Zusammenspiel von präsenter Säure und etwas Restsüße setzt. Geradlinig, fruchtig und auch charmant. 12,5 Vol.-%, DV, €

90+ 2018 »Königs-Cuvée« trocken CD/PN/DF
Cabernet in der Nase, Schwarzkirsche, Cassis und kräftige Holzwürze. Zeigt sich geschmeidig und mit reifen Gerbstoffen in einer kräftigen Struktur. Gut proportioniert und balanciert, verbindet Griffigkeit und geschmeidige, reife Momente und auch Eleganz. 14,5 Vol.-%, NK, €€

90 2018 »König« Spätburgunder trocken
Reife Kirschfrucht in der Nase mit Holzwürze, rote und auch schwarze Kirschen, Wacholderbeere und getrockneter Ingwer. Am Gaumen die kräftige Interpretation des Spätburgunders mit starker Textur und dominanten, etwas rustikalen Gerbstoffen, die sich noch einbinden. 14,5 Vol.-%, NK, €€

88 2020 »Elegance« Grauburgunder trocken

90 2019 »König« Weißburgunder trocken
Reife Aromen kleiden den kräftigen Duft aus, zu gelben Blumen (Dotterblume) finden sich reife Aprikose, Honigmelone und auch Feige. Die Reife zeigt sich auch im Mund mit guter Konzentration, Intensität und Schmelz. Reizt seine Möglichkeiten auf charmante Art aus. 14 Vol.-%, NK, €€

WEINGUT JÜRGEN ANDRES

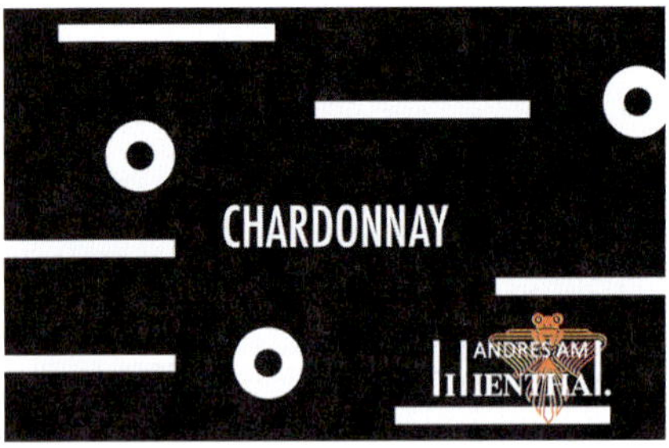

Langensteinstraße 22, 67435 Neustadt-Speyerdorf
T: +49 6327 2847, info@weingut-andres.de
weingut-andres.de

Ab-Hof-Verkauf: Mo bis Fr 9–18 Uhr, Sa 10–16 Uhr
Kellermeister: Jürgen Andres
Ansprechpartner: Yvonne Andres
Hektar: 21 ha

Das Ziel von Jürgen Anders und seiner Frau Yvonne ist es, ehrliche, naturbelassene Weine zu keltern, die »Lust auf den nächsten Schluck machen«. Genau so soll Wein sein und genau das gelingt den beiden. Und zwar – wir wiederholen uns da gern – zu wirklich fairen Tarifen. Ein Musterbeispiel dafür ist der Riesling »Literliebe«, der animierend und frisch daherkommt, ungeschminkt und appetitlich. So muss die Literflasche sein! An der Spitze der Kollektion steht ein feiner Weißburgunder Kabinett trocken, der beschwingt ist, aber dennoch Tiefe und Struktur hat – ein toller Speisenbegleiter.

90 2020 Weißburgunder Kabinett trocken
In der Nase ein sortentypischer Duft von Birne, grünem Apfel, Pfirsich, roher Mandel und Zitronenzeste. Am Gaumen zeigt der Wein viel Frische durch eine gute Säure, die diese Aromen trägt. Der eher schlanke Körper steht dieser Stilistik sehr gut. Macht Freude. 11,29 Vol.-%, DV, €

88 2020 Sauvignon Blanc Kabinett trocken
In der Nase Aromen von Stachelbeere, Zitronenzeste, Limette und süßem weißem Pfirsich. Am Gaumen erneut helle Früchte, aber es kommen auch etwas Paprika und Honigmelone dazu, lebendige Säure und schlanker Körper, schöner Trinkfluss. 11,47 Vol.-%, DV, €

88 2020 Gewürztraminer Spätlese feinherb
Duft nach zarter Rose, Ananas scheint ebenfalls durch, charmant. Am Gaumen milde Säure, erneut etwas Rose, dazu reife Birne, auch etwas Litschi ist dabei. Mittlere Struktur und Länge, gut geeignet zu asiatischen Gerichten mit gewisser Schärfe. 13,11 Vol.-%, DV, €

87+ 2020 Spätburgunder Blanc de Noir feinherb
Im Glas ein zartes Lachsrosa. Eher dezenter Duft nach Erdbeere, Himbeere und Kirsche. Am Gaumen von süßer roter Frucht getragen, lebendige, ausgleichende Säure sowie mittlere Struktur und Länge, schön für die Terrasse. 11,5 Vol.-%, DV, €

87+ 2020 Schwarzriesling feinherb

89 2020 »LiterLiebe« Riesling trocken
Zitronengelb in der Farbe. Ein Duft von grünem Apfel, Zitronenzeste und Geißblatt. Am Gaumen mit guter Säure ausgestattet, welche diese Aromen sowie Limette wie auch nassen Stein gut balanciert. Ein Wein zum direkten Genuss – tolle Literqualität. 12,56 Vol.-%, DV, €

★★★

WEINGUT MICHAEL ANDRES

Hauptstraße 33a, 67152 Ruppertsberg
T: +49 6326 8667, info@andres-wein.de
andres-wein.de

Ab-Hof-Verkauf: nach Vereinbarung
Kellermeister: Michael Andres
Ansprechpartner: Michael Andres
Flaschen/Hektar: 40.000 (85 % weiß, 15 % rot)/7 ha

Auf sieben Hektar unterschiedlicher, »nicht flurbereinigter« Parzellen gedeihen Michael Andres' Reben auf natürliche Art. Seit 2006 ist sein Betrieb »aus tiefer Überzeugung« biozertifiziert. Das bedeutet sowohl am Berg als auch im Keller viel Handarbeit und Zeit. Sein Ziel: möglichst charakterstarke Weine. Das gelingt ihm voll und ganz. Seine Rieslinge konzentrieren sich aufs Wesentliche, ohne karg oder schroff zu wirken. Hervorragend ist überdies sein Chardonnay aus der der »N-Linie«. In diesem Jahr erhält Michael Andres den dritten Stern – Glückwunsch!

93 2020 »N-Linie« Chardonnay trocken
Nuanciert im Duft, eine Spur Zitrus, fein gemahlene Haselnuss, ein Hauch Kräuter und eine Ahnung von Holz. Im Mund seidig und saftig, eine delikate Anlage, in der alle Komponenten reif und ausgeglichen wirken, hat Ausdruck und salzige Mineralität. Und alles unforciert!
12,5 Vol.-%, NK, €€

92+ 2020 Deidesheim Kieselberg Riesling tr.
Kühle, puristische Nase mit nassem Stein, Limette und grünem Tee. Am Gaumen trocken und weiterhin äußerst geradlinig mit dosiertem Säuregehalt. Leichte Hefetöne gesellen sich dazu und eine haftende Salinität begleitet den stimmigen Gesamteindruck. 12 Vol.-%, NK, €€

91+ 2020 Ruppertsberg Reiterpfad Hochseel Riesling trocken
Weinbergpfirsich, Darjeelingtee, dezente Kräuter und leichte Hefenoten prägen die Nase. Es folgt ein druckvoll-salziges und extraktreiches Gaumenspiel. Die Natürlichkeit ist betörend und die feine Cremigkeit nie aufgesetzt. Sehr harmonisch. 12,5 Vol.-%, NK, €€€

91 2020 Deidesheim Leinhöhle Riesling tr.
Gelbfruchtiger Auftakt mit zitrischen Anklängen. Am Gaumen dominiert zunächst Grapefruit, Zitronenthymian und Ringlotten. Gute Energie und spürbare Phenolik sorgen für zusätzliche Spannung bei beständiger Eleganz mit trockenem Finish. 12 Vol.-%, NK, €€

90+ 2020 Deidesheim Mäushöhle am Kirchenberg Riesling trocken

90+ 2020 »Ferus« Riesling trocken
Feinwürzig schon in der Nase, floral mit einem Hauch Zitronenmelisse. Im Mund dann eine perfekte Balance, fast seidig mit spürbarem Extrakt, reifer Phenolik und dezenter Säure. »Einstiegswein« des Weingutes – mehr als nur eine gute Visitenkarte. 12,5 Vol.-%, VL, €€

★★

WEINGUT ANDRES

Weinstraße 6, 67146 Deidesheim
T: +49 6326 7708, info@andres-deidesheim.de
andres-deidesheim.de

Ab-Hof-Verkauf: Mo bis Fr 9.30–12.30 Uhr und 14–18.30 Uhr, Sa 9–16 Uhr, So 9–12 Uhr
Kellermeister: Michael Andres
Ansprechpartner: Michael und Thomas Andres
Flaschen/Hektar: 120.000/22 ha

Im vergangenen Jahr ließen Michael und Thomas Andres mit Lagenrieslingen aufhorchen, die sich vor der namhaften Konkurrenz in Deidesheim und Forst nicht verstecken müssen. Dieses Jahr bekamen wir – da die 2020er Lagenrieslinge noch nicht gefüllt waren – das 2019er Forster Ungeheuer zur Wiedervorlage: Und es konnte sogar noch einen Punkt zulegen. Auch in Abwesenheit der Lagen belegen die 2020er Ortsrieslinge ebenso wie Sauvignon Blanc und Chardonnay die Dynamik in diesem Betrieb. Wir setzen das Weingut auf unsere Watchlist für den dritten Stern.

94 2019 Forst Ungeheuer Riesling trocken
Einige Hefe im Duft, dezentes Holz, balsamisch-mineralische Obertöne, mit Luftkontakt kommt dann auch die typische Gelbfrucht der Lage. Im Mund mit einer dichten, aber auch ungemein feinen Phenolik, dazu eine intensive taktile Mineralität. 13 Vol.-%, NK, €€€

92 2020 Haardt Chardonnay trocken
Im Duft dezent röstiges Neuholz, zitrische Aromen, Flachs. Hefe. Im Mund mit einer mustergültigen wechselseitigen Integration von geschmeidigen, fast cremigen Motiven auf der einen Seite und Säure und Mineralität auf der anderen. Kulinarische Proportionen, sehr gute Länge.
13 Vol.-%, NK, €€

91 2020 Deidesheim Sauvignon Blanc tr.
Etwas Holz, im Duft Sharonfrucht, Nektarine, ein Hauch Minze und nach Luftkontakt auch Blattgrün und Schwarze Johannisbeere. Im Mund saftig und fast schon schlank im Ansatz, dann aber doch mit gutem Volumen und mit Geschmeidigkeit, reife Säure, zuletzt noch verschlossen.
12,5 Vol.-%, NK, €€

90+ 2020 Ruppertsberg Riesling trocken
Kräftig reduktiv im Duft, balsamisch – eine feine Würze, die noch jugendlich wirkt. Mandel. Im Mund mit einem vergleichsweise breiten Ansatz, stämmig, kraftvoll, leicht viskos grundiert, dazu eine vergleichsweise gemütliche Säure. Gehaltvoll und ortstypisch. 12,5 Vol.-%, DV, €€

90 2019 Haardt Spätburgunder trocken

91+ 2020 Deidesheim Riesling trocken
Anfangs noch recht reduktiv im Duft. Spontangärung, Holz, und würzige Anklänge von Kümmel. Im Mund druckvoll, dezente Phenolik, festes Säurerückgrat, viel Saftigkeit, strahlt Frische und Spannung aus, guter Extrakt für einen Ortswein. Sehr trocken. 12,5 Vol.-%, VL, €€

★★★

WEINGUT SANKT ANNABERG

St.-Anna-Straße 203, 76835 Burrweiler
T: +49 6323 949260
v.lergenmueller@lergenmueller.de
sankt-annaberg.com

Ab-Hof-Verkauf: nach Vereinbarung
Kellermeister: Victoria Lergenmüller
Ansprechpartner: Victoria Lergenmüller
Flaschen/Hektar: 32.000 (98 % weiß, 2 % rot)/7 ha

Schäwer oder Kalmit? Das ist eine so bedeutungsschwere Frage, als wolle man wissen: Burgund oder Bordeaux? Natürlich kann im einen wie dem anderen Fall die Antwort nur lauten: beides! Es hängt einfach vom Trinkanlass und von der persönlichen Stimmung ab, was besser passt. In den 2020er Versionen scheinen uns Victoria Lergenmüllers Weine etwas süßer als sonst. Vielleicht gewollt, weil auch die Säuren recht stramm sind. Vielleicht hat aber zum Beispiel der Kalmit einfach bei neun Gramm Zucker die Gärung eingestellt. Auf lange Sicht wird das kein Schaden sein.

92+ 2020 Burrweiler Schäwer Riesling trocken
Verschlossen im Duft mit brenzligen Untertönen. Derzeit nur wenig Frucht. Am Gaumen entfaltet sich viel Druck: Stoffigkeit, Säure und taktile Mineralität sind in einen kraftvollen Körperbau eingepasst, der satte Extrakt garantiert dem Wein ein langes Leben. 13,5 Vol.-%, NK, €€€

92 2020 Ilbesheim Kalmit Riesling trocken
Im Duft extrem verschlossen, fast duftlos. Leichte Spontangärungsnoten. Im Mund zeigt sich der Wein getragen und geschmeidig mit festem Säurerückgrat. Präsente Süße und eine kreidige Textur geben dem Wein etwas Apartes. Braucht Zeit. 12,5 Vol.-%, NK, €€€

91+ 2020 »Edition Johanniskreuz« Riesling tr.
Ein zurückhaltender Holzeinsatz umrahmt einen eher blumigen als fruchtigen Duft. Im Mund ist der Wein von Kernigkeit bestimmt, Phenole und Säure dominieren den mittelgwichtigen, aber dichten Gaumen, mineralische Töne leiten in den Abgang, in dem sich dann auch die Süße zeigt. Braucht Zeit. 12,5 Vol.-%, NK, €€€

90+ 2018 Burrweiler St. Annaberg Spätburgunder trocken
Schokoladig und kräuterwürzig im Duft, Lorbeer, Beifuß, schwarzer Pfeffer. Dezenter Holzeinsatz. Im Mund mit einem Fokus auf Cremigkeit und Schmelz, feinkörniges Tannin in mittlerer Menge füllt die mollige, alkoholkräftige Anlage aus, reife Säure trägt den Bau ins wiederum cremig dominierte Finale. 14,5 Vol.-%, NK, €€€

90+ 2020 Gleisweiler Hölle Riesling trocken

90+ 2020 »Terrassenlage« Riesling trocken
Der feinfruchtige Duft zeigt Noten von weißem Pfirsich und Zitrusfrucht. Der Gaumen setzt mit lebendiger Säure saftig an, der Wein wirkt schlank, hat aber auch eine Schicht Geschmeidigkeit und Intensität in der Frucht, der Abklang zeigt sich betont salzig und frisch. 11,5 Vol.-%, DV, €€

★★★

WEINGUT EMIL BAUER UND SÖHNE

Walsheimer Straße 18, 76829 Landau-Nußdorf
T: +49 6341 61754, bauerwein@web.de
bauerwein.de

Ab-Hof-Verkauf: Mo bis Fr 9–12 Uhr und 14–18 Uhr, Sa 9–16 Uhr
Kellermeister: Alexander Bauer
Ansprechpartner: Martin Bauer
Flaschen/Hektar: 400.000/42 ha

Emil Bauer mausert sich zum Experten für – noch vor ein paar Jahren hätte man gesagt: exotische Sorten. Sein Petit Verdot steckt voller Schmackes, der Viognier variiert kraftvoll die von der Nordrhône bekannte Würze, und bei einem 2018er wie dem Bordeaux-Blend »Cultor« entstanden sogar hitzige Diskussionen im Team, ob die Trauben nicht zu viel Sonnenschein abbekommen hätten. Ein feingliedriger Claret ist das jedenfalls nicht – eher eine Art trockene St.-Émilion-Auslese. Zuletzt konstatieren wir, dass auch die Weine aus heimischen Sorten gut gelungen sind.

92 2019 »beachball« Nußdorf Herrenberg Viognier trocken
Eine aromatische Nase von reifem Pfirsich, grüner Birne, Orangenzeste, Muskat, Veilchen. Ein Hauch grüner Paprika sowie eine leichte Salzigkeit. Am Gaumen schöne Würze, leichte Frucht, voller Körper mit einer gut integrierten Säurestruktur und langem Nachhall. 12,5 Vol.-%, DV, €€€

92 2020 »Insomnia« Walsheim Silberberg Sauvignon Blanc trocken
In der Nase zeigen sich Aromen von Limettenzeste, Kiwi, Passionsfrucht und Grapefruit. Am Gaumen befindet sich die lebendige Säure gut in Balance mit dem mittelkräftigen bis kräftigen Körper. Im Abgang Aromen von Zitronenzeste, reifem Pfirsich sowie Stachelbeere. 12,5 Vol.-%, DV, €€€

92+ 2018 »Servator« trocken NE/BA
Sehr würzige, pfeffrige Nase. Hinzu kommen saftige reife Herzkirschen, rote und dunkle, von der Sonne verwöhnte Beeren und Pflaumen, florale Noten von Veilchen sowie Rosen. Am Gaumen gute Säurestruktur, gut eingebundenes Tannin, süße Frucht sowie Holzaromatik schwingen durch. 14 Vol.-%, NK, €€€

92 2018 »Amator« trocken SY/GN/MV
In der Nase Kräuternoten, reife Himbeeren, Kirschen, Tomatenblätter, Anis. Am Gaumen saftige Frucht von reifen Erdbeeren, Blaubeeren sowie Anis. Samtiges Tannin ist bei einer schön ausbalancierten Säure gut eingebunden. 14,5 Vol.-%, NK, €€€

91+ 2020 Birkweiler Kastanienbusch Riesling trocken

91+ 2019 »wonderful days« Nußdorf Im Katzenstuhl Weißburgunder trocken

91 2020 »sky & sand« Birkweiler Mandelberg Chardonnay trocken

90+ 2020 »our darkness« Nußdorf Am Eselspfad Chenin Blanc trocken

90+ 2018 »Altor« trocken SN/CS/CF

89+ 2018 »Cultor« trocken CS/ME/CF/MA/CA/PV

92+ 2019 Nußdorf Petit Verdot trocken
In der Nase eine schöne Frucht von hellen und dunklen Beeren, Feigen, florale Noten von Veilchen sowie einer feinen Würze von Minze, Pfeffer, Orangenzeste, grünem, gebratenem Paprika. Am Gaumen füllige Struktur, saftige Frucht, gut eingebundenes Tannin sowie reife Säure. 14,5 Vol.-%, DV, €€

★★★★★

WEINGUT FRIEDRICH BECKER

Hauptstraße 29, 76889 Schweigen-Rechtenbach
T: +49 6342 290, wein@friedrichbecker.de
friedrichbecker.de

Ab-Hof-Verkauf: Fr 14–16 Uhr, Sa 12–16 Uhr
Kellermeister: Friedrich Wilhelm Becker
Ansprechpartner: Friedrich Wilhelm Becker
Hektar: 29 ha

Wir haben neue Weine von Friedrich Wilhelm Becker verkostet, wissen aber wenig Neues zu berichten, das Niveau ist herausragend wie immer. Die 2018er Spätburgunder flankieren ihre fleischige Dichte mit würzigen Untertönen. Sehr wahrscheinlich geht hier in 20 oder 25 Jahren richtig die Post ab. Die Chardonnays haben eine mundwässernde, kalkgetriebene Bissigkeit, wie man sie auch in Burgund nicht eindringlicher finden kann. Und der Schweigener Ortswein erstrahlt in einem Preis-Leistungs-Verhältnis, das man in Burgund mit Sicherheit gar nicht finden kann.

94+ 2019 »Mineral« Chardonnay trocken
Sattes Gelb. In der Nase Rauch, Vanille, unterlegt mit frischen hellen Früchten, auch Zitrusnoten sind dabei, würzig. Am Gaumen mit viel Zug und Spannung, straffe Säure, sehr frisch und belebend, äußerst dicht und mit enorm viel Potenzial. 13,5 Vol.-%, DV, €€€

93 2019 »Reserve« Weißburgunder trocken
Sattes Gelb. In der Nase Duft nach Vanille, Rauch, Kräuterwürze und reifem Apfel. Am Gaumen mit viel Schmelz und sattem Grip, gekonnte Phenolik, dicht, sehr frische Säure, Apfel und Grapefruit, hat viel Spannung und Zug, Langstreckenläufer, gute Länge. 13,5 Vol.-%, DV, €€€

96+ 2018 Schweigen Heydenreich Spätburgunder GG
Rauchiges Holz, aber dahinter auch eine satte, frische Frucht: Sauerkirsche und Waldheidelbeere, Tomatenmark. Im Mund ein weit gefasster Körper und eine passende Menge reifen Gerbstoffs darin. Saft, Geschmeidigkeit und Stoff in großer Harmonie. Im Abklang viel Kalk. 13,5 Vol.-%, NK, €€€€

95 2018 »KB« Spätburgunder GG
Etwas Rauch im Duft, Blaubeere. Noch verschlossen. Im Mund von trockenem Tannin geprägt, viel Kalkmineralik dabei, in den Gaumenaromen komplett verschlossen, Nerv und Saftigkeit halten die Spannung hoch bis in den fast schmerzhaft verdichteten Abgang. Braucht Jahre bis Jahrzehnte. 13,5 Vol.-%, NK, €€€€

93 2018 Klosterstück Weißer Burgunder

91 2020 »Kalkmergel« Grauer Burgunder tr.

90 2020 »Kalkgestein« Weißburgunder tr.

90 2020 »Muschelkalk« Riesling trocken

94+ 2018 Schweigen-Rechtenbach Steinwingert Pinot Noir Erste Lage trocken

94+ 2018 Schweigen Sankt Paul Spätburgunder GG

93+ 2018 Schweigen-Rechtenbach Herrenwingert Pinot Noir Erste Lage tr.

92+ 2020 Schweigen Chardonnay trocken
Sattes Gelb. Würziger Duft nach Rauch, etwas Vanille, Minze, unterlegt mit Birne, Apfel und Mandel. Am Gaumen mit einer griffigen Textur, Apfel, Grapefruit, ganz auf der frischen Seite, feine Phenolik, Kräuterwürze, dicht und puristisch. Der perfekte Speisenbegleiter. 13 Vol.-%, DV, €€€

WEINGUT KARLHEINZ & DOMINIK BECKER

Hauptstraße 34, 76831 Heuchelheim-Klingen
T: +49 6349 5328, wgkhbecker@gmx.de
weingut-achenbach.de

Ab-Hof-Verkauf: Nach Anmeldung Mo bis Fr 18–20 Uhr, Sa 13–17 Uhr
Kellermeister: Dominik Becker
Ansprechpartner: Dominik Becker
Hektar: 16 ha

Seit fünf Generationen lebt und arbeitet Familie Becker in Heuchelheim-Klingen an der südlichen Weinstraße und bearbeitet 16 Hektar Reben, die im Schutz des Pfälzer Walds auf weißem Kalk, buntem Sand und schwarzem Ton stehen. »Die Leidenschaft für den Wein hält alle zusammen«, sagen die Beckers, vor allem Riesling und die Burgundersorten liegen ihnen am Herzen. Karlheinz Becker wird tatkräftig von seinem Sohn Dominik unterstützt, der sich nach dem Studium auch in Neuseeland und den USA inspirieren ließ. Das Resultat ist eine absolut stimmige Kollektion, gerne mehr davon!

90+ 2019 Appenhofen Im Käferflug Chardonnay trocken
Der Duft wird von hefigen Noten beeinflusst, ergänzt von reifer Ananas, Birne und Vanille, würzig hinterlegt. Kräftig in der Struktur mit gutem Extrakt und ausgewogener Säure, mit Schmelz, Spannung und guter Länge. Verbindet die Pfalz mit internationalen Einflüssen. 13 Vol.-%, DV, €€

90 2020 »Schwarzer Ton« Weissburgunder trocken
Gelbe Blüten, Mirabelle, Apfel und Aprikose zeigen sich in der Nase, auch ein Hauch von Karamellbonbon mischt ebenso wie würzige Nuancen mit. Am Gaumen saftig, würzig und mit Schmelz in einer breit angelegten Struktur. Zeigt Kraft, ordentlichen Extrakt und Charme. 13 Vol.-%, DV, €€

90 2019 Appenhofen Im Käferflug Pinot Noir trocken
Reife rote Kirsche mit Holzwürze, Gewürznelke, Blutorange, gestoßener Wacholderbeere und etwas Rote Bete. Am Gaumen nicht scheu und kräftig in allen Belangen, etwas robuste Gerbstoffe, die tragen und Zeit brauchen. Gute Substanz, Dichte und Länge. 13,5 Vol.-%, NK, €€€

89 2019 »Bunter Sand« Spätburgunder tr.
Klare rote Kirsche im Duft mit Schattenmorelle und feiner Würze. Am Gaumen kräftig strukturiert mit guter Substanz, griffigen Tanninen und einer Säure, die weiß, wo es langgeht. Trocken und ungeschminkt. Bodenständig, erdig und fruchtig, eben »Bunter Sand«. 13,5 Vol.-%, NK, €€

89 2020 »Erdreich« Sauvignon Blanc trocken

89+ 2020 »Bunter Sand« Riesling trocken
Fruchtige Aromatik mit Steinobst wie Aprikose, Mirabelle und Weinbergpfirsich, auch florale Noten, Tomatenrispe. Schlank gebauter und präsenter Riesling mit selbstbewusster Säure, Saft und präzisem Fluss, der durch leichte salzige und zitrische Noten verstärkt wird. 12,5 Vol.-%, DV, €€

★

WEINGUT BECKER

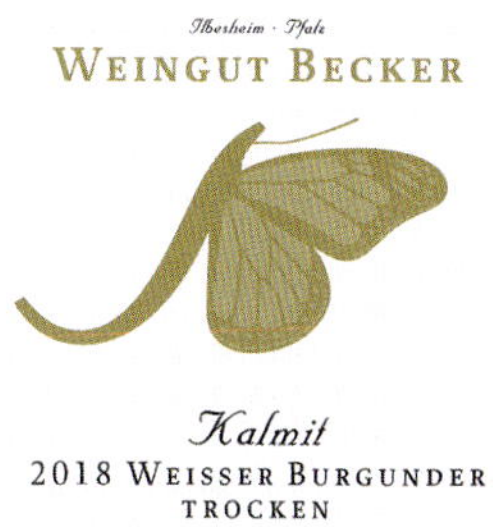

Im unteren Heissbühl, 76831 Ilbesheim
T: +49 6341 3595, info@wein-gut-becker.de
wein-gut-becker.de

Ab-Hof-Verkauf: nach Vereinbarung
Kellermeister: Peter Becker
Ansprechpartner: Helge und Fred Becker
Hektar: 14 ha
Anbauweise: Biologisch zertifiziert

Die Devise von Kellermeister Peter Becker klingt ebenso einfach wie einleuchtend: »Die Kunst beim Weinausbau besteht darin, den Wein so schonend wie möglich zu lenken und zu begleiten.« Eingreifenden Aktionismus, so der Winzer, will ich »gar nicht erst notwendig werden lassen.« Bei dieser subtilen Art der Weinbereitung hilft sicherlich, dass die Reben biologisch bewirtschaftet werden. Das Ergebnis dieser Herangehensweise sind balancierte, feine Weine. Herausheben möchten wir den kalkmineralischen Riesling aus dem Ilbesheimer Kalmit, der uns in seiner eleganten Art besonders imponiert.

90 2020 Ilbesheim Kalmit Riesling Spätlese trocken
Anfangs dezent, dann sauber und fein im Duft mit Aromen von Limette, Zitrone, reifem Apfel und Mirabelle. Am Gaumen mit lebendiger Säure und genügend Extrakt versehen, eher schlanker Körper. Geprägt durch Kalk und Mineralik. 12 Vol.-%, DV, €

90 2020 Ilbesheim Kalmit Sauvignon Blanc Spätlese trocken
Duft von Stachelbeere, Limette, grünem Paprika und nassem Stein. Am Gaumen etwas Cassis, mit attraktiver Säure ausgestattet in einem mittelgewichtigen Körper bei gut herausgearbeiteter Sortentypizität. Ein Wein mit schönem Trinkfluss. 13,5 Vol.-%, DV, €

89+ 2020 Ilbesheim Rittersberg Auxerrois Spätlese trocken
Duft von Birne, weißem Pfirsich, Ananas, gelbem Apfel, dazu eine leichte Kräuternote. Am Gaumen eher mit moderater Säure versehen, Aromen von hellen Früchten verbinden sich mit einer leichten Phenolik, gut balanciert, Wein, der Freude bereitet. 13 Vol.-%, DV, €

89 2020 Ilbesheim Kalmit Weißburgunder Spätlese trocken
Im Duft entwickelt sich eine Kombination von roher Mandel, Zitronenschale, Grapefruit, Pampelmuse und Aprikose. Am Gaumen mit mittelgewichtigem Körper und lebendiger Säure ausgestattet. Ein Wein mit Balance und erkennbarer Dichte. 14 Vol.-%, DV, €

89 2020 Ilbesheim Rittersberg Grauburgunder Spätlese trocken

89 2020 Leinsweiler Sonnenberg Riesling Spätlese trocken
Duft von Limette, grünem Apfel, Zitrone, Mandarine und Kalk. Am Gaumen bei guter Säure und einer angenehm trockenen Stilistik mit eher schlankem Körper versehen. Im mineralischen Nachhall ist Potenzial zu erkennen. 12 Vol.-%, DV, €

★★★★

WEINGUT BERGDOLT ST. LAMPRECHT

Dudostraße 17, 67435 Neustadt an der Weinstraße
T: +49 6327 5027, lamprecht@t-online.de
weingut-bergdolt.de

Kellermeister: Carolin und Rainer Bergdolt, David Golitko
Ansprechpartner: Carolin Bergdolt
Hektar: 24 ha
Anbauweise: Biologisch zertifiziert

Nicht von ungefähr sagt man, dass die Basisweine ebenso viel über ein Weingut aussagen wie die hochpreisigen Spitzen. Zugegeben, den Gutsriesling haben wir dieses Jahr nicht verkostet, aber was Carolin Bergdolt als Kirrweiler Orts-Weißburgunder für elf Euro in Flaschen füllt, ist Nachweis genug, dass bei ihr nicht nur die Großen Gewächse Stil und Format besitzen. Wer schon einmal ein reiferes Weißburgunder-GG vom Mandelberg im Glas hatte, kann auch die jungen Weine gar nicht anders verkosten, als dabei kulinarische Fantasie zu entwickeln.

94 2019 Kirrweiler Mandelberg Weißburgunder GG

Duftet nach Kräutern, Verbene, Apfel und Limettenschale, nussig, auch würzige und mineralische Anklänge. Am Gaumen mit stoffigem und etwas mehligem Extrakt, der sich in den dichten Körper mit weicher, anschmiegsamer Säure einbindet. Mineralisch grundiert, anhaltend. 13,5 Vol.-%, DIAM, €€€

92+ 2020 Ruppertsberg Reiterpfad Riesling GG

Bergamotte, etwas Veilchen, Birne und Apfel in der Nase. Breit angelegt am Gaumen mit gutem Volumen. Reife und saftige Säure, gepflegte phenolische Einträge und auch salzige, mineralische Anklänge. Mittlere Dichte und Komplexität, gute Länge. 13 Vol.-%, DIAM, €€€

91+ 2020 Duttweiler Mandelberg Weißburgunder Erste Lage trocken

Nussig im Duft, Kleeblüte, Frühlingswiese. Nuanciert und mit würzigem Einschlag. Im Mund viel Saft, mehlige Phenole, dicht in der Gaumenmitte mit fester, kultivierter Säure, eine Schicht Geschmeidigkeit im Übergang zum Abgang. Zuletzt deutlich mineralisch getönt. 13 Vol.-%, DIAM, €€

94 2019 Duttweiler Kalkberg Spätburgunder GG

Mandel, Himbeere und Kräuteraromen im Duft, dezentes Boisée, etwas Grüntee. Im Mund straff gebaut, dicht, gut eingebundene Säure, kalkmineralisch unterlegt, kompakt, sehr jung wirkend, saftig (kirschfruchtig) nachhallend, mit großem Potenzial. 13 Vol.-%, DIAM, €€€

91 2020 »Kalkmergel« Duttweiler Riesling tr.

91 2020 »Mineral« Kirrweiler Weißburgunder trocken

Hefewürzig im Duft, pfeffrig, dann Heu und Strohblumen, leicht nussige Noten. Im Mund zeigt der Wein Saftigkeit und einen straffen Nerv, ist unverkitscht trocken und auf kulinarische Weise geradeaus gebaut. Kurz: ideal, um die Wartezeit aufs Reifwerden des GGs zu überbrücken. 13 Vol.-%, DV, €€

★★

WEINGUT BERGDOLT-REIF UND NETT

Dudostraße 2, 67435 Neustadt-Duttweiler
T: +49 6327 2803, info@weingut-brn.de
nett-weine.de

Ab-Hof-Verkauf: Mo bis Fr 8–18 Uhr, Sa 10–16 Uhr
Kellermeister: Christian Nett
Ansprechpartner: Christian Nett
Flaschen/Hektar: 300.000 (60 % weiß, 40 % rot)/30 ha

Christian Nett und sein Team lieben es, etwas Neues auszuprobieren. Dabei kann das Neue auch das Alte sein – beispielsweise, wenn es darum geht, die Rebberge möglichst schonend zu bewirtschaften. In der Top-Lage Mandelberg setzt Christian Nett Pferde ein, um den Boden bei den Arbeiten nicht zu sehr zu verdichten. Die von uns in diesem Jahr verkostete »Avantgarde«-Serie war von durchgängig guter Qualität. Insbesondere der Shiraz hat es uns mit seiner würzigen Art angetan – immer wieder erstaunlich, wie gut diese eigentlich an der Rhône beheimatete Rebsorte mittlerweile in der Pfalz reift.

90+ 2020 »Avantgarde« Weißburgunder tr.
In der Nase ein attraktiver Duft von Aromen wie Mandel, jungem Pfirsich und Birne. Es folgen am Gaumen nasser Stein, Zitronenmelisse, Nektarine in einem mittelgewichtigem Körper. Eine lebendige Säure balanciert diese reife Aromatik und führt in den fruchtbetonten Nachhall. 13,5 Vol.-%, DV, €€

90+ 2020 »Avantgarde« Riesling trocken
Blasses Goldgelb. Anfangs dezent im Duft, danach gelbfruchtig und reif wirkend. Ebenfalls ein leicht floraler Duft überführt in die Aromen des Gaumens von Orangenzeste, gelbem Apfel, leichter Holzwürze bei reifer Säure und attraktivem, leicht süßem Nachhall. 12 Vol.-%, DV, €€

90 2020 »Avantgarde« Grauer Burgunder tr.
Nicht alltägliches Goldgelb des Grauburgunders. Im Duft vom Holz geprägt sowie Aromen von weißem Pfirsich, Zitronenschale und Mandel. Am Gaumen federt die lebendige Säure die reife Aromatik von Walnuss, süßer Aprikose und Zitrone gut ab. Rauchiger Nachhall. 13,5 Vol.-%, DV, €€

91 2018 »Avantgarde« Shiraz trocken
Dieser Wein ist durchaus komplex im Duft mit Aromen von Brombeere, reifer Pflaume, reifer Kirsche und Gewürznelke. Am Gaumen ebenfalls etwas Pfeffer, Schwarzkirsche und Zartbitterschokolade. Balanciert von guter Säure bei reifem Tannin, guter Struktur und attraktivem Nachhall. 13,5 Vol.-%, DV, €€

90 2018 »Avantgarde« Spätburgunder tr.

89 2020 Rieslaner Spätlese
Sattes Goldgelb. Duft nach reifen Zitrusfrüchten, vermischt mit exotischen Früchten, etwas Orangeat. Am Gaumen mit sehr viel Würze, Mango, Lorbeerblatt, Blütenhonig, kompakt und dicht, lebendige Säure, gute Länge. Eigenständig. 10 Vol.-%, DV, €

★★★★

WEINGUT BERNHART

Hauptstraße 8, 76889 Schweigen-Rechtenbach
T: +49 6342 7202, info@weingut-bernhart.de
weingut-bernhart.de

Ab-Hof-Verkauf: Mo bis Fr 9–13 Uhr und 14–17 Uhr, Sa 9–16 Uhr
Kellermeister: Gerd Bernhart
Ansprechpartner: Gerd Bernhart
Flaschen/Hektar: 110.000/17 ha

Es hat sich bereits in den letzten Jahren angekündigt: Der Aufschwung im Hause Bernhart ist so überzeugend, dass wir mit Freuden einen vierten Stern verleihen. Gut waren die Weine schon seit Langem, doch zuletzt haben sie nochmal deutlicher an Kontur gewonnen, an straffer Bündelung und an mineralischem Ausdruck. Besonders gefällt uns, wie ungekünstelt und natürlich die Weine wirken, ohne jede Gefallsucht, aber auch ohne aufreizende Provokation. Das (Kalk-)Terroir spricht und hier – direkt auf der deutsch-französischen Grenze – parliert es auch.

93 2020 »RG« Schweigen Sonnenberg Weißburgunder GG
Hier spricht der Kalk: präzise und fokussiert in der Frucht. Unterlegt mit einer eleganten, kreidigen Mineralität. Quitte, Golden-Delicious-Apfel. Cremig, stoffig und mit exzellentem Druck, die Finesse perfekt herausgearbeitet. Salzig, langes Finale. 13,5 Vol.-%, NK, €€€

93 2020 Schweigen Sonnenberg Riesling GG
Kräutrig und zitrisch in der Nase, etwas Grapefruit. Am Gaumen anfänglich puristisch trocken mit salziger Untermalung, in der Gaumenmitte mit Pfälzer Gelassenheit und präsenter Phenolik, die sich gut in die kräftige Struktur einfügt, kalkmineralisch im Ausklang. 12,5 Vol.-%, NK, €€€

94 2018 »RG« Schweigen Sonnenberg Spätburgunder GG
Sattes Rubin mit Granatreflexen. Vielschichtig und strukturiert. Balsamische Noten und dunkle Frucht dominieren. Kirsche, Brombeere, Leder und Tabak sind von kalkiger Mineralik unterlegt. Elegant und druckvoll. Feinkörniges Tannin, langes Finish. 13 Vol.-%, NK, €€€

93 2018 »KT« Schweigen Sonnenberg Spätburgunder GG
Strahlendes Rubin. Rote und dunkle Beeren. Kirsche, Brombeeren, Rote Johannisbeeren, getrocknetes Laub, Majoran und Tabak. Dezente Animalik im Finish. Elegante Säure, feste Struktur, guter Druck am Gaumen. Exzellente Länge. Sehr gutes Potenzial. 13 Vol.-%, NK, €€€

92+ 2020 »Réserve« Chardonnay trocken

91 2020 »WB« Schweigen Sonnenberg Weißburgunder Erste Lage trocken

90 2020 »Kalkmergel« Schweigen Weißburgunder trocken

90 2020 »Kalkmergel« Schweigen Grauburgunder trocken

90 2019 »Tonmergel« Schweigen Chardonnay trocken

92 2018 »WB« Schweigen Sonnenberg Spätburgunder Erste Lage trocken

91 2018 »FG« Schweigen Sonnenberg Spätburgunder Erste Lage trocken

92+ 2020 »FG« Schweigen Sonnenberg Grauburgunder Erste Lage trocken
Mittleres Beige mit Bernsteinreflexen. Reife Honigmelone, Papaya, reife Birne, Aprikose und weißer Pfeffer. Vollmundig und kräftig in der Statur, attraktive Cremigkeit mit klarer mineralischer Struktur. Sehr gute Länge, salziger Abgang. 13,5 Vol.-%, NK, €€

★★

WEINGUT BIETIGHÖFER

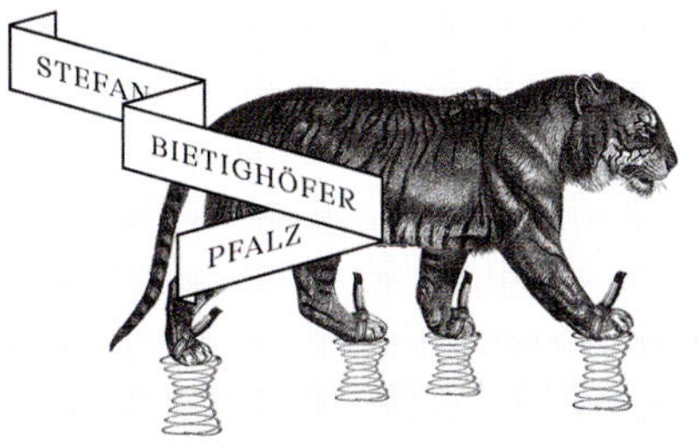

Oberdorfstraße 13, 76831 Billigheim-Ingenheim
T: +49 6349 8698, weingut@bietighoefer.de
bietighoefer.de

Ab-Hof-Verkauf: Mo bis Fr 9–17 Uhr, Sa 9–16 Uhr
Kellermeister: Stefan Bietighöfer
Ansprechpartner: Julia Jakob
Flaschen/Hektar: 150.000 (60 % weiß, 40 % rot)/40 ha

Es ist mehr als respektabel, was Stefan Bietighöfer in Billigheim-Ingenheim aufgebaut hat: Der Demeter-Winzer bearbeitet inzwischen 40 Hektar Weinberge, von denen nicht alle einen großen Namen tragen. Es ist der Winzer, der den Weinen mit akribischer Arbeit in den Weinbergen und gekonntem Holzeinsatz im Keller eine unverkennbare Signatur verleiht. Während die »Réserve«-Weine Zugänglichkeit und Format verbinden, zeigen die »Grande-Réserve«-Weine Charakter oder wie es der Winzer beschreibt: Es sind »eigene Köpfe mit Faustschlag« – denen man aber blind vertrauen kann.

92 2019 »Grande Réserve« Chardonnay tr.
Blasses Goldgelb, kräutrige und holzwürzige Nase mit etwas Weihrauch und gelber Frucht nachkommend. Strukturgeprägter Chardonnay mit Substanz, Würze und auch guter Dichte, großzügig wie ein Pfälzer, aber auch mit Seitenblick ins benachbarte Burgund. 13 Vol.-%, NK, €€

92 2019 »Grande Réserve« Sauvignon Blanc trocken
Eher verhaltene Nase, die noch vom Holzausbau geprägt ist, mit Würze, grüner Walnuss und auch gelber Frucht. Am Gaumen offener und mit großzügigem Angebot: kräftig gebaut mit guter Dichte, einer tragenden Säure, trocken, wieder mit schöner Würze, bis in das lange Finale. 13 Vol.-%, NK, €€

91 2019 »Grande Réserve« Weißburgunder trocken
Das noch merkliche Holz dominiert noch das Duftbild, in dem sich Zitrusfrucht und gelbe Früchte abzeichnen; auch etwas Anis, Lavendel und Apfelschale. Eine kräftig strukturierte und in sich stimmige »Grande Réserve« mit Stoffigkeit, Würze und gutem Extrakt. Potenzial. 13 Vol.-%, NK, €€

89+ 2020 »Réserve« Weißburgunder trocken
Weiße Blüten, etwas Flieder, Haselnüsse und Mirabelle in der Nase. Stoffig, mit feiner Würze und Süße am Gaumen ansetzend, eher rund und ausgewogen in seinem Naturell, kräftig und bündig gebaut. Zugängliche und in ihren Proportionen stimmige »Réserve«. 12,5 Vol.-%, DV, €€

89+ 2020 »Réserve« Chardonnay trocken

90 2020 »Réserve« Sauvignon Blanc tr.
Etwas Cassis und Mango zeigen sich mit feiner Holzwürze in der Nase. Am Gaumen kompakt gebaut mit gut dosierter Kraft, Schmelz und Würze, die von der lebendigen Säure getragen werden, Limettensaft sorgt für Schwung. Sauvignon mit Pfälzer Handschrift und Timbre. 12,5 Vol.-%, DV, €€

★★★

WEINGUT BREMER

Brückenstraße 2, 67308 Zellertal
T: +49 6355 8639166, m.g.acker@weingutbremer.de
weingutbremer.de

Ab-Hof-Verkauf: Mi bis Fr 14–18 Uhr, Sa 11–17 Uhr und nach Vereinbarung
Kellermeister: Michael Acker
Ansprechpartner: Rebecca Bremer, Brigitte Acker
Flaschen/Hektar: 60.000 (60 % weiß, 40 % rot)/15 ha

Das Weingut Bremer aus dem Zellertal schaltet nochmal einen Gang höher: Dieses Mal stellt es mit der Cuvée aus Merlot und Cabernet Franc eine neue Facette vor, die sich neben den hervorragenden Pinot Noirs behaupten kann. Die Gerbstoffe sind nobel und sehr fein extrahiert. Da zeigt sich die ganze Akribie, die Kellermeister Michael Acker schon bei der Auswahl und Lagerung der Dauben aus bestem französischem Holz für die Barriques walten lässt. Bei den Rieslingen lieferten sich zwei Jahrgänge aus dem Schwarzen Herrgott ein furioses Kopf-an-Kopf-Rennen.

93+ 2014 Zell Schwarzer Herrgott Riesling tr.
In der Nase eine Mischung aus Zitrus und Petrolnoten, auch Noten von Gesteinsmehl, feine kräutrige Noten. Zeigt sich am Gaumen geschmeidig, schöne Mineralik, kreidiger Schmelz, gut integrierte Säure, elegant, dezente Restsüße im langen Abgang. 13 Vol.-%, NK, €€€

93 2020 Zell Schwarzer Herrgott Riesling tr.
Schöne Zitrusnoten steigen in die Nase, begleitet von Kräutern wie Koriander, Kardamom, weißen Blüten, mineralisch, Kalk. Sehr komplex. Am Gaumen spannungsreich, schön eingebundene erfrischende Säure, zarter Schmelz, leicht phenolisch, saftig, mineralisch. Gutes Reifepotenzial. 12,5 Vol.-%, NK, €€€

93 2019 Kleinkarlbach Herrenberg Merlot & Cabernet Franc trocken
Fein austarierter, auch kühler Duft nach Cassis und Kirsche mit sehr feinem Rauch, Pfeffer, schöne Nase. Am Gaumen mit guter Fülle und sehr fein extrahiertem, noblem Gerbstoff, geschmeidig mit mittlerer Spannung, feiner Säure und saftiger Frucht, etwas Sauerkirsche und Pfeffer. 13,5 Vol.-%, NK, €€€

92+ 2019 Niefernheim Apotheker Pinot Noir tr.
Etwas Rauch, Räucherschinken, Kirsche und Wacholderbeere, mit etwas Blutorange und Hibiskusblüte. Am Gaumen mit Zug und guter Spannung, die von der ausgewogenen Säure mitgetragen wird, die Tannine sind präsent und von hoher Güte, Mineralik in der Gaumenmitte, lang. 13 Vol.-%, NK, €€€

91+ 2020 Zell Königsweg Chardonnay trocken

89 2020 Kleinkarlbach Sauvignon Blanc tr.

92 2019 Zell Kreuzberg Philippsbrunnen Pinot Noir trocken

92 2019 Zell Königsweg Pinot Noir trocken

92 2018 Kleinkarlbach Herrenberg Merlot tr.

92 2018 Zell Kreuzberg Riesling trocken
Rauchige Nase mit Zitronen und Grapefruit, mineralische Kalknote und Kräuterwürze. Am Gaumen straffe Säure mit Zug, leicht phenolisch, geschmeidig, mineralisch geradlinig in einer kompakten Struktur. Terroir-Riesling. 12,5 Vol.-%, NK, €€

★★

WEINGUT BRENNEIS-KOCH

Freinsheimer Straße 2, 67098 Bad Dürkheim
T: +49 6322 1898, matthias.koch@brenneis-koch.de
brenneis-koch.de

Ab-Hof-Verkauf: Mo bis Sa 8–18 Uhr nach Vereinbarung
Kellermeister: Matthias Koch
Ansprechpartner: Matthias Koch und Verena Suratny
Flaschen/Hektar: 40.000 (54 % weiß, 40 % rot, 5 % Rosé, 1 % Schaumwein)/8 ha

Matthias Koch und Verena Suratny führen das Weingut seit 1993, hervorgegangen ist es aus einer Verbindung des Elternweinguts Erhard Koch in Ellerstadt und des Traditionshauses Emil Brenneis in Leistadt. »Als Biologen und Quereinsteiger haben wir unser Hobby zum Beruf gemacht«, schreiben die beiden. »Wir begleiten Vitis vinifera vom Feld über den Keller bis in die Flasche.« Das gelingt ihnen Jahr für Jahr sehr gut. Die große Spezialität der beiden ist ihr Viognier. Die aromatische Rebsorte ist eigentlich an der Rhône zu Hause, ergibt aber auch in der Pfalz tolle Weine. Unbedingt probieren!

91+ 2020 Kallstadt Saumagen Riesling Kabinett trocken
Verschlossen im Duft, nussig, Kalk. Leichte Süße im Auftakt, gut Halt und Länge gebender Säurenerv, Saftigkeit und Frische, im Abgang kräftig taktilmineralisch und mit sehr fein dosierter Süße endend. 12,5 Vol.-%, DV, €

89+ 2017 »S« Leistadt Kirchenstück Riesling Spätlese trocken
Erste Reifearomen mit einem Anflug von Honig, aber auch Apfelschalen, etwas Bergamotte. Im Mund zeigt sich der Wein elegant, saftig und mit reifer, doch auch fester Säure sowie mit einer Prise Phenolik, dezent würziger, pointiert frischer Abklang. 12,5 Vol.-%, DV, €€

91 2015 Bad Dürkheim Feuerberg Syrah tr.
Würzige und fruchtige Nase nach Cassis, Schwarzkirsche, Pfingstrose und Gewürzen sowie gestoßene Wacholderbeere und Nelke. Zeigt das warme Jahr 2015 mit viel Substanz und Würze, eine ordentliche Portion reifer und weicher Gerbstoffe kleiden den Gaumen aus, gute Länge. 14 Vol.-%, NK, €€€

90 2019 »R« Bad Dürkheim Feuerberg St. Laurent trocken
Ziemlich reife und auch etwas gekochte Frucht wie Erdbeere, Himbeere und Waldbeeren mit ordentlicher Holzwürze und Wacholderbeere. Mit Kraft und Substanz am Gaumen, süßlichem Extrakt, gut dotiert mit reifen, strukturgebenden Gerbstoffen, viel Wein. 13,5 Vol.-%, NK, €€

89 2020 Grauburgunder trocken

89+ 2020 Viognier trocken
Aprikose und sortentypisch würzige Aromen im Duft, am Gaumen eine recht straffe Anmutung, ein festes Säurerückgrat mit einem Hauch von Restsüße, der Wein hat durchaus das geschmeidige Volumen, das man von der Sorte erwartet. 13,5 Vol.-%, DV, €€

WEINGUT REICHSRAT VON BUHL

Weinstraße 18–24, 67146 Deidesheim
T: +49 6326 96500, info@von-buhl.de
von-buhl.de

Ab-Hof-Verkauf: Mo bis So 10–19 Uhr
Kellermeister: Simone Frigerio
Ansprechpartner: Dennis Geller
Flaschen/Hektar: 450.000 (80 % weiß, 20 % rot)/64 ha
Anbauweise: Biologisch zertifiziert

Das ruhmreiche Deidesheimer Weingut hat in den vergangenen drei Jahren zweimal den Betriebsleiter gewechselt. Lagenweine wie das superbe 2019er Forster Ungeheuer belegen auch in der aktuellen Kollektion des immense Potenzial, das in diesem Weingut steckt. Aber wir tun uns im Moment schwer bei der Einschätzung, welche Leistung dem aktuellen Team zuzuschreiben ist. Letztlich müssten wir mutmaßen, um der Frage »Wo steht von Buhl aktuell?« eine Antwort zu geben. Daher setzen wir die Bewertung für dieses Jahr aus – und hoffen auf größere Klarheit im nächsten Jahr.

92 NV »Blanc de Blancs Prestige« brut WB/CH
Im Duft sehr intensiv hefewürzig, dazu kommen Aromen von Apfel und Apfelschale. Lebendiger Säurenerv am Gaumen, feines, aber dynamisches Mousseux, leicht- bis mittelgewichtiger Extrakt, fast als »brut nature« abgestimmt, im Abklang hefig und kräuterwürzig, Wermut. 12 Vol.-%, NK, €€€

94 2019 Forst Ungeheuer Riesling GG
Gelbfruchtig, etwas Jasmin in der Nase, aber auch klare mineralische Notierung. Würzig und mit reifer Säure am Gaumen, geschmeidig und druckvoll, verpackt die Kraft in Konsistenz und letztlich Eleganz, konzentriert, beinahe mehlige Phenole und doch elegant. Gute Länge. 12,5 Vol.-%, NK, €€€

93+ 2019 Forst Pechstein Riesling GG
Etwas Spontinoten, Apfel, Apfelschale, viel Kräuterwürze, auch florale Noten, Hefe. Am Gaumen straff und druckvoll mit süßlichem Extrakt, zum einen markant, zum anderen ausgewogen. Die Mineralität zeigt er allemal. 12,5 Vol.-%, NK, €€€

93 2019 Forst Kirchenstück Riesling GG
Kräutrige und leicht reduktive Note, mit Anklängen von Aprikose und Maracuja, Pfefferminze. Saftig ansetzend am Gaumen mit klarer, saftiger Frucht und ausgewogener Säure, wirkt zugänglich, baut am hinteren Gaumen Druck und Komplexität auf. 13 Vol.-%, NK, €€€€

91 NV »Blanc de Noir Prestige« brut

89 2018 Rosé brut

92 2019 Forst Jesuitengarten Riesling GG

90 2019 Deidesheim Mäushöhle Riesling tr.

88+ 2020 Forst Riesling trocken

88 2020 Riesling trocken

87+ 2020 »Bone Dry« Rosé trocken

90 2020 Deidesheim Riesling trocken
Im Duft Melisse und Zitrusfrucht, dazu etwas Gartenkräuter, Kresse. Im Mund mit guter Dichte, geschmeidigem Fond, eine Schicht feiner Phenole leitet in den noch hefegeprägten, mittelgewichtigen Abklang. 12,5 Vol.-%, DV, €€

★★★★★

WEINGUT A. CHRISTMANN

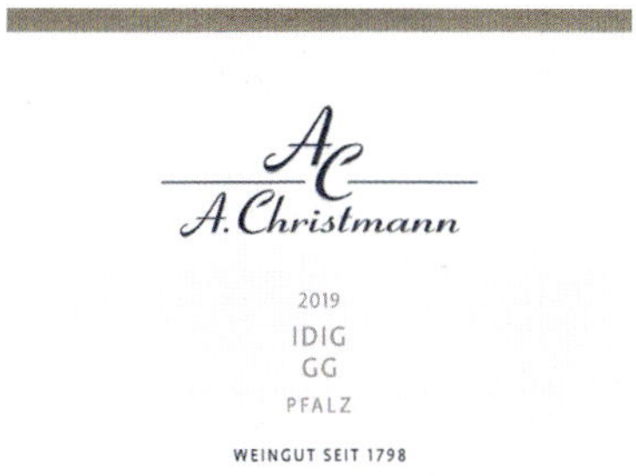

Peter-Koch-Straße 43, 67435 Neustadt-Gimmeldingen
T: +49 6321 66039, info@weingut-christmann.de
weingut-christmann.de

Ab-Hof-Verkauf: Di bis Fr 8–12 Uhr und 13–18 Uhr, Sa 10–16 Uhr, Mo nach Vereinbarung
Kellermeister: Steffen und Sophie Christmann
Ansprechpartner: Steffen und Sophie Christmann
Flaschen/Hektar: 120.000 (75 % weiß, 25 % rot)/18 ha

Das Vater-Tochter-Duo Steffen und Sophie Christmann scheint sich immer besser einzuspielen. Auch wenn die Spätburgunder aus dem Jahr 2019 nicht ganz das Niveau des Vorjahres erreichen, zählen sie wieder zu den besten in der Pfalz und darüber hinaus – angeführt vom finessenreichen Idig mit sehr fein extrahierten Gerbstoffen. Bei den Rieslingen deutet sich eine stilistische Erweiterung an: Sie lassen etwas mehr Laissez-faire zu und wirken auch aromatisch etwas ungebändigter, ohne dabei aber an Stil und Klasse zu verlieren. Erneut eine famose Kollektion.

94 2020 Königsbach Idig Riesling GG

Die Nase ist noch von Spontangärung geprägt, kräutrig, malzig, Apfelschale, etwas Hopfen, mit Luft öffnet sich eine größere Perspektive. Am Gaumen mit guter Balance der Elemente, einer nahtlos eingefügten Säure, gutem Druck und Extrakt, der sich jahrgangsgemäß geschmeidig entfaltet. 12,5 Vol.-%, NK, €€€€

92+ 2020 Königsbach Ölberg-Hart Riesling GG

Noch ziemlich verschlossene Nase mit Noten der Spontangärung, kräutrig, hefig, mit eher dunklen Aromen. Setzt am Gaumen in einem größeren Volumen mit einer reifen, etwas salzig unterlegten Säure an, nicht allzu gewichtig im Extrakt, feine Mineralik bis zum Finale. 12,5 Vol.-%, NK, €€€€

94 2019 Königsbach Idig Spätburgunder GG

Eine expressive Kirschfrucht, sehr klar, nuanciert, zurückhaltendes Holz, Kirschwasser. Am Gaumen sind der Weichteil und das sehr reife und dennoch auch frische Tannin komplett miteinander verschmolzen. Ein ganz transparenter Bau, finessenreich und elegant, mineralisch. 13 Vol.-%, NK,

93 2019 Gimmeldingen Biengarten Spätburgunder Erstes Gewächs trocken

Etwas Veilchen und fruchtige Kirsche mit feiner Holzwürze in der Nase, auch erdige Noten. Auch am Gaumen mit präziser und klarer Kirschfrucht und einer geradlinigen, delikaten Säureader, die Gerbstoffe sind behutsam extrahiert und feinkörnig, gute Substanz und Perspektive. 13 Vol.-%, NK,

92+ 2020 Gimmeldingen Kapellenberg Riesling Erstes Gewächs trocken

91 2020 Gimmeldingen Riesling trocken

Frischer und würziger Duft nach Limettenschale, Mirabelle, Aprikose und etwas Eisenkraut. Setzt am Gaumen in einer straffen Textur mit Spannung an, trocken, wieder mit Noten von Zitrusfrucht. Auch mit Saft und Würze, die lebendige Säure weiß, wo sie hin will. 12 Vol.-%, DIAM, €€

★★

WINZERVEREIN DEIDESHEIM

Prinz-Rupprecht-Straße 8, 67146 Deidesheim
T: +49 6326 96880, info@winzervereindeidesheim.de
winzervereindeidesheim.de

Ab-Hof-Verkauf: Mo bis Sa 9–18 Uhr, So 10–18 Uhr
Kellermeister: Bruno Klüpfel
Ansprechpartner: Steven Kärgel
Flaschen/Hektar: 1.494.000 (70 % weiß, 20 % rot, 5 % Rosé, 5 % Schaumwein)/150 ha
Anbauweise: Biologisch zertifiziert

Wow! Für grundsolide Qualitäten ist der Winzerverein Deidesheim ohnhein bekannt, doch die umtriebige Kooperative entwickelt sich und ihre Weine immer weiter. Davon kündet das neue Biosegment – das mit einem Riesling und einer Riesling-Gewürztraminer-Cuvée gleich einen starken Auftritt zeigte – ebenso wie die stimmig im Holz ausgebaute Riesling- und Rieslaner-Cuvée. Für die Klassik stehen Lagenweine wie der großzügige, im GG-Stil gehaltene Grainhübel oder der als Kabinett angelegte, saftig-elegante Kieselberg. Und auch die Roten werden immer besser.

92+ 2019 »Edition« Deidesheim Grainhübel Riesling trocken
Die grünlichen Reflexe in der Farbe versprechen Frische, und bereits der Duft liefert Grapefruit, Orangenschale und leicht brenzlig-würzige Aromen. Im Mund zeigt sich der Wein entspannt und großzügig, feste Säure, viskose Schichten, dezente Süße. Komplett und lagentypisch. 12,5 Vol.-%, DV, €€

91 2019 Riesling & Rieslaner Spätlese tr.
Würziges Neuholz, dazu Pfirsich. Im Mund geschmeidig und rund, gutes Volumen, milde, ganz nahtlos eingebundene Säure, zarte Phenolik, intelligent komponiert, hat Fülle und Potenzial zur würzigen Entfaltung. 12,5 Vol.-%, DV, €

90+ 2020 Deidesheim Kieselberg Riesling Kabinett trocken
Im Duft zeigt sich eine Zitrusfrucht mit markant floralen Obertönen. Auch etwas Schwarze Johannisbeere. Im Mund bei aller Kabinett-Leichtigkeit auch zum Kauen, eine unwiderstehliche saftige Eleganz und mineralische Obertöne. 11,5 Vol.-%, DV, €

90+ 2017 Cabernet Sauvignon im Holzfass gereift trocken
Eine archetypische Frucht von Schwarzer Johannisbeere, etwas Johannisbeerblätter, ein Anflug von gelbem Paprika, Menthol. Dominantes, körniges Tannin, eine herbe Anmutung, die aber durchaus Potenzial aufblitzen lässt, braucht wie ein Bordeaux ein Jahrzehnt Flaschenreife. 13 Vol.-%, NK, €

90+ 2019 »Edition« Deidesheim Paradiesgarten Riesling trocken

90 2020 Silvaner trocken

90 2020 Riesling trocken

90 2020 »tête-à-tête« Riesling & Gewürztraminer feinherb

90 2020 »Edition« Chardonnay im Eichenfass gereift trocken

89+ 2020 Deidesheim Herrgottsacker Riesling Kabinett trocken

90 2019 Merlot im Eichenfass gereift trocken

91 2020 Gewürztraminer Kabinett trocken
Helles Goldgelb in der Farbe. Im Duft wähnt man sich in einem Orchideenhaus, dazu Noten von Litschi und Rose, kandierte Früchte. Im Mund vereinen sich Schmelz und Frische zu einem Eindruck aus einem Guss, die Würze besitzt Klarheit, ohne aufdringlich zu sein. 13 Vol.-%, DV, €

★★

WEINGUT DENGLER-SEYLER

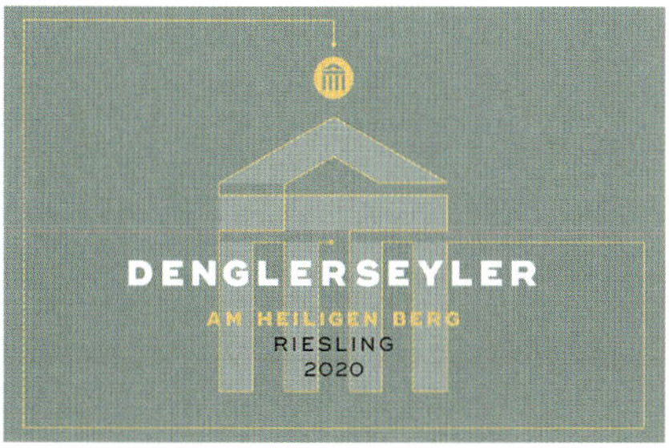

Weinstraße Süd 6, 67487 Maikammer
T: +49 6321 5103, info@dengler-seyler.de
dengler-seyler.de
Ab-Hof-Verkauf: Mo bis Fr 9–12 Uhr und 13–18 Uhr, Sa 9–17 Uhr und nach Vereinbarung
Kellermeister: Matthias Seyler
Ansprechpartner: Eva Seyler
Flaschen/Hektar: 133.000 (80 % weiß, 15 % rot, 2 % Rosé, 3 % Schaumwein)/18 ha
Anbauweise: Biologisch zertifiziert

Der Familienbetrieb aus Maikammer macht voran: 2018 haben Eva und Matthias Seyler die Umstellung auf Biobewirtschaftung eingeleitet, im Jahr 2020 gelang ihnen eine ziemlich beeindruckende Reihe von Rieslingen: frisch und saftig vom Heiligen Berg, extraktgetragen vom Schlangengässel, spannungsreich vom Obern Weinsper. Die Jahrgangs-Assemblage 2017 bis 2019 setzt den Gaumen unter mineralischen Starkstrom. Die weißen und roten Burgunder wiederum erfüllen das Postulat der Eleganz. In dieser Form ist der dritte Stern schon in Reichweite.

93 NV »17-19« Maikammer Am Heiligen Berg Riesling trocken
Der Duft zeigt erste würzige Anzeichen von Entfaltung: Fasspatina, Anis und Grapefruit. Straffer Extrakt prägt den Gaumen, merklich phenolisch, feste und lange anhaltende Säure, dazu kraftvoll taktilmineralisch. Ein Brocken von Wein, der auch Zwischentöne kennt. 12,5 Vol.-%, NK, €€€€

92+ 2020 Maikammer Schlangengässel Riesling trocken
Sehr zurückhaltend im Duft. Mandarine. Am Gaumen mit recht weit gespanntem Körper, Pfälzer Volumen, aber auch mit einiger Phenolik gefüllt, festes Säurerückgrat, aparte, extraktbedingte Bittertöne, sehr gutes Potenzial. Mineralischer Hintergrund. 12,5 Vol.-%, NK, €€

92+ 2020 Maikammer Im Obern Weinsper Riesling trocken
Duftig, Mandarine und Weinbergpfirsich, auch leicht floral. Im Mund klar fokussiert, die Säure ist fest und reif zugleich, der Körper hat Volumen, ohne der Spannung zu ermangeln. Im Abklang eine Schicht Phenole und kräftig taktilmineralische Komponenten. Sehr gute Länge. 12,5 Vol.-%, NK, €€

90+ 2019 Maikammer Heiligenberg Spätburgunder trocken
Im recht ausgeprägten Duft findet man Aromen von Kirschlikör und Kräutern, das Holz bleibt zurückhaltend im Hintergrund. Am Gaumen fließt der Gaumen saftig und rund, die feinen Gerbstoffe belegen den Gaumen nicht, sondern sind in Geschmeidigkeit eingebettet. 12,5 Vol.-%, NK, €€

91+ 2020 Maikammer Am Heiligen Berg Riesling trocken

90+ 2020 Alsterweiler Kapellenberg Weißburgunder trocken
Ein sehr klarer und nuancenreicher Duft, weiße Blüten und Burgunderbeeren. Dextro Energen. Im Mund mit Fülle, zarter Süße und einer Schicht Phenolik, frei von Opulenz, aber durchaus kraftvoll, braucht etwas gehaltvollere Speisen. 13 Vol.-%, NK, €€

★★

WEIN- UND SEKTGUT-DESTILLERIE ANDREAS DIEHL

Eisenbahnstraße 3a, 67483 Edesheim
T: +49 6323 93893, info@diehl-wein.de
diehl-wein.de

Ab-Hof-Verkauf: Mo und Di 8–16 Uhr, Mi 8–12 Uhr, Do und Fr 8–18 Uhr, Sa 10–14 Uhr
Kellermeister: Andreas Diehl
Ansprechpartner: Andreas und Alexandra Diehl
Flaschen/Hektar: 400.000 (75 % weiß, 25 % rot)/45 ha

Alexandra und Andreas Diehl haben ihr Sortiment klar und nachvollziehbar gegliedert: Die Weine der »Superior«-Reihe erfreuen den Kenner mit Ernsthaftigkeit und Tiefe, die Weine der »Eins-zu-Eins«-Serie geben sich sehr zugänglich und ausgewogen. Bemerkenswert in dieser gelungenen Kollektion ist, dass mit Sauvignon Blanc, Syrah und Cabernet Sauvignon drei Rebsorten herausstechen, die ihre Heimat ursprünglich viel weiter südlich haben. Das zeigt zum einen die Klimaveränderungen, und es zeigt das große Geschick der Diehls im Umgang mit diesen Sorten.

92 2017 »Superior« Sauvignon blanc trocken
Würziges Holz im Duft, rauchige und hefige Noten, dazu fruchtige Aromen nach Nektarine und Kiwi. Am Gaumen zeigt sich ein straff gebauter Wein, jahrgangstypisch nervig in der Säure, leichte Phenolik, im Abklang Saftigkeit und eine Abrundung aus dem Holzfass. 13 Vol.-%, DV, €€

91 2019 »Eins zu Eins« Syrah trocken
Ein recht komplexer Duft: Cocktailkirsche und etwas Hefe, Bitterschokolade und kräuterwürzige Töne. Im Mund geschmeidig ansetzend, rund und gehaltvoll, mürb-körniges Tannin in passender mittelhoher Menge, lebendige, aber gut eingebundene Säure, saftig-fruchtiger Abklang.
13,5 Vol.-%, DV, €€

90 2019 »Eins zu Eins« Spätburgunder tr.
Rauchiges Neuholz im Duft, dazu Brombeere, Lorbeer, etwas Brotrinde und Kräuter. Im Mund mit einiger Kraft und körnigem Gerbstoff zum Kauen, dahinter aber auch viel Saftigkeit, Kirschfrucht im Abklang. Gutes Potenzial. 13 Vol.-%, DV, €

90 2018 »Superior« Cabernet Sauvignon tr.
Im Duft sehr reife Schwarze Johannisbeere, etwas dunkle Schokolade und auch Dörrbohne. Beifuß, ein Hauch gekochter grüner Paprika. Im Mund mit einer stoffigen Anmutung, robuster, körniger Gerbstoff, lebendige Säure. Braucht Zeit.
14 Vol.-%, DV, €€

89 2019 »Pinot« brut WB/PG/PN

89 2017 Sauvignon Blanc brut

90 2018 »Superior« Grauer Burgunder tr.

89 2020 »Eins zu Eins« Sauvignon Blanc tr.

88+ 2020 »Eins zu Eins« Blanc de Noirs tr.

88+ 2020 »Eins zu Eins« Grauburgunder tr.

89+ 2020 »Croco« Rosé trocken

89+ 2020 »Drei zu Eins« Cuvée trocken SÄ/RR/MO
Blumig im Duft, etwas Flieder, Holunder, Pfirsichblüte, Zitrus. Im Mund mit Saftigkeit und reifer, lange anhaltender Säure, eine Schicht zarter Phenole gibt Körper, leichte Süße untermalt die Frucht, ein gehaltvoller Wein mit fruchtiger Grundfärbung. 12,5 Vol.-%, DV, €

★

WEINGUT MATTHIAS ECHTER

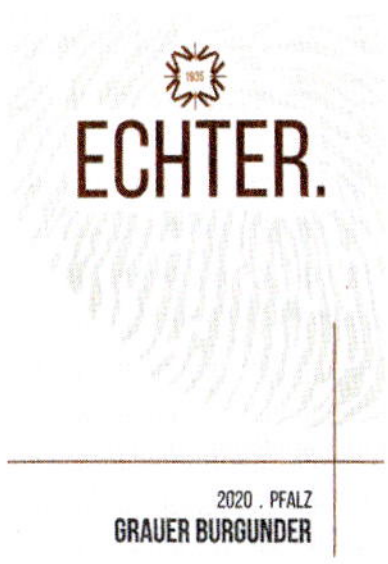

Eistalstraße 3, 67269 Asselheim
T: +49 6359 2289, info@weingut-achenbach.de
wein-echter.de

Ab-Hof-Verkauf: Mo bis Fr 9–12 Uhr und 13–18 Uhr, Sa 9–12 Uhr
Kellermeister: Matthias Echter
Ansprechpartner: Matthias Echter
Flaschen/Hektar: 133.000 (60 % weiß, 15 % rot, 20 % Rosé, 5 % Schaumwein)/10 ha

Das Weingut Echter liegt im Leiningerland in Grünstadt-Asselheim und wird in der dritten Generation von Matthias Echter geführt, der zehn Hektar Weinberge mit Riesling, den Burgundersorten, Lemberger, Regent und Cabernet Sauvignon bestockt hat. Wir verkosteten eine kleine Kollektion mit soliden Basisweinen und anspruchsvollen Weinen in der Spitze mit dem anregenden Rieslingsekt, dem unkonventionellen und spannenden Naturwein »Orange de Sylvaner« und einem kräftigen Pinot Noir mit behutsam extrahiertem Gerbstoff, der noch höhere Erwartungen weckt.

90+ 2018 »Orange de Sylvaner non filtré« tr.
Spannende Nase mit Salbei, fermentiertem Pfeffer, getrockneten Mangospalten und Aprikosenkompott, auch etwas malzig. Unkonventioneller Silvaner, der den Gaumen fordert mit Gerbstoffen, Phenolik und seiner trockenen, salzigen Art. Speziell und auch im Kopf anregend. 12,5 Vol.-%, DV, €€

88+ 2020 Asselheim Goldberg Grauer Burgunder trocken
Sortentypische Aromen mit reifer Birne, etwas Gelbfrucht, kräutrigen und würzigen Noten, etwas Muskatnuss. Saftig am Gaumen, die feine Restsüße wird von der präsenten Säure aufgenommen. Grauburgunder, den man nicht nur in der Pfalz gerne bei Tisch sieht. 12,5 Vol.-%, DV, €

88 2020 Asselheim Goldberg Sauvignon Blanc trocken
Reife Maracuja und Mango zeigen sich in der Nase mit Stachelbeere, Schwarzer Johannisbeere und Würze. Im Mund mit schlanker Kontur, präsenter Säure, saftigen gelben Fruchtnoten und wiederum würzigen Eindrücken. Eher niedrig im Extrakt, geradliniger Typ. 12 Vol.-%, DV, €

91+ 2019 Albsheim Benn Pinot Noir trocken
Im Duft Lorbeer, Kirsche, Wacholder, auch etwas Milchschokolade. Im Mund wirkt der Wein sehr elegant, die saftige und leicht süße Frucht harmoniert mit dem ausgesprochen feinen, behutsam extrahierten Gerbstoff, die alkoholische Power wird zu keinem Zeitpunkt spürbar. 14,5 Vol.-%, DIAM, €€

88 2020 Asselheim Schloss Weißer Burgunder trocken

90 2017 Asselheim St. Stephan Riesling brut
Etwas buttrig im Duft und intensive, saubere Hefenoten. Dazu reife gelbfruchtige Aromen. Im Mund knackig in der Säure, frisches, feines, aber auch sehr dynamisches Mousseux, leichte Adstringenz im Übergang zum Abgang, würzige Abgangsaromen. 12,5 Vol.-%, NK, €€

★★

WEINGUT ECK

Leinsweiler Straße 31, 76831 Ilbesheim
T: +49 6341 32046, info@weingut-eck.de
weingut-eck.de

Ab-Hof-Verkauf: Mo bis Sa nach Vereinbarung
Kellermeister: Jasmin und Jürgen Eck
Ansprechpartner: Jasmin Eck
Hektar: 13 ha

In Ilbesheim und um Ilbesheim herum gibt es ein wahres Cluster von Spitzenbetrieben, offenkundig regen diese Vorbilder zur Nachahmung an, so dass das Cluster immer größer wird. Die neuen Weine des Weinguts Eck jedenfalls geben zu größten Hoffnungen Anlass, und wir zögern nicht, die Aufwärtstendenz mit dem zweiten Stern zu honorieren. Ein Silvaner mit solch salziger Frische, ein Spätburgunder mit solcher Dichte, ein Kalmit-Riesling, der dermaßen viel Kalk zeigt: Wenn es in diesem Stil weitergeht, sind auch zwei Sterne nur ein Zwischenhalt.

92+ 2019 Ilbesheim Kalmit Riesling trocken
Im Duft zeigen sich leichte Spontangärungsnoten, Noten von feuchtem Kalk, Grapefruit. Am Gaumen geschmeidig und zart phenolisch texturiert, sehr guter Extrakt, festes Säurerückgrat, ein ganz erwachsener Kalmit-Riesling, der den Kalk der Lage zeigt. 13 Vol.-%, DV, €

90 2020 Ilbesheim Rittersberg Chardonnay trocken
Eine Spur von Holz mischt sich in den zurückhaltenden Sortenduft. Im Mund stoffig, mit festem Säurekern, aber auch mit Anlagen zur geschmeidigen Abrundung im Lauf der Flaschenreife, extraktsüßer Abklang. Stilvoll. 13 Vol.-%, DV, €

91+ 2018 Ilbesheim Rittersberg Spätburgunder trocken
Ein Holzton von Schokolade und Röstkaffee dominiert noch die kirschige Spätburgunderfrucht. Im Mund mit mürbem Gerbstoff zum Kauen, dicht, reife Säure, fleischig – eine kraftvolle Extraktion, die von der Fruchtdecke durchaus unterstützt wird. 14 Vol.-%, DV, €€

90+ 2019 Göcklingen Kaiserberg Frühburgunder trocken
Ein feingliedriger, aber durchaus komplexer Duft: Walderdbeere und Preiselbeere, Süßmandel, Untertöne von frischem grünem Pfeffer. Im Mund besitzt der Wein einen mittleren Körper, mit Saftigkeit, mehligem Gerbstoff und deutlich mineralischen Anklängen. 13 Vol.-%, DV, €

89+ 2020 Sauvignon Blanc trocken

91 2020 Grüner Silvaner trocken
Nuancierte Kräuteraromen im Duft, ein frischer Silvaner. Im Mund mit lebendiger Säure, die den Körper schlank macht, und mit intensiv pfeffrigen, kalkwürzigen, salzigen Komponenten. Ein ausgezeichneter Terroir-Silvaner für Puristen! 12,5 Vol.-%, DV, €

★★★

WEINGUT EYMANN

Ludwigstraße 35, 67161 Gönnheim
T: +49 6322 2808, info@weinguteymann.de
weingut-eymann.de

Ab-Hof-Verkauf: Mo bis Fr 8–12 Uhr und 13–19 Uhr, Sa 10–19 Uhr
Kellermeister: Vincent Eymann
Ansprechpartner: Rainer Eymann
Hektar: 18 ha

Rainer Eymann war einer der Avangardisten des biodynamischen Weinbaus in Deutschland. Seit 2006 wirtschaftet der Betrieb sogar gemäß den sehr strengen Demeter-Richtlinien. Sohn Vincent übernahm 2015 das Steuer. Sein Ziel: So unverfälscht wie möglich in den Weinen zu offenbaren, was die Reben zu erzählen haben. Nicht von ungefähr war er 2021 als Falstaff Newcomer des Jahres nominiert. Auch dieses Jahr überzeugen seine superb extrahierten Roten wieder, sein Riesling »Fuchsmantel« besitzt eine schier knisternde Spannung. Ein Weingut auf dem Weg zum vierten Stern?

93 2019 Bad Dürkheim Fuchsmantel Riesling trocken

Gelbfruchtig in der Nase, gelber Paprika und Apfelschale. Am Gaumen mit reifer Aprikose, Quitte und Walnuss, gepaart mit knisternder Spannung. Sehr stimmig mit guter Viskosität, feiner Säure und trocken-animierender Salzigkeit. Bleibt haften. 12,5 Vol.-%, NK, €€€

91 2019 »Toreye Alte Reben« Riesling tr.

Die Nase mit Zitrus, grünem Apfel und leichtem Petrolton. Am Gaumen äußerst energetisch und extraktreich. Birnenkompott (nicht süß!) und eine nordisch-kühle Eleganz mit Salzkristallen bringen eine natürliche Komplexität. Dezenter Holzeinsatz. 12 Vol.-%, NK, €€

93+ 2019 Gönnheim Mandelgarten Spätburgunder trocken

Betörender Duft nach Schattenmorellenkompott, Walderdbeere und Liebstöckel. Der Gaumen belebt und ist ungemein extraktreich. Der nasalen Frucht weicht eine spannungsgeladene Geradlinigkeit. Tänzelnd am Gaumen und immer unaufdringlich. 12,5 Vol.-%, NK, €€€

93 2019 Gönnheim Sonnenberg Spätburgunder trocken

Sehr komplex: Kirsche in verschiedenen Reifestadien, Minze, Majoran, Pinienkern und Menthol, Baumharz. Dezentes Holz. Im Mund dominiert mürbes, aber kraftvolles Tannin, getragen von fester Säure und einer geradezu strahlenden Kirschfrucht. Sehr mineralisch zuletzt. 13 Vol.-%, NK, €€€

90 NV Blanc de Noir extra brut

90 2020 Gönnheim Riesling trocken

Energetisch-beschwingte Nase mit etwas Mandel, Steinobst und Orange. Am Gaumen weiße Früchte, Zitronenzeste und Pfirsich. Balanciert-lebendiges Zucker-Säure-Spiel. Die spürbare Mineralität und Saftigkeit ergeben anspruchsvolle Trinkfreude. 12,5 Vol.-%, DV, €

★★

WEINGUT FADER

Theresienstraße 62, 76835 Rhodt unter Rietburg
T: +49 6323 5193, info@wein-fader.de
wein-fader.de

Ab-Hof-Verkauf: Mo bis Sa 8–12 Uhr und 13–18 Uhr
Kellermeister: Knut Fader
Ansprechpartner: Knut Fader
Hektar: 17 ha

Eines kann man Knut Fader bestimmt nicht vorwerfen: Dass er kurzfristigen Trends und Moden hinterherjagt. Unbeirrt hält der Winzer aus Rhodt unter Rietburg an seiner Methodik der Weinerzeugung fest, die auf handwerklichen Fertigkeiten basiert und die kulinarische Eignung seiner Weine in den Mittelpunkt rückt. Die zeigen sich würzig und stoffig, wie die wieder einmal überzeugende »Réserve« vom Gewürztraminer aus dem Rhodter Rosengarten. Charmant, saftig und empfehlenswert ist auch der Gelbe Muskateller, der nicht nur als Aperitif gedacht ist.

91 2020 »Réserve« Rhodt Rosengarten Gewürztraminer trocken
Hocharomatischer Duft nach Litschi, Rosenblättern und reifer Mango, auch Piment und Kreuzkümmel untermalen das Duftbild. Dass sich Knut Fader bestens auf Gewürztraminer versteht, zeigt er wieder mit diesem stoffigen und dabei charmanten Wein. Zum Curry. 14 Vol.-%, DV, €€

90 2020 »Alte Reben« Rhodt Schloßberg Riesling trocken
Kräftiger Duft nach reifem Pfirsich, Ananas, Limettenschale und etwas Blattgrün. Entfaltet sich in getragenem Stil stoffig und würzig am Gaumen mit reifer Säure und gut korrespondierender feiner Süße. Auch die Hintergründigkeit der alten Reben kommt zum Tragen. 13 Vol.-%, DV, €

90 2020 »Réserve« Weißer Burgunder & Chardonnay trocken
Gelbe Blüten mit Maracuja und Aprikose im kräftigen und opulenten Duft. Die beiden Rebsorten bringen am Gaumen ihre Vorzüge mit der saftigen Fruchtigkeit des Weißburgunders und der stoffigen Würze des Chardonnays ein. Wein mit guter Substanz, der sich gut zu Huhn macht. 13,5 Vol.-%, DV, €€

90+ 2018 »Réserve« Cabernet Sauvignon & Merlot trocken
Würzige Nase mit etwas Rauch, Cassis, Schwarzkirsche und Blutorange, auch Holzwürze. Kräftig gebaute Cuvée mit dunkler Gaumenfrucht und Würze, die Gerbstoffe sind reif und geben Halt. Ein Bordeaux-Blend mit Lokalkolorit, guter Länge und auch Perspektive. 14 Vol.-%, NK, €€

89+ 2020 »Réserve« Rhodt Rosengarten Grauer Burgunder trocken

89+ 2020 »Réserve« Rhodt Rosengarten Weißer Burgunder trocken

89+ 2020 Rhodt Rosengarten Grauer Burgunder trocken

89 2020 Rhodt Gelber Muskateller trocken
Expressive Nase nach Mango, Papaya, Aprikosen und Muskatblüte. Setzt am Gaumen mit zurückgenommener Säure weich an. Frucht und feine Würze bekommen ihren Auftritt, saftig und auch charmant. Nicht nur als Aperitif gedacht, auch zu Vorspeisen. 13 Vol.-%, DV, €

★

WEINGUT STEFAN FISCHER

Kirchstraße 2, 76889 Schweighofen
T: +49 6342 7197, info@stefan-fischer-weingut.de
stefan-fischer-weingut.de

Ab-Hof-Verkauf: Di bis Fr 13–19 Uhr, Sa und So 10–18 Uhr und nach Vereinbarung
Kellermeister: Stefan Fischer
Ansprechpartner: Birgit Fischer
Hektar: 40 ha

Das Weingut Stefan Fischer bewirtschaftet 40 Hektar Weinberge in Schweighofen am südlichsten Zipfel der Pfalz. Es waren sicher sehr reife und vollreife Trauben, die im Herbst 2020 geerntet werden konnten. Alle Weine aus dem Jahrgang sind kleine Wonneproppen, die den warmen und langen Sommer genossen haben. Es sind Weine für Liebhaber des üppigen und cremigen Genusses, harmonisch abgerundet und mit guter Substanz zu sehr fairen Tarifen. Wir empfehlen den Riesling »Edition S«, der die Qualitäten einer klassischen Spätlese zeigt. Auch die anderen Weine bieten einiges fürs Geld.

89+ 2020 Sauvignon Blanc trocken
Konzentrierte Frucht steigt aus dem Glas, vollreife Mango und Cassis, etwas gelber Paprika, keine grünlichen Aromen. Auch viel Konzentration, Schmelz, Würze und auch Süße am Gaumen: ein Wein, der vom warmen Sommer geprägt ist. Vollmundig und großzügig. 13,5 Vol.-%, DV, €

89+ 2020 Weißburgunder trocken
Weiße und gelbe Blüten zeigen sich in der Nase mit süßer Aprikose, türkischem Honig und Würze. Kräftiger Bau am Gaumen mit milder Säure, gutem Extrakt und reifer Maracuja als Fruchtbeitrag. Kein Leichtgewicht, viel süße Frucht, Schmelz, Kraft und Würze. 13,5 Vol.-%, DV, €

89 2020 Chardonnay trocken
Ein Korb reifer gelber und exotischer Früchte steigt aus dem Glas mit Ananas, Papaya und Aprikose, dazu Aromen von gebrannten Mandeln. Würzig und schmelzig im Mund eröffnend mit ausgewogener Säure und wieder süßer Frucht wie Aprikose. Ein kleiner Wonneproppen. 13,5 Vol.-%, DV, €

89 2020 Grauburgunder trocken
In der vollfruchtigen Nase Aromen von reifer Birne und Honigmelone, auch würzige Noten kommen dazu. Ein Grauburgunder, der viel Sonne gesehen hat, mit kräftigem Bau und süßer Frucht, abgerundet mit merklicher Restsüße. Für Freunde des opulenten Genusses. 13,5 Vol.-%, DV, €

88+ 2020 Blanc de Noir feinherb

89+ 2020 »Edition S« Riesling trocken
Riecht nach reifem Steinobst wie Pfirsich und Aprikose, Maracuja und etwas Grapefruit kommen dazu. Getragener Stil im Mund mit kräftiger Textur, vollreifer Aprikose und Ananas, die von reifer Säure und süßem Schmelz begleitet werden. Klassischer Spätlesestil. 13 Vol.-%, DV, €

★★★

WEINGUT FITZ-RITTER

Weinstraße Nord 51
67098 Bad Dürkheim an der Weinstraße
T: +49 6322 5389, johann.fitz@fitz-ritter.de
fitz-ritter.de

Ab-Hof-Verkauf: Mo bis Fr 9–18 Uhr, Sa und So 11–17 Uhr
Kellermeister: Achim Eberle und Max Fisch
Ansprechpartner: Johann Fitz und Felix Wagemann
Flaschen/Hektar: 25 ha
Anbauweise: Biologisch zertifiziert

Das Weingut Fitz-Ritter blickt auf eine lange und politisch sehr bewegte Geschichte zurück: Gründer Johannes Fitz prägte das Hambacher Fest im Jahr 1832 mit, weitere Vorfahren der heutigen Besitzer waren Abgeordnete im ersten deutschen Parlament. Der aktuelle Besitzer Johann Fitz übernahm das Weingut 2007 und kümmert sich – wie seine vinophilen Vorfahren – um die weitere Verbesserung der Qualität im Gut. Mit großem Erfolg. Dieses Jahr haben uns die Sekte sehr gut gefallen, aber das Gleiche gilt für den Pinot Noir aus dem Michelsberg und die balancierte Rieslaner Beerenauslese.

91 2017 Bad Dürkheim Hochbenn Riesling brut
Ein zugleich würziger und fruchtiger Sortentyp. Bergamotte, gelber Pfirsich und Kümmel. Im Mund geschmeidig ansetzend, seidig, feines Volumen gebendes Mousseux, lebendige Säure und dezente Süße runden ab, ehe der Wein hefewürzig abklingt. 12,08 Vol.-%, NK, €€

92+ 2020 Ungstein Herrenberg Riesling GG
Kräutrige und würzige Nase mit klassischer Rieslingfrucht wie Pfirsich und Mirabelle, auch etwas florale Noten und mineralische Anklänge. Saftig und mit schöner, präziser Gelbfrucht am Gaumen, großzügig in der Aromatik und mit feiner mineralischer Untermalung. 12,97 Vol.-%, NK, €€€

92+ 2019 Bad Dürkheim Michelsberg Pinot Noir GG
Eine balsamische hochreife Würze im Duft, Amarenakirsche und Kräuterbitter, Pinimenthol, körniges, dichtes Tannin, kalkmineralisch grundiert, kräftiger Alkohol, kalkpfeffrige Aromen im Abklang, der insgesamt etwas breit ausfällt. 13,21 Vol.-%, NK, €€€

94+ 2020 Rieslaner Beerenauslese
Goldgelb mit grünlichen Reflexen. Im Duft kandierte Früchte, Cassata, Exotik, im Mund ölig und stoffig, eher zurückhaltend in der Säure, aber dennoch mit Frische und Balance. Sehr gute Länge. 7,42 Vol.-%, NK, €€€

92 2020 Bad Dürkheim Michelsberg Riesling GG

91 2020 Bad Dürkheim Spielberg Chardonnay trocken

90 2020 Bad Dürkheim Fuchsmantel Riesling trocken

89+ 2020 »Riff« Riesling trocken

89 2020 Wachenheim Weißer Burgunder tr.

89 2020 »RebArena« Riesling trocken

92+ 2020 Bad Dürkheim Abtsfronhof Gewürztraminer Spätlese

90 2019 »Palatinum Cuvée« brut
Deutlich hefegeprägt im Duft, im Mund mit einem recht weit gefassten Körper, gute Stoffigkeit, das mittelfeine Mousseux schafft Intensität in der Gaumenmitte, der Abklang vereint die recht trockene Abstmmung mit reifer Säure und einer feinen Abgangswürze. 11,84 Vol.-%, NK, €€

★

WEINGUT FRIEDRICH

Winzerstraße 27, 67434 Neustadt an der Weinstraße
T: +49 6321 81602, info@weingut-friedrich.de
weingut-friedrich.de

Ab-Hof-Verkauf: Ja
Kellermeister: Felix Ullrich Friedrich
Ansprechpartner: Felix Ullrich Friedrich
Flaschen/Hektar: 87.000 (45 % weiß, 35 % rot, 10 % Rosé, 10 % Schaumwein)/8 ha
Anbauweise: Biologisch zertifiziert

Das Weingut Friedrich liegt in Neustadt an der Weinstraße am Fuß des Hambacher Schlosses, die acht Hektar Rebfläche werden biologisch bewirtschaftet. »Wir sind zwar nicht das größte Weingut in der Pfalz, aber in der Qualität wollen wir Größe zeigen«, sagt Kellermeister Felix Ullrich Friedrich. Uns gefallen die lebendigen und schnörkellosen Weine, die einen natürlichen Eindruck hinterlassen mit klar herausgestellter Frucht wie das »Hochgewächs« vom Riesling oder die elegante Gewürztraminer Spätlese. Der ausgefeilte und würzige Cabernet Sauvignon unterstreicht die Ambitionen.

89+ 2020 Hambach Schloßberg Gewürztraminer Spätlese trocken
Rosenblätter, Litschi, Mango, Papaya mit Muskatnuss in der aromatischen Nase. Am Gaumen mit mittlerer Dichte, klarem Ausdruck in einer kompakten Textur mit reifer Säure, schöner Würze und gut korrespondierender, feiner Süße. Elegant. Solo schön und zum Essen erst recht. 13 Vol.-%, DV, €

88+ 2020 Sauvignon Blanc trocken
Üppige und sortentypische Aromatik mit Cassis, reifer Mango und Paprika. In einer klaren Kontur saftig, würzig und mit etwas Süße am Gaumen harmonisch abgerundet, die präsente Säure führt mühelos durch die Struktur. Stimmiger Sauvignon Blanc. 12 Vol.-%, DV, €

90+ 2019 Cabernet Sauvignon trocken
Reife und würzige Nase mit Cassis, Schwarzkirsche und eingebundenen Holznoten mit etwas Lebkuchengewürz. Zeigt sich am Gaumen erwachsen mit reifen Gerbstoffen in einer kräftigen Textur mit tragender Säure, im Ausklang mit schöner Würze. Ausgefeilter Cabernet. 13 Vol.-%, NK, €€

88+ 2020 Hambach Schloßberg Spätburgunder trocken
Sauerkirsche und Maulbeere in der präsenten Nase, mit Schwarzkirsche und Holunder, auch etwas dunkle Schokolade. Viel dunkle Frucht am Gaumen mit einer ausgewogenen Säure, der Gerbstoff ist sanft extrahiert und eher zurückhaltend, in sich stimmig. 12,5 Vol.-%, DIAM, €

88 2020 Morio-Muskat

89 2020 »Hochgewächs« Riesling trocken
Im Duft mit Apfel und Pfirsich, florale und leicht würzige Anklänge, auch Zitrusfrucht, Melisse und etwas Muskatblüte. Geschmeidiges, elegantes und saftiges »Hochgewächs« in guter Balance mit weicher Säure, reifer Aprikose und etwas rosafarbenem Ingwer im Ausklang.
13 Vol.-%, DV, €

★★

WEINGUT GABEL

Weinstraße 45, 67273 Herxheim
T: +49 6353 7462, wein@weingut-gabel.de
weingut-gabel.de

Ab-Hof-Verkauf: Mo bis Fr 13–17 Uhr, Sa 10–16 Uhr
Kellermeister: Oliver Gabel
Ansprechpartner: Oliver Gabel
Flaschen/Hektar: 160.000 (60 % weiß, 40 % rot)/21 ha
Anbauweise: Biologisch zertifiziert

Da weiß einer ganz genau, was er tut: Oliver Gabel aus Herxheim hat ein tiefes Verständnis für die weißen und roten Burgundersorten entwickelt und wie er die auf seinen vom Kalkstein geprägten Lagen ins rechte Licht setzen kann. Darüber hinaus pflegt er einen gefühlvollen Umgang mit Holzfässern, man hat nicht so häufig einen so fein gearbeiteten »Fumé« vom Sauvignon Blanc im Glas. Weiß- und Spätburgunder gelingen gleichermaßen gut mit kalkmineralischem Timbre. Wenn er noch ein klein wenig an Flughöhe zulegt, kommt der dritte Stern in Sicht.

92 2020 Bissersheim Steig Weißburgunder trocken

Etwas Holzlaktik in der Nase, Rauch, etwas Lakritze, Apfel und Mirabelle, auch frisches Lorbeerblatt. Setzt am Gaumen mit feiner Würze und auch Saft unaufgeregt an, baut in der Gaumenmitte mehr Druck auf und Mineralität, trocken, bleibt lange im Mund. Aus einem Guss. 13 Vol.-%, NK, €€

90 2020 »Tradition« Weißburgunder trocken

Riecht würzig nach großem Holzfass, Apfel und Mirabelle mit kräutrigen Noten, ein Hauch Karamell. Schlanker und fester Bau am Gaumen, da sitzt alles am rechten Platz, die lebendige Säure führt Regie, ohne die anderen Komponenten zu dominieren, mineralisch. Schöne »Tradition«. 12,5 Vol.-%, DV, €€

92 2019 Kirchheim Steinacker Spätburgunder trocken

Holzwürze, Rauch und Hefe in der verschlossenen Nase, Kirsche und Blaubeere mit getrocknetem Rosmarin. Setzt am Gaumen mit einer reifen, entspannten Säure geschmeidig und eher gemütlich an, zeigt reife und geschmolzene Gerbstoffe, überzeugt mit seiner Mineralität und Tiefe. 13 Vol.-%, NK, €€€

91+ 2019 Herxheim Honigsack Spätburgunder trocken

Etwas Neuholz in der Nase, Würze, Rauch, Wacholderbeere, Gewürznelke, Kirsche mit etwas Blutorange. Präzise am Gaumen in kräftig gebauter, kompakter Struktur. Betont trocken in einem weichen, würzigen und mineralischen Ambiente, mittlere Länge. Mehr Pinot Noir als Spätburgunder. 13 Vol.-%, NK, €€€

90 2019 »Tradition« Pinot Noir trocken

91 2020 »Fumé« Sauvignon Blanc trocken

»Fumé« auf die attraktive Art: Feiner Rauch umwebt die fruchtigen Noten – Cassis, Mango und Maracuja – auf vornehme Art. Am Gaumen frisch und saftig mit feiner Würze und auch mineralischer Grundierung, fein eingewobenes Holz, schlank, trocken und unkitschig. 12,5 Vol.-%, DV, €€

★

WEINGUT GALLER

Bissersheimer Straße 13
67281 Kirchheim an der Weinstraße
T: +49 6359 919391, mail@weingut-galler.de
weingut-galler.de

Ab-Hof-Verkauf: nach Vereinbarung
Kellermeister: Ansgar Galler
Ansprechpartner: Katja und Ansgar Galler
Flaschen/Hektar: 100.000 (60 % weiß, 40 % rot)/11 ha
Anbauweise: Biologisch zertifiziert

Katja und Ansgar Galler pflanzen auf ihrem biologisch bewirtschafteten Weingut seit 2012 ausschließlich pilzwiderstandsfähige Rebsorten an, sogenannte PiWis, die mittlerweile etwa die Hälfte ihrer Rebfläche einnehmen. PiWis machen es möglich, den Pflanzenschutz auf ein Minimum zu reduzieren und unterstützen einen nachhaltigen Bioweinbau. Auch wenn Rebsorten wie Sauvignac, Cabernet Blanc und Satin Noir noch unbekannt sind, so haben sie es unbedingt verdient, verkostet und geschätzt zu werden, zumal sie bei den Gallers weinbaulich erstklassig betreut werden, inklusive Spontanvergärung und langem Hefelager.

90 2016 »Feodora« Sauvignac brut
Ein helles Goldgelb. Honigmelone und Kastanienpüree im Duft, etwas Hefe, mit Luftkontakt auch Kräuter. Im Mund schafft das Mousseux Volumen, sehr fein dosierte Süße und feinnervige Säure schaffen eine gute Balance, der Sekt klingt mit guter Länge fruchtgetragen aus. 12,5 Vol.-%, NK, €€

91 2019 »Feodora« Sauvignac trocken
Goldgelbe, lebendige Reflexe im Glas. Dezente, florale Noten von weißen Blüten, dazu Zitrone, Schwarze Johannisbeere, Aprikose und Honig. Würzig, frisch am Gaumen mit einer cremig-stoffigen Textur und leicht phenolischem Finish. Mittlere Länge. 13,5 Vol.-%, NK, €€

89+ 2019 »Heinrich« Cabernet Blanc trocken
Frische Säure, elegante Frucht, viel Würze und dezenter Holzeinsatz prägen diesen Cabernet Blanc. Die vielschichtigen Aromen von Pfirsich, Johannisbeere und Aprikosenschalen sind von Pfeffer, Chili und Sellerie unterlegt. Gute Struktur und Länge. 13 Vol.-%, NK, €€

90 2018 »Kunigunde« Satin Noir trocken
»Kunigunde« trägt beinahe blickdichte Farben mit purpurfarbenem Rand. Riecht nach Holunder, Schwarzkirsche, schwarzem Pfeffer. Am Gaumen trocken mit Gerbstoff-Grip und Holunder, ausgewogene Säure, würzige und pfeffrige Noten. Lebendiger Wein mit Substanz. 13 Vol.-%, NK, €€

89 2019 »Friedrich« Johanniter trocken

89+ 2019 »Pet Nat Zero Dosage« AU/GM
Mitteltiefes Gelb mit grünlichen Reflexen, trüb. Spontangärungsaromen. Aber auch Frucht: Ananas, gelbfleischige Nektarine, Pflaume. Im Mund mit Pfälzer Druck und Power, zurückhaltendes Mousseux, Extraktsüße, reife Säure, ein unkonventioneller, spannnender Aperitif. 13 Vol.-%, KR, €€

• Rotwein • Roséwein • Weißwein • Orange-Wein • Süßwein • Sekt ☐ falstaff-Tipp

★

WEINGUT ALBERT GLAS

Raiffeisenstraße 35, 76879 Essingen
T: +49 6347 6601, info@albert-glas.de
albert-glas.de

Ab-Hof-Verkauf: nach Vereinbarung
Kellermeister: Dominik Glas
Ansprechpartner: Dominik Glas
Flaschen/Hektar: 267.000 (60 % weiß, 30 % rot, 10 % Rosé)/20 ha

Das Weingut Albert Glas begann 1958 in Essingen auf zweieinhalb Hektar Rebfläche mit dem Weinbau, inzwischen bewirtschaftet es knapp 20 Hektar Weinberge zwischen den Bergen des Pfälzer Waldes und dem Rhein. »Never compromise« – keine Kompromisse – ist die Devise des Eigentümers und Kellermeisters Dominik Glas: »Frische Säure, natürliche Aromen aus den Trauben und das über Generationen erlernte Können prägen unsere Weine.« Gerade die »Black Label«-Linie zeigt Anspruch und Format wie der stilvolle Sauvignon Blanc und der substanzreiche Merlot. Ansprechende Premiere in diesem Guide.

89 2020 »Traditionswein« Riesling trocken

Eher verhaltene Nase mit Apfel und Gelbfrucht, auch kräutrige Noten zeigen sich. Riesling mit Noten von grünem Apfel und einer beinahe stahligen Säure, die mit der ebenfalls gut vertretenen Restsüße zusammenarbeitet. Stimmig und anregend. 12,5 Vol.-%, DV, €

88+ 2020 »Traditionswein« Rivaner trocken

Apfel und Aprikose mit Gartenkräutern im saftigen Duft. Setzt auch am Gaumen mit grünem Apfel und saftiger Gelbfrucht fruchtig und saftig an. Die Tradition beinhaltet auch etwas Restsüße, die gut eingebunden ist und mit der reifen Säure zusammengeht. 12,5 Vol.-%, DV, €

90 2019 »Black Label« Merlot trocken

Kräftiges Holz dominiert die kräftige Frucht mit Aromen von dunklen Beeren, etwas Kakaopulver, Wacholderbeeren, Brombeerkompott. Am Gaumen baut sich Druck auf, mit Kirsche und Heidelbeere in einer kräftiger Struktur und robustem Tanningericht. Zu Schmorgerichten. 15 Vol.-%, NK, €

89 2020 »Pink Label« Gewürztraminer Spätlese

Zarter Duft nach Rosenwasser, dazu noch etwas Pfirsich und Aprikose. Am Gaumen milde Säure, spürbare Süße, etwas Rose, Ananas, mittlere Struktur und Länge, passt zum Guglhupf. 11,5 Vol.-%, DV, €

88 2020 Cabernet Sauvignon Rosé feinherb

89+ 2020 »Black Label« Sauvignon Blanc tr.

Etwas lauter Duft nach Cassis, Papaya, Paprika und röstigen Noten. Gut gebaut am Gaumen mit Zug und Spannung und gut eingewobener Säure, Würze belegt den mittleren Gaumen, relativ süß abgerundet. Zeigt Stil und Charakter und ist dabei nicht zu kompliziert. 13 Vol.-%, NK, €

★★

DER GLÜCKSJÄGER

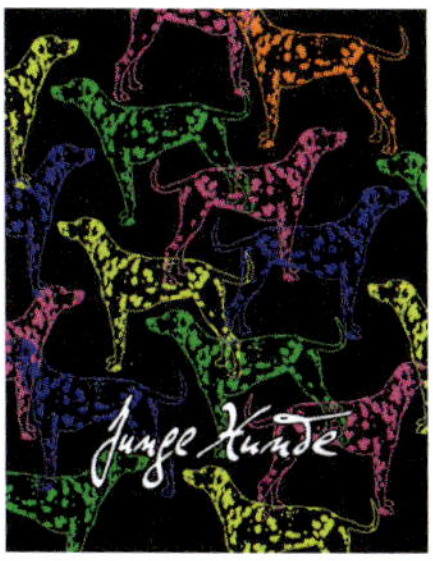

Raiffeisenstraße 5, 67482 Venningen
T: +49 6323 5505, info@dergluecksjaeger.de
dergluecksjaeger.de

Ab-Hof-Verkauf: nach Vereinbarung
Kellermeister: Andreas Pfaffmann-Wiedemann
Ansprechpartner: Andreas Pfaffmann-Wiedemann
Flaschen/Hektar: 20.000 (70 % weiß, 30 % rot)/4 ha

Andreas Pfaffmann-Wiedemann keltert überaus individuelle Weine, die spontan vergoren sind und mit möglichst geringen Eingriffen im Keller hergestellt werden. Er verwendet Halbstück- und Barriquefässer statt Edelstahltanks, auch seine Weißweine dürfen etwas länger mit Maische und Hefe in Kontakt bleiben. Die Resultate dieser Herangehensweise können sich sehen lassen – die Kollektion ist erneut absolut gelungen. An der Spitze steht der elegante 2020er Riesling, der mit seiner Dichte und feinen Säure über gehörig Potenzial verfügt, aber jetzt schon viel Freude macht.

91+ 2020 Riesling trocken
Klarer Duft von Limette, Jasmin, Aprikose und Rauch. Am Gaumen eher kühl, mit Aromen von Zitronenzeste und nassem Stein bei feiner Säure und attraktivem Nachhall. Ein Wein, der bereits Trinkfreude bereitet, aber noch Potenzial hat. 12,8 Vol.-%, NK, €€

91 2019 Riesling trocken
Anfangs Duftnoten der spontanen Gärung, eher oxidativ, etwas Sherry. Es folgen Aromen von reifem Apfel, Birne und schwarzem Johannisbeerblatt. Am Gaumen auch Limette und Jasmin bei angenehmer moderater Säure und durchaus spannendem Nachhall. Individuell. 13 Vol.-%, NK, €€€

90 2020 »Fumé« Sauvignon Blanc trocken
Komplexer Duft mit Stachelbeere, nassem Stein, grünem Paprika und Kiwi. Am Gaumen ergänzt durch weitere Aromen wie Rauch und Zitronenzeste, frisch. Bei lebendiger Säure mit zarter Phenolik und mittlerem Körper.
13 Vol.-%, NK, €€

91+ 2019 »Reserve« Cabernet Sauvignon tr.
In der Nase entwickelt sich ein Duft von Schwarzer Johannisbeere, Brombeere, roter Kirsche und Gewürznelke. Am Gaumen auch eine leichte Bitternote bei feinem Gerbstoff, etwas grüner Paprika und gut eingebundene Säure. Toller Speisenbegleiter. 13 Vol.-%, NK, €€€

88 2020 »Glücksbrause« Pinot Noir brut

90 2020 Weißer Burgunder trocken
Anfangs unkonventionell im Duft. Es folgen sortentypische Aromen von reifer Birne, Pfirsich, Walnuss und Fenchel. Am Gaumen werden diese Aromen ergänzt von feiner Phenolik, gut strukturiert und von lebendiger Säure getragen. 14 Vol.-%, NK, €€

★★

WEINGUT GRAF VON WEYHER

Borngasse 7, 76835 Weyher
T: +49 6323 98 00 64, info@graf-von-weyher.de
graf-von-weyher.de

Ab-Hof-Verkauf: Do und Fr 15–21 Uhr, Sa und So 12–21 Uhr
Kellermeister: Peter Graf
Ansprechpartner: Otmar und Jürgen Graf
Flaschen/Hektar: 180.000 (65 % weiß, 25 % rot, 5 % Rosé, 3 % süß, 2 % Schaumwein)/16 ha

In dem traditionsreichen Familienbetrieb arbeitet Vater Otmar Graf sehr erfolgreich mit den beiden Söhnen Peter und Jürgen zusammen. Gemeinsam gelingt es ihnen, die Nuancen des Terroirs herauszuarbeiten. Ganz besonders hat es uns der knackig-balancierte Riesling »Schiefer« aus dem Burrweiler Altenforst angetan, der schon viel Freude macht, aber noch reichlich Potenzial hat. Allerdings steht ihm der »Buntsandstein« aus dem Weyher Michelsberg in der Qualität nicht nach – hier überzeugen die feineren Töne. Insgesamt wieder eine gelungene, ausgeglichene Kollektion.

91 2020 »Schiefer« Burrweiler Altenforst Riesling trocken
Ein Bukett aus kräuterwürzigen Aromen, jungem Pfirsich und Gesteinsnoten. Am Gaumen mit knackiger Säure versehen, die die Aromen der Nase wie Aprikose und Orangenzeste locker balanciert. Ein Wein mit Potenzial, der jetzt schon Freude macht. 13 Vol.-%, DV, €€

91 2019 »Buntsandstein« Weyher Michelsberg Riesling trocken
Im Duft finden sich Aromen von Orangenkonfitüre, Mirabellenkompott, warmem Ziegelstein. Der Gaumen zeigt sich kernig, mittelgewichtig im Körper bei einiger Phenolik und präsenter taktiler Mineralität. Endet stoffig und trocken, sehr pointiert. 13 Vol.-%, DV, €€

89 2020 »Kalkmergel« Weyher Michelsberg Riesling trocken
In der Nase mit Volumen, im Duft grüner Apfel, Aprikose und Pfirsich. Am Gaumen Aromen von sehr reifem Weinbergpfirsich, Nektarine und reifer Aprikose. Ein Wein mit Saft und Kraft, etwas Würze und lebendiger Säure, harmonisch abgestimmt. 13 Vol.-%, DV, €€

89 2020 »Granit« Burrweiler Altenforst Riesling trocken
Blasses Zitronengelb. In der Nase ein Duft von Mineralik, Zitronenschale, Birne und grünem Apfel. Am Gaumen entwickeln sich Aromen von leicht süßem Limettensorbet und Apfel, lebendige Säure, mittlerer Körper, macht Spaß. 13 Vol.-%, DV, €€

88+ 2019 Rhodt Rosengarten Spätburgunder trocken

90 2020 Rhodt Rosengarten Muskateller
Duft nach Muskatblüte und frisch gepresstem Traubensaft, würzig unterlegt. Am Gaumen griffig, Birne, Orange, Muskat, hat viel Saft, gut balanciert mit feiner Süße. Eignet sich sehr gut zum Aperitif. 12 Vol.-%, DV, €

★

WEINGUT HAGENBUCH

Weinstraße 63, 76835 Haineld
T: +49 6323 2770, info@weinguthagenbuch.de
weinguthagenbuch.de

Ab-Hof-Verkauf: nach Vereinbarung
Kellermeister: Stefan Hagenbuch
Ansprechpartner: Tobias Hagenbuch
Hektar: 25 ha

Stefan und Tobias Hagenbuch, die 2017 das elterliche Weingut in Hainfeld mit 25 Hektar Reben übernommen haben und vor Tatendrang geradezu strotzen, erzählen: »Wer nicht mit der Zeit geht, geht mit der Zeit. Deshalb ist die Veränderung und ständige Weiterentwicklung ein Teil unserer Historie«. Im benachbarten Flemlingen wird am großzügig geplanten neuen Weingut gebaut, der erste Bauabschnitt, der Großteil des Weinkellers, ist schon abgeschlossen. Die Weinstilistik verbindet Tradition mit pfiffigen Ideen wie beim ungewöhnlichen Rosé, der im Barrique ausgebaut wurde.

90 2020 Grauer Burgunder Spätlese trocken
Riecht nach reifer, süßer Birne, Birnenschale, geröstetem weißem Sesam und Quittenchutney, auch etwas Banane kommt dazu. Zeigt auch ein opulentes Aromenspektrum am Gaumen mit süßer Birne und Aprikose; eine klassische Spätlese mit Konsistenz und Charme. 13,5 Vol.-%, DV, €

89 2020 Sauvignon Blanc trocken
Reifer, rebsortentypischer Duft mit Cassis, Papaya, Mango und grünem und gelbem Paprika. Startet saftig und mit feinem Schmelz im Mund, begleitet von würzigen Akzenten. Die feine Säure durchzieht einen schlanken Körper und begleitet Aromen von Mango und Zitrusfrucht. 12 Vol.-%, DV, €

89 2020 Grauer Burgunder trocken
Im Duft entfalten sich Nashibirne und Maracuja mit nussigen Aromen und Rauch. Zeigt am Gaumen die Struktur eines Barrique-Weines, aber auch die entspannte Seite des Grauburgunders mit merklicher Süße und cremigem Schmelz. Auch als vielseitiger Tischbegleiter. 13 Vol.-%, DV, €

89+ 2020 Grauer Burgunder Auslese
Sattes Gelb. In der Nase reifer Apfel, Birne, geröstete Haselnuss. Am Gaumen lebendige Säure, spürbare Süße, viel Druck, Nuss, etwas Rose und helle Früchte zeigen sich, besonders gut zu scharf gewürzten Gerichten. 10,5 Vol.-%, DV, €

88 2020 Blanc de Noir Merlot trocken

89 2020 Spätburgunder Rosé trocken
Mittleres Lachsrosa mit orangetönigen Reflexen, im Duft kommt zur Himbeere und Walderdbeere noch die rauchige Würze des Barriqueausbaus. Baut sich als großes Volumen am Gaumen auf mit Kraft und Struktur. Ein ungewöhnlicher Rosé, mehr als ein Aperitif. 14 Vol.-%, DV, €

★★★

WEINGUT HAMMEL

Weinstraße Süd 4, 67281 Kirchheim
T: +49 6359 86401, info@weinhammel.de
weinhammel.de

Ab-Hof-Verkauf: Mo bis Fr 8–18.30 Uhr, Sa 9–18 Uhr, So 13–16 Uhr
Kellermeister: Christoph Hammel
Ansprechpartner: Christoph Hammel
Flaschen/Hektar: 1.067.000 (49 % weiß, 20 % rot, 30 % Rosé, 1 % Schaumwein)/45 ha

Christoph Hammel ist sicher einer der cleversten Weinmacher und Marketingkünstler in der deutschen Weinszene, der den Spagat zwischen Mainstream und Anspruch immer schafft, für den Trinkanimation keine leere Formel, sondern oberstes Gebot ist. Der Pfälzer mit einem Bart wie Karl Marx und der Pfiffigkeit von Groucho Marx führt ein Sortiment, das wie eine Wundertüte verlässlich Überraschungen bereithält – wie etwa sein erwachsener Rosé »Ureigen« oder die verspielte »Liebfraumilch Schwarze Madonna«. Animierend zeigt sich der Schaumwein vom Grünen Veltliner.

90 2020 Bissersheim Goldberg Sauvignon Blanc trocken

Ein Sauvignon Blanc, der weniger den Spaßfaktor sucht, sondern auch die Lage abbilden will. Keine laute Nase, Cassis, Mango und gelber Paprika. Im Mund gut gebaut, mit gutem Extrakt und kultivierter Säure, feine Mineralität, abgerundet durch feine Süße. 12,5 Vol.-%, DV, €€

90 2018 »Liebfraumilch Schwarze Madonna« feinherb RR/MT/SÄ/TR

Die »Schwarze Madonna« duftet nach Steinobst, Pfirsich, Stachelbeere, Muskatblüte und Kräutern. Spielt am Gaumen standesgerecht auf mit fruchtiger Aromatik und einem kompetenten Intermezzo von Süße, reifer Frucht und balancierender Säure. Besonders gut vor dem Sonntagsgottesdienst. 12 Vol.-%, DV, €€

90+ 2017 »Rosé Ureigen« trocken PN/SL

Walderdbeere, Himbeere und Kirsche mit Waldmeister und etwas Gelbfrucht. Im Mund saftig, mit Schmelz, dabei trocken und mit ordentlichem Zug in einer kräftigen Struktur. Die Gerbstoffe sorgen für Profil, ein erwachsener Rosé, der mehr als ein Aperitif ist. 12,5 Vol.-%, DV, €€€

90 2018 Kleinkarlbach Herrenberg Spätburgunder trocken

Kräftige Holzwürze, dahinter zeigen sich Kirschnoten und Blutorange mit Gewürznelke, auch etwas gekochte Frucht. Eine kräftige Interpretation des Spätburgunder-Prinzips mit Kraft und Wucht, gute Dichte, markante Gerbstoffe, die sich noch fügen. Jung. 14 Vol.-%, DV, €€€

89+ 2020 »Rock me Amadeus« Sauvignon Blanc & Grüner Veltliner tr.

89+ 2020 »Blaue Stunde« Chardonnay & Sauvignon Blanc trocken

89+ 2020 »In the Mood for Müller« Müller-Thurgau trocken

89+ 2020 »Tag am Meer« Sauvignon Blanc tr.

89 2020 »Tage wie Diese« Riesling trocken

89 2020 »Herz aus Gold« Weißburgunder tr.

88+ 2021 »Herz aus Gold« Chardonnay trocken

91 2019 Grüner Veltliner brut

Grüne Birne und weißer Pfeffer zeigt sich in der animierenden Nase. Dazu kommen weißer Pfirsich und auch Spargel. Die Perlage im Mund ist kräftig, die Säure ist präsent und dabei ausgewogen. Der fruchtige Nachhall bleibt am Gaumen haften. Gut gelungen. 11,5 Vol.-%, NK, €€

★★★

WEINGUT HANEWALD-SCHWERDT

Pochelstraße 37, 67098 Bad Dürkheim
T: +49 6322 63206, info@hanewald-schwerdt.de
hanewald-schwerdt.de

Ab-Hof-Verkauf: Mo bis Fr 9–12 Uhr und 13–18 Uhr, Sa 9–17 Uhr und nach Vereinbarung
Kellermeister: Thomas Hanewald und Stephan Schwerdt
Ansprechpartner: Stephan Schwerdt
Hektar: 27 ha

Die Rieslinge aus dem Jahrgang 2019 sind den beiden Cousins Thomas Hanewaldt und Stephan Schwerdt aus dem Weingut Hanewald-Schwerdt trefflich gelungen, sie zeigen Saft, Würze und die Mineralität des Ruppertsberger Reiterpfads und Leistädter Herrenmorgens. Die im Holz ausgebaute »Réserve 30« aus 2017 ist fest in ihrer Struktur und kann weiter zulegen, der Spätburgunder »Kalkriff« kann mit feinen Gerbstoffen und kalkmineralischer Tönung gefallen. Es sind Weine, die eine kontinuierliche Weiterentwicklung dokumentieren: Wir gratulieren zum wohlverdienten dritten Stern!

91+ 2019 Leistadt Herrenmorgen Riesling trocken
Mittleres Zitronengelb, die reife Aprikose und Mirabelle werden im Duft von würzig-käutrigen Nuancen unterstützt, etwas Petrol. Setzt am Gaumen mit stabiler Säure in einem kräftig gebauten Körper druckvoll an, kühl und mineralisch, mit klarem Lagenausdruck. 13 Vol.-%, DV, €€

91+ 2017 »Réserve 30« Deidesheim Leinhöhle Riesling trocken
Reifes Ambiente in der Nase mit Pfirsich, Ananas und Aprikose, auch etwas Trockenobst und würzige Noten, weißer Pfeffer. Kompakt gebaut am Gaumen, druckvoll mit gutem Extrakt und pointierter Säure, mineralisch unterlegt. Geht leicht salzig ins lange Finale. 13 Vol.-%, DV, €€

91 2020 »Alte Reben« Weissburgunder tr.
Würzige und nussige Aromen im Duft mit Gartenkräutern, gelbem Apfel und Gelbfrucht. Zeigt sich im Mund mit kräftigem Bau und durchaus vielschichtig mit Dichte, Schmelz, reifer Säure und Würze. Für Profil sorgt die Tiefgründigkeit der alten Reben. Gute Länge. 13 Vol.-%, DV, €€

91 2016 »Kalkriff« Spätburgunder trocken
Ein feiner, nuancenreicher Burgunderduft, Rote Johannisbeere, Kaltstandzeit? Im Mund mit feinkörnigem Tannin, gut in Dichte und Phenolreife, leicht salzige Untertöne, gut eingebundene Säure, ein stattlich gebauter Spätburgunder der mittleren Gewichtsklasse. 13,5 Vol.-%, NK, €€

90 2015 »Zweihänder« trocken CS/ME

91+ 2019 Ruppertsberg Reiterpfad Riesling trocken
Zunächst kräutig und würzig in der Nase, etwas Hefe, dazu kommen Hagebuttenschale, Pfirsich und Aprikose. Reizt am Gaumen seine Qualitäten in einer kräftigen Struktur aus: saftig, mit Schmelz, Würze und reifer Gelbfrucht, die merkliche Mineralität setzt Akzente. 13 Vol.-%, DV, €€

WEINGUT HAUER

In den Kornwiesen 1, 67098 Bad Dürkheim
T: +49 6322 63375, info@weingut-hauer.de
katharinenhof-hauer.de

Ab-Hof-Verkauf: Di bis Fr 9–17 Uhr, Mo und Sa 9–13 Uhr
Kellermeister: Volker und André Hauer
Ansprechpartner: André Hauer
Flaschen/Hektar: 80.000 (45 % weiß, 40 % rot, 15 % Rosé)/12 ha

Die Familie Hauer ist vielseitig aufgestellt. Neben dem Weingut gibt es Ferienwohnungen, Wohnmobil-Stellplätze und einen Gutsausschank. Trotz dieser Mehrfachbelastung erlauben sich Volker und André Hauer keine Unkonzentriertheit. Im Gegenteil: Erneut überzeugen sie beispielsweise mit ihrem Cabernet Blanc. Die pilzresistente Rebsorte bringt einen würzigen, frischen Wein hervor, der außerordentlich saftig ist. Spannend ist auch der kräftige Cabernet Mitos mit seiner blickdichten Farbe und dem intensiven Brombeerduft. Unbedingt mal probieren!

90 2020 Cabernet Blanc trocken
Dieser Cabernet Blanc duftet nach grünem Paprika, reifer Stachelbeere, Pfirsich, Maracuja und etwas grünem Pfeffer. Diese Aromatik wird am Gaumen von guter Säure getragen. Ein Wein mit Körper und viel Saftigkeit, der Trinkfreude bereitet. 13 Vol.-%, DV, €

88 2020 Gewürztraminer trocken
Es entwickelt sich ein sortentypischer Duft von Litschi, Aprikose, Grapefruit, Mandarine und Rosenwasser. Diese Aromen zeigen sich ebenfalls am Gaumen in einem mittelgewichtigen Körper bei lebendiger Säure. Passt zu einem kräftigen oder scharfen Essen. 14,5 Vol.-%, DV, €

88 2020 »Glücksau« feinherb TR/RL
Eine nicht alltägliche Cuvée aus Gewürztraminer und Rieslaner. In der Nase entwickelt sich ein Duft aus reifer Mango, grünem Apfel und Litschi. Am Gaumen mit eher moderater Säure sowie weiteren Aromen von Rosenblatt und Mandarinenschale. 13,5 Vol.-%, DV, €

90 2018 Pinot Noir Auslese trocken
In der Nase entwickelt sich ein Duft von Himbeere, Kirsche, Vanille und Hibiskus. Am Gaumen mit viel Körper und moderatem Gerbstoff, reife Erdbeere und Rosmarin. Die lebendige Säure trägt den nicht ganz trockenen Ausbau sehr gut. 14,5 Vol.-%, NK, €€

88 2020 Cabernet Sauvignon Rosé Barrique trocken

88+ 2019 »Saustark« Cabernet Mitos trocken
Blickdicht in der Farbe. Intensiver Duft nach Brombeere, Cassis und Roter Johannisbeere. Am Gaumen mit eher kräftigem Gerbstoff, durchaus gewichtigem Körper und lebendiger Säure. Ein spannender Vertreter einer noch nicht weit verbreiteten Rebsorte. 13,5 Vol.-%, NK, €€

★

WEINGUT HOF

Klingbachstraße 29, 76831 Heuchelheim-Klingen
T: +49 6349 1591, info@weingut-joachim-hof.de
weingut-joachim-hof.de

Ab-Hof-Verkauf: nach Vereinbarung
Kellermeister: Philipp und Julian Hof
Ansprechpartner: Philipp Hof
Hektar: 22 ha

Seit 2011 führen Julian und Philipp Hof das Weingut Hof in Heuchelheim-Klingen, zu dem 22 Hektar Weinberge gehören, darunter auch die lokale Spitzenlage Klingener Herrenpfad. »Nicht auf Masse, sondern auf extraktreiche Weine sind wir schon beim Rebschnitt aus«, sagen die beiden Brüder, die uns auch in diesem Jahr mit ihren Weinen überzeugen können. Wir meinen auch, dass die Winzer in ihrer Stilistik reifer und selbstbewusster geworden sind. Besonders gefällt uns, dass die Weine nicht durch unnötige Süße überladen werden, sondern betont trocken Charakter zeigen können.

90 2020 Klingen Herrenpfad Grauer Burgunder trocken
Quitte, Birne und Honigmelone im kräftigen Duft mit würzigen Anklängen, etwas Piment. Grauer Burgunder mit Handschrift: Trocken und unkitschig in kompakter Form, mit Würze und guter Balance. Auch am Gaumen wieder Birne und auch gelbe Frucht. Mittelgewichtig im Extrakt.
13 Vol.-%, DV, €€

90+ 2018 Klingen Herrenpfad Cabernet Sauvignon trocken
Cassis und schwarze Kirschen im Duft mit etwas Zigarrenkiste, Tabak und erdiger Roter Bete. Stattlicher Cabernet Sauvignon mit Substanz, Wucht und Dichte, der nach Herrenpfad schmeckt. Markante und reife Gerbstoffe, eingewobene Säure und gute Substanz. 13,5 Vol.-%, NK, €€

90 2019 Klingen Herrenpfad Spätburgunder tr.
Reife und auch etwas gekochte Frucht, Kirsche, Himbeere, Erdbeere und auch Brombeere. Der kräftig gebaute Körper mit kompakten Gerbstoffen wird von einer vitalen Säure im Gleichgewicht gehalten, süßlicher Extrakt und mit anklingender Mineralität, stabil. 13 Vol.-%, NK, €€

89+ 2019 Klingen Herrenpfad Frühburgunder trocken
Reife Himbeere und Schwarze Johannisbeere in der Nase mit einem Hauch gekochter Roter Bete und feinem Räucherspeck. Kräftig und bündig strukturiert am Gaumen mit Würze, reifer roter Frucht und einer ordentlichen Portion mittelkörnigen Tannins, kann zulegen. 13 Vol.-%, NK, €€

89 2020 »Der kleine Hof« Weißburgunder & Grauburgunder trocken

90 2018 Klingen Herrenpfad Merlot trocken
Schwarzkirsche mit etwas Lebkuchengewürz und Brombeere, rauchige Noten. Setzt kräftig an am Gaumen mit markantem Gerbstoff, der mit einer gut korrespondierenden Säure für Struktur sorgt. Ein Kind des Jahrgangs, das sich weiterentwickeln kann und zu kräftigen Gerichten passt. 14,5 Vol.-%, NK, €€

WEINGUT HOLZ-WEISBRODT

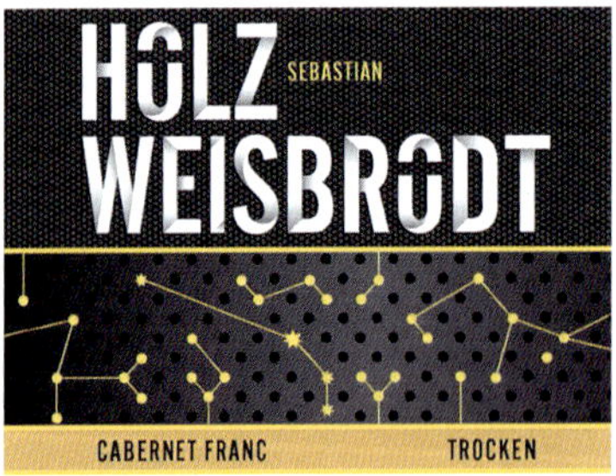

Leistadter Straße 25, 67273 Weisenheim am Berg
T: +49 6353 93610, info@holz-weisbrodt.de
holz-weisbrodt.de

Ab-Hof-Verkauf: Mo 9–12 Uhr und 13–16 Uhr,
Di bis Fr 10–12 Uhr und 13–18 Uhr, Sa und So 10–18 Uhr
Kellermeister: Sebastian Weisbrodt
Ansprechpartner: Sebastian Weisbrodt
Hektar: 90 ha

Der Weinbau begann im Weingut Holz-Weisbrodt als Liebhaberei, die Weine wurden gerne in der eigenen Weinstube ausgeschenkt. Sebastian Weisbrodt baute den Betrieb aus, inzwischen werden um Weisenheim am Berg 90 Hektar Reben angebaut. Ein besonderes Faible des Winzers sind die Rotweine, auch inspiriert durch Aufenthalte in Südafrika. Wir verkosteten aromatisch beinahe verschwenderische Weine mit guter Struktur wie den Manzoni Bianco und den Riesling »Vadder«. Die Rotweine zeigen, dass Cabernet Franc und Syrah in der Pfalz eine eigenständige Stilistik erreichen. Gute Premiere!

90 2019 »Vadder« Riesling trocken
Mittleres Goldgelb, vollreifer Pfirsich und Aprikose in der Nase, auch Trockenfrucht, etwas Multivitaminsaft und Salbei. Am Gaumen stoffig und würzig, aromatisch verdichtet, die reife Säure schlängelt sich durch das intensive Konstrukt, das würzig endet. 13 Vol.-%, NK, €€

89+ 2020 »Kellerkind« Gelber Muskateller Spätlese trocken
Beinahe verschwenderischer aromatischer Zugriff mit Noten von Litschi, Rosenblättern, Papaya, gelber Kiwi und überreifer Mango. Auch am Gaumen großzügig in seiner Intensität. Kräftiger Bau mit Süße und Schmelz und regulierender Säure. Mittlere Dichte, zur scharfen Küche.
13 Vol.-%, DV, €

91 2018 Cabernet Franc trocken
Pfeffrig in der Nase mit Schwarzer Johannisbeere, Schwarzkirsche und reifem, rotem Paprika. Am Gaumen in einer kräftigen Textur kompakt mit griffigen Gerbstoffen in guter Qualität. Cabernet Franc ist endgültig in der Pfalz angekommen und bildet seine eigene Stilistik aus.
14,5 Vol.-%, NK, €€

90 2018 Syrah trocken
Reife Frucht in der Nase mit Holzwürze, Schwarzkirsche, Brombeere, Holunder, auch Lakritze und etwas Brombeerlikör. Am Gaumen mit präsenter, süßlicher Kirsche und Brombeere, gute Dichte und gut eingebundener Alkohol. Die Gerbstoffe sind fleischig und reif. Lang. 14,5 Vol.-%, NK, €€

89 2020 Chardonnay trocken

90 2020 Manzoni Bianco trocken
Orangenschale und Kiwi im intensiven Duft, helle Blüten, Honigwabe und helles Nougat zeigen sich daneben. Erinnert im Mund an einen körperreichen Riesling mit einer pointierten Säure, die von Restsüße begleitet wird, auch wieder mit zitrischen Komponenten. Viel Wein.
13,5 Vol.-%, DV, €

★

WEINGUT JOHLER

Heustraße 159, 67363 Lustadt
T: +49 170 4968441, info@wein-johler.de
wein-johler.de

Ab-Hof-Verkauf: nach Vereinbarung
Kellermeister: Patrick Johler
Ansprechpartner: Patrick und Gerd Johler
Hektar: 16 ha

Die Familie Kohler betreibt das Weingut bereits in dritter Generation erfolgreich. Sohn Patrick kümmert sich um den Keller, Vater Gerd steht ihm zur Seite und bildet nebenbei Sportpferde aus – weshalb das Gut regelmäßig auf Pferdesportveranstaltungen präsent ist. Die Johlers verstehen es sehr gut, feinherbe Weine in die Flasche zu bringen. Diese sind gut balanciert und besitzen eine präzise Frucht. Ein gutes Beispiel dafür ist die feinherbe »Cuvée Albert« mit ihrem mürben Gerbstoff und der lebendigen Säure. Aber auch die trockenen Weine sind gelungen, allen voran der knackige Sauvignon Blanc.

89 2020 Sauvignon Blanc trocken
Im Duft zeigen sich die typischen Aromen der Sorte: Grasschnitt und Holunderblüte, Kiwi und Nektarine. Der leichtgewichtige, unbeschwerte Gaumen ist von angenehmer Säure geprägt und wird von leichter Salzigkeit begleitet. Ein appetitlicher Sortentyp. 11 Vol.-%, DV, €

88 2019 Riesling trocken
Rebsortentypischer Geruch nach Pfirsich und Aprikose, auch etwas Melisse und Brennnesselblätter zeigen sich. Am Gaumen mit einer selbstbewussten Säure in einer schlank gehaltenen Struktur. Zum Pfälzer Vesper. 12 Vol.-%, DV, €

89 2020 »Cuvée Albert« feinherb DU/SW/PN/DF/CS
Pflaume und Sauerkirsche im Duft. Guter Gerbstoff, reif, mürb, die Süße unterstreicht die Frucht und passt gut zur präsenten Säure. Ein Abgang voller Frucht. Gut balancierter, gehaltvoller feinherber Rotwein. 12 Vol.-%, DV, €

88+ 22019 Dunkelfelder trocken
Sauber im Duft mit Aromen wie Sauerkirsche, Brombeere, Holunder und Süßholz. Am Gaumen von feiner Säure getragen, die sowohl den reifen Gerbstoff als auch noch die weiteren Aromen von Pflaume und Schwarzer Johannisbeere gut balanciert. 13,8 Vol.-%, DV, €

88 2020 Grauburgunder trocken

88 2020 Gewürztraminer feinherb

87 2020 Chardonnay trocken

88 2020 »Cuvée Rosé« feinherb BP/PN/DF/CS

87 2020 Cabernet Sauvignon Rosé

88 2020 Cabernet Sauvignon trocken

86+ 2020 »Cuvée Theo« DF/PN

89 2020 Dornfelder Rosé trocken
Helles Karminrot mit ziegelroten Reflexen. Der Duft ist von frischer Frucht bestimmt unter anderem mit Süßkirsche und Reneklode. Am Gaumen dezente Gerbstoffe, reife Säure, schlank im Alkohol, mit dezent süßer Abrundung. Originell. 11 Vol.-%, DV, €

★★★★

WEINGUT JÜLG

Hauptstraße 1, 76889 Schweigen-Rechtenbach
T: +49 6342 919090, info@weingut-juelg.de
weingut-juelg.de

Ab-Hof-Verkauf: Mo bis Fr 9–17 Uhr, Sa 10–16 Uhr
Kellermeister: Johannes Jülg und Sören Söllner
Ansprechpartner: Werner und Johannes Jülg
Flaschen/Hektar: 200.000 (65 % weiß, 35 % rot)/20 ha

Das Weingut Jülg schreibt seine Erfolgsgeschichte weiter fort: Vergangenes Jahr konstatierten wir, dass Johannes Jülg in »bärenstarker Verfassung« ist. Daran hat sich nichts geändert – mittlerweile ist das Gut auch in den edlen VDP-Kreis (Verband Deutscher Prädikatsweingüter) aufgenommen worden. Die Weine sind dicht und voller Spannung, haben Kraft und Eleganz. Beim großartigen Chardonnay »Opus Oskar« stellte sich uns dieses Mal sogar die Frage: Ist das Meursault? Kurz und gut: Von der südlichen Pfalz – fast die Hälfte der Weinberge liegt ohnehin in Frankreich – ist es nicht mehr weit ins Burgund, das als großes Vorbild dient.

95 2020 »Opus-Oskar« Chardonnay trocken
Ein feiner Duft aus Mineralik, Zitronenzeste, gelbem Apfel und Ananas. Am Gaumen folgen eine leichte Würze vom Holzausbau, wiederum feine Mineralik, verbunden mit attraktiver Säurestruktur bei leichter Phenolik. Ist das Meursault? Ein großer Wein mit langem Nachhall.
13 Vol.-%, NK, €€€

94 2020 Schweigen Sonnenberg Reitschul Weißburgunder trocken
Sehr sauber und klar in der Aromatik. Ein Duft von jungem Pfirsich, reifer Birne, Walnuss, Zitronenzeste und nassem Stein. Am Gaumen mittelgewichtig bei sehr feiner Säure, elegantem Holzeinsatz und wiederum großer Präzision. Ein großer Pinot Blanc. 13 Vol.-%, NK, €€€

95 2019 »Opus-Oskar« Spätburgunder tr.
Fast tief in der Farbgebung sowie dicht im Duft von schwarzem Johannisbeerblatt, reifer Kirsche und Hibiskus. Am Gaumen folgen Nuancen vom Waldboden bei feinem Tannin, viel Struktur und gut eingebundener Säure. Der Nachhall mit leichter Mineralik erinnert an große Weine des Nachbarlandes Frankreich. 13 Vol.-%, NK, €€€€

93 2019 Spätburgunder Schweigen Kammerberg trocken
Im Bukett sehr würzig und dicht. Aromen von Cranberry, dunkler Kirsche und etwas Unterholz. Am Gaumen mit guter Saftigkeit, einer leichten Röstnote, etwas Kräuterwürze, noch jungem Tannin und lebendiger Säure. Eine Wein, der Zeit zur Entwicklung braucht. 13 Vol.-%, NK, €€€

91+ 2019 »Kalkmergel« Spätburgunder tr.

93 2020 Riesling Schweigen Sonnenberg tr.
Neben einem Duft von gelbem Apfel und Zitrone entwickelt sich auch etwas Hefiges im Glas. Am Gaumen folgen Aprikose, Holunder und nasser Stein bei feiner Säure, deutlicher Mineralik und straffer Textur mit perfekter Balance. Ein komplexer Wein mit langem Nachhall.
13 Vol.-%, NK, €€

★★

WINZERGENOSSENSCHAFT KALLSTADT

Weinstraße 126, 67169 Kallstadt
T: +49 6322 97 97 97, info@wg-kallstadt.de
wg-kallstadt.de

Ab-Hof-Verkauf: Mo bis Fr 8–18 Uhr, Sa 9–18 Uhr, So 10–18 Uhr
Kellermeister: Joachim Janß-Schaad
Ansprechpartner: Axel Messer
Flaschen/Hektar: 1.500.000 (54 % weiß, 30 % rot, 10 % Rosé, 1 % süß, 5 % Schaumwein)/250 ha

Die Winzergenossenschaft, die seit 1902 besteht, versucht sich an der Quadratur des Kreises: Mehr als 100 Mitglieder produzieren mit moderner Technik auf 250 Hektar eine große Vielfalt an Rebsorten – und wollen doch auf einem Nenner herkunftsstarke, charakteristische Weine keltern. Das verbindende Element ist der Kalkmergel, der die verschiedenen Böden bis in die Spitzenlagen durchdringt. Vor allem bei den Glanzlichtern des Sortiments wie dem Saumagen Riesling hinterlässt er delikate Spuren im Wein. Insgesamt ein solider Auftritt.

91 2019 »Edition« Kallstadt Saumagen Riesling Spätlese trocken
Im Duft ein ganzer Korb tropischer Früchte: reife Mango, Passionsfrucht, Ananas. Im Mund mit seidiger Textur, einem Rückhalt aus fester Säure und dezenter Stoffigkeit, etwas Süße gibt der Gaumenfrucht Volumen, der Abgang lässt den Kalk taktil zutage treten. 13 Vol.-%, DV, €

89+ 2019 »Edition« Sauvignon Blanc Fumé tr.
Ananasjoghurt und Stachelbeere im Duft, dazu eine Ahnung von Holzfass. Am Gaumen kraftvoll, fast schon wuchtig in seiner Art, leichte Viskosität, reife runde Säure und ein aromatischer, das Holzfass abermals sehr dezent andeutender Abklang. 13 Vol.-%, DV, €

89+ 2019 »Edition« Weißburgunder trocken
Im Duft kräuterwürzig, Sesam, Heu, ein sehr zurückgenommenes, aber die kommende Vielschichtigkeit andeutendes Bukett. Im Mund mit leichter Süße zu Beginn, dann zarte Phenole, ein abgerundeter Gaumenverlauf mit Spiel und Würze. 13 Vol.-%, DV, €

90 2018 »Edition« Kallstadt Kobnert Syrah trocken
Riecht nach Schwarzer Johannisbeere und dunkler Kirsche, auch Gewürznelke und schwarzem Pfeffer. Fruchtig und saftig am Gaumen in einer kräftigen Struktur mit reifen, beinahe fleischigen Gerbstoffen, mit schöner Würze. In sich stimmig und guter Begleiter zu Fleischgerichten. 13,5 Vol.-%, NK, €

89 2019 »Edition« Chardonnay Spätlese tr.

88+ 2019 »Edition« Kallstadt Kobnert Dornfelder feinherb

88 2019 Kallstadt Kobnert Regent trocken

87+ 2019 Kallstadt Kobnert Dornfelder feinherb

89+ 2020 Kallstadt Kobnert Gewürztraminer Auslese

88+ 2020 Kallstadt Kobnert Muskateller Spätlese

88 2019 Kallstadt Kobnert Kerner Kabinett

90+ 2019 Kallstadt Saumagen Riesling Kabinett feinherb
Frische Mandarine, auch kalkig-kreidige Aromen. Im Mund mit feiner Textur, seidige, nicht im Übermaß betonte Süße, dazu ein kultivierter Säurenerv, saftig und fruchtgetragen in der Gaumenmitte und weiter elegant bis in den mineralisch ausklingenden Abgang. 12,5 Vol.-%, DV, €

★★

WEINGUT KASSNER-SIMON

Am Musikantenbuckel 7, 67251 Freinsheim
T: +49 6353 989320, info@kassner-simon.de
kassner-simon.de

Ab-Hof-Verkauf: Mo bis Sa 13–18 Uhr, So 10–12 Uhr und nach telefonischer Vereinbarung
Kellermeister: Thomas Simon
Ansprechpartner: Thomas Simon
Flaschen/Hektar: 133.000 (70 % weiß, 10 % rot, 10 % Rosé, 1 % süß, 9 % Schaumwein)/18 ha

In der Lage Freinsheimer Oschelskopf steht die auffällige Statue des lokalen Künstlers Kurt Hertz, die für Aufsehen sorgt und vom Volksmund »Elvis« getauft wurde. Das machen auch die Rieslinge von Thomas Simon aus diesem Weinberg, der das Weingut Kassner-Simon in Freinsheim leitet und auch die Weine ausbaut. Was der Winzer macht, hat Hand und Fuß, bei ihm wird man nicht enttäuscht. Sein Sauvignon Blanc transportiert Würze und Eleganz, die Bordeaux-Cuvée »Kostbar« geht in die Vollen und zeigt viel Substanz und eine beinahe hedonistische Frucht.

90+ 2020 Freinsheim Oschelskopf Riesling Spätlese trocken
Würzig-fruchtiges Entree mit Steinobst, reifer Zitrusfrucht und etwas Safran, auch ein Hauch Petrol. Klare, kräftige Struktur mit gutem Extrakt und einer präsenten, würzig unterlegten Säure. Trocken und mineralisch in der Gaumenmitte, elegant bis ins Finale. 13 Vol.-%, DV, €

90 2019 Freinsheim Oschelskopf Auf dem vorderen Groß Riesling Spätlese trocken
Kräutrig und würzig im Duft mit Steinobst wie Pfirsich und Aprikose, auch Rosinen, etwas Petrol steigt auf. Die Struktur ist eher schlank gehalten, der Inhalt reif, die Säure läuft mild in ihrer Bahn, Schmelz und leichte Viskosität. Spätlese, die ihren Namen verdient. 12,5 Vol.-%, NK, €€

90+ 2018 »Kostbar« trocken ME/CS/CF
Beinahe blickdichte Bordeaux-Cuvée mit sehr reifen Noten von Schwarzkirsche, Brombeere, Toffee und Schwarzer Johannisbeere, auch Holunderlikör. Geht etwas in die Extreme mit viel Extrakt, üppiger, hedonistischer Frucht und auch ordentlichem Alkohol. Schöpft aus dem Vollen.
15,5 Vol.-%, NK, €€

89+ 2019 Freinsheim Oschelskopf Merlot tr.
Eukalyptus mit Kirsche und Pflaume, auch Brombeere und feiner Rauch. Präzise Nase mit schöner Frucht. Setzt am Gaumen kräftig und würzig an, Substanz und feingliedrige Säure passen gut zueinander, saftig und mit genügend Tiefgang für einen Wein mit Profil. 14 Vol.-%, DV, €

89 2020 Chardonnay & Weißburgunder Spätlese trocken

90 2020 Freinsheim Musikantenbuckel Sauvignon Blanc trocken
Im fein austarierten Duft finden sich reife Mango und Cassis; keine laute Nase mit grünen Aromen. Eleganter und feinwürziger Sauvignon Blanc in klar definierter Kontur mit einer wachen und gut eingewobenen Säure, die etwas salzig konnotiert ist. Stimmig. 12,5 Vol.-%, DV, €

★★★

WEIN & SEKTHAUS ALOIS KIEFER

Mühlstraße 2, 67487 Sankt Martin
T: +49 6323 2099, weinundsekthaus@aloiskiefer.de
aloisiushof.de

Ab-Hof-Verkauf: Mo bis Sa 9–12 Uhr und 13–18 Uhr
Kellermeister: Philipp Kiefer
Ansprechpartner: Philipp Kiefer
Flaschen/Hektar: 200.000 (50 % weiß, 50 % rot)/20 ha

Es sind vor allem die Weißweine von Philipp Kiefer aus dem Jahrgang 2020 und der Schaumwein »Blanc de Blancs« aus 2017, die uns bei der Verkostung gefallen haben: Der substanzreiche Riesling Am Guckuckberg steht an der Spitze mit mehligen Phenolen und festem Säurenerv, der elegante und würzige Riesling »Buntsandtsein« ist aus einem Guss gebaut wie auch der strukturgeprägte Graue Burgunder. Die Rotweine aus 2018 wirken etwas maskulin und erreichen nicht ganz das Format der Weißen. Philipp Kiefer unterstreicht einmal mehr, dass er eine verlässliche Größe der Pfälzer Weinszene ist.

90 2017 »Blanc de Blancs« brut WB/PG
Gelbfruchtiger und üppiger Duft mit buttrigen Noten, dazu Komponenten von Banane und Birne. Am Gaumen ist die Perlage sehr fein und geschmeidig. Der buttrige Ton hallt nach und lässt den auf Burgundersorten basierenden Sekt als Schmeichler erscheinen. 12,5 Vol.-%, DIAM, €€

92 2020 St. Martin Am Guckuckberg Riesling trocken
Ein frischer und zugleich recht ausdrucksstarker Duft: weißfleischiger Pfirsich, Zitrus, mediterrane Kräuter. Im Mund üben mehlige Phenole homogenen Druck aus, ein fester Säurenerv durchzieht den Wein und gibt Länge. Substanzreicher Riesling. 13 Vol.-%, DIAM, €€€

90 2020 »Vom Löss« St. Martin Grauer Burgunder trocken
Leichtes Goldgelb mit kupferfarbenen Reflexen. Holzwürze mit Birne und gerösteten Walnüssen gehen einher, auch reife Honigmelone hebt die Hand. Fest in seiner vom Barriqueausbau bestimmten Textur und mit ordentlicher Substanz. Leichte Salzigkeit im Finish. Zum Essen. 13 Vol.-%, DIAM, €€

90 2018 St. Martin Kirchberg Pinot Noir tr.
Holzwürzige Nase mit reifen roten und schwarzen Kirschen, Wacholderbeere, Rauch, auch Brombeere kommt dazu. Kräftig in der Struktur mit guter Substanz und reifem Gerbstoff. Eher laut in seinem Ausdruck als pinotfühlig. Punktet am Tisch immer. Potenzial. 13,5 Vol.-%, NK, €€€

89+ 2018 St. Martin Merlot trocken

89+ 2020 »Buntsandstein« St. Martin Riesling trocken
Einladender Duft nach reifem Apfel, rosafarbener Grapefruit, Pfirsich, frisch geschnittener Ananas und Würze. Am Gaumen aus einem Guss mit Schmelz, Würze und feiner mineralischer Grundierung, die elegante Säure führt Regie, animierend und auch mit ansetzender Tiefe.
12,5 Vol.-%, DV, €

★★

WEINGUT ÖKONOMIERAT JOHANNES KLEINMANN

Hauptstraße 17, 76831 Birkweiler
T: +49 6345 3547, info@weingut-kleinmann.de
weingut-kleinmann.de

Ab-Hof-Verkauf: Mo, Di, Do und Fr 9–12 Uhr und 14–18 Uhr, Sa 10–16 Uhr
Kellermeister: Mathias Kleinmann
Ansprechpartner: Edith Kleinmann
Hektar: 17 ha

Mathias Kleinmann hält 17 Hektar Weinberge, darunter sind auch Parzellen in so bekannten Lagen wie dem Birkweiler Kastanienbusch und Mandelberg. Der Winzer aus Birkweiler versteht sich besonders auf den Ausbau der Burgundersorten, denen er wie den Weißburgundern »Signatur« und »500 Tonneau« mit gekonntem Holzeinsatz die passende Struktur und Würze verleiht. Allerdings würden uns gerade die Weißburgunder ohne süße Abrundung noch besser gefallen, sie besitzen Charakter genug. Als »Chefsache« deklariert Mathias Kleinmann seinen Syrah, und das ist kein bisschen übertrieben.

91 2020 »Signatur« Weißburgunder trocken
Rauch, nussige Aromen, etwas Bienenwachs, Aprikose, Ananas und reifer gelber Apfel in der Nase. Kräftig gebauter und eleganter Weißburgunder mit guter Balance am Gaumen: Gute Dichte, feinfruchtig mit eingewobener Säure, Schmelz und auch Süße. Gute Länge, Potenzial. 14 Vol.-%, NK, €€

90+ 2018 »500 Tonneau« Weißburgunder tr.
Die Nase wird noch etwas vom Holzausbau geprägt, daneben reife Ananas und Aprikose, eher zurückhaltende Aromatik. Im Mund kräftiger und fester Bau mit gutem Extrakt, Würze und reifer Säure. Kompetenter Holzeinsatz, auch merkliche Restsüße. Zu scharfem Essen. 14 Vol.-%, NK, €€

90 2020 »Dachsberg« Birkweiler Kastanienbusch Chardonnay trocken
Aprikose, Birne und Ananas zeigen sich mit etwas Hefe und Rauch. Mit guter Substanz und auch Dichte am Gaumen. Ist in einem größeren Rahmen angelegt, der patent ausgefüllt wird mit Schmelz, gelber Frucht, ausgewogener Säure und Mineralik, leicht harmonisch abgerundet. 13 Vol.-%, NK, €€

92 2018 »Chefsache« Syrah trocken
Holunderbeere und Maulbeere in der Nase mit Schwarzkirsche und feinen Gewürzen wie Korianderpulver. Zeigt in feiner Balance die Kraft des Jahrgangs auf weichem Fond mit feinkörnigem Gerbstoff und einschmiegsamer Säure. Eine echte »Chefsache« mit Potenzial. 14 Vol.-%, NK, €€€

89 2020 »Muschelkalk« Weißburgunder tr.

89 2020 Blanc de Noirs Spätburgunder feinherb
Duftet nach Erdbeeren, Mirabellen, Himbeeren und Aprikosentarte. Zeigt sich am Gaumen frisch mit präsenter Säure und saftigem Schmelz, die Restsüße bindet sich gut ein. Feine Gerbstoffe und eine dezente Herbe lassen ihn nicht zu gefällig erscheinen. Macht Spaß. 12,5 Vol.-%, DV, €€

★★★★★

WEINGUT KNIPSER

Hauptstraße 47, 67229 Laumersheim
T: +49 6238 742, mail@weingut-knipser.de
weingut-knipser.de

Ab-Hof-Verkauf: Mo bis Fr 10–12 Uhr und 14–18 Uhr, Sa 10–16 Uhr
Kellermeister: Stephan Knipser und Cathrin Daut
Ansprechpartner: Familie Knipser
Flaschen/Hektar: 667.000 (50 % weiß, 50 % rot)/90 ha

Schon vor Jahren predigte Werner Knipser, dass man Weinen Zeit zur Reife geben müsse. Da ist es nur konsequent, wenn er im eigenen Betrieb vorangeht und aktuell bei gleich mehreren Weinen den Jahrgang 2015 in den Verkauf bringt. Die Weine dieser »Reserve«-Linie sind wahre Kulturdenkmäler: Der Spätburgunder »RdP« ragt mit seiner noblen Gerbstoffdichte und seiner Kalkprägung heraus, der Vier-Sterne-Chardonnay ist ein Brocken, der die meisten Corton Charlemagne in den Schatten stellt. Werner, Volker und Stefan Knipser verstehen es, immer wieder zu überraschen!

95 2015 Chardonnay** trocken**
Hellgolden in der Farbe. Pfeffrig, hefig, funky mit noch immer präsentem röstigem Holz. Auch gelbfruchtig. Steht im Mund zwischen zwei Polen: einem ausgeprägten Schmelz und kerniger Säure. Dezente Phenolik und taktile Mineralität bilden das Rückgrat. Noch jung. 14 Vol.-%, NK, €€€

93+ 2019 Laumersheim Steinbuckel Riesling GG
Würzig, feiner Rauch und kräutrig zur gelben Frucht, frisches Lorbeerblatt. Präsent am Gaumen mit der schönen Aromatik reifer gelber Früchte und Apfel, ausgewogene Säure, ausgewogener Riesling, der keine Extreme anstrebt. Konsistent und auch charmant. 13 Vol.-%, NK, €€€

96 2015 »RdP« Spätburgunder trocken
Komplex kirschduftend, Kirschkern, Himbeere, noch nicht wirklich offen, ein klein wenig Holz. Im Mund mit beeindruckender Fülle, samtener Gerbstoff in sehr hoher Menge, intensiv kalkmineralisch, viel Saftigkeit, integrierter Alkohol, herausragende Länge. 13,9 Vol.-%, NK, €€€€

93+ 2015 »Réserve« Spätburgunder trocken
Im Duft erdig, Mandel, Lorbeer, etwas Bitterschokolade. Im Mund geschmeidig grundiert, aber darüber nicht zu weich und mollig, sehr dichtes und sehr feines Tannin, Saftigkeit, Eleganz und Fülle vereint, merklich mineralische Tönung im Abklang. Perfekt integrierter Nerv. 14 Vol.-%, NK, €€€€

92+ 2015 Chardonnay* trocken**

94+ 2019 Dirmstein Mandelpfad Riesling GG
Rauchig und noch reduktiv in der Nase, kandierte Zitronenschale, beinahe dunkelbeerig. Mit guter Konzentration am Gaumen, unaufgeregt und fokussiert mit saftigem, aber nicht grünem Säurezug, straffer Extrakt und betont trockene Abstimmung pointieren, mineralisch, lang. 12,9 Vol.-%, NK, €€€

WEINGUT KNÖLL & VOGEL

Klingweg 3, 76887 Bad Bergzabern
T: +49 6343 1246, info@weingut-achenbach.de
knoell-vogel.de

Ab-Hof-Verkauf: Mo bis Fr 8–18 Uhr, Sa 9–13 Uhr
Kellermeister: Sandra Vogel
Ansprechpartner: Nicole und Sandra Vogel
Flaschen/Hektar: 1.000.000/80 ha

Im Weingut Knöll & Vogel in Bad Bergzabern leben und arbeiten gleich vier Generationen unter einem Dach. Da wird auch jede helfende Hand benötigt, schließlich bewirtschaftet der Betrieb rund 80 Hektar Weinberge »engagiert, leidenschaftlich und naturverbunden«, wie Winzerin Sandra Vogel sagt, die auch für den Keller zuständig ist und die sauber vinifizierten Weine, von denen schon die Basisqualitäten Freude bereiten wie der animierende Gelbe Muskateller. Die Fumé-Reihe mit gefühlvollem Holzeinsatz zeigt Substanz und Würze, die rote Cuvée natürlichen Charme. Gutes Debüt!

90 2020 »Grosser Vogel« Bergzabern Altenberg Grauer Burgunder fumé tr.
Reife Frucht trifft auf ein rauchiges Ambiente, Birne und auch Quitte auf einem würzigen Hintergrund. Am Gaumen zeigt sich ein gefühlvoller Holzeinsatz. Die Struktur ist kräftig, mit guter Dichte, feiner Würze und flankierender Süße. Ausgewogen und sehr sauber vinifiziert. 13,5 Vol.-%, DV, €€

90 2020 »Grosser Vogel« Bergzabern Wonneberg Sauvignon Blanc fumé tr.
Eröffnet fruchtig und rauchig im Duft mit Noten von Stachelbeere, Litschi und Johannisbeere. Reichhaltig, würzig und saftig am Gaumen in einer bündigen Kontur, abgerundet mit etwas Restsüße, getragen von einer fein eingebundenen Säure. Mehr Pfalz als Übersee. 12 Vol.-%, DV, €€

89+ 2020 »Grosser Vogel« Bergzabern Altenberg Chardonnay fumé trocken
Zitrusfrucht, Aprikose, Orangenschale, heller Tabak und rauchige Noten formen das kräftige Duftbild. Mit guter Balance und dabei zugänglichem Charakter mit schöner Würze, reifer Säure und einer gut verträglichen Dosis Fruchtsüße. Durchaus elegant, mittlere Länge. 13 Vol.-%, DV, €€

90+ 2019 »Rot« Bergzabern Altenberg trocken CS/ME/CI
Dunkelfruchtige und würzige Nase mit Cassis, Brombeere, Schwarzkirsche und dunkler Schokolade. Am Gaumen balanciert die präsente Säure die Verhältnisse in einem kräftig gebauten Körper. Die Gerbstoffe sind knackig und sorgen für Halt und Grip. Direkt und natürlich. 13,5 Vol.-%, DV, €€

89 2020 »Classic« Riesling

89 2020 Gelber Muskateller
Expressiver Duft mit Mango, Holunderblüten und Johannisbeere. Ein beschwingter und aromatischer Muskateller mit fruchtigem Charme und Frische mit geradliniger Säure und schlank gefasster Textur. Hebt die Stimmung mit seiner animierenden Lockerheit. Aperitif. 12 Vol.-%, DV, €

★★★★

WEINGUT KRANZ

Mörzheimer Straße 2, 76831 Ilbesheim
T: +49 6341 939206, info@weingut-kranz.de
weingut-kranz.de

Ab-Hof-Verkauf: Mo bis Mi 8–12 Uhr, Do und Fr 8–12 Uhr und 14–18 Uhr, Sa 9–16 Uhr
Kellermeister: Boris Kranz
Ansprechpartner: Boris Kranz
Flaschen/Hektar: 120.000 (70 % weiß, 25 % rot, 5 % Schaumwein)/25 ha
Anbauweise: Biologisch zertifiziert

Schwer sich zu entscheiden, was einem besser gefällt im Sortiment des Ilbesheimer Familienbetriebs: Riesling oder Burgunder. Boris Kranz kann beides, und wie! Die Roten des Jahrgangs 2018 locken mit einer verschwenderischen und zugleich ungemein frischen Frucht. Die förderlichen Bedingungen an der Großen Kalmit im Zusammenspiel mit kluger (Bio-)Weinbergarbeit, das behagt auch Weißburgunder und Riesling. Beide überzeugen mit stillen Tugenden: mit fester Säure, kultivierten Phenolen und einer passenden Prise Salzigkeit aus dem Kalk der Böden.

93 2020 Ilbesheim Kalmit Weißer Burgunder GG

Im Duft noch jung, nuanciert, leicht floral, weiße und gelbe Blüten. Im Mund sehr frisch, gebündelt, Extrakt und Phenolik sind perfekt von Säure getragen. Im Abklang Zitrusfrucht, Mandelkern und feine Würze, taktilmineralische Noten, Eleganz und Länge. 14 Vol.-%, NK,DIAM, €€€

93 2020 Ilbesheim Kalmit Riesling GG

Nuanciert im Duft: weißer Pfirsich, Weinbergpfirsich, ein floraler Hauch, Flieder, im Mund vergleichsweise weich eröffnend, die Säure rollt langsam an, aromatisch ist der Wein noch eher diskret im Gaumen, aber Kalkwürze und Salzigkeit im Abgang beeindrucken. 13 Vol.-%, NK,DIAM, €€€

94 2018 Ilbesheim Kalmit Spätburgunder GG

Ein sehr präziser und klarer Duft entströmt dem Glas: dunkle Himbeere, zurückhaltendes Holz und florale Untertöne. Dill. Im Mund mit einer kräftigen, aber auch frischen Gerbstofffracht auf saftiger Grundlage, Adstringenz im Verbund mit Kalkmineralität, fruchtgetragener Abklang.
13 Vol.-%, NK, €€€

93 2018 Arzheim am Fürstenweg Spätburgunder trocken

Ein intensiv frischfruchtiger, dunkelbeeriger Duft. Brombeere, Schwarze Johannisbeere und Holunder. Am Gaumen zeigt der Wein satten und homogene Länge gebenden Extrakt, feinkörnigen bis festen Gerbstoff, ein gut integriertes Säurerückgrat und eine noch verschlossene Abgangsfrucht.
13 Vol.-%, NK, €€€

92+ 2020 Ilbesheim Kirchberg Riesling GG

93 2020 Ilbesheim Westerberg Riesling Erste Lage trocken

Recht klassisch in der Nase, Mirabelle, Limette, Zitronenschale, Mandarine. Im Mund weit gefasst, eine seidige, kreidige Mineralik breitet sich aus, die Säure ist gut eingebunden, die Phenolik ist edel, noch jung mit großem Potenzial.
12,5 Vol.-%, DIAM, €€

WEINGUT KREBS

Großkarlbacher Straße 10, 67251 Freinsheim
T: +49 6353 3149, info@weingut-krebs.eu
weingut-krebs.eu

Ab-Hof-Verkauf: Mo bis Fr 10–12 Uhr und 14–18 Uhr, Sa 10–17 Uhr
Kellermeister: Jürgen Krebs
Ansprechpartner: Jürgen Krebs
Flaschen/Hektar: 100.000 (50 % weiß, 50 % rot)/20 ha
Anbauweise: Biologisch zertifiziert

Jürgen Krebs legt den Fokus auf Riesling und Spätburgunder im seit 2018 biozertifizierten Familienweingut. Wie gut er das tut, belegen Weine wie der Himmelreich Spätburgunder, der aus dem warmen Jahr 2018 Intensität und Harmonie geschöpft hat, und das ohne jeden Anflug von Hitzigkeit. Auch die Rieslinge überzeugen vom preislich attraktiven »Kalkfels« an bis zum kräuterwürzig-mineralischen Freinsheimer Oschelskopf, der fürs Jetzt und für die Zukunft gebaut ist. Mehr als eine Fußnote ist zuletzt der Viognier, der die Aura des Rhônetals in die Pfalz bringt.

92+ 2020 Freinsheim Oschelskopf Auf dem mittleren Gross Riesling trocken
Sehr viel Hefe im Duft, Spontangärungsanklänge, nach und nach tritt dann auch eine Kräuterwürze hervor: Melisse, Feuerstein. Im Mund ganz entspannt, weitmaschige, reife Phenole auf geschmeidiger Grundlage, kultivierte Säure, großes Potenzial zur würzigen Entfaltung. 13,5 Vol.-%, NK, €€

91 2019 »Réserve« Viognier trocken
Golden in der Farbe. Im Duft zeigen sich würziges Holz, würzige Sortenaromen. Aprikosenmus, Sternanis, auch entfernt an Traminer erinnernde Töne. Im Mund ist der Wein rund und füllig, hat aber auch einen gesunden Säurenerv und viel Saft und Stoff. Der Nachhall ist sehr aromatisch.
12,5 Vol.-%, NK, €€

91 2020 Herxheim Himmelreich Riesling trocken
Der Duft ist vielschichtig, mit Aromen von frischer Zitronenschale, Isabella-Traube, Pfirsich und einem Hauch von Hefe. Im Mund folgen auf einen kurzen geschmeidigen Ansatz ein fester Säurekern, Saftigkeit und zuletzt ein pointiert stoffiger Abklang. 13 Vol.-%, NK, €€€

92+ 2018 Herxheim Himmelreich Spätburgunder trocken
Sehr klassisch in der Farbgebung. In der Nase ein Duft von Sauerkirsche, dunkler Kirsche, Hagebutte und Brombeere. Am Gaumen mit einer sehr lebendigen Säure, reifem Tannin sowie einer kleinen Kräuternote und etwas Röstaroma ausgestattet. Ein komplexer Wein. 13 Vol.-%, NK, €€€

90 2018 Freinsheim Spätburgunder trocken

90 2020 »Kalkfels« Riesling trocken
Im klaren Duft finden sich Aromen von gelbfleischigem Pfirsich, von Hefe und kandierter Zitronenschale. Mit Luftkontakt auch feuchter Kalk. Im Mund mit einer geradezu strahlenden Säure, fest und saftig, mittelgewichtig im Alkohol, gut im Extrakt, eine passende Prise Phenole.
12,5 Vol.-%, DV, €€

★★

WEINGUT THORSTEN KRIEGER

Theresienstraße 71, 76835 Rhodt unter Rietburg
T: +49 6323 704998, info@weingut-thorsten-krieger.de
weingut-thorsten-krieger.de

Ab-Hof-Verkauf: nach Vereinbarung
Kellermeister: Thorsten Krieger
Ansprechpartner: Thorsten Krieger, Eva König
Hektar: 26 ha

Der Winzer Thorsten Krieger, der 26 Hektar Reben in den Rhodter Lagen Schlossberg, Klosterpfad und Rosengarten und auch im Edenkobener Bergel und Burrweiler Schäwer bewirtschaftet, legt ein Sortiment mit zwei unterschiedlichen Stilpolen vor: Da sind zum einen die leichtgliedrige und vergnügte Scheurebe und der Riesling Kabinett mit schönem Frucht-Süße-Spiel. Zum anderen Weine mit Stoffigkeit und Kraft wie der Grauburgunder »S« und die Rotweine, von denen der Pinot Noir aus dem Rhodter Rosengarten mit seinen reifen Gerbstoffen am besten gefällt. Abwechslungsreich und fundiert.

90 2020 »S« Rhodt Rosengarten Grauburgunder Spätlese trocken
Intensiver Duft nach reifer Birne, Quittengelee, kandierten Walnüssen, Maronenpüree und getrockneten Rosenblättern. Kräftig gebaut, zeigt sich am Gaumen mit Stoffigkeit, Volumen, Kraft und Schmelz, der Alkohol ist gut eingebunden. Süßlicher Extrakt, endet würzig. Viel Wein. 14 Vol.-%, DV, €€

89 2020 Riesling Kabinett trocken
Fruchtige und florale Noten im Duft, Aprikose, Apfel und auch Blattgrün. Eleganter und stimmig balancierter Riesling, der das Attribut Kabinett verdient, mit adrettem Aufeinandertreffen von Säure und feiner Fruchtsüße. Aprikose kleidet die Gaumenmitte saftig aus. 12 Vol.-%, DV, €

90+ 2019 Rhodt Rosengarten Pinot Noir tr.
Die Frucht wird noch etwas von Holz überdeckt, Kräuter, Wacholderbeere, dunkle Fruchtaromen dahinter, Maulbeere, Schwarzkirsche, Blutorange, auch florale Noten, Pfingstrose. Stoffig, substanzreich und mit ausgewogener Säure, eine angemessene Menge reifen Gerbstoffs, gute Länge.
13 Vol.-%, NK, €€€

90 2019 Rhodt Rosengarten Syrah trocken
Duftig und würzig im Duft mit Schwarzer Johannisbeere, Waldbeeren, Roter Bete, auch etwas Lebkuchengewürz und Holzwürze. Setzt am Gaumen mit reifen dunklen Früchten mit markantem und noch etwas sperrigem Tanningerüst kräftig und auch wuchtig an. Kann sich entwickeln.
13,5 Vol.-%, NK, €€€

89 2019 St. Laurent trocken

89 2020 Scheurebe trocken
Frischfruchtiger Duft nach Stachelbeeren, Mango und Schwarzen Johannisbeeren, etwas Limettenschale und florale Noten kommen dazu. Eine unbeschwerte und vergnügte Scheurebe, die am Gaumen mit einem stimmigen Zusammenspiel von Frische und Süße saftig und fruchtig aufspielt. 12 Vol.-%, DV, €

★★★★

WEINGUT PHILIPP KUHN

Großkarlbacher Straße 20, 67229 Laumersheim
T: +49 6238 656, info@weingut-Philipp-Kuhn.de
weingut-philipp-kuhn.de

Ab-Hof-Verkauf: Mo bis Fr 10–12 Uhr und 13.30–17 Uhr, Sa 10–12 Uhr und 13.30–16 Uhr
Kellermeister: Philipp Kuhn
Ansprechpartner: Lars Lander und Philipp Kuhn
Flaschen/Hektar: 200.000 (50 % weiß, 50 % rot)/30 ha

Philipp Kuhn gehört bereits seit vielen Jahren zu den besten Erzeugern in der Pfalz und auch in Deutschland. Uns macht es große Freude zu verfolgen, wie der Winzer von diesem hohen Niveau aus immer weitere Fortschritte macht, getreu dem Motto: Genug ist nicht genug. Besonders großartig ist dieses Mal der Chardonnay »Réserve« aus dem Kapellenberg gelungen, dem einer unserer Verkoster in seiner Notiz ein begeistertes »Juhu!« vorausgeschickt hat. Bemerkenswert auch die beiden tiefgründigen und komplexen Pinot Noirs vom Steinbuckel und aus dem Kirschgarten. Bravo! Eine tolle Kollektion.

94+ 2019 »Réserve« Laumersheim Kapellenberg Chardonnay Erste Lage tr.
Juhu! Dieser Ausdruck der Begeisterung muss vorweg sein. Eine noch reduktive Nase. Aber auch fruchtiger, schwarzer Pfeffer. Papaya und Brotkruste. Im Mund mit viel Substanz. Die Säure kleidet den ganzen Gaumen aus, dominiert aber trotzdem nicht. Ein wahres Feuerwerk. 12,5 Vol.-%, NK, €€€

93+ 2020 Zell Schwarzer Herrgott Riesling GG
Leicht reduktiv, kühl anmutende Aromatik, mit feiner Aromatik von Zitronenzeste, nassem Stein und etwas Kräuterwürze. Am Gaumen kompakt gebaut mit eingewobener Säure, Limette, Mandarine und Grapefruit. Konsistent, der sehr lange Nachhall wird von kühler Mineralik geprägt.
13 Vol.-%, NK, €€€

93+ 2020 Kallstadt Saumagen Riesling GG
Im Duft bereits vom Kalkstein terroirgeprägt. Aromen von reifem gelben Apfel, Zitrone, Aprikose, nasser Stein und etwas Rauch. Am Gaumen folgen bei viel Extrakt weitere Aromen von Nektarine, Mandarinenschale und eine Mineralität von Kalkstein. Eingebunden von feiner Säure und mit langem Nachhall. 12,5 Vol.-%, NK, €€€

94 2018 Laumersheim Steinbuckel Pinot Noir GG
Fast französich in der Aromatik mit Düften einer feinen Pilznote, Cranberry, Himbeere, schwarze Kirsche und Gewürznelke. Am Gaumen mit dichter Struktur, noch jungem Tannin, Mineralität des Terroirs, etwas Rauch und nahezu ideal eingebundener Säure. Großes Potenzial. 13,5 Vol.-%, NK, €€€

93 2020 Laumersheim Kirschgarten Riesling GG

94 2018 Laumersheim Kirschgarten Pinot Noir GG
In der Nase ein komplexer Duft aus Brombeere, Pflaume, Kirsche. Himbeere und Vanille. Am Gaumen wird das junge Tannin gemeinsam mit der komplexen Fruchtaromatik von straffer Säure balanciert. Viel Potenzial mit einem Trinkfenster wie an der Côte d'Or. 13,5 Vol.-%, NK, €€€

★

WEINGUT DR. JOSEF KÖHR

Hauptstraße 68, 67152 Ruppertsberg
T: +49 6326 8909, hof-info@weingut-koehr.de
weingut-koehr.de

Ab-Hof-Verkauf: nach Vereinbarung
Kellermeister: Dr. C. K. Josef Köhr
Ansprechpartner: Dr. C. K. Josef Köhr
Hektar: 15 ha

Wie langweilig wäre die Weinwelt, wenn die meisten Winzer dieselbe Weinstilistik auflegen würden. In diesen Verdacht gerät Dr. C. K. Josef Köhr jedenfalls nicht, der seit 2019 das Weingut in Ruppertsberg führt: Sein Ausbaustil ist inspiriert von Stationen in Frankreich, Italien und Australien sowie der »Leidenschaft für kraftvolle, aromaintensive Weine durch späte Ernte vollreifer Trauben und traditionellem Ausbau im Holzfass«. Besonders gefallen haben uns die beiden Rotweine, der dichte Spätburgunder mit fleischigem Gerbstoff und der gut balancierte »Casamero«.

90+ 2020 Ruppertsberg Nußbien Riesling Spätlese unfiltriert trocken
Der Duft wird noch vom Barriqueausbau bestimmt, mit Holzwürze, Rauch und Trockenobst, Mangospalten. Strukturgeprägter Riesling mit festem Bau, feinem Holztannin, reifem Säurefaden und auch Schmelz, der sich im Mund linear entwickelt. Spätlese-Charakter mit Stil. 13,5 Vol.-%, NK, €€€

90+ 2019 »Blanc de Blancs Réserve« trocken WB/CH
Weiße Blüten, blanchierte Mandelkerne, Zitrusfrucht und Mirabelle präsentieren sich in einem leicht rauchigen Ambiente. Trocken und mit fester, kräftiger Struktur im Mund, kein tänzelnder Riesling, sondern ernsthaft im Ausdruck. Entwickelt sich linear in festen Bahnen. 13,5 Vol.-%, NK, €€€

90 2020 »Goldschmied« Ruppertsberg Nußbien Riesling Spätlese trocken
Leichtes Goldgelb, in der Nase geröstete Nüsse, Aprikosen-Mandel-Tarte und feiner Rauch, auch etwas Petrol. Am Gaumen mit kräftigem Bau und guter Substanz, getragen von einer reifen, würzigen Säure, abgerundet durch süßliche Frucht und Cremigkeit. 13,5 Vol.-%, NK, €€

92 2018 »Réserve« Ruppertsberg Nußbien Spätburgunder Spätlese trocken
Zedernholz, Lebkuchengewürz, Holzwürze und Kirsche im feierlichen Duft. Saftig und mit süßlicher Frucht am Gaumen ansetzend. Reizt seine Möglichkeiten aus, guter Extrakt, fleischiger Gerbstoff, dicht, der Alkohol fügt sich gut ein. Paradeexemplar aus 2018. Potenzial! 14,5 Vol.-%, NK, €€€

89+ 2020 Auxerrois Spätlese trocken

91+ 2018 »Casamero« trocken CS/ME
In der Nase von Cabernet Sauvignon geprägt, Cassis und Holzwürze zeigen sich mit Paprika und Schwarzkirsche. Sehr gut balancierte Cuvée mit der Prägnanz des Cabernet und der Geschmeidigkeit des Merlot. Gut extrahierter, tragender Gerbstoff, expressive Frucht, gute Länge. 13,5 Vol.-%, NK, €€€

★★★

WEINGUT LANGENWALTER

Bahnhofstraße 45, 67256 Weisenheim
T: +49 6353 7390, info@weingut-langenwalter.de
weingut-langenwalter.de

Ab-Hof-Verkauf: Mo bis Di und Fr 10–12 Uhr und 14–18 Uhr, Sa 10–15 Uhr
Kellermeister: Thorsten Langenwalter
Ansprechpartner: Thorsten Langenwalter
Flaschen/Hektar: 200.000 (55 % weiß, 36 % rot, 4 % Rosé, 5 % Schaumwein)/30 ha

In dem Familienweingut, das seine Wurzeln im 17. Jahrhundert hat, geht alles seinen gleichmäßigen Gang. Kein Wunder, dass Thorsten Langenwalter und sein Team, zu dem Eltern, Frau und Bruder gehören, in sich ruhende Weine erzeugen, die stimmig und ausgeglichen sind. Balancewunder nannten wir das vergangenes Jahr. Das gilt immer noch. Herausragend erneut der Weisenheimer am Sand Burgweg Riesling, der Kraft und Eleganz vereint. Beeindruckt hat uns auch der trockene Gewürztraminer – mittlerweile sind diese Weine nur selten zu finden. Vor allem in dieser Qualität.

92+ 2020 Weisenheim am Sand Burgweg Riesling trocken
Diese Fassprobe wirkt leicht herb, aber dennoch komplex im Duft: Zitrone, grüner Apfel, Tomatenblatt und Veilchen dominieren. Am Gaumen folgen Aromen von Aprikose, Orange und Birnenschale, eingebunden von guter Säure in einem schlanken Körper, langer Nachhall. 12,5 Vol.-%, NK, €€

90 2020 »vom Löss« Weißburgunder trocken
Sortentypischer Duft nach Birne, Grapefruit, Walnuss und Schotter. Am Gaumen folgen noch Zitronenzeste und Pfirsich, sehr lebendige Säure, guter Zug, etwas Schmelz und attraktiver Nachhall. 12,5 Vol.-%, DV, €

90 2020 Weisenheim am Sand Auf dem Kalkstein Weißburgunder trocken
Anfangs dezent im Duft. Danach entwickelt sich ein Duftpotpourri von Veilchen, Tomatenblatt, Zitronenzeste und Pfirsich. Am Gaumen folgen süßer reifer Pfirsich und reife Birne, alles von lebendiger Säure in einem mittelgewichtigen Körper getragen. 13,5 Vol.-%, DV, €€

90+ 2018 Freinsheim Schwarzes Kreuz St. Laurent trocken
In der Nase entwickelt sich ein Duft von sehr reifer Heidelbeere, Schwarzer Johannisbeere, Holunder und Wildkirschbowle. Am Gaumen folgen Zartbitterschokolade, reife Pflaume und Cassis, gute Säure, reifes Tannin und attraktiver Nachhall. 13,5 Vol.-%, NK, €€€

90 2018 Weisenheim am Sand Goldberg Cabernet Sauvignon trocken

90 2020 Weisenheim am Sand Burgweg Gewürztraminer trocken
Duft von Rosenwasser, Litschi, Orangenzeste und Pfirsich. Am Gaumen folgen sehr reife Noten von primärer Frucht unter anderem auch Mango und Grapefruit bei Volumen und Körper, balanciert von guter Säure, sehr stimmig und lang. 13,5 Vol.-%, DV, €€

★★

WEINGUT LAUERMANN UND WEYER

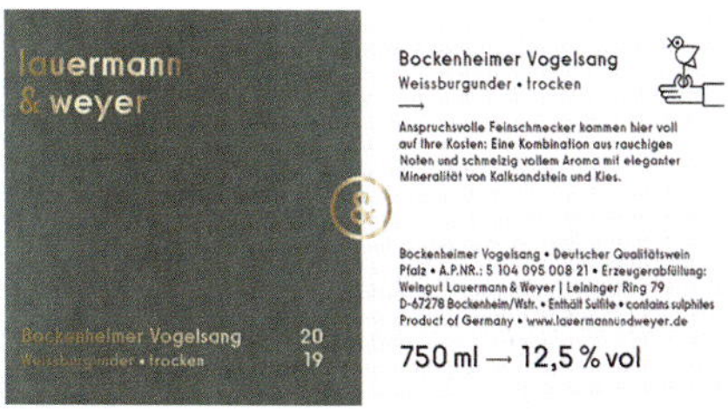

Leininger Ring 79, 67278 Bockenheim
T: +49 6359 4231, info@lauermannundweyer.de
lauermannundweyer.de

Ab-Hof-Verkauf: Mo bis Fr 8–18 Uhr, Sa 9–18 Uhr
Kellermeister: Hans-Jörg und Hans Heinrich Weyer
Ansprechpartner: Hans Heinrich Weyer
Hektar: 17 ha

»Unsere Weine werden nicht im Weinkeller gemacht, sie entstehen im Weinberg«, lautet das Credo des Weinguts Lauermann und Weyer. So entsteht in Bockenheim eine weite Bandbreite ganz unterschiedlicher Weine. Besonders die Weißen haben uns überzeugt. Die Lagenweine wie der Weißburgunder Vogelsang zeigen kalkmineralische Prägung und hohen Anspruch. Die Rotweine aus dem warmen Jahr 2018 sind eher rund und zugänglich, sie bieten viel Trinkgenuss, auch als Speisenbegleiter. Besonders viel Struktur und Komplexität zeigt der Spätburgunder Bockenheim Vogelsang.

91 2019 Bockenheim Vogelsang Weißburgunder trocken
Leichtes Goldgelb, in der Nase rauchige Noten vom Holzausbau, Aprikosenkompott, auch etwas feiner Rhabarber. Eher schlank gefasst im Mund mit kalkmineralischer Tönung und feingliedriger, salzig unterlegter Säure. Im Extrakt mittelgewichtig, wird sich weiter verfeinern. 12,5 Vol.-%, NK, €€

90 2018 Bockenheim Vogelsang Spätburgunder trocken
Getragene Nase mit ordentlich Holzwürze, Wacholderbeere, Gewürznelke und reifer Frucht, Kirschen und Pflaumen. Bildet das warme Jahr 2018 mit Kraft und Substanz ab, zeigt schöne Würze und reife Frucht mit ausgewogener Säure. Gute Länge, zum Essen. 13,5 Vol.-%, NK, €€

89+ 2018 »Zabbeduschder« trocken PN/SW/DF/BP
»Zabbeduschder« bedeutet stockdunkel im Pfälzer Dialekt und spielt auf die Farbe an (die gar nicht so dunkel ist). Würzig, kirschfruchtig und mit schöner Säure, nicht zu komplex, feinfruchtig und saftig, mit feinkörnigem Gerbstoff und animierender Art. 13 Vol.-%, NK, €

89+ 2018 »Gaddings« trocken ME/CS
»Gaddings« heißt auf Pfälzisch perfekt passend und harmonisch. In der Nase Cassis mit Schwarzkirsche und Brombeere. Die präsente Säure versteht es, im Mund die von Substanz und Kraft gelenkten Verhältnisse zu regulieren in gutem Gleichgewicht. Eben »Gaddings«. 13,5 Vol.-%, NK, €

89 2020 »Villa Lauermann« Riesling trocken

89 2020 Sauvignon Blanc trocken

88+ 2020 Chardonnay trocken

88 2020 Grauburgunder trocken

88 2020 Weißburgunder trocken

89+ 2018 St. Laurent trocken

89 2018 Spätburgunder trocken

89+ 2020 Silvaner trocken
Birne, Quitte und Sonnenblumen im Hochsommer mit Heu. Hat in einer kräftigen Struktur einiges anzubieten: Saft, Schmelz und süßlicher Extrakt mit der würzigen Geschmeidigkeit und tiefen Entspanntheit, die Silvaner mitbringen kann. Viel Wein fürs Geld. 13,5 Vol.-%, DV, €

★★★

WEINBAU DER LEBENSHILFE

Sägmühle 13, 67098 Bad Dürkheim
T: +49 6322 938135, weinbau@lebenshilfe-duew.de
lebenshilfe-weinbau.de
Ab-Hof-Verkauf: Mo bis Do 8–12 Uhr und 13–16 Uhr, Fr 8–12 Uhr und 13–18 Uhr, Sa 10–14 Uhr
Kellermeister: Marleen Müller
Ansprechpartner: Gabriel Huber
Flaschen/Hektar: 160.000 (60 % weiß, 25 % rot, 15 % Rosé)/23 ha
Anbauweise: Biologisch zertifiziert

Anfangs ging es allein um Naturschutz und die Rekultivierung alter Terrassenweinberge bei Bad Dürkheim. Doch aus dem sozialen Ökoprojekt wurde zu Beginn der 1980er-Jahre ein ganz besonderes Weingut, auf dem ein Winzerteam mit 35 behinderten Menschen der Lebenshilfe zusammenarbeitet. Die Reben werden biologisch bewirtschaftet. Im Keller vinifizieren Marleen und Patrick Müller daraus eigenständige, durchdachte Weine. In diesem Jahr überraschte uns eine »positiv struppige« rote Bordeaux-Cuvée, die Rieslinge zeigen eine schöne Säurestruktur. Mehr davon!

92 2019 Wachenheim Schlossberg Riesling trocken

Dieser Wein zeigt schon eine leichte Weiterentwicklung, ganz zarte Petrolnoten paaren sich mit Rauch und gebrannten Mandeln, Quitten und Orangenschalen. Im Mund dann weich und schmeichelnd, ohne die schöne Säure zu verschleiern, gut saftig. 11,5 Vol.-%, NK, €€

91 2020 »5 Wingert« Riesling trocken

Zuerst nimmt man die erfrischende Säure in der Nase wahr, dann weiße Blüten und auch florale Noten, im Mund knackig und fast salzig, schöne Zitrusnoten hinterlassen eine sehr animierende Länge, guter Trinkfluss und richtig griffig, ein fröhlicher Wein. 12 Vol.-%, DV, €

91 2019 Bad Dürkheim Michelsberg Riesling trocken

Eine feine filigrane Nase entströmt dem Glas, zarte Kräuternoten und frisches Heu, Kirschblüten und Weiße Johannisbeeren. Auch im Mund bleibt der Eindruck von Kräutern, auch leichte Rauchnoten schmeckt man, die Säure ist saftig animierend eingebunden. 12 Vol.-%, NK, €€

92 2018 »Lebenshilfe Rotwein« trocken CS/CF/ME

Brombeerot und fast blickdicht, leicht matt fließt der Wein ins Glas, unfiltriert? In der Nase erdig, Rote Bete, auch Cassis. Im Mund köstlich ausdrucksstarkes Tannin, dunkle Früchte, Pflaumenröster, auch Grafit. Positiv eigenwillige Struppigkeit. Jung. 13,5 Vol.-%, NK, €€

89 2020 »Lebenshilfe Rosé« trocken CU/SL/ME

90 2020 Bad Dürkheim Riesling trocken

Weiße Blüten, grüne Äpfel, auch etwas Balsamisches hat die Nase im Angebot. Im Mund zeigt sich der Wein saftig, dicht, mit einer guten Säurestruktur, geradlinig mit langem Nachhall. Ganz zum Schluss hat er auch eine leichte, mineralisch zu deutende Rauchnote. 12,5 Vol.-%, DV, €

★★

WEINGUT LEILING

Hauptstraße 3, 76889 Schweigen
T: +49 6342 7039, post@weingutleiling.de
weingutleiling.de

Ab-Hof-Verkauf: nach Vereinbarung
Kellermeister: David Leiling
Ansprechpartner: David Leiling
Flaschen/Hektar: 120.000 (60 % weiß, 35 % rot, 5 % Rosé)/15 ha

»Ungewöhnliche Weinetiketten sind diesmal keine dabei«, schreibt uns David Leiling in Anspielung an unsere letztjährige Betriebsbeurteilung, die eben diese Etiketten zum Beweis seiner Traute nahm. Aber keine Angst, mutig ist der Südpfälzer Winzer immer noch, die »Boom Bottles«-Serie mit den auffälligen Grafiken war zu Redaktionsschluss einfach noch nicht gefüllt. Die Weine mit konventionelleren Etiketten sind indes auch keine Langweiler. Man nehme nur die beiden Pinots »Grandfather Clones« und »Holzfass«: So macht deutscher Spätburgunder Laune!

90 2020 »Hôpital« Riesling trocken
Helles Gelb. Klare Zitrus- und Grapefruitnoten in der Nase, begleitet von Kräutern und Gesteinsmehl. Präzise Säure, schlank mit klarer Textur und guter Substanz. Animierendes, mittellanges Finish. Salzig und mineralisch. Interessante Phenolik. 11,5 Vol.-%, DV, €

90 2020 »2« Chardonnay trocken
Der Chardonnay »2« überzeugt als Gesamtpaket. Die reifen Fruchtnoten von Birne, Pfirsich, Konfekt und gelbem Apfel werden abgerundet vom Aroma gerösteter Haselnüsse. Im Abgang kontrastieren dazu dezent grüne Noten die Fruchtigkeit. Sehr gelungen. 14 Vol.-%, DV, €€

91 2017 »Project Grandfather Clones« Spätburgunder trocken
Weich und balsamisch, was sich hier im Glas abspielt. Mittleres Granat, duftiges, filigranes Bukett. Weichsel, getrocknete Kräuter, Hagebutte, Fleischsaft, Wacholder und dunkle Erde. Feinkörniges, seidiges Tannin, präzise Säure, exzellente Länge. 14 Vol.-%, NK, €€€

90 2018 »Holzfass« Pinot Noir trocken
So macht Pinot Spaß: Transparentes Rubin mit granatroten Reflexen. Feine Nase von getrockneten Johannisbeeren, Herzkirschen, Brombeeren, Wacholder und geräuchertem Schinken. Delikate Säure, samtiges Tannin mit wärmendem, langem Finish. 14 Vol.-%, DV, €€

89 2020 »Alter Satz« trocken RR/TR/WB

89 2019 »Hôpital« Grauer Burgunder trocken

88 2020 Weißburgunder trocken

88 2020 »Hôpital« Weißer Burgunder tr.

87 2020 Grauer Burgunder feinherb

89 2018 Pinot Noir trocken

89 2019 Spätburgunder trocken

89 2020 »1« Chardonnay trocken
Trinkiger Chardonnay ohne viele Schnörkel: geradeheraus im Charakter mit dem Fokus auf Frucht und Geschmeidigkeit. Duftet nach reifer Birne, Melone und Pfirsich mit einem Hauch Würzigkeit. Cremiger Körper mit gut eingebundener Säure. Mittlere Länge. 13,5 Vol.-%, DV, €

★★★★

WEINGUT LEINER

Arzheimer Straße 14, 76831 Ilbesheim
T: +49 6341 30621, info@weingut-leiner.de
weingut-leiner.de

Ab-Hof-Verkauf: Sa 10–16 Uhr und nach Vereinbarung
Kellermeister: Sven Leiner
Ansprechpartner: Sven Leiner
Flaschen/Hektar: 120.000 (70 % weiß, 30 % rot)/16 ha

Unterhaltung ist garantiert beim Biodynamie-Spezialisten Sven Leiner, für den die Regeln aus dem konventionellen Weinbau ganz offensichtlich da sind, um gebrochen zu werden. Der Non-Konformist aus Ilbesheim benennt manchen seiner Weine nach Musiktracks wie »Bitches Brew« von Miles Davis oder »Foxy Lady« von Jimi Hendrix. Mancher Naturwein irritiert und das mit ganzem Vorsatz, wer es pflegeleicht möchte, ist hier an der falschen Adresse. Wer sich darauf einlässt, wird aber belohnt: Erkundungsreise in die spannenden und auch nonkonformistischen Sphären des Weinkosmos.

93 »17 18 19« brut nature PN/CH
Karg und steinig ist der Sekt von Sven Leiner mit einer Spur reifem Apfel und nussiger Würze. Die Perlage am Mund ist fein und die Textur geht in eine gewisse Opulenz über, ohne breit zu wirken. Ein großartiger Schaumwein mit spannender Aromatik. 11,5 Vol.-%, DIAM, €€€

93 2019 »Kapelle« Riesling trocken
Safran, Curry, Gesteinsmehl mit Zitronenblüten, Aprikosenanklänge, Basilikum. Am Gaumen auch Quitte und Kumquat. Dicht, fordernd, dunkle Mineralik. Fast karg. Positive Phenolik, vielschichtig, intensiv und lang. Braucht deutlich Luft und Zeit. 12,5 Vol.-%, NK, €€€

93 2019 »Kapelle« Weißer Burgunder trocken
Apfelschale, Hefe, Kamille, Beifuß, Salbei, getrocknete Heublumen, präsentes Holz, gelber Tabak, reduktive, mineralische Note. Straff am Gaumen, dicht mit gutem Extrakt, deutliche, gepflegte Phenolik, das Tannin muss sich noch einbauen, präzise, super Länge, mit Charakter. 13 Vol.-%, NK, €€€

91 2020 »Foxy Lady« Rosé trocken PN/SAN/TE
Blasses Rubin, es gibt Rotweine, die weniger Farbe haben. Kirsche und Waldhimbeeren, auch Waldmeister und Blutorange. Gibt am Gaumen eine klare Richtung vor: Nach vorne. Mit Zug, Saft, phenolischem Eintrag und gepflegtem Gerbstoff. Jimi würde ihn auch gerne trinken. 11,5 Vol.-%, NK, €€

91 2019 »Tonmassiv« Chardonnay trocken

89 2020 »handwerk« Grauer Burgunder tr.

91 2019 »Delight« Riesling trocken

90 2020 »Bitches Brew« trocken SC/GS/KR

91 2018 »Kalkbank« Spätburgunder trocken

91 2020 »Voyage Voyage« trocken

92 2019 »Kalkbruch« Weißer Burgunder tr.
Laktisch in der Nase, Birne, Kamille, Heu, Akazie, Aprikose, etwas Ananas. Am Gaumen Honigmelone, cremig und rund in der Struktur mit tragender Säure, etwas Fruchtsüße, mittelgewichtig im Extrakt, salziges Finish, gepflegte Phenolik. Sollte in die Karaffe. 12,5 Vol.-%, NK, €€

★★

WEINGUT LERGENMÜLLER

Weinstraße 16, 76835 Hainfeld
T: +49 6323 94926, info@lergenmueller.de
lergenmueller.com

Ab-Hof-Verkauf: Nach Vereinbarung
Kellermeister: Jürgen Lergenmüller
Ansprechpartner: Stefan und Jürgen Lergenmüller
Flaschen/Hektar: 750.000 (50 % weiß, 50 % rot)/85 ha

Die Familie Lergenmüller sind Pfälzer Urgesteine mit einer langen Familiengeschichte – seit 15 Generationen wird hier Weinbau betrieben. Die Weine stehen traditionell für Kraft und Struktur, allerdings verstehen es Stefan und Jürgen Lergenmüller auch mit einer feineren Klinge zu kämpfen. So hat uns beim Weißburgunder »Muschelkalk« die gute Säurestruktur und der kreidig-mineralische Nachhall besonders gut gefallen. Aber natürlich werden Powerfans ebenfalls glücklich: Der Spätburgunder »Angiolino« und der Merlot »Roter Lehm« haben ordentlich Dampf und Zug!

91 2020 »Muschelkalk« Weißburgunder tr.
Ruhige Nase von reifen gelben Früchten, Mirabelle, Pfirsich, leichten Zitrusnoten, weißen Blüten sowie leicht laktischen Noten. Am Gaumen mit geschmeidigem Körper, frisch durch eine gut integrierte Säurestruktur und einen kreidig-mineralischen Nachhall. 13 Vol.-%, NK, €€

90+ 2020 »Pur Mineral« Chardonnay trocken
In der Nase noch etwas verschlossen, gelbe Früchte, Honigmelone, leicht zitrische Noten. Am Gaumen am Anfang straff, dann eine seidige Textur bei einem runden mittelkräftigen Körper mit einer gut integrierten Säure.
13 Vol.-%, NK, €€

90 2020 »Buntsandstein« Grauer Burgunder trocken
In der Nase reife Quitten, Honigmelone, leicht pfeffrig, leichte Würze, Mandeln, Honigwabe. Am Gaumen schöne reife Säurestruktur bei stattlichem Körper, geschmeidig und fruchtig, gute Länge, prima zum Essen.
13 Vol.-%, NK, €€

90 2018 »Angiolino« Spätburgunder trocken
In der Nase Waldbeeren, leicht ätherisch, Zartbitterschokolade, Zedernholz, nasses Laub. Am Gaumen spürbarer Gerbstoff, würzig, ein schöner Speisenbegleiter zu Wildgerichten mit einer fruchtbetonten Sauce. 14,5 Vol.-%, NK, €€

90 2018 »Roter Lehm« Merlot trocken

91 2020 »Feuerstein« Sauvignon Blanc tr.
Im Duft Rote Johannisbeere, Weinbergpfirsich sowie Heu, ein wenig Brennnessel, grüner Paprika und Feuerstein. Am Gaumen saftig, fruchtbetont mit einer seidigen Phenolik, leichte Restsüße spürbar bei salzig mineralischem Abgang. Langer Nachhall. 13 Vol.-%, NK, €€

WEINGUT MARGARETHENHOF

Wiesenweg 4, 67147 Forst an der Weinstraße
T: +49 6326 8302, info@margarethenhof-forst.de
margarethenhof-forst.de

Ab-Hof-Verkauf: Mo und Mi bis Sa von 9–12 Uhr und 13–18 Uhr
Kellermeister: Martin Lucas und Yvonne Libelli
Ansprechpartner: Yvonne Libelli
Flaschen/Hektar: 147.000/17 ha

Die jungen Geschwister Yvonne Libelli und Martin Lucas feilen mit Verve an ihren Weinen, mit ihren 2019er Rieslingen aus Pechstein und Jesuitengarten können sie ein weiteres Mal mühelos mit den größten Namen der Mittelhaardt mithalten. Schaut man in die Preisliste, reibt man sich die Augen: Ein Pechstein unter 20 Euro und in dieser Qualität ist wirklich eine Sensation. Aber auch die verkosteten Basisweine wie Forster Ortsriesling oder der Gutswein »Kernstück« überzeugen. Wir warten bereits voller Spannung darauf, wie es hier weitergeht.

95 2019 »Große Lage« Forst Pechstein Riesling trocken
Rauchig-mineralisch, Feuerstein, aber auch Forster Gelbfruchtigkeit in verschlossenem Zustand. Im Mund ein Brocken von Wein, und das mit seidigen und wirklich feinen Phenolen, enorm dicht, viskose Schichten, intensiv mineralischer Hintergrund. 14 Vol.-%, DV, €€€

93 2019 »Große Lage« Forst Jesuitengarten Riesling trocken
Zunächst verhalten in der Nase, etwas Holzwürze, mit Luft auch Noten von Steinobst. Am Gaumen salzig und puristisch ansetzend mit Grapefruit, die feste Struktur ist vom Holzausbau geprägt, feine Süße, präsente Säure und Spannung. Hat Potenzial und Zukunft. 13,5 Vol.-%, DV, €€€

92+ 2019 »Große Lage« Forst Ungeheuer Riesling trocken
Im Duft Mirabelle, kandierter Ingwer, gelber Pfirsich. Am Gaumen mit geschmeidigem Ansatz und festem Säuregerüst, ziemlich stoffig, Terpene schaffen Vielschichtigkeit und geben dem Wein zusammen mit der taktilen Mineralität einen pointiert-kompakten Abklang. Sehr gutes Potenzial! 13 Vol.-%, DV, €€

90+ 2020 »Erste Lage« Deidesheim Herrgottsacker Riesling trocken
Zurückhaltend im Duft, ein klein wenig balsamisch, getrocknete Zitronenschale, im Mund mit gewissem Volumen, seidig texturiert, feine Süße, lebendige Säure, gut ausgewogen und mit deutlichem Herkunftscharakter. 13 Vol.-%, DV, €€

90 2020 Forst Riesling trocken

90 2020 »Kernstück« Riesling trocken
Pfirsich im Duft, frische Aprikose, frisch geriebene Zitronenschale. Der Gaumen eröffnet mit Geschmeidigkeit und setzt mit salzigen Motiven fort. Für die Preisklasse außergewöhnlich in seiner mineralischen Definition, zeigt der Wein mittelhohe Dichte und mittlere Länge.
12 Vol.-%, DV, €

★★

WEINGUT MEIER

Hübühl 9, 76835 Weyher in der Pfalz
T: +49 6323 988599, info@wein-meier.de
wein-meier.de

Ab-Hof-Verkauf: Mo bis Fr 14–18 Uhr, Sa 9–16 Uhr
Kellermeister: Georg Meier
Ansprechpartner: Georg Meier
Anbauweise: 200.000 (70 % Weiß, 30 % Rot)/20 ha

Bereits der Urgroßvater von Barbara Meier besaß Weinberge in Weyher in der Pfalz und gründete 1885 ein Weingut. Auf ihren 14 Hektar bewirtschaftet die Familie heute überwiegend jüngere Anlagen, gezielt für die langfristige Ausrichtung des Betriebs angepflanzt. Georg Meier, der seit 2005 den Ausbau der Weine gestaltet, keltert aus den Trauben straffe, mineralisch unterfütterte Weißweine mit starkem, bisweilen forderndem Nachhall. In diesem Jahr brilliert der 2020 Weyer Michelsberg Riesling trocken, dicht gefolgt vom »2 G«. Eine ausgezeichnete Kollektion!

91 2019 »2G« Riesling trocken
Klar in der Farbe und sauber im Duft. Aromen von Limette, Zitronenschale, grünem Apfel und nassem Stein. Am Gaumen mit guter Saftigkeit, feiner Säure und erkennbarer Struktur. Ebenfalls primäre Aromen wie Limettenschale und Bitterorange. Im Nachhall mineralisch. 13 Vol.-%, NK, €€

91 2019 Burrweiler Altenforst Riesling tr.
Fein und komplex in der Duftgebung. Aromen von Maracuja, Limette, reifem gelbem Apfel und nassem Stein. Am Gaumen ein schlanker Körper mit sehr lebendiger Säure, die diese Aromen gut abfedert. Straff und fordernd auch im Nachhall. Ein spannender Wein. 12 Vol.-%, NK, €€€

91 2020 Burrweiler Altenforst Riesling tr.
Noch blass in der Farbgebung und sortentypisch im Duft. Aromen von reifer Aprikose, Orangenschale und Rauch. Am Gaumen folgen reifer gelber Apfel und Grapefruit. Die straffe Säure balanciert das Extrakt. Attraktiver, noch leicht fordernder Nachhall. 13 Vol.-%, NK, €€€

90 2019 Weyher Michelsberg Riesling trocken
Konzentrierter Duft, in dem sich reife Aprikose, Apfelschale und mineralische Komponenten finden. Im Mund mit jodigen und salzigen Komponenten, kräftige und bündige Struktur, wieder reife, gelbe Frucht, reife Säure, Würze, Phenolik. Zeigt Spannung, gutes Potenzial. 13 Vol.-%, NK, €€

90 2019 Hainfeld Letten Weißburgunder tr.

91+ 2020 Weyher Michelsberg Riesling tr.
Ein blasses Goldgelb in der Farbe. Im Duft anfangs noch mit einer Note der Abfüllung versehen, dann folgen Zitronenschale, Orange und nasser Stein. Am Gaumen ein feiner Extrakt, getragen von kräftiger Säure. Ein guter Wein mit sehr attraktivem Nachhall. 13 Vol.-%, NK, €€

★★★

WEINGUT KARL-HEINZ UND ANDREAS MEYER

Bahnhofstraße 10, 76831 Heuchelheim-Klingen
T: +49 6349 5895, mail@meyer-weingut.de
meyer-weingut.de

Ab-Hof-Verkauf: Mo bis Fr 9–12 Uhr und 13–17 Uhr, Sa 9–15 Uhr
Kellermeister: Andreas Meyer und Hauke Kerkau
Ansprechpartner: Andreas Meyer
Flaschen/Hektar: 160.000 (70 % weiß, 30 % rot)/17 ha
Anbauweise: Biologisch zertifiziert

Die Arbeitsteilung im Weingut Meyer funktioniert bestens: Während sich das Team von Senior Karl-Heinz Meyer um die sorgfältige biologische Bewirtschaftung der 17 Hektar Weinberge kümmert, ist Sohn Andreas Meyer für den Keller verantwortlich. Die uns präsentierten Weine zeigen sich alle exzellent balanciert und stoffig. Herausragend gelungen ist dieses Mal der 2018er Spätburgunder aus dem Heuchelheimer Herrenpfad, der mürbe Gerbstoffe, intensive Frucht und belebende Säure vereint – der Wein macht jetzt schon Spaß und besitzt Potenzial.

91 2019 »Reserve« Chardonnay trocken

Im Bukett entwickelt sich ein Duft von gelbem Apfel, Carambole, Ananas sowie etwas Vanille vom Fassausbau. Am Gaumen mit feinen Röstaromen, feiner Säure, die die Frucht, die leichte Phenolik und auch die Ausbaunote sehr gut balanciert. Ein Wein mit Potenzial. 13 Vol.-%, NK, €€

90 2020 Klingenmünster Maria-Magdalena Riesling trocken

In der Nase entwickelt sich reifer und sortentypischer Duft mit Aromen von Zitrone, grünem Apfel und Gesteinsmehl. Die präsente Säure trägt diese Aromatik sehr gut. Es folgen noch Ananas und Zitronenschale in einem mittleren Körper bei gutem Nachhall. 11,79 Vol.-%, NK, €€

89 2020 Heuchelheim Herrenpfad Riesling trocken

Klar in der Farbe. Ein Duft von reifem Apfel, Zitronenzeste und nassem Stein. Am Gaumen mit guter Säure ausgestattet, welche die noch nicht ganz klaren reifen Primäraromen gut balanciert. Der Nachhall wird von leichter Mineralik begleitet. 12,5 Vol.-%, NK, €€

92 2018 Heuchelheim Herrenpfad Spätburgunder trocken

Sehr dunkle Farbe. Im Duft Sauerkirsche, Pflaume und schokoladiges Holz, auch etwas Minze. Mürbes Gerbstoffkorn, gut in einen molligen und von intensiver Frucht begleiteten Körper eingebunden. Reife Säure, geschmeidiger Abklang, ein vollmundiger Jahrgangstyp, der die Balance wahrt. 14,5 Vol.-%, NK, €€

89 2020 »Muschelkalk« Klingenmünster Weißer Burgunder trocken

90 2020 »Kalkmergel« Heuchelheim Grauer Burgunder trocken

Blasses Goldgelb. Im Duft klassisch mit Aromen von weißem Pfirsich, Zitronenzeste, Walnuss. Am Gaumen zeigt sich eine gute Säure, aromatisch treten Ananas, gelber Apfel und junge Birne hinzu. In der Textur dicht und mit Volumen ausgestattet. Ein guter Speisenbegleiter. 13 Vol.-%, DV, €

★★★

WEINGUT STEFAN MEYER

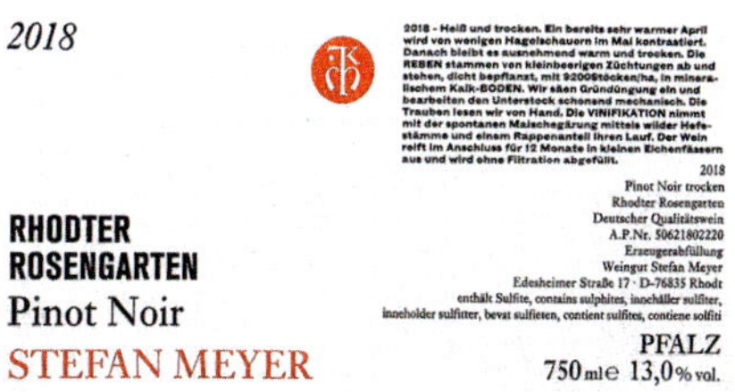

Edesheimer Straße 17, 76835 Rhodt unter Rietburg
T: +49 6323 2348, weingut@meyer-rhodt.de
meyer-rhodt.de

Ab-Hof-Verkauf: Mo bis Fr 13–18 Uhr, Sa 10–16 Uhr
Kellermeister: Stefan Meyer
Ansprechpartner: Stefan Meyer
Flaschen/Hektar: 95.000 (50 % weiß, 50 % rot)/16 ha

Letztes Jahr hoben wir den Rhodter Orts-Spätburgunder als Falstaff-Tipp hervor, dieses Jahr tun wir ein Gleiches mit dem Pendant aus der Sorte Chardonnay: Das ist wirklich sehr viel Wein fürs Geld und ein idealer Einstieg in die Welt des Pfälzer Chardonnay. Auch die höherpreisigen Weine geben mehr als nur einen fairen Gegenwert. Die Spätburgunder sind eine Lehrstunde in Sachen Terroir: Der »Letten« demonstriert, wie fleischig das Tannin vom Lehmboden ausfallen kann, der »Rosengarten« spielt dagegen den Kalkboden in heller Dur. Eine sehr gelungene Kollektion!

93+ 2020 Rhodt Rosengarten Weißburgunder trocken
Verschlossen im Duft, etwas zitrisch. Feuchter Stein. Leicht geschmeidig ansetzend, dann dominiert ein von frischem Nerv und viskosen Schichten getragener Extrakt, sehr gute Dichte, kompakt, mineralisch, ein packender, in die Zukunft weisender Bau. 13 Vol.-%, NK, €€

92 2020 Rhodt Rosengarten Chardonnay tr.
Leicht rauchiges Holz, verschlossene Sortenaromen, Popcorn, etwas Zitrusfrucht. Am Gaumen zeigt sich der Wein gehaltvoll, wird aber dennoch von Extrakt und saftigem Nerv in Balance gehalten, nachgerade verschlankt. Kompakt, fast bissig im Abklang. Gutes Potenzial. 13 Vol.-%, NK, €€

93 2019 Rhodt Rosengarten Pinot Noir tr.
Rauchig, röstig im Duft, Hefe, Kräuter, dann Sauerkirsche und dunkle Beeren. Am Gaumen hat der Wein Muskeln, kommt aber nicht massiv daher, die Gerbstoffe adstringieren nicht, die Frucht ist differenziert, die Säure gibt Halt, ohne isoliert zu stehen. 13,5 Vol.-%, NK, €€€

92 2019 Edenkoben Schwarzer Letten Pinot Noir trocken
Rauchige Noten und dunkle Schokolade prägen den Duft. Der Gaumen ist dicht mit Gerbstoff mittlerer Korngröße besetzt, die Säure bleibt im Hintergrund, während eine reife Schwarzkirschfrucht in den Abgang leitet. Zuletzt eher strukturgeprägt. Noch sehr jung. 13,5 Vol.-%, NK, €€€

91+ 2019 Rhodt Klosterpfad Syrah trocken

90+ 2020 »Aus Rhodt« Chardonnay trocken
Im Duft frisch und anregend: Zitrische Frucht dominiert, dazu kommen leicht steinig-pfeffrige Untertöne und ein Anflug von rauchigem Holz. Im Mund etwas dichter als mittelgewichtig, mit stoffigen Ansätzen, aber auch mit einer präsenten Geschmeidigkeit. Guter Ortswein. 12,5 Vol.-%, NK, €€

★★★★

WEINGUT HERBERT MESSMER

Gaisbergstraße 5, 76835 Burrweiler
T: +49 6345 2770, messmer@weingut-messmer.de
weingut-messmer.de

Ab-Hof-Verkauf: Mi bis So 13–19 Uhr in der Vinothek, Weinstraße 6, Burrweiler
Kellermeister: Bernd Henninger
Ansprechpartner: Martin Meßmer
Hektar: 29 ha
Anbauweise: Biologisch zertifiziert

Bereits im vergangenen Jahr haben wir uns sehr über die exzellenten Guts- und Ortsweine des nun biozertifizierten Weinguts gefreut – und auch in diesem Jahr ist es Martin Messmer zusammen mit Betriebsleiter Jonas Bosch und Kellermeister Bernd Henninger gelungen, wunderbare Basisqualitäten auf die Flasche zu bringen. Wir werden nicht müde zu betonen: Das sind die Visitenkarten eines Weinguts! Davon abgesehen waren wir sehr vom eigenständigen, knochentrockenen Burrweiler Muskateller begeistert, der das Potenzial dieser oft – zu Unrecht – etwas vernachlässigten Rebsorte zeigt.

92 2020 Burrweiler Muskateller trocken
Ein nicht alltäglicher Ausbau für diese Rebsorte, knochentrocken. Intensiver Duft von Orange, Mandarine, Zitronenzeste und dem Blatt Schwarzer Johannisbeere. Am Gaumen herrlich trocken und saftig, mit guter Säure, die die Aromatik trägt. Bei langem Nachhall vom Gerbstoff geprägt.
11,5 Vol.-%, NK, €€

91+ 2020 Burrweiler Schlossgarten Chardonnay trocken
Anfangs im Duft von der Gärung geprägt, entwickelt sich der Wein am Gaumen zu einem wahren Feuerwerk von Aromen sowie einer feinen Note aus der Phenolik. Aromen von Orangenblüte, Zitronenzeste, Rauch und Kokosnuss. Alles von sehr guter Säure getragen, mit langem Abgang.
12,5 Vol.-%, NK, €€

91 2020 Burrweiler Altenforst Riesling tr.
Kräutrig-mineralische Nase: gelber Pfirsich, Limette, Orangen, aber auch Mango. Im Mund dann pikantes Säurespiel, Tabak, wieder gelbe Früchte, Zitrus, sehr fest gewirkt und noch unentwickelt, sehr guter Abgang, leicht stoffiger Nachhall. Braucht noch Zeit. 12,5 Vol.-%, NK, €€

91 2020 »Schiefer« Burrweiler Riesling tr.
Wiederum angenehm sortentypisch in der Aromatik. Im Duft entwickeln sich Aromen von Zitronenschale, grünem Apfel und Jasmin. Am Gaumen folgen rosafarbener Pfirsich und Mandarine, balanciert von guter Säure. Der eher schlanke Körper führt in einen langen Nachhall. 12 Vol.-%, DV, €€

90+ 2020 »Muschelkalk« Grauburgunder tr.

90+ 2020 Burrweiler Schlossgarten Weißburgunder trocken

90 2020 »Granit« Hainfeld Riesling trocken

90 2020 Weißburgunder trocken

89+ 2020 Hainfeld Spätburgunder Rosé tr.

90+ 2014 Burrweiler Auf der Hohl Spätburgunder GG

90 2020 Riesling trocken
Sauber und sortentypisch im Duft. Aromen von Zitrone, grünem Apfel, Birne und nassem Schiefer. Am Gaumen trägt die gut eingebundene Säure diese Aromen und angenehme mineralische Noten entwickeln sich im Abgang ebenfalls. 12 Vol.-%, DV, €

★★★★

WEINGUT THEO MINGES

Bachstraße 11, 76835 Flemlingen
T: +49 6323 93350, info@weingut-minges.com
weingut-minges.com
Ab-Hof-Verkauf: Mo bis Fr 9–12 Uhr und 13–17 Uhr, Sa 10–17 Uhr
Kellermeister: Theo und Regine Minges, Fritz Hohlreiter
Ansprechpartner: Theo und Regine Minges
Flaschen/Hektar: 180.000 (60 % weiß, 30 % rot, 10 % Schaumwein)/25 ha
Anbauweise: Biologisch zertifiziert

Wer den Minges zuhört, lernt, dass es zum Winzerhandwerk Empfindsamkeit braucht: »Fühlen die Reben sich wohl, geben ihre Trauben den besten Wein«. Auf ihrem Bioweingut arbeiten Vater Theo und Tochter Regine Minges mit der Natur, nicht gegen sie. Bei der stilistischen Ausrichtung der Weine ergänzen sich Vater und Tochter auf ideale Weise: Er pflegt einen puristischen, knochentrockenen Stil, sie fügt diesem so wenig wie möglich und so viel wie nötig hinzu. Immer wieder superb ist der Schäwer Riesling aus einer der wenigen Schieferlagen der Pfalz.

94 2020 Burrweiler Schäwer Riesling GG
Wird seinem Namen gerecht mit schieferwürzigen und kräutrigen Anklängen im Duft, dazu florale Noten, frisches Lorbeerblatt und Gelbfrucht. Auch am Gaumen von schiefermineralischen Nuancen durchdrungen, guter Extrakt und auch Dichte, hat Zug und Konsistenz. 12,5 Vol.-%, NK, €€€

93+ 2020 Gleisweiler Hölle Unterer Faulenberg Riesling GG
Duftet nach Aprikose und gezuckerter Amalfizitrone mit floralen Noten, etwas Blattgrün und feine Kräuter. Gut gebaut am Gaumen mit Saft, feiner Würze, präzisem Säurefaden und gepflegter Phenolik, gut balanciert, wirkt wie aus einem Guss. 12,5 Vol.-%, NK, €€€

93 2020 Böchingen Rosenkranz Im untern Kreuz Weißburgunder GG
Weiße Blüten, Apfel und Aprikose in der Nase, auch nussige Aromen und weiße Mandeln. Am Gaumen mit Saft, Zug und Charme, mit guter Substanz und auch Dichte, eine Schicht reifer Phenole unterstützt die geschmeidige Art, auch mineralisch unterlegt, gute Länge. 13,5 Vol.-%, NK, €€€

92+ 2018 Böchingen Rosenkranz Zinkelerde Spätburgunder GG
Kräuterwürzig im Duft, leicht balsamisch, Berglorbeer und Mandel, im Mund imponiert zunächst der wuchtige Alkohol, dann entlädt sich eine sehr dichte Tanninfracht mittleren Korns, der Gaumen bleibt fest im Griff des Gerbstoffs, bis ganz zuletzt etwas Geschmeidigkeit und sogar Süße aufblitzen. 13,5 Vol.-%, NK, €€€

91 2019 Goldmuskateller brut nature

92 2020 Gleisweiler Im oberen Letten Riesling Erste Lage trocken

92 2017 »Froschkönig« Riesling trocken

92 2020 Gleisweiler Hölle Riesling Erste Lage trocken

91+ 2020 Böchingen Rosenkranz Grauburgunder Erste Lage trocken

91 2020 »Kalkmergel« Chardonnay trocken

91+ 2018 Böchingen Rosenkranz Spätburgunder Erste Lage trocken

91 2020 »Muschelkalk« Grauburgunder tr.
Ein Duft von reifem Apfel, roher Mandel, Birne und Zitronenschale. Am Gaumen folgen Aromen einer leichten Kräuternote, Pfirsich und junge Nektarine. Gute Säure, Saftigkeit und Lebendigkeit in einem mittelgewichtigen Körper führen in einen sehr guten Abgang. 14 Vol.-%, NK, €€

★★★★

WEINGUT GEORG MOSBACHER

Weinstraße 27, 67147 Forst
T: +49 6326 329, info@georg-mosbacher.de
georg-mosbacher.de

Ab-Hof-Verkauf: Mo bis Fr 9–12 Uhr und 13.30–18 Uhr, Jan. bis März Sa 10–13 Uhr, Apr. bis Dez. Sa 10–16 Uhr
Kellermeister: Jürgen Düringer
Ansprechpartner: Sabine Mosbacher-Düringer
Hektar: 22 ha
Anbauweise: Biologisch zertifiziert

Die Terroirspezialisten vom Weingut Georg Mosbacher – also Sabine Mosbacher-Düringer und ihr Mann Jürgen Düringer – haben wieder zugeschlagen: Ein Verkoster kam zu dem Schluss, dass das Forster Ungeheuer 2020 erneut ein »archetypischer Vertreter« dieser Lage sei. Das heißt: Hier paaren sich aromatische Vielfalt und prägnante Mineralik zu einem exquisiten Genuss. Und natürlich stimmen auch Struktur und Länge. Überhaupt hat das Weingut erneut eine sehr stimmige Rieslingkollektion präsentiert, ergänzt durch den attraktiven Sauvignon Blanc »Fumé«.

93+ 2020 Forst Ungeheuer Riesling GG
In der Nase entwickelt sich ein feiner Duft aus Limette, Orangenschale, Ananas, Mango und nassem Stein. Diese Exotik wird am Gaumen unterstützt von einer leichtem Kräuterwürze und attraktiver Mineralik. Ein Wein mit perfektem Spiel, guter Struktur, Dichte und sehr langem Nachhall. 12,5 Vol.-%, NK, €€€

92+ 2020 Forst Musenhang Riesling trocken
Ein feiner Duft von Zitrone, grünem Apfel und Grapefruit. Am Gaumen entwickelt sich eine komplexe Frucht sowie eine leicht florale Note bei einer guten Textur und sehr gut eingebundener Säure. Ein Wein, der Eleganz, Kühle und Mineralik wunderbar kombiniert. 12,5 Vol.-%, NK, €€

92 2020 Deidesheim Leinhöhle Riesling tr.
Brillant in der Farbe. Duft nach exotischen Früchten. Am Gaumen finden sich Aromen von Aprikose, Mandarinenschale, Limette, grünem Apfel, schwarzem Johannisbeerblatt und nassem Stein. Ein Wein mit sehr guter Balance, präziser Säure und langem Nachhall. 12,5 Vol.-%, NK, €€

90+ 2020 Wachenheim Gerümpel Riesling tr.
Im Duft Aromen von Aprikose, Pfirsich und nassem Stein. Am Gaumen mit süßlich reifem Extrakt, helle Früchte sowie einer leichten Kräuterwürze, die von sehr feiner Säure begleitet werden. Ein Wein mit direkten Trinkfluss. 13 Vol.-%, NK, €€

90+ 2020 »Kalkstein« Riesling trocken

92 2020 »Fumé« Sauvignon Blanc trocken
In der Nase opulent reife Stachelbeeren, Maracuja, Vanille, florale Aromen von Blüten, eine leichte Würze. Am Gaumen saftig mit einer schönen Würze, tropischen Früchten, einer leicht rauchigen Note. Extrakt, eine lebendige, gut integrierte Säurestruktur und zarter Schmelz. 12,5 Vol.-%, NK, €€

★★

WEINGUT MUSSLER

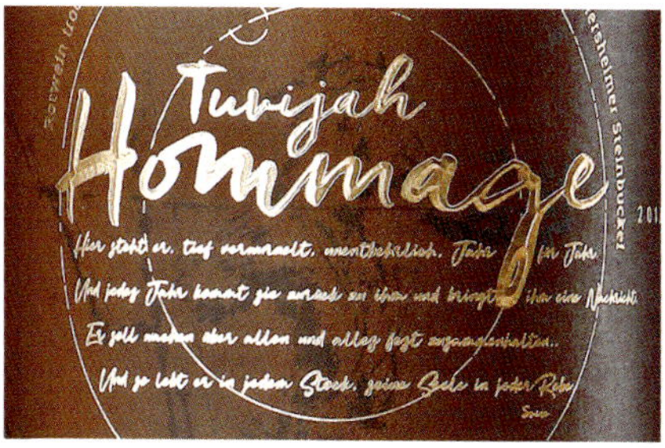

Am Goldberg 6, 67281 Bissersheim
T: +49 6359 2490, info@weingut-mussler.de
weingut-mussler.de

Ab-Hof-Verkauf: Mo bis Fr 8–12 Uhr und 13–18 Uhr, Sa 10–17 Uhr
Kellermeister: Steffen Mickley
Ansprechpartner: Sabine Mußler
Flaschen/Hektar: 667.000 (50 % weiß, 50 % rot)/55 ha

Schon seit 1831 betreibt die Familie Mußler Weinbau, bekannt wurde das Weingut vor allem durch die Arbeit und Weine von Tobias Mußler, der das Weingut 1999 übernommen hatte und schon im Mai 2016 verstarb. Heute leitet Sabine Mußler den Familienbetrieb mit 55 Hektar Weinbergen, für den Ausbau der Weine ist Kellermeister Steffen Mickley zuständig. Die Basisweine sind ausgewogen und trinkig, im Lagenbereich finden sich mehr Substanz und Differenziertheit. Besonders gut gefallen hat uns in einer schönen Kollektion der elegante und mineralische Viognier.

91 2019 Laumersheim Kirschgarten Riesling trocken
Tiefes Goldgelb im Glas. Reifer Pfirsich, ein wenig Honig und ein wenig Schießpulver in der Nase. Am Gaumen kräftig gebaut, satte, reife gelbe Frucht, gut eingebundene Säure, ein wenig Honig und eine leichte Würzigkeit im Ausklang. 13 Vol.-%, NK, €€

91 2019 Laumersheim Steinbuckel Chardonnay trocken
Schöne Nase von gelben Früchten, Butter, Haselnuss und Vanille. Gut spürbare Säure, die den Gaumen erfrischt. Schöner Schmelz, saftige, gelbe reife Früchte, ein Wein mit guter Substanz, dem man auch gerne noch ein paar Jahre Zeit geben kann. 13,5 Vol.-%, NK, €€

91 2017 »Tuvijah Hommage« trocken CF/CS
Bereits leicht gereifte Farbe, in der Nase mit einer Mischung aus kräutriger Kernigkeit, Holzlaktik und reifen Beerenfrüchten. Schöne Dichte im Mund, etwas Glyzerinsüße und eine durchaus präsente Tanninstruktur. Kann sogar noch weiter reifen. 14 Vol.-%, NK, €€€

91 2018 Bissersheim Goldberg Merlot tr.
Schöne Nase von Pflaumen, Schwarzer Johannisbeere, dunklen Kirschen und Efeu, etwas ätherisch, Minze, Karamell, Vanille und Tabak. Am Gaumen gut eingebundenes weiches Tannin. Dezente, gut eingebundene Säure sowie saftige Frucht. 14,5 Vol.-%, NK, €€

90 2019 Dirmstein Mandelpfad Riesling tr.

89+ 2020 Freinsheim Sauvignon Blanc trocken

88+ 2020 Chardonnay & Weißer Burgunder tr.

88 2020 Grauer Burgunder trocken

88 2020 »Cuvée Rosé« trocken FB/CF/SL/ME

90 2018 Großkarlbach Spätburgunder tr.

90 2018 »Cuvée S« Bissersheim trocken ME/LMB/CF/CI

91 2020 Bissersheim Viognier trocken
Reife Nase mit Zitrusfrucht, Orangenschale, Kiwi, Aprikose und Litschi, auch würzig. Präsent am Gaumen mit feingliedriger Säure, entfaltet sich elegant und in stimmiger Balance der Elemente, mit einer feinen mineralischen Tönung. Viognier auf Pfälzisch. 13 Vol.-%, NK, €€

★★★

WEINGUT EUGEN MÜLLER

Weinstraße 34a, 67147 Forst
T: +49 6326 330, kontakt@weingut-eugen-mueller.de
weingut-eugen-mueller.de

Ab-Hof-Verkauf: Mo bis Fr 8–12 Uhr und 13.30–18 Uhr
Kellermeister: Stephan Müller, Andreas Hammerstein und Alexander Rupp
Ansprechpartner: Stephan Müller
Flaschen/Hektar: 145.000 (90 % weiß, 10 % rot)/17 ha

Wenn man die Weine von Stephan Müller verkostet, ist das immer wie eine spannende und genussgeprägte Expedition in die großen Forster Rieslinglagen: Das Kirchenstück zeigt sich im Jahrgang 2020 mit packendem Extrakt, der Jesuitengarten kräutrig und mineralisch, das Ungeheuer baut seine gelbfleischigen Fruchtnoten auf. Der Pechstein hält sich noch etwas vornehm zurück. Schon im vergangenen Jahr gefiel uns die Kollektion ausgezeichnet und nun unterstreicht Stephan Müller erneut, dass er an der Mittelhaardt zu den festen Größen gezählt werden muss. Schöne Rieslingparade!

94 2020 »GL« Forst Kirchenstück Riesling tr.
Ausdrucksstarker und vielschichtiger Duft mit Mineralik, floralen Anklängen, Zitrusschale und feiner gelber Frucht. Am Gaumen mit Spannung und packendem Extrakt, mit präziser, eng am Körper liegenden Säure, auch die Mineralität nimmt einen mit auf eine lange Reise. 13 Vol.-%, NK, €€€

94 2020 »GL« Forst Jesuitengarten Riesling trocken
Noten von Spontangärung, kräutrig, Honigmelone, Astwerk, Umami, leicht ätherisch. Ausgewogen am Gaumen, saftig, würzig, kräutrig und elegant im Ausdruck. Mit einer selbstbewussten Säure, Zitrusfrucht, im Ausklang deutliche Mineralik, gute Länge. 12,5 Vol.-%, NK, €€€

93+ 2020 »GL« Forst Ungeheuer Ziegler Riesling trocken
Weinbergpfirsich, Mirabelle und Limettenschale mit mineralischen Noten im Duft, auch etwas Hefe. Kompakt und straff gebaut am Gaumen, wo er sich von der reifen und präzisen Säure führen lässt. Geballter Extrakt und starker mineralischer Ausdruck, zeigt seine Herkunft. 12,5 Vol.-%, NK, €€€

91+ 2020 »GL« Forst Pechstein Riesling tr.
Reife Mirabelle, Pfirsich, kandierte Mandeln und florale Noten in der Nase, steinige Anklänge. Mit guter Energie und präsenter Säure am Gaumen mit cremiger Frucht ansetzend, mittelgewichtig im Extrakt und mit feiner mineralischer Grundierung. Gute Länge. 12,5 Vol.-%, NK, €€€

90 2018 »Alte Reben« Spätburgunder tr.

92+ 2020 Forst Jesuitengarten Riesling tr.
Noten von Spontangärung im Duft, Kräutergarten, Malz, auch Steinobst, Aprikose. Am Gaumen mit einer frischen und beschwingten Säure, leichte Mineralität, saftig, Noten von grünem Apfel, nicht zu komplex, aber elegant, finessenreich und mit Lagenausdruck. 12,5 Vol.-%, DV, €€

★★★★

WEINGUT MÜNZBERG

Böchinger Straße 51, 76829 Landau-Godramstein
T: +49 6341 60935, wein@weingut-muenzberg.de
weingut-muenzberg.de

Ab-Hof-Verkauf: Mo bis Fr 8–12 Uhr und 14–18 Uhr, Sa 10–15 Uhr
Kellermeister: Nico Keßler
Ansprechpartner: Gunter Keßler
Flaschen/Hektar: 120.000 (79 % weiß, 21 % rot)/18 ha

Jahr für Jahr freuen wir uns über die ausgeglichene Qualität der Weine aus diesem Familienbetrieb. Die Keßlers verstehen es, dichte, komplexe, aber völlig unangestrengt wirkende Weine zu keltern, die ebenso elegant wie tiefgründig sind – und deshalb sehr viel Spaß machen. Daran hat sich auch mit dem Jahrgang 2020 nichts geändert. Mit seinem schönen Spannungsbogen hat uns das dichte Weißburgunder-GG aus dem Schlangenpfiff besonders beeindruckt. Der Spätburgunder aus der gleichen Lage steht ihm nicht nach – Glückwunsch zu diesen Weinen und zum vierten Stern.

93 2020 Godramstein Münzberg Schlangenpfiff Weißer Burgunder GG
Elegante Nase nach weißer Schokolade, geschälten Mandeln, auch Kokosnuss und Banane, Palerbsen. Im Mund bodenständig erwachsen, eine große Dichte bleibt lange da und die gut strukturierte Säure macht ihn saftig und ungemein trinkig. Schöner Spannungsbogen. 13,5 Vol.-%, NK, €€€

93 2020 »Kalkmergel« Godramstein Chardonnay trocken
Eine Nase von hellem Pfeifentabak, zart süßlich und doch markant dabei, dann fein rauchig, Flintstein, auch Gewürznelke und Fenchelsaat blinzeln durch. Im Mund knackig mit Butterkaramellnoten, eine geradlinige schön unterstützende Säure macht ihn saftig. 13,5 Vol.-%, NK, €€

93 2020 Godramstein Stahlbühl Chardonnay Erste Lage trocken
Kräftige Kräuternase, auch nach Amber, Orangenschale und Wermutkraut, weißer Klee. Im Mund eine cremig zarte Süße mit viel frischer Säure, duftig, dabei anmutig langer Nachhall, die animierende Adstringenz macht Lust auf mehr. 13,5 Vol.-%, NK, €€€

93 2018 Godramstein Münzberg Schlangenpfiff Spätburgunder GG
Fein und sortentypisch im Duft mit Aromen von dunkler Kirsche, Cranberry, Hibiskus, Holzwürze und leichter Minze. Am Gaumen wird diese Aromatik in einem mittelgewichtigen Körper von lebendiger Säure getragen. Im Gerbstoff fein und mit langem Nachhall ausklingend. 14 Vol.-%, NK, €€€

92 2020 »Kalkgestein« Godramstein Chardonnay trocken

92 2020 Godramstein Ochsenloch Weißer Burgunder Erste Lage trocken

91 2020 »Kalkgestein« Godramstein Weißer Burgunder trocken

91 2020 »Löß-Lehm« Godramstein Weißer Burgunder trocken

90 2020 »Kalkmergel« Godramstein Grauer Burgunder trocken

90 2020 Weißer Burgunder trocken

92 2018 Godramstein Affolter Spätburgunder Erste Lage trocken

92 2020 Godramstein Schneckenberg Grauer Burgunder Erste Lage trocken
Der erste Eindruck ist der Duft von reifen Äpfeln, auch Renekloden, eine gebündelte Dichte entströmt dem Glas. Im Mund zuerst frisch und saftig, um dann fruchtig und cremig mit leicht herben Noten einen runden Abschluss zu bilden. Fein! 13,5 Vol.-%, NK, €€

★★

WEINGUT NAUERTH-GNÄGY

Müllerstraße 5, 76889 Schweigen-Rechtenbach
T: +49 6342 919042, info@nauerth-gnaegy.de
nauerth-gnaegy.de

Ab-Hof-Verkauf: Sa 9–17 Uhr,
Mo bis Fr nach Vereinbarung
Kellermeister: Michael Gnägy und Mareen Nauerth
Ansprechpartner: Nauerth-Gnägy
Flaschen/Hektar: 180.000 (60 % weiß, 40 % rot,)/30 ha
Anbauweise: Biologisch zertifiziert

Dass Schweigen im südlichsten Zipfel der Pfalz reich mit hochwertigen Kalkböden beschenkt ist, ist bestens bekannt. Auch Mareen Nauerth und Michael Gnägy wissen diese Gunst der Natur zu nützen, wie am eindrücklichsten der »Eisenbart« Spätburgunder des Jahres 2016 zeigt. Wir hatten diesen Wein schon einmal vor zwei Jahren verkostet. Jetzt legen wir angesichts der aufkommenden Würze noch ein »Plus« auf die damaligen 92 Punkte drauf. Auch die anderen Weine belegen, dass Schweigen-Rechtenbach ein Burgunder-Eldorado ist. Und sogar Cabernet wird reif!

90+ 2020 »ng.3« Schweigen-Rechtenbach Lorch Weißer Burgunder trocken

Eine frische Brise weht aus dem Glas: Kräutertöne, Zitrus, pfefferig-kalkwürzige Aromen. Im Mund mit einigem Druck und Fülle, aber auch mit einem »kühl« anmutenden Kern, mit einer Spur Restsüße und mit merklich mineralischen Untertönen. 14 Vol.-%, DV, €€

90 2020 Schweigen-Rechtenbach Gewürztraminer trocken

Der nuancierte Sortenduft mit Noten von Rose, Litschi und Brotrinde ist noch etwas hefig unterlegt. Am Gaumen hat der Wein Saft, Nerv, und auch (Kohlensäure-)Frische, die Aromatik ist nicht überbordend und auch der Körper nicht im Übermaß barock. Eine Spur Süße rundet ab. 14,5 Vol.-%, DV, €

92+ 2016 Schweigen-Rechtenbach Eisenbart Spätburgunder trocken

Ein komplexer Duft: dezent rauchiges Neuholz, Süßkirsche und Mandel, reif-würzige Noten von Unterholz. Der Gaumen strahlt sehnige Eleganz aus, wirkt feinkörnig-griffig und ist gut taktilmineralisch unterfüttert. Endet mineralisch-saftig und noch recht kompakt. 13,5 Vol.-%, NK, €€€

90 2018 Cabernet Sauvignon trocken

Im Duft Bitterschokolade, Dörrbohne, Tomatenmark und Schwarze Johannisbeere. Der Gaumen ist von körnigem Gerbstoff mit hoher Spannkraft geprägt, die Säure wirkt gut eingebunden und der Wein dürfte ein gutes Reifepotenzial besitzen. 14 Vol.-%, NK, €€

90 2020 Schweigen-Rechtenbach Herrenwingert Chardonnay trocken

91 2020 »ng.3« Schweigen-Rechtenbach Pfarrwingert Grauer Burgunder trocken

Anfangs noch hefig im Duft, entfaltet der Wein nach und nach Aromen von Orangenschale, Cointreau, geröstetem Sesam und feuchtem Kalk. Der Gaumen spielt mit rundem Reichtum und einer feinnervigen Säure als Gegengewicht. Ein stämmiger Wein mit sehr gutem Potenzial. 13,5 Vol.-%, DV, €€

★★

WEINGUT NEHB

Im Auweg 44, 67269 Grünstadt-Asselheim
T: +49 6359 6437, info@weingut-nehb.de
weingut-nehb.de

Ab-Hof-Verkauf: Mo bis Sa 8–12 Uhr und 13–18 Uhr
Kellermeister: Sascha Nehb
Ansprechpartner: Sascha Nehb
Flaschen/Hektar: 133.000 (50 % weiß, 50 % rot)/15 ha

Sascha Nehb druckt auf seine Etiketten Engelsflügelchen und teuflische Hörner – aber man muss keine Angst vor diesen Weinen haben, sie sind weder heilig noch diabolisch. Die Weißen verfolgen das Prinzip der Zugänglichkeit, mit offenen Fruchtaromen im Duft und mit einer Prise Süße am Gaumen. Den Rotweinen des 2018er Jahrgangs ist anzumerken, dass das warme Jahr dicke Beerenschalen hervorgebracht hat: Sie haben massig Tannin und brauchen Geduld. Alles in allem eine irdisch gute Kollektion, mit einem himmlischen Schwarzriesling an der Spitze.

89+ 2020 Mühlheim Grafenstück Blanc de Noir Spätburgunder trocken
Eine frische Beerennase, auch etwas Eisbonbon und Pflaume, im Mund schlank, saftig, prägnante Säure und zurückhaltende Süße, mittelgewichtig im Extrakt, kräftig im Körper, ein appetitlicher, trinkanimierender Bau. 13,5 Vol.-%, DV, €

89 2020 »Classic« Weißer Burgunder feinherb
Ein würziger Sortenduft, Klee, Frühlingswiese, Heu, aber auch beerig-fruchtig. Im Mund mit viel Saft, feinem Säurenerv, lebendigem süßsaurem Spiel. Ein würziger Weißburgunder im Duft, am Gaumen fast rieslinghaft spielend. 13 Vol.-%, DV, €

89 2020 Spätburgunder Rose trocken
Eine vergleichsweise kräftige Roséfarbe mit ziegelroten Reflexen. Hagebutte, Apfel im Duft, karamellisierte Noten, Rote Johannisbeere. Geschmeidig ansetzend, milde, runde Gaumenmitte, viel Saftigkeit und eine leichte Süße tragen in den Abgang, der auch etwas Stoffigkeit zeigt. 12,5 Vol.-%, DV, €

90 2018 Asselheim Goldberg Schwarzriesling Barrique trocken
Ein Bukett von Nougat und gekochten dunklen Beeren sowie von Maraschinokirsche. Dominanter, sehr dichter Gerbstoff am Gaumen, saftige Frucht hinter dem Extrakt, reife Säure, trocken abklingend. Ambitioniert gekeltert, benötigt Geduld. Hat aber schon Frucht! 13 Vol.-%, NK, €€

88 2020 Sauvignon Blanc feinherb

88 2018 Asselheim St. Stephan Cabernet Mitos trocken

88 2020 »Cuvee Diabolique« feinherb CI/PN/SL

89+ 2020 Mühlheim Grafenstück Grauer Burgunder Spätlese trocken
Gesüßtes Kastanienpüree, etwas Hefe. Birnenschnitz. Im Mund geschmeidig, weich angelegt, die Säure wirkt zurückhaltender als die Süße, gute Dichte und Länge, ein in seiner Opulenz gezügelter trockener Spätlesetypus. 13 Vol.-%, DV, €

★

WEINGUT FRIEDHELM NEU

Weidenhof 3, 67098 Leistadt
T: +49 6322 793632, info@weingut-neu.de
weingut-neu.de

Ab-Hof-Verkauf: Mo, Do und Fr 15–18 Uhr, Sa und So 11–17 Uhr
Kellermeister: Friedhelm Neu
Ansprechpartner: Friedhelm Neu
Hektar: 20 ha

»Vier Fäuste für den Neu-Wein«: So bringen Friedhelm und Heidi Neu aus Leistadt ihre Einstellung auf den Nenner. Denn alle anstehenden Arbeiten werden vom Winzepaar, das immerhin 20 Hektar Rebfläche bewirtschaftet selbst verrichtet. Friedhelm Neu kümmert sich um die Weinberge und den Keller, seine Partnerin um Gäste und den Weinverkauf, den Weinstil diskutieren und entwickeln sie gemeinsam. Dass sie gemeinsam an einem Strang ziehen, sieht man an der stimmigen Kollektion mit ausbalancierten Weinen, die nicht die Welt kosten. Da ist der zweite Stern in Sicht.

91 2018 Leistadt Felsenberg Riesling trocken
Grapefruit und Papaya mit Aprikose im fruchtigen Duft, Melisse und Pfefferminze kommen dazu. Zeigt am Gaumen reife Frucht und eine tragende Säure, die feine Süße steht ihm gut zu Gesicht wie auch die merkliche Mineralität. Erwachsener Riesling mit Balance und Tiefe. 13 Vol.-%, NK, €€

91 2019 Leistadt In den Langen Äckern Pinot Blanc trocken
Die Nase wird noch vom Neuholz geprägt, rauchige Noten und Kastanien, grüne Walnuss, mit Luft auch Mirabelle und Apfel. Strukturgeprägter Pinot Blanc mit kräftigem und festem Bau, trocken und mit guter Substanz und Dichte, leichte Salzigkeit, jung und ambitioniert. 13 Vol.-%, NK, €€

90+ 2016 »Alte Reben« Leistadt Herrenmorgen Riesling trocken
Zum reifen Steinobst wie Pfirsich und Aprikose kommt auch ein Hauch Petrol. Zeigt sich im Mund saftig, mit schöner Würze und Klarheit. Schlanker Bau, der von der reifen und feingliedrigen Säure durchzogen wird. Riesling mit Charme, Profil und auch Tiefe. Mittlere Länge. 12 Vol.-%, DV, €

90 2017 Leistadt Kalkofen Cabernet Sauvignon trocken
Cassis und Paprika in der Nase mit Gewürzen und feinem Rauch. Kräftiger Bau mit Volumen und Substanz, die Gerbstoffe sind reif und tragen gut, etwas dunkle Schokolade, öffnet sich in der Gaumenmitte mit Schmelz und reifer Frucht, feine mineralische Töne, gute Länge. 14 Vol.-%, NK, €€

90 2020 »Alte Reben« Leistadt Herrenmorgen Riesling trocken

88 2020 Cabernet Blanc feinherb

88 2020 Leistadt Chardonnay trocken

88 2020 Blanc de Noir trocken PN/BP

87+ 2018 Kallstadt Saumagen Riesling tr.

89 2018 Dunkelfelder trocken

88 2020 Riesling Spätlese

90 2020 Leistadt Herzfeld Roter Riesling tr.
Duftet nach Weinbergpfirsich, Aprikose und Papaya, auch etwas Orangenschale und Mandelblüte. Entfaltet sich am Gaumen mit Saft und Schmelz, die Säure ist weich und zurückgenommen, auch etwas Zitrusfrucht zeigt sich. Großzügig und charmant, schön. 12,5 Vol.-%, DV, €

★★★

WEINGUT AM NIL

Neugasse 21, 67169 Kallstadt
T: +49 6322 95791000, info@weingutamnil.de
weingutamnil.de

Ab-Hof-Verkauf: Mo bis Fr 9–12 Uhr und 13–17 Uhr, Sa und So 12–18 Uhr
Kellermeister: Till Tempel
Ansprechpartner: Christine Ludt
Flaschen/Hektar: 320.000 (75 % weiß, 25 % rot)/4 ha

Dr. Ana und Reinfried Pohl haben ihren Bestand in der Top-Lage Kallstadter Saumagen noch einmal ausgebaut – auf mittlerweile stolze 3,8 Hektar. Das illustriert die hohen Ambitionen der beiden, die das Gut 2010 übernommen haben. In der Tat zeigen sich die Weine erneut durchweg gelungen. Ganz stark – wen wundert es – sind Riesling und Spätburgunder aus dem Saumagen. Der Top-Weißwein aus 2019 ist wunderbar aromatisch mit großer Tiefe, der 2017er Spätburgunder zeigt sich würzig und lang. Beide Weine haben eine exzellente Zukunft vor sich.

92+ 2019 Kallstadt Saumagen Riesling tr.
Klar in der Farbgebung und fein im Duft vom Limette, Zitronenzeste, Feuerstein und dezente Petrolnote. In der Nase ebenfalls Aromen von süßem Weinbergpfirsich sowie eine leichte Salzigkeit, begleitet von ideal eingebundener Säure und sehr langem Nachhall. 13,5 Vol.-%, NK, €€€

91 2019 Ungstein Herrenberg Riesling tr.
In der Nase anfangs bedeckt. Dann folgen sehr attraktive Düfte von Zitronenschale, grünem Apfel, grüner Papaya und Kalk. Am Gaumen mit erkennbarem Extrakt, balanciert von sehr lebendiger Säure im einem durchaus mittelgwichtigen Körper bei gutem Nachhall. 14 Vol.-%, NK, €€€

90+ 2019 Ungstein Weilberg Riesling trocken
Mittleres Zitronengelb. Intensiver Duft von reifem Apfel, Birne, Speck. Am Gaumen erweitert von Aromen von Zitrone, Limette und Pfirsich, getragen von lebendiger Säure. Der Wein hat sowohl eine spannende Phenolik als auch eine gute Komplexität und gute Länge. 12,5 Vol.-%, NK, €€€

90+ 2019 Kallstadt Riesling trocken
Anfangs weniger primärfruchtig als kalkwürzig in der Nase. Danach ein Duft von gelbem Apfel. Zitrone und nassem Stein. Am Gaumen folgen Grapefruit, Nekatarine bei etwas Phenolik, Mineralik, guter Säure, Saft und sehr gutem Nachhall. 13 Vol.-%, DV, €€

88 2020 Kallstadt Chardonnay trocken

92 2017 Kallstadt Saumagen Spätburgunder trocken
In der Nase entwickelt sich ein komplexer Duft von roter Kirsche, reifer Plaume, Himbeere und Gewürznelke. Am Gaumen Röstaromen sowie Waldbeere, Pilzen, Himbeere, Schwarzkirsche und Veilchen bei sowohl sehr gut eingebundenem Tannin als auch Säure. Guter Nachhall. 13 Vol.-%, NK, €€€

★★

GUT OBERCARLENBACH WEINGUT BERND & ANNETTE MECKEL

Hauptstraße 23, 67271 Kleinkarlbach
T: +49 176 23447014, Bernd@Obercarlenbach.de
obercarlenbach.de

Ab-Hof-Verkauf: nach Vereinbarung
Kellermeister: Bernd Meckel
Ansprechpartner: Bernd Meckel
Hektar: 4 ha

Erst seit dem Jahr 2016 besitzen Bernd und Annette Meckel das Gut Obercarlenbach. Auf lediglich vier Hektar entstehen hier am nördlichen Rand der Weinstraße Weiß- und Rotweine, die mit dem neuen Jahrgang noch einmal an Dichte und Präzision gewonnen haben. Die Weißen des Jahrgangs 2020 erscheinen feingliedrig und floral, der Holzfassausbau ist gekonnt. Die Roten sind trotz Hitze und Trockenheit des Jahrgangs 2018 alles andere als überkocht. Vor allem der Sankt Laurent zeigt, dass er mit seiner natürlichen Herbheit die Reife wunderbar ergänzt.

91 2020 Kleinkarlbach Herrenberg Riesling trocken
Dieselbe noble Zurückhaltung in der Nase wie beim Ortsriesling, hier aber begleitet von einem Touch Baumblüte. Auch am Gaumen ist der Herrenberg-Riesling ungemein floral, fein gewirkt und fast komplett trocken. Zartheit auf hohem Niveau. 12 Vol.-%, NK, €€

91 2020 Weißburgunder trocken
In der Nase frisch geöffnet zunächst leicht Vanille vom Holz, dahinter Walnuss und sehr zarte Birnennoten. Definitiv kein Primärfruchter. Am Gaumen mit großer Ausgewogenheit, Säurepikanz und Noten von Senfmehl und weißem Pfirsich. Sehr erfreulich! 13 Vol.-%, NK, €€

92 2018 »Laurentius« Réserve trocken
Man muss sie mögen, diese typische Sankt-Laurent-Nase mit Speck, dunkler Pflaume und Bitterschokolade. Am Gaumen ergänzt ein sehr passender Säurebiss die ausgereifte Materie. Eine gewisse Herbheit bleibt dem »Laurentius« erhalten. So kann 2018 sein! 13,5 Vol.-%, NK, €€

91 2018 »Pinot« Kleinkarlbach Kieselberg Spätburgunder trocken
Tiefdunkel im Glas ist dies eine sehr reife, waldig-erdige Version eines Spätburgunders. Eher Brombeere statt Wildrose in der Nase, am Gaumen mit Saft, präsenten Tanninen und einem dichten Fruchtkern. Reif, engmaschig, lagerfähig. 13,5 Vol.-%, NK, €€

90 2020 Neuleiningen Riesling trocken

89 2018 »Cesário« trocken
Hinter dem Namen »Cesário« verbirgt sich passenderweise ein waschechter Portugieser. Blaurot im Glas, in der Nase mit einem Gleichgewicht aus Schwarzer Johannisbeere und Würze zwischen Estragon und Wacholder. Mittelgewichtig, ganz trocken, Tischwein! 13,5 Vol.-%, DV, €

★★

WEINGUT OBERHOFER

Am Linsenberg 1, 67483 Edesheim
T: +49 6323 944911, pascal@weingutoberhofer.de
weingutoberhofer.de

Ab-Hof-Verkauf: Vinothek Di bis Fr 13–20 Uhr, Sa 12–20 Uhr, So 12–19 Uhr
Kellermeister: Pascal Oberhofer
Ansprechpartner: Pascal Oberhofer
Hektar: 25 ha
Anbauweise: Biologisch zertifiziert

Pascal Oberhofer, Jahrgang 1994, zählt zu den jungen Winzertalenten in der Pfalz und ist für den Ausbau der Weine im Edesheimer Weingut zuständig. Seine Eltern stellten den Betrieb schon 2008 auf ökologischen Weinbau um, inzwischen werden 25 Hektar Reben kultiviert. Der studierte Geisenheimer legt seinen Fokus mittlerweile ganz auf Chardonnay und die Burgundersorten. Gerade beim Spätburgunder kann man von Jahr zu Jahr eine Verfeinerung der Stilistik beobachten. Auch dem warmen Jahrgang 2018 hat der Winzer ausdrucksstarke Weine mit Stil und reifen Gerbstoffen abgewonnen.

90 2017 »Chardonnay Crémant Pfalz« brut nature
Lebhafte Perlage, riecht nach Zitrusfrucht, Aprikose, Trockenblumen und Heu. Zeigt im Mund ein feines Mousseux und eine erfrischende Säure. Entfaltet sich geschmeidig und cremig mit saftigen Fruchtnoten, bleibt aber durch seine betonte trockene Art animierend. 12,5 Vol.-%, NK, €€

89+ 2019 Edesheim Madonnenhöhe Chardonnay trocken
Würzige und intensive Nase mit reifer Aprikose, Zitrusfrucht und Birne, auch buttrige und rauchige Noten kommen dazu. Am Gaumen mit Schmelz und einer gut eingebundenen Säure. Der Extrakt fällt mittelgewichtig aus, feine Salzigkeit führt in das Finale. 13 Vol.-%, NK, €€

92+ 2018 Edesheim Kirchberg Spätburgunder trocken
In der vielschichtigen Nase mit Amarenakirsche, etwas Rhabarberkompott, rosa Pfeffer, etwas Schwarze Johannisbeere und Holzwürze, Tabak. Baut sich am Gaumen in einer komplexen Struktur mit viel reifem Gerbstoff auf, mineralisch, mit gutem Potenzial. 13 Vol.-%, NK, €€

92 2018 Edesheim Apfelgarten Spätburgunder trocken
Neben feiner Kirsche und Blutorange auch florale und erdige Noten, Tabak, nasser Waldboden. In einer kompakten Textur öffnen sich rauchige Frucht mit einer kultivierten Säure. Verdichtet sich in der Gaumenmitte, die Gerbstoffe in hoher Dotierung sind markant. Potenzial. 13 Vol.-%, NK, €€€

89 2020 Hainfeld Kapelle Riesling

89+ 2018 Edesheim Spätburgunder trocken
Gewürz- und Holznelke verbinden sich mit reifer Kirsche, etwas Blutorange und Liebstöckel. Für einen Jahrgangstyp aus 2018 noch mit gut balancierender Säure in einem kräftigen Konstrukt mit kompakten Gerbstoffen. Bodenständiger Typ, der kräftiges Essen verträgt. 13 Vol.-%, NK, €€

WEINGUT PETRI

Weinstraße 43, 67273 Herxheim am Berg
T: +49 6353 2345, info@weingut-petri.de
weingut-petri.de

Ab-Hof-Verkauf: Mo bis Fr 9–12 Uhr und 13.30–18 Uhr, Sa 10–12 Uhr und 13.30–17 Uhr
Kellermeister: Philipp Petri
Ansprechpartner: Maximilian Petri
Flaschen/Hektar: 180.000 (65 % weiß, 35 % rot)/22 ha

Die beiden Brüder Maximilian und Philipp Petri bestätigen den exzellenten Eindruck, den bereits ihre letzte Kollektion hinterlassen hat. Seitdem sie in dem Traditionsweingut für den Keller verantwortlich sind, haben die Weine weiter an Zug und Kontur gewonnen. Besonders gelungen ist 2020 der Riesling aus dem Herxheimer Goldberg, der uns mit seiner Präzision und Tiefgründigkeit begeistert hat. Nur wenig darunter rangiert der aparte, würzige Riesling aus dem legendären Kallstadter Saumagen. Kompliment zu diesem gelungenen Jahrgang!

92 2020 Herxheim am Goldberg Riesling tr.

Feiner Duft von gelbem Apfel, Zitronenzeste und etwas Kräuterwürze. Straff und präzise am Gaumen mit eleganter primärer Frucht und akzentuierter Säure bei eher schlankem Körper, elegant und tiefgründig. Ein klares Statement der Winzer. 11 Vol.-%, NK, €€

91 2020 Kallstadt Saumagen Horn Riesling trocken

Im Duft entwickeln sich Aromen von Birnen- und Manadarinenschale, dazu gelber Apfel. Es folgt eine attraktive Phenolik am Gaumen, gepaart mit Aromen von Zitrone, Birne, Limette und einer leichten Kräuternote – gekonnter Purismus. 12 Vol.-%, NK, €€

90 2020 Kallstadt Saumagen Riesling Spätlese trocken

Klar in der Farbgebung und sauber im Duft von Zitronenzeste, Steinobst und einer leichten Kräuternote. Am Gaumen mit sehr gut eingebundener Säure und Noten von Limette, grünem Apfel und weißem Pfirsich. Im Nachhall mit einer attraktiven Mineralität ausgestattet. 12,5 Vol.-%, NK, €

89+ 2019 Herxheim Himmelreich Cabernet Sauvignon trocken

Tief in der Farbe und intensiv im Duft. Aromen von reifer Kirsche, Cassis, Brombeere und Holzwürze. Am Gaumen mit noch jungem Gerbstoff und frischer Schwarzkirsche, dazu Zeder und Grafit. Ein Wein mit straffem Körper und lebendiger Säure. 14,5 Vol.-%, NK, €€

88 2020 Weißburgunder trocken

90 2020 Kallstadt Riesling Kabinett tr.

Anfangs eher dezent in der Nase. Dann ein Duft von Birne, Pfirsich und Zitronenschale. Am Gaumen mit Struktur sowie Aromen von grünem Apfel, Zitrone und nassem Stein. Eine lebendige Säure führt in den attraktiven Abgang. 11,5 Vol.-%, DV, €

★

WEINGUT 1616 PFAFFMANN HEINZ STIFTUNG

Hauptstraße 19-25, 76833 Walsheim
T: +49 6341 61696, info@pfaffmann-wein.de
1616pfaffmann.com

Ab-Hof-Verkauf: Mo bis Fr 9–17 Uhr, Sa 9–15 Uhr
Kellermeister: Eugen Schurk
Ansprechpartner: Gustav Pfaffmann
Flaschen/Hektar: 500.000/160 ha
Anbauweise: Biologisch zertifiziert

Ungeschminkte Weine von großer Natürlichkeit und besten Voraussetzungen für den Tisch« notierte einer der Verkoster und brachte damit die Charakteristik der Weine aus dem größten Bioweingut Deutschlands auf den Punkt. Das Weingut Heinz Pfaffmann aus Walsheim bewirtschaftet stattliche 160 Hektar mit dem Biosiegel und liefert konstant hohe Qualität. Der feinwürzige Grauburgunder aus dem Frankweiler Biengarten hat die Nase vorn, der trocken ausgebaute Gewürztraminer regt ohne allzu barocke Nebentöne die kulinarische Fantasie an. Zum zweiten Stern ist es nicht mehr weit!

91 2020 Frankweiler Biengarten Grauburgunder trocken
Florale und würzige Noten formen mit Noten von Birne und Walnüssen das Duftbild, auch etwas grüne Walnuss. In der kräftigen und festen Struktur mit guter Dichte entfalten sich eine gut eingebundene Säure und fein geschichtete Phenole. Trocken, seriös und natürlich. 13,5 Vol.-%, DV, €

90 2020 Walsheim Silberberg Gewürztraminer trocken
Fruchtig wird es in der Nase mit Litschi, reifer Mango und Rosenblättern. Auch am Gaumen mit der intensiven Aromatik des Gewürztraminers, aber untypisch trocken ausgebaut und das auf stimmige Art: ohne barocke Nebentöne. Macht sich auch gut zum Gemüsecurry. 13,5 Vol.-%, DV, €

90 2020 Edenkoben Klostergarten Weißburgunder trocken
Weiße Blüten, Renekloden, reife Mirabellen, gelber Apfel; Melisse und Pomelo in der Nase, etwas Jasmintee. Auch am Gaumen mit reifen Fruchtaromen, vor allem Zitrusfrucht, in einer kräftig gebauten Struktur. Trocken, mit gutem Extrakt, feiner Mineralik und Konsistenz. 13,5 Vol.-%, DV, €

90 2020 Godramstein Münzberg Auxerrois trocken
Mit Apfelnoten im Duft, auch leicht herbe Apfelschale und Aprikose, dazu kommen florale Noten, frische Gartenkräuter und gelbe Blüten. Stoffig und saftig am Gaumen ansetzend mit milder Säure, Aprikose, gelber Stachelbeere und feiner Würze. Trocken und ungeschminkt. 13 Vol.-%, DV, €

89+ 2020 Frankweiler Kalkgrube Riesling tr.

90 2020 Walsheim Silberberg Merlot Rosé trocken
Himbeere, Pfirsich, Waldbeere und etwas Hagebutte in der klaren und fruchtigen Nase, auch etwas Lavendel. Kräftig gebauter und beinahe durchgegorener Rosé, der nicht allen gefallen will und ohne Kitsch auskommt. Muss man nicht im Stehen trinken, sondern besser am Tisch. 13,5 Vol.-%, DV, €

★★★

WEINGUT TINA PFAFFMANN

Am Stahlbühl, 76833 Frankweiler
T: +49 6345 9496695, info@tina-pfaffmann.de
tina-pfaffmann.de

Ab-Hof-Verkauf: Mo bis Fr 10–17 Uhr, Sa 10–15 Uhr
Kellermeister: Tina Pfaffmann
Ansprechpartner: Tina Pfaffmann
Flaschen/Hektar: 333.000 (95 % weiß, 1 % rot, 4 % Rosé)/30 ha

Tina Pfaffmann steht für Weine, die Freude und Lust auf das nächste Glas machen – und für exzellente Arbeit im Weinberg und im Keller. Heuer ist ihr das kleine Kunststück gelungen, einen Basiswein anzustellen, der uns so begeistert, dass wir ihm 92 Punkte gegeben haben. Das kommt selten vor bei einem Wein, der keine zehn Euro kostet. Der 2020er Weißer Burgunder zeigt sich mineralisch und elegant, hat Saft und Länge – Glückwunsch! Natürlich wollen wir die anderen schönen Weine nicht vergessen, beispielsweise den sehr gelungenen 2019er Riesling aus dem Frankweiler Königsgarten – ein großartiger Speisenbegleiter.

92 2019 Frankweiler Königsgarten Oberer Affolter Riesling trocken
Feine rauchige Nase, Tabak, knuspriges helles Brot, dann weiße Blüten, auch von Orangen, leicht Jod. Im Mund saftig, frisch, rund und positiv mollig, nicht satt machend, mit duftiger Säure, ungemein animierende Eleganz, toller Speisenbegleiter. 13 Vol.-%, DV, €€

91 2020 »Steingut« Riesling trocken
Leicht verschlossen, besticht der Wein dann durch eine frische und köstlich duftende beerige Nase, frisches Heu und zarte Kräuter. Am Gaumen knackig und mollig zugleich, mineralische Noten paaren sich mit gelben Früchten. Ungemein saftig und lange da. 12,5 Vol.-%, NK, €€€

91 2020 »2.0 Exklusiv« Gelber Muskateller tr.
Auffallend hellgrün im Glas, betörender Duft nach Cassis und Limettenabrieb, grünen Stengeln und einem kleinen Zuckerwatteschwänzchen, im Mund köstlich frisch und saftig, eine tolle stoffige Leichtigkeit bleibt ungemein lange erhalten, positiv frische Säure. 13 Vol.-%, DV, €€

90 2020 »Exklusiv« Grauer Burgunder tr.
Zuerst duftarm, dann aber umso intensiver nach weißen Blüten und zarten Kräutern wie Estragon duftend. Am Gaumen dann feiner Schmelz, abgerundete Säure, schöne Fülle, die nicht satt macht, sehr beerig, ein erwachsener Wein. 13 Vol.-%, DV, €€

90 2020 »Schick und Schön« Riesling tr.

92 2020 Weißer Burgunder trocken
Eine kühl anmutende, dichte und beerige Nase, weiße Blüten, weißer Honig. Im Mund elegant, mineralisch, saftig, frisch und mollig zugleich, ungemein üppiger Trinkfluss, komplexer fülliger Nachhall, toll! 12,5 Vol.-%, DV, €

★★★★

WEINGUT PFEFFINGEN

Pfeffingen 2, 67098 Bad Dürkheim
T: +49 6322 8607, info@pfeffingen.de
pfeffingen.de

Ab-Hof-Verkauf: Mo bis Fr 8–12 Uhr und 13–18 Uhr, Sa 9–12 und 13–16 Uhr
Kellermeister: Rainer Gabel
Ansprechpartner: Doris, Jan und Karin Eymael
Flaschen/Hektar: 133.000 (85 % weiß, 15 % rot)/17 ha

Das Traditionsweingut Pfeffingen, das seine Wurzeln im 17. Jahrhundert hat, präsentiert sich weiter in exzellenter Verfassung. Die Familie Eymael – unterstützt von Kellermeister Rainer Gabel – vinifiziert ebenso ausdrucksstarke wie balancierte Weine. Und das mit großer Regelmäßigkeit – gerade diese Konstanz ist ein wichtiges Qualitätskriterium. Erneut an der Spitze der vorgestellten Weine steht der Ungsteiner Weilberg Riesling GG, der ungemein fokussiert und klar ist. Großes Kino. Toll gelungen ist auch der »SP« Merlot – diese Rebsorte bringt mittlerweile in der Pfalz herrlich saftige Rotweine mit Schmelz und Tiefe hervor.

93 2020 Ungstein Weilberg Riesling GG
Klassisch im Ausdruck. Zitrone, Pfirsich, Gesteinsmehl in der Nase und am Gaumen. Legt an der Luft deutlich zu. Sehr fokussierte Säure, feste Struktur, fast schlank am Gaumen. Sehr klar und eindrücklich. Langes, mineralisch geprägtes Finish. 12,5 Vol.-%, NK, €€€

92+ 2020 Ungstein Herrenberg Riesling GG
Kraft und Intensität sind hier vereint. Dichte gelbe Frucht, Aprikose, Mirabelle, Pfirsich und Ananas. Hinzu kommen Blütenhonig, Curry und Basilikum. Kräftige Statur mit stoffigem Körper und Mineralik. Verlangt eine Speisebegleitung auf Augenhöhe. Auch solo ein Genuss. 13,5 Vol.-%, NK, €€€

92 2020 Ungstein Herrenberg Weißburgunder GG
Feinfruchtige Nase von Akazie, Lindenblüten, Zitrus, Pfirsich und Honigmelone. Hervorragend herausgearbeitete Aromatik. Vielschichtig und filigran in Duft und Geschmack. Kristallklare Säure im Einklang mit dem schmelzigen Gaumen. 13,5 Vol.-%, NK, €€€

91+ 2020 »SP« Ungstein Scheurebe trocken
Sattes Goldgelb im Glas. Intensive Aromen von Zitronentarte, Passionsfrucht, Johannisbeere und Pfirsich, unterlegt von Würze, Brioche und Kokosnuss. Mittlere Säure, rund und geschmeidig am Körper. Verliert leider im Finish etwas den Fokus. 13 Vol.-%, NK, €€

91 2020 »SP« Ungstein Chardonnay trocken

91+ 2018 »SP« Ungstein Merlot trocken
Beinahe blickdicht, intensive und auch würzige Nase mit dunklen Beeren, Schwarzkirsche, Cassis und Anklängen von Menthol. Zeigt am Gaumen die jahrgangsbedingte Fülle und Kraft, die auch kompetent in Nuancen umgesetzt wird. Würzig, stoffig und dabei auch finessenreich. 14 Vol.-%, NK, €€

★★

WEINGUT REINHARDT

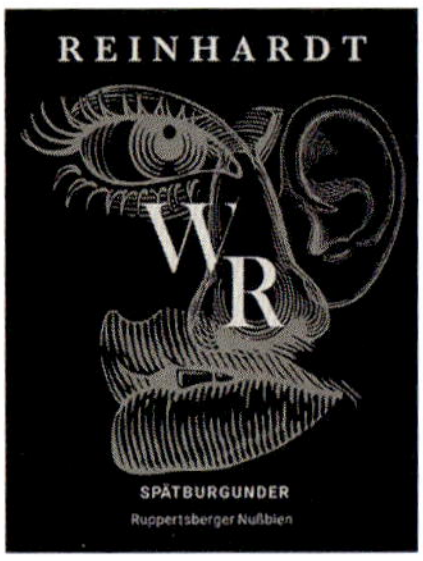

Hof am Deidesheimer Weg, 67152 Ruppertsberg
T: +49 6326 8372, info@weingut-reinhardt.de
weingut-reinhardt.de

Ab-Hof-Verkauf: täglich 11–19 Uhr
Kellermeister: Lukas Reinhardt
Ansprechpartner: Lukas Reinhardt
Hektar: 17 ha
Anbauweise: Biologisch zertifiziert

Seit 1952 bewirtschaftet die Winzerfamilie Reinhardt Rebberge, 1987 füllten sie ihre ersten Flaschen unter eigenem Namen ab. Mit Lukas Reinhardt gestaltet die dritte Generation die Weine. Grundlage seiner Arbeit ist biologischer Anbau, selektive Handlese und Spontangärung. Bereits im vergangenen Jahr war uns aufgefallen, wie seine Vinifizierung an Selbstsicherheit und Finesse gewonnen hat. In diesem Jahr überzeugt der Winzer erneut. Besonders gefallen haben uns der 2016er »Rosé Prestige« brut nature und der 2019er Ruppertsberg Reiterpfad Riesling.

92+ 2016 »Rosé Prestige« brut nature WB/PN
Mittleres Lachsrosa und lange Perlage. Im Duft anfangs etwas vegetabil und kräutrig, dann folgen feine Aromen von Brioche, Himbeere, Holunderblüte und Cranberry. Am Gaumen zitrisch sowie wieder fein rotbeerig, ein wenig French Toast bei sehr guter Säure, feinem Mousseux und sehr langem Nachhall. 12 Vol.-%, NK, €€€

91+ 2019 Ruppertsberg Reiterpfad Riesling tr.
Goldgelb im Glas. Auch im Duft von der Sonne geküsst, reifer Apfel, Birne und eine leichte Petrolnote. Am Gaumen folgen Aromen von Mandarine, Aprikose und Zitronenzeste, getragen von lebendiger Säure, die mit Spannung in einen guten Abgang führt. 13 Vol.-%, NK, €€€

91 2019 Deidesheim Herrgottsacker Riesling trocken
In der Nase entwickelt sich ein sortentypischer Duft von gelbem Apfel, Zitrone, Limette und Aprikose. Am Gaumen balanciert die feine Säure diese Aromen, die sich hier konzentriert und sehr präzise zeigen. Ein Wein mit Spannung, gutem Extrakt und sehr gutem Nachhall. 13 Vol.-%, NK, €€

90+ 2017 Ruppertsberg Nußbien Pinot Noir tr.
Ein Duft von schwarzer Kirsche, pürierter Himbeere, Cranberry und Rauch. Am Gaumen mit kräftiger Säure, die sowohl die reifen Gerbstoffe als auch die feinen Aromen sowie den 24-monatigen Ausbau sehr gut balanciert. Attraktiver Nachhall. 13,5 Vol.-%, NK, €€€

90 2019 Deidesheim Nonnenstück Weißburgunder trocken

91 NV Riesling brut
Brillant in der Farbgebung bei feiner Perlage. Ein Duft von Zitronenzeste, Veilchen, gelbem Pfirsich und Golden Toast. Am Gaumen mit feinperligem Mousseaux und guter Säure, die diese Aromen wie auch die Dosage sehr gut balanciert. Ein spannender Schaumwein. 12 Vol.-%, NK, €€

★

WEINGUT RINCK

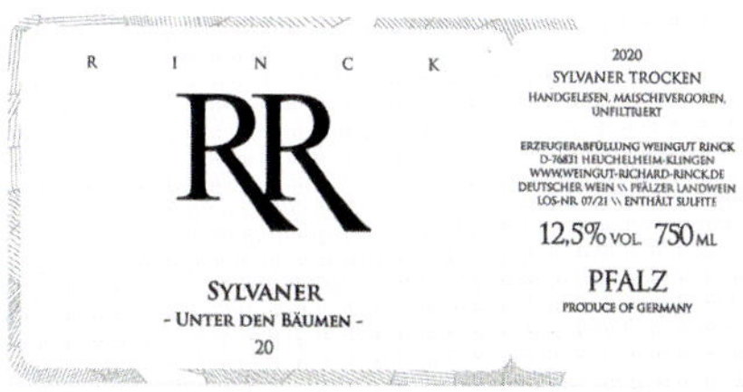

Klingbachstraße 11, 76831 Heuchelheim-Klingen
T: +49 6349 8542, info@weingut-richard-rinck.de
weingut-richard-rinck.de

Ab-Hof-Verkauf: Mo bis Fr 9–12 Uhr und 14–18 Uhr, Sa 9–16 Uhr
Kellermeister: Niko Leonhard und Annette Rinck
Ansprechpartner: Niko Leonhard und Annette Rinck
Hektar: 13 ha

Niko Leonhard und Annette Rinck leiten gemeinsam das Weingut Rinck in Heuchelheim-Klingen mit 13,5 Hektar Weinbergen, in denen die Burgundersorten, Riesling und Silvaner dominieren. Vom Silvaner bieten die beiden gleich zwei Variationen an, den charakterstarken maischevergorenen »Unter den Bäumen« mit merklicher Phenolik und den würzigen »Herdstein«. Alle Weine sind trocken und zeigen den Ausbau in alten Holzfässern, es ist eine unkommerzielle und nachgerade puristische und auf das Wesentliche reduzierte Stilistik. Der saftige und mineralische Riesling ist unsere Empfehlung.

90 2020 »Unter den Bäumen« Sylvaner tr.

Maischevergorener Silvaner, mittleres Goldgelb, intensiver Duft nach reifer Aprikose, auch Trockenobst, gelben Blüten, Tabak und Malz. Bündig gebaut am Gaumen mit merklicher Phenolik und auch Gerbstoff. Guter Extrakt, betont trocken, leicht salzig und herb endend. Eigener Charakter. 12,5 Vol.-%, NK, €€

89+ 2020 Mörzheim Pfaffenberg Grauburgunder trocken

Leichtes Goldgelb, riecht nach reifer Birne, Birnenschale, Kürbis, Walnüssen und Kräutern, unterlegt von feinem Rauch. Stoffig und mit Schmelz am Gaumen in einer kräftigen Struktur, mit gutem Volumen und mittelgewichtigem Extrakt. Trocken ausgebaut. 13 Vol.-%, DV, €

89 2020 »Herdstein« Sylvaner trocken

Kräutrige Nase mit getrocknetem Heu, Trockenblumen, Apfelschale, Birne und reifer Mirabelle. Wartet im Mund mit lebendiger Säure auf. Ist saftig, würzig und unkitschig mit feiner Herbe und Phenolik. Mittelgewichtig im Extrakt, mit eigener Handschrift. 12,5 Vol.-%, DV, €

89+ 2019 Klingen Herrenpfad Spätburgunder trocken

Getragene Nase mit reifer Kirsche, Blutorange, Roter Bete und Gewürznelke, von Holzwürze und gestoßenen Wacholderbeeren begleitet. Mit guter Substanz am Gaumen und markanten, noch etwas sperrigen Gerbstoffen. Saftig und mit guter Länge, etwas Reife tut ihm gut. 13,5 Vol.-%, DV, €€

89 2020 Mörzheim Pfaffenberg Weißburgunder trocken

89+ 2020 Klingen Herrenpfad Riesling tr.

Duftet nach roten Äpfeln und Zitrusfrucht, dazu kommen Aprikose und Wiesenkräuter. Am Gaumen wieder kräutrig und würzig mit Noten von Grapefruit und Limette, gut eingewobener Säure und einer Schicht feiner Phenole. Saftig, trocken und auch mineralisch. 12 Vol.-%, DV, €

★★

WEINGUT FAMILIE SAUER

Aublickstraße 1, 76829 Landau-Nussdorf
T: +49 6341 61175, info@weingut-sauer.com
mailto:info@weingut-sauer.com

Ab-Hof-Verkauf: Mo bis Fr 9–18 Uhr, Sa 10–17 Uhr, So 11–18 Uhr
Kellermeister: Heiner Sauer und Felix Haertel
Ansprechpartner: Heiner Sauer
Flaschen/Hektar: 180.000 (70 % weiß, 30 % rot)/32 ha
Anbauweise: Biologisch zertifiziert

Der nächste Schritt in die Zukunft ist im Weingut Sauer in Landau-Nussdorf getan: Im Frühjahr 2021 wurde die schmucke Vinothek eingeweiht, in der nun eine Verkostung der Weine mit direktem Blick ins Kelterhaus und die Weinberge möglich ist. Für die Zukunft des Betriebs steht auch Valentin Sauer, der Sohn von Ökopionier Heiner Sauer, der den Betrieb seit über 30 Jahren gestaltet und geprägt hat. Mit den Weinen, die wir verkostet haben, kann man gelassen nach vorne schauen: Der Gewürztraminer ist eine kulinarische Verheißung, die beiden Rotweine zeigen Fülle, Kraft und Finesse.

90 2020 Nussdorf Herrenberg Gewürztraminer

Prägnanter Duft nach Rosenwasser und Litschi, dazu etwas Nelke, insgesamt sortentypisch. Am Gaumen mit verhaltener Säure, griffig, wieder Rose und Gewürze, etwas Holunder kommt dazu. Gute Struktur und Länge, toll zu scharfen Gerichten. 12 Vol.-%, DV, €€

89+ 2019 Godramstein Münzberg Weißburgunder trocken

In der kräftigen Nase reife Zitrusfrucht, Apfel, Aprikosenmarmelade, Mandeln und auch ein leicht ätherischer Ton. Stoffig und würzig am Gaumen mit Volumen und Substanz, stimmige Balance mit reifer Säure, mittlerem Extrakt und feiner Phenolik. Trocken und mit Potenzial. 13,5 Vol.-%, DV, €€

89 2020 »Löss« Sauvignon Blanc trocken

Cassis, Papaya und grüne Paprika in der Nase, auch würzige und florale Noten. Am Gaumen schlank gehalten mit guter Balance: Die Säure ist präsent und unternehmungslustig, reife Mangonoten und saftiger Schmelz zeigen sich mit feiner Würze. Homogen, trinkfreudig. 12,5 Vol.-%, DV, €

90 2018 Nussdorf Kaiserberg Spätburgunder trocken

Reife Erdbeere, Himbeere und Kirsche im Duft, mit etwas Gewürznelke und Lebkuchengewürz. Kräftig gebaut, saftig und würzig, mit reifen und tragenden Gerbstoffen mit ausgewogener Säure. Hat Fülle und Kraft, aber auch die Eleganz und Noblesse des Pinot Noirs. 13,5 Vol.-%, DV, €€

89 2020 »Löss« Nussdorf Grauburgunder tr.

89+ 2019 »Kalkmergel« Böchingen St. Laurent trocken

Kräftiger Holzton in der Nase, Schwarzkirsche und Brombeere, viel Würze. Vollmundig und saftig am Gaumen in einer substanzreichen Struktur mit reifen und prägnanten Gerbstoffen. Zeigt Grip, Schmelz und eine feine mineralische Tönung, kompakt und stimmig. 13 Vol.-%, NK, €€

★★

WEINGUT SCHEUERMANN

SCHEUERMANN

Hauptstraße 115, 67150 Niederkirchen
T: +49 6326 7575, info@scheuermann-weine.de
scheuermann-weine.de

Ab-Hof-Verkauf: nach Vereinbarung
Kellermeister: Gabriel und Simon Scheuermann
Ansprechpartner: Gabriel Scheuermann
Flaschen/Hektar: 100.000/32 ha

Manchmal sind es gar nicht die großen Weine, die einen sofort in den Bann ziehen: Bei den Brüdern Gabriel und Simon Scheuermann, die ihre 32 Hektar Weinberge an der Mittelhaardt biologisch-dynamisch bearbeiten, ist es der Riesling »Bunter Sandstein« mit schöner Spannung und puristischem Ausdruck. Der große Bruder aus dem Ruppertsberger Reiterpfad zeigt noch mehr Komplexität und die Mineralität der Lage, der Pinot Noir aus der Ruppertsberger Hoheburg gibt sich zunächst reduktiv und gefällt dann mit griffigem, präzisem Gerbstoff. Klares Konzept, überzeugend umgesetzt.

90 NV »Blanc et Noir Zero Dosage« CH/PN

Lebhafte Perlage, vielschichtiger Duft, Brioche, Hefe, Orangenschale, Aprikose, Himbeere, nussige Aromen. Am Gaumen mit feinem Mousseux, fruchtigem Schmelz und belebender Säure. Die großzügige Fülle und die betonte Trockenheit bilden einen reizvollen Kontrast. 11,5 Vol.-%, NK, €€

92 2019 Ruppertsberg Reiterpfad Riesling tr.

In der kompakten Nase mit Aromen von Spontangärung deutet sich einiges an: Setzt druckvoll am Gaumen an, die Säure verläuft eng an der straffen Textur. Mit gutem Extrakt, ohne dabei ins Extrem zu verfallen. Mineralisch und mit feiner Phenolik. Kein Draufgänger. 11,5 Vol.-%, NK, €€€

90+ 2019 Friedelsheim Rosengarten Weißburgunder trocken

Mittleres Zitronengelb, kräutrig und würzig im Duft, etwas Hefe, Apfel und Mirabelle. Am Gaumen mit milder Säure getragen, die von salzigen Noten unterlegt wird. Mittelgewichtig im Extrakt, mit kultivierter Stilistik und feiner Mineralität bei guter Länge. 12,5 Vol.-%, NK, €€€

91 2019 Ruppertsberg Hoheburg Pinot Noir trocken

Von Holz und Hefe geprägt, reduktiv, Kirsche, Pfeffer, erdige Noten. Setzt am Gaumen mit Schattenmorelle an, trocken und puristisch, mittelgewichtiger Extrakt und präzise Gerbstoffe, mittlere Länge, die fein tarierte Säure führt ins Finale. Klares Ziel vor Augen. 12,5 Vol.-%, NK, €€€

89+ 2020 »Bunter Sandstein« Deidesheim Chardonnay trocken

90+ 2020 »Bunter Sandstein« Deidesheim Riesling trocken

Noten von Spontangärung, kräutrig, mit Noten von Apfelschale, Hefe und etwas Malz. Am Gaumen mit Tempo und Zug, puristisch im Ausdruck, durchgegoren, kitschfrei mit pointierter Säure und feiner phenolischer Schichtung. Zieht geradlinig in das leicht salzige Finale.
12 Vol.-%, DV, €€

WEINGUT SCHLOSS JANSON

Schlossweg 8, 67278 Bockenheim an der Weinstraße
T: 06359 4148, info@weingut-achenbach.de
schloss-janson.de

Ab-Hof-Verkauf: Mi bis Fr 9–17 Uhr, Sa 10–17 Uhr, Juni bis Aug. So 12–18 Uhr
Kellermeister: Kurt Janson
Ansprechpartner: Kurt Janson
Flaschen/Hektar: 133.000 (60 % weiß, 20 % rot, 19 % Rosé, 1 % Schaumwein)/25 ha

Das Weingut Schloss Janson aus Bockenheim hat seine Weine zum ersten Mal vorgestellt – und tja, was sollen wir sagen? Wir sind schwer angetan, schon der süffige Riesling aus der Literflasche macht richtig Spaß. Das Weingut wird von Kurt und Sarah Janson geleitet, als Berater wurde Michael Acker ins Team geholt. Die 25 Hektar Weinberge mit Bodenarten wie Kalkstein, Lehm-Löss und Sand mit Kieselsteinen befinden sich in der Umstellung zum biologischen Weinbau. Die Weine sind trocken ausgebaut und zeigen Substanz und Charakter. Wir freuen uns schon auf das nächste Jahr!

91 2020 Bockenheim Hassmannsberg Chardonnay trocken
Noch einiges an Neuholz in der Nase, viel Rauch, etwas Kokosnuss und Vanille, dahinter reife Frucht, Ananas und Maracuja. Hat Kraft und Wucht am Gaumen, die gut integriert sind. Gute Balance mit passendem Extrakt, feiner Säure und Aprikose. Jung und veranlagt. 14 Vol.-%, DV, €€

91 2020 Bockenheim Vogelsang Weißburgunder trocken
Melisse und Kamille in der Nase mit Apfel, Mirabelle, Zitrusfrucht, Kräutern und feinem Rauch. Baut im Mund Volumen und Substanz auf, das sich in gutem Gleichgewicht mit gutem Exrakt, feiner Säure und etwas Gelbfrucht entfaltet. Trocken, unkitschig, mit Potenzial und kulinarischer Eignung. 14 Vol.-%, DV, €€

90+ 2020 Bockenheim Klosterschaffnerei Riesling trocken
Zitrusfrucht und Apfel in der geschliffenen Nase, Grapefruit, Limettenabrieb und Aprikose. Am Gaumen straff gebaut und mit lebendiger Säure, mittelgewichtig im Extrakt. Animierend und elegant mit gutem Trinkfluss und mineralischer Tönung. Viel Wein fürs Geld. 12,5 Vol.-%, DV, €€

90 2020 Bockenheim Klosterschaffnerei Silvaner trocken
Apfel, Apfelschale, Mirabelle, Wiesenkräuter und etwas getrocknetes Heu. Kompakt gebauter und geschmeidiger Silvaner mit Saft, Würze und kultivierter Säure, fein abgerundet in der Gaumenmitte mit etwas Restsüße. Die feine Mineralität erdet den Wein, schön. 12,5 Vol.-%, DV, €€

90 2020 Bockenheim Auxerrois trocken

89 2020 Bockenheim Sauvignon Blanc tr.

89 2020 Bockenheim Grauburgunder trocken

89 2020 Riesling trocken (Liter)

88+ 2020 Bockenheim Chardonnay trocken

89 2020 Bockenheim Blanc de Noir Cabernet Sauvignon trocken

88+ 2020 Rosé trocken DF/RE

91+ 2020 Bockenheim Burggarten Riesling trocken
Kräutrig in der Nase mit wildem Thymian und Steinobst. Zur Aprikose kommt Apfel und etwas Orange. Am Gaumem mit Zug, guter Spannung und Dichte in einer schlanken und straffen Textur. Mit lebendiger Säure, kräutrig, mineralisch und elegant. Auf dem Punkt. 12,5 Vol.-%, DV, €€

★★

WEINGUT EGON SCHMITT

Am Neuberg 6, 67098 Bad Dürkheim
T: +49 6322 5830, info@weingut-egon-schmitt.de
weingut-egon-schmitt.de

Ab-Hof-Verkauf: Mo bis Fr 10.30–12 Uhr und 14–18 Uhr, Sa 10–15 Uhr
Kellermeister: Jochen Schmitt
Ansprechpartner: Jochen Schmitt
Flaschen/Hektar: 200.000 (45 % weiß, 29 % rot, 20 % Rosé, 1 % süß, 5 % Schaumwein)/20 ha

Wir können uns nicht daran erinnern, schon einmal so starke Weißweine von Egon Schmitt verkostet zu haben. Der Winzer aus Bad Dürkheim dringt gerade mit seinem unkonventionellen und überraschenden Riesling »Suiseki« in neue Geschmackssphären vor: Der präsentiert sich dicht, fordernd und mit salziger Mineralität. Klassischer im Stil, aber kaum weniger beeindruckend ist der Traubenkollege »Ausblick« aus dem Ungsteiner Herrenberg und der stoffige Chardonnay aus dem Bad Dürkheimer Spielberg. Eine Kollektion, die sich auf das Drei-Sterne-Plateau zubewegt!

90+ 2018 »Herr Schmitt & Die Pinots« extra brut CH/WB
In der Nase fast pfeffrig, gepaart mit dem Duft von Apfel und Melone. Am Gaumen mit feinporiger, leicht rustikaler Perlage und feiner wie eleganter Bitterness, die den Schaumwein erwachsen macht. Sehr seriöser und schöner Sekt. 11,5 Vol.-%, NK, €€

92 2020 »Suiseki« Riesling trocken
Auf dem Etikett steht: »Suiseki« sind Kunstwerke aus einzigartigen Steinen, die nicht von Menschenhand formgebend bearbeitet wurden. Ein Versprechen, das der Wein mit Dichte, feiner Saftigkeit und salziger Mineralität erfüllt, fordernd, dabei nicht anstrengend. Lang. Stark! 13 Vol.-%, NK, €€€

91+ 2020 »Ausblick« Ungstein Herrenberg Riesling trocken
Mittleres Zitronengelb, reifes Fruchtbild mit Pfirsich, Aprikose, würzigen und steinigen Noten. Am Gaumen relativ breit gefasst mit Volumen, das mit gutem Extrakt und reifer Frucht gefüllt wird, Würze und Mineralität. Klassischer, vollmundiger Stil, aus einem Guss. 13,5 Vol.-%, NK, €€

91 2020 Bad Dürkheim Spielberg Chardonnay trocken
Mittleres Goldgelb, würzig und röstig im Duft mit reifer Grapefruit, Gelbfrucht und Lorbeerblatt. Kein Leichtgewicht am Gaumen, ernsthaft und konzentriert in seinem kräftigen Baugerüst mit geballter Mineralität, die den Wein prägt. Gute Länge, jung und mit Perspektive. 13 Vol.-%, NK, €€

90 2018 »Duca XI« Cuvée trocken ME/CS

90 2020 Wachenheim Mandelgarten Grauer Burgunder trocken
Leichtes bis mittleres Goldgelb, zunächst mit würzigen und röstigen Noten, Nussaromen, reife Birne, Quitte mit Maronenpüree. Großzügig am Gaumen mit Saft, viel Würze und reifer Birne, Aprikose als Fruchteintrag, unterlegt von süßlichem Schmelz und Mineralik. 14,5 Vol.-%, NK, €€

WEINGUT MICHAEL SCHROTH

Im Auweg 42, 67269 Grünstadt-Asselheim
T: +49 6359 8015251, michael@weingut-schroth.de
weingut-schroth.de

Ab-Hof-Verkauf: Mo bis Sa 9–17 Uhr
Kellermeister: Michael Schroth
Ansprechpartner: Michael Schroth
Flaschen/Hektar: 250.000 (60 % weiß, 40 % rot)/20 ha

Die markanten Etiketten mit der Darstellung seiner von Arbeit gefurchten Hand deuten es an: Michael Schroth hält das Wort »Handwerk« in Ehren. Blicken andere Güter auf Jahrhunderte alte Geschichte zurück, hat sich der Pfälzer Winzer alles selbst aufgebaut. Darauf kann er genauso stolz sein wie auf die saftigen und kräftigen Weine, die ihm erneut gelungen sind. Besonders stark ist die komplexe und druckvolle rote Cuvée »Handgemacht«, in dem die beiden klassischen Bordeauxsorten Merlot und Cabernet Sauvignon auf Feinste vereint sind. Warten lohnt sich – dieser Wein legt weiter zu!

90 2019 »Reserve« Asselheim Goldberg Sauvignon Blanc trocken
Sortentypisch Litschi, grüner Paprika, Holunderblüte in der Nase sowie leichte Kräuterwürze mit Melisse. Am Gaumen saftige Frucht, geschmeidig, kraftvoll und rund. Lebendige, reife Säure, leichte Würze im langen Nachhall.
13,5 Vol.-%, DV, €€

90 2019 Asselheim St. Stephan Grauer Burgunder trocken
In der Nase roter frischer Apfel, reife Birnen, gebrannte Mandel, Haselnuss, Honigwabe, kreidige Noten sowie Würze. Am Gaumen saftige Frucht, kühle Mineralik, cremiger Schmelz bei gut integrierter Säure, Würze bei langem Nachhall.
13 Vol.-%, DV, €

92 2018 »Handgemacht« Cuvée trocken CS/ME
In der Farbe konzentriert und dunkelrot. Attraktiv im Duft mit Aromen von rotem Paprika, Pflaume und Cassis. Am Gaumen mit guter Säure, noch jungem, aber feinem Tannin, einer Rauchnote und wiederum komplexer Frucht. Langer Nachhall und viel Potenzial. 14,5 Vol.-%, NK, €€

91 2018 »Reserve« Asselheim Goldberg Spätburgunder trocken
Ein tiefes Rubin in der Farbe. Duft von Gewürznelke, dunkler Kirsche, Cranberry und Tomatenblatt. Am Gaumen geprägt vom Holz bei viel Textur, Saftigkeit und Aromen von Johannisbeere, Süßkirsche, Champignon und Piment. Noch jung, hat Potenzial. 14 Vol.-%, NK, €€€

90 2018 Asselheim Goldberg Spätburgunder unfiltriert trocken

91 2019 Asselheim St. Stephan Chardonnay trocken
Strahlendes Goldgelb im Glas. In der Nase zitrische Noten, reife Birnen, Aprikosen, Ananas, Mandeln sowie Kräuterwürze, Salbei und Melisse. Am Gaumen seidiger Schmelz, schöne Extraktwürze, gut integrierte reife Säure bis ins Finale, saftige gelbe Frucht und eine leichte Salzigkeit im Nachhall. 13 Vol.-%, DV, €

★★

WEINGUT SCHWEDHELM

Klosterhof, 67308 Zellertal-Zell
T: +49 6355 521, info@schwedhelm-zellertal.de
schwedhelm-zellertal.de

Ab-Hof-Verkauf: Mo bis Fr 8–18 Uhr, Sa 10–17 Uhr
Kellermeister: Stephan Schwedhelm
Ansprechpartner: Georg Schwedhelm
Flaschen/Hektar: 130.000 (80 % weiß, 20 % rot)/18 ha

Die Weine des Zellertals waren um die vorletzte Jahrhundertwende herum weltberühmt. Dahin, so sagen es die Brüder Stephan und Georg Schwedhelm, wollen sie ihr Weingut, das seit 2010 biologisch wirtschaftet, zurückführen. Die Winzer zählten in den vergangenen Jahren zu den aufstrebenden Talenten der Region. Beim 2020er Jahrgang knüpfen sie daran vor allem mit den Rieslingen aus Wotanfels und Schwarzem Herrgott an, sehr gut gelungen sind auch die Spätburgunder aus 2018 und 2019. Wir sind jetzt bereits gespannt, wie es mit den 2021ern weitergeht.

92+ 2020 Zell Wotanfels Riesling trocken
Schöne Mineralik in der Nase, Zitrusfrüchte, grüner Apfel, Gras, leicht Weinbergpfirsich, Kräuter, nasses Gestein. Am Gaumen packende Mineralität, straffe, gut integrierte Säure, reifer Pfirsich und Honigwabe kommen nach. Ein schöner Riesling, der noch in ein paar Jahren erfreut.
12,5 Vol.-%, DV, €€

91+ 2020 Zell Schwarzer Herrgott Riesling tr.
Die Nase zeigt leicht kreidige Aromen, dahinter findet man dezent etwas Zitrus, Mirabelle, Orangenschale. Kräuter. Am Gaumen gibt sich der Wein fruchtig, leicht würzig, korrekt in seiner Statur mit gut integrierter Säure. 12,5 Vol.-%, DV, €€

93 2018 Zell Klosterstück Spätburgunder tr.
In der Nase schöne Würze von Pfeffer, Wacholder, Waldbeeren, Wildkirsche, Johannisbeere, leichte ätherische und mineralische Noten. Am Gaumen kühl, erfrischende, gut eingebundene Säure, geschmeidiges Tannin mit einem saftigen würzigen Kern und langem Finale. 13,5 Vol.-%, NK, €€

91 2019 Zellertal Spätburgunder trocken
In der Nase findet man Aromen von wilden Waldbeeren, Wacholder sowie einer »kühlen« Brise (Minze). Am Gaumen gefallen die samtigen, gut eingebundenen Tannine sowie die angenehme, Frische ausstrahlende Säurestruktur. Saftige Frucht im Abgang. 13 Vol.-%, NK, €€

91 2020 Zell Kreuzberg Riesling trocken

90 2020 Zellertal Chardonnay trocken

90 2020 Zell Karlspfad Weißburgunder tr.

90 2020 Zell Kreuzberg Chardonnay trocken

89+ 2020 Zellertal Weißburgunder trocken

89 2020 Riesling trocken

89 2020 Zell Karlspfad Riesling Kabinett

90 2020 Zellertal Riesling trocken
Hat in der Nase eine Terroirnote wie von Schießpulver, zusätzlich findet man Aromen von reifer Aprikose, Jasminblüte und etwas Honig. Am Gaumen reife, saftige Aprikose. Lebendige Säure, frisch, eher leicht im Extrakt mit guter Frucht. Ein schöner Sommerwein. 12,5 Vol.-%, DV, €

★★★

WEINGUT SECKINGER

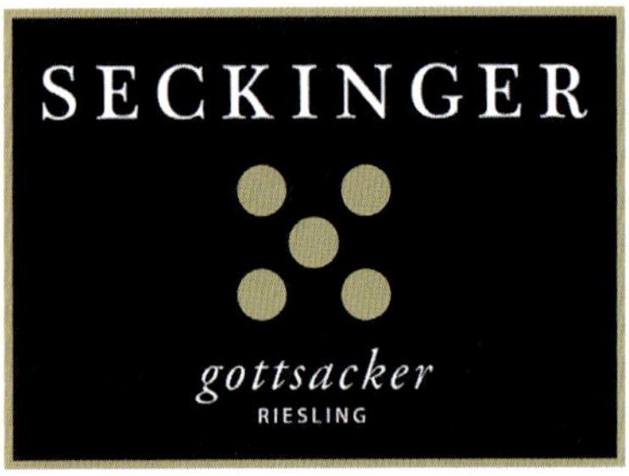

Hintergasse 26, 67150 Niederkirchen
T: +49 6326 980217, info@weingut-seckinger.de
weingut-seckinger.de

Ab-Hof-Verkauf: nach Vereinbarung
Kellermeister: Jonas Seckinger
Ansprechpartner: Philipp, Lukas und Jonas Seckinger
Flaschen/Hektar: 200.000 (90 % weiß, 10 % rot)/25 ha
Anbauweise: Biologisch zertifiziert

Die Seckinger-Brüder Philipp, Lukas und Jonas werden immer besser. Kongenial teilen sie die Arbeit in Weinberg und Keller – dort hat Jonas das Sagen und frönt seiner Liebe zum Naturwein. Generell werden alle Weine spontan vergoren. In der insgesamt sehr homogenen und qualitativ hochwertigen Kollektion sticht der Riesling »Wurzelecht« aus dem Deidesheimer Kieselberg hervor. Wir möchten aber auch ganz ausdrücklich auf die Weine der »R Pure«-Linie hinweisen, die bereits einen großartigen Einstieg in die Welt der Naturweine und des Weinguts Seckinger bieten.

94 2019 »Wurzelecht« Deidesheim Kieselberg Riesling trocken
Duft nach Birnenschale, Mandarine und Jasmin. Am Gaumen mit hoher Komplexität, feine Phenolik, Zitronenmelisse, Apfelsinenschale, nasser Stein, mineralisch. Balanciert mit guter Säure bei einem nahezu perfekten Nachhall. Groß.
12,5 Vol.-%, NK, €€€

93 2019 Königsbach Ölberg Riesling trocken
Im Duft Aromen von Zitronenzeste, reifer Aprikose, Pfirsich und Quitte. Am Gaumen mit schöner Phenolik, insgesamt mit einem schlanken Körper. Alles von feiner Säure getragen und in einem sehr langen Nachhall endend.
12,5 Vol.-%, NK, €€€

93 2019 »gottsacker« Deidesheim Herrgottsacker Riesling trocken
Hier dominiert anfangs die Würze den Duft der primären Frucht im Glas. Am Gaumen dann Mandarinenzeste, Zitrone, Kalk, Feuerstein, Tomatenblatt. Limette und ein Hauch von grünem Apfel. Getragen von sehr gut integrierter Säure bei sehr gutem Trinkfluss. 12,5 Vol.-%, NK, €€

93 2019 Deidesheim Langenmorgen Riesling trocken
Im Duft vom Holz geprägt, gefolgt vom gelbem Apfel, Birne und Gesteinsmehl. Am Gaumen wiederum reifer Apfel, Mandarine, Zitronenzeste, Walnusscreme, getragen von feiner Säure. Diese Komplexität führt in einen langen Nachhall, mineralisch. 12,5 Vol.-%, NK, €€€

92+ 2019 Deidesheim Am Kirchenberg Riesling trocken

92+ 2019 Ruppertsberg Reiterpfad Riesling tr.

92+ 2019 Deidesheim In der oberen Petershöhle Riesling trocken

91 2020 »R Pure« Chardonnay trocken

90 2020 »R Blanc Pure« trocken WB/TR

90 2019 Deidesheim Paradiesgarten Weißburgunder trocken

91 2020 »R Pure« Riesling trocken
Spontangärungsgeprägt in der Nase, unter anderem mit Aromen von Quitte und Apfelschale. Am Gaumen dominiert eine feine Säure den mittelgewichtigen Körper. Im sehr attraktiven Nachhall zeigen sich Töne von grünem Apfel, Zitronenzeste und ein Hauch von Oregano. 12 Vol.-%, NK, €€

★★★

WEINGUT GEORG SIBEN ERBEN

Weinstraße 21, 67146 Deidesheim
T: +49 6326 989363, info@weingut-siben.de
weingut-siben.de

Ab-Hof-Verkauf: Di bis Sa 10–12 Uhr und 14–17 Uhr
Kellermeister: Andreas Siben
Ansprechpartner: Andreas und Nadine Siben
Flaschen/Hektar: 80.000 (95 % weiß, 5 % rot)/12 ha

Das kann man mit Fug und Recht eine lange Geschichte nennen: Seit mehr als 300 Jahren betreibt die Familie Siben Weinbau in der Pfalz. Das Schöne daran: Die Nachfahren – aktuell Nadine und Andreas Siben – führen die Tradition nicht nur fort, sie entwickeln das biologisch wirtschaftende Gut beständig weiter. In diesem Jahr überzeugen nicht nur die Großen Gewächse restlos, sondern wir möchten ausdrücklich betonen, dass es sich unbedingt lohnt, Weine aus den weniger hochdekorierten Lagen zu probieren – auch diese Rieslinge sind wunderbar saftig und ausdrucksstark gelungen. Bravo!

93+ 2020 Forst Ungeheuer Riesling GG
Die Nase mit Eisenkraut, Frühlingsblüten, Earl Grey und Steinobst. Der Gaumen ist dann geradliniger mit zupackender Mineralität und fein ausgearbeitetem Terroirbezug. Nasser Stein, würzig, schwarze Walnuss und Schmelz mit feinen Rauchnoten. 13 Vol.-%, NK, €€€

93 2020 Deidesheim Kalkofen Riesling GG
In der Nase mit puristischen Gesteinsnoten, Aromen von Lorbeerblatt und Gartenkräutern. Am Gaumen elegant, fast seidig mit angenehmer Textur und Verve. Die belebende Zitrusfrische ist animierend und alles in allem auch bereits gut antrinkbar. 13,5 Vol.-%, NK, €€€

92+ 2020 Deidesheim Kieselberg Riesling GG
Duft nach Mandarine, Limette und Grapefruit. Saftig trifft der Kieselberg die Zunge mit einem Potpourri aus Salz, Zitrusfrüchten und einem Hauch Exotik. Gelber Paprika und Pampelmuse am Gaumen steigern die fruchtige Komplexität und Spannung. 12,5 Vol.-%, NK, €€€

92+ 2020 Deidesheim Grainhübel Riesling GG
Rieslingwürze in der Nase mit eingelegtem Ingwer und englischem Sellerie. Dem vielschichtigen Duft folgt ein extraktvolles Gaumenspektakel mit ehrlicher Natürlichkeit. Elegant, seidig und mit reifer Phenolik bei gutem Reifepotenzial. 13 Vol.-%, NK, €€€

92 2020 Deidesheim Langenmorgen Riesling GG

91 2020 Deidesheim Paradiesgarten Riesling Erste Lage trocken

90+ 2020 »Vom Kalk« Riesling trocken

90+ 2020 Deidesheim Herrgottsacker Riesling Erste Lage trocken

90+ 2020 Deidesheim Leinhöhle Riesling Erste Lage trocken

89+ 2020 »Vom Kiesel« Riesling trocken

88+ 2020 Deidesheim Riesling trocken

91+ 2020 Ruppertsberg Reiterpfad Riesling Erste Lage trocken
Animierend in der Nase mit Kreuzkümmel, Weinbergpfirsich und weißem Pfeffer. Am Gaumen elektrisierend und energetisch. Weißer Pfirsich, feiner Schmelz und eine pulsierende Lebendigkeit mit Stringenz und unterlegter Mineralität. 12,5 Vol.-%, DV, €

★★★

WEINGUT STERN

Hauptstraße 199, 76879 Hochstadt
T: +49 6347 700580, info@weingut-stern.de
weingut-stern.de

Ab-Hof-Verkauf: Mo bis Fr 9.30–12 und 13.30 bis 18 Uhr, Sa 10–16 Uhr
Kellermeister: Dominic Stern
Ansprechpartner: Dominic und Anne-Sophie Stern
Flaschen/Hektar: 100.000 (40 % weiß, 30 % rot, 10 % Rosé, 10 % süß, 10 % Schaumwein)/12 ha

Dominic Stern führt den Familienbetrieb ebenso ambitioniert wie qualitätsorientiert. Sein Ziel ist es, das Potenzial der variantenreichen Böden seiner Weinberge rund um Hochstadt möglichst auszuschöpfen. Das gelingt ihm durchweg sehr gut, wobei – wenig überraschend – sein Riesling aus dem Forster Ungeheuer an der Spitze der Kollektion steht. Der Wein aus der herausragenden Lage ist hocharomatisch und zugleich von stoffiger Mineralität geprägt. Das Ungeheuer wird über die Jahre noch weiter zulegen – Gleiches gilt für den straffen »Grande Réserve« Pinot Noir.

92+ 2020 Forst Ungeheuer Riesling trocken
Ein sehr feiner, anfangs leicht exotischer Duft in der Nase. Dann folgt eine leichte Salzigkeit. Im Duft Aromen von Grapefruit, Zitronenzeste und Passionsfrucht. Am Gaumen mit wunderbarer Säure ausgestattet und einer unverwechselbaren Mineralität des Terroirs. Viel Potenzial.
13 Vol.-%, DV, €€€

92 2020 Hochstadt Weidenberg Chardonnay trocken
Brillant in der Farbgebung. Sauber und fein im Duft. Aromen von gelbem Apfel, Karambole, Ananas und Bourbonvanille. Am Gaumen werden diese Aromen von ideal eingebundener Säure getragen und komplettiert durch eine leichte Mineralik. Chardonnay mit Lagerpotenzial. 13,5 Vol.-%, DV, €€€

90+ 2019 »Grande Réserve« Pinot Noir trocken
Ein durchaus sortentypischer Duft von Kirsche, Gewürznelke und Himbeere. Am Gaumen mit noch jungem Tannin, einem Hauch von Bourbonvanille, lebendiger Säure und nachfolgenden Aromen von Cranberry, Himbeere, und Champignon. Attraktiver Nachhall. 13 Vol.-%, NK, €€€

90+ 2018 »Anne-Sophie Réserve« Cabernet Sauvignon trocken
Tief in der Farbgebung. In der Nase ein Duft von Cassis, Schwarzkirsche, Zedernholz und Lorbeerblatt. Am Gaumen folgen Grafit, Brombeere und etwas grüner Pfeffer, von feiner Säure balanciert. Reifes Tannin führt in einen langen Nachhall. 14 Vol.-%, NK, €€€

90 2018 »Cuvée 55 trocken« CS/ME

90+ 2020 »Réserve« Chardonnay * trocken**
Intensiv im Duft von Aromen wie Melone, Quitte, gelber Apfel und ein wenig Vanille. Am Gaumen ein mittelgewichtiger Körper, dessen feine Säure sowohl diese Aromen als auch Ananas und Mandarinenschale sehr gut balanciert. Bereitet heute bereits Trinkfreude. 13,5 Vol.-%, DV, €€

★

WEINGUT STURM

Hauptstraße 6, 76831 Ilbesheim bei Landau in der Pfalz
T: +49 6349 9966817
info@weingut-sturm-ilbesheim.de
weingut-sturm-ilbesheim.de

Ab-Hof-Verkauf: Ja
Kellermeister: Sabrina Sandt
Ansprechpartner: Sabrina Sandt
Hektar: 20 ha

Seit mit Sabrina Sandt und Ulrich Sturm 2019 die vierte Generation übernahm, spielt Nachhaltigkeit eine größere Rolle im Gut. Dazu betonen beide: »Wir wollen Weine wie das Wetter machen«, vielfältig und kreativ sollen sie sein. Und sie verblüffen: Die »Mitternachtssonne« ist ein Wolf im Schafspelz, man erwartet es süß – erlebt aber ein feines Spiel der Säure und eine sensorisch trockene Überraschung. Da kommt vermutlich noch mehr. Seit 2019 experimentiert das Weingut auch mit historischen Rebsorten wie Schwarzurban, Roter Veltliner und Weißer Lagler.

90 2020 »Mitternachtssonne« Riesling halbtrocken
Ein lebendiger Duft in der Nase entsteht aus Aromen von gelbem Apfel, Zitrone, Limette und nassem Stein. Am Gaumen federt die gute Säure diese Aromatik ab. Dieser Wein macht seiner halbtrockenen Bezeichnung sehr viel Ehre. Jetzt bereits ein Genuss. 12 Vol.-%, DV, €

89 2019 »Oktobersonne« Chardonnay trocken
In der Nase Aromen von Quitte, Zitrone sowie sowohl florale als auch vegetabile Aromen. Am Gaumen mit sehr lebendiger Säure ausgestattet, die diese Aromen als auch Birne und Pflaume gut balanciert. Der Nachhall wirkt nicht ganz trocken, jedoch nachhaltig. 12,5 Vol.-%, DV, €

89 2020 »Downburst« Weißburgunder tr.
Durchaus im Duft von sortentypischen Aromen (Birne, Pfirsich, Zitronenschale) und etwas Schotter geprägt. Am Gaumen folgen Aromen von reifer Grapefruit, sehr süßer Aprikose und roher Mandel. Von guter Säure balanciert bei attraktivem Nachhall. 13,5 Vol.-%, DV, €

89 2020 »Samum Fumé« Riesling trocken
Klassisch in der Farbgebung. In der Nase entwickeln sich Aromen von Zitrone, Mandarine und etwas Rauch. Am Gaumen ebenfalls leichte Röstaromen sowie Apfel und Limette. Eine lebendige Säure führt in den attraktiven Abgang. Ein guter Speisenbegleiter. 13 Vol.-%, DV, €€

89 2018 »Aprilwetter« Weißburgunder tr.

90 2020 »Staubteufel« St. Laurent trocken
Fast tief in der Farbgebung und reif im Duft. Aromen von reifer Sauerkirsche, Waldfrüchten und feinstem Heidelbeerjoghurt. Am Gaumen auch Blaubeere, Holunder und Hibiskus bei lebendiger Säure, reifem Tannin, mittelgewichtigem Körper und gutem Abgang. 12,5 Vol.-%, DV, €

WEINGUT PETER STÜBINGER

Hauptstraße 12, 76829 Leinsweiler
T: +49 6345 1572, info@weingut-stuebinger.de
http://weingut-stuebinger.de

Ab-Hof-Verkauf: nach Vereinbarung
Kellermeister: Peter Stübinger
Ansprechpartner: Peter Stübinger
Hektar: 19 ha

In dritter Generation machen Peter Stübinger und sein Sohn Daniel nun Weine. Und so ausladend ihre Produktpalette, so vielfältig ist der Service. Das Weingut veranstaltet Verkostungen und Events, bietet Übernachtungen und Weinbergwanderungen. Im eigenen temporär geöffneten Gastraum gibt es traditionelle Pfälzer Küche. Vielen Weinen ist anzumerken, dass sie für diese Straußwirtschaft produziert sind: Der Merlot Rosé oder der kultivierte Extra Brut vom Weißburgunder sind spürbar kulinarisch gedacht. Der zweite Stern ist nicht mehr allzu weit entfernt!

91 2013 Pinot Blanc extra brut
Dezente Hefe im Duft, würzig, etwas Blüten, Klee und Löwenzahn, im Mund gleichermaßen fein und frisch im Mousseux, reife Säure, sehr trocken abgestimmt, angesichts der Körperkraft und guter Substanz wirkt der Wein dennoch nicht mager. 12,5 Vol.-%, NK, €€

89 2020 Sauvignon Blanc trocken
Eine kräftige Farbe, gelb mit goldgelben Reflexen. Im Duft mischt sich eine sehr reife, fast schon etwas karamellige Gelbfrucht mit hefigen Aromen. Druckvoll und feist am Gaumen, etwas phenolisch, präsente Säure, robust gebaut. 12,5 Vol.-%, DV, €

90 2020 Merlot Rosé trocken
Orangetönig in der Farbe. Im Duft Hagebuttentee, leicht pfeffrige Untertöne, Blutorange. Im Mund stoffig, reife Säure, ein dichter, sehr erwachsener Rosé, gut eingebundene Säure, nicht zu pikant, aber auch nicht mild, balancierende Süße, gute fruchtgetragene Länge. 13 Vol.-%, DV, €

90+ 2018 »Cuvée S« trocken CS/SY/ME
Cassis und Schwarzkirsche im fruchtigen und würzigen Duft, Rauch und etwas Tinte. Saftig am Gaumen, kräftig gebaut, aber nicht in die Breite gehend, klare Noten von Kirsche, mit einer guten Menge feinkörnigen Tannins, durchaus elegant und nach vorne gerichtet. 13,5 Vol.-%, NK, €€

88 2019 Leinsweiler Spätburgunder trocken

90+ 2020 »vom Kalkstein« Riesling trocken
Im Duft leicht rauchig, die Kalkanmutung ist förmlich zum Greifen, dazu kommen gelbfruchtige Noten, Pfirsich, kandierte Orangenschale. Im Mund mit einiger Alkoholkraft, feste Säure, Proportion und Dichte stimmen, frisch und sehr gelungen. 12,5 Vol.-%, DV, €

★

VIERMORGEN

Hauptstraße 36a, 76889 Niederhorbach
T: +49 173 9939406, info@viermorgen-wein.de
viermorgen-wein.de

Ab-Hof-Verkauf: nach Vereinbarung
Kellermeister: Dr. Boris Peter
Ansprechpartner: Axel Becht und Dr. Boris Peter
Flaschen/Hektar: 10.000/1.4 ha

Es hat ganz offensichtlich einen starken Einfluss, dass Axel Brecht und Dr. Boris Peter jeden Rebstock persönlich kennen, der auf ihrer überschaubaren Fläche von 1,4 Hektar gedeiht. Die beiden Südpfälzer, die 2012 in Niederhorbach ihre kleine Weinkooperative »Viermorgen« ins Leben riefen, drehen mächtig an der Qualitätskurbel: Vor allem ihre beiden Rotweine aus 2018 – der würzige Shiraz mit fleischigen Gerbstoffen und der filigrane Pinot Noir mit präziser Säure und feinkörnigem Tannin – lösten Begeisterung aus. Wir setzen das Weingut auf die Watchlist für den zweiten Stern.

90 2020 Gleiszellen-Gleishorbach Kirchberg Riesling feinherb
Aus dem Glas strömt es betont frisch: Melisse, Maiglöckchen, weißfleischiger Pfirsich. Im Mund ist der spannungsreich balancierte Riesling leichtgewichtig im Körper, lebendig in der Säure, die Süße bildet einen zurückhaltend eingesetzten Kontrast. 11,5 Vol.-%, DV, €

90 2020 Sauvignon Blanc trocken
Leicht reduktiv im Duft, etwas Blattgrün, Kiwi, grüne Stachelbeere. Am Gaumen dicht, kultivierte Säure, eine Schicht mehlige Phenole, ungekünstelte Balance bei mittelgewichtigem Format, Flieder und Stachelbeere im Abgang, stilvoller Wein. 12,5 Vol.-%, DV, €

90 2020 Gleiszellen-Gleishorbach Kirchberg Cabernet Franc & Shiraz Rosé feinherb
Lachsrosa in der Farbe. Im Duft Schwarze Johannisbeere, Traubenzucker. Im Mund schlank und saftig, mit prickelnder Frische und einer komplett unkitschigen Süße hinter packender Säure. Ein kabinettartiger Rosé-Typus.
11,5 Vol.-%, DV, €

92 2018 Gleiszellen-Gleishorbach Frühmess Shiraz trocken
Holzwürze in der Nase mit dunkler Frucht, noch etwas verschlossen, Schwarzkirsche, rauchig und etwas Lakritze. Vollmundig am Gaumen mit reifer, saftiger Frucht wie Schwarzkirsche und Schwarze Johannisbeere, reife und auch fleischige Gerbstoffe, Würze und gute Länge. 13,5 Vol.-%, NK, €€

89+ 2020 »Chardonnay 500« Niederhorbach Silberberg trocken

91+ 2018 Gleiszellen-Gleishorbach Frühmess Pinot Noir trocken
Kräftige Nase, Sauerkirsche, Orangenschale, auch erdige Noten, Veilchen. Setzt am Gaumen mit feiner Kirschfrucht und mit präziser Säure in einer klar konturierten Textur an, lebendig und mit Pinot-Finesse sowie feinkörnigem Gerbstoff. Für das warme Jahr 2018 filigran. 13,5 Vol.-%, NK, €€

★★

WEINGUT VILLA HOCHDÖRFFER

Lindenbergstraße 79, 76829 Landau in der Pfalz
T: +49 6341 649630, info@weingut-villa.de
weingut-villa.de

Ab-Hof-Verkauf: Mo bis Sa 8–12 Uhr und 14–18.30 Uhr, So 9–12 Uhr
Kellermeister: David Hochdörffer
Ansprechpartner: Lieselotte Hahn-Hochdörffer
Hektar: 45 ha

Der Jahrgang 2020 ist David Hochdörffer, der im 45-Hektar-Weingut für den Ausbau der Weine verantwortlich ist, gut gelungen: Schon die Basisqualitäten und Ortsweine machen Freude und animieren zum nächsten Schluck, wie der saftig-würzige Sauvignon Blanc »Letten« oder der feinmineralische Chardonnay »Muschelkalk«. Die Lagenweine aus dem Jahr 2019 zeigen Herkunft und Charakter wie der Riesling aus dem Birkweiler Kastanienbusch und der substanzreiche Syrah aus dem Frankweiler Biengarten. Die facettenreiche Kollektion ist uns einen zweiten Stern wert – Glückwunsch!

91 2019 Birkweiler Kastanienbusch Riesling trocken
Vielschichtiger Duft nach Wildkräutern, Pfirsich, Safran und Piment, Feuerstein mengt sich bei. Seriöser Riesling, der seine Herkunft mit guter Balance und tragender, markanter Säure zeigt. Leicht herbe Phenolik in der Gaumenmitte, auch zitrisch. Mit Potenzial. 13,5 Vol.-%, DV, €€

90+ 2020 Nußdorf Kaiserberg Weißburgunder trocken
Riecht nach Apfel, Steinobst, Mandarine und Wiesenkräutern. Kraft und Saft zeigen sich im kräftig gebauten Körper, begleitet von Apfelnoten und Aprikose auf einem mineralischen Hintergrund. Die reife Säure ist gut eingebettet. Endet mit feiner Würze. 13 Vol.-%, DV, €€

90 2019 Godramstein Münzberg Chardonnay trocken
Mittleres Goldgelb, im Duft mit ziemlich reifen Eindrücken, gereifter Cidre, Dotterblume, Trockenobst, Aprikose, Ingwer und Rauch. Am Gaumen mit ordentlich Druck, Substanz und auch Wucht, entfaltet sich in gutem Gleichgewicht. Chardonnay, der auch Essen verträgt. 13,5 Vol.-%, DV, €€

90 2019 Frankweiler Biengarten Syrah tr.
Cassis in der Nase, ein Gang durch den Kräutergarten im Sommer, Schwarzkirsche, Waldbeeren und ordentliche Holzwürze. Zeigt am Gaumen viel Substanz und auch Wucht, die von einer präsenten Säure balanciert wird. Stoffig, mit Gerbstoffen, die Perspektive erwarten lassen.
14,5 Vol.-%, NK, €€€

89 2020 »Letten« Sauvignon Blanc trocken

89 2020 »Muschelkalk« Chardonnay trocken

88 2020 Grauer Burgunder trocken

88 2020 »So La La« Cuvée trocken CH/RR/BC/SÄ/GM

90 2018 »Applaus, Applaus« Cuvée trocken PN/ME/CS

89 2018 »Löß« Merlot trocken

88+ 2018 Nußdorf Kaiserberg Spätburgunder tr.

89+ 2020 »Löß« Grauer Burgunder trocken
Würzige und erdige Aromen beschäftigen die Nase, werden dann ergänzt durch Birne und Walnuss. Kräftig gebauter Burgunder mit Volumen und mittelgewichtigem Extrakt, der sich auch im Mund mit schöner Würze, Saft und Erdigkeit zeigt. Vielseitig im kulinarischen Bereich.
13 Vol.-%, DV, €€

★

WEINLAND WACHTENBURG

WIR WACHTENBURG WINZER
DIE GENOSSENSCHAFT

Weinstraße 2, 67157 Wachenheim an der Weinstraße
T: +49 06322 979820, info@weinland-wachtenburg.de
weinland-wachtenburg.de

Ab-Hof-Verkauf: Mo bis Fr 9–18 Uhr, Sa 10–17 Uhr, So 11–16 Uhr
Kellermeister: Theo Bassler
Ansprechpartner: Albert Kallfelz
Flaschen/Hektar: 4.000.000 (62 % weiß, 17 % rot, 16 % Rosé, 1 % süß, 4 % Schaumwein)/335 ha

Gemeinsam lebt, arbeitet und genießt es sich besser«, sagen die Genossenschafter vom Weinland Wachtenburg. Dessen Ursprung liegt im Jahr 1900. Im Laufe der Zeit wuchsen drei Genossenschaften zusammen, seit 1997 firmieren insgesamt 24 Winzerbetriebe unter dem aktuellen Namen, nennen sich aber auch »Mehrfamilienweingut«. Sortiment und Geschmackspalette sind immens. Dabei gefiel uns neben dem attraktiven Preis-Leistungs-Verhältnis, dass die Premium-Rieslinge Frucht und Säure unter einen Hut bringen, ohne eines allzu intensiven Kitts aus Süße zu bedürfen.

91 2020 »Edition Premium« Wachenheim Altenburg Riesling trocken
Schöne Nase von Mirabellen, reifen Zitronen, Bergpfirsich, Jasminblüten, ein wenig nasses Gestein. Am Gaumen saftige, reife Früchte und ein voller Körper, der in Balance mit der gut integrierten Säure ist. 13 Vol.-%, DV, €€

90+ 2020 »Edition SL« Weißburgunder tr.
Schöne Nase von Nussbutter, Mandel, Honigmelone, grünem Apfel sowie Aprikose. Am Gaumen fruchtig bei mittleren Körper. Cremig mit einer Restsüße, aber gut integrierter, erfrischender Säure. Ein schöner Speisenbegleiter. 13 Vol.-%, DV, €

91 2017 »Edition Premium Réserve unfiltered« Merlot trocken
In der Nase schöne Sauerkirschen, Schwarze Johannisbeeren, Pflaumen, Efeu, leicht Minze, leicht Vanille. Am Gaumen frisch und fruchtig. Schön eingebundene samtige Tannine in Balance mit Säure. Dunkle Früchte mit einem Hauch Vanille finden sich wieder. 14 Vol.-%, NK, €€

90+ 2018 »Edition SL« Cabernet Sauvignon tr.
In der Nase Cassis, Rote Johannisbeeren, Waldbeeren, Kräuter- sowie pfeffrige Noten. Ein wenig Tabak vom Holzausbau. Am Gaumen viele dunkle Beeren, elegant. Gut integrierte Säure mit weicher, junger Tanninstruktur. 14 Vol.-%, DV, €

90 2020 »Edition SL« Riesling trocken

90 2020 »Junge Winzer« Grauburgunder tr.

89+ 2020 »Edition Premium« Wachenheim Gerümpel Riesling trocken

89 2020 »Edition SL« Grauburgunder trocken

88 2020 Wachenheim Fuchsmantel Riesling trocken

87+ 2020 Sauvignon Blanc trocken

89 2018 »Edition Premium Cuvée Wachtenburg« trocken ME/CU/CF

90+ 2020 »Crafted« Weißburgunder & Chardonnay trocken
In der Nasse salziges Popcorn, reife, saftige Aprikose, Butter, Vanille, gemahlene Nüsse, Röstaromen vom Holzausbau. Am Gaumen cremiger Schmelz, saftiges Obst, Butter und Röstaromen. Eine vollmundige, kraftvolle Cuvée aus Weißburgunder und Chardonnay. 13 Vol.-%, DV, €

★★★★

WEINGUT WAGECK PFAFFMANN

Luitpoldstraße 1, 67281 Bissersheim
T: +49 6359 2216, info@wageck-weine.de
wageck-weine.de

Ab-Hof-Verkauf: ja, nach Vereinbarung
Kellermeister: Thomas und Frank Pfaffmann
Ansprechpartner: Thomas Pfaffmann
Flaschen/Hektar: 350.000 (50 % weiß, 50 % rot)/39 ha

Im Weinbau sind die Wagecks schon lange tätig, doch das Weingut Wageck-Pfaffmann entstand erst 1973. Heute baut die Familie 60 Prozent weiße und 40 Prozent rote Trauben naturnah und umweltschonend an. Frank und Thomas Pfaffmann leiten den Betrieb in der fünften Generation. Die beiden geben abermals eine starke Vorstellung. Die Stars in ihrem Sortiment sind Spätburgunder und Chardonnay. Doch ihr Händchen beim Holzfassausbau kommt auch den anderen Weinen zugute, vor allem Sauvignon, roten Cuvées und Sekt. Auch die Basisweine zeigen sich erfreulich verlässlich.

94+ 2018 Bissersheim Geisberg Chardonnay tr.
In der Nase reife Mango, Orangenschale, Nussbutter, Vanille, leicht Tabak. Am Gaumen cremiger Körper mit einer schön eingebundenen, erfrischenden Säure. Gelbe Birne, saftiger Pfirsich. 13,5 Vol.-%, NK, €€€

95 2018 Bissersheim Geisberg Pinot Noir tr.
Komplexe tolle Nase. Himbeere, schwarzer Flieder, kräutrige Würze von Salbei, Thymian, Lorbeer , pfeffriger Biss. Am Gaumen packende Säure, leicht adstringierend noch bei reifem, schönem Tannin. Frucht , Würze, Kühle und Eleganz im Mund, ein Wein, der in einigen Jahren sehr viel Freude bringt. 13,5 Vol.-%, NK, €€€€

93 2018 Bissersheim Goldberg Spätburgunder trocken
In der Nase kühl, leichte Würze, wilde Waldbeeren, Minze, Pilze sowie Holz und Laubaromatik. Am Gaumen leicht mineralisch, seidiges Tannin, schön eingebundene Säure bei saftiger Frucht und schöner Würze. Sehr elegant. Langer Nachhall, gutes Reifepotenzial. 13,5 Vol.-%, NK, €€€

93 2018 Großkarlbach Burgweg Spätburgunder trocken
Würzige schöne Nase von Pinienwald, Himbeeren, Brombeeren, saftigen dunkelroten Kirschen. Am Gaumen mineralisch, gut eingebundene Säure, samtiges Tannin, mittlerer Körper voller Frucht von Brombeeren, dunklen Kirschen und Heidelbeeren. Schöne Kühle trotz des sehr warmen Jahres 2018, gutes Reifepotenzial. 13,5 Vol.-%, NK, €€€

91+ 2014 »Cuvée Sekt« extra brut CH/PN/PM

90 2020 »Tertiär« Chardonnay & Weißburgunder trocken

89 2020 »Fundament« Weißer Burgunder tr.

89 2020 »Tertiär« Sauvignon Blanc trocken

89 2019 »Kalkmergel« Großkarlbach Weißburgunder trocken

92 2018 »Cuvée Wilhelm Réserve« trocken PV/CS/ME/CF

89 2017 »Cuvée Luise« trocken FB/ME/CD/SL/CI/CU

91 2019 Bissersheim Riesling trocken
In der Nase nimmt man eine dezente Pfirsichfrucht wahr, dazu Aromen von grünem Apfel, Zitrone, und Schießpulver. Am Gaumen hat der Riesling einen straffen Säurezug, der aber gut in seinen stattlichen Körper eingebunden wirkt. Ein recht kompletter Ortswein. 12,5 Vol.-%, DV, €€

★

WEINGUT WAMBSGANSS

Kirchhohl 10, 76829 Landau in der Pfalz
T: +49 6341 61990, info@weingut-achenbach.de
eugen-wambsganss.de

Ab-Hof-Verkauf: Mo bis Fr 8–12 Uhr und 14–17 Uhr, Sa 9.30–12 Uhr und 14–14.15 Uhr
Kellermeister: Christian Estelmann
Ansprechpartner: Christian Estelmann
Flaschen/Hektar: 200.000 (70 % weiß, 10 % rot, 15 % Rosé, 5 % Schaumwein)/16 ha

Schon seit acht Generationen hat sich die Familie Wambsganss dem Weinbau verschrieben, ihre Devise lautet: »Federführend beim Genuss«. Seit 2016 wird das Weingut von Inhaber und Kellermeister Christian Estelmann geleitet, der auf Trauben von 16 Hektar Weinbergen in Nußdorf, Godramstein und Walsheim zurückgreifen kann. Die Reben stehen auf Kalkböden, Löss-Lehm und auch auf Buntsandstein. »Wir versuchen so naturnah wie möglich zu arbeiten, auch ohne Biosiegel«, sagt Christian Estelmann, der eine vielfältige und überzeugende Kollektion vorlegt.

91 2018 Godramstein Münzberg Riesling tr.
Reifer Pfirsich im kräftigen Duft mit etwas Petrol und leicht brenzligen Noten, Feuerstein. Am Gaumen klar konturiert mit gutem Extrakt. Trocken im Ausdruck und dabei geschmeidig, zur saftigen Frucht kommen salzige Noten. Gute Länge, bleibt am Gaumen. 12,5 Vol.-%, DV, €€

90+ 2020 Godramstein Schneckenberg Weißer Burgunder trocken
Blüten im Duft, Aprikosen-Pannacotta, Birne und feine Kräuter folgen. Gut gebaut am Gaumen mit klarer Kontur und gutem Extrakt, betont trocken und mit leicht salziger Tönung, feiner saftiger Schmelz kommt dazu. Kein weich gespülter Burgunder, eigenständiges Profil. 12,5 Vol.-%, DV, €€

90+ 2019 Nußdorf Kaiserberg Grauer Burgunder trocken
Würzige Noten umkleiden reife Birne, etwas Lorbeer und frisch gequetschte Wacholderbeere, heller Tabak. Mit kräftiger Struktur im Mund und seriösem Extrakt, würzig und unkitschig in seiner trockenen Anmutung mit stabiler Säure. Kein Grauburgunder der traditionellen Machart. 13 Vol.-%, DV, €€

91 2019 Nußdorf Herrenberg Spätburgunder trocken
Viel reife Frucht in der Nase, rote und schwarze Kirsche, Brombeere, auch Rote Bete und ein Hauch von Gewürznelke. Mächtiger und druckvoller Spätburgunder mit einer ordentlichen Menge reifen Tannins, guter, süßlicher Extrakt. Gut balanciert und mit Potenzial. 14 Vol.-%, NK, €€€

90 2018 Nußdorf Kirchenstück Riesling tr.

88 2020 Nußdorf Weißer Burgunder trocken

88 2020 Nußdorf Grauer Burgunder trocken

88 2020 Nußdorf Chardonnay trocken

88 2020 Nußdorf Rosé trocken

90 2017 Nußdorf Herrenberg Cabernet Sauvignon trocken

89 NV »Schwarze Gans« trocken CS/CF/PN

89 2020 Nußdorf Riesling trocken
Feiner Duft nach knackigem Steinobst, Aprikose und Pfirsich, auch etwas Blattgrün. Am Gaumen schlank gebaut mit ausgewogener Säure und klarer Frucht. Gut abgerundet mit etwas Restsüße. Ein Riesling, der nicht zu kompliziert ist, aber Trinkspaß auslöst. 11,5 Vol.-%, DV, €

★★★

WEINGUT KARL WEGNER

Am Neuberg 4, 67098 Bad Dürkheim
T: +49 6322 989327, info@weingut-wegner.de
weingut-wegner.de

Ab-Hof-Verkauf: Mo bis Fr 9–12 Uhr und 13–18 Uhr, Sa 9–17 Uhr
Kellermeister: Joachim Wegner
Ansprechpartner: Joachim Wegner
Flaschen/Hektar: 100.000 (60 % weiß, 25 % rot, 12 % Rosé, 3 % Schaumwein)/12 ha

Joachim Wegner – das wissen wir bereits – hat Spaß daran, Weine reifen zu lassen, damit sie ihr ganzes Potenzial entfalten können. Dieses Mal hat er uns einen 2015er und einen 2016er Pinot Noir geschickt, die beide einen exzellenten Eindruck hinterlassen haben. So saftig und aromatisch wie sie sind, dürften sie zwar jetzt einen gewissen Höhepunkt in ihrer Entwicklung erreicht haben, aber auch noch in ein paar Jahren genussvolle Momente bieten. Sehr schön auch der trockene Gewürztraminer aus dem Bad Dürkheimer Nonnengarten, der wunderbar verführerisch duftet und schmeckt.

91 2020 »Augenstern« Bad Dürkheim Spielberg Chardonnay trocken
In der spannenden Nase Würze, Karambole, Ananas und Vanille. Am Gaumen folgen etwas Rauch, Honigmelone und Zitronenzeste, gut eingebunden von guter und lebendiger Säure in einem mittelgewichtigen Körper. Attraktiver Nachhall. 14 Vol.-%, NK, €€

91 2019 »Lunatic« Ungstein Herrenberg Riesling trocken
Mittleres Goldgelb im Glas. In der Nase entwickelt sich ein Duft von Zitronenzeste, gelbem Apfel, Mandarine und nassem Stein. Am Gaumen mit leichter Phenolik, Aromen von reifer Aprikose und Gewürznote bei guter Säure. Ein mittelgewichtiger Körper bei gutem Nachhall. 13,5 Vol.-%, NK, €€

91 2015 »Kleinod Reserve« Bad Dürkheim Schenkenböhl Pinot Noir trocken
Leicht herb im Duft von dunkler Kirsche, Brombeere, Tomatenblatt und Veilchen. Bei lebendiger Säure am Gaumen mit feinen Tanninen und leichter Holwürze ausgestattet, welche die Aromatik sehr gut balanciert. Saftig, würzig, mineralisch und mit gutem Abgang. 14 Vol.-%, NK, €€€

91 2016 »Reserve« Bad Dürkheim Schenkenböhl Pinot Noir trocken
Fein im Duft mit Aromen von Himbeere, edlen Pilzen, dunkler Kirsche und Gewürznelke. Am Gaumen balanciert eine gute Säure diese Aromatik. Reifer Gerbstoff und Aromen vom schwarzen Johannisbeerblatt führen in einen attraktiven Abgang. 13,5 Vol.-%, NK, €€

90 2020 »Vision« Ungstein Herrenberg Riesling trocken

89+ 2020 Bad Dürkheim Nonnengarten Gewürztraminer trocken
Goldgelb in der Farbgebung. Ein Duft von Litschi, Rose, Grapefruit und Mandarine. Somit durchaus sortentypisch. Am Gaumen mit süßen Noten und einem Hauch von Ingwer, getragen von lebendiger und ausreichender Säure, schöner Vertreter dieser Rebsorte. 13,5 Vol.-%, DV, €

★★

WEIN. GUT. PAN THOMAS PFAFFMANN

Lindenbergstraße 36, 76829 Landau-Nußdorf
T: +49 06341 969187, info@vinopan.de
vinopan.de

Ab-Hof-Verkauf: Mo bis Fr 9–12 Uhr und 14–18 Uhr, Sa 9–18 Uhr
Kellermeister: Thomas Pfaffmann
Ansprechpartner: Thomas und Theobald Pfaffmann
Hektar: 16 ha

Thomas Pfaffmann würde wohl nicht widersprechen, wenn man ihn einen Individualisten nennt, der auffällt in der Pfalz. 16 Hektar Reben baut der Winzer aus Nußdorf an, davon sind 60 Prozent weiß und 40 rot. Seit Juli 2016 führt Pfaffmann das Weingut, das er nach Pan, dem Hirtengott aus der griechischen Mythologie, benannt hat. Seine Kollektion mit Sekten und Weinen aus vier Jahrgängen ist beeindruckend mit dem vielschichtigen Weißen Burgunder »Zeitlos« oder dem experimentellen Schaumwein »PAN« Rosé brut, der den Gaumen beschäftigt. Kommt hier bald ein dritter Stern?

91+ 2014 »PAN« Rosé brut PN/SW
Schon die Farbe eines hellen Orangetons ist bemerkenswert. In der Nase Hagebutte, Rosine, Lakritze und Orange. Am Gaumen ist der Rosé mineralisch mit feinkörniger Perlage und sanft-herber Note. Ein Schaumwein der experimentellen und sehr gelungenen Art. 12,5 Vol.-%, NK, €€

91 2014 »PAN Pinot« brut WB/PN
Butteraromen, getrockneter Apfel, Salzzitrone und Grapefruit in der Nase. Am Gaumen mit feiner Perlage und brillanter Säure, die das Gesamtbild angenehm animiert. Lange haften bleibt ein würziger Nachhall, mit tiefer Mineralik. 12,5 Vol.-%, NK, €€

91+ 2019 »Zeitlos« Riesling trocken
Kräutrige und würzige Noten, die sich nicht um Rieslingkonventionen scheren, etwas Kamille zur Aprikose. Im Mund mit Zug und präsenter, tragender Säure, puristisch, aber auch gut eingewobene Cremigkeit, die in einem leicht salzigen Ambiente aufgeht. 12,5 Vol.-%, NK, €€

91+ 2018 Pinot Noir trocken
Würzige Nase mit reifer roter und schwarzer Kirsche, etwas Gewürznelke, Blutorange und Rauch. Viel Druck und Substanz am Gaumen, kompromisslos trocken und fordernd mit kompakten und griffigen Gerbstoffen, die noch etwas pelzen. Gute Länge und Potenzial. Das wird. 13,5 Vol.-%, NK, €€€

90 2017 »PAN Noir« trocken CS/CF/ME

92 2019 »Zeitlos« Weißer Burgunder tr.
Konzentrierte Gelbfrucht in der Nase, getrocknete Aprikose, Pfirsich und etwas Salbei mit feinem Weihrauch. Kräftig am Gaumen mit gutem Extrakt, dabei in feiner und eloquenter Art umgesetzt mit würzigen und feinstoffigen Nuancen. Vielschichtig und mit guter Länge. 13,5 Vol.-%, NK, €€

★★

WEINBIET MANUFAKTUR

An der Eselshaut 57, 67435 Neustadt an der Weinstraße
T: +49 6321 67970, info@weinbiet.de
weinbiet.de

Ab-Hof-Verkauf: Mo bis Fr 9–8.30 Uhr, Sa 9–16 Uhr
Kellermeister: Patrick Öttl
Ansprechpartner: Bastian Klohr
Flaschen/Hektar: 2.500.000 (67 % weiß, 33 % rot)/ 325 ha

Die Genossen der Weinbiet Manufaktur blicken auf eine über hundertjährige Geschichte zurück, während der sie gelernt haben, dass Zusammenhalt stark macht. Heute gehören rund 50 Winzer der Kooperation an, sie bewirtschaften 325 Hektar, von denen 65 als Erste Lage klassifiziert sind. Bei den »Philipp-Bassler-Weinen« kultivieren sie dabei über 70 Jahre alte Rieslingstöcke. Das Ergebnis kann sich sehen lassen: Der Riesling »Wurzelecht« gibt sich straff und vielschichtig, würzig und lang. Bemerkenswert auch der animierende und überaus balancierte Haardter Schlossberg Riesling, der richtig viel Wein fürs Geld bietet – unser Tipp!

91 2020 »Philipp Bassler Wurzelecht« Riesling trocken
Mittleres Zitronengelb mit grünen Reflexen. Würzige Nase, unterlegt mit Pfirsich, Grapefruit, gelbem Apfel und Birnennoten. Straff und vielschichtig am Gaumen. Kreidig mineralisches Finish mit feiner Frucht, Kräuterwürzigkeit und solider Länge. 13,5 Vol.-%, NK, €€

90 2020 »Philipp Bassler Fumé« Sauvignon Blanc trocken
Helles Gelbgold im Glas, in der Nase Johannisbeere, Papaya, Zitronenschale und elegante Holznoten. Animierende Säure, gepaart mit viel Schmelz, saftiger Frucht und geschicktem Holzeinsatz. Mittellanges Finish, geprägt von einer attraktiven Salzigkeit. 13 Vol.-%, NK, €€

89 2020 »Philipp Bassler Grosses Gewächs« Riesling trocken
Riesling mit Frucht und Grip. Limette, Zitrus, Grapefruit, weißer Pfirsich und etwas Kardamom. Am Gaumen kommen dezente, reduktive Noten hinzu. Feuerstein und Gesteinsmehl. Insgesamt fokussiert und frisch. Definierte Säure, gute Substanz und Länge. 13 Vol.-%, DV, €€

89 2019 »Philipp Bassler Grosses Gewächs« Chardonnay trocken
Dichtes Goldgelb. Betörende süße, reife Früchte dominieren die Nase. Netzmelone, Ananas, gelbe Birne, Weinbergpfirsich, unterlegt mit Haselnuss und Kräutern. Frische Säure, cremige Textur. Mittlere Länge mit feinen Bitternoten im Abgang. 13,5 Vol.-%, DV, €€

88 2020 »Von Ersten Lagen« Weißburgunder & Chardonnay trocken

88+ 2019 Haardt Schlossberg Riesling tr.
Erfrischend, fruchtbetont und geradlinig, so lassen sich die Vorzüge dieses Rieslings zusammenfassen. Zitrus, grüner Apfel, Ananas und gelbe Früchte ergänzen dezente Steinnoten, balanciert und animierend. 12,5 Vol.-%, DV, €

★★★

WEIN- UND SEKTGUT WILHELMSHOF

Queichstraße 1, 76833 Siebeldingen
T: +49 6345 919147, info@wilhelmshof.de
wilhelmshof.de
Ab-Hof-Verkauf: Mo bis Fr 8–12 Uhr und 13–18 Uhr, Sa 9–16 Uhr
Kellermeister: Thorsten Ochocki
Ansprechpartner: Familie Roth-Ochocki
Flaschen/Hektar: 187.000 (45 % weiß, 10 % rot, 3 % Rosé, 42 % Schaumwein)/22 ha
Anbauweise: Biologisch zertifiziert

Der Familienbetrieb, in dem Christa und Herbert Roth einst zu den Pionieren der Sektbereitung in Deutschland gehörten, bleibt weiter auf Erfolgskurs. Sowohl Rot als auch Weiß präsentieren sich in bekannt guter Qualität. Ganz besonders viel Freude bereitet der Siebeldinger Spätburgunder »Im Sonnenschein« mit seinem reifen Gerbstoff – ein Wein mit viel Potenzial. Leider erst nach Drucklegung hat Kellermeister Thorsten Ochocki seine Schatzkammer mit seinen bis zu 25 Jahre auf der Hefe gereiften Sekten zur Verkostung geöffnet. Entdeckungen und Genuss sind dort garantiert!

90+ 2020 Siebeldingen Im Sonnenschein Weißer Burgunder Spätlese trocken
Zart in der Farbgebung und ebenfalls elegant im Duft. Aromen von Walnuss, Pfirsich, Apfel, Birne und Honig. Am Gaumen fogt eine Kräuterwürze sowie leicht süßlicher Extrakt. Ein Wein mit Schmelz, Saft, in der Klassik der Spätlese. Bereitet Trinkfreude. 13,5 Vol.-%, DV, €€

90 2020 »Muschelkalk« Grauer Burgunder tr.
Ein blasses Goldgelb in der Farbe. Intensiver Duft von Zitronenzeste, reifem gelbem Apfel, weißem Pfirsich und einem Hauch Walnuss. Am Gaumen mit Intensität und Aromen von reifer Frucht und Johannisbeerblatt. Ein Wein mit attraktiver Säure und gutem Abgang. 12,5 Vol.-%, DV, €

90 2020 Siebeldingen Im Sonnenschein Riesling Spätlese trocken
Klar in der Farbgebung und intensiv im Duft mit Aromen von grünem Apfel, Aprikose, Zitrus- und Pfirsich. Am Gaumen mit lebendiger Säure, Aromen von hellen Früchten, mittlerer Körper, sehr gut balanciert. Guter Trinkfluss. 13 Vol.-%, DV, €€

91 2017 Siebeldingen Im Sonnenschein Spätburgunder trocken
Die Nase wird von reifen und feinen Aromen geprägt: Kirsche, dunkelrote Himbeere, Gewürznelke, Wacholderbeere und Rauch. Am Gaumen mit guter Balance, zum einen reifes Tannin und zum anderen lebendige Säure. Ein attraktiver Nachhall mit Potenzial, bereitet viel Trinkvergnügen. 13,5 Vol.-%, DIAM, €€€

90 2019 »Muschelkalk« Spätburgunder tr.

89+ 2020 Siebeldingen Im Sonnenschein Grauer Burgunder trocken
In der Nase Aromen von reifer Birne, süßem weißem Pfirsich, Melone, Apfel und Geißblatt. Am Gaumen unterstützt von reifer und lebendiger Säure mit Saftigkeit und Dichte. Eher reifer, sehr klassischer Typ – zum weißen Fleisch mit Pilzsoße. 13,5 Vol.-%, DV, €€

★★★

WEINGUT KATRIN WIND

Nauweg 6, 76829 Arzheim
T: +49 6341 33339, info@weingut-wind.eu
weingut-wind.eu

Ab-Hof-Verkauf: nach Vereinbarung
Kellermeister: Katrin Wind
Ansprechpartner: Katrin Wind
Flaschen/Hektar: 33.000 (60 % weiß, 20 % rot, 20 % Rosé)/8 ha

Seit Katrin Wind das ehemalige Hobby ihres Vaters in ein Weingut verwandelt hat, ist viel geschehen: Die junge Frau arbeitet auf allerhöchstem Niveau und mit persönlicher Handschrift – kein Wunder, dass sie sich innerhalb weniger Jahre einen Namen gemacht hat. An der Spitze stehen auch dieses Jahr wieder Riesling und Spätburgunder aus der Einzellage Kalmit, einem 270 Meter hohen Hügel, dessen Böden vor allem aus Landschneckenkalk und Mergel bestehen. Doch ihr abgeklärter, aufs Mineralische fokussierter Stil zeigt sich auch in den nominell »kleineren« Weinen.

94 2019 Arzheim Kalmit Riesling trocken
Schön fein nuancierte Nase von Pfirsich, Aprikosen, nassem Stein sowie leicht salzigem Popcorn. Am Gaumen sehr präzise, toller Schmelz mit gut eingebundener straffer Säure. Tolle Dichte, Spannung, schöne phenole Aromatik sowie Mineralik vom Kalk. Langer Nachhall. 12,5 Vol.-%, NK, €€€

91+ 2020 »Vom Landschneckenkalk« Riesling trocken
In der Nase reifer Pfirsich, Mirabelle, Kamille, Kräuter. Am Gaumen sehr mineralisch. Frisch, gut eingebundene Säure. Leicht herb, schöne Phenolik mit schöner Frucht. Sehr elegant. Guter Speisenbegleiter. 12 Vol.-%, DV, €€

91 2020 »Fumé« Sauvignon Blanc trocken
Die rauchige Nase rechtfertigt die Bezeichnung »Fumé« vollauf, dazu finden sich dezente Aromen von Stachelbeere, Kiwi und frisch geschnittenem Gras. Am Gaumen wirkt der Wein ganz pur, die gut eingebundene Säure verleiht viel Eleganz. 12,5 Vol.-%, DV, €€

91 2020 »Vom Landschneckenkalk« Weißer Burgunder trocken

93 2019 Arzheim Kalmit Spätburgunder tr.
Ausgeprägte Mineralik in der Nase, salziges Popcorn, Blumenerde, wilde Erdbeeren, Waldbeeren. Am Gaumen frisch, mineralisch. Gute Säure-Tannin-Balance. Saftige Früchte am Gaumen. Der Wein macht sicherlich in ein paar Jahren noch viel Freude. 12 Vol.-%, NK, €€€

90+ 2020 »NackteRiesling« trocken
Schöne Nase von gelber Frucht wie Aprikose, Pfirsich, Jasminblüte und Kräutern. Am Gaumen frisch, fruchtig, leicht (aber nicht dünn), pur, geradlinig. Prägnante, straffe Säure, Steinobst, nahezu karg wirkende Mineralik. Für Fortgeschrittene! 11,5 Vol.-%, DV, €

★★★★★

WEINGUT VON WINNING

Weinstraße 10, 67146 Deidesheim
T: +49 6326 966870, weingut@von-winning.de
von-winning.de

Ab-Hof-Verkauf: Mo bis Fr 8–18 Uhr, Sa und So 10–18 Uhr
Kellermeister: Kurt Rathgeber
Ansprechpartner: Stephan Attmann
Flaschen/Hektar: 500.000 (97 % weiß, 3 % rot)/64 ha

Das namhafte Deidesheimer Weingut hat eine gute Kollektion im Keller. In Abwesenheit der notorisch ausverkauften Top-Lagen à la Pechstein (siehe Cru-Seiten am Beginn des Pfalz-Kapitels) eröffnet ein fulminant gutes Forster Ungeheuer den Reigen, die Weine der Mittelklasse wie Sauvignon Blanc »I«, Ölberg GG oder Reiterpfad Erste Lage befriedigen vollauf, der Basisriesling »Win-Win« ist ein Schnäppchen. Eine sehr angenehme Überraschung ist der Reiterpfad Pinot Noir: So viel mineralische Feinheit hatten wir bei den Von-Winning-Roten noch nie im Glas.

94 2019 Forst Ungeheuer Riesling GG
Im Duft Pflaume, gelber Pfirsich, rauchige Noten, ein Anflug von Spontangärung, etwas Holz. Im Mund seidig texturiert, aber auch mit Druck, gute Fülle, tief gestaffelte viskose und mineralische Extraktschichten, alle Komponenten sind dicht ineinander gewoben. Stark. 13,5 Vol.-%, NK, €€€

92 2020 Königsbach Ölberg Riesling trocken
Sehr mineralisch im Duft. Die Frucht wirkt noch verschlossen: getrocknete Zitronenschale. Ein wenig Lavendel. Im Mund gehaltvoll, weich und wirklich ölig grundiert, mit präsenten, mürben, eher trockenen Phenolen, die den Eindruck sehr guter Lagerfähigkeit hervorrufen. 12,5 Vol.-%, NK, €€

91+ 2019 »I« Sauvignon Blanc trocken
In der Farbe ein helles Gelb mit ausgeprägt grünen Reflexen. Im Duft Holunderblüte, Pfirsich und Kiwi. Geschmeidig im Ansatz, auf eine stille Weise stoffig in der Gaumenmitte, reife, gut eingebundene Säure, ein extraktreicher, ohne Süße abgerundeter Abklang guter Länge.
12,5 Vol.-%, NK, €€

93 2018 Ruppertsberg Reiterpfad An den Achtmorgen Pinot Noir GG
Rauchig im Duft, dunkle Beeren. Noch verschlossen. Nach Luftzufuhr Noten von feuchtem Sand. Im Mund geschmeidig im Ansatz, dann folgt eine satte Dosis feinkörnigen, nach Abklingen der Extraktspannung sehr gut Saft freigebenden Tannins. Mineralisch-feiner Burgunder.
12,5 Vol.-%, NK, €€€€

91 2018 »500« Sauvignon Blanc trocken

90+ 2018 »I« Weißburgunder trocken

90 2020 Ruppertsberg Reiterpfad Riesling Erste Lage trocken

90 2020 Forst Riesling trocken

90 2020 »Royale« Chardonnay trocken

89+ 2020 »II« Sauvignon Blanc trocken

89 2020 Deidesheim Mäushöhle Riesling tr.

90 2020 »Win Win« Riesling trocken
Zitrusfruchtig im Duft, etwas Johannisbeere und auch ein floraler Unterton. Ein recht »erwachsenes« und dabei klares Duftbild. Im Mund mit guter Dichte, einem lebendigen, aber auch nicht anstrengenden Säurekern, mit Frische und Spannung und einem harmonischen Abklang.
12 Vol.-%, DV, €€

WEINGUT WOW

Freinsheimer Weg 9, 67281 Bissersheim
T: +49 6359 3779, info@wolfgangsweine.de
wolfgangsweine.de

Ab-Hof-Verkauf: Ja
Kellermeister: Wolfgang Bender
Ansprechpartner: Wolfgang Bender
Flaschen/Hektar: 70.000/13 ha

Mitten im Coronatrubel hat Wolfgang Bender das Weingut seiner Familie kurzerhand in eine Genossenschaft umgewandelt: Weinliebhaber können Anteile zeichnen und genießen dann Vorzugspreise für die Weine, können die Ferienwohnung im Weingut nützen – und dürfen mitbestimmen, was im 13-Hektar-Betrieb passiert. Bender hofft, dass solches »Verantwortungseigentum« langfristige und nachhaltige Investitionen ermöglicht. Dass Bender, 32, ein talentierter Winzer ist, zeigen die Weine, die von Weißen im süffigen Landweinstil bis zu geschmeidigen Roten reichen. Sympathisch!

90 2020 »Samira« Blanc de Noir trocken PN/BP
Blass lachsfarben. Im Duft rotbeerig mit schöner Klarheit und animierender Frischfruchtigkeit. Am Gaumen gehaltvoll, aber nicht breit, gut eingebundene Säure, extraktbedingte Geschmeidigkeit, eine passende Prise Süße gibt der Frucht Volumen und Länge. Sehr gelungen! 13 Vol.-%, DV, €

89+ 2020 »Rosé Cuvée« trocken RR/GV
Eine recht intensive Farbe, helles Ziegelrot. Ist noch kräftig hefegeprägt im Duft. Kirschdrops. Im Mund tritt ein recht dichter Gerbstoff in Erscheinung, dazu kommt eine feste Säure. Wirkt sehr jugendlich und nachgerade auf Potenzial gekeltert. Zwetschge und Kirsche im Abgang. 12 Vol.-%, DV, €

92 2018 »Time to say Peace« Merlot & Cabernet Sauvignon trocken
Etwas Holz und Kräuternoten dominieren den Duft, dazu Aromen von Sauerkirsche und Blaubeerkompott. Dunkle Schokolade, Menthol. Spontangärungsnoten. Der Gaumen ist geschmeidig, mollig und körperreich mit mildem, aber frischem Tannin, der Säurenerv sorgt zusätzlich für Eleganz. 14 Vol.-%, NK, €€

91 2015 »Tribute« Reserve Rotwein-Cuvée trocken DF/ME/CS
Im dichten Duft zeigen sich Noten von Halbbitterschokolade, Hefe und Blaubeere. Im Mund ist der Wein weich grundiert, nachgerade ölig, die feinkörnigen Gerbstoffe sind komplett in Geschmeidigkeit verpackt, milde Säure verstärkt den Eindruck der runden Fülle. Charmant! 13 Vol.-%, NK, €€

89+ 2020 »vom Löss« Riesling trocken

89+ 2020 Grauburgunder trocken

88 2020 Riesling feinfruchtig (Liter)

88 2020 Bissersheim Weißburgunder tr.

89 2020 Riesling trocken (Liter)
Melisse, Lavendel und getrocknete Orangenschale: ein recht klares und »erwachsenes« Duftbild. Am Gaumen zeigt sich der Wein spannungsvoll und frisch, die lebendige Säure trägt einen mittelgewichtigen Körper und sorgt dafür, dass der »Flusswiderstand« gering bleibt. Mit anderen Worten: süffig! Eine sehr solide Literqualität!
12 Vol.-%, DV, €

★★★

WEINGUT ZELT

Binsenstraße 2, 67229 Laumersheim
T: +49 6238 3281, info@weingutzelt.de
weingutzelt.de

Ab-Hof-Verkauf: Mo bis Fr 10–12 Uhr und 14–18 Uhr, Sa 10–16 Uhr
Kellermeister: Lotte Iglhaut
Ansprechpartner: Mario Zelt
Flaschen/Hektar: 133.000 (50 % weiß, 50 % rot)/16 ha

Der ambitionierte Mario Zelt hat im Jahr 2020 umgebaut, neu gebaut und neu eingerichtet, die Lese fand bereits im neuen Kelterhaus statt. Der Qualität hat das mit Sicherheit nicht geschadet, wir haben einen durchweg gelungenen Jahrgang verkosten dürfen, an dessen Spitze der überaus elegante 2018er Spätburgunder aus dem Laumersheim Kirschgarten heraussticht. Aber auch – und hier hat der Neubau vielleicht schon zum Erfolg beigetragen – der 2020er Riesling »Kalkstein« aus Laumersheim überzeugt mit seiner feinen Frucht und guten Substanz.

91+ 2020 »Kalkstein« Laumersheim Riesling trocken
Eher blass in der Farbgebung und umso attraktiver im Duft. Es entwickeln sich Aromen von Limette, grünem Apfel, Quitte und Kies. Am Gaumen mit Substanz, Präzision bei sehr gut eingebundener Säure. Hervorragender Gutsriesling als Visitenkarte des Winzers. 12 Vol.-%, DV, €€

90 2018 Laumersheim Kirschgarten Riesling trocken
Würziger Duft, dazu Herbstapfel. Saftig und rund am Gaumen, feiner Grip, pikant mit feiner Fruchtkonzentration, herben Anklängen, Pikanz und Würzigkeit, Kernobst, prägnante Säure und gute Länge. 13,5 Vol.-%, NK, €€€

90 2019 Laumersheim Kirschgarten Chardonnay trocken
Im Duft eher kräuterbetonte Noten, Estragon und Minze sind dabei, aber auch reifer Äpfel. Am Gaumen frisch mit feiner Säurestruktur, guter Länge, das ist ein durchweg gelungener Speisenbegleiter. 13,5 Vol.-%, NK, €€€

92 2018 Laumersheim Kirschgarten Spätburgunder trocken
Anfangs sehr dezente, vom Terroir geprägte Nase mit Düften von Cranberry, Hibiskus, reifer Himbeere und Vanille. Am Gaumen mit Textur, Struktur und sehr gut balancierender Säure. Ein eleganter Wein mit sehr viel Potenzial. 13 Vol.-%, NK, €€€

91+ 2018 »Cuvée Trilogie« trocken CS/ME/CF

91 2018 »Kalkstein« Laumersheim Spätburgunder trocken
Im Duft entwickeln sich Aromen von dunkler Kirsche, Himbeere, Gewürznelke, Pilzen und Schwarzer Johannisbeere. Am Gaumen mit feinem Gerbstoff, ideal eingebundener Säure, die diese Aromatik sehr gut balanciert und für wunderbaren Trinkfluss sorgt. 13,5 Vol.-%, NK, €€

★★★

WEINGUT ZIMMERMANN

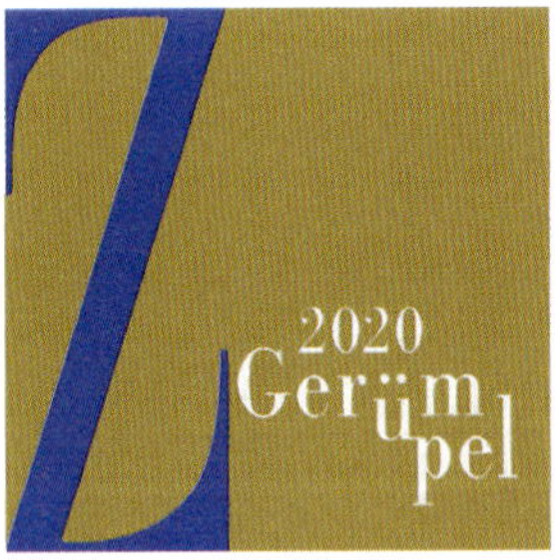

Grabenstraße 5, 67157 Wachenheim
T: +49 6322 2384, info@wein-zimmermann.de
wein-zimmermann.de

Ab-Hof-Verkauf: nach Vereinbarung
Kellermeister: Jürgen Zimmermann
Ansprechpartner: Jürgen Zimmermann
Flaschen/Hektar: 80.000 (90 % weiß, 10 % rot)/12 ha

Wie gut, dass uns Jürgen Zimmermann auch in diesem Jahr eine flüssige Terroirschulung der delikaten Art zukommen ließ: Der Chef und Kellermeister im Wachenheimer Weingut versteht es, die Unterschiede seiner famosen Rieslinglagen exakt herauszustellen. Der Riesling Altenburg lässt seine Mineralität sprechen, das Gerümpel tritt geschmeidig und fokussiert auf den Plan, der Fuchsmantel kann getrost auf seine leisen Argumente vertrauen. Während der Schlossberg sich noch etwas verhalten präsentiert, ist uns der balancierte und saftige Luginsland eine Empfehlung wert.

93 2020 Wachenheim Altenburg Riesling tr.
Blüten, Aprikose und Zitrusfrucht, feine Wiesenkräuter entfalten sich, nasser Stein. Kleidet den Gaumen schnell aus mit gutem Volumen, kräftig gebaut mit deutlicher Mineralik in der Gaumenmitte, Saft und auch Schmelz. Gute Balance, Länge und Perspektive. 13 Vol.-%, NK, €€

92 2020 Wachenheim Gerümpel Riesling tr.
Apfel und Pfirsich in der Nase, auch etwas Hopfenblüte und Eisenkraut. Zeigt am Gaumen Substanz und auch Volumen mit reifer Säure und saftiger Frucht, unterlegt von Mineralik und phenolischen Noten. Geschmeidig und dabei doch fokussiert bis ins Finale. 13 Vol.-%, NK, €€

92 2020 Wachenheim Fuchsmantel Riesling trocken
Apfel, Mirabelle und mineralische Noten, würzig und kräutrig. Im Mund saftig ansetzend imit klarer Apfelfrucht; gepflegte Phenolik, die feingliedrige Säure führt in eine schlank gehaltene, mineralisch unterlegte Struktur. Argumentiert leise und überzeugend. 12,5 Vol.-%, NK, €€

91 2020 Rieslaner Spätlese
Duft nach reifen hellen Früchten, Pfirsich, etwas getrockneter Aprikose und kandierter Zitrusfrucht. Am Gaumen lebendige Säure, reichhaltige Frucht, Birne, Pfirsich, Mandarine, gute Balance mit schmelzender Süße, gute Struktur. 9,5 Vol.-%, NK, €€

90+ 2020 Wachenheim Schloßberg Riesling tr.

89+ 2020 Wachenheim Luginsland Riesling trocken
Riecht nach Steinobst und Apfel mit kräutrigen Anklängen, auch etwas nasser Kieselstein. Startet saftig und würzig am Gaumen, eine Schicht feiner Phenole sorgt mit der präsenten Säure für Grip. Feiner Schmelz verbindet sich mit mineralischen Noten. Balanciert. 12,5 Vol.-%, NK, €

Das historische Stadtzentrum von Neustadt an der Weinstraße

GASTGEBER AUS LEIDENSCHAFT

Gemeinsam mit den Winzern der Region – als uneingeschränkten Experten, was das leibliche Wohl anbelangt – hat Falstaff die besten Genussadressen in Sachen Kulinarik sorgfältig ausgewählt und zusammengestellt.

67098 Bad Dürkheim

Bach-Mayer

Was die Pfalz kulinarisch auf der Pfanne hat, erfährt der Gast im alten fürstlichen Jagdhaus, in dem die Weinstube untergebracht ist. Reservieren sollte man unbedingt, Carsten di Lorenzis Küche ist beliebt und sein Weinangebot nicht nur auf die Pfalz festgelegt.

Gerberstraße 13
+49 6322 92120
bach-mayer.de

€€

Empfohlen von: **Weingut Dengler-Seyler, Weingut Gabel, Weingut Pfeffingen**

67098 Bad Dürkheim

Käsbüro

In der urigen Gaststätte wird längst nicht nur Käse serviert. Vielmehr umfasst die Speisekarte Klassiker wie Cordon bleu, Rumpsteak und Kalbsleber in Rotweinsauce. Weinempfehlungen gibt der freundliche Service gerne, die Karte ist mit regionalen Gewächsen bestens bestückt.

Dorfplatz 1
+49 6322 680963
käsbüro.de

Empfohlen von: **Weingut Egon Schmitt**

76835 Burrweiler

Ritterhof zur Rose

Karin und Florian Winter bieten in diesem traditionsreichen Haus ihren Gästen eine feine Regionalküche aus saisonalen und regionalen Produkten. Neben attraktiven Fleisch- und Fischgerichten gibt es auch ein gutes Angebot an vegetarischen Speisen. Sehr gute Weinauswahl.

Weinstraße 6a
+49 6345 407328
ritterhofzurrose.de

Empfohlen von: **Weingut Jürgen Leiner, Weingut Michael Andres, Weingut Leiner**

67146 Deidesheim

L.A. Jordan

Daniel Schimkowitsch hat mit seiner asiatisch inspirierten Küche in der Pfalz Akzente gesetzt. Im Restaurant L.A. Jordan im Hotel Ketschauer Hof kann man seine Kreationen im durchgestylten modernen Ambiente genießen. Die riesige Weinkarte lässt kaum Wünsche offen.

Ketschauerhofstraße 1
+49 6326 70000
ketschauer-hof.com

€€€

Empfohlen von: **Weingut von Winning**

67146 Deidesheim

1718

Im Zweitrestaurant im Ketschauer Hof, benannt nach dem Gründungsdatum des Weingutes Bassermann-Jordan, kocht Lars Wolf seine französisch inspirierte Küche ohne Schnickschnack. Sein Klassiker ist die Bouillabaisse 1718, die es auch für zu Hause in der Dose gibt.

Ketschauerhofstraße 1
+49 6326 70000
ketschauer-hof.com

€€

Empfohlen von: **Weingut Reichsrat von Buhl, Weingut von Winning**

67146 Deidesheim

Leopold

Das modern eingerichtete Gutsrestaurant im Weingut von Winning ist für seine gute regionale herzhafte Küche bekannt. Klassische Pfälzer Spezialitäten kommen hier auf die Teller, dazu finden sich auf der Weinkarte empfehlenswerte Tropfen aus dem eigenen Weinkeller.

Weinstraße 10
+49 06326 9668888
von-winning.de

€€

Empfohlen von: **Falstaff-Redaktion**

67146 Deidesheim

Gaststätte Winzerverein Deidesheim

Einfach, aber gut sind die Gerichte, die in der gemütlichen Gaststätte aufgetischt werden. Leberknödel, Bratwurst und Saumagen auf Sauerkraut stehen hier genauso auf der Karte, wie Fleeschknepp mit Meerrettichsoße. Alle angebotenen Weine kommen vom Winzerverein.

Weinstraße 67
+49 6326 9811220
gaststaette-winzerverein-deidesheim.eatbu.com

Empfohlen von: **Falstaff-Redaktion**

67146 Deidesheim

Restaurant St. Urban

Das gemütliche Restaurant im Deidesheimer Hof ist die Heimat bester Pfälzer Kulinarik. Seit Jahrzehnten verwöhnt die Küche ihre Gäste mit einer Landhausküche, die Regionalität in feinen Geschmack umwandelt. Ein gastlicher Ort der Extraklasse mit toller Weinkarte.

Marktplatz 1
+49 6326 96870
deidesheimerhof.de

€€

Empfohlen von: **Weingut Georg Mosbacher, Weingut Kranz**

67146 Deidesheim

Riva

Das modern gestylte Hotelrestaurant mit seiner einsehbaren Küche bietet eine überschaubare Auswahl an Pizza und Pasta, dazu Steaks vom Grill mit verschiedenen hausgemachten Beilagen. Das gute Weinangebot dreht sich vorwiegend um die Pfalz und ihre Gewächse.

Weinstraße 12
+49 6326 700077
kaisergarten-deidesheim.com

Empfohlen von: **Weingut von Winning**

67146 Deidesheim

Schwarzer Hahn

In schickem neuen Interieur präsentiert sich das traditionsreiche Gourmetrestaurant im Deidesheimer Hof. Küchenchef Stefan Neugebauer verwöhnt seine Gäste mit bewährten Klassikern, aber auch mit modernen Kreationen, die sich an der Haute Cuisine orientieren.

Am Marktplatz 1
+49 6326 96870
restaurant-schwarzer-hahn.de

P

Empfohlen von: **Falstaff-Redaktion**

67146 Deidesheim

Siben's Gutsküche

Seit vielen Jahren produziert das renommierte Weingut Top-Weiß- und Rotweine. Im Restaurant mit schönem Kreuzgewölbe liefert die Küche dazu regionale Spezialitäten wie Rindercarpaccio, Kastaniensüppchen, Maultaschen, gegrillte Lammhaxe oder saftige Steaks. Alles vom Feinsten.

Weinstraße 21
+49 6326 989363
weingut-siben.de

P €€

Empfohlen von: **Falstaff-Redaktion**

67146 Deidesheim

Sushi B.

In der offenen Showküche mitten im Restaurant bereitet der in Warschau geborene Sushi-Chefkoch Piotr Suszek seine kleinen Leckerbissen zu, die in dem hypermodern gestylten Restaurant serviert werden. Die dazu passenden Weine kommen vorwiegend aus Deidesheimer Gütern.

Weinstraße 18
+49 6326 700077
sushi-b.de

Empfohlen von: **Weingut von Winning**

76857 Dernbach

Schneider

Der sympathische Familienbetrieb bietet eine ganze Reihe an gut gemachten kulinarischen Klassikern, Hausspezialitäten sind die Gänseleberterrine, die Lachsforelle und das Rumpsteak. Auf der umfangreichen Weinkarte ist die gesamte Pfälzer Winzerelite versammelt.

Hauptstraße 100
+49 6345 8348
schneider-dernbachtal.de

Empfohlen von: **Wein- und Sektgut Wilhelmshof, Weingut Kranz, Weingut Katrin Wind**

67147 Forst an der Weinstraße

Zum Schockelgaul

Die gemütliche stimmungsvolle Forster Weinstube ist ein beliebter Treffpunkt für alle, die Pfälzer Gastlichkeit schätzen und dabei eine herzhafte Küche schätzen. Zu heimischen Weinen gibt es deftige kalte und warme Speisen, alles hausgemacht aus besten Produkten.

Weinstraße 96
+49 6326 5669
schockelgaul.de

Empfohlen von: **Weingut Margarethenhof**

79868 Feldberg Schwarzwald

Schlehdorn Stuben

Im Naturparkhotel kommen vor allem regionale Produkte in die Pfanne. Essen wie bei Oma ist die Linie in der Küche, aber neu interpretiert. Auf den Teller kommen Schwarzwälder Forelle, Maultaschen, 24 Stunden lang gegarter Rinderbraten und Ragout vom heimischen Wild.

Am Sommerberg 1
+49 7655 91050
schlehdorn.de

Empfohlen von: **Bärmann**

76833 Frankweiler

Robichon

Robichons Restaurant hat Flair, im gemütlichen Ambiente sitzen die Gäste an weiß eingedeckten Tischen und genießen eine Küche, die durch und durch französisch ist. Am besten folgt man dem Menüvorschlag, die dazu passenden Weine kommen natürlich auch aus Frankreich.

Orensfelsstraße 31
+49 6345 3268
restaurant-robichon.de

Empfohlen von: **Weingut Katrin Wind, Weingut Villa Hochdörffer**

67147 Forst an der Weinstraße

Noëls Prinz

Seit rund zehn Jahren verwöhnt Küchenchef Noel Matacz seine Gäste mit französisch inspirierten Gerichten. Hechtklößchen in Krebssoße, Weinbergschneckenragout und das Duett von der Gäseleber gehören zu seinen Klassikern. Dazu bestellt man von der gut sortierten Karte Pfälzer Weine.

Weinstraße 50a
+49 6326 701647
noels-prinz.de

Empfohlen von: **Weingut Margarethenhof**

76833 Frankweiler

Weinstube Brand

Für eine Weinstube ist die Küche bestens in Form und bringt Gerichte von erstklassiger Qualität auf die Teller. Denn Christian Knefler kommt aus der Sterneküche, sein perfektes Rumpsteak, der verfeinerte Saumagen und der Blut-Leberwurst-Strudel sind hauseigene Klassiker.

Weinstraße 19
+49 6345 959490
nicht verfügbar

€€

Empfohlen von: **Wein- und Sektgut Wilhelmshof, Weingut Katrin Wind**

67251 Freinsheim

Weinreich

Die beliebte Weinstube ist für ihr buntes und abwechslungsreiches kulinarisches Angebot bekannt. Die hausgemachte Pfälzer Lasagne mit gebratener Blutwurst ist ein Klassiker, ebenso die Wildgerichte aus heimischer Jagd. In Sachen Wein steht natürlich die Pfalz ganz vorne.

Hauptstraße 25
+49 6353 9598640
weinstube-weinreich.de

Empfohlen von: **Wageck Weine, Weingut Krebs**

67251 Freinsheim

Atable im Amtshaus

Das kleine Boutiquehotel in der historischen Altstadt von Freinsheim verfügt über 20 charmante Zimmer. Gastgeber sind Sybille und Swen Bultmann, die auch ihr Restaurant zu einer empfehlenswerten Adresse gemacht haben. Zur feinen Küche gibt es eine sehr gute Weinauswahl.

Hauptstraße 29
+49 6353 5019355
amtshaus-freinsheim.de

P

Empfohlen von: **Weingut Pfeffingen, Weingut Gabel, Weingut Krebs**

67161 Gönnheim

Restaurant & Vinothek im Hofgut

Bestes Handwerk, gepaart mit Kreativität zeichnet die Küche von Marco Grenningloh aus. Der ambitionierte Koch bietet seinen Gästen eine abwechslungsreiche Küche aus regionalen und saisonalen Produkten. Zum Restaurant gehört ein Gästehaus mit schön eingerichteten Zimmern.

Ludwigstraße 52
+49 6322 9886720
grenningloh.de

P

Empfohlen von: **Weingut Gabel**

67251 Freinsheim

Freinsheimer Hof

Gutes Essen und gute Weine, im Freinsheimer Hof passt das bestens zusammen. Die herzhafte bodenständige Küche hat natürlich auch Pfälzer Klassiker wie den Saumagen im Angebot. Aus dem Keller kommen die dazu passenden Weine von den Rebhängen entlang der Weinstraße.

Breite Straße 7
+49 6353 5080410
freinsheimerhof.com

Empfohlen von: **Weingut Krebs**

67281 Kirchheim an der Weinstraße

Schwarz

Manfred Schwarz gehört seit Jahrzehnten zu den bekannten Spitzenköchen des Landes. In seinem Pfälzer Restaurant kommen die französisch inspirierte Haute Cuisine und die verfeinerte Regionalküche zu Ehren. Sehr gut sortierte Weinkarte, die Jahrgangstiefe besitzt.

Weinstraße Süd 1
+49 6359 9241702
schwarz-restaurant.de

Empfohlen von: **Weingut Hammel**

76889 Klingenmünster

Weinstube Mathis

In der urigen Weinstube geht es hoch her, das bunt gemischte Publikum schätzt nicht nur die hauseigenen Weine. Auch die deftige Pfälzer Küche in handfesten Portionen ist beliebt. Saftiges Königskotelett, Flammkuchen und hausgemachte Bratwurst sind die Bestseller.

Weinstraße 66
+49 06349 1786
weinstube-mathis.de

Empfohlen von: **Weingut Hof**

67487 Maikammer

Zum Winzer

Toskanisches Flair weht durch das Gasthaus, das Christina und Dirk Albers mit viel Herzblut betreiben. Entsprechend mediterran ist auch die Küche ausgerichtet, besonders empfehlenswert sind die schmackhaften Fischgerichte. Bei den Weinen hat die Pfalz die Nase vorn.

Weinstraße Süd 8
+49 6321 5410
gasthaus-zum-winzer.de

€€

Empfohlen von: **Weingut Dengler-Seyler**

76829 Landau in der Pfalz

Par-Terre Null41

Das modern gestylte Restaurant in einer ehemaligen Kaserne ist ein kulinarischer Hotspot im südpfälzischen Landau. Die Küche präsentiert sich erfreulich unprätentiös, regionale Klassiker findet man auf der Speisekarte ebenso wie Gerichte aus dem internationalen Portfolio.

Georg-Friedrich-Dentzel Straße 11
+49 6341 969089 0
par-terre.de

Empfohlen von: **Weingut Graf von Weyher**

67435 Neustadt an der Weinstraße

Eselsburg

Wer nicht in der Eselsburg war, weiß nicht, was wirkliche Pfälzer Gastlichkeit ist. Die legendäre Weinstube mit ihrer teils skurrilen Deko bietet seit Jahrzehnten hausgemachte regionale Spezialitäten vom Feinsten, dazu werden Weine von Pfälzer Spitzenbetrieben ausgeschenkt.

Kurpfalzstraße 62
+49 6321 66984
eselsburg.de

€€

Empfohlen von: **Weingut A. Christmann, Weingut Hammel**

67433 Neustadt an der Weinstraße

liebstöckl Pfälzer Weinstube

Zu einer Vielzahl an ausgewählten Gewächsen aus Pfälzer Weingütern bietet die urgemütliche Weinstube authentische regionale Gerichte. Hier bestellen die Gäste am liebsten Fleeschknepp mit Meerrettichsoße, Leberknödel, Bratwurst und den Klassiker Saumagen mit Rahmkraut.

Mittelgasse 43
+49 6321 4849577
bodega-liebstoeckl.de

Empfohlen von: **Weingut Dengler-Seyler**

67433 Neustadt an der Weinstraße

Quetschekuche Stubb

Nach Restaurierung und Renovierung erstrahlt das historische Anwesen in neuem Glanz. Entgegen dem Namen wird in der guten Stube nicht nur Kuchen serviert, sondern auch herzhafte Pfälzer Gerichte wie gebratener Saumagen, Wildbratwürste und Gimmeldinger Rehpastete.

Mandelring 163
+49 06321 9595 490
quetsche-kuche-stubb.de

Empfohlen von: **Weingut Hammel, Weingut Margarethenhof**

67433 Neustadt an der Weinstraße

WeinGUT Wein & Tapas

Eine riesige Auswahl an Pfälzer Weinen steht im Fokus der angesagten Weinbar, in der die Stimmung immer gut und locker ist. Dazu bestellen die Gäste kleine Leckereien wie Saumagen- oder Veggie-Burger, Antipasti, Rindercarpaccio, BBQ-Hähnchenkeule und Ragout vom Lamm.

Turmstraße 3
+49 06321 4879090
weingut-tapas.de

Empfohlen von: **Weingut Graf von Weyher**

67466 Neustadt an der Weinstraße

Urgestein

Alle Sinne verwöhnen, so lautet das Motto des Restaurants im Steinhäuser Hof. Dafür steht die einfallsreiche Küche von Hedi Rink, eine kulinarische Gratwanderung zwischen Innovation und Klassik. Die Weinkarte wird ständig aktualisiert und bietet auch Neuentdeckungen.

Rathausstraße 6
+49 6321 489060
restaurant-urgestein.de

Empfohlen von: **Falstaff-Redaktion**

67433 Neustadt an der Weinstraße

Wirtshaus Backblech

In der Weinstube mitten in der Alstadt ist die Stimmung immer gut, denn das Angebot stimmt. Herzhafte Flammkuchen kommen frisch aus dem Ofen, alle natürlich hausgemacht und großzügig belegt. Die Weinauswahl bietet neben Pfälzer Gewächsen auch internationale Tropfen.

Hintergasse 18
+49 6321 81250
backblech-nw.de

Empfohlen von: **Falstaff-Redaktion**

76889 Oberotterbach

Schlössl

Das wunderschön renovierte Anwesen beherbergt gleich zwei Restaurants. Bodenständige und regionale Gerichte werden im gemütliche Ambiente serviert, etwas schicker und mit feinerer Küche geht es im Gourmetrestaurant zu. Die Weinauswahl ist gut sortiert und durchdacht.

Weinstraße 6
+49 6342 923230
schloessl-suedpfalz.de

Empfohlen von: **Weingut Friedrich Becker**

76865 Rohrbach

Zum Bahnhof 1894

Liebevoll restauriertes, denkmalgeschütztes Gebäude. Die kleine feine Karte legt Wert auf Frische und Qualität der Produkte bei Gängen wie Zitronentagliatelle mit Rucola, Filet vom Red Snapper mit Krustentierjus oder Steak. Andre und Eva Steverdin servieren dazu regionale Weine.

Bahnhofstraße 61
+49 6349 9959193
bahnhof-rohrbach.de

Empfohlen von: **Falstaff-Redaktion**

67487 St. Martin

Kirchstübel

Schöner Innenhof und rundum charmantes Ambiente, zu dem auch das flotte Personal beiträgt. Geboten wird klassische, gute Küche. Zu den Rennern zählen Leberknödelsuppe, Bratwurst mit Sauerkraut, Maultaschen und Flammkuchen, auch Steaks gelingen ausgezeichnet. Gute Pfälzer Weine.

Kirchstraße 9
+49 6323 949131
kirchstuebel.de

Empfohlen von: **Falstaff-Redaktion**

76833 Siebeldingen

Verum. Das Restaurant

Lisa Schröder und Ferdinand Kretz haben sich mit ihrem Restaurant einen Traum erfüllt. Mit aromenstarken Gerichten geben sie ihre Begeisterung für guten Geschmack aus erstklassiger Produktqualität an die Gäste weiter. Auch beim Weinangebot steht Qualität an erster Stelle.

Queichstraße 1
+49 176 62262600
verum-dasrestaurant.de

Empfohlen von: **Wein- und Sektgut Wilhelmshof**

67157 Wachenheim an der Weinstraße

Luginsland

Das Restaurant von Stefanie Metzler erfreut sich in der Region großer Beliebtheit. Denn hier bekommen die Gäste zu heimischen Weinen eine bunte Mischung aus hausgemachten Pfälzer Klassikern, schmackhaften Wildgerichten und Speisen aus dem internationalen Küchenprogramm.

Weinstraße 2
+49 06322 8635
restaurant-luginsland.de

Empfohlen von: **Weinland Wachtenburg eG**

67256 Weisenheim am Sand

Pfälzer Hof

Im alten Rathausgebäude wird seit rund 14 Jahren nur noch kulinarisch getagt. Im schlichten aber gemütlichen Ambiente sorgt die attraktive Speisekarte für geschmackvolle Abwechslung. Zu jedem Gericht gibt es eine Weinempfehlung, der man getrost folgen kann.

Dr.-Welte-Straße 2
+49 6353 959430
pfaelzerhof-weisenheim.de

Empfohlen von: **Weingut Langenwalter**

67157 Wachenheim an der Weinstraße

The Izakaya

»Izakaya« sind in Japan einfache Kneipen, Benjamin Pfeifer setzte die Idee im kleinen Winzerort Wachenheim um. Küchenchef Yannick Schilli kreiert eine einfallsreiche pfälzisch-japanische Fusionküche, dazu gibt es regionale Weine aus der angeschlossenen Vinothek »Rohstoff«.

Weinstraße 36
+49 6322 9591150
the-izakaya.com

Empfohlen von: **Falstaff-Redaktion**

67256 Weisenheim am Sand

Vivo Vino

Angesiedelt in einem ehemaligen Winzeranwesen, sind Restaurant und Weinstube heute ein Refugium des guten Geschmacks. Zu traditionellen Speisen wie saftiges Lammkarree oder knuspriges Schweineschnitzel genießt man Weine aus renommierten Pfälzer Betrieben.

Bahnhofstraße 19
+49 6353 9890088
vivovino.de

Empfohlen von: **Weingut Langenwalter**

67273 Weisenheim am Berg

Admiral

Das gemütlich dekorierte Restaurant lohnt einen Umweg. Denn die Küche von Holger Stehr ist finessenreich, dabei bodenständig und voller aromatischer Überraschungen. Dazu kennt sich Martina Stehr in der Weinwelt bestens aus und hat immer den passenden Tropfen parat.

Leistadter Straße 6
+49 6353 4175
admiral-weisenheim.de

Empfohlen von: **Weingut Gabel, Weingut Leiner**

76835 Weyher in der Pfalz

Winzerstube Weyher

Was Volker Krug in seiner Winzerstube anbietet, ist eine feine Küche, die man eher in einem Restaurant vermutet. Die Karte bietet auch ein Überraschungsmenü, das wöchtlich wechselt. Jeden Freitagabend wird ein Fischmenü in drei Gängen serviert. Gute Weinauswahl.

Kirchgasse 19
+49 6323 987818
volker-krug.de

Empfohlen von: **Weingut Meier, Weingut Hans Wirsching**

RHEINGAU

TIEF VERWURZELT

Foto: WSNA

Blick vom Kapellenberg Richtung Lorch

IN LORCH IST WAS LOS

Der Rheingau gilt manchen Kommentatoren als konservativ und nachgerade langweilig. Doch wie so häufig, passiert das Spannendste gerade dort, wo niemand hinschaut.

TEXT ULRICH SAUTTER

Lorch?«, fragt Theresa Breuer am Telefon, »was für ein super Thema!« Seitdem die Falstaff Winzerin des Jahres 2016 vor zwei Jahren die Weinberge des Lorcher Weinguts Altenkirch übernehmen konnte, ist dieser Ort für sie und ihr Team mehr und mehr in den Fokus gerückt. »Lorch ist wie ein Diamant, der geschliffen werden will, es ist ja ehrlich gesagt schon Mittelrheintal und natürlich ganz anders als der Rheingau, eigenständig, aber zugleich eine wirkliche Zauberlandschaft und unfassbar spannend.« Früher sei ihr das in dieser Tiefe nicht bewusst gewesen, führt Breuer weiter aus und nennt eine »kristalline Struktur« und ein »Spiel mit der Frucht« als kennzeichnende Merkmale der Lorcher Weine. Anders als in den Südlagen des Rheingaus behalte die Frucht der Weine in Lorch mit seinen überwiegend nach Südwesten bis Westen blickenden Steillagen immer eine gewisse Leichtigkeit. Diese Beschreibung trifft auch ziemlich genau den Eindruck, den das Falstaff-Team auch dieses Jahr wieder bei der Verkostung der Lorcher Rieslinge hatte, nicht nur bei denen des Weinguts Breuer, die das Kristalline vielleicht am meisten zuspitzen. Aber auch die Rieslinge von Eva Fricke, von Jochen Neher (Weingut Mohr), von Gilbert und Gundolf Laquai, von Konrad Berg, von Reiner Flick und diejenigen von Graf von Kanitz strahlen eine elegante Kühle ab. Selbst dann noch, wenn sie, wie etwa bei Eva Frickes Schlossberg, in einem Spätleseformat gehalten sind, das auch seine fülligen Seiten besitzt.

DEN TERROIRAUSDRUCK SCHÄRFEN

Beim Weingut Graf von Kanitz, das übrigens zu den Biopionieren Deutschlands gehört (Umstellung 1968, Mitglied bei Ecovin seit 1994), ist mit dem 30-jährigen Marc Leitis seit vergangenem Jahr ein neuer Betriebsleiter an Bord. Nun ist Leitis dabei, sich mit Verve einzuarbeiten: »Ich habe alle Parzellen im Weingut separat ausgebaut, die Geschmacksunterschiede sind riesig!« Dementsprechend sollen die Themen Terroir und Herkunft künftig eine noch größere Rolle spielen, auch in der preislichen Mittelklasse mit den Typenweinen »Quarzit« und »Schiefer«. »Diese Unterschiede kann jeder im Glas nachvollziehen«, ist Leitis überzeugt. »Die Weine vom Schiefer sind säurebetonter, die vom Quarzit wirken süßer, auch wenn sie analytisch gar nicht mehr Zucker besitzen«. Bei den 2020er Lagenrieslingen, etwa bei Pfaffenwies (Schiefer) und Bodental-Steinberg (Quarzit), deutet sich an, dass der Weg zur mineralischen Eleganz bereits eingeschlagen ist und einiges weitere hier noch zu erwarten steht.

Theresa Breuer

AUF DEM WEG ZUR PINOT-HOCHBURG

Die gegenwärtige Entwicklung des Weinbaus in Lorch kennt noch einen weiteren Aspekt: Denn es wird in den letzten Jahren immer augenfälliger, wie gut sich die Lorcher Lagen für den Anbau von Spätburgunder eignen. Wo es in Assmannshausen im zuweilen wirklich höllischen Höllenberg oft schon zu warm wird für den sensiblen Pinot, da scheint sich das Kleinklima der Lorcher Lagen mehr und mehr in einen idealen Bereich zu verschieben. So fällt im Weingut Chat Sauvage der Lorcher Schlossberg schon seit einigen Jahren meist wie eine straffere Version des Höllenbergs aus, in der Regel sogar mit einer noch eindringlicheren Mineralität. Die Gebrüder Laquai zeigen mit ihrem wuchtigen Bodental-Steinberg, dass unter den Bedingungen von Global Warming selbst in Lorch Spätburgunder von ganz großem Kaliber möglich sind. Und aus der

Eva Fricke

Fotos: beigestellt

Verena Schöttle, Weingut Chat Sauvage

Schamari-Mühle in Geisenheim stammt ein Lorcher Orts-Spätburgunder, der einen unserer Verkoster in seiner Kombination von pikanter Fruchtigkeit und mineralischer Färbung an einen Beaujolais Cru erinnert hat. Hier der blaue Schiefer am Mont Brouilly oder der rosafarbene Granit von Fleurie, dort der in manchen Ecken rötlich schimmernde Schiefer von Lorch – ganz von der Hand zu weisen sind die Analogien nicht. Zu guter Letzt stammen zwei der höchstbewerteten Spätburgunder in diesem Guide aus Lorch: Die Parzellen Micke(berg) und Present(eberg), die das Weingut solveigs separat keltert und die als Archetypen tief mineralischer Rheingauer Grands Crus gelten können, sind beide Teil der Lage Bodental-Steinberg. Der Weinberg »Micke« steht auf einem Hochplateau oberhalb einer eindrücklichen Wand aus Schiefer, im Presenteberg ist der Boden rötlich gefärbt. Mühe reif zu werden hatten die Spätburgundertrauben dort schon in den Neunzigerjahren nicht, solveigs-Inhaber Jens Heinemeyer und seine Frau Gaby können Weine bis zum Jahrgang 1995 zurück auf den Tisch stellen, die ein Vierteljahrhundert nicht nur überdauert, sondern die sich während dieser Reifezeit zu größter Komplexität entfaltet haben.

Wer also meint, im Rheingau passiere nichts Neues, könnte in Lorch beginnen, sich vom Gegenteil überzeugen zu lassen. Und nicht nur dort. »Es passiert ganz viel, man muss es nur entdecken wollen«, sagt auch Theresa Breuer. »Es ist halt nicht laut, was bei uns passiert. Denn hier im Rheingau steht alles auf tiefen Wurzeln.«

INFO

Nähere Infos über den Autor finden Sie im Kapitel »Verkostungsteam« auf S. 12.

Kloster Johannisberg

WEINBAUGEBIET RHEINGAU

Anbaufläche
ca. 3100 Hektar
Aufteilung
1 Bereich, 11 Großlagen, 129 Einzellagen
Böden
Quarzit, Kiesel, Lehm, Löss
Wichtigste Rebsorten
Riesling, Spätburgunder

Verbände
Rheingauer Weinwerbung GmbH
Kloster Eberbach-Pfortenhaus
www.kulturland-rheingau.de

Blick von Turmberg über den Gräfenberg auf Kiedrich

GRANDS CRUS RHEINGAU

TOP-WEINE AUS PRIVILEGIERTEN WEINLAGEN DER REGION

LORCH | PFAFFENWIES

Die knapp 25 Hektar große, bis zu 50 Prozent steile Lage blickt nach Südwesten, im Boden sorgen Schiefer und Quarzit für Drainage und eine intensive Mineralisierung. Im Zuge der Erderwärmung gerät das Kleinklima dieser Lage immer stärker in den Fokus der Rieslingkenner: Die Trauben gelangen verlässlich zur optimalen Reife, und geraten nicht wie in reinen Südlagen Gefahr, gekocht zu werden. Die Lage hat historischen Rang, erstmals urkundlich erwähnt wurde sie im Jahr 1211.

94 2020 Riesling trocken
93 2019 Riesling trocken
Weingut Georg Breuer, Info siehe Seite 460

91+ 2020 Riesling trocken
Weingut Konrad Berg& Sohn, Info siehe Seite 458

91 2020 Riesling Erste Lage trocken
Weingut Graf von Kanitz, Info siehe Seite 478

ASSMANNSHAUSEN | HÖLLENBERG

Abgeleitet vom altdeutschen Wort »Helda« für Steilhang, ist der Höllenberg seit dem Jahr 1470 bestockt. Mit 30 bis 60 Prozent Gefälle umfasst die Rotweinlage gut 45 Hektar Rebfläche mit Weinlagen auf 80 bis 300 Metern Höhe und südsüdwestlicher Ausrichtung auf mittel- bis tiefgründigen Böden aus blättrigen Schichten verwitterten Taunusphyllit-Schiefers mit Lösslehmanteil.

96+ 2018 Spätburgunder GG
Weingut August Kesseler, Info siehe Seite 479

95 2018 Spätburgunder GG
Weingut Künstler, Info siehe Seite 484

94+ 2019 »Zenit PK« Spätburgunder trocken
Weingut Robert König, Info siehe Seite 482

94 2018 Pinot Noir trocken
Weingut Chat Sauvage, Info siehe Seite 462

94 2013 »S« Pinot Noir trocken
94 2012 »S« Pinot Noir trocken
Bischöfliches Weingut Rüdesheim, Info siehe Seite 459

Fotos: beigestellt

Rüdesheim, Berg Roseneck

94 **2019 »Alte Reben« Spätburgunder trocken**
Weingut Mohr, Info siehe Seite 489

94 **2015 Spätburgunder trocken**

94 **2013 Spätburgunder trocken**

93+ **2016 Spätburgunder trocken**
Weingut Krone Assmannshausen, Info siehe Seite 481

93+ **2018 Spätburgunder GG**
Kloster Eberbach, Info siehe Seite 466

93 **2019 »S« Spätburgunder trocken**
Weingut Konrad Berg & Sohn, Info siehe Seite 458

93 **2015 »RK« Réserve Spätburgunder Auslese trocken**
Weingut Robert König, Info siehe Seite 482

93 **2003 Spätburgunder trocken (Magnum)**
Weingut Mohr, Info siehe Seite 489

93 **2019 Spätburgunder GG**

92+ **2018 Spätburgunder GG**
Weingut Fritz Allendorf, Info siehe Seite 454

92+ **2019 Spätburgunder trocken**
Weingut Dr. Corvers-Kauter, Info siehe Seite 463

92 **2018 Spätburgunder Erste Lage trocken**
Kloster Eberbach, Info siehe Seite 466

92 **2018 »Alte Reben« Spätburgunder trocken**
Weingut Mohr, Info siehe Seite 489

91 **2018 »Zenit« Spätburgunder trocken**
Weingut Robert König, Info siehe Seite 482

91 **2019 Spätburgunder trocken**

91 **2014 Spätburgunder trocken**
Weingut Konrad Berg & Sohn, Info siehe Seite 458

RÜDESHEIM | BERG ROSENECK

Benannt nach den Rosenhecken, die hier früher zu finden waren. Die reine Südlage auf 160 bis 200 Metern Höhe mit bis zu 60 Prozent Neigung wird in einen Ost- und Westteil untergliedert. Der Ostteil ist eher flach mit tiefgründigen Lösslehmböden, während der steile Westteil über mittel- bis tiefgründige, sehr steinige Böden verfügt.

97 **2015 Riesling trocken**
Weingut Georg Breuer, Info siehe Seite 460

96 **2019 Riesling GG**

95 **2018 Riesling GG**

95 **2015 Riesling GG**

94+ **2014 Riesling GG**
Weingut Leitz, Info siehe Seite 486

93+ **2020 Riesling GG**
Weingut August Kesseler, Info siehe Seite 479

92+ **2019 Riesling trocken**
Bischöfliches Weingut Rüdesheim
Info siehe Seite 459

92+ **2020 Riesling GG**
Weingut Fritz Allendorf, Info siehe Seite 454

92 **2020 Riesling feinherb**
Weingut Dr. Corvers-Kauter,
Info siehe Seite 463

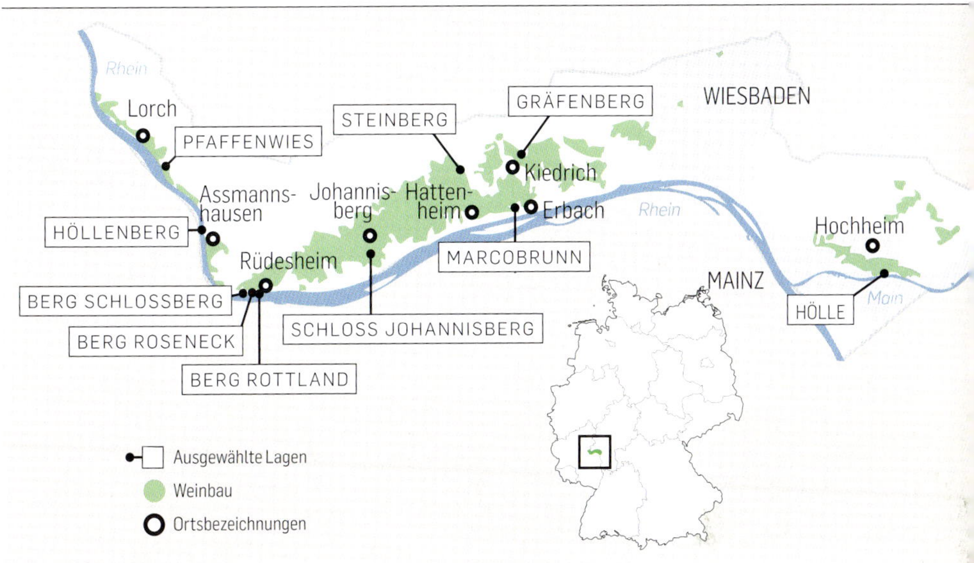

RÜDESHEIM | BERG SCHLOSSBERG

Unterhalb der namensgebenden Burg Ehrenfels wird am Schlossberg seit dem 13. Jahrhundert auf 90 bis 170 Metern Höhe Weinbau betrieben. Mit bis zu 70 Prozent Neigung gehört er zu den steilsten Lagen im Rheingau. Auf 22 Hektar wird auf Böden aus verwittertem Quarzitschiefer mit roten Einlagerungen neben Riesling auch Spätburgunder kultiviert.

94 2020 Riesling GG

94 2011 Riesling GG
Weingüter Wegeler , Info siehe Seite 501

94 2019 Ehrenfels Riesling GG
Weingut Leitz, Info siehe Seite 486

93+ 2020 Riesling GG
Weingut August Kesseler, Info siehe Seite 479

93+ 2020 Riesling GG
Weingut Künstler, Info siehe Seite 484

93+ 2020 Riesling trocken
Weingut Dr. Corvers-Kauter, Info siehe Seite 463

93 2019 Ehrenfels Riesling trocken
Bischöfliches Weingut Rüdesheim
Info siehe Seite 459

RÜDESHEIM | BERG ROTTLAND

31 Hektar große Südlage mit überwiegend tiefgründigen Lösslehmböden mit Schiefer, Quarzit und Kiesanteil auf 90 bis 140 Metern Höhe. Die Einzellage Berg Rottland ergibt im Vergleich mit dem Berg Schlossberg die kräftigeren Weine des Rüdesheimer Berges. Das vom Rhein ausgehende optimale Kleinklima mit hohen Licht- und Strahlungsmengen verhilft den Trauben im Berg

Lorch, Pfaffenwies

Foto: beigestellt, VDP

Rottland zu großer Reife. Der Name geht auf seine Rodung (»rotten«) im 11. Jahrhundert zurück.

94 2019 Riesling trocken
Weingut Georg Breuer, Info siehe Seite 460

93+ 2019 Riesling GG
Weingut Johannishof, Info siehe Seite 476

92+ 2019 Riesling GG
Weingut Balthasar Ress, Info siehe Seite 494

92 2020 Riesling trocken
Weingut Dr. Corvers-Kauter, Info siehe Seite 463

92 2015 Riesling GG
Weingut Leitz , Info siehe Seite 486

91+ 2020 Riesling trocken
Bischöfliches Weingut Rüdesheim
Info siehe Seite 459

HATTENHEIM | STEINBERG

37 Hektar große, umfriedete Lage, unterteilt in zwei Teile: das Zehnstück im mittleren Hang für trockene Weine und das obere Mauerstück mit Spalieranlagen für die (restsüßen) Kabinettweine. Liegt auf 133 bis 235 Metern Höhe bei 15 bis 35 Prozent Hangneigung mit mittel- bis tiefgründigen Böden und sandigem bis tonhaltigem Lehm mit steinigem Schiefer im oberen Teil. Der einstige Versuchsweinberg der Zisterzienser ist ein Alleinbesitz der Hessischen Staatsweingüter Kloster Eberbach.

93+ 2018 Riesling GG
91 2020 Riesling Spätlese
90 2020 »Crescentia« Riesling trocken
90 2020 Riesling feinherb
Kloster Eberbach, Info siehe Seite 466

JOHANNISBERG | SCHLOSS JOHANNISBERG

Eine Legende ist dieser Weinberg nicht nur, weil hier die Spätlese erfunden worden sein soll. Auch die Naturbedingungen sind einzigartig. Der geschichtsträchtige Berg besitzt mittel- bis tiefgründige Böden aus Löss, Lösslehm mit der Beimengung von eisenoxidhaltigem Schiefer und Quarzit. Die reine Südlage erstreckt sich von 114 bis 182 Metern Höhe.

97 2019 »Blaulack« Riesling Trockenbeerenauslese
94 2020 »Rosalack« Riesling Auslese
93+ 2018 »Goldlack« Riesling trocken
93 2020 »Ex bibliotheca subterranea Fass 306« Riesling trocken
93 2015 »Rotlack« Riesling Kabinett feinherb
92 2020 »Grünlack« Riesling Spätlese
91+ 2020 »Bronzelack« Riesling trocken
91 2020 »Rotlack« Riesling Kabinett feinherb
Schloss Johannisberg, Info Seite 475

ERBACH | MARCOBRUNN

Südlich exponierte Lage auf 90 bis 100 Metern Höhe an der Grenze zwischen Erbach und Hattenheim. Die gut sieben Hektar Rebfläche haben eine Neigung bis zu 25 Prozent mit exzellenter Wasserversorgung. Die glimmerhaltigen Lösslehmböden sind hier sehr kalkhaltig.

95+ 2019 »RR« Riesling Réserve
95 2015 »Grosses Gewächs« Riesling
Weingut Schloss Reinhartshausen,
www.lergenmueller.com/schloss-reinhartshausen

95 2016 Riesling GG
Weingut von Oetinger, www.von-oetinger.de

94+ **2015 Riesling GG (Magnum)**
94 **2019 Riesling GG**
Kloster Eberbach, Info siehe Seite 466

94 **2020 Riesling trocken**
Weingut Dr. Corvers-Kauter, Info siehe Seite 463

94 **2019 »RGG« Riesling**
93+ **2020 Riesling Spätlese trocken**
Weingut Höhn, Info siehe Seite 474

93+ **2018 »Réserve« Riesling**
Weingut Schloss Reinhartshausen,
www.lergenmueller.com/schloss-reinhartshausen

93 **2020 Riesling feinherb**
Weingut Dr. Corvers-Kauter, Info siehe Seite 463

KIEDRICH | GRÄFENBERG

Dieser Ausläufer des Taunusgebirges umfasst gut 11 Hektar Rebfläche mit 40 bis 60 Prozent Hangneigung auf 120 bis 180 Metern Höhe. Seine mittel- bis tiefgründigen, steinig-grusigen Phyllitböden mit Löss- und Lehmanteilen erlauben die tiefe Verwurzelung der Reben und sind ein optimaler Wasserspeicher. Im Alleinbesitz des Weinguts Robert Weil.

98 **2020 Riesling Trockenbeerenauslese**
95+ **2020 Riesling Auslese Goldkapsel**
95 **2020 Riesling Beerenauslese**
94 **2020 Riesling GG**
93+ **2020 Riesling Auslese**
Weingut Robert Weil, Info siehe Seite 502

HOCHHEIM | HÖLLE

44 Hektar Rebfläche mit 30 bis flachen sechs Prozent Gefälle auf 75 bis 100 Höhenmetern. Mit südlicher Ausrichtung in Richtung des Mains wird die Hölle vom Taunus beschützt und vom Rhein begünstigt. Durch Quellen im Hang ist der Wasserhaushalt auch in trockenen Jahren sehr ausgeglichen. Die Böden bestehen aus Löss mit Kies sowie Tonmergel und Kalkablagerungen.

94 **2020 Riesling GG**
Weingut Künstler, Info siehe Seite 484

93 **2020 Riesling GG**
Weingut Joachim Flick, Info siehe Seite 471

92+ **Im Neuenberg Riesling Erste Lage trocken**
Weingut Künstler, Info siehe Seite 484

92 **2020 Im Neuenberg Riesling GG**
Domdechant Werner'sches Weingut, Info siehe Seite 465

91 **2020 Riesling trocken**
Weingut Im Weinegg, Info siehe Seite 503

90 **2020 Riesling trocken**
Weingut Peter Flick, Info siehe Seite 472

89+ **2020 Riesling trocken**
Weingut Schreiber, Info siehe Seite 496

Hochheimer Hölle und Kirchenstück

Foto: beigestellt

★★★

WEINGUT FRITZ ALLENDORF GEORGSHOF

Kirchstraße 69, 65375 Oestrich-Winkel
T: +49 6723 91850, allendorf@allendorf.de
allendorf.de

Ab-Hof-Verkauf: Mo bis Fr 8–12 Uhr und 13–18 Uhr, Sa 10–16 Uhr
Kellermeister: Max Schönleber
Ansprechpartner: Josef Schönleber
Flaschen/Hektar: 500.000 (85 % weiß, 15 % rot)/70 ha

Seit dem 18. Jahrhundert baut die Familie in der Region Wein an. Doch ihr Weingut gründete sie 1955 auf gerade einmal 1,5 Hektar Weinbergen. Heute gehört das Weingut Allendorf zu den Großen. Kellermeister Max Schönleber baut die meisten Rieslinge im Holzfass aus, um ihnen mehr Struktur zu verleihen. Deren Charme bleibt erhalten, wie die subtilen 2019er Großen Gewächse vom Jesuitengarten und Hasensprung beweisen. Die Spätburgunder überzeugen mit feiner Würze und Nachhall. Überragend der puristische, feine Einzellagen-Sekt 2014 Hasensprung.

94 2014 Winkel Hasensprung Riesling brut nature
Hellgolden. Pfirsich, Mirabelle, Kumquat, reife Würzaromen, Kümmel, ein Hauch Honig. Im Mund nuanciert und feingliedrig, sehr feines Mousseux, die Säure hält lange an und untermalt Frucht, Würze und Mineralität. Ein feiner Lagensekt, puristisch, ohne abweisend zu wirken. 13 Vol.-%, NK, €€€

93+ 2019 Winkel Jesuitengarten Riesling GG
Im Duft ist dies ein noch sehr verschlossener Wein, blumige und würzige Anklänge weisen die Richtung. Am Gaumen hat der Wein kräftige, etwas trockene Phenole, ist dicht mineralisch begleitet, die Säure trägt den Bau, der Wein wirkt hintergründig und potenzialreich. 13 Vol.-%, DV, €€€

92+ 2019 Winkel Hasensprung Riesling GG
Ein Anflug von Lavendel, etwas Holz, und eine reife, aber nicht überreife Frucht. Im Mund gefällt der Wein mit seidenweicher Textur, aber auch mit lebendiger Säure und einem frischfruchtigen Hintergrund. Schöne, subtile Balance! 12,5 Vol.-%, DV, €€€

92+ 2018 Assmannshausen Höllenberg Spätburgunder GG
Kräuterwürzig und mit »warmen« Aromen in der Nase, Kirsche, Kirschwasser, Holzwürze und auch mineralische Noten. Setzt im Mund stoffig und würzig an in einer kräftig gebauten Struktur. Zeigt den warmen Jahrgang in einer großen Lage, intensiv, konzentriert, mineralisch, lang. 13 Vol.-%, NK, €€€

90+ 2020 Rüdesheim Riesling halbtrocken

90 2020 Winkel Riesling trocken

89 2020 Roter Riesling trocken

89 2020 »Cuvee Blanc« trocken MT/SBU/RR

91 2018 Assmannshausen Frankenthal Spätburgunder trocken

91 2018 »Quercus« Pinot Noir trocken

90 2019 »Charta« Riesling feinherb
Brillant in der Farbe. Attraktiver und intensiver Duft von Limette, Mandarine, Birne und Aprikose. Am Gaumen trägt eine gute Säure sowie die gut dosierte Süße des Weines diese Aromen. Die gute Struktur und Frische führen in einen attraktiven Nachhall. 12 Vol.-%, DV, €€

★★★

SEKTKELLEREI BARDONG

Bahnstraße 7, 65366 Geisenheim
T: +49 6722 47136, info@bardong.de
bardong.de

Ab-Hof-Verkauf: nach Vereinbarung
Kellermeister: Norbert Bardong
Ansprechpartner: Renate und Norbert Bardong

Norbert Bardong gehört zu den deutschen Sektpionieren: Als er im Jahr 1984 seine Kellerei im Rheingau gründete, setzte er von Anfang an konsequent auf Qualität – Flaschengärung und langes Hefelager waren damals selten in Deutschland. Norbert Bardong, geprägt von seiner Liebe zum Champagner, ist seiner Qualitätslinie bis heute treu geblieben, wie seine aktuelle Kollektion zeigt, die Frische und Cremigkeit verbindet. Herausragend die 2001er »Réserve«, die Fischgerichte toll begleitet, wunderbar balanciert der 2014er Erbacher Marcobrunn Riesling extra brut.

93 2001 »Réserve« Riesling brut
Reifes, sattes Gelb. In der Nase getrocknete Südfrüchte, Aprikose, etwas Unterholz, klassisch-reife Nase. Am Gaumen feines Mousseux, viel Schmelz, Mandel, cremige Art, lebendige, reife Säure, komplexe Struktur, gute Länge, edel. Toll zum Essen. 13 Vol.-%, NK, €€€

93 2014 Erbach Marcobrunn Riesling extra brut
Klares, sattes Gelb. In der Nase reife Zitrusfrucht, Mandarine, Pampelmuse, mineralisch. Feines, explosives Mousseux, frische Säure, Limette, lebendig und anregend, gute Struktur und Länge. Exzellent als Aperitif, gut balanciert. 12,5 Vol.-%, NK, €€€

92+ 2012 Erbach Honigberg Riesling extra brut
Sattes, klares Gelb. In der Nase reife Zitrusfrucht, dazu Pfirsich und nasser, warmer Stein, mineralisch. Am Gaumen feines Mousseux, lebendige Säure, es überwiegen Zitrusaromen, mineralischer Zug, gut strukturiert, gute Länge. Sehr vielseitig. 13 Vol.-%, NK, €€

92+ 2015 Assmannshausen Hinterkirch Blanc de Noir brut
Klares, sattes Gelb. Duft nach Brioche, reifem Apfel und Birne, dazu etwas Mandel. Am Gaumen feines Mousseux, lebendige Säure, Schmelz, Apfel. Dicht gewoben, gute Länge, auch als Speisenbegleiter geeignet, elegant und vielschichtig. 12,5 Vol.-%, NK, €€€

91 2016 Chardonnay brut

91+ 2016 Assmannshausen Frankenthal Spätburgunder extra brut
Klares Kirschrot. In der Nase schwarze Kirsche, Himbeere, Brombeere. Am Gaumen feines Mousseux, dunkle, rote Früchte. Kirsche, Johannisbeere, präsente, reife Gerbstoffe, lebendige Säure, elegant und mineralisch, interessant zu gebratenem Fleisch. 12,5 Vol.-%, NK, €€€

★ ★ ★

WEIN- UND SEKTGUT BARTH

Bergweg 20, 65347 Eltville-Hattenheim
T: +49 6723 2514, mail@weingut-barth.de
weingut-barth.de

Ab-Hof-Verkauf: Mi bis Fr 14–18 Uhr, Sa 11–16 Uhr
Kellermeister: Sarah Broschart
Ansprechpartner: Mark Barth
Flaschen/Hektar: 150.000 (73 % weiß, 17 % rot, 10 % Schaumwein)/20 ha
Anbauweise: Biologisch zertifiziert

»Wir feiern dieses Jahr ein Jubiläum«, schreibt uns Mark Barth, »30 Jahre Sektproduktion im eigenen Keller«. Und diese Tradition trägt Früchte, wie die beiden stilvollen Brut-Nature-Sekte zeigen. Wohlgemerkt Rieslingsekte und keine auf Burgunderbasis! Auch diese Tradition ist hier gut zu Hause. Auch die trockenen Rieslinge befriedigen vollauf, das GG aus der Hattenheimer Lage Hassel benötigt unbedingt Flaschenreife, die Lagencuvée »Singularis« hat uns wegen ihrer tiefen Mineralität und ihrer ausgeglichenen Anlage sogar noch ein Mü besser gefallen.

93 2015 Hattenheim Schützenhaus Riesling brut nature

Klares Gelb. In der Nase helle Früchte, Limomenzeste, Minze, mineralisch und frisch. Am Gaumen sehr feines Mousseaux, knackige Zitrusfrucht, Limone, etwas Quitte, lebendige Säure, feiner Grip, gute Struktur und Länge, animierend. 12,5 Vol.-%, DIAM, €€€

93+ 2019 »Singularis« Riesling trocken

Würziges Holz, balsamisch, etwas Anis. Im Mund geschmeidig und extraktsüß ansetzend, stoffig, ein straffer Körperbau mit gut integrierter Säure und kräftigem mineralischem Extrakt, intensiv taktilmineralisch abklingend, großes Potenzial. 13 Vol.-%, DV, €€€

93 2019 Hattenheim Hassel Riesling GG

Etwas Holz, etwas Hefe und eine würzige Rieslingfrucht (kandierte Zitronenschale, Ingwer) mit leichter Überreifebeteiligung. Auch der Gaumen weist hohe Intensität auf: knackige Säure, kraftvolle Phenole, die Süße bleibt im Hintergrund. Braucht viel Zeit. 12,5 Vol.-%, DV, €€€

91 2020 Hattenheim Schützenhaus Riesling Erste Lage trocken

Im Duft kandierter Ingwer, Zitronenschale. Etwas mineralisch. Saftig, knackig, geradlinig und sehr elegant, feinnervig, sehr klar in allen Komponenten, fast schlank in der Anmutung, aber dennoch mit guter Intensität und Länge. 12 Vol.-%, DV, €€

91 2014 »Ultra Pinot« brut nature

90+ 2020 Oestrich Lenchen Riesling Kabinett

Im Duft etwas Exotik, Guave, sehr reife Mango, kandierte Ananas. Im Mund mit feiner Süße und gut balancierender Säure, vergleichsweise gehaltvoll für Kabinett, aber mit Frische, Spannung und in sich stimmigen Proportionen. Endet rund und fruchtig. 8 Vol.-%, DV, €€

★★

WEINGUT HANS BAUSCH

Waldbachstraße 103, 65347 Hattenheim
T: +49 6723 999203, info@weingut-hans-bausch.de
weingut-hans-bausch.de

Ab-Hof-Verkauf: Mo bis Fr 9–17 Uhr, Sa 11–16 Uhr
Kellermeister: Katharina Bausch
Ansprechpartner: Hans Bausch
Flaschen/Hektar: 73.000 (84 % weiß, 4 % rot, 5 % Rosé, 5 % süß, 2 % Schaumwein)/17 ha

Er lege Wert auf traditionelle Handarbeit, schreibt Hans Bausch, und versuche immer, einen Mittelweg zwischen neuester Technik für den Weinberg und althergebrachtem »Mit-dem-Pferd-Zackern« zu finden. Biozertifiziert ist das Familienweingut zwar nicht, aber nahe dran, mit naturnaher Bodenbearbeitung ohne Herbizide. Gedüngt wird mit dem, was die eigenen Pferde produzieren, die wiederum ernähren sich vom hofeigenen Heu – ein kleiner Kreislauf. Die trockenen Rieslinge überzeugen rundum, für das edelsüße Segment hat Hans Bausch ohnehin ein Händchen.

90 2020 Hattenheim Riesling trocken
Ein nuanciertes Duftbild entströmt dem Glas mit Aromen von Melisse, getrockneter Zitronenschale und Mandarine. Am Gaumen zeigt sich eine saftige, stahlige Art, der schlanke Bau hat gleichwohl guten Extrakt, packt zu, transportiert Frische und Mineralik. 12,5 Vol.-%, DV, €

89+ 2020 Hattenheim Riesling Kabinett feinherb
Der Duft zeigt sich noch recht still, mit den Andeutungen von mineralischer Würze. Der Gaumen erfüllt den Anspruch ans Prädikat Kabinett mit Leichtigkeit und geschliffener Säure, die feinherbe Abrundung nimmt dem Wein nicht seinen schlanken, saftigen Appeal. Wird gut reifen. 11,5 Vol.-%, DV, €

92 2011 Hattenheim Engelmannsberg Riesling Beerenauslese
Bernsteinfarben, riecht nach Eiswein und Flugananas, kräutrig, Tabak, Nadelholz, Kastanie und Baumharz. Klassische Beerenauslese mit guter Konzentration und Süße, bei eher verhaltener Säure. Eher zum Essen, braucht einen Sparringspartner. 10 Vol.-%, NK, €€€

90+ 2018 Hattenheim Wisselbrunnen Riesling Spätlese
Nach zwei Jahren auf der Flasche hat die Spätlese vom Wisselbrunnen inzwischen leichte Reifenoten in der Nase angenommen. Am Gaumen weiterhin jung, hohe Dichte, deutliche Süße, Weinbergpfirsich, ganz helle Frucht, feine Säure, noch lange nicht müde. 9,5 Vol.-%, NK, €

87 2020 Spätburgunder Rosé feinherb

91 2020 Hattenheim Schützenhaus Riesling trocken
Im Duft zunächst zurückhaltend: Nach Standzeit im Glas vereinen sich Noten von Melisse und getrockneter Zitronenschale mit mineralischer Würze. Im Mund zeigt sich der Wein fein texturiert, seidige Phenole und feste Säure ergänzen sich zu einem saftigen Eindruck. 12,5 Vol.-%, DV, €

★★★

WEINGUT KONRAD BERG & SOHN

Niederwaldstraße 23, 65385 Assmannshausen
T: +49 6722 49990, info@altebauernschaenke.de
altebauernschaenke.de

Ab-Hof-Verkauf: Nach Vereinbarung
Kellermeister: Peter Perabo
Ansprechpartner: Konrad Berg
Hektar: 2 ha

Wo bekommt man das noch, einen ausgewachsenen Assmannshäuser Höllenberg Spätburgunder für 19 Euro, und einen Rüdesheimer Berg Schlossberg Riesling für 13 Euro? Möglich wird das hier durch die glückliche Fügung, dass Hotelier und Gastwirt Konrad Berg zwei Hektar Weinberge in besten Lagen besitzt und er mit Peter Perabo, der früher die Weine der Krone Assmannshausen gemacht hat, einen patenten und kompetenten Önologen an seiner Seite weiß. Was die Gäste in der »Alte Bauernschänke« nicht wegtrinken, steht für äußerst faire Tarife zum Verkauf. Zugreifen!

92+ 2020 »Hand in Hand« Rüdesheim Berg Rottland Riesling trocken
Ein sich bereits vielschichtig entfaltender Duft: Currypulver, Korianderkorn, Kardamom. Im Mund mit festem Auftakt, straffe Säure, gute Phenolik, zurückhaltende Süße. Ein mineralisch fokussierter Lagenriesling mit Saft und Kraft und großem Aromenpotenzial. Lang!
12 Vol.-%, DV, €€

91+ 2020 Rüdesheim Berg Schlossberg Riesling Spätlese trocken
Etwas Hefe und großes Holzfass, im Hintergrund deuten Lakritz- und Kräuternoten das vorhandene Aromenpotenzial an. Geschmeidigkeit und Phenole bilden im Mund eine noch kompakte, verschlossene Einheit, die Säure trägt den korpulenten Bau. Braucht Zeit. 12 Vol.-%, DV, €€

93 2019 »S« Assmannshausen Höllenberg Spätburgunder trocken
Kleine rote Beeren, Mandel, Wacholder, schieferwürzig-brenzlige Untertöne. Im Mund wahrt der Wein eine sehr gute Balance zwischen einer Anmutung der Leichtigkeit und Eleganz auf der einen Seite und kräftigen, wenngleich feinen Gerbstoffen auf der anderen. Hat es faustdick hinter den Ohren! 12,5 Vol.-%, NK, €€€

91 2019 Assmannshausen Höllenberg Spätburgunder trocken
Dunkle Waldbeerfrucht entströmt dem Glas, dazu Baumharz, brenzlig-mineralische Töne, Darjeeling-Tee, getrocknete Tomate. Im Mund mit festem Säurerückgrat, mit körnigem Tannin in mittlerer Menge und mit Anlagen zu mineralisch-würziger Entfaltung. Braucht noch etwas Zeit.
13 Vol.-%, NK, €€

89+ 2020 Lorch Krone Silvaner trocken

91 2014 Assmannshausen Höllenberg Spätburgunder trocken

90 2020 Assmannshausen Höllenberg Spätburgunder trocken

91+ 2020 Lorch Pfaffenwies Riesling Spätlese trocken
Hefewürzig im Duft, dazu etwas steinige Noten, Chili. Lebendige Säure und präsente Süße entfalten ein kraftvolles Spiel am Gaumen, der Wein hat Saft und Kraft und mineralische Spannung, wird ohne Zweifel sehr gut reifen.
12 Vol.-%, DV, €€

★★★★

BISCHÖFLICHES WEINGUT RÜDESHEIM

Marienthaler Straße 3, 65385 Rüdesheim
T: +49 6722 910560, info@bischoefliches-weingut.de
bischoefliches-weingut.de

Ab-Hof-Verkauf: Mi bis Fr 14–17 Uhr
Kellermeister: Peter Perabo
Ansprechpartner: Peter Perabo, Betty Enchelmaier-Tietz, Elise Wieliczko
Flaschen/Hektar: 50.000 (75 % weiß, 25 % rot)/9 ha

Bereits im letzten Jahr hatten wir darauf hingewiesen, dass das wenig schlagzeilenträchtige Weingut Erstaunliches zu leisten imstande ist. So ermüdend manchmal Wiederholungen sind, hier kann man es gar nicht genug betonen. 2019 war dabei ein Jahrgang, der sowohl in Weiß als auch in Rot außerordentlich gut gelungen ist. Der rote Assmannshäuser deutet in seiner herb-eleganten Art an, dass da noch viel kommen wird. Faszinierend auch der Vergleich zwischen dem straffmineralischen Rottland und dem feinfruchtigen Ehrenfels. Sehr fair bepreist!

93 2019 Rüdesheim Berg Schlossberg Ehrenfels Riesling trocken
Holunderblüte im Vordergrund, Aprikose im Hintergrund, der Ehrenfels zeigt sich in der Nase deutlich zugänglicher als der Berg Rottland. Am Gaumen dominiert weißer Weinbergpfirsich, die Materie ist dicht und dennoch von fast feingliedriger Eleganz.
12,5 Vol.-%, NK, €€

92+ 2019 Rüdesheim Berg Roseneck Riesling trocken
Erste Reifewürze im Duft, auch schon leicht petrolig. Im Mund mit gewisser Tiefe, feste Säure, mit taktiler Mineralik, dicht gefügt, in der Gaumenstruktur noch verschlossen, saftig, gute Länge. 12,5 Vol.-%, NK, €€

92+ 2019 Assmannshausen Pinot Noir trocken
Elegante und vielschichtige Nase mit Tabaknoten, Gewürznelke, Himbeere, Schwarzer Johannisbeere. Am Gaumen sehr fein gewirkt mit einer animierenden Herbheit, straffer, feiner und ausgewogener als der 2018er. Sehr vielversprechend! 13,5 Vol.-%, NK, €€€

92 2018 »S« Rüdesheim Pinot Noir trocken
In der Nase bietet der Pinot Noir »S« viel Rote und Schwarze Johannisbeere und feinzedriges Holz. Am Gaumen sind die feinkörnigen Tannine noch sehr präsent, die Frucht wirkt zurückgenommen, aber elegant für den Jahrgang. Braucht noch lange. 14 Vol.-%, NK, €€€

91+ 2020 Rüdesheim Berg Rottland Riesling trocken

91 2020 »Episcopus« Rüdesheim Riesling trocken

90 2020 Rüdesheim Riesling trocken

89 2020 »A Priori« Riesling feinherb

89 2020 »A Priori« Riesling trocken

91 2018 Assmannshausen Pinot Noir trocken

89 2020 »A Priori« Riesling Kabinett

92+ 2019 Rüdesheim Berg Rottland Riesling trocken
Bereits in der Nase zeigt sich der 2019er Berg Rottland enorm mineralisch mit Noten von Zitrone und nassem Stein. Salzig am Gaumen mit einer spürbaren Phenolik, eher florale als fruchtige Aromen, distinguiert und distanziert, aber von echter Klasse. 12,5 Vol.-%, NK, €€

★★★★★

WEINGUT GEORG BREUER

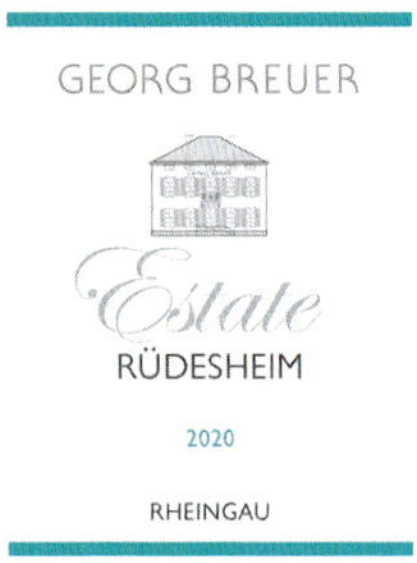

Grabenstraße 8, 65385 Rüdesheim am Rhein
T: +49 6722 1027, theresa@georg-breuer.com
georg-breuer.com

Ab-Hof-Verkauf: täglich 10–18 Uhr
Kellermeister: Hermann Schmoranz und Markus Lundén
Ansprechpartner: Theresa Breuer
Flaschen/Hektar: 267.000 (85 % weiß, 10 % rot, 3 % Rosé, 1 % süß, 1 % Schaumwein)/39 ha

Nach der Übernahme des Lorcher Weinguts Altenkirch hat die Falstaff-Redaktion einen neuen Favoriten im Breuer-Sortiment: Der Riesling aus der Lorcher Lage Pfaffenwies dekliniert den bekannten abgeklärten Stil des Weinguts hin zu einer Pikanz und Kühle, wie sie wohl nur in Lorch zu erzielen sind. Und die »Estate«-Reihe von Ortsrieslingen ist jetzt kein Duo mehr, sondern ein Trio. Und was für eines! Unser Tipp ist der Rüdesheimer, aber Lorch und Rauenthal folgen auf dem Fuß. Aus dem Rüdesheimer Berg hatten wir den 2015er Berg Roseneck in der Verkostung: pure Delikatesse!

97 2015 Rüdesheim Berg Roseneck Riesling trocken

Fein duftig, doch noch nicht weit geöffnet: Maiglöckchen, mineralisch-brenzlige Aromen. Im Mund für einen Moment seidig, dann gewinnen feine, plastische Phenole und saftige Säure Intensität. Schlank und hoch verdichtet, immer noch jung und lebendig, stilistisch à point. 11,5 Vol.-%, NK, €€€€

94 2020 Lorch Pfaffenwies Riesling trocken

Komplex im Duft mit einer nicht alltäglichen Melange aus Holunderblüte, frischer Kamille, Zitrone und grünem Apfel. Am Gaumen sowohl Nuancen einer floralen Note, kühle Mineralik als auch gelbfruchtig bei sehr lebendiger Säure, die das Extrakt sehr gut trägt. Hoch attraktiver Nachhall.
12 Vol.-%, NK, €€€€

93+ 2020 »Terra Montosa« Riesling trocken

Im Bukett anfangs verhalten, jedoch elegant. Am Gaumen dokumentiert der Wein sein Potenzial: Konzentration, Struktur und Eleganz mit feiner Aromatik von Mandarinenschale, Limette sowie einer Prise Meersalz, von der Säure ideal eingebunden, mit leichter Phenolik und langem Nachhall.
11,5 Vol.-%, NK, €€€

92+ 2020 »Estate« Lorch Riesling trocken

Feine Frucht und leichte Mineralik strömen aus dem Glas. Ein Duft von junger Aprikose, Melone, Limettenschale und nassem Stein. Am Gaumen eher kühl, mit Grip, Struktur und parallel wieder leicht und leise. Alles wunderbar getragen von feiner Säure, die in einen langen Nachhall führt.
11,5 Vol.-%, DV, €€

92 2020 »Estate« Rauenthal Riesling trocken

93 2020 »Estate« Rüdesheim Riesling trocken

Spannend und authentisch präsentiert sich dieser Ortsriesling. Im Duft eine klassische Aromatik von Zitronenzeste, reifer Aprikose und leichter Kräuternote. Am Gaumen folgen grüner Apfel und nasser Stein, von idealer Säure getragen. Dabei fein und grffig bei sehr attraktivem Nachhall.
11,5 Vol.-%, DV, €€

★

WEINGUT KURT BUG

Eberbacher Straße 1, 65375 Hallgarten
T: +49 6723 999585, info@weingut-achenbach.de
weingut-kurt-bug.de

Ab-Hof-Verkauf: Mi 17–19 Uhr, Sa 11–14 Uhr und nach Vereinbarung
Kellermeister: Sebastian Bug
Ansprechpartner: Yvonne und Sebastian Bug
Flaschen/Hektar: 16.000 (85 % weiß, 10 % rot, 2 % Rosé, 1 % süß, 2 % Schaumwein)/6 ha

In dem jahrhundertealten Weingut hält man die Tradition hoch und füllt die Weine in die altbewährte »Rheingauer Flöte«. Auch bei den Rebsorten bleiben Yvonne und Sebastian Bug mit Riesling und Spätburgunder im ortsüblichen Rahmen. Doch sie erweitern ihre angestammte Palette mit Experimenten, lagern einen Riesling ein Jahr im Eichenfass oder pflegen auf ihren sechs Hektar den seltenen roten Müller-Thurgau. Die Weißen, die sie uns schickten, zeigen eine stimmige Kollektion zu zivilen Preisen. Zum ersten Mal dabei und gleich ein guter Einstand.

89+ 2018 »RGG« Oestrich Doosberg Riesling trocken
Ziemlich parfümierter und reifer Duft in der Nase mit Lavendel, gelben Blüten und reifem Pfirsich, auch reife Mango. Zeigt sich in einer kräftigen Struktur saftig mit reifem Steinobst und salzigen Noten. Ist von der Reife des warmen Jahres geprägt. 13 Vol.-%, VL, €€

89 2020 Hallgarten Jungfer Riesling
Aprikose in der Nase, etwas Ahornsirup und auch reife Mango mit Orangeat. Keine viskose und verdichtete Spätlese, entfaltet sich geschmeidig am Gaumen, begleitet von einer präsenten Säure. Nicht zu komplex, mit schönem Fluss. Passt solo, zum Nachtisch und zur Terrine. 9 Vol.-%, DV, €

89 2020 Sauvignon Blanc feinherb
Der expressive Sauvignontyp mit Cassis, reifer Mango, Maracuja, Stachelbeere und Würze. Verfolgt am Gaumen das Kabinettprinzip des Rieslings: schöne Frucht, lebendige Säure und begleitende Süße. Ein guter Aperitif, der auch Vorspeisen begleiten kann. 12,5 Vol.-%, DV, €

88+ 2020 Hallgarten Riesling trocken
Reife Mirabelle duftet in der Nase, auch Pfirsich und Aprikose. Schlank gebaut am Gaumen, die präsente Säure nimmt Fahrt auf, wieder reifes Steinobst, das sich saftig und weich entfaltet. Eine gute Mischung aus Frische und Geschmeidigkeit. 11,5 Vol.-%, DV, €

88+ 2020 »Sebastiano« Hallgarten Würzgarten Riesling feinherb

89+ 2020 »Alte Reben« Hallgarten Würzgarten Riesling trocken
Der Würzgarten weiß, warum er so heißt. Kräutrige und auch steinige Noten in der Nase, begleitet von Steinobst und etwas Zitrusfrucht. Zeigt sich in einem schlanken Format schwungvoll mit präsenter Säure und salzigen Noten, kompakt und auch wieder würzig endend. 12 Vol.-%, DV, €

★★★★★

WEINGUT CHAT SAUVAGE/SCHULZ & SCHÖTTLE GBR

Hohlweg 23, 65366 Johannisberg
T: +49 6722 9372586, pinot@chat-sauvage.de
chat-sauvage.de

Ab-Hof-Verkauf: Vinothek Mo bis Fr 8–16.30 Uhr, Sa 12–17 Uhr, Dez. So 12–17 Uhr und nach Vereinbarung
Kellermeister: Verena Schöttle
Ansprechpartner: Verena Schöttle
Flaschen/Hektar: 24.000 (20 % weiß, 80 % rot)/8 ha

Verena Schöttle hält Kurs beim Johannisberger Spitzenbetrieb. Auch aus dem warmen Jahrgang 2018 sind ihr Weine ohne die geringste Hitzigkeit gelungen, selbst der Prestigewein »Le Schulz« fällt in diesem Jahr der Fülle nicht protzig aus, sondern geradlinig und nuanciert. Das burgundische Understatement auf den Etiketten passt zu allen Weinen, auch wenn diese keinen Zweifel darüber aufkommen lassen, dass sie ihren Treibstoff nicht aus dem Kalk, sondern aus Schiefer beziehen. Man sollte diesen Flaschen einen Ehrenplatz im Keller reservieren und Geduld mitbringen.

92+ 2019 »Clos de Schulz« Chardonnay tr.
Als einziger Weißer in der Kollektion von Schulz und Schöttle zeigt sich der Chardonnay an der Nase sehr reif in den Fruchtaromen. Mandel, reife Birne, etwas Banane, dazu ein dezenter Holztouch. Am Gaumen in der Frucht weiter reif und großzügig, aber mit feinen Säureadern.
13 Vol.-%, NK, €€€

96 2018 »Le Schulz« Pinot Noir trocken
Eine noch verschlossene, aber bereits Reichhaltigkeit andeutende, burgundisch anmutende Frucht, nobles Holz. Am Gaumen enorm konzentriert, eine immense Dichte aus feinem Tannin, elegant eingebundene, nicht zu knappe Säure, der Wein hat Ruhe und Ebenmaß. 14 Vol.-%, NK, €€€€

93 2018 Lorch Schlossberg Pinot Noir tr.
Viel Johannisbeere in der Nase, Holundermark, etwas Holzrauch, kompakt. Am Gaumen besitzt der Schlossberg hohe Reife, einen dichten, intensiven, fast süßen Fruchtextrakt mit straffer Tannineinfassung, enorm jung, gut integrierte Säure, großes Potenzial. 15 Vol.-%, NK, €€€€

93 2018 Rüdesheim Drachenstein Pinot Noir trocken
Blaurot im Glas und auch in der Nase viel kühler und straffer als sein Bruder aus der Hölle trotz höherem Alkohol. Dunkle, tiefe Himbeer- und Brombeerfrucht. Am Gaumen enorme Fruchtdichte, herbe Kirsche, präsentes Tannin, dunkel, engmaschig, noch verschlossen. 14 Vol.-%, NK, €€€€

92+ 2018 Johannisberg Hölle Pinot Noir tr.

92 2018 Lorch Pinot Noir trocken
Ein Duft aus reifer Sauerkirsche, Cranberry und Gewürznelke entwickelt sich im Glas. Am Gaumen konzentriert und vielschichtig in der Aromatik mit erkennbarer Holzwürze, feiner Mineralität, präziser Säure, noch jungem Tannin und attraktivem Nachhall. 14,5 Vol.-%, NK, €€€

★★★★

WEINGUT DR. CORVERS-KAUTER

Rheingaustraße 129, 65375 Oestrich-Winkel
T: +49 6723 2614, info@corvers-kauter.de
corvers-kauter.de

Ab-Hof-Verkauf: Apr. bis Okt. Mi bis Fr 15–20 Uhr, Sa bis Mo 10–12 Uhr
Kellermeister: Matthias Corvers
Ansprechpartner: Matthias und Brigitte Corvers
Flaschen/Hektar: 180.000 (85 % weiß, 15 % rot)/31 ha
Anbauweise: Biologisch zertifiziert

Eine wirklich großartige Kollektion! Wer daran interessiert ist, die Unterschiede der Rheingauer Rieslingterroirs von Rüdesheim bis Rauenthal zu ergründen, sollte unbedingt die vier großen trockenen Lagenrieslinge nebeneinander verkosten: Terroirausdruck pur! Auch die »neuen«, vom aufgegebenen Weingut Langwerth von Simmern gepachteten Lagen (Baiken und Marcobrunn) fügen sich bereits nahtlos ein. Da auch Spätburgunder sowie frucht- und edelsüße Weine nicht nachstehen, bleibt nur ein Fazit: Das nennt man wohl einen Vollsortimenter – für Nektar und Ambrosia.

94 2020 Erbach Marcobrunn Riesling trocken
Zart gelbe Frucht in der Nase, die in diesem Stadium aber noch von gelbem Apfel und etwas Senfmehl übertönt wird. Am Gaumen zeigt der Marcobrunn eine weiche und intensive Pfirsichfrucht, Stoff und hohe Pikanz, auch gleitende Eleganz. Charaktervoll. 12,5 Vol.-%, DV, €€€

93+ 2020 Rüdesheim Berg Schlossberg Riesling trocken
Hellstmögliche Rieslingfarbe im Glas, sehr straff auch in der Nase. Klarapfel, Zitrone, Minze. Am Gaumen setzt sich diese enorm helle und kühle Aromatik fort. Holunderblüte, Zitronentarte, hoch mineralisch, dabei beachtliche Dichte. Sehr spannend! 12,5 Vol.-%, DV, €€€

93 2019 Rüdesheim Drachenstein Pinot Noir trocken
In der Nase etwas kühler als der Höllenberg, mehr Holunder, Johannisbeere, eher gezähmt in der Reife. Am Gaumen setzt sich der Eindruck fort. Starke Präsenz von Säure und Spannung, insgesamt straffer, sehr fein, nachhaltig, großes Potenzial. 13,5 Vol.-%, NK, €€€

94 2020 Oestrich Doosberg Riesling Auslese
Sehr fein in der Nase, floral orientiert, Holunderblüte, extrem zart. Am Gaumen besitzt die Doosberg Auslese eine für diesen Typus großartige Lebendigkeit, Klarapfel, Zitronenschale, finessenreich, feingliedrig. Lässt sich jetzt sogar schon antrinken. 7,5 Vol.-%, DV, €€€

92+ 2020 Rauenthal Baiken Riesling trocken

92 2020 Rüdesheim Berg Rottland Riesling trocken

92 2020 Rüdesheim Berg Roseneck Riesling feinherb

91+ 2020 »Vom Quarzit« Rüdesheim Drachenstein Riesling trocken

92+ 2019 Assmannshausen Höllenberg Pinot Noir trocken

93+ 2020 Oestrich Doosberg Riesling Trockenbeerenauslese

93 2020 Rauenthal Baiken Riesling Spätlese

90 2020 »R3 Remastered« Rheingau Riesling trocken
Frisch in der Nase, dazu deutlich pflanzlich nach Anis und Lindenblüte. Am Gaumen bietet der »R3« viel mineralische Salzigkeit, eine erstaunliche Dichte und Reife, gelbe Früchte, Ananas, leicht Banane. Ein ambitionierter und hochklassiger Gutswein. 12 Vol.-%, DV, €

★★★

WEINGUT DIEFENHARDT

Hauptstraße 9–11, 65344 Eltville-Martinsthal
T: +49 6123 71490, weingut@diefenhardt.de
diefenhardt.com

Ab-Hof-Verkauf: Di bis Sa 10–12 Uhr und 14–20 Uhr
Kellermeister: Julia Seyffardt
Ansprechpartner: Julia Seyffardt
Flaschen/Hektar: 133.000 (85 % weiß, 15 % rot)/18 ha

Eine Kollektion auf hohem Niveau präsentierte uns Julia Seyffardt für den diesjährigen Guide. Die Martinsthaler Lagen zeigen eine ganz klare Rheingauer Herkunft. Das Große Gewächs aus dem Langenberg startete erst leicht belegt, wurde mit zunehmendem Luftkontakt aber immer besser. Immer ein sehr gutes Zeichen für die Lagerfähigkeit! Unser diesjähriger Favorit war allerdings der nominell kleinere Rothenberg. Das ist ein enorm feines, auf extrem höfliche Art nachdrückliches Gewächs. Merke: Selbst im Rheingau gibt es noch Lagen, die eine Entdeckung wert sind.

92 2019 Martinsthal Langenberg Riesling GG

In der Nase hält das Große Gewächs eine reife, bereits minimal petrolige Note bereit. Dazu gesellt sich eine feinpuderige kandierte Zitronenschale. Geschmeidig und dicht am Gaumen, die Säure ist mit reichlich Fruchtsüße abgepuffert, schöne Phenolik. 12,5 Vol.-%, DV, €€€

90 2020 Martinsthal Wildsau Riesling tr.

Die »Wildsau« zeigt eine sehr pikante, apfelige Nase mit minzigen Nuancen. Am Gaumen ist der Wein sehr saftig, idealtypisch, deftige Rheingauer Säure, cremige Substanz als Kontrapunkt. Die Apfelfrucht bleibt bestimmend, der Wein gut eingefasst. 12,5 Vol.-%, DV, €€

90 2020 Rauenthal Riesling Kabinett

Dezent in der Nase mit Noten nach grünem Apfel und etwas Zitronenschale. Der Rauenthaler Ortskabinett besitzt am Gaumen viel animierendes Spiel, eine saftige Interpretation. Aromatisch eher in Richtung Steinfrucht, hellerer Pfirsich, antrinkbar. 10 Vol.-%, DV, €

92+ 2018 Martinsthal Schlenzenberg Spätburgunder GG

Himbeere und Süßkirsche im Duft, auch Cocktailkirsche. Ein sehr nuancenreiches, feines Duftbild. Der Gaumen zeigt sich ausgewogen und gut extrahiert, körnige, trockene Gerbstoffe in eher vorsichtig gewählter Menge geben dem cremigen Fond Leben, den Abgang bestimmt saftige Frucht. 13 Vol.-%, NK, €€€

90 2020 »Alte Reben« Martinsthal Riesling tr.

91 2020 Rauenthal Rothenberg Erste Lage Riesling trocken

Blütiger und feiner im Vergleich mit der »Wildsau« präsentiert sich der Lagenriesling aus dem Rothenberg. Am Gaumen wirkt die Säure reif und ausgewogen, viel Würze nach Ingwer und Senfmehl, keine harten Schnitte. Ein gastronomisch vielseitiger Wein. 13 Vol.-%, DV, €€

★★★

DOMDECHANT WERNER'SCHES WEINGUT

Rathausstraße 30, 65239 Hochheim
T: +49 6146 855037, mauritz@domdechantwerner.com
domdechantwerner.com

Ab-Hof-Verkauf: Mo bis Fr 8–18 Uhr, Sa 8–13 Uhr
Kellermeister: Michael Bott
Ansprechpartner: Franz Werner Michael
Hektar: 13 ha

Vor bald 600 Jahren wurde die Rieslingrebe in der Gemarkung Hochheim erstmals schriftlich erwähnt. Das Weingut Domdechant Werner ist seit 1780 im Familienbesitz und konzentriert sich ganz auf diese Rebsorte. Anerkennung finden die Weine schon seit Generationen – Nachhaltigkeit beim Anbau ist hier also kein Modewort, sondern gelebte Praxis. Aus den Löss- und Kalkböden Hochheims kommen körperreiche Weine, denen der besondere Betriebsstil Domdechant Werners aber immer eine frische kühle Brise aus zitrischen Aromen und lebendiger Säure mit auf den Weg gibt.

93 2020 Hochheim Domdechaney Riesling Erste Lage trocken
Ein recht opulentes Duftbild. Mirabelle, Marille und Reneklode. Am Gaumen zeigt sich ein Lagenwein in getragener Tonalität, mit einiger Fülle, süßem Hintergrund hinter kraftvoller Stoffigkeit, fruchtbetont und lang im Abklang. Ein feister Hochheimer für die Mittel- bis Langstrecke. 13 Vol.-%, DV, €€

91 2019 Hochheim Kirchenstück Riesling Erste Lage trocken
Blassgelb in der Farbe mit grünlichen Reflexen. Im Duft mit einer Spur von Holz hinter gelbfruchtigen Aromen. Im Mund saftig, stahlig, mit einer Schicht phenolischem Extrakt und deutlich mineralischen Untertönen, pikant und herb abklingend, gutes Potenzial. 13,5 Vol.-%, DV, €€

91 2020 Hochheim Riesling trocken
Der Wein imponiert zunächst mit einer ausgeprägt traubigen Note im Duft und fruchtgetragen geht es auch weiter mit Aromen von Weinbergpfirsich und gelbem Pfirsich. Am Gaumen verbindet der Wein Körperreichtum mit straffer Struktur. Gute Dichte. 12,5 Vol.-%, DV, €€

93 2019 Hochheim Stein Riesling Auslese
Frisch und kräuterwürzig im Duft, frisch geriebene Zitronenschale. Im Duft lebendig in der Säure, zurückhaltend in der Süße, im Extrakt eher im Stil einer saftig-eleganten Trinkauslese als eines viskosen Weins, wirkt geschliffen mit guter Länge. 9 Vol.-%, DV, €€€

90+ 2020 Hochheim Riesling Kabinett

89+ 2020 Riesling trocken
Kräuterwürzig im Duft, Blattgrün, Pfirsich: ein frisches Duftbild. Im Mund zeigt sich der Wein seidig und ausgewogen, für einen Gutsriesling gut mit Extrakt dotiert, saftig, mit reifer, aber gut stützender Säure. Leicht salziger Touch im Abgang. 12,5 Vol.-%, DV, €

★★★★

KLOSTER EBERBACH

Kloster Eberbach, 65346 Eltville
T: +49 6723 6046, weingut@kloster-eberbach.de
kloster-eberbach.de

Ab-Hof-Verkauf: nur in der Vinothek im Kloster Eberbach, 65346 Eltville, Mo bis So 10–18 Uhr
Kellermeister: Bernd Kutschick, Önologin Kathrin Puff
Ansprechpartner: Dirk Sewe, Dieter Greiner
Flaschen/Hektar: 2.300.000 (85 % weiß, 15 % rot)/238 ha

Eine Menge Holz sind 238 Hektar. Kann man bei solchen Dimensionen davon ausgehen, dass jeder Liter das Zeug für 90 Punkte hat? Natürlich nicht. Dennoch, oder umso mehr, verleihen wir den Hessischen Staatsweingütern dieses Jahr den vierten Stern. Önologin Kathrin Puff hat das Profil der Lagenweine so engagiert geschärft, dass sie nun in der Gebietsspitze angekommen sind. Und Geschäftsführer Dieter Greiner erweist sich als würdiger zeitgenössischer Interpret der Zisterzienser-Tradition: Er hat die Ökonomie im Blick, lässt aber auch das große Ganze nie aus den Augen.

94 2019 Erbach Marcobrunn Riesling GG
Rote Johannisbeere und Gesteinsmehl im Duft, Feuerstein. Am Gaumen streng, ein geradezu bissiger Extrakt und feste Säure bilden einen dominanten Extraktkern, die Struktur ist deutlich taktilmineralisch begleitet, der Abgang endet auf legerer Saftigkeit. 13 Vol.-%, DV, €€€

93+ 2019 Rauenthal Baikenkopf Riesling GG
Ein noch eher introvertierter Duft, kräftige Terpenwürze andeutend, kleine grüne Kochbirne, getrocknete Zitronenschale. Eine hohe Menge mehliger Phenole auf viskos geschichtetem Untergrund, reife, langsam anrollende Säure, mineralischer Extrakt puffert den Alkohol. 13 Vol.-%, DV, €€€

94 2019 Rüdesheim Berg Schlossberg Spätburgunder GG
Cassis, Schieferwürze und frischfruchtig-pikante Töne wie von Rhabarber. Im Mund rückt die frische, saftige Anlage die Mineralität in den Fokus und flankiert sie mit Frucht und Geschmeidigkeit. Die in moderater Menge eingesetzten Gerbstoffe wirken nobel und frisch. 13 Vol.-%, DV, €€€

94 2019 Rüdesheim Berg Schlossberg Riesling Auslese
Hellgolden. Kandierte Zitronenschale, kandierter Pfirsich, Blütenhonig, Apfelkompott und dann pfeffrige Terroirnoten. Im Mund seidig und rund, delikate Süße und reife Säure ergeben zusammen mit der leicht öligen Anlage ein volles Geschmacksbild mit sehr guter aromatischer Länge. 9 Vol.-%, DV, €€€

91 2020 Rauenthal Baiken Riesling Erste Lage trocken

91 2020 Wiesbaden Neroberg Riesling tr.

90 2020 »Crescentia« Hattenheim Steinberg Riesling trocken

90 2020 Hattenheim Steinberg Riesling feinherb

89 2020 Riesling trocken

93+ 2018 Assmannshausen Höllenberg Spätburgunder GG

90 2020 Heppenheim Centgericht Weißburgunder trocken
Der Weißburgunder von der Hessischen Bergstraße beginnt mit leicht rauchigen Birnennoten in der Nase, Mandel und Akazienblüte. Am Gaumen besitzt der Wein eine geschmeidige Dichte und eine schön pikante Säure. Ausgezeichneter Tischbegleiter. 13 Vol.-%, DV, €€

★★

WEINGUT EGERT

Erbacher Landstraße 22, 65347 Eltville am Rhein
T: +49 6723 5557, weingut.egert@t-online.de
weingut-egert.de

Ab-Hof-Verkauf: nach Vereinbarung
Kellermeister: Manfred Egert
Ansprechpartner: Manfred Egert
Flaschen/Hektar: 50.000 (73 % weiß, 2 % Rosé, 5 % süß, 20 % Schaumwein)/9 ha

Das Weingut Egert stellte uns in diesem Jahr eine kleine, aber durchaus feine Kollektion vor. Dabei beschränkte sich Manfred Egert nicht auf Riesling, sondern zeigte auch seinen Rosé und seinen Weißburgunder. Am besten gefallen haben uns dennoch die Rieslinge. Ausgesprochen gut getan hat dem knochentrockenen Sekt ein weiteres Jahr in der Flasche. Bei den beiden hochwertigeren Rieslingen aus Hattenheim konstatierten wir eine reife Pfirsichfrucht und viel Potenzial. Unser Tipp diesmal: der trockene Kabinett – einfach feines Rheingau!

92+ 2018 »Schwarze Linie« Riesling brut nature

Zitrusfrucht und Hefe im Duft, Bergamotte, ein Anflug von Lavendel, und mit Luftkontakt auch eine brenzlig-mineral-würzige Note. Im Mund mit feinem, aber auch frischem Mousseux und lebendigem Säurenerv, trotz der Abstimmung als Brut Nature nicht im Übermaß herb, vielmehr saftig und lang. 12,5 Vol.-%, NK, €€

92+ 2020 Hattenheim Nussbrunnen »RGG« Riesling trocken

Im Duft kandierter Pfirsich, Nektarine, im Mund dicht, recht ausladend im Körper, aber auch von fester Mineralität und einer vorsichtig gesetzten Schicht Phenolik in Balance gehalten, stramme Säure, gut dagegen gesetzte Süße, bringt alles mit für ein langes Leben. 13 Vol.-%, DV, €€

91 2020 »Hommage à Jean« Hattenheim Wisselbrunnen Riesling trocken

Die »Hommage à Jean« startet bereits in der Nase mit einer reifen Pfirsichfrucht, die die kleineren Weine nicht besaßen. Auch am Gaumen ist hier viel Frucht, viel Substanz, aber alles auf eine beschwingte, ausgewogene Art. Sehr schöner Wein! 13 Vol.-%, DV, €€

89 2020 Weißburgunder trocken

Reife Nase nach Walnuss und Birne, aber ohne Holzeinfluss. Am Gaumen ist der Weißburgunder dicht, sogar recht üppig für einen 2020er. Eine feinnervige Säure sorgt allerdings dafür, dass die Spannung erhalten bleibt. Noch ein wenig weglegen. 14 Vol.-%, DV, €€

88 2020 Rosé trocken

90 2020 Erbach Steinmorgen Riesling Kabinett trocken

Der trockene, leichte Kabinett ist eigentlich das Aushängeschild des Rheingaus. Das Egert'sche Exemplar zeigt sich feinfruchtig nach Zitronenschale und Ananas in der Nase. Am Gaumen leicht, animierend, dazu mineralische Würze. Sehr typisch! 12 Vol.-%, DV, €

★

WINZER VON ERBACH

Ringstraße 28, 65346 Erbach im Rheingau
T: +49 6123 62414, info@winzer-von-erbach.de
winzer-von-erbach.de

Kellermeister: Steve Eberding
Ansprechpartner: Ronald Müller-Hagen
Hektar: 33 ha

Mit seinen 33 Hektar und 31 Mitgliedern sind die Winzer von Erbach ein vergleichsweise kleiner Genossenschaftsbetrieb. Auf Erbacher, Kiedricher und Rauenthaler Lagen pflegen die Mitglieder überwiegend die Rheingauer Klassiker Riesling und Spätburgunder. Deren Ertrag wird zu Weinen mit individuellem Charakter: Der Pinot Noir etwa fällt auch als trockene Auslese nicht zu alkoholisch aus und besitzt eine sinnliche Geschmeidigkeit. Die Weißweine besitzen eine schöne Frische. Dazu kommen erfreuliche Experimente wie die schäumende »Methode rural« im Pet-Nat-Stil.

92 2015 Pinot Noir Auslese trocken
Im beginnend reifen Duft mischen sich pfeffrige und schokoladige Aromen. Am Gaumen hat der Wein die Weite, die man von einer trockenen Auslese erwartet, zugleich einen eleganten Bau: mit seidigem Gerbstoff und einer reifen, die Frucht tragenden Säure. Harmonisch! 14,5 Vol.-%, NK, €€

91 2016 Spätburgunder trocken im Barrique ausgebaut
Dezentes Holz, etwas Milchschokolade, würzige Noten, Minze, Preiselbeere. Am Gaumen viel Saftigkeit, Schmelz, feinkörniges Tannin, kraftvoller Körper bei eher dezenter Säure, mineralischer Hintergund. 14,5 Vol.-%, NK, €€

92+ 2018 Riesling Eiswein
Kandierte Frucht und Botrytisnoten im Duft, etwas Bratenjus, im Mund mittelgewichtig im Extrakt, intensive Viskosität, intensive Säure, seidige Süße, ein beeindruckender Wein und guter Begleiter zu fruchtbetonten Desserts.
8 Vol.-%, NK, €€€€

90 2020 Erbach Honigberg Riesling Spätlese
Apfelig und kräutrig-schlank in der Nase, gibt noch nicht viel preis. Am Gaumen ist die süße Spätlese animierend, weiter von Apfelnoten getragen, schlank gebaut, feinfruchtig, eher auf der einfacheren Spätleseseite, aber von feinnerviger Art.
8,5 Vol.-%, DV, €

88+ 2020 »Méthode Rural« Riesling trocken

90+ 2020 »Alte Reben vom Löss« Riesling tr.

89+ 2020 Erbach Steinmorgen Riesling Kabinett feinherb

89 2020 Roter Riesling trocken

88 2020 »3 mal 3« Cuvée feinherb MT/KR/EH

87 2020 Spätburgunder Blanc de Noir tr.

89 2020 Spätburgunder Weißherbst Auslese

89 2020 Grauburgunder trocken
Beerig im Duft, süßes Esskastanienpüree. Im Mund mit einigem Schmelz und Volumen, zarte Süße gibt dem molligen Körper zusätzlich Charme und Abrundung, eine feste Säure als Gegengewicht belegt, dass wir im Rheingau sind. Zeigt Sortentyp und Eigenständigkeit. 13 Vol.-%, DV, €

★

WEINGUT H.J. ERNST

Holzstraße 40, 65343 Eltville am Rhein
T: +49 6123 2363, info@weingut-ernst.de
weingut-ernst.de

Ab-Hof-Verkauf: Mo bis Fr 8–12 Uhr und 13–18 Uhr, Sa 10–17 Uhr
Kellermeister: Johannes Ernst
Ansprechpartner: Katrin Ernst
Flaschen/Hektar: 333.000/36 ha

In vierter Generation betreibt das Weingut H.J. Ernst Weinbau in Eltville, inzwischen wird es von Johannes Ernst geleitet, der 36 Hektar Weinberge bewirtschaftet, davon in erster Linie die im Rheingau traditionsreichen Rebsorten Riesling und Spätburgunder. Als Ergänzung kommen noch weiße Burgunder, Chardonnay, Sauvignon Blanc und Roter Riesling dazu. Der trockene Riesling wird hier noch in die traditionelle Schlegelflasche gefüllt. Johannes Ernst stellte eine vielfältige Kollektion mit einer hervorragenden Rieslingauslese an der Spitze vor.

89 2020 Sauvignon Blanc trocken

Feine Würze im Duft, etwas Cassis, Stachelbeere und Paprika, für einen Sauvignon Blanc mit eher zurückhaltender Aromatik. Am Gaumen schlank gefasst mit lebendiger Säure und würziger Frucht. Zeigt Eltviller Herkunft, kein Neue-Welt-Typ, schöner Aperitif. 12,5 Vol.-%, DV, €

89 2020 Rauenthal Wülfen Riesling Kabinett halbtrocken

Florale Noten, Blattgrün mit Mirabelle und gelbem Apfel, auch Pfirsich zeigt sich im Duft. Ein großzügiger Kabinett, der viel Saft und auch Süße zeigt, im Zusammenspiel mit einer gut korrespondierenden Säure, würzig und mineralisch unterlegt. Auch zu Sushi. 11,5 Vol.-%, DV, €

93 2020 Eltville Sonnenberg Riesling Auslese

Enorme Spannung bereits in der Nase, Reneklode, Limette, Engelwurz, leicht Honig. Am Gaumen zeigt die Auslese aus dem Sonnenberg eine hohe Viskosität und eine zupackende Säure. Noch stärker im pflanzlichen Bereich, Lindenblüte, etwas Pyridinhaftes, langlebig. 9 Vol.-%, DV, €€

89+ 2020 Eltville Taubenberg Riesling Spätlese

Aparte Nase mit Apfelnoten und grüner Mandel, dazu die typischen Rheingauer Kräuternoten nach Engelwurz und Lindenblüte. Am Gaumen zeigt die Spätlese aus dem Taubenberg eine schön präsente, leicht grünliche Säure, pikant gehalten. 9 Vol.-%, DV, €

88+ 2020 »Kernstück« Cuvée trocken RR/SB/SÄ/TR

89+ 2020 Eltville Langenstück Riesling Spätlese trocken

Reifer Pfirsich mit etwas Eisenkraut im kräftigen und auch würzigen Duft. Stoffig und würzig am Gaumen mit klarem, reifem Steinobst und merklicher Restüße, patent begleitet von der präsenten Säure. Klassischer Spätlesestil mit guter Balance und auch Mineralik. 12,5 Vol.-%, DV, €

★★★

WEINGUT AUGUST ESER

Friedensplatz 19, 65375 Oestrich-Winkel
T: +49 6723 5032, mail@eser-wein.de
eser-wein.de

Ab-Hof-Verkauf: Mo bis Fr 9–12 Uhr und 13–17 Uhr, Sa 9–12 Uhr
Kellermeister: Désirée Eser Freifrau zu Knyphausen
Ansprechpartner: Désirée Eser Freifrau zu Knyphausen und Dodo Freiherr zu Knyphausen
Flaschen/Hektar: 70.000 (90 % weiß, 10 % rot)/11 ha

Eine sehr kleine Kollektion ohne gutsinterne Spitzen stellte uns diesmal das Weingut August Eser zur Verfügung. Alle sechs Weine zeigten sich dabei sehr gleichmäßig, zart und zurückhaltend im Duft, saftig und animierend im Mund. Das ist ganz klar Riesling, ganz klar Rheingau. Der Jahrgang 2020 brachte dabei filigranere Versionen hervor als die vergangenen beiden Jahrgänge. Exemplarisch dafür steht der Ortsriesling aus Winkel, unser diesjähriger Tipp. Wir würden uns freuen, im nächsten Jahr auch einmal die großen Esers zu probieren.

90 2020 Hattenheim Engelmannsberg Riesling Erste Lage trocken
Angelika, zerstoßene Korianderkörner und etwas Minze in der Nase, so präsentiert sich der Lagenwein aus dem Engelmannsberg. Am Gaumen sind die herbalen Noten weiterhin präsent, werden aber ergänzt von viel Saft bei etwas höherer Süße. 12,5 Vol.-%, DV, €€

90 2020 Rüdesheim Bischofsberg Riesling Erste Lage trocken
In der Nase bietet der Bischofsberg Noten von Anis und Süßholz, die Frucht ist sehr dezent. Der Gaumen wird geprägt von einer schönen Würze bei mittlerer Dichte. Ein Riesling auf der anspruchsvollen Seite des Animierenden.
12,5 Vol.-%, DV, €€

89 2020 Roter Riesling trocken
Bei guter Vorstellungskraft mit zartrosa Reflexen im Glas ausgestattet, präsentiert sich der Rote Riesling in der Nase eher würzig mit Noten von Grapefruit und Ingwer. Am Gaumen ist der Wein cremig, die Säure erscheint milder, die Süße schmeichelnd. 12 Vol.-%, DV, €€

89 2020 »Vom Löss« Oestrich Riesling tr.
Sehr zarte Nase nach Lindenblüte und Minze. Die Floralität wird am Gaumen ergänzt von einer präsent zitronigen Frucht und einem ausgewogenen Süße-Säure-Verhältnis. Etwas saftiger als der Winkeler, aber nicht ganz so vielseitig.
12,5 Vol.-%, DV, €

89 2020 Rauenthal Riesling feinherb

90 2020 Winkel Riesling trocken
Sehr zurückhaltend in der Nase, feine Floralität. Am Gaumen ist der Winkeler Ortsriesling stoffiger als gedacht, bleibt aber auch hier aromatisch im hellen Bereich zwischen Renette und Zitrone. Guter und sehr vielseitiger Tischwein! 12 Vol.-%, DV, €

★★★★

WEINGUT JOACHIM FLICK

In der Straßenmühle, 65439 Flörsheim-Wicker
T: +49 6145 7686, info@flick-wein.de
flick-wein.de

Ab-Hof-Verkauf: Mo bis Fr 8–13 Uhr, Sa 10–14 Uhr
Kellermeister: Matteo Betteto und Reiner Flick
Ansprechpartner: Reiner Flick
Flaschen/Hektar: 180.000 (78 % weiß, 8 % rot, 10 % Rosé, 1 % süß, 3 % Schaumwein)/20 ha

Seit Mitte des 17. Jahrhunderts sind die Flicks Winzer im Dörfchen Wicker, aber erst in den 1970er-Jahren machte Joachim Flick den Weinbau zum Vollerwerb. 1992 übernahm Reiner Flick das Weingut, baute es zu seiner heutigen Größe aus und sorgte dafür, dass die Qualität stetig zulegte. Dieses Jahr hat es uns das GG »Dechantenruhe« aus dem Hochheimer Königin Victoriaberg mit seiner überragenden Dichte besonders angetan – der Wein ist ein Langstreckenläufer und wird noch viel Freude bereiten. Sehr gut gelungen ist auch der Wicker Ortsriesling, der kulinarisch vielfältig einsetzbar ist.

93+ 2020 »Dechantenruhe« Hochheim Königin Victoriaberg Riesling GG
Dezent floral im Duft, Zitrusfrucht, aber auch etwas Rosenholz. Im Mund dann mit packender Dichte, feiner Phenolik und lebendiger Säure, sehr saftiger Wein, der schlank gebündelt ist, gute Länge und viel Potenzial für die nächsten Jahre. 13 Vol.-%, DV, €€€

92 2020 »Vier Morgen« Wicker Nonnberg Riesling GG
Kalkwürzig im Duft und von Kräuteraromen bestimmt, Melisse, getrocknete Orangenschale. Im Mund seidig und gehaltvoll, reife Säure, gute Dichte, bleibt bis zuletzt homogen und leitet dann geschmeidig aus. Wird noch weiter zulegen. 13,5 Vol.-%, DV, €€€

91+ 2020 Wicker Nonnberg Riesling trocken
Bei der Monopollage ergänzen sich Kräuternoten mit reifer gelber Frucht, Ananas, zarte Mango. Am Gaumen öffnet sich die Frucht noch mehr, weitmaschig, großzügig, spürbare Eleganz, feiner, ganz lässiger Fluss. Schöner Wein! 12,5 Vol.-%, DV, €€

90+ 2020 Hochheim Königin Victoriaberg Riesling trocken
Viel Minze und etwas Lindenblüte charakterisieren den »Königin Victoriaberg« in der Nase. Am Gaumen schleicht sich eine gelbe Reife mit Ananas- und Ingwernoten an, die fast fränkisch-keuperig wirkt. Schmelzig, dicht, derzeit noch sehr jung. Wird weiter zulegen. 12,5 Vol.-%, DV, €€

90+ 2020 Wicker Riesling trocken

90 2020 Lorch Riesling trocken

89 2020 »F. vini et vita« Riesling trocken

89 2020 »Charta« Riesling feinherb

88 2020 Spätburgunder Rosé feinherb

92 2020 Wicker Nonnberg Riesling Auslese

90 2020 Hochheim Königin Victoriaberg Riesling Kabinett

89 NV »Pink Lion Rosé Methode Rurale« brut
Mittleres Rosa in der Farbe. In der Nase ein Duft von Erdbeerbonbon und Himbeere. Am Gaumen eine Komposition aus Himbeere, reifer Erdbeere und Passionsfrucht, belebend, feines Mousseux, das Ganze von ausreichender Säure balanciert. Ein Schaumwein für den direkten Genuss. 11,5 Vol.-%, NK, €€

★★

WEINGUT PETER FLICK

Holger-Crafoord-Straße 4, 65239 Hochheim
T: +49 6146 6590, info@wein-vom-flick.de
wein-vom-flick.de

Ab-Hof-Verkauf: nach Vereinbarung
Kellermeister: Peter Flick
Ansprechpartner: Peter Flick
Flaschen/Hektar: 60.000 (85 % weiß, 15 % rot)/9 ha

Im Sommer 2018 übernahm Peter Flick mit gerade mal 27 Jahren das Weingut Himmel in Hochheim. Das, sagt der junge Winzer, sei »ein großes Abenteuer gewesen. Aber es war schon früh mein Traum, ein eigenes Weingut zu haben.« Mit dem Betrieb übernahm Peter Flick auch Weinberge in den Hochheimer Spitzenlagen Kirchenstück und Hölle, denen er mit Geschick und Können Ausdruck und Finesse abringt. Der würzige und elegante Riesling »Meisterstück« trägt seinen Namen zurecht, der Kollege »0,7« ist betont trocken und mineralisch. Die Preise übrigens sind fair kalkuliert.

91 2020 »Meisterstück« Hochheim Kirchenstück Riesling trocken
Das »Meisterstück« trägt seinen Namen zu Recht: vielschichtiger Riesling, der nach reifem Steinobst und balsamischer Würze riecht, mit guter Substanz und Lagenausdruck sowie mineralischem Hintergrund. Nicht zu komplex, aber mit schönem Fluss und Spiel. 13,5 Vol.-%, DV, €€

90 2020 »Alte Reben« Hochheim Hölle Riesling trocken
Reifes Steinobst im intensiven und würzigen Duft, Pfirsich und Aprikose, Ananas, auch Gewürze aus dem asiatischen Regal, Curry. Zeigt sich im Stil einer klassischen, trockenen Spätlese, kräftig gebaut, ordentlicher Extrakt, mittlere Dichte, vielschichtig. 13 Vol.-%, DV, €

89+ 2020 Kostheim Weiss Erd Riesling trocken
Reifer Pfirsich, auch reife Mango und Honigmelone, begleitet von würzigen und kräutrigen Noten. Am Gaumen kräftig gebaut mit reifer Säureader und einer salzigen Grundierung in der Gaumenmitte, mittlerer Extrakt, Süße, phenolische Noten, geht würzig ins Finale. 13,5 Vol.-%, DV, €€

90+ 2020 Wicker Stein Riesling Spätlese
Reifes Steinobst im Duft mit weißem Nougat und Mandelgebäck mit etwas Pfefferminze. Am Gaumen wird die süße Frucht von einer präsenten Säure begleitet, Aprikose, Mandelplätzchen, auch zitrische Noten im Fluss mit feiner Mineralität. 8 Vol.-%, DV, €

87 2019 Wicker Mönchsgewann Spätburgunder Blanc de Noir brut

89+ 2020 Gewürztraminer feinherb

89 2020 »Verflickst« Wicker Mönchsgewann Riesling trocken

89 2020 Massenheim Schlossgarten Riesling halbtrocken

88 2020 Wicker Riesling trocken

88 2020 Scheurebe trocken

89+ 2020 Wicker Stein Riesling Kabinett

90+ 2020 »0,7« Riesling trocken
Zitrusduftig in der Nase, etwas balsamische Würze, Malz, Kräuter und auch Apfel. Wie es der Namen ankündigt, betont trocken und beinahe durchgegoren mit 0,7 Gramm Restzucker, kräftig gebaut, mineralisch und mit salzigen Noten. Zeigt Kraft, Substanz und Charakter. 13,5 Vol.-%, DV, €

★★★

WEINGUT EVA FRICKE

Elisabethenstraße 6, 65343 Eltville
T: +49 6123 703658, info@evafricke.com
evafricke.com

Kellermeister: Eva Fricke
Ansprechpartner: Eva Fricke
Flaschen/Hektar: 80.000 (100 % weiß)/15 ha

Eva Fricke geht eigene Wege – etwa, indem sie einen Teil ihrer Weine bei Sotheby's auktionieren lässt. Aber auch ihr Rieslingstil ist eigenständig, er setzt auf Dichte und Prägnanz und schert sich nicht um die neun Gramm Restzucker als Grenze der Kategorie »trocken«: Weine wie Lorch Schlossberg oder Lorchhausen Seligmacher schmecken aufgrund ihres Extraktreichtums auch mit etwa 20 Gramm Restzucker nicht süß. Besonders gut gefallen uns dieses Jahr die Ortsweine, welche die sensorische Typizität ihrer Herkünfte sehr gut ins Glas bringen, und der niveauvolle Gutsriesling.

93 2020 Lorch Schlossberg Riesling
Im Duft sehr blumig, Jasmintee, etwas Mandarine, Hefe, und Lindenblüte. Am Gaumen ist der Wein voller Schmelz und weicher Fülle, fließt rund und von feiner Säure getragen, die Süße ist gut integriert und wird im Lauf der Flaschenreife die Fülle bereichern. 11,5 Vol.-%, NK, €€€€

92 2020 »Mélange« Rheingau Riesling tr.
Trauben aus Eltville und Hattenheim. Etwas Rosine und Bratapfel im Duft, dazu geradezu rotbeerige Aromen. Ein Oberton von rauchigen Gesteinsnoten. Im Mund zeigt sich der Wein gehaltvoll mit einigem Volumen, auf weichem, geschmeidigem Fond und bei reifer Säure entfaltet sich ein Extrakt zum Kauen, taktile Mineralität macht den Gaumen unbeschwerlich, trotz des vergleichsweise kräftigen Alkohols.
13 Vol.-%, NK, €€€

91+ 2020 Lorch Riesling trocken
Ein Duft von grünem Apfel mit leicht brenzlig-mineralischen Untertönen. Weich ansetzend am Gaumen, der Wein hat fast cremige Motive in der Gaumenmitte, gut integrierte Säure, im Abgang kommen die extraktführenden und mineralischen Schichten zutage. 12 Vol.-%, DV, €€

93+ 2020 Lorch Schlossberg Riesling Auslese
Eine herrlich animierende Nase hat die Auslese aus dem Schlossberg zu bieten. Reife Zitrone, etwas Grapefruit, ein Touch grüne Pflaume, enorm spannungsreich. An der Nase ist der Wein noch sehr jung, Angelika, Champignon, schwarzer Rettich, hoch pikant! 7 Vol.-%, NK, €€€€

91+ 2020 Lorchhausen Seligmacher Riesling

91 2020 Kiedrich Riesling trocken

89+ 2020 »Verde« Riesling

91 2020 Rheingau Riesling trocken
Reduktiv im Duft, zitrisch, noch eher still. Am Gaumen besitzt der Wein einen linearen Bau, ein festes Säuregerüst und eine ausgeprägte Mineralität. Ein gehaltvoller Gutsriesling auf dem Niveau einer Assemblage von Ortsweinen sehr guter Qualität. 12,5 Vol.-%, DV, €€

★★

WEINGUT HÖHN

Freudenbergstraße 200, 65201 Wiesbaden
T: +49 611 7168789, info@weinguthoehn.de
weinguthoehn.de

Ab-Hof-Verkauf: Vinothek Mo bis Fr 17–19 Uhr, Sa 10–14 Uhr
Kellermeister: Jürgen Höhn
Ansprechpartner: Jürgen Höhn
Flaschen/Hektar: 130.000 (86 % weiß, 14 % rot)/20.5 ha

Jürgen Höhn will es wissen: Der Winzer aus Wiesbaden legt die beste Kollektion vor, die wir bislang verkosten konnten. Inzwischen zahlt sich aus, dass er 2017 erstklassige Lagen vom Weingut Langwerth von Simmern im Erbacher Marcobrunn, Hattenheimer Nussbrunnen und Kiedricher Sandgrub übernehmen konnte. Das Holz für die Stückfässer stammt aus dem eigenen Wald, der Winzer hält inzwischen auch Weine zurück, um sie mit passender Reife auf den Markt bringen zu können. Gerade die exzellente »RGG«-Linie unterstreicht, dass man mit Jürgen Höhn rechnen kann.

94 2019 »RGG Erbach« Marcobrunn Riesling tr.
Earl-Grey-Tee, Bergamotte, getrocknete Zitronenschale, etwas Weihrauch und ein Hauch von Überreife. Im Mund folgen auf einen saftigen Auftakt eine recht straffe Phenolik und Salzigkeit. Das feste Säurerückgrat ist auf zurückhaltende Weise süß gekontert. Auf Potenzial angelegt. 12,5 Vol.-%, DV, €€€

92 2019 »RGG« Hattenheim Mannberg Riesling trocken
Helle Blüten in der Nase, etwas Melisse, Orangenschale, Pfirsich und auch Mango. Zeigt sich am Gaumen zunächst zugänglich mit süßlicher Dotierung, baut dann nach und nach Spannung und Komplexität auf. Würzig und mineralisch, salzig unterlegt, nuanciert, mit langem Finale. 12,5 Vol.-%, DV, €€€

91+ 2019 »RGG« Schierstein Hölle Riesling tr.
Zitrusfruchtig mit kräutrigen Noten und dunkler Mineralik, anklingend auch gelbfruchtige Noten. Saftig und mit Schmelz am Gaumen startend, etwas Limettensaft, mit guter Balance, Zusammenspiel von feingliedriger Säure, milder Süße und feiner Würze. Zeigt Anspruch. 12,15 Vol.-%, DV, €€€

90+ 2020 Hattenheim Nussbrunnen Riesling Spätlese
Sehr straff, jung, apfelig in der Nase, auch florale Noten, Minze, Holunderblüte. Am Gaumen gibt sich die Spätlese vom Nussbrunnen hellfruchtig, weißer Pfirsich, weiße Birne, fein und ausgewogen. Nicht hochkomplex, aber sehr schön gemacht. 7 Vol.-%, DV, €€

90+ 2019 »Granitfass« Schierstein Hölle Riesling trocken

89+ 2020 Dotzheim Judenkirsch Riesling Kabinett trocken

89+ 2019 Hattenheim Nussbrunnen Riesling Kabinett trocken

88+ 2020 Weißburgunder trocken

88 2020 Eltville Sonnenberg Riesling Kabinett halbtrocken

88 2020 Blanc de Noir Spätburgunder tr.

88+ 2019 Frauenstein Herrnberg Spätburgunder trocken

93+ 2020 Erbach Marcobrunn Riesling Spätlese trocken
Intensiv gelbfruchtig im Duft, Pfirsich und Aprikose, mit leicht brenzlig-mineralwürzigem Unterton. Im Mund frisch und balanciert, feiner Säurenerv, zurückhaltende Süße, wirkt leichtfüßig und elegant auf eine Weise, die die Mineralik betont, ohne der Dichte zu ermangeln. 12,5 Vol.-%, DV, €

★★★★

SCHLOSS JOHANNISBERG

Schloss Johannisberg, 65366 Geisenheim-Johannisberg
T: +49 6722 70090, info@schloss-johannisberg.de
schloss-johannisberg.de

Ab-Hof-Verkauf: Ja
Kellermeister: Gerd Ritter
Ansprechpartner: Stefan Doktor
Flaschen/Hektar: 293.000 (90 % weiß, 10 % süß)/50 ha

Als Thomas Jefferson im April 1788 den Rheingau bereiste, urteilte er, der Wein von Schloss Johannisberg sei »der beste am Rhein erzeugte und ohne Vergleich«, besonders hatte es ihm ein 1775er angetan, also der Wein aus jenem Jahr, in dem der Legende zufolge die Spätlese erfunden wurde. Wir trinken diese Weine heute meist vor dem Ablauf von 13 Jahren – was verständlich ist angesichts der formidablen Balance und der animierenden Frucht, die etwa die jugendlichen 2020er besitzen. Was aber angesichts ihres immensen Potenzials auch zu überdenken ist.

93+ 2018 »Goldlack« Schloss Johannisberg Riesling trocken
Im Duft die pure traubige Delikatesse! Auch brenzlig-mineralische Aromen. Im Mund zeigt sich der »Goldlack« weit gefasst, in der Gaumenmitte von Phenolen getragen, dann rollt die Säure an, im Abgang ist er leicht hefegeprägt, noch verschlossen, mit bestem Potenzial. 13 Vol.-%, NK, €€€€

93 2020 »Ex bibliotheca subterranea Fass 306« Riesling trocken
Im Duft gibt sich der Wein aus der unterirdischen Bibliothek noch still, zeigt dezenten Holzeinfluss. Im Mund treffen Geschmeidigkeit und eine mittlere Dosis an reifen Phenolen auf eine gut integrierte Säure, hier ist Ebenmaß das Thema, Ausgeglichenheit und Potenzial. 13 Vol.-%, NK, €€€

94 2020 »Rosalack« Schloss Johannisberg Riesling Auslese
Eine sehr pure Botrytis im Duft, leicht mineralwürzig unterlegt. Im Mund mit saftiger Säure, hoch verdichtet zu Beginn, dann feingliedrig werdend, die Süße ergänzt gut den mineralisch-sehnigen Bau, wird zu hoher Eleganz reifen. Gute Länge. 7,5 Vol.-%, NK, €€€€

92 2020 »Grünlack« Schloss Johannisberg Riesling Spätlese
Eine Andeutung von tropischer Frucht und mineralischen Noten im Duft. Am Gaumen beginnt der Wein sehr geschmeidig, punktet mit frischer Säure und einer Süße, die eher das geschmeidige Volumen stärkt als isoliert »süß« zu schmecken. Mittlere Länge. 8 Vol.-%, NK, €€€

91+ 2020 »Bronzelack« Schloss Johannisberg Riesling trocken

91 2020 »Rotlack« Schloss Johannisberg Riesling Kabinett

90+ 2020 »Gelblack« Schloss Johannisberg Riesling feinherb

90+ 2020 »Gelblack« Schloss Johannisberg Riesling trocken
Schon der erste Duftkontakt ist exquisit: Gelbfrucht, Ananas, brenzlig-mineralwürzige Töne und eine florale Note wie von Flieder. Im Mund gehaltvoll, aber auch mit guter Proportion, salzig grundiert, elegantes Süße-Säure-Spiel unter Führung der Säure. 13 Vol.-%, NK, €€

★★★

WEINGUT JOHANNISHOF

Grund 63, 65366 Johannisberg
T: +49 6722 8216, info@weingut-johannishof.de
weingut-johannishof.de

Ab-Hof-Verkauf: Mo bis Fr 8–12 Uhr und 13–18 Uhr
Kellermeister: Johannes Eser
Ansprechpartner: Johannes und Sabine Eser
Flaschen/Hektar: 155.000 (100 % weiß)/20 ha

Der Weinanbau in der Nachbarschaft des Johannishofs wurde bereits im Jahr 817 erstmals erwähnt. Über den erstklassigen Rang der Terroirs von Johannisberg und Rüdesheim muss man nicht viele Worte machen. Sabine Eser führt den Familienbetrieb in der zehnten Generation. Wir haben also Historie, wahre Grands Crus und Familientradition auf der einen Seite der Gleichung. Auf der anderen: brillante Rieslinge in allen Gewichtsklassen. Dabei sind die Preise genießerfreundlich kalkuliert, etwa bei den Ersten Lagen, die schon beträchtliche Terroirqualität aufweisen.

94 2019 Johannisberg Hölle Riesling GG
Schieferwürzig im Duft, brenzlig, Zitrusfrucht, Gesteinsmehl. Im Mund mit einer sehr engen Liaison aus Stoffigkeit, mineralischem Extrakt und viskosen Terpenschichten. Beeindruckend, wie alles zusammenklingt und dabei unforciert wirkt. Ein Hauch von Übereifefrucht im Abklang.
12,5 Vol.-%, DV, €€€

93+ 2019 Rüdesheim Berg Rottland Riesling GG
Komplex duftig, Ingwerstäbchen, kandierte Zitronenschale, eine Spur Rosine, dann aber auch Hefewürze, Bouillon. Im Mund cremig im Ansatz, weich und dennoch feingliedrig, nahtlos integrierte Säure, mineralische Tönung, gehaltvoller Abklang. 13 Vol.-%, DV, €€€

91 2020 Johannisberg Auf der Höll Riesling Erste Lage trocken
Eröffnet im Duft mit Apfelnoten, auch etwas rosafarbene Grapefruit und florale Noten, etwas Orangenschale. Kompakt gebaut, saftig und ausgewogen am Gaumen mit einer weichen, gut eingewobenen Säure. Feine Phenole, leichte Süße und dezente Salzigkeit im Hintergrund.
12,5 Vol.-%, DV, €€

93 2020 Johannisberg Klaus Riesling Spätlese
Weinbergpfirsich und Aprikose mit mineralischen Anklängen und floralen Noten in der attraktiven Nase. Am Gaumen mit klaren Noten von süßem Steinobst, leicht viskos ansetzend, aufgenommen von patenter Säure, kandierte Aprikose, wird getragen von ausgeprägter Mineralität. 8,5 Vol.-%, DV, €€

89 2020 »S« Johannisberg Riesling Kabinett feinherb

91 2020 Rüdesheim Ramstein Riesling Erste Lage trocken
Duftet nach Zitrusfrucht und hellen Blüten mit reifer Mirabelle, auch etwas balsamische Anklänge. Schlank gebaut am Gaumen mit feingliedriger Struktur, baut sich subtil am Gaumen auf mit fein ziselierter Säure, wieder zitrische Noten, mineralisch getönt. 12,5 Vol.-%, DV, €€

★★★

WEINGUT JAKOB JUNG

Eberbacher Straße 22, 65346 Erbach
T: +49 6123 900620, info@weingut-jakob-jung.de
weingut-jakob-jung.de

Ab-Hof-Verkauf: Mo bis Fr 13–18 Uhr, Sa 10–17 Uhr
Kellermeister: Alexander Jung
Ansprechpartner: Alexander Jung
Flaschen/Hektar: 160.000 (75 % weiß, 10 % rot, 10 % Rosé, 5 % Schaumwein)/20 ha

Die VDP-Klassifikation ist eine schlüssige Sache. Es gibt Gutswein und Ortswein, Lagenwein und Großes Gewächs. Wer wissen möchte, wie sich so eine innere Logik auch in der Praxis zeigt, sollte unbedingt einmal die neue Kollektion von Alexander Jung verkosten. Dann erklärt sich alles von selbst. Von leicht und animierend wird alles stufenweise dichter und länger. Von den Großen hat uns der ungemein elegante Siegelsberg diesmal am besten gefallen. Dieselbe Geschmeidigkeit bietet bereits der »Charta«-Riesling, unser diesjähriger Tipp.

93+ 2019 Erbach Siegelsberg Riesling GG
Feiner Apfel, im Prinzip aber geprägt von Mineralität und herbalen Noten: Engelwurz, Korianderkörner. Am Gaumen zeigt das Große Gewächs die Souveränität des 2019er Jahrgangs. Dicht, tief, präsente Säure, aber gut ausgewogen, elegant. Sehr überzeugend! 12,5 Vol.-%, DV, €€€

93 2019 Erbach Hohenrain Riesling GG
In der Nase leichter Holzeinfluss, Aprikose, Hanf, macht einen kräutrig-spannungsreichen Eindruck. Hohe Intensität am Gaumen, pikante Säure, trocken ausgelegt, spannungsreicher als der Siegelsberg bei etwas weniger elegantem Fluss. 13 Vol.-%, DV, €€€

91 2018 »Alexander Johannes« Spätburgunder trocken
Leicht röstiges Granatrot. In der Nase Himbeerkonfitüre, Hochreifeeindruck, Holundermark. Sehr kraftvoll am Gaumen, reif, dicht, Himbeere, etwas Überreife, dafür sehr feine Gerbstoffe. Eleganter als der Steinmorgen, jahrgangsgeprägt mediterran. 14,5 Vol.-%, DV, €€€

92 2020 Erbach Michelmark Riesling Spätlese
Präsente Frucht in der Nase zwischen reifer Zitrone und aprikosigen Tönen. Auch hier schwingen im Hintergrund herbale Noten von Engelwurz und Korianderkörnern mit. Sehr hell und jung wirkt die Spätlese am Gaumen, Weinbergpfirsich, Lagerpotenzial. 9 Vol.-%, DV, €€

90+ 2020 Erbach Steinmorgen Riesling Erste Lage trocken

90+ 2020 »Alte Reben« Riesling trocken

90 2020 Erbach Riesling trocken

90 2020 Erbach Steinmorgen Riesling feinherb

89 2020 Riesling trocken

88 2020 Sauvignon Blanc trocken

90+ 2018 Erbach Steinmorgen Spätburgunder trocken

91 2020 »Charta« Riesling trocken
Weißer Pfirsich, Aprikose und Anis in der Nase. Am Gaumen dicht, elegant, in Säure und Süße abgestimmt, sehr ruhiger Fluss, erwachsen wirkend. Der »Charta« unterscheidet sich deutlich von Guts- und Ortswein, höhere Intensitätsstufe, sehr fein! 12,5 Vol.-%, DV, €€

★★

WEINGUT GRAF VON KANITZ

Rheinstraße 49, 65391 Lorch
T: +49 6726 346, info@weingut-kanitz.de
weingut-kanitz.de

Ab-Hof-Verkauf: Mo, Mi, Do, Fr und Sa 12–16 Uhr, Nov. bis März nur am letzten Samstag im Monat
Kellermeister: Marc Leitis
Ansprechpartner: Marc Leitis
Flaschen/Hektar: 67.000/15 ha
Anbauweise: Biologsich zertifiziert

Kompliment! Marc Leitis, der hier vor der Lese 2020 die Betriebsleitung übernahm, hat sich mit einer hervorragenden Kollektion eingeführt. Der Vergleich der »Alten Reben« aus 2016 und 2020 zeigt, dass der 30-Jährige keine Palastrevolution initiiert hat. Aber er schafft es, die Kühle der Lorcher Lagen mit noch mehr Rafinesse und Pikanz auf die Flasche zu bringen. Als führendes Weingut und einziger VDP-Betrieb des Ortes ist es von prestigebildender Bedeutung für Lorch, was aus diesen Kellern kommt. Auf diesem Niveau sehen wir für Weingut und Ort eine glänzende Zukunft voraus.

92+ 2020 »Alte Reben« Lorch Krone Riesling trocken
Ist noch verschlossen im Duft, am ehesten wagen sich leicht zitrische Aromen aus der Deckung. Im Mund weist der Wein eine gute Staffelung auf: feste Säure, leicht viskoser und leicht phenolischer Extrakt, zurückhaltend gesetzte Süße und eine Anlage zur seidigen Fülle. 13 Vol.-%, DV, €€

92 2016 »Alte Reben« Lorch Krone Riesling trocken
Blassgelb in der Farbe. Würzig im Duft, Curry und Kumquat, ein Hauch Honig, Bergamotte. Im Mund relativ weit gefasst, in getragener Tonalität, aber auch gut mineralisch fundiert, ein Gaumen mit gewissermaßen schlanker Fülle, reife Säure gibt Fassung. 12 Vol.-%, DV, €€

91+ 2020 Lorch Bodental-Steinberg Riesling trocken
Eine Spur floral im Duft und brenzlig-schieferwürzige Töne. Der Gaumen setzt saftig an, zeigt sich extraktreich in der Gaumenmitte mit gut ausgeglichener Säure und intensiver, lange anhaltender taktilmineralischer Prägung.
12,5 Vol.-%, DV, €€

92+ 2017 Lorch Krone Riesling Auslese
Passionsfrucht im Duft, Zitrone, eher zurückhaltende Botrytis, ein Hauch von Honig. Im Mund mit einer Schicht Geschmeidigkeit, zurückhaltend in Süße und Säure, eher auf Rundheit und Volumen angelegt als auf Spannung und Konzentration, daher homogen und fein. 11 Vol.-%, DV, €€€

89+ 2018 Lorch Schloßberg Spätburgunder tr.

91 2020 Lorch Pfaffenwies Riesling trocken
Zurückhaltend im Duft, gepflegtes Fuder, würzige, leicht kräutertönige Noten, Wermut und getrocknete Zitronenschale. Am Gaumen hat der Wein eine schlanke, saftige Art, stahlige Säure und eine zurückhaltend bleibende Süße. Mineralisch fokussiert, Trinkspaß für Fortgeschrittene.
12 Vol.-%, DV, €

★★★★★

WEINGUT AUGUST KESSELER

Lorcher Straße 16, 65385 Assmannshausen
T: +49 6722 9099200, info@august-kesseler.de
august-kesseler.de

Ab-Hof-Verkauf: nach Vereinbarung
Kellermeister: Max Himstedt
Ansprechpartner: August Kesseler, Simon Batarseh
Flaschen/Hektar: 250.000 (65 % weiß, 35 % rot)/33 ha

August Kesseler gehört zu jenen Winzern, die den Rheingau die letzten Dekaden über geprägt haben. Als Elder Statesman steht er seinen früheren Mitarbeitern und heutigen Nachfolgern Max Himstedt und Simon Batarseh nach wie vor zur Seite. Doch diese müssen auch neue Wege gehen, um trotz Erderwärmung stilistische Kontinuität zu schaffen. 33 Jahre nach Kesselers sensationell feinfruchtigem 1985er Höllenberg kommen die 2018er Roten mit so viel Muskeln ins Glas, dass man fast erschrickt. Doch wetten, dass das mit Flaschenreife ebenso fein wird wie Kesselers frühere Pinots?

93+ 2020 Rüdesheim Berg Roseneck Riesling GG
Intensiv in der Frucht, beerig, Pfirsich, Mirabelle. Auch Rose, Limette. Im Mund weich und geschmeidig beginnend, hohe Dichte, kultivierte Säure, gehaltvoller Extrakt, alles sehr klar, hohe Intensität in allen Komponenten. 13 Vol.-%, NK, €€€€

93+ 2020 Rüdesheim Berg Schlossberg Riesling GG
Beerige und reife zitrische Rieslingfrucht sowie rauchige Gesteinsnoten sind eng ineinandergewoben. Orangenschale, balsamische Töne. Im Mund zeigt sich ein in allen Komponenten kraftvoller Bau: feister Alkohol, straffe Phenolik, stramme Säure. Immens jung, muss sich noch harmonisieren. 13 Vol.-%, NK, €€€€

96+ 2018 Assmannshausen Höllenberg Pinot Noir GG
Im Duft nimmt man karamelliges Holz wahr, aber vor allem eine dunkelbeerige Frucht von großer Frische. Im Mund ist der Wein großzügig und straff zugleich, intensive taktile Mineralität kontert den weiten, wuchtigen Bau, die extrem dichten Gerbstoffe wirken gleichwohl schwerelos.
14 Vol.-%, NK, €€€€

94 2018 »Cuvée Max« trocken PN/PN
Im Duft findet man Schwarze Johannisbeere, teerige Untertöne, pfeffrige Noten, Rote Bete. Am Gaumen imponiert der kraftvolle Gerbstoff, der ein festes, aber auch feines Korn und deutliche Anlagen zu samtener Reife aufweist. Lange am Gaumen bleibend, mineralisch fundiert.
14 Vol.-%, NK, €€€€

92 2018 »Momentum Gaudeo« Pinot Noir tr.

92+ 2020 Rüdesheim Bischofsberg Riesling Erste Lage trocken
Ein archetypisch nuancierter Rüdesheimer Rieslingduft: eine Prise Honig im floral gefärbten, beerigen Duftbild, dazu dezente Gesteinsnoten, auch Zitrus und Kräuternoten. Im Mund offenbart sich ein kompakter Block aus Süße, Säure und Phenolik. Druckvoll! 12,5 Vol.-%, NK, €€€

★★

WEINGUT BARON KNYPHAUSEN

Draiser Hof, Erbacher Straße 28, 65346 Eltville-Erbach
T: +49 6123 790710, weingut@baron-knyphausen.de
baron-knyphausen.de

Ab-Hof-Verkauf: täglich 10–18 Uhr
Kellermeister: Arne Wilken
Ansprechpartner: Frederik zu Knyphausen
Flaschen/Hektar: 73.000 (90 % weiß, 10 % rot)/14 ha

Es waren Mönche, die im 12. Jahrhundert eine Rheinaue trockenlegten und auf dem »Draiser Hof« mit dem Weinbau begannen. Die Familie zu Knyphausen, die den Besitz 1818 übernahm, stammte aus Ostfriesland. Trotz ihrer nordischen Herkunft konnte sie dem Haus zu Reputation verhelfen. Zu den renommierten Gästen des Weinguts gehörten Goethe, die Brüder Grimm und Thomas Mann. »Gut strukturiert und körperreich« sollen die Weine schon im Basissegment sein. Uns hat ihre Zugänglichkeit gefallen: Rheingauer Typizität, gewürzt mit einer Prise Charme.

91+ 2020 Erbach Steinmorgen Riesling Erste Lage trocken
In der Nase entwickelt sich ein intensiver und komplexer Duft aus Frucht, Kräutern und Mineralik. Am Gaumen wird es eher klassisch mit primär gelber Frucht wie Pfirsich und Aprikose und reifem Apfel, balanciert und guter Säure in einem eher schlanken Körper. Mineralischer Nachhall. 12,5 Vol.-%, DV, €€

91 2020 Erbach Riesling trocken
Blass in der Farbgebung und kühl im Duft. Aromen von Zitronenzeste, grünem Apfel und etwas Brioche in der Nase. Am Gaumen folgen florale Noten, junger Pfirsich und wiederum etwas Hefiges. Sehr gute Säure und guter Trinkfluss führen in einen guten Nachhall. 12 Vol.-%, DV, €€

91 2020 »Charta« Riesling trocken
Dezent in der Farbgebung und intensiv im Duft. Es entwickelt sich ein Potpourri aus rotem Apfel, Zitronenzeste und nassem Stein. Am Gaumen folgen reife gelbe Frucht, ein Hauch von Tomatenblatt bei guter Säure, attraktiver Textur und gutem Nachhall. 11,5 Vol.-%, DV, €€

90 2020 »1818« Riesling feinherb
Blass und zitronengelb in der Farbe. Fruchtig und frisch im Duft mit Aromen von grünem Apfel, Grapefruit und Mandarinenschale. Am Gaumen mit einem attraktivem Süße-Säure-Spiel ausgestattet. Ein Wein, der direkt Freude bereiten wird. 10,5 Vol.-%, DV, €

88 2020 Roter Riesling feinherb

90 2020 Eltville Riesling feinherb
Es entwickelt sich eine Kräuternote im Duft sowie Aromen von Zitronenzeste, Limette und reifem gelbem Apfel. Am Gaumen ebenfalls grüner junger Apfel und Grapefruit, getragen von präsenter Säure in einem eher schlanken Körper. Ein Wein, der Freude bereitet. 11 Vol.-%, DV, €€

★★★★

WEINGUT KRONE ASSMANNSHAUSEN

Niederwaldstraße 2, 65385 Assmannshausen
T: +49 6722 2525, info@weingut-krone.de
weingut-krone.de
Ab-Hof-Verkauf: Fr 16–18 Uhr, Sa 14–18 Uhr, So 13–18 Uhr
Kellermeister: Michael Burgdorf, Dominic Borgwardt und Peter Perabo
Ansprechpartner: Tom Drieseberg
Flaschen/Hektar: 25.000 (14 % weiß, 80 % rot, 3 % Rosé, 1 % süß, 2 % Schaumwein)/6 ha

Das Weingut Krone besitzt Legendenstatus für seine Spätburgunder aus den Schiefer-Steillagen Assmannshausens. Mit den aktuellen Jahrgängen – 2018 bei den Basisetiketten, 2016 und 2015 bei Höllenberg und »Juwel« – untermauert der Betrieb seine Position. Dabei finden wir Orts- und Guts-Spätburgunder beinahe ebenso eindrücklich wie die hochpreisigeren Weine, bieten sie doch bereits eine sehr erwachsene Terroirtypizität zum Einstiegstarif. »Juwel«, eine Cuvée aus Höllenberg und kühleren Nachbarlagen, ist einer der besten deutschen Pinots auf dem Markt.

91 2020 »Krone Alte Reben« Riesling
Im Duft definitiv kein Fruchtsalat, Apfel, Feuerstein, getrocknete Zitronenschale. Im Mund mit guter Dichte, frisch in der Säure, trotz der insgesamt eher kühlen Anmutung fehlt nicht ein geschmeidiger Fond, extraktreich, mit gutem Potenzial. 12,5 Vol.-%, DV, €€

96 2015 »Juwel« Assmannshausen Spätburgunder trocken
Etwas Holz und deutlich »wilde«, kräuterwürzige und auch dunkelbeerige Aromen. Im Mund saftig und fruchtgetragen ansetzend, dann folgen eine nahtlos mit dem Körper verschmolzene Gerbstofffracht und intensive taktile Mineralität. Ausgezeichnete Länge, immenses Potenzial. 13,5 Vol.-%, NK, €€€€

93+ 2016 Assmannshausen Höllenberg Spätburgunder GG
Schieferwürze, kräuterwürzige Noten, leicht pfeffrig, aber auch Frucht, Hagebutte. Preiselbeere. Gleichermaßen seidig und druckvoll am Gaumen, saftig, fruchtig, intensiv taktilmineralisch, eine Schicht Cremigkeit, ausgezeichnete Länge, sehr elegant. 13 Vol.-%, NK, €€€

91 2017 Assmannshausen Frankenthal Spätburgunder Erste Lage trocken
Sehr mineralisch im Duft, floral, Johannisbeere, eine feine Spur von Holz. Auch eine erste reife Note, malzig. Geschmeidig im Ansatz, eine gute Dosis sandigen Tannins, lebendige Säure, mittlere Länge. 13 Vol.-%, NK, €€€

90 2019 Hallgarten Weißburgunder trocken

89+ 2020 »Krone Pinot« Rosé trocken

90 2018 »Krone« Spätburgunder trocken

92 2018 Assmannshausen Spätburgunder trocken
Traubenzucker, Cassis, florale Untertöne. Rose. Ein wirklich delikater Duft. Im Mund mit einem Gerbstoffdruck aus sehr feinen Mitteln, feinnervige Säure, gute Substanz, dabei kühl wirkend, saftig auflösend. Viel Terroir für moderates Geld. 12,5 Vol.-%, NK, €€€

★★

WEINGUT ROBERT KÖNIG

Landhaus Kenner, 65385 Rüdesheim-Assmannshausen
T: +49 6722 1064, info@weingut-robert-koenig.de
weingut-robert-koenig.de

Ab-Hof-Verkauf: Mo bis Sa 10–18 Uhr, So 14–18 Uhr
Kellermeister: Philipp König
Ansprechpartner: Philipp König
Flaschen/Hektar: 40.000 (8 % weiß, 65 % rot, 20 % Rosé, 2 % süß, 5 % Schaumwein)/9 ha

Philipp König gibt dem traditionsreichen Spätburgunder-Weingut ein frisches, neues Aussehen, und das gilt nicht nur für das Erscheinungsbild, sondern auch den Inhalt der Flaschen: Die Weine haben heute eine markante, auf das Lagerpotenzial zielende Dichte und zeigen die Assmannshäuser und Rüdesheimer Lagen mit großer Eindringlichkeit. Schon als Vierjähriger, schreibt Philipp König, habe er im Weingut mit angepackt. Nach dem Tod des Vaters im November 2015 musste er früh Verantwortung übernehmen. Derzeit studiert er noch in Geisenheim. Eine der Entdeckungen des Jahres!

94+ 2019 »Zenit« Assmannshausen Höllenberg Spätburgunder trocken
Rauchig und reduktiv im Duft, dahinter Preiselbeere, etwas Holz, im Mund saftig, ganz pure klare Beerenfrucht, feinkörniges Tannin in hoher Menge, eine Schicht Cremigkeit, aber nicht zuviel davon, auch der Alkohol bleibt moderat, dennoch voll und lang, intensiv mineralisch grundiert, wird elegant ausreifen. 13 Vol.-%, NK, €€€

92 2018 »Zenit« Assmannshausen Frankenthal Spätburgunder trocken
Duftig, Himbeere, etwas Cassis, dazu ein zurückhaltender und feiner Holzeinsatz. Im Mund cremig grundiert, körniger Stoff darauf, lebendige Säure, ein Brocken von Wein, dem es aber auch nicht an Saftigkeit fehlt. Gute Abgangsfrucht. 13,5 Vol.-%, NK, €€€

92 2018 »Zenit« Rüdesheim Drachenstein Spätburgunder trocken
Etwas hefig, burgunderhaft würzige Töne. Florale Obertöne. Im Mund mit fleischigem Tannin, gut in einen fülligen, auch leicht viskosen Körper eingebunden. Warm und mollig im Hintergrund, eisenhart in der Extraktfüllung. 13,5 Vol.-%, NK, €€

91 2018 »Zenit« Assmannshausen Höllenberg Spätburgunder trocken
Sehr typisch Höllenberg im Duft, mit Aromen von Cassis, Flieder und Veilchen. Auch deutlich erkennbar Schiefer. Im Mund ein Jahrgangstyp: cremig grundiert, mürbes, aber leicht trockenes Tanninkorn, integrierter Alkohol, milde Säure, »warme« Abgangsfrucht. 13,5 Vol.-%, NK, €€€

89 2018 »Empor« Assmannshausen Frankenthal Spätburgunder trocken

90+ 2018 »Empor« Assmannshausen Höllenberg Spätburgunder trocken
Insgesamt noch sehr verschlossen: leicht buttrig im Duft, Cassis, Tabak, Mazerationsfrucht. Im Mund recht hart in der Extraktion, immens dicht, adstringierend, aromatisch defensiv, zum Kauen, leicht trocknend im Abgang. Wird lange Zeit benötigen. 13 Vol.-%, NK, €€

★★★★★

WEINGUT PETER JAKOB KÜHN

Mühlstraße 70, 65375 Oestrich-Winkel
T: +49 6723 2299, info@weingutpjkuehn.de
weingutpjkuehn.de

Ab-Hof-Verkauf: Mo bis Fr 9–12 Uhr und 13–17 Uhr, Sa 11–17 Uhr
Kellermeister: Peter Bernhard Kühn
Ansprechpartner: Peter Bernhard Kühn
Hektar: 20 ha

Es gibt wahrscheinlich kein anderes Weingut in Deutschland, das in den letzten 20 Jahren so atemberaubend unterschiedliche stilistische Ausprägungen gezeigt hat. Manches war sehr experimentell, aber immer spannend. Mit dem Jahrgang 2019 ist die Familie Kühn ganz klar im Bereich der individuell interpretierten Hochklassik einzuordnen. Der schonende und mit großem Bewusstsein durchgeführte An- und Ausbau der Weine dient quasi als Grundlage für die Riesling-Edelsteine. Bereits der Hendelberg würde überall sonst als GG durchgehen. Groß.

96 2019 Oestrich Doosberg Riesling GG

Im Duft ist der Wein noch sehr hefegeprägt, Bittermandel, sogar nachgerade ein Ton wie Fahrradschlauch. Im Mund entlädt sich eine dicht gebündelte Kraft, die Phenole sind makellos reif, geben Spannung und versprechen aromatischen Reichtum. Ein Brocken von Wein mit großer Lebenserwartung. 12,5 Vol.-%, NK, €€€

94 2019 Mittelheim St. Nikolaus Riesling GG

Hefe, Grapefruit und Blutorange im Duft. Noch verschlossen. Im Mund druckvoll mit einem weit gefassten Körper und einer stattlichen Menge an Phenolen, kultivierte, nahtlos mit dem Körper verschmolzene Säure, alles noch sehr jung und mit bestem Potenzial. 12,5 Vol.-%, NK, €€€

93 2019 Hallgarten Hendelberg Riesling Erste Lage trocken

Bereits in der Nase lässt der Hendelberg viel Spannung erkennen. Limette, Walnuss, etwas Brennnessel, zerstoßene Korianderkörner. Enorme Pikanz auch am Gaumen, hohe Dichte, salzig, eher Limette als Zitrone, dennoch reif. Eindeutig eines GGs würdig. 12,5 Vol.-%, NK, €€€

92 2019 Oestrich Klosterberg Riesling Erste Lage trocken

Im Duft wild und zugleich fein. Aromen von Johannisbeerblatt, Apfelschale und Zitroenzeste. Am Gaumen mineralisch, bei lebendiger Säure, die die gelb-zitrische Aromatik sehr gut balanciert und in einen langen und attraktiven Nachhall führt. Eleganz aus der Natur. 12,5 Vol.-%, NK, €€€

92 2020 »Quarzit« Oestrich Riesling trocken

91 2020 »Alte Reben« Hallgarten Riesling trocken

Minimaler Reduktionston in der Nase, dahinter gelbe Kräutrigkeit. Gelber Apfel, Lindenblüte. Ingwer. Am Gaumen zeigen die »Alten Reben« eine zupackende Säure mit Apfelaromen, einen phenolischen Grip und eine deutlich salzige Mineralität. Mit Anspruch! 12 Vol.-%, NK, €€

★★★★★

WEINGUT KÜNSTLER

Geheimrat-Hummel-Platz 1a, 65239 Hochheim
T: +49 6146 83860, info@weingut-kuenstler.de
weingut-kuenstler.de

Ab-Hof-Verkauf: Mo bis Fr 8–12 Uhr und 13–18 Uhr, Sa 10–16 Uhr, So 11–16 Uhr
Kellermeister: Gunter Künstler, Rolf Schregel
Ansprechpartner: Monika Künstler
Flaschen/Hektar: 347.000 (75 % weiß, 15 % rot, 5 % Rosé, 2 % süß, 3 % Schaumwein)/50 ha

Gunter Künstler hat im Jahrgang 2020 richtig Gas gegeben, die Weine der Hochheimer Lagen erstrahlen in großer Saftigkeit und aromatischer Dichte. Aber auch die Rüdesheimer stehen nicht nach: Sie stellen Kraft und Mineralität in den Vordergrund und verlangen mehr noch als die Hochheimer nach Flaschenreife. Nun hat der Routinier aber auch noch einen großen Teil der Schönborn'schen Weinberge zur Bewirtschaftung gepachtet, Pfaffenberg und Marcobrunn. Man darf voller Vorfreude auf die 2021er warten und also auf den ersten Marcobrunn unter Künstler-Etikett.

94 2020 Hochheim Kirchenstück Riesling GG
Blumig im Duft, Pomelo, Zitronenschale, Lavendel, und balsamisch-terroirwürzige Aromen. Reich und gehaltvoll im Mund, seidig texturiert, lange homogen bleibend, hier sind Reichhaltigkeit und Eleganz in eins gebracht.
12,5 Vol.-%, DV, €€€

94 2020 Hochheim Hölle Riesling GG
Komplex und intensiv im Duft mit Aromen von frischer Grapefruit, reifem Pfirsich, gelbem Apfel und Veilchen. Am Gaumen trägt die perfekt eingebundene Säure die sehr feine Aromatik in einem mittelgewichtigen Körper. Der lange Nachhall wird auch von leiser Mineralik begleitet.
12,5 Vol.-%, DV, €€€

93+ 2020 Rüdesheim Berg Schlossberg Riesling GG
Kandierte Zitronenschale, Ingwer, frisch und dezent rauchig-mineralisch getönt. Im Mund mit feinnerviger, saftiger Anlage und geschmeidigem Fond, durchaus mit Körperkraft und einem leicht viskosen Relief, aber eben auch mit Finesse und Eleganz. 12,5 Vol.-%, DV, €€€

93 2020 Rüdesheim Berg Rottland Riesling GG
Im Duft Hefe, Blattgrün, Hagebutte, roter Apfel, Orange. Saftig eröffnend, feine Phenolik, lebendiges Säurerückgrat. Die vergleichsweise akzentuierte Süße gibt der Frucht Volumen, während der Wein insgesamt eher strukturgeprägt wirkt. Gute Perspektive. 12,5 Vol.-%, DV, €€€

92+ 2020 Kostheim Weiss Erd Riesling GG

92 2020 Hochheim Domdechaney Riesling Erste Lage trocken

91 2020 »Alte Reben« Hochheim Stielweg Riesling Erste Lage trocken

91 2020 Hochheim Herrnberg Riesling Erste Lage trocken

89+ 2020 Riesling trocken

89 2020 »Mainterrassen« Hochheim Riesling trocken

92+ 2018 Hochheim Reichestal Spätburgunder GG

92+ 2020 Hochheim Hölle Im Neuenberg Riesling Erste Lage trocken
Hefe, Limettenschale, etwas kalkbalsamisch in Untertönen. Geschmeidig im Ansatz, weich und großzügig, mild eingebundene Säure, dominiert von Schmelz und Saft bei kräftigem Alkohol, in der aromatischen Komponente noch eher verschlossen. 12,5 Vol.-%, DV, €€

★★

WEINGUT PAUL LAQUAI

Gewerbepark Wispertal 2, 65391 Lorch
T: +49 6726 830838, kontakt@weingut-laquai.de
weingut-laquai.de

Ab-Hof-Verkauf: Mi bis Fr 8–18 Uhr und Sa 8–17 Uhr, nach Anmeldung
Kellermeister: Gilbert Laquai
Ansprechpartner: Gundolf Laquai
Flaschen/Hektar: 100.000 (65 % weiß, 25 % rot, 4 % Rosé, 2 % süß, 4 % Schaumwein)/24 ha

Als die Brüder Gilbert und Gundolf Laquai 1990 das Weingut übernahmen, bewirtschaftete es drei Hektar Weinberge. Heute umfasst die Rebfläche rund 23 Hektar, davon wurden von 2007 bis 2018 13 Hektar verbuschte Steillagen-Parzellen rekultiviert. Riesling ist mit 56 Prozent Anteil die klare Nummer eins unter den Rebsorten, angebaut werden noch Spätburgunder, Weißer Burgunder, Chardonnay, Auxerrois, Silvaner, Merlot und Cabernet Sauvignon. Starker Auftritt mit straffen, mineralischen Rieslingen. Auch die nächste Generation steht schon in den Startlöchern. Wir sind gespannt.

91 2019 »RGG« Lorch Schloßberg Riesling tr.
Hält sich im Duft zurück, was die Frucht angeht, feine Holzwürze, Rauch, etwas Gelbfrucht und auch kräutrige Noten. Erwachsener Riesling mit Kraft und Dichte, fest gebaut, zeigt Würze und auch feine Süße, getragen von einer stabilen Säure und akzentuiert von Mineralik. Länge und Potenzial. 13,5 Vol.-%, NK, €€€

90 2020 »vom Quarzit Steillage« Lorch Riesling feinherb
Feinfruchtige und fein austarierte Nase mit hellem Steinobst, Mandarine und würzigen, mineralischen Tönen. Am Gaumen mit Zug und Schwung unterwegs, die lebendige Säure lässt den Wein trockener erscheinen als er ist. Feine Restsüße. Aus einem Guss, endet würzig. 11,5 Vol.-%, DV, €

90 2019 Lorch Bodental-Steinberg Chardonnay trocken
In der Nase mit ordentlich Frucht, Birne, Litschi und rosafarbener Grapefruit, mit würzigen Noten, auch etwas Tabak und florale Noten. Zeigt sich am Gaumen stoffig und cremig mit einer weichen, saftigen Säure und würzigen Noten. Intensiv und auch elegant, kulinarisch geeignet. 12,5 Vol.-%, DV, €€

90 2018 »RGG« Lorch Bodental-Steinberg Spätburgunder trocken
Dunkle Beerenfrucht in der konzentrierten Nase, Brombeere, Schwarzkirsche, würzige Holzaromen, Gewürznelke, dunkle Schokolade, auch etwas Brombeerlikör. Großzügig und üppig im Mund mit viel Extrakt und Würze, auch der Alkohol zeigt sich, viel reife Tannine, Kaminwein. 14,5 Vol.-%, NK, €€€

89+ 2019 Lorch Bodental-Steinberg Auxerrois trocken

90 2020 »vom Schiefer« Lorch Schloßberg Riesling trocken
Zitrusduftig in der feinfruchtigen Nase mit Schieferwürze, Mirabelle und feiner Würze. Im Mund werden die zitrischen Noten in einem schlank gehaltenen Format mit präziser Säure wieder aufgenommen. Auch süßlicher Schmelz und Saft, lebt aber von seiner lebendigen, mineralischen Art. 12 Vol.-%, DV, €

★★★★

WEINGUT LEITZ

Theodor-Heuss-Straße 5, 65385 Rüdesheim am Rhein
T: +49 6722 9999-100, johannes.leitz@leitz-wein.de
leitz-wein.de

Ab-Hof-Verkauf: Mo bis Fr von 8–17 Uhr
Kellermeister: Johannes Leitz, Manuel Zuffer
Ansprechpartner: Johannes Leitz
Flaschen/Hektar: 650.000 (95 % weiß, 5 % rot)/120 ha

Aus dem Nichts baute sein Großvater das im Krieg völlig zerstörte alte Familienweingut wieder auf. Als es Johannes Leitz 1985 übernahm, besaß er drei Hektar. Heute sind es 120 und er ist international renommiert. Der Winzer, der als Kind Rüdesheims am liebsten mit den Terroirs seines Heimatorts arbeitet, findet in den Weinen immer die Balance zwischen mineralischem Terroirausdruck und Zugänglichkeit. Herausragend in einer ganzen Reihe exzellenter Großer Gewächse: der 2019er Berg Roseneck mit seinen noblen Phenolen und der größten Frische aller Rüdesheimer Berglagen.

96 2019 Rüdesheim Berg Roseneck Katerloch Riesling GG
Hefig-würzig im Duft, traubig, ein Anflug Blütenhonig. Geschmeidig im Mund, leichte Überreifebeteiligung bringt Schmelz, die Balance kommt aus reifen, noblen Phenolen und der nahtlos integrierten, zu keinem Zeitpunkt isoliert in Erscheinung tretenden Säure. 13 Vol.-%, NK, €€€

94 2019 Rüdesheim Berg Schlossberg Ehrenfels Riesling GG
Die Nase kündet von dezentem Holzeinsatz, pfeffrig-mineralische, leicht rosinige und reife zitrusfruchtige Noten von Orange finden hinter der Holzwürze ihren Platz. Im Mund treffen Cremigkeit und mürber Phenoldruck aufeinander, die reife Säure stützt. 12,5 Vol.-%, NK, €€€

93 2019 »Terrassen« Rüdesheim Berg Kaisersteinfels Riesling GG trocken
Ein Schuss Überreifefrucht gibt dem Duftbild Tiefe und Weite, mit nachgerade honigartigen Komponenten. Am Gaumen hat der Wein viel Geschmeidigkeit, darauf einen überraschend milden, mürben Kern und kräftigen Alkohol, lebendige Säure balanciert. Sehr gute Länge. 12,5 Vol.-%, NK, €€€

93 2019 Rüdesheim Berg Rottland Hinterhaus Riesling GG
Hefig im Duft, etwas buttrig, noch etwas unruhig wirkend. Mit Standzeit im Glas kommt Gelbfrucht auf. Am Gaumen seidig, voll, leichte Süße, lebendige Säure, gute Körperkraft bei integriertem Alkohol. Die Anlagen deuten auf eine sehr runde Ausreifung hin. 13 Vol.-%, NK, €€€

92+ 2019 »Monopol« Rüdesheim Rosengarten Riesling GG

91 2020 »Magic Mountain« Rüdesheim Riesling trocken

90+ 2020 Rüdesheim Kirchenpfad Riesling Kabinett feinherb

89 2020 Rüdesheim Riesling trocken

89 2020 »Eins-Zwei-Dry Organic« Riesling tr.

89 2020 Weißburgunder trocken

91 2020 Rüdesheim Magdalenenkreuz Riesling Spätlese

89 2020 »Eins-Zwei-Dry« Riesling trocken
Zitrone, Lindenblüte und feine Mineralität lässt der »Eins-Zwei-Dry« in der Nase erkennen. Am Gaumen mit einer festen Rheingauer Säure, die trotz analytischem Restzucker den Wein deutlich im pikanten Dry-Bereich hält. Ausgewogen und gut gemacht. 12 Vol.-%, DV, €

★

MEHRLEIN

Rieslingstraße 49, 65375 Oestrich-Winkel
T: +49 6723 2934, info@weingut-mehrlein.de
weingut-mehrlein.de

Ab-Hof-Verkauf: nach Vereinbarung
Kellermeister: Thorsten Mehrlein
Ansprechpartner: Thorsten Mehrlein
Flaschen/Hektar: 1.133.000 (97 % weiß, 2 % rot, 1 % Rosé)/62 ha

Aus beachtlichen 62 Hektar Rebfläche, die dem Weingut zur Verfügung stehen, schickte Thorsten Mehrlein einen Sechserkarton an die Testrunde. Mit Ausnahme des zugänglich-saftigen Sauvignons handelte es sich dabei ausschließlich um Rieslinge, teilweise aus privilegierten Lagen wie dem Oestricher Klosterberg und dem Mittelheimer St. Nikolaus. Auch wenn der Klosterberg der spürbar hochwertigste Wein der Kollektion war, kürten wir die »Alten Reben« dennoch zum Sieger der Herzen. Geschmeidig, dicht, ausgewogen – und das zum kleinen Preis!

91 2020 Oestrich Klosterberg Riesling tr.
Eine elegante Ausgewogenheit kennzeichnet den Wein aus dem Oestricher Klosterberg in der Nase. Weißer Pfirsich, etwas Birne, Anis, sehr ausgewogen. Deutlich offener und würziger im Mund, Grapefruit, Ingwer, im Abgang Thymian. Sehr gut gemacht! 12 Vol.-%, DV, €€

89+ 2020 Mittelheim St. Nikolaus Riesling tr.
Der St. Nikolaus präsentiert sich recht straff und kräuterbetont an der Nase. Nur eine zart apfelschalige Note scheint zwischen Aromen von Brennnessel, Heu und Engelwurz hervor. Am Gaumen ist die Säure dann reif, der Wein bleibt aber eher kernig. 12 Vol.-%, DV, €€

89 2020 Sauvignon Blanc trocken
In der Nase zeigt der Sauvignon Blanc kräftige, sortentypische Aromen nach Stachelbeere, Brennnessel und grünem Rhabarber. Am Gaumen wird das Expressive ein wenig gebremst. Ausgewogenes Süße-Säure-Spiel, etwas Passionsfrucht, gut zugänglich. 12 Vol.-%, DV, €€

89 2020 »Gentleman« Riesling trocken
Der Gentlemen im Stil der ersten Hälfte des vergangenen Jahrhunderts auf dem Etikett bevorzugt offenbar eine milde Rieslingversion. Feine herbale Note nach Anis und Korianderkörnern in der Nase, am Mund sehr saftig, geht fast ein wenig ins Feinherbe. 12 Vol.-%, DV, €

88 2020 Mittelheim Edelmann Riesling tr.

90+ 2020 »Alte Reben« Riesling trocken
Fein und hell präsentieren sich die »Alten Reben« in der Nase. Es gibt weißen Pfirsich, etwas pudrige Zitronentarte, dazu leicht Anis. Am Gaumen besitzt der Wein eine schöne Reife, Noten von Orange, harmonisch abgestimmte Fruchtsüße, sehr geschmeidig. 12 Vol.-%, DV, €

★★

BIO-WEINGUT MITTER-VELTEN

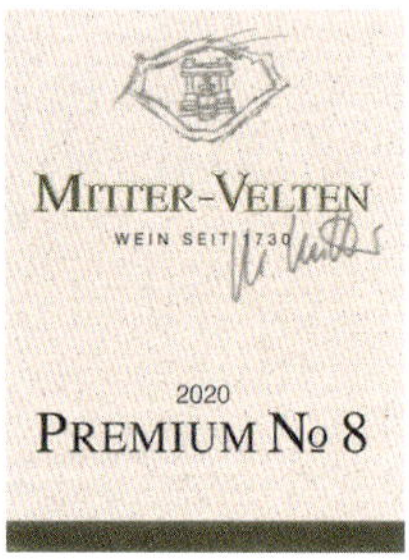

Frankfurter Straße 31, 65239 Hochheim am Main
T: +49 6146 9101, weingut-mitter@gmx.de
weingut-mitter.de
Ab-Hof-Verkauf: Di u. Do 10–12.30 u. 14–18.30 Uhr, Mi 10–12.30 Uhr, Fr u. Sa 10–12.30 u. 16–22 Uhr, So 15.30–22 Uhr
Kellermeister: Martin Mitter
Ansprechpartner: Martin Mitter
Flaschen/Hektar: 60.000 (60 % weiß, 20 % rot, 20 % Rosé)/8 ha
Anbauweise: Biologisch zertifiziert

Martin Mitter, der das Bioweingut Mitter-Velten in Hochheim am Main führt, ist keiner der Winzer, die sich mit großem Aktionismus und Getöse verwirklichen müssen. Bei ihm steht der Wein im Mittelpunkt, den er mit »möglichst wenig Einflussnahme auf die natürlichen Prozesse« begleitet. Dabei entstehen Weine mit feiner Aromatik und klar herausgestellter Frucht wie der Riesling »Premium No. 8« oder der würzige und saftige Sauvignon Blanc. Und: Man muss sich nicht verschulden, um diese Bioqualität zu fair kalkulierten Preisen erstehen zu können.

90 2020 »Premium No. 8« Riesling trocken
Leichtes Goldgelb, in der vielschichtigen Nase reifer Pfirsich mit Aprikose, florale Noten, Blattgrün. Auch am Gaumen vielschichtig und mit guter Balance und Struktur, ordentlicher Extrakt, lebhafte Säure, Anklänge von Zitrusfrucht und mineralische Noten. 13,3 Vol.-%, DV, €€

89 2020 Sauvignon Blanc trocken
Intensiver Duft nach Cassis, reifer Papaya und auch Paprika. Setzt am Gaumen mit einer lebendigen und gut eingewobenen Säure saftig und würzig an, leicht salzig konnotiert. Wird durch etwas Süße abgerundet, ausgewogener Sauvignon Blanc, der mit seiner Würze gefällt. 12,5 Vol.-%, DV, €

89 2020 Weißburgunder trocken
Ziemlich reife Frucht in der kräftgen Nase, reife Aprikose, Aprikosenmarmelade, auch etwas Orangeat und kräutrige Anklänge. Zeigt am Gaumen Volumen, eher breit angelegt in seiner Struktur mit mittlerer Dichte, saftig, würzig und mit Schmelz. In seiner Art stimmig. 13,8 Vol.-%, DV, €

89 2020 Grauer Burgunder trocken
Leichtes Goldgelb, in der Nase kandierte Birnen mit Walnüssen und gelben Pflaumen, Honigwabe. Am Gaumen großzügig konzipiert mit Kraft, Schmelz und süßer Frucht, begleitet von einer präsenten Säure, die eine gute Balance schafft. Zeigt viel Sortentypizität, klarer Ausdruck. 13,06 Vol.-%, DV, €

88 2020 Spätburgunder Weißherbst halbtrocken

89+ 2020 Hochheim Hölle Riesling Spätlese trocken
Reife, sonnenverwöhnte Aprikose im Duft, auch eingekochte Aprikose. Am Gaumen gibt in einer kräftigen Statur die selbstbwusste Säure den Takt vor, sie versteht es auch, die Restsüße gut zu balancieren. Reife, Frische und Lagencharakter finden zusammen. 13,24 Vol.-%, DV, €

★★

WEINGUT MOHR

Rheinstraße 21, 65391 Lorch
T: +49 6726 9484, info@weingut-mohr.de
weingut-mohr.de

Ab-Hof-Verkauf: nach Vereinbarung
Kellermeister: Jochen Neher
Ansprechpartner: Jochen Neher
Flaschen/Hektar: 70.000 (85 % weiß, 15 % rot)/10 ha
Anbauweise: Biologisch zertifiziert

Zum Weingut von Saynur und Jochen Neher gehört auch eine Straußwirtschaft, in der sie Speisen mit mediterranen und orientalischen Einflüssen servieren. Diese Küche greift die Aromenvielfalt des Rheingauer Rieslings auf – und erweitert sie. Die Gewächse des Hauses stammen aus Bioanbau,und sie erreichen ein ausgezeichnetes Niveau. Unser Tipp ist der Lorcher Ortsriesling. Der Spätburgunder vom Höllenberg hat Wucht, aber auch die typische Mineralität der Schieferlage und beste Reifeperspektiven. Wir können uns hier schon bald einen dritten Stern vorstellen.

91 2020 »Alte Reben« Riesling trocken
Im Duft entwickeln sich Aromen von reifem Weinbergpfirsich, gelbem Apfel, Birne und Aprikose. Am Gaumen tragen die präsente Säure als auch die deutliche Mineralität diese gelbe und reife Aromatik sehr gut. Ein Wein mit Potenzial. 12,5 Vol.-%, DV, €€

91 2019 »Mohr's Orange« Pinot Blanc trocken
In der Nase entwickelt sich ein nicht alltägliches Aromenspektrum vom Ausbau mit einer leichten Ätherik und erkennbaren Fruchtaromen. Am Gaumen mit Phenolik, interessanten Bitterstoffen, lebendiger Säure und Aromen von reifer, gelber Frucht ausgestattet. 12,5 Vol.-%, VL, €€€

90 2020 Riesling trocken
Sowohl klassisch in der Farbgebung als auch im Duft eines jungen Rieslings. In der Nase entwickeln sich Aromen von Limette, grünem Apfel und Zironenzeste. Am Gaumen folgen süßer Pfirsich und Aprikose, balanciert von sehr guter Säure in einem eher schlanken Körper. Toller Wein. 12 Vol.-%, DV, €

92 2018 »Alte Reben« Assmannshausen Höllenberg Spätburgunder trocken
Kräuterwürzig in der Nase, Kirsche, etwas Schwarztee und auch Blutorange mit einem Hauch Salbei und etwas Holz. Setzt am Gaumen weich an und zeigt viel Substanz, schöne Würze, aber auch Wucht und Alkohol, markanter Gerbstoff, zeigt die Mineralität der Lage. 13 Vol.-%, VL, €€€

88 2020 »Saynur« Riesling & Weissburgunder trocken

90 2020 Lorch Riesling trocken
Im Glas enwickelt sich ein Duft von gelben Früchten wie Apfel, Stachelbeere und Birne, Am Gaumen folgen auch Birne, hier alles reifer und wiederum gelb, getragen von guter Säure. Der Abgang wird von einer Schiefernote begleitet. 12,5 Vol.-%, DV, €€

★★★

WEINGUT GEORG MÜLLER STIFTUNG

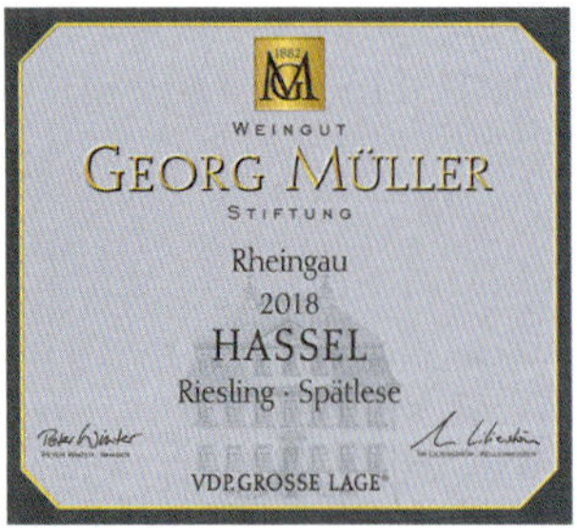

Eberbacher Straße 7–9, 65347 Hattenheim im Rheingau
T: +49 6723 2020, info@georg-mueller-stiftung.de
georg-mueller-stiftung.de

Ab-Hof-Verkauf: Mo bis Fr 9–12 Uhr und 14–17 Uhr
Kellermeister: Tim Lilienström
Ansprechpartner: Peter Winter
Flaschen/Hektar: 133.000 (75 % weiß, 20 % rot, 4 % Rosé, 1 % süß)/20 ha

Den Namen verdankt das 1882 gegründete Weingut seinem ursprünglichen Besitzer Georg Müller, der den Betrieb 1913 seiner Heimatgemeinde Hattenheim stiftete. Heute ist es in privater Hand. Der größte Schatz des Guts lässt sich einfach benennen: Lage, Lage, Lage. Die »Stiftung« bewirtschaftet Spitzenlagen quer durch den Rheingau, darunter Hattenheimer Wisselbrunnen, Hallgartener Jungfer oder Oestricher Lenchen. Aus niedrigen Erträgen vinifiziert Kellermeister Tim Lilienström großartige Rieslinge und konzentrierte Spätburgunder mit hohem Reifepotenzial.

93 2019 Hattenheim Wisselbrunnen Riesling GG

Reife Nase, gelbfruchtig, reife Quitte, etwas Mango, mineralische Würze, Ingwernoten – ein vielseitiges Geschmacksbild. Die hohe Reife mit ihrer gelben Frucht setzt sich am Gaumen fort, gekontert aber von Kräutern, Säure, viel Spannung, hochklassig. 12,5 Vol.-%, NK, €€€

92+ 2019 Hallgarten Jungfer Riesling GG

Floral und feingliedrig im Duft. Geschmeidig beginnend im Mund, noch verschlossen und zurückgenommen in allen Komponenten, aber mit einer guten Balance aus Saftigkeit und dezenter Phenolik bei eher milder Säure und einem Restzucker nahe null. 12 Vol.-%, NK, €€€

93 2019 Hattenheim Hassel Spätburgunder GG

Im Duft Johannisbeerblätter, pikante Frucht, minzige Töne, Waldhimbeere. Im Mund mit Ebenmaß: feinkörniges, frisches Tannin, eine Schicht Geschmeidigkeit, sehr viel Saft, reife Säure, wirkt durch seine große Harmonie etwas unscheinbar, wird aber ausgezeichnet reifen. 13,5 Vol.-%, NK, €€€€

93+ 2020 »Goldkapsel« Hattenheim Wisselbrunnen Riesling Auslese

Sehr hell in der Nase, weißfleischiger Pfirsich, saubere Botrytis, kandierte Zitronenschale. Am Gaumen enorm viskos, Wiesenchampignon, Weinbergpfirsich, dicht, feinfruchtig, wenig Pflanzliches, enorm jung und mit riesigem Reifepotenzial. 7,5 Vol.-%, NK,

91 2019 Assmannhausen Frankenthal Spätburgunder Erste Lage trocken

91+ 2018 »Artist Edition« Pinot Noir trocken

Blaurote Farbe im Glas, ungewöhnlich für den heißen 2018er Jahrgang. In der Nase feinzedriges Holz, Himbeere, ätherische Noten, schön gebremste Reife. Am Gaumen besitzt der Wein einen weichen, kirschigen Fruchtkern, aber auch viel pfeffrige Würze. 13,5 Vol.-%, NK, €€€

★★

WEINGUT HEINZ NIKOLAI

Ringstraße 16, 65346 Erbach
T: +49 6123 62708, weingut@heinz-nikolai.de
heinz-nikolai.de

Ab-Hof-Verkauf: Mo bis Sa 10–18 Uhr, So 10–14 Uhr
Kellermeister: Frank Nikolai und Andreas Dormann
Ansprechpartner: Katharina Nikolai
Flaschen/Hektar: 160.000 (75 % weiß, 10 % rot, 10 % Rosé, 5 % Schaumwein)/16 ha

Eine kleine Kollektion stellte die Familie Nikolai diesmal an, aber diese auf einem guten und äußerst gleichmäßigen Niveau. Dabei sollte nicht verschwiegen werden, dass auch die großen Rheingauer Gewächse für deutlich weniger als 20 Euro zu haben sind. Die herbgrüne Säure, die gelegentlich die kleineren Rheingauer Rieslinge prägt, findet man hier nicht. Diese cremige Ausgewogenheit treffen wir in idealer Ausprägung in unserem Tipp wieder, dem »Filetstück« aus der Erbacher Mittelmark. Kein Komplexitätswunder, aber wunderbar zu Tisch.

90 2020 »Großes Gewächs« Erbach Siegelsberg Riesling trocken
Eher pflanzenwürzig als fruchtig präsentiert sich der Siegelsberg in der Nase. Nicht die reife Frucht seines Bruders aus dem Steinmorgen, vielmehr Anis, Korianderkörner und etwas apfelige Würze. Bleibt am Gaumen würzig, wenig Primärfrucht, Tischwein! 13 Vol.-%, DV, €€

90 2020 »Großes Gewächs« Erbach Steinmorgen Riesling trocken
Das Große Gewächs aus dem Steinmorgen zeigt sich reif in der Nase mit feinen Pfirsichnoten, dahinter Minze. Am Gaumen sehr gelassen, ausgewogen zwischen Süße und Säure, fast ein wenig spannungsarm für das RGG-Niveau, aber mit zarter Phenolik. 13 Vol.-%, DV, €€

89 2020 Sauvignon blanc trocken
Der Sauvignon Blanc zeigt die typischen Rebsortenaromen in der Nase – allerdings in durchaus feiner und nicht aggressiver Form. Stachelbeere, Grapefruit, sanft abgefederter Rhabarber. Am Gaumen harmonisch, schönes Süße-Säure-Spiel, frisch und gelungen. 12,5 Vol.-%, DV, €

91 2019 »Johann Jakob Alte Reben« Spätburgunder trocken
Feine Holzlaktik in der Nase, Kräuter, auch etwas Neuholz, frische Kirschfrucht, Amarenakirsche, etwas Blutorange. Setzt weich und beinahe mollig am Gaumen an, entwickelt dann Druck, Saft, Würze und Schmelz. Die Gerbstoffe sind reif und von guter Qualität, würzig und lang. 13,5 Vol.-%, DIAM, €€

89 2020 »Primus Maximus« Riesling trocken

90 2020 »Filetstück« Erbach Michelmark Riesling trocken
Der Riesling aus dem Kernstück der Erbacher Mittelmark bietet eine sehr dezente Frucht nach Walnuss und etwas Birne in der Nase. Am Gaumen ist der Wein gleichzeitig cremig und mit einer feinen Säureader ausgestattet. Nichts Spitzes, sehr vielseitig. 12,5 Vol.-%, DV, €

★★★

WEINGUT PRINZ

Im Flachsgarten 5, 65375 Hallgarten
T: +49 6723 999847, info@prinz-wein.de
prinz-wein.de

Ab-Hof-Verkauf: nach Vereinbarung
Kellermeister: Fred Prinz
Ansprechpartner: Sabine, Florian und Fred Prinz
Flaschen/Hektar: 67.000 (93 % weiß, 6 % rot, 1 % Rosé)/12 ha
Anbauweise: Biologisch zertifiziert

Fred Prinz und Sohn Florian feilen an ihren Weinen, bei der Spontangärung beschleunigen sie den Beginn der Gärung durch »Ansteller«, also einen Schuss bereits gärenden Mosts, der aus gleicher Lage stammt und ein paar Tage früher geerntet wurde. Die mit den Methoden der biologisch-dynamischen Bewirtschaftung erzeugten Trauben haben auch in 2020 wieder gut strukturierte, salzig unterfütterte Weine gebracht, wobei uns bereits der trockene Gutswein ein Lächeln aufs Gesicht zauberte: So viel Substanz für 9,70 Euro – da sage noch jemand, Biowein sei teuer!

93+ 2020 Hallgarten Schönhell Riesling GG
Der Duft zeigt sich intensiv zitrisch: Mandarine, Blutorange. Dazu Noten von Flieder und Weißer Johannisbeere. Im Mund packt der Extrakt fest zu: dicht, straff, von markanter Säure unter Spannung gesetzt, aber auch mit viskosen, milden Extraktschichten als Gegengewicht. 13 Vol.-%, NK, €€€

92+ 2020 Hallgarten Jungfer Riesling GG
Ein duftiger Wein, Pfirsich, Mandelblüte und eine Spur von Holz. Im Mund mit vergleichsweise reicher Süße eröffnend, lebendige Säure, eleganter Gaumenfluss, leicht pfeffrig-mineralische Abgangstöne. Sehr gutes Potenzial.
13 Vol.-%, NK, €€€

91 2020 Hallgarten Frühernberg Riesling tr.
Eine schwere und edle Ausstattung gibt Fred Prinz seinen Ersten Lagen mit, und der Frühernberg rechtfertigt das. Dezent kräutrig in der Nase, am Gaumen dann mit einer hohen Fruchtreife, viel Würze, sogar floralen Noten nach Lindenblüte. Lagerwein. 13 Vol.-%, NK, €€

91+ 2020 Hallgarten Jungfer Riesling Kabinett
Nicht sehr offen im Duft, eine zitrusfrische Aromatik dominiert, dazu kommen feuersteinartige Aromen. Im Mund liefern sich eine pikante Säure und vergleichsweise präsente Süße ein spannendes Duell. Frische und Nerv bestimmen den Abgang, der saftig-salzig und mit guter Länge vor allem die Struktur betont, Säure und Mineralität. 8,5 Vol.-%, DV, €€

91 2020 Hallgarten Hendelberg Riesling tr.

90 2020 Riesling trocken
In der Nase leicht bittere Kräuter, Angelika, dazu Senfmehl und Zitronenschale. Am Gaumen ist der Wein frisch mit einer wunderbar pikanten Würze. Kühl und fest gehalten, salzige Mineralität, sehr vielseitiger Speisenbegleiter. Starker Gutwein! 12,5 Vol.-%, DV, €

★★★

WEINGUT PRINZ VON HESSEN

Grund 1, 65366 Geisenheim-Johannisberg
T: +49 6722 409180, weingut@prinz-von-hessen.com
prinz-von-hessen.com

Ab-Hof-Verkauf: Di bis Do 11–16 Uhr, Fr und Sa 12–17 Uhr
Kellermeister: Sascha Huber
Ansprechpartner: Bärbel Weinert
Flaschen/Hektar: 300.000 (95 % weiß, 5 % rot)/47 ha

Seit Bärbel Weinert dem Weingut als Direktorin vorsteht, zeigt sich ihre Handschrift. Im letzten Jahr schienen uns die Basisweine an Frische und Klarheit gewonnen zu haben. In diesem Jahr führt der Johannisberger Ortsriesling beispielhaft die behutsame stilistische Erneuerung durch die ehemalige Weinkönigin vor. Interessant die verschiedenen Jahrgänge »Dachsfilet«. Der 2007er demonstriert, wohin die Reise im Laufe der Flaschenreife geht: zu aromatischer Fülle und am Gaumen zu einer gewissermaßen herben Weichheit – einer wunderbaren Vereinigung von Gegensätzen.

92+ 2018 Johannisberg Klaus Riesling GG
Im animierenden Duft Mirabelle, Stachelbeere, Apfel, weiße Blüten, etwas Melisse, feine Würze. Am Gaumen mit guter Balance und Vielschichtigkeit, klassischer Stil, die Komponenten auf schöne Art verbunden und auch verdichtet. Zeigt Substanz, Großzügigkeit und Länge. 13 Vol.-%, DV, €€€

92 2007 »Dachsfilet« Riesling trocken
Mittleres Gold, Aprikose, getrocknete Aprikose im intensiven Duft mit Kamille und getrocknetem Salbei, feine Würze, Safran. Im Mund mit leichter Viskosität, weiches und saftiges Mundgefühl, die Säure ist reif und vornehm, gereifte Phenole, aparte Herbe, gediegen gealtert. 12,3 Vol.-%, NK, €€€

91+ 2017 Winkel Hasensprung Riesling GG
Leichtes Goldgelb, in der Nase reifes und gekochtes Steinobst, Pfirsich und Aprikose, auch Honigwabe. Am Gaumen konzentriert, stoffig und vollmundig, beinahe etwas mollig, die fein ziselierte und präzise Säure sorgt für Leben und Balance. 12,5 Vol.-%, DV, €€€

91+ 2019 »Steckenpferd« Riesling Spätlese
Reife Zitrone in der Nase, Anklänge von Pfirsich, sehr ansprechend. Im Mund ist der Wein saftig, enorm fruchtbetont, hohe Dichte, Aprikose dominiert, die sehr straffe Säure kommt erst zum Schluss. Das Reifejahr hat dem »Steckenpferd« gut getan. 10 Vol.-%, DV, €€€

91 2020 »Dachsfilet« Riesling trocken

90+ 2020 »Royal« Kabinett Riesling trocken

89 2020 Riesling trocken

89 2020 Scheurebe trocken

88+ 2020 »Classic« Riesling feinherb

88 2020 Weißburgunder trocken

88+ 2020 Rosé feinherb PN/ME

90 2020 Johannisberg Riesling trocken
Feine Noten von Spontangärung in der Nase, roter Apfel, Mirabelle und Kräuter. Hat Zug am Gaumen, saftig, mit schöner Mineralik und salziger Untermalung, straff gebaut, im Finale mit zitrischen Noten und feiner Würze. Ungekünstelt im Charakter. 12,5 Vol.-%, DV, €€

★★★

WEINGUT BALTHASAR RESS

Rheinallee 7, 65347 Eltville-Hattenheim
T: +49 6723 91950, info@balthasar-ress.de
balthasar-ress.de

Ab-Hof-Verkauf: Mo bis Fr 9–18 Uhr, Sa und So 12–20 Uhr
Kellermeister: Stephan Sänger
Ansprechpartner: Christian Ress
Flaschen/Hektar: 330.000 (90 % weiß, 10 % rot)/50 ha
Anbauweise: Biologisch zertifiziert

Christian Ress bewirtschaftet mittlerweile 50 biozertifizierte Hektar, und das ist kein Pappenstiel. Nur sechs Weine aus dem großen Sortiment hat uns das Weingut zugeschickt – aber die haben es in sich. Eine Trockenbeerenauslese ist natürlich immer etwas Besonderes als risikoreiche Quintessenz des gesamten Sommerdreivierteljahrs. Und schließlich sind wir sehr froh, dass uns Christian Ress mit dem »18« auch einen experimentellen Natural zur Verfügung gestellt hat. Absolut individuell, gleichzeitig ein exzellenter Tischwein. Chapeau!

92+ 2019 Riesling Hattenheim Nussbrunnen GG
Terpengeprägt und auch schon leicht petrolig im Duft, dazu ein Hauch von Überreifefrucht. Im Mund noch sehr verschlossen, kraftvolle Phenole, hefige Aromen, die Substanz deutet auf eine sehr positive Entwicklung hin. 12 Vol.-%, DV, €€€

90 2020 »Von Unserem« Riesling trocken
Der Gutsriesling präsentiert sich ein wenig verschlossen in der Nase mit Noten von Zitronentarte und zerstoßenen Korianderkörnern. Wesentlich offener dann am Gaumen, die rheingautypisch kernige Säure ist in eine schöne Stoffigkeit eingebunden. 11,5 Vol.-%, DV, €€

90 2020 Rüdesheim Riesling trocken
Eine frische Nase bietet der Ortswein aus Rüdesheim, Zitrone bis Limette, straff wirkend. Am Gaumen sieht sich die feinsäuerliche Note durch etwas Restsüße ausgeglichen. Die Pikanz bleibt aber weiterhin der bestimmende Charakterzug. 11,5 Vol.-%, DV, €€

97 2018 Rüdesheim Berg Rottland Riesling Trockenbeerenauslese
Im Duft Honig, Aprikose, Rosine. Im Mund dicht, sehr intensiv mineralisch grundiert, eher seidig als ölig, schon auch sehr süß, aber nicht plump, eine Konzentration ohne Breite und Pappigkeit. 6 Vol.-%, DV, €€€€

89 2020 Hattenheim Riesling

92 2018 »18« Riesling trocken
Der »18« ist nominell nur ein Landwein. Aber ein ganz besonderer. Enorm komplexe Nase: Calvados, Fenchel, Autolysenoten, leichtes Holz, gleichzeitig wild und weich. Am Gaumen sehr dicht, BSA-mild in der Säure, völlig trocken, oxidativ. Lohnt sich sehr! 13 Vol.-%, DV, €€

★★★

SCHAMARI MÜHLE

Grund 65, 65366 Johannisberg
T: +49 6722 64537, t.grundlerh@schamari.de
schamari.de

Ab-Hof-Verkauf: Mo bis Sa 10–19 Uhr
Kellermeister: Thomas Grundler
Ansprechpartner: Dr. Peter Reck
Hektar: 5 ha

Das nennt man Verlässlichkeit: Das Johannisberger Weingut reproduziert ziemlich genau die Ergebnisse aus dem Vorjahr. Die neue Kollektion verfügt allerdings durchaus über eigene Reize: Der blutjunge 2020er Lorcher Orts-Pinot zum Beispiel hat – wie einer unserer Verkoster anmerkte – »die Trinkanimation eines exzellenten Beaujolais Cru«. Und die Parallele dürfte noch weitergehen: Wie bei einem Morgon oder Moulin-à-Vent wird auf die Phase der Frischfruchtigkeit nach ein paar Jahren ein Reifestadium von mineralischer Tiefe folgen. Und das für weniger als zehn Euro!

91+ 2019 Assmannshausen Höllenberg Rosé brut PN/BP/SL
Ein zarter Pastellton, cremefarben. Im Duft ultrapur beerig, mit einem Unterton von Schiefer, Rote Johannisbeere. Im Mund frisch, saftig, ein noch recht dynamisches Mousseux, kultivierte Säure, dezente süße Abrundung, lagentypische Eleganz mit Bubbles. 12,5 Vol.-%, NK, €€

91 2020 »Scha-to-Marie« Geisenheim Kläuserweg Riesling trocken
Mineralisch-pfeffrig, brenzlig im Duft, aber auch beerig. Im Mund setzt der Wein für einen Moment weich an, entfaltet dann aber einen druckvollen Körper mit kräftigem Säurerückgrat, von Süße unterstützte Fülle und pointiert trockenem Abklang. 12,5 Vol.-%, DV, €€

90 2020 Geisenheim Kläuserweg Riesling feinherb
Blumig und frisch im Duft, Zitrus, florale Noten. Sehr fein und nuanciert. Im Mund fließt der Wein ebenso zart, wie es der Duft andeutet, allerdings gibt ihm auch eine Schicht Phenole Persönlichkeit und Griff. Neben dem feinherben Süße-Säure-Spiel wirkt das apart! 12 Vol.-%, DV, €

93 2017 »Scha-to-Marie« Johannisberg Hölle Pinot Noir trocken
Schon im Duft recht erwachsen, würzig burgundisch, auch etwas brenzlig-mineralisch. Am Gaumen sehr dicht, feinkörniges plastisches Tannin füllt den geschmeidigen, weit gefassten Körper aus, eine lebendige, reife Säure unterlegt den Bau, der jugendlich-kompakt endet. 13,5 Vol.-%, NK, €€€

89 2020 »Partisan« Cuvée trocken RE/DF/PN

91 2020 Lorch Pinot Noir trocken
Der frischfruchtige Duft springt geradezu aus dem Glas, mit kräftigen Aromen von Waldbeeren und Holundergelee. Der Auftakt ist geschmeidig, dann folgt sandiges Tannin, eine reife Säure trägt den langen, abermals konzentrierten und fruchtgeprägten Abklang. 13 Vol.-%, DV, €

WEINGUT SCHREIBER

SCHREIBER'S

SEIT 1749

HOCHHEIM IM RHEINGAU

Johanneshof 2, 65239 Hochheim am Main
T: +49 6146 9171, info@weingut-schreiber.de
weingut-schreiber.de

Ab-Hof-Verkauf: Mo bis Fr 10–19 Uhr, Sa 10–16 Uhr
Kellermeister: Simon Schreiber
Ansprechpartner: Simon Schreiber
Flaschen/Hektar: 133.000 (75 % weiß, 5 % rot, 8 % Rosé, 2 % süß, 10 % Schaumwein)/15 ha
Anbauweise: Biologisch zertifiziert

»Natürlich, ehrlich und unkompliziert, seit 1749«: Das ist die Devise im Weingut Schreiber, das rund 15 Hektar Weinberge biologisch bewirtschaftet. Uwe Schreiber kümmert sich vor allem um den Außenbetrieb, sein Sohn Simon ist für den Keller zuständig. Riesling ist die wichtigste Rebsorte, auch Spät- und Weißburgunder und etwas Merlot werden angebaut. Uns gefielen die Rieslinge am besten, das »RGG« aus dem Kirchenstück zeigt Lagencharakter, die Auslese aus der Hölle Würze und Charme. Zu empfehlen sind auch die Sekte aus eigener Produktion. Guter Einstand in diesem Guide!

91 2019 »RGG« Hochheim Kirchenstück Riesling trocken
Reife gelbe Früchte, Pfirsich und Ananas mit einem Hauch Safran und auch Anis. Zieht am Gaumen die Register eines »RGG« in klassischer Interpretation: gute Substanz und auch Dichte bei viel Würze und reifer Frucht, unterlegt von der Mineralität des Kirchenstücks. 13,5 Vol.-%, DV, €€

90 2020 »Alte Reben« Hochheim Reichestal Riesling trocken
Reifes Steinobst mit balsamischer Würze, auch Johannisbeere kommt zum Pfirsich und zur Aprikose dazu. Würzig, mit gut dosierter Stoffigkeit und Würze, die Säure ist ausgewogen. Die »Alten Reben« zeigen ihren Charakter mit einnehmender Mineralik. Lang. 12,5 Vol.-%, DV, €

90 2018 Hochheim Hölle Merlot trocken
In der Nase Holzwürze mit Cassis, etwas Wacholderbeeren und Gewürznelke, auch Schwarzkirsche und etwas Menthol sind dabei. Am Gaumen mit kräftigen und reifen Gerbstoffen, viel Würze und einer weichen, aber tragenden Säureader. Der Rheingau und die Hölle werden röter. 13 Vol.-%, NK, €€

93+ 2019 Hochheim Hölle Riesling Beerenauslese
Mineralisch in der Nase, auch Steinobst, Aprikose, Pinienkerne, etwas staubig und rauchig. Am Gaumen nussig und würzig, viskos in der Textur, heller reifer Pfirsich und getrocknete Aprikose, leicht stoffig, etwas phenolisch, mit ausgewogener Säure. 10 Vol.-%, DV, €€€

89+ 2020 Hochheim Hölle Riesling trocken

89 2020 »Unterm Storchennest« Cuvée trocken SOG/SOG

89 2020 Hochheim Weißburgunder trocken

88+ 2020 Hochheim Riesling trocken

88+ 2020 Hochheim Stielweg Riesling halbtrocken

88 2020 Hochheim Stein Weißburgunder im Eichenholzfass gereift trocken

88 2020 Hochheim Spätburgunder Rosé feinherb

89+ 2019 Riesling brut
Im Duft brotige Noten, Hefe, Bergamotte, Apfelschale. Im Mund harmonisch und kraftvoll, ein feinherbes, gut balanciertes Geschmacksbild mit frischem Mousseux. Der vergleichsweise kräftige Alkohol ist gut integriert.
13,5 Vol.-%, DIAM, €€

★★

WEIN- UND SEKTGUT F. B. SCHÖNLEBER

Obere Roppelsgasse 1, 65375 Oestrich-Winkel
T: +49 6723 3475, info@fb-schoenleber.de
fb-schoenleber.de

Ab-Hof-Verkauf: nach Vereinbarung, Mo bis Sa 9–11 Uhr und 14–18 Uhr
Kellermeister: Bernd Schönleber
Ansprechpartner: Bernd und Ralf Schönleber
Flaschen/Hektar: 93.000 (69 % weiß, 6 % rot, 25 % Schaumwein)/12 ha

Das von den Brüdern Bernd und Ralf Schönleber geführte Weingut hat sich im Rheingau längst als überaus zuverlässige Quelle für Sekt und anspruchsvolle Stillweine etabliert – Hotel und Weinstube gehören ebenfalls zu dem Familienbetrieb. Neben den animierenden Sekten waren wir in diesem Jahr vom würzigen und dichten 2020er Riesling »Bestes Fass« aus dem Mittelheimer Edelmann sehr angetan. Hervorragend gelungen ist auch der 2018er Pinot Noir aus der gleichen Lage, der Kraft und belebende Frische wunderbar vereint – ein toller Begleiter zu einem Stück Wild.

90+ NV »Creation« Riesling & Spätburgunder brut
Mittleres Gelb in der Farbe bei prägnanter Perlage. In der Nase entwickelt sich ein Duft nach Limette, Quitte und reifer Mango. Am Gaumen federt die lebendige Säure weitere Aromen von süßer Himbeere, Holunderblüte, Grapefruit und Brioche ab, feines Mousseux. 13 Vol.-%, NK, €€

89 NV Riesling brut nature
In der Nase duftet der Sekt nach reifer Grapefruit, Mango, aber es zeigen sich auch feine florale Noten. Am Gaumen dann eine gute Fülle, delikate Zitrusfrucht, mittlere Säure. Gut zugänglicher und vielfältig einsetzbarer Sekt. 12,5 Vol.-%, NK, €€

89 2020 »Alte Reben« Oestrich Klosterberg Riesling Erste Lage trocken
Die alten Reben aus dem Oestricher Klosterberg präsentieren sich floral in der Nase, Lindenblüte und ein Touch Zitronenschale kommen dazu. Am Gaumen ist der Wein frisch und hell, grüner Apfel und weißer Pfirsich zeigen sich, schöner phenolischer Grip. 13 Vol.-%, DV, €€

91 2018 »R« Mittelheim Edelmann Pinot Noir Erste Lage trocken
Würziger Duft mit Schattenmorelle und Gewürznelke, Schwarzkirsche und dunkler Schokolade, röstige Aromen kommen dazu. Zeigt gute Substanz am Gaumen, die von einer lebendigen Säure unterlegt wird, würzig und mit reifer Kirsche, gute Länge. 13 Vol.-%, DV, €€

90+ 2020 »Bestes Fass« Mittelheim Edelmann Riesling Erste Lage trocken
Das »Beste Fass« aus dem Edelmann besitzt bereits in der Nase eine elegante Note. Walnuss, Mandel, würzige Mineralität, feiner Holztouch. Am Gaumen bleibt die würzige Eleganz erhalten, schöne Dichte, präsenter Säurekick. Kann noch gut reifen.13 Vol.-%, DV, €€

★★

WEINGUT SOHNS

SELIGMACHER
Riesling Trocken

Nothgottesstraße 33, 65366 Geisenheim
T: +49 6722 8940, info@weingut-sohns.de
weingut-sohns.de

Ab-Hof-Verkauf: Mo bis Fr 9–12 Uhr und 14–18 Uhr, Sa 10–15 Uhr
Kellermeister: Pascal Sohns
Ansprechpartner: Pascal Sohns
Flaschen/Hektar: 93.000 (65 % weiß, 15 % rot, 13 % Rosé, 7 % Schaumwein)/10 ha

Pascal Sohns studierte zunächst Sportökonomie in München, bevor er sich 2012 entschloss in den Rheingau zurückzukehren und in das elterliche Weingut einzusteigen. Eine kluge Entscheidung, wie man heute weiß. 2017 wurde das neue Weingut in den Weinbergen eingeweiht, die zehn Hektar Weinberge befinden sich in Umstellung zum biologischen Weinbau. Pascal Sohns vesteht es, wie im eleganten und mineralischen »Großen Gewächs« den Lagencharakter in seinen Rieslingen zum Ausdruck zu bringen. Auch die Spätburgunder zeigen Substanz und Format. Im Aufschwung!

91+ 2019 »Rhg Großes Gewächs« Geisenheim Kläuserweg Riesling trocken
Feine Holzwürze in der Nase mit reifer Aprikose und Pfirsich, steinige Noten, warmer Schiefer im Weinberg. Zeigt sich am Gaumen mit gutem Gleichgewicht und vielschichtig, die fein ziselierte Säure verläuft eng am schlanken Körper, saftig, mineralisch, elegant und mit Stil. 12,5 Vol.-%, DV, €€

90 2019 Lorchhausen Seligmacher Riesling trocken
Intensiver Duft nach reifem Steinobst, Weinbergpfirsich und Reneklode, etwas Zitrusfrucht, schiefrige Würze. Zeigt Substanz und auch Dichte am Gaumen mit fleischigen Phenolen und Saft, die feingliedrige Säure trägt, feine Fruchtsüße. Schieferwürze trägt ins Finale. 13 Vol.-%, DV, €€

91 2018 »M« Geisenheim Mäuerchen Spätburgunder trocken
Die Nase ist von Würze und Rauch geprägt, dazu dunkle Fruchtnoten, Schwarzkirschen und Brombeeren. Getragen am Gaumen in einem breit angelegten Format mit Kraft und Wucht. Die Gerbstoffe in reichlicher Menge sind reif, ein Kind des Jahres 2018, zeigt Charakter. 14 Vol.-%, NK, €€

90 2019 Geisenheim Mönchspfad Spätburgunder trocken
In einem kräutrigen Ambiente Kirsche und auch rauchige Noten, ein Hauch Kirschwasser. Kräftig gebaut am Gaumen mit guter Substanz, eher getragen im Ausdruck mit reifer Säure und saftiger, reifer Frucht, würzig und mineralisch unterlegt. Eher Spätburgunder als Pinot. 13,5 Vol.-%, NK, €€

89+ 2019 »M« Geisenheim Mönchspfad Weißburgunder trocken

89+ 2019 Winkel Hasensprung Riesling tr.
Zitrusduftig, Limettenabrieb, Grapefruit, Mirabelle und helle Blüten. Eleganter Riesling mit einer kühlen Aura und präzisen Säureader in einer kompakt gehaltenen Struktur, Saft und Schmelz, mittlere Dichte, schöne Mineralität am mittleren Gaumen, mit feiner Würze endend. 13 Vol.-%, DV, €€

★★★★

SOLVEIGS

Rheinstraße 7c, 65366 Geisenheim
T: +49 6701 2024183, mail@solveigs.de
solveigs.info

Ab-Hof-Verkauf: nach Vereinbarung
Kellermeister: Jens Heinemeyer
Ansprechpartner: Jens Heinemeyer
Hektar: 2 ha
Anbauweise: Biologisch zertifiziert

Als Jens Heinemeyer im vergangenen Jahr als Falstaff Winzer des Jahres nominiert war, sprach sein dänischer Freund Harald Krabbe von der Frederiksdal Winery bei der Vorstellung des Kandidaten davon, dass Heinemeyer die »Seele des Spätburgunders« in Flaschen bringe. Besser kann man diese Weine kaum charakterisieren, man könnte höchstens hinzufügen: nicht nur die Seele der Sorte, sondern auch diejenige der Steillagen von Assmannshausen und Lorch. Dass dort in 2018 keine Leichtweine entstanden sind, kann nicht erstaunen. Doch das Reifepotenzial ist gigantisch!

95 2018 »Micke« Pinot Noir trocken
Mineralisch im Duft, Gesteinsmehl, Feuerstein, Schiefer, und kleine rote Beeren. Hochreife. Wacholder. Im Mund mit immens dichtem Tannin auf cremiger Grundlage, großes Volumen, reife, aber tragende Säure, lange Plateauphase des Extrakts, in den Aromen noch verschlossen.
14,5 Vol.-%, NK, €€€€

95+ 2018 »Present« Pinot Noir trocken
Im Duft Milchschokolade, Johannisbeergelee, Rosine, Schieferwürze, ein Hauch Rosine. Im Mund saftig ansetzend, feinstes Gerbstoffkorn in immenser Menge, lebendige Säure, geschmeidiger Fond, eindringlich mineralisch, die Länge ist enorm, momentan eher struktureller Natur.
14 Vol.-%, NK, €€€€

91+ 2018 »Phyllit« Pinot Noir trocken
Etwas Mandel, ein Hauch esterig, Kompottfrüchte, Röstkaffee. Im Mund sehr dicht, noble Phenole in hoher Menge, homogen fließend, feste Säure, mittelgewichtige, leicht süße Frucht, sehr gute Länge und ausgezeichnetes Potenzial.
14 Vol.-%, NK, €€€

91+ 2018 »Koloss« Pinot Noir Précoce trocken
Im Duft mit opulent rotbeerigen Aromen, malzigen Noten, intensiven Kräutertönen, Thymian, Salbei und Minze. Im Mund mit (alkoholbedingter) Süße, mit Öligkeit und körnigem, trockenem Tannin in hoher Menge. Aber auch mineralische Töne. Ein Frühburgunder-Amarone aus dem Rheingau.
16 Vol.-%, NK, €€€€

89+ 2019 »Rosa von P« Pinot Noir trocken

94 2018 »Steil« Pinot Noir trocken
Milchschokolade und Darjeeling-Tee im Duft, etwas Rote Johannisbeere und ein Hauch Feige. Im Mund saftig und nachgerade kernig ansetzend, intensiv beerige Fruchtbegleitung, sehr dicht, noble Adstringenz, straff, intensiv taktilmineralisch, superbe Länge. Potenzial!
14,5 Vol.-%, NK, €€€

★★★★

WEINGUT JOSEF SPREITZER

Rheingaustraße 86, 65375 Oestrich-Winkel
T: +49 6723 2625, info@weingut-spreitzer.de
weingut-spreitzer.de

Ab-Hof-Verkauf: Mo bis Fr 9–12 Uhr und 13.30–18.30 Uhr, Sa 10–16 Uhr
Kellermeister: Andreas Spreitzer
Ansprechpartner: Andreas Spreitzer
Flaschen/Hektar: 307.000 (85 % weiß, 5 % Rosé, 5 % süß, 5 % Schaumwein)/30 ha

Oestrich bietet ideale Bedingungen für den Rieslinganbau. 95 Prozent ihrer Rebberge widmen die Spreitzer-Brüder dieser Sorte – normal für diese Region. Das Besondere liegt in der erhabenen stilistischen Leistung: Hier findet man Weinklassik ohne Allüren. Und obwohl unter den Trockenen auch dieses Jahr die »Alten Reben« wieder ein Top-Verhältnis von Preis und Leistung bieten, erheben wir diesmal die fruchtsüße Spätlese »303« zum Tipp: zehn Jahre weglegen, dann genießen! Wer es noch exquisiter möchte, legt die TBA vom Eiserberg in den Keller – geradezu epochal.

93+ 2020 Mittelheim St. Nikolaus Riesling GG
Der Duft ist noch still, aber er deutet an, wie gesprächig er später einmal sein wird: mit floralen Andeutungen, Zitrusfrucht und beerigen Tönen, etwas Wachs. Im Mund vereinigt der Wein Volumen, Fülle und Schmelz, die Säure stützt, ohne isoliert in Erscheinung zu treten.
12,5 Vol.-%, NK, €€€

93+ 2020 Hattenheim Wisselbrunnen Riesling GG
Sehr bukettreich, würzig bis nachgerade medizinal, dazu eine zitrische, frische Frucht. Im Mund mit stattlicher Konzentration, kraftvoll, muskulös, mit fester Säure und passend zurückgenommener Süße, mineralisch unterlegt und lang.
13,5 Vol.-%, NK, €€€

93 2020 Oestrich Rosengarten Riesling GG
Blumig im Duft, dazu etwas Hefe, Reneklode, Mirabelle. Im Auftakt ist der Wein mit leichter Süße dotiert, die feste Säure bleibt integriert, der gute stoffige und terpenige Gehalt verspricht ein harmonisches Amalgam im Verlauf der Flaschenreife. 13 Vol.-%, NK, €€€

97 2020 Oestrich Lenchen Eiserberg Riesling Trockenbeerenauslese
Golden in der Farbe. Sehr klare Botrytis, Gelbfrucht, Exotik. Im Mund immens viskos, immens extraktgetragen, konzentrierte Säure und packender Stoff balancieren den vollen Körper, sehr lang, immenses Potenzial. 6 Vol.-%, NK, €€€€

91 2020 »Alte Reben« Oestrich Klosterberg Erste Lage trocken

91 2020 »Alte Reben« Oestrich Doosberg Riesling trocken

91 2020 »Alte Reben« Winkel Jesuitengarten Riesling feinherb

90+ 2020 »Muschelkalk« Oestrich Riesling tr.

90 2020 »Buntschiefer« Hallgarten Riesling trocken

93 2020 Oestrich Lenchen Riesling Trockenbeerenauslese

92+ 2020 Oestrich Lenchen Riesling Auslese

93+ 2020 »303« Oestrich Lenchen Riesling Spätlese
100 Jahre gibt es sie schon, die Spätlese »303« aus dem Gewann Eiserberg. Enorm ansprechend und fruchtbetont in der Nase, ein ganzer Früchtekorb: reife Zitrone, Weinbergpfirsich, etwas Minze. Am Gaumen viskos mit hoher Säurespannung, harmonisch, klassisch. 8 Vol.-%, NK, €€€

★★★★

WEINGÜTER WEGELER GUTSHAUS RHEINGAU

Friedensplatz 9-11, 65375 Oestrich-Winkel
T: +49 6723 99090, info@wegeler.com
wegeler.com

Ab-Hof-Verkauf: Mo bis Fr 8–17 Uhr, Sa und So 11–16 Uhr
Kellermeister: Michael Burgdorf, Andreas Holderrieth
Ansprechpartner: Tom Drieseberg
Hektar: 45 ha

Tom Drieseberg und sein Team haben auch im Jahrgang 2020 aus dem reichen Portfolio an Rheingauer Spitzenlagen das gemacht, wofür das Weingut bekannt ist: Rieslinge mit klassischer Proportion und herkunftstreuem Ausdruck. Neu im Sortiment ist ein Wein aus Erster Lage: Das Gewann »Kronnest« gehört zu den höchstgelegenen Teilstücken des Berg Rottland. Zudem wurden diese drei Terrassen niemals flurbereinigt, es handelt sich also um naturbelassenes Terroir. Der Erstling schlägt schon mal einen Pflock ein, man darf auf die kommenden Jahre gespannt sein.

94 2020 Rüdesheim Berg Schlossberg Riesling GG
Balsamisch im Duft und zitrisch. Etwas Schieferwürze. Im Gaumen einerseits geschmeidig, andererseits mit klarer Kante, Säurenerv und Mineralität wirken verschlankend und geben dem Wein eine fast immaterielle Aura. Subtile Festigkeit, tolle Länge. 12,5 Vol.-%, NK, €€€

93 2019 »Geheimrat J« Riesling trocken
Zitrusfrisch im Duft, mineralwürzig, verbindet Finesse und Klarheit. Im Mund archetypisch Rheingau: feste, lange anhaltende Säure, intensive taktile Mineralität, straff und frisch, auf Potenzial gebaut. Wie es sich für einen »Geheimrat« gehört, ein sehr erwachsener Wein.
12,5 Vol.-%, NK, €€€

93 2020 Winkel Jesuitengarten Riesling GG
Im Duft reihen sich blumige Aromen, etwas Wachs, eine Frucht wie von Blutorange und kandierter Zitronenschale. Am Gaumen sind Geschmeidigkeit und Stoff dicht ineinandergewoben, weder Süße noch Säure dominieren, der Wein klingt kompakt und stoffig aus. 12,5 Vol.-%, NK, €€€

93 2020 Oestrich Rosengarten Riesling GG
Verschlossen im Duft. Mit viel Luftzufuhr kommen leicht zitrische und florale Töne auf. Im Mund zeigt sich ein druckvoller Wein, klassisch proportioniert, dicht, mit geschmeidigem Fond und kultivierter Säure, mineralisch geprägt bei zurückgenommener Süße. 13 Vol.-%, NK, €€€

91 2020 Rüdesheim Kronnest Riesling Erste Lage trocken

90+ 2020 Johannisberg Riesling feinherb

89+ 2020 Oestrich Riesling trocken

89 2020 Riesling Rheingau trocken

92+ 2020 Geisenheim Rothenberg Riesling Auslese

92 2020 Rüdesheim Berg Rottland Riesling Spätlese

91+ 2020 Rüdesheim Berg Schlossberg Riesling Kabinett

91 2020 »Pur« Riesling feinherb
Traubig im Duft, Schwarze Johannisbeere und roter Apfel, etwas Zitrus. Bukettreich und frisch. Im Mund kernig, markant in der Säure, viel Saft, passend süß balanciert, ohne dass die Süße ein Übergewicht bekommt. Gute Länge, gute Dichte. Trägt seinen Namen zu Recht. 11,5 Vol.-%, DV, €€

★★★★★

WEINGUT ROBERT WEIL

Mühlberg 5, 65399 Kiedrich
T: +49 6123 2308, info@weingut-robert-weil.com
weingut-robert-weil.com

Ab-Hof-Verkauf: Mo bis Fr 8–17.30 Uhr,
Sa 10–17 Uhr, So 11–17 Uhr
Kellermeister: Christian Engel, Fabian Kretschmer
Ansprechpartner: Wilhelm Weil, Jochen Becker-Köhn
Flaschen/Hektar: 650.000 (100 % weiß)/90 ha

Wilhelm Weil dekliniert auch in 2020 so gekonnt die edelsüßen Prädikate, dass man fast die trockenen Lagenweine aus dem Blick verliert. Doch das Trio Gräfenberg, Turm- und Klosterberg ist dem Prestige ebenso zuträglich wie die Edelsüßen, belegt es doch große weinbauliche Akribie: Für jedes Prädikat und für jeden Weintyp zaubert das Weil-Team die richtigen Trauben aus den Rebbergen. Selbst an der Basis, bei Kiedricher Ortsriesling und beim Gutswein bleibt der Betriebsstil genau so »al dente«, wie man sich Rheingauer Riesling aus einem Top-Betrieb wünscht.

98 2020 Kiedrich Gräfenberg Riesling Trockenbeerenauslese
Frisch geriebene Zitronenschale, Weihrauch, Schieferwürze. Hochfeine Botrytis. Im Mund mit feiner Eleganz, delikate Süße, sehr feine Säure, ganz fein ziseliert, extrem spielerisch, in der Länge mittelhoch.
7,5 Vol.-%, NK, €€€€

97 2020 Kiedrich Turmberg Riesling Trockenbeerenauslese
Kandierte Zitronenschale. hochfeine Botrytis, geschmeidig im Auftakt, mineralischer Extrakt, fein und frisch im Mund, Säure hat Punch und Feinheit, eine belebende und elegante Trockenbeerenauslese. Höchste Feinheit.
7,5 Vol.-%, NK, €€€€

95+ 2020 »Goldkapsel« Kiedrich Gräfenberg Riesling Auslese
Markante Botrytis im Duft, Aromen von kandierten Früchten, Nougat de Montélimar. Im Mund sehr konzentriert, eine knackige Säure hält gegen die reiche Süße, eine »Goldkapsel« mit Tiefe und Vielschichtigkeit. 8 Vol.-%, NK, €€€€

95+ 2020 Kiedrich Turmberg Riesling Beerenauslese
Kandierte Zitronenschale, mineralische Würze, knackige Säure, gut eingebundene Süße, saftig, fast schon schlank wirkend, dabei aber doch mit Extrakt, im Abklang Rhabarber und kandierte Orangenschale. 8,5 Vol.-%, NK, €€€€

94 2020 Kiedrich Gräfenberg Riesling GG

92+ 2020 Kiedrich Turmberg Riesling Erste Lage trocken

91+ 2020 Kiedrich Klosterberg Riesling Erste Lage trocken

90 2020 Kiedrich Riesling trocken

95 2020 Kiedrich Gräfenberg Riesling Beerenauslese

93+ 2020 Kiedrich Gräfenberg Riesling Auslese

93 2020 Kiedrich Turmberg Riesling Auslese

90 2020 Riesling trocken
Der Wein ist frisch und zitrisch im Duft mit einer Prise Schieferterroir. Im Mund geradlinig, gut proportioniert, sehr klar in allen Komponenten, mittel- bis leichtgewichtig. Ein ausgewogener, kompletter Rheingauer Riesling für viele Gelegenheiten. 12 Vol.-%, DV, €€

★★

WEINGUT IM WEINEGG

Kirchstraße 38, 65239 Hochheim am Main
T: +49 6146 9072229, f.schmidt@weingut-weinegg.de
weingut-weinegg.de

Ab-Hof-Verkauf: Mo 9–11 Uhr, Mi 9–11 Uhr und 18–20 Uhr, Fr 18–20 Uhr, Sa 12–14 Uhr und 18–20 Uhr, So 15–17 Uhr
Kellermeister: Fabian Schmidt
Ansprechpartner: Fabian Schmidt
Flaschen/Hektar: 87.000 (75 % weiß, 10 % rot, 10 % Rosé, 3 % süß, 2 % Schaumwein)/12 ha

Fabian Schmidt fährt mit seinen aktuellen Weinen zweigleisig: Bei der sehr preiswürdigen Basis – siehe Hochheimer Hölle für 8,50 Euro – serviert er eher traditionelle Rheingau-Kost. Bei den Top-Lagen Kirchenstück und Domdechaney wird es experimenteller und geht in Richtung Vin Nature. Das Spiel mit Reduktion und Oxidation ist beim Kirchenstück wilder, wir denken aber, dass dieser Wein mit seiner enormen Substanz auf lange Sicht den geschmeidigeren Bruder überholt. So oder anders: eine erfrischend andere Facette des »Hock«. Der dritte Stern ist in Sichtweite.

92+ 2020 Hochheim Kirchenstück Riesling trocken
Im Duft zeigen sich sowohl ein intensiver Hefeeinfluss als auch eine Prise oxidative Aromen. Nach Luftzufuhr treten pfeffrige und blumige Noten zutage, eine Frucht von Rhabarber und Schwarzer Johannisbeere. Im Mund hat der Wein eine markante Säure, defensive Süße, eine Schicht mehliger Phenole. Intensive Mineralik zuletzt.
13 Vol.-%, NK, €€

92 2019 Hochheim Domdechaney Riesling trocken
Eine Vin-Nature-Nase, Cidre und eine Prise Holz, balsamische Untertöne. Im Mund vereinigen sich Fülle und straffer Nerv mit einer nicht im Übermaß forcierten Phenolik, konzentriert fruchtige Gaumenaromen machen den Wein auch für eher konservative Rheingau-Liebhaber attraktiv.
13 Vol.-%, NK, €€

91+ 2019 Hochheim Reichestal Merlot trocken
Intensive Kräutertöne, ätherische Öle, Kampfer, aber auch Schwarzkirsche, Bitterschokolade und Pfeffer. Im Mund hat der Wein viel Volumen, reifen Gerbstoff in passender Menge, hintergründige Viskosität, eine gut eingebundene, natürliche Säure und viel Saftigkeit im Abklang. Pur und elegant, mit sehr gutem Potenzial. 14 Vol.-%, DIAM, €€

91 2020 Hochheim Reichestal Riesling
Ein offener, intensiver Duft: Mandarine, Lavendel, kandierte Zitronenschale. Im Mund rund und in sich abgeschlossen, mit seidiger Süße, einem zarten Hauch Viskosität und belebender Säure. Im Stil einer reichen Spätlese an der Grenze zum Auslesetypus gehalten, sehr elegant gebaut, durchaus vielschichtig, mit gutem Potenzial. 8 Vol.-%, NK, €

90 2020 »Sur Lie« Hochheim Hofmeister Riesling trocken

91 2020 Hochheim Hölle Riesling trocken
Ein frischer, kräuterwürziger Duft strömt aus dem Glas, auch Noten von Zitrus und etwas Spontangärung. Am Gaumen erscheint ein balancierter Wein der mittleren Gewichtsklasse, frischer Säurenerv und balancierende Süße stellen in ihrer Intensität die durchaus vorhandene Mineralität in den Hintergrund. Schöne Frische. Wird zu feiner Eleganz reifen. 12,5 Vol.-%, DV, €

★★★

GRIESEL & COMPAGNIE

Grieselstaße 34, 64625 Bensheim
T: +49 6251 8696890, info@griesel-sekt.de
griesel-sekt.de

Ab-Hof-Verkauf: Do bis Fr 15–18 Uhr, Sa 10–14 Uhr
Kellermeister: Rachele Crosara
Ansprechpartner: Niko Brandner
Flaschen/Hektar: 85.000 (100 % weiß)/15 ha

Es gibt ja immer wieder Diskussionen darüber, wie gut deutscher Sekt und ob er dem Champagner ebenbürtig sei. Natürlich wissen wir, dass aufgrund des Terroirs alle Produkte ihre individuellen Besonderheiten haben. Fest steht jedoch: Wer zu einem Spitzensekt von Griesel & Compagnie greift, bekommt höchsten Genuss geboten. Hier stimmt alles: Frische, Dichte, Harmonie, Länge – und im Fall der 2016er »Grand Cuvée« sogar mit Dosage Zero. Überhaupt ist es sehr angenehm, wie sparsam hier mit der Dosage umgegangen wird – so entstehen hier Meisterwerke deutscher Sektkultur.

94 2016 »Grande Cuvée Exquisit Dosage Zero« PN/PM/CH
Brillant mit leichtem Kupferton der Farbgebung. Ein Duft von Mandel, Brotkruste und Orangenzeste. Am Gaumen viel Harmonie aus straffer Säure und feinster Frucht sowie sekundärer Aromatik von Brioche und Toast. Das motiverende Mousseux begleitet den sehr langen Nachhall.
12,5 Vol.-%, NK, €€€

93+ 2017 »Pinot Prestige« brut nature
Sehr feine Perlage. Am Gaumen entwickelt sich ein Duft von Aprikosentarte, mürbem rotem Apfel und nassem Stein. Am Gaumen kommen Spannung, gut integrierte Säure und Kraft hinzu. Perliges Mousseux, Zitrus sowie eine florale Note führen in einen attraktiven Nachhall. 12 Vol.-%, NK, €€€

94 2013 »Pinot Réserve Exquisit Dosage Zero«
Im Duft und in der Perlage sehr fein mit Aromen von Haselnuss, Veilchen, Zitonenzeste und Brioche. Am Gaumen folgen reife Aprikose, Limette sowie French Toast bei gut integrierter Säure. Vor dem spannenden Nachhall entsteht auch eine gewisse Salzigkeit. 12,5 Vol.-%, NK, €€€€

93 2018 »Blanc de Noirs Tradition« brut PN/PM
Komplex im Duft mit Aromen von Toast, gelbem Apfel, Ananas und weißer Schokolade. Am Gaumen balanciert die lebendige Säure das vorherige intensive Aroma – Potpourri bei sehr gelungenem Mousseux. Ebenso feine Perlage. Ein Wein mit noblem Nachhall und viel Potenzial. 11,5 Vol.-%, NK, €€

93 2016 »Blanc de Noirs DT Prestige« PN/PM

93 2017 »Chardonnay Prestige« brut nature

92+ 2018 »Rosé Tradition« brut PN/PM

92 2018 »Blanc de Blancs Tradition« extra brut WB/CH

92 2017 »Riesling Prestige« extra brut

91+ 2018 »Riesling Tradition« brut

93+ 2017 »Rosé Prestige« extra brut
Brillantes Lachsrosa im Glas. Feine Perlage. Ein Duft von Mandarinenschale, Apfeltarte sowie Grapefruit. Am Gaumen mit elegantem Mousseux und ergänzender Aromatik von Johannisbeere. Rosafarbener Pfirsich und Haselnuss. Komplexe Komposition mit langem Nachhall.
12 Vol.-%, NK, €€€

Blick auf die Abtei des Klosters Eberbach

GASTGEBER AUS LEIDENSCHAFT

Gemeinsam mit den Winzern der Region – als uneingeschränkten Experten, was das leibliche Wohl anbelangt – hat Falstaff die besten Genussadressen in Sachen Kulinarik sorgfältig ausgewählt und zusammengestellt.

65343 Eltville

Baiken

Ein Logenplatz im Rheingau umgeben von Reben, natürlich ist die Terrasse gefragt. Die gute bodenständige Küche verwendet vor allem regionale Produkte, auch für das Steak. Gerne bestellt wird die eigene Weinlinie, top der im großen Eichenfass gelagerte Riesling Rauenthaler Baiken.

Wiesweg 86
+49 6123 900345
baiken.de

P €€

Empfohlen von: **Kloster Eberbach**

65343 Eltville

Eltvinum

Ein wunderbares Fachwerkhaus, in der Stube sorgen Tramen für Gemütlichkeit. Fleischliebhaber fühlen sich hier zu Hause, ausgesuchte Steaksorten aus aller Welt mit regionalen Beilagen sind die Spezialität. Die Alternativen: Geflügel, Fisch oder vegetarische Gerichte.

Schmittstraße 2
+49 6123 601780
eltvinum.com

€€

Empfohlen von: **Weingut Heinz Nikolai**

65343 Eltville

Jean

Johannes Frankenbach ist der Namensgeber, seine Liebe gilt der gehobenen deutschen, französisch inspirierten Küche. Eine Kostprobe? Safransüppchen mit Hummermedaillons. Die ausführliche Weinkarte führt Flaschen aus dem Rheingau, aber auch Bordeaux und Burgund sind gut vertreten.

Wilhelmstraße 13
+49 6123 9040
hotel-frankenbach.de

P €€€

Empfohlen von: **Weingut Chat Sauvage/Schulz & Schöttle**

65343 Eltville am Rhein

Altes Holztor

Der Name lässt es nicht vermuten, aber hier geht es sehr italienisch zu. Pasta erzeugt genauso Urlaubsgefühle wie zahlreiche Pizzavarianten oder Saltimbocca mit Parmaschinken und Salbei. Neben Rheingauer Weinen schmeckt dazu auch eine kleine italienische Auswahl.

Schwalbacher Straße 18
+49 6123 2582
altes-holztor.de

Empfohlen von: **Weingut Heinz Nikolai**

65346 Eltville am Rhein

Klosterschänke Eberbach

Im ehrwürdigen Gewölbe wird einfach, frisch und ehrlich gekocht. Herrlich sind das Klosterbrot mit gesalzener Fassbutter und die Klosterbrotzeit, so gut wie bei der Oma schmeckt der Blechkuchen mit Vanillecreme. Dazu passen die Tropfen aus dem eigenen Weingut.

Kloster Eberbach
+49 6723 9178290
kloster-eberbach.de

Empfohlen von:**Falstaff-Redaktion**

65347 Eltville

Kronenschlösschen

Historischer Charme und zeitgenössische Kunst harmonieren in den zwei Restaurants. Im Gourmetrestaurant liegt der Fokus auf einem europäischen Küchenstil mit Einflüssen aus aller Welt, im Bistro werden gute Klassiker geboten. Ausgezeichnete Weinkarte mit 2500 Positionen.

Rheinallee
+49 6723 640
kronenschloesschen.de

P

Empfohlen von: **Wein- und Sektgut Barth, Wein- und Sektgut F. B. Schönleber**

65346 Eltville am Rhein

Schwarzes Häuschen

Im Steinberg, dem früheren Hausweinberg der Zisterzienser, genießt man die fantastische Sicht auf den Rheingau. Erst Mitte der 90er-Jahre verwandelte Familie Pfaff das Schwarze Häuschen in einen Ausschank. Zu den Weinen der Hessischen Staatsdomäne wird eine kleine Vesper serviert.

Domäne Steinberg
+49 6123 9997065
kloster-eberbach.de

Empfohlen von: **Kloster Eberbach**

65346 Eltville am Rhein

Weinhaus Schuster

Eines der schönsten historischen Weinhäuser der Region. In der holzvertäfelten Gaststube werden Wildgerichte, Rumpsteak mit feinen hausgemachten Bratkartoffeln, Entenbrust und das feine Paprikaschnitzel serviert. Besonders gerne werden Rheingauer Rieslinge eingeschenkt.

Eberbacher Straße 19
+49 6123 63372
altes-weinhaus-schuster.de

Empfohlen von: **Weingut Heinz Nikolai**

60311 Frankfurt am Main

Heimat Essen & Weine

Originell ist der Look der 1950er-Jahre. Gregor Nowaks kleine feine Karte bietet moderne Klassiker, besonders ragen die Gänselebergänge heraus. Die Weinkompetenz ist hoch, drei Sommeliers empfehlen tolle Weine aus Deutschland, auch Österreich und Frankreich sind stark vertreten.

Berliner Straße 70
+49 69 29725994
heimat-restaurant.de

Empfohlen von: **Georg Gustav Huff**

65366 Geisenheim

Schlossschänke Johannisberg

Vom stattlichen Schloss hat man einen grandiosen Blick über die Weinberge. Für die herzhafte Küche werden beste regionale Produkte ausgesucht, die Galloway-Rinder kommen aus der zugehörigen, artgerechten Tierhaltung. Signature Dish ist das Steak, dazu passen die eigenen Rieslinge.

Schloss Johannisberg
+49 6722 96090
schloss-johannisberg.de

Empfohlen von: **Domäne Schloss Johannisberg**

65366 Geisenheim

Burgrestaurant Schwarzenstein

Romantische Eleganz und ein feiner Blick in das Rheintal ergeben eine edle Melange. Im Burgrestaurant steht Marco Stenger für regionale Finesse, locker leicht wird in der Brasserie unter Nelson Müller gekocht. Beispiele? Wagyu-Burger oder Hummer, Maultasche, Bisque und Pilze.

Rosengasse 32
+49 6722 99500
burg-schwarzenstein.de

€€€

Empfohlen von: **Weingut Chat Sauvage/Schulz & Schöttle**

65347 Hattenheim

Adler Wirtschaft

Franz Keller führt den hohen Qualitätsanspruch seines Vaters weiter. Das beginnt schon bei den Produkten, Rinder, Schweine und Kaninchen werden daher selbst gezüchtet. Auf den Teller kommen nur frische und beste Gänge. Auch die Weinkarte wird dem Anspruch des Hauses gerecht.

Hauptstraße 31
+49 6723 7982
franzkeller.de

P €€

Empfohlen von: **Weingut Stefan Breuer, Wein- und Sektgut Barth**

65391 Lorch

Weinwirtschaft Laquai

Im entzückenden Fachwerkhaus mit weinlaubumranktem Innenhof ist es richtig gemütlich. Spundekäs, Wildschweinsülze und -würste, gebackene Kaspressknödel und Wisperforelle geräuchert oder gebraten stehen auf der Karte. Dazu schenkt Susanne Laquai die guten eigenen Weine ein.

Schwalbacher Straße 20
+49 6726 839213
weingut-laquai.de

€

Empfohlen von: **Weingut Paul Laquai**

65347 Hattenheim

Zum Krug

Draußen die prächtige Fachwerkfassade, drinnen holzgetäfelte Stuben und Kachelofen sind die Bühne für Josef Laufers hervorragende bürgerliche Küche, Markenzeichen ist der Sauerbraten. Die Weinkarte zieht alle Register, mit viel gutem Stoff aus dem Rheingau und dem eigenen Gut.

Hauptstraße 34
+49 6723 99680
zum-krug-rheingau.de

€€

Empfohlen von: **Wein- und Sektgut Barth, Weingut Sohns, Weingut Heinz Nikolai**

65375 Oestrich

Allendorf am Rhein

Auf einer ehemaligen Kiesverladestation am Rhein serviert das Weingut Allendorf Fisch und Wein in Beachatmosphäre mit Sand und Strandkörben. Neben »Kibbeling & Pommes Fish & Chips« gibt es auch Fischbrötchen, ein Pastagericht mit Gambas und ein »Catch-of-the-Day«-Gericht.

B42
+49 6723 6044120
allendorf-amrhein.de

Empfohlen von: **Falstaff-Redaktion**

Weinschänke Schloss Groenesteyn

65399 Kiedrich

Im gemütlich-rustikalen Fachwerkhaus bietet Dirk Schröer eine moderne Küche mit Niveau. Da kommen Gänge wie Kalbsrücken, Kalbsschwanz, Artischocke und Kohle. Sehr ordentliches Rieslingangebot. Die Terrasse mit Blick auf Weinberge und Burg Scharfenstein rundet das Ganze ab.

Oberstraße 36
+49 6123 1533
groenesteyn.net

€€

Empfohlen von: **Weingut Johannishof, Weingut Josef Spreitzer**

Weinmuseum in der Brömserburg in Rüdesheim

65385 Rüdesheim am Rhein

Breuer's Rüdesheimer Schloss

Zum Wohlfühlen sind die gemütlichen Weinstuben, der sonnige Wintergarten und der romantische Schlossgarten. Michael Hemberger liebt es klassisch, gerne bestellt werden seine hessischen Tapas, die Riesling-Käsesuppe und die Schlossente. Sehr gute Weinkarte mit Jahrgangstiefe.

Steingasse 10
+49 6722 90500
ruedesheimer-schloss.com

€€

Empfohlen von: **Weingut Georg Breuer**

65375 Oestrich-Winkel

Brentanohaus

Das historische Haus gilt als das Zentrum der Rheinromantik. Zwischen Olivenbaum und historischem Brunnen werden Familienrezepte mit Zeitgeist serviert, etwa Rindertatar mit Wachtelei und Trüffel oder Tafelspitz. Auf der großen Weinkarte ist der hauseigene Riesling der Favorit .

Am Lindenplatz 2
+49 6723 8854070
brentanohaus.de

P €€

Empfohlen von: **Weingut Fritz Allendorf - Georgshof**

65388 Schlangenbad

Wambacher Mühle

Das Mühlenrad sieht man noch im gemütlichen Landgasthaus. Jennifer und Marvin Fleschner legen Wert auf Biowild von heimischen Jägern, Forellen aus dem eigenen Teich, Kräuter aus dem Hausgarten und Weine der Region. Beliebt sind Rinderbäckchen, Rindsroulade oder Hirschgulasch.

Wambacher Mühle 1
+49 6129 1227
wambacher-muehle.de

Empfohlen von: **Weingut Egert**

65385 Rüdesheim am Rhein

Altdeutsche Weinstube

Typische Weinstube mit schmiedeeisernen Verzierungen und bleiverglasten Fenstern. Dazu passen Jean-Michel Malgouyres Klassiker wie Beefsteak oder Hirschragout oder Leichteres wie Lachsravioli mit Kürbismousse. Das reichhaltige Weinangebot kommt aus dem familieneigenen Weingut.

Grabenstraße 4
+49 6722 94230
hotel-altdeutsche-weinstube.de

Empfohlen von: **Weingut Sohns**

Schloss Johannisberg, Geisenheim

RHEIN-HESSEN

FOKUS AUF QUALITÄT

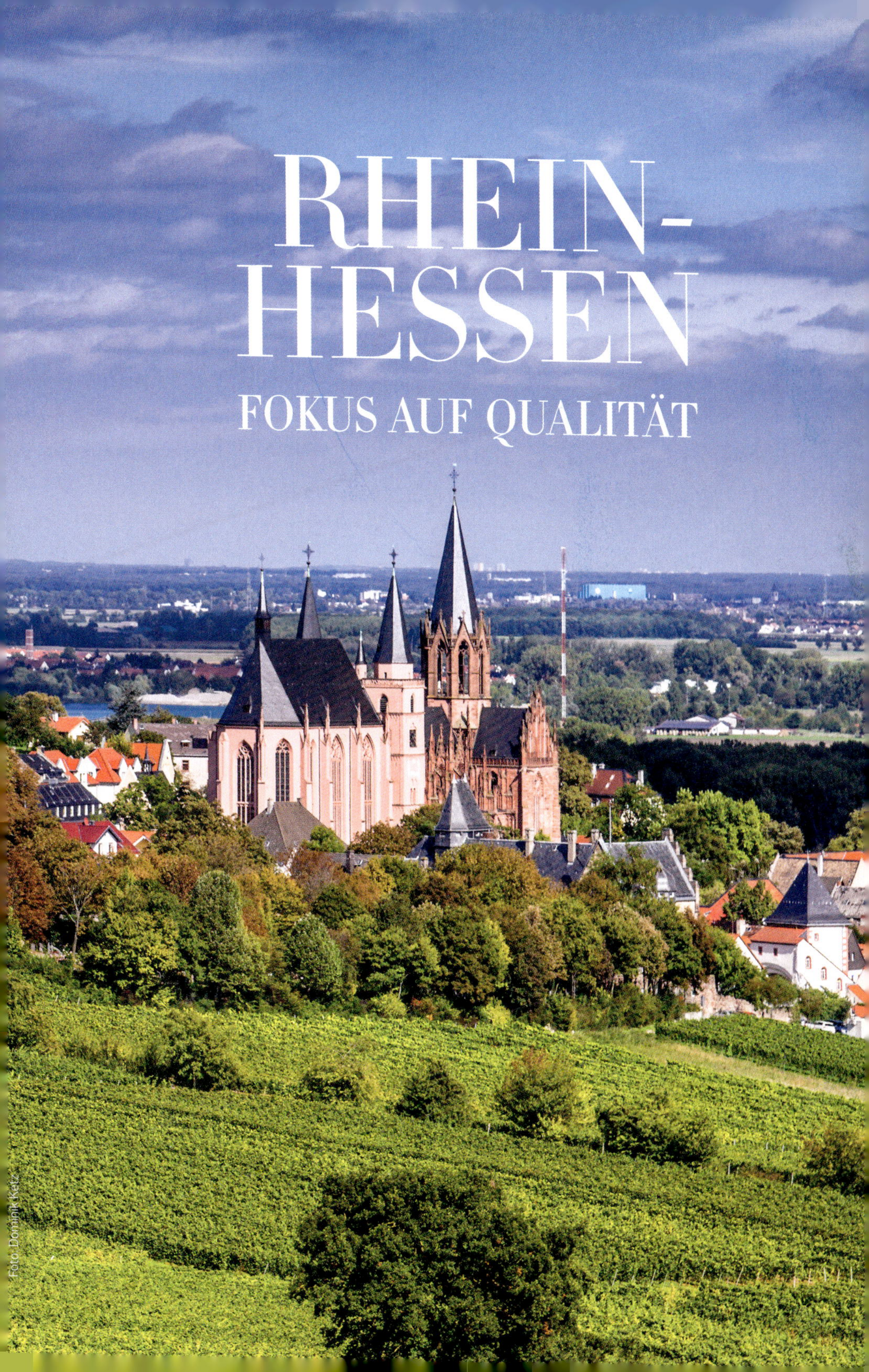

Foto: Dominik Katz

Nierstein Pettenthal

RHEINHESSEN AUF DEM OLYMP

Was macht das Weinbaugebiet Rheinhessen aus? Unsere Autorin hat Vätern und Söhnen sowie Vätern und Töchtern dieselben Fragen gestellt – und hat Ähnlichkeiten zur Mythologie der Antike entdeckt.

TEXT ELENA SCHEER

»In der Hölle sieht man bis nach Frankfurt, einfach traumhaft.« Ein emotionsgeladener Satz des rheinhessischen Winzers Eckehart Gröhl. Etwas doppeldeutig, nicht wahr? Tatsächlich handelt es sich aber nicht um die Unterwelt, sondern um eine extrem steile Weinberglage in Nierstein, Rheinhessen, von der aus man ins 40 Kilometer weit entfernte Frankfurt blicken kann.

Wenn Eckehart Gröhl spricht, dann merkt man, wie sehr ihm das Anbaugebiet »Rheinhesse« (so der Wortlaut im Dialekt) am Herzen liegt. So auch mir. Anders als der Winzer bin ich aber nicht dort zu Hause. Starke positive Emotionen empfinde ich dennoch dafür. Und die, also die Emotionen, sind auch wichtig. Ohne Gefühlsladung ist Wein nur gegorener Traubensaft, dessen Essigwerdung mutwillig gestoppt worden ist. Laut Psychologie beinhaltet ein Gefühl, welches man ja beim Trinken eines Weines empfindet, eine »Wertbindung«. Der Trinkende verbindet also etwas mit seiner Flasche Wein, das diese für ihn wertvoll macht. Für mich sind das die Persönlichkeiten, die hinter den Fässern und Trauben, die im Weinberg stehen. Damit möchte ich ein Zitat von Platon verknüpfen: »Der Wein ist ein Geschenk der Götter.« Die Winzer jetzt als Götter zu bezeichnen, ist ein wenig drastisch, aber lassen wir das doch einmal so stehen und gehen in die Hölle zurück …

JANUS UND BACCHUS ... Dort steht Eckehart Gröhl mit seinem Sohn Johannes fast tagtäglich, um Weinbergarbeit zu verrichten. Für beide stellt die Arbeit dort, also an den Trauben, den wichtigsten Schritt in der Weinbereitung dar. Der Vater wuchs ursprünglich in einem winzigen Nebenerwerbsweingut auf. Zu klein, um davon zu leben. Und zu einer Zeit, in der die Nachfrage nach rheinhessischem Wein nicht mit der heutigen zu vergleichen war. Geprägt war diese von vielen Rebsorten, süßen Rieslingen, einer blauen Nonne auf dem Etikett – und Produktion auf Menge. Eckehart Gröhl aber legt den Fokus auf Qualität. Um die himmlische Thematik aufrechtzuerhalten, möchte ich ihn mit einer römischen Gottheit vergleichen: Janus. Er ist der Gott der Türen und Tore und aller Anfänge.

Heute will Eckehart Gröhl zusammen mit seinem Sohn Johannes dessen Ideen verwirklichen. Dieser hat zwar den Dialekt mit seinem Papa gemein, ansonsten aber selbstverständlich seinen eigenen Kopf. Er will progressiv sein, den Wein von mehreren Seiten betrachten, Dogmatismus ausklammern, herumprobieren und sein Handwerk gut ausführen. Jedem schmecken muss sein Wein nicht, sondern polarisieren soll er, so der Jungwinzer. Sicherlich ist er die Reinkarnation von Bacchus, dem Gott des Weines und der Ekstase.

Für beide, für Eckehart und Johannes – aka Janus und Bacchus – bedeutet Rheinhessen Heimat, Geselligkeit und Offenheit. Jeder wird willkommen geheißen zu einem Zusammensitzen auf ein Glas Wein.

Johannes und Franziska Gröhl

SATURN UND CERES Die Zeit des eher verkümmerten Interesses am Weinbau hat auch der gebürtige Pfälzer Volker Raumland erlebt. Oder wie ich ihn mit gutem Grund nennen möchte: Saturn – der Gott, der Latium Acker- und Weinbau lehrte. In diesem Fall müsste man sagen: der Rheinhessen die Versektung beibrachte.

Sekthaus Raumland

Fotos: beigestellt

Familie Raumland

Der gelernte Industriekaufmann fasste durch eine glückliche Fügung des Schicksals den Entschluss, sich dem Weinbau zu widmen und in Geisenheim zu studieren. Halleluja! Die Erleuchtung, sich auf Sektbereitung zu spezialisieren, ist dann wohl während des Geisenheimer Sektprojekts gekommen. Dabei hat er aus dem Müller Thurgau (!) des elterlichen Betriebs einen Sekt hergestellt, der in der Blindverkostung gegen große Schaumweine triumphiert hat. Den heutigen Ruhm hat sich Raumland jedoch hart erarbeiten müssen: Lange Zeit war er mit einer mobilen Versektungsanlage unterwegs, mit der er Weine von Winzern in verschiedensten Ländern zu Schaumwein gemacht hat. Erst nach Jahren konnte er im eigenen Sekthaus in Flörsheim-Dalsheim den Schwerpunkt auf Sekt aus eigenen Trauben und Grundweinen legen. Was bedeutet Rheinhessen für Volker Raumland? »Ein Anbaugebiet mit Kollegen, die veraltete Weinbereitungsmethoden hinterfragen, für die Qualität an erster Stelle steht und für die ein Ausruhen auf Erfolg keine Option ist und die voller Begeisterung dem Weinbau nachgehen.«

Ganz hervorragend hat er diese rheinhessische Philosophie seinen Töchtern Katharina und Marie-Luise mitgegeben. Rheinhessen bedeutet Vielfalt. » Ich meine, welche Region hat das schon? Bei uns gibt es so viel zu sehen. Jeder wird fündig!«, meinte Katharina Raumland, als ich sie gefragt habe, was das Besondere an dem Gebiet sei. Bereits voll im Weingut involviert, bringt sie neue Themen ein, regt an zum Diskurs. Es geht um noch mehr Nachhaltigkeit und Sekt in den Mittelpunkt zu stellen. Vorbilder: Papa

Klausenbergkapelle bei Abenheim

WEINBAUGEBIET RHEINHESSEN

Anbaufläche
ca. 26.500 Hektar
Aufteilung
3 Bereiche, 23 Großlagen, 414 Einzellagen
Böden
Kalkstein, Rotliegend, Porphyr, Löss
Wichtigste Rebsorten
Riesling, Silvaner, Weißburgunder, Spätburgunder

Verband
Rheinhessenwein e.V.
Otto-Lilienthal-Straße 4
55232 Alzey
www.rheinhessenwein.de

und Mama. Die haben ihr mitgegeben, eine Vision zu haben und ein Ziel zu verfolgen. Eine Weisheit, die auf alles im Leben zutreffe, so Katharina. Durch ihre Bereitwilligkeit zur Nachhaltigkeit und aufgrund ihrer familiären Wurzeln muss Katharina im antiken Rom die Naturgottheit Ceres, Tochter des Saturn, gewesen sein.
Eine weitere Weisheit, quasi eine Botschaft des Götterboten Hermes, muss unbedingt noch überbracht werden. Sie lautet: »Trinkt mehr (guten) Sekt zum Essen! Der schmeckt auch zur Leberwurst. Aber es muss eine gute Leberwurst sein.« So die Überzeugung von Marie-Luise und Heide Raumland.

HEKATE Rheinhessen ist also Diversität – im Sinne von Rebsortenreichtum, verschiedensten Weinarten, aber vor allem auch der Stilistiken der Winzer. Riesling, Müller-Thurgau, Silvaner, Weißburgunder, Chardonnay, Spätburgunder und manch andere Sorte verbinden wir mit der Region. Bei Sauvignon Blanc allerdings schwenkt der Weinenthusiast gerne in ein Nachbarland aus und trinkt Sancerre oder Verwandte. Mit einem inbrünstigen Aufschrei möchte ich hier und jetzt ein lautes NEIN! aufs Papier bringen. Bleibt hier! Obsecratio! Auch Rheinhessen hat seinen Pouilly-Fumé, quasi auf der Wegkreuzung von frankophilem Stil und rheinhessischem Terroir. So etwas vinifiziert Gesine Roll vom Weingut Weedenborn. So wie sie eine hierzulande lange Zeit in die Unterwelt verbannte Rebsorte beschwört, muss sie die Göttin Hekate sein. Wie gut ihre Sauvignon Blancs sind, hat sich längst herumgesprochen. Einen Marketingmasterplan hat sie dennoch nicht. Sie folgt lediglich dem, was sie am liebsten macht – und hat damit Erfolg. Am Anfang dieser Erfolgsgeschichte stand der Versuchsanbau von Rebsorten durch ihren Vater. Darunter war auch Sauvignon Blanc, der im Laufe der Jahre zu Gesines Favorit avancierte. Zum Sauvignon-Fass ist sie am liebsten gegangen und hat am kritischsten verkostet. Für die Winzerin soll der Wein stahlig, karg, präzise und vor allem lecker sein! Leider ein etwas negativ behaftetes Wort, lecker. Aber letztlich muss er schmecken, bemerkt sie. Am besten tut er das mit Menschen, die man gern hat.

Gesine Roll vom Weingut Weedenborn

HERMES Zum Schluss will ich selbst eine Botschaft überbringen: Mut, Ehrgeiz und unfassbare Liebe zu dem, was sie tun, macht die rheinhessischen Winzerpersönlichkeiten aus. Bei einem Besuch des Gebietes fühlt man sich willkommen, weil man freundlich empfangen wird. Rheinhessen ist dynamisch, progressiv, bleibt dabei aber immer auf dem Boden der Tatsachen. Ein Glas Weißburgunder Hölle ohne die Gröhls vor Augen, ein Glas Cuvée Marie-Luise ohne die Raumlands oder ein Glas Sauvignon Blanc Reserve ohne Gesine Roll, das wäre eben nur gegorener Traubensaft, dessen Essigwerdung gestoppt wurde.
PS: Um mich und Falstaff aus der Verantwortung zu nehmen, muss erwähnt werden, dass die oben genannten antiken Gottheiten in der Mythologie auch ihre Schattenseiten haben, welche natürlich niemals nimmer auf die Winzer und Winzerinnen zutreffen!

INFO

Nähere Infos über die Autorin finden Sie im Kapitel »Verkostungsteam« auf S.15.

GRANDS CRUS RHEINHESSEN

TOP-WEINE AUS PRIVILEGIERTEN WEINLAGEN DER REGION

BINGEN | SCHARLACHBERG

Benannt nach seiner scharlachroten Farbe, die auf den signifikanten Eisenoxidanteil der Schieferverwitterungsböden zurückgeht. Die gut belüfteten 25 Hektar in Südausrichtung liegen auf 110 bis 200 Metern Höhe mit sanften fünf bis markanten 60 Prozent Neigung. In geologischer Sicht zählt der Scharlachberg eher zum Rheingau als zu Rheinhessen.

95 2020 Riesling trocken
93 2019 Riesling trocken
Weingut Riffel, Info siehe Seite 578

93 2020 Riesling GG
Weingut Bischel, Info siehe Seite 524

93 2020 Riesling GG
Weingut Wagner-Stempel, wagner-stempel.de

93 2020 Riesling GG
Weingut Kruger-Rumpf, www.kruger-rumpf.com

93 2018 Riesling GG
Weingut Prinz Salm, prinzsalm.de

92+ 2020 Riesling trocken
Weingut Hemmes, Info Seite 551

NACKENHEIM | ROTHENBERG

16 Hektar große Lage und Teil des Roten Hanges, dessen Namensgebung auf die eisenoxidhaltigen, roten Schieferverwitterungsböden zurückgeht, die teils von Sandstein und steinig-schiefrigen Bestandteilen durchzogen sind. Nordöstliche, östliche und südöstliche Ausrichtung auf 50 bis 150 Metern Höhe.

95+ 2020 »Fenchelberg« Riesling GG
Weingut Gunderloch, Info siehe Seite 547

95 2020 »wurzelecht« Riesling GG
Weingut Kühling-Gillot, Info siehe Seite 565

94+ 2020 Riesling GG
Weingut Gunderloch, Info siehe Seite 547

93 2020 »S« Riesling trocken
Weingut Marbé-Sans, forum-vinum.de

NIERSTEIN | PETTENTHAL

31 Hektar große Lage und Teil des Roten Hanges mit bis zu 70 Prozent Hangneigung auf 50 bis 170 Metern Höhe. Die Böden bestehen im Steilhang aus rotem Tonschiefer und Sandstein, im flacheren unteren Teil aus Schwemmland mit Lehm und Ton. Am Hang liegt das Felsband fast offen mit teils sehr geringer Humusauflage und östlicher, südöstlicher bis Südausrichtung.

94+ **2020 Riesling GG**
Weingut Kühling-Gillot, Info siehe Seite 565

94+ **2020 Riesling GG**
Weingut Gunderloch, Info siehe Seite 547

94 **2020 Riesling trocken**
Weingut Eckehart Gröhl, Info siehe Seite 546

93+ **2020 Riesling GG**
Weingut St. Antony, Info siehe Seite 520

93 **2020 Riesling trocken**
Weingut Manz, Info siehe Seite 569

93 **2020 Riesling trocken**
92+ **2019 Riesling trocken**
Weingut Gehring, Info siehe Seite 541

92+ **2020 Riesling GG**
92 **2019 Riesling GG**
Weingut Rappenhof, www.weingut-rappenhof.de

90+ **2020 Riesling trocken**
Weingut Fritz Ekkehard Huff, Info siehe Seite 555

NIERSTEIN | HIPPING

Die 23 Hektar große, 30 bis 60 Prozent steile Lage überspannt einen bemerkenswerten Punkt des Roten Hangs: Der größere Teil des Weinbergs ist eine Verlängerung das Niersteiner Pettenthal, aber der Hang dreht hier auch in südöstliche Richtungen. Zusätzlichen Einfluss auf das Mikroklima der Lage hat der Rhein, der an dieser Stelle besonders breit ist und für einen intensiven Temperaturausgleich sorgt.

94 **2020 Riesling GG**
Weingut Kühling-Gillot, Info siehe Seite 565

93+ **2020 Riesling GG**
Weingut Gunderloch, Info siehe Seite 547

93+ **2020 Riesling GG**
Weingut Schätzel, Info siehe Seite 584

93 **2020 Riesling trocken**
Weingut Lisa Bunn, Info siehe Seite 529

93 **2019 »Grosses Gewächs« Riesling tr.**
Weingut Louis Guntrum, Info siehe Seite 548

92 **2020 Riesling GG**
Weingut St. Antony, Info siehe Seite 520

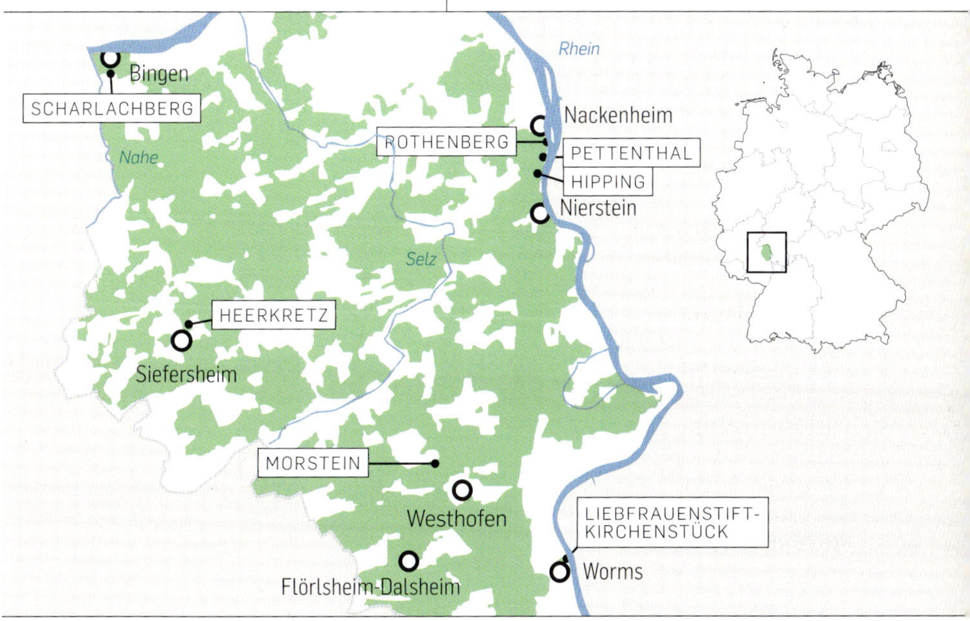

Fotos: beigestellt

92 **2020 »Alte Reben« Riesling trocken**
Georg Gustav Huff, Info siehe Seite 556

92 **2020 Riesling trocken**
Weingut Manz, Info siehe Seite 569

SIEFERSHEIM | HEERKRETZ

Die Lage Heerkretz umfasst 56 Hektar und weist unterschiedliche Hangneigungen und Expositionen auf. So erlaubt die Lage den Winzern ein vielfältiges Spiel mit den Naturgegebenheiten. Einige der vorteilhaftesten Parzellen liegen an einer kuppenähnlichen Wölbung, die steilsten Stellen sind etwa 60 Prozent steil und die höchst gelegenen Parzellen erreichen 280 Höhenmeter. Die Böden sind überwiegend vulkanischen Ursprungs – und gestatten körperreiche, aber zugleich fein und »kühl« bleibende Rieslingweine.

93+ **2020 Riesling GG**
Weingut Wagner-Stempel, wagner-stempel.de

93 **2020 Riesling GG**
Weingut Bischel, Info siehe Seite 524

92 **2020 Riesling GG**
Weingut Achenbach, Info siehe Seite 519

91 **2020 »Grosses Gewächs« Riesling**
90 **2020 »Erstes Gewächs« Riesling**
Weingut Gebert, Info siehe Seite 540

WESTHOFEN | MORSTEIN

Älteste, heute bis auf 144 Hektar ausgedehnte Einzellage Westhofens mit reiner Südausrichtung auf einer Höhe von 140 bis 280 Metern und bis zu 20 Prozent Neigung vom Urstromtal bis zum Hochplateau. Nur das Herzstück im mittleren Hang (Größe: 50 Hektar) gilt als privilegiert. Die wasserführenden Kalksteinschichten im Untergrund sind von schwerem Tonmergel mit Kalksteineinlagerungen bedeckt.

96 **2020 Riesling GG**
Weingut Wittmann, Info siehe Seite 593

94 **2020 Riesling trocken**
Weingut Wechsler,
Info siehe Seite 590

94 **2019 Riesling GG**
93+ **2020 Riesling GG**
Weingut Gutzler, www.gutzler.de

93 **2020 Riesling trocken**
Weingut Alexander Flick, Info siehe Seite 536

93 **2020 Riesling trocken**
Weingut Matthias Keth, Info siehe Seite 561

92 **2020 Riesling trocken**
Cisterzienser Weingut, Info siehe Seite 530

91 **2017 Riesling trocken**
Weingut Dreissigacker, Info siehe Seite 532

90+ **2018 Riesling trocken**
Weingut Leonhard Huppert, Info siehe Seite 557

★★

WEINGUT ACHENBACH

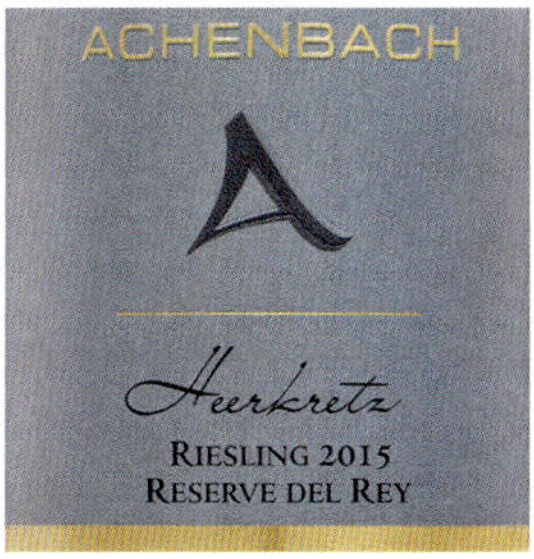

Kirchgasse 1, 55599 Wonsheim
T: +49 6703 707, info@weingut-achenbach.de
weingut-achenbach.de

Ab-Hof-Verkauf: nach Vereinbarung
Kellermeister: Frank Achenbach
Ansprechpartner: Familie Achenbach
Hektar: 23 ha

Das ist die bislang stärkste und auch konstanteste Kollektion, die Frank Achenbach in diesem Weinguide vorstellt: Die Rieslinge von den Siefersheimern Porphyrböden zeigen ihre ausgeprägte Mineralik, die Scheurebe »Austernkalk« ist straff und animierend. Beim starken Sauvignon Blanc zeigt sich die Expertise, die der Kellermeister in Neuseeland und Südafrika erworben hat. Der maischevergorene Grauburgunder »Crazy« punktet mit Gerbstoffen und Phenolik. Und der hintergründige St. Laurent von alten Reben belegt, dass Frank Achenbach auch Rot kann.

92 2019 Siefersheim Heerkretz Riesling trocken
Zuerst etwas ungestümer Duft mit Rauch, Kräutrigkeit und Hefe, dahinter Pfirsich und Aprikose. Salzig am Gaumen mit ausgeprägter Mineralität und ungeschminkt trocken mit einer straffen Säure. Kompakt und auch kräftig gebaut mit gutem Extrakt, auch salzig im Finale. 13,5 Vol.-%. NK, €€

91+ 2016 »Crazy« Grauburgunder trocken
Sieht aus wie ein gereifter Wermut, riecht auch so ähnlich mit Noten von getrockneter Aprikose, Hagebuttenschale, süßsaurer Orangenmarmelade, frischem Salbei und Wermutkraut. Am Gaumen fordernd und trocken mit ordentlich Gerbstoff und kräftiger Phenolik, wirkt noch jung.
12,5 Vol.-%. DV, €€

91+ 2018 »Reserve« Sauvignon Blanc trocken
Leichtes Strohgelb in der Farbe, Noten von Spontangärung, kräutrig, würzig und pfeffrig, relativ wenig Primärfrucht. Unkonventioneller Sauvignon Blanc auch im Mund, dicht, mit phenolischem Hintergrund, trocken und straff mit Grip und präsenter Säure. Eigener Charakter. 12,5 Vol.-%. DV, €€

90 2015 »Uralt Reserve« St. Laurent trocken
Noch präsentes Holz in der Nase, dunkle, fleischige Frucht und Würze, geröstete Kaffeebohnen, Lakritze. Am Gaumen gut gebaut mit reifer und präsenter Säure, feine Frucht kommt auf, Waldhimbeere. Zeigt auch die Hintergründigkeit der alten Reben. Hat noch was drauf. 13 Vol.-%, NK, €€€

90 2019 »Austernkalk« Scheurebe trocken

90+ 2020 »Porphyr« Riesling trocken
Duftet nach frischem Steinobst und Apfel, kräutrige Noten, Thymian und Kerbel, auch Hefe. Am Gaumen mit Verve und einer zielstrebig agierenden Säure, leichte Salzigkeit nebenbei, in einer schlanken Kontur mit ordentlicher Dichte, feinem Saft und schöner Mineralität.
12,5 Vol.-%, DV, €

★★★★

WEINGUT ST. ANTONY

ST. ANTONY

RIESLING
PETTENTHAL
KABINETT
2020

WEINBAU SEIT 1920

Wilhelmstraße 4, 55283 Nierstein
T: +49 6133 509110, info@st-antony.de
st-antony.de

Ab-Hof-Verkauf: Mo bis Fr 9–18 Uhr, Sa 11–17 Uhr, So 12–18 Uhr
Kellermeister: Sebastian Strub, Robert Borenstein
Ansprechpartner: Dirk Würtz
Flaschen/Hektar: 200.000 (70 % weiß, 10 % rot, 20 % Rosé)/60 ha

Dass Dirk Würtz, Betriebsleiter und Mitinhaber des Weinguts St. Antony in Nierstein, ganz genaue Vorstellungen davon hat, wie ein Wein zu schmecken hat, zeigt sich in der Stilistik der Rieslinge: Würtz ist ein Befürworter des biologischen Säureabbaus, was gerade den Großen Gewächsen zu Geschmeidigkeit und mineralischer Tiefe verhilft. Die zeigen sich in großer Form, lediglich der Hipping fällt in diesem furiosen Wettkampf etwas ab. Schon der Ortsriesling macht Laune und der Pinot Noir aus dem Niersteiner Paterberg zeigt Format und Stil. Schöne Kollektion!

93+ 2020 Nierstein Pettenthal Riesling GG
Typischer Pettenthal-Duft: reife gelbe Frucht mit viel Würze, heißer Stein in der Sommerhitze, die Mineralität zeigt sich schon. Am Gaumen eher im großen Format, mit gutem Extrakt und reifer Säure, die Mineralität macht das Match, zeigt Format und Länge. 12,5 Vol.-%. DV, €€€

93+ 2020 Nierstein Zehnmorgen Riesling GG
Duftet nach Mirabelle und Melisse mit Apfelnoten und Gelbfrucht, etwas Minze, Apfelschale und feine Würze. Dicht und präsent am Gaumen mit einer gut eingebundenen Säure, mineralische Grundierung, etwas Zitrusfrucht, feine Würze im langen Finale. 13 Vol.-%, DV, €€€

93 2020 Nierstein Brudersberg Riesling GG
Aprikose und reife Mirabelle, mit etwas Minze in einer klassischen Rieslingnase. Auch am Gaumen mit klarer, reifer Gelbfrucht, einem Hauch Süße und ausgewogener, reifer Säure klassisch interpretiert. Gutes Volumen, feine Würze, ausgewogen und auch lang. 13 Vol.-%, DV, €€€

93 2019 Nierstein Paterberg Pinot Noir GG
Himbeere und Kirsche im ersten Duft, feiner Rauch, Würze, Hibiskus, Pfeffer, etwas Menthol. Setzt am Gaumen mit einer fein ziselierten Säure, klarem Fruchtausdruck und schon eingewobenem, feinkörnigem Tannin geschmeidig an, klar definierte Struktur, entspannt, stilvoll. 12,5 Vol.-%. NK, €€€

92 2020 Nierstein Hipping Riesling GG

90 2020 Nierstein Riesling trocken
In der Nase Sommerfrische, helle gelbe Früchte, Weinbergpfirsich, weiße Blüten, Salbei sowie Würze. Am Gaumen vollmundig, saftige Frucht, gut eingebundene lebendige Säure und eine schöne Würze. Langer Nachhall. 13 Vol.-%, DV, €€

★★★★★

WEINGUT BATTENFELD-SPANIER

Bahnhofstraße 33, 67591 Hohen-Sülzen
T: +49 6243 906515, kontakt@battenfeld-spanier.de
battenfeld-spanier.de

Ab-Hof-Verkauf: Weinverkauf nur im Kühling-Gillot
Kellermeister: Hans Oliver Spanier, Axel Thieme, Christopher Full
Ansprechpartner: Hans Oliver Spanier, Carolin Spanier-Gillot
Hektar: 25 ha
Anbauweise: Biologisch zertifiziert

Das kühle und gut mit Wasser versorgte Zellertal scheint im Jahrgang 2020 zu den Gewinnern gehört zu haben – H. O. Spaniers wahrhaft brillante Kollektion aus diesem Jahrgang legt diesen Schluss nahe. Natürlich ist auch der menschliche Beitrag nicht gering zu schätzen, wie der stets feinfühlige Umgang mit dem Holzfass und das handwerklich gekonnte Management der nur von wirklichen Koryphäen zu bändigenden Spontangärung unter Beweis stellen. Letztes Jahr hängten wir dem Weingut den fünften Stern um. Dieses Urteil wurde aufs Überzeugendste bestätigt.

95 2020 Zellertal Riesling trocken
Nobles, balsamisches Holz und rauchige Feuersteinnoten. Viel Kalk schon im Duft. Frische Orange. Im Mund mit Kern und Druck, »kühl« in der Anmutung, dabei aber auch reich und fein texturiert, mit viel Saftigkeit hinter der Extraktspannung. Großes Potenzial. 12 Vol.-%. NK, €€€

94 2020 Mölsheim Zellerweg am Schwarzen Herrgott Riesling GG
Spontangärungsgeprägt im Duft, etwas Honig und Bratapfel, dezentes Holz, im Mund für einen kurzen Moment geschmeidig, dann wie ein Monolith, Stoff und Mineralik, allerdings nicht auf die kernige Art, sondern eher warm und mürb, mit ersten Anzeichen der Öffnung. 12,5 Vol.-%. NK, €€€€

93 2020 Hohen-Sülzen Kirchenstück Riesling GG
Ausgeprägt mineralisch im Duft, Gesteinsmehl, Feuerstein, etwas Hefe, Apfelschale. Im Mund mit vergleichsweise präsenter Süße, dicht im Extrakt und straff in der Säure. Sehr feine Phenole geben Textur. Hat bei aller Dichte auch eine feingliedrige Seite. 12 Vol.-%. NK, €€€

92+ 2020 Nieder-Flörsheim Frauenberg Riesling GG
Duftig: Mandarine, Grapefruit, Hefe. Die Gaumenstruktur setzt geschmeidig an, doch der Schmelz wird schnell von saftiger Säure und von einer vorsichtig extrahierten Schicht Phenole gebrochen, der Wein endet kompakt und auf Frische. 12 Vol.-%. NK, €€€€

90+ 2020 Hohen-Sülzen Riesling Aus Ersten Lagen trocken

92 2020 Mölsheim Riesling Aus Ersten Lagen trocken
Bereits intensiv im Duft: blumige Rieslingaromen, Bergamotte, Blutorange. Im Mund mit geschmeidigem Auftakt, viel Saft und Nerv, eine unaufdringlich harmonische Bauweise, frisch und mit etwas Gärungskohlensäure sowie zugleich mit kalkmineralischer Tönung. Inhaltsreiche Eleganz! 12 Vol.-%, NK, €€€

WEINGUT BECKER

BECKER

HEILBRUNNEN

2020

Hauptstraße 10, 67582 Mettenheim am Rhein
T: +49 6242 2845, beckerwein@t-online.de
beckerwein.de

Ab-Hof-Verkauf: Ja
Kellermeister: Amadeus Becker
Ansprechpartner: Amadeus Becker
Flaschen/Hektar: 67.000 (65 % weiß, 30 % rot, 3 % Rosé, 1 % süß, 1 % Schaumwein)/7 ha

Wie zwei glückliche Freunde wirken Gernot Becker und sein Sohn Amadeus auf ihrer Webseite. Die Ergebnisse ihrer gemeinsamen Arbeit auf dem kleinen Traditionsweingut geben ihnen dazu allen Anlass. Ihre Weißweine zeigen deutlich sortentypischen Charakter und klaren Ausdruck. Sie erscheinen im Duft zunächst recht reif, überraschen am Gaumen dann aber oft mit feingliedriger Präsenz. Besonders die Rieslinge aus dem Mettenheimer Steinsweg überzeugen mit Saft, Eleganz und Mineralität. Wir sind gespannt, was künftig noch aus Mettenheim kommen wird!

91 2019 Mettenheim Steinsweg Riesling trocken
Kandierte Zitronenschale in der Nase, Guave, Salzzitrone. Am Gaumen mit eingelegter Zitrone ansetzend, mit Saft und Würze. Schlank gehaltener Riesling mit eingebundener Säure, mittelgewichtigem Extrakt, feiner phenolischer Herbe und mineralischem Timbre. 12,5 Vol.-%. NK, €€

90+ 2020 Mettenheim Steinsweg Riesling trocken
Reife Nase, Pfirsich, Papaya und gelbe Blumen (Dotterblume), auch mineralische Anklänge. Entfaltet sich am Gaumen feingliedrig mit gelber, reifer Frucht. Mittlere Dichte, setzt eher auf aromatische Feinheiten und Eleganz als auf strukturelle Elemente. 12,5 Vol.-%. NK, €€

90 2020 Mettenheim Heilbrunnen Chardonnay trocken
Leichtes Goldgelb, sehr reife Frucht und gelbe Blüten zeigen sich, würziges Neuholz trifft auf Ananas und gelbe Frucht, auch Gewürze wie Kardamom. Stoffig und würzig im Mund in einer kräftigen und konsistenten Struktur mit süßlichem Extrakt. Jung, irgendwann zum Essen. 13,5 Vol.-%. NK, €€

89 NV Mettenheim Chardonnay trocken
Mittleres Zitronengelb, reife Ananas mit kräftigen Holznoten, viel Rauch, ein sehr reifes Duftbild. Stoffig und würzig am Gaumen, wieder mit reifen, gelben Fruchtnoten, die reife Säure sorgt für Balance. In der Stilistik international und weniger rheinhessisch. 13,5 Vol.-%. NK, €€

88 2020 Chardonnay & Weißburgunder tr.

89 2020 Riesling trocken
Reife Gelbfrucht im Duft, Pfirsich und Aprikose, auch florale Komponenten zeigen sich. Stoffig und würzig in einer fest gebauten Struktur mit präsenter Säure, zur kräutrigen Würze kommt auch Zitrusfrucht. Für einen Gutsriesling mit guter Dichte. Handfester Riesling. 12,5 Vol.-%, DV, €

★★

WEINGUT BEISER

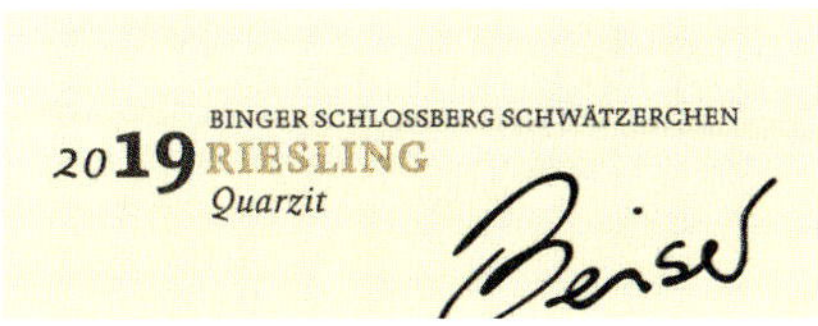

Außerhalb 1, 55578 Vendersheim
T: +49 6732 8732, weingutbeiser@t-online.de
weingut-beiser.de

Ab-Hof-Verkauf: Mo bis Sa 9–12 Uhr und 13–19 Uhr, So 11–14 Uhr
Kellermeister: Simon Beiser
Ansprechpartner: Familie Beiser
Flaschen/Hektar: 100.000 (70 % weiß, 30 % rot)/39 ha

Die Beiser-Familie aus Vendersheim betrachtet ihr Weingut als großes Gemeinschaftsprojekt. Drei Generationen bewirtschaften im Norden Rheinhessens 39 Hektar unterschiedlicher Terroirs, darunter eine der höchsten und steilsten Lagen der Region, den Binger Schlossberg. Aus den überwiegend weißen Rebsorten vinifiziert Kellermeister Simon Beiser Weine, die es in sich haben. Die Mineralik der Lagen ist im Silvaner »Quarzit« oder dem famosen Riesling »Quarzit« besonders deutlich ausgeprägt. Eine dezente Restsüße macht die Weine schon jetzt zugänglich.

92 2020 »Quarzit - Aus der Steillage« Bingen Schlossberg Schwätzerchen Riesling tr.
Zur gelben Frucht (Pfirsich, Aprikose und Bergamotte) kommen auch deutliche steinige Noten, leicht stahlig, auch etwas rötliche Eindrücke. Am Gaumen mit kräftiger und relativ breiter Struktur mit ziemlich reifer Säure und wieder deutlicher Mineralik, komplex und dabei lässig. 13 Vol.-%, DV, €€

91 2020 »Quarzit Alte Reben« Bingen Schlossberg Schwätzerchen Silvaner tr.
Leichtes Goldgelb in der Farbe, kräuterwürzig und mit reifer Frucht in der Nase, gelber Apfel, Birne und Honigmelone. Ziemlich stoffig, mit weicher Säure und merklicher Restsüße am Gaumen, die noch die ausgeprägte Mineralität verdeckt. Silvaner mit Zukunft. 13 Vol.-%, DV, €€

90 2017 »Kalkmergel« Sprendlingen Spätburgunder trocken
Rote Kirsche und Schwarzkirsche, auch Hagebutte und Rauchfleisch im Duft, dazu kommen Kräuter und Tabak. Zeigt am kräftigen und stoffigen Gaumen viel Mineralität und auch Würze, trocken und mit tragendem Gerbstoff, guter Extrakt, leicht trocknend, ansprechende Länge. 14 Vol.-%. NK, €

90 2019 »Tonmergel« Vendersheim Frühburgunder trocken
Süßmandel, Cranberry und ein Hauch von Blockmalz im Duft. Im Mund folgt auf einen saftigen Auftakt ein körniges, recht dominantes Tannin. Reife Säure, gute Dichte und ein noch unentfalteter, leicht beeriger Nachhall. Wird sich weiter entfalten. 14 Vol.-%. NK, €

89+ 2019 »Kleines Fass« Vendersheim Chardonnay tr.

89 2020 »Muschelkalk« Vendersheim Riesling tr.

89 2020 »Vetter B« Cuvée trocken GS/CH

88+ 2020 »Muschelkalk« Sauvignon Blanc tr.

88 2020 »Tonmergel« Sprendlingen Grauer Burgunder trocken

89+ 2019 »Kalkstein« Sprendlingen Honigberg Spätburgunder trocken

89 2018 »Kalkmergel« Vendersheim Merlot trocken

89+ 2020 »Kalkmergel« Wallertheim Roter Riesling trocken
Zum Pfirsich und rotem Apfel kommen steinige Noten und feinkräutrige Nuancen. Am Gaumen gut gebaut, stoffig und mit integrierter Süße sowie zurückgenommener Säure. Ist zugänglich und abgerundet mit Schmelz und süßlicher Frucht, die Mineralität sorgt für Profil. 13 Vol.-%, DV, €

★★★

WEINGUT BISCHEL

Sonnenhof 15, 55437 Appenheim
T: +49 6725 2683, info@weingut-bischel.de
weingut-bischel.de

Ab-Hof-Verkauf: Mo bis Sa 9–18 Uhr
Kellermeister: Matthias und Christian Runkel
Ansprechpartner: Matthias und Christian Runkel
Flaschen/Hektar: 130.000 (80 % weiß, 18 % rot, 2 % süß)/20 ha

In den 1960er-Jahren gegründet, ist das Weingut Bischel dabei, sich mehr und mehr in der Spitzengruppe der rheinhessischen Güter zu etablieren: Wir setzen es auf die Watchlist für einen vierten Stern. Die konsequente Arbeit von Matthias und Christian Runkel in Weinberg und Keller bringt komplexe und tiefgründige Weine hervor. Herausragend der Appenheimer Hundertgulden Riesling GG, der mit seiner Mineralität und Komplexität besticht. Sehr gut ist auch der Spätburgunder Aus Ersten Lagen gelungen, der Tiefe und vielversprechendes Potenzial aufweist.

94 2020 Appenheim Hundertgulden Riesling GG
Komplex in der Nase. Ein Duft von reifem Pfirsich, Apfel, Veilchen und feuchtem Kalkstein. Am Gaumen wiederkehrende Mineralität vom Kalk, gepaart mit prägnanter Säure und Aromen der Nase sowie Mirabelle und Limette. Viel Eleganz bei langem Reifepotenzial. 13 Vol.-%, NK, €€€

93 2020 Bingen Scharlachberg Riesling GG
Brillant in der Farbgebung bei dezenter Entwicklung im Duft von Zitronenzeste, grünem Apfel und leichter Kräuterwürze. Am Gaumen balanciert die sehr gut eingebundene Säure Aromen wie Limette, Grapefruit und nassen Stein. Attraktiver, mineralischer Wein mit langem Nachhall.
13 Vol.-%, NK, €€€

93 2020 Siefersheim Heerkretz Riesling GG
Ein feiner Duft von Limette, grünem Apfel und nassem Stein. Am Gaumen mit viel Mineralik, straffer Säure, die die Aromen von Aprikose, Zitrone und Bienenwachs wunderbar trägt. Die leichte Kräuterwürze führt in einen durchaus langen und attraktiven Nachhall. 13 Vol.-%, NK, €€€

91 2020 Bingen Riesling Aus Ersten Lagen trocken
Zitronengelb in der Farbe. Es entwickelt sich ein Duft von frischer Zitrone, reifem Pfirsich und nassem Stein. Am Gaumen mit sehr animierender Säure, die diese Aromatik sowie einen Hauch von Limette sehr gut balanciert. Attraktiver Nachhall bei spannendem Süße-Säure-Spiel. 12,5 Vol.-%. DV, €€

91 2019 »Réserve« Chardonnay trocken

93 2018 Appenheim Spätburgunder Aus Ersten Lagen trocken
Anfangs verschlossen im Glas, dann entwickelt sich ein Duft von floralen Noten, Himbeere, Hibiskus und roter Kirsche. Am Gaumen intensiver mit Aromen von weißem Pfeffer, sehr reifer Kirsche und Johannisbeere. Balanciert von feiner Säure. Ein Wein mit Komplexität, Tiefe und Potenzial. 13,5 Vol.-%, NK, €€€

★★★

WEINGUT BOSSERT

Hauptstraße 15, 67598 Gundersheim
T: +49 176 20353105, info@bossert-gundersheim.de
bossert-gundersheim.de

Ab-Hof-Verkauf: nach Vereinbarung
Kellermeister: Johanna und Philipp Bossert
Ansprechpartner: Johanna und Philipp Bossert
Hektar: 10 ha

Johanna und Philipp Bossert richten sich mit ihren Weinen an ein weinerfahrenes Publikum, das keinen Fruchtsalat und keine Süßschminke erwartet, und dies tun die Geschwister mit großer Konsequenz: Die Weine dürfen eine Säure zeigen, die wunderbare Trinkanimation schafft, und auch sonst schmecken sie nach authentischem, ungeschöntem Handwerk. Burgunder und Riesling gelingen gleichermaßen, wobei der ganz auf Delikatesse gebaute Spätburgunder vielleicht sogar die größte Eigenständigkeit in der durchweg individuellen Kollektion aufweist.

93 2020 Gundersheim Königstuhl Riesling trocken
Spontangärungsnoten im Duft, balsamische Töne, Blutorange. Am Gaumen druckvoll, weich und weit, lebendige Säure, präsente Süße, aber auch intensive taktile Mineralität. Hält die Balance zwischen Zugänglichkeit, Lagenausdruck und frischer Stilistik. Lang! 13 Vol.-%, DIAM, €€€

92 2020 »Bei den Felsen« Riesling trocken
Kräuterwürzig im Duft, getrocknete Orangenschale, Melisse, Hefe. Geschmeidig ansetzend, mit Weite und leichter Süße, dann verschlankt sich der Bau mit phenolischen Komponenten und Kernigkeit, Körperkraft und taktile Mineralität balancieren in ein langes Finale. 13 Vol.-%, DIAM, €€€

91 2020 Gundersheim Riesling trocken
Zitrusfrisch im Duft, auch ein Anflug von Lavendel und Rosmarinblüte. Im Mund knackig, saftig, kompakt, etwas besser als mittelgewichtig im Extrakt, trotz einer Schicht Geschmeidigkeit dominiert die Struktur, die betont trockene Abstimmung gibt Frische und Spannung..
12,5 Vol.-%. DIAM, €€

93 2019 Gundersheim Höllenbrand Spätburgunder trocken
Ein Duftbild, das mit dem Eindruck geringen Schwefelgehalts beginnt und dann immer neue aromatische Serien startet: Milchschokolade und Feige, dann Kräuter und fast macchiaartige Töne, Minze, Thymian, Herzkirsche, Walderdbeere. Mürb gewordenes körniges Tannin, lebendige Säure. Eigenständig und spannend. 13,5 Vol.-%. NK, €€€

89+ 2020 Riesling trocken

91 2020 Gundersheim Weißburgunder tr.
Im Duft etwas weiße Blüten, steinige und hefige Aromen. Im Mund relativ schlank ansetzend, ein feister Säurenerv durchzieht den Gaumen, wird aber von einer Schicht Schmelz und gutem Stoff eingebunden, der Wein endet mit nussiger Würze. Kulinarisch! 12,5 Vol.-%, DIAM, €€

★

WEINGUT BOXHEIMERHOF

Wonnegaustraße 31, 67550 Worms-Abenheim
T: +49 6242 60180, info@boxheimerhof.de
boxheimerhof.de

Ab-Hof-Verkauf: Mo bis Sa 10–17 Uhr
Kellermeister: Johannes Boxheimer
Ansprechpartner: Johannes Boxheimer
Hektar: 25 ha

Es sind die Rieslinge, die uns vom Weingut Boxheimerhof besonders gefallen: Der aus dem Gundheimer Sonnenberg zelebriert seinen eigenen Stil, die »Alten Reben« zeigen Tiefgründigkeit und Charme. Und der Riesling »vom Brummelochsenboden« ist schwungvoll und elegant und erneut unser Tipp. Aber allen Lagenweinen wie dem Pinot Blanc aus dem Abenheimer Klausenberg schmeckt man die große Sorgfalt an, die Johannes Boxheimer walten lässt, von der Handlese über die Spontangärung bis hin zum Ausbau im kleinen und großen Holzfass. Weinbau mit Herz und Verstand.

91 2019 Gundheim Sonnenberg Riesling tr.
Präsentiert sich in der Burgunderflasche und mit feinen Noten von Maischegärung, getrockneter Aprikose, Kräutern und etwas Wermutkraut. Am Gaumen straff gebaut, trocken, mit präsenter Säureader und gepflegter Phenolik. Kein Riesling von der Stange, mit eigenem Stil. 13 Vol.-%, DIAM, €€

90+ 2019 »Alte Reben« Abenheim Klausenberg Riesling trocken
Der Duft wird noch vom Ausbau im Holz bestimmt, rauchige und würzige Noten, daneben auch Aprikose und Papaya. Am Gaumen fest in der Struktur und charmant im Ausdruck mit süßlicher Frucht, belebender Säure und mineralischen Noten. Zeigt Tiefgründigkeit und Länge. 12,5 Vol.-%. DIAM, €€

90+ 2019 Abenheim Klausenberg Pinot Blanc tr.
Florale Noten im Duft, Würze, Mandel und weißer Pfirsich. Straffe und kompakte Struktur am Gaumen, reife und kompetente Säure, mit griffiger und reifer Phenolik, trocken, fordernd und dabei auch geschmeidig, zeigt Charakter der Rebsorte und die Lage. 12,5 Vol.-%. DIAM, €€

91 2016 Westhofen Bergkloster Cabernet Mitos trocken
Brombeere, Holunderbeere, Maulbeere, Paprika und dunkle Schokolade in der üppigen Nase. Am Gaumen gut gebaut, saftig und mit feiner Würze, die Gerbstoffe sind reif und saftig, pelzen noch etwas. Gute Substanz und aparte Herbe im Ausklang, gute Länge. 13 Vol.-%, DIAM, €€

90 2019 Abenheim Klausenberg Chardonnay tr.

88+ 2020 Abenheim Sauvignon Blanc trocken

88 2020 Abenheim Weißburgunder & Chardonnay trocken

88 2020 Osthofen Grauer Burgunder trocken

90 2017 Gundheim Mandelbrunnen Pinot Noir trocken

88+ »Privat Cuvée« Gundheim trocken DF/PN/CI

89+ 2019 Huxelrebe Auslese

89+ 2020 »vom Brummelochsenboden« Abenheim Riesling trocken
Duftet nach Apfel, Aprikose, Mango sowie auch etwas Grapefruit und Limettenschale. Im Mund sorgt die präsente Säure für Betrieb und Schwung in einer schlank gefassten Struktur. Gute Balance, feine Frucht, die Mineralität setzt Akzente, elegant, mit Grip und Stil. 12 Vol.-%, DV, €

WEINGUT MARKUS BRANDT

Dalbergstraße 27, 67596 Dittelsheim-Heßloch
T: +49 6244 5521, kontakt@brandt-weine.de
brandt-weine.de

Ab-Hof-Verkauf: nach Vereinbarung
Kellermeister: Markus Brandt
Ansprechpartner: Markus Brandt
Hektar: 12 ha

Das von Markus Brandt geleitete Familienweingut setzt seinen Weg erfolgreich fort. Erst vor gut einem Jahrzehnt im Herzen Rheinhessens gegründet, zählt es bereits zu den durchweg zuverlässigen Erzeugern. Markus Brandt legt großen Wert auf sorgfältige Arbeit im Weinberg, das zahlt sich aus – die Weine sind ausdrucksstark und harmonisch. An der Spitze steht der Mölsheimer Zellerweg am Schwarzen Herrgott, der durch seine feine Mineralik besticht. Die Scheurebe-Spätlese ist hoch aromatisch, gut balanciert und wird sich schön entwickeln.

91+ 2020 Mölsheim Zellerweg am Schwarzen Herrgott Riesling trocken
Würziger, tiefgründiger Duft, mineralische Noten, Limonenschale, Grapefruit, zarte Minze. Am Gaumen lebendige Säure, griffig, gute Struktur, dicht, Mischung aus frischen Zitrusfrüchten und steiniger Mineralik, gute Struktur, elegant. 13 Vol.-%, DV, €€

90 2020 »Fumé« Grauburgunder trocken
In der Nase zeigen sich Rauch, Mandel, reife Birne, dazu Kräuterwürze und zarte Vanille. Am Gaumen reife Säure, Schmelz, es dominieren Mandel, reife Birne, Holzwürze, hat eine dichte Struktur, schöne Länge, sehr guter Speisenbegleiter. 13 Vol.-%, DV, €€

89+ 2020 »Fumé« Weißburgunder trocken
Der Wein duftet nach reifem Apfel, Birne, unterlegt mit etwas Mandel, feine Würze, zarter Rauch. Am Gaumen lebendige, gut integrierte Säure, Schmelz, Grip, helle Früchte, Apfel und Birne, mittlere Länge, vielseitig einsetzbar. 13,5 Vol.-%. DV, €€

89+ 2020 »Alte Reben« Riesling trocken
In der Nase zeigen sich reife Zitrusfrüchte, Limone, Grapefruit, etwas Papaya und Pfirsich. Am Gaumen frische Säure, gut integriert, es dominieren die Zitrusfrüchte, dazu etwas Birne, insgesamt mittelgewichtige Struktur, endet frisch. 12 Vol.-%. DV, €

89 2020 »Alte Reben« Scheurebe trocken

90 2020 Scheurebe Spätlese
In der Nase Duft nach hellen Früchten, Pfirsich, aber auch Grapefruit und etwas Johannisbeere. Am Gaumen frische Säure und spürbare Süße, gut balanciert, eingekochte Zitronenschale, Johannisbeergelee, gute Länge, passt zum Dessert. Braucht noch Zeit. 8,5 Vol.-%, DV, €

★★

WEINGUT ERNST BRETZ

Langgasse 35, 55234 Bechtolsheim
T: +49 6733 356, info@weingutbretz.de
weingutbretz.de

Ab-Hof-Verkauf: Mo bis Fr 8–12 Uhr und 13–18 Uhr, Sa 10–17 Uhr
Kellermeister: Harald Bretz
Ansprechpartner: Horst Bretz
Hektar: 40 ha

Am Petersberg, der sich einst aus dem Urmeergrund hervorwölbte, liegen auf reichhaltigen Böden die Rebhänge des Weinguts Bretz. Seit mehr als 300 Jahren baut die Familie hier Trauben an, heute auf 40 Hektar. In den Kellern entsteht daraus ein grundsolides Sortiment. Die Weine besitzen klar ausgeprägte Fruchtaromen und sind insgesamt kraftvoll gebaut. Eine Spezialität des Hauses ist die mit Eifer gepflegte Nische der Edelsüßen, wie auch dieses Jahr die Silvaner Trockenbeerenauslese und der Silvaner Eiswein von 2018 belegen. Hervorragend!

91 2020 »Réserve« Bechtolsheim Petersberg Chardonnay trocken
In der Nase Orangenblüte, roter Apfel, gelbe saftige Birne sowie Butter und Hefe. Am Gaumen gut eingebundene, leicht prickelnde Säure, schöne Frucht sowie leicht nussige Noten. Ein schöner Schmelz und langer Nachhall. Ein schöner Speisenbegleiter. 12,5 Vol.-%. DV, €€

91+ 2016 »Réserve« Spätburgunder trocken
In der Nase schöne, gereifte Aromatik von getrockneten Erdbeeren, gekochten Früchten wie Waldbeeren sowie Pilzen, ein wenig wie der Spaziergang durch den Wald nach Regen. Ein Hauch von Zartbitterschokoklade findet sich auch. Am Gaumen frisch und lebendig. 13 Vol.-%, NK, €€

93 2018 Bechtolsheim Petersberg Silvaner Eiswein
Sattes Honiggelb. Sehr würzige Nase, es dominieren getrocknete Früchte, Zitronat, Papaya, Honig und Haselnuss. Am Gaumen pures Elixier, sehr dicht, lebendige Säure, druckvolle Süße, Mirabellenkompott, kandierte Früchte. Braucht viel Zeit. 9,5 Vol.-%. NK, €€€

92 2018 Silvaner Trockenbeerenauslese
Goldgelb in der Farbe. Im Duft findet man konzentrierte Gelbfrucht, würzige Noten, Spargel, im Mund imponieren zunächst eine recht kräftige Säure und eine nicht minder kräftige Viskosität. Süße und Extrakt zeigen den Silvaner von einer unbekannten Seite. 7 Vol.-%. NK, €€€

91 2019 Bechtolsheim Petersberg Chardonnay trocken

89+ 2019 »Réserve« Bechtolsheim Petersberg Riesling trocken

89 2020 »Réserve« Bechtolsheim Petersberg Silvaner trocken

89 2020 Bechtolsheim Petersberg Cabernet Sauvignon Rosé trocken

88 2020 Bechtolsheim Petersberg Spätburgunder Blanc de Noir trocken

90+ 2016 Bechtolsheim Petersberg Cabernet Sauvignon & Merlot trocken

90+ 2016 Bechtolsheim Petersberg St. Laurent trocken

90+ 2020 Bechtolsheim Petersberg Sauvignon Blanc trocken
In der Nase erfreuen intensive Aromen von Maracuja, Papaya und Kiwi. Dazu hat der Wein auch leicht grasige Noten und eine Aromatik von grünem Paprika. Der Gaumeneindruck ist schlank, frisch, mit schöner Säure, saftig, leicht herb und dennoch auch mit schönem Schmelz. 12,5 Vol.-%, DV, €

★★★

WEINGUT LISA BUNN

Mainzer Straße 86, 55283 Nierstein
T: +49 6133 59290, info@weingut-bunn.de
lisa-bunn.de

Ab-Hof-Verkauf: Di bis Fr 13–17 Uhr, Sa 11–16 Uhr
Kellermeister: Lisa Bunn, Bastian Strebel
Ansprechpartner: Lisa Bunn
Flaschen/Hektar: 120.000 (65 % weiß, 35 % rot)/21 ha

Manchmal ist es ja auch schön, wenn man sich wiederholen kann: Genau wie vergangenes Jahr können wir Lisa Bunn und ihrem Mann Bastian Strebel zu einer gleichmäßig makellosen Kollektion gratulieren, in der nichts quietscht oder falsch sitzt. Im Gegenteil: Die Weine – egal, ob Basisqualität oder aus Top-Lagen – sind durchweg gelungen und machen viel Freude. Das beginnt beim saftig-frischen »Fleißigen Lieschen Riesling trocken« und endet bei den großen Lagenrieslingen. Wunderbar würzig und pikant ist der Niersteiner St. Laurent, eine Rebsorte, die oft unterschätzt wird.

93 2020 Nierstein Hipping Riesling trocken
Melisse und Minze als Entrée, Aprikose und Mirabelle mit kräutrigen Noten, Grapefruit, Rauch und weißer Nougat. Am Gaumen zunächst mit präziser Säure und mineralischen, salzigen Noten, straff und fest gebaut, Im Mittelteil auch geschmeidige, saftige Anteile, lang. 12 Vol.-%. NK, €€€

92 2020 Nierstein Orbel Riesling trocken
Apfel, Apfelschale und Steinobst im noch verschlossenen Duft mit Kräutern. Saftig am Gaumen mit reifer und pointierter Säureader, delikater Weinbergspfirsich, klar gefasste, kräftige Kontur, beinahe gebirgsquellhafte Klarheit, elegant und auch nobel. 13 Vol.-%, NK, €€€

92+ 2019 Nierstein St. Laurent trocken
Holz- und Sortenwürze im Duft, dunkelbeerig, leicht floral, Brombeerkonfitüre, Dextro Energen, Sandelholz, Tannenreisig. Mürbes, aber dichtes Tannin, ausgeprägte Frischfruchtigkeit im Gaumen, feiner Säurefaden, geschmeidiger, saftiger, mineralisch getönter Abklang. 12,5 Vol.-%. NK, €€

92 2011 »Wie alles begann ...« Wintersheim Fraugarten Spätburgunder trocken
Noch immer bis zum Rand durchgezeichnet in der Farbe. Bitterschokolade, ein Hauch Holz, Dörrpflaume. Im Mund seidig und saftig, fein geschmolzenes Tannin, reife Säure, ein nahtlos rundes Amalgam aus Frucht und Stoff, reich und rund und noch nicht einmal am Reifehöhepunkt. 13,5 Vol.-%. NK, €€€

91+ 2020 Nierstein Oelberg Riesling trocken

90 2020 Nierstein Riesling trocken

89 2020 »Fleißiges Lieschen« Riesling tr.

91+ 2019 Nierstein Spätburgunder trocken

91+ 2017 »Reserve« Spätburgunder trocken

91+ 2019 Wintersheim Spätburgunder trocken

90 2019 Pinot Noir trocken

90 2020 Wintersheim Riesling trocken
Moderat in der Farbgebung. Herrlich mineralisch im Duft. Es folgen am Gaumen Aromen von Zitrone, Melone, Aprikose und eine leichte Salzigkeit. Getragen von lebendiger Säure bei mittlerer Struktur, Saftigkeit, Frische und attraktivem Abgang. 12,5 Vol.-%, NK, €€

★★

CISTERZIENSER WEINGUT

Dalbergstraße 28, 67596 Dittelsheim-Heßloch
T: +49 6244 4921, info@cisterzienser-weingut.de
cisterzienser-weingut.de

Ab-Hof-Verkauf: Mo bis Fr 9–11.30 Uhr und 13–18 Uhr, Sa 9–13 Uhr
Kellermeister: Ulrich Michel
Ansprechpartner: Karen und Ulrich Michel
Hektar: 30 ha

»Mit C vorn, mit Charakter drin«: Das ist der Slogan von Karen und Ulrich Michel, die mit ihren vier Kindern das Cisterzienser Weingut beleben. Bereits in achter Generation betreiben die Michels das Weingut, das anno Domini 1173 vom Cisterzienser Kloster Otterberg, einer Dependance des Klosters Eberbach, gegründet wurde. Die Mönche gingen, der Wein blieb und das ist gut so. Der studierte Geisenheimer Ulrich Michel ist für den Ausbau der Weine verantwortlich, die angeführt vom Morstein-Riesling, alle in ihrer stimmigen Art überzeugen können. Vielfältige Kollektion.

89 2019 »Cisterzienser Sekt« Sauvignon Blanc brut
Lebhafte Perlage im Glas. Ein intensiver Duft von Stachelbeere, grünem Paprika und Grapefruit in der Nase, gefolgt von einem Touch Honigmelone am Gaumen. Die gute Säure kompensiert die angenehme leichte Süße in einem mittelgewichtigen Körper bei attraktivem Abgang. 12,5 Vol.-%. NK, €€

92 2020 Westhofen Morstein Riesling trocken
Im Duft Gelbfrucht, Maracuja, Mirabellenkompott. Am Gaumen beginnt der Wein weich und seidig, die feingliedrige Säure fügt sich ins Bild eines verspielten, beinahe kabinettartigen Weins. Ein Morstein in der eher leichten Gewichtsklasse, aber in sich komplett stimmig. 12,9 Vol.-%. DV, €€

90+ 2020 »Fumé« Sauvignon Blanc trocken
Riecht, wie man es von einem Fumé erwartet: rauchige Noten zu Cassis und reifer gelber Frucht wie Mango und Pfirsich. Ein saftiger und abgerundeter Wein mit Schmelz, Saft und feiner Würze. Der Ausbau im Holz verhalf zu einer kräftigen und festen Struktur. Jung. 12,9 Vol.-%. DV, €€

90 2018 »S« Frühburgunder trocken
Kräftige rote Frucht, etwas Marzipan, Holundermark, Macadamianuss, Brombeere und Schwarzkirsche. Stoffig und würzig mit präsenten und geschmeidigen Gerbstoffen in einer kräftigen Struktur, gutes Holzmanagement, klare Frucht, feine Würze und auch Süße. 13,7 Vol.-%. NK, €€

89+ 2020 Sauvignon Blanc trocken

89 2020 Muskateller trocken

89 2020 Chardonnay trocken

88 2020 »Sommersprossen« trocken SB/RR/WB

88+ 2020 Merlot Rosé trocken

89 NV »Monsignore« Cuvée trocken CS/RE/SL

90 2020 Roter Traminer trocken
Orangeat im kräftigen und üppigen Duft, Rosenblätter und ziemlich reife Mango kommen dazu, auch Gewürze wie Piment. Am Gaumen kräftig gebaut mit gut ausgebildeter Muskulatur, viel Saft, Schmelz und auch Süße vertragen sich gut. Zeigt seine Vorzüge zu einem Curry. 14,1 Vol.-%, DV, €

★

WEINGUT DACKERMANN

Gaustraße 15, 67596 Dittelsheim-Heßloch
T: +49 6244 7054, info@weingut-dackermann.de
weingut-dackermann.de

Ab-Hof-Verkauf: nach Vereinbarung
Kellermeister: Sascha Dackermann
Ansprechpartner: Sascha Dackermann
Hektar: 17 ha

Die Winzerfamilie Dackermann widmet sich dem Weinbau schon seit 1913. Seit 2011 führt Sascha Dackermann den Betrieb mit beinahe 17 Hektar Rebfläche in Dittelsheim-Heßloch. Der Winzermeister ist auch zuständig für den Ausbau der Weine aus »leckeren und vollreifen Trauben von höchster Qualität«. Dabei entstanden im Jahr 2020 bodenständige und geradlinige Weine im besten Sinne wie der charmante und saftige Muskateller mit geballter Fruchtaromatik. Den großzügigen St. Laurent aus dem Jahr 2018 kann man sich trefflich zum rosa gebratenen Rehrücken vorstellen.

89+ 2020 »Fumé« Bechtheim Chardonnay tr.
Ein Fumé kann etwas Rauch zeigen, und das macht er auch. Reife Ananas und Honigmelone kommen dazu. Zeigt am Gaumen eine gut balancierte Opulenz mit schöner Würze, süßlichem Extrakt und gutem Volumen. Die Struktur ist stattlich, ein Wein, der auch kräftige Speisen begleitet. 14 Vol.-%. DV, €

88+ 2020 Weißburgunder & Chardonnay tr.
Weiße Blüten, Aprikosen und Litschi in der Nase mit floralen Noten. Zugängliche Cuvée mit kräftigem Bau, Saft und Würze, abgerundet durch etwas Restsüße und getragen von einer reifen Säure. Auch bei Tisch gerne gesehen.
13 Vol.-%, DV, €

90+ 2018 Bechtheim Hasensprung St. Laurent trocken
Satte Nase mit viel dunkler Kirsche und Blaubeere, dazu Rauch und würzige Akzente. St. Laurent, der die Wärme und Großzügigkeit des Jahres 2018 trefflich übersetzt in Struktur und eine gewisse Wucht, die gut balanciert wird. Gutes Potenzial, zum Rehrücken. 14,5 Vol.-%. NK, €€

90 2020 »130°« Grauer Burgunder Beerenauslese
Helles Lachsrosa. Im Duft zarter Rauch, eingekochte Himbeere, etwas Pflaumen, aber auch zarter Rauch. Am Gaumen verhaltene Säure, spürbare Süße, mittlere Konzentration, es überwiegen Aromen von reifer Birne und Erdbeere. Zur Foie gras. 9 Vol.-%. NK, €€

88 2020 Rosé St. Laurent trocken

89 2020 Gelber Muskateller trocken
Direkte Fruchtattacke mit Litschi, Aprikose, Papaya und Muskatblüte. Muskateller, der intensiv um einen wirbt, zum einen mit seiner Aromatik und Fruchtfülle, aber auch mit seiner Saftig- und Cremigkeit und feinen Süße in kompakter Textur. Nicht nur als Aperitif. 13 Vol.-%, DV, €

★ ★ ★

WEINGUT DREISSIGACKER

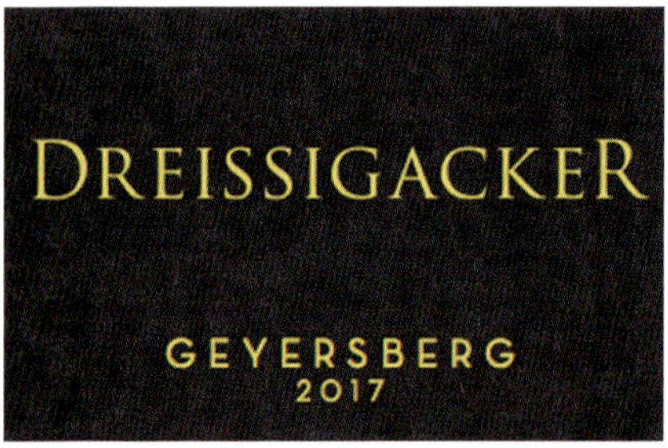

Untere Klinggasse 4, 67595 Bechtheim
T: +49 6242 2425, info@dreissigacker-wein.de
dreissigacker-wein.de

Ab-Hof-Verkauf: Mo bis Fr 8–12 Uhr und 13–18 Uhr, Sa 9–16 Uhr
Kellermeister: Jochen Dreissigacker & Achim Bicking
Ansprechpartner: Jochen Dreissigacker
Flaschen/Hektar: 370.000 (95 % weiß, 5 % rot)/45 ha
Anbauweise: Biologisch zertifiziert

Jochen Dreissigacker überzeugt mit einer Kollektion, in der die meisten Weine die 90-Punkte-Grenze überspringen. Seine Weine sind nicht mehr so fett wie früher, aber Dampf haben sie immer noch! Zuweilen auch phenolischen Grip wie der herausragende Weißburgunder aus dem Tonneau. Wie gut diese Weine reifen, zeigt sich am aktuell verkosteten 2016er Riesling »Wunderwerk«. Und Dreissigacker versteht es, immer wieder zu überraschen: Warum sollen nur beim Sekt Jahrgangsverschnitte zu Harmonie führen? Er probiert das Konzept jetzt auch beim Stillwein aus – mit Erfolg.

93+ 2017 Westhofen Kirchspiel Riesling trocken
Honig, Pfirsich, Bitterorange, Honig und weißer Pfeffer. Sehr gut strukturiert, mit Biss und Fokus. Präzise Säure, viel Substanz am Gaumen. Dicht und komplex. Mineralisches, salzig-erdiges Finish. Sehr lang. Braucht Zeit und Luft. Deshalb abwarten! 13,5 Vol.-%. NK, €€€€

93+ 2018 »Tonneau« Weißburgunder trocken
Kraftvoll und elegant. Akazie, weißer Pfirsich ist mit Haselnüssen, Nougat und weißem Pfeffer unterlegt. Kräftiger Körper, den die straffe Säure zügelt. Cremig und rund am Gaumen mit feinem phenolischem Grip am hinteren Gaumen. Nicht zu früh trinken. 14 Vol.-%. NK, €€€

92+ 2017 Bechtheim Geyersberg Riesling trocken
Kräuter, gelbe Früchte, Tabak, Honignoten und Erde. Sehr facettenreich, feinwürzig und dicht. Öffnet sich im Glas weiter. Kardamom, Curry und Senfkraut kommen hinzu. Präzise Säure gut gepuffert vom substanziellen Extrakt. Lang und anhaltend. 13 Vol.-%, NK, €€€€

91+ 2016 »Wunderwerk« Riesling trocken
Elegant gereifter Riesling mit kühlem Finish und feinen Gewürznoten. Pfirsich und Aprikose ergänzt durch getrocknete Orangenschale, Quitte, Tabak, Senfkorn, Kräuter und Honig. Die dezent mineralischen Komponenten runden das gelungene Gesamtbild ab. 13 Vol.-%, NK, €€€

91 2017 Westhofen Morstein Riesling trocken

90+ 2019 Westhofen Chardonnay trocken

90 2029 Bechtheim Chardonnay trocken

89 2019 Bechtheim Riesling trocken

89 NV »Vintages Weiß« trocken

88 2020 Weißburgunder trocken

88 2020 Riesling trocken

89 NV »Vintages Rot« trocken PN/SL
Würzig-fruchtige Cuvée in mittlerem Rubin mit granatroten Reflexen. Sauerkirsche, Brombeere, Pflaume mit Herbstlaub, dunkler Tabak und ein Hauch Cayennepfeffer. Frisch mit angenehm geschmeidigen Gerbstoffen. Mittlere Länge und Intensität. 13,5 Vol.-%, DV, €€

★★★

ESPENHOF

Hauptstraße 81, 55237 Flonheim-Uffhofen
T: +49 6734 94040, weingut@espenhof.de
espenhof.de

Ab-Hof-Verkauf: Mo bis Sa 8–18 Uhr, So 9–11 Uhr
Kellermeister: Nico Espenschied
Ansprechpartner: Nico Espenschied
Hektar: 31 ha

Nico Espenschied liebt es, neue Wege zu gehen. Bereits vergangenes Jahr hat er uns mit seinem »Herz+Hand« Manzoni Bianco – das ist eine italienische Rebsorte und eine Kreuzung aus Riesling und Pinot Blanc – begeistert. Auch im aktuellen Jahrgang ist dieser Wein perfekt für alle »Natural Beginners«. Gemeinsam mit dem Musikproduzenten Fritz Kalkbrenner hat Musikfan Espenschied auch eine süffige Cuvée aus Riesling und Sauvignon Blanc gekeltert – Rhythmus in Flaschen gefüllt. Überzeugend auch die griffige und gut balancierte Riesling Auslese »La Roche«.

91+ 2020 Uffhofen La Roche Riesling trocken
Der rote Hang ist zu erkennen. Mineralisch schon in der Nase mit etwas Marillenkompott. Am Gaumen mit fester Säurestruktur, würziger und animierender Salinität. Trocken mit feinkörnigem Gerbstoff und intrinsischer Kraft. In Wachauer Eiche ausgebaut. 12,5 Vol.-%. DV, €€

90 2020 »Hautnah« Roter Traminer trocken
Orangenschale, Wiesenkräuter, Salbeibonbon, Zitronenmelisse und Wermut in einer typischen Traminernase. Am Gaumen wiederkehrender Salbei mit strenger Phenolik, fast etwas pelzig. Kerniger Säureauftakt, der zum trockenen Finish hin milder wird. 12 Vol.-%. DV, €€

89+ 2020 »Veltenbummler« Grüner Veltliner trocken
In der Nase mit Limette, gelben Früchten und Biskuitroulade. Belebendes Säuregerüst, leichte Cremigkeit und trockenes Finish. Mittlere Länge, saftig. Ein Wein, der sich gut mit Essen kombinieren lässt – perfekt zu Backhendl mit Kartoffel-Gurken-Salat 13 Vol.-%, DV, €€

89 2020 »Kalkbrenner & Espenschied« Sauvignon Blanc & Riesling trocken
Stachelbeere, rote Früchte und roter Apfel. Die Nase dominiert der Sauvignon. Am Gaumen dann spürbar die Säure des Rieslings und etwas junge Aprikose und Guave. Nicht knochentrocken und daher mit dem Prädikat »easy drinking« zu versehen. 12,5 Vol.-%. DV, €

92 2020 Uffhofen La Roche Riesling Auslese

91 2020 »Herz+Hand« Manzoni Bianco tr.
Betörende Zitrusfrucht mit dominanter Mandarine, Mandarinenschale und Pampelmuse. Am Gaumen belebende Säurestruktur bei gut eingebetteter Phenolik. Die Mandarine findet dann eine animierende Mineralität. Perfekter Wein für »Natural Beginners«. 13 Vol.-%, DV, €€

WEINGUT FINKENAUER

Außerhalb 7, 55270 Bubenheim
T: +49 6130 944206, info@finkenauer.de
finkenauer.de

Ab-Hof-Verkauf: nach Vereinbarung
Kellermeister: Yvonne Finkenauer
Ansprechpartner: Yvonne Finkenauer
Hektar: 15 ha

Yvonne Finkenauer bewirtschaftet die Weinberge gemeinsam mit denjenigen ihres Mannes Christopher Franz. Bei der Vinifizierung geht sie eigene Wege. Die Rebberge im Selztal sind kein homogenes Terroir, die Böden vielfältig: Löss, Kalkmergel und Muschelkalk. Daraus charakterstarke Weine zu schaffen, gerne auch mit Ecken und Kanten, ist ihr erklärtes Ziel. Das erreicht Yvonne Finkennauer am deutlichsten in der »Meilenstein«-Serie. Ihr Spitzenwein, der Schwabenheim Schloßberg Riesling, konnte in diesem Jahr noch zulegen. Der zweite Stern ist in Reichweite!

91+ 2020 »Meilenstein« Schwabenheim Schloßberg Riesling trocken
Steinobst in der Nase, Aprikose und Pfirsich, Limettenschale. Riesling von Format, trocken ausgebaut und mit guter Balance und klar gefasster Kontur, die Säure ist lebendig und dabei ausgewogen, etwas Zitrusfrucht, feine Phenole, mineralisches Finale. 13 Vol.-%, DV, €€

91 2020 »Meilenstein« Bubenheim Kallenberg Sauvignon Blanc trocken
In der Nase reife Frucht und viel Würze, Cassis, Mango, gelber Paprika, Litschi und feiner Rauch. Stoffig und kräftig gebaut am Gaumen mit süßlichem Extrakt, viel Saft und Frucht, wieder reife Mango und Papaya. Großzügig, elegant und auch mineralisch unterlegt. 13,5 Vol.-%. DV, €€

90+ 2020 »Meilenstein« Bubenheim Kallenberg Weißburgunder trocken
Intensiver Duft nach Stein- und Zitrusfrucht, auch Apfel und Birne, gelbe Blüten. Saftiger Einstieg im Mund, neben Aprikose und Birne auch etwas Limette, gut balancierter und relativ trockener Burgunder mit Schmelz und feiner Kalkmineralität, die bis ins Finale führt. 13,5 Vol.-%. DV, €€

89+ 2020 »Meilenstein« Bubenheim Honigberg Chardonnay trocken
Reifer Apfel, Reneklode und Birne im Duft, feine Würze und auch rauchige Anklänge. Kräftig und fest gebaut am Gaumen mit süßlichem Extrakt, zeigt Saft und Würze, Noten von Birne und Aprikose, reife Säure. Verbindet Zugänglichkeit mit Anspruch. 13,5 Vol.-%. DV, €€

88 2020 Bubenheim Weißburgunder trocken

88+ 2020 Bubenheim Sauvignon Blanc tr.
Reife Mango in der intensiven und würzigen Nase mit Cassis, Stachelbeere und auch Paprika. Am Gaumen saftig und würzig, klare Frucht, kräftiger und kompakter Bau, gut integrierte und ausgewogene Säure, auch etwas Süße. Zugänglicher Sauvignon Blanc. 13 Vol.-%, DV, €

★

WEINGUT FISCHBORN-SCHENK

Weingasse 2, 55546 Biebelsheim
T: +49 6701 1214, hw.schenk@t-online.de
schenkwein.de

Ab-Hof-Verkauf: Mo bis Fr 9–17 Uhr, Sa 9–16 Uhr
Kellermeister: Hans-Werner Schenk
Ansprechpartner: Hans-Werner Schenk
Hektar: 14 ha

Hans-Werner Schenk und seine Frau Martina führen das Weingut in fünfter Generation. Da das rheinhessische Biebelsheim an der Grenze zur Weinregion Nahe liegt, wo sich ein Drittel ihrer Weinberge befindet, sind die beiden permanente Grenzgänger: Dabei konzentrieren sie sich auf traditionelle Rebsorten wie Riesling, Silvaner und die Burgundersorten. Die Weine sind gut balanciert und bieten einen schönen Trinkfluss. Das beginnt beim Silvaner in der 1-Liter-Flasche – schön, dass es das noch gibt – und endet beim feinen Riesling aus dem Biebelsheimer Kieselberg.

91 2020 Biebelsheim Kieselberg Riesling trocken
In der Nase mit Mandarine und Grapefruit mit feiner, herber Note. Etwas Pfirsich gesellt sich dazu. Am Gaumen mit guter Zucker-Säure-Balance und einer animierenden Salzigkeit. Das feine phenolische Finish verleiht dem Wein zusätzlich Spannung. 12,5 Vol.-%. DIAM, €

90+ 2020 Biebelsheim Kieselberg Chardonnay trocken
In der Nase mit Honig und Brioche. Am Gaumen sofort präsent mit Grip, guter Substanz und Salinität. Der durchdachte Ausbau im großen, gebrauchten Holz verleiht dem Wein zusätzlich Kraft. Angenehm trocken mit guter Länge und etwas Lardo am Ende. 12,5 Vol.-%. DIAM, €

89+ 2020 Bad Kreuznach Römerhelde Grauer Burgunder trocken
In der Nase eher zurückhaltend mit leichter Rotbeerigkeit. Am Gaumen cremig mit etwas Brioche. Die Säure ist moderat und bildet mit dem Restzucker eine Harmonie. Der recht hohe Alkohol ist im Finish gut spürbar und wärmend. 14 Vol.-%. DIAM, €

88+ 2020 Biebelsheim Kieselberg Sylvaner trocken
In der Nase mit junger Aprikose, Williams Christbirne und Wiesenkräutern. Am Gaumen mit moderater Säure und spürbarer Süße. Reifes Traubenmaterial und Schmelz ergeben einen unkomplizierten Wein, der nicht zwingend zum Essen kombiniert werden muss. 13 Vol.-%, DIAM, €

88 2020 Silvaner trocken

90 2020 »Nahe« Weißer Burgunder trocken
Die Nase prägt ein intensiver Duft nach reifen Aprikosen. Dazu gesellen sich kräutrige Einflüsse. Am Gaumen klar mit etwas Cremigkeit. Die Säure und der Zucker sind moderat und gut eingebunden. Feines Raucharoma im Finish. 14 Vol.-%, DIAM, €

★★★

WEINGUT ALEXANDER FLICK

Brückesgasse 15, 55234 Bechtolsheim
T: +49 6733 6814, info@weingut-flick.de
weingut-flick.de

Ab-Hof-Verkauf: Do und Fr 13–18 Uhr, Sa 10–18 Uhr
Kellermeister: Alexander Flick
Ansprechpartner: Alexander Flick
Hektar: 24 ha

Im Bechtolsheimer Familienweingut hat Alexander Flick 2008 die Verantwortung im Keller übernommen. Im vergangenen Jahr beeindruckte er uns vor allem mit einem prallen, mineralischen 2019er Morstein Riesling und dem aromatisch ausbalancierten 2018er Blaufränkisch. Auch das neue Sortiment kann auf ganzer Linie überzeugen: Die Rieslinge zeigen wieder Format, die Chardonnays erfreuen mit einer Melange aus internationaler Stilistik und rheinhessischer Erdigkeit. Sehr gut gelungen sind auch die beiden Auslesen vom Riesling und Huxelrebe in ihrer trinkigen, filigranen Art.

93 2020 Westhofen Morstein Riesling trocken
Neben gelber Frucht wie Aprikose und Pfirsich kommen feine zitrische und kräutrige Noten. Kraftvoll am Gaumen mit Spannung und guter Dichte in einer festen Struktur, die Mineralik wird von etwas Restsüße abgepuffert. Zeigt die Lage, mit gutem Potenzial. 13 Vol.-%, DV, €€€

92 2020 Gundersheim Höllenbrand Riesling trocken
Aprikose und Nektarinenschale in der Nase, auch Zitrusfrucht, feine Kräuterwürze, etwas Kerbel, mineralische Anklänge. Kompakt und fest strukturiert am Gaumen mit guter Dichte, phenolisch und mineralisch unterfüttert. Konsistent, zeigt seine Herkunft. 13 Vol.-%, DV, €€

91+ 2020 »Juliane« Westhofen Morstein Riesling Auslese
In der Nase getrocknete Früchte, Aprikose, Blütenhonig, Würze. Am Gaumen mit feiner Säure und gut integrierter Süße, Aromen nach reifen, hellen Früchten, Honig, Zitronentarte, reichhaltig, ohne schwer zu sein, klare Aromatik, gute Struktur und Länge. 7 Vol.-%. DV, €€

91 2020 »Katharina« Huxelrebe Auslese
In der Nase zeigt sich würziger Traubenduft, Mandarine, reife Birne und Pfirsich, reichhaltig vorgetragen. Am Gaumen verhaltene Säure, cremige Süße mit Birne und Feige, etwas Rosine und Honig, griffig, gute Struktur und Länge. Gut zur Apfeltarte. 9 Vol.-%. DV, €

90 2020 »Alexander« Bechtolsheim Klosterberg Chardonnay trocken

90 2020 »Réserve« Grauer Burgunder tr.

90 2020 »Alte Reben« Chardonnay trocken

89 2020 Gau-Odernheim Chardonnay tr.

89 2020 »La Refuge Resérve« Rosé trocken PN/BF/SL

88+ 2020 Gau-Odernheim Riesling trocken

88+ 2020 Sauvignon Blanc trocken

91 2020 Gau-Odernheim Herrgottspfad Riesling trocken
In der Nase Steinfrucht wie Pfirsich und auch roter Apfel. Fest in seiner Struktur und mit sich aufbauender Spannung, gute Dichte und auch Extrakt, nahtlos eingebundene Säureader, phenolische Unterfütterung. Seriöser Wein, zeigt seine Herkunft vom Tonmergel. 13 Vol.-%, DV, €€

★

WEINGUT FREY

FREY

CHARDONNAY RESERVE | 2020

Weedegasse 10, 55234 Ober-Flörsheim
T: +49 6735 941272, weingut@bechtel-frey.de
frey-wines.com

Ab-Hof-Verkauf: nach Vereinbarung
Kellermeister: Philipp Frey
Ansprechpartner: Christopher Frey
Hektar: 15 ha
Anbauweise: Biologisch zertifiziert

Seit vier Generationen befindet sich das Weingut Frey im alten Ortskern Ober-Flörsheims und bewirtschaftet 15 Hektar Rebfläche biologisch. Die Familie kann auf verschiedene Bodentypen zurückgreifen, von Kalksteinverwitterungsböden, Löss-Lehm, massivem Kalkstein bis zu tonigem Kalkmergel. Die beiden Brüder Christopher und Philipp Frey leiten den Betrieb gemeinsam mit ihrem Vater Stefan. Wir verkosteten ein anspruchsvolles Sortiment mit einem mineralischen Riesling aus der Lage Sommerwende und der substanzreichen Cuvée »Assemblage« an der Spitze. Gutes Debüt!

91 2020 Hangen-Weisheim Sommerwende Riesling trocken

Reife Zitrus- und Gelbfrucht im kräftigen und feinwürzigen Duft, florale Noten, Tomatenrispe. Straff gebauter und linear nach vorne strebender Wein mit guter Dichte und Spannung. Trocken und fordernd am Gaumen, ohne Ballast, mineralisch getönt. Charaktervoll. 12,5 Vol.-%. NK, €€€

89 2020 »Reserve« Chardonnay trocken

»Süßes« Holz, Pflaume, bereits recht offen im Duft, Karamell. Im Mund mit einiger Süße eröffnend, ein feiner Säurenerv schafft Balance, im Abklang erscheint auch eine dezente Spur Phenolik. Ein zugänglicher, auf Fruchtigkeit vinifizierter Chardonnay. 13 Vol.-%, NK, €€

91 2018 »Assemblage« trocken CS/ME

Cassis verbindet sich im Duft gut mit schwarzen Kirschen und röstigen Noten. Bietet am Gaumen einiges an in einer substanzreichen Struktur mit guter Dichte, klarer, von schöner Würze unterlegter Frucht. Die Gerbstoffe sind prägnant und garantieren eine gute Reife. 14 Vol.-%. NK, €€

90 2018 Pinot Noir trocken

Rote und schwarze Kirsche im reifen und reichhaltigen Duft, auch Brombeere mit Holzwürze und Wacholderbeere. Ist jahrgangsbedingt nicht leichtfüßig am Gaumen unterwegs, ein Pinot Noir mit Substanz und Wucht, mit belastbarem Gerbstoffrückgrat. Auch zu Schmorgerichten. 13,5 Vol.-%. DV, €€

88+ 2020 Hangen-Weisheim Riesling trocken

89 2020 Riesling Kabinett

In der Nase der Duft nach reifen hellen Früchten, kandierten Zitrusfrüchten, süße Melone und etwas Papaya. Am Gaumen eher milde Säure, fließende helle Früchte, Pfirsich, etwas Mango, schöner Schmelz, mittlere Länge, schöne Balance zwischen Süße und Säure. 9,5 Vol.-%, NK, €

★★

WEINGUT FULL

Hauptstraße 21, 67591 Mölsheim
T: +49 6243 7866, info@full-wein.de
christopher-full.de

Ab-Hof-Verkauf: Mo bis Sa 9–18 Uhr und nach Vereinbarung
Kellermeister: Christopher Full, Thomas Full
Ansprechpartner: Thomas Full
Flaschen/Hektar: 107.000 (70 % weiß, 10 % rot, 15 % Rosé, 5 % süß)/13 ha

In der lebendigen Weinszene im Zellertal, das Rheinhessen mit der Pfalz verbindet, gilt Christopher Full als einer der experimentierfreudigsten Winzer. Der 29-Jährige arbeitet mit Maischestandzeiten und Maischegärung, füllt manchen Wein unfiltriert und mit möglichst niedriger Schwefelung ab. So entstehen im kühlen Zellertal mit einem vom Kalkstein geprägten Terroir sehr individuelle Weine wie der kreidig-mineralische Riesling aus dem Schwarzen Herrgott oder die Scheurebe »Wonderfull«. Wir gratulieren Christopher Full zur Nominierung als Newcomer des Jahres (siehe S.26)!

95 2020 Mölsheim Zellerweg Am Schwarzen Herrgott Riesling trocken
Im Duft etwas balsamisch, Pfirsich, im Mund dicht, stoffig, kultivierte Säure, nicht zu süß, kreidig-mineralische Textur. Ein kompletter und sehr ausgewachsener Lagenriesling, der sein Terroir ausdrückt. 12 Vol.-%. DIAM, €€€

92 2020 »Full Of Rage« Grauburgunder trocken
Helles Zinnober in der Farbe. Im Duft Apfel, etwas Mandel. Im Mund mit recht guten Phenolen, frisch und spannungsvoll, mit viel Saftigkeit und hohem Extrakt, auf längere Flaschenreife angelegt. 12 Vol.-%. DIAM, €€

90 2020 »Felsenthron« Riesling Unfiltriert trocken
Etwas balsamisch, Melisse, Weinbergpfirsich, im Mund weich ansetzend, eine Schicht trockene Phenole, straff und auf schlanke Weise verdichtet. Muss noch reifen. 12,5 Vol.-%. DIAM, €€€

89 2020 »Full Of Rawness - Blanc« Cuvée trocken MT/SÄ
Etwas Muskat, Minze, recht klar, im Mund saftig, mittelgewichtiger Extrakt, seidige Phenole, markante Säure, etwas vegetal, leicht kalkmineralische Noten, eine gute Struktur für einen auf Müller-Thurgau basierenden Wein. 11 Vol.-%. DIAM, €€

89 2020 Nieder-Flörsheim Frauenberg Weißburgunder trocken

92 2020 »Wonderfull« Scheurebe Fumé tr.
Grapefruit und Kalk, auch eine Spur Holz, im Mund geschmeidig, prägnante Säure, mittelgewichtiger Extrakt. Feine Gärungskohlensäure unterstützt salzige Noten, gute Länge, leichter Holzeinfluss und eine nicht überbordende Würze. 13 Vol.-%, DIAM, €€

★★

GUTGALLÉ RHEINHESSEN

Langgasse 69, 55237 Flonheim
T: +49 6734 8961, info@gutgalle.de
gutgalle.de

Ab-Hof-Verkauf: nach Vereinbarung
Kellermeister: Klaus Gallé und Jonathan Gallé
Ansprechpartner: Klaus Ortrud und Jonathan Gallé
Hektar: 13 ha

Im GUTGALLÉ von Ortrud und Klaus Gallé tut sich was: Die 13 Hektar Rebfläche befinden sich in der Umstellung auf ökologischen Weinbau. Und Sohn Jonathan ist nach Stationen beim Kremser Weingut Josef Dockner und in einer Winzergenossenschaft endgültig im elterlichen Betrieb angekommen. Aus der homogenen Kollektion hebt sich der dichte, extraktreiche Silvaner aus dem Flonheimer Rotenpfad etwas ab, der Riesling Kabinett »Guter Leichter« mit seiner fröhlichen und verspielten Art ist uns eine Empfehlung wert. Die Entwicklung geht weiter in Flonheim.

91 2020 Flonheim Rotenpfad Silvaner tr.
Würziger und kräutriger Duft nach Wiesenkräutern, Heu, gelbem Apfel, Birne und feinen Holztönen, auch leicht pfeffrigen Noten. Kräftig gebauter Silvaner mit fester Struktur, guter Substanz und Extrakt. Zeigt auch die Mineralität der Lage mit Tiefgang und Charakter. 13 Vol.-%, VL, €€

90 2020 Flonheim Weißburgunder trocken
Mit hellen Blüten und Apfel im Duft, dazu kommen zitrische und kräutrige Eindrücke, Holzwürze. Saftig und mit Schmelz am Gaumen in einer breit angelegten Struktur mit reifer Säure, guter Substanz und phenolischem Eintrag. Endet würzig. Weißburgunder mit Anspruch. 13 Vol.-%, DV, €

89+ 2020 »Identität« Sauvignon Blanc trocken
Fruchtiger Duft nach Schwarzer Johannisbeere, Maracuja und Grapefruit, etwas Blattgrün und Würze. Zeigt sich im Mund saftig mit cremigen Noten, ansprechender fruchtiger Frische und feiner Würze. Kein aufdringlicher Sauvignon-Typ, gepflegt im Ausdruck. 12 Vol.-%. DV, €

90 2018 Uffhofen La Roche Spätburgunder tr.
Kräftiger Duft nach reifer roter und schwarzer Kirsche, Holzwürze, Rauch und etwas Grillkohle. Zeigt in seiner kräftigen Struktur gute Substanz und auch kräftige, etwas trocknende Tannine, bildet das warme Jahr ab, lebt von seiner Struktur und seinem Gehalt. 13,5 Vol.-%. VL, €€€

88+ 2018 »Guter Spätburgunder« trocken

89 2020 »Guter Leichter« Riesling Kabinett trocken
Im frischen und fruchtigen Duft Limette, Apfel und Aprikose, auch feine Kräutrigkeit. Am Gaumen schlank gebaut, die Süße wird gut balanciert von der präsenten, aber gepflegten Säure. Ein Prototyp des Kabinettstils, fröhlich, charmant und verspielt. 11 Vol.-%, DV, €

★

WEINGUT GEBERT

Sandgasse 6, 55599 Siefersheim
T: +49 0 6703 8352201, info@weingut-gebert.de
weingut-gebert.de

Ab-Hof-Verkauf: Mo bis Sa 14–19 Uhr
Kellermeister: Paul Krahl
Ansprechpartner: Anne Gebert
Flaschen/Hektar: 15.000 (67 % weiß, 15 % rot, 9 % Rosé, 9 % süß)/8 ha

Auf 200 Jahren Weinbautradition und der Expertise des erfahrenen Winzers Hans-Joachim Gebert konnte Anne Gebert aufbauen, als sie das väterliche Weingut umstrukturierte und erneuerte. Heute bestimmen »acht Charaktere, die kaum unterschiedlicher sein könnten« die Geschicke des Betriebs. Ins Auge stechen zunächst die stilvollen Flaschen mit ihren schwarzen Glaspfropfen. Deren Inhalt zeugt vom guten Terroir wie der Siefersheimer Heerkretz und der Mineralität der Lagen. Ein beachtliches Debüt – von diesem Weingut kann man einiges erwarten!

91 2020 »Großes Gewächs« Siefersheim Heerkretz Riesling trocken

Dichte Nase, reife Gelbfrucht, Rosinen, reife Aprikose und würzige Noten, Honigwabe und etwas Petrol. Setzt am Gaumen füllig, würzig und mit süßer Frucht an, auch am Gaumen ziemlich reife Frucht und Würze, mineralisch grundiert, mit Format und guter Länge. 12,5 Vol.-%. NK, €€

90 2020 »Erstes Gewächs« Siefersheim Heerkretz Riesling trocken

Kräuter, Steinobst, steinige Noten, Aprikose und etwas Trockenblumen, ein Hauch Petrol. Riesling, der seine Kraft zeigt und dabei seine elegante Seite nicht vernachlässigt. Die präzise Säure balanciert den Gaumen mit fruchtigen und mineralischen Noten. Mittlere Länge. 12,5 Vol.-%. VL, €€

90 2020 »Erstes Gewächs« Siefersheim Heerkretz Weißer Burgunder trocken

Mandarinenschale, weiße Blüten, Ginster, weiße Pflaume und Mirabelle mit Sommerkräutern und Rauch. Kompakt gebauter Weißburgunder mit fester Struktur und gutem Extrakt, die Substanz wird für weitere Reifung sorgen. Gelungener Holzeinsatz, würzig im Ausklang. 13 Vol.-%, NK, €€

89+ 2019 Riesling trocken

Apfel, Kräuter, Aprikose im Duft und etwas Trockenblumen, leicht staubig. Riesling, der straff und kompakt gebaut ist und Noten von Apfel und etwas Cidre auch am Gaumen spielt. Die präzise Säure balanciert den saftigen Gaumen, elegant und auch mineralisch. Mittlere Länge. 12 Vol.-%. VL, €€

89+ 2019 Chardonnay trocken

89 2020 Weißer Burgunder trocken

Reife Mirabelle und Aprikose in der Nase, Birne, gelber Apfel und würzige Noten. Schöner Sortentyp mit Mandarine und Aprikose, saftig, mit feiner Würze und mittelgewichtigem Extrakt in klarer Kontur mit harmonischer Abrundung. Solo und immer gerne zum Essen. 12,5 Vol.-%, VL, €€

★★★

WEINGUT GEHRING

Außerhalb 17, 55283 Nierstein
T: +49 6133 5470, info@weingut-gehring.com
weingut-gehring.com

Ab-Hof-Verkauf: nach Vereinbarung
Kellermeister: Theo Gehring
Ansprechpartner: Theo Gehring
Flaschen/Hektar: 150.000 (88 % weiß, 12 % rot)/12 ha

Diana und Theo Gehring setzen in ihrem Familienweingut auf Tradition: Sie bauen die uralten Sorten Gelber Orleans und Kleiner Heunisch an und die Weinklassiker vom Roten Hang reifen in Holzfässern des Großvaters. Aber natürlich lebt die Familie nicht in der Vergangenheit, der Stil der Weine ist up to date, ausdrucksstark und frisch. Und das Sortiment brilliert in vielen Kategorien, von Rieslingsekt über Frühburgunder bis zum Riesling aus dem Pettenthal. Man schmeckt den Weinen die Freude an der Arbeit an. Gratulation zum dritten Stern!

93 2020 Nierstein Pettenthal Riesling tr.
Leichtes Goldgelb, riecht nach Pettenthal in der Sommerhitze, reife Aprikose mit Pfirsich, kräutrig, warmer Stein. Am Gaumen mit klarem Ausdruck, wieder mit Weinbergkräutern, vielschichtig, mit Saft und guter Balance, die Mineralität setzt den Stempel. 12,5 Vol.-%. DV, €€

92+ 2019 Nierstein Pettenthal Riesling tr.
Reifes Steinobst in der Nase, Pfirsich, auch zitrische Noten und Weinbergkräuter, Würze und anklingende Mineralität. Kräftig und in fester Kontur gebaut mit guter Dichte, Würze und wieder süßem Steinobst, merkliche Mineralität baut sich auf, die sich bis ins Finale zieht.
13 Vol.-%, DV, €€

92 2020 Nierstein Oelberg Gelber Orleans tr.
Startet mit Weinbergkräutern, Apfel, Birne und gelber Pflaume, zitrischen Anklänge sowie auch Sanddorn. Vielschichtig am Gaumen mit kräutrigem und mineralischem Touch, Saft, Schmelz und Würze, weiche, zurückgenommene Säure, gute Balance der Elemente. Tiefgründig. 13 Vol.-%, DV, €€

91+ 2020 »Alte Reben« Nierstein Bildstock Grauburgunder trocken
Leichtes Goldgelb, Rauch und feine Holzwürze in der Nase zur Birne und Aprikose, auch kräutrig und etwas Hefe. Grauburgunder mit viel Substanz und auch etwas Wucht, der sich am Gaumen elaboriert zeigt, mit seidener Säure und zarten Phenolen. Kraft mit Delikatesse. 14 Vol.-%. DV, €€

91 2020 »Alte Reben« Nierstein Oelberg Chardonnay trocken

90+ 2020 Nierstein Bildstock Kleiner Heunisch Auxerrois trocken

89 2020 Scheurebe feinherb

88 2020 Grauer Burgunder trocken

88 2020 Blanc de Noir trocken

91 2019 Nierstein Bildstock Frühburgunder tr.

90 2018 Nierstein Bildstock Spätburgunder tr.

92 2017 Nierstein Schloss Schwabsburg Riesling brut nature
Goldgelb in der Farbe. Im Duft vielschichtig: Mandarine und gelbfleischiger Pfirsich, kandierte Ananas und mineralisch angehauchte Kräuternoten, Eisen und Safran. Im Mund sehr trocken, früh präsente Gaumenaromen, forsches Mousseux, lebendige Rieslingsäure. 12 Vol.-%, NK, €€

★★

GEILS SEKT- UND WEINGUT

geil's

2018

Bürgel

Zeller Straße 8, 67593 Bermersheim
T: +49 6244 4413, mail@geils.de
geils.de

Ab-Hof-Verkauf: nach Vereinbarung
Kellermeister: Florian Rudolf Geil
Ansprechpartner: Florian Rudolf Geil
Flaschen/Hektar: 133.000 (65 % weiß, 15 % rot, 10 % Rosé, 2 % süß, 8 % Schaumwein)/14 ha

Seit 300 Jahren betreibt die Winzerfamilie Geil Weinbau in Bermersheim. »Es ist auch heute noch unser Ethos, so ursprünglich zu arbeiten, wie es schon unsere Väter getan haben«, sagt Florian Rudolf Geil, 33, der nach einem Praktikum bei der Domaine Méo-Camuzet im Burgund gemeinsam mit seinem Vater Rudolf für die Weine verantwortlich ist. Dabei sei »Behutsamkeit« das Wort, das ihre Arbeit am besten beschreibt. Die Schwerpunkte des Vater-Sohn-Gespanns liegen auf Riesling und den Burgundersorten. Die Spätburgunder zählen mit zu den auffälligsten in Rheinhessen. Chapeau!

90+ 2016 »Pinot 3« brut nature PN/WB/PG

Sehr würzig-floraler Sekt. Der Duft erinnert an Mageriten und Vanille, außerdem Honigmelone und Apfel. Allgemein eine spannende Aromatik. Die Perlage am Gaumen ist sehr weich und unaufgeregt und im Finale bleibt eine feine Mineralik stehen. 12,5 Vol.-%. NK, €€

91+ 2018 Nieder-Flörsheim Frauenberg Riesling trocken

Würzige und vielschichtige Nase mit Pfirsich, etwas Flieder und Rhabarber, kräutrig, etwas hefig. Zeigt am Gaumen Statur und Kontur mit guter Balance und gut eingewobener Säure, saftig und mit kalkmineralischen Anklängen. Auch vielschichtig und mit guter Länge. 13 Vol.-%, NK, €€€

91+ 2018 »Cuvée P. S« trocken CH/WB

Riecht nach Neuholz, Vanille, etwas Hefe, Honig-Karamell und reifen gelben Früchten. Am Gaumen kraftvoll und geschmeidig in einer festen, vom Holzausbau geprägten Struktur, feine Salzigkeit kommt dazu, geschmeidig und jung, mit weiterem Potenzial zur Verfeinerung. 13,5 Vol.-%. NK, €€

92 2018 Dalsheim Bürgel Spätburgunder trocken

Vielschichtiger Duft, in dem sich Kirsche, Heidelbeere, Walderdbeere und rauchige Noten zeigen. Startet saftig mit feiner und delikater Säure und Würze in einer kompakten Struktur mit reifen Gerbstoffen. Die Mineralität der Lage setzt Akzente, gute Länge und Potenzial. 13 Vol.-%, NK, €€€

91 2018 »Frühwerk« Spätburgunder trocken

89 2020 Riesling trocken

Klassische Rieslingnase mit Pfirsich und Aprikose, etwas Blattgrün. Gut balanciert im Mund mit Saft, klarer Frucht und animierender Säure in einer schlank gehaltenen Form. Zur charmanten Gelbfrucht kommt etwas Grapefruit, Einstiegsriesling mit kultiviertem Stil. 12,5 Vol.-%, DV, €

★★

WEINGUT HELMUT GEIL

Am Römer 26, 55234 Monzernheim
T: +49 6244 220, info@geilwein.de
geilwein.de

Ab-Hof-Verkauf: nach Vereinbarung
Kellermeister: Andreas Geil
Ansprechpartner: Andreas Geil
Flaschen/Hektar: 50.000 (60 % weiß, 40 % rot)/9 ha

Bereits seit neun Generationen ist die Winzerfamilie Geil in Monzernheim verwurzelt. Aktuell leben drei Generationen auf dem Hof, der von Andreas Geil geleitet wird. Der studierte Geisenheimer ist auch für den Ausbau der Weine zuständig. Bevor er den Betrieb 2016 übernahm, sammelte er auch Erfahrungen in Argentinien und Neuseeland. Der Winzer nutzt gerne neueste Technik, seine Mitarbeiter im Weinberg koordiniert er mit einer App, getreu seinem Motto: »Elegant Weinbau betreiben«. Uns gefiel in einem zuverlässigen Sortiment besonders der mineralisch getönte Kirchspiel Riesling.

91 2020 Westhofen Kirchspiel Riesling tr.
Kräftiger Duft nach reifem Pfirsich, Grapefruit, Honigwabe und feinen Kräutern. Beginnt im Mund mit einer präsenten Säure in einer klar definierten Struktur. Vielschichtiger Riesling mit Zug, guter Dichte und mineralischem Spiel, der gutes Entwicklingspotenzial hat. 12,5 Vol.-%. NK, €€

89+ 2020 Westhofen Grauburgunder trocken
Im Duft mit Noten von Birnen, gerösteten Walnüssen, reifer Aprikose und Physalis. Trocken am Gaumen mit präsenter Säure in einem schlank gehaltenen Format. Mittelgewichtig im Extrakt, überzeugt mit Frucht und feiner Phenolik. Ein vielseitiger Speisenbegleiter. 12,5 Vol.-%. DV, €

89+ 2020 Weißburgunder & Chardonnay tr.
Würzige Noten in der Nase, Aprikose, Apfel, Blüten, Ananas und feiner Rauch kommen dazu. Im Mund mit Saft, Würze, feinem Grip und einer ausgewogenen Säure bei mittelgewichtigem Extrakt. Würzig auch im Ausklang und mit guter Eignung für den Tisch. 12,5 Vol.-%. DV, €

89 2020 Bechtheim Sauvignon Blanc trocken
Fruchtige Nase nach reifer Mango, Holunderblüte und Cassis, etwas grüner Paprika und Würze kommen dazu. Am Gaumen mit lebendiger Säure und Noten von Zitrusfrucht schlank und straff gebaut. Animierender Sauvignon Blanc mit mittlerer Struktur, schöner Aperitif. 11,5 Vol.-%. DV, €

88 2020 Grauburgunder trocken

89+ 2020 Westhofen Riesling trocken
Reife Gelbfrucht im Duft, Pfirsich und Aprikose, auch Mango und florale Noten stellen sich ein, etwas Blattgrün. Geschmeidiger und cremiger Riesling, der mit seiner fruchtigen und würzigen Art Punkte sammelt. Mit guter Balance und ausgewogener Säure. 12 Vol.-%, DV, €

★★★

WEINGUT OEKONOMIERAT JOHANN GEIL I. ERBEN

Kuhpfortenstraße 11, 67595 Bechtheim
T: +49 6242 1546, info@weingut-geil.de
weingut-geil.de

Ab-Hof-Verkauf: Mo bis Fr 8–12 Uhr und 13–17 Uhr, Sa 8–12 Uhr und 13–16 Uhr mit der Bitte um Anmeldung
Kellermeister: Johannes Geil-Bierschenk
Ansprechpartner: Elisabeth Geil-Bierschenk
Flaschen/Hektar: 250.000 (70 % weiß, 25 % rot, 1 % Rosé, 1 % süß, 3 % Schaumwein)/32 ha

Sehr erfreulich, was Johannes Geil-Bierschenk vom 2020er Jahrgang im Keller hat: Die Weine haben Power und klare Kontur, vernachlässigen aber darüber die Zwischentöne nicht und wahren auf makellose Weise die Balance. Einen spannenden Vergleich bieten die Lagenrieslinge: Der Geyersberg dürfte auf mittlere und lange Sicht die Nase vorn haben, aber der etwas feiner gewobene Hasensprung ist beileibe auch nicht zu unterschätzen. Toll auch die Weißburgunder, deren lukullische Ader sie zu idealen Speisenbegleitern macht. Ein rundum gelungener Auftritt.

92+ 2020 Bechtheim Geyersberg Riesling tr.

Noch etwas hefig im Duft, die Frucht bleibt auch bei intensiver Luftzufuhr eher verschlossen. Etwas weißfleischiger Pfirsich. Im Mund mit geschmeidigem Auftakt, einer zarten Schicht sehr feiner Phenole, mit lebendigem Säurerückgrat und prägnant mineralischer Zuspitzung im Abklang.
13 Vol.-%, NK, €€

92+ 2020 »Reserve« Weißer Burgunder tr.

Würziges Neuholz, etwas Birne, gelber Apfel, Stohblumen. Im Mund gehaltvoll, die schiere Kraft, aber dennoch auch in Balance, stoffig, nahtlos eingebundene Säure, florale Gaumenaromen, tolle Länge. Ideal zur Begleitung reichhaltiger Speisen mit Rahmsaucen. 14 Vol.-%. NK, €€€

91+ 2020 Bechtheim Hasensprung Riesling trocken

Ein duftiger Wein, florale Noten, getrocknete Orangenschale, dazu etwas Wachs und Hefe. Am Gaumen ein straffer Bau, kernige Säure, merkliche Phenolik, konzentriert und noch kompakt, extraktreicher, terpengetragener Abklang.
13 Vol.-%, NK, €€

90+ 2020 »S« Bechtheim Grüner Silvaner tr.

Ein nussiger Silvaner im Duft, leicht würzig, gelbfruchtig, eher auf der reifen Seite des Aromenspektrums. Im Mund wuchtig, konzentriert in allen Komponenten, seidige Phenole, Länge gebende Säure, ein Brocken von Wein, Extrakt- und Restsüße ergänzen sich. 13 Vol.-%, DV, €€

89+ 2020 »S« Bechtheim Weißer Burgunder tr.

91 2020 »S« Bechtheim Riesling trocken

Im Duft Pfirsich, Pfirsichkern, Hefe, und Kräuter. Im Mund zeigt sich ein Wein mit sehr viel Kraft, der intensiv würzige Gaumenaromen besitzt und kalkmineralisch fundiert ist. Ein Riesling mit Muskeln, Dichte und Länge.
13 Vol.-%, DV, €€

★★

WEINGUT GOLDSCHMIDT

Enzingerstraße 27–31, 67551 Worms
T: +49 6247 7044, weingut.goldschmidt@t-online.de
wein-goldschmidt.de
Ab-Hof-Verkauf: Fr 13–18 Uhr, Sa 8–12 Uhr und 13–18 Uhr
Kellermeister: Jonas Goldschmidt
Ansprechpartner: Uli, Elke und Jonas Goldschmidt
Flaschen/Hektar: 173.000 (72 % weiß, 25 % rot, 2 % Rosé, 1 % Schaumwein)/19 ha
Anbauweise: Biologisch zertifiziert

Im biozertifizierten Weingut Goldschmidt arbeiten die Generationen Hand in Hand, mit klaren Ressorts: Vater Uli Goldschmidt kümmert sich in den Weinbergen um die Reben, Sohn Jonas ist der verantwortliche Kellermeister. Ihre Zusammenarbeit trägt schöne Früchte: Die Weißweine wirken in ihrer Balance ganz natürlich, haben eine feine Würze und zeigen Charakter. Eine leichte Restsüße steht gerade dem Riesling gut an. Der im Barrique ausgebaute Chardonnay zeigt Substanz und Dichte. Bioweingut mit klarer Ausrichtung und deutlicher Handschrift!

90+ 2020 Pfeddersheim Kreuzblick Chardonnay trocken
Der Duft ist noch vom Ausbau im Barrique geprägt, Holznoten, Kräuter, Wacholderbeere, auch noch Hefe, dahinter lassen sich Melone und Birne erahnen. Fest gebaut am Gaumen mit guter Substanz und Dichte, reife Säure, trocken und leicht salzig. Jung und mit Potenzial. 13 Vol.-%, DV, €€

89 2020 Osthofen Klosterberg Grünfränkisch trocken
Im Duft feine Würze und Kräutrigkeit, Apfel, Zitrusfrucht, Mandarinenschale, etwas Kümmel und Gelbfrucht. Überzeugt am Gaumen mit seiner saftigen und feinwürzigen Art in einer klar gefassten Kontur, die reife Säure und die dezente Süße runden ab. Rarität aus Osthofen. 12,5 Vol.-%. DV, €

89 2020 Pfedderheim Silvaner trocken
Würzig und feinfruchtig in der Nase mit Wiesenkräutern und Heu, auch Aprikose und gelber Apfel mischen im Duftbild mit. Silvaner mit klar gefasster Struktur und schöner Kräuterwürzigkeit, die reife Säure ist gut eingebunden. Feine Phenolik und auch Süße. 12,5 Vol.-%. DV, €

89+ 2018 Dalsheim Bürgel Spätburgunder tr.
Ziemlich reife Frucht in der Nase, Kirsche und Pflaume und ziemlich viel Holzwürze, auch Wacholderbeere. In der Struktur kräftig und wuchtig, dicht und in den Gerbstoffen noch etwas sperrig. Viel Substanz, ein Rotwein für kalte Abende. 14,5 Vol.-%. NK, €

88+ 2020 Sauvignon Blanc trocken

91 2020 Dalsheim Bürgel Riesling trocken
Feiner animerender Duft nach Pfirsich und grünem Apfel, dazu kommen auch kräutrige Nuancen von der Spontangärung. Im Mund klar gefasste Struktur mit süßlichem Extrakt, gepflegtem Säurestrang und mineralischer Tönung, ausgewogen in den Proportionen. 12,5 Vol.-%, DV, €

★★★

WEINGUT ECKEHART GRÖHL

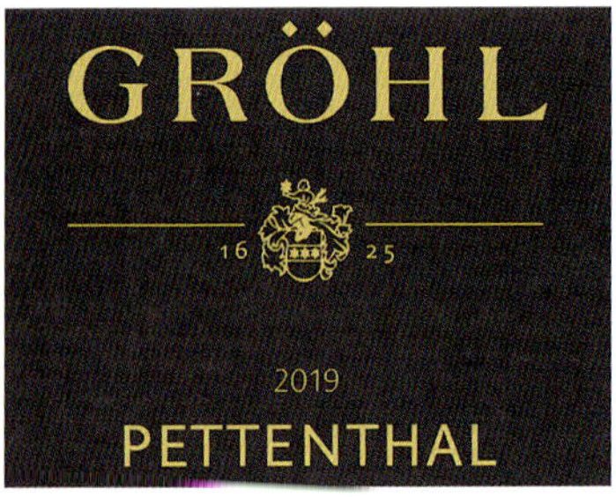

Uelversheimer Straße 4, 55278 Weinolsheim
T: +49 6249 809000, info@weingut-groehl.de
weingut-groehl.de

Ab-Hof-Verkauf: Mo bis Fr 8–12.30 Uhr und 14–17 Uhr, Sa von 10–16 Uhr
Kellermeister: Eckehart Gröhl
Ansprechpartner: Eckehart Gröhl
Hektar: 20 ha

Eckehart Gröhl hat sich in seinem Streben nach Qualität die Verbindung von Tradition und Moderne auf die Fahnen geschrieben. Keine Frage: Das gelingt ihm ganz hervorragend. Die Familie, die seit dem 17. Jahrhundert in Weinolsheim ansässig ist, erzeugt auf etwa 20 Hektar durchweg gelungene Weine, darunter einige Meisterstücke wie den Riesling aus der Spitzenlage Pettental: Hoch verdichtet, intensiv und komplex ist der Wein fordernd und komplett vom Terroir geprägt. Ganz stark auch der würzig, stringente Pinot Noir aus dem Oppenheimer Herrenberg.

94 2020 Nierstein Pettenthal Riesling tr.
Steinstaub, balsamisch, Asphalt, aber auch roter Apfel, im Mund getragen und relativ weit gefasst, hintergründig reich an Terpenen, satte Säure, hohe Verdichtung, fast schon schlank im Alkohol, zumindest mittelgewichtig, aber mit wuchtigem Extrakt. Intensive taktile Mineralität. 12 Vol.-%. NK, €€€

93+ 2020 Oppenheim Sackträger Riesling tr.
Hefewürzig, pfeffrig, Sesam, feuchter Kalk. Spontangärungsnoten. Im Mund mit knackiger Säure, mit viel Zug und Spannung und mit einer sehr präsenten Kalkwürze. Ein durch und durch terroirgeprägter Wein, kompakt, fordernd, knochentrocken, lang. 12,5 Vol.-%. NK, €€€

93 2020 Nierstein Ölberg Riesling trocken
Ein Duft von Mandarine mit der typischen Rotliegenden-Würze des Roten Hangs. Im Mund saftig, betont moderat im Alkohol, mit viel Saft und Nerv und früh präsenten terroirwürzigen Abgangsnoten. Eine straffe Version von Ölberg, dicht, spannungsgeladen dynamisch. 12,5 Vol.-%. NK, €€

92+ 2018 Oppenheim Herrenberg Pinot Noir trocken
Fein in der Nase mit einem Duft von klassischer Pinot-Noir-Traube, Sauerkirsche und lebendiger roter Frucht. Am Gaumen wirkt die feine Säure balancierend und bereitet in Verbindung mit dem reifen Gerbstoff die Basis für Trinkfluss und Lagerpotenzial. 12,5 Vol.-%. NK, €€

91+ 2019 Nierstein Hölle Weißer Burgunder tr.

90 2020 »Kalkstein« Oppenheim Riesling tr.

90 2020 »Roter Hang« Nierstein Riesling tr.

89 2020 »Kalkstein« Nierstein Weißburgunder trocken

89 2020 Sauvignon Blanc trocken

87+ 2020 Dalheim Grauer Burgunder trocken

91 2020 »Roter Hang« Nierstein Riesling Kabinett

91+ 2018 Nierstein Hölle Pinot Noir trocken
Komplex und fein im Duft. Mit Aromen von Kirsche, Cranberry, Champignon, Hibiskus und einer Nuance vom Tomatenblatt. Am Gaumen von guter Säure balanciert bei mittelgewichtigem Körper und sehr attraktivem Nachhall. Ein eleganter Wein mit Potenzial. 13,5 Vol.-%, NK, €€€

★★★★★

WEINGUT GUNDERLOCH

Carl-Gunderloch-Platz 1, 55299 Nackenheim
T: +49 6135 2341, info@gunderloch.de
gunderloch.de

Ab-Hof-Verkauf: Mo bis Fr 9–16 Uhr, Sa 11–14 Uhr
Kellermeister: Johannes Hasselbach und Heiner Maleton
Ansprechpartner: Johannes Hasselbach
Hektar: 24 ha

Dieses Weingut ist ein leuchtendes Beispiel dafür, wie große Tradition lebendig bleibt, wenn sie sich kontinuierlich erneuert. Der Betriebsgründer Carl Gunderloch kaufte 1890 Weinberge im Nackenheimer Rothenberg und war Gründungsmitglied des VDP, Ururenkel Johannes Hasselbach und sein exzellentes Team interpretieren die Lagen in einem straffen, packend zeitgemäßen Stil. Den idealen Einstieg in das Portfolio bietet der Nackenheimer Ortsriesling aus Ersten Lagen. Überragend ist wie so oft der komplexe und mineralische Riesling aus dem Rothenberg.

94+ 2020 Nackenheim Rothenberg Riesling GG
Leicht floral und mineralisch im Duft. Es folgen etwas Rauch sowie Zitrone, grüner Apfel und Limettenschale. Am Gaumen trägt die feine Säure diese Aromatik in einem eher schlanken Körper, der dennoch viel Energie beinhaltet. Elegant und mit langem Nachhall versehen. 12,5 Vol.-%. DV, €€€

94 2020 Nierstein Pettenthal Riesling GG
Pure Eleganz in der Farbgebung als auch im Duft von grünem Apfel, Limette, Jasmin und Aromen vom rotliegenden Tonschiefer. Am Gaumen mit Struktur und sehr präzise. Die feine Säure balanciert die komplexe Aromatik und führt in einen sehr langen Nachhall. Potenzial. 12 Vol.-%. DV, €€€

92 2020 »vom Roten Schiefer« Riesling tr.
Eine mittlere Intensität in Duft von Zitronenzeste, Pfirsich, Aprikose und nassem Stein. Am Gaumen bei guter Saftigkeit sowie einer eigenständigen Mineralik des Terroirs von feiner Säure getragen. Ein eleganter Wein mit attraktivem Nachhall, der zum Genuss einlädt. 12 Vol.-%. DV, €

92 2020 »vom Stein« Sauvignon Blanc tr.
Die Alte Welt des Sauvignon Blanc im Duft. Weniger tropisch. Aromen von Grapefruit, weißem Pfirsich und Stachelbeere. Am Gaumen auch kräutrig sowie Aromen von Zitrusfrüchten, Schwarzer Johannisbeere und nassem Stein, balanciert von feiner Säure. Weniger laut, dafür mit viel Eleganz. 12,5 Vol.-%. DV, €

91 2020 »Jean Baptiste« Riesling Kabinett

92+ 2020 Nackenheim Riesling Aus Ersten Lagen trocken
Brillant in der Farbe. Ein Duft von gelbem Apfel, Zitrone, weißem Pfirsich und nassem Stein. Die Aromen werden auch am Gaumen von sehr lebendiger Säure balanciert, eher schlanker Körper bei viel Saft und Kraft. Im langen Nachhall entwickelt sich eine florale Note. 12 Vol.-%, DV, €€

★★★

WEINGUT LOUIS GUNTRUM

LOUIS GUNTRUM
HIPPING | 2019

Rheinallee 62, 55283 Nierstein
T: +49 6133 97170, info@guntrum.de
guntrum.de

Ab-Hof-Verkauf: Mo bis Do 7–12 Uhr und 13–16.30 Uhr, Fr 7–12 Uhr
Kellermeister: Dirk Roth
Ansprechpartner: Louis Konstantin Guntrum
Hektar: 15 ha

Dieses Jahr haben wir nur eine kleine Stichprobe verkostet: Louis Konstantin Guntrum praktiziert – mit Erfolg – die Devise »weniger, aber gut«. Alle drei Weine sind Idealtypen: Der 2020er Niersteiner Ortsriesling zeigt die Noblesse des Terroirs in einem alltäglichen Format, der »Réserve« Pinot Noir demonstriert, dass sich selbst im warmen Jahr 2018 die Wucht bändigen ließ, und der Hipping 2019 ist so Hipping, wie ein Riesling nur sein kann, mit großem Potenzial.

93 2019 »Großes Gewächs« Nierstein Hipping Riesling trocken
Zeigt im Duft die balsamische Würze des Roten Hangs, aber auch ausgeprägt fruchtige Aromen: roter Apfel, Mirabelle, Weinbergpfirsich, Guave und Rhabarberkompott. Im Mund ist ein großes Volumen mit feinem Extrakt gefüllt, seidige Phenolik trifft reife Säure und feste Mineralität.
13 Vol.-%, NK, €€€

92 2018 »Réserve« Pinot Noir trocken
Im Duft Lorbeer und etwas rauchiges Neuholz, dazu kräuterwürzige Noten. Am Gaumen folgt auf einen cremigen Ansatz eine geradezu massive Fracht an feinem, mürbem Gerbstoff. Integrierter Alkohol, salzige Töne, milde Säure, Extraktsüße im Abgang. Sehr gutes Potenzial. 14,5 Vol.-%. NK, €€€

91 2020 Nierstein Riesling trocken
Frische Zitrusfrucht im Duft, Amalfizitrone und ein feinwürziger Unterton von Rotliegendem, warmer Ziegelstein. Apfelsine. Im Mund seidig, rund, viel Saftigkeit, eine feine Süße stützt die Frucht, die Säure ist nahtlos verbunden. Geschmeidiger Ausklang, stilvoller Ortswein.
12,5 Vol.-%, DV, €€

★★

WEINGUT HAUCK

Albigerstraße 15 Sonnenhof
55234 Bermersheim vor der Höhe
T: +49 6731 1272, vinum@weingut-hauck.de
weingut-hauck.de

Ab-Hof-Verkauf: telefonische Voranmeldung erwünscht
Kellermeister: Heinz-Günter und Jana Hauck
Ansprechpartner: Familie Hauck
Hektar: 30 ha

Bei der Winzerfamilie Hauck in Bermersheim kann man sich auf eines verlassen: Es gibt zum einen handwerklich und ohne großes Brimborium erzeugte Weine zu sehr fair kalkulierten Preisen wie den erdverbundenen Riesling von »Alten Reben« aus dem Klosterberg. Zum anderen darf man immer mit Überraschungen rechnen: Wenn die weiße Cuvée aus Manzoni Bianco und Albariño eine rheinhessische Antwort auf den Klimawandel ist, dann ist sie stimmig formuliert. Beeindruckend auch die Rotweine: Die Spätburgunder-Selektion aus 2018 übersetzt Kraft in Delikatesse.

90+ 2020 »Alte Reben« Bermersheim Klosterberg Riesling trocken
Klassischer und gehaltvoller Rieslingduft mit Weinbergpfirsich und Aprikosen, etwas Minze und Melisse kommen dazu, auch nasser Stein. Saftig mit guter Substanz und Tiefgründigkeit am Gaumen, mit merklicher Mineralität, unverfälscht und erdverbunden. 12,5 Vol.-%. DV, €

90 2020 Bermersheim Hildegardisberg Chardonnay trocken
Chardonnay mit guter Substanz, Volumen und auch Wucht, der nach Birne, Melone und kandierter Zitronenschale riecht, auch Salzkaramell kommt dazu. Eine großzügige und klassische Spätlese, die ihren Namen verdient und auch kräftige Speisen trefflich begleiten kann. 14 Vol.-%. DV, €

91+ 2018 »976« Spätburgunder trocken
Nur 976 Flaschen wurden von dieser Spätburgunder-Selektion aus dem warmen Jahr 2018 gekeltert, die am Gaumen weit angelegt ist, mit sehr geschmeidigen Gerbstoffen und einer fein ziselierten Säure. Hier wird Kraft und Volumen in Schmelz und Delikatesse übersetzt. Schön. 14 Vol.-%. NK, €€

90+ 2018 »essential« Bermersheim Klosterberg Merlot & Cabernet Sauvignon trocken
Bordeaux-Blend aus Bermersheim vor der Höhe, die nach Cassis, Brombeere und Paprika riecht, mit präsenter Holzwürze. Stoffig und mit gut begleitender Säure am Gaumen, mit prägnanten und noch leicht pelzenden Gerbstoffen, trocken und griffig, mit gutem Reifepotenzial.
14 Vol.-%. DIAM, €€

89+ 2020 Bermersheim Hildegardisberg Weißburgunder trocken

89+ 2020 Bermersheim Hildegardisberg Grauer Burgunder trocken

89 2020 »kunststück« Weißer Burgunder & Auxerrois trocken

89 2020 Manzoni Bianco & Albariño trocken

89 2020 Auxerrois trocken

89 2020 Chardonnay & Sauvignon Blanc tr.

88 2020 »Blanc de Pinot Noir« trocken

89+ 2020 »Hildegard« Silvaner trocken
Kräutriges Ambiente mit Majoran, feinem Liebstöckel, Apfelspalten und Birne. Saftig im Mund mit etwas Restsüße, weicher Säure und entspanntem Naturell, das gegen modische Tendenzen immun ist. Würzig in der stoffigen Gaumenmitte, sieht auch gelassen dem Finale entgegen.
12,5 Vol.-%, DV, €

★★

WEINGUT HEILIGENBLUT

Hauptstraße 114, 55232 Alzey
T: +49 176 45804433, info@heiligenblut-wein.de
heiligenblut-wein.de

Ab-Hof-Verkauf: nach Vereinbarung
Kellermeister: Christian und Martin Hannemann
Ansprechpartner: Christian und Martin Hannemann
Hektar: 16 ha

Alle Achtung, was die Brüder Christian und Martin Hannemann vom Weingut Heiligenblut abliefern, das verdient unseren Respekt: Erst 2018 übernahmen sie den Betrieb mit dem etwas martialisch klingenden Namen und keltern schon erwachsene und ausgeschlafene Weine. Vor allem die Rieslinge, trocken und mit Restsüße als Kabinett ausgebaut, überzeugen im Jahrgang 2020 mit Spannung, Mineralik und auch Raffinesse. Aus 2018 stammt die Scheurebe »Reserve«, eine eigenwillige Interpretation der Rebsorte. Und künftig soll auch der Silvaner eine tragende Rolle einnehmen. Stark!

92+ 2018 »Reserve« Scheurebe trocken
Blasses Goldgelb im Glas, etwas trüb, aromatisch ist die klassische Scheurebe nicht zu erkennen. Dafür Noten von Dörrobst, Kümmel, Safran und Malz. Klar gefasst in seiner Struktur, am Gaumen Bitterorangemarmelade, ausgeprägte und noble Phenolik, eigenwillig und stark. 12,5 Vol.-%. NK, €€

91 2020 »Melaphyr« Weinheim Riesling trocken
Spannender und noch verschlossener Duft mit kräutrigen und steinigen Noten, Hefe und auch Pfirsich zeigt sich. Am Gaumen mit Zug und Spannung, merklicher Phenolik und einer präsenten, recht forschen Säure. Auch im Mund kräuterwürzig und mineralisch, eigener Charakter. 12 Vol.-%. DV, €€

91+ 2020 Weinheim Heiliger Blutberg Riesling Kabinett
Fein ziselierter Duft, reife Zitrusfrucht, etwas getrocknete Aprikose, mineralischer Faden, Minze und Melisse. Am Gaumen eine feine Säure, reif, dazu fließende Zitrusfrucht, Limone, mineralisch unterlegt, hat Zug und Länge, fein und elegant. 7,5 Vol.-%. NK, €€€

91 2020 Weinheim Riesling Kabinett
In der Nase Duft nach reifen Zitrusfrüchten und Aprikose, dazu etwas Papaya und Orangenmarmelade. Am Gaumen mit griffiger Säure, zupackend, dann frische Zitrusfrucht, Limone, fein ziselierter Wein mit guter Struktur und Länge, eleganter Kabinett. 8,5 Vol.-%. DV, €€

89 2020 Scheurebe Kabinett

90 2020 Silvaner trocken
Kräuterwürziger Duft mit Noten von Spontangärung und gelber Frucht, Apfel, Apfelschale und Fenchelkraut. Saftig und würzig am Gaumen in einer schlanken und straffen Struktur; kein handzahmer Silvaner mit Druck und einem etwas ungebändigten Charakter. 12,5 Vol.-%, DV, €

★★

WEINGUT HEMMES

Grabenstraße 13 & 34, 55411 Bingen am Rhein
T: +49 6721 1 24 20, info@weingut-hemmes.de
weingut-hemmes.de

Ab-Hof-Verkauf: Mo bis Fr 10–12 Uhr und 14–18 Uhr, Sa 10–16 Uhr
Kellermeister: Frank und Felix Hemmes
Ansprechpartner: Frank Hemmes
Flaschen/Hektar: 150.000 (65 % weiß, 20 % rot, 10 % Rosé, 2 % süß, 3 % Schaumwein)/20 ha

Sehr erfreulich, die Entwicklung im Binger Weingut, in dem drei Generationen zusammenleben und -arbeiten. Frank und Felix Hemmes geben ihren aktuellen Weinen einen erkennbar stärkeren Terroirbezug und stoßen dadurch in neue Bewertungsregionen vor: Der trockene Riesling vom Scharlachberg klopft vernehmbar an die Tür der Gebietsspitze, und Kabinett sowie Auslese aus derselben Lage repräsentieren ihre Prädikate mit einer Mischung aus Sinnlichkeit und Ernst. Wenn sich dieser Trend verstetigt, lockt schon in Bälde der dritte Stern!

92+ 2020 Bingen Scharlachberg Riesling tr.
Roter Apfel, Birnenkompott, aber auch Aprikose, dazu Funkenschlag, rauchige Töne. Im Mund mit sehr gutem Extrakt, dezente Phenole, feste Säure, mineralisches Fundament. Dicht, packend, kompakt. Sehr gutes Potenzial. 13 Vol.-%, DV, €€

92+ 2018 Bingen Kirchberg Pinot Noir trocken
Schwarzkirsche, Amarenakirsche, einiges Neuholz. Kirschkern. Insgesamt noch verschlossen. Im Mund druckvoll, eine satte Dosis reifen Tannins kleidet den Gaumen aus, reife Säure gibt ausreichend Halt. Ein dichter und zugleich gut proportionierter Roter mit bestem Potenzial. 13,5 Vol.-%. NK, €€

91 2020 Bingen Scharlachberg Riesling Kabinett
Im Duft zunächst hefegeprägt, dann mehr und mehr auch mineralwürzig. Auch am Gaumen ein Kabinett mit Terroircharakter, der die Mineralität der Lage zeigt, gute Dichte, dazu saftig mit geschliffener Säure und mit feiner Würze, gute Balance. 9,5 Vol.-%. DV, €€

92 2020 Bingen Schlossberg Schwätzerchen Riesling Auslese
In der Nase Duft nach getrockneten Früchten, Rosine, Aprikose, Zitronat, etwas Blütenhonig, Würze. Am Gaumen schöne Würze, lebendige Säure, Birnensaft, kandierte Grapefruit, reichhaltig, aber gut balanciert, gute Struktur und Länge. 9,5 Vol.-%. DV, €€€

90 2018 Riesling brut

89+ 2020 »Pet Nat« extra brut FR/SÄ/HX

89 2020 Riesling trocken

90+ 2020 »Natur« trocken CH/PN

89 2020 Blanc de Noir trocken PN/SL

89+ 2019 Spätburgunder trocken

89 2020 Riesling Kabinett

90 2020 Bingen Riesling trocken
Zitrusfrucht und nussige Aromen, mineralisch unterlegt. Im Duft schon fast ein kleiner Scharlachberg. Am Gaumen mittelgewichtig im Extrakt, gute mineralische Substanz, die Süße dominiert ein klein wenig gegenüber der Säure. Gut für die mittlere Reifeperiode! 13 Vol.-%, DV, €€

★★★

WEINGUT HIESTAND

Nordhöferstraße 19, 67583 Guntersblum
T: +49 6249 2266, info@hiestand-weingut.de
hiestand-weingut.de

Ab-Hof-Verkauf: Mo bis Fr 13–18 Uhr, Sa 10–16 Uhr
Kellermeister: Gunther Hiestand
Ansprechpartner: Gunther Hiestand
Anbauweise: Biologisch zertifiziert

Seit 1401 erzeugt die Familie Hiestand im rheinhessischen Guntersblum Wein. Heute führt Gunther Hiestand das Familienweingut biologisch. »Durch das ökologische Wirtschaften entfalten sich Kraft und Vitalität unserer Böden, um diese im Rebstock lebendig werden zu lassen«, so der Winzer. Im Berg und im Keller lässt er dem Wein Zeit. Der Stil ist klassisch: Die Weine sind kulinarisch, nie zu süß, ohne Effekthascherei geradeaus gebaut. Der Gewürztraminer wirkt vornehm zurückhaltend, der Weißburgunder besticht durch dezent florale Noten. Grundsolide!

92 2018 Guntersblum Kreuz Riesling trocken

In der Nase Früchte von grünem Apfel, weißem Pfirsich, weißen Blüten sowie ein wenig Schießpulver und nassem Stein. Am Gaumen erfrischende, knackige Säure und Aromen von Zitruszesten, grünem Apfel. Schöne Balance von Geschmeidigkeit und einer herben, mineralischen Note am Gaumen. 13 Vol.-%, NK, €€€

92 2019 Guntersblum Gewürztraminer tr.

Sattes Zitronengelb im Glas. In die Nase springen einem sofort Aromen von Litschi, Rose, leichter Honig und Ingwer. Am Gaumen trocken, aber mit einer deutlichen Extraktsüße. Ein saftiger Wein, voller Fülle von Frucht und Würze, schönem Schmelz und dezenter Säure. Langer Nachhall. 13 Vol.-%, DV, €€

90 2019 Guntersblum Sylvaner trocken

In der Nase reife, gelbe Früchte: Apfel, Birne,Quitte, Orange sowie Heu und Holunder. Butter und eine leichte Würze von Pfeffer sind spürbar. Am Gaumen eröffnet sich der Wein mit einem schönen, cremigen Schmelz und einer spürbar, gut eingebundenen, erfrischenden Säure. Eine herrliche, saftige Frucht zeigt sich am Gaumen. 12,5 Vol.-%. DV, €€

89+ 2020 Guntersblum Kreuz Riesling Kabinett

Leichte Zitrusnoten sowie dezente Aromen vom grünem Apfel und Weinbergpfirsich in der Nase. Am Gaumen leicht, saftig, mit einer präsenten Restsüße und vergleichsweise dezent bleibender Säure. 8 Vol.-%. DV, €€

89 2019 Guntersblum Riesling trocken

91 2018 Guntersblum Kachelberg Pinot Blanc trocken

Ein strahlendes Zitronengelb mit grünen Reflexen im Glas. In der Nase leicht erfrischende Zitrone, Aprikosen sowie Mandel. Dazu ein wenig Karamell. Am Gaumen weich, füllig mit Frucht von Aprikosen , grünem Apfel. Leicht nussige Aromen sowie dezente Säure. 13,5 Vol.-%, NK, €€€

★

WEINGUT DR. HINKEL

Kirchstraße 53, 55234 Framersheim
T: +49 6733 368, weingut.dr.hinkel@t-online.de
weingut-dr-hinkel.de

Ab-Hof-Verkauf: Mo bis Fr 8–12 Uhr und 14–18 Uhr, Sa 10–17 Uhr
Kellermeister: Dr. Roland Hinkel
Ansprechpartner: Dr. Roland Hinkel
Flaschen/Hektar: 200.000 (50 % weiß, 28 % rot, 10 % Rosé, 10 % süß, 2 % Schaumwein)/34 ha

Das Weingut Hinkel ist ein Familienunternehmen in der 18. Generation, das umweltschonend arbeitet. Dazu gehört der Verzicht auf Herbizide und Pestizide sowie die Verwendung von recyceltem Flaschenglas. Auch Schönungsmittel im Keller sind tabu, denn die Vinifizierung ist vegan. Die Aufwärtstendenz im Familienweingut ist deutlich. Gerade hat Peter Hinkel sein Studium in Geisenheim abgeschlossen. Er führt interessante Experimente wie »Pied de Cuve« durch. Bei dieser Methode wird einem noch süßen Most gärender Most zugefügt, damit dessen Gärung schneller startet.

90+ 2020 Gau-Heppenheim Schlossberg Sauvignon Blanc trocken
Anfangs kräftig hefegeprägt im Duft, dezent blumige Noten, Flieder, aber auch Mandeltöne. Belüftet sich nach längerem Hätscheln im Glas ganz positiv. Geschmeidiger Ansatz, weich und rund, milde Säure, guter Druck, dann im Abgang aber auch Saftigkeit. Für Geduldige! 12,5 Vol.-%. DV, €€

89+ 2020 Framersheim Zechberg Chardonnay tr.
Hefe und getreideartige Sortenaromen. Heu. Am Gaumen wuchtig, kraftvoller Körper, mit leichter Phenolik und mit einer Schicht Cremigkeit, feiner Säurefaden, bleibt lange und intensiv am Gaumen. 13 Vol.-%, DV, €€

91+ 2015 Albig Homberg Shiraz trocken
Ein recht kräftiger, vielschichtiger Duft: Kirsche und Kräuter, schokoladiges Neuholz, ein Anflug von Malz, und »warme« Garrigue. Im Mund mit cremiger Basis, mürb-körniqem Gerbstoff und milder Säure. Ein sehr gut extrahierter, würziger Wein. 13,5 Vol.-%. NK, €€

91+ 2015 Framersheim Kreuzberg Huxelrebe Trockenbeerenauslese
Helles Bernstein in der Farbe. Leicht oxidativ, Quittenkompott, Pfeffer, Bergamotte. Sehr ölig im Mund, extrem süß, im Abgang mit Aprikose und Pfirsich, da kann man den Löffel reinstellen. 6 Vol.-%. NK, €€€€

88 2020 Gau-Heppenheim Schlossberg Riesling Spätlese

90 2020 St. Laurent trocken
Dunkle Schokolade, After Eight, Preiselbeere, ein würziger Sortentyp. Im Mund weich und mollig, mildes, aber hintergründiges, auch leicht adstringierendes Tannin, gute klare Frucht, reife Säure, schöner saftiger Abklang. 12,5 Vol.-%, DV, €

★★★★

WEINGUT HOFMANN

Vor dem Klopp 4, 55437 Appenheim
T: +49 6725 300063
info@schiefer-trifft-muschelkalk.de
schiefer-trifft-muschelkalk.de
Ab-Hof-Verkauf: Mo bis Fr 9–12 Uhr und 13–18 Uhr, Sa 9–12 Uhr und 13–17 Uhr
Kellermeister: Jürgen Hofmann
Ansprechpartner: Carolin Hofmann
Flaschen/Hektar: 240.000 (91 % weiß, 4 % rot, 5 % Rosé)/22 ha

Jürgen Hofmann geht das nächste Kapitel in der Erfolgsgeschichte seines Familienbetriebs an: die Umstellung auf Biobewirtschaftung. Wir dürfen also gespannt sein, in welche Richtung sich die Weine in den nächsten Jahren stilistisch entwickeln werden. Aktuell können wir vermelden, dass der Betrieb auch in 2020 geliefert hat, was man von ihm kennt: saftige, salzige Rieslinge, die in der Spontanvergärung eine zusätzliche Dimension der Würze bekommen haben. Mit großem Geschick überträgt Hofmann dieses Geschmacksmuster auch auf Sauvignon Blanc und Chardonnay.

92+ 2020 Appenheim Hundertgulden Riesling trocken
Reduktive Aromen noch im Vordergrund. Dahinter florale Noten, Wiesenblüten, Zitrone, Steinobst, pinkfarbene Grapefruit unterlegt von geschnittenem Gras und nassem Stein. Gute Substanz und klare Struktur mit erfrischendem Abgang. Im Glas Zeit geben. 12,5 Vol.-%. DV, €€€

92+ 2020 St. Johann Steinberg Chardonnay trocken
Im Duft Zitrusblüte, Pfirsich, Aprikose und Melone, die durch Rauch und reduktive Noten von nassem Stein ergänzt werden. Gut dosiertes Holz. Straff in der Säure mit dicht gepackter Substanz, schmelzigem Kern und langem, geradlinigem Nachhall. 13,5 Vol.-%. NK, €€€

91+ 2020 »LieblingsEi« Gau-Algesheim Laurenzikapelle Sauvignon Blanc trocken
Sauvignon Blanc mit viel mineralischer Substanz im Stil der Neuen Welt. Zunächst Mango, Passionsfrucht mit Brennnessel und Rhabarber im Duft. Am Gaumen salzig-mineralisch mit feiner Phenolik. Die kristallklare Säure gibt zusätzliche Energie. 12,5 Vol.-%. DV, €€€

91+ 2020 Nierstein Ölberg Riesling trocken
Attraktive Noten von Zitrus, Aprikose, Orange und Pfirsich. Saftig, balanciert mit schönem Schmelz am mittleren Gaumen. Erfrischendes Säurespiel macht Lust auf den nächsten Schluck. Gesteinsmehl im mittellangen Abgang. 12,5 Vol.-%. DV, €€€

91 2020 Gau-Algesheim Goldberg Riesling tr.

90+ 2020 Gau-Algesheim Laurenzikapelle Sauvignon Blanc trocken
Blasses Zitronengelb im Glas. Ansprechender Duft von Zitrone, Wiesenkräutern, Akazie, Gurkenschnitzen und Blütenhonig. Schlank, gut eingebundene Säure, exzellent balanciert mit dezenter Cremigkeit am Gaumen und einem feinen, salzigen Finish. 12,5 Vol.-%, NK, €€€

★★★

WEINGUT FRITZ EKKEHARD HUFF

FRITZ EKKEHARD
HUFF
Rabenturm

Hauptstraße 90, 55283 Nierstein
T: +49 6133 58003, info@weingut-huff.de
weingut-huff.de

Ab-Hof-Verkauf: nach Vereinbarung
Kellermeister: Christine Huff und Jeremy Bird-Huff
Ansprechpartner: Christine und Doris Huff
Flaschen/Hektar: 5.600 (75 % weiß, 25 % rot)/10 ha

Das Weingut Huff betont seine enge Verbundenheit mit seinen Weinbergen bei Nierstein und Schwabsburg, und zwar besonders den Steillagen. Ohne Herbizide oder Mineraldünger schaffen Christine und Jeremy Bird-Huff hier Weißweine von kontinuierlicher Güte. Bei den Rieslingklassikern brillierte wie eigentlich immer der Schloss Schwabsburg »Rabenturm«, auch in diesem Jahr setzt sich die Lieblingslage der Familie an die Spitze. Originell, unerwartet, ja geradezu furios ihr Sauvignon Gris. Diese Sauvignon-Blanc-Spielart entdeckt man in Deutschland gerade erst.

93 2020 »Reserve« Sauvignon Gris trocken
Rauchig weht ein kühler Duft aus dem Glas, animierende Williams Christbirne und Jasmin, im Mund kräftig und stoffig, dicht gewebte Struktur, fein auch hier die Birne, zart cremig und ein sehr elegantes Mundgefühl mit enormem Nachhall, ein toller Speisenbegleiter 13 Vol.-%, NK, €€

92 2020 »Rabenturm« Nierstein Schloss Schwabsburg Riesling trocken
Auffallend grüngoldene Farbe, kräftige Kräuterwürze in der Nase: Thymian, Estragon, auch dunkler Honig. Dann entwickeln sich florale Noten wie Ginster und Rosenduft. Im Mund kräftige und duftige Säure, Zitrusnoten umschmeicheln den Gaumen, bemerkenswert. 13 Vol.-%, NK, €€€

90+ 2020 Nierstein Pettenthal Riesling trocken
Deutliche Nase nach zarten Blüten, frischen Äpfeln und Kernobst wie Marillen und weißen Pfirsichen. Im Mund eine frische Säure, die animierend wirkt und den Trinkfluss unterstützt. Geradewegs gebauter Wein, der noch etwas Reife benötigt. 12,5 Vol.-%. NK, €€€

94 2019 Nierstein Findling Sauvignon Blanc Beerenauslese
Cassis, Kiwi und Sternfrucht in der feinen, nicht zu überladenen Nase, auch Kreide und etwas Feuerstein, Stroh. Im Mund mit sehr guter Balance von Säure und Süße, seidig kandierte Stachelbeere, eingemachte Stachelbeere, auch zitrisch, eleganter Fluss. 11,5 Vol.-%. DV, €€€

90 2020 Nierstein Orbel Riesling trocken

90 2020 »Vom Rotliegenden« Riesling tr.
Deutlich kräftigere Nase, Lilien und Kräuternoten im Glas, dazu eine fast cremige Duftnote. Am Gaumen eine gut eingebundene knackige Säure, duftig und frisch, sehr appetitanregend und saftig. Langer Nachhall von grünen Äpfeln und Stachelbeeren. 12,5 Vol.-%, DV, €€

★★★

GEORG GUSTAV HUFF

Woogstraße 1, 55283 Nierstein-Schwabsburg
T: +49 6133 50514, info@weingut-huff.com
weingut-huff.com

Ab-Hof-Verkauf: Mo bis Fr 8–12 Uhr und 13.30–18 Uhr, Sa 9–17 Uhr, So 10–12 Uhr
Kellermeister: Stefan und Daniel Huff
Ansprechpartner: Familie Huff
Flaschen/Hektar: 240.000 (60 % weiß, 23 % rot, 10 % Rosé, 5 % süß, 2 % Schaumwein)/27 ha

Beim Weingut Huff wird der natürliche, ganzheitliche Anbau großgeschrieben: Vater Dieter Huff verzichtet auf mineralischen Dünger und Insektizide, setzt auf biologische Verfahren für gesunde widerstandsfähige Stöcke. Im Keller teilen sich Stefan und Daniel Huff die Vinifizierung der roten und weißen Trauben. Die Filetstücke des Weinguts liegen im berühmten Roten Hang, in Lagen wie Pettenthal und Hipping. Hier fühlt sich inzwischen neben dem Riesling auch der Rotwein richtig wohl. Der Rosenberg Spätburgunder zeigt schon einmal, was möglich ist.

92 2020 »Alte Reben« Nierstein Hipping Riesling trocken
Am Anfang eher eine verschlossene Nase, dann grüne Zitrusnoten, auch zarte Kräuter. Im Mund erfreut die frische Säure, gepaart mit Aromen von weißen Blüten und Mandeln, elegante Stoffigkeit, sehr anregender, schier endloser Nachhall! 12,5 Vol.-%. NK, €€

92 2020 Nierstein Schloss Schwabsburg Riesling trocken
Honig, Honig, Honig, ein herrlicher Duft! Dann entwickeln sich Kräuter, Zitrusnoten, Ahornblüten. Im Mund cremige Dichte, feines Säurespiel, gepaart mit Saftigkeit, auch hier Kräuter, dazu Mandelnoten, Limettenabrieb, Weiße Johannisbeeren, langer Nachhall 12,5 Vol.-%. NK, €€

92+ 2017 »Alte Reben« Nierstein Rosenberg Spätburgunder trocken
Getragener Duft nach reifer Kirsche, Holzwürze, Gewürznelke und floralen Noten, Rosenblätter. Am Gaumen frisch mit einer präzisen Säure in einer straffen Struktur, trocken mit präzisen Gerbstoffen, cremiger Hintergrund und ausgeprägte Mineralität. Ziemlich groß. 13 Vol.-%, NK, €€

91 2020 Nierstein Schloss Schwabsburg Riesling Auslese
Klares Honiggelb. Intensiver Duft nach getrockneten Früchten, Zitronat, getrocknete Aprikose, unterlegt mit Würze und Ananas. Am Gaumen feine Säure, präsente Süße, balanciert, pikante Zitrusaromen, Südfrüchte, lebendige Struktur, anregende Auslese. 9 Vol.-%. NK, €€

91 2020 Nierstein Rehbacher Steig Sommerseite Riesling trocken

89 2020 Nierstein Riesling Kabinett feinherb
In der Nase der Duft nach frischen Zitrusfrüchten, Limonenschale, reife Birne, etwas Holunder. Am Gaumen milde Säure, schöne Frische, erneut Zitrusaromen, dazu etwas Apfel, feine Süße, gut balanciert, griffig, harmonische Struktur. Und kabinetttypische Leichtigkeit!
10,5 Vol.-%, DV, €

★

WEINGUT LEONHARD HUPPERT

Wormser Straße 7, 67598 Gundersheim
T: +49 6244 308, info@weingut-achenbach.de
weingut-huppert.de

Ab-Hof-Verkauf: Nach Vereinbarung
Kellermeister: Andreas Huppert
Ansprechpartner: Andreas Huppert
Flaschen/Hektar: 46.600 (60 % weiß, 20 % rot, 10 % Rosé, 10 % Schaumwein)/10 ha

Der Gundersheimer Leonhard Huppert hat sich ganz der alternativen Bearbeitung seiner Rebberge verschrieben. Er verzichtet auf Kunstdünger und experimentiert zur Bodenverbesserung mit Terra preta, einer Mischung aus Pflanzenkohle und anderen natürlichen Stoffen. »Ich bin meinen Trauben so nah wie selten zuvor«, schreibt tief befriedigt der Winzer, der erstmals in unserem Guide vertreten ist. Dass er den richtigen Weg eingeschlagen hat, beweisen seine Rieslinge und auch die Rotweine. Wir starten die Bewertung erst einmal mit einem Stern.

90+ 2018 Westhofen Morstein Riesling trocken
Würziger Duft, Curry, Kardamom, Gelbfrucht. Im Mund beginnt der Wein geschmeidig, breitet dann eine gehaltvolle Gaumenmitte mit mürben Phenolen aus, lebendige Säure balanciert den kräftigen Alkohol, präsente taktilmineralische Noten leiten in den Abgang. 13,5 Vol.-%. NK, €€

89+ 2019 Gundersheim Weißer Riesling trocken
Intensiver und fruchtiger Duft nach Pfirsich und Zitrusfrucht, dazu kommen würzige Noten und feiner Rauch. Eröffnet am Gaumen mit einer lebendigen Säure, die in einer kompakten Struktur von etwas Limettensaft begleitet wird. Die feine Süße ist gut eingebunden. 12,6 Vol.-%. NK, €

90+ 2018 Westhofen Morstein Blauer Spätburgunder trocken
Monumentaler, wuchtiger Spätburgunder aus großer Lage, die sich abzeichnet in Struktur und Mineralität. Intensiver Duft nach Pflaume, sehr reifen Waldbeeren und Rumtopf. Am Gaumen mit balancierender Säure, markantem Gerbstoff, auch merklichem Alkohol. Zeigt Größe. 15,8 Vol.-%. NK, €€

90 2018 »Reserve« Blauer Portugieser tr.
Die Nase ist vom Holzausbau geprägt und eher zurückhaltend in ihrem Fruchtangebot; Pflaume zeigt sich, Wacholderbeere und etwas Rumtopf. Am Gaumen gibt sich die »Reserve« druckvoll mit gutem Extrakt und erwachsenen Gerbstoffen, der Alkohol ist etwas spürbar. Viel Wein. 15,1 Vol.-%. NK, €€

89 2019 Westhofen Chardonnay trocken

90 2018 Westhofen St. Laurent trocken
Kräftiger und würziger Duft mit Holzpatina, Grillkohle, Schwarzkirsche und Brombeere. Setzt am Gaumen auf Kraft und Substanz, belastbare Gerbstoffe, die reife Säure sorgt für Balance. Zeigt den Sortentyp, interpretiert mit den Bedingungen des warmen Jahres. 14,1 Vol.-%, NK, €

★ ★

WEINGUT JÄGER

Rheinstraße 17, 55437 Ockenheim
T: +49 6725 2330, weingut@jaegerwein.de
jaegerwein.de

Ab-Hof-Verkauf: Mo bis Fr 9–17 Uhr, Sa 10–14 Uhr
Kellermeister: Armin Jäger
Ansprechpartner: Diana Jäger
Flaschen/Hektar: 100.000 (50 % weiß, 50 % rot)/15 ha

Das Ockenheimer Weingut steht für einen modernen Stil und für Weine mit strahlenden Fruchtaromen. Dies unterstreicht auch die aktuelle Kollektion, in der ein buttriger Chardonnay ohne jeden Holzeinsatz und ein beeriger Cabernet Sauvignon unsere Favoriten sind. Dass das Weingut dank angeschlossener Rebschule auch Besonderheiten zu bieten hat, zeigt die tschechische Neuzüchtung »Neronet«, die dunkel ins Glas fließt und einen enormen Extrakt aufweist. Auch wenn die Sorte weitgehend unbekannt ist, muss man ihr Potenzial wohl in äußerst positivem Licht sehen.

89+ 2020 Ockenheim Hockenmühle Riesling trocken

Im Duft etwas Hefe, aber auch Passionsfrucht, Papaya. Im Mund recht geradeaus gebaut, saftig, feinnervig, markante Phenolik, dezente Süße unterstützt die Frucht und das Volumen, ein Riesling mit guter Perspektive. 13,5 Vol.-%, DV, €€

90 2018 Ockenheim Hockenmühle Cabernet Sauvignon trocken

Eine intensive Cabernetfrucht dominiert das Glas: Schwarze Johannisbeerblätter, ein klein wenig Bitterschokolade. Im Mund mit lebendiger Säure, einer Spur Süße und viel Saftigkeit. Ein fruchtbetonter Sortentyp, dicht und typisch.
13,5 Vol.-%, NK, €

89+ 2019 Ockenheim Kreuz Neronet trocken

Opakes Violett in der Farbe. Im Duft ist der Wein noch sehr jugendlich, zeigt aber bereits neben Frucht auch Würze: Zwetschge, Lakritze, Salbei. Im Mund mit einiger Körperkraft, sehr dichtes, feinkörniges, aber auch festes Tannin, eingebundene Säure, braucht Zeit. 13 Vol.-%, KK, €

89+ 2019 »Werkstück« trocken SL/NT

Im bereits recht opulenten Duft zeigen sich Aromen von Dörrpflaume, Brombeere, im Mund sehr geschmeidig, cremig nachgerade mit leichter Süße, griffiges, leicht körniges Tannin, salzige Untertöne, kraftvoller Abgang. 13 Vol.-%, DV, €

88 2020 Ockenheim Schönhölle Sauvignon blanc trocken

89 2020 Ockenheim St. Jakobsberg Chardonnay trocken

Der Wein hat buttrige Noten im Duft, aber auch ein Aroma von gesalzenem Popcorn und zitrische Untertöne. Eröffnet im Mund mit leichter Süße, entfaltet dann einige Stoffigkeit und zeigt reife Säure, die dem Abgang Länge gibt. Ein eigenständiger Chardonnay ohne Holzeinsatz.
14 Vol.-%, DV, €

★★

KAPELLENHOF

Kapellenstraße 18, 55278 Selzen
T: +49 6737 204, kapellenhof@t-online.de
kapellenhof-selzen.de

Ab-Hof-Verkauf: Mo bis Fr 8–17 Uhr, Sa 9–14 Uhr
Kellermeister: Thomas Schätzel
Ansprechpartner: Thomas Schätzel
Flaschen/Hektar: 120.000 (75 % weiß, 25 % rot)/18 ha

Der Kapellenhof in Selzen kann auf über 750 Jahre Geschichte zurückblicken und wird in vierter Generation von Thomas und Sabine Schätzel geführt. Das Weingut kultiviert Reben auf 18 Hektar Fläche, sie stehen vor allem auf mineralreichen Kalkmergelböden. Thomas Schätzel versteht es, seine Weine wie den vielschichtigen Riesling »Ökonomierat E« oder den im Barrique ausgebauten Grauburgunder »Beyond« auf gehobene klassische Art in Szene zu setzen. Inzwischen hat auch Sohn Christian seine eigene Weinlinie namens »Kapellenhof 5 – Next Generation« vorgelegt: Es tut sich was in Selzen.

91 2019 »Ökonomierat E« Hahnheim Knopf Riesling Selection Rheinhessen trocken
Zitrische Anklänge im Duft, die sich mit herbem Apfel und reifer Gelbfrucht verbinden. Im Mund mit Zug, Spannung und guter Dichte. Wirkt kompakt und aus einem Guss mit feiner phenolischer Schichtung und der Herbe frisch geschälter Äpfel. Beschäftigt den Gaumen. 13,5 Vol.-%. DV, €€

90 2019 »Beyond« Grauburgunder trocken
Riecht nach Rauch und feiner Holzwürze, dazu zeigen sich Walnuss, Birne und Quitte. In einer kraftvollen und straffen Struktur entfalten sich eine reife Säure mit leicht salzigem Hintergrund, etwas grüne Walnuss, dazu kommt auch saftiger Schmelz. Gute Dichte und Länge. 12,5 Vol.-%. DV, €€€

89 2020 Selzen Chardonnay trocken
Kräftiger Duft nach reifer Zitrusfrucht, Honigmelone, Mandarine und Aprikose, von floralen und würzigen Noten unterlegt. Auch am Gaumen ein kräftig gebauter und intensiver Wein mit Schmelz, Saft, Würze und reifer Aprikose und Honigmelone. Kann auch bei Tisch bestehen. 13,5 Vol.-%. KK, €

89 2020 »Kalkmergel« Hahnheim Weißer Burgunder trocken
Weiße Blüten, gelber Apfel, gelbe Pflaume beim ersten Reinriechen, dann zeigen sich Kräuter und Würze. Der reife Eindruck bestätigt sich auch am Gaumen mit satter, gelber Frucht in einer kräftigen Struktur und guter Substanz. Die Säure fällt mild aus. 14 Vol.-%. DV, €

89 2020 Selzen Am dicken Stein Grauer Burgunder trocken

89+ 2020 »Kalkmergel« Hahnheim Riesling trocken
Florale Noten und Blüten zeigen sich mit reifer gelber Frucht, Aprikose und Apfel. Entfaltet sich im Mund kräuterwürzig mit mineralischen Noten und einem eher kühlen Ambiente. Die saftige Säure ist eng am Körper. Gefällt mit seiner würzig-entspannten Art. 12,5 Vol.-%, DV, €

★★

WEINGUT MARKUS KELLER

Landgrafenstraße 74–76, 67549 Worms
T: +49 6241 75562, info@weingutkeller.de
weingutkeller.de

Ab-Hof-Verkauf: Mo bis Fr 9–18 Uhr, Mi 9–13 Uhr, Sa 9–14 Uhr
Kellermeister: Markus Keller
Ansprechpartner: Markus Keller
Flaschen/Hektar: 267.000 (55 % weiß, 40 % rot, 5 % Rosé)/25 ha

Markus Keller, der das Weingut von seinem Vater Karlheinz übernommen hat, vinifiziert gern Rebsorten, die eigentlich südlich der Alpen zu Hause sind – dazu gehört unter anderem der reinsortige Syrah, der uns dieses Jahr mit seiner Würze und seiner ausgewachsenen Struktur besonders gut gefallen hat. Die Weißweine stehen dem nur marginal nach – und sie kosten fast alle unter zehn Euro! Der Grüne Veltliner kommt wunderbar saftig daher – und verdient es sich redlich, Falstaff Tipp zu werden. Wir nehmen den Betrieb auf unsere Watchlist für den dritten Stern.

90 2020 »S« Pfeddersheim St. Georgenberg Sauvignon Blanc trocken
Pfeffrig im Duft, Melisse, grüne Stachelbeere, Kiwi. Weicher, geschmeidiger Auftakt, ein dezent süßsaures Spiel, harmonisch und balanciert, viel Saftigkeit, ein zugänglicher Sortentyp. 13 Vol.-%, DIAM, €€

89+ 2020 Pfeddersheim St. Georgenberg Chardonnay trocken
Ein Duft von gelbem Apfel, süßer Ananas, Zitronenschale und weißen Blüten in der Nase. Am Gaumen mit guter Säure, die eine marginale Restsüße gut balanciert. Der Wein hat eine gute Saftigkeit und Textur und präsentiert sich als ein guter Speisenbegleiter. 13 Vol.-%, DV, €

92 2019 Worms Nonnenwingert Syrah trocken
Ein Duft nach reifen, dunklen Früchten, Kräuterwürze, da ist viel Kraft versammelt. Am Gaumen mit guter Säure und griffigem Gerbstoff, insgesamt balanciert. Der Wein hat eine gute Saftigkeit und Textur, wunderbar zu einem kräftigen Gericht. 13,5 Vol.-%. DIAM, €€

91 NV »Cuvée 1601« trocken LG/PN/SY
In der Nase entwickelt sich ein Duft von Pflaume, reifer Kirsche, Gewürznelke, Waldbrombeere und Holunderblüte. Am Gaumen mit guter Säure ausgestattet bei reifem Tannin, gute Textur, straffer Körper und feiner Extrakt, schöne Länge. 13,5 Vol.-%. DIAM, €€

89+ 2020 »1521« Riesling trocken

90 2020 Worms Nonnenwingert Grüner Veltliner trocken
Aromen von gelbem Apfel, Birne und eine leichte Note vom weißen Pfeffer entwickeln sich in der Nase. Am Gaumen ist dieser Wein mit einer guten Säure augestattet und es gesellt sich eine Note von sehr reifem Obst und wiederum leichte Würze hinzu. Toll zum Vesper! 13 Vol.-%, DV, €

★★

WEINGUT MATTHIAS KETH

Wormserstraße 33, 67591 Offstein
T: +49 6243 7522, kontakt@weingut-keth.de
weingut-keth.de

Ab-Hof-Verkauf: Mo bis Fr 8–12 Uhr und 13–18 Uhr, Sa 9–17 Uhr und nach Vereinbarung
Kellermeister: Matthias Keth
Ansprechpartner: Matthias Keth

Seit die Keths 1972 auf zweieinhalb Hektar im Wonnegau mit dem Weinbau angefangen haben, hat sich viel getan. Heute bewirtschaftet Matthias Keth stattliche 55 Hektar Weinberge rein ökologisch – darunter befinden sich auch international bekannte Lagen wie der Westhofener Morstein. Es ist beachtlich, was dem Offsteiner Winzer alles gelingt: Unter den Weißweinen ragt sein wunderbar mineralischer Morstein heraus. Auch der Spätburgunder aus derselben Lage hat uns mit fleischigen Gerbstoffen, Mineralik und Würze imponiert. Unaufgeregte und in sich stimmige Weine!

90 2020 Offstein Engelsberg Weißburgunder trocken
Riecht nach Aprikose und reifer Stachelbeere, auch Noten von Mango und Bananenschale bauen sich auf. Im Mund in einer kräftigen und klar definierten Struktur mit reifer, aber gegenwärtiger Säure, leicht phenolischer Hintergrund und mineralische Akzente. 13 Vol.-%, DV, €€

89 2020 Sauvignon Blanc trocken
Fruchtiger und feinwürziger Duft nach rosafarbener Grapefruit, Maracuja und Schwarzen Johannisbeeren, das Aroma von Zitronengras kommt dazu. Stoffig und cremig am Gaumen mit einer mittelgewichtigen Struktur und ausgewogenen Säure. Stimmiger Sauvignon Blanc. 12,5 Vol.-%. DV, €

92+ 2018 Westhofen Morstein Spätburgunder trocken
Rote Kirsche in der präzisen Nase mit Gewürznelke und Rauch, etwas geräucherter Schinken. Am Gaumen mit kräftiger Struktur und guter Fülle, mit reifen, fleischigen Gerbstoffen, die mit der ausgewogenen Säure für Halt sorgen. Die Mineralität macht es dann aus. 13 Vol.-%, NK, €€€

92 2018 St. Laurent Barrique trocken
Tiefes Rubin in der Farbe. Im Duft konzentriert mit Aromen von reifen Brombeeren, Schwarzer Johannisbeere und Vanille. Am Gaumen folgen dunkle Kirschen, Heidelbeere und Zartbitterschokolade, trefflich balanciert von präsenter Säure bei reifem Gerbstoff und attraktivem Nachhall. 14 Vol.-%. NK, €€€

89 2018 Offstein Engelsberg Grauburgunder trocken

93 2020 Westhofen Morstein Riesling trocken
Dichter und konzentrierter Geruch nach gelben Früchten wie Pfirsich und Aprikose, auch Noten vom Waldmeister und Zitronenmelisse. Kompakt gebaut im Mund mit Saft und guter Dichte, zum Pfirsich kommen Noten von Limone auf mineralischem Hintergrund, stark. 12,5 Vol.-%, DV, €€

★★★★

WEINGUT KNEWITZ

Rheinblick 13, 55437 Appenheim
T: +49 6725 2949, info@weingut-knewitz.de
weingut-knewitz.de

Ab-Hof-Verkauf: nach Vereinbarung
Kellermeister: Tobias und Björn Knewitz
Ansprechpartner: Familie Knewitz
Flaschen/Hektar: 150.000 (90 % weiß, 10 % rot)/25 ha

Erstmals haben uns die Knewitz-Brüder einen Spätburgunder vorgestellt, und zwar von bestem Kalkterroir aus Ingelheim. Welch ein Volltreffer! Doch der aktuelle Jahrgang zeigt auch die Rieslinge in spektakulärer Form. Packend straff waren sie schon immer, doch die Verkostung etwa des 2020er Hundertgulden ist wie eine – allerdings genussreiche! – Fahrt durch die Geisterbahn: Alle paar Sekunden jagt einem die Abfolge der Sinneseindrücke einen Schauer über den Rücken. Wenn das erst einmal reif ist! Wir belohnen das Weingut mit dem vierten Stern.

94+ 2020 Appenheim Hundertgulden Riesling trocken
Im Duft Pfirsich und getrocknete Zitronenschale, Melisse, ein Anflug von Steinstaub und pfeffrigen Kalknoten. Im Mund hoch konzentriert, knackige und dennoch kultiviert wirkende Säure. Ein Kosmos auf einen Stecknadelkopf komprimiert. Viskose Schichten im Hintergrund. 12,5 Vol.-%. NK, €€€

93 2020 Nieder-Hilbersheim Steinacker Riesling trocken
Eine intensive Terroirwürze, pfeffrig, Kalk. Im Mund dicht, sehr trocken, kompakt und fast schon monolithisch, die Phenolik wirkt gut (und passend!) ausgereizt, die taktile Mineralität trägt den Abgang lange und wird den Wein auch in eine lange Flaschenreife begleiten. 12,5 Vol.-%. NK, €€€

92+ 2019 »Réserve« Chardonnay trocken
Im Duft röstiges Neuholz, gerösteter Sesam, Haselnuss, Flachs. Spontangärungsnoten. Der Gaumen kokettiert mit einer gewissen Kargheit, ein festes Säurerückgrat und eindringliche Stoffigkeit dominieren über die durchaus vorhandenen Anlagen zur Geschmeidigkeit. 13 Vol.-%, NK, €€€

91+ 2020 Nieder-Hilbersheim Honigberg Riesling trocken
Etwas Hefe, Mirabelle, sehr reifer Weinbergpfirsich, und ein Anflug von Gesteinsmehl. Im Mund mit kurzem weichem Ansatz, dann von sehr festem phenolischem Extrakt geprägt, ein Monolith geradezu, in den Aromen noch komplett verschlossen. 12,5 Vol.-%. NK, €€€

91 2020 Appenheim Riesling trocken

92+ 2019 Ingelheim Spätburgunder trocken
Hat wirkliche Distinktion im Duft: Wildkirsche und dezentes Boisée, ein komplett burgundischer Einschlag. Am Gaumen mit einer saftigen Eleganz, die von sehr frischem, feinkörnigem und intensiv mineralisch begleitetem Gerbstoff getragen wird. Eine Schicht Cremigkeit bleibt im Hintergrund. 13 Vol.-%, NK, €€

★★

KREBS-GRODE

Hauptstraße 16, 55278 Eimsheim
T: +49 6249 908050, service@krebs-grode.de
krebs-grode.de

Ab-Hof-Verkauf: Mo bis Fr 8–17 Uhr
Kellermeister: Hubertus und Annette Krebs
Ansprechpartner: Hubertus und Annette Krebs
Hektar: 28 ha
Anbauweise: Biologisch zertifiziert

Für Hubertus und Annette Krebs ist Winzer sein mehr als Beruf, es ist eine Lebenseinstellung. Dazu gehört der sorgsame Umgang mit der Natur genauso wie die Freude am Genuss. Ihr Ziel ist es, die über sechs Generationen gewachsene Lebensgrundlage nachhaltig zu gestalten, weshalb sie auf anorganischen Pflanzenschutz und Düngung verzichten. Ihre Weine sind sortentypisch und wunderbar zugänglich ausgebaut. An der Spitze steht der Herrgottspfad Riesling trocken mit seiner feinen Mineralik. Viel Freude bereitet auch die hoch aromatische Gewürztraminer-Auslese.

90 2017 »Kalkstein« Gau-Odernheim Herrgottspfad Riesling trocken
In der Nase fein, elegant und dennoch kraftvoll. Ein Duft von junger Aprikose, Zitronenzeste und nassem Stein. Am Gaumen auch mineralisch mit einer leichten Phenolik. Ein sortentypischer Riesling, der mit einem sehr attraktiven Nachhall viel Freunde bereitet. 13 Vol.-%, DV, €

89+ 2019 Gelber Muskateller trocken
In der Nase entwickelt sich ein intensiver Duft mit Aromen von Orangenblüte, reifer Birne, Muskat, Feige und Karamell. Mit guter Säure ausgestattet, dazu etwas Holundergelee, frischer, gut zugänglicher Wein, guter Aperitif. 12 Vol.-%. DV, €

89 2019 »Schwarzerde« Eimsheim Sonnenhang Grauburgunder trocken
Durchaus intensiv im Duft von weißem Pfirsich, Mandel und Birne. Am Gaumen mit leichter Rauchnote. Dezente Aromen von Banane und Birne, frische Säure und ein würziger Abgang. Ein intensiver, ausdrucksstarker Wein mit typischer Terroirausprägung. 14 Vol.-%. DV, €€

89 2020 »Quarterra« trocken CH/KR/SÄ/GM
Eine nicht alltägliche Weißweincuvee aus Muskateller, Kerner, Scheurebe und Chardonnay. Brillant in der Farbe. Ein Duft aus reifem gelbem Apfel, weißem Pfirsich, Muskat und Banane. Eine gute Balance am Gaumen von lebendiger Säure, direkter Trinkspaß. 13 Vol.-%, VL, €

89 2018 Guntersblum Spätburgunder tr.

90 2020 Gewürztraminer Auslese
Blumiger Duft nach Rosenblättern, sehr typisch für die Rebsorte, dazu etwas kandierte Zitrusfrucht. Am Gaumen verhaltene Säure, spürbare Süße, Honig und Mandelkuchen, alles unterlegt vom Rosenaroma, cremig und dicht, gute Länge, schön zum Dessert. 10,5 Vol.-%, DV, €

★

WEINGUT KÖSTER-WOLF

Langgasse 62, 55234 Albig
T: +49 6731 2538, mail@koester-wolf-weingut.de
koester-wolf-weingut.de

Ab-Hof-Verkauf: Mo bis Do 8–12 Uhr und 13–17 Uhr, Fr 8–13 Uhr
Kellermeister: Claus Wolf
Ansprechpartner: Bärbel Wolf
Flaschen/Hektar: 267.000 (65 % weiß, 15 % rot, 5 % Rosé, 14 % süß, 1 % Schaumwein)/35 ha

Das Weingut Köster-Wolf ist ein echtes Traditionsunternehmen: Seit 1684 in Familienhand, führen heute Bärbel und Claus Wolf das Gut in elfter Generation. Sie engagieren sich für den heimischen Naturschutz und bewirtschaften auch die eigenen Weinberge naturnah. Das Ergebnis: sortentypische, ausdrucksstarke, gut balancierte Weine – bei fairen Preisen. Besonders der Silvaner bietet viel Genuss fürs Geld: ein souveräner Wein mit Profil. Dem Albiger Weingut gelingt es, eine ebenso umfangreiche wie stimmige Kollektion aus einem Guss zu schaffen.

89 2020 Grauer Burgunder trocken
Präsenter Duft mit süßlicher Birnenfrucht, Walnüssen und auch Quitte und Kürbis. Am Gaumen mit kräftiger Struktur, die von einer präsenten Säure durchzogen wird, eher gering dotiert im Extrakt, harmonische Abrundung durch etwas Restsüße. Allrounder am Esstisch. 13,5 Vol.-%. DV, €

88+ 2020 »Scheus Traum« Scheurebe feinherb
Duftet vergnügt nach Stachelbeere, Johannisbeere, Grapefruit und reifer Gelbfrucht. Am Gaumen entwickelt sich in einer schlanken Form ein vergnügliches Zusammenspiel von Frucht, Frische und Süße, Säure und etwas Kohlensäure sorgen für Schwung. Als Aperitif. 12 Vol.-%. DV, €

90 2017 Albig Hundskopf Spätburgunder tr.
Die Holzwürze misst sich mit der reifen Frucht, rote und auch schwarze Kirsche, etwas Brombeere. Am Gaumen kräftig, saftig, würzig und mit guter Balance, die reife Säure schafft Balance, die reifen und kräftigen Gerbstoffe geben Halt, konsistenter Burgunder. 13 Vol.-%, DV, €

88 2019 »Loup Rouge« trocken CS/SL/DF
Kräftige und fruchtige Nase nach dunklen Waldbeeren wie Brombeere und Schwarzkirsche mit Holzwürze. Saftig, mit süßlicher Frucht und zugänglichen Gerbstoffen am Gaumen, die feine Fruchtsäure ist gut eingebunden. Gut gelungener, unkomplizierter »Loup Rouge«. 13 Vol.-%, DV, €

88 2020 »Loup Blanc« trocken SB/CH/RR

90 2020 Albig Schloss Hammerstein Silvaner trocken
Duftet nach Apfel, Birne, Wiesenkräutern und getrocknetem Heu. Zeigt im Glas die Vorzüge der Rebsorte Silvaner: saftig, kräutrig und würzig mit eingebundener Säure, guter und bündiger Struktur, im Wesen unaufgeregt und dabei mit verlässlichem Naturell. 13,5 Vol.-%, DV, €

★★★★★

WEINGUT KÜHLING-GILLOT

Ölmühlstraße 25, 55294 Bodenheim
T: +49 6135 2333, info@kuehling-gillot.de
kuehling-gillot.de

Ab-Hof-Verkauf: Mo bis Fr 9–17 Uhr, Sa 11–14 Uhr
Kellermeister: H. O. Spanier, Axel Thieme, Christopher Full
Ansprechpartner: Carolin Spanier-Gillot und Hans Oliver Spanier
Hektar: 25 ha
Anbauweise: Biologisch zertifiziert

Welch ein Luxusproblem, wenn man sich entscheiden muss, ob Rothenberg oder Hipping, Pettenthal oder Ölberg in einem Betrieb das beste GG hervorgebracht haben. Glücklich die Winzer, die wie Carolin Spanier-Gillot und ihre Ehemann H. O. Spanier auf solch ein Lagenportfolio zurückgreifen können. Selbst der etwas garstige Jahrgang 2020 – der erst trocken war, dann feucht – lässt die Balance dieser Weine unangetastet. Dabei stehen die »Ortsweine aus Ersten Lagen« den GGs kaum nach – und machen auf den ersten Metern der Flaschenreife sogar ebenso viel Spaß.

95 2020 »wurzelecht« Nackenheim Rothenberg Riesling GG
Immens mineralisch im Duft, Steinstaub, warmer Ziegel, dazu reife Zitrusfrucht, Orangenblüte, ein Hauch von Holz. Sehr geschmeidig im Auftakt, sehr gute Stoffigkeit, kernige Säure, pointierter, noch jugendlich-kompakter Abklang. Hintergründig und mit gewaltigem Potenzial.
12,5 Vol.-%. NK, €€€€

94+ 2020 Nierstein Pettenthal Riesling GG
Hefewürze und Gesteinsmehl im Duft, noch verschlossen. Am Gaumen hat der Wein viel Volumen. Mehlige, mürbe Phenole, Nerv und Mineralität formen das Bild in einem groß dimensionierten Rahmen, der Druck hält lange an, flankiert von Geschmeidigkeit und Saft. 12,5 Vol.-%. NK, €€€€

94 2020 Nierstein Hipping Riesling GG
Sehr würzig im Duft, balsamisch, Gestein, Gewürzkiste, getrocknete Orangenschale und ein Hauch von Neuholz. Die anfängliche Geschmeidigkeit der Gaumenstruktur wird von saftiger Säure und prägnanter Mineralität geschnitten, der Wein endet dicht, frisch, pointiert. 12,5 Vol.-%. NK, €€€€

93 2020 Nierstein Ölberg Riesling GG
Noch verschlossen im Duft, leicht balsamisch, etwas Kräuter. Im Gaumen noch sehr verschlossen, stoffig, feste Säure, zum Kauen, wirkt unscheinbar, hat aber Ladungen von Extrakt und dadurch sowie durch seine kompakte Bündelung eine sehr gute Prognose. 12,5 Vol.-%. NK, €€€

91 2020 Nackenheim Riesling Aus Ersten Lagen trocken

91+ 2020 Nierstein Riesling Aus Ersten Lagen trocken
Eine würzige Tonschiefernase, noch verschlossen, aber zukünftiges Volumen andeutend. Im Mund druckvoll, gebündelt, zarte Phenolik, gut eingebundene Säure, Saft und Frische balancieren den Extrakt. ein recht kompletter Roter-Hang-Riesling. 12 Vol.-%, NK, €€€

WEINGUT LAMBERTH

Kirchstraße 20, 55278 Ludwigshöhe
T: +49 6249 8611, info@weingut-lamberth.de
weingut-lamberth.de

Ab-Hof-Verkauf: nach Voranmeldung Mo bis Fr 8–12 und 14–18 Uhr, Sa nach Vereinbarung
Kellermeister: Carsten Lamberth
Ansprechpartner: Carsten Lamberth
Hektar: 19 ha

Wenn man die Stärken von Carsten Lamberth beschreiben möchte, fällt einem einiges ein: Der Winzer aus Ludwigshöhe versteht sich nämlich gleichermaßen auf Spätburgunder und Riesling, und halt, auch seine Silvaner darf man nicht unterschlagen. Der Kellermeister beherrscht den Umgang mit Holzfässern in verschiedenen Größen, er schafft es, seinen Weinen wie dem dichten, fest gebauten Silvaner »Holzfass« die angemessene Dosis Tannin mitzugeben. Stark auch der mineralische Riesling aus dem Authenthal und der Spätburgunder Tafelstein mit mürben Gerbstoffen.

91+ 2019 Guntersblum Authenthal Riesling tr.
Mineralisch geprägte Nase mit Aprikose und floralen Aspekten, etwas Blattgrün. In seiner Struktur relativ großzügiger und vielschichtiger Riesling mit deutlich mineralischer Grundierung. Steht am Anfang seiner Entwicklung und hat noch einiges vor sich. 12,5 Vol.-%. NK, €€

91 2019 »Holzfass« Silvaner trocken
Feine Holzwürze und nussige Aromen in der Nase, Spargel, Aprikose und auch etwas Rauch. Am Gaumen mit gutem Extrakt und Dichte in einer festen, vom Holzausbau geprägten Struktur. Gefühlvoller Holzeinsatz, schöne Mineralität und Energie bis zum Finale. 12,5 Vol.-%. DV, €

90 2019 Ludwigshöhe Teufelskopf Chardonnay trocken
In der Nase noch vom Barriqueausbau geprägt, geräucherte Maronen und Kürbis-Chutney, Birne und etwas Ananas. Zeigt am Gaumen Kraft und Schmelz, deutlich strukturgeprägt und mineralisch getönt in einer kraftvollen und festen Textur mit feinen Gerbstoffen. Kann reifen. 13 Vol.-%, NK, €€

91 2018 Dienheim Tafelstein Spätburgunder trocken
Würzige Nase nach reifer Kirsche und Wacholderbeere, Holzwürze und auch etwas Unterholz gesellen sich dazu. In einer kraftvollen Struktur zeigen sich eine präsente Säure, würzige Kräutrigkeit und Kalkmineralität. Die Gerbstoffe sind kräftig und mürbe, gute Länge. 13,5 Vol.-%. NK, €€

89 2019 »Kalkstein« Chardonnay & Weißburgunder trocken

89 2020 Gewürztraminer trocken

88+ 2020 Silvaner trocken

88 2020 Sauvignon Blanc trocken

88 2020 Blanc de Noir Cabernet Sauvignon & Merlot trocken CS/ME

89+ 2017 »Kalkstein« Spätburgunder trocken

88+ 2019 »Ein Stück vom Himmel« trocken ME/SY/CF/DF

89+ 2019 »Kalkstein« Riesling trocken
In der Nase mit Würze und deutlichen kalkmineralischen Noten, nasser Stein, auch Aprikose zeigt sich mit floralen Noten. Setzt im Mund zunächst mit leichter Fruchtsüße an, dann saftige Geschmeidigkeit, reife Säureader. Im Hintergrund formiert sich die Mineralität. 12,5 Vol.-%, DV, €

★

WEINGUT LOHR

Weinsheimer Hauptstraße 21, 67551 Worms
T: +49 6241 33327, post@weingut-lohr.de
weingut-achenbach.de

Ab-Hof-Verkauf: nach Vereinbarung
Kellermeister: Frank Lohr
Ansprechpartner: Frank Lohr

Auf der Internetseite des Wormser Weinguts Lohr, das von Frank Lohr geleitet wird, ist schon seit geraumer Zeit zu lesen: »Bitte gedulden Sie sich noch etwas. Wein braucht Zeit – wir auch!« Wir interpretieren das so, dass sich Frank Lohr um das Allerwichtigste kümmert, nämlich seine Weine und viel Nebensächliches zurückstellt. Diese Entscheidung kommt den Weinen wie dem dichten und mineralischen Riesling aus dem Goldberg durchaus zugute. Der Sauvignon Blanc »nature« fesselt mit seiner Energie und belegt, dass man auch in diesem Genre nuancenreich arbeiten kann. Stark!

90 2018 »zero« Riesling Sekt
Reife Zitrusfrucht, Brioche, Apfel und Pfirsich mit etwas Petrol. Im Mund mit ausgewogener Säure und Würze, zartes Mousseux, knochentrocken interpretiert, leicht salzig, gut balanciert mit Schmelz und Charme. Sekt, der sich auch trefflich in ein Menü einbauen lässt. 12,5 Vol.-%, NK, €€

92+ 2020 Flomborn Goldberg Riesling trocken
Steinobst, Kräuter, etwas Hefe, Stachelbeere und Grapefruit im Duft. Am Gaumen mit gutem Volumen und kräftiger Struktur. Guter Extrakt und Dichte, reife, präzise Säure und feine phenolische Schichtung, salzig. Blutorange zeigt sich, mineralisch und mit guter Länge. 13 Vol.-%, DV, €€€

89+ 2020 Sauvignon Blanc trocken
Eine für einen Sauvignon Blanc eher leise Nase mit Schwarzer Johannisbeere und Maracuja. Saftig und geschmeidig am Gaumen mit natürlichem Charme, fein eingewobener Säure und animierender Würze. Braucht keinen Lärmpegel, um zu überzeugen. Fein gearbeitet mit Nuancen. 12,5 Vol.-%, DV, €

89+ 2020 Riesling trocken
Eröffnet mit zitrischen Noten, Grapefruit, Apfel und Pfirsich. Entfaltet sich saftig und geschmeidig am Gaumen in einer mittleren Struktur mit fein ziselierter Säure, feiner Phenolik und klarem Fruchtausdruck, mittlere Länge, unverstellt und elegant. 12,5 Vol.-%, NK, €

88+ 2020 Chardonnay trocken

91+ 2020 »nature« Flomborn Sauvignon Blanc trocken
Fließt unfiltriert ins Glas, noch hefig in der Nase, Schwarze Johannisbeere, Anisbrötchen und etwas Nelke mit Orangenschale. Straff und bündig gebaut am Gaumen mit guter Energie, Balance und geschmeidiger Attitüde, dabei trocken, mineralisch und kompromisslos. Viel »nature«. 12,5 Vol.-%, DV, €€

WEINGUT LUFF

Hauptstraße 16, 55459 Aspisheim
T: +49 6727 5893, info@weingut-luff.de
weingut-luff.de

Ab-Hof-Verkauf: nach Vereinbarung
Kellermeister: Christian Luff
Ansprechpartner: Christian Luff
Hektar: 23 ha

Dieses Weingut war einmal ein Bauernhof mit Vieh, Äckern und einigen Rebstöcken. Erst in den 1990ern schwenkte der Familienbetrieb ganz auf Weinanbau um. Verantwortlich ist heute Christian Luff, und der mag es unkonventionell. Im Video gibt er sich als Gangsta-Winemaker mit volltätowiertem Arm (Weinblätter!) zu elektronischen Beats. Wein sei Revolte, und: Erlaubt ist, was schmeckt. Stimmt, das beweist sein fruchtiger, direkter 2019 »Red Barrel«. Der Grauburgunder Barrique zeigt dagegen, dass der Winzer auch das klassische Genre beherrscht.

90 2020 »GB #Barrique« Grauburgunder tr.
Kräftiger Duft mit reifer Birne, gelben Pflaumen sowie süßlichen und würzigen Holzaromen. Geizt am Gaumen nicht mit Reizen: zeigt Kraft und eine feste Struktur, der Alkohol ist gut eingebunden, die Säure ist reif und präsent, Würze und feiner Gerbstoff. Schon mal den Tisch eindecken. 14 Vol.-%, DV, €€

88+ 2020 Weißburgunder halbtrocken
Reife Mirabelle in der Nase, weiße Blüten und auch gelber Apfel. Saftig am Gaumen mit reifem, gelbem Apfel und Mirabelle, geschmeidig, mit weicher Säure und abrundender Süße in einer kräftigen Struktur. Ein Wein, der auch kulinarisch etwas zu bieten hat. 13 Vol.-%, DV, €

88+ 2020 »X« Rosé BP/PN/DF
Himbeere, Erdbeere und Brombeere in der Nase mit etwas Gelbfrucht und würzigen Noten. Expressiv am Gaumen mit einer lebendigen Säure und einer ordentlichen Portion Restsüße, feiner Gerbstoff sorgt fü Grip, geschmeidig und allemal partytauglich. 10,5 Vol.-%, DV, €

89+ 2019 »Red Barrel« trocken PN/DF
Viel rote Frucht in der Nase, Schwarzkirsche, Cassis und Brombeere mit röstigen Aromen. Am Gaumen mit präsenter Säure und knackigem Gerbstoff, der noch leicht adstrinigiert. Besticht mit seiner Fruchtigkeit und direkten Art. Macht sich gut zu kräftigen Fleischgerichten. 12,5 Vol.-%, DV, €

88+ 2020 Grauburgunder trocken

89+ 2020 »Blickkontakt« Cuvée trocken RR/GS
Bringt auch aromatisch den Duft von Riesling und Silvaner zusammen: Kräuter, Pfirsich, Aprikose, Birne und Apfel zeigen sich. Am Gaumen saftig und würzig mit einer ausgewogenen Säure und einer Schicht leicht herber Phenole, beschäftigt den Gaumen. 12 Vol.-%, DV, €€

★★★

WEINGUT MANZ

Lettengasse 6, 55278 Weinolsheim
T: +49 +49 6249 803008
weingut@manz-weinolsheim.de
manz-weinolsheim.de

Ab-Hof-Verkauf: Sa 10–16 Uhr und nach Vereinbarung
Kellermeister: Erich und Eric Manz
Ansprechpartner: Eric Manz
Flaschen/Hektar: 333.300 (60 % weiß, 40 % rot)/25 ha

Das Weingut Manz ist ein echtes Familienunternehmen, in dem vier Generationen an einem Strang ziehen – und mittlerweile auch eine Institution in Rheinhessen. Dem Weingut, das rund um Weinolsheim 25 Hektar bewirtschaftet, gelingen seit einigen Jahren überaus verlässliche Kollektionen. Dabei fällt auf, wie gekonnt und auch delikat Kellermeister Eric Manz Holzaromen einsetzt. Sein charmanter Grauburgunder zeigt herrliche Würze, die Rieslinge besitzen durchweg eine ausgeprägte Mineralität; der Pettenthal mit seiner langen, intensiven Aromatik überragt sie alle.

93 2020 Nierstein Pettenthal Riesling trocken
Eine würzige und steinige Note, die man schnell am Roten Hang verorten kann, auch Pfirsichkern kommt als Aroma dazu. Am Gaumen kompakt und dicht gebaut mit Spannung, viel Extrakt, dabei kommt die Eleganz nicht zu kurz. Mineralisch und lange ausklingend. 13 Vol.-%, NK, €€€

91+ 2020 Weinolsheim Kehr Riesling* tr.**
Etwas Melisse in der Nase, Apfel und auch gelbe Frucht, die sich langsam zeigt, dazu nasser Stein und feiner Rauch. Am Gaumen kompakt und dicht, mit reifer Säure und ausgeprägter Mineralität, die sich noch nicht ganz gegen die Restsüße durchgesetzt hat. 13 Vol.-%, NK, €€

91 2020 »100*« Oppenheim Herrenberg Riesling trocken**
In der Nase mit Aprikose und mineralischen Noten. Am Gaumen relativ weit gefasst mit reifer Säure und feiner Süße, die Mineralität spielt sich schnell in den Vordergrund und bestimmt den mittleren Gaumen. Noten von Grapefruit und mineralisches Timbre im Finish. 13 Vol.-%, NK, €€

91+ 2018 »Réserve« Oppenheim Herrenberg Spätburgunder trocken
Etwas Schokolade, Spekulatiusgebäck, dahinter eine rotbeerige, leicht malzig angehauchte Frucht. Im Mund saftig und elegant ansetzend, mürbes, weitmaschiges Gerbstoffkorn, geschmeidiger Fond, reife, gut abgerundete Säure, der Holzfasseinfluss ist deutlich spürbar. 13,5 Vol.-%. NK, €€€

91 2020 »Réserve« Chardonnay trocken

89+ 2020 »Alte Reben« Grauburgunder tr.
Intensive Nase nach reifer Birne, Quittenschale und kandierten Walnüssen, Holzwürze und Kräuter kommen dazu. Im Mund großzügig, stoffig und würzig mit reifer Säure in einer kräftgen Struktur. Zeigt Charakter und auch Tiefe, im Ausklang mit schöner Würze. 13 Vol.-%, DV, €€

★★

WEINGUT MÜLLER – DR. BECKER

Vordergasse 14–18, 67592 Flörsheim-Dalsheim
T: +49 6243 5524, info@mueller-dr-becker.de
mueller-dr-becker.de

Ab-Hof-Verkauf: nach Vereinbarung
Kellermeister: Jochen Becker
Ansprechpartner: Jochen Becker
Flaschen/Hektar: 120.000 (65 % weiß, 20 % rot, 10 % Rosé, 5 % Schaumwein)/15 ha

Individuelle, bodengeprägte Weine, dieses Ziel verfolgt Jochen Becker, der den Familiebetrieb seit 2006 führt. Dabei profitiert er von den vielfältigen Rebbergen mit Löss-Lehm-, Muschelkalk- und Lettenböden. Im Keller greift er so wenig wie möglich ein. Daraus entsteht eine gute Kollektion mit Spitzen bei den Lagenweinen aus Hubacker und Bürgel, vor allem aber beim Riesling »Vom Brummelochsenboden«, der dieses Jahr unser Tipp ist. Der Name stammt aus einer Zeit, als Ochsen den Pflug zogen und auf diesem schweren Lehmboden vor Unmut zu brummen begannen.

91+ 2020 »MDCXXV« Dalsheim Hubacker Riesling trocken
Aprikosenkonfitüre, Pfirsich, leicht Bitterorange in der Nase. Leicht nach Schießpulver. Am Gaumen schön eingebundene Säure, tolle Mineralik, dadurch im Abgang leicht herb. Saftige Pfirsiche, Aprikosen, ein toller Speisenbegleiter. 12,5 Vol.-%. NK, €€

89+ 2020 »MDCXXV Alte Reben« Dalsheim Steig Weißer Burgunder trocken
In der Nase deutliche Aromen von Holunder, weißem Pfirsich, Butter, leichten nussigen sowie Karamellnoten. Am Gaumen frisch, fruchtig, packende Säure und sehr füllig im Mund. 13 Vol.-%, NK, €

91+ 2018 »MDCXXV« Dalsheim Bürgel St. Laurent trocken
In der Nase reife, dunkle Heidelbeere, Beerenfrucht wie Brombeere. Leicht pfeffrige Note sowie Kräuteraromatik, Tabak, Bitterschokolade. Am Gaumen leichte, frische, kühle Aromatik, saftige Beerenfrucht, gut eingebundene Säure sowie samtige Tannine. 14 Vol.-%. NK, €€

91 2019 »Die Wildsau« Dalsheim Sauloch Frühburgunder trocken
In der Nase schon sehr reif, Hagebutte, Preiselbeere, Brombeere, Röstkaffee, Zartbitterschokolade. Am Gaumen toll eingebundenes, samtiges Tannin, straffe, erfrischende Säure, frische Fruchtaromen von Kirsche, Beerenfrucht sowie dunkler Bitterschokolade. 13,5 Vol.-%. NK, €€

89+ 2020 »MDCXXV« Dalsheim Bürgel Chardonnay trocken

92 2020 »Vom Brummelochsenboden« Dalsheim Sauloch Riesling trocken
In der Nase reife, saftige Aprikosen, Pfirsich, Jasminblüten, leichte Vanillenoten und Butter. Am Gaumen schöner Schmelz, sehr erfrischende, lebendige Säure, mit saftigen Steinobstaromen, schöner Mineralik. Ein Wein, der jetzt viel Freude bringt, sich aber auch ein wenig Geduld sehr lohnt. 12,5 Vol.-%, NK, €

★★

WEINGUT MÜNZENBERGER

Lindenplatz 9, 55270 Zornheim
T: +49 6136 44573, info@weingut-muenzenberger.de
weingut-muenzenberger.de

Ab-Hof-Verkauf: nach Vereinbarung
Kellermeister: Andreas Münzenberger
Ansprechpartner: Andreas Münzenberger
Hektar: 18.5 ha

Schon im vergangenen Jahr konnten wir das gelungene Zusammenspiel zweier Generationen im Weingut Münzenberger loben: Andreas Münzenberger, der das Weingut seit 2002 leitet, wird von seinem Sohn Dominik unterstützt, der auch für die experimentellere Weinlinie und Weine wie den raffinierten Riesling »Beyond The Matrix« oder den griffigen Orangewein »The First Contact« verantwortlich ist. Die Familie bewirtschaftet naturnah über 18 Hektar Weinberge in Zornheim, das auf einer der höchsten Erhebungen in der rheinhessischen Hügellandschaft liegt. Starke Vorstellung!

91 2018 »Beyond The Matrix« Zornheim Guldenmorgen Riesling trocken
Würzige und kräutrige Noten in der Nase, dazu finden sich Stachelbeere und Pfirsich. Schmeckt am Gaumen konventioneller, als sein Name es andeutet: Gut gebaut mit Saft, einer reifen und präzisen Säureader und mineralischer Würze. Raffinierter Riesling. 13 Vol.-%, DV, €€

90 2019 »Alte Reben« Zornheim Guldenmorgen Riesling trocken
Mittleres Zitronengelb. Duftet würzig nach reifer Grapefruit, Steinobst wie Pfirsich und Aprikose und auch nach Johannisbeeren. Gehaltvoller und vielschichtiger Riesling mit Schmelz, Saft, Tiefe und Würze, der auch Spannung und Mineralität mitbringt. 13 Vol.-%, DV, €€

90 2019 »The First Contact« Sylvaner trocken
Orangewein vom Jungwinzer Dominik Münzenberger. Kräftiges Zitronengelb. Riecht nach kandierter Orangenschale, getrockneter Aprikose und Wermutkraut. Schlank am Gaumen mit cremiger Textur, Zitronensaft und ausgeprägter Phenolik, die aparte Herbe spendiert. 11 Vol.-%. DV, €€

90 2018 »Alte Reben« Zornheim Vogelsang Spätburgunder trocken
Kräftige, würzige Nase mit sehr reifer Kirsche, Schattenmorelle, Pflaume und Lavendel. Was sich in der Nase zeigt, bestätigt sich am Gaumen: kräftiger und für das warme Jahr 2018 charakeristischer Burgunder, der aber die Balance hält. Viel Extrakt und auch Tiefe. 15 Vol.-%. DV, €€

89+ 2020 »Other Worlds« Zornheim Sylvaner tr.

89+ 2020 »Rebenmeer« Nierstein Riesling tr.

89 2020 »Zwei Erden« Sauvignon Blanc tr.

89 2020 »Steinhügel« Weißer Burgunder tr.

89 2020 »Löss« Grauer Burgunder trocken

89 2020 »Dark Matter« Grauer Burgunder tr.

89 2020 »Surprise« Blanc de Noir trocken

90 2020 »Decoded Poetry« Zornheim Riesling trocken
Ein Wein von der jungen Generation im Haus mit Blüten, Aprikose, Zitrusfrucht und Würze in der Nase. Im Mund führt die lebendige Säure Regie und unterlegt in einer straffen Struktur die klaren Fruchtnoten. Stahlig und dabei rund mit gutem Fluss und klarer Frucht. 12 Vol.-%, DV, €€

★★

WEINGUT NEEF-EMMICH

2019 HÖLLENBRAND RIESLING

Alzeyer Straße 15, 67593 Bermersheim
T: +49 6244 905254, info@neef-emmich.de
neef-emmich.de

Ab-Hof-Verkauf: nach Vereinbarung
Kellermeister: Dirk Emmich
Ansprechpartner: Dirk Emmich
Hektar: 22 ha

Seit fünf Generationen bewirtschaftet die Winzerfamilie Neef-Emmich das Gut in Bermersheim, mit Philipp und Clara Sophie bringt sich heute bereits die sechste Generation ein. Dirk Emmich versteht sich als Weinbauer im besten Sinn – sein Ziel ist es, klare und authentische Weine zu keltern. Das gelingt ihm bereits bei den Basisqualitäten, die wunderbar balanciert sind. Unser Tipp ist der duftige, kräutrige Silvaner. Besonders haben uns allerdings die Lagenrieslinge überzeugt, allen voran der Albiger Hundskopf mit seiner feinen Mineralität und guten Länge.

91 2019 Albig Hundskopf Riesling trocken

Im Glas ein sehr sortentypischer Duft von grünem Apfel, Pfirsich und etwas Rauch. Am Gaumen mit sehr feiner Säure ausgestattet, die auch weitere Aromen von Limette, Jasmin und den Hauch Petrol sehr gut balanciert. Im Nachhall leicht mineralisch und mit guter Länge. 12,5 Vol.-%. NK, €€

91 2019 Gundersheim Höllenbrand Riesling trocken

Sauber und sehr klar in der Aromatik mit einem Duft von Limette, reifem gelbem Apfel und Weißer Johannisbeere. Am Gaumen folgen sehr reife Aprikose, Zitronenzeste und nasser Stein, eingebunden von sehr lebendiger Säure bei gutem Nachhall. Ein attraktiver Wein. 12,5 Vol.-%. NK, €€

89 2020 Westhofen Weißer Burgunder tr.

Sauber und fein in der Aromatik. Ein fast dezenter Duft von Quitte, Birne und Zitronenschale. Am Gaumen folgen auch Pfirsich und rohe Mandel. Eingebunden von lebendiger, jedoch milder Säure. Zum Nachgang entwichkelt sich noch eine leichte Kräuternote. 13 Vol.-%, DV, €

89 2020 Westhofen Rotenstein Weißer Burgunder trocken

Bereits in der Nase sehr reif im Duft: Pfirsich, reife Birne und Haselnuss. Am Gaumen folgen Aromen von Apfel, Nektarine und süßer Aprikose, getragen von sensorisch milder Säure in einem mittelgewichtigen Körper. Ein Wein zum direkten Genuss. 13,5 Vol.-%. NK, €€

89 2018 Gundersheim Höllenbrand Spätburgunder trocken

89+ 2020 Bermersheim Silvaner trocken

In der Nase entwickelt sich ein feiner Duft von junger Stachelbeere, Passionsfrucht, grünem Apfel und frischem Heu. Am Gaumen wird diese Aromatik von einer leichten Kräuternote ergänzt. Alles von lebendiger Säure in einem eher noch schlanken Körper getragen. 13 Vol.-%, DV, €

★★★★

WEINGUT J. NEUS

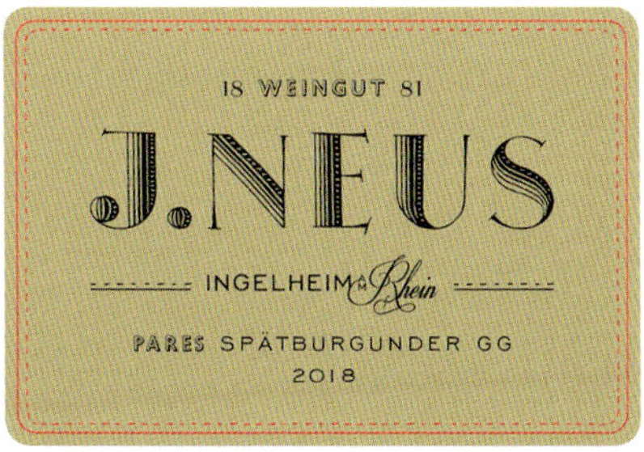

Banhofstraße 96, 55218 Ingelheim am Rhein
T: +49 6132 73003, info@weingut-neus.de
weingut-neus.de

Ab-Hof-Verkauf: Di bis Fr 9–18 Uhr
Kellermeister: Toni Frank
Ansprechpartner: Lewis Schmitt
Flaschen/Hektar: 60.000 (20 % weiß, 80 % rot)/ 13 ha

Man hat sich daran gewöhnt, dass die Spätburgunder aus dem Hause Neus sich zunächst mit einer Wolke aus reduktiven Noten parfümieren und etwas Zeit und Belüftung benötigen, um ihren Fruchtcharakter zu offenbaren. Dann aber wird man reichlich belohnt: Die beiden Großen Gewächse laufen wieder zu famoser Form auf, wobei der »Pares« etwas mehr Spannung zeigt als der geschmeidigere »Horn«. Selbst das vermeintlich kleinste Format, der Spätburgunder »Muschelkalk«, zeigt Stil und Mineralik. Und der Chardonnay gefällt uns so gut, dass wir ihn als Tipp empfehlen. Stark!

93 2019 Ingelheim Pares Spätburgunder GG
Merkliches Neuholz in der Nase, viel Rauch und Hefe, wenig Primäraromen, etwas Kirsche. Mit gutem Zug und Spannung sowie nahtlos eingewobener Säure am Gaumen, zur Frische tragen auch Noten von Sauerkirsche bei, mineralisch durchdrungen, feinkörniges Tannin, gute Anlage und Potenzial. 12,5 Vol.-%. NK, €€

93 2019 Ingelheim Horn Spätburgunder GG
Die Nase ist noch ziemlich bedeckt, Hefe und viel Rauch, etwas Kirsche und Johannisbeere im Anklang. Am Gaumen schon zugänglicher mit einer guten Dosis reifer und geschmeidiger Gerbstoffe, ausgewogene Säure, verbindet entspannte Elemente mit Spannung, Komplexität und Länge. 12,5 Vol.-%. NK, €€€

92 2019 »Alte Reben« Ingelheim Spätburgunder trocken
Noch viel Rauch um die Nase, Hefe, etwas böckserig, dahinter die aromatischen Ingredienzien des Pinots, Kirsche und Waldbeeren, etwas Hibiskus. Am Gaumen in einer mittleren Struktur mit Würze und mineralischer Tiefe, die fein ziselierte Säure stützt die Eleganz. 12,5 Vol.-%. NK, €€€

90 2019 »Muschelkalk« Spätburgunder tr.
Noch reduktiv in der Nase mit viel Hefe und Aromen aus dem dunklen Bereich, böckserig, braucht Luft. Am Gaumen schon weiter mit Zug und Frische, klaren Kirschnoten und einer reifen, aber vergnüglichen Säure, animiert, zugleich seriös mit kalkmineralischem Timbre. 12,5 Vol.-%. NK, €€

90 2019 Ingelheim Frühburgunder trocken

90+ 2020 »Muschelkalk« Chardonnay tr.
Etwas Hefe noch in der Nase, feine Reduktionsnote, auch Rauch, Apfel und Aprikose, feine Kräuter. Beschäftigt den Gaumen mit seiner trockenen und würzigen Art, zeigt sich aber auch saftig mit zitrischen Noten und einer präsenten, leicht salzig unterlegten Säure. 12,5 Vol.-%, NK, €€

★★

NEVERLAND VINEYARDS

Außerhalb 2, 55578 Vendersheim
T: +49 6732 600 67 67, info@neverland-wine.de
neverland-wine.de

Ab-Hof-Verkauf: nach Vereinbarung
Kellermeister: Marcel Class
Ansprechpartner: Sebastian Class
Flaschen/Hektar: 53.000(60 % weiß, 30 % rot, 10 % Rosé)/15 ha
Anbauweise: Biologisch zertifiziert

Es lohnt sich, den Weinen von Neverland Vineyards Zeit und Luft zu geben. Manch einer wie etwa die fein gearbeitete »Opus K Cuvée Prestige« zeigt erst nach mehreren Tagen seinen wahren Kern und gewinnt an Tiefe und Ausdruck. Marcel und Sebastian Class haben sich vor allem auf ambitionierte Cuvées spezialisiert, die kulinarisch viele Möglichkeiten eröffnen. »Diese Weinart ist zu einem wichtigen Ausdrucksmedium unseres Schaffens geworden«, sagen die beiden Brüder aus Vendersheim. Eine unkonventionelle Kollektion von einem ungewöhnlichen Weinprojekt.

92+ 2020 »Opus K Cuvée Prestige« trocken CH/WB/PG/SÄ
Apfelschale, Rauch, Zitrusfrucht und getrocknete Aprikose im Duft. Weich und samtig am Gaumen mit fein ziselierter Säure, der Extrakt entfaltet sich geschmeidig und samtig, sehr feine Phenole, salzig, mineralische Tönung, mit Tiefgang, in feinen Nuancen gearbeitet. 13,5 Vol.-%. NK, €€€

92+ 2019 »Neverland Blanc« trocken
Leichtes Goldgelb. Feiner Rauch, Honigmelone, Safran, Aprikose. Ziemlich vollmundig und weich am Gaumen mit Saft und feiner Würze, kräftig gebaut, in der Gaumenmitte zunehmendes Volumen, gute Substanz, feine Säure, Mineralik, gepflegte Phenole, wirkt edel, endet würzig. 13 Vol.-%, NK, €€€

92 2018 »Unartig Cuvée Prestige« trocken CH/PG/WB/TR/GS
Riecht nach Gelbfrucht, Birne und Zitrusfrucht. Am Gaumen weich und elegant mit feiner Würze und sehr gut eingebundenem Holz, fein ziselierte Säure, zitrische Noten, der Extrakt wird gefühlvoll in Szene gesetzt. Elegante Cuvée, in feinen Nuancen gearbeitet, kulinarisch. 13,5 Vol.-%. NK, €€€

92 2018 »Viking Queen Cuvée Prestige« trocken CH/PG/WB/BC
Zitrusfrucht und reife, gelbe Frucht, gelbe Kiwi im Duft. Am Gaumen zunächst ein vollmundiges Mundgefühl, auf weichem Hintergrund entwickelt sich Spannung und Dichte, feine Phenole unterfüttern die engmaschig gewobene Struktur mit einer präsenten und präzisen Säure. 13,5 Vol.-%. DV, €€€

91+ 2019 »Eden« Sauvignon Blanc trocken

90 2019 »GOT Good Old Times« Cuvée trocken SÄ/BC/HX/TR

89+ 2019 »Femme Fatale« Riesling feinherb

89+ 2019 »Vom Kalkriff Class A« Grauburgunder trocken

91+ 2018 »Saint Vendersheim« trocken CS/PN

90 2019 »Vom Kalkmergel Class A« Grauburgunder trocken
Gut dosierte Aromen im Duft, Aprikose, Birne und Melone, etwas Roibuschtee. Mit Schmelz und Saft am Gaumen, feiner Säurenerv, trocken und elegant bei mittlerem Extrakt, auch mineralisch fundiert. Fein gearbeiteter und nuancierter Grauburgunder, kulinarischer Typ. 13 Vol.-%, DV, €€

★

WEINGUT J.G. ORB

Am Markt 9-13, 67593 Westhofen
T: +49 6244 828, kontakt@weingut-orb.de
weingut-orb.de

Ab-Hof-Verkauf: Mo bis Fr 9–12 Uhr und 14–18 Uhr, Sa 9–12 Uhr
Kellermeister: Jan G. und Jens G. Orb
Ansprechpartner: Jan G. und Jens G. Orb
Flaschen/Hektar: 80.000 (75 % weiß, 5 % rot, 10 % Rosé, 10 % süß)/11 ha

Jan G. und Jens G. Orb vom Westhofener Weingut J. G. Orb stellen zum ersten Mal ihre Weine vor. Erst seit 2019 sind die beiden Brüder in der Familie, die seit 1464 im Weinbau tätig und seit Generationen in der Region verwurzelt ist, für die Weinstilistik verantwortlich. Das Brüderpaar kann auf elf Hektar Weinberge in den bekannten Westhofener Lagen Kirchspiel, Morstein und Aulerde zurückgreifen, die sie inzwischen »bienenfreundlich« kultivieren, mit der Einsaat von Blumen und Kräutern. Uns gefällt die unaufgeregte Handschrift des Duos, von dem man noch einiges erwarten kann.

90+ 2019 Westhofen Morstein Grauburgunder trocken
Der Ausbau im Barrique zeigt sich im Duft mit rauchigen und würzigen Noten, dazu kommen Birne, Nussaromen und reife Charentais-Melone. Am Gaumen mit einer kräftigen Struktur, mittlerer Dichte, Würze, gut eingebundener Säure und Mineralität. Reifepotenzial. 13 Vol.-%, DIAM, €€€

90 2019 »Silvy van Air« Silvaner trocken
Spontan auf der offenen Maische vergorener und unfiltrierter Silvaner, der nach Apfelschale, Aprikose, Dörrobst und grünem Tee riecht. Am Gaumen mit guter Substanz, mittlerer Dichte, Saft, feiner Süße und einer gepflegten Phenolik. Individueller Wein. 12 Vol.-%. DIAM, €

89 2020 Chardonnay trocken
Im Duft mit rauchigen und würzigen Anklängen, die auf gelben Apfel und Aprikose treffen, dazu kommen Orangenschale und getrocknete Kräuter wie Rosmarin. Setzt im Mund stoffig und würzig an mit einer reifen, gut eingebundenen Säure in einer klar gefassten Struktur. 12 Vol.-%. DIAM, €

88+ 2020 »Tabula Rosa« trocken
Der leicht lachsrote »Tabula Rosa« aus St. Laurent riecht nach Himbeere, Mirabelle und floralen Noten. Zeigt sich saftig am Gaumen mit einer milden, ausgewogenen Säure und wieder Fruchtnoten (Himbeere und Erdbeere), auch ein wenig Zitrusfrucht. 10,5 Vol.-%. DIAM, €

88 2020 Grauburgunder trocken

89 2020 »Kabienchen« Riesling feinherb
Duft nach reifen Zitrusfrüchten, Mandarine, etwas Papaya und eine zarte Muskatnote, durchaus charmant. Am Gaumen schlank und feingliedrig gebaut, fein ziselierte Säure, Limonenschale, Apfel, elegante Art, mittlere Länge, einnehmender Kabinettstil. 10 Vol.-%, DIAM, €

★★

WEINGUT PAUSER

Im Baumfeld 40, 55237 Flonheim
T: +49 6734 8764, info@weingut-pauser.de
weingut-pauser.de

Ab-Hof-Verkauf: Mo bis Sa 9–12 und 13–18 Uhr
Kellermeister: Friedrich Pauser und Eva Pauser-Brand
Ansprechpartner: Familie Pauser
Flaschen/Hektar: 200.000 (50 % weiß, 50 % rot)/33 ha

Die Weine der Familie Pauser stehen für geradlinigen, fröhlichen Weingenuss zu erschwinglichen Preisen. Im Teamwork bewirtschaften sie auf 33 Hektar eine große Palette von Lagen und Rebsorten. Ganz besonders interessant ist erneut der Cabernet Sauvignon »Réserve« aus dem Binger Berg in Flonheim: Dicht, würzig und mit reifem Gerbstoff gibt er einen Hinweis darauf, dass Eva Pauser-Brand mal in Kalifornien gearbeitet hat – dort weiß man, mit der Rebsorte gut umzugehen. Wunderbar beschwingt zeigt sich der Rosé »Chillig«, der seinem Namen alle Ehre macht.

89 2020 Weisser Burgunder trocken
Von mittlerer Intensität im Duft: Zitonenschale, Birne und rohe Mandel. Am Gaumen mit Aromen von sehr reifem Pfirsich, Grapefruit und Apfel. Alles getragen von lebendiger Säure in einem mittleren Körper. Ein Wein zum direkten Trinkgenuss. 13,5 Vol.-%. DV, €

89 2020 Flonheim Geisterberg Chardonnay trocken
Ein feiner rebsortentypischer Duft im Glas mit Aromen von gelbem Apfel, Karamell und Ananas. Am Gaumen ergänzt durch Honigmelone, Mandarinenschale und Vanille. Balanciert von attraktiver Säure. Ein Wein, der heute Freude bereitet, aber auch in den kommenden Jahren Spaß bringt. 13,5 Vol.-%. DV, €

90 2018 »Réserve« Flonheim Binger Berg Cabernet Sauvignon trocken
In der Nase entwickelt sich ein intensiver Duft von Schwarzkirsche, Schwarzer Johannisbeere, Brombeere und Zeder. Am Gaumen balanciert eine lebendige Säure die Aromatik, ergänzt von einer Note von Grafit und reifem Tannin. Attraktiver Nachhall. 14 Vol.-%. DV, €€

90 2018 »Réserve« Flonheim Binger Berg Spätburgunder trocken
Klar und prägnant im Duft. In der Nase Aromen von Kirsche, Himbeere und Röstaromen. Am Gaumen folgen ebenfalls Vanille, Zimt, Pflaume und Gewürznelke. Balanciert von lebendiger Säure in einem mittleren Körper bei attraktivem Nachhall. 14 Vol.-%. DV, €

89 2020 Flonheim Geisterberg Grauer Burgunder trocken

88+ 2020 »Chillig« Rosé trocken SY/ME
Cuvée aus Merlot und Syrah, die nach Erdbeere und Walderdbeere riecht, auch etwas Blüten und Minze. Zeigt sich im Mund fröhlich und beschwingt mit Frucht und lebendiger Säure, auch eine feine Würze und leichte Süße schwingen mit. Entspannter Rosé für die Terrasse und zu Vorspeisen. 12,5 Vol.-%, KK, €

★★★★

SEKTHAUS RAUMLAND

Alzeyer Straße 134, 67592 Flörsheim-Dalsheim
T: +49 6243 908070, info@raumland.de
raumland.de

Ab-Hof-Verkauf: Mo bis Fr 8.30–17 Uhr, Sa 10–13 Uhr
Kellermeister: Volker Raumland
Ansprechpartner: Volker Raumland
Flaschen/Hektar: 107.000 (100 % Schaumwein)/10 ha
Anbauweise: Biologisch zertifiziert

Nach mehr als 30 Jahren Aufbauarbeit geben Heide-Rose und Volker Raumland jetzt nach und nach ihren Töchtern Marie-Louise und Katharina mehr Raum, um sich im inzwischen mit VDP-Mitgliedschaft geadelten Sekthaus zu entfalten. Da das Erfolgsmodell Raumland – champagnerhafte Finesse aus Rheinhessen – für ganz Deutschland Standards gesetzt hat, gehen wir davon aus, dass es nur Akzentverschiebungen geben wird. Allerdings haben wir uns auch gefragt: Sind manche der neuen Weine ein My höher dosiert als früher? Wie auch immer, superb sind sie allemal.

94 2011 »Pinot Réserve« Hohen-Sülzen Kirchenstück brut nature
Degorgiert 3/2021. Zunächst zeigt sich ein Hauch von Honig im Duft, Trockenfrüchte, Hefe, feuchter Kalkstein. Im Mund geschmeidig grundiert, von einer trockenen, stoffigen Extraktfüllung ergänzt, reife, lange anhaltende Säure, feines, zurückhaltendes Mousseux. Mineralisch verspielter Sekt. 12,5 Vol.-%. NK, €€€

93+ 2012 »Réserve« Chardonnay brut
Degorgiert 3/2021. Im Duft erscheinen Aromen von Haselnuss, Heu und Butter. Feines Mousseux mit kräftiger Dynamik, lebendige, aber reife Säure, präsente taktilmineralische Noten, wirkt noch sehr in sich gekehrt und ist noch deutlich zu jung. Großes Potenzial zu würziger Entfaltung. 12 Vol.-%. NK, €€€

93 2008 »Grande Réserve« Blanc de Noirs brut
Degorgiert 3/2021. Im Duft findet man zugleich Hefewürze und einen Hauch tertiärer Aromen. Lakritze. Mit Standzeit im Glas immer mehr Burgunderwürze. Im Mund mit geschmeidigem Auftakt und deutlicher Süße, die Säure gibt Festigkeit und Halt, sattes Mousseux. Subtil würzige Abgangsaromatik. 11,5 Vol.-%. NK, €€€€

92+ 2012 »Réserve Blanc de Blancs« brut WB/CH
Degorgiert 3/2021. Duftet getreideartig nach Mais, aber auch nach Kalk, dazu kommt etwas Gelbfrucht und eine feine Hefewürze. Knackige Säure am Gaumen, straff, druckvoll, gut balancierende, durchaus präsente Süße, frisches Mousseux, feinwürzige Abgangsaromen. 12 Vol.-%. NK, €€€

92 2015 »Cuvée Katharina« brut nature PN/PM

94 2015 »Réserve« Rosé brut
Degorgiert 3/2021. Helles Lachsrosa. Eine sehr delikate beerige Frucht und florale Töne mischen sich. Im Mund zeigt sich ein ultrafeines Mousseux, die Säure durchzieht die Struktur wie ein Laserstrahl, mittlerer Extrakt, mittlere Länge, aber sehr viel Saftigkeit. Subtil. 12 Vol.-%, NK, €€€

★★★

WEINGUT RIFFEL

Mühlweg 14a, 55411 Bingen-Büdesheim
T: +49 6721 994690, service@weingut-riffel.de
weingut-riffel.de
Ab-Hof-Verkauf: Mo bis Fr 10–12 Uhr und 14–18 Uhr, Sa 10–16 Uhr
Kellermeister: Erik Riffel
Ansprechpartner: Erik und Carolin Riffel
Flaschen/Hektar: 120.000 (83 % weiß, 10 % rot, 3 % Rosé, 2 % süß, 2 % Schaumwein)/ 18 ha
Anbauweise: Biologisch zertifiziert

Die Riffels entlocken dem Scharlachberg immer noch bessere Weine – der 2020er Riesling ist großartig gelungen und zeigt, welches Potenzial in ihrer Paradelage steckt. Überhaupt geht es mit dem Biobetrieb weiter bergauf, die gesamte Kollektion überzeugt. Ganz besonders erwähnenswert scheint uns der delikate, feinherbe Riesling Rosengarten. Einer unserer Verkoster kann ihn sich sogar zu Spaghetti agilo, olio e pepperoncino vorstellen. Und davor noch ein Glas des Sekts Scharlachberg Riesling zero dosage! Wir setzen das Weingut auf unsere Watchlist für einen vierten Stern.

95 2020 Bingen Scharlachberg Riesling trocken
Weißer Pfirsich, zarte Aprikose und etwas rote Frucht. Am Gaumen elektrisierend, ungemein extraktreich und vielschichtig. Umarmende Phenolik, noch kantig und kompakt. Super mineralisch mit großem Zukunftsversprechen. 13 Vol.-%, NK, €€€

93 2020 Bingen Osterberg Riesling trocken
Sehr feingliedrig in der Nase mit etwas Rose und weißen Früchten. Dem zurückhaltenden Auftakt folgt ein packend-salziges Mundgefühl mit Zitrusfrische und beeindruckender Länge. Dabei immer elegant, glasklar und harmonisch. 13 Vol.-%, NK, €€€

93 2020 Bingen Scharlachberg Riesling Kabinett
Weinbergpfirsich, Feuersteinaromatik und Zitronenmelisse zeigen keinen süßen Ansatz in der Nase. Am Gaumen druckvoll-zitrisch, Blutorange mit feiner Phenolik und spürbarer Mineralität. Dieses Salzige fördert die Spannung und das Genusserlebnis. 9,5 Vol.-%. DV, €€

92+ 2020 Bingen Kirchberg Riesling trocken
Kamille, Wiesenkräuter und Pfirsich-Maracuja. Auch Feuerstein kommt durch. Der Gaumen startet seidig, zunehmender Druck, gepaart mit Grapefruit und Limettenzeste. Gut integrierte Säure und feine Viskosität runden den Wein ab. 13 Vol.-%, NK, €€€

92 NV Bingen Scharlachberg Riesling zero dosage

92+ 2020 »Réserve« Sauvignon Blanc trocken

92 2019 »Réserve« Chardonnay trocken

91+ 2020 Bingen Rosengarten Riesling

91 2020 »Quarzit« Bingen Riesling trocken

91 2019 »Orange-Naked« trocken TR/GS

90+ 2020 »Quarzit« Bingen Silvaner trocken

90+ 2020 Riesling trocken
Grüner und gelber Apfel, gepaart mit Zitrusfrische. Pikante Säure, guter Extrakt und markante Mineralität. Terroirgeprägt und bei geringem Alkohol dennoch ausdrucksstark – unkomplizierte Trinkfreude mit Anspruch. 11,5 Vol.-%, DV, €

★

WEINGUT RUPPERT-DEGINTHER

Kämmerergasse 8, 67596 Dittelsheim-Heßloch
T: +49 6244 292, kontakt@ruppert-deginther.de
ruppert-deginther.de

Ab-Hof-Verkauf: Ja
Kellermeister: Karl-Joachim Ruppert
Ansprechpartner: Justus Ruppert
Hektar: 28 ha

Auf diesem Familienbetrieb stehen mit Justus und Milena Ruppert zwei studierte Geisenheimer an der Spitze, doch die ganze Familie arbeitet im 28-Hektar-Weingut mit. Die Senioren kümmern sich um Keller (Karl-Joachim) und Verkauf (Gabi). Und die Jüngsten, Julius und Theresa, leisten bereits in zartem Alter einen unersetzlichen Beitrag zum positiven Betriebsklima. Stilistisch setzen die Weine eigenständige Akzente: mit raffinierten Cuvées und mit einem Cabernet, der an feinsinnige traditionelle Clairets erinnert. Bemerkenswert auch: Das Weingut ist energetisch autark.

91 2019 »Cuvée Blanc« trocken SB/CH
Etwas Hefe im Duft, feine Würze mit Untertönen von Anis, Holunderblüte und Kümmel. Eine Ahnung von Holz? Im Mund seidig, dicht, ganz natürliche Balance, nahtlos integrierte Säure, eine sehr gut komponierte Cuvée, durch ihre dezente Art ein kulinarisch gut einsetzbarer Wein. 13 Vol.-%, DIAM, €€

89+ 2019 »Calx« Riesling trocken
Reife Rieslingwürze mit einem Hauch Petrol. Bergamotte, geriebene Zitronenschale. Geschmeidig und getragen am Gaumen, dichte Stoffigkeit, reife Säure, der weite Körper ist gut mit Extrakt gefüllt und der Wein klingt geschmeidig ab. 13 Vol.-%, NK, €€

91+ 2017 Hessloch Liebfrauenberg Cabernet Sauvignon trocken
Cassis und dunkle Frucht in der Nase, roter Paprika, Holzwürze kommt dazu, klassische Cabernetnase. Stoffig und würzig in seiner Gaumenentfaltung in einer kräftigen Struktur mit Substanz und reifen Gerbstoffen, präsente Säure im Stil eines traditionellen Claret. 13,5 Vol.-%. NK, €€€

89 2017 Bechtheim Spätburgunder trocken
Reifes und aromatisches Bukett mit eingelegten roten Kirschen, Gewürznelke und Himbeermarmelade. Am Gaumen ein kräftiges und stoffiges Exemplar der Gattung Spätburgunder mit prägnanten und selbstbewussten Gerbstoffen. Zu Schmorgerichten. 14 Vol.-%. NK, €€

88 2020 Hessloch Auxerrois trocken

90 2020 »Burgunder Trilogie« Hessloch trocken PG/WB/CH
Etwas Honig im Duft, weiße Blüten, Heu, auch Cassata und kandierte Hochreifefrucht. Im Mund zeigt der Wein einige Körperkraft, Geschmeidigkeit, Nerv und Stoff harmonieren, gute Dichte, reife, nahtlos eingebundene Säure, ein Hauch Holz ist gut integriert. 14 Vol.-%, DIAM, €€

★★★

WEINGUT SANDER

In den Weingärten 11, 67582 Mettenheim
T: +49 6242 1583, info@sanderweine.de
sanderweine.de

Ab-Hof-Verkauf: Mo bis Fr 9–16.30 Uhr
Kellermeister: Stefan Sander
Ansprechpartner: Stefan Sander
Flaschen/Hektar: 200.000/31 ha
Anbauweise: Biologisch zertifiziert

Das Weingut hat ökologisch gewirtschaftet, als das noch komplett Neuland war, Großvater Ottoheinrich Sander ist einer der Pioniere des Bioweinbaus. Sein Enkel präsentiert in jeder Hinsicht faszinierende Weine: großartig die weißen und roten Reserven. Zudem arbeitet das Weingut mit alten, erst vor einem Jahrzehnt wiederentdeckten Reben: Grünfränkisch, seit der Antike bekannt, Fränkischer Burgunder, eine Lokalsorte aus der Zeit Karls des Großen. Eine furiose Premiere in unserem Guide: Die Bewertung startet mit drei Sternen und der vierte ist nicht weit entfernt!

94 2018 »Reserve« Riesling trocken
Tropischer Mix, gelber Paprika und Cantaloupe-Melone. Explosionsartig am Gaumen mit einer natürlich-betörenden Kraft, Substanz und Energie. Die Säure ist eingebunden und eine fein ziselierte Phenolik erhöht die Spannung. Bleibt haften und überzeugt. 13,5 Vol.-%. NK, €€€

93 2018 »Reserve« Chardonnay trocken
Zunächst Brioche und Boxhornklee, gefolgt von gelbem Curry. Am Gaumen geradlinig und mit einer leichten Röstaromatik und etwas Vanille. Animierende Säure, trocken und extraktreich. Nicht kitschig. Tolle Länge mit sicherem Zukunftspotenzial. 13,5 Vol.-%. NK, €€€

93 2019 »Zeiten-Sprung« Fränkischer Burgunder trocken
Dunkle, bis zum Rand gedeckte Farbe. Riecht nach Tabak., Wildpflaume, floralen Töne, Waldheidelbeere. Weich und ölig zu Beginn, in der Entfaltung am Gaumen dann stoffig, griffiges Tannin, stabile, sehr gut zum Körper stehende Säure, dicht und würzig, tolles Potenzial. 13,5 Vol.-%. NK, €€

91+ 2017 »Reserve« Pinot Noir trocken
Waldboden, Zedernholz, Rote Johannisbeere und Brombeere betören die duftige Nase. Der Gaumen ist dann würzig, rauchig und vegetabil. Fester Gerbstoff mit spürbarem Holzeinsatz und Zukunftspotenzial. 13,5 Vol.-%. NK, €€€

90 2019 »Zeiten-Sprung« Grünfränkisch trocken

91+ 2020 Sauvignon Blanc trocken
Cassis und Rote Johannisbeere dominieren die Nase, grüner Paprika kommt dazu. Am Gaumen äußerst saftig und trinkig mit Stachelbeere, Kiwi und Salzzitrone. Erfrischende Säure mit guter Länge und einem harmonischen Gesamteindruck. 13 Vol.-%, DV, €

★★

WEINGUT SCHERNER-KLEINHANSS

Alzeyer Straße 10, 67592 Flörsheim-Dalsheim
T: +49 6243 435, info@scherner-kleinhanss.de
scherner-kleinhanss.de

Ab-Hof-Verkauf: nach Vereinbarung
Kellermeister: Klaus Scherner
Ansprechpartner: Klaus Scherner
Flaschen/Hektar: 70.000 (65 % weiß, 35 % rot)/12 ha

In der Region von Flörsheim-Dalsheim werden seit der Römerzeit Reben angebaut – das Weingut Scherner-Kleinhanß befindet sich immerhin seit fast 300 Jahren in Familienbesitz. Vielleicht kommt daher das ungezwungene Selbstbewusstsein, mit dem Familie Scherner sagt: »Wir machen mit den Weinen so wenig wie möglich.« Das offenbar aber richtig: Das rundum gelungene Sortiment zeigt Qualität und innere Werte. PS: Kurz vor Redaktionsschluss erreichte uns die Nachricht, dass Klaus Scherner unerwartet verstorben ist. Wir hoffen, dass es im Weingut in seinem Sinne weitergeht.

90+ 2020 Nieder-Flörsheim Steig Weißer Burgunder trocken
Etwas Kokosnuss in der Nase mit Akazienblüten, Aprikose und gelbem Apfel, Holzwürze. Weit angelegt am Gaumen mit recht breiter Struktur und reifer Säure, merkliche Phenolik, die geschmeidig eingebunden ist. Strukturgeprägter Burgunder mit Konsistenz und Potenzial. 13,5 Vol.-%. NK, €€

90 2020 Dalsheim Weißer Burgunder trocken
Weiße Blüten, Mirabelle, Apfel und Zitrusfrucht in der Nase, auch nussige Aromen und Trockenblumen. Am Gaumen stoffig, mit Schmelz und auch mit Frische, die von der präsenten Säure transportiert wird. Auf unaufgeregte Art überzeugend mit guter Balance. 13 Vol.-%, DV, €

90 2018 »Pinot Blanc de Noirs« brut
Weiße Blüten in der Nase und Zitrusfrucht zu Himbeere und leicht röstigen Noten, auch Haselnuss. Im Mund übernimmt die aktive Säure zunächst die Regie, Schmelz und Saft kommen dazu, auch das gepflegte Mousseux kann gefallen. Animierend und charmant. 12,5 Vol.-%. NK, €€

90+ 2020 Dalsheim Sauloch Blauer Spätburgunder trocken
Eine frische Kirschfrucht im Duft, Sauerkirsche, Kirschkern, auch etwas Holz und Hefe, ein burgundischer Einschlag im Duft. Auf weicher, leicht cremiger Grundierung entfaltet sich am Gaumen ein feinkörniges, samtenes Tannin, dazu schaffen Nerv und Mineralität Eleganz. 12,5 Vol.-%. NK, €€

89 2020 Dalsheim Riesling trocken

89+ 2020 Nieder-Flörsheim Sauvignon Blanc trocken
Würzige Nase mit Schwarzer Johannisbeere, Stachelbeere, etwas Mango. Zeigt sich am Gaumen saftig und entspannt mit ausgewogener Säure und leichter Süße. Kein lauter und effektheischender Sauvignon, sondern einer mit inneren Werten und mineralischer Tönung. 12,5 Vol.-%, DV, €

★

SCHLOSSMÜHLENHOF

Schloss mühlen hof
SEIT 1846
RIESLING TROCKEN
-MUSCHELKALK-

Kirchgasse 18, 55234 Kettenheim
T: +49 67 31 4 34 59, Info@SchlossMuehlenhof.de
schlossmuehlenhof.de

Ab-Hof-Verkauf: nach Vereinbarung
Kellermeister: Nicolas Michel
Ansprechpartner: Nicolas Michel
Hektar: 25 ha

Seit sechs Generationen betreibt der Schlossmühlenhof Landwirtschaft mit Weinanbau. Erst seit 20 Jahren konzentriert sich der Familienbetrieb ganz auf seine Reben. Dabei profitiert das Weingut von seinen recht kühlen Hanglagen am Wartberg, auf denen die Trauben lange reifen. Seine Premiere im Guide ist ansprechend. Die Weine der Basis bieten schönen Trinkgenuss. In der Spitze zeigen sie Ambition, wie die extraktreiche »Reserve« vom Chardonnay und der konzentrierte, würzige Riesling Wartberg. Wir sind gespannt auf das nächste Jahr.

90 2019 »Reserve« Chardonnay trocken
Neuholz in der Nase, etwas Kokosnuss und reife Birne, gelbe Frucht und Banane, Würze. Kräftig gebaut am Gaumen, strukturgeprägt, trocken und mit feiner, leicht salzig unterlegter Säure, mit gutem Extrakt und Substanz. Ambitionierte »Reserve«, die sich entwickeln kann. 13,5 Vol.-%, NK, €€

90 2020 Kettenheim Wartberg Riesling trocken
Reife gelbe Frucht in der Nase, Pfirsich und Aprikose, auch etwas Mango-Püree und Mango-Lassi. Am Gaumen mit konzentriertem und fokussiertem Auftritt: Die präsente Säure regelt die Verhältnisse, Mineralik und Würze prägen das stimmige Bild, gute Länge. 13 Vol.-%, DV, €€

89 2020 »Muschelkalk« Riesling trocken
Pfirsich, gelber Apfel und Aprikose mit floralen Noten, Blattgrün. Gut gebauter, saftiger und ausgewogener Riesling mit einem adretten Süße-Säure-Zusammenspiel und auch kalkmineralischen Anklängen. Wieder Steinobst und auch zitrische Noten, feine Herbe im Ausklang. 13 Vol.-%, DV, €

92 2020 Kettenheim Wartberg Riesling Eiswein
Klares, mittleres Gelb. Pikanter Duft nach reifen Zitrusfrüchten, Limettenschale, Papaya und Mango, alles würzig unterlegt, intensiv. Am Gaumen mit fließender Süße, feiner Säurenerv, Grapefruitsaft, Blütenhonig, eleganter Eiswein. 7 Vol.-%, DV, €€€

89 2020 »Muschelkalk« Kettenheim Weißer Burgunder trocken

89 2020 Chardonnay & Weißer Burgunder tr.

88+ 2020 Sauvignon Blanc trocken

88 2020 Riesling trocken

88 2020 Grauer Burgunder trocken

88 2020 Weißer Burgunder trocken

88 2020 Spätburgunder Rosé trocken

89+ 2020 »Holzfass« Chardonnay trocken
Zu Birne und Reneklode kommen holzwürzige Aromen, etwas Rauch und feuchte Blätter. Der Holzausbau schafft auch am Gaumen Struktur, klare Kontur mit süßlichem Extrakt, für Ausgewogenheit sorgt die präsent Säure. Wieder reife Birne und auch Würze, kulinarischer Typ. 13 Vol.-%, DV, €

★★

WEINGUT DANIEL SCHMITT

In den Weingärten 7, 67582 Mettenheim
T: +49 06242 1717, info@schmitt-weine.com
schmitt-weine.com

Ab-Hof-Verkauf: nach Vereinbarung
Kellermeister: Daniel Schmitt
Ansprechpartner: Daniel Schmitt
Flaschen/Hektar: 160.000 (70 % weiß, 30 % rot)/17 ha

Vor einem Jahrzehnt kehrte Daniel Schmitt aus Neuseeland und Südafrika zurück und übernahm das Familienweingut. Er vergrößerte die Rebfläche, modernisierte den Betrieb und richtete das Sortiment neu aus. Bei seinem Debüt in unserem Guide gelingt ihm ein guter Auftritt: Der Bechtheimer Ortsriesling ist schön balanciert mit mineralischer Färbung – unser Falstaff-Tipp. Die beiden Rotweine sind gut extrahiert mit reifen Gerbstoffen. Und die Basis erscheint solide und allemal kulinarisch interessant. Wenn das kein junger Winzer mit Potenzial ist!

89 2020 Sauvignon Blanc trocken
In der Nase etwas Rosenblätter und Litschi mit Cassis und Maracuja. Würzig, intensiv und auch mit guter Frische im Mund, auch viel Saft und reife Maracuja und Mango. Balancierter, geschmeidiger Sauvignon Blanc mit mittlerer Länge, der einiges anbietet. 12,5 Vol.-%, DV, €

88 2020 Grauer Burgunder trocken
Würzig begleitete Birne und Quitte im kräftigen Duft mit Honigmelone. Harmonisch balancierter Grauer Burgunder mit reifer, süßer Birne, Honigmelone und weicher Säure auf saftigem Fond, fein unterlegte Phenolik und etwas Pfeffer. Wie gemacht für den Tisch. 13 Vol.-%, DV, €

91+ 2018 Bechtheim Hasensprung Syrah trocken
Dunkle Frucht mit schwarzem Pfeffer, Holzwürze. Gute Interpretation des Syrah auf rheinhessischem Boden mit reifem, fleischigem Gerbstoff und würzig unterlegter Schwarzkirsche. Geschmeidig, weicher Fond, auch Spannung und stabile Säure, die bis ins lange Finale führt. 13,5 Vol.-%, NK, €€

90 2019 Bechtheim Stein Schwarzriesling tr.
Ziemlich reife Frucht, Minze, gekochte Frucht, Waldhimbeere, Hagebutte und Rauch. Am Gaumen breit angelegt in einem größeren Format und auf weichem, seidigem Fond, wieder saftige Himbeere, die reife Säure sitzt gut, Würze und reife Gerbstoffe in mittlerer Dotierung. 13 Vol.-%, NK, €€

88 2020 Chardonnay Weißburgunder trocken

90 2020 Bechtheim Riesling trocken
Fein austarierte und elegante Nase mit Steinobst, Weinbergpfirsich und weißen Blüten, etwas Melisse. Riesling, der in gutem Gleichgewicht steht und neben Frucht, Saft und einer reifen, gut eingewobenen Säure auch mit mineralischen Tönen punkten kann. Stimmig. 13 Vol.-%, DV, €

★★★★

WEINGUT SCHÄTZEL

Oberdorfstraße 34, 55283 Nierstein
T: +49 6133 5512, weingut@schaetzel.de
schaetzel.de

Ab-Hof-Verkauf: nach Vereinbarung
Kellermeister: Madeline Stößel
Ansprechpartner: Kai Schätzel
Flaschen/Hektar: 75.000 (100 % weiß)/15 ha

Kai Schätzel ist und bleibt ein herausragender Winzer mit großem handwerklichem Geschick und Lust an Innovationen. Das wird nicht nur an seinen eigenständigen, markanten Rieslingen aus den rheinhessischen Toplagen sichtbar – das GG aus dem Ölberg ist 2020 exzellent gelungen –, sondern auch an seinem überaus saftigen »naturweiss«, einen naturtrüben Landwein, der zum sofortigen Genuss einlädt. Sehr viel Trinkfreude bereitet auch sein Riesling Kabinett, der ein filigranes Spiel zwischen Säure und Süße bietet – ein toller Aperitif, den man sich gerne nachschenken lässt!

93+ 2020 Nierstein Ölberg Riesling GG
Leichte Reduktion in der Nase, Aprikose, reife Mirabelle, feine Kräuter. Zeigt am Gaumen die Großzügigkeit der Lage, aber auch die Handschrift des Winzers, der zu viel Üppigkeit in Kanten und markante Struktur verwandeln kann. Etwas zitrisch, merkliche Phenolik, insgesamt absolut stimmig. 11,5 Vol.-%. NK, €€€

92 2020 Nierstein Riesling Aus Ersten Lagen trocken
Attraktiv im Duft mit Aromen von Veilchen, Pfirsich, Limette und Zitronenzeste. Am Gaumen mit schlanken Körper und guter Komplexität, nasser Stein und Grapefruit. Getragen von guter Säure, die in einen attraktiven Nachhall führt. 11,5 Vol.-%. DV, €€

91 2020 Nierstein Riesling Kabinett Aus Ersten Lagen
Aromen von reifem Apfel, reifer Aprikose, Mango, und Zitronenschale. Am Gaumen mit sehr gut balancierender Säure in einem straffen Körper, insgesamt hochwertig, der Wein hat weiteres Potenzial. 7,5 Vol.-%. DV, €€

91 2020 »naturweiss« trocken RR/GS/MT/WB
In der Farbe trüb, in der Nase dezenter Duft von Zitronenzeste, junger Mandarine, Limettenschale und Grapefruit, dazu etwas Hefeteig. Am Gaumen auch Aromen von nassem Stein, Würze sowie Blutorange. Im Abgang sehr saftig, schöner Trinkfluss. 11,5 Vol.-%. DV, €

90 2020 Riesling Kabinett

91 2020 Riesling trocken
Ein Duft von Grapefruit, Orangenschale und Zitrone. Am Gaumen folgt eine leichte Hefenote sowie reifer Pfirsich, alles getragen von straffer Säure in einem eleganten Körper. Der Nachall ist saftig, ein wenig mineralisch und lädt zum nächsten Glas ein. 11,5 Vol.-%, DV, €

★★

WEINGUT SCHÖNHALS

Hauptstraße 23, 55234 Biebelnheim
T: +49 6733 960050,
schoenhals@weingut-schoenhals.de
weingut-schoenhals.de

Ab-Hof-Verkauf: Mo bis Fr 11–17 Uhr
Kellermeister: Martin Knab
Ansprechpartner: Hanneke Schönhals
Flaschen/Hektar: 107.000 (55 % weiß, 30 % rot, 12 % Rosé, 1 % süß, 2 % Schaumwein)/13 ha

Seit mehr als 30 Jahren arbeitet das Weingut Schönhals ohne Abstriche biodynamisch. »Die Lebendigkeit unserer Weine beginnt im Weinberg«, sagt Hanneke Schönhals, die den Betrieb seit 2018 leitet. Deshalb gilt ihr Augenmerk dem Boden und seiner lebendigen Vielfalt. Im Keller arbeitet sie schonend, mit Spontangärung und langen Maischestandzeiten. Außer Riesling und Burgunder experimentiert Hanneke Schönhals mit pilzresistenten Neuzüchtungen: Saphira oder Cabertin seien nicht nur widerstandsfähig, sie böten auch spannende Aromenprofile. In der Tat!

90 2020 »Kalkmergel« Biebelnheim Riesling trocken
Im Duft zeigen sich Aromen von Orangenschale, Pfeffer, Melisse – der Wein verströmt eine schöne Frische. Im Mund hat er dann eine feste Säure, präsente Süße, leichte Salzigkeit, überzeugt mit Spannung und Länge und glaubhaftem Kalkeinfluss. 12,5 Vol.-%. DV, €

89 2020 »pur« Riesling trocken
Ein Hauch von Holz, Apfelring, robust-stoffig im Gaumen, festes Säurerückgrat, kompakt und markant extraktbeladen, wird Zeit benötigen, um sich etwas zu öffnen.
12,5 Vol.-%. NK, €€€

92 2018 Biebelnheim Pilgerstein Pinot Noir trocken
Im Duft findet man Aromen von Kakao, Unterboden, Thymian, etwas Eisen. Der Holzeinsatz wirkt zurückhaltend und gut beherrscht. Im Mund ist der Wein großzügig einerseits, aber auch mit fester Tanninstruktur, packend, trotz der hohen Intensität saftig auflösend. 13,5 Vol.-%. DV, €€

90+ 2019 »Löss« Biebelnheim Pinot Noir trocken
Etwas Leder im Duft, rotbeerig, etwas Herzkirsche, im Mund dicht mit Gerbstoff besetzt, körnig, dann recht früh Kräuteraromen und auch leicht pfeffrige Rückaromen, ein fest gefügter Gaumen. Ein ganz komplett wirkender Spätburgunder. 13 Vol.-%, NK, €€

89 2018 Cabertin Pinot Noir trocken

89+ 2020 Saphira trocken
Im Duft findet man hefige Noten, Aromen von Honigbonbon und Heu, leicht pfeffrige Untertöne. Im Mund hat der Wein eine schöne Balance, gute Kraft und Saftigkeit, Länge, wirkt nicht zu süß abgestimmt und dennoch harmonisch. 13 Vol.-%, DV, €

WEINGUT STAUFFER

Borngasse 24-26, 55234 Flomborn
T: +49 6735 1521, info@weingutstauffer.de
weingutstauffer.de

Ab-Hof-Verkauf: nach Vereinbarung
Kellermeister: Alexander Stauffer
Ansprechpartner: Alexander Stauffer
Hektar: 17 ha

Alexander Stauffer versteht es, das vom Kalkstein geprägte Terrain um Flomborn in seine Weine zu übertragen, die mit Mineralität und guter Balance aufwarten. Aber er versteht auch den Umgang mit den Holzfässern, wie die eigenständige und ausgeschlafene »Reserve« vom Sauvignon Blanc zeigt. Stilistisch bewegt er sich zwischen Tradition und Aufbruch, wobei uns seine Weine ohne abrundende Süße besser gefallen. Auch die Umstellung auf ökologischen Weinbau macht sich bemerkbar, die Weine zeigen eine aromatische Klarheit. Da geht noch was in Flomborn!

91+ 2020 »Reserve« Sauvignon Blanc trocken
Vanille und Holzwürze, etwas Honig und Lindenblüte, Schwarze Johannisbeere, keine laute Sauvignon-Nase. Sehr klar am Gaumen mit etwas kandierten Früchten und schöner Fülle, ausgewogen in der Balance, auch elegant. Eigenständig, mit klarer Handschrift. 13 Vol.-%, DV, €

90 2020 »Kalkgestein« Riesling trocken
Kühler, kalkiger und attraktiver Duft nach Apfel, Koriandersamen und Zitrusfrucht. Am Gaumen leichte Adstringenz, leichte Phenolik, dann mit merklicher Süße in der Gaumenmitte, die aber gut balanciert wird von der lebhaften Säure. Kalkmineralisch, cremig und raffiniert. 11,5 Vol.-%, DV, €

89+ 2020 Eppelsheim Felsen Chardonnay trocken
Klare Chardonnay-Nase, vermutlich großes Holzfass, ziemlich reife und auch süße Frucht, Birne und Aprikose, Apfel, Bratapfel, etwas Butter, Honigwabe. Die präsente Säure balanciert am Gaumen das Volumen und die leichte Üppigkeit, nicht ganz trocken. Geht auf Nummer sicher.
13 Vol.-%, DV, €€

87 2018 »Reserve« Cabernet Sauvignon tr.
Typische Nase von Cabernet Sauvignon mit Tomaten und Paprika und auch Holzwürze. Sauber vinifiziert am Gaumen mit Cassis und Saft, würzige Toastnoten. Auf der einen Seite etwas grünlich im Gerbstoff, aber auch mit etwas Süße in einer bündigen Struktur. 13 Vol.-%, NK, €

89 2020 Eppelsheim Auxerrois trocken

90+ 2020 Flomborn Silvaner trocken
Apfel im Duft, Netzmelone, Kamille, kräutrig und würzig, ein wenig Heu, auch etwas Rapsblüten und nasser Kalk. Am Gaumen auch mit kalkmineralischen Anklängen, einer eleganten Säure, auch im Geschmack mit Kamille und Kräutrigkeit, schöner Trinkfluss. 12 Vol.-%, DV, €

★

WEINGUT STOLL

Sonnenbergstraße 13, 55232 Alzey
T: +49 6731 41194, info@weingut-stoll.de
weingut-stoll.de

Ab-Hof-Verkauf: nach Vereinbarung
Kellermeister: Philipp Stork
Ansprechpartner: Iris Stoll und Philipp Stork
Hektar: 10 ha

Das Weingut Stoll im Alzeyer Stadtteil Heimersheim, das von Iris Stoll und ihrem Sohn Philipp Stork geleitet wird, bewirtschaftet neuneinhalb Hektar Weinberge. Davon entfallen rund 75 Prozent auf weiße Rebsorten wie Riesling, weiße Burgunder und Sauvignon Blanc; bei den Roten überwiegen Spätburgunder, Portugieser und Dornfelder. Kellermeister Philipp Stork überzeugt mit trocken ausgebauten und ungekünstelten Weinen wie dem schwungvollen Riesling aus dem Rotenfels und dem würzigen Sauvignon Blanc »Réserve«. Mehr als ein respektables Debüt in diesem Weinguide!

90 2020 Heimersheim Rotenfels Riesling tr.
Apfel, Reneklode und Aprikose bauen sich im frischen Duft auf, auch würzige Noten, etwas Gesteinsmehl. Am Gaumen mit würzigem Start und leicht phenolischer Herbe, kein Extraktmonster, mit frischer Säure, gutem Trinkfluss und mineralischen Anklängen. Stimmig. 12,5 Vol.-%. DV, €€

89+ 2020 Bornheim Weißer Burgunder tr.
Blüten, reifer Apfel, Orangenschale, Aprikose und frischer Thymian im Duft. Setzt am Gaumen mit ausgewogener Säure und auch Phenolik breit und geschmeidig an. Beinahe durchgegoren, dadurch verstärkt sich der würzige und krautrige Eindruck im Ausklang. 13,5 Vol.-%. DV, €

89 2020 Sauvignon Blanc trocken
Würziger Duft mit Cassis, Melisse, Mango, Aprikose und etwas Kreuzkümmel. Kräftig gebaut am Gaumen, wieder mit Würze und reifer Frucht und frischer, tragender Säure. Sehr trocken in der Anmutung, kommt ohne Kitsch und Süße aus. Ein stabiler Charakter. 13,5 Vol.-%. DV, €

89 2020 Heimersheim Riesling trocken
Zuerst Apfel in der Nase, Boskoop, auch florale Noten, etwas Blattgrün und Zitrusfrucht. Am Gaumen trifft die ziemlich lebendige Säure auf fruchtige Süße in einem schlanken Körper mit eher gering dosiertem Extrakt. Feine Herbe belegt den hinteren Gaumen. 12,5 Vol.-%. DV, €

88 2020 Riesling Spätlese

90 2020 »ReséVe« Sauvginon Blanc tr.
Würze und Rauch prägen die Nase mit reifer Frucht wie Mango, Stachelbeere und Schwarzer Johannisbeere. Voluminös am Gaumen mit schöner Würze, phenolischem Hintergrund und reifer, tragender Säure. Trocken und ungekünstelt, bleibt würzig am Gaumen. 13,5 Vol.-%, DV, €€

★★★

STRAUCH SEKTMANUFAKTUR

Dalbergstraße 14-18, 67574 Osthofen
T: +49 6242 913000, tw@strauch-sektmanufaktur.de
strauch-sektmanufaktur.de

Ab-Hof-Verkauf: Mo bis Mi 8–13 Uhr, Do und Fr 13–18 Uhr, Sa 10–14 Uhr
Kellermeister: Tim Weißbach
Ansprechpartner: Isabel Strauch-Weißbach
Flaschen/Hektar: 40.000 (100 % Schaumwein)/21 ha
Anbauweise: Biologisch zertifiziert

Mittlerweile ist es ein Jahrzehnt her, dass Isabel Strauch-Weißbach und ihr Mann Tim Weißbach die elterliche Sektkellerei übernommen haben. Seitdem schreiben die beiden eine Erfolgsgeschichte: Ihre biologisch erzeugten Sekte sind durchweg exzellent gekeltert, gut strukturiert und nach wie vor schätzen wir sehr, dass sie eher zurückhaltend mit Dosage versetzt sind – das gilt auch für den anregenden Rosé. Herausragend der tiefgründige und komplexe 2016er Riesling »Vielles Vignes« extra brut, der demonstriert, wie großartig deutscher Sekt sein kann.

93 2016 »Vieilles Vignes« Riesling extra brut
In der Nase zeigen sich Aromen von Brioche, Rauch, reifer Zitrusfrucht, Limettenschale, reifem Apfel. Am Gaumen hoch aufgelöstes Mousseux, lebendige Säure, zupackend, frisch, es entwickeln sich Zitrusaromen, schöner Grip, komplexer Jahrgangssekt. 11,5 Vol.-%. NK, €€€

92 NV »Zero« brut nature
Aromen von Brioche, Mandeln, dazu geriebene Apfelschale, Quitte und Kräuterwürze im Duft. Am Gaumen ziseliertes Mousseux, lebendige Säure, klare Frucht mit Limone, Apfel und Mirabelle. Der »Zero« hat eine gute Struktur und Länge, große Klarheit. 11,5 Vol.-%. NK, €€

91 2017 »Blanc de blancs« brut CH/GS
Im Duft zeigen sich reife helle Früchte, etwas Holunder, Süßholz, Quitte und Birne. Am Gaumen feines Mousseux, lebendige Säure, Apfel und etwas Mandarine, feine Cremigkeit, mit guter Struktur und Länge. Auch als Speisenbegleiter geeignet. 12 Vol.-%. NK, €€

90 2017 Pinot Blanc brut
Aromen von Aprikose, Holunder und Haselnuss, dazu etwas Brioche entwickeln sich in der Nase. Am Gaumen zeigt sich ein feines Mousseux, dazu lebendige Säure, Zitrusfrüchte und helle Früchte. Ein erfrischender, klarer Pinot mit mittlerer Struktur. Macht Spaß. 11,5 Vol.-%. NK, €€

90 2018 Riesling brut

91 2017 »Rosé Prestige« brut CH/PN/SW
Zartes Lachsrosa. In der Nase zeigen sich Aromen von Sauerkirsche, Himbeere und Johannisbeere. Am Gaumen mit feinem Mousseux, lebendige Säure, erneut Kirsche und Johannisbeere, guter Grip, klar und frisch, Rosé mit guter Struktur und Länge. 11,5 Vol.-%, NK, €€

★

WEINGUT WEBER

Herrbornstraße 26, 55435 Gau-Algesheim
T: +49 6725 2263, info@weber-weine.de
weber-weine.de

Ab-Hof-Verkauf: Ja
Kellermeister: Hermann Weber
Ansprechpartner: Hermann und Martina Weber
Hektar: 17 ha

Hätten Sie's gewusst? Saphira ist eine Kreuzung aus Arnsburger (einer Kreuzung aus Müller-Thurgau x Gutedel) und Seyve-Villard 1-72, 1978 am Geilweilerhof als pilzresistente Sorte gezüchtet. Beim Weingut Weber gibt es diese Rarität noch, und sogar in Form einer fruchtgetragenen, vielschichtigen Spätlese. Die Blue Chips des Hauses aber sind die Rotweine aus Ingelheimer Lagen, die dem Kalk Ausdruck verleihen und zum Genuss nur eines verlangen: ein klein wenig Geduld. Wir haben die aktuelle Kollektion als sehr zugänglich und mit Ambition gemacht empfunden.

90+ 2018 »Réserve« Ingelheim Pinot Noir tr.
Ein facettenreicher Duft: Waldbeeren, Minze, Holunder, ein Anflug von Schokolade und Holz. Im Mund recht getragen, mit mürbem Stoff auf leicht viskosem Hintergrund, druckvoll und dicht, gut integrierter Alkohol und auch Anzeichen von Kalkmineralität. 14 Vol.-%. VL, €€

90 2018 Gau-Algesheim Cabernet Sauvignon trocken
Im Duft Pflaume, Wachs und Johannisbeerblätter, dunkle Schokolade. Im Mund weich grundiert, eine hohe Menge feinkörnigen, in Untertönen auch leicht rappigen Tannins, sehr milde Säure, endet mit Schmelz, leicht wärmend. 13,5 Vol.-%. VL, €€

89+ 2018 Ingelheim Spätburgunder trocken
Im Duft Milchschokolade mit Kräuternoten, dazu eine Spur rauchiges Neuholz. Der Gaumen ist weich grundiert, cremig geradezu, mutet mild an, bis eine kräftige Dosis körnigen Gerbstoffs den Körper belegt. Braucht Zeit. 13,5 Vol.-%. DV, €

90 2020 Gau-Algesheim Saphira Spätlese
Helles Goldgelb mit grünlichen Reflexen. Mirabelle, kandierter Pfirsich, Aprikosenkonfitüre. Ein Oberton von Botrytis. Im Mund mit Druck und Spannung, mit einem saftigen, konzentrierten Säurebogen und ganz leicht viskos begleiteten Spiel der Süße. 9,5 Vol.-%. VL, €

88 2020 Gau-Algesheim Weißburgunder tr.

89+ 2020 Grauburgunder trocken
Eine »süße« Frucht im Duft: Honigmelone, Birne aus dem Glas, Gäraromen. Im Mund seidig, rund, mild und mollig, milde Säure. Ein auf Fülle setzender Grauburgunder, der dennoch auch seine eleganten Seiten wahrt. 13,5 Vol.-%, DV, €

★★★

WEINGUT WECHSLER

Wormser Straße 1, 67593 Westhofen
T: +49 06244 211, info@weingut-wechsler.de
weingut-wechsler.de

Ab-Hof-Verkauf: Do und Fr 10–17 Uhr, Sa 10–15 Uhr
Kellermeister: Katharina Wechsler
Ansprechpartner: Katharina Wechsler
Flaschen/Hektar: 120.000 (90 % weiß, 10 % rot)/18 ha
Anbauweise: Biologisch zertifiziert

Katharina Wechsler hat auch dieses Jahr wieder eine ebenso hochwertige wie spannende Kollektion präsentiert – die vergangenes Jahr eingeleitete Umstellung auf biologische Bewirtschaftung könnte ihren Teil dazu beigetragen haben. Auf jeden Fall meinen wir, eine noch prägnantere Salzigkeit in den Weinen zu spüren. Verbunden mit der markanteren Säure sind dies ohne Frage Weine mit großer Zukunft. Beeindruckend der Riesling »Benn« mit seiner komplexen Struktur, animierend erneut der Rosé »Sexy MF«, der frischen, unkomplizierten Trinkspaß bietet.

94 2020 Westhofen Morstein Riesling trocken
Sehr reduktiv im Duft, auch würzig, mit Luftkontakt Grapefruit. Wirkt im Mund fast wie ein Rotwein in seiner immensen Stoffigkeit und Tiefe, dazu kommt ein festes Säurerückgrat, und ein nachgerade kreidiger Hintergrund. Die Gaumenaromen sind noch verschlossen. Ein Wein zum Kauen, fordernd, mit sehr gutem Potenzial. 13 Vol.-%, NK, €€€

93+ 2020 Westhofen Benn Riesling trocken
In der Nase mit trockener Kräuterwürze, Kürbiskernöl und tropischer Frucht schon sehr komplex. Am Gaumen mit zupackender Säure, spannungsgeladen und mit dominanter Salzigkeit. Zitrone und Zitronenmelisse. Engmaschig und präzise. Groß. Chapeau. 12,5 Vol.-%. DV, €€€

92+ 2020 Westhofen Kirchspiel Riesling trocken
Intensive Nase nach Feuerstein, getrockneter Ananas, Zitrone und Gartenkräutern. Am Gaumen trocken mit hoher Säure und Salinität. Geradlinig und messerscharf. Grapefruit, Blutorange und Rauchspeck zeugen von großer Komplexität und Reifepotenzial. 12,5 Vol.-%. NK, €€€

90+ 2020 »Alte Reben« Westhofen Silvaner tr.
In der Nase mit weißen Früchten und etwas Zitrone. Am Gaumen würzig mit packender Säure. Der Restzucker ist spürbar, bildet aber durchaus eine Harmonie und damit verbundene Saftigkeit. Ein Wein für jeden Tag mit moderatem Alkohol. 12 Vol.-%. DV, €€

88+ 2020 »Sexy MF« Spätburgunder Rosé Landwein trocken

91 2020 Scheurebe trocken
In der Nase mit Rosenduft und Rieslingaromen. Am Gaumen angenehm trocken, salzig mit Golden-Delicious-Apfel und Gelbfrucht. Die erfrischende Säure und die leichte Kohlensäure ergeben einen Sommerwein, der auch beim zweiten Glas noch nicht langweilt. 12,5 Vol.-%, DV, €

★★★★

WEINGUT WEEDENBORN

Am Römer 4–6, 55234 Monzernheim
T: +49 6244 387, weingut@weedenborn.de
weedenborn.de

Ab-Hof-Verkauf: Mo bis Fr nach Vereinbarung
Kellermeister: Gesine Roll
Ansprechpartner: Gesine Roll
Hektar: 16 ha

Gesine Roll vom Weingut Weedenborn machte sich vor einigen Jahren mit Sauvignon Blanc einen Namen über Rheinhessen hinaus. Inzwischen legt die konsequente Winzerin aus Monzernheim Jahr für Jahr auch famose Chardonnays vor, die mit Dichte und Mineralität imponieren. In der »Grand Réserve« treten die beiden Rebsorten gemeinsam auf und finden so zu Größe und Format. Unsere besondere Empfehlung ist der raffinierte und mineralisch durchdrungene Sauvignon Blanc »Terra Rossa«. Und Riesling kann Gesine Roll übrigens auch: So zählt sie zu Rheinhessens Spitze.

93+ 2018 »Grande Réserve« trocken SB/CH
Etwas Neuholz in der Nase, grüne Walnuss, Mango und Cassis zeigt sich, Würzigkeit und feine Schärfe. Hat das Format einer Grande Réserve mit Volumen, guter Dichte, Substanz und Schmelz. Getragen in seinem Ausdruck, würzig und mit gutem Potenzial zur Reife. 13 Vol.-%, NK, €€€

93+ 2019 »Réserve« Chardonnay trocken
Etwas Popcorn und erntereifer Mais in der Nase, Birne und Aprikose, feiner Rauch und etwas Thymian. Die Stoffigkeit am Gaumen wird von der stabilen Säure austariert, saftig, etwas salzig und mineralisch, hat die Struktur und Dichte einer »Réserve«, gutes Potenzial. 13 Vol.-%, NK, €€€

93 2019 »Réserve« Sauvignon Blanc trocken
Fein austarierte Nase, die etwas verspricht, mit Cassis, Mango und Kräutern. Eine »Réserve« mit Statur, Größe und vor allem auch Balance, Dichte, feinem Schmelz und mineralischem Grip. Reichhaltig, aber nicht sättigend, gelungener Spagat zwischen Präsenz und Volumen. 13 Vol.-%, NK, €€€

91+ 2020 Westhofen Kirchspiel Riesling tr.
Adrettes Duftbild mit Pfirsich, Limette, Aprikose und Verbene. Am Gaumen schlank gebaut in klarer Kontur mit präziser und selbstbewusster Säure, trocken und ungekünstelt mit mineralischem Hintergrund, feinsaftig und salzig, dazu Limettensaft. Eigenständig. 12,5 Vol.-%. NK, €€€

91 2020 Chardonnay Westhofen

90 2020 Chardonnay trocken

89+ 2020 Sauvignon Blanc trocken

92+ 2020 »Terra Rossa« Sauvignon Blanc tr.
Eine Nase, die anzieht, mit Stachelbeere, Papaya, Passionsfrucht und rosafarbener Grapefruit, rötliche Noten, mineralische Anklänge. Am Gaumen mit Zug und ausgewogener Säure, vielschichtig und mit mineralischem Verve, die Sorte tritt dabei fast in den Hintergrund. 12,5 Vol.-%, DV, €€

★★

WEINGUT WERTHER WINDISCH

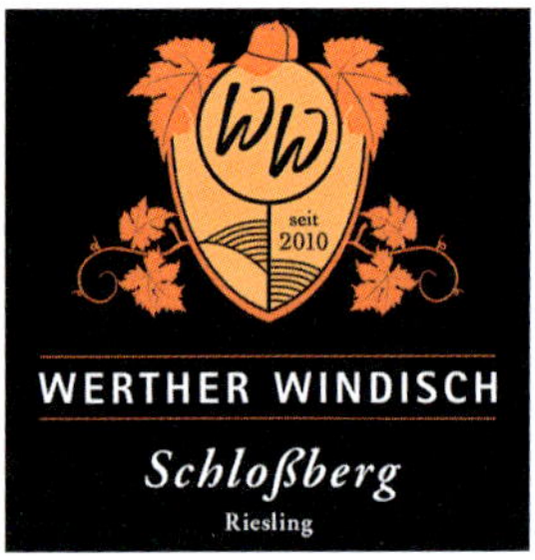

Schulstraße 3, 55278 Mommenheim
T: +49 6138 9417665, info@werther-windisch.de
werther-windisch.de

Ab-Hof-Verkauf: nach Vereinbarung
Kellermeister: Jens Windisch
Ansprechpartner: Jens Windisch
Hektar: 13 ha
Anbauweise: Biologisch zertifiziert

Jens Windisch aus Mommenheim ist ein Winzer, der die Büroarbeit eher als notwendige Pflicht ansieht. Viel lieber ist er draußen in seinen Weinbergen, die inzwischen ökologisch zertifiziert und die, wie er sagt, »seitdem auch in schwierigen Phasen besser im Gleichgewicht sind«. Seine Weißweine aus 2020 zeigen eine gepflegte phenolische Note, die ihnen gut zu Gesicht steht. Der Spätburgunder bietet viel Pinot-Gefühl für kleines Geld und die Riesling-Auslese ist spannungsreich und delikat. In dieser Form ein Kandidat für den dritten Stern.

92+ 2020 Harxheim Schloßberg Riesling tr.
Spannender Duft mit Zitrusfrucht, Grapefruit, Pfirsich und Aprikose, auch kräutrigen Noten und nassem Stein. Setzt am Gaumen mit präsenten Zitrusnoten und einer präsenten Säure an, fordernd, aber auch mit Geschmeidigkeit. Deutliche Mineralität, bleibt lange am Gaumen. 12,5 Vol.-%. DV, €€

92 2020 Harxheim Lieth Silvaner trocken
Zur reifen Birne und Aprikose kommen etwas Hefe, kräutrige Noten und Kümmel als Ausdruck der Spontangärung. Am Gaumen kräftig gebaut mit gutem Extrakt, weicher Säure und passender phenolischer Herbe, Stoffigkeit und Mineralität verstehen sich gut. 13,5 Vol.-%. DV, €€

90 2020 »8grad 14minuten« Riesling trocken
Feine Kräuternoten wie Zitronenmelisse verbinden sich in der Nase mit Aprikose und Apfel; auch Noten von Zitrusfrucht. Gut balanciert am Gaumen mit Saft und gut eingebundener Säure, präsenter phenolischer, terpenherber Eintrag. Eigenständiger Charakter. 12,5 Vol.-%. DV, €€

93 2020 Riesling Auslese
In der Nase zeigt sich intensiver Duft nach reifer Zitrusfrucht, dazu Mango und Papaya, reichhaltig. Am Gaumen lebendige Säure und gut balancierte Süße, spannungsreich, es dominieren die reifen Zitrusaromen, Limone und Grapefruit, gute Struktur und Länge, delikat. 7,5 Vol.-%. DV, €€

90 2020 »8grad 14minuten« Silvaner trocken

89+ 2019 Spätburgunder trocken
Würziger Duft nach Rauch, Rauchfleisch und Kirsche mit Himbeere und getrocknetem Salbei. Saftig und trocken am Gaumen mit Kirschfrucht sowie fein ziselierter Säure und griffigem Tannin in ordentlicher Menge. Schöner Trinkfluss, viel Burgunder fürs Geld. 12,5 Vol.-%, DV, €

★★★★★

WEINGUT WITTMANN

Mainzer Straße 19, 67593 Westhofen
T: +49 6244 905036, info@wittmannweingut.com
weingutwittmann.de

Ab-Hof-Verkauf: Mo bis Fr 9–17 Uhr, Sa 11–15 Uhr, es wird um Anmeldung gebeten
Kellermeister: Philipp Wittmann und Georg Rieser
Ansprechpartner: Philipp Wittmann
Hektar: 30 ha

Philipp Wittmann kann's einfach. Wo selbst ein Ortswein – wenn auch aus »Ersten Lagen« – 93 Punkte abräumt, da erstaunt es nicht, dass die Bewertungen der Brunnenhäuschen- und Morstein-GGs nochmal drei Punkte höher liegen. Wittmanns Stilsicherheit im Umgang mit Spontangärung und Holzfass, die rasierklingenscharfe Präzision seiner Weine und ihre mineralisch fokussierte Dichte – all das sind die Kennzeichen eines Weinguts, dem die Grenzen Rheinhessens längst zu klein geworden sind. Auch die deutschen Landesgrenzen zwicken schon: Das hat Weltklasse.

96 2020 Westhofen Brunnenhäuschen Riesling GG
Neben Pfirsich und Aprikose feine Würze und Kräutrigkeit, kalkmineralisch. Schlank gehaltenes Format mit viel Inhalt: gutes Volumen, gebündelter Extrakt und merkliche, dabei feine Phenolik, die Säure ist nahtlos eingebunden. Fein gearbeitet und doch ziemlich druckvoll. 12,5 Vol.-%. NK, €€€€

96 2020 Westhofen Morstein Riesling GG
Etwas Kamille und Salbei in der Nase zur gelben Frucht wie Aprikose und Pfirsich, am Gaumen mit gutem Extrakt und der beinahe klirrenden Mineralität der Lage, phenolisch, auch fordernd, gutes Potenzial zur weiteren Entwicklung. 12,5 Vol.-%. NK, €€€€

94 2020 Westhofen Kirchspiel Riesling GG
Feine Kräuter im sich langsam öffnenden Duft, Pfirsich, Hefe, Reduktion, auch reife Noten. Setzt am Gaumen mit etwas Limettensaft zitrisch an, dichte Bündelung, druckvoll mit gutem Extrakt und präzise führender Säure, feine Phenolik, eher geschmeidig im Finale mit leichter Öligkeit. 12,5 Vol.-%. NK, €€€€

93+ 2019 »Der Berg Réserve« trocken CH/WB
Rauchig im Duft, Holzwürze, Kräuter und Ringelblume, auch ätherische Noten. Großes Format am Gaumen mit kräftiger Struktur, Dichte, leicht süßlichem Extrakt, feiner phenolischer Schichtung und Mineralik. Die stabile Säure gibt Halt, zeigt Tiefe, wird sich entwickeln. 13 Vol.-%, NK, €€€€

93+ 2020 Westhofen Aulerde Riesling GG

93 2020 »1G« Westhofen Riesling trocken

92+ 2020 »1G« Nierstein Riesling trocken

92 2019 »Réserve« Chardonnay trocken

91 2020 »vom Kalkstein« Riesling trocken

90+ 2019 Westhofen Weißer Burgunder & Chardonnay trocken

89+ 2020 »Estate« Riesling trocken

92 2019 »1G« Gündersheim Spätburgunder tr.
Anfangs kühl und dezent im Duft. Darauf folgt eine feine Aromatik aus Himbeere, schwarzer Kirsche, Hibiskus, Cranberry und Gewürznelke. Am Gaumen ist dieser Wein herrlich saftig, dabei kühl und unaufgeregt. Präzise Aromatik, passende Säure, feinkörniges Tannin führen in einen attraktiven Nachhall. 13 Vol.-%, NK, €€€€

WEINHAUS AM WISSBERG

Fraunhoferstraße 15, 94315 Straubing
T: +49 9421 7879695, info@weingut-achenbach.de
weinhaus-am-wissberg.de

Ab-Hof-Verkauf: nach Vereinbarung
Kellermeister: Frank Stumm und Torsten Klein
Ansprechpartner: Astrid Müllers
Flaschen/Hektar: 13.000 (98 % weiß, 2 % rot)/2 ha

Das Weinhaus am Wißberg ist ein junges Projekt, das erst 2018 begann. Frank Stumm und Torsten Klein bewirtschaften zwei Hektar Reben in Gau-Weinheim, einem wenig bekannten Flecken in Rheinhessen. Die Böden, die zu den kalkreichsten in der Gegend zählen, sind prädestiniert für Burgunderreben, deshalb liegt der Fokus auf Weiß-, Grauburgunder und Chardonnay. Der Weinausbau, für den Torsten Klein verantwortlich ist, erfolgt »minimalinvasiv«. Die Weine sind nach Sternbildern benannt und brauchen Zeit (und Luft), um ihr Potenzial und ihre Tiefe zu zeigen. Starkes Debüt!

92 2018 »Monoceros« Chardonnay trocken
Reife Birne, Aprikose, Würze und feiner Rauch in der Nase, Gesteinsmehl kommt dazu. Am Gaumen zeigt sich ein Jahrgangstyp mit kräftiger und breit angelegter Struktur, gutem Extrakt und feiner salziger Grundierung. In sich stimmig und rund mit guter Länge. 14 Vol.-%, NK, €€€

90+ NV »Gemini« Weißburgunder & Chardonnay trocken
Die Zwillinge (»Gemini«) schaffen würzige und florale Noten in der Nase, Aprikose, Sonnenblume, Apfelschale, Zitrusfrucht und Gesteinsmehl kommen dazu. In der kräftigen Struktur mit mittlerer Dichte und Komplexität, mit Eleganz und Mineralik. Zeigt Würze im Ausklang. 13,5 Vol.-%, NK, €€

89+ 2020 »Columba« Weißburgunder trocken
»Columba« ist nach einem Sternbild des Südhimmels benannt und duftet nach gelber Frucht und gelben Blüten. Eröffnet mit Saft und gelber Frucht, unterlegt von einer entspannten Säure und Mineralik. Klar in der Aromatik und im Ausdruck, Weißburgunder mit Charme. 13 Vol.-%, DV, €

91 2019 »Corvus« Portugieser trocken
Getragene Nase mit Noten von Schwarzkirsche, Maulbeere und Waldbeeren. Gut balanciert am Gaumen im Einklang von Substanz, reifen und dabei prägnanten, noch etwas pelzenden Gerbstoffen und einer präsenten Säure. Hat Potenzial und kann zulegen. 13 Vol.-%, NK, €€€

89+ 2020 »Pavo« Grauburgunder trocken

90 2019 »Scorpius« Riesling trocken
In der animierenden Nase zeigen sich Zitrusfrucht, Apfel, Aprikose und nasser Stein. Am Gaumen schlank gebaut mit geringem Alkohol, saftiger Frucht (Apfel, Pfirsich und etwas Limettensaft) und einer eher milden Säureader sowie mineralischen Tönung. Schön. 11,5 Vol.-%, DV, €

★

WEINGUT ZINK DIE WEINSCHMIEDE

Vordergasse 13, 67592 Flörsheim-Dalsheim
T: +49 6243 7622, info@weingut-zink.de
weingut-zink.de

Ab-Hof-Verkauf: nach Vereinbarung
Kellermeister: Matthias Zink
Ansprechpartner: Sybille Hofstätter-Zink

Lange Generationen arbeiteten die Zinks als Hufschmiede und pflanzten nur nebenbei Weinstöcke auf ihren Feldern an, noch der Großvater von Winzer Matthias Zink übte diesen Beruf aus. Heute produziert das Familienweingut ein breites, ansprechendes Sortiment. Der originelle Bacchus, der die oft geschmähte Sorte in genussreicher Verfeinerung zeigt, ist unser Falstaff-Tipp. Auch der Riesling Hubacker überzeugt, der Chardonnay ist auf Potenzial vinifiziert und wird sich entwickeln, das rote »Werkstück« gefällt mit Saftigkeit und Eleganz. Weiter so!

90+ 2019 Dalsheim Steig Chardonnay Barrique trocken
Kokosnuss in der Nase, merkliches Neuholz, Birne und Aprikose mit gebrannten Mandeln und auch grüner Walnuss, auch etwas weißer Nougat. Stoffig am Gaumen mit guter Substanz und leicht süßlichem Extrakt, zieht eine breite Bahn, ohne das Maß zu verlieren. Potenzial. 13,5 Vol.-%. NK, €€

90+ 2020 Dalsheim Hubacker Riesling trocken
Aprikose, Pfirsich, etwas Verbene, feine Würze und auch steinige Noten in der vielschichtigen Nase. Schlank gebauter Riesling mit reifer, saftiger Säure und würzigen Noten, elegant und mit guter Frische, mittelgewichtig im Extrakt. Zeigt die Mineralität der Lage. 12 Vol.-%. DIAM, €€

89+ 2020 Dalsheim Steig Weißer Burgunder trocken
Reifer Apfel mit gelben Blüten und feiner Würze, etwas Rauch, auch Zitrusfrucht und Birne kommen dazu. Kräftig gebaut am Gaumen mit einer präsenten Säure, würzig, saftig und mit Schmelz, grüne Walnuss, mittelgewichtig im Extrakt, in sich stimmig. 13 Vol.-%, NK, €€

90 2020 »Werkstück« trocken PN/DF/BP
Feine Holzwürze in der Nase und die kirschige Eleganz des Spätburgunders mit etwas Cassis und auch Paprika. Gut balancierte und würzige Cuvée mit schöner Fruchtaromatik und fein ziselierter Säure, feine Süße sorgt für Abrundung, in sich stimmig und elegant. 13,5 Vol.-%. NK, €

88 2020 »Blanc de Blancs« trocken WB/CH

90 2020 »Alte Reben« Bacchus trocken
Blüten, Stachelbeere und Johannisbeere mit Mango und feiner Würze in der Nase. Vollmundig am Gaumen mit satter, saftiger Frucht und merklicher, gut eingewobener Süße. Dabei straff gebaut und nicht in die Breite gehend. Ein kleiner aromatischer Wonneproppen. 12 Vol.-%, DIAM, €

Der Kirschgarten,
ein Platz in der Mainzer Altstadt

GASTGEBER AUS LEIDENSCHAFT

Gemeinsam mit den Winzern der Region – als uneingeschränkten Experten, was das leibliche Wohl anbelangt – hat Falstaff die besten Genussadressen in Sachen Kulinarik sorgfältig ausgewählt und zusammengestellt.

55232 Alzey

to:mas Die Weinbar

Thomas Heinicke ist ein Gastgeber aus Leidenschaft, die Auswahl seiner Speisen orientiert sich an einer modernen Weltküche, die er gekonnt mit einem regionalen Touch verfeinert. Passend dazu steht das gut sortierte und durchdachte Angebot an offenen Weinen.

Rossmarkt 4
+49 6731 947 941 0
to-mas.de

Empfohlen von: **Weingut Heiligenblut, Weingut Hofmann**

Foto: Shutterstock

55437 Appenheim

Eppard

Eva Eppard ist mit Leidenschaft bei der Sache, ihre kulinarischen Kreationen gehören seit Jahren zu den Hotspots der rheinhessischen Restaurantszene. In ihrer geschmackvoll dekorierten Mühle bietet sie den Gästen eine bodenständige, ideenreiche Küche vom Feinsten.

Mühle 2
+49 6725 9990210
100guldenmuehle.de

Empfohlen von: **Weingut Bischel, Weingut Hofmann**

55546 Biebelsheim

Speisekammer

Monika und Frank Nickl haben sich in ihrem Restaurant der saisonal ausgerichteten Küche verschrieben. Alles was auf die Teller kommt, ist frisch zubereitet, die Speisenkarte ist klein, aber fein. Besonders zu empfehlen ist der Kalbstafelspitz mit kräftiger Trüffelsauce.

Hauptstraße 4-6
+49 6701 4289823
nickls-speisekammer.de

Empfohlen von: **Wein- und Sektgut Bamberger**

55411 Bingen am Rhein

Geniesserei Alte Wache

Direkt in der Fußgängerzone gelegen, ist das Restaurant seit Sommer 2020 ganz auf Fine Dining ausgerichtet. Dafür verarbeitet die Küche hochwertige regionale und saisonale Zutaten, die direkt vom Erzeuger kommen. Zur feinen Küche passt das hochwertige Weinangebot.

Speisemarkt 3
+49 6721 987280
geniesserei-altewache.de

Empfohlen von: **Weingut Hemmes**

55411 Bingen am Rhein

Burg Klopp

Seit fast zehn Jahre sind Manuela Heider und Steffen Wenselau Gastgeber auf der Burg hoch über Bingen. In den festlich dekorierten Räumen kann stilvoll gefeiert werden, im Restaurant wird herzhaft aufgetischt. Auf der Weinkarte stehen vor allem Gewächse aus Rheinhessen.

Burg Klopp 1
+49 6721 15644
restaurantburgklopp.de

Empfohlen von: **Weingut Hemmes**

55411 Bingen am Rhein

Hildegard-Forum

Mit vorwiegend regionalen Produkten, teils in Bioqualität, arbeitet die Küche der Kreuzschwestern auf dem Rochusberg. Auf dem mittäglichen Hildegard-Büffet steht eine gute Mischung aus Fisch und Fleisch, dazu viele vegetarische und vegane Gerichte. Gute Weinauswahl.

Rochusberg 1
+49 6721 181000
hildegard-forum.de

Empfohlen von: **Weingut Jäger**

5523449 Flomborn

Genusswerkstatt Menges

Produkte von regionalen Erzeugern bilden die Basis der Küche, die Jutta und Achim Menges in ihrem Restaurant anbieten. Hausgemachte Maultaschen sind bei den Gästen ebenso beliebt, wie die Roulade mit Kartoffelklößen und das saftige Cordon bleu vom Landschwein.

Langgasse 55
+49 6735 2697004
restaurant.genusswerkstatt-menges.de

Empfohlen von: **GUTGALLÉ Rheinhessen**

55411 Bingen am Rhein

Das Bootshaus

Der Vintagestil mit urigem Holzboden, Altholzmöbeln und Lederstühlen im Shabbylook wird durch den großartige Rheinblick gekrönt. Am Herd steht Spitzenkoch Nils Henkel. Seine Handschrift: bistroartig, federleicht, mit Niveau. Der Fokus bei den Weinen liegt auf Deutschland.

Hafenstaße 47
+49 6721 3501
paparheinhotel.de

Empfohlen von: **Weingut Hemmes**

55237 Flonheim

Espenhof

Zum stattlichen Familienweingut gehört auch ein Restaurant, das längst über die Grenzen des kleinen Ortes bekannt ist. Denn die Küche beherrscht nicht nur das Bodenständige, hier werden die Klassiker auch gekonnt fein gemacht. Gute Auswahl an hauseigenen Weinen.

Hauptstraße 81
+49 6734 94040
espenhof.de

P €€

Empfohlen von: **Weingut Schönhals**

55411 Bingen am Rhein

Zollamt

Das denkmalgeschützte Gebäude ist eine gute Adresse, wenn es um Steaks geht, die hier in Spitzenqualität angeboten werden. Aber auch Pasta, Flammkuchen, Salatvariationen und eine gute Auswahl an veganen Gerichten gehören zum Angebot des gastlichen Hauses.

Hafenstraße 3
+49 6721 1869666
zollamtbingen.de

P

Empfohlen von: **Weingut Hemmes**

55237 Flonheim

Veronikas Weincafé

Wein und Kaffee schließt sich nicht aus, jedenfalls nicht bei Veronika Stöhr im modern ausgestatteten Landhotel. Denn neben hausgemachten Kuchen, Torten und Kaffeespezialitäten bietet die engagierte Gastgeberin auch Wein, Sekt und kleine salzige Leckereien an.

Klostereck 7
+49 06734 962422
strubel-roos.de

Empfohlen von: **Weingut Heiligenblut**

55237 Flonheim

Zum Goldenen Engel

Dass die bürgerliche Küche sehr fein und kreativ sein kann, beweisen Sabine und Klaus Mayer in ihrem Restaurant, das derzeit im Weingut Klosterhof untergebracht ist. Die Speisekarte ist überschaubar, immer eine gute Wahl sind die Filetspitzen und die klassische Bouillabaise.

Marktplatz 3
+49 6734 913930
zum-goldenen-engel.com

Empfohlen von: **Weingut Gysler, GUTGALLÉ Rheinhessen, Weingut Schönhals**

67583 Guntersblum

Weingold im Domhof erleben

Seit fast 150 Jahren in Familienbesitz, wird der Domhof heute von Alexander Baumann geführt. Neben den Weinen steht im Domhof auch das gute Essen hoch im Kurs. Regionale Spezialitäten wie gefüllter Saumagen und Steakklassiker kommen in bester Qualität auf die Teller.

Hauptstraße 33
+49 6249 805767
weingut-domhof.de

Empfohlen von: **Falstaff-Redaktion**

55435 Gau-Algesheim

Elder

Markus Holler setzt in seinem Restaurant auf eine moderne deutsche Küche und lädt mit seinen Kreationen die Gäste zu einem kulinarischen Erlebnis ein. Eine seiner Spezialitäten ist das Cordon bleu vom Eifler Landschwein, auch bei der Weinauswahl baut Holler auf Regionalität.

Marktplatz 2
+49 6725 3077227
restaurant-elder.de

€€

Empfohlen von: **Weingut Weber**

55296 Harxheim

Gutsschänke Steigerhof

Weingut und gemütliche Gutsschänke unter einem Dach. Üppig belegt kommt die Jausenplatte mit Blutwurstscheiben, Rohschinken und Käse, herrlich sind Wiener Schnitzel, Zwiebelrostbraten und Nudeln mit Pfifferlingen. Der überbackene Ziegenkäse wird mit Portweinbirne serviert.

Steigerhof
+49 6138 6841
steigerhof-harxheim.de

Empfohlen von: **Falstaff-Redaktion**

55296 Gau-Bischofsheim

Das Nack

Regionale Spezialitäten bei einem Glas rheinhessichen Weins genießen, im urgemütlichen Gasthaus Nack ist das möglich. Besonders beliebt sind hier das Entrecôte vom Kalb mit hausgemachten Pommes und das Filet vom Eifeler Urrind in Trüffeljus. Sehr freundlicher Service.

Pfarrstraße 13
+49 6135 3043
das-nack.de

P

Empfohlen von: **Georg Gustav Huff**

55262 Heidesheim

Dirk Maus im Sandhof

Die wunderschön restauraurierte alte Mühle ist das Refugium von Dirk und Tina Maus. Mit seiner bodenständigen Küche aus saisonalen und regionalen Produkten ist er genauso erfolgreich wie mit seinem exzellenten Gourmetrestaurant. Gute Weinkarte mit fairen Preisen!

Sandhof 7
+49 6132 4368333
dirk-maus.de

P

Empfohlen von: **Weingut Bischel**

55262 Heidesheim am Rhein

Sandhof

Das gepflegte Ambiente aus historischen Bruchsteinwänden ist einladend. Dirk Maus hat ein gutes Gefühl für moderne, ausgewogene Gerichte mit feinen Kontrasten. Man wählt zwischen der Gourmetlinie oder Landhausküche mit Gängen wie Zander mit Blutwurst auf Linsen und Jus.

Sandhof 7
+49 061324368333

Empfohlen von: **Falstaff-Redaktion**

55118 Mainz

EO

Hinter jedem Gericht, das der junge freundliche Service serviert, steht eine Reise durch viele Aromen. Denn die Küche ist südamerikanisch inspiriert, alle Speisen sind hausgemacht. Die kleine Weinkarte bietet einige Gewächse aus Rheinhessen zu fairen Preisen.

Rheinallee 26
+49 0174 9151812
eo-mainz.de

Empfohlen von: **Weingut Schönhals**

55131 Mainz

Favorite

Das Mainzer Hotel ist weit über die Stadtgrenze bekannt. Aushängeschild ist das Gourmetrestaurant, in dem Tobias Schmitt und sein Küchenteam moderne kreative Gerichte kochen. Die Weinkarte ist sehr gut sortiert, den Absacker nimmt man in der Weinbar im Ergeschoss.

Karl-Weiser Straße 1
+49 6131 80150
favorite-mainz.de

P

Empfohlen von: **Weingut Kühling-Gillot, Weingut Battenfeld-Spanier**

55118 Mainz

Goldener Hirsch

Je nach Saison und Marktangebot variiert die Speisekarte des schönen Restaurants. Klassiker wie Schnitzel de luxe, die kross gebratene Blutwurst und die hausgemachten Hunsrücker »Gefillde« gehören zum Standardprogramm der bodenständigen Küche. Kleine feine Weinauswahl.

Nackstraße 16
+49 06131 2108020
goldener-hirsch-mainz.de

Empfohlen von: **Weingut Schönhals**

55116 Mainz

Zum Goldstein

Eine Mainzer Institution ist das Altstadtrestaurant mit seinem großen schattigen Biergarten. Auf die Teller kommen hier herzhafte Klassiker wie das Trio von der Fleischwurst, Waldpilz-Rostbraten und der Goldstein LIM-Burger, der auch vegetarisch und vegan angeboten wird.

Kartäuserstraße 3
+49 6131 236576
zum-goldstein.de

P

Empfohlen von: **Weingut Schönhals, Weingut Fritz Ekkehard Huff**

55268 Nieder-Olm

Das Crass

Im Weinhotel mit angenehmer Terrasse begeistern Menüs im Lauf der Jahreszeiten. Landküche hat da genauso Platz wie Gänge mit internationalen Produkten. Man hat die Wahl: Klare Steinpilzsuppe, Hirschkalbsrückensteak auf Gerstenrisotto oder gebratenes Filet vom Ibérico-Schwein.

Pariser Straße 129
+49 6136 814480
das-crass.de

P

Empfohlen von: **Falstaff-Redaktion**

St. Kilian Nierstein

55283 Nierstein

Civitas

Zur Landküche, die in dem gemütlichen Restaurant angeboten wird, gehört auch der zartmürbe Jungbullentafelspitz mit grüner Soße nach Art des Hauses. Wer vegetarisch unterwegs ist, findet auf der abwechslungsreichen Karte mit Sicherheit ein passendes Gericht.

Marktplatz 9
+49 6133 5714995
civitasnierstein.eatbu.com

Empfohlen von: **Georg Gustav Huff, Weingut Fritz Ekkehard Huff**

55437 Ockenheim

Winzerhalle

Die Winzerhalle in Ockenheim ist auch bei größeren Gruppen eine beliebte Location. Denn hier ist nicht nur ausreichend Platz zum Feiern, hier werden auch kulinarische Wünsche erfüllt. Ansonsten ist die Speisekarte des Restaurants gespickt mit herzhaften Klassikern.

Mainzer Straße 62
+49 6725 95636
winzerhalle.de

Empfohlen von: **Weingut Jäger**

55578 Sankt Johann

Hofgut Wissberg

Das schmucke Weinberghotel hat gerade ein Großteil der Zimmer renoviert und neu gestaltet. Bestens in Form ist auch das gutseigene Restaurant, das mit saisonalen und regionalen Gerichten punktet. Ideal begleitet werden die Speisen von heimischen rheinhessischen Weinen.

Hofgut Wißberg
+49 6701 916450
hofgut-wissberg.de

Empfohlen von: **Weingut Beiser**

67574 Osthofen

Landhaus Dubs

Wolfgang Dubs ist ein Altmeister der feinen, französisch inspirierten Küche. Das rheinhessische Osthofen ist schon seit Jahren seine gastronomische Heimat, hier kocht er seine bewährte Gourmetklassiker. Immer erste Wahl ist Dubs Gänseleber! Tolle Weinauswahl.

Am Mühlpfad 10
+49 6242 9125205
dubs.de

€€

Empfohlen von: **Weingut Oekonomierat Johann Geil I. Erben**

55278 Selzen

Kaupers

Sebastian Kaupers Kochkunst konzentriert sich auf das Wesentliche, seine innovativen Gerichte sind authentisch und unverfälscht. Gutes Essen heißt hier das Programm, dazu gehört auch ein freundlicher und aufmerksamer Service und nicht zuletzt eine durchdachte Weinauswahl.

Kirschgartenstraße 13
+49 6737 8325
kaupers-kapellenhof.de

Empfohlen von: **Weingut Wechsler, Weingut J. Neus, Weingut Battenfeld-Spanier**

53359 Rheinbach

Anna Seibert

Benedikt Frechen hat sein Lokal nach seiner Großmutter Anna Seibert benannt und Omas Küche ist auch Programm in der Küche, allerdings auf moderne Art in einem zauberhaften Fachwerkhaus. Da kommen Köstlichkeiten wie Ziegenkäsecreme mit gebeizter Roter Bete und Zwiebelhonig.

Am Bürgerhaus 5
+49 2226 8923713
anna-seibert.de

Empfohlen von: **Weingut Sermann**

67593 Westhofen

Schlösschen

In der Gründerzeitvilla wurde ein Restaurant installiert, in dem das gute Essen die Hauptrolle spielt. Die Küche von Bernd Witte bietet neben Fisch und Fleisch auch ein ausgefeiltes Repertoire an pflanzenbasierenden Gerichten. Die Weinkarte kapriziert sich auf Rheinhessen.

Mainzer Straße 8-10
+49 6244 9198660
am-morstein.de

€€€

Empfohlen von: **Weingut Schönhals**

55270 Zornheim

Zornheimer Weinstuben

Küchenmeister Lucas Christgen ist nicht nur für den Herd in der gemütlichen Weinstube zuständig. Auch der Keller unterliegt seiner Obhut und bietet, neben Gewächsen aus Italien, Frankreich, Spanien und Übersee, vor allem eine gute Auswahl an Weinen aus Rheinhessen.

Röhrbrunnenplatz 1
+49 6136 45616
zornheimer-weinstuben.de

€€

Empfohlen von: **Weingut Münzenberger**

Fotos: Shutterstock, Stephan Franz Ferdinand Dinges

SACHSEN, SAALE-UNSTRUT, BRANDENBURG

AUFSCHWUNG IM OSTEN

Foto: Shutterstock

Weinberg der Lage »Schloss Proschwitz« mit dem Blick auf Meißen

GENERATIVES WISSEN, ABER KEINE BRAUCHTUMSPFLEGE

30 Jahre nach dem Fall der Mauer entfaltet sich in Sachsen, an der Saale und anderswo in den »neuen« Bundesländern eine Dynamik, die manches »alte« Bundesland wirklich alt aussehen lässt.

TEXT ULRICH SAUTTER

Tradition ist Schlamperei«, sagt Karl Friedrich Aust aus Radebeul, und das sagt er wohlgemerkt als »Kind der Denkmalpflege«, wie er anfügt. Denn sein Vater Ulrich hatte das Amt des Zwingerbaumeisters in Dresden inne und fand nur am Wochenende Zeit für seine beiden Rebterrassen im Steilhang der Lage Goldener Wagen. So etwas wie Denkmalpflege leistet Austs Sohn inzwischen ebenfalls im mittlerweile auf sechseinhalb Hektar angewachsenen Betrieb, die Weinbergsmauern sind ein immerwährender Sanierungsfall. Für ihren Erhalt bricht Aust gerne mit untauglichen Traditionen, um den neu errichteten Mauern eine größere Dauerhaftigkeit zu geben.

Aust ist nur ein Beispiel unter Dutzenden, die in Sachsen, aber auch in anderen der sogenannten »neuen« Bundesländer mit ihrer Tatkraft und ihren Weinqualitäten gerade Furore machen. Dabei verfolgen sie unterschiedlichste Wege. Bei Aust sind es beispielsweise Traminer und Spätburgunder, die sich in Deutschlands Spitzengruppe einreihen. Doch vis-à-vis des Aust'schen Anwesens hat das Weingut der Stadt Radebeul einen ganz anderen Weg eingeschlagen: Auf dem geschichtsträchtigen Gut Hoflößnitz hat Direktor Jörg Hahn den Weinbau auf biologische Bewirtschaftung umgestellt und dafür auch pilzwiderstandsfähige Sorten gesetzt, sogenannte »PiWis«. »Souvignier Gris braucht während der Vegetationsperiode zwei Arbeitsdurchgänge durch den Weinberg«, so Hahn trocken, »während ich beim Riesling auch mal zwölf oder 14 Durchgänge benötige.«

PIWIS

Sind die PiWis – die übrigens ohne Gentechnik auskommen und herkömmliche Neuzüchtungen sind – in Spitzenlagen wie dem Goldenen Wagen eher eine ökonomische Erleichterung als eine strikte Notwendigkeit, so sind sie an anderen Orten die conditio sine qua non des Weinbaus: Gerade hat das Weingut Hohmann auf der Insel Rügen den zweiten Jahrgang seines PiWi-Weins (ebenfalls Souvignier gris) in den Keller gebracht. Und das Weingut Dr. Wobar, das im südöstlichsten Zipfel Brandenburgs zu Hause ist, gewann mit seinem im Holz ausgebauten roten Pinotin sogar die Falstaff PiWi-Trophy 2021. »Piwis haben meinem Mann und mir erst die Chance gegeben, den Plan vom eigenen Weinbau zu verwirklichen«, sagt Cornelia Wobar, promovierte Wirtschaftswissenschaftlerin. »Landschaftswandel ist das Gebot der Stunde, und da es im ganzen Mittelalter Weinbau in Brandenburg gegeben hat, haben wir uns gefragt: Warum soll man das nicht wiederbeleben? Wir sind von diesen Sorten komplett überzeugt.«

Jürgen Aumüller, Schloss Wackerbarth

KLUGE STAATSBETRIEBE, VISIONÄRE INDIVIDUALISTEN

Eine der längsten Historien im gesamten deutschen Weinbau besitzt Kloster Pforta: Die Zisterzienser gründeten das Kloster 1132, sogar noch vier Jahre vor Eberbach im Rheingau. Ähnlich wie Eberbach ist Pforta heute der Besitz eines Bundeslandes, nämlich von Sachsen-Anhalt. Als Landesweingut würden sie eher auf die Gegenwart als Grundlage für eine erfolgreiche

WEINBAUGEBIET SACHSEN

Anbaufläche
ca. 490 Hektar

Aufteilung
2 Bereiche, 4 Großlagen, 17 Einzellagen

Böden
Granit, Syenit, Löss, Sandstein

Wichtigste Rebsorten
Riesling, Weißburgunder, Grauburgunder, Kerner, Traminer

Verbände
Weinbauverband Sachsen e. V.
Fabrikstraße 16, 01662 Meißen
www.weinbauverband-sachsen.de

Klausenberg

Fotos: Shutterstock, beigestellt

Weinhaus Aust

Zukunft schauen, so berichtet Jörg Erdmann, kaufmännischer Leiter des Weinguts: »Wenn man im privaten Umfeld zurückblickt, kennt man bestenfalls noch seine Urgroßeltern. Das sind drei Generationen rückwärts. Das Werk der Zisterziensermönche liegt dagegen fast zehnmal so viele Generationen zurück. Das ist ein unfassbar langer Zeitraum, in dem viele tätige Hände und wache Geister den Weinbau an Saale und Unstrut geformt haben. Aber prägt uns das heute noch? Die Historie schwingt eher metaphysisch im Hintergrund mit.«

Die Weine, die heute aus dem Landesweingut kommen, müssen sich jedenfalls vor der nahezu 900-jährigen Geschichte der Weinberge nicht verstecken, gerade in den letzten Jahren haben sie enorm an Format gewonnen. Dasselbe lässt sich auch vom Sächsischen Staatsweingut Schloss Wackerbarth sagen, dem in den vergangenen 25 Jahren eine ebenso erstaunliche wie vorbildhafte Umwandlung in ein Erlebnisweingut geglückt ist. Im Jahr

Freyburger Edelacker

WEINBAUGEBIET SAALE-UNSTRUT

Anbaufläche
ca. 750 Hektar
Aufteilung
3 Bereiche, 4 Großlagen, 34 Einzellagen
Böden
Muschelkalk, Löss, Buntsandstein
Wichtigste Rebsorten
Weißburgunder, Riesling

Verbände
Gebietsweinwerbung Saale-Unstrut
Querfurter Straße 10
06632 Freyburg
www.natuerlich-saale-unstrut.de

2019 lösten 190.000 Besucher ein Ticket, um das Schloss mit seinen Nebengebäuden, mit seinen pittoresken Terrassen und dem Belvedere unterhalb der Weinberge zu besuchen. Dass es nach Corona wieder so viele sein werden oder noch mehr, daran besteht kein Zweifel. Und dabei ist das Weingut unter den Händen von Geschäftsführerin Sonja Schilg alles andere als ein Disneyland geworden. Die kilometerlangen Weinbergsmauern sind in Schuss, der Betrieb ist immer noch in erster Linie ein Produzent von Trauben und Wein. Die Arbeit, die Wackerbarths Winzerinnen und Winzer gemeinsam mit dem jungen Außenbetriebsleiter Till Neumeister leisten, ist mehr als nur grundsolide, das große Engagement des Teams ist in den Weinen schmeckbar. Der Aufschwung im Osten des Landes hat eine erfreuliche Breite angenommen. Natürlich sind es Individualisten und Köpfe wie Matthias Hey und Karl Friedrich Aust, die derzeit – in der vielleicht leistungsstärksten Phase ihrer Biografie – mit großer Energie und delikaten Weinen vorangehen. Aber sie sind nicht alleine. Und sie wissen auch, dass sie die anderen brauchen. Ebenso wie Zeit. »Wenn wir Regionen sehen, deren Weine und deren Prestige groß sind«, räsoniert Karl Friedrich Aust, »dann steckt da immer generatives Wissen hinter. Wissen braucht Generationen, um zu wachsen, da hilft nicht ein von irgendwoher abgeworbener Kellermeister.« Grade hat der 43-Jährige den Grundstein für ein neues Betriebsgebäude gelegt. Kurz davor wurde er Vater, Ulrich heißt das Söhnchen, ebenso wie sein Großvater hieß, der Zwingerbaumeister.

Matthias Hey

INFO

Nähere Infos über die Autorin finden Sie im Kapitel »Verkostungsteam« auf S.12.

WEINBAUGEBIET BRANDENBURG

Anbaufläche Rebfläche: ca. 35 ha
Aufteilung
Der größte Teil der Rebflächen ist als Landweingebiet Brandenburg ausgezeichnet, kleine Flächen sind als Qualitätsweingebiete den Nachbarregionen Sachsen (Schlieben) und Saale-Unstrut (Werder) zugeordnet.
Böden tiefgründiger Sand, Mergel
Wichtigste Rebsorten
Müller-Thurgau, PiWis

Verbände
Fachgruppe Weinbau Gartenbauverband Berlin-Brandenburg e.V., Dorfstraße 1, 14513 Teltow
route-brandenburger-weinkultur.de

Belvedere im Schlosspark Sanssouci

Fotos: beigestellt

Pillnitz, Königlicher Weinberg

GRANDS CRUS SACHSEN, SAALE-UNSTRUT

TOP-WEINE AUS PRIVILEGIERTEN WEINLAGEN DER REGION

PILLNITZ | KÖNIGLICHER WEINBERG

Die sieben Hektar umfassende Lage vor den Toren Dresdens wurde während der Regentschaft Friedrich August des Gerechten (1750–1827) erschlossen. Sogar an Wächterhäuser und ein Kelterhaus hatte der sächsische König gedacht – offenbar erkannte er den Wert des Bodens aus Granitverwitterung und das nicht minder günstige Mikroklima in der überwiegend terrassierten Südwestlage in Höhen von 125 bis 180 Metern. Durch den ausgedehnten Wald in seinem Rücken besitzt der Weinberg zudem einen ausgeglichenen Wasserhaushalt. Die Hangneigung beträgt bis zu 40 Prozent.

93 **2016 Riesling GG**
93 **2017 Traminer GG**
Weingut Klaus Zimmerling
www.weingut-zimmerling.de

RADEBEUL | GOLDENER WAGEN

Der Radebeuler Goldener Wagen ist die östliche der drei Einzelweinlagen der Großlage Lößnitz. Die knapp 27 Hektar umfassende Lage mit ihren unzähligen Terrassen wurde vermutlich bereits im 13. Jahrhundert angelegt, seit dem 18. Jahrhundert ist der Weinberg unter seinem heutigen Namen bekannt. In Höhen von 170 bis 240 Metern wachsen die Reben auf Böden vulkanischen Ursprungs auf verwittertem Syenit, das Ausgangsgestein kann man sich wie einen etwas weicheren Verwandten des Granit vorstellen. Der Besitz ist sehr zersplittert, es gibt über 100 Winzer mit Eigentum im Berg.

98 **2007 Spätburgunder trocken**
94+ **2019 Traminer feinherb**
Weingut Karl Friedrich Aust, Info siehe Seite 613
94 **2020 »Protze« Riesling trocken**
Schloss Wackerbarth, Info siehe Seite 617

94 **2020 Riesling trocken**
Weingut Drei Herren, www.dreiherren.de

94 **2019 Traminer trocken**
Frédéric Fourré, www.weinbau-fourré.de

94 **2017 Spätburgunder trocken**
Weingut Karl Friedrich Aust, Info siehe Seite 613

93+ **2019 Traminer Spätlese feinherb**
Gut Hoflössnitz, hofloessnitz.de

93 **2018 Spätburgunder trocken**
Weingut Karl Friedrich Aust, Info siehe Seite 613

93 **2020 Alte Reben trocken**
93 **2020 Riesling Auslese**
92+ **2020 »Terrasse« Riesling trocken**
92 **2020 Traminer Spätlese**
Schloss Wackerbarth, Info siehe Seite 617

92 **2019 Weissburgunder trocken**
92 **2020 Riesling trocken**
Weingut Karl Friedrich Aust, Info siehe Seite 613

NAUMBURG | STEINMEISTER

Bereits die Zisterzienser erkannten die Eignung des vis-à-vis ihres Klosters Schulpforta am Saaleufer gelegenen Steilhangs für den Weinbau und legten hier Weinbergterrassen an. Der Muschelkalk im Boden und die Intensität der Sonneneinstrahlung in der Südostlage ermöglichen es, auch hier auf dem 51. Breitengrad schwierige Sorten wie Riesling voll ausreifen zu lassen. Die heutige Ausdehnung des Weinbergs umfasst 37 Hektar in sechs Teilstücken, wobei eine relativ große Partie deutlich weniger günstig als der historische Steilhang im Flachen liegt.

95 **2020 Riesling GG**
93+ **2020 Weissburgunder GG**
92+ **2019 Spätburgunder GG**
Weingut Hey, Info siehe Seite 619

Naumburger Steinmeister

Foto: beigestellt

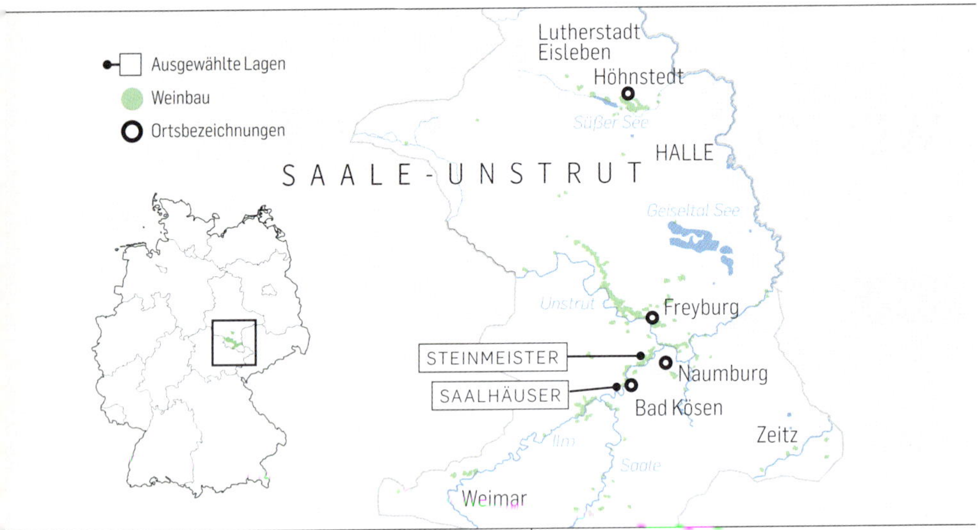

BAD KÖSEN | SAALHÄUSER

Als sich im Jahr 1378 Augustiner- und Zisterziensermönche um diesen Steilhang stritten, wurde die Lage erstmals urkundlich erwähnt, damals dürfte sie aber bereits längere Zeit bestockt gewesen sein. Heute sind die 7,5 Hektar der »Saalhäuser« (denselben Namen trägt auch der zugehörige Ortsteil von Bad Kösen) ein Alleinbesitz des Landesweinguts von Sachsen-Anhalt, Kloster Pforta. Der Weinberg schmiegt sich sichelförmig an die Saale und blickt in südsüdöstliche, südliche bis südsüdwestliche Richtungen. Die Steigungen erreichen bis zu 40 Prozent. Der Boden besteht aus verwittertem Muschelkalk.

92 **2020 Riesling trocken**
92 **2019 »Steillage« Blauer Zweigelt trocken**
Landesweingut Kloster Pforta,
Infos siehe Seite 620

Landesweingut Kloster Pforta am Fuße des Saalhäuser Steilhangs

★★★

WEINGUT KARL FRIEDRICH AUST

Weinbergstraße 10, 01445 Radebeul
T: +49 351 89390100, kontakt@weingut-aust.de
weingut-aust.de

Ab-Hof-Verkauf: Do 17–22 Uhr, Fr 13–22 Uhr, Sa und So 12–22 Uhr
Kellermeister: Karl Friedrich Aust
Ansprechpartner: Karl Friedrich Aust
Flaschen/Hektar: 47.000 (76 % weiß, 18 % rot, 5 % Rosé, 1 % Schaumwein)/7 ha

Karl Friedrich Aust hat sich im Schatten des Goldenen Wagens vom unkonventionellen Jungwinzer zur profilierten Winzerpersönlichkeit entwickelt, er hält mit seiner Meinung nicht hinterm Berg und engagiert sich für den sächsischen Weinbau: Aufwendig werden Trockenmauern erneuert und brachliegende Flächen rekultiviert. Vor allem hat er das eigene Weingut mit Restaurant richtig in Schwung bekommen, Weine wie der aufs Feinste ausbalancierte Traminer zählen zur absoluten Spitze. Auch wenn man es in Württemberg nicht gerne hören wird: Der vermutlich beste Kerner kommt aus Radebeul.

94+ 2019 Radebeul Goldener Wagen Traminer feinherb
Im Duft opulent, aber nicht penetrant: Rosenblatt, Blutorange, Wachs, pralle reife Traube. Im Mund mit fabelhafter Balance: Saftigkeit, lebendige Säure, ein Spiel, das seine Spannung vor allem aus Frucht und Mineralität bezieht und nicht aus der – zurückhaltend eingesetzten – Süße. 13 Vol.-%, NK, €€

92 2019 Radebeul Goldener Wagen Weißburgunder trocken
Nussig im Duft, noch verschlossen, eher floral als beerig, Kräuter. Im Mund seidige Phenole, viel Saft, reife Säure, dichter Körper mit etwas Schmelz, aber dominanter Stoffigkeit, ein Druck mit vornehmer Zurückhaltung. Kulinarisch, Geflügel. 12,5 Vol.-%, NK, €€

92 2020 Radebeul Goldener Wagen Riesling trocken
Zitrusnoten und feine Würze in der Nase, etwas Muskatnuss, reifer Pfirsich und Maracuja, etwas Orangenschale. Straff gebaut am Gaumen, eng verwoben in der Textur mit einer präzisen, eng am Körper laufenden Säure, betont trocken und ungeschminkt, mineralisch definiert. 12,5 Vol.-%, NK, €€

93 2018 Radebeul Goldener Wagen Spätburgunder trocken
Komplex und »wild« im Duft, Schlehe, Waldheidelbeere, très Pinot. Zurückhaltender Holzeinsatz. Im Mund seidig und saftig, feiner Säurefaden, ungemein fein extrahiert, geschmeidig abgerundet, endend ohne Süße, ein kulinarischer Spätburgunder mit gutem Reifepotenzial. 13 Vol.-%, NK, €€€

91 2020 Radebeul Steinrücken Auxerrois trocken

91+ 2020 Radebeul Kerner trocken
Fruchtiges Entree mit gelber Kiwi, Maracuja, frisch geschnittener Ananas, Birne und Muskatblüte. Das fruchtige Aromenkonzert wird am Gaumen saftig und mit mineralischen Noten übernommen, die würzige Säure setzt Akzente wie auch die feine Salzigkeit mit weißem Pfeffer. 12,5 Vol.-%, NK, €€

★★★

WEINGUT SCHLOSS PROSCHWITZ PRINZ ZUR LIPPE

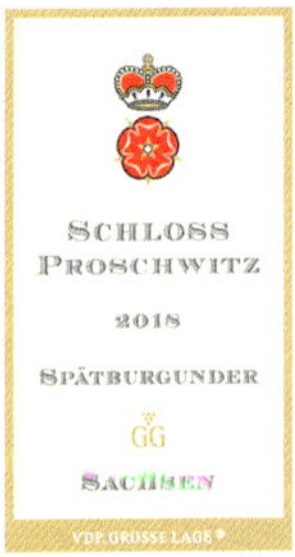

Heiliger Grund 2, 01662 Meissen OT Proschwitz
T: +49 3521 4767922, weingut@schloss-proschwitz.de
schloss-proschwitz.de

Ab-Hof-Verkauf: täglich 10–18 Uhr
Kellermeister: Alexey Ryabov
Ansprechpartner: Prof. Dr. Georg Prinz zur Lippe
Flaschen/Hektar: 400.000 (72 % weiß, 28 % rot)/70 ha

Das Weingut Schloss Proschwitz – Prinz zur Lippe ist das älteste private Weingut in Sachsen. Bereits 1990 begann Georg Prinz zur Lippe mit dem schrittweisen Rückkauf des nach dem Zweiten Weltkrieg enteigneten Familienweingutes. Heute umfassen die Weinberge auf den Rebhängen beiderseits der Elbe in Meißen rund 70 Hektar, dazu gehört auch wieder die linkselbische Lage »Kloster Heilig Kreuz«. Die Weiß- und Rotweine des VDP-Guts überzeugen erneut mit großer Klarheit und Frische – sind echte »Cool Climate«-Weine, die großen Trinkgenuss bereiten.

91+ 2018 »Pinot Madeleine« brut nature
Im Glas eine feine Perlage in mittlerem Lachsrosa. Es entwickeln sich Aromen einer leichten Kräuternote, Heidelbeere, Himbeere, Schwarze Johannisbeere, Kirsche sowie etwas Brioche. Die sehr lebendige Säure balanciert die Frucht und führt in einen attraktiven Nachhall. 12,5 Vol.-%, NK, €€

91 2020 Kloster Heilig Kreuz Weißburgunder Erste Lage trocken
Sortentypisch im Duft von Pfirsich, Birne, Zitronenschale und nassem Stein. Am Gaumen präsentiert sich der Wein mit feiner Säure, die diese Aromen, erweitert um eine zitrische Komponente, ideal balanciert. Der attraktive Nachhall wird von leichter Mineralik begleitet. 13 Vol.-%, NK, €€

92+ 2018 Schloss Proschwitz Spätburgunder GG
Herzkirsche und Wiesenkräuter, Dill und ein Holz, das etwas animalisch gefärbt ist. Im Mund mit cremigem Ansatz, lebendiger Säure und einem kräftigen, leicht trocknenden Tannindruck. Im Abgang viel Saftigkeit und eine feine, nuancierte Pinotfrucht. 14,5 Vol.-%, NK, €€€

92 2018 Kloster Heilig Kreuz Spätburgunder Erste Lage trocken
Rauchiges Neuholz, Preiselbeere, Rote Johannisbeere, eine nuancierte Frischfrucht. Im Mund feinkörnig und druckvoll, elegant gebaut. Hat Frische und Lebendigkeit, aber auch aromatische Weite und Saft. Sehr feiner Stil und weinbaulich ebenso wie kellerwirtschaftlich ausgezeichnet gemacht! 13,5 Vol.-%, NK, €€€

91 2020 Kloster Heilig Kreuz Riesling

90+ 2020 Kloster Heilig Kreuz Grauburgunder Erste Lage trocken

90 2020 Meißen Weißburgunder trocken

89+ 2020 »Cuvée Pauline« RR/TR

89+ 2020 Elbling trocken

88 2020 Goldriesling trocken

90 2018 Kloster Heilig Kreuz Frühburgunder Erste Lage trocken

90 NV Weißburgunder brut
Erkennbar feine Perlage. Ein Duft von Zitronenschale, Ananas und Aprikose und feinem Brotteig. Am Gaumen leicht süßfruchtig mit Aromen von Pfirsich und reifer Birne. Getragen von guter Säure bei feinem Mousseux und langem Abgang, toller Aperitif. 12,5 Vol.-%, NK, €€

★★

WEINGUT VINCENZ RICHTER

Kapitelholzsteig 1, 01662 Meißen
T: +49 3521 731606, weingut@vincenz-richter.de
vincenz-richter.de

Ab-Hof-Verkauf: Di bis Sa 14–18 Uhr
Kellermeister: Thomas Herrlich
Ansprechpartner: Thomas Herrlich
Flaschen/Hektar: 47.000 (85 % weiß, 15 % rot)/9 ha

»Unser Weingut ist das älteste Privatweingut Sachsens«, schreibt uns Thomas Herrlich. »Wir versuchen, mit einem Sinn für Geschichte und Generationenfleiß gleichzeitig erfrischend jung und innovativ zu bleiben.« Generationenfleiß – welch ein Wort! In Weinbergen wie dem Kapitelberg zu Meißen steckt tatsächlich der Fleiß von Generationen. Und dass das Weingut erfrischend jung und innovativ ist, können wir ebenfalls bestätigen: Besonders gefallen hat uns der »Orange«-Riesling und unser Tipp ist der Traminer, der in der Jury für kulinarische Fantasie sorgte.

91 2020 »Orange« Meißen Kapitelberg Riesling trocken

Ein spannendes Bukett aus reifem gelbem Apfel, Birnenschale, Jasmin und Zitronenzeste. Am Gaumen folgt eine attraktive Kräuternote. Eine gute und lebendige Säure trägt die Frucht sehr gut und führt in einen sehr guten Nachhall. Ein Wein, der Freude bereitet. 12,5 Vol.-%, DV, €€

90 2020 Meißen Kapitelberg Riesling trocken

Ein blasses Zitronengelb in der Farbgebung führt in die ebenfalls zitrisch- und gelbfruchtige Aromatik in der Nase. Ebenfalls Kräuternoten sowie Gesteinsteinmehl. Am Gaumen präsentiert sich eine sehr lebendige Säure, ein schlanker Körper und ein guter Abgang. 12 Vol.-%, DV, €€

88 2019 Meißen Spaargebirge Weißer Burgunder Spätlese

Sauber im Duft der Aromen von Apfelschale, Birne, Pfirsich und junger Mandel. Am Gaumen zeigt der Wein Körper und etwas Phenolik bei weiterer süßer und reifer Frucht, die durch genügend Säure getragen wird. 13 Vol.-%, DV, €€

90 2020 Meißen Kapitelberg Riesling Spätlese trocken

Sehr sortentypisch im Duft. In der Nase entwickeln sich Aromen von Limette, gelbem Apfel, Aprikose und nassem Stein. Am Gaumen herrlich saftig bei gut eingebundener Säure und direktem Trinkfluss. Unaufgeregt und zugleich animierend. 12 Vol.-%, DV, €€

90 2018 Meißen Kapitelberg Blauer Spätburgunder trocken

90 2020 Meißen Kapitelberg Traminer Spätlese trocken

Goldgelb in der Farbe und intensiv im Duft. In der Nase entfalten sich komplexe Aromen von Rosenwasser, Grapefruit, Litschi und Madarine. Am Gaumen mit mittelgewichtigem Körper, guter Säure und süßem Schmelz. Idealer Speisenbegleiter zu indischen und marokkanischen Gerichten. 12,5 Vol.-%, DV, €€

★★

WEINKELLEREI TIM STRASSER

Lehmberg 4, 01662 Meißen
T: +49 3521 75 45 46 7, strasser@rothesgut.de
rothesgut.de

Ab-Hof-Verkauf: Mo und Di 10–16 Uhr, Mi bis Sa 10–18 Uhr, So 11–16 Uhr
Kellermeister: Lucas Bornschein
Ansprechpartner: Tim Strasser
Flaschen/Hektar: 80.000 (92 % weiß, 8 % rot)/19 ha

Tim Strasser hat eine durchwegs hochwertige Kollektion im Keller. Seine Sprudler wie Muscaris Secco und Scheurebe extra trocken mögen vielleicht bei manch selbst ernanntem Stilpolizisten geschmäcklerisches Stirnrunzeln hervorrufen – wir finden beide Schaumweine sehr gut gelungen. Im würzigen Muscaris erkennt man die pure Traubenfrucht, die Scheurebe lässt sogar Terroir aufblitzen. Beide sind süß. So what? Wer es lieber ganz trocken mag, kommt beim Frühburgunder oder bei der ausgewogenen »Cuvée Theresa«, die unser Preis-Leistungs-Tipp ist, voll auf seine Kosten.

90 2020 Muscaris Secco trocken
Intensive Muskatwürze, Fichtennadeln, im Mund kernig mit dezenter Süße, gut dosierte, belebende Kohlensäure, ein lustiges Erfrischungsgetränk mit traubiger Abgangsfrucht. Hochwertiger Secco, erkennbar aus hochwertigen Trauben. 10,5 Vol.-%, DV, €€

90 2018 Scheurebe extra trocken
Hefig im Duft, etwas Grapefruit und Holunder, aber nicht zu »laut«. Im Mund geradlinig gebaut, recht feines Mousseux, frischer Säurenerv, zarte Süße, viel Saftigkeit, eine Spur von pfeffrigen und rauchigen Aromen im Abgang. 12,5 Vol.-%, NK, €€

90 2020 Hibernal trocken
In der Nase reife Honigmelone, Litschi, Maracuja, Stachelbeere, Orangenzeste. Am Gaumen saftig, rund. Leichte Süße getragen von einer sehr guten Säurestruktur. Frucht bei einer pfeffrigen Würze, leicht Rauch, schön ausbalanciert, schöne Phenolik. 12,5 Vol.-%, DV, €€

90+ 2018 Frühburgunder trocken
Rote Früchte in der Nase, Hagebutte, Kirschen, Waldbeeren, Unterholz, nasses Laub, erdige Noten. Am Gaumen schlank, frisch, saftig, kühl. Lebendige Säure, gut integriertes reifes Tannin, schöne Frucht. Ein vielseitiger Speisenbegleiter. 12,5 Vol.-%, DV, €€

90 2020 Rotling trocken

89+ 2020 Scheurebe trocken

89 2019 Grauburgunder trocken

90 2020 »Cuvée Theresa« trocken PG/SB/HL/SO
In der Nase lässt der Wein gelbe Früchte anklingen, saftigen Pfirsich, grünen Apfel, Birnen, grasige Noten. Am Gaumen ist er frisch, eine packende Säure wird begleitet von dezenter Fruchtaromatik von grünem Apfel und Birne. Der Abgang ist leichte salzig. 12,5 Vol.-%, DV, €

★★★★

SÄCHSISCHES STAATSWEINGUT SCHLOSS WACKERBARTH

Wackerbarthstraße 1, 01445 Radebeul
T: +49 351 89550, kontakt@schloss-wackerbarth.de
schloss-wackerbarth.de

Ab-Hof-Verkauf: täglich 10–19 Uhr
Kellermeister: Jürgen Aumüller
Ansprechpartner: Sonja Schilg
Flaschen/Hektar: 600.000 (80 % weiß, 20 % rot)/92 ha

Seit mehr als 850 Jahren prägt der Weinbau das sächsische Elbtal; vor 180 Jahren brachten Kellermeister aus Reims die französische Kunst der Sektbereitung nach Radebeul. Die Geschichte von Schloss Wackerbarth selbst geht auf den Anfang des 18. Jahrhunderts zurück, als August Christoph Graf von Wackerbarth eine barocke Schloss- und Gartenanlage inmitten der Radebeuler Weinberge bauen ließ. In den erstklassigen Lagen werden heute große Weine wie der druckvolle Riesling »Protze« aus dem Radebeuler Goldenen Wagen gekeltert, aber auch starke Sekte und feine edelsüße Weine.

94 2020 »Protze« Radebeul Goldener Wagen Riesling trocken
Rauchige Nase, frische Zitronen, Limettenzeste, weiße Blüten. Am Gaumen druckvoll, packende Säure, saftig, zitrische Aromatik, mineralisch, kräutrig, guter Extrakt bei schlankem Körper, lang am Gaumen. Ein großer Terroirwein, gutes Reifepotenzial. 13,5 Vol.-%, NK, €€€

93 2020 »Alte Reben« Radebeul Goldener Wagen trocken
Dezente Nase, Ananas, grüne Birne, Rosen, frische Kräuter, Feuerstein. Am Gaumen gehaltvoll, schöne Dichte, mineralische Würze, guter Extrakt, schön eingebundene reife Säure, reife Phenolik, toller Wein, jetzt sowie in einigen Jahren. 13,5 Vol.-%, NK, €€€

92+ 2020 »Terrasse« Radebeul Goldener Wagen Riesling trocken
In der Nase Feuerstein, reifer Pfirsich, frische Kräuter. Am Gaumen saftig, mineralische Würze, feine Phenolik, schöner Extrakt, feiner Schmelz bei einer lebendigen Säurestruktur, angenehm herb im Abgang. 13 Vol.-%, NK, €€€

93 2020 Radebeul Goldener Wagen Riesling Auslese
In der Nase kandierter Ingwer, kandierte Ananas, Limettenabrieb. Am Gaumen saftige Frucht, vollmundig, schöne Extraktsüße, mineralische Anklänge, feingliedrige Säure, schöne Würze. Sehr gutes Reifepotenzial. 8,5 Vol.-%, NK, €€€

91 2016 Rosé Sekt brut

89 2018 Scheurebe Sekt trocken

92 2020 Radebeul Goldener Wagen Traminer Spätlese

91 2020 Radebeul Wackerbarthberg Scheurebe trocken

90 2020 Radebeul Wackerbarthberg Riesling trocken

90 2020 Radebeul Wackerbarthberg Riesling Kabinett

90 2019 Blaufränkisch trocken

92 2018 Riesling Sekt brut
Ein würziger Sortentyp im Duft, Melisse, Rosmarin, Majoran. Etwas Hefe. Knackige Säure, saftige, weinige Gaumenmitte, zurückhaltend eingesetzte Süße zur Balance, frisches Mousseux, deutlich mineralischer Hintergrund. Eleganter, vielschichtiger Rieslingsekt. 13 Vol.-%, NK, €€

★★

WEINGUT GROBER FEETZ

Mühlstraße 32, 06632 Freyburg
T: +49 179 7460967, weinhaus-groberfeetz@web.de
grober-feetz.de

Ab-Hof-Verkauf: Ganzjährig nach Vereinbarung
Kellermeister: Stephanie Grober-Feetz
Ansprechpartner: Stephanie Grober-Feetz
Flaschen/Hektar: 18.000 (75 % weiß, 20 % rot, 5 % Rosé)/2 ha

Es sind besonders die Rotweine aus dem Jahr 2019, die uns mit Spannung, Zug und der klar herausgearbeiteten Frucht in den Bann gezogen haben, wie der im Barrique ausgebaute »Regent« mit feinkörnigem Tannin und leicht herbem Grip oder der betont trockene, mineralische Spätburgunder. Aber Stephanie Grober-Feetz und Tino Feetz zeigen auch, dass sie gerne experimentieren: Die trockene Auslese »Keller« vom Grauburgunder aus dem Jahrgang 2020 fließt lachsrosa ins Glas, zeigt im Ansatz die Aromatik und Textur eines Naturweins und ist doch ganz Grauburgunder. Spannend.

91 2020 »Keller« Freyburg Edelacker Grauburgunder Auslese trocken
Helles Lachsrosa in der Farbe, rauchige Noten im Duft, etwas Lakritze, Birne und Roibuschtee, leicht ätherische Note. Zeigt im Ansatz die Aromatik und Textur eines Naturweins, am Gaumen mit merklichen, aber gepflegten Phenolen auf einem weichen Fond. Spannend, kulinarisch. 13 Vol.-%, KK, €€

91+ 2019 Kleinjena Blütengrund Regent Barrique trocken
Expressiver Duft nach Cassis, Schwarzkische, Pflaume, Pfingstrosen und Tabak, auch dunkle Schokolade. Schwungvoll am Gaumen in einem schlanken Format mit präziser Säure und feinkörnigem Tannin mit leicht herbem Grip, klar definiert, betont trocken und unkitschig. Klare Frucht. 12,5 Vol.-%, KK, €€€

91 2019 Freyburg Edelacker Dornfelder Barrique trocken
Holunder und Schwarzkirsche steigen gleich in die Nase, Tabak, auch etwas Lakritze und rauchige Noten, ein Hauch Minze. Mit viel und klarer Frucht am Gaumen, Sauerkirsche und Holunder, feste, schlank gehaltene Textur, die Gerbstoffe sind knackig, zieht mit. 13 Vol.-%, KK, €€€

91 2019 Freyburger Edelacker Spätburgunder trocken
Brombeere, Holunder in der kräftigen Nase mit rauchig-würzigen Noten, ein Hauch Vanille und Blutorange. Straff gebauter Burgunder mit gutem Extrakt und fein ziselierter Säure auf weichem Hintergrund, betont trocken, Sauerkirsche, griffiges Tannin, mineralischer Ausklang. 12 Vol.-%, KK, €€€

90+ 2020 »Muschelkalk« Riesling feinherb

90 2020 »Muschelkalk« Grauburgunder tr.
Birne und herbe Birnenschale in der Nase, nussige Aromen und florale Noten. Auch am Gaumen mit präsenter Birne und griffiger Säure in einer kräftigen Textur, feine Süße und Schmelz sorgen für Charme, Würze und merkliche Phenole für einen reizvollen Kontrast. 13 Vol.-%, KK, €€

★★★

WEINGUT HEY

Weinberge 1d, 06618 Naumburg
T: +49 03445 6774165, kontakt@weinguthey.de
weinguthey.de

Ab-Hof-Verkauf: April bis Okt. Mi bis So 12–18 Uhr, Nov. bis Weihnachten Fr und Sa 12–18 Uhr
Kellermeister: Matthias Hey
Ansprechpartner: Matthias Hey
Flaschen/Hektar: 30.000 (75 % weiß, 15 % rot, 5 % Rosé, 5 % süß)/7 ha

Vor zwei Jahren schrieben wir: »Der Riesling Steinmeister zeigt sich so gut wie noch nie« – das galt dem 2018er. Matthias Heys 2020er haben wir jetzt noch einen Punkt höher bewertet: Die Raffinesse, mit der dieser Wein Frucht und Mineralität ineinanderwebt, macht ihn zu einem der Rieslinge des Jahrgangs. Derselben Blaupause folgt der exzellente Weißburgunder. Stark sehen wir dieses Jahr auch die Rotweine: Der Spätburgunder hat Stoff für Jahre der Reife, der Zweigelt ist bereits zugänglicher, ohne des Formats zu ermangeln. Stern Nummer vier ist nicht mehr weit!

95 2020 Naumburg Steinmeister Riesling GG
Reife Frucht im Duft: gelber Pfirsich und Aprikose, Ananas und Zitrone. Ein Anflug von rauchigem Muschelkalk. Im Mund bilden Süße, Säure, Mineralik und Stoff ein komplett verschmolzenes Amalgam, die Frucht hallt lange und intensiv, homogen und und äußerst pur nach. 13 Vol.-%, DV, €€€

93+ 2020 Naumburg Steinmeister Weißburgunder GG
Im Duft etwas Heu und Wiesenkräuter, Sauerampfer, weißer Pfeffer. Im Mund mit einer fast öligen Großzügigkeit im Hintergrund und zugleich mit stoffiger Bündelung, eine intensiv kalkmineralische Prägung verstärkt den Strukturkomplex. Sehr viel Terroir! 13,5 Vol.-%, DV, €€€

92+ 2019 Naumburg Steinmeister Spätburgunder GG
Der Duft verbindet dezente Röstnoten vom Fassholz mit einer kirschigen, reifen Frucht. Haselnuss. Thymian. Dichtes Tanningerüst, sandiger, etwas trockener Gerbstoff, weich und geschmeidig grundiert, eher milde Säure, ein kraftvoller, reifebedürftiger Bau. 14,5 Vol.-%, NK, €€€

91+ 2020 Naumburg Steinmeister Riesling Spätlese
Im Duft zeigt sich ein Aroma von Kandis, dazu treten würzige, an Spargel erinnernde Noten sowie eine Frucht von kandiertem Pfirsich. Am Gaumen hat der Wein ein Gleichgewicht im »feinherben« Geschmacksbild mit stoffigem Fond als Kontrast zum Süße-Säure-Spiel. 11,5 Vol.-%, DV, €€

91 2020 Naumburg Sonneck Grauburgunder Erste Lage trocken

91 2019 Naumburg Blauer Zweigelt trocken
Im Duft Dörrpflaume, Röstkaffee, Haselnuss und Pfeffer. Im Mund saftig und fruchtgetragen, feinkörniges Tannin, inhaltsreich und dicht, aber nicht massiv, komplett integrierte Säure, sehr aromatisch im Abklang. Ein Kaminfeuerwein. 13 Vol.-%, NK, €€

★★

LANDESWEINGUT KLOSTER PFORTA

Saalberge 73, 06628 Bad Kösen
T: +49 34463 3000, service@kloster-pforta.de
kloster-pforta.de

Ab-Hof-Verkauf: täglich 10–18 Uhr
Kellermeister: Olaf Stintzing
Ansprechpartner: Bastian Remkes
Flaschen/Hektar: 320.000 (70 % weiß, 30 % rot)/50 ha

»Wir selbst sind zwar keine Mönche, aber ihre legitimen Nachfahren«, schreibt das Weingut auf seiner Website. Seitdem die Zisterzienser 1138 Kloster Pforta gründeten, ist viel Wasser die Saale hinuntergeflossen. Heute schwingt die Historie »eher metaphysisch im Hintergrund mit«, wie es der kaufmännische Leiter Jörg Erdmann ausdrückt. Mit der Gegenwart kann er zufrieden sein: Die Weine des 50-Hektar-Betriebs gewinnen von Jahr zu Jahr an Format. Schon bald könnte über dem Kloster ein dritter Stern prangen – wir behalten das sachsen-anhaltische Landesweingut im Auge.

92 2020 Bad Kösen Saalhäuser Riesling trocken
In der Nase Zitrusfrucht, dezent Mango, reifer Pfirsich, mineralische Noten wie Kalkwürze. Am Gaumen saftig, geschmeidig, bei einer gut integrierten reifen Säure. Leichte Restsüße bei saftiger Frucht und feiner Würze. 12,5 Vol.-%, NK, €€

92 2019 Goseck Dechantenberg Riesling trocken
Rauchige Nase, mineralische kreidige Kalknoten, Zitrusnoten, Pfirsich. Am Gaumen lebendige Säure bis ins Finale, kräftig im Alkohol, aber gut integriert, saftig, mollig, gute Dichte, mineralische Würze, ein spannungsgeladener Wein mit sehr gutem Extrakt. 13,5 Vol.-%, DV, €€

91 2020 »Steinfass« Bad Kösen Saalhäuser Weißburgunder trocken
Dezent in der Nase. Apfelschale, Mirabelle, Hefenoten, auch kalkige Aromen. Am Gaumen gehaltvoll, Schmelz, gut integrierte reife Säure, guter Extrakt, mineralisch, gute Spannung, lange am Gaumen. 12,5 Vol.-%, NK, €€€

92 2019 »Steillage« Bad Kösen Saalhäuser Blauer Zweigelt trocken
Schön in der Nase, saftige Kirschen, Pflaumen, Cassis, eine kühle mineralische Note von Kalk, Milchschokolade. Am Gaumen harmonisch, saftig. Feines, samtiges, reifes Tannin, gut integrierte Säurestruktur, mittelkräftiger Körper mit schöner Fruchtaromatik. 13 Vol.-%, NK, €€€

91 2020 Bad Kösen Saalhäuser Riesling Spätlese (feinherb)

90 2020 Auxerrois trocken

90 2020 Bad Kösen Saalhäuser Weißburgunder trocken

89+ 2020 Traminer trocken

88 2020 Bacchus trocken

90+ 2019 Pforta Köppelberg Blauer Portugieser trocken

89+ 2018 Bad Kösen Saalhäuser Blauer Zweigelt trocken

89+ 2020 Silvaner trocken
Reifer Apfel in der Nase, dezente Würze von Zimt, Orangenzeste, Heu. Am Gaumen saftig, geschmeidig, rund, gut integrierte Säurestruktur bis ins Finale, erfrischend, leichte Würze zuletzt und ein Aroma von reifem Apfel, bleibt lange am Gaumen. 11,5 Vol.-%, DV, €

★★

WEINBAU DR. WOBAR

Seestraße 100, 01983 Großräschen
T: +49 151 11622315, info@weinbauwobar.de
weinbauwobar.de

Ab-Hof-Verkauf: nach Vereinbarung
Kellermeister: Tobias Roederer
Ansprechpartner: Dr. Andreas und Dr. Cornelia Wobar
Flaschen/Hektar: 10.000 (69 % weiß, 31 % rot)/1 ha

Die Erderwärmung hat definitiv auch ihre guten Seiten: Eine Erfolgsgeschichte wie diejenige des Weinguts Dr. Wobar, das gerade dabei ist, sich im Osten Brandenburgs als Top-Betrieb zu etablieren, wäre vor 30 Jahren vermutlich nicht denkbar gewesen. Allerdings wäre sie auch nicht möglich ohne den menschlichen Beitrag: ohne die Vision eines Unternehmers, ohne Fleiß bei der Weinbergarbeit und ohne Know-how im Keller. Alle Weine stammen übrigens von pilzresistenten Neuzüchtungen. Wir verleihen flugs den zweiten Stern – und sind gespannt auf die Zukunft!

90 2020 Solaris trocken
Im Duft hefig und »steinig«, Wassermelone. Im Mund fast schon wuchtig ansetzend, eine Spätlesestilistik mit deutlicher Süße, reifer Säure und abgerundeter Länge. Leicht pfeffrig in den Abgangsaromen. Sehr eigenständiger Wein.
13,5 Vol.-%, DV, €€

89+ 2020 Johanniter feinherb
Der Wein zeigt sich noch hefig im Duft, wirkt in der Frucht verschlossen. Im Mund schaffen mehlige Phenole und reife Säure einen Eindruck der Dichte, zurückhaltend dosierte Süße gibt Volumen und sorgt für fruchtige, traubige Andeutungen.
11 Vol.-%, DV, €€

90 2020 Rosé Pinotin halbtrocken
Gut gedecktes Lachsrosa in der Farbe. Der Duft zeigt sich intensiv beerig: Erdbeere, Himbeere, Heidelbeere. Sehr klar. Im Mund rund in der Anmutung, dabei nicht im Übermaß füllig, die süße Frucht hat Intensität, ein zugänglicher, recht eleganter Wein.
11,5 Vol.-%, DV, €€

90 2018 Pinotin trocken im Eichenholzfass gereift
Diesen Duft würde man blind in Frankreich verorten: Noten von Zigarrenkiste und Unterholz, reifer Schwarzkirsche, schwarzem Pfeffer. Im Mund mittelgewichtig mit seidigem Gerbstoff, milder Säure und holzcremiger Abrundung. Ein recht kompletter Rotwein. 13 Vol.-%, DV, €€

89 2019 Pinotin trocken

90 2020 Cabernet Blanc trocken
Im Duft ist das kein sehr »lauter« Sortentyp: Er zeigt Pfirsich und grüne Stachelbeere, bleibt diskret, und klar. Im Mund hat der Wein mittleres Gewicht, die Säure ist frisch und lebendig, aber nicht grün, die komplett trockene, durchgegorene Abstimmung schafft Eleganz.
13 Vol.-%, DV, €€

Am Elbufer reihen sich die Prachtbauten Dresdens – von der Frauenkirche bis zur Semperoper

GASTGEBER AUS LEIDENSCHAFT

Gemeinsam mit den Winzern der Region – als uneingeschränkten Experten, was das leibliche Wohl anbelangt – hat Falstaff die besten Genussadressen in Sachen Kulinarik sorgfältig ausgewählt und zusammengestellt.

08209 Auerbach/Vogtland

Renoir

Das Restaurant wird in vierter Generation geführt. Der Name verrät, dass sich die Küche auch auf französische Gerichte spezialisiert hat – die Stube ist jedoch ganz klassisch mit Holz vertäfelt. Für die umfassende Weinauswahl sorgt Juniorchef André Baldauf mit viel Herz.

Schönheider Straße 235
+49 3744 215119
restaurant-renoir.de

P €€

Empfohlen von: **Falstaff-Redaktion**

02625 Bautzen

Wjelbik

Das jahrundertealte Steingewölbe bildet den perfekten Rahmen für herzhafte sorbische Küche, in der Fleischgerichte den Ton angeben. Dazu gehören Senfsuppe mit pochiertem Ei, Sauerbraten mit grünen Bohnen oder Königsberger Klopse. Regionales Bier passt da ganz hervorragend.

Kornstraße 7
+49 3591 42060
wjelbik.de

€

Empfohlen von: **Falstaff-Redaktion**

Foto: Shutterstock

09235 Burkhardtsdorf

Landgasthof Topfmarktscheune

Das schöne Anwesen, ehemals eine Scheune, ist umgeben von viel Grün und bietet Ruhe pur. Besonderen Wert legt man auf regionale Produkte, die nach altem bäuerlichem Handwerk umgesetzt werden: etwa der in Haferflocken und Kürbiskernen gebackene Ziegenkäse auf Senf-Himbeer-Sauce.

Topfmarkt 7
+49 3721 24324
topfmarktscheune.de

P €

Empfohlen von: **Falstaff-Redaktion**

01127 Dresden

Petit Frank

Frankreich verbindet man mit Romantik und Genuss, und beides kombiniert das kleine, feine Restaurant mit gemütlichem Gewölbekeller gekonnt. Top sind Zwiebelsuppe mit gratiniertem Baguette oder Fischsuppe. Feine Themenabende, die Weinliste ist natürlich auch frankreichlastig.

Bürgerstraße 14
+49 351 8211900
petit-frank.de

€€

Empfohlen von: **Falstaff-Redaktion**

9130 Chemnitz

Alexxanders

Das Restaurant im denkmalgeschützten Haus vereint geschickt Materialien aus Industrie und Natur. Ein sehenswerter Mix, während sich die Küche auf feinste Kulinarik konzentriert. Die teils exotischen Kreationen verbinden gekonnt Regionalität mit Internationalität.

Ludwig-Kirsch-Straße 9
+49 371 4311111
alexxanders.de

P

Empfohlen von: **Falstaff-Redaktion**

09599 Freiberg

Genussbar by Ronny Löser

Helle Gewölberäume, ein begrünter Gastgarten und ein sympathischer Gastgeber mit perfekten Weinempfehlungen sind die Pluspunkte. Erfrischend anders geht es zu bei Kürbis-Apfel-Suppe mit Speckkrokant oder Hirschrücken mit Quark nockerln, Maronen und Wacholder-Preiselbeerjus.

Mönchsstraße 1
+49 3731 2188290
genussbar-freiberg.de

P €€

Empfohlen von: **Falstaff-Redaktion**

08451 Crimmitschau

Fischerhof

Stimmungsvolles Ambiente mit Steinwänden und dezenter Beleuchtung. Insgesamt bewirtschaftet die Familie Lokotsch 18 Teiche, aus denen die fangfrischen Fische stammen. Beliebt sind Karpfen und Sushi-Abende, die Karte bietet aber auch Fleischklassiker. Netter Hofladen.

Am Torteich 29
+49 36608 20640
gasthaus-fischerhof.de

P €€

Empfohlen von: **Falstaff-Redaktion**

06632 Freyburg

Zum Edelacker

Hoch über den Saale-Unstrut-Weinbergen liegt das exklusive Hotel, in dem man gut schlafen und essen kann. Im stimmungsvollen Restaurant genießen die Gäste in Orange marinierten Lachs, Schkölener Welsfilet und Schweinemedaillons im Baconkleid. Gutes regionales Weinangebot.

Schloß 25
+49 34464 350
edelacker.de

Empfohlen von: **Weingut Grober Feetz**

06632 Freyburg Unstrut

51° EATBAR

Schicke modern gestylte Zimmer, ein Restaurant mit lässiger urbaner Atmosphäre, ein gut gefüllter Weinkeller und eine unkompliziert junge kreative Küche. Das ist das attraktive Angebot des Weinhotels, und das Konzept geht auf. Hier kann man wunderbar die Seele baumeln lassen.

Schützenstraße 9
+49 034464 359 390
freylich-zahn.de

Empfohlen von: **Weingut Grober Feetz, Weingut Hey**

01731 Kreischa

Rosenschänke

Der romantische Rosengarten und das farbenfrohe Dekor im familiengeführten Haus sind einladend. Im Restaurant wird man mit Klassikern wie Kalbstafelspitz, geschmorten Ochsenbäckchen, Sauerbraten und ausgezeichneten Desserts verwöhnt. Gut gebucht sind die Weinverkostungen.

Baumschulenstraße 17
+49 35206 21870
landhotel-rosenschaenke.de

P €€

Empfohlen von: **Falstaff-Redaktion**

09232 Hartmannsdorf

Laurus

Die Küche legt großen Wert auf Frische und ehrliche, moderne Gerichte, die meisten Zutaten kommen aus der Region oder werden selbst angebaut. Beliebt ist das Dry-aged Beef vom sächsischen Wagyu-Rind, dazu gibt es Kürbisgratin. Begehrt sind die Plätze am Chef's Table.

Limbacher Straße 19
+49 3722 50521
laurus-vital.de

P €€

Empfohlen von: **Falstaff-Redaktion**

04416 Markkleeberg

Weinbeißerei

Die Terrasse mit Blick über den See ist grandios, im stilvollen Restaurant wird mediterrane Küche geboten. Highlights sind gratinierter Ziegenkäse mit Tomaten-Dattel-Tatar, gebratene Entenleber oder französische Sauerkrautsuppe. Dem Weingenuss kommt eine zentrale Rolle zu.

Seeblick 4
+49 341 3366608
weinbeisserei.de

€€

Empfohlen von: **Falstaff-Redaktion**

02977 Hoyerswerda

Westphalenhof

Weinabende, Bierdinner oder Grillmenüs, das Restaurant lässt sich für die Gäste einiges einfallen. Wer einfach nur essen möchte, findet auf der attraktiven Karte neben den empfehlenswerten Menüs auch Klassiker wie Roastbeef, Lammkarree oder eine Bouillabaisse mit Sauce Rouille.

Dorfaue 43
+49 3571 913944
westphalenhof.de

P

Empfohlen von: **Falstaff-Redaktion**

01468 Moritzburg

Adams Gasthof

Traditionelles Wirtshaus mit Geweihen an den Wänden und einem schattigen Gastgarten. Zu den bodenständigen Klassikern zählen Wildbratwürste mit Schmorzwiebeln, kräftige Suppen, Spinatknödel auf Rübengemüse oder Hirschsauerbraten. Ein Traum ist der ofenfrische Apfelstrudel.

Markt 9
+49 35207 99775
adamsgasthof.de

P €€

Empfohlen von: **Falstaff-Redaktion**

01445 Radebeul

Atelier Sanssouci

Sieben Meter hohe Wände und bodentiefe Fenster machen das ganz besondere Flair des Restaurants aus. Die innovative französische Küche passt perfekt ins Bild. Toll kombiniert ist etwa Oktopus mit grünen Bohnen und Chorizo-Jus. Die Weinkarte ist hervorragend.

Augustusweg 48
+49 351 7956660
hotel-villa-sorgenfrei.de

P €€€

Empfohlen von: **Falstaff-Redaktion**

06618 Naumburg

Zufriedenheit

Das herausgeputzte Boutiquehotel im historischen Zentrum Naumburgs ist auch für seine gute Küche bekannt. Schon seit rund 170 Jahren existiert die Gastwirtschaft, in der herzhaft aufgetischt wird. Zu jedem Gericht wird ein Wein aus der Region zu einem moderaten Preis empfohlen.

Steinweg 26
+49 3445 7912051
gasthof-zufriedenheit.de

P €€

Empfohlen von: **Weingut Hey**

01445 Radebeul

Zu den Linden

Das gemütliche Restaurant ist mit viel Liebe zum Detail eingerichtet und dekoriert, serviert werden bodenständige Klassiker wie Pilzsuppe, Forelle, Wild oder Sauerbraten mit Knödeln und Rotkohl, aber auch internationale Anklänge mit karibischem Wildkräutersalat gelingen.

Meißner Straße 64
+49 351 8362226
zudenlinden.de

P €

Empfohlen von: **Falstaff-Redaktion**

06628 Naumburg Saale

Villa Ilske

Die weithin sichtbare Villa ist heute ein Hotel mit Restaurant, in dem gutbürgerlich gekocht wird. Immer wieder ein Tipp ist das Welsfilet aus Schkölen, am Abend wird der Winzerschmaus mit hausgemachten Wurstspezialitäten serviert. Gute Weinauswahl von regionalen Winzern.

Ilskeweg 2
+49 34463 3660
villa-ilske.de

Empfohlen von: **Weingut Grober Feetz**

01968 Senftenberg

Sonnenhof 1864

Ein uriges, rustikales Restaurant, der ehemalige Stall wurde frisch herausgeputzt. An allen Ecken und Enden schmücken alte Landwirtschaftsgeräte den Raum. Die Küche setzt auf regionale Köstlichkeiten, die mit bodenständiger Leichtigkeit auf die Teller kommt.

Dorfplatz 13
+49 3573 3694368
sonnenhof-1864.de

Empfohlen von: **Weinbau Dr. Wobar**

WÜRTTEMBERG

DYNAMIK UND VIELFALT

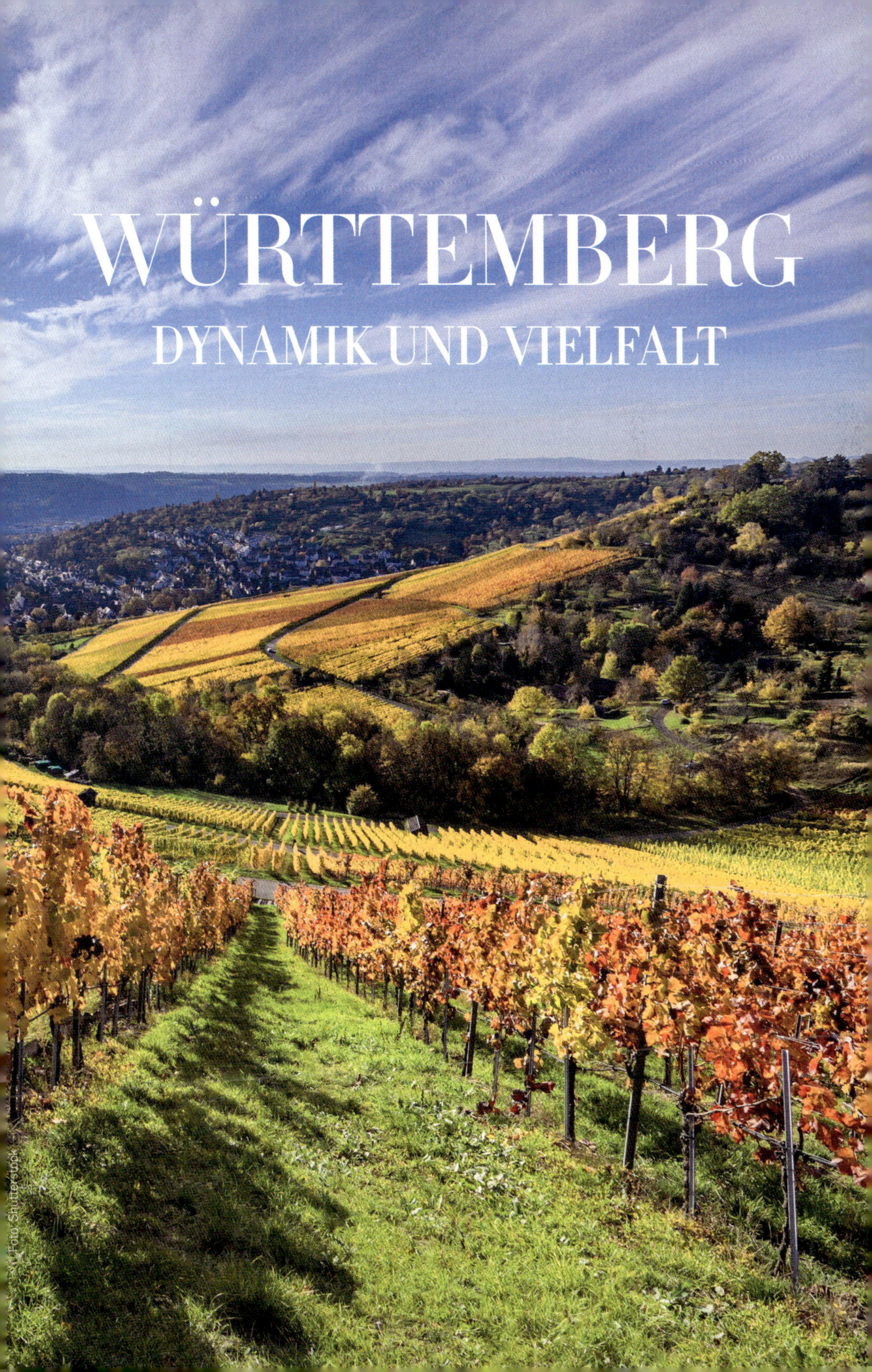

Foto: Shutterstock

Vaihingen – Burgberg Schloß Kaltenstein

LIEBE AUF DEN ZWEITEN BLICK

Wer jenseits der schwäbischen Landesgrenzen an Württemberg denkt, dem kommen noch immer meist eher Auto- und Maschinenbau in den Sinn als Spitzenweine. Dabei hat sich die Landschaft zwischen Kocher, Alb und Bodensee längst zu einer der spannendsten deutschen Weinregionen gemausert. Mit einer ganz eigenen Dynamik und Vielfalt. Die Betrachtung von einem, der einst auszog und Württemberg lieben lernte.

TEXT THOMAS CURTIUS

Ich gebe zu, ich bin nur ein »Reigschmeckter«, ein Zugezogener nach Definition der Urschwaben. Schließlich lebe ich erst seit knapp einem Vierteljahrhundert in Korb vor den Toren Stuttgarts. Und doch bin ich inzwischen fest verwachsen. Mit den Menschen hier und natürlich mit dem Wein. Dabei hatten wir anfangs ziemlich gefremdelt. Schwäbische Kante und Berliner Zeitgeistigkeit erwiesen sich ebenso wenig kompatibel wie der Wunsch nach Individualität im Glas und die Menge belangloser Massenweine damals im Ländle.

Inzwischen ist es Liebe auf den zweiten Blick. Mich wärmt die unverstellte Herzlichkeit meiner Nachbarn ebenso wie das kleine Weinwunder, das sich um mich herum ereignet hat. Württemberger Weine zählen in der Spitze heute zur deutschen Top-Liga. Die Gründe sind vielfältig: Die kühlenden Einflüsse in den höheren Lagen haben ihren Anteil. Die von Muschelkalk, Buntsandstein und Keuper geprägten Böden ebenso. Aber vor allem sind es die Menschen, ihre Akribie und Leidenschaft, ihre Lust am Tüfteln und die gute Portion Geschäftssinn.

Da sind zum einen die Grenzgänger wie der ehemalige Gymnasiallehrer Helmut Dolde aus Linsenhofen am Rande der Schwäbischen Alb. Bis auf 528 Metern Höhe hat er sich mit seinen Reben hinaufgewagt, so hoch wie sonst kaum einer in Deutschland.

Zusammen mit seiner Frau Hedwig bringt er auf gerade einmal zwei Hektar eindrückliche und zugleich behutsame Spätburgunder, Rieslinge und Silvaner auf die Flasche. Seine »Bergweine« sind beseelt von der Kühle, vom Vulkan und Jurakalk.

Da sind aber auch die Nachwuchswinzer. Einst waren sie ausgezogen, um die Fesseln der damals so engen Württemberger Weinwelt abzuschütteln. Von A wie Aldinger bis Z wie Zipf – längst gehören die Newcomer von damals zu den Etablierten von heute. Sie wurden zum Motor und Transmissionsriemen für das neue Württemberg. Ertragsreduzierung, bessere Sorten- und Standortwahl sowie eine behutsamere Vinifizierung sind einige der Praktiken, mit denen sie die Region ganz nach vorne geführt haben.

Fabian und Stephanie Lassak

IMMER FÜR ÜBERRASCHUNGEN GUT

Rainer Schnaitmann aus Fellbach ist einer von ihnen. Mit ihm habe ich zumindest eines gemeinsam: Wir sind beide grauer geworden seit 1997. Damals hat er seinen ersten eigenen Wein verkauft und ich bin ins Remstal gezogen. Seine Rieslinge, Sauvignon Blancs, Spätburgunder und Lemberger gehören längst zur deutschen Spitze. Doch auch jenseits des Bekannten ist er immer wieder für Überraschungen gut. So hat sein 2019er Grauburgunder Großes Gewächs aus dem Lämmler auf der VDP-Vorpremiere der Großen Gewächse Ende August mit Fokus und Vielschichtigkeit für Furore gesorgt. »Wie kann ich es noch etwas anders, noch besser machen«, beschreibt er die Unruhe, die ihn wie viele Ausnahmewinzer, antreibt. Dazu zählt seit 2010 auch die biologische Bewirtschaftung.

Auf das »Andersmachen« im Einklang mit der Natur setzt auch die neue Riege passionierter Jungwinzer und -winzerinnen. Gut ausgebildet, weit gereist und beseelt von der

Aaron Schwegler

Fotos: beigestellt

Moritz Haidle vom Weingut Karl Haidle

Idee, ihr Terroir unverfälscht aus dem Glas sprechen zu lassen. Zu ihnen gehören beispielsweise die Falstaff Newcomer des Jahres 2021 Stephanie und Fabian Lassak. Fabian Lassak hat früher bei Rainer Schnaitmann gearbeitet, rund 3,5 Hektar bewirtschaftet er gemeinsam mit seiner Frau seit 2016 in Hessigheim am Neckar. Die Steillagen im württembergischen Unterland haben es ihnen angetan; der Muschelkalk, die alten Reben und Böden, die nie von einer Flurbereinigung aufgerissen worden sind. Die Herausforderungen sind riesig. Viele Lagen sind auf traditionellen Genossenschaftsweinbau ausgelegt. »Wir wollen die Erträge deutlich herunterbringen«, erzählt Stephanie Lassak. Für sie heißt das: biologische Bewirtschaftung, viel Handarbeit und möglichst wenig Eingriffe im Keller. Wie viel Zeit sie in den terrassierten Steillagen wie der Hessigheimer Steige verbringen? Sie haben aufgehört zu zählen. Definitiv mehr als 1400 Stunden pro Hektar im Jahr. Wohin die Reise genau geht? Man wird sehen. »Wir sind erst am Anfang, unsere Lagen wirklich zu verstehen«, so Fabian Lassak bescheiden. Dabei sind die Ergebnisse des jungen Paares schon jetzt beeindruckend: geschmeidige Rieslinge, fokussierte Lemberger und elegante Spätburgunder, die mit jedem Jahrgang noch geschliffener und vielschichtiger ausfallen, aber ob der kleinen Mengen leider schnell ausverkauft sind.

Neben solchen Neugründungen hat – wie in anderen Weinregionen auch – der Generationenwechsel viel Bewegung in die Szene gebracht. Andi Knauß aus Weinstadt gehört mit seinen präzisen Sauvignons und Lembergern ebenso zu diesen ambitionierten Winzern wie meine Korber Nachbarn Jens und Yvette Zimmerle. Auch Julia und Aaron Schwegler einige Straßen weiter gelingt der Spagat aus Tradition und Progression hervorragend: Sie

Grabkapelle am Württemberg

WEINBAUGEBIET WÜRTTEMBERG

Anbaufläche
ca. 11.400 Hektar
Aufteilung
6 Bereiche, 17 Großlagen, 210 Einzellagen
Böden
Keuper, Muschelkalk, Buntsandstein
Wichtigste Rebsorten
Kerner, Lemberger, Riesling, Trollinger, Schwarzriesling, Spätburgunder

Verband
Weinbauverband Württemberg e. V.
Hirschbergstraße 2, 74189 Weinsberg
www.wvwue.de

Fotos: beigestellt

haben ihren roten Spitzencuvées wie dem »Granat«, mit denen der Vater einst für Schlagzeilen sorgte, noch mehr Ausdruck und Tiefe verliehen. Und auch die weißen Rebsorten wie Chardonnay und Riesling haben an Substanz zugelegt.

Rainer Schnaitmann

AN DER MARKE WÜRTTEMBERG BLEIBT ZU ARBEITEN

Gekonnte Revolution statt behutsamer Evolution heißt es hingegen bei Moritz »Ritzi« Haidle, seit er 2014 das väterliche Weingut übernommen hat. Fokussierung lautet sein Kurs. Moritz setzt voll auf Lemberger und Riesling, bei denen er das Terroir noch deutlicher herausarbeiten möchte. Dafür hat er 14 Weine aus dem Sortiment gestrichen und sogar 40 Jahre alte Große-Gewächs-Weißburgunderreben gerodet. Für ihn eine klare Sache, auch wenn das für Diskussionen am Familientisch sorgte. »Wenn eine Lage in der Zukunft Top-Lemberger hervorbringen kann, muss ich die Reben heute schon entsprechend pflanzen.«
Gerne würde er auch aktiv die Weichen für eine klarere regionale Profilierung jenseits der Landesgrenzen stellen. Denn wer dort Württemberg hört, denkt meist an Autos und Maschinen, seltener an Reben. »Riesling aus Württemberg ist immer noch ein Exot in den Augen vieler Konsumenten«, weiß Moritz Haidle, der immerhin rund 30 Prozent seiner Weine inzwischen exportiert. Und auch Kollege Rainer Schnaitmann bestätigt: »Wir verkaufen unsere Weine im Ausland und nicht über die Region.«

Jens und Yvette Zimmerle

Ist es der Individualismus, der einem eindeutigeren regionalen Profil im Weg steht? Eine pietistische Zurückhaltung, die zu viel Exponiertheit scheut? Oder liegt es einfach am Durst der Württemberger, die ihre Weine lieber selbst trinken als zu exportieren? Wie auch immer. Gerade Rebsorten wie der Lemberger und auch die regionalen Besonderheiten sind Steilvorlagen für eine Wahrnehmung über die Landesgrenzen hinaus. Ein Beispiel ist das Remstal. Mit seinen kühlenden Einflüssen und seinen Keuper- und Sandsteinböden ließe es sich hervorragend als Premiumregion ähnlich dem Leithabergkonzept im Burgenland positionieren.
Das ist zwar eine andere Geschichte, aber auch die wird irgendwann geschrieben. Wie in der Liebe braucht es beim Wein eben nicht nur einen zweiten Blick, sondern manchmal einfach nur Zeit.

INFO

Nähere Infos über den Autor finden Sie im Kapitel »Verkostungsteam« auf S. 13.

GRANDS CRUS WÜRTTEMBERG

TOP-WEINE AUS PRIVILEGIERTEN WEINLAGEN DER REGION

FELLBACH | LÄMMLER

Der Lämmler ist an der Bruchstelle der Schurwaldrandverwerfung zum Neckartal gelegen. Die einst nur drei Hektar große, heute auf 61,3 Hektar ausgeweitete Lage hat Südwest- und Südlagen, aber auch deutlich weniger günstig nach Nordwesten blickende Flurstücke. Auch in seinen Böden ist der heutige Lämmler inhomogen: Man findet Stubensandstein, bunter Mergel, Schilfsandstein, tiefgründigen, sandigen Lehm. Die besten Parzellen liegen in warmer Kessellage, profitieren aber auch von nächtlichen Kaltluftströmungen, die vom nahe gelegenen Schurwald herabfließen.

96 2015 Lemberger GG
Weingut Aldinger, Info siehe Seite 635

96 2018 Lemberger GG

96 2018 Spätburgunder GG
Weingut Rainer Schnaitmann, Info siehe Seite 680

95+ 2012 Lemberger GG Bergmandel
Weingut Aldinger, Info siehe Seite 635

95+ 2016 Lemberger GG

95 2019 Lemberger GG

95 2001 »Simonroth« Lemberger tr.

94 2019 Spätburgunder GG
Weingut Rainer Schnaitmann, Info siehe Seite 680

94 2019 Lemberger GG
Weingut Aldinger, Info siehe Seite 635

94 2018 Spätburgunder GG

94 2012 Lemberger GG Bergmandel
Weingut Heid, Info siehe Seite 659

93+ 2020 Riesling GG
Weingut Aldinger, Info siehe Seite 635

93+ 2019 Riesling GG

93 2018 Riesling GG
Weingut Rainer Schnaitmann, Info siehe Seite 680

93 2019 Spätburgunder GG
Weingut Aldinger, Info siehe Seite 635

93 2019 Spätburgunder GG

Fotos: beigestellt

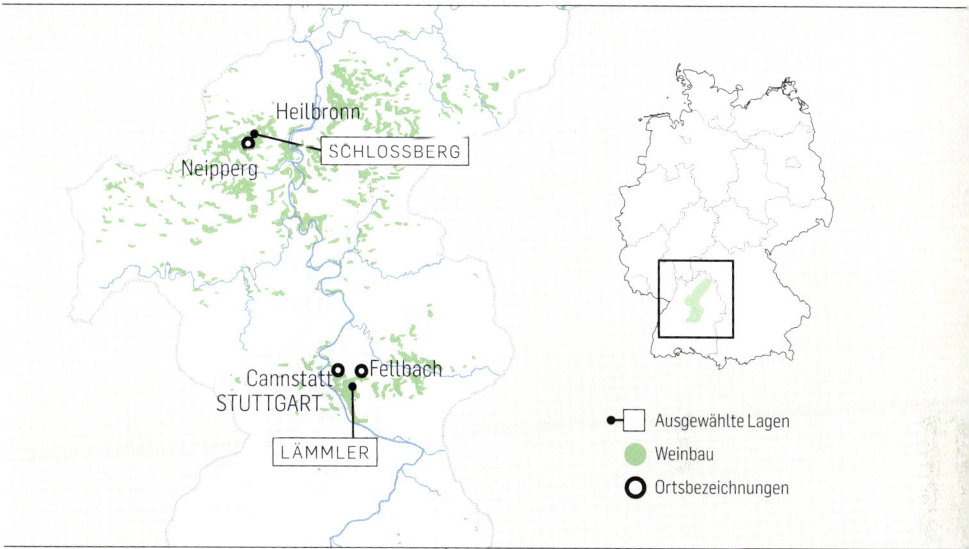

93 **2019 Lemberger GG**
93 **2017 Spätburgunder GG**
Weingut Heid, Info siehe Seite 659
92 **2020 Riesling Spätlese trocken**
Weingut Rienth, www.rienth-weingut.de
91+ **2019 »P Grosses Gewächs« Riesling trocken**
91 **2018 »P Grosses Gewächs« Riesling trocken**
90 **2018 »P Grosses Gewächs« Lemberger trocken**
90 **2018 »GG« Spätburgunder im Barrique gereift trocken**
Fellbacher Weingärtner, Info siehe Seite 652

NEIPPERG | SCHLOSSBERG

Die 24,5 Hektar große Lage ist in sich nicht völlig homogen, sie umfasst ein Hochplateau auf etwa 310 Metern Höhe, nach Süden abfallende Querterrassen unterhalb der alten Burg sowie einen ausgedehnten Hang, der von reiner Südlage in zwei Mulden zu reiner Westexposition dreht. Die besten Parzellen auf dem Plateau, in den Terrassen und in der Hangmitte gehören zweifellos zum Besten, was Württemberg zu bieten hat. Der Boden aus verwittertem Schilfsandstein bereitet den Grund für Weine von unvergleichlicher Eleganz. Die unterschiedlichen Höhenstufen des Weinbergs (von 230 bis 310 Metern) liefern Spielmasse beim Ausreifen der Trauben.

95 **2019 Spätburgunder GG**
95 **2019 Muskateller Beerenauslese**
94 **2019 Lemberger GG**
94 **2011 Lemberger GG**
92 **2020 Weissburgunder GG**
91+ **2020 Riesling GG**
Weingut Graf Neipperg, Info siehe Seite 675

Burg Neipperg

★★★★

WEINGUT GRAF ADELMANN

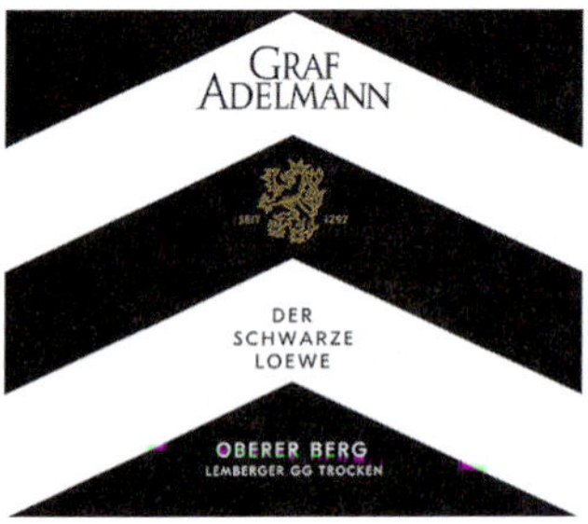

Burg Schaubeck, 71711 Steinheim-Kleinbottwar
T: +49 7148 921220, weingut@graf-adelmann.com
graf-adelmann.com

Ab-Hof-Verkauf: Mo bis Fr 14–18 Uhr, Sa 10–14 Uhr
Kellermeister: Ruben Röder
Ansprechpartner: Felix Graf Adelmann
Flaschen/Hektar: 133.000 (36 % weiß, 60 % rot, 3 % Rosé, 1 % Schaumwein)/27 ha
Anbauweise: Biologisch zertifiziert

Weine aus vier Jahrgängen präsentieren Felix Graf Adelmann und sein Kellermeister Ruben Röder, die zusammen viel Genuss garantieren: Der Weißburgunder aus 2020 ist saftig und animierend, die beiden Roten aus 2018 sind bei aller Kraft fein gearbeitet und delikat, das Lemberger-GG schließt dabei zur Württemberger Spitze auf. Die beiden Großen Gewächse in Weiß aus 2019 bieten Substanz, Dichte, Schmelz und Mineralität. Der Eiswein vom Muskattrollinger, Jahrgang 2016, schließlich ist der elaborierte Endpunkt in der ansteigenden Genusspyramide. Santé!

93 2019 »Das Lied von der Erde« Kleinbottwar Süssmund Riesling GG
Kräftiges Zitronengelb in der Farbe, feine Frucht in der Nase, Aprikose, Aprikosentarte und Mandarine, etwas Verbene. Setzt am Gaumen mit süßlicher Frucht an, die von einer reifen, delikaten Säure unterlegt wird, gute Substanz, Dichte, Kraft und Mineralität. Potenzial. 13 Vol.-%, NK, €€€

92+ 2019 Kleinbottwar Oberer Berg Grauburgunder GG
Gelbe Blüten im Duft, Mandarinenschale, Birnenkompott, rauchige Noten kommen dazu. Kräftig gebauter Grauburgunder mit guter Substanz und Dichte, fest in seiner Struktur, großzügig im Ausdruck, cremig mit reifer Frucht und schöner Würze. Gutes Reifepotenzial. 13 Vol.-%, NK, €€€

93+ 2018 »Der Schwarze Löwe« Kleinbottwar Oberer Berg Lemberger GG
Präzise Nase mit klarer Frucht, Schwarzkirsche und Holunder. Am Gaumen mit feinen und geschmeidigen Gerbstoffen in einer kräftigen und klar gefassten Struktur. Wieder feine Frucht, ein aufgeräumter und fein gearbeiteter Lemberger mit guter Länge und Potenzial. 13 Vol.-%, NK, €€€

94 2016 Muskattrollinger Rosé Eiswein
Bernsteinfarben. Intensiver Duft nach getrockneten Früchten und Waldhonig, Aprikose, kandierte Zitrusfrucht. Am Gaumen viel Zug und Schmelz, Säure und Süße im Zwiegespräch, wieder Honig, viel Würze, eher elegante Art, große Länge. Viel Potenzial. 9 Vol.-%, NK, €€€€

89 2020 Weißburgunder trocken

89 2018 Spätburgunder trocken
Frischer Duft nach Himbeere und Erdbeere, auch etwas Rhabarberkompott. Mit Schwung und präsenter Säure im Mund, klare Frucht, die auch von Schmelz unterlegt wird. Feine Würze kommt dazu, auch am Gaumen fruchtige Noten wie Himbeere, saftig und zugänglich. 12 Vol.-%, DV, €

★★★★★

WEINGUT ALDINGER

Schmerstraße 25, 70734 Fellbach
T: +49 711 581417, info@weingut-aldinger.de
weingut-aldinger.de

Ab-Hof-Verkauf: Mo bis Fr 9–12 Uhr und 14–18 Uhr, Sa 9–13 Uhr
Kellermeister: Matthias Aldinger
Ansprechpartner: Matthias Aldinger
Flaschen/Hektar: 267.000 (60 % weiß, 33 % rot, 5 % Rosé, 2 % Schaumwein)/31 ha

Was sollen wir sagen? Die Aldingers machen es uns einfach schwer: Welchen Wein sollen wir herausheben? Den großartig strukturierten Chardonnay aus dem Untertürkheimer Gips? Oder doch eher die wunderbaren Rieslinge oder die gelungenen Spätburgunder mit Verve und Spannung? Wie dem auch sei: Auf keinen Fall dürfen wir den maximal unverkitschten Trollinger »Sine« vergessen, der belegt, wie unwahrscheinlich viel Spaß diese Rebsorte machen kann. Und wir müssen unbedingt den 2014er »brut nature« erwähnen – viel besser geht Sekt kaum. Glückwunsch zu dieser großen Kollektion!

95 2019 Untertürkheim Gips Chardonnay Erste Lage trocken
Anfangs leicht reduktiv im Duft, dann aber ein sehr komplexes Aroma von reifem gelbem Apfel, junger Ananas und nassem Stein. Am Gaumen mit Struktur, burgundischer Textur und überzeugender Tiefe. Der lange Nachhall wird von einer leichten Feuersteinnote und feiner Mineralik begleitet. Ein Wein, der überzeugt. 12,5 Vol.-%, NK, €€€

93+ 2020 Fellbach Lämmler Riesling GG
Hinreißender Duft von frischer Ananas und Grapefruit, außerdem Bergamotte und Orange. Am Gaumen saftig und kräftig zupackend mit griffigem Extrakt und fein geschichteter Phenolik. Die Säure strahlt weit aus und bindet sich hervorragend in den Körper des Rieslings ein.
12,5 Vol.-%, NK, €€€

93 2020 Untertürkheim Gips Marienglas Riesling GG
Im Glas ein brillantes Gelb mit marginal grünen Reflexen. In der Nase entwickeln sich klassische Duftnoten von reifem Apfel, Birne, Limette und Jasmin. Am Gaumen werden diese von feiner Säure balanciert, ergänzt von Mineralik. Langer Nachhall. 12,5 Vol.-%, NK, €€€

94 2019 Fellbach Lämmler Lemberger GG
Die Nase zeigt sich unfassbar würzig und erinnert an schwarzen Pfeffer und Misopaste, zudem Schwarzkirsche und Brombeere. Eine schöne rauchige Note schwebt über dem Ganzen. Am Gaumen hat er durch das kompakte Tannin und seine brillante Säure eine herrliche Spannung.
13 Vol.-%, NK, €€€

94 2014 »Aldinger« brut nature CH/PN/PM

92+ 2019 Untertürkheim Gips Marienglas Weißburgunder GG

92 2019 »Ovum« Sauvignon Blanc trocken

93 2019 »Reserve« Spätburgunder Rosé tr.

93+ 2019 Untertürkheim Gips Marienglas Spätburgunder GG

93 2019 Fellbach Lämmler Spätburgunder GG

91 2020 »Sine« Trollinger trocken
Man will gar nichts schreiben, wenn man in den ungeschminkten Trollinger hineinricht. So gut! Ganz leicht und ungemein frisch. Lakritze, Erdbeer und Rhabarber sowie schwarzer Pfeffer in der Nase. Am Gaumen ohne Ende trinkbar mit spaßiger Phenolik. 11 Vol.-%, NK, €€

★ ★

WEINGUT JOHANNES B.

Höhe 1, 70736 Fellbach
T: +49 711 534128, info@weingut-johannesb.de
weingut-johannesb.de

Ab-Hof-Verkauf: Mi und Fr 17–19 Uhr, Sa 10–14 Uhr
Kellermeister: Johannes Bauerle
Ansprechpartner: Johannes Bauerle
Flaschen/Hektar: 107.000 (40 % weiß, 20 % rot, 20 % Rosé, 5 % süß, 15 % Schaumwein)/13 ha

Es ist schon erstaunlich, welche Sprünge Johannes Bauerle in wenigen Jahren in seiner Winzer-Vita hingelegt hat: Nach der Schulzeit begann er eine Ausbildung zum Weinküfer, mit dem Gesellenbrief in der Tasche zog es ihn für ein halbes Jahr nach Neuseeland, wo er prägende Erfahrungen sammelte. Dann ging es nach Veitshöchheim auf die Technikerschule und später noch nach Südtirol, um weiter dazuzulernen. 2013 eröffnete der Winzer sein Weingut Johannes B. in Fellbach, das moderne Weine mit Anspruch und internationalen Stilanleihen erzeugt.

89+ 2020 »Partie Fumé« Sauvignon Blanc tr.
Intensive Aromen im Glas, Cassis, Holunderblüten, reife Mango, frischer Grasschnitt und auch eine Portion feiner Rauch. Zeigt auch am Gaumen intensive Frucht, die von cremigen Noten und einer ausgewogenen Säure begleitet wird, kompakt in der Struktur, gute Länge.
12,5 Vol.-%, DV, €€

89 2020 »Mergel & Keuper« Grauburgunder tr.
Kräftiges Gelb in der Farbe, Noten von reifer Birne, Melone und getrocknetem Heu, begleitet von Rauch. Kräftig gebaut am Gaumen mit kompakter Struktur und reifer Säure, wieder Noten von reifer Frucht, cremig unterlegt und von feinen Zitrusnoten begleitet. 13 Vol.-%, DV, €€

89 2020 Grauburgunder & Chardonnay tr.
Riecht fruchtig nach Apfel, Birne und Zeste von Zitrusfrucht. Verbindet am Gaumen in einer ausgewogenen Struktur Cremigkeit und Saft mit einer präsenten Säure, die zitrisch unterlegt ist. Zugänglicher Typ, nicht zu verkopft, den man ohne langes Nachdenken genießen kann.
12,5 Vol.-%, DV, €

90 2019 »Urgestein« Bad Cannstatt Steinhalde Spätburgunder trocken
Rubingranatrot in der Farbe, kräftiger Duft nach Schwarzkirsche, die von Gewürznelke und rauchigen Noten begleitet wird, auch etwas Rote-Bete-Saft. Setzt am Gaumen saftig und mit feiner Würze an, kräftiger Bau und gute Balance. Kraftvoller, runder und ausgewogener Burgunder.
13,5 Vol.-%, DV, €€

88+ 2020 Bad Cannstadt Steinhalde Muskattrollinger Rosé feinherb

89 2020 Fellbach Lämmler Riesling Kabinett
Wer trinkt nicht gerne einmal einen klassischen feinherben Kabi? Et voilà: Dieser duftet nach grünem Apfel, auch nach Süßholz und Grapefruit. Im Mund besitzt er eine knackige Säure, bei der man sich den morgendlichen Kaffee sparen kann. Ohne nachzudenken: Gut! 11 Vol.-%, DV, €

★★

WEINGUT DR. BAUMANN

Am Ordensschloss 15–21, 74182 Obersulm
T: +49 7130 47 44 0, info@weingut-dr-baumann.de
weingut-dr-baumann.de

Ab-Hof-Verkauf: Mo bis Fr 9–12 Uhr und 13–17 Uhr, Sa 9–13 Uhr
Kellermeister: Tanja Baumann, Markus Kehrer
Ansprechpartner: Tanja Baumann
Hektar: 40 ha

Die Wein- und Sektkellerei in Affaltrach bei Heilbronn führen die Inhaber Thomas und Tanja Baumann in dritter und vierter Generation. Das Weingut verfügt über 40 Hektar Rebflächen, meist Steilhänge in Spitzenlagen, wie Paradies und Hundsberg. Aus den Trauben entstehen gediegene, durchweg gelungene und harmonische Weine, wobei die Roten vorne liegen. Doch wenn man zunächst meint, den Weinstil als eher konservativ einordnen zu können, wird man eines anderen belehrt: Der ganz und gar experimentelle »Eiswein im Barrique gereift« ist ausgezeichnet gelungen!

90+ NV »Impuls« Brut Nature SW/PN/CH
Feiner Duft nach Brioche, heller Frucht, Birne, Apfel und Quitte. Am Gaumen mit feiner Perlung, frischer Säure und schöner Würzigkeit. Sehr lebendig und anregend, klar, sehr schöner Aperitif, gute Länge, elegant. 12,5 Vol.-%, NK, €€€

90+ 2017 Pinot Noir trocken
In der Nase zeigen sich reife rote Früchte, Schlehe, Kirsche, etwas Pflaume. Am Gaumen mit frischer Säure, geschmeidigen Gerbstoffen und schöner Stoffigkeit, gut strukturiert, endet auf etwas Schokolade und Tabak. Zum Essen. 13,5 Vol.-%, NK, €€

90 2017 Merlot trocken
In der Nase würzige rote Früchte, Kirsche, Schlehe, Zwetschge, pikante Würze, etwas Rauch. Am Gaumen gut integrierte Säure, dunkle Früchte, satte Gerbstoffe, dunkle, rote Früchte, satt und kraftvoll, prima zum Rumpsteak. 14 Vol.-%, NK, €€

92+ 2018 Riesling Eiswein im Barrique gereift
Sattes, klares Gelb. In der Nase sehr pikanter Duft nach Zitrusfrüchten, Papaya, etwas Blütenhonig, dazu etwas Rauch. Am Gaumen lebendige Säure, etwas Vanille, getrocknete Aprikose, Mandarine, viskos und griffig, schmelzende Süße, bitte weglegen! 9 Vol.-%, DV, €€€

89+ 2018 Chardonnay Barrique trocken

89 2018 Weißburgunder trocken

88 2020 »Schillerwein« halbtrocken MTR/MH

89 2016 »Contur« Cuvée trocken CS/TL/CU/CC

89 2017 »Cuvée Cabernet« trocken CS/CU/CC

88+ 2016 »Epilog« Cuvée trocken SW/CS/PN/CU/CI

88 2019 Muskattrollinger halbtrocken

90+ 2019 Sauvignon Blanc trocken
In der Nase dominiert der Duft nach Schwarzen Johannisbeeren, dazu etwas Limone und Stachelbeere. Am Gaumen frische helle Früchte, lebendige Säure, saftig, Johannisbeere, Zitrus, anregend, gute Struktur und Länge. Macht Spaß. 13,5 Vol.-%, NK, €€

★★

GRAF VON BENTZEL-STURMFEDER

Sturmfederstraße 4, 74360 Schozach
T: +49 7133 960894, weingut@sturmfeder.de
sturmfeder.de

Ab-Hof-Verkauf: Mo bis Fr 9–17 Uhr, Sa 10–14 Uhr
Kellermeister: Holger Matz
Ansprechpartner: Holger Matz
Flaschen/Hektar: 120.000 (35 % weiß, 65 % rot)/13 ha

Seit dem Mittelalter, als der Ritter Friedrich Sturmfeder 1396 die ersten Reben in Schozach pflanzte, baut das Familiengut Wein an. Auf dem Besitz um den Roten Berg mit seinen steilen Hängen herrschen Lehm-Keuper-Böden vor. Das Weingut setzt beim Anbau auf Natürlichkeit und Ruhe. Die Stilistik ihrer Weine erscheint gewohnt traditionell, die guten Lagen verleihen Charakter und Tiefe. Besonders stimmig wirken die Rotweine, allen voran der elegante »Grand Phillipp« und das Spätburgunder GG. Auch der Riesling vom Roten Berg hat uns beeindruckt.

91 2019 Schozach Roter Berg Riesling GG

Zunächst zeigt sich Zitrusfrucht in der Nase, Abrieb von Limette, Anisplätzchen, Geißblatt, auch kräutrige Noten kommen dazu. Saftig und mit weicher, gut eingebundener Säure im Mund, mit Noten von rotem Apfel und feiner Phenolik. Zeigt gute Substanz, mittlere Länge. 13 Vol.-%, NK, €€€

89+ 2019 »Grande Etoile« trocken PG/SG

Kräftiges Gelb in der Farbe, sehr reife Aromen im Duft, gedörrte Aprikose, Feige, Orangenschale, Honigwabe, auch Dotterblume und Holzwürze. Ein Wein, der von seiner Substanz, festen Struktur und Wucht lebt, kräftig im Alkohol, weich in der Säure, viel Würze. Kann zulegen.
14,5 Vol.-%, NK, €€€

91+ 2018 »Grand Phillipp« trocken CS/ME/LMB

Schwarzkirsche und Brombeere zeigen sich im fruchtigen und würzig-kräftigen Duft, auch etwas Zigarrenkiste mischt mit. Zeigt sich im Mund mit guter Balance und reifer, präsenter Säure, mittelgewichtig im Extrakt, wieder klare Noten von dunkler Frucht, elegant. 13,5 Vol.-%, NK, €€€

91 2018 Schozach Roter Berg Spätburgunder GG

Getragener Duft mit reifen Noten von roten Kirschen und Gewürznelke, auch rauchiger Eintrag, ein Wein, der an die Weihnachtszeit denken lässt. Im Mund mit Kraft und Volumen, geschmeidigen Gerbstoffen, reifer Säure, Würze und Schmelz. Potenzial zur Reifung. 14 Vol.-%, NK, €€€

89+ 2018 Cabernet Dorsa*** trocken

90 2018 Schozach Cabernet Sauvignon tr.

In der Nase Aromen von grünem Paprika und schwarzem Pfeffer, zudem rauchige Noten. Am Gaumen ist er sehr dicht und saftig mit feinkörnigem Tannin und mittlerer Säure. Gut gekühlt ist er ein super Grillbegleiter oder ein erfrischender Gast zum Wildschweingulasch.
13,5 Vol.-%, NK, €€

★

WEINGUT BORTH

Unterheimbacherstraße 35, 74626 Bretzfeld
T: +49 7946 2139, info@weingut-borth.de
weingut-borth.de

Ab-Hof-Verkauf: nach Vereinbarung
Kellermeister: Michael Borth
Ansprechpartner: Michael Borth
Hektar: 7 ha

Das Weingut von Michael Borth war einmal eine Besenwirtschaft. Bodenständig ist sein Familienbetrieb auch heute: Im reizvollen Bettachtal produzieren die Borths ehrlich vinifizierte, unkomplizierte Weine, die vor allem in der eigenen Gaststube zu Hohenloher Spezialitäten wie Siedfleisch oder Schälripple glückliche Stunden bereiten können. Ausgeschenkt zu zivilen Preisen wird etwa der trockene Lemberger Barrique mit seiner schönen Würze oder – eine Spezialität des Hauses – ein trockener Grauburgunder mit Auxerrois, ebenfalls im Barrique ausgebaut.

88+ 2020 Adolzfurt Lindelberg Grauburgunder mit Auxerrois Spätlese trocken

Riecht nach reifer, süßer Birne und Maronenpüree, auch gelbe Blüten kommen dazu und etwas Eisbonbon. Saftig am Gaumen mit süßer Birnenfrucht, etwas Quitte und einer reifen Säure. Auch phenolisch mit einer etwas herben Note. Klassischer Spätlesetyp. 12,5 Vol.-%, DV, €

88+ 2020 Adolzfurt Lindelberg Riesling Spätlese trocken

In der Nase finden sich gelber Apfel und Aprikose, auch florale Noten und eine leichte Bitternote. Am Gaumen gut gebaut mit einer bündigen Struktur, wieder Noten von Apfel und Aprikose, die reife Säure trägt, die feine Süße ist gut eingebunden, phenolisch, leichte Herbe. 13 Vol.-%, DV, €

89 2018 Lemberger Barrique trocken

Der im Barrique ausgebaute Premium-Lemberger zeigt sortentypische Aromatik (Schwarzkirsche und Brombeere) mit Tabak und holzwürzigen Akzenten, auch etwas gekochte Frucht. Ambition und Struktur nähern sich am Gaumen an, mittlere Textur, feine Würze und Fruchtsüße. Ausgewogen. 13,5 Vol.-%, DV, €€

88 2019 Lemberger Eichenfass trocken

Reife Brombeere sowie Schwarz- und Herzkirsche im Duft, auch etwas eingekochte süße Frucht und feine Holzwürze. Mittelgewichtig am Gaumen mit präsenter Säure und Frucht, eher niedrig im Extrakt, die Gerbstoffe in geringer Dosis sind zugänglich, unkomplizierter Wein. 13 Vol.-%, DV, €

88 2020 Adolzfurt Schneckenhof Weißburgunder Spätlese trocken

89 2018 Grauburgunder mit Auxerrois Barrique trocken

Mittleres Goldgelb in der Farbe, Birne, Esskastanie, geröstete Walnuss werden von Holzwürze begleitet, auch etwas grüne Walnuss. Saftig am Gaumen mit reifer Säure in einer kompakten Struktur. Kann man sich gut zum Risotto und Hohenloher Spezialitäten vorstellen. 12 Vol.-%, DV, €€

★★

WEINGUT BRUKER

Kleinaspacher Straße 18, 71723 Großbottwar
T: +49 7148 921050, info@weingut-bruker.de
weingut-bruker.de

Ab-Hof-Verkauf: Mo bis Sa 15–18 Uhr
Kellermeister: Markus Bruker
Ansprechpartner: Markus Bruker
Flaschen/Hektar: 80.000 (55 % weiß, 40 % rot, 5 % Rosé)/12 ha
Anbauweise: Biologisch zertifiziert

Der engagierte Biowinzer Markus Bruker aus Großbottwar pflegt nicht nur die klassischen heimischen Rebsorten wie Riesling, Müller-Thurgau oder die Burgunder, sondern experimentiert ebenfalls sehr gekonnt mit eigentlich weiter südlich beheimateten Sorten wie Merlot, Cabernet Sauvignon und Cabernet Franc. Seine »Black Berry Reserve« mit diesen drei Rebsorten hat uns mit ihrer kompakten Kraft besonders gefallen. Da die Familie Bruker ein Hotel inklusive Restaurant betreibt, versteht es sich, dass sich ihre Weine exzellent als Speisenbegleiter eignen.

90 2019 Großbottwar Sauvignon Blanc tr.
Diese Sauvignon-Blanc-Stilistik geht eher in die rauchig-fruchtige Schiene. Eben rauchig, fruchtig nach Apfel und würzig nach Pfeffer ist der Duft, elegant und nicht aufdringlich. Am Gaumen ist er rund und alle Komponenten einschließlich der mittleren Säure haben ihren Platz. 13,5 Vol.-%, DIAM, €€

89 2020 Riesling trocken
Eher blass in der Farbe. In der Nase sowohl mit leichter Kräuter- als auch Zitrusnote. Am Gaumen wiederum mit deutlicher Kräutrigkeit sowie Aromen von Zitrone, Grapefruit und Tomatenblatt. Eher schlanker Körper bei erkennbarem Nachhall. 12 Vol.-%, DV, €

91+ 2017 »Black Berry Reserve« trocken SY/CS/CF
»Black Berry« ist im Duft und auch am Gaumen von Intensität geprägt. Rauchige Noten und dunkles Karamell verbinden sich mit dunkler Beerenfrucht. Vielschichtig am Gaumen mit kräftig extrahiertem und reifem Gerbstoff, Volumen und Dichte gehen zusammen, Potenzial. 14 Vol.-%, DIAM, €€€

91 2017 »Reserve« Großbottwar Harzberg Merlot trocken
Intensiver Duft nach reifen Waldbeeren, Kirschen und auch Schokolade, auch feine Würze. Breit angelegt in seiner Struktur mit weichen Gerbstoffen, ein Wein wie ein bequemes Kissen, auf das man sich gerne zurück zieht. Geschmeidig und mit feiner Würze. 14 Vol.-%, DIAM, €€

89 2020 »Gretchen« trocken RR/MT/PG/CH/SB

88 2019 »Reserve« Weißburgunder trocken

88 2019 Großbottwar Grauer Burgunder tr.

89+ 2018 »Mephisto« trocken LMB/CS/ZW

89 2020 Großbottwar Riesling Kabinett
Zu Beginn der Duft von Aprikose, Zimtblüte und frischem Apfel. Im Mund dann erfrischend mit feiner Süße, sanfter Säure und leichter Struktur. Der Kabi sollte gut gekühlt genossen werden, das erleichtert den Nachmittagstrott gänzlich. 10 Vol.-%, DV, €

★★

WEINGÄRTNER CLEEBRONN & GÜGLINGEN

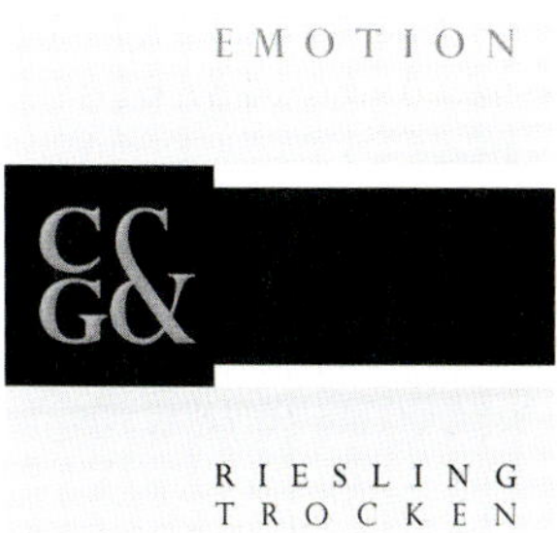

Ranspacher Straße 1, 74389 Cleebronn
T: +49 7135 98030, info@cg-winzer.de
cg-winzer.de

Ab-Hof-Verkauf: Mo bis Fr 8–18 Uhr, Sa 8.30–13 Uhr
Kellermeister: Andreas Reichert
Ansprechpartner: Axel Gerst
Flaschen/Hektar: 1.900.000 (30 % weiß, 70 % rot)/ 300 ha

Kompliment, die Damen und Herren Wengerter! Beim 2018 Cabernet Franc könnte man sich an der Loire wähnen, im Stil eines Saumur Champigny der besten Machart begeistert dieser Rote mit Griffigkeit und straffer Dichte, dass es eine Wonne ist. Wir raten dazu, einen Karton wegzulegen und jedes Jahr eine Flasche zu probieren. Die Frage ist dann nur, ob ein Sechser ausreicht. Auch die anderen Weine bezeugen, dass man in Cleebronn und Güglingen nicht nur mit »Emotion« – so der Name einer Weinlinie – arbeitet, sondern auch mit Ambition und großem Sachverstand.

89 2019 »Emotion CG« Riesling trocken
Ein fast teeartiges Aroma (grüner Jasmintee) strömt in die Nase. Dazu auch eine Maracuja-Note. Unerwartet herb ist der Geschmack am Gaumen, wobei die Säure ganz gut dasteht. Im Endergebnis solide und gut vorstellbar zu einem Flammkuchen mit Speck. 13,5 Vol.-%, NK, €€

92+ 2018 »Emotion CG« Cabernet Franc tr.
Röstige Noten, frisch und »kühl«, Preiselbeere und Schwarze Johannisbeere, Dextro Energen, zurückhaltendes Holz. Im Mund geschmeidig grundiert, dicht mit Extrakt gefüllt, mehliger Gerbstoffdruck, zart mineralische Tönung, gut integrierte Säure, ausgezeichnete Länge. 13,5 Vol.-%, NK, €€€

90+ 2018 »Emotion CG« Cabernet Sauvignon tr.
Johannisbeerblättertee, Minze und etwas Bitterschokolade. Im Mund geschmeidig ansetzend, geradezu ölig mit leichter Süße, trockenes Tannin, konzentrierte Säure, mittelgewichtige Abgangsfrucht. 13,5 Vol.-%, NK, €€€

90 2018 »Emotion CG Reserve« Lemberger tr.
Würziges, balsamisches Holz. Kirschkern, florale Noten. Im Mund mit mildem, feinkörnigem Tannin in mittelhoher Menge, viel Druck, geschmeidig grundiert, feiner Säurenerv, viel Saftigkeit. Zugänglich gehalten, aber trotzdem mit Griffigkeit und Potenzial. 13 Vol.-%, NK, €€€

89 2019 »Emotion CG« Chardonnay & Viognier trocken

90 2019 »Emotion CG« Weißburgunder tr.
Erinnert im Duft an eine Aprikosentarte, zeigt sahnige Aromen und eine Frucht von sehr reifer Aprikose und Orange. Die Säure im Mund ist recht präsent und gibt dem Wein eine herbe Note. Alles in allem ein ernst zu nehmender Weißburgunder mit Biss. 13 Vol.-%, NK, €€€

★★★★

WEINGUT DAUTEL

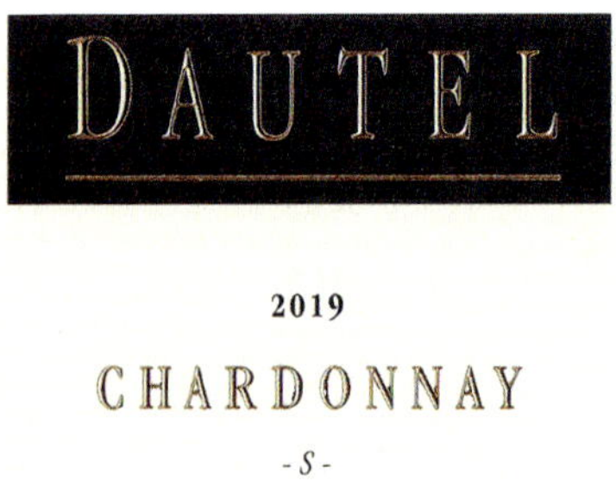

Lauerweg 55, 74357 Bönnigheim
T: +49 7143 870326, info@weingut-dautel.de
weingut-dautel.de

Ab-Hof-Verkauf: Mo bis Fr 10–12 Uhr und 14–18 Uhr, Sa 10–16 Uhr
Kellermeister: Christian Dautel
Ansprechpartner: Christian Dautel
Flaschen/Hektar: 100.000 (50 % weiß, 50 % rot)/14 ha

Christian Dautel ist auf dem Sprung, sich vom jungen Wilden zum reifen Könner zu entwickeln: Jeder der sechs Weine, die er uns zur Verkostung geschickt hat, sitzt und ist à point vinifiziert. Faszinierend dabei, wie ausgerechnet im warmen Jahr 2018 der Schupen Spätburgunder mit seiner Dichte und Tiefe am feineren Forstberg vorbeizieht. Vielleicht ist das aber nur eine Momentaufnahme – auch der Weißburgunder »S« aus 2018 gefällt uns bei jeder Neuverkostung besser als zuvor. Noch ist es weit bis zum fünften Stern – doch am Horizont sehen wir schon etwas flimmern.

93+ 2018 »S« Chardonnay trocken
In der Nase Orangenzeste, Fenchel, Bananenschale, Walnuss. Am Gaumen saftig, würzig, gut eingebundene Säure, vollmundig, rund. Schöner Extrakt, gute Phenolik, lang im Nachhall. Der Jahrgang spiegelt sich gut wieder, im Mâconnais-Stil. 12,5 Vol.-%, NK, €€€

95+ 2018 Bönnigheim Schupen Spätburgunder GG
Rauchig im Duft, Sauerkirsche. Berglorbeer und Wacholder. Im Mund mit einem enormen Druck aus ungemein feinen Mitteln, seidiges, aber zugleich griffiges Tannin, Saft und Nerv geben dem bis zum Bersten mit Extrakt gefüllten Bau Spannung. Wird sehr langlebig sein. 13 Vol.-%, NK, €€€

94+ 2018 Cleebronn Michaelsberg Lemberger GG
Teerig im Duft, reife dunkelbeerige Frucht, Holundermark. Am Gaumen klingen Frucht, Säurenerv und Seidigkeit zusammen, der Wein hat trotz seiner Dichte und seines Körpers eine unglaubliche Eleganz. Zuletzt hallt er intensiv kräuterwürzig und taktilmineralisch nach. 13 Vol.-%, NK, €€€

93+ 2018 Oberstenfeld Forstberg Spätburgunder GG
Leicht rauchig im Duft, Süßkirsche, Himbeere, etwas Karamell. Im Mund webt der Wein ein sehr feines Tannin in grundierende Geschmeidigkeit, ja Öligkeit. Die saftige Abgangsfrucht ist vom Barrique rauchig getönt. Sie gibt dem Wein eine geradezu heitere Anmutung. 13 Vol.-%, NK, €€€

93 2019 Bönnigheim Sonnenberg Chardonnay Erste Lage trocken

95 2018 »S« Weißburgunder trocken
Rauchig in der Nase, dahinter saftige Aprikosen, Apfelschale, Brotteig, Biskuit, leicht Karamell, Nussbutter. Am Gaumen packend, enorme Dichte, die lebendige Säure ist gut integriert, feine Phenolik, Schmelz, mineralisch saftig, toller Spannungsbogen, lang. 12,5 Vol.-%, NK, €€€

★

WEINGUT DIEHL

Württembergstraße 203, 70327 Stuttgart-Rotenberg
T: +49 711 334051, info@weingut-diehl.com
weingut-diehl.com

Ab-Hof-Verkauf: Nach Vereinbarung
Kellermeister: Rainer Diehl
Ansprechpartner: Thomas Diehl
Flaschen/Hektar: 67.000 (25 % weiß, 50 % rot, 15 % Rosé, 10 % Schaumwein)/7 ha

Während der Pandemie sorgte die Winzerfamilie Diehl für Schlagzeilen über das Schwabenland hinaus: Mit ihrer »Hamster Edition« und dem Slogan »Hamstern Sie Wein statt Klopapier« wurde die Öffentlichkeit auf das Weingut aufmerksam. Bekannt geworden sind die Diehls aber mit ihren verlässlichen Weinqualitäten, die uns auch in diesem Jahr wieder überzeugten: Die animierenden Schaumweine sind immer eine gute Wahl, der Riesling aus dem Schlossberg zeigt Saft und Würze, der Merlot belegt, dass man in Württemberg auch mit zugezogenen Rebsorten umgehen kann.

90 2019 Spätburgunder Rosé brut
Duftet nach Himbeere und Erdbeere, mit etwas Kirsche und auch Gelbfrucht, Brioche und Würze. Zeigt sich gut balanciert am Gaumen mit Würze, eingebundener Süße und einer beschwingten Säure mit kultiviertem Mousseux. Saftig und mundfüllend, dabei animierend. 13,5 Vol.-%, NK, €€

89+ 2020 »Erste Lage« Untertürkheim Mönchberg Grauburgunder Spätlese tr.
Kräftige Nase nach reifer Birne und Quittenschale, würzige und rauchige Noten. Setzt am Gaumen mit Schmelz und Würze stoffig an, gute Substanz mit Kraft und auch Wucht, der Alkohol ist eingebunden, merkliche Süße und Phenolik. Kein Balletttänzer, zu kräftigen Gerichten. 14,5 Vol.-%, DV, €€

89+ 2020 »Erste Lage« Rotenberg Schlossberg Weissburgunder Spätlese tr.
Reife gelbe Frucht und gelbe Blüten, Orangenschale und Aprikose, auch etwas Grapefruit, leichte Würze. Zeigt im Mund gute Substanz mit Saft, klarer Frucht (Aprikose, Apfel) und auch Dichte, feine Süße sorgt für Abrundung, Phenolik für Struktur. Kulinarisch gedacht. 13,5 Vol.-%, DV, €€

91 2018 »Erste Lage« Merlot trocken
Reife Frucht, Johannisbeere, Hagebutte und Kirsche in der Nase, saftig und geschmeidig am Gaumen auf weichem Fond mit feiner Würze. Die Gerbstoffe sind markant, reif und tragen gut. Ein Merlot, der deutlich schwäbische Herkunft und den Charakter der Rebsorte zeigt. 14 Vol.-%, DV, €€

89 2019 Riesling brut

89 2019 Weißburgunder brut

88+ 2020 »Pragmatist« Cuvée trocken WB/RR/GM/PG/MT

89+ 2018 »Erste Lage« Rotenberg Schlossberg Spätburgunder trocken

89 2018 »Manifesto« Cuvée trocken CU/CD/LMB/ME/CI

88+ 2019 Schlossberg Spätburgunder

88+ 2020 Untertürkheim Lemberger trocken

90 2020 »Erste Lage« Rotenberg Schlossberg Riesling Spätlese trocken
Jasminblüte, gelber und grüner Apfel sowie Aprikose in der Nase mit floralen Noten. Kräftig gebaut am Gaumen, wo er sich vielschichtig entfaltet mit Saft, Schmelz und Würze, auch phenolischer Eintrag, feine Herbe, Limettensaft und eine gut tragende Säure, anklingende Mineralität. 13 Vol.-%, DV, €€

★★★

WEINGUT HEDWIG UND HELMUT DOLDE

Beurener Straße 16, 72636 Frickenhausen-Linsenhofen
T: +49 7025 4982, info@doldewein.de
doldewein.de

Ab-Hof-Verkauf: Do 16–19 Uhr, Sa 13–19 Uhr und nach telefonischer Vereinbarung
Kellermeister: Helmut Dolde
Ansprechpartner: Hedwig und Helmut Dolde
Flaschen/Hektar: 13.000 (73 % weiß, 20 % rot, 5 % Rosé, 2 % Schaumwein)/2 ha

Helmut Dolde lebt am Rand der Schwäbischen Alb. Bis auf 530 Meter ziehen sich seine Weinberge in die Höhe. Schon als Gymnasiallehrer verbrachte Dolde manchen Nachmittag im Wengert. Seitdem er pensioniert ist, ist er Vollzeitwinzer. Man merkt seinen Weinen den Perfektionismus eines Schaffers an, aber auch das Naturprivileg, das dem Albtrauf Böden beschert hat, die denen der Côte de Beaune ähneln. Global Warming macht alles noch spannender. Ein Geheimtipp, der schon fast keiner mehr ist: Inzwischen haben sogar New Yorker Sommeliers Dolde-Silvaner für sich entdeckt!

91 2020 »Weißer Jura« Neuffen Riesling tr.
Melisse, Weihrauch, weißfleischiger Pfirsich, im Mund mit gutem Gehalt, kreidige Textur, sehr feine Phenolik, kultivierte Säure, griffig und proportioniert, ganz in sich ruhend, gute Länge, eleganter Bau. 12 Vol.-%, DV, €

91 2020 »Weißer Jura« Silvaner trocken
Feuchter Kalk im Duft, balsamische Töne, »elektrische« Aromen, angeschmurgeltes Kahel, nach Luftkontakt auch Kräuternoten. Im Mund mit knackiger Säure und einem betont festen Kern, früh präsente Gaumenwürze, intensive taktile Mineralität. Puristischer Terroir-Silvaner. 12,5 Vol.-%, DV, €

92+ 2018 »Fass 1« Spätburgunder trocken
Im Duft Sauerkirsche und florale Untertöne, etwas schwarzer Pfeffer, ein Hauch von Halbbitterschokolade. Im Mund mit unbeschwerlicher Dichte, intensiv kalkmineralisch dotiert, kraftvoller, aber reifer Gerbstoff, viel Saft im Hintergrund, endet noch ganz verschlossen und kompakt. Langläufer! NK, €€

91 2019 »Jurakalk« Spätburgunder trocken
Süßkirsche im Duft, Kräutertöne, Kabapulver, mit Luftkontakt auch immer mehr Rote Johannisbeere, ätherische Töne von Wald und Tannenharz. Der Gaumen zeigt sehr gut extrahiertes, seidiges bis feinkörniges Tannin, einen feingliedrigen, aber festen Säurefaden und gute Länge. 13 Vol.-%, €

90+ 2020 »Vulkan« Linsenhofen Silvaner tr.

92 2020 »Alte Reben« Silvaner trocken
Wiesenkräuter und Erdnussflips, Birne und Heu, komplex, zudem im Glas kalkwürzig. Im Mund mit lebendiger Säure und einer kräftigen Prise Phenolik, mittelgewichtig im Alkohol, aber feist im Extrakt, die Tiefe der alten Reben, kompakt, mit ungekünstelter Frische und sehr guter Länge. 12,5 Vol.-%, DV, €

★★★

WEINGUT DOREAS

Ernst-Heinkel-Straße 85
73630 Remshalden-Grunbach
T: +49 7151 75569, info@doreas.de
doreas.de
Ab-Hof-Verkauf: Do und Fr 16–18.30 Uhr, Sa 9.30–14 Uhr
Kellermeister: Andreas Ellwanger
Ansprechpartner: Dorothee Wagner-Ellwanger
Flaschen/Hektar: 40.000 (30 % weiß, 45 % rot, 18 % Rosé, 2 % süß, 5 % Schaumwein)/8 ha
Anbauweise: Biologisch zertifiziert

Dorothee Wagner-Ellwanger und Andreas Ellwanger bewirtschaften siebeneinhalb Hektar Reben im Remstal biologisch. Ihr Weingut zeigt sich dieses Jahr in so blendender Form, dass wir sehr gerne den dritten Stern zücken. Herzlichen Glückwunsch! Die Roten reizen alle die Reiffruchtigkeit der Sorten aus, ohne dabei übers Ziel hinauszuschießen. Der Riesling »S« stellt die Keuperwürze ins Zentrum, der versektete Muskattrollinger zeigt ein adrettes Parfüm und schönen Drive. Und hier gibt es auch noch den »Schillerwein« als deutlichen Terroirtyp vom Keuper. Beeindruckend.

91 2019 Muskat-Trollinger brut RR
Pastell rosafarben, fast provenzalisch. Im Duft Muskat und Süßkirsche, deutlich parfümiert, aber auch nicht aufdringlich. Im Mund leichtgewchtig im Extrakt, der lebendige Säurenerv erfrischt, das feinperlige Mousseux belebt. Saftiger, pointierter Abklang mit dezenter Würze. 12 Vol.-%, NK, €€

91 2020 »S« Grunbach Klingle Riesling tr.
Der Duft liegt eher auf der würzigen als der fruchtigen Seite: Minze und Baldrian, ein Hauch von Spontangärung und getrockneter Zitronenschale. Am Gaumen dominiert elegante Säure auf geschmeidigem Fond, bei mittelhohem Extrakt endet der Wein mit hefigen Noten. 12,5 Vol.-%, VL, €

92+ 2018 Grunbach Berghalde Merlot trocken
Eine geradezu portige Schwarzkirschfrucht, Wachs, Amarenakirsche, dazu intensive Kräuteraromen, Menthol, Kampfer. Am Gaumen entfaltet sich eine große Fülle, aufgebaut aus feinem Gerbstoff und der Cremigkeit hochreifen Traubenguts. Reife Säure. Sehr gutes Potenzial. 14,5 Vol.-%, VL, €€

91 2018 Grunbach Berghalde Zweigelt tr.
Eine intensive Kirschfrucht entströmt dem Glas, Kirschen verschiedener Reifegrade, Schwarzkirsche, Wildpflaume. Am Gaumen zeigt sich eine sehr feine Gerbstoffextraktion, feinste Tanninpixel, Schmelz und Frucht, reife Säure, mittlere Tiefe und Länge. 14 Vol.-%, VL, €€

90 2018 Grunbach Berghalde Spätburgunder trocken

90+ 2020 »Schillerwein« trocken ME
Dunkles Korallenrosa mit ziegelroten Reflexen. Im Duft Walderdbeere, Quittengelee und Pfeffer. Der Gaumeneindruck verbindet Stoffigkeit und Frucht (inklusive eines Hauchs von Süße), die Säure bleibt im Hintergrund, stützt aber gut. Kräuterwürzige Abgangsnoten. 13,5 Vol.-%, VL, €

★★★★

WEINGUT DRAUTZ-ABLE

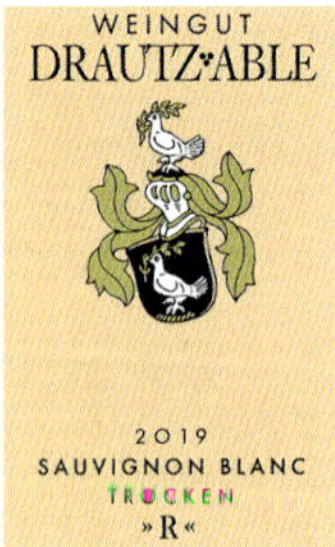

Faisststraße 23, 74076 Heilbronn
T: +49 7131 177908, info@drautz-able.de
drautz-able.de

Ab-Hof-Verkauf: Mo bis Fr 8–12 Uhr und 13.30–18 Uhr, Sa 9–16 Uhr
Kellermeister: Markus Drautz & Pascal Gerhäusser
Ansprechpartner: Monika Drautz
Flaschen/Hektar: 120.000 (37 % weiß, 43 % rot, 7 % Rosé, 4 % süß, 9 % Schaumwein)/16 ha

Markus Drautz und seine Frau Stephanie de Longueville-Drautz haben sich zum Ziel gesetzt, im – zumindest früher mal – konservativen Württemberg Tradition und Moderne zu vereinen. Kein Wunder also, dass der Winzer sagt, als Musik wären seine Weine das Stück »Child in Time« von Deep Purple. Also: filigran und kraftvoll, virtuos und mitreißend. Eigenschaften, die auf die Rotweine des Guts auf jeden Fall zutreffen. Als Einstiegswein empfiehlt der Winzer übrigens den stattlichen und wie stets sehr gelungenen Trollinger – bodenständiger geht es nicht.

90 2018 »BF18« Blaufränkisch trocken
In der Nase findet man neben würzigen Aromen und roten Früchten auch etwas Hefiges. Am Gaumen gefallen die knackige Säure, die präsente Frucht und die geschmeidige Phenolik. Ein Blaufränkisch mit geringem Schwefelgehalt, bei dem man sich auf das nächste Glas freut. 10,3 Vol.-%, NK, €€€

93 2015 »R H.A.D.E.S.« Lemberger trocken
In der Nase etwas Holz sowie reife dunkelrote Frucht. Am Gaumen folgen Aromen von Kirsche, Brombeere, Schokolade und Tabak. Ein reifer, gut strukturierter und balancierter Wein, den die lebendige Säure in viele weitere Jahre begleiten wird. 13,5 Vol.-%, NK, €€€

92+ 2015 »Héritage Stéphanie de Longueville« Cuvée trocken LMB/ME
Im Duft zeigen sich bereits Aromen von Schwarzer Johannisbeere, Brombeere, Schwarzkirsche und Tabakblatt, bereits etwas gereift. Am Gaumen folgen rote Früchte, eingebunden von reifer, feiner Säure. Ein Wein mit guter Länge und schönem Trinkfluss. 14 Vol.-%, NK, €€€€

91 2018 Gelber Muskateller Beerenauslese
Feine Muskatwürze, Zitrusfrucht, im Mund recht viskos, lebendige Säure, in der Anlage eher breit, mittlere Stoffigkeit und Länge. Eine nördliche Spielart eines edelsüßen Muskatellers. 11,5 Vol.-%, DV, €€€

89+ 2020 »Drei Tauben« Heilbronn Sauvignon Blanc & Riesling trocken

90 2018 »Drei Tauben« Heilbronn Trollinger trocken
Sauber und sortentypisch im Duft mit Aromen von Sauerkirsche, Rosenwasser, Himbeere und Heidelbeere. Am Gaumen präsentiert sich der Wein mit frischer Säure und moderatem Gerbstoff. Im attraktivem Nachhall kommt eine Nuss- und Mandelnote hinzu. 12,5 Vol.-%, DV, €€

★★

WEINKONVENT DÜRRENZIMMERN

Meimsheimer Straße 11, 74336 Brackenheim
T: +49 7135 95 150
info@weinkonvent-duerrenzimmern.de
weinkonvent-duerrenzimmern.de
Ab-Hof-Verkauf: Mo bis Fr 9–12.30 Uhr und 13.30–18 Uhr, Sa 9–13 Uhr
Kellermeister: Kurt Freudenthaler
Ansprechpartner: Mirko Semmler-Lins
Flaschen/Hektar: 1.800.000 (30 % weiß, 70 % rot)/ 180 ha

Im Herzen des Lembergerlands, rund um Brackenheim und den rebenüberwachsenen Heuchelberg, pflegten früher Mönche die Reben und die Klöster waren die Bezugspunkte für Dorf- und Stadtgemeinschaften. Heute schwitzen die Nebenerwerbswengerter im Weinberg und die Genossenschaften geben dem öffentlichen Leben den Takt vor. So auch in Dürrenzimmern, wo das Weinkonvent für seine gerbstoffreichen Weine bekannt ist. Unser Favorit dieses Jahr ist der Portugieser: ein großer Auftritt für eine völlig zu Unrecht in Vergessenheit geratene Rebsorte.

92 2018 »Divinus Der Abt« trocken LMB/CF/DF
Ein intensiver, vor allem dunkelbeeriger Duft: Brombeere, Holundermark, aber auch Schlehe, getrocknete Tomate, vom Holz Zimt und Schokolade. Im Mund sehr dicht, wuchtig, tolle Gaumenfrucht, viel Saft hinter dem dominanten Gerbstoff, reife Säure. Potenzial! 14,5 Vol.-%, NK, €€€

91 2017 »Divinus Reserve« Lemberger tr.
Im Duft intensiv kräuterwürzig, Halbbitterschokolade, Dill, reife Schwarzkirsche. Im Mund bis zum Rand des Volumens mit Extrakt ausgefüllt, fester, mineralisch gekoppelter Gerbstoff, integrierter Alkohol, saftige, feinnervig begleitete Abgangsfrucht. Lang. 14,5 Vol.-%, NK, €€€

90+ 2018 »Divinus Reserve« Lemberger tr.
Amarenakirsche, Zimt, Grafschafter Goldsaft, ein schwerblütiges, fast ein wenig portiges Bukett. Ölig im Mund, weich und weit ausgreifend im Körper, wuchtiger Alkohol, hochwertiger Gerbstoff, feinkörnig, plastisch, mürb, ein Brocken von Wein. 14,5 Vol.-%, NK, €€€

90 2018 »Divinus« Cabernet Sauvignon tr.
Schwarze Johannisbeere und ätherische Kräuter sowie vom Holz Aromen von Schokopulver und Zimt. Im Mund druckvoll, wuchtiger Alkohol, mürbes, für die Rebsorte überraschend weiches Tannin, leichte Süße, langsam im Gaumen sich steigernde Säure. Fruchtbetont. 15 Vol.-%, NK, €€€

90 2018 »Divinus« Cabernet Franc trocken

89+ 2018 »Divinus« Merlot trocken

89+ 2018 »Cellarius Benedictus« trocken LMB/BP/ME/CF/CD/DF

89+ 2016 »Divinus« Lemberger trocken

88+ 2018 »Divinus Cuvée Weinkonvent« trocken LMB/ME/CS

92 2019 »Divinus« Portugieser trocken
Im Duft Pflaume und Milchschokolade, dunkle Himbeere. Ein Hauch Kräuterwürze, etwas Holz. Am Gaumen dicht und stoffig, aber auch perfekt im Lot: reicher, nobler Extrakt, Saftigkeit, feine Säure. Elegantes, reifes Tannin. Ein Portugieser mit Tiefgang, der große Ruhe ausstrahlt. 14 Vol.-%, NK, €€€

★★

WEINGUT EISELE

Steinbeisweg 1, 74394 Hessigheim
T: +49 7143 272399, info@weingut-eisele.de
weingut-eisele.de

Ab-Hof-Verkauf: Mi und Do 13–14 Uhr und 17–19 Uhr, Fr 14–16 Uhr, Sa 10–12 Uhr und 13–15 Uhr
Kellermeister: Alexander Eisele
Ansprechpartner: Alexander Eisele
Hektar: 9 ha
Anbauweise: Biologisch zertifiziert

Als die Weine des Weinguts Eisele bei uns auf dem Tisch standen, hörte man Wörter wie »Burgund« oder auch »Jura«. Im beschaulichen Hessigheim legen Alexander Eisele und seine Frau Eva Wert auf Struktur und Griffigkeit statt auf süße Frucht und Opulenz. Besonders die im besten Sinne kargen Weißen fanden wir dieses Jahr stark: Ihre Säure ist energetisch und hat viel Power, aber sie haben auch genug Substanz, um das abzufedern. Die Vitalität der Reben ist dem Winzerpaar wichtig, daher arbeiten sie nach biologischen Richtlinien.

93 2020 »Goldkapsel« Chardonnay trocken
In der Nase unfassbar kalkig, außerdem Zitrone und Mandarine und geht dann langsam ins Kräuterwürzige über. Am Gaumen ist er leichter als gedacht und zeigt einen mittleren Körper und super feine Säure. Der Typ kann was, mein lieber Scholli. 12,5 Vol.-%, NK, €€

90 2020 »Goldkapsel« Riesling trocken
Fast karg in der Nase, im Duft mit einer sehr spannenden Aromatik von Zitronenzeste, grünem Apfel und Schotter. Am Gaumen werden diese Aromen sowie ein Hauch von süßem Pfirsich von sehr guter Säure balanciert. Ein rassiger Riesling mit gutem Nachhall. 12,5 Vol.-%, NK, €€

91+ 2019 »Goldkapsel« Lemberger trocken
Wirklich interessante Lembergernase mit Aromen von Lavendel, Schwarzkirsche, Pfeffer und Blaubeere. Am Gaumen dann leicht und sehr trinkig. Mit feiner Säure und ganz sanfter Phenolik. Ein wahrlicher Brot-und-Butter-Wein auf hohem Niveau. 13 Vol.-%, NK, €€€

90+ 2019 »Adam Goldkapsel« Cuvée trocken ME/CF/CS
Eine floral anmutende Nase nach Veilchen mit vollmundiger Kirschfrucht unterlegt und pfeffriger Würzigkeit sowie eine Spur Leder. Am Gaumen besitzt die Cuvée aus Merlot, Cabernet Sauvignon und Franc kräftiges Tannin, gepaart mit präziser Säure und leichter Bitterness.
13 Vol.-%, NK, €€€

90 2019 »Silberkapsel« Lemberger trocken

92+ 2020 »Eva Goldkapsel« Cuvée trocken WB/CH
Ja, das macht schon Spaß, muss man sagen. Ganz feine Zitrusnase mit Aromen von Minze und Apfelmost. Ein wenig frische Ananas kommt dazu. Am Gaumen mit viel Zug und spannender Säure. Paradiesisch im weitesten Sinne, wenn man die Namensgebung berücksichtigt.
12,5 Vol.-%, NK, €€€

★★★★

WEINGUT BERNHARD ELLWANGER

Rebenstraße 9, 71384 Weinstadt-Großheppach
T: +49 7151 62131, info@weingut-ellwanger.com
weingut-ellwanger.com

Ab-Hof-Verkauf: Mo und Di 10–12 und 14–18.30 Uhr, Do und Fr 10–12 und 14–18.30 Uhr, Sa 9.30–14 Uhr
Kellermeister: Sven Ellwanger
Ansprechpartner: Yvonne Ellwanger
Flaschen/Hektar: 230.000 (42 % weiß, 36 % rot, 16 % Rosé, 1 % süß, 5 % Schaumwein)/32 ha

Bereits vergangenes Jahr attestierten wir dem Weingut Bernhard Ellwanger eine tadellose Kollektion – daran hat sich auch mit dem Jahrgangswechsel nichts geändert. Herausragend der Riesling »SL« aus dem Steingrüble, erneut sehr gelungen ist ebenfalls der Syrah. Diese Rebsorte scheint im Remstal definitiv Zukunft zu haben, die Klimaerwärmung macht es möglich. Mit dem »GT« beweist Sven Ellwanger wiederum, welch Potenzial die traditionelle oft unterschätzte Rebsorte Trollinger hat, die »Kreation CMX« ist eine sehr gelungene, kraftvolle Cuvée.

94 2019 »SL« Großheppach Steingrüble Riesling trocken
Goldgelb in der Farbegebung. In der Nase zeigt dieser Wein einen komplexen Duft von Zitonenzeste, gelbem Apfel, Johannisbeerblatt sowie eine leichte Gipsnote. Am Gaumen mit perfekt eingebunder Säure sowie einer wunderbaren Mineralik. Langer Nachhall. 12,5 Vol.-%, VL, €€€

93 2019 Geradstetten Lichtenberg Chardonnay trocken
Birne, Apfel und ein Hauch Anis, auch feiner Rauch, Noten vom Keuper. Setzt am Gaumen mit guter Substanz und Dichte kraftvoll an, erhält Spannung durch eine ausgeprägte mineralische Komponente, puristisch, aufs Wesentliche konzentriert. 13 Vol.-%, NK, €€

93 2018 »SL« Großheppach Wanne Lemberger trocken
Der Wein duftet intensiv in der Nase mit Aromen von Schwarzkirsche, Zarbitterschokolade und rotem Paprika. Am Gaumen ein gewichtiger Körper bei lebendiger Säure, welche die genannten Aromen sowie Süßkirsche und Pfeffer sehr gut abfedert. Der Wein hat feines Tannin und einen langen Nachhall. 13,5 Vol.-%, NK, €€€

93 2018 »SL Klingenberg« Großheppach Wanne Syrah trocken
Tiefdunkel in der Farbe, leicht pfeffrige Nase, konkret schwarzer Pfeffer. Es folgen Aromen von Tomatenblatt, Sauerkirsche, Cassis und Pflaume. Entprechend balanciert von feinem, aber noch jungem Tannin bei lebendiger Säure. Hoch attraktiver Nachhall. 14,5 Vol.-%, NK, €€€

92 2019 »Junges Schwaben Fumé blanc« Sauvignon Blanc trocken

92 2019 »Oberholz« Geradstetten Lichtenberg Riesling trocken

91+ 2018 »Osterberg« Grunbach Klingle Riesling trocken

92 2017 »Kreation CMX« trocken ME/CU/CS

92 2019 »vom bunten Mergel« Spätburgunder trocken

92 2019 »SL« Großheppach Steingrüble Spätburgunder trocken

90 2019 Lemberger & Syrah trocken

89 2018 »GT« Trollinger trocken
Ein außergewöhlicher Duft von schwarzen Beeren, Cassis, Erdbeeren und Mandeln. Am Gaumen mit moderatem Gerbstoff, aber mit Druck und Aromen von Himbeere, Mandel, Pfeffer, Johannisbeere, aber auch Wildkirsche und Pflaume. Ausreichende Säure und erkennbarer Abgang. 13 Vol.-%, NK, €€

★★★★

WEINGUT JÜRGEN ELLWANGER

Bachstraße 27, 73650 Winterbach
T: +49 7181 44525, info@weingut-ellwanger.de
weingut-ellwanger.de

Ab-Hof-Verkauf: Di bis Fr 9–12 Uhr und 15–19 Uhr, Sa 9–15 Uhr
Kellermeister: Jörg Ellwanger
Ansprechpartner: Felix Ellwanger
Flaschen/Hektar: 200.000 (35 % weiß, 65 % rot)/26 ha

Jörg Ellwanger hatte schon immer ein Herz für Spezialitäten, siehe seine langjährige Beschäftigung mit der Zweigeltrebe. So ist es letztlich nur die Fortsetzung der Familientradition, wenn Felix Ellwanger sich nun an Cabernet Sauvignon und Merlot versucht oder bei einem Wein wie »Oxygène 1« gleichermaßen PiWi-Sorten und das Genre des maischevergorenen Weißweins erkundet. Darüber kommen Lemberger und Riesling aber nicht zu kurz. Ebenso wenig der Grauburgunder: »Filigrane Arbeit« nannte einer unserer Verkoster dieses Kunstwerk aus dem kleinen Eichenfass.

93 2019 »H.A.D.E.S.« Grauburgunder trocken
Mittleres Goldgelb mit Kupferstich. Rauch, Holzwürze mit getrockneten Birnenschnitzen und auch frischer Birne, etwas Kamille, ein Hauch Weihrauch, Ahornsirup. Stoffig und weich ansetzend am Gaumen mit sehr feinen Phenolen und einer beinahe grazilen Kraft. Filigrane Arbeit.
13 Vol.-%, NK, €€€

92 2019 Winterbach Hungerberg Weißburgunder GG
In der Nase ist der Weißburgunder sehr geschmeidig und besitzt nussige Anklänge sowie Nougat, weißen Pfirsich und Banane. Seine Struktur ist cremig und endlos harmonisch mit perfekt integrierter Säure. Ein Weißburgunder, der sich zurückhält und so mit Eleganz brilliert. 13,5 Vol.-%, NK, €€€

93 2018 Hebsack Berg Lemberger GG
Eine Nase, in der alles seinen Platz hat. Kirschfrucht und Zartbitterschokolade. Außerdem Floralität, die über dem Bukett schwebt. Am Gaumen kompakt, wobei Schwarzkirsche im Geschmack hervorsticht. Gute Dichte, kompakte Gerbstoffstruktur, kann weiter zulegen. 14 Vol.-%, NK, €€€

92 2018 »H.A.D.E.S. Nikodemus« trocken ME/CS/LMB
Johannisbeeraromatik und spürbarer Holzeinsatz. Schwarzkirsche und Wacholder in der Nase. Die Phenolik ist präsent und bindet sich in die Struktur wunderbar ein. Der Nachhall ist lange anhaltend und vor allem die Cassisfrucht bleibt am Gaumen. 14,5 Vol.-%, NK, €€€

92 2019 Schnait Altenberg Riesling GG

90 2019 »H.A.D.E.S. Nikodemus candidus« tr.

90+ 2018 »H.A.D.E.S. Oxygéne 1« trocken

92 2018 »H.A.D.E.S.« Lemberger trocken

91 2018 »H.A.D.E.S.« Zweigelt trocken

91 2018 »H.A.D.E.S.« Cabernet Sauvignon tr.

91 2018 »H.A.D.E.S.« Merlot trocken

89+ 2020 Sauvignon Blanc trocken
Der Sauvignon zeigt sich in der Nase dezent. Maracuja, Limette und Korianderblatt kann man erkennen. Am Gaumen wirkt der Wein spritzig und animierend. Grundsolider Stil mit erfrischender Dynamik.
12,5 Vol.-%, DV, €€

★★★

WEINGUT ESCHER

Seestraße 4, 71409 Schwaikheim
T: +49 7195 57256, info@wein-escher.de
wein-escher.de

Ab-Hof-Verkauf: Di bis Fr 16.30–18.30 Uhr, Sa 9–14 Uhr
Kellermeister: Christian Escher
Ansprechpartner: Christian Escher
Flaschen/Hektar: 90.000 (45 % weiß, 43 % rot, 10 % Rosé, 2 % Schaumwein)/14 ha

Dass Christian Escher sich inzwischen in der Riege der ambitionierten Weingüter in Württemberg etabliert hat, unterstreicht auch seine aktuelle Kollektion, in der die Rotweine aus dem warmen Jahr 2018 die Spitze bilden. Sie verbinden auf gekonnte Art Kraft, eine gewisse Wucht, aber auch Anmut und Geschmeidigkeit. Auch die Weißweine aus dem Jahrgang 2020 wie der würzige Sauvignon Blanc und der charmante Riesling sind Christian Escher gut gelungen. Bleibt der Winzer aus Schwaikheim weiter so auf Kurs, ist ihm noch eine ganze Menge zuzutrauen.

90+ 2020 Steinreinach Hörnle Sauvignon Blanc trocken
Reife Stachelbeere, Mango und Schwarze Johannisbeere, dazu würzige und florale Noten. Cremig und stoffig am Gaumen mit reifer Säure, trocken in der Anmutung und trotz seiner großzügigen Anlagen mit kühler Aura. Fest in seiner Struktur, mit feiner Würze im Ausklang. 13 Vol.-%, DV, €€

93 2018 Korb Sommerhalde Lemberger tr.
Die Nase hat einiges zu bieten: Brombeere, Schwarzkirsche und Holunderbeeren treffen auf Tinte, kräutrige Noten und Holzwürze. Bildet das warme Jahr 2028 ab, hält dabei aber gekonnt das Gleichgewicht: großzügig, reif, mit markantem Gerbstoff, guter Extrakt. 13,5 Vol.-%, NK, €€

92+ 2018 »Höchste Lage« Korb Berg Lemberger trocken
Über reifer Frucht und Würze liegt ein leicht ätherischer Ton, vielschichtiges Potpourri aus Brombeere, Pflaume, gerösteten Kaffeebohnen und Toffee. Zeigt die Kraft, Wucht und Reife des Jahres 2018 in stimmiger Balance der Elemente, kräftige Gerbstoffe geben Kontur. 13,5 Vol.-%, NK, €€€

91 2018 Korb Sommerhalde Cabernet Franc tr.
Kräftiger Duft mit Schwarzkirsche, Cassis und Brombeere, dazu kommen geröstete Kaffeebohnen und Holzwürze. Setzt am Gaumen breit an und baut ordentlich Substanz und Volumen auf. Kräftige und tragende Gerbstoffstruktur, opulent und würzig, gute Länge. 14 Vol.-%, NK, €€€

90+ 2020 »Goldlage« Stetten Pulvermächer Riesling trocken

92 2018 »Meisterwerk« trocken CS/CF/ME/LMB
Im Bukett trifft das Bordelais auf Württemberg, Cassis auf Brombeere und Schwarzkirsche, dazu Rauch, Zedernholz und Holzwürze. Am Gaumen mit Druck, Dichte und Substanz, gut balanciert von der reifen und präsenten Säureader, die Gerbstoffe sind präzise, Potenzial. 13,5 Vol.-%, NK, €€

★★

FELLBACHER WEINGÄRTNER

Kappelbergstraße 48, 70734 Fellbach
T: +49 711 5788030, info@fellbacher-weine.de
fellbacher-weine.de

Ab-Hof-Verkauf: Mo bis Sa 9–18.30 Uhr
Kellermeister: Tobias Single
Ansprechpartner: Christoph Gögel
Hektar: 185 ha

Die Fellbacher Weingärtner, 1858 gegründet, sind die zweitälteste Genossenschaft in Württemberg. Heute bewirtschaften über 270 Mitglieder die rund 185 Hektar Rebfläche mit Filetstücken wie dem Fellbacher Lämmler oder dem Fellbacher Goldberg. Wir verkosteten ein ambitioniertes und ausgewogenes Ensemble mit einem mineralischen Riesling »Großes Gewächs« aus dem Lämmler, mit kraftvollen Rotweinen wie der Cuvée »Amandus P« und dem lebendigen, eleganten Eiswein vom Riesling. Die »Next Generation« steuert einen beachtlichen Schaumwein bei. Stark!

91+ 2016 »ng Next Generation« Sekt brut nature PM/CH/WB
Pinot Meunier, Chardonnay und Weißburgunder formen den Schaumwein der jungen Generation. Reife Aprikose und Himbeere in der Nase, auch Kirsche kommt dazu. Am Gaumen vollmundig und durchaus vielschichtig mit präsenter Säure und feinem Mousseux. Anspruchsvoller Sekt. 12,5 Vol.-%, NK, €€

91 2018 »P Großes Gewächs« Fellbach Lämmler Riesling trocken
Reife Frucht im Duft, Pfirsich und Aprikose, auch etwas Trockenfrucht und Bienenwachs, dazu kommen mineralische Noten. Kräftig gebaut und wieder mit reifen Fruchtnoten, guter Extrakt und fein eingewobene Säure, merkliche Mineralik, die für Charakter sorgt. 13,5 Vol.-%, DV, €€€

91 2018 »Amandus P« Fellbach Lämmler trocken CU/ME/SY
Cuvée aus Cabernet Cubin, Merlot und Syrah, die nach Cassis und Waldbeeren riecht, Zedernholz und Wacholderbeeren, etwas erdige Rote Bete. Mit Kraft, Substanz und Zug am Gaumen und klar definierten Gerbstoffen in einer kräftigen Struktur, mineralisch, gute Länge. 14,5 Vol.-%, NK, €€€

92+ 2020 Fellbach Goldberg Riesling Eiswein
Sattes Gelb. Duft nach exotischen Früchten, Mango, Ananas, gekochte Stachelbeere, Limonenabrieb. Am Gaumen lebendige Säure, opulente Süße, kandierte Zitrusfrucht, fest gebaut, gute Länge, endet auf zitrischen Noten. 7 Vol.-%, DV, €€€

91 2019 »P« Fellbach Lämmler Chardonnay Barrique trocken

89 2020 »S« Sauvignon Blanc trocken

90+ 2018 »P« Fellbach Lämmler Syrah trocken Barrique

90 2018 »P Großes Gewächs« Fellbach Lämmler Lemberger trocken

89+ 2018 »P« Fellbach Lämmler Merlot trocken

88 2018 »S« Fellbach Lämmler Trollinger trocken

89+ 2020 »S« Gewürztraminer Spätlese

89 2020 »C« Muskat-Trollinger Rosé feinherb
Intensive Nase nach Muskatblüte und Waldbeeren, Erdbeere und Himbeere, auch Litschi kommt dazu. Saftig am Gaumen mit Schmelz und reifer Säure, schlank in der Struktur, wieder großzügig in der aromatischen Frucht und harmonisch abgestimmt. Schöner Aperitif. 11,5 Vol.-%, DV, €

★★

WEIN & GUT FRANK

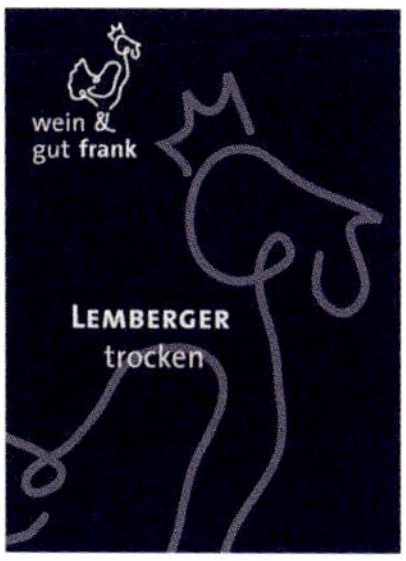

Bönnigheimer Straße 29, 74336 Brackenheim
T: +49 7135 9361281, info@weingutfrank.de
weingutfrank.de

Ab-Hof-Verkauf: Ja
Kellermeister: Florian Frank
Ansprechpartner: Florian Frank
Flaschen/Hektar: 29.000 (60 % weiß, 40 % rot)/4 ha

Manuela und Florian Frank aus dem Weindorf Brackenheim ist es wichtig, ihre Arbeitsschritte im Weingut so organisieren zu können, wie ihr Wein es verlangt: »Wir lassen ihn werden, geben ihm Raum und Zeit – schonend, unaufgeregt, mit traditionellen und modernen Methoden.« Diese Gelassenheit im Umgang ist in ihren Weinen zu spüren. Sie sind bodenständig, erscheinen erdig und bieten immer auch kulinarische Kombinationsmöglichkeiten an. Die Rotweine aus dem Jahr 2017 haben sich gut entwickelt, ein überzeugendes Ensemble des engagierten Winzerpaares.

90 2020 Grauburgunder* trocken**
Kandierte Birne in der Nase, Melone, Kräuterwürze und auch rauchige Noten. Im Mund mit fester Struktur, guter Substanz und einer reifen Säure, gut eingebundene Phenolik, auch salzige Noten. Grauburgunder mit Profil, der kulinarisch einige Möglichkeiten bietet. 13,5 Vol.-%, DV, €€

90+ 2017 »Cuvée Rot* Vom Bunten Mergel« trocken LMB/ME/ZW/AC**
Vielschichtiger Duft mit Noten von Schwarzer Johannisbeere und Pflaume, auch etwas roter Paprika und Röstaromen. Konzentriert und kräftig am Gaumen mit tragender Gerbstoffstruktur, vielschichtig auch im Mund mit prägnanter Würze, die präsente Säure regelt die Verhältnisse.
13,5 Vol.-%, DV, €€

90 2017 Lemberger* trocken**
Die satte Nase bietet reife Frucht und würzige Aromen, Brombeere, Blutorange, Schwarzkirsche und Unterholz. Am Gaumen kräftig gebaut mit tragender Gerbstoffstruktur, die Gerbstoffe sind prägnant und reif, die Säure ist gut eingebunden, gute Länge, kann weiter zulegen. 13,5 Vol.-%, DV, €€

90 2017 Merlot* trocken**
Voller Duft nach reifer roter und dunkler Frucht, Schwarze Johannisbeere, Schwarzkirsche, auch etwas Rauch und Karamell. Gut gebaut am Gaumen mit Kraft, Dichte und Zug, die lebendige Säure sorgt für Schwung, Würze kommt zur Frucht, die Gerbstoffe sind markant. 14 Vol.-%, DV, €€

89 2018 »Ackersegen« Sekt brut nature**

89 2020 Sauvignon Blanc trocken**

88 2020 Grauburgunder trocken**

89 2017 Trollinger trocken**

89 2017 Lemberger Sekt brut**
Mittleres Kirschrot im Glas, fruchtige Noten von Holunder, Brombeere und Schwarzkirsche. Im Glas mit sanfter Perlage und zurückhaltender Säure, verbindet die Eigenschaften eines Still- und Schaumweines. Saftig mit dezent herben Fruchtnoten, eine gute Wahl zu Tapas.
13 Vol.-%, NK, €€

WEINGUT GAUFER

Mariannenstraße 24, 74653 Ingelfingen
T: +49 7940 57373, info@weingut-gaufer.de
weingut-gaufer.de

Ab-Hof-Verkauf: Mi bis Fr 14–19 Uhr, Sa 9–14 Uhr und nach Vereinbarung
Kellermeister: Susanne Schmezer, Gerrit Schmezer
Ansprechpartner: Susanne Schmezer
Flaschen/Hektar: 67.000 (45 % weiß, 35 % rot, 15 % Rosé, 5 % Schaumwein)/11 ha

Im Kochertal zwischen Künzelsau und Weißbach betreiben Susanne und Gerrit Schmezer seit 1991 das Weingut Gaufer mit elf Hektar Rebfläche auf Muschelkalkböden, dessen Geschichte sich bis ins Jahr 1632 zurückverfolgen lässt. »Traditionell, aber niemals rückständig«, dieses Motiv der Familie charakterisiert auch die Weine treffend, die Substanz mit Würze und Mineralität verknüpfen. Für neue Ideen sorgt die junge Generation mit Junior Gerrit Schmezer, der dabei ist, neue Impulse zu setzen. Wir sind gespannt, was sich weiter tut in Ingelfingen.

90 2019 »Erlesenes« Ingelfingen Hoher Berg Weißburgunder trocken
Reifer und würziger Duft nach gelben Blüten, gerösteten Mandeln und reifen Mirabellen. Setzt am Gaumen mit süßlicher Frucht und ausgewogener Säure an, stoffig, mit feiner Würze und guter Substanz, kräftiger Burgunder mit gutem Potenzial und feinen Nuancen. 13 Vol.-%, DV, €€

90 2019 »Erlesenes« Ingelfingen Hoher Berg Riesling trocken
Riecht nach reifem rotem Apfel und Aprikose, nach Zitronenzeste, eingelegter Zitrone, auch vegetabile Noten. Am Gaumen stoffig, mit reifer Säure und feiner Würze, kompakt und dicht in der Struktur, mit feiner Mineralität und mittlerer Länge. Gute Substanz. 12,5 Vol.-%, DV, €€

90 2018 »Erlesenes« Ingelfingen Hoher Berg Lemberger trocken
Ziemlich reife dunkle Frucht in der Nase, auch leicht ätherische Noten, Brom- und Maulbeere. Am Gaumen mit guter Substanz, Dichte und Komplexität, viel Würze und eine tragende Säure, die in das lange Finale führt. Kein Leichtgewicht, für lange Winterabende. 14 Vol.-%, DV, €€

90 2018 »Erlesenes« Ingelfingen Hoher Berg Rotwein Cuvée trocken PN/SW/CD
Purpur in der Farbe, satte, reife Frucht, Pflaume, Schwarzkirsche, Waldbeeren, Gewürznelke, auch Schokolade kommt dazu. Am Gaumen ziemlich kräftig mit viel Substanz und auch Alkohol, viel Wein mit guter Balance, den man gerne an kalten Tagen genießt. 14 Vol.-%, DV, €€

88+ 2019 Ingelfingen Hoher Berg Schwarzriesling Rosé Sekt feinherb

88+ 2020 »Geschmackvolles« Niedernhall Burgstall Riesling trocken

87 2020 »Geschmackvolles« Ingelfingen Hoher Berg Grauburgunder trocken

89 2018 »Erlesenes« Ingelfingen Hoher Berg Spätburgunder trocken

88 2019 »Geschmackvolles« Niedernhall Burgstall Pinot Meunier trocken

89 2018 »Erlesenes« Ingelfingen Hoher Berg Blauer Zweigelt trocken

89 2019 »Geschmackvolles« Ingelfingen Hoher Berg Spätburgunder trocken
Riecht würzig nach roten Kirschen und Kräutern. Im Mund schlank und straff gebaut mit präsenter Säure, die für Frische sorgt, feine Süße, wieder fruchtige Kirschnoten, auch Sauerkirsche, dezenter Gerbstoff, unkompliziert, mit gutem Trinkfluss. Leicht gekühlt trinken. 12,5 Vol.-%, DV, €

★

WEINGUT UND EDELBRENNEREI GEMMRICH

Löwensteiner Straße 34, 71717 Beilstein
T: +49 7062 3514, anja@gemmrich.de
gemmrich.de

Ab-Hof-Verkauf: Do und Fr 9–18 Uhr, Sa 9–15 Uhr und nach telefonischer Absprache
Kellermeister: Bernd Gemmrich
Ansprechpartner: Anja Gemmrich
Hektar: 10 ha

Die pilzwiderstandsfähigen Rebsorten, inzwischen als PiWis in den Weinalltag eingegangen, nehmen inzwischen ein Drittel der Rebfläche im Weingut Gemmrich ein. Leider litten die weißen Rebsorten 2020 unter heftigem Frost. Die Lücke füllen der monumentale Muscaris und die selbstbewussten, muskelbepackten Rotweine aus 2018, die sich alle durch einen patenten Umgang mit Holz auszeichnen. Gerade die Lemberger »Reserve« ist ein Wein mit Substanz und Stil. Wir sind gespannt, wie sich die junge Generation mit Anja und Simon Gemmrich weiter einbringt.

90 2019 »Unkaputtbar« Muscaris* trocken**
Der »Unkaputtbar« ist wahrlich eine Wuchtbrumme mit seinem Alkohol, der zupackt am Gaumen, wenngleich die Säure niedrig ist. Tatsächlich ist die Nase recht sanft, leicht staubig. Pfirsich, Mandelblüte, Jackfruit. Die richtige Speise besänftigt ihn sicherlich! 15 Vol.-%, NK, €€

90 2018 »Reserve« Spätburgunder* tr.**
Konzentrierter Duft nach Waldbeeren, Schwarzkirsche, Wacholderbeere und Rauch. Zeigt sich am Gaumen stoffig mit Würze und Kraft, kompakte und etwas robuste Gerbstoffstruktur und eingebundene Säure. Besitzt genug Substanz, um sich weiterzuentwickeln. 13,5 Vol.-%, DV, €€

90 2017 Cabernet Cubin* trocken**
Kräutrige Noten, dunkle Frucht, dunkle Kirsche, Johannisbeere, auch eingelegte Frucht, Holzwürze. Am Gaumen mit griffigen Gerbstoffen in einer kräftigen und klar gefassten Struktur, guter Extrakt, Würze und Grip, kräftige Gerbstoffe, konsistenter Cabernet. 13,5 Vol.-%, NK, €€

89+ 2018 »Unkaputtbar« Cabernet Cortis* tr.**
Sehr reife Frucht, Rumtopffrüchte, Erdbeeren, Schwarzkirsche und Brombeere, dunkle Schokolade und kräftige Holzwürze. Wuchtig am Gaumen, mit merklichem Alkohol, der aber gut eingebunden ist. Die Gerbstoffe in hoher Dosierung sind reif, schöne Würze und Länge. 15 Vol.-%, NK, €€

89 2020 Riesling* Barrique trocken**

90+ 2015 »Reserve« Lemberger* trocken**
Kräftige Nase mit viel Holzwürze und reifer dunkler Frucht wie Brombeere und Kirsche. Am Gaumen mit süßlichem Extrakt und reifem Tannin in einer kräftigen Struktur, für Balance sorgt die reife und doch präsent anmutende Säure. Lemberger mit Würze und Stil. 14 Vol.-%, DV, €€

★★

WEINGUT LEON GOLD

Buocher Weg 9, 71384 Weinstadt
T: +49 7151 1691215, info@weingut-gold.de
weingut-gold.de

Ab-Hof-Verkauf: Mi 17–19 Uhr, Sa 10–13 Uhr und nach Vereinbarung
Kellermeister: Leon Gold
Ansprechpartner: Leon Gold
Hektar: 11 ha

Er gründete 2015 sein eigenes biodynamisches Weingut ohne elterliches Weingut im Rücken. Doch Leon Gold empfindet dieses Manko als Segen: »Ich bin keinen Konventionen verpflichtet, sondern genieße die größtmögliche Freiheit, die man sich als Winzer wünschen kann.« Die hat er im Weinberg wie im Keller genutzt. Und der junge Winzer wird immer besser dabei, die Frische des Remstals in stilvoll zugespitzter Form ins Glas zu bringen. Der fruchtige Kabinett etwa wirkt, als käme er aus nördlicheren Gefilden – und ist superb! Der dritte Stern ist zum Greifen nah.

92 2018 »Ida Marie« brut PN/PM/CH
Zitrische Aromatik, Noten von Schwarzbrot und Melone tummeln sich in der Nase. Der Duft des Sektes strahlt aus dem Glas heraus. Am Gaumen mit frischem Mousseux und salzigem Nachhall, sowie eleganter Mineralik. Viel Sekt für wenig Geld. 11,5 Vol.-%, NK, €€

92+ 2018 Gundelsbach Steingrüble Koih Chardonnay trocken
Die Nase des Chardonnays ist markant und würzig. Schwarzer Pfeffer, Koriandersamen und sanfte Rauchnoten. Im Mund ist er überraschend leicht und geradlinig. Ein wirklich ernst zu nehmender Chardonnay, der mit viel Spannung hervorsticht. 13 Vol.-%, NK, €€€

92 2019 Großheppach Steingrüble Chardonnay trocken
Das ist sie. Die reduktive Nase, die einige derzeit hypen. Nicht zu plakativ, aber mit hintergründiger Frucht sowie ätherischen Kräutern. Grip und Mineralik am Gaumen. Die Säure zeigt sich expressiv. Mit Alterungspotenzial, aber auch jetzt schon ein Genuss. 13 Vol.-%, NK, €€€

91 2019 Gundelsbach Riesling trocken
Schon die Nase lässt einen saftigen und vollmundigen Wein erahnen. Gleichzeitig ist er steinig und puristisch. Letzteres bestätigt sich auch am Gaumen. Präzise mineralisch, eher schlank und gut eingebundene Säure. 12 Vol.-%, DV, €€

90 2019 »Halbstück« Riesling trocken

92 2019 »Kabi« Riesling
Ein wunderschöner Kabi, also leicht süßer Wein, den man genüsslich und in großen Schlücken gegen den Durst trinken kann. Das ist vollkommen positiv gemeint! Der Wein ist leicht würzig, animierend und hat eine knackige und griffige Säure. Super leicht und frisch. 8,5 Vol.-%, DV, €

★

GOLTER - WEINGUT IM KLEE

Klee 1, 74360 Ilsfeld
T: +49 7062 978940, info@weingut-golter.de
weingut-golter.de

Ab-Hof-Verkauf: nach telefonischer Vereinbarung
Kellermeister: Christoph Golter, Martin Streicher
Ansprechpartner: Christoph Golter
Flaschen/Hektar: 200.000 (35 % weiß, 65 % rot, 10 % Rosé)/25 ha

Obwohl die Familie Golter schon seit 1743 Weinbau betreibt, begannen Christine und Reinhard Golter erst 1982 ihre Weine selbst zu vermarkten. In den letzten Jahren hat Sohn Christoph Golter, Jahrgang 1992, der unter anderem schon in Kanada und in Hohenlohe Erfahrungen sammelte, dem Weingut seinen Stempel aufgedrückt: Im überzeugenden Sortiment ragt der kraftvolle und griffige Lemberger aus der Schelmenklinge heraus, der Riesling »KabiNett« animiert den Gaumen wie auch der ungekünstelte Rosé. Ein Sortiment, auf das man sich verlassen kann.

89+ 2020 »KabiNett« Ilsfeld Riesling feinherb
Animierender und fruchtiger Duft nach Steinobst und Apfel, auch florale Noten kommen dazu. Beschwingter Riesling in typischem Kabinettstil mit trefflichem Zusammenspiel von lebendiger Säure und Süße, begleitet von Pfirsich und Aprikose. Da nimmt man gerne ein zweites Glas. 10,5 Vol.-%, DV, €

91 2018 Schozach Schelmenklinge Lemberger trocken
Kräftig gebauter und würziger Lemberger mit Tiefe, der nach Brombeere, Schwarzkirsche, Wacholderbeere und Gewürznelke riecht, auch etwas Lakritze. Bringt in seiner kraftvollen Art genügend Frische und Griffigkeit mit, die Gerbstoffe sind reif und süß. Potenzial! 13,5 Vol.-%, DV, €€€

89+ 2018 Ilsfeld Schozachtal Lemberger tr.
Reife rote Frucht mit Mokkabohnen, Schwarzkirsche, Brombeeren und Holzwürze. Stoffig und getragen am Gaumen mit guter Substanz und balancierender Säure. Insgesamt in die Breite gehend und das warme Jahr 2018 zeigend, die Gerbstoffe in guter Menge sind reif. 13 Vol.-%, DV, €

89+ 2018 Ilsfeld Rappen Spätburgunder tr.
Mit dominantem Neuholz, dahinter bauen sich langsam Primäraromen von dunkler Frucht auf, Wacholderbeeren. Bildet in seinem Charakter das warme Jahr mit guter Substanz ab, der kräftige Holzeinsatz verfestigt die Struktur, auch mit charmanter Fruchtigkeit. Hat was vor sich. 13,5 Vol.-%, DV, €€

88 2020 »Weissklee« trocken RR/WB/MT

89 2020 Ilsfeld Merlot Rosé trocken
Mittleres Ziegelrot, duftet beerig nach Waldbeeren, Brombeere und Wildkirsche, auch kräutrige Noten stellen sich ein. Saftig und mit feiner Gerbstoffherbe im Mund. Wird gut getragen von der ausgewogenen Säure, die aparte Herbe schafft Akzente. Auch zum Essen. 12,5 Vol.-%, DV, €

★★★★

WEINGUT KARL HAIDLE

KARL HAIDLE

2019
PULVERMÄCHER GG
Riesling

Hindenburgstraße 21, 71394 Kernen-Stetten
T: +49 7151 949110, info@weingut-karl-haidle.de
weingut-karl-haidle.de

Ab-Hof-Verkauf: Mo bis Fr 8–12 Uhr und 13–18 Uhr, Sa 9–15 Uhr
Kellermeister: Moritz Haidle
Ansprechpartner: Moritz Haidle
Flaschen/Hektar: 173.000 (70 % weiß, 30 % rot)/23 ha

Moritz Haidle war Falstaff Newcomer des Jahres 2019. Das ist lange genug her, um stilistische Akzentverschiebungen für normal zu halten. In der Tat sind die Rotweine nach wie vor vollfruchtig und sie haben immer noch eine »Eleganz mit Ernsthaftigkeit«, so eine unserer Verkosterinnen. Aber sie scheinen uns auch ein My weicher als früher. Wie zum Ausgleich hat Haidle den wohl bissigsten Riesling seiner bisherigen Laufbahn erzeugt und prompt findet sich der Pulvermächer 2019 in der bundesweiten Rieslingspitze wieder. Neu seit 2020: ein Demeter-Zertifikat.

95 2019 Stetten Pulvermächer Riesling GG

Zunächst dezent in der Nase, dann komplex: schwarzes Johannisbeerblatt, Pfirsich, Zitrone und Litschi. Am Gaumen werden diese Aromen mit einer feinen Kräuternote ergänzt. Die dichte Struktur zeigt kompakte Mineralität, feste Säure, eine feine Balance. Langer Nachhall. 13 Vol.-%, NK, €€€

92 2019 Stetten Stäudlen Riesling Erste Lage trocken

Ein wirklich exzentrisches Aroma haben wir da in der Nase. Erinnerung von Gewürzkuchen und Bourbonvanille. Die Stilistik schweift durch den Holzeinsatz fast ins Burgundische über. Am Gaumen hat er ordentlich Substanz und eine messerscharfe Säure. 12,5 Vol.-%, DV, €€€

93+ 2019 Stetten Gehrnhalde Lemberger GG

Die Aromatik des Lembergers ist floral-fruchtig geprägt. Im Duft Vanille, Blaubeere, Holunder und Lavendel. Das Tannin im Mund ist süßlich und geschmeidig, aber doch präsent. Balanciert ist die Struktur und wird aufgelockert durch feingliedrige Säure. 13,5 Vol.-%, NK, €€€

93 2019 Stetten Berge Lemberger GG

Ganz intensive rosafarbene Pfeffernote und Brombeere. Außerdem Teer und Schwarzkirsche. Die Gerbstoffe am Gaumen sind sehr kräftig und fordernd, während die Säure ebenfalls Grip hat. Ein Wein mit Ecken und Kanten, die ihm durchaus stehen. Gute Länge, würziger Ausklang. 13,5 Vol.-%, NK, €€€

91 2019 Stetten Häder Riesling Erste Lage trocken

90 2020 »Pfeffer« Stetten Riesling Kabinett

89 2020 »Ritzling« Riesling trocken

90+ 2020 »Bunter Mergel« Lemberger trocken

90+ 2019 Stetten Häder Lemberger Erste Lage trocken

91 2020 Stetten Pulvermächer Riesling Kabinett

91 2020 »Schilfsandstein« Stetten Riesling trocken

Noch eine sehr verschlossene Nase, die schon eine außerordentliche Aromatik vermuten lässt. Im Mund ist der Riesling sehr konzentriert und extrem würzig. Fast wie wenn man Pfeffer pur isst. Ein super Preis-Leistungs-Verhältnis und sehr probierenswert. 12 Vol.-%, DV, €€

★★★

WEINGUT HEID

Cannstatter Straße 13/2, 70734 Fellbach
T: +49 7115 84112, info@weingut-heid.de
weingut-heid.de

Ab-Hof-Verkauf: Mo bis Fr 17–19 Uhr, Sa 9–13 Uhr und nach Vereinbarung
Kellermeister: Markus Heid
Ansprechpartner: Markus Heid
Hektar: 10 ha
Anbauweise: Biologisch zertifiziert

Markus Heid präsentiert erneut eine starke Kollektion, vor allem die Rotweine begeistern uns, einziges Problem – wir können uns nicht entscheiden, welcher die Nase vorn hat: Der Lemberger oder der Spätburgunder, beide aus dem Fellbacher Lämmler? Fest steht: Beide sind dem Biowinzer toll geglückt. Besonders schätzen wir, dass diese komplexen Roten bei aller Dichte und Kraft über viel Spannung und wunderbaren Trinkfluss verfügen. Die schwäbische Weisheit »Om's nomgugga isch'd Flasch leer« (auf Hochdeutsch: »Ehe du dich versiehst, ist die Flasche leer«) gilt hier auf jeden Fall.

92+ 2020 Stetten Pulvermächer Riesling GG
Der Geruch erinnert an Roibuschtee, frischer Ananas, Nektarine. Kein Riesling von der schlankesten Sorte, aber auch nicht breit. Die Säure am saftigen Gaumen ist prägnant und der Nachhall mit steiniger Mineralik und ordentlichem Grip lang. In seinem Stil stimmig. 13 Vol.-%, DV, €€€

93 2019 Fellbach Lämmler Spätburgunder GG
Sehr fein und elegant im Duft mit Aromen von dunkler Kirsche, Himbeere und Gewürznelke. Am Gaumen mit einer mittleren Textur, dabei kräuterwürzig, mineralisch mit Aromen von Erdbeere, Cranberry und Hibiskus. Hoher Trinkfluss, gute Säure bei sehr gutem Nachhhall. 12,5 Vol.-%, NK, €€€

93 2019 Fellbach Lämmler Lemberger GG
Purpur im Glas. Ein Duft von Piment, Paprika und Schwarzkirsche. Am Gaumen dicht und intensiv bei viel Eleganz, guter Säure und einem Touch von Brombeere und Gewürznelke. Ein Wein mit gutem, jungem Gerbstoff, sehr langem Nachhall und viel Potenzial. 13 Vol.-%, NK, €€€

91+ 2019 Fellbach Goldberg Pinot Noir trocken
In der Nase entwickelt sich ein eher kühler Duft von junger Erdbeere, Kirsche, Himbeere und Zeder. Am Gaumen folgt feine Säure, noch junges Tannin, Aromen von Cranberry und eine Rauchnote vom Ausbau. Der gute Abgang spricht für weiteres Potenzial. 12,5 Vol.-%, NK, €€

91 2019 »Melchisedec« Weißburgunder tr.

90 2020 »Steinmergel« Silvaner trocken

89+ 2020 Fellbach Goldberg Riesling trocken

89 2020 »Steinmergel« Riesling & Sauvignon Blanc trocken

89 2020 Fellbach Goldberg Sauvignon Blanc tr.

89 2020 »Grau/Weiß Steinmergel« trocken WB/PG

89 2020 Riesling trocken

91 2019 Fellbach Goldberg Lemberger tr.
Anfangs eher kühl im Duft mit Aromen von Minze, Brombeerstrauch und Schwarzkirsche. Am Gaumen bindet die attraktive Säure die eher rustikale Geschmacksaromatik bei reifem Gerbstoff wunderbar ein. Vor dem spannenden Abgang auch noch eine leichte Paprikanote. 12,5 Vol.-%, NK, €€

★★★

WEINGUT G. A. HEINRICH

Riedstraße 29, 74076 Heilbronn
T: +49 7131 175948, info@weingut-heinrich.de
weingut-heinrich.de

Ab-Hof-Verkauf: Mo bis Fr 9–12 Uhr und 13.30–18 Uhr, Sa 10–14 Uhr
Kellermeister: Tobias Heinrich
Ansprechpartner: Björn Heinrich
Flaschen/Hektar: 100.000 (45 % weiß, 40 % rot, 10 % Rosé, 5 % Schaumwein)/15 ha

Björn und Tobias Heinrich schließen mit ihrem Weinstil an die clevere und überlegte Weinbereitung ihres Vaters an, dabei stellen sie bei den Weißen die Frucht und bei den Roten die Tanninqualität ins Zentrum. Was mit langem Fassausbau an aromatischer Komplexität und an Gerbstoffpolitur zu erreichen ist, demonstriert eindrücklich der Lemberger aus der Heilbronner Lage Vorderer Hundsberg, einem der besten Teilstücke des Stiftsbergs: Aus dem Most ganz offenkundig erstklassiger Trauben entsteht im Fass ein Weinamalgam von größter Finesse.

91 2020 »G.A.« Heilbronn Stiftsberg Weißburgunder trocken
Dezente Kräuterwürze und weißen Pfeffer. Die Nase präzise. Am Gaumen wirkt der Wein stürmisch, wobei die Säure animiert. Ein Weißburgunder, der sich von einer kernigen Seite zeigt und dem man etwas Luft zu Entfaltung geben sollte. 12,5 Vol.-%, NK, €€

93+ 2016 Heilbronn Vorderer Hundsberg Lemberger trocken
Dezentes Neuholz und eine ultrapure Frucht von Herzkirsche, dazu mit Luftkontakt aufkommende Kräuternoten. Der Gaumen beginnt geschmeidig und samten, bleibt bei aller Dichte sachte und fein, die Säure ist nahtlos integriert, die Mineralik bildet ein festes Fundament. 13,5 Vol.-%, NK, €€€

92 2018 Heilbronn Löwenherz Spätburgunder trocken
Zunächst verschlossen im Duft, dann Mandel, Süßkirsche. Kräuter. Getrocknete Tomate. Im Mund folgt auf einen kurzen weichen Auftakt eine satte Dosis trockenen, aber auch mürben Tannins. Reife Säure. Der lange aromatische Nachhall belegt gutes Potenzial. 12,5 Vol.-%, NK, €€€

91+ 2018 »G.A.« Heilbronn Stiftsberg Spätburgunder trocken
Der würzige Burgunderduft lässt einen nur dezenten Holzeintrag erkennen. Dazu Noten von Kirsche, Cranberrry und Granatapfel, Blut. Im Mund zeigt sich eine samtene Gaumenstruktur mittlerer Dichte, viel Saftigkeit und gut integrierte Säure. Komplexe Aromatik. 12,5 Vol.-%, NK, €€

90 2017 Heilbronn Löwenherz Riesling trocken

91+ 2018 »G.A.« Heilbronn Stiftsberg Lemberger trocken
Zunächst ein duftiger Wein, Wildkirsche, ein Hauch von Lebkuchen, Kirschkern. Im Mund mit viel Saft, reifer Säure und feinkörnigem Tannin in mittelhoher Menge. Anlagen zur Eleganz, gute Abgangsfrucht und eine deutlich mineralische Tönung über allem. 13 Vol.-%, NK, €€

★★

WEIN & SEKTGUT HIRSCHMÜLLER

La-Ferté-Bernard-Straße 30, 74348 Lauffen am Neckar
T: +49 173 3763603, info@weingut-hirschmueller.de
weingut-hirschmueller.de

Ab-Hof-Verkauf: Fr 17–19 Uhr und nach Vereinbarung
Kellermeister: Wiebke und Tobias Hirschmüller
Ansprechpartner: Wiebke und Tobias Hirschmüller
Flaschen/Hektar: 80.000 (50 % weiß, 30 % rot, 10 % Rosé, 10 % Schaumwein)/12 ha

Wiebke und Tobias Hirschmüller bewirtschaften inzwischen zwölf Hektar Weinberge in und um Lauffen am Neckar, die sich in der Umstellung auf biologischen Weinbau befinden. Das Winzerpaar hat ein Faible für die Burgundersorten, die »Reserve«-Weine werden gekonnt im Holz ausgebaut, sie zeigen Substanz und brauchen etwas Zeit, um ihr Potenzial zu zeigen. Bis dahin kann man viel Freude haben am saftigen Basis-Weißburgunder oder am famosen Sekt »Perlage Rosé«. Auch der stilvolle Lemberger mit fein extrahiertem Gerbstoff ist den Hirschmüllers gut gelungen.

91+ 2020 »Reserve« Grauburgunder trocken
Leichtes Goldgelb, üppiger Duft nach neuem Holz, gerösteten Kastanien, reifer Birne und Quittenkompott mit Sternanis. Saftig und geschmeidig am Gaumen mit süßlichem Extrakt und feiner Würze in einer kräftig gebauten Struktur, süße Honigmelone auf dem Weg ins lange Finale. 13 Vol.-%, DV, €€

91+ 2019 »Reserve« Chardonnay trocken
Rauch und feine Holzwürze gehen zusammen mit Birne und etwas Ananas. Der Holzausbau verleiht auch der Struktur feste Formen, Würze und feine Säure zeigen sich im weichen Mittelteil, etwas Kardamom und grüne Walnuss, hat genug Substanz, um weiter zu reifen.
13 Vol.-%, DV, €€

89+ 2020 Weißburgunder trocken
Apfel und helle Blüten in der fruchtigen Nase, die auch mit Mandarine und Aprikose verstärkt wird. Stoffiger und saftiger Weißburgunder, der das Gleichgewicht von Substanz und Frische hält. Die Säure weiß, was sie zu tun hat, feine Würze, erdverbunden und auch elegant.
13 Vol.-%, DV, €

91+ 2018 »Reserve« Lemberger trocken
Brombeere und Schwarzkirsche in der würzigen Nase, etwas Rauch, Speck. Kräftig gebauter Lemberger mit guter Substanz und fein extrahiertem Gerbstoff, mittlerer Extrakt, klarer Fruchtausdruck mit roter Frucht, fein eingewobenem Holz. Mit Stil, elegant. 14 Vol.-%, DV, €€

89+ 2018 Spätburgunder trocken

92+ NV »Perlage Rosé« brut nature
Gut getöntes Lachsrosa. Im Duft Himbeere, Rote Johannisbeere und fruchtig-reife Tomate. Frisches, dynamisches Mousseux, viel Saft und Spiel. Die lebendige Säure gibt dem Wein Schliff und Eleganz, ohne ihn karg zu machen. Auch zum Essen denkbar, aber nicht nur!
12,5 Vol.-%, NK, €€

★★

WEINGUT HIRTH

Rotenberg 1, 74348 Lauffen am Neckar
T: +49 7134 5369454, info@weinguthirth.de
weinguthirth.de

Ab-Hof-Verkauf: nach Vereinbarung
Kellermeister: Thorsten Klimek
Ansprechpartner: Gebhard Steng
Flaschen/Hektar: 47.000 (35 % weiß, 65 % rot)/7 ha
Anbauweise: Biologisch zertifiziert

Das Ecovin-Weingut beschäftigt eigener Aussage zufolge einen ganz besonderen Helfer in seinen Weinbergen: den Regenwurm. Zwischen den Wurzeln von Sträuchern und Kräutern eigens zwischen die Reben »gepflanzt, hält er den Nährstoffkreislauf in Schwung«. Was dieser fleißige Geselle gemeinsam mit Betriebsleiter Gebhard Steng und dessen Tochter Katharina sowie mit Kellermeister Thorsten Klimek hervorbringt, sind kraftvolle Weine, die den Sortentyp ins Zentrum stellen. Die Weißen sind eher mollig angelegt, die Roten lassen reife, sehr gut extrahierte Gerbstoffe sprechen.

90+ 2020 Riesling trocken
Ein frischer Duft: Zitronenmelisse und grüner Apfel mit floralen Untertönen, fast etwas Lavendel und Muskat. Am Gaumen zeigt sich ein körperreicher, voller Riesling mit guter Frucht, einer schmelzigen Gaumenmitte und kultivierter Säure, die den langen Nachhall unterstreicht. 13 Vol.-%, DV, €

90 2020 Chardonnay trocken
Im Duft Bittermandel und Haselnuss, Sesamöl. Am Gaumen ist der stattliche Körper mit einer Schicht Phenole und mit reifer Säure gefüllt, die Aromatik ist noch ähnlich verschlossen wie im Duft, aber die guten Anlagen deuten auf eine füllige Entfaltung. 13 Vol.-%, DV, €€

91 2018 Lemberger trocken
Röstiges Neuholz markiert derzeit noch die mit Frische und (Trauben-)Reife spielende Kirschfrucht. Im Mund weist der Wein gute Dichte auf, hat reifes, körniges Tannin auf geschmeidiger Grundlage. Eine feste Mineralität schafft trotz dezenter Säure Balance zum kraftvollen Körper. 13,5 Vol.-%, DV, €€

90+ 2017 Merlot trocken
Der Duft zeigt die Schokoladeseite des Merlot: Amarenakirsche, Spekulatiusgebäck und Milchschokolade. Auf den saftigen Ansatz folgt ein gut extrahiertes Tannin mittlerer Körnung, passend in der Menge, von Geschmeidigkeit und Saftigkeit untermalt. Ein kompletter Sortentyp. 14 Vol.-%, DV, €€

89+ 2020 Grauburgunder trocken

89+ 2020 Auxerrois trocken

88+ 2020 Sauvitage feinherb

90 2018 »Kairos« trocken LMB/PN
Im Duft weißer Pfeffer, Tomatenmark und Unterholz, »wilde« Noten, Preiselbeere und Malz. Das feinkörnige Tannin prägt den Gaumen nicht zu stark, Saftigkeit und Frucht nehmen mehr Raum ein, die reife Säure stützt, der Alkohol ist gut eingebunden. Elegant und kulinarisch.
13,5 Vol.-%, DV, €€

★★★

WEINGUT FÜRST HOHENLOHE OEHRINGEN

FÜRST HOHENLOHE OEHRINGEN

EX FLAMMIS ORIOR

Wiesenkelter, 74613 Öhringen-Verrenberg
T: +49 7941 94910, info@verrenberg.de
verrenberg.de

Ab-Hof-Verkauf: Mo bis Fr 9–18 Uhr, Sa 10–14 Uhr
Kellermeister: Joachim Brand
Ansprechpartner: Joachim Brand
Flaschen/Hektar: 213.000 (60 % weiß, 30 % rot, 5 % Rosé, 5 % Schaumwein)/20 ha
Anbauweise: Biologisch zertifiziert

Das Traditionsgut gewinnt seine besten Trauben vom Verrenberger Verrenberg – einem 20-Hektar-Hügel, der von schwerem Keuperboden geprägt ist. Die Weine haben, was einem angesichts der Böden nicht erstaunen kann, Gewicht. Gleichzeitig hat das Team um Joachim Brand in den letzten Jahren stark an ihrer Frischfruchtigkeit gearbeitet, was die neue Kollektion auf genussvolle Weise bestätigt. Der Rebbau nach Biostandards war dabei nur eines der Werkzeuge, um das Ziel zu erreichen. Auch die Extraktion der Roten geht heute stärker in Richtung Eleganz.

92 2020 »H.A.D.E.S.« Chardonnay trocken
In der Nase von barocker Stilistik, ohne die Eleganz zu missen. Zitronenzeste, Anissamen und Minzblätter. Die Haptik im Mund ist cremig und wird durch eine griffige Säure aufgespalten. Kein Leichtgewicht, aber ideal zum Weglegen und Reifenlassen. 13,5 Vol.-%, NK, €€€

92 2020 Verrenberg Verrenberg Riesling GG
Anfangs zitrisch in Duft, gefolgt von Aromen wie Aprikose und Quitte. Am Gaumen bindet die prägnante Säure weitere Aromen von Zirtrusabrieb, Mango und Birne sehr gut ein. Ein Wein mit mittlerem Körper bei sehr gutem Nachhall. 12,5 Vol.-%, DV, €€€

93 2019 »Ex flammis orior H.A.D.E.S.« trocken LMB/ME/CF
Üppig in der Frucht: Dörrpflaume, Brombeere, Schwarzkirsche, Holundermark, alles mit hoher Fruchtreife und hoher Intensität. Im Mund Ladungen von Tannin, reife, gut Halt gebende Säure, fleischiger Extrakt, ein Brocken von Wein, der viel Zeit benötigt. 13,5 Vol.-%, DV, €€€

92+ 2019 Verrenberg Verrenberg Lemberger GG
Ein Holzton wie vom Weihnachtsmarkt: Aromen von Magenbrot und Lebkuchen. Im Mund eine unglaublich frischfruchtige, unschuldig wie ein direkt gepresster Saft daherkommende Kirschfrucht. Sehr feines, fast komplett im plüschigen Körper verschwindendes Tannin. Brillante Frucht. 13 Vol.-%, NK, €€€

89 2020 Verrenberg Sauvignon Blanc trocken

88 2020 Harsberg Traminer trocken

92 2020 »H.A.D.E.S.« Malbec trocken

92 2019 »In senio H.A.D.E.S.« trocken CF/ME/MA/CS

90 2020 Verrenberg Lemberger trocken

90 2020 Verrenberg Merlot trocken

89+ 2020 Verrenberg Spätburgunder trocken

91+ 2020 Verrenberg Cabernet Franc tr.
Frische Frucht in der Nase, Wildkirsche, Maulbeere, Kräuter und Würze. Zeigt sich am Gaumen vielschichtig mit guter Substanz, Würze und präsenter Frucht, hat Spannung und knackige, präzise Gerbstoffe, getragen von einer kultivierten Säure. Wo ist das Steak? 13,5 Vol.-%, DV, €€

WEINGUT HOLZAPFEL

Wilfenseeweg 78/1, 74172 Neckarsulm
T: +49 7132 37869, info@weingut-holzapfel.de
weingut-holzapfel.de

Ab-Hof-Verkauf: nach Vereinbarung
Kellermeister: Silas Holzapfel
Ansprechpartner: Bernhard Holzapfel
Hektar: 14 ha

An Humor fehlt es nicht im Neckarsulmer Weingut Holzapfel. Auf dem Rückenetikett des Cabernet Mitos wird als Winzertipp empfohlen: »Ideal zum Angeben«. Der Wein ist als kleiner Wonneproppen konzipiert und weist auch stattliche 15,5 Volumenprozent Alkohol auf. Er bildet aber die Ausnahme im Sortiment der Winzerfamilie: Gerade die Rotweine von Kellermeister Silas Holzapfel überzeugen mit ihrer filigranen Machart, mit klar herausgearbeiteter Frucht, Trinkfluss und polierten Gerbstoffen. Weine, die es eigentlich gar nicht nötig haben zu protzen.

88 2020 Neckarsulm Scheuerberg Gelber Muskateller
Eine ganz unkomplizierte Nase, die auf der fruchtbetonten Seite daheim ist mit Aromen von Erdbeere, Grapefruit und Rosenblättern. Am Gaumen relativ süß und gut gekühlt für Desserts wie Vanilleparfait mit Lavendelsirup und Thymian eine gute Wahl. 10 Vol.-%, DV, €

90+ 2017 »B« Neckarsulm Scheuerberg Lemberger trocken
Ein kräftiger und in seiner Struktur klar gefasster Lemberger, der nach schwarzer Kirsche, Rauch und Kräutern riecht. Eher zurückhaltend im Tanningehalt, dafür mit viel klarer und präziser Frucht (wieder vor allem Schwarzkirsche). Eleganter und saftiger Lemberger. 13 Vol.-%, NK, €€

90 2017 »B« Neckarsulm Scheuerberg Spätburgunder trocken
Kirsche, Pflaume und etwas Rhabarber in der duftigen Nase, begleitet von der Holzwürze des Barriques und etwas Vanille. Saftig und würzig im Mund mit einer Portion Sauerkirsche, feiner Würze und etwas Salzzitrone, mittlere Dichte, mit geschmeidigem Tannin. 13 Vol.-%, NK, €€

89+ 2018 Neckarsulm Staufenberg Cabernet Mitos trocken
Blickdicht im Glas und in der Nase eine geballte Ladung reifer Frucht, es finden sich Schwarzkirsche, Waldbeeren und Schwarze Johannisbeeren. Saftig und mit feiner Würze am Gaumen, die Frucht ist frisch und klar, die Gerbstoffe in zurückhaltender Dosis weich und präzise, kleiner Blockbuster. 15,5 Vol.-%, DV, €

88 2020 Neckarsulm Scheuerberg Lemberger Rosé feinherb

89 2019 Neckarsulm Scheuerberg Lemberger trocken
Frischer, fruchtiger Duft nach Schwarzkirsche und Holunderbeere, auch Thymian. Am Gaumen mit gutem Trinkfluss und straffer Struktur, die frische Frucht wird von dezenter Süße begleitet, zurückhaltende Gerbstoffe, zugänglicher Lemberger, leicht gekühlt zur Pasta. 12,5 Vol.-%, DV, €

★★

HORNSTEIN AM SEE

Conrad-Forster-Straße 50, 88149 Nonnenhorn
T: +49 8382 98780, simon@hornstein-am-see.de
hornstein-am-see.de

Ab-Hof-Verkauf: Mo bis Sa 9–12 Uhr und 13–18 Uhr
Kellermeister: Simon Hornstein
Ansprechpartner: Simon Hornstein
Hektar: 7 ha

Mit seinem Chardonnay aus der Nonnenhorner Seehalde ist Simon Hornstein ein richtiger Coup gelungen, der auch seine Weiterentwicklung in einer lebendigen Szene von jungen Winzerinnen und Winzern am bayerischen Bodenseeufer eindrucksvoll unterstreicht. Die Spätburgunder des jungen Winzers aus Nonnenhorn sind kräftig und fleischig gebaut, der kompromisslose und puristische Grauburgunder macht keinerlei Zugeständnisse an den Mainstream. Der Müller-Thurgau schließlich ist ein Prototyp des spannungsgeladenen und würzigen Seeweins. Der dritte Stern ist nicht mehr weit weg.

93+ 2019 Nonnenhorn Seehalde Chardonnay trocken
Birne in der Nase, Apfel, Heu, Strohblumen und etwas Quitte, feine Holzwürze. Setzt am Gaumen stoffig und würzig an mit guter Substanz und gut eingebundener, reife Säure, gute Balance und viel Mineralik. Bleibt sehr lange am Gaumen und besitzt gutes Reifepotenzial. 13 Vol.-%, NK, €€€

92 2020 Nonnenhorn Chardonnay trocken
Kräutrig in der Nase, Kümmel, Hefe, gelber Apfel, frische Ananas. Fest in der Struktur, ohne großen Ballast, mit präsenter und gut eingebundener Säure, etwas Zitrus in der Gaumenmitte, leichte phenolische Herbe, mit guter Balance, Zug und aus einem Guss. Potenzial. 12,5 Vol.-%, NK, €€

91+ 2019 Nonnenhorn Seehalde Spätburgunder trocken
Schwarzkirsche, Waldhimbeeren und Heidelbeeren, Gewürznelke und ein leichter ätherischer Ton. Kräftig gebaut im Mund mit ansprechender Dichte, fruchtig, fleischig und würzig mit präsenter Säure und reifen Tanninen. Die Eleganz des Spätburgunders kommt nicht zu kurz. 13,5 Vol.-%, NK, €€€

90+ 2019 Nonnenhorn Spätburgunder trocken
Frischer Duft nach roten Kirschen, Gewürzen und feinem Rauch, etwas Hefe und Kümmelsamen zeigen sich. Kräftig und fleischig am Gaumen mit gut eingebundener Säure und klarem Fruchtausdruck (wieder Kirsche und auch Sauerkirsche), saftig und ausgewogen. 13,5 Vol.-%, NK, €€

90+ 2020 Nonnenhorn Grauburgunder trocken

90+ 2020 Müller-Thurgau trocken
Hefe zeigt sich im Duft, Apfel, etwas Kümmel, Malz und frische Wiesenkräuter. Am Gaumen saftig (wieder Apfel) und mit gutem Zug sowie präsenter Säure, schlank, dabei nicht zu dünn wirkend, auch mit Schmelz und feiner Phenolik, würzig, etwas Pfeffer. Stark! 12 Vol.-%, DV, €

★★★

KESSLER SEKT

Georg-Christian-von-Kessler-Platz 12–16
73728 Esslingen am Neckar
T: +49 711 3105930, info@kessler-sekt.de
kessler-sekt.de

Ab-Hof-Verkauf: Di bis Fr 11.30–20 Uhr, Sa 10–16 Uhr
Kellermeister: Nico-Lars Strieth
Ansprechpartner: Dino Zippe
Flaschen/Hektar: 1.000.000 (100 % Schaumwein)

Mit über 195 Jahren Deutschlands älteste Sektkellerei zu sein, ist keine Errungenschaft, sondern eine Verpflichtung«, schreibt uns das namhafte Esslinger Sekthaus. In der Tat, der Spagat zwischen Menge und Klasse ist niemals leicht, doch diesem Erzeuger gelingt er ausgezeichnet. Dazu tragen Grundweine aus Württemberg und teils auch aus der Spumante-Hochburg Trentino ebenso bei wie die Lagerung der Spitzencuvées in einem mittelalterlichen Gewölbekeller. Die dort zur Reife deponierten Flaschen werden sogar noch von Hand gerüttelt!

93 2013 »Georges Grande Réserve« brut CH/PN

Hellgolden. Zunächst wirkt der Duft hefegeprägt, aber dann kommen mehr und mehr nussige, buttrig und kräutrige Noten auf, Strohblumen, Flachs. Im Mund mit seidigem, auf passende Weise zurückhaltendem Mousseux, mit reifer Säure und delikat würzigem Abklang.
12 Vol.-%, NK, €€€

92 2015 »Rosé Réserve« extra brut

Ein helles Rotgold in der Farbe. Das Bukett mischt Aromen von kleinen roten Beeren und Hagebutte in dezent hefewürzige Noten. Im Mund mit viel Saft und Spiel, feines Mousseux, ein Hauch von Holzcremigkeit, guter Extrakt, zarte Süße. Sehr guter Pinot-Ausdruck.
12,5 Vol.-%, NK, €€

91 2017 »Réserve« Riesling brut

Ein betont würziger Duft, Rosmarin, Melisse, Wermutkraut, getrocknete Orangenschale. Im Mund mit lebendigem Säurenerv, frischem, aber elegantem Mousseux und einem pointierten Abklang. 12,5 Vol.-%, NK, €€

91 NV »Hochgewächs Rosé« Pinot Noir & Chardonnay brut

»Gris« in der Farbe, ein heller, cremefarben getönter Roséton. Im Duft Himbeere, Rote Johannisbeere, Apfelgelee. Am Gaumen mit feiner Frucht, leicht süß untermalt, frische Säure und dynamisches Mousseux schaffen Balance, ein feiner Apéro. 12 Vol.-%, NK, €€

90+ 2016 »Blanc Réserve« extra brut CH/PN

90+ NV »Hochgewächs Rosé« Chardonnay brut

89+ NV »Jägergrün« Riesling brut

Archetypischer Riesling im Duft, leicht blumig, etwas Pfirsich, Bergamotte und ein Anflug von Rosenholz. Im Mund mit eher burschikosem Mousseux, aber auch mit einem Süße-Säure-Spiel der gelungenen Art und mit einem gut extraktdotierten, fruchtigen Abklang. Halali! 12 Vol.-%, NK, €€

★★★

WEINGUT KISTENMACHER & HENGERER

Eugen-Nägele-Straße 23-25, 74074 Heilbronn
T: +49 7131 172354, Info@kistenmacher-hengerer.de
kistenmacher-hengerer.de

Ab-Hof-Verkauf: Mo bis Fr 16–18.30 Uhr, Sa 9–11 und 13–16 Uhr
Kellermeister: Hans Hengerer
Ansprechpartner: Hans Hengerer
Flaschen/Hektar: 75.000 (40 % weiß, 60 % rot)/12 ha

Es lohnt sich, wenn man den Weinen von Hans Hengerer im Heilbronner Weingut Kistenmacher-Hengerer etwas Zeit gibt und Geduld entgegenbringt: Es sind keine vorlauten Kraftmeier, die mit dem ersten Schluck zeigen wollen, wo der Hammer hängt. Sie öffnen sich in Nuancen und zeigen nach und nach ihren Charakter in einer unaufgeregten Art wie das Lemberger GG aus 2016 mit schmeichelnden Gerbstoffen oder der filigran gewobene Spätburgunder »Junges Schwaben«, ebenfalls aus dem Jahrgang 2016. Auch die stilgetreuen Weißweine wissen zu überzeugen.

91 2019 »VI« Heilbronn Stiftsberg Weißer Riesling Erste Lage trocken
Gelbe Frucht wird von etwas Minze begleitet, reifer und dabei auch eleganter Duft nach Pfirsich und Aprikose. Verbindet am Gaumen Kraft und Eleganz, zeigt Volumen, süßlichen Extrakt, aber auch mineralische Spannung. Gutes Potenzial, wird weiter zulegen. 13,5 Vol.-%, NK, €€

90 2019 »VI« Heilbronn Stiftsberg Grauer Burgunder Erste Lage trocken
Duftet nach Melone und Birne, gerösteten Nüssen, auch Holzwürze kommt dazu. Stoffig und kompakt gebaut am Gaumen mit süßlichem Extrakt, saftiger Frucht, ausgewogener Säure und feiner Würze, rund, geschmeidig und mit ergänzender Vielschichtigkeit. Zum Essen. 13 Vol.-%, NK, €€

92+ 2016 »Sonnenstrahl« Heilbronn Wartberg Lemberger GG
Zur reifen Brombeere, Maulbeere und Schwarzkirsche kommen Noten von feinem Rauch und etwas Liebstöckel. Am Gaumen zeigt sich eine feine Handschrift und sehr gefühlvoll inszenierte Kraft: Die Gerbstoffe sind schmeichlerisch, die Säure filigran, eleganter Lemberger mit Länge. 13,5 Vol.-%, NK, €€€

92 2016 »Junges Schwaben« Heilbronn Stiftsberg Blauer Spätburgunder Erste Lage trocken
Fein gewobene Nase mit Walderdbeere, Himbeere, Veilchen, Rauch und etwas Dörrfleisch. Setzt weich und geschmeidig an Gaumen, in einem breit angelegten Volumen zeigt sich viel Feinarbeit mit geschmeidigem Tannin, Schmelz und einer fein ziselierten Säure. 14 Vol.-%, NK, €€€

89 2020 »Von Grau & Weiß« trocken PG/WB/CH

89+ 2020 Heilbronn Gelber Muskateller tr.
Viel Aromatik im Glas, Muskatblüte, Litschi, reife Maracuja und Mango. Saftig und rund am Gaumen mit weicher Säure. Nicht als Aperitifwein interpretiert, sondern als erwachsener Wein mit Struktur. Dabei kommt das Spielerische der Rebsorte nicht zu kurz. 13 Vol.-%, DIAM, €€

★★★★

WEINGUT KUSTERER

Untere Beutau 44, 73728 Esslingen am Neckar
T: +49 711 357909
weinwelt.hmkusterer@weingut-kusterer.de
weingut-kusterer.de

Ab-Hof-Verkauf: Di 16–19 Uhr, Sa 11–15 Uhr und nach telefonischer Vereinbarung
Kellermeister: Maximilian Kusterer
Ansprechpartner: Maximilian Kusterer
Flaschen/Hektar: 40.000 (25 % weiß, 75 % rot)/6 ha

Der junge Maximilian Kusterer – seit letztem Jahr Titolare im namhaften Esslinger Familienbetrieb – gibt richtig Gas. Wir bewundern Kusterers Gabe, die ganze Wärme und Reife aus Esslingens Steillagen mitzunehmen und den Weinen zugleich Saftigkeit und Frische angedeihen zu lassen. Eine wahre Quadratur des Kreises, die ihm bestens gelingt. Die drei großen Rotweine, die Kusterer dieses Jahr vorgestellt hat, werden alle ein Jahrzehnt lang immer besser werden. Oder noch länger! Und auch die »Réserve« vom Chardonnay hat beste Anlagen für die weitere Reifung.

94 2017 Esslingen Schenkenberg Felsen Blaufränkisch trocken

Riecht nach praller, reifer Kirsche und geradezu nach Garrigue, nach heißer, trockener Heidelandschaft. Etwas Schokolade. Im Mund folgt auf einen kurzen Weichteil ein fester Extraktkern, feinkörniges Tannin in hoher Dichte und vitale Säure sorgen für einen »kühlen« Abklang. Potenzial! 13,5 Vol.-%, DV, €€

94 2019 Esslingen Neckarhalde Spätburgunder trocken

Pikante Beeren, Wacholder, dunkle Himbeere, Thymian, warmer Sandstein. Höchst elegant gebaut: viel Saft, feiner Säurenerv, mineralisch gekoppeltes Tannin, trotz der fast leichtfüßigen Anmutung ist der Wein tief gestaffelt, er klingt intensiv taktilmineralisch aus. 13 Vol.-%, DV, €€€

94 2016 Mélac trocken ME/CF

Reife Schwarze Johannisbeere, Traubenzucker, Himbeergeist, Pflaumenkern, Karamell. Am Gaumen setzt der Wein trotz des viskosen Auftakts saftig und mineralisch-elegant fort, reife, mürbe Gerbstoffe tragen eine lange Plateauphase. Tolle Zukunft! 14 Vol.-%, DV, €€€

91 2017 »Steillage« Blaufränkisch trocken

Amarenakirsche, Wildkirsche und Spontangärungsnoten. Tannenreisig. Beginnt am Gaumen saftig, setzt mit sehr feinem Gerbstoff in mittlerer Menge fort, endet mit feinnervig unterlegter, lange präsent bleibender Gaumenfrucht. Stilvoller Wein. 13,5 Vol.-%, DV, €

91 2019 »Réserve« Esslingen Neckarhalde Chardonnay trocken

91 2019 Esslingen Spätburgunder trocken

Kleine rote Beeren und Leder, Mandel, Lorbeer, ätherische Kräuter, Tomatenkraut. Im Mund griffig, mittelgewichtig, eine deutlich taktilmineralische Komponente, viel Saftigkeit und Nerv, gute Länge. Unaufdringlicher Speisenbegleiter. 13 Vol.-%, DV, €€

★

WEINGUT ANITA LANDESVATTER

Schloßstraße 15, 74336 Brackenheim
T: +49 7135 9318781, info@weingut-landesvatter.de
weingut-landesvatter.de

Ab-Hof-Verkauf: Fr 14–18 Uhr, Sa 11–16 Uhr und nach Vereinbarung
Kellermeister: Anita Landesvatter
Ansprechpartner: Anita Landesvatter
Hektar: 6 ha

»Wer genießen kann, trinkt keinen Wein mehr, sondern kostet Geheimnisse«: Diesen Leitsatz von Salvadore Dalí zitiert Anita Landesvatter gerne. Die umtriebige Winzerin aus Brackenheim kultiviert sechs Hektar Reben am Strom- und Heuchelberg, dabei entfallen rund 70 Prozent auf Rot- und 30 Prozent auf Weißweine. Den Rotweinen merkt man an, dass die Winzerin auch schon in Kalifornien gearbeitet hat, sie zeigen reife, süße Frucht, Würze, einen kompetenten Holzausbau und sind geschmeidig im Ausdruck. Beeindruckend auch die opulente Auslese vom Traminer.

90 2019 »Drei Stern« Traminer Auslese tr.
Opulente Traminernase mit Noten von reifer Quitte, Rosenblättern, Maracuja und Orangenschale. Am Gaumen stoffig und mit viel Volumen und Wucht (und auch ordentlich Alkohol). Viel Würze und Aromatik. Ein Wein für die Sommelière und den Sommelier, viel Stoff! 15 Vol.-%, DV, €€

90 2018 »Drei Stern« Lemberger trocken
Duftet nach reifer, süßer Brombeere, etwas Rauch und feine Vanille, auch Schwarzkirsche und Kirschkompott. Kräftig am Gaumen, wieder mit präsenter reifer Frucht, süßlichem Extrakt und ordentlicher Würze, reife Tannine, großzügig, in klar definierten Proportionen. 13 Vol.-%, NK, €€

89 2018 »44er« trocken LMB/PN/DF
Geballte Frucht mit Schwarzkirsche, Brombeere, Pflaume, Kirschkompott und Holzwürze, auch ein wenig Lakritze. Vollmundig, mit reifer dunkler Frucht und Würze am Gaumen, mittlere Substanz, unterlegt von einer reifen Säure. Auch zu kräftigen Schmorgerichten. 13 Vol.-%, DV, €

89+ 2019 Kerner Auslese
Klares Honiggelb in der Farbe. In der Nase Duft nach getrockneten Früchten, Aprikose, Pfirsich, etwas Zitronat. Am Gaumen verhaltene Säure, cremige Süße, Aromen von Honig, Zitrus und Papaya, reichhaltige Auslese, schön zur Apfeltarte mit Vanilleeis. 9 Vol.-%, DV, €

88+ 2018 »Drei Stern« Trollinger trocken

89 2020 »Zwei Stern« Riesling trocken
Reife Aprikose, Mirabelle und süßer Pfirsich in der Nase, dazu kommen auch dezente vegetabile Noten. Am Gaumen würzig und saftig mit guter Substanz, die reife Säure ist gut eingebunden, wieder Noten von Pfirsich und Würze, trockene Anmutung, gute Länge. 13 Vol.-%, DV, €

★★

WEINGUT LANZ

Sonnenbichlstr 8, 88149 Nonnenhorn
T: +49 8382 888579, info@lanzwein.de
lanzwein.de

Ab-Hof-Verkauf: nach Vereinbarung
Kellermeister: Benjamin Lanz
Ansprechpartner: Benjamin Lanz
Anbauweise: Biologisch zertifiziert

Das bayerische Bodenseeufer ist eine Cool-Climate-Region mit viel Sonne und häufigem Föhn, der Regengüsse schnell vergessen macht. In diesem Klima baut das Weingut Lanz PiWis wie Muscaris und Johanniter oder die jüngeren Sorten Pinotin und Cabertin an. Über die Vinifizierung sagt Benjamin Lanz in aller Bescheidenheit: »Wir begleiten den Wein, lassen ihm Zeit, um sich in Ruhe zu entwickeln und ihn dann unverfälscht ins Glas zu bringen.« Und wirklich, die Weine erscheinen eigenständig und stilistisch klug angelegt, mit ausdrucksvoller Aromatik und fester Struktur.

90 2019 Lindau Entenberg Souvignier Gris tr.
Dicht und aromatisch im Duft ist die PiWi-Rebsorte. Rosine, Honigwabe und Sahne verbergen sich in der Nase. Am Gaumen cremig mit hintergründiger Säure und leiser Phenolik. Kein Leichtgewicht, aber mit ein bisschen Zeit bemerkenswert und interessant. 14 Vol.-%, NK, €€

89 2020 Nonnenhorn Cabernet Blanc trocken
Die Pyrazine in der Aromatik springen einem ins Gesicht. Grüner Paprika allen voran und außerdem schwarzer Pfeffer und Eukalyptus zeigen sich nasal. Im Mund ist die Säure außergewöhnlich prägnant und spritzig. Insgesamt ein interessanter und dabei leichter Wein. 12,5 Vol.-%, DV, €€

89 2020 Muscaris
Beachtlich duftend zeigt sich der Muscaris und macht den »normalen« Muscatsorten somit alle Ehre. Die Nase prägen Rosenaromen, Veilchen und Banane. Am Gaumen ist er wiederum herrlich süß und passt so ideal zu leichten Desserts wie Zitronentarte. 9,5 Vol.-%, DV, €€

90+ 2019 Nonnenhorn Sonnenbichl Cabertin tr.
In der Nase kommen die grüne Paprika- und vor allem die schwarze Cassisaromatik klar und elegant zu Geltung. Die Struktur im Mund ist bemerkenswert und besitzt feines bitteres Tannin sowie eine frische Säure. Schön, wenn PiWis Gehör finden. 13 Vol.-%, NK, €€

88+ 2020 Johanniter trocken

91 2019 Nonnenhorn Sonnenbichl Pinotin tr.
Eine nachgerade parfümiert wirkende Cassisfrucht imponiert in der Nase. Außerdem Süßkirsche und Walderdbeere. Am Gaumen hat der Wein einen leicht herben und markanten Gerbstoff. Die Säure ist außerdem intensiv und animierend. Interessant und eigenständig. 11,5 Vol.-%, NK, €€

★★★

WEINGUT LASSAK

Besigheimer Straße 23, 74394 Hessigheim
T: +49 7143 408997, info@weingut-lassak.de
weingut-lassak.de

Ab-Hof-Verkauf: nach Vereinbarung
Kellermeister: Stefanie und Fabian Lassak
Ansprechpartner: Stefanie und Fabian Lassak
Flaschen/Hektar: 16.000 (40 % weiß, 60 % rot)/4 ha
Anbauweise: Biologisch zertifiziert

Stefanie und Fabian Lassak wurden 2021 zu Falstaff Newcomern des Jahres gewählt. Wie die neuen Weine zeigen, war das nur ein Zwischenschritt auf dem Weg des jungen Paares, der sie, wenn sie so weitermachen, zu den Sternen des Württemberger Weinhimmels führen wird. Selbst bezeichnen sie ihre Weine als »ungeschminkt«. Wir würden anfügen: angenehm anders. Würzige, intensive Aromen, spannungsgeladene Gaumenstrukturen. Die Weine sind spontan vergoren und werden unfiltriert gefüllt, dazu gehören Mut und Können. Wir honorieren das mit dem dritten Stern.

93 2019 Hessigheim Riesling trocken

Salzzitrone, Ingwer und gelber Apfel vereinen sich mit dem Duft von Melone zu einem würzig fruchtigen Bukett, welches erstaunt. Am Gaumen mit viel Druck und energetischer Mineralik. Die Säure ist ebenso ausbalanciert und es bleibt nur noch zu schreiben: Danke dafür!
12,5 Vol.-%, NK, €€

96 2019 Hessigheim Steige Lemberger tr.

Unheimlich viele Gewürze tummeln sich in der Nase. Schwarzer Pfeffer, Thymian, Balsamico und zudem Pflaumenmus und Schwarzkirsche. Die Gaumenstruktur dicht, mit Spannung und Zug. Hier wurde der Lemberger ins absolut rechte Licht gerückt. 13 Vol.-%, NK, €€€

94 2019 Spätburgunder trocken

Ganz bezaubernd ist das Aroma des Württemberger Pinots. Pfeffer, Sauerkirsche und Unterholz bilden das Bukett und verschwimmen elegant ineinander. Am Gaumen ist er schlank, außerdem saftig und die Phenole halten sich extrem im Hintergrund. Mineralisch ohne Ende. Erwachsen und apart. 12,5 Vol.-%, NK, €€

94 2019 Besigheim Wurmberg Lemberger tr.

Rabenschwarz ist der Duft des Weins: Erde, Brombeere, Leder und Tomatenmark. Völlig furchtbefreit und sehr würzig. Am Gaumen ist die Phenolik sehr fein und verhalten sowie die zupackende Säure präzise in die Gesamtstruktur einbezogen. 13 Vol.-%, NK, €€€

92 2019 Lemberger trocken

92 2019 Riesling trocken

Der Duft zeigt sich spannungsgeladen und würzig, fast herzhaft. Pumpernikel, getrockneter Apfel, Kardamom. Am Gaumen mit sanft herben Geschmack und unaufdringlicher, dennoch präsenter Säure. In diesem Glas steckt viel Druck. 12 Vol.-%, NK, €€

WEINGUT MARTIN SCHROPP

Straßenäcker 1, 74235 Erlenbach
T: +49 7132 7644, weingut@schroppwein.de
schroppwein.de

Ab-Hof-Verkauf: März bis Okt. Do bis Sa 17–22 Uhr, So 14–20 Uhr
Kellermeister: Martin & Felix Schropp
Ansprechpartner: Martin Schropp
Flaschen/Hektar: 160.000 (30 % weiß, 60 % rot, 5 % Rosé, 5 % Schaumwein)/14 ha

Als Martin Schropp 1992 den Familienhof übernahm, hat er die Landwirtschaft ganz auf Weinbau umgestellt. Auf rund 13 Hektar produziert er eine große Bandbreite von Rebsorten, und das naturnah und nachhaltig, Handlese inklusive. Dabei versteht sich das Weingut nicht nur auf Trollinger oder Weißen und Grauen Burgunder, sondern auch auf PiWis wie Sauvignac, von dem ein bemerkenswerter Schaumwein im »Pet Nat«-Stil gemacht wird. Eine gelungene Premiere in unserem Guide – mit einem Gewürztraminer, der ein kleiner kulinarischer Traum ist.

90 2020 »Pac Nat« Grauer Burgunder tr.
Apfelnoten, Cidre, Hefe und Birne in der Nase, am Gaumen von einer deutlichen Süße geprägt, ein »Pac Nat«, der sich mit seiner kräftigen Struktur zu kulinarischen Begleitung eignet. Kein Aperitif, zu Geflügel, Terrinen und Wild, hält einiges aus. 14 Vol.-%, KR, €€

91 2020 Gewürztraminer trocken
Rosenblätter, Litschi, reife Mango und Cassis im reifen und kräftigen Bukett. Auch reif und kräftig am Gaumen mit viel Muskulatur, der Alkohol ist gut eingebunden, saftig, würzig und großzügig. Ein kleiner Traum zu einem scharfen Curry oder zu reifem Käse. 14,5 Vol.-%, DV, €€

89 2020 »Kellerkomet Rosé« trocken MTR/CU
Reife Fruchtnoten, Muskatblüte, Litschi, Mango und Schwarze Johannisbeere. Am Gaumen fröhlich und unternehmungslustig unterwegs, saftig mit merklicher Restsüße und direkter Zugänglichkeit, ein »Kellerkomet«, der weiß, was er will. 12,5 Vol.-%, DV, €

89 2020 »Kellerkomet Rot« CU/TL/LMB
Cassis, Schwarzkirsche, Holunder und Brombeere in der fruchtintensiven Nase. Würze und deutliche Süße am Gaumen, klare Noten von Holunder und Kirsche mit schöner Würze, griffiger Gerbstoff, der noch leicht nachhallt. Trinkig und immer zum Essen. 12 Vol.-%, DV, €

88+ 2020 »Kellerkomet Weiss« WB/RR

90 2020 »Pac Nat« Sauvignac brut
Hefe in der Nase, Würze, zunächst wenig Primarfrucht, hinter dem Schleier Mango und Schwarze Johannisbeere. Ein erwachsener »Pac Nat« mit Struktur und Muskeln, die merkliche Phenolik und Süße gehen gut nebeneinander, die Säure trägt stabil bis zum Finish. Eigenwillig. 13,8 Vol.-%, KR, €€

★

WEINGUT MAYERLE

Bauersberger Hof 19, 73630 Remshalden
T: +49 7151 73408, info@weingut-mayerle.de
weingut-mayerle.de

Ab-Hof-Verkauf: Di bis Fr 14–18 Uhr, Sa 10–14 Uhr
Kellermeister: Nina und Matthias Mayerle
Ansprechpartner: Nina und Matthias Mayerle
Flaschen/Hektar: 67.000 (30 % weiß, 40 % rot, 25 % Rosé, 5 % Schaumwein)/11 ha

Nina und Matthias Mayerle bewirtschaften ihr Weingut in Remshalden mit rund zehn Hektar Rebfläche, davon sind ungefähr zwei Drittel mit roten Reben wie Trollinger, Lemberger oder Spätburgunder bestockt. Sie erzeugen klare, fruchtbetonte und sauber vinifizierte Weine mit gutem Trinkreiz und kulinarischer Eignung. In einem homogenen Sortiment gefallen uns besonders der würzige und im Barrique ausgebaute Rote Traminer, die gut proportionierte Rotwein-Cuvée »Götzenn« aus dem Jahr 2015 sowie der saftige und geradlinige Sauvignon Blanc. Eine gelungene Premiere in diesem Guide!

90 2019 Geradstetten Lichtenberg Roter Traminer trocken

Kräftige und würzige Nase nach Rosenblättern und reifer Frucht wie Mango, Litschi und Birne. Kräftig gebaut im Mund mit fester Struktur und mit Noten vom Barriqueausbau, wird von ordentlicher Würze unterlegt, saftiger und großzügiger Traminer mit gutem Potenzial. 13 Vol.-%, DV, €€

88+ 2020 Grauburgunder** trocken

Riecht nach Birne, reifem rotem Apfel und Heublumen. Zeigt sich am Gaumen saftig und großzügig in der Frucht, wieder mit Noten von süßlicher Birne und reifem Apfel, die reife Säure wird von guter Würze unterlegt, schlank im Format, großzügig im Ausdruck. 12,5 Vol.-%, DV, €

88 2020 Madeleine** trocken

Duftet nach Erdbeeren, Himbeeren, Hagebutten und Roten Johannisbeeren, auch gelbe Frucht wie Mango. Zeigt sich im Mund saftig und mit süßlicher Frucht, die von feiner Würze und präsenter Säure unterlegt wird. Schlank im Format, fruchtig im Ausdruck. 12 Vol.-%, DV, €

89 2015 »Götzenn« Cuvée trocken LMB/DF/ME/CS

Im Duft zeigen sich frische Beerenfrucht und merkliche Holznoten, Cassis, Brombeere und Schwarzkirsche. Gut austarierte Cuvée mit stimmigen Proportionen, Würze, Saftigkeit und Säure fügen sich in die kompakte Struktur, mittlere Dichte und Länge. 13 Vol.-%, NK, €€

88 2020 Muskattrollinger Rosé** feinherb

89 2020 Sauvignon Blanc** trocken

Würzige Nase nach reifer Maracuja, Mango, schwarzen Holunder- und Stachelbeeren. Am Gaumen mit viel Saft und feiner Würze, die von süßlicher Frucht unterlegt werden. Fruchtbetonter, saftiger Sauvignon Blanc mit reifer Säure und klar gefasster Kontur. 12 Vol.-%, DV, €

WEINGUT MÖDINGER

Waldstraße 27, 71384 Weinstadt
T: +49 7151 9440860, info@moedinger-weingut.de
moedinger-weingut.de

Ab-Hof-Verkauf: Fr 16–19 Uhr, Sa 10–13 Uhr
Kellermeister: Sven Mödinger
Ansprechpartner: Sven Mödinger
Flaschen/Hektar: 27.000 (44 % weiß, 30 % rot, 15 % Rosé, 1 % süß, 10 % Schaumwein)/4 ha

Die Winzerfamilie Mödinger baut seit Generationen im Remstal Wein an. Inzwischen leitet Sven Mödinger das Weingut, das er 2018 übernommen hat, ein Jahr später wurde das neue Kelterhaus mit Veranstaltungsraum eingeweiht. Auf vier Hektar Reben in Strümpfelbach, Beutelsbach und Stetten werden überwiegend Württemberger Rebsorten angebaut wie Riesling, Müller-Thurgau, Kerner, Lemberger oder Trollinger, die mit Chardonnay, Syrah und Cabernet-Variationen ergänzt werden. Neben den trinkigen Rieslingen gefallen uns auch die Rotweine mit Substanz und feiner Fruchtsäure. Gelungenes Debüt!

91 2019 Strümpfelbach Gastenklinge Riesling trocken
Kräftiger Duft mit Noten von reifer gelber Frucht, Ananas und Pfirsich, auch karamellisierte Honigmelone und Kandiszucker. Auch am Gaumen kräftig mit reifer Frucht, Substanz, Konzentration, Stoffigkeit und Mineralität, gut integrierte reife Säure. Stimmige Interpretation. 13,5 Vol.-%, DV, €

90 2018 Syrah trocken
Dunkle würzige Frucht mit etwas Pfeffer im ersten Duft, Schwarzkirsche und Schwarze Johannisbeere. Die Stoffigkeit im Mund wird von einer feinen Fruchtsäure begleitet, Kraft und Substanz sind mit gutem Gleichgewicht auf stimmige Art inszeniert, fleischige Gerbstoffe, gute Länge. 14 Vol.-%, NK, €€€

89+ 2019 Lemberger Syrah trocken LMB/SY
Geradliniger Duft mit Noten von Brombeere, Holunderbeere und Schwarzkirsche sowie Pfingstrose und feiner Holzwürze. Stoffig und auch mit klarer Frucht am Gaumen, die reife, aber präsente Säure sorgt für Balance, feinkörniges Tannin, gut balancierte Cuvée. 13,5 Vol.-%, NK, €€

92 2020 Riesling Eiswein
Würziger Duft nach exotischen Früchten wie Papaya und Mango, aber auch Limone und Mandarine. Am Gaumen mit eher milder Säure und spürbarer Süße, Noten von Orange, Ananas, gute Struktur und Länge, schöne Trinkigkeit, eignet sich bestens zum Dessert. 6,5 Vol.-%, DV, €€€

88+ 2020 Rosé Muskat-Trollinger feinherb

89 2020 Riesling feinherb
Nase und Gaumen bilden einen Kontrast. Während der Duft nach grünem Apfel und Zitronenzeste super sanft ist, zeigt sich die Säure knackig und griffig. Die feine Süße lockert das Gesamtbild auf und macht den Wein zum harmonischen und beschwingten Genuss. 11,5 Vol.-%, DV, €

★★★★★

WEINGUT GRAF NEIPPERG

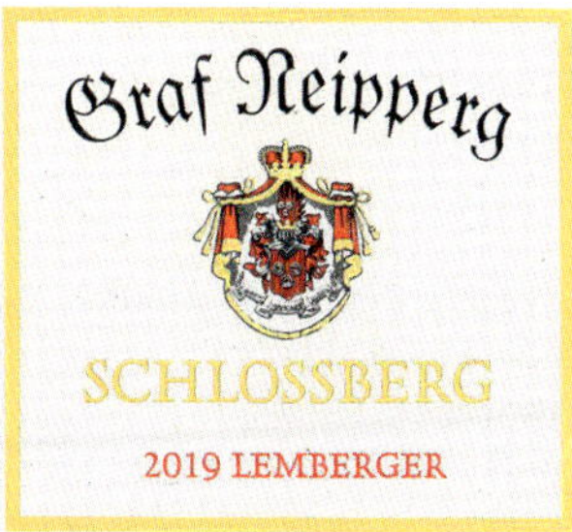

Schlosstraße 12, 74193 Schwaigern
T: +49 7138 941400, info@graf-neipperg.de
graf-neipperg.de

Ab-Hof-Verkauf: Mo bis Fr 8–12 Uhr und 13–16 Uhr
Kellermeister: Bernd Supp
Ansprechpartner: Erbgraf zu Neipperg
Flaschen/Hektar: 180.000 (40 % weiß, 60 % rot)/32 ha

Viel mehr Geschichte als beim Weingut Graf Neipperg geht kaum – manche Lagen sind bereits seit dem 13. Jahrhundert berühmt. Aber wie alle erfolgreichen Betriebe kommt auch dieses Weingut nicht auf die Idee, sich auf den Lorbeeren der Vergangenheit auszuruhen. Das Ergebnis dieses permanenten Strebens ist auch dieses Jahr herausragend: Ganz besonders haben es uns erneut die würzigen, eleganten Lemberger angetan, die wunderbar austariert und druckvoll sind. Das gilt für die Großen Gewächse ebenso wie etwa für den Neipperger Orts-Lemberger, der unser Tipp ist.

92+ NV »Kapellenkeller« Rosé trocken
Lachsrosa mit orangetönigen Reflexen. Im Duft Kirsche, junge Erdbeere, eine Note vom Fassausbau sowie ein Hauch Darjeeling. Am Gaumen mit sehr guter Textur und reifer roter Frucht mit nahtlos eingebundener Säure. Eine Steilvorlage für raffinierte Küche. 13,5 Vol.-%, NK, €€

95 2019 Neipperg Schloßberg Spätburgunder GG
Duftig, Kirschblüte, dunkle Himbeere, ein nuanciertes Bukett, das in reifem Zustand delikates Burgunderparfum verspricht. Geschmeidiger Ansatz, sehr feine Gerbstoffpixel, intensive taktile Mineralität, ganz physiologisch zum Wein stehende Säure, tolle Länge. 13,5 Vol.-%, NK, €€€

94+ 2019 Schwaigern Ruthe Lemberger GG
Sehr verschlossen im Duft. Ahnungen von Kräuterwürze, Minze, Assampfeffer. Im Mund elegant angelegt, rote Früchte, geschmeidig grundiert, sehr feines Tannin, saftig, mit lebendigem, dichtem Säurenerv, mineralisch. Braucht noch Zeit. 13 Vol.-%, NK, €€€

94 2019 Neipperg Schloßberg Lemberger GG
Etwas Bienenwachs, Sauerkirsche, Lakritze, Menthol. Im Gaumen dicht, noch sehr jugendlich-verschlossen, ein Hauch rappige Untertöne, fest mineralisch grundiert und intensiv saftig. Sehr lange in der Struktur, in den Aromen noch komplett in sich gekehrt. 13 Vol.-%, NK, €€€

92 2020 Neipperg Schloßberg Weißburgunder GG

92 2020 Schwaigern Ruthe Riesling GG

90 2020 Muskateller trocken

90 2020 Neipperg Sauvignon Blanc trocken

89 2020 Neipperg Weißburgunder trocken

90+ 2019 Lemberger trocken

92+ 2019 »S.E.« Muskateller

92 2018 Neipperg Lemberger trocken
Eine offene Kirschfrucht im Duft mit etwas Mandel und einem Hauch Karamell, Kräutertöne. Im Mund mit früh präsenter Gaumenfrucht, feiner Saftigkeit und einer mineralischen Definition eines guten Einzellagenweins. Gute Länge, toller Wert. 13,5 Vol.-%, NK, €€

WEINGUT KURT UND DIETMAR OTT

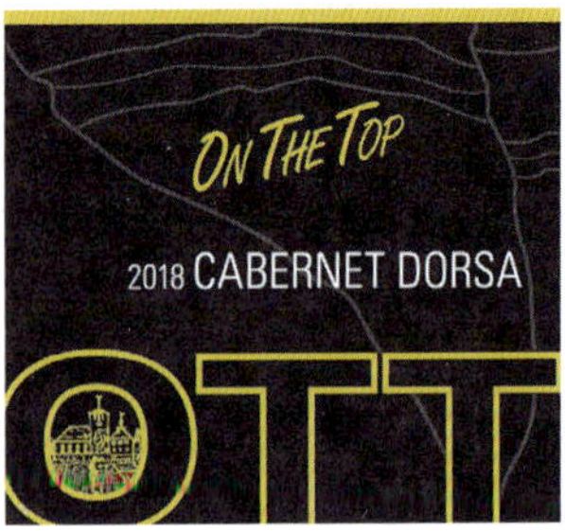

Kirchstraße 4-6, 74343 Sachsenheim-Hohenhaslach
T: +49 7147 924063, kontakt@weingut-dietmar-ott.de
weingut-dietmar-ott.de

Ab-Hof-Verkauf: Do und Fr 9–18 Uhr, Sa 9–17 Uhr
Kellermeister: Dietmar Ott
Ansprechpartner: Dietmar Ott
Flaschen/Hektar: 20.000 (20 % weiß, 70 % rot, 10 % Rosé)

Im Weingut Ott im malerischen Hohenhaslach steht man mit beiden Beinen fest auf dem Boden, die Winzerfamilie kultiviert Reben schon seit Generationen. Dabei liegt der Schwerpunkt auf roten Rebsorten wie Lemberger, Trollinger, Spätburgunder oder Cabernet Dorsa, die in der Einzellage Hohenhaslacher Kirchberg stehen. Im Keller wird Dietmar Ott schon durch seinen Sohn Benjamin unterstützt. Wir verkosteten charaktervolle Rotweine und eine außergewöhnliche Trockenbeerenauslese vom Cabernet Dorsa – ein rares Unikum im stimmigen Sortiment.

90 2018 »On The Top« Hohenhaslach Kirchberg Cabernet Dorsa trocken
Beinahe blickdicht im Glas, üppiger Duft mit konzentrierter, reifer Frucht, Holunderbeere, Schwarzkirsche und Cassis. Auch großzügig im Glas mit weichen Gerbstoffen und feiner Säure, wieder eine Menge reifer Frucht und auch Würze, langer Nachhall. Viel Wein. 14 Vol.-%, NK, €€€

89 2017 »Vision L **« Hohenhaslach Kirchberg Lemberger trocken**
Großzügiger Duft nach reifer dunkler Frucht wie Brombeere und Schwarzkirsche, dazu Holzwürze, Brombeermarmelade und dunkle Schokolade. Vollmundig am Gaumen mit süßer Frucht und reifen, geschmeidigen Gerbstoffen, harmonisch abgestimmt, gute Substanz, endet würzig. 14 Vol.-%, NK, €€

88 2017 »Vision S **« Hohenhaslach Kirchberg Spätburgunder trocken**
Riecht nach sehr reifer Himbeere und Erdbeere, auch eingekochte rote Früchte, Holzwürze kommt dazu. Auf einem weichen Fond zeigen sich in einer kraftvollen Struktur wieder vollreife Fruchtnoten und geschmeidige Gerbstoffe, die Säure ist reif, klingt würzig aus. 13,5 Vol.-%, NK, €€

93 2020 »On The Top« Hohenhaslach Kirchberg Cabernet Dorsa Trockenbeerenauslese
Rotfruchtig im Duft mit Schwarzkirsche und Brombeere, Waldfrüchte. Zeigt sich am Gaumen präsent, saftig und rauchig mit einer feinen, eingebundenen Säure auf weichem, süßem Fond. Trinkig, nicht zu viskos; ungewöhnlich, gerade auch zum Käse ein Genuss. 10 Vol.-%, NK, €€€

87+ 2020 Hohenhaslach Kirchberg Riesling**

88+ 2020 Hohenhaslach Kirchberg Muskat-Trollinger Rosé***
Klares helles Rosa. In der Nase Himbeere und Erdbeere. Am Gaumen dominieren frische rote Früchte, wieder Himbeere, abgeschmeckt mit etwas Muskatnuss, feine Säure, harmonisch abgestimmt mit mittlerer Länge. Gut gekühlt für die Terrasse im Sommer und zu Vorspeisen. 12,5 Vol.-%, DV, €

★★★

PARFUM DER ERDE

Nolten 8, 71384 Weinstadt
T: +49 170 5659118, info@parfum-der-erde.de
parfum-der-erde.de

Kellermeister: Andi Knauß
Ansprechpartner: Rainer Scholz
Flaschen/Hektar: 7.000 (50 % weiß, 50 % rot)/2 ha
Anbauweise: Biologisch zertifiziert

Chapeau! Die drei aktuellen Weine, die wir als Fassmuster verkosten konnten, deuten darauf hin, dass Dr. Rainer Scholz und Andi Knauß ihre bislang beste Kollektion im Keller haben. Schon der Müller-Thurgau ist ein Knaller, der aber auch wirklich jedes Vorurteil gegen diese Sorte pulverisiert. Der Riesling steht exemplarisch für die Präzision, die die 2019er offenbar haben – da sitzt jedes Motiv: Säure, Frucht, Phenolik –, alles fügt sich wie von Zauberhand in eins. Der Pinot Noir verwandelt ungeschminkte Remstal-Kernigkeit in famose Eleganz. Bitte mehr davon!

93+ 2019 Strümpfelbach Nonnenberg Riesling trocken
Dezent rieslingwürzig im Duft, blumig, traubig, etwas Holz. Im Mund dicht, knackig, saftig, die präsente Säure steht passgenau in einem straffen, leicht phenolisch angereicherten Körper, im Hintergrund zeigt sich eine konzentrierte, aber noch verschlossene Frucht. 12,5 Vol.-%, NK, €€€

93 2011 »Vielfalt« Strümpfelbach Nonnenberg Riesling trocken
Alle Tage kommt es nicht vor, dass ein zehn Jahre alter Riesling zur Verkostung angestellt wird. Tiefes Goldgelb im Glas, expressiv in der Nase, Calvados, kandierte Zitronenschale und Angelika. Im Mund dicht, viskos, Pfirsich, Sahnekaramell. Solitär! 13,5 Vol.-%, NK, €€€

93+ 2019 Schnait Sonnenberg Pinot Noir trocken
Eine verschlossene Burgundernase: Mandel und Lorbeer, erdige Aromen und etwas Holz. Zimt. Im Mund verbindet der Wein eine gute Dichte mit saftiger Eleganz, das sehr feine Tannin und ein prägnanter Säurenerv unterstreichen Frische und Saftigkeit, sehr gute Länge. 13 Vol.-%, NK, €€€

92 2011 »Vielfalt« Schnait Sonnenberg Spätburgunder trocken
Bereits entwickelte Nase, etwas Kräuterbitter, Kirsche, Pflaume, nasses Laub und auch etwas Unterholz. Am Gaumen lebendig mit einer ausgewogenen Säure in einer kräftig gebauten Struktur, trocken mit feinkörnigem Gerbstoff, gut gereift, muss aber nicht mehr länger lagern. 13,5 Vol.-%, NK, €€€

92+ 2019 Schnait Sonnenberg Müller-Thurgau trocken
Eine sehr präzise Sortenwürze (Muskat, Minze, Mandarine) mit einem Hauch Holz im Hintergrund. Im Mund geradezu burgunderhaft texturiert, seidig, mit einer Schicht extraktbedingter Viskosität, fester Säure und großer aromatischer Länge. Sehr erwachsen! 12 Vol.-%, NK, €€

WEINGUT REBHOF

Conrad-Forster-Straße 23, 88149 Nonnenhorn
T: +49 8382 887116, weingut@rebhof-am-see.de
rebhof-am-see.de

Ab-Hof-Verkauf: Do bis Fr 9–19 Uhr, Sa 9–18 Uhr
Kellermeister: Oliver und Ulrike Schaugg
Ansprechpartner: Oliver und Ulrike Schaugg
Flaschen/Hektar: 27.000 (70 % weiß, 20 % rot, 10 % Rosé)/3 ha

Wenn man die Weine von Ulrike und Oliver Schaugg vom Rebhof in Nonnenhorn mit einem Gemütszustand beschreiben sollte, dann wäre es heitere Gelassenheit: Sie sind tiefgründig und doch auch aromatisch und belebend wie ein Spaziergang am frühen Morgen am Ufer des Bodensees. Ein Prototyp ihrer Seeweine ist der würzige und straffe Müller-Thurgau, der am Verkostungstisch für Bewegung sorgte und den wir gerne empfehlen. Die beiden Spätburgunder zeigen sich feinfruchtig mit präziser Aromatik und feiner Würze. Erneut ein überzeugender Auftritt!

90 2020 Nonnenhorn Souvignier Gris trocken
In der Nase Noten von Aprikose, Mandarinenschale und Stachelbeere, auch etwas Banane und florale Noten kommen dazu. Mit guter Balance am Gaumen, die Säure ist reif und dabei doch agil, saftig, trocken und klar im Ausdruck, mit feiner Würze und Herbe. 12,5 Vol.-%, DV, €€

89 2020 Nonnenhorn Sauvignon Blanc tr.
Stachelbeere in der Nase, Maracuja sowie etwas Mango und Paprika, auch würzige Noten. Setzt auch am Gaumen würzig an, trocken und mit präsenter Säure, aber auch mit ordentlich Saft und Charme. Klare Frucht, geradlinig und dabei doch auch reichhaltig. 12,5 Vol.-%, DV, €€

90+ 2019 Nonnenhorn Seehalde Spätburgunder trocken
Präzise und feinfruchtige Nase mit Schwarzkirsche und Walderdbeere. Im Mund bündig gebaut mit Saft, reichlich Kirschfrucht und mittlerem Extrakt. Die reife Säure fügt sich gut ein, etwas Sauerkirsche und Würze sorgen für Impulse, eleganter Burgunder mit klarem Ausdruck. 13 Vol.-%, NK, €€

89+ 2019 Nonnenhorn Spätburgunder trocken
In der feinfruchtigen Nase zeigen sich Kirsche, Walderdbeere und Himbeere, auch kräutrige Noten wie Rosmarin. Kompakt gebaut am Gaumen mit einer lebendigen Säure, trocken in der Anmutung, mit Noten von Sauerkirsche, natürlicher Ausdruck, kommt ohne Kitsch aus. 13 Vol.-%, DV, €€

89 2020 »Renommée« Rosé trocken PN/RE

90 2020 Müller-Thurgau trocken
Frische, würzige Nase nach gelbem Apfel, Aprikose, frischen Kräutern, Muskatnuss und Heu. Schlank gebaut am Gaumen, saftig, trocken, geradlinig und mit gutem Zug sowie präsenter Säure, etwas Salz. Straff und sehr klar im Ausdruck, feine Würze und viel Trinkfluss. 11,5 Vol.-%, DV, €

★★

SCHMIDT AM BODENSEE

Hattnau 62, 88142 Wasserburg (Bodensee)
T: +49 8382 943 2174
weingut@schmidt-am-bodensee.de
schmidt-am-bodensee.de

Ab-Hof-Verkauf: Mo bis Fr 14–18 Uhr, Sa 14–16 Uhr
Kellermeister: Sebastian Schmidt
Ansprechpartner: Familie Schmidt
Hektar: 13 ha

Wenn man das Anbaugebiet Württemberg blind verkostet, fällt eine Kategorie von Weinen auf, die mit präziser, frischer Aromatik, präsenter Säure und filigraner Struktur punktet: Es sind die »Seeweine« vom Ufer des Bodensees. Das Weingut Schmidt mit Kellermeister Sebastian Schmidt rückt diese Stilistik von Jahr zu Jahr beeindruckender in den Fokus. Auch wenn noch keine Lagenweine aus 2020 angestellt wurden, überzeugt die Kollektion auf ganzer Linie mit einer substanzreichen und würzigen Spätburgunder »Réserve« aus 2018. Wir sind auf die Lagenweine gespannt!

91 2020 Wasserburg Chardonnay trocken
Im Aroma frische Minze, Salzzitrone und Kräuterwürze sowie Thymian und rauchige Aspekte. Am Gaumen steht die feine Säure noch über der Struktur, wird sich noch besser einbinden. Chardonnay von der präzisen und eher leichtgewichtigen Sorte. Sehr schön! 13 Vol.-%, DIAM, €€

91 2020 Wasserburg Sauvignon Blanc tr.
Sauvignon Blanc von der aromatischen Sorte mit Stachelbeere, auch Passionsfrucht und Honigmelone gesellen sich dazu. Im Mund ist die Säure knackig und gibt dem strukturell schlanken Wein einen Frischekick. Ohne Ballast unterwegs, geradlinig und präzise. 12,5 Vol.-%, DIAM, €€

90 2020 Wasserburg Grauburgunder trocken
In der Nase frische Haselnuss, Pfirsich und Orange. Nicht aufdringlich, sondern auf die zurückhaltende Art. Die Säure im Mund ist mittel und die Struktur des Grauburgunders ist sehr filigran, was durchaus charakteristisch ist für die Kategorie der »Seeweine«. 13 Vol.-%, DIAM, €€

92 2018 »Réserve« Spätburgunder trocken
Die Nase wird noch vom Holz geprägt, Kräuter und Kirsche. Eröffnet am Gaumen stoffig, mit feiner Würze und reifem, taktilem Säurestrang. Viel Substanz, gute Dichte, etwas Extraktsüße und eine große Menge hochwertiger Gerbstoffe, mineralische Tönung, großes Potenzial. 13 Vol.-%, DIAM, €€€

90 2020 Müller-Thurgau trocken

90+ 2020 »Cuvée Rosé« trocken PN/ZW
In der Nase ein Himbeerduft, sanft und parfümiert. Außerdem schwarzer Pfeffer. Am Gaumen erfrischt elegante Säure und steinige Mineralik macht den Rosé seriös. Ganz federleicht und balanciert. Zu Erdbeersalat mit Pfeffer, gegrilltem Ziegenkäse, Speck. 11,5 Vol.-%, DV, €€

WEINGUT RAINER SCHNAITMANN

★★★★★

Untertürkheimer Straße 4, 70734 Fellbach
T: +49 711 574616, info@weingut-schnaitmann.de
weingut-schnaitmann.de

Ab-Hof-Verkauf: Mo bis Fr 9–12.30 Uhr und 13.30–17 Uhr, Sa 9–13 Uhr
Kellermeister: Rainer Schnaitmann
Ansprechpartner: Rainer Schnaitmann
Flaschen/Hektar: 160.000 (50 % weiß, 50 % rot)/24 ha
Anbauweise: Biologisch zertifiziert

In jüngeren Jahren saß Rainer Schnaitmann gerne auf dem Sattel seines Rennrades und peilte zielstrebig Distanzen und Ziele an, Steigungen und andere Beschwernisse ignorierend. Mit derselben Energie und Leidenschaft betreibt Rainer Schnaitmann Weinbau und bleibt dabei nicht stehen: Er scheint sich jedes Jahr stilistisch weiterzuentwickeln. Das Große Gewächs aus dem Götzenberg erinnert an die Loire und ist doch komplett Riesling, der Lemberger aus dem Lämmler erstaunt mit ungemein fleischigen Tanninen – die famose Kollektion eines Unermüdlichen.

94+ 2019 Uhlbach Götzenberg Riesling GG
Hmmm. Die Nase lässt Großes erahnen, kräuterwürzig, zitrisch. Man möchte meinen, dass man an die Loire katapuliert wurde. Im Mund allerdings komplett Riesling. Enorm feine Säure mit klarer und doch kräftiger Struktur und dabei sehr reintönig. Elegant inszenierte Kraft.
12,5 Vol.-%, NK, €€€

94 2019 »Réserve« Sauvignon Blanc trocken
Melone, gelbe Frucht und Rauch. Deutliches Holz. Setzt am Gaumen stoffig an und entwickelt viel Druck, mit selbstbewusster, aber bestens eingebundener Säure, gute Dichte und Länge, ausgewogen und von großer Balance, beeindruckend, in sich ruhend. 13 Vol.-%, NK, €€€

95 2019 Fellbach Lämmler Lemberger GG
Zunächst verschlossen im Duft, Gewürznelke und etwas Weihrauch zeigen sich, Hefe, Rote Bete und dunkle Frucht. Am Gaumen mit eher breitem Volumen, reifer Säure und schöner Würze, die fleischigen Gerbstoffe bilden das kräftige Rückgrat, gute Dichte und Mineralität, ein ziemlicher Brocken, blutjung. 13 Vol.-%, NK, €€€

94 2019 Fellbach Lämmler Spätburgunder GG
Noch reduktiv in der Nase, kräutrig, Rosmarin, Hefe, dahinter rote Frucht. Spannungsgeladen am Gaumen mit kräftigen und präzise herausgestellten Gerbstoffen, viel Druck, Dichte und Volumen und nahtlos integriertem Säurestrang. Wirkt nie angestrengt, Energie auf entspannte Art.
13 Vol.-%, NK, €€€€

93+ 2019 Fellbach Lämmler Riesling GG

93+ 2018 »Réserve« Riesling trocken

93 2019 Fellbach Lämmler Grauburgunder GG

92+ 2015 »Réserve Blanc de noir« brut nature

93 2018 »Simonroth Cuvée MC« trocken CF/ME

92+ 2019 »Simonroth« Spätburgunder trocken

92 2019 »Simonroth« Frühburgunder trocken

91+ 2019 »Alte Reben« Trollinger trocken
In der Nase sehr reife Erdbeeren, Hagebutte, Tomatenrispe und auch Pfeffer. Eigenständige Interpretation des Trollingers, der erstaunliche aromatische Tiefe und Griffigkeit verbindet. Trocken am Gaumen mit knackigen und präzisen Gerbstoffen, unkitschig straff. 11 Vol.-%, NK, €€

★★★★★

WEINGUT ALBRECHT SCHWEGLER

Steinstraße 37, 71404 Korb
T: +49 7151 3040137, weingut@albrecht-schwegler.de
albrecht-schwegler.de

Ab-Hof-Verkauf: Sa 10–15 Uhr und nach Vereinbarung
Kellermeister: Aaron Schwegler
Ansprechpartner: Julia Schwegler
Flaschen/Hektar: 50.000 (26 % weiß, 74 % rot)/11 ha

Die Manufaktur wächst: Brachte Vater Albrecht Schwegler in den Neunzigerjahren die Trollinger-Republik mit Cuvées in Aufruhr, die man damals als geradezu exotisch wahrnahm, gehen Aaron und Julia Schwegler heute teilweise den umgekehrten Weg und arbeiten jetzt auch an rebsortenreinen Weinen – mit ausgezeichnetem Erfolg schon seit ein paar Jahren beim Chardonnay und nun, ganz neu, auch mit Lemberger und Riesling. Auch diese haben Schwegler-Format, doch mit ihrer ausgefuchsten und abgeklärten Art behalten die Cuvées »Beryll«, »Saphir« und »Granat« die Nase vorn.

93 2019 »Réserve« Chardonnay trocken
In der Nase Nussbutter und Zitronenschale. Zartes Heuaroma kommt noch hinzu. Nicht plakativ, sondern leise und durchdacht. Die Gaumenstruktur erfreut ordentlich. Salzig, griffige Säure und ideal proportioniert. Dieser Chardonnay ist ultrafein und verdient untertrieben jegliche Existenzberechtigung. Guter Stoff! 13,5 Vol.-%, NK, €€€

94 2017 »Granat« trocken ZW/CS/ME/CT
Komplex im Duft: Pflaume, Preiselbeere, Zimt, balsamisches Holz. Im Mund mit lebendiger Säure und einem unprätentiösen Extraktreichtum, wirkt ganz locker hingeworfen, hat aber immense Ladungen von Gerbstoff und eine pikante Frucht mit würzigem Entfaltungspotenzial.
14 Vol.-%, NK, €€€€

93 2017 »Saphir« trocken LMB/ZW/CS/CF/ME
Etwas Zwetschge, würziges Neuholz, Zibärtle, nachgerade petrolig in seiner Ätherik. Im Mund weich und leicht viskos grundiert, straffes Tannin, saftiger Säurenerv, eine sehr gut gebaute Cuvée für ein Jahrzehnt der Flaschenreife.
14 Vol.-%, NK, €€€

92+ 2018 »Réserve« Lemberger trocken
Schokoladiges, würziges Holz im Duft. Der Gaumen ist mit einer mittelhohen Dosis handwerklich-körnigen Gerbstoffs besetzt, dahinter eine sehr intensive reife Kirschfrucht, geschmeidiger Fond, unforciert und dennoch dicht, reife Säure, gute Länge. 14 Vol.-%, NK, €€€

90+ 2019 »Alte Reben« Riesling trocken

93 2017 »Beryll« trocken ZW/CF/LMB/CT
Sauerkirsche, Minze, Schwarze Johannisbeere, Tabak. Lakritze. Sehr weich und mollig im Mund, dadurch wirkt der Gerbstoff mürb, obwohl es sich durchaus um eine stattliche Menge handelt, kräftige taktilmineralische Komponenten leiten aus und halten lange an. 14 Vol.-%, NK, €€

★★★

WEINGUT SIEGLOCH

Albertviller Straße 51, 71364 Winnenden
T: +49 7195 177120, info@weingut-siegloch.de
weingut-siegloch.de

Ab-Hof-Verkauf: Do und Fr 16–18.30 Uhr, Sa 9–13.00 Uhr
Kellermeister: David Siegloch, Markus Siegloch
Ansprechpartner: David Siegloch
Flaschen/Hektar: 70.000 (40 % weiß, 30 % rot, 20 % Rosé, 10 % Schaumwein)/11 ha

Die Brüder David und Markus Siegloch haben klare Vorstellungen vom Weinbau: Die Weine werden spontan vergoren, meist unfiltriert abgefüllt, sie scheren sich nicht um Traditionen und eingebürgerte Geschmacksvorstellungen und werden als Landweine gekennzeichnet. So entstehen mitunter großartige Weine wie der Riesling »Sandhase«, der den Gaumen in Beschlag nimmt. Die Rotweine scheinen dagegen etwas traditioneller vinifiziert zu sein. Das Duo steuert jedenfalls Farbfacetten und Geschmacksprofile zum Württemberger Wein bei, die man nicht missen möchte.

91 2019 »Réserve vogelfrei« Sauvignon Blanc trocken
Honiggelb in der Farbe. In der Nase feine Würze, reife Johannisbeere, Limettenschale und auch Rauch. Am Gaumen mit Druck und lebendiger Säure, Stachelbeere und Mandarine, gute Struktur und Länge, pikant und würzig, mit eigener Handschrift. 12,5 Vol.-%, NK, €€€

90 2019 »vogelfrei« Weißburgunder trocken
Sattes, klares Gelb. In der Nase Würze, geriebene Apfelschale, etwas Quitte und Honig, zarter Rauch. Am Gaumen mit feiner Textur, balancierter, lebendiger Säure und guter Struktur, Apfel dominiert, würzige, helle Frucht. Sehr gut zum Essen geeignet. 12,5 Vol.-%, NK, €€

90+ 2018 »Réserve vogelfrei« Cabernet Franc trocken
Reife dunkle Waldfrüchte und ein leichter ätherischer Ton, der zum Ausbaustil der Rotweine gehört, Holzwürze. Am Gaumen strukturgeprägt mit guter Substanz, Volumen und einer feinen Fruchtsäure. Im Vergleich zu den Weißweinen eher traditionell vinifiziert. 14 Vol.-%, NK, €€€

90+ 2018 »Réserve vogelfrei« Lemberger tr.
Satte reife Schwarzkirsche, Brombeere und Schlehe in der Nase, dazu kommen Holzwürze, florale Aspekte (wie Tomatenrispe) und ein leicht ätherischer Ton. Am Gaumen fruchtig mit guter Substanz und einer präsenten Säurestruktur, die Gerbstoffe geben Halt. 13,5 Vol.-%, NK, €€€

89+ 2020 »Big Booom« PetNat Rosé brut SY/ME

93 2019 »Sandhase« Riesling trocken
Honiggelb, etwas trüb. In der Nase viel Würze, Eukalyptus, Mandarine, Rauch, Honig. Am Gaumen feine Gerbstoffe, reife Säure, Quitte, geriebener Apfel, dichte Struktur, sehr kultivierte Spontangärung, gute Länge, macht viel Spaß, zum Essen toll. 12,5 Vol.-%, NK, €€

★★

WEINGUT SIGGI

Steinbeisweg 2, 74394 Hessigheim
T: , info@siggi-weine.de
siggi-weine.de

Ab-Hof-Verkauf: Fr 16.30–18.30 Uhr, Sa 11–16 Uhr und nach Vereinbarung
Kellermeister: Siegfried Mayer
Ansprechpartner: Siegfried Mayer
Flaschen/Hektar: 19.000 (50 % weiß, 50 % rot)/4 ha

Siegfried Mayer, von allen nur Siggi gerufen, arbeitete als Önologe im Rheingau, an der Saar und in Baden, bevor er 2013 sein Weingut in Hessigheim gründete. Dort kultiviert er vier Hektar Reben auf kargen Muschelkalkböden, die auch in den terrassierten Steillagen des Neckartals stehen. Der Schwabe hat seinen eigenen Kopf, seinen Cabernet Sauvignon etwa füllt er in die Schlegelflasche. Er strahlt Gelassenheit und Kraft aus, beides findet sich auch in seinen stoffigen und mineralischen Weinen. Ein starkes Debüt des eigenwilligen Winzers!

92+ 2017 »Venus von Mondelse« Spätburgunder trocken
Bezaubernder Duft nach roten Kirsche, reifen Erdbeeren, Duft, Rosinen, Kräuter und Holzwürze. Ein Spätburgunder mit Volumen, Stoffigkeit, Kraft, Mineralik und prägnanten, reifen Gerbstoffen, der nicht mit seinen Reizen geizt. Schert sich nicht um Moden und Zeitgeist. 13 Vol.-%, NK, €€

92+ 2018 »Terrassen« Lemberger trocken
Ein Wein, der in die Vollen geht: Satte reife Frucht in der Nase (Schwarzkirsche, Brom- und Maulbeere), Gewürznelke, Fassaromen und ein leicht ätherischer Ton. Stoffig, mit Kraft und Zug nach vorne strebend, eine hohe Dosis reifer Gerbstoffe, präsente Säure, etwas Restsüße, kompakt und lang. 13,5 Vol.-%, NK, €€€

92 2018 »Muschelkalk« Lemberger trocken
Kräftige Nase mit Holzwürze, reifer Schwarzkirsche, Holunder und Brombeere, Brotkruste, leicht ätherisch. Setzt im Mund stoffig an mit guter Substanz, die von einer vitalen Säurestruktur belebt wird, die Gerbstoffe sind griffig und reif, auch Schmelz und Mineralität. 12,5 Vol.-%, NK, €€

91 2018 »Terrassen« Cabernet Sauvignon tr.
Blickdicht in der Farbe, satte, reife dunkle Frucht in der Nase, Brombeere, Schwarzkirsche, Gewürze, Lakritze, auch etwas ätherisch. Stoffig am Gaumen mit Saft, gutem Volumen und Konzentration, die lebendige Säure übernimmt die Regie, griffiges Tannin und gute Länge. 14 Vol.-%, NK, €€€

89 2020 »Armer Konrad« trocken KR/MT

89+ 2019 »Muschelkalk« Riesling trocken
Riecht nach rotem Apfel, Apfelschale und Reneklode, auch etwas Petrol. Am Gaumen betont trocken, mit phenolischem Eintrag, hat Zug und eine gute Spannung mit tragender Säure, fest in der Struktur, kein Schmeichler, ein Wein mit Ausdruck und Charakter. 12 Vol.-%, DV, €€

★★

WEINGUT STERNEISEN

Am Hirsch 3, 73630 Remshalden
T: +49 176 38641541, info@weingut-sterneisen.de
weingut-sterneisen.de

Ab-Hof-Verkauf: nach Vereinbarung
Kellermeister: Claudia Dorn
Ansprechpartner: Claudia Dorn
Flaschen/Hektar: 20.000/3 ha

Im vergangenen Jahr feierten wir Claudia Dorn vom Weingut Sterneisen für ihr gelungenes Debüt. Und auch in diesem Jahr können wir nur loben: Die Winzerin aus Remshalden überrascht mit einem saftigen und substanzreichen Chenin Blanc, den sie »Wagnis« taufte. Das allerdings bezieht sich auf keinen Fall auf den Konsum des Weines! Auch der Lemberger »Asket« überzeugt mit glockenklarer Frucht und seidigem Gerbstoff, der Riesling »Herkunft« zeigt sich aus einem Guss. Eine starke Kollektion mit eigenständigen und stilvollen Weinen. Kompliment!

92 2020 »Wagnis« Chenin Blanc trocken
Kräftiger Duft mit Aprikose, Birne, grünem Apfel und Quittenschale, mit würzigen und kräutrigen Noten. Mit guter Substanz am Gaumen, vielschichtig, saftig und mit Balance. Verdichtet sich in der Gaumenmitte, reife Phenole, trocken, mit Eignung zur weiteren Reife. 13,5 Vol.-%, DV, €€

90 2020 »Abendglut« Grauburgunder tr.
Birne und Birnenschale mit Kräutern, etwas Hopfenblüte und Malzbonbon. Mit kräftigem Bau am Gaumen, geht nicht in die Breite, saftig mit Schmelz, aber auch kräutrig mit merklicher, fein herausgestellter Phenolik und animierender Herbe. Konsistent und mit guter Länge. 13 Vol.-%, DV, €

92 2020 »Asket« Lemberger trocken
Ungeschminkte beerige Nase nach Brombeere, etwas Hefe und Pfingstrose. Schlank und straff gebaut im Mund mit präziser Säure, glockenklarer Frucht und seidigem Gerbstoff. Kein Schwergewicht im traditionellen Stil, ein Blick auf die moderne Lemberger-Generation. 12 Vol.-%, DV, €€

90 2020 »Zukunft Blue Label« Syrah trocken
Noten von Brombeere, Maulbeere, Veilchen und schwarzem Pfeffer in der kräftigen Nase, auch etwas Menthol. Zupackend am Gaumen mit einer kräftigen und festen Struktur mit einer guten Menge kräftigen Tannins, das noch leicht adstringierend ist. Gute Länge. 13,5 Vol.-%, NK, €€

89+ 2020 »Brücke Blue Label« Rosé trocken ME/SY/LG

89+ 2020 »Herkunft« Riesling trocken
Apfel und Mirabelle im feinfruchtigen Duft mit gelben Blüten sowie etwas Honigmelone und Anis. Gelassen, unaufgeregt und sehr klar im Mund mit ausgewogener Säure, die durch den schlank geformten Körper trägt. Apfelnoten, feine Kräutrigkeit. Aus einem Guss. 12 Vol.-%, DV, €

★★★

WEINGUT DER STADT STUTTGART

Breite Straße 4, 70173 Stuttgart
T: +49 711 21657507, timo.saier@stuttgart.de
weingutstuttgart.de

Ab-Hof-Verkauf: Di und Mi 10–17 Uhr,
Do und Fr 10–18 Uhr
Kellermeister: Frank Haller
Ansprechpartner: Timo Saier
Flaschen/Hektar: 100.000 (50 % weiß, 50 % rot)/16 ha

Das Weingut der Stadt Stuttgart kultiviert im urbanen Ambiente 16 Hektar Weinberge, die sich seit letztem Sommer in Umstellung auf biologischen Weinbau befinden. Dem Team um Betriebsleiter Timo Saier und Kellermeister Frank Haller gelingt viel mehr, als es das Klischee erwarten lässt: Statt Trollinger verkosteten wir einen saftigen Merlot aus dem Bad Cannstadter Zuckerle mit reifen Gerbstoffen und einen mineralisch unterfütterten Sauvignon Blanc aus der Stuttgarter Mönchhalde. Und schwäbisch können die Wengerter natürlich auch: Der starke Lemberger zeigt Balance und Würze.

90 2019 Stuttgart Mönchhalde Sauvignon Blanc trocken
Maracuja und Cassis in einer duftigen, nicht zu lauten Nase, grüner Paprika kommt dazu. Eigenständige Interpretation von Sauvignon Blanc in einer kräftigen, erwachsenen Form, betont trocken ausgebaut, puristisch am Gaumen mit etwas Stachelbeere, auch mineralisch. 13,5 Vol.-%, DV, €€

90 2019 Stuttgart Mönchhalde Weißburgunder trocken
Reifes Steinobst in der Nase, Mirabelle, auch Apfel und Birne und zitrische Anklänge, Maracuja. Setzt auf einem weichen Fond mit reifer Säure saftig und geschmeidig an, feine Würze. Bringt ordentlich Struktur mit, die von feiner Mineralik durchdrungen wird. 13,5 Vol.-%, DV, €€

92 2019 Stuttgart Mönchhalde Lemberger trocken
Kräuterwürzige und leicht rauchige Noten mit Brombeere und Schwarzkirsche, etwas Zigarrenkiste und nasses Laub. Gut balanciert am Gaumen mit Substanz, feinkörnigem Gerbstoff, wieder kräuterwürzige Unterfütterung, auch feine Mineralik, die bis ins lange Finale führt. Elegant. 14 Vol.-%, DV, €€

91+ 2018 Bad Cannstatt Zuckerle Merlot trocken
Präzise fruchtige Nase mit Kirsche und Schwarzer Johannisbeere, am Gaumen saftig und mit Schmelz in einer kräftigen Statur mit gut extrahierten Gerbstoffen und guter Balance, mit anklingender Mineralität. So schmeckt ein guter Merlot vom Zuckerle! 14,5 Vol.-%, DV, €€

89+ 2018 Riesling extra brut

89+ 2019 Bad Cannstadt Halde Riesling trocken
Riecht kräftig nach gelbem und rotem Apfel sowie Zitrusfrucht, auch kandierte Schale von Zitrusfrucht und Aprikose. Setzt am Gaumen mit Grapefruit und Limettensaft saftig und fruchtig an, betont trocken mit animierender, aber eingebundener Säure, kompakt. 12,5 Vol.-%, DV, €

★★

WEINGUT UNGERER

Harsberger Straße 15, 74629 Pfedelbach
T: +49 7949 940690, info@weingut-ungerer.de
weingut-ungerer.de

Ab-Hof-Verkauf: Mo bis Do 17.30–19 Uhr, Fr 14–19 Uhr, Sa 8–13 Uhr
Kellermeister: Karlheinz Ungerer
Ansprechpartner: Karlheinz Ungerer
Flaschen/Hektar: 70.000 (45 % weiß, 55 % rot)/8 ha

Der Vater von Karlheinz Ungerer lieferte seine Trauben noch an die lokale Genossenschaft ab. Als der Winzer aus Pfedelbach in Hohenlohe begann aus einem kleinen Trollinger-Weinberg seine ersten Flaschenweine zu keltern, konnte niemand ahnen, dass er sich zu einem Spezialisten für substanzvolle Rotweine mausern würde – die letzten Jahre mit warmen Temperaturen spielten ihm dabei natürlich auch in die Karten. Aber Karlheinz Ungerer versteht sich auch durchaus auf Weißweine, wie sein stoffiger Riesling und der würzige Sauvignon Blanc zeigen.

90 2019 »Große Tradition« Heuholz Dachsteiger Riesling trocken
Reifer Pfirsich, Aprikose und Apfel in der Nase, auch Apfeltarte und gelbe Blüten. Setzt am Gaumen mit reifer Säure und guter Substanz stoffig an, viel Schmelz, feine Würze kommt dazu. Kein Leichtgewicht, zeigt Spätlesecharakter, Potenzial zur Reife. 13,5 Vol.-%, DV, €€

91+ 2018 »Große Tradition« Heuholz Dachsteiger Lemberger trocken
Brombeermark, Brombeere, reife Schwarzkirsche, Holzwürze und Bleistiftmine. Lemberger, der das warme Jahr 2018 mit viel Substanz und auch Wucht gut spiegelt, die Gerbstoffe sind reif, die Säure trägt durch einen langen Körper, Opulenz auf überzeugende Weise präsentiert. 14 Vol.-%, NK, €€

91 2019 »Saltatiun virium« trocken BF/PN/CF
Vielschichtiges Bukett mit satter reifer Frucht und würzigen Noten, Schwarzkirsche, feine Vanille, geröstete Kaffeebohnen, Kirschmarmelade. Mit guter Konzentration am Gaumen, reife und satte Frucht, viel Würze, guter Extrakt und reife Tannine, konsistent und mit guter Länge.
13,5 Vol.-%, NK, €€€

90 2018 Pinot Noir Barrique trocken
Im kräftigen Bukett finden sich Noten von roten Kirschen, Rauch und Gewürznelke. Am Gaumen saftig beginnend, ein Pinot, der die Möglichkeiten des warmen Jahres 2018 auf genussvolle Art ausgereizt hat, dicht, enorm würzig, geschmeidige Gerbstoffe und mit guter Länge. 14,5 Vol.-%, NK, €€

89+ 2020 »Unglaublich« trocken LMB/AC/DF

89 2020 »Sehnsucht« Sauvignon Blanc tr.
Reife Stachelbeere, Kiwi, Schwarze Johannisbeere und Maracuja im kräftigen und fruchtigen Duft. Am Gaumen kräftig gebaut, stoffig und würzig mit viel Substanz und auch dezenter Restsüße. Ein Sauvignon Blanc, der auch für den gedeckten Tisch gemacht ist. 13,5 Vol.-%, DV, €

★★★

WEINMANUFAKTUR UNTERTÜRKHEIM

Strümpfelbacher Straße 47, 70327 Stuttgart
T: +49 711 3363810, info@weinmanufaktur.de
weinmanufaktur.de

Ab-Hof-Verkauf: Mo bis Fr 9–12.30 Uhr und 13.30–18 Uh, Sa 9–14 Uhr
Kellermeister: Jürgen Off
Ansprechpartner: Saskia Wörthwein
Flaschen/Hektar: 650.000 (37 % weiß, 55 % rot, 5 % Rosé, 3 % Schaumwein)/95 ha

Auf die rund 80 Winzer der Weinmanufaktur Untertürkheim, die auf 95 Hektar Reben rund 700.000 Flaschen Wein erzeugen, ist Verlass: Was das Team um Betriebsleiterin Saskia Wörthwein und den erfahrenen Kellermeister Jürgen Off an Weinen vorgestellt hat, ist aller Ehren wert. Der mineralische Riesling aus dem Untertürkheimer Mönchberg gewinnt im Glas weiter an Tiefe und Größe, die Rotweine um den dichten und substanzreichen Cabernet Franc zeigen Format, Sorten- und Lagencharakter. In dieser Form ist die Weinmanufaktur nicht mehr wegzudenken aus Württemberg.

92 2020 Untertürkheim Mönchberg Riesling* trocken**
Kräftiger Duft nach reifem Pfirsich, Aprikose, auch Aprikosenkompott und feiner Würze. Am Gaumen mit guter Balance in einer kräftigen Struktur und reifen Säure, großzügig im Ausdruck, aber mit klarer Definition, Tiefe und mineralischer Grundierung, konsistent, mit guter Länge. 13 Vol.-%, NK, €€

92 2019 Untertürkheim Altenberg Cabernet Franc* trocken**
Mit reifer, süßer Schwarzer Johannisbeere, Minze, Menthol, etwas Grafit. Am Gaumen mit guter Spannung und Dichte, das große Volumen wird mit viel Substanz und einer guten Portion reifer und prägnanter Gerbstoffe ausgefüllt, tragende Säure, mineralisch unterlegt. 13,5 Vol.-%, NK, €€€

91+ 2019 »Mönch Berthold Großer Stern« Rotweincuveé trocken LMB/SY/CF/CU
Zur reifen dunklen Frucht kommt etwas Menthol und Holzwürze, ein Potpourri von Cassis, Brombeere und Schwarzkirsche. Voluminöse und breit angelegte Cuvée mit Schmelz und reifem Tannin, die weiche Säure fügt sich gut ein, die Würze setzt Akzente, konsistent und lang. 13,5 Vol.-%, NK, €€€

91 2019 »Großer Stern« Untertürkheim Mönchberg Lemberger trocken
Intensiver Duft nach süßer Schwarzkirsche, Mandelkern, Kirschkonfitüre und gerösteten Kaffeebohnen, dunkle Schokolade kommt dazu. Großzügiger Auftritt am Gaumen, zeigt Substanz, Kraft und Druck, wieder reife Frucht und eine gute Portion reifer Tannine, gute Länge. 13,5 Vol.-%, NK, €€€

89 2020 Sauvignon Blanc trocken**

89+ 2020 Grauer Burgunder trocken**
Mittleres Goldgelb in der Farbe, Quitte, Birne, Aprikose und Melone, rauchige Noten kommen dazu, etwas Flachs. Im Mund mit kräftiger Struktur und gutem Volumen, feine Extraktsüße begleitet die reife Frucht, klar definiert und ausgewogen in den Proportionen. 13 Vol.-%, DV, €€

★★★★

WEINGUT WACHTSTETTER

Michelbacher Straße 8, 74397 Pfaffenhofen
T: +49 7046 329, info@wachtstetter.de
wachtstetter.de

Ab-Hof-Verkauf: Do und Fr 9–12 Uhr und 13.30–18 Uhr, Sa 9–16 Uhr und nach Vereinbarung
Kellermeister: Rainer Wachtstetter
Ansprechpartner: Rainer Wachtstetter
Flaschen/Hektar: 130 000 (35 % weiß, 65 % rot)/20 ha

Rainer Wachtstetter gilt als Lemberger-Papst und diesem Ruf wird er auch mit den aktuellen Weinen mehr als nur gerecht: Wie er es unter einen Hut bekommt, dass die Weine dieser Sorte bei aller fleischigen Dichte, und ja, bei allem Druck, den sie aufbauen, doch immer auch elegant bleiben, das ist schon außergewöhnlich. Eine unserer Verkosterinnen zog das Fazit, diese Weine seien »auf eine komplett neuartige Weise altmodisch«. Dazu kommt auch noch ein Preis-Leistungs-Verhältnis, das man, vorsichtig ausgedrückt, als »vorteilhaft« beschreiben kann.

94 2017 Pfaffenhofen Spitzenberg Lemberger GG
Ein Lemberger von unfassbar schlanker und eleganter Natur. Sehr steinig in der Nase, Schwarzkirsche, dunkle Schokolade und Holundergelee. Am Gaumen präzise Tannine und sehr gut eingebundene Säure, wobei der Nachhall unheimlich lange anhält. 13,5 Vol.-%, NK, €€€

93 2018 »Cuvée Ernst Combé Reserve« trocken LMB/ME/CF
Die Cuvée aus Merlot, Cabernet Franc und natürlich Lemberger besitzt in der Nase Schwarzkirscharomen, außerdem Kardamom und Nougat. Am Gaumen ist das Tannin geschliffen und geradlinig und die Säure balanciert. Eine Cuvée, die sich sehen lassen kann. 14 Vol.-%, NK, €€€

93 2018 »Ernst Combé« Pfaffenhofen Hohenberg Lemberger Erste Lage trocken
Würzig in der Nase und sehr saftig. Schwarzbrotkruste, Kirsche und Unterholz. Am Gaumen packt die Säure zu und ladet den Lemberger mit Spannung auf, wohingegen das Tannin moderat ist. Ein Wein, der unschuldig daherkommt, aber es faustdick hinter den Ohren hat. 13,5 Vol.-%, NK, €€

92+ 2017 Pfaffenhofen Geißberg Spätburgunder GG
Fleischig und im gleichen Zug frisch. In der Nase Tomaten, Sauerkirsche, Himbeere und Leder. Am Gaumen dann fast schon körniges Tannin und sanfte Säure, die den Körper sehr leicht, aber auch komplex wirken lässt. Macht sehr viel Spaß. 13,5 Vol.-%, NK, €€€

92 2019 Pfaffenhofen Mühlberg Riesling GG

90+ 2020 Pfaffenhofen Chardonnay trocken

90 2019 Pfaffenhofen Hohenberg Riesling Erste Lage trocken

89+ 2019 Pfaffenhofen Hohenberg Grauburgunder Erste Lage trocken

92 2018 »Junges Schwaben« Pfaffenhofen Hohenberg Lemberger Erste Lage trocken

91+ 2019 Pfaffenhofen Hohenberg Spätburgunder Erste Lage trocken

90 2019 Pfaffenhofen Spätburgunder trocken

91 2019 »Felix« Pfaffenhofen Lemberger tr.
Ein entgegenkommender Duft nach Vanille, Vollmilchschokolade und Blaubeeren strömt in die Nase. Am Mund nachgerade schmeichelnd und geschmeidig, ohne größere Ecken und Kanten, aber doch substanz- und inhaltsreich, viel Wein fürs Geld. 13 Vol.-%, NK, €€

★

WEINGUT WEIHBRECHT

Hauptstraße 20, 74626 Bretzfeld Schwabbach
T: +49 7946 2788, info@weingut-achenbach.de
weingut-weihbrecht.de

Ab-Hof-Verkauf: nach Vereinbarung
Kellermeister: Simon Weihbrecht
Ansprechpartner: Regina Weihbrecht
Hektar: 7 ha

Richard Weihbrecht übernahm 1980 den landwirtschaftlichen Betrieb seiner Eltern und spezialisierte sich in Bretzfeld auf Weinbau. In den Lagen Himmelreich, Goldberg und Eberfürst wachsen sieben Hektar Reben überwiegend auf Gipskeuper, darunter Riesling, Spätburgunder, Lemberger, Merlot oder Cabernet Franc. Derzeit befinden befindet sich das Weingut in der Umstellungsphase zum Biobetrieb. Auch Jungwinzer Simon Weihbrecht sorgt für Akzente, er kelterte die ambitionierte rote Spitzen-Cuvée »Primus S«. Ein durchaus gelungenes Debüt in diesem Weinguide!

89 2019 Crémant brut SW/RR
Schwarzriesling und Riesling zeigen im Duft Himbeere und Aprikose, dazu etwas Brioche und Kräuter. Dezente Perlage, im Mund mit kräftiger Säure und weichem Mousseux, klare Frucht, neben Frische auch Cremigkeit und Saft, feine Süße rundet das Ganze ab. 12 Vol.-%, NK, €€

90 2019 »S« Chardonnay trocken
Etwas zitrisch im Duft, kalkmineralisch, dezente Holzwürze, Waldmeister. Im Mund straff, dicht stoffig, aber auch mit geschmeidigem Hintergrund, mit spät aufkommender, dann aber gut tragender Säure. Ein guter, kulinarisch gedachter Typus. 13 Vol.-%, DV, €

90+ 2017 »Primus S« trocken ME/LMB
Die rote Spitzencuvée besteht aus Merlot und Lemberger. Das Bukett ist noch vom Ausbau im Barrique geprägt, etwas Minze begleitet die Aromen von roter Frucht. Gute Balance am Gaumen mit Substanz und auch Dichte, gepflegte Gerbstoffe, leichte Extraktsüße und Würze, ausgewogen. 14 Vol.-%, NK, €€

90+ 2020 Muscaris
Sattes Goldgelb. Duft nach Honigkuchen, getrocknete Früchte, Muskat und Rosenblatt, dazu etwas Nelke. Am Gaumen sehr prägnante Süße, dicht, gut eingebundene Säure, Waldhonig, kandierte Früchte, Karamell, Nougat, zur Weihnachtsbäckerei. 11 Vol.-%, NK, €€

89 2020 Muscaris lieblich

88+ 2017 »Ceres« Cuvée trocken RR/PG

88 2020 Sauvignon Blanc trocken

89+ 2018 »S« Spätburgunder trocken

89 2018 »S« Lemberger trocken

89 2019 »S« Merlot trocken

88 NV »Amara« Rotweincuvée trocken LMB/PN

90 2018 »S« Riesling trocken
Ein durchaus sortentypischer Duft in der Nase mit Ananas, Litschi und Zitronenschale. Am Gaumen kommt eine mineralische Note hinzu sowie Aromen von Limette und Apfel. Alles getragen von lebendiger Säure und in einem spannenden Nachhall endend. 13 Vol.-%, DV, €

WEINGÄRTNER STROMBERG-ZABERGÄU

Neipperger Straße 60, 74336 Brackenheim
T: +49 7135 9855-0, info@wg-stromberg-zabergaeu.de
wg-stromberg-zabergaeu.de
Ab-Hof-Verkauf: Weinkeller Brackenheim
Mo bis Fr 10–18 Uhr, Sa 10–15 Uhr
Weinkeller Bönnigheim
Mo bis Fr 10–18 Uhr, Sa 9–13 Uhr
Kellermeister: Thomas Eberbach
Ansprechpartner: Thomas Eberbach
Hektar: 750 ha

Nach einer erfolgreichen Kooperation im gemeinsamen Vertrieb haben sich die Weingärtner Brackenheim und die Strombergkellerei im Jahr 2012 zu einer partnerschaftlichen Fusion entschlossen. Rund 1050 Wengerter – so die schwäbische Bezeichnung für Winzer – bewirtschaften nun etwa 750 Hektar Rebfläche rund um den Stromberg und Heuchelberg und machen die Weingärtner Stromberg-Zabergäu eG zur drittgrößten Weingärtnergenossenschaft in Württemberg. In der ausgewogenen und guten Kollektion hat uns ganz besonders der wunderbar feine Crémant begeistert. So geht Schaumwein in Württemberg!

89 2020 »Excellent Weißer« Chardonnay tr.
Eher intensiv im Duft von Aromen wie Zitronenzeste, Melone, reifem gelbem Apfel sowie am Gaumen auch Ananas und reife Quitte. Diese primäre Frucht wird von guter Säure balanciert und lädt zum direkten Trinkgenuss ein. 13 Vol.-%, DV, €

89 2020 »Mann im Fass« Weißer Burgunder tr.
Eher blass in der Farbgebung, jedoch intensiv im Duft. Es entwickeln sich Aromen von Birne, Pfirsich und roher Mandel. Am Gaumen folgt ein Aroma von Zitronenschale und Melone. Alles durch angenehme Säure in einem mittelgwichtigen Körper getragen. 13 Vol.-%, DV, €

90 2017 »Signum I« Lemberger trocken
In der Nase entwickelt sich ein intensiver Duft von sortentypischen Aromen wie Schwarzkirsche, Brombeere und etwas Rauch vom Fassausbau. Am Gaumen mit feiner Säure und intensivem Tannin ausgestattet, attaktiver Nachhall und Potenzial zur Reifung. 13,5 Vol.-%, NK, €€€

90 2018 »Octavio« Cuvée trocken LMB/CS
Tief in der Farbe und fast intensiv im Duft von frischem Paprika, Brombeere, Kirsche und einer Holzwürze. Am Gaumen mit Kraft, gutem Gerbstoff und Säure sowie Aromen vom Johannisbeeren und roter Pflaume. Der Wein endet mit einem attraktivem Nachhall. 13,5 Vol.-%, NK, €€€

89+ 2018 »Octavio« Merlot trocken

89 2018 »Mann im Fass« Lemberger trocken

88 2017 »Signum II« Lemberger trocken

88 2019 »Mann im Fass« Trollinger trocken

87 2019 »Luisa's Wein Kost« Blaufränkisch trocken

87+ 2020 »Excellent Rother« Lemberger Rosé trocken

88 2019 »Octavio« Grauburgunder trocken

91+ NV »Grand Cremant« brut nature CH/SW/PN
Sehr feine Perlage im Glas. Sowohl im Duft als auch in der Nase eine akzentuierte Aromatik von Zitronenzeste und Brioche. Am Gaumen folgen Aromen von reifem Apfel, Ananas und Quitte, lebendige Säure und attraktiv-belebender Nachhall. 13 Vol.-%, NK, €€

★★★

STAATSWEINGUT WEINSBERG

Traubenplatz 5, 74189 Weinsberg
T: +49 7134 504167, florian.solymari@lvwo.bwl.de
staatsweingut-weinsberg.de

Ab-Hof-Verkauf: Mo bis Fr 10–18 Uhr, Sa 10–16 Uhr
Kellermeister: Florian Solymari
Ansprechpartner: Florian Solymari
Flaschen/Hektar: 267.000 (44 % weiß, 47 % rot, 4 % Rosé, 1 % süß, 4 % Schaumwein)/40 ha

Im Jahr 1868 als »Königliche Weinbauschule« gegründet, ebenete Weinsberg hierzulande dem Weinbau den Weg ins akademische Zeitalter, vier Jahre später zog Preußen nach und eröffnete die Schule in Geisenheim. Eine solche Historie – und ebenso das im Lauf von 150 Jahren aufgebaute Lagenportfolio – bedeuten Verantwortung: Dieser wird das Staatsweingut gerecht, indem es sich als Speerspitze technischer Raffinesse versteht, ohne dass die Weine darüber seelenlos oder industriell würden. Mit anderen Worten: Die Weine sind modern im Stil und sie schmecken.

93 2018 »Grande Réserve H.A.D.E.S.« trocken CS/ME/CF
Leder, Preiselbeere, Rote und Schwarze Johannisbeere, Karamell, Kräuternoten. Sehr vielschichtig im Duft. Im Mund von hoher Intensität, enorm dichtes, dabei reifes und feines, plastisches Tannin. Trotz der hohen Gerbstoffmenge keine Adstringenz. Wird zu großer Würze reifen. 14 Vol.-%, NK, €€€

92+ 2018 Weinsberg Schemelsberg Lemberger GG
Rauchiges Neuholz, Berglorbeer, Kirsche, auch Kirschkonfitüre: Am Gaumen trifft ein cremiger Fond auf mehliges, aber dichtes Tannin, die milde Säure verstärkt den Eindruck von Fülle und Stämmigkeit, breit wirkt der Wein aber nicht, dafür ist er zu fruchtgetragen. 13,5 Vol.-%, NK, €€€

92 2018 »Réserve H.A.D.E.S.« Syrah trocken
Holunder und Schwarze Johannisbeere im Duft, schwarzer Pfeffer, Rosine. Am Gaumen verschwindet die dichte Tanninfracht in dem plüschig-weichen, leicht öligen Hintergrund, eine leichte Süße gibt dem Wein Länge. Weniger »wild« als die Rhône-Vorbilder. 14 Vol.-%, NK, €€€

92 2018 Abstatt Burg Wildeck Herrschaftsberg Riesling GG
Im Duft zeigt sich eine Würze von großer Vielschichtigkeit: Apfelkompott und Kümmel, Leder, Anis, Spontangärung, etwas Hochreife. Am Gaumen bilden seidige Textur und forsche Säure einen strengen Kontrast, Stoffigkeit und taktile Mineralität geben Länge. Ein ziemlicher Brocken. 12,5 Vol.-%, NK, €€

90 2017 »Pinot 1868« brut PM/PN/WB

91+ 2019 »Fumé Blanc H.A.D.E.S.« Sauvignon Blanc trocken

91 2019 »H.A.D.E.S.« Chardonnay trocken

89 2020 Abstatt Riesling trocken

88 2020 Sauvignon Blanc trocken

92 2018 Abstatt Burg Wildeck Spätburgunder Erste Lage trocken

91 2018 »H.A.D.E.S.« Sangiovese trocken

93 2018 Gundelsheim Wolkenstein Spätburgunder Erste Lage trocken
Lorbeer, Zimt und Gewürznelke in Duft. Auch Süßkirsche und rote Beeren. Im Mund mit dezentem Gerbstoff, mittlere bis mittelhohe Dichte, gut eingebundene Säure, der Abklang lässt Mineralität und eine intensiv saftige Frucht aufblitzen. Eleganter Pinot. 13,5 Vol.-%, NK, €€

★★

COLLEGIUM WIRTEMBERG

Württembergstraße 230, 70327 Stuttgart
T: +49 711 32777580, info@collegium-wirtemberg.de
collegium-wirtemberg.de

Ab-Hof-Verkauf: In der Verkaufsstelle Rotenberg auch auf der Sommerterrasse
Kellermeister: Thomas Eckard
Ansprechpartner: Martin Kurrle
Flaschen/Hektar: 2.000.000 (30 % weiß, 58 % rot, 6 % Rosé, 2 % süß, 4 % Schaumwein)/160 ha

Die Genossenschaft, die im Zeichen des historischen Württembergs (gleich Rotenberg) firmiert, hat wieder eine ausgezeichnete Leistung abgeliefert, und das in beiden Farben: Sehr gut gefielen uns die »Réserve«-Versionen von Sauvignon Blanc (kraftvoll) und Riesling (feine Phenolik), ebenso der frisch und elegant gehaltene Lemberger, der nach den Höhenmetern im Weinberg »289« auf dem Etikett stehen hat. Die Krönung ist der 2017er Rotwein »Grande Réserve«: Aus dem gar nicht einfachen Jahr 2017 ist der Genossenschaft eine Cuvée der absoluten Top-Liga gelungen.

90 2020 »Réserve« Sauvignon Blanc trocken
Stachelbeere, Zitronenmelisse und eine rauchige Note in der Nase. Der Sauvignon schreit klar »Hier bin ich!«, und zwar mit viel Schwung. Die Säure ist mittel und die Struktur kommt mit viel Substanz daher. Für Liebhaber kräftiger Weine großartig. 13 Vol.-%, NK, €€€

90 2019 »Réserve« Riesling trocken
Die Nase gelb, cremiger Honig, reife Ananas und vollreife Äpfel. Wohl das Gegenteil eines stahligen Rieslings. Im Mund hat er eine interessante Phenolik, in die sich die Säure gut einbindet. Zur Leber mit Zwiebeln und gebratenen Äpfeln ein Traum. 13 Vol.-%, NK, €€€

93+ 2017 »Grande Réserve« trocken LMB/CF/SY
Eine intensive Beerenfrucht, Brombeere und Holunder, aber auch Rote Johannisbeere, Preiselbeerkompott, getrocknete Tomate, rauchiges und zugleich auch »süßes« Neuholz. Cremiger Auftakt, dichtes, recht hochwertiges Tannin, gute Säurebegleitung, sehr gute Länge. 14 Vol.-%, NK, €€€

91 2017 »Réserve« Spätburgunder trocken
Mandel und Lorbeer, etwas Kräuter, leichter Holzeinfluss. Im Mund mit sehnigen Anlagen, viel Saft, fester Säurenerv, der Gerbstoff zeigt eine erste (oxidative) Milderung, hat aber durchaus noch Spannung. Gute, kompakt bleibende Länge. Zum Rostbraten. 13,5 Vol.-%, NK, €€

89 2020 Weißburgunder trocken

89 2020 »Cuvée Blanc« trocken SB/KR/CH

88+ 2020 Sauvignon Blanc trocken

88 2020 Chardonnay trocken

88 2020 Rosé trocken LMB/TL/RE/HE/MTR

89+ 2017 »Cuvée Wirtemberg Réserve« trocken CS/ME/CF

88 2018 Pinot Noir trocken

90+ 2019 »289« Lemberger trocken
Eine duftige Version von Lemberger: Darjeeling-Tee, Schwarzkirsche, Kirschkern, sandiges Tannin in passender Menge, leicht viskos grundierter Körperbau, eine Spur Süße in der Frucht, aber auch eine feine Säure. Sehr zurückhaltender Holzakzent. Guter Stil. 13 Vol.-%, DV, €

★★★★

WEINGUT WÖHRWAG

Grunbacher Straße 5, 70327 Stuttgart-Untertürkheim
T: +49 711 331662, info@woehrwag.de
woehrwag.de

Ab-Hof-Verkauf: Mo bis Fr 8–12.30 Uhr und 14–18.30 Uhr, Sa 9–14 Uhr
Kellermeister: Hans-Peter Wöhrwag, Carsten Kämpf
Ansprechpartner: Christin Wöhrwag
Flaschen/Hektar: 160.000 (60 % weiß, 30 % rot, 10 % Rosé)/20 ha

Auch die diesjährigen Weine belegen es wieder: Das Untertürkheimer Weingut steckt viel Liebe, Wertschätzung und handwerkliches Können in seine Arbeit in Weinberg und Keller. Hans-Peter, Christin, Moritz und Johanna sind die Protagonisten dieses Familienbetriebs mit Herzblut, der auf steilen Gipskeuper-Hängen eine große Vielfalt von Rebsorten anbaut. Wer glaubt, dass es in Deutschland keine hochwertigen Bordeaux-Cuvées gibt, möge bitte die »Cuvée X« der Wöhrwags probieren. Und auch der reinsortige Cabernet Franc macht richtig Spaß!

91 2020 Untertürkheim Herzogenberg Sauvignon Blanc Erste Lage trocken
Klar und strahlend ist der Geruch des Sauvignon Blancs. Die Nase duftet nach Tomatenblatt, Sternfrucht, Zitronenzeste und dezenter Stachelbeere. Die tropischen Noten sind da, jedoch nicht zu plakativ, sondern charmant. Am Gaumen mit perfekt eingebundener Säure und Zug. 12,5 Vol.-%, DV, €€

93 2018 Untertürkheim Herzogenberg Pinot Noir GG
Vielschichtige Nase mit feiner Holzwürze, reifer Kirsche und Pflaume, etwas Graphit und auch frisch gekochte rote Beete. Würzig und stoffig im Mund mit guter Konzentration und Fülle, mit kräftigem und fein extrahiertem Gerbstoff, mineralisch, gute Länge und Substanz. 13,5 Vol.-%, NK, €€€

93 2018 »X« Untertürkheim trocken CS/ME/CF
Schon das Aroma verrät, es handelt sich um einen fleischigen und vollmundigen Zeitgenossen. Kirschkonfitüre, Zartbitterschokolade, Pflaume und Sauerteigbrot. Am Gaumen balancieren sich griffiges Tannin und die Säure. Ich lasse den Tropfen unbedingt noch reifen. 13,5 Vol.-%, NK, €€€

92 2019 Untertürkheim Cabernet Franc tr.
Schwarze Johannisbeeraromen, dazu noch rosa Pfeffer und ein Hauch Pyrazine. Am Gaumen ein ganz schöner Brocken mit sehr karger und zupackender Phenolik. Fordernd und majestätisch. Ein Wein, mit dem man sich beschäftigt. Und den es zu dekantieren lohnt. 13,5 Vol.-%, NK, €€€

90+ 2020 »Mineral« Untertürkheim Herzogenberg Riesling Erste Lage trocken

91 2020 Untertürkheim Herzogenberg Muskateller Erste Lage trocken
So muss ein Muskat schmecken. Ganz geschmeidig mit ultrafeiner Aromatik, welche an Pfingstrose und knackige Äpfel erinnert. Was für eine ernsthafte Mineralik und großartig feingliedrige Säurestruktur für eine oft missachtete Rebsorte. Ganz großartig. 13,5 Vol.-%, DV, €€

★★★

WEINGUT HERZOG VON WÜRTTEMBERG

Schloss Monrepos, 71634 Ludwigsburg
T: +49 7141 225525, weingut@hofkammer.de
weingut-wuerttemberg.de

Ab-Hof-Verkauf: Mo bis Fr 10–12 Uhr und 13–18 Uhr, Sa 10–16 Uhr
Kellermeister: Joachim Fischer
Ansprechpartner: Claudia Krügele
Flaschen/Hektar: 240.000 (48 % weiß, 52 % rot)/40 ha

Dass der Herzog von Württemberg einige der besten Weinbergslagen des Landes sein Eigen nennt, kann nicht überraschen. Aber Michael Herzog von Württemberg weiß auch, dass ein solches Erbe verpflichtet. Das zeigen die blitzsauberen und aufgeräumten Weine, die sein Weingutsteam uns vorgestellt hat. An der Spitze des Staats stehen »Dux« und »Ducissa«, die in ihrer 2018er Version aus einem warmen Jahr echte Schwergewichte sind – man braucht Geduld mit ihnen. Das Warten überbrückt aufs Beste der feine Rieslingklassiker aus der Stettener Ersten Lage Brotwasser.

91 2020 Stetten Brotwasser Riesling Erste Lage trocken

Der Riesling hat ein steiniges Aroma, grüner Apfel und feine Pfefferschärfe. Am Mund besitzt er Zug und Grip, wobei er nicht vergisst, Leichtigkeit auszustrahlen. Die Säure ist schön eingebunden in den mittleren Körper des sehr erwachsenen Weines. 12,5 Vol.-%, DV, €€

91 2018 Merlot trocken

Im Duft dominieren Aromen von Zwetschge und Kräutern, dazu kommt etwas fast Kampferartiges, Fisherman's Friend, eine ausgeprägte Würze. Im Mund seidig, voll, sehr gut integrierte, feinnervige Säure. Ein mineralischer Hintergrund gibt dem Ensemble Frische und Schwung.
14,5 Vol.-%, NK, €€€

91+ 2018 »Dux« trocken ME/CU

Milchschokolade und Preiselbeere im Duft, Wildkirsche, Thymian. Weit gefasst am Gaumen, weich grundiert, eine hohe Menge mehligen, leicht trockenen Tannins, wuchtiger Alkohol, ein auf lange Sicht angelegter Wein, der Power mit feinem Gerbstoff verbindet. 14,5 Vol.-%, NK, €€€

91 2018 »Ducissa« trocken CS/LMB/PN/CI

Dezenter Holzeinsatz, Zimt und Schokolade, Sauerkirsche, gequetschte Wacholderbeere, Piment. Im Mund seidig und mit leichter Süße in der Frucht, wuchtig, aber auch mit lebendiger Säure und einem Hauch von Rappigkeit im Hintergrund. Gutes Potenzial zu würziger Entfaltung.
14,5 Vol.-%, NK, €€€

89+ 2020 Maulbronn Eilfingerberg Riesling Erste Lage trocken

90 2020 Sauvignon Blanc trocken

Ein Sauvignon Blanc, wie er im Buche steht. Im Duft finden sich Holunderblüten, grüne Stachelbeeren und unreife Banane. Die Säure ist mittel und bindet sich in den Körper schön ein. Ein Gericht aus grünem Spargel und mit Sojasoße glasiertem Rinderfilet ist passend. 13 Vol.-%, NK, €€

★★★

WEINGUT ZIPF

Vorhofer Straße 4, 74245 Löwenstein
T: +49 7130 6165, weingut@zipf.com
zipf.com

Ab-Hof-Verkauf: Mo bis Fr 13–18.30 Uhr, Sa 9–15.30 Uhr und nach Vereinbarung
Kellermeister: Jürgen Zipf
Ansprechpartner: Jürgen Zipf
Hektar: 13 ha

Die Rotweine aus dem Jahr 2018 sind Jürgen Zipf, engagiertem Winzer in Löwenstein und Gründungsmitglied der schwäbischen Winzer-Gang »Junges Schwaben«, sehr gut gelungen. Sie zeigen klare Frucht, sind mit viel Gespür und Gelassenheit extrahiert und imponieren mit präsenten Tanninen; sie vermeiden Üppigkeit und Überreife. Der mineralische Silvaner ist wieder unsere Empfehlung und dass Jürgen Zipf sich weiter streckt und nach vorne strebt, zeigt der experimentelle Riesling aus dem »Oi«, wie das Betonei in bester schwäbischer Mundart bei ihm heißt.

92 2019 »Orange« Gewürztraminer trocken
Obacht! Die orange Komponente hier ist sehr zurückhaltend, denn die Nase ist nicht aufdringlich, sondern charmant rosenduftig und glasklar. Am Gaumen zeigt sich eine sanfte Säure und nur eine ganz subtile Phenolik. Eine barocke Rebsorte völlig zeitgemäß. 12,5 Vol.-%, DV, €€

92+ 2018 »Junges Schwaben« trocken LMB/PN/ME
Würzige Nase mit frischer dunkler Frucht, Cassis und Kirsche, auch Paprika und Zedernholz, süße Blutorange und Gewürze. Fest in der Struktur mit guter Dichte, klarer Frucht und pointierter Säure, die präsenten Gerbstoffe sind von guter Qualität. Elegant und elaboriert.
13,5 Vol.-%, NK, €€€

91+ 2018 Lemberger** trocken**
Neues Barrique zeigt Holzwürze und unterlegt präsente Frucht wie Schwarzkirsche, Holunderbeere und Brombeere. Kompakt und fest gebaut am Gaumen mit gutem Extrakt und auch Dichte, feine Säure führt durch die Textur; knackige Gerbstoffe, gute Länge und mit Potenzial. 13,5 Vol.-%, NK, €€

91+ 2018 Spätburgunder** trocken**
Schwarze und rote Kirschnoten prägen den Duft mit Holzwürze, auch Holunder, Wacholderbeere und etwas Pfeffer. Im Mund mit kräftigem Bau und einer guten Dosis feinkörniger Gerbstoffe, saftig und mit Schmelz, aber auch Würze und Pfeffer. Substanz für weitere Reifung. 13,5 Vol.-%, NK, €€

90 2019 »Im Oi« Löwenstein Wohlfahrtsberg Riesling trocken

90 2020 »Alte Reben« Grüner Silvaner* tr.**
Zitronenmelisse, grüner Apfel, Birne und Melone in der Nase. Die Mineralik am Gaumen ist bemerkenswert, die Säure wunderbar eingegliedert. Silvaner hat eben Struktur, das zeigt sich auch hier. Scheint unkompliziert zu sein und hat es doch dick hinter den Ohren. 12,5 Vol.-%, DV, €

Blick von der Agnesbrücke auf die historische Altstadt Esslingen

GASTGEBER AUS LEIDENSCHAFT

Gemeinsam mit den Winzern der Region – als uneingeschränkten Experten, was das leibliche Wohl anbelangt – hat Falstaff die besten Genussadressen in Sachen Kulinarik sorgfältig ausgewählt und zusammengestellt.

97980 Bad Mergentheim

Das Schaffers

Das kleine feine Hotel mit hellem Ambiente wird familiär von Michaela und Daniel Schaffers geführt. In der Küche sind ihnen Produkte von nachhaltigen Produzenten mit artgerechter Tierhaltung wichtig. Die deutsche zeitgemäße Küche passt gut zur jugendlichen Atmosphäre im Haus.

Edelfingerstraße 7
+49 07931 97120
dasschaffers.de

Empfohlen von: **Becksteiner Winzer**

Foto: Shutterstock, beigestellt

97980 Bad Mergentheim

Edelfinger Hof

Das schmucke Hotel beherbergt auch ein gemütliches Restaurant mit Kaminzimmer und Terrasse. Die Küche zaubert vorwiegend schwäbische und fränkische Spezialitäten wie Lammkronen, Zwiebelrostbraten, Spätzle und am Sonntag Grillteller. Umfangreiche Weinkarte mit einigen Raritäten.

Landstraße 14
+49 7931 9580
edelfinger-hof.de

Empfohlen von: **Becksteiner Winzer**

74354 Besigheim

Marktwirtschaft

Im schönen Fachwerkhaus ist die Küche von Frank Land Schnittstelle zwischen Restaurant und modernem Bistro, der Fokus liegt auf dem Produkt. Daraus entstehen geradlinige Gerichte mit Geschmack: Carpaccio, saftige Braten oder gebackener Kabeljau. Toll sind auch die Desserts.

Marktplatz 2
+49 7143 9099091
marktwirtschaft-besigheim.de

Empfohlen von: **Weingut Eisele, Wein & Sektgut Hirschmüller, Weingut Lassak**

97922 Beckstein

Rebenhof

Gepflegter Rückzugsort inmitten des umliegenden Rebenmeeres. Rund um Forelle, Lamm, Landschwein und Wild aus dem Taubertal inszeniert Michael Müller traditionelle hochwertige Küche mit einem Schuss mediterranem Flair. Jeden Mittwoch gibt es Köstliches aus dem Holzofen.

Am Hummelacker 52
+49 9343 62780
becksteinerrebenhof.de

Empfohlen von: **Falstaff-Redaktion**

74336 Brackenheim

Gasthaus-Hotel Adler

Seit 50 Jahren wird das Fachwerkhaus mit viel Liebe geführt. In der Küche verbindet sie schwäbische Küche mit einem weltoffenen Blick. Schwäbischer Zwiebelrostbraten mit Maultaschen und Steinbuttroulade mit gebratener Riesengarnele in Hummersauce fühlen sich nebeneinander wohl.

Hindenburgstraße 4
+49 07135 98110
adlerbotenheim.de

Empfohlen von: **wein & gut frank, Weingut Dautel**

71717 Beilstein

Mayers Burgrestaurant

Die alte Burganlage bietet den perfekten Rahmen für das rustikale Gasthaus mit Biergarten und Gewölbekeller. Dazu passen herzhafte schwäbische Gerichte wie Maultaschensuppe, Kalbsbratwürste oder Spätzle. Kreativer geht auch: bei Ingwer-Kürbissuppe mit Krokant und Krebsschwänzen.

Langhans 1
+49 7062 65077
burg-beilstein.de

Empfohlen von: **Golter – Weingut im Klee**

74336 Brackenheim

Zinsers Flämmle

In den historischen Gasträumen wird man mit schwäbischen und indischen Genüssen verwöhnt. Die Signature Dishes: Deftiges und Delikates wie schwäbischer Zwiebelrostbraten oder Medaillon vom Schweinefilet, dazu Spätzle, hausgemachte Schupfnudeln und Maultäschle.

Leintalstraße 15
+49 07135 9387060
zinsersflaemmle.de

Empfohlen von: **Weinkonvent Dürrenzimmern**

74677 Dörzbach

Bitzer

Romantisches Hotel mit Naturgarten in Grünlage. Hier steht der Chef in der Küche und liefert gekonnt Putengeschnetzeltes mit Spätzle, paniertes Schnitzel mit Kartoffelsalat, saftige Braten oder Tafelspitz mit Meerrettichsauce. Auch die gebratenen Schnecken mit Knoblauch sind top.

Goldbachstraße 2
+49 7937 5843
kochstube-bitzer.de

Empfohlen von: **Weingut Gaufer**

74542 Braunsbach

Gasthof zum Löwen

Seit Generationen steht das Traditionsgasthaus für regionale Qualität, die Wurstwaren stammen aus eigener Produktion. Herrlich die Blutwurst mit Kartoffelstampf und karamellisierten Äpfeln. Ebenfalls auf der Karte: Zwiebelrostbraten oder Siedefleisch in Meerrettichsauce.

Marktplatz 4
+49 7906 91050
zum-loewen-braunsbach.de

Empfohlen von: **Weingut Drautz-Able**

73728 Esslingen am Neckar

Kielmeyers 1582

Im Sommer sitzt man draußen am Marktplatz, das historische Haus hat viel Atmosphäre. Geboten wird regionale Cross-over-Küche vom Feinsten, die Gerichte beeindrucken durch Komposition und bunte Präsentation mit Beeren und Blüten. Der Wein kommt von lokalen Familienbetrieben.

Marktplatz 2
+49 711 93526692
kielmeyer1582.de

Empfohlen von: **Weingut Kusterer**

75015 Bretten

Lamm Werkstatt

Das Fachwerkhaus hat viel zu bieten: Gewölbekeller, Vinothek und Jazzkonzerte. Man freut sich über knusprigen Flammkuchen und Pizza aus dem Holzofen. Samstags von 11.30 bis 14 Uhr ist »Aperitivo-Zeit« mit Prosecco und Aperol Spritz, aber auch Weinen aus Italien und Deutschland.

Pforzheimer Straße 15
+49 7252 85392
lammbretten.de

€€€

Empfohlen von: **Falstaff-Redaktion**

70734 Fellbach

Goldberg

Fine Dining in stilvollem Ambiente, eingerahmt von gut gefüllten Regalen in der Weinlounge. Philipp Kovacs steht für innovative Cross-Culture-Küche, wobei der neue Fokus auf Regionalität liegt. Spannendes Geschmackserlebnis bietet der geschmorte Kohlrabi mit Fichtensprossen.

Guntram-Palm-Platz 1
+49 711 57561666
goldberg-restaurant.de

€€€

Empfohlen von: **Weingut Drautz-Able, Weingut Escher**

Foto: beigestellt

70736 Fellbach

Oettingers

Das Restaurant im Hotel Hirsch ist im hellen Landhausstil eingerichtet. Michael Oettinger steht für fantasievolle, französisch inspirierte Küche, aber auch regionale Klassiker wie Innereien oder Kalbsbries sind dabei. Auf der Karte stehen ausgesuchte feine Weine und Perlendes.

Fellbacher Straße 2-6
+49 711 9513 0
hirsch-fellbach.de

Empfohlen von: **Weingut Bernhard Ellwanger**

71720 Gronau

Krone

Im schönen Fachwerkhaus betreibt Familie Feigion ein Gasthaus, das sich auf gutbürgerliche Gerichte spezialisiert hat. Es gibt Spätzle, Pilzpfanne, geschmorte Schweinebäckchen in kräftiger Burgundersauce oder Rehgerichte. Asiatisch wird es bei Thai-Curry mit Kokos und Garnelen.

Hauptstraße 49
+49 7062 936369
kronegronau.de

Empfohlen von: **Weingut und Edelbrennerei Gemmrich**

70734 Fellbach

Zum Hirschen

Im schmucken Fachwerkhaus findet sich ein gehobenes, sehr gemütliches Restaurant. Armin Karrer sorgt für Wow-Geschmackserlebnisse mit klassisch französischer Küche mit Anklängen aus der Molekularküche. Zum Menü in zehn Gängen gibt es spannende Geheimtippweine.

Hirschstraße 1
+49 711 9579370
zumhirschen-fellbach.de

€€€

Empfohlen von: **Weingut Wöhrwag**

74363 Güglingen

Herzogskelter

Das imposante Gebäude aus dem 16. Jahrhundert mit mächtigen Steinmauern wurde modern aufgefrischt. Gutbürgerliche Spezialitäten sind im Mittelpunkt, vor allem Fleischgerichte wie Pfeffer-Rumpsteak, Zwiebelrostbraten oder Kalbsrahmschnitzel. Auch für Wild ist man bekannt.

Deutscher Hof 1
+49 07135 930610
herzogskelter.de

Empfohlen von: **Falstaff-Redaktion**

74376 Gemmrigheim

Zum Sonnenhof

Das Restaurant liegt romantisch in den Weinbergen von Gemmrigheim. Philip Gäbelein verpackt in seine abwechslungsreiche kleine Karte experimentierfreudige, kreative Gerichte. Basis sind frische regionale Produkte, gekonnt in Szene gesetzt mit frischen, selbst angebauten Kräutern.

Oberer Bergweg 1
+49 07143 9665332
zumsonnenhof.de

P

Empfohlen von: **Weingut und Edelbrennerei Gemmrich**

74736 Hardheim

Wohlfahrtsmühle

Charmant ist das Gasthaus mit drei Stuben im Landhausstil, daneben plätschert der Mühlbach. Wild stammt aus eigener Jagd, die Regenbogenforellen holt man aus dem Hausteich. Die Gerichte sind herzhaft und bodenständig, der Gewölbekeller liefert die richtige Weinbegleitung.

Wohlfahrtsmühle 1
+49 6283 22220
wohlfahrtsmuehle.com

P

Empfohlen von: **Weingut Konrad Schlör**

74072 Heilbronn

Bachmaier

Das kleine, aber feine Restaurant von Ulrike und Otto Bachmaier erfreut mit kreativen Gerichten und intensivem Geschmack. Beispiele? Kräutersalat mit Tomate und Fenchel, Schwammerlsuppe vom Steinpilz und geschmorte Lammschulter mit Auberginencouscous. Ausgesuchte regionale Weine.

Untere Neckarstraße 40
+49 7131 6420560
restaurant-bachmaier.de

Empfohlen von: **Kistenmacher-Hengerer, Weingut Drautz-Able**

74072 Heilbronn

Wein Villa

16 renommierte Weingüter sind die Betreiber des schönen Hauses. In der Küche steht ein junges, engagiertes Team und zaubert Variation vom Pfifferling, Schwarzwald-Forelle auf Chili-Zitronen-Spinat oder Kalbslebergeschnetzeltes auf die Teller. Die Weinkarte hält auch manche Raritäten parat.

Cäcilienstraße 66
+49 7131 676712
wein-villa.de

Empfohlen von: **Weingut Drautz-Able**

74072 Heilbronn

Beichtstuhl

Ganz leger geht es zu, im Innenhof sitzt man schön ruhig. Genuss hat hier viele Gesichter: Zu Mittag locken unkomplizierte dreigängige Menüs, abends ist Fine Dining angesagt. Da gibt es etwa Entensandwich mit Krautsalat oder Lammragout mit Gnocchi. Unbedingt mehrere Weine verkosten.

Fischergasse 9
+49 7131 2758985
beichtstuhl-hn.de

Empfohlen von: **Kistenmacher-Hengerer, Golter - Weingut im Klee, Weingut Drautz-Able**

74072 Heilbronn

Ratskeller

Hohe Gewölbedecken dominieren das Traditionsgasthaus am Marktplatz, im 700 Jahre alten Keller lagern vorwiegend regionale und deutsche Tropfen. Genauso regional-traditionell gibt sich auch die Küche, Ausflüge ins Mediterrane sind gelungen, das Wild kommt aus eigener Jagd.

Am Marktplatz 7
+49 7131 84628
ratskeller-heilbronn.eu

€€

Empfohlen von: **Weingut G. A. Heinrich, Weingut Drautz-Able**

74394 Hessigheim

Gässles Stube

Das Ambiente im kleinen, familiären Lokal ist nett – mit Steingewölbe, gut gefüllten Weinregalen und gemütlichen Holzmöbeln. Highlights auf der Karte sind saftige Braten mit Spätzle und Wirsing-Gemüse oder Deftiges wie Schlachtplatte. Dazu passen Bioweine vom Weingut Eisele.

Mittelgasse 1
+49 7143 59901
gaessles-stueble.de

Empfohlen von: **Falstaff-Redaktion**

Foto: beigestellt

97999 Igersheim

Restaurant Bundschuh

Die Kombination aus Antiquitäten und modernen Dekoelementen schafft eine elegante Atmosphäre. Andreas Bundschuh beherrscht die Klassiker wie Schäufele oder Ochsenbacken perfekt, Curry oder Popcornfalafel sind eine gelungene Alternative. Ein Traum sind die Parfaits.

Erlenbachtalstraße 36
+49 7931 8066
andreas-bundschuh.com

P €€

Empfohlen von: **Falstaff-Redaktion**

71394 Kernen im Remstal

Malathounis

Elegant geht es zu mit schöner Holzvertäfelung und roten Sitzecken. Der Fokus liegt auf authentischer mediterraner Küche, deren Wurzeln in Griechenland liegen. Kreative Kombinationen wie Waldpilzravioli auf Weißkraut und Bananencreme begeistern auch. Gute hauseigene Vinothek.

Gartenstraße 5
+49 7151 45252
malathounis.de

Empfohlen von: **Weingut Bernhard Ellwanger**

88079 Kressbronn am Bodensee

Kretzergrund

Tolle Lage direkt am See, durch hohe Fensterfronten fließt viel Licht. Auf der Karte finden sich Fisch und Klassiker wie Lammkoteletts oder Wiener Schnitzel, fein komponiert ist die Blumenkohl-Kokoscremesuppe mit Mangochutney. Dazu serviert man Weine aus ganz Deutschland.

Seestraße 50
+49 7543 9336300
restaurant-kretzergrund.de

Empfohlen von: **Weingut Rebhof**

88131 Lindau

Valentin Fine Dining

Sehr mutig und innovativ. Zwiebelrostbraten aus Entrecôte saignant und slowcooked Zwischenrippe gelingen genauso wie das Duo aus Oktopus und Taschenkrebs mit Chorizo, Yuzu und Maracuja. Die Weinkarte reicht von regionalen Entdeckungen bis zu internationalen großen Namen.

In der Grub 28a
+49 8382 5043740
valentin-lindau.de

€€€

Empfohlen von: **Weingut Lanz**

74369 Löchgau

Zur Krone

Das Gasthaus mit rustikalem Biergarten blickt auf eine 400-jährige Geschichte zurück. Die Küche ist gutbürgerlich mit einem Schuss Extravaganz und setzt auf regionale Produkte wie Fisch oder Wild aus heimischen Wäldern. Beliebt ist die knusprige Schweinhaxe aus dem Ofen.

Hauptstraße 63
+49 7143 18217
krone-loechgau.de

Empfohlen von: **Weinkonvent Dürrenzimmern**

71665 Vaihingen

Lamm Rosswag

Das Credo des gehobenen Restaurants mit Innenhofterrasse lautet: aus regionalen Produkten den Gourmethimmel zaubern. Das gelingt bei Oktopus mit orientalischen Aromen und Couscous oder Kalbsbacken mit Spargel und Salsa verde. Nur beste deutsche Weine stehen auf der Karte.

Rathausstraße 4
+49 7042 21413
lamm-rosswag.de

P €€

Empfohlen von: **Falstaff-Redaktion**

72622 Nürtingen

Belsers

Himmelblaue Wände, gut gefüllte Weinregale und Schauküche – so präsentiert sich das stylische Restaurant. Monatlich wechselt die Karte, die Leidenschaft des Kochs schmeckt man etwa bei Beef Tatar mit Senf-Kapern-Sauce, gebettet auf Avocado und Amaranth-Crisp. Ein Gesamtkunstwerk.

Brunnsteige 15
+49 7022 7195860
belsers.com

€€

Empfohlen von: **Weingut Hedwig und Helmut Dolde**

71332 Waiblingen

Bachofer

Das moderne Gourmetlokal mit prächtiger Terrasse ist in einem Gebäude aus dem 17. Jahrhundert untergebracht. Serviert bekommt der Gast asiatisch angehauchte Fusionküche. Molekulare Elemente und spezielle Gartechniken kommen auch zum Einsatz. Fisch stammt vorwiegend aus Wildfang.

Marktplatz 6
+49 7151 976430
bachofer.info

€€€

Empfohlen von: **Weingut Bernhard Ellwanger, Weingut Escher**

Foto: beigestellt

71334 Waiblingen

Brunnenstuben

Wer herzhafte deutsche Küche zu schätzen weiß, ist hier richtig. Petra Beyer zaubert Käsespätzle, schmackhafte Braten oder rosa gebratene Hüfte vom Weiderind. Mediterrane Einflüsse und asiatische Anklänge harmonieren, etwa beim Kokos-Risotto mit Shiitake-Pilzen und Pak-Choi.

Quellenstraße 14
+49 7151 9441227
brunnenstuben.de

Empfohlen von: **Weingut Albrecht Schwegler**

71384 Weinstadt

Weinstube Anker

Grobe Steinwände bringen viel Flair, gemütlich ist es auch im beheizten Gewölbekeller. Die Küche zaubert aus vorwiegend regionalen Produkten und bestem Fleisch vom Metzger schwäbische Köstlichkeiten wie Wurstsalat oder Zwiebelrostbraten mit Spätzle. Gute regionale Weine.

Weinstraße 28
+49 7151 65144
weinstube-anker.de

Empfohlen von: **Weingut Bernhard Ellwanger**

76337 Waldbronn

Schwitzer's

Das gehobene Hotel liegt idyllisch am Rand des Kurparks, kulinarische Genüsse verspricht das französische Gourmetlokal. Top gelungen ist etwa das Wagyu-Beef mit Gurkenrelisch, Lardo und Zwiebelasche. Als Speisenbegleiter sowie an der Bar genießt man Spitzenweine aus dem Keller.

Etzenroter Straße 4
+49 7243 354850
schwitzers.com

Empfohlen von: **Weingut Burg Ravensburg, Weingut Heitlinger**

71384 Weinstadt

Zum Türmle

Von der Terrasse fällt der Blick in die Weingärten, die Stube mit Holzdecke ist rustikal-gemütlich. Aufgetischt werden hausgemachte Wurst und selbst gebackenes Brot, Salate oder Klassiker wie Zwiebelrostbraten mit Kartoffeln und gebackene Apfelringe. Herzhafte schwäbische Küche zum Verlieben.

Gundelsbacher Straße 17
+49 7151 606363
tuermle.de

Empfohlen von: **Weingut Siegloch**

71111 Waldenbuch

Krone

Die kreative französische Gourmetküche von Erik Metzger passt perfekt ins 500 Jahre alte Haus mit romantischer Gartenterrasse. Der Seeteufel auf Rahmspinat und Pulpo mit Safransauce zergeht auf der Zunge. Über 400 Spitzengewächse aus dem In- und Ausland erfreuen Weingenießer.

Nürtinger Straße 14
+49 7157 408849
krone-waldenbuch.de

Empfohlen von: **Weingut Wöhrwag**

71364 Winnenden

Schwabenalm

Die urige Location wurde mit altem Allgäuer Holz gestaltet. In so einem Ambiente geht es natürlich herzhaft zu. Maultaschen, Käsespätzle, Schlachtplatte und Schweinebraten sind die Hits. Dazu passen die eigens für das Haus vinifizierten Weine oder das Schwabenalm Kellerbier.

Albertviller Straße 49
+49 7195 5986030
schwabenalm.de

Empfohlen von: **Weingut Siegloch**

MIT BESTER EMPFEHLUNG

Sie sind auf der Suche nach gut sortierten Vinotheken und tollen Weinen? Dann sind Sie hier genau richtig! Bei diesen ausgewählten Weinhändlern finden Sie kompetente Beratung und beste Weine.

BADEN-WÜRTTEMBERG

73230 Kirchheim unter Teck
Cantina Adoro
Teckstraße 12, +49 176 10439198
info@cantinaadornetto.de, www.cantinaadornetto.de
Fr 17–20 Uhr, Sa 11–15 Uhr sowie nach tel. Vereinbarung

78359 Orsingen
Peter Riegel Weinimport
Steinäcker 12, +49 7774 93130
info@riegel.de, www.riegel.de
Do und Fr 15–18 Uhr sowie nach telefonischer Vereinbarung

79098 Freiburg im Breisgau
Weinhaus Stellwagen-Büchner
Oberlinden 19, +49 7618 9759852
info@stellwagen-buechner.de,
www.stellwagen-buechner.de
Mo bis Fr 10.30–18.30 Uhr, Sa 10–17 Uhr

79241 Ihringen
Weinhaus Heger OHG, Weingut Dr. Heger
Bachenstraße 21, +49 7668 995110, info@heger-weine.de,
www.heger-weine.de, Mär. bis Okt. Mo bis Fr 9–12 Uhr und
13.30–18.30 Uhr, Sa 10–14 Uhr, Nov. bis Feb. Mo bis Fr 9–12 Uhr
und 13.30–17.30 Uhr, Sa 10–14 Uhr, Sep. bis Okt. 10–16 Uhr

89077 Ulm
Wein-Bastion Ulm
Schillerstraße 1, +49 731 66993
info@wein-bastion.de, www.wein-bastion.de
Mo bis Fr 9–18.30 Uhr, Sa 9–16 Uhr

97980 Bad Mergentheim
Victoria Weine
Seegartenstraße 4, +49 7931 563411
mail@victoria-weine.de, www.victoria-weine.de
Mo, Di, Do und Fr 10–18 Uhr, Mi 10–14 Uhr und Sa 9–13 Uhr

BAYERN

81541 München
Saffer's WinzerWelt – in der Au
Ohlmüllerstraße 1, +49 89 42009092
au@saffers-winzerwelt.de, www.winzerwelt.de
Mo bis Sa 11–19 Uhr

81829 München
Saffer's WinzerWelt – Trudering
Martin-Kollar-Straße 11, +498942009090
trudering@saffers-winzerwelt.de, www.winzerwelt.de
Mo bis Fr 11.30–18.30 Uhr, Sa 10–14 Uhr

84307 Eggenfelden
Vinothek Wahre Werte
Fischbrunnenplatz 4, +49 8721 1261985
info@findyourwine.de, www.wahre-werte.info
Do bis Fr 11–18 Uhr, Sa 9–13 Uhr

85049 Ingolstadt
Weinschmecker GmbH
Friedrichshofener Straße 1, +49 841 99397901
info@weinschmecker-ingolstadt.de,
www.weinschmecker-ingolstadt.de
Mo bis Do, Sa 10–20 Uhr, Fr 10–22 Uhr

87509 Immenstadt im Allgäu
Flaschengeist
Bahnhofstraße 25, +49 8323 987197
info@flaschengeist-immenstadt.de,
www.flaschengeist-immenstadt.de
Mo bis Fr 10–18.30 Uhr, Sa 9–13 Uhr

90431 Nürnberg
Fruchtecke Schlosser GmbH & Co.KG
Proeslerstraße 30, +49 911 32399
info@fruchtecke.de, www.fruchtecke.de
Mo bis Fr 9–11.30 Uhr und 12–18 Uhr, Sa 10–12.30 Uhr

93161 Sinzing
Weinkontor Sinzing GmbH & Co. KG
Laberstraße 7a, +49 941 3075755
info@weinkontor-sinzing.de, www.weinkontor-sinzing.de
Mi bis Sa 10–18 Uhr

94086 Bad Griesbach im Rottal
Apropos Wein
Seilerberg 6C, +49 8532 7508
info@aproposwein.com, www.aproposwein.com
Mo, Mi, Fr und Sa 10–12 Uhr, Di und Do 16–18 Uhr
sowie nach telefonischer Vereinbarung

96049 Bamberg
Weinhaus Heinrich & Heinrich
Obere Sandstraße 31, +49 951 58057
info@weinhaush-h.de, www.weinhaush-h.de
Mi und Do 14–18 Uhr, Fr 10–18 Uhr, Sa 10–13 Uhr

96052 Bamberg
Scharfenberg-Weinfachhandel
Mittelbachstraße 1, +49 951 45237
info@wein-scharfenberg.de, www.wein-scharfenberg.de
Mo bis Fr 8–18 Uhr, Sa 10–13 Uhr

BERLIN

10709 Berlin
La Cave De Bacchus Weinhandel Gmbh
Westfälische Straße 33, +49 30 76731764
info@weinhandlung-bacchus.de
www.weinhandlung-bacchus.de
Mo bis Fr 10–19 Uhr, Sa 10–15 Uhr

BREMEN

27572 Bremerhaven
Ludwig von Kapff Weinlager Bremerhaven
Bremer Straße 27, +49 471 77077
bremerhaven@ludwig-von-kapff.de
www.ludwig-von-kapff.de
Mo 13–18 Uhr, Di bis Fr 10–18 Uhr, Sa 10–14 Uhr

28195 Bremen
Gute Weine - Lobenberg GmbH & Co.KG
Tiefer 10, +49 421 696797
gute-weine@gute-weine.de, www.gute-weine.de
Mo bis Fr 8–18 Uhr

28209 Bremen
Ludwig von Kapff Weinlager Schwachhausen
Wachmannstraße 16, +49 421 57799132
schwachhausen@ludwig-von-kapff.de,
www.ludwig-von-kapff.de
Mo und Di 15–19 Uhr, Mi bis Fr 10–19 Uhr, Sa 10–15 Uhr

28217 Bremen
Ludwig von Kapff Weinlager Speicher 1
Konsul-Smidt-Straße 8H, +49 421 3994323
speicher1@ludwig-von-kapff.de, www.ludwig-von-kapff.de
Mo 13–18 Uhr, Di bis Fr 10–18 Uhr, Sa 10–15 Uhr

28359 Bremen
Bremer Weinkolleg
Anne-Conway-Straße 4, +49 421 33062
jan.duckwitz@bremer-weinkolleg.de
www.bremer-weinkolleg.de
Mo bis Fr 9–17 Uhr

HAMBURG

22301 Hamburg
Ludwig von Kapff Weinlager Krohnskamp
Krohnskamp 17, +49 40 2708966
Krohnskamp@ludwig-von-kapff.de
www.ludwig-von-kapff.de
Mo bis Fr 10–19 Uhr, Sa 10–18 Uhr

22303 Hamburg-Winterhube
Ludwig von Kapff Weinlager Am Stadtpark
Saarlandstraße 23, +49 40 28781966
amstadtpark@ludwig-von-kapff.de
www.ludwig-von-kapff.de
Mo bis Do 11.30–19 Uhr, Fr 11.30–20 Uhr, Sa 10–16 Uhr

22529 Hamburg-Eimsbüttel
Ludwig von Kapff Weinlager Eimsbüttel
Stresemannallee 118, +49 40 225409
eimsbuettel@ludwig-von-kapff.de,
www.ludwig-von-kapff.de
Mo bis Do 11–19 Uhr, Fr 10–19 Uhr, Sa 10–14 Uhr

HESSEN

WEINHANDEL
Frihmess

64625 Bensheim
Weinhandel Frihmess
Bachgasse 101, +49 152 32766585
jaegerhaus-fuerstenlager@gmx.de,
www.weinhandel-frihmess.de
Fr und Sa 15–19 Uhr

65343 Eltville am Rhein
Ludwig von Kapff Weinlager Eltville
Matheus-Müller-Platz 1, +49 6123 606606
eltville@ludwig-von-kapff.de
www.ludwig-von-kapff.de
Mo bis Fr 10–19 Uhr, Sa 10–16 Uhr

– FAMILIE –
ALLENDORF

65375 Oestrich-Winkel
Fritz Allendorf Weinhandel GmbH & Co.KG
Kirchenstraße 69, +49 6723 9185
allendorf@allendorf.de, www.allendorf.de
Mo bis Fr 8–12 Uhr und 13–18 Uhr, Sa 10–16 Uhr

NIEDERSACHSEN

21614 Buxtehude
Ludwig von Kapff Weinlager Buxtehude
Westmoor 2G, +49 4161 503850
buxtehude@ludwig-von-kapff.de
www.ludwig-von-kapff.de
Mo bis Fr 10–19 Uhr, Sa 10–18 Uhr

21682 Stade
Ludwig von Kapff Weinlager Stade
Fischmarkt 10, +49 4141 2335
stade@ludwig-von-kapff.de
www.ludwig-von-kapff.de
Mo bis Fr 10–18 Uhr, Sa 9–16 Uhr

27404 Zeven
Ludwig von Kapff Weinlager Zeven
Südring 3, +49 4281 750 99 80
zeven@ludwig-von-kapff.de
www.ludwig-von-kapff.de
Mo bis Fr 10–18 Uhr, Sa 9–13 Uhr

30659 Hannover
Ludwig von Kapff Weinlager Hannover
Sutelstraße 6, +49 511 9040470
hannover@ludwig-von-kapff.de
www.ludwig-von-kapff.de
Mo bis Fr 10–19 Uhr, Sa 10–18 Uhr

30916 Isernhagen-Altwarmbüchen
Alleswein - Christ Weinhandelsgesellschaft
Potsdamer Straße 1, +49 511 45960900
info@alleswein.com
www.alleswein.com
Mi bis Fr 11–18 Uhr, Sa 10–14 Uhr, sowie nach tel. Vereinbarung

49393 Lohne Oldenburg
Dehlwisch
Handelshaus für internationale Getränke
Bahnhofstraße 31, +49 4442 93920
info@dehlwisch.de, www.dehlwisch.de
Mo bis Fr 8.30–13 Uhr und 14–18.30 Uhr, Sa 8.30–13.30 Uhr

NORDRHEIN-WESTFALEN

40215 Düsseldorf
Pipco's Wein Compilation
Heimholtzstraße 28, +49 173 5190371
mrspipco@me.com
www.weincompilation.de
Fr 12–20 Uhr, im Dez. auch Sa 11–16 Uhr

40215 Düsseldorf
everChamp Wine.Champagne.Lifestyle
Jahnstraße 71, +49 211 87664553
petra@everchamp.de
www.everchamp.de
Do bis Sa 12–18 Uhr

44139 Dortmund
Cabernet & Co.
Essener Straße 13, +49 231 1206420
wein@cabernet-und-co.de
www.cabernet-und-co.de
Mo bis Fr 10–20 Uhr, Sa 10–16 Uhr

45128 Essen
Vino Grande
Von-Schmoller-Straße 8, +49 201 796698
info@vino-grande.de
www.vino-grande.de
Di bis Do 14.30–19 Uhr, Fr 14.30–19.30 Uhr, Sa 10–16 Uhr

RHEINLAND-PFALZ

53474 Bad Neuenahr-Ahrweiler
Dagernova Weinmanufaktur
Heerstraße 91–93, +49 2641 9472
info@dagernova.de
www.dagernova.de
Mo bis Fr 8–18 Uhr, Sa 8–12 Uhr

54457 Wincheringen
Weingut – Weinhandel Johann Hild e.K.
Bahnhofstraße 33, +49 6583 527
info@hild-wein.de
www.hild-wein.de
Mo bis Sa 9–19 Uhr, So 10–18 Uhr

SAARLAND

66333 Völklingen-Ludweiler
Jacovin GmbH
Am Sandberg, +49 6898 448217
info@jacovin.de
www.jacovin.de
Mo bis Fr 9–13 Uhr und 14–18 Uhr, Sa 9–13 Uhr

66333 Völklingen
Masterwein
Kreppstraße 6, +49 6898 27070
froeder@masterwein.de
www.masterwein.de
Di bis Fr 10–18.30 Uhr, Sa 10–14 Uhr

66538 Neunkirchen
Jacopini Import GmbH
Am Gneisenauflöz 1, +49 6821 931530
shop@jacopini-weinhandel.de
www.jacopini-weinhandel.de
Di bis Fr 10–18 Uhr, Sa 10–16 Uhr

66679 Losheim am See
W. Spies & Co. GmbH
Am Steil 1, +49 6872 912
shop@w-spies.de
weine-spirituosen-spies.de
Mo 10–17 Uhr, Di bis Fr 10–18 Uhr, Sa 10–12.30 Uhr

66740 Saarlouis
Weinkauf bei Weinkauff UG
Kavalleriestraße 3–7, +49 6831 9666050
info@stella-weinkauff.de
www.stella-weinkauff.de
Mi bis Fr 10–18 Uhr, Sa 10–14 Uhr

66793 Saarwellingen
Pinard de Picard
Alfred-Nobel-Allee 28, +49 6838 979500
info@pinard.de
www.pinard.de
Mo bis Do 9.30–18.30 Uhr, Fr 9.30–19 Uhr, Sa 10–14 Uhr

WEINGÜTER A–Z

C

D

E

F

T

U

V

W

Z

DER FALSTAFF WEINGUIDE DEUTSCHLAND 2022

MEDIENINHABER
Falstaff Deutschland GmbH

GESCHÄFTSFÜHRUNG
Elisabeth Kamper
Ronald Tomandl

VERLAGSLEITUNG
Claudia Roman Navarro

Carlsplatz 18
D-40213 Düsseldorf

T: +49 (211) 9666299 0
F: +49 (211) 9666299 9
www.falstaff.de
info@falstaff.de

ANZEIGEN
Susanne Förster

VERTRIEB UND MARKETING
Dagmar Sebold

DRUCK
parzeller print & media GmbH & Co. KG, Fulda

PEFC zertifiziert
Dieses Produkt stammt aus nachhaltig bewirtschafteten Wäldern und kontrollierten Quellen
PEFC/04-31-1308
www.pefc.org

HERAUSGEBER
Wolfgang M. Rosam
Ulrich Sautter

CHEFREDAKTION
Ulrich Sautter

CHEF VOM DIENST
Rainer Schäfer, Lisa Steiner

AUTORINNEN
Thomas Curtius
Gero von Randow
Matthias Neske
Rainer Schäfer
Elena Scheer

REDAKTION
Petra Kirchmayer, Daniela Lindner,
Georg Morawitz-Holeschofsky, Noah Neururer,
Noa Oestreicher, Isabelle Schiestl

IT
Robert Pleniger

LEKTORAT
Jürgen Ehrmann

ARTDIRECTOR
Marcus Wiesner

PRODUKTION/LITHO
Ronald Hatze

WEINGUIDE D 2022
ISBN: 978-3-9822182-2-9
GTIN: 419 08900 1990 2 06
Preis: 19,90 €